기독교로 보는 세계역사

World History through the Eyes of Christianity

기독교로 보는 세계 역사
World History through the Eyes of Christianity

9쇄 발행 2024년 7월 23일

지은이 김동주
발행인 윤상문
편집인 이은혜, 이대순
디자인 박진경, 장미림
발행처 킹덤북스
등록 제2009-29호(2009년 10월 19일)
주소 경기도 용인시 기흥구 동백동 622-2
문의 전화 031-275-0196 팩스 031-275-0296

ISBN 978-89-94157-33-7 (03230)

Copyright ⓒ 2024 김동주
이 책은 저작권법에 따라 보호받는 저작물이므로 무단전재와 복제를 금지하며,
이 책의 내용의 전부 또는 일부를 이용하려면 반드시 저작권자와 킹덤북스의
서면 동의를 받아야 합니다.

※ 잘못된 책은 구입하신 곳에서 교환하여 드립니다.
※ 책 가격은 표지 뒷면에 있습니다.

 킹덤북스(Kingdom Books)는 문서사역을 통해 하나님의 나라를 확장하고, 한국 교회와 세계 교회를 섬기고자 설립된 출판사입니다.

기독교로 보는
World History through the Eyes of Christianity
세계역사

김동주 저

감사의글

 이 책은 다음과 같은 세 가지 목적을 두고 집필하였습니다. 첫째, 복잡한 세계 역사를 쉽고 명료하게 기술하고자 노력했습니다. 둘째, 세계사 속에서 기독교의 역할과 공헌을 논술하는데 집중했습니다. 셋째, 세계사에서 기독교가 성장해온 길을 명료히 진술하는데 뜻을 두었습니다. 사실 세계 역사상 일정 부분 기독교적 관점과 영향에 대한 논의가 없이는 세계사의 올바른 이해란 불가능할 것입니다. 과거 2천년의 역사 속에서 기독교는 수많은 인물들과 사건들의 중심에 서 있었기 때문입니다. 마치 우리의 오늘이 부모의 희생 위에 올라선 것처럼, 지난 역사적 성취도 실상 외부적 요인보다는 내적 신앙, 신념, 정신적 동력으로 가능했습니다.

 이 책은 지난 26년 동안 필자가 역사와 신학을 연구하면서 배운 수천의 책들의 함축과 더불어 수많은 시간들의 사색을 묶어 놓은 산물입니다. 무엇보다 역사 이야기가 지루하지 않도록 많은 전승들도 넣었고 중대 사건들의 현장성과 진실을 위해 당시의 언어들을 직접 소개하려고 무척 노력했습니다. 하지만 1970년대 이후 사건들은 다루지 않았습니다. 역사란 죽은 자들의 살아 있는 이야기이기 때문입니다. 베들레헴 마구간의 '자기 비움'과 팔라티노 궁궐의 '이기심'의 대결은 로마에서 시작되어 과거를 거쳐 현재 우리 마음에서도 벌어지는 것 같습니다. 본서가 작게는 역사를 더 사랑하면서 기독교적 관점을 배우고, 크게는 마음에서 마구간의 승리를 이끌어내는데 기여하길 바랄 뿐입니다. 역사 분석의 객관성과 보편성을 위해 많은 개론서들을 참조했고, 그 내용의 용이성과 포괄성을 위해 심지어 내셔널 지오그래픽이 제작한 미국의 중·고등학교 교과서(Glencoe/McGraw Hill)와 대학교의 역사 교재들도 살폈습니다. 저는 다산 초당이 멀지 않은 곳에서 매 봄마다 모란꽃을 보며 자랐습니다. 이런 자연속의 청소년들도 또한 빌딩 숲 사이의 젊은이들도 이 책을 통해 글로벌 비전과 통찰력을 가질 수 있기를 소망합니다.

　특히 이 책을 출간하면서 필자가 은혜를 입은 여러 분들에게 깊은 감사를 표하고 싶습니다. 먼저 호서대학교 강일구 총장님께 진심으로 감사드립니다. 총장님께서는 제가 지금까지 학자로서 꾸준히 연구할 수 있도록 물리적 연구 환경을 허락해 주셨을 뿐 아니라 오랫동안 심오한 통찰의 조언과 따뜻한 격려를 아낌없이 해주셨습니다. 또 세계 30개국의 유적지들을 수년간 함께 방문할 때마다 다방면으로 교훈을 주신 서용원 명예 교수님께도 깊이 감사드립니다. 그리고 스토리들을 항상 들어주시고 경직된 사고를 하지 않도록 풀어주신 이상직 박사님과 늘 응원해 주신 한미라 교수님께 감사를 드립니다. 추천의 글을 주신 김선도 감독님, 민경배 박사님, 이정익 목사님, 이동원 목사님, 서중석 박사님, 강준민 목사님, 김학중 목사님께도 감사를 드립니다. 또한 권석원 목사님(천안성결교회), 김학용 목사님, 최치규 목사님, 박영기 목사님, 김세진 목사님, 고광배 목사님께도 감사를 드립니다.

　마지막으로 지난 6년 동안 무조건 저자를 믿고 저서 출판을 위해 수십 번 원고를 채근해주시고 기념작을 만들어주신 킹덤북스(Kingdom Books) 대표 윤상문 목사님과 박진경 선생님께도 마음 깊이 감사를 표합니다. 이 책을 읽는 모든 분께 하나님의 크신 은혜가 가득하시길 기원하며 마르틴 루터가 했던 말로 감사의 글을 마감합니다.

"성자(Saint)는 우리의 부모들이다."

2012년 3월, 저자 김동주

추천의 글

이 책은 전부터 김동주 교수와 대화하며 참으로 기대했던 작품입니다. 이는 세계 역사를 기독교적으로 이해할 수 있는 지성인과 신앙인의 필독서라고 확신합니다. 역사는 죽은 자들의 살아 있는 이야기라는 전망을 입증하며 이 책은 모두의 가슴을 뛰게 할 것입니다. 김동주 교수의 귀한 수고를 치하하면서 모든 분들께 일독이 아닌 여러 번 읽기를 추천합니다.

김선도 - 감독회장, 광림교회 원로 목사

『기독교로 보는 세계 역사』는 갈채와 환호를 보내고 싶은 놀라운 저서이다. 생생하며 신선하고 참으로 참신한 책이다. 역사 구성의 전체의 균형과 조절이 산뜻하여 한 숨에 내려 읽을 수 있는, 그런 명쾌한 대본이다. 세계 역사를 이렇게 조리 있고 압축해서 흥미와 매력으로 붙들게 하는 구조는 일품이다. 사실 역사는 이 책처럼 기술해야 하며 아마 세계적으로 내놓아도 으뜸가는 저서일 것이다. 이 책은 학계와 교계에 자체로 큰 기여를 한 책이다. 예수님 시대 이후 가장 큰 변화를 겪는 글로벌한 시대에 기독교적인 퍼스펙티브로 세계 역사를 해석한 이 책은 적시의 훌륭한 저술이 아닐 수 없다.

민경배 - 전 서울장신대학교 총장, 전 연세대 교수

저자 김동주 교수는 역사를 갈릴리 청년 예수의 십자가 사건의 빛에서 수천 년의 역사를 조망하고 해석하는 회심의 역저를 집필하는 산고를 치렀다. 저자는 최고의 기독교 가치인 진리와 자유, 평등과 박애, 그리고 고난을 극복하는 지혜와 힘이 무엇인지를 예리한 통찰로 제시하여 독자를 한없는 열망과 동경, 환희의 세계로 이끌어 간다. 여기에는 역사의 중심에 흐르는 지적, 정신적, 영적 사건과 영웅은 물론 민초들의 이야기들이 생생하게 살아 있기 때문이다. 역사를 탐구하고자 하는 이들의 모든 기대와 요구를 충족시키는 저술이다.

서용원 - 전 호서대 부총장, 전 신약학회 회장

흔히 역사를 통해서 기독교를 이해하고 접근하려는 것이 보통의 시각입니다. 그런데 김동주 교수는 기독교의 시각을 통해서 세계 역사를 보려고 시도하고 있습니다. 이 책은 기독교를 더욱 심층 있게 이해하게 하고 동시에 세계 역사를 더욱 깊고 넓게 바라볼 수 있도록 안내하고 있습니다. 역사를 기억하는 민족은 미래를 여는 민족이 될 것이고 이 책이 그 꿈을 제공하길 기대합니다.

이정익 - 신촌성결교회 담임 목사, 전 CBS 재단이사장

역사적으로 고찰할 때 수많은 위인들과 평민들에게 기독교 신앙은 삶의 원동력이었다. 본서는 2천년 지성사와 문화사의 중심에 기독교가 서 있었음을 논증한 책으로서 고대부터 근현대에 이르기까지 거의 모든 시대와 전체 역사를 더 정확하고 바르게 보게 한 놀라운 책이다. 이제 우리는 교회의 역사를 말하는데서 더 나아가 세속 역사 속에 내재한 베들레헴 정신과 공헌을 지적해야 한다. 뛰어난 역사학자로서 많은 원자료(original sources)들을 이용하여 균형 있고 명료하게 세계 역사를 기술한 이 책은 우리를 수많은 과거 인물들과 만나게 하고 사건들 속으로 여행케 한다. 그리고 그 결과는 감동과 감명이다. 청소년들부터 지도자들까지 모두에게 필독을 권하고 싶은 책이다.

이동원 - 지구촌교회 원로 목사

김동주 박사는 현재 가장 탁월한 역사신학자입니다. 김 박사께서 학계에 기여하는 대작을 내게 되어 저에게도 큰 기쁨이 되어 치하를 보냅니다. 이 책의 놀라운 학문적 위상은 읽는 모든 이가 직접 확인할 수 있을 것입니다. 특히 기독교와 세계 역사라는 두 가지 주제가 조화롭게 만나며 인류 지성사의 과거와 현재, 미래를 전체적으로 조망할 수 있게 합니다. 엄청난 분량의 연구와 창조적인 통찰력으로 가득한 이 책은 독자를 진정한 지성과 영성의 세계로 안내할 것입니다.

서중석 - 연세대학교 교수, 전 연세대 부총장

세계 역사의 흐름을 관통한 책이다. 역사 속에 담긴 문명과 종교와 철학과 예술과 사상을 함께 다룬 보석 같은 책이다. 역사 속에 나타난 하나님의 손길을 보여주고, 기독교가 역사와 문명에 끼친 영향과 기독교가 세상의 문명을 통해 받은 영향을 보여주고 있다. 이 책은 순교자들의 피가 묻어 있는 순교의 역사를 증언해 준다. 저자의 학문과 사상과 신앙이 함께 담긴, 이 책은 저자의 심장으로 쓴 책이다. 이 책을 역사를 주관하시는 하나님을 배우기 원하는 분들에게, 성경 배후의 역사를 연구하기를 원하는 분들에게, 보배 같은 말씀을 전하기를 원하는 설교자들에게 추천한다. 이 책은 당신의 서재에 꼭 필요한 책이다.

강준민 - 새생명비전교회 담임 목사, 조지 폭스대학교 객원 교수

역사가들은 역사라는 텍스트를 해석하는 사람들입니다. 그들의 해석에 따라 이야기는 다시 살아나고 새로운 의미로 재창조 됩니다. 김동주 교수의 저술은 단순히 방대한 분량만을 자랑하는 대작(大作)이 아닙니다. 세계 역사에서 기독교의 영향력을 애서 배제하려는 역사학계의 흐름 속에서 다시금 기독교가 세계 역사에 얼마나 중요한 역할을 해 왔는가를 보여주는 진정한 大作이라고 생각합니다. 역사는 단순히 과거의 이야기가 아니며 우리들의 현재를 비추는 거울이며 미래를 들여다 볼 수 있는 천리안입니다. 『기독교로 보는 세계 역사』는 기독교의 미래와 앞으로 전개될 새로운 세계를 역사적 상상력을 통하여 바라볼 수 있는 영감을 불어넣어주고 있습니다.

김학중 - 꿈의 교회 담임 목사, 연세대 겸임 교수

차례

- 감사의 글   4
- 추천의 글   6

Part 1
고대와 중세 역사

고대 역사

I. 고대 세계의 제국들 (B.C. 3000-B.C. 160)   17

1. 최초 문명 메소포타미아와 위대한 수메르
2. 고대 이집트의 성장과 발전
3. 이집트 신왕국의 영욕과 출애굽 지도자 모세
4. 앗시리아 제국과 바빌로니아 제국의 대결
5. 페르시아 제국과 관용의 키루스 왕조
6. 헬라 제국과 그리스의 영웅들
7. 유다 왕국과 마카비 혁명

II. 로마 제국의 등장과 나사렛 예수의 나라 (B.C. 200-A.D. 30)   61

1. 로마의 성장과 정복 전쟁
2. 독재자들의 출현과 제국이 된 로마
3. "지상 왕국의 군주" 아우구스투스의 통치
4. "천상 왕국의 주인이며 세상의 종" 나사렛 예수의 탄생
5. 예수의 교훈과 역사 기록들
6. 세계의 성자들이 된 예수의 제자들
7. 기독교의 새로운 전달자 바울

III. 제정 로마 시대의 세계 (A.D. 30-300)   113

1. 1세기 황제들의 학살의 향연
2. 네로 황제와 광기의 시대
3. 유대 전쟁과 군인 황제들의 시대
4. 기독교의 시련과 대응
5. 위대한 교부들과 사상들
6. 3세기 로마 사회와 군주들
7. 냉정한 황제 디오클레티아누스와 기독교의 귀환

IV. 콘스탄티누스 대제와 기독교 로마 제국 시대 (300-476)   165

1. 콘스탄티누스의 성장과 숙명의 대결
2. 변혁의 제국과 노쇠한 대제
3. 기독교 공의회와 사상적 대결
4. 로마의 두 숙적: 파르티아와 페르시아
5. 제국의 분열과 테오도시우스의 통치
6. 황제들과 주교들의 대결
7. 광야의 성자 안토니우스와 수도주의의 성장

중세 역사

V. 중세의 개막과 암흑의 시대 (476-600)   211

1. 중세의 교사
2. 야만족의 침공과 서로마의 멸망
3. 유럽 국가들의 시작과 암흑시대의 빛
4. "중세의 주역" 프랑크 왕국과 클로비스 왕
5. 아일랜드와 스코틀랜드: 패트릭과 콜럼바
6. 교황권의 상승과 서방 수도원 운동의 확산
7. 대교황 그레고리 1세와 중세 학문의 성장

VI. 비잔틴 제국의 영욕과 동방의 나라들 (500-900)　257

1. 황후 테오도라와 대제 유스티니아누스의 영광의 시대
2. 정치적 비극의 순환과 성상 논쟁
3. 비잔틴 제국의 혼란과 쇠락
4. 에티오피아 왕국의 영광과 존속
5. 아르메니아 왕국의 눈물과 생존
6. 고대 중국의 변화와 당의 경교
7. 이슬람교의 등장과 무슬림 왕조들의 유산

VII. 중세 중기의 변화 (700-1000)　319

1. 기독교 유럽과 이슬람 제국의 충돌
2. 프랑크의 피핀 왕과 카롤링거 왕조의 시작
3. 대왕 샤를마뉴와 중세 르네상스
4. 프랑크 왕국의 분열과 봉건제의 발전
5. "독일의 사도" 보니파키우스와 게르만 족의 변화
6. 마자르족의 헝가리와 성자 슈테판 대왕
7. 바이킹족의 북구 3국과 레이프 에릭슨의 아메리카 발견

VIII. 중세 영국의 등장과 발전 (600-1300)　365

1. 브리튼 시대의 종결과 앵글로 색슨의 침공
2. 영국의 문명화와 캔터베리의 어거스틴
3. 대왕들의 시대: 알프레드, 크누트, 정복자 윌리엄
4. 중세 절정기의 영국 국왕과 주교들의 통치
5. 영웅 리처드 왕과 굴욕의 존 왕
6. 영문학의 발전과 위대한 중세 작품들
7. 중세 스코틀랜드의 고난과 생존

IX. 중세의 전성기 (1000-1300)　403

　　1. 교황권의 수치와 새로운 수도회들
　　2. 오토 대제의 영광과 잘리어 왕조의 독일 왕국
　　3. 교황 그레고리 7세와 황제 하인리히 4세의 대결
　　4. 십자군 운동의 발발과 군웅들의 대결
　　5. 높아진 교황권과 낮아진 두 수도회: 프란시스와 도미니크
　　6. 대학의 발전과 위대한 스콜라 학자들
　　7. 중세 문화의 단면: 순례, 음악, 기사도, 여성, 과학, 건축

X. 신생 동방 왕국들과 제국들의 성장 (1000-1500)　495

　　1. 불가리아 왕국과 보헤미아 왕국
　　2. 러시아의 기원과 블라디미르 대왕의 정교회 공국
　　3. 러시아의 수난기와 영웅들의 등장
　　4. 모스크바 시대와 이반 왕조
　　5. 사제왕 옹칸의 나라와 징기스칸의 몽골 제국
　　6. 칸들의 나라와 아시아 초원의 십자가
　　7. 콘스탄티노플의 멸망과 오토만 제국의 확장

XI. 중세의 몰락과 새 시대의 여명 (1300-1500)　547

　　1. 르네상스 사상과 인문주의 선구자들
　　2. 천상과 지상을 연결한 예술가들
　　3. 스페인 성장과 이사벨라의 영욕
　　4. 도시의 발달과 지식의 혁명
　　5. 국가들의 전쟁과 비극적 재앙
　　6. 아비뇽 포로와 위기의 교회
　　7. 개혁의 선구자들과 불꽃같은 종말

Part 2
종교개혁과 근대 역사

종교개혁 시대

I. 16세기 종교개혁의 시작과 발전 (1500-1600)　597

　　1. "나쁜 교황들의 시대"와 "최고의 지성" 에라스무스
　　2. 세상을 바꾼 마르틴 루터의 발견과 시련
　　3. 종교 개혁기의 전쟁과 평화
　　4. 스위스의 츠빙글리 개혁과 재세례파의 급진 사상
　　5. 제네바와 존 칼빈의 종교개혁
　　6. 영국 왕 헨리 8세의 결혼들과 엘리자베스의 위대한 통치
　　7. 종교개혁이 바꾼 세계: 교육, 여성, 정치, 건축, 음악

II. 확장된 세계와 개혁 속의 혼란들 (1550-1700)　671

　　1. 스페인 무적함대의 침몰과 네덜란드의 독립
　　2. 프랑스 군주들의 권력 투쟁과 블레즈 파스칼의 내적 투쟁
　　3. 대탐험과 남아메리카 정복
　　4. 가톨릭의 역 종교개혁과 세계로 간 예수회
　　5. 영국의 왕정과 크롬웰의 청교도 혁명
　　6. 교파들의 등장과 명예혁명
　　7. 30년 전쟁의 참극과 영웅들의 비극

III. 세계 제국들의 중대한 변화들 (1600-1800) **747**

1. 스웨덴의 운명과 변심한 크리스티나 여왕
2. 합스부르크 제국과 현명한 테레지아 여제
3. 신생국 프로이센 왕국과 유능한 프리드리히 대왕
4. 새로워진 러시아 제국과 강력한 표트르 대제
5. 예술적 예카테리나 여제와 러시아의 어둠과 빛
6. 인도 무굴 제국의 성장과 실패한 아우랑제브 황제
7. 오토만 제국과 시들은 튤립 시대

IV. 미국의 시작과 발전 (1610-1776) **781**

1. 북미 대륙 첫 정착촌: 제임스 타운과 플리머스 타운
2. 매사추세츠 보스턴의 설립과 로드아일랜드의 시작
3. 청교도들의 반성: 허친슨, 다이어, 살렘 주민들
4. 청교도들의 역사적 공헌과 인디언 전쟁의 비극
5. 윌리엄 펜과 펜실베이니아의 "거룩한 실험"
6. 남부 주들의 설립과 13개 주의 완성
7. 1차 대각성 운동과 공동체가 된 13개 주

V. 미국의 건국과 확장 (1776-1865) **823**

1. "자유가 아니면 죽음을": 독립 전쟁의 배경
2. "개신교도들의 항쟁": 미국의 혁명
3. "미국의 아이콘들": 벤저민 프랭클린과 조지 워싱턴
4. "대서양에서 태평양까지": 네 차례의 서부 확장
5. "불탄 지역들과 갱신된 사회": 2차 대각성 운동과 영향
6. "백인을 위해 흘린 흑인의 피": 노예제의 현실과 숭고한 영웅들
7. "흑인을 위해 흘린 백인의 피": 링컨의 이상과 남북 전쟁

VI. 계몽주의와 각성의 시대 (1700-1800) 875

1. 계몽주의 사상의 대두
2. 이성적 종교의 확산
3. 독일의 새 신앙 사조 경건주의 등장
4. 비참한 사회 속의 사회사업 시작
5. 근대 영국의 영적 지도자 존 웨슬리
6. 근대 영국의 사회 개혁 주역들
7. 교육 혁명의 선구자들

VII. 변혁과 혁명의 세계 (1800-1900) 909

1. 위대한 세기와 숭고한 전파자들
2. 조선의 쇠락과 한민족의 개화
3. 나폴레옹의 전쟁과 비엔나 회담의 질서
4. 서구의 재편과 제3세계의 혼란
5. 낭만주의 사상과 영향
6. 산업 혁명 기적과 그늘
7. 근대 박애주의와 기독교의 대응들

VIII. 전쟁과 희망의 시대 (1900-1970) 993

1. 민족주의 팽창과 발칸의 독립
2. 제1차 세계 대전과 심판대의 인류
3. 제2차 세계 대전과 파멸의 재현
4. 홀로코스트의 비극과 20세기의 양심들
5. 러시아의 공산화와 폐쇄된 세계
6. 확장된 세계와 기독교의 변화
7. 현대 인권 운동과 마르틴 루터 킹의 꿈

- 색인   1038
- 인용문 참고 문헌   1047
- 후기   1072

약어(Abbreviations)

c.: circa 대략
d.: death 사망
est.: established 설립
r.: regnum 국왕 통치
pont.: pontiff 교황 재위

표지 인물

앞면(좌로부터)
존 칼빈, 조나단 에드워즈, 예수 그리스도,
마르틴 루터, 디트리히 본회퍼, 존 웨슬리

책등
아브라함 링컨

뒷면(좌로부터)
(위) 엘리자베스, 나이팅게일, (아래) 콘스탄티누스,
마르틴 루터 킹, 윤치호, 샤를마뉴

예수 그리스도 성화
역사상 가장 아름다운 예수 성화로
여겨지는 이콘(icon)으로서
6세기 경 작품(시내 산 성 캐서린 수도원에 소장).

고대 역사

I
고대 세계의 제국들
(B.C. 3000–B.C. 160)

1. 최초 문명 메소포타미아와 위대한 수메르

메소포타미아 문명의 발전

메소포타미아 유역은 세계 첫 문명의 발상지이다. '메소(meso)'는 "중간", '포타미아(potamia)'는 "강"의 뜻으로 메소포타미아는 유프라테스(Euphrates)와 티그리스(Tigris)의 두 강 사이의 지역을 가리킨다. 이 강들은 길고 유속이 빨랐다. 특히 'Tigris(티그리스)'강은 그 명칭에 "험하다"는 뜻의 고대어 't-g-r(티-그-르)'를 담고 있는데, 이 어근이 'tiger(호랑이)'에도 사용되었듯 사나운 급류임을 알 수 있다. 최초의 문명이 두 개의 강들 사이에서 시작된 것은 성경 창세기에서도 언급되고 있다. 첫 인간이 살았던 에덴 동산이 유프라테스, 티그리스(힛데겔), 비손, 기혼 등 네 강들의 발원지였다고 기록되어 있기 때문이다. 한편 네 강들 중 유프라테스와 티그리스 강은 여전히 존재하나 비손과 기혼의 위치는 불확실하다.

메소포타미아의 첫 문명은 B.C. 4,000년경 초기 청동기 시대에 등장한 수메르(Sumer) 문명이었다. 검은 머리의 수메르인은 참으로 위대한 선사인이었다. 목축에도 능했고 동시에 최초로 수로로 물을 대는 관개 농업을 시작했으며 작물들을 연 단위로 체계적으로 재배하였다. 수메르인의 농업기술과 시설은 무려 3,000년 후인 알렉산더 대왕의 헬라 시대에도 그대로 이용될 정도로 뛰어났다. 수메르 농경지에 소출이 많아지자 촌락이 많아지며 자연스럽게 메소포타미아는 고대 세계의 경제 중심지가 되었다. 가장 큰 수메르 도시는 우루크(Uruk)였고 타 도시들을 압도해 왕국을 이뤘다.

수메르인의 대업은 역사상 최초로 문자를 발명한 것이다. 이 문자는 토판에 'v'자형 쐐기 자국이 생기도록 표기했기에 "쐐기 문자(cuneiform)"라고 부른다. '마시다'라는 단어는 '입'과 '물'의 두 단어들을, '먹는다'는 단어는 '입'과 '음식'을 합성하여 표기하였고 이런 방식으로 2,000여 개가 넘는 단어들을 만들어 점토판에 기록하였다. 현존하는 수메르 점토판에는 그들이 경험한 가장 비극적인 사건인 대홍수가 기록되어 있다.

해발 5137m의 큰 아라라트산과 작은 아라라트산

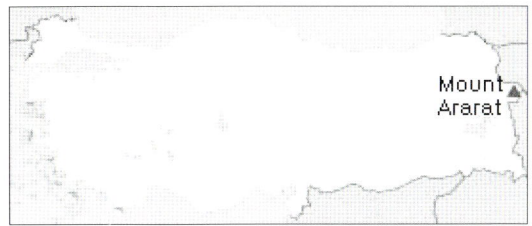

아라라트산

노아의 '대홍수 이야기'가 메소포타미아의 수메르 유물들에서도 유사하게 확인되는 것이다.

수메르 시대에서 노아는 야훼(여호와) 신앙을 가진 사람이었다. 그가 만든 방주(Noah's Ark)는 대홍수 속에서 1년 이상을 떠 있다가 오늘날 터키 동북부의 아라라트(Ararat)산에서 멈추었다. 생존한 그의 후손들은 고대 문명의 주역들이 되었다. 성서에서는 '수메르' 문명이 유사한 발음인 '시날(Sinar)'로 등장한다. 수메르 왕국에서 유명한 바벨(바벨론)과 아카드(Akkad)도 갈라져 나왔다고 전해준다. 구약 성경의 창세기는 수천 년 전에 명멸했던 고대 도시들에 대한 유래와 정보를 가장 구체적으로 사실상 거의 유일하게 알려주는 문헌이다.

수메르인은 새로운 도시를 건설할 수 있는 혁명적인 건축 기술을 발명하였다. 단순히 말린 진흙 벽돌을 쌓았던 이전 양식과 달리 불에 구운 벽돌을 쌓고 그 사이에 역청(tar)을 발라 강한 접착력을 가진 견고한 건물을 세운 것이다. 이런 공법은 대형 건물의 등장을 가능케 했다. 가장 먼저 건축된 것은 아카드어로 '지구라트(Ziggurat)'라 일컫는 거대한 탑 신전으로 위

우르 왕국의 지구라트 - 현재의 모습은 여러 시대에서 재건된 것이다

무너진 바벨탑 - by Pieter Bruegel 1563

로 갈수록 좁아지는 계단식 모양의 건물이었다. 상층부에는 이슈타르 여신을 비롯한 메소포타미아 신들에게 제사하는 제단을 두었다. 이들은 하늘에 닿는 탑을 쌓으면 신들이 쉽게 지상에 내려오고 인간들도 신들의 나라에 더 가까이 갈수 있다고 믿었다. 도시 바벨에 사는 사람들도 대형 신전 '바벨탑(Babel Tower)'을 세웠다. 그러나 수많은 인부들은 각기 다양한 신들을 믿었고 서로 의사소통이 되지 않아 공사는 끝내 중지되었다. 선사 시대 사람들은 그 탑 신전의 주신인 이슈타르보다도 훨씬 더 위대한 신이 그 공사를 막았다고 믿었다.

아카드, 세계 최초의 제국

B.C. 2334년 메소포타미아 중앙의 도시 아카드의 사르곤 대왕(Sargon the Great)은 다른 수메르 도시들을 정복하고 세계 최초의 제국인 아카드를 건설하였다. 사르곤은 정원사 아버지와 이슈타르 신전의 무녀였던 어머니 사이에서 태어났으며 자신도 아버지의 뒤를 이어 정원사가 되었다. 고대 사회에서 이 직업은 중요한 위상을 지녔는데 농업에 필수적인 수로를 관리하며 숲과 나무들을 처리했기 때문이었다. 사르

아카드 제국의 사르곤 대왕으로 추정되는 청동 두상
-in Iraqi Museum

곤은 기술과 재력을 가진 많은 인부들을
규합하여 왕이 되었다. 그는 "아래 바다
(Lower Sea)"인 페르시아 해에서 "위 바
다(Upper Sea)"라고 부른 유프라테스강
상류까지 영토를 정복하고 제국을 건설
했다.

아카드 제국의 등장으로 수메르어는
점차 퇴조하였고 대신 아카드어가 사용
되었다. 훗날 앗시리아의 아람어가 등장
전까지 아카드어는 고대 근동의 국제어
였다. 그러나 아카드 제국은 불과 180년
동안만 존재하고 B.C. 2154년 다시 수
메르인에게 무너졌다. 수메르인은 칼데
아(Chaldea)라고도 부른 메소포타미아
남부에 우르(Ur) 왕국을 세웠다.

이삭을 바치려다 천사의 제지를 받는 아브라
함-by Rembrandt 1634

B.C. 2,000년경 칼데아 우르 왕국에는 야훼(Yahweh) 신앙을 가진 아
브라함(Abraham)이 살고 있었다. 그에 관해 다음과 같은 전승이 전해졌다.
우르에서 아브라함은 다신교를 믿는 대신 야훼를 유일신으로 섬겼다. 그
러나 아브라함의 아버지 테라는 칼데아 지역의 신들을 숭배하며 신상을
만드는 직업을 가지고 있었다. 어린 시절 아브라함은 아버지 테라가 만든
우상들을 다 부수었다. 왜 부쉈는지 묻는 화난 테라에게 아브라함은 이렇
게 답하였다.

"우상들끼리 서로 싸워 부서졌습니다."

"그게 말이 되느냐? 어떻게 가만히 있는 목상들이 서로 싸울 수 있느
냐?"

"움직일 수도 없다는 사실을 아시면서 왜 목상들을 만들어 파십니까?"

얼마 후 테라와 아브라함은 "본토, 친척, 선조의 집을 떠나 새로운 땅으

함무라비 법전 - 루브르 소장

로 가라"는 야훼의 명령에 따라 칼데아를 떠났다. 그러나 이는 참으로 의외의 이주였다. 왜냐하면 우르 왕국은 당시 가장 번성한 문명을 자랑하고 있었고 아브라함이 가고자 했던 사막 너머 먼 서쪽에 위치 한 가나안 땅은 작은 종족들의 땅으로 세계의 변두리였기 때문이다. 아브라함이 칼데아를 떠난 이유는 다신 종교의 환경에서 벗어나고자 하는 것이었다. 오아시스가 없는 사막을 건널 수 없었으므로 당시 여행은 유프라테스강을 따라 거슬러 올라가며 이루어졌다. 북상한 아브라함은 오늘날의 터키 남동부의 비옥하고 거대한 하란 평야에 머물렀다가 얼마 후 가나안 땅으로 남하하였다. 그는 야훼 하나님으로부터 언약을 받았는데 이는 아브라함으로부터 한 자손이 태어나 하늘의 별처럼 번성하게 되고 또한 새로운 땅을 얻게 될 것이라는 약속이었다. 평생 이 언약을 신뢰한 아브라함은 이스마엘(Ishmael)과 이삭(Isaac)을 낳았으며 이스마엘은 아랍인들의 선조가 되었고 이삭은 유대인들의 조상이 되었다.

아브라함의 손자 야곱의 시대인 B.C. 1800년경 메소포타미아 남부에서는 바벨론 왕국(Old Babylonian Kingdom)이 북상하며 소왕국들을 제압하고 거대한 고대 바벨론(바빌로니아) 제국을 설립했다. 이 제국의 유명한 군주는 고대 성문법을 공포한 함무라비(Hammurabi) 왕이었으며 이 법전은 282개의 조항으로 당시 공용어인 아카드(Akkad) 어로 기록되었다.

- 함무라비 법전 중에서 -

"어느 누구든지 타인을 모함한 후 그의 죄를 증명하지 못하면 사형에 처한다."
"아들이 아버지를 구타하면 그 손을 자른다."
"도적질은 스무 배로 갚는다."
"유아를 유괴한 자는 사형에 처한다."

2. 고대 이집트의 성장과 발전

피라미드의 구왕국 (B.C. 2600-B.C. 2000)

역사상 가장 신비한 왕국으로 여겨지는 고대 이집트의 역사는 '구왕국', '중왕국', '신왕국'으로 크게 삼등분되며 이 왕국들 사이에는 중간기들이 있다. 이집트 역사는 B.C. 3세기의 역사가 마네토(Manetho)가 분류하고 편찬하였다. 구왕국(Old Kingdom)은 고대 7대 불가사의 중 하나인 피라미드를 건설한 나라였다. 파라오들의 무덤 피라미드는 신격화된 파라오의 절대성을 상징했다. 현존하는 가장 유명한 것들은 카이로 근처 기자(Giza)에 있는 '쿠푸(Khufu, 그리스어로는 Keops) 왕', '카프레(Khafre) 왕', '멘카우레(Menkaure) 왕'의 세 피라미드들이다. 최대 피라미드는 B.C. 2560년경 높이 147m로 세워진 쿠푸의 것이다. 이를 위해 매년 10여 만 명의 인부가 동원되어 10년 넘게 공사하였다. A.D. 1300년경 영국 중

기자의 세 피라미드, 중간이 쿠푸 피라미드 -by Ricardo Liberato

서부 도시 링컨(Lincoln)에 더 높은 대성당이 세워지기까지 피라미드는 약 3,800년 동안 인류의 석조 건물 중 가장 높은 것이었다. 피라미드는 토목, 지질, 건축, 수학 등 고대 최고 수준에 이른 이집트 문명을 여실히 보여준다. 사각뿔 피라미드의 내부는 돌로 차있으나 무게 중심에는 왕의 묘실을 두었다.

이집트의 종교와 신들

고대 이집트의 주신은 태양과 나일이었다. 나일강은 길이 6,693km로 세계에서 가장 긴 강이다. 매일 같은 장소에서 뜨고 같은 장소로 지는 태양은 삶과 죽음을 상징했고 매년 범람을 반복하는 나일강은 번영을 상징했다. 태양은 라(Ra) 신을 통해 숭배되었고 가장 중요한 국력의 근간 나일강은 자체로 신이었다. 특이하게도 나일의 홍

이집트와 그리스의 혼합신 세라피스
- by Pvasiliadis

수는 이집트인들에게 늘 재앙이 아닌 축복이었다. 범람이 끝나고 물이 빠지면 나일강 유역과 하류의 황토 지대는 기름진 옥토로 변하였다. 농민들은 범람의 시기에 피라미드나 도시 건설 등 국가적 공사에 동원되었고 범람이 그친 후에는 고향으로 돌아가 옥토에서 농사에 전념하였다.

한편 사후세계를 중시했던 이집트인들은 지하의 신 오시리스(Osiris)를 숭배하였다. 이 신은 손에 저울을 들고 죽은 영혼들의 죄의 무게를 측정한다고 여겨졌다. 심장이 가벼우면 악을 더 많이 행한 영혼이고 무거우면 선한 일을 더 행한 것으로 판결 받는다고 믿었다. 한편 고대 세계에서 가장 국제적으로 숭배되었던 이집트의 신은 "풍요"와 "부활"을 가져온다는 세라피스(Serapis)였다. 로마 시대에도 알렉산드리아와 여러 대도시들에 거

사람의 몸에 매의 얼굴인 호루스
by Jeff Dahl

대한 세라피스 신전들이 세워졌다. 주후 3세기의 교회 지도자 터툴리아누스(Tertullianus)가 이렇게 기록할 정도였다.

"온 세상이 세라피스를 섬긴다."

이시스의 아들 호루스(Horus)도 로마 제국에서 크게 퍼진 이집트의 신이었다. 매의 얼굴에 사람 몸을 가진 존재로 묘사되는 호루스는 전쟁과 보호의 신이었다. 매처럼 인간들을 살피며 위험에서 건져주는 신으로 숭배되었다. 파라오는 바로 이 호루스 신의 현현으로 추앙받았다. 개구리나 뱀의 모습의 하흐(Hah) 신도 섬겼다. 이 신은 '무한'이나 '영원'을 상징하므로 이집트 수학에서 숫자 '100만'을 표기할 때 개구리 초상을 사용하였다.

이집트의 왕자 요셉과 중왕국 (B.C. 2000-B.C. 1650)

중왕국 시대의 노예들 본토 흑인 노예들과 아시아 노예들이 함께 일하고 있다

구왕국이 무너지면서 이집트의 혼란기인 제1중간기가 시작되었다. 이 시기에는 지방 귀족들의 권한이 막강해지면서 파라오는 힘을 잃었고 이집트는 상하로 분열되었다. 하-이집트는 헤라클레오폴리스가 수도였고 상-이집트(Upper Egypt)는 테베였다. 그러나 B.C. 2055년경 파라오 멘투호텝 2세(Mentuhotep II)가 테베에서 시작하여 북진하면서 하-이집트(Lower-Egypt)까지 통일하였다. 이것이 바

로 강력한 중왕국의 시작이다. 결국 제1중간기와는 달리 중왕국은 다시 중앙집권제가 형성된 것이다. 멘투호텝은 이집트의 영토를 사방으로 넓히며 세계적 국가의 기틀을 다진 뛰어난 통치자였다.

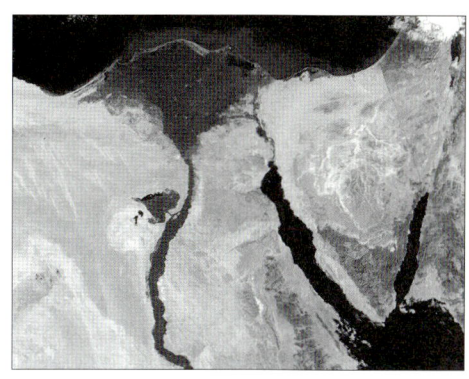
비옥한 이집트 나일 삼각주

B.C. 1814년 파라오 아멘엠하트(Amenemhat III)는 중왕국의 전성기를 이루었다. 광산들을 개발하였고 정복 사업을 완수하였고 경제를 번영케 했다. 그는 아시아의 유목민들을 환영하여 하-이집트의 나일 삼각주에 정착시켜 농업을 발전시켰다. 중왕국의 또 다른 특징은 본격적으로 노예제가 시작되었다는 것이다. 이집트에는 본토 출신 노예와 수입된 아시아 출신 노예가 있었다. 이들은 대상들로부터 팔려오거나 전쟁 포로로 노예가 되었다.

이집트의 구왕국이 종식된 시기에 가나안 땅에는 야곱과 12명의 아들들이 살고 있었다. 야곱의 아들 요셉은 형들의 미움을 받아 이집트에 노예로 팔렸는데 그가 끌려가는 길에는 대문명의 상징인 피라미드가 이미 600년째 서 있었다. 인생의 시련을 겪은 후에 요셉은 지혜를 갖게 되었고 파라오의 꿈을 해석하는 기회에서 풍년과 흉년, 환경과 미래에 대한 통찰력과 대처 방안을 알렸다. 이에 파라오는 비범한 능력의 요셉을 이집트의 총리로 임명하였다. 중왕국 파라오들은 직접 지방에 관리를 임명하여 다스렸고 총리나 공동 통치자를 자주 두어 국가를 통치하였다. 요셉은 바로 그런 직임을 맡은 자였다. 최고 문명의 나라에서 변방의 유목민 출신 요셉이 총리가 되었다는 사건은 참으로 꿈의 기적을 이룬 것이었다.

한편 요셉을 팔았던 형제들은 극심한 가뭄에 이집트로 곡식을 사러왔고 요셉과 조우하게 되었다. 그는 형제들이 서로 우애하고 있는지 또 아버지가 자식들을 고루 사랑하는지 확인하면서 가족들과 화해하였다. 창세기는 특히 이 부분에서 어느 고대 문학도 따라갈 수 없는 감동 드라마의 정수를 보여준다. 야곱과 그의 자손 70명은 이집트로 가족 이민을 떠났고 세계에서 가장 비옥한 농경지인 나일 삼각주의 우편 지역에서 정착하여 크게 번성하였다. 나일 삼각주는 헬라어 델타의 대문자인 삼각형 모양이므로 '나일 델타'로도 일컬었고 이스라엘 사람들은 이 지역을 고센(Goshen)이라고 불렀다.

흥미롭게도 이집트 역사가 마네토(Manetho)는 중왕국(Middle Kingdom)의 후기 시대가 "요셉의 시대"라고 기술하였다. 중왕국의 후기 왕조는 '요셉' 이름과 유사한 '힉소스(Hyksos)' 왕조로도 불렸다. 그 수도는 이후 천년 동안 이집트를 대표한 가장 화려한 도시 테베였다.

이스라엘 민족의 출애굽 시작 - by David Roberts c 1828

3. 이집트 신왕국의 영욕과 출애굽 지도자 모세

신왕국과 출애굽

300년간 지속되었던 힉소스족 시대는 이집트 본토인 지도자 아흐모세(Ahmose I, d. B.C. 1525)의 반란으로 종식되었다. 이후 시작된 시대는 '신왕국(New Kingdom)'이다. 아흐모세의 손자 투트모세 1세(Thutmose I, d. B.C. 1493)는 부강한 나라를 만들어 위대한 파라오가 되었다. 그런데 정작 특기할 인물은 투트모세의 딸 하트셉수트

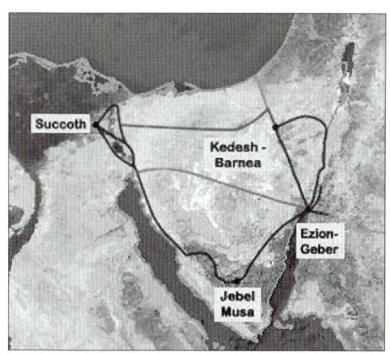

애굽에서 가나안으로 가는 중앙과 하부 길들 - 아래 검은 색의 가장 긴 길이 전통적 출애굽 경로

(Hatshepsut, d. B.C. 1458)였다. 그녀는 남편 투트모세 2세가 요절하자 여자로서 최초로 파라오에 올랐다. 남성의 복장과 행동을 하였고 가짜 수염을 붙이고 살았다. 하트셉수트가 50대에 세상을 떠나자 의붓아들 투트모세 3세(d. B.C. 1425)가 새 파라오가 되었다. 그는 고센에 거주하는 이스라엘 민족을 노예로 삼은 파라오로 알려져 있다.

이집트인들은 가나안에서 이동해온 노예 민족을 "강을 건넌 자들" 또는 "유목하는 자들"이라는 의미로 '하피루(Happiru)'라고 불렀고 이것이 바로 '에베르(eber)', 즉 '히브리(Hebrew)'의 어원이 되었다. 이집트의 히브리인들은 고대 세계에서 자신의 땅을 갖지 못한 "사회적 약자"였다. 출애굽(Exodus) 사건과 관련하여 전통적으로는 투트모세 3세 때 모세와 이스라엘 백성들이 이집트를 탈출한 것으로 알려져 있다. 사실 출애굽의

이스라엘이 언급된 고대 유물 메르넵타 석비
- by Webscribe

연대를 명확히 특정 하는 것은 간단치 않은 문제이다. 솔로몬의 성전 건축 연대인 B.C. 966년으로부터 "480년"이전에 출애굽이 일어났다는 성서 기록에 의하면 그 시기는 투트모세 3세 때인 B.C. 1446년경이라 할 수 있다. 그러나 히브리인들이 람세스(Ramses)와 비돔(Pithom) 도시의 공사에서 노역을 했다는 출애굽기 기록이 있어 일부 학자들은 이 도시들이 세워진 B.C. 1250년경, 즉 람세스 2세 시대를 출애굽 사건이 일어난 연대로 주장하기도 한다.

소위 1250년경에 출애굽이 일어났다는 "후기 연대설"을 강력히 주장한 이는 세계적인 고고학자 윌리엄 올브라이트(William F. Albright)였다. 한 세대 이상 학계는 그의 주장에 귀를 기울였으나 메르넵타 석비(Merneptah Stele)가 해독되면서 올브라이트가 제시한 후기 연대설은 도전받게 되었다. 이 석비는 주전 13세기의 파라오 메르넵타(d. B.C. 1203)의 정복 활동을 기록한 것으로 1896년 이집트 상류 테베에서 발견되었다. 그 내용에 다음과 같은 기록이 있기 때문이다.

"가나안 땅을 침공해 이스라엘을 황폐화시켰다."

즉 이 기록에 의하면 메르넵타의 시대인 1210년에 이미 이스라엘 민족은 광야가 아니라 가나안 땅에 정착했음을 시사해주고 있어 출애굽이 주전 1250년보다 훨씬 더 이전에 일어났음을 추정케 한다. 아무튼 출애굽 시기를 특정하는 것은 "예루살렘 성전 건축 480년 이전"과 "람세스와 비돔의 건설"이라는 성서의 두 기록 중 어느 기록을 문자적으로 취할 것인가와 직결되어 있다.

신왕국의 파라오들 중에는 전통적인 다신교를 부정하고 일신교를 믿은 파라오가 있었다. B.C. 1334년경의 파라오 아멘호텝(Amenhotep) 4세로 서 '아텐(Aten)' 신만을 유일신으로 선포하였다. 다른 신을 숭배하는 것이 일절 금지되었고 파라오 자신도 이름을 "아텐을 섬기다"는 뜻의 '아켄아 텐(Akhenaten)'으로 개명하였다. 그러나 아켄아텐이 죽고 유명한 투탕카 멘(Tutankhamen)이 파라오가 되었을 때 다신교는 다시 부활하였다. 투탕 카멘은 9살에 등극해 18살에 생을 마친 비운의 파라오였으나 황금 마스 크와 그 미라로 현대사에서는 가장 유명한 파라오가 되었다.

람세스 왕조

신왕국 후기에 '람세스(Ramses)' 이름을 사용하는 파라오들이 무려 11 명이나 등장하였다. 이 때문에 이 시대는 '람세스 왕조'라고도 부른다. 그 중 람세스 2세(c. 1290)는 고대 이집트의 최전성기를 구가한 가장 위대한 파라오였다. 그는 상하 이집트를 통일하였고 영토를 더 확장했다. 또한 아 부심벨 신전을 비롯한 많은 대건축물들을 지었으며 자신의 좌상을 세우고 아래에는 정복한 부족들을 기록하였다. 그의 왕궁에는 황금이 넘쳐나 당 시 이집트는 세계에 황금의 나라로 알려질 정도였다.

신왕국의 파라오들은 구왕국 파라오들과는 달리 피라미드를 세우지 않

룩소의 '왕들의 계곡'

아부심벨에 있는 람세스 2세의 동상 - by Steve Cameron

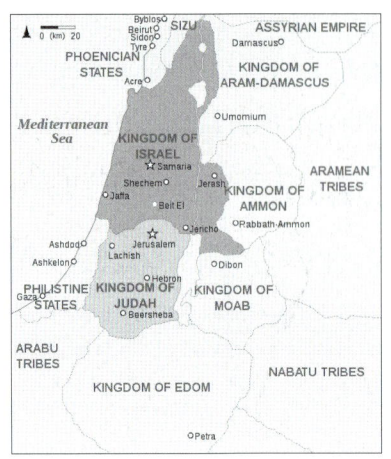

북왕국 이스라엘과 남왕국 유다 800년대의 이스라엘

았다. 대신 투트모세 1세 이후의 모든 파라오들은 나일강 상류 룩소(Luxor)에 마련된 지하 비밀 무덤에 매장되었다. 이곳은 "왕들의 계곡(Valley of the Kings)"으로 불렸지만 3,000년 동안 무덤들은 베일에 가려져 있었다. 놀랍게도 1922년경 영국 고고학자 하워드 카터(Howard Carter)는 왕들의 계곡에서 신왕국 파라오들의 무덤을 발견하였다. 그중에는 발굴자들에게 저주의 죽음을 주었다는 야사의 주인공 투탕카멘의 묘실도 있었다. B.C. 1000년경 이집트의 전성기 신왕국 시대가 끝나자 제3중간기와 후기 왕조 시대가 도래하였다. 그러나 이후 메소포타미아의 제국들이 고대 세계의 패권을 차지하자 이집트는 자연히 쇠약해졌다.

한편 출애굽하여 가나안 땅을 정복한 히브리 민족의 12지파들은 B.C. 1000년경 베냐민 지파의 사울(Saul)을 첫 왕으로 추대하여 다스리게 했다. 뒤이은 다윗(David) 왕은 예루살렘을 수도로 정했고 숙적 팔레스티나 족속을 굴복시켰으며 왕국의 영토를 확장시켜 위로는 단(Dan) 지역에서 아래로는 브엘세바(Beersheba)의 유대 광야까지 이르게 하였다. 그의 아들 솔로몬 왕은 이스라엘 민족의 오랜 숙원이던 야훼의 성전을 건축하였고 라기스와 므깃도 등 군사 요새들을 세웠으며 국제 무역으로 경제도 번영케 하였다. 그러나 솔로몬의 아들 르호보암(Rehoboam) 왕은 실정을 하여 왕국을 둘로 분열시키는 결과를 가져왔다. 남쪽은 유다 지파와 베냐민 지파가 예루살렘을 중심으로 다윗 왕조를 계승하는 '유다(Judah)' 왕국을 지켜갔고 북쪽은 10개 지파가 합쳐져 사마리아를 중심으로 '북이스라엘' 왕국을 이루었다.

B.C. 609년경 이집트 파라오 느코 2세(Neco II)는 강력한 왕국을 꿈꾸었다. 그는 이집트 역사상 수백 년 만에 처음으로 국경 바깥으로 군사 원정을 이끌었다. 이는 협력 관계에 있던 앗시리아가 바빌로니아 왕국의 침공을 받아 이집트에 도움을 요청했기 때문이었다. 파라오 느코 2세의 계획은

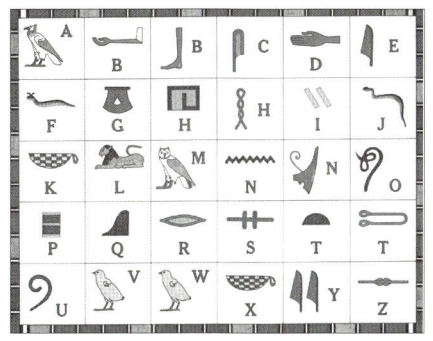

이집트 상형 문자(hieroglyphics)

먼저 신흥 바빌로니아 제국을 제압하고 이어서 약해진 앗시리아를 지배한 후 거기에 더해 이스라엘까지 장악하는 이집트 제국을 세우는 것이었다.

당시 남 유다 왕국의 요시야 왕은 이집트의 그러한 의도를 방관할 수 없었다. 요시야는 파라오 느코 2세가 군대를 이끌고 북진하자 이를 제지하러 나섰다. 요시야의 의도는 상승기에 있는 바빌로니아 편을 들어 국운을 담보 받고 동시에 이스라엘에 야심을 품은 이집트를 견제하는 것이었다. 결전은 이스라엘의 군사 요새 므깃도(Megiddo)에서 벌어졌으나 요시야 왕은 파라오 느코에게 패하고 전사하였다. 요시야 왕은 분명 심히 불리한 전쟁임을 미리 알고 있었지만 보신주의적인 사태 관망과 국가의 운명을 위한 군사적 개입이라는 두 선택 사이에서 고민하다 후자를 택하였다.

파라오 느코 2세는 이스라엘과의 전쟁에서 승리하였지만 군사적인 타격을 받아 적절하게 앗시리아를 지원하지 못했다. 이 결과 앗시리아는 갈그미스 전투에서 바빌로니아 왕국에 멸망당했으며 이집트 파라오 느코 2세도 바빌로니아에 눌려 패장이 되어 회군해야 했다. 얼마 후 이집트는 되레 바빌로니아의 침공을 받아 더 쇠약해졌고 B.C. 4세기에 이르러는 알렉산더 대왕의 헬라 제국에, B.C. 1세기에는 로마 제국에 점령당했다. 수천 년 독립 왕국의 역사를 가진 이집트는 속주의 신세로 전락하였다. 이후 찬란했던 고대 이집트 왕국의 영광은 역사 속으로 사라져 버렸다.

4. 앗시리아 제국과 바빌로니아 제국의 대결

북이스라엘을 멸망시킨 앗시리아 제국

B.C. 800년대부터 200년간 메소포타미아의 패권은 앗시리아(Assyria)가 차지하였다. 비옥한 영지에서 많은 소출을 거두어 풍요를 누렸고 서쪽으로 진격하여 영토를 계속 확장하였다. 당시 소아시아의 해양 국가들이 침몰하자 메소포타미아에 위치한 앗시리아는 오히려 큰 견제세력 없이 근동의 최강국이 되었다.

앗시리아는 제국들 중 처음으로 영토를 체계적으로 관리한 제국이었다. B.C. 858년 살마네세르 3세(Shalmaneser III)는 제국을 삼등분하여 중심은 직할 통치로 넣고 근거리는 총독이 관리케 하였고 원거리 지역은 속령으로 만들었다. B.C. 745년에 쿠데타로 권력을 잡은 티그라트 펠레세르 3세(Tiglath-Pileser III)는 영토를 더 확장하여 바벨론, 우라르투, 메대, 힛타이트 왕국들을 모두 복속시켰다.

B.C. 722년 앗시리아 제왕 사르곤 2세는 조공을 거부한 북이스라엘 왕국을 멸망시키고 수도 사마리아를 초토화했다. 또한 27,000여 명의 이스라엘 백성들을 메소포타미아에 노예로 끌고 갔으며 반대로 앗시리아 백성들을 이스라엘 중부 사마리아에 정착시켰다. 이후 사마리아에는 남은 이스라엘 자손들과 앗시리아 이주민들이 함께 거주하게 되었다. 유대인들은 이들 북이스라엘 주민들을 "사마리아인(Samaritans)"이라고 부르며 멸시하였다. 이들이 여러 족속과 섞였고 다수는 야훼 신앙을 버렸기 때문이다. 그러나 일부 사마리아인들은 자신들이 그리심 산에 성소를 지키며 순수 혈통까지 보존해왔다고 반박하였다.

앗시리아 제국의 전성기는 B.C. 600년대 중엽의 아슈르바니팔(Ashurbanipal, d. 627) 대왕 때였다. 아슈르바니팔은 앗시리아 제국을 "잔인성"이라는 단어와 직결시킨 냉혈 정복자였다. 그는 눈에 거슬린 신하들을 아무 때나 사지를 자르고 사자에게 던져버렸다. 전시에는 적

앗시리아의 라마수 형상으로 사람의 머리, 독수리의 날개, 황소의 몸을 하고 있다 - 시카고 대학교 소장

국 백성들을 남김없이 학살하였고 모든 집들은 다 불살랐다. 점령지 논밭에는 아예 식물이 자라지 못하도록 소금까지 뿌렸다. 그는 앗시리아 백성들에는 뛰어난 대왕이었으나 타 민족들에게는 끔찍한 마왕이었다. 그나마 아슈르바니팔의 업적으로 치켜지는 것은 많은 토판 문서들을 만들어 학문을 증진한 것과 수도 니느웨(Nineveh)에 유명한 고대 도서관을 설립한 것이었다. 왕국의 몰락을 두려워 한 아슈르바니팔은 궁궐 곳곳에 '라마수(Lamassu)'라는 수호신 석상을 세워두었다. 이는 사람의 머리, 독수리의 날개, 황소의 몸을 가진 4미터 높이의 거대한 조각상이었다. 대왕은 사람의 뛰어난 지혜, 독수리의 높은 권위, 황소가 상징하는 풍요가 제국에 계속 되기를 바랐으며 이 신상들이 외적을 막아 줄 것으로 확신하였다. 그러나 그의 사후 앗시리아 제국은 내부 분열로 쇠락하였다.

유다 왕국을 멸망시킨 바빌로니아(바벨론) 제국

B.C. 612년 메소포타미아 남부 바빌로니아 민족의 장군 나보폴라사르(Nabopolassar)는 유약해진 앗시리아에 반기를 들었다. 그는 도성 바벨론을 독립시키는데 성공했고 여세를 몰아 앗시리아를 공격해 수도 니느웨를 초토화시켰다. 앗시리아의 잔존 세력은 하란으로 진영을 옮겨 항전

바벨론 도성의 이슈타르 문의 동물 조상

했으나 패하고 하란 남쪽의 갈그미스(Carchemish)까지 밀려갔다.

앗시리아를 몰아 부친 바빌로니아에는 뛰어난 장군이 있었는데 그가 바로 나보폴라사르의 아들이며 후계자인 네부카드네자르(느부갓네살, d. B.C. 562) 2세였다. 이때 앗시리아의 원군 요청을 받고 이집트 파라오 느코 2세가 군대를 이끌고 북상하였다. 앞에서 이미 살폈듯이 느코 2세는 오는 길에 유다의 요시야 왕을 패배시켰다. B.C. 605년 이집트-앗시리아 연합군은 네부카드네자르의 바벨론 군대에 맞서 역사적인 갈그미스 전투를 벌였다. 결과는 연합군의 대패였고 메소포타미아의 패권은 바벨론이 쥐게 되었다.

B.C. 605년 갈그미스 전투 직후 나보폴라사르 왕은 건강상 이유로 퇴임하고 아들 네부카드네자르 2세가 왕이 되었다. 그는 원정을 지속하여 메소포타미아와 시리아를 걸치는 거대한 바빌로니아 제국을 건설하였다. 그의 제국도 무자비한 행태로 일관하여 수많은 이들을 학살하고 노예로 삼았다. 특히 B.C. 587년 네부카드네자르는 조공을 거부한 유다 왕국을 공격해 예루살렘을 폐허로 만들고 수많은 이스라엘 백성들을 포로삼고 바벨론으로 끌고 갔다. 유다 청년 다니엘도 이때 포로 중 한 명이었다. 그러나 이 신실한 청년은 차별과 견제를 극복하고 야훼 신앙을 지키며 바빌로니아 제국에서 존귀한 직책에 오르는 놀라운 성취를 보여주었다.

네부카드네자르 대왕은 페르시아 출신 아내 아미티스(Amythis)를 위해 수도 바벨론에 고대 7대 불가사의 중 하나인 '공중 정원(Hanging Garden)'을 건설하였다. 그 많은 나무들을 심고 관리하기 위해 유프라테스강에서부터 정원의 높은 꼭대기까지 어떻게 물을 가져오고 끌어 올리는지에 관한 관개 시설과 그 기술은 미스터리로 알려져 있다.

네부카드네자르 대왕은 오만하고 광기어린 인물이었다. 자신을 신으로 선포하고 30미터 높이의 거대한 금 신상을 세워 백성들에게 숭배를 요구하였다. 이를 거부한 이들은 뜨거운 불길에 내던져졌고 그중에는 다니엘의 유대인 친구들도 있었다. 그

짐승처럼 된 네부카드네자르(느부갓네살) 왕 - by William Blake

러나 이들은 불구덩이에서 해를 당하지 않고 기적적으로 생존하였다. 네부카드네자르 대왕은 궁궐 발코니에 올라 백성들에게 자신을 세상의 가장 위대한 왕으로 선포하는 의식을 자주 행하였다. 어느 날 그는 동물처럼 변해 궁궐에서 쫓겨날 것이라는 무서운 신탁을 다니엘로부터 듣게 되었다. 실제로 예언이 실현되어 대왕은 자신을 동물로 여기는 정신병에 걸렸고 권좌에서 쫓겨나 들에서 거했다. 세계 제일의 군주에서 들짐승 같은 존재로 전락한 네부카드네자르는 수년이 지나 비로소 자신이 신이 아닌 나약한 인간에 불과함을 깨달았다. 비로소 그는 하늘을 올려보며 위대한 신에게 용서를 구했고 이후 심신이 회복되어 권좌를 회복했으며 말년에는 신중한 통치를 펼쳤다. 네부카드네자르의 광기에 관한 이야기는 바빌로니아 역사를 기록한 토판 문서와 구약 성경 다니엘서에 기록되어 있다.

잔인한 바빌로니아 제국은 한 세기를 버티지 못하였다. 나보니다스 2세(Nabonidus II)의 학정과 귀족들의 부패는 제국을 쇠락시켰다. 멸망을 예고하는 징조(omen)들이 나타났는데 가축들이 대량으로 몰사하고 기근과 지진도 일어났다. 나보니다스 2세는 바벨론의 최고 신 마르둑(Marduk)에게 제물을 바치며 도움을 구했다. 그는 각 나라의 신상들을 마르둑 신상 앞에 놓아 이 신의 권위를 높여주었다.

B.C. 539년 바빌로니아 제국의 멸망이 갑자기 다가왔다. 페르시아 대왕 키루스(고레스)가 메데 왕 다리우스와 함께 바빌로니아를 침공해온 것이었다. 바빌로니아 황제 나보니다스 2세는 아들 벨사살(Belshazzar)을 자

벨사상 왕의 잔치에 나타나서 벽에 글을 쓴 잘린 손목
- by Rembrandt 1635

신의 대리 왕으로 임명하고 바벨론 도성의 수비를 맡긴 뒤 키루스의 군대에 대항하러 출전하였다. 그러나 나보니다스 2세는 단번에 패배하고 도주하였다. 한편 바벨론 도성의 벨사살 왕은 난공불락 같은 성곽을 믿고 태연히 1000명의 귀족들을 모아 잔치를 즐겼다. 이들은 예루살렘 성전에서 쓰였던 기물들을 가져와 술을 따라 마시며 야훼 하나님을 모독하였다. 그 순간 바빌로니아의 멸망을 알리는 또 다른 징조가 일어났다. 잘린 손목이 나타나 벽에 손가락으로 다음의 문구를 쓴 것이다.

"메네 메네 데겔 우파르신(mene mene teger uparsin)."

바빌로니아는 포로들이나 정복지 주민들의 손목을 잘라 저항의 싹을 제거해왔다. 논밭에 뿌리는 "소금"이 앗시리아의 지독함을 보여주는 상징이었다면 잘린 "손목"은 바벨론의 포악함을 말하는 상징이었다. 벨사살은 잘린 손목이 벽에 글씨를 쓰는 환상을 보며 큰 공포를 느꼈다. "지혜자" 다니엘이 불려왔고 이를 해석해 주었다. 문구의 문자적 의미는 "무게, 무게, 길이, 나눔"이었다. 바빌로니아의 죄악의 무게와 크기를 야훼께서 재어본 결과 이 제국을 나누어 멸망시키기로 했다는 속뜻이 담긴 것이었다.

당시 거칠 것 없는 페르시아 군대가 이미 인근까지 밀려오자 바벨론 도성의 주민들은 위세에 눌려 저항을 포기하고 오히려 벨사살을 처치하는 내부 반란을 일으켰다. 억압에 시달리던 바벨론 백성들은 페르시아의 대왕 키루스를 해방자로 부르며 성문을 열어 환영하였다. 도주했던 나보니다스 2세는 생포되었지만 그의 최후는 불명확하다. 패배한 적들에 대해 대체적으로 관대했던 키루스의 성격으로 볼 때 목숨은 건졌을 것이다.

5. 페르시아 제국과 관용의 키루스 왕조

"해방자" 키루스

B.C. 539년 바빌로니아 제국을 멸망시킨 페르시아 민족은 오늘날의 이란에 근거를 둔 제국이었다. 키루스의 제국은 역사에서 A.D. 224년에 등장한 "신페르시아 제국"과 구분하여 "구페르시아 제국" 또는 "아케메니드(Achaemenid) 페르시아"로 부른다.

제왕 키루스(Cyrus the Great, d. 530)는 어린 시절 할아버지이던 선왕 아스티즈(Astyges)의 살해 위협을 피해 양치기의 손에서 자랐다. 키루스는 각고의 고생 끝에 왕권을 차지한 인물이었는데 특기할 것은 이전의 잔혹한 군주들과는 달리 그가 참으로 관용적인 통치자였다는 점이다. 그의 관대함은 자신이 경험한 고달픈 유랑의 삶에서 나왔다. 이전 바빌로니아 제국 시절에 노예로 끌려왔던 여러 민족들에게 키루스는 자유를 선포하고 이들이 고향으로 돌아갈 수 있도록 허락하였다. 유다 백성들에게 키루스 대왕

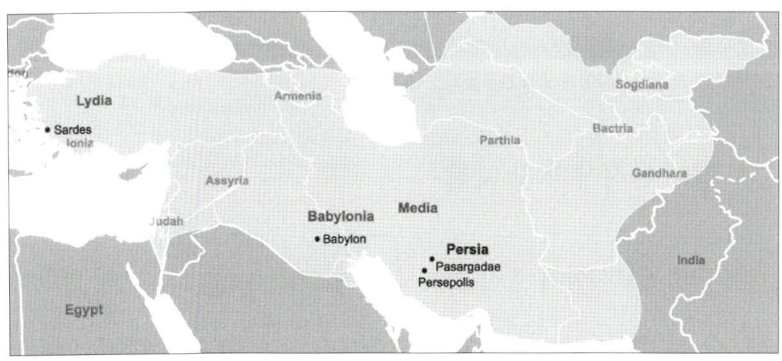

구페르시아 제국의 영토

파사르가대의 키루스 대왕의 묘
- photo by Amirskipa

은 해방의 메시야처럼 느껴졌다. 지도자 스룹바벨(Zerubbabel)과 에스라(Ezra)를 중심으로 이스라엘로 귀환한 유대인들은 성전과 성벽을 세우고 황폐화된 예루살렘과 자신들의 야훼 신앙을 재건하였다.

키루스 대왕이 세상을 떠나고 아들 캄비세스(Cambyses)가 황제가 되어 통치하였으나 급사하였다. 이에 캄비세스의 사위 다리우스 대왕(Darius the Great)이 제위에 올랐다. 당시 예루살렘으로 귀환한 이스라엘 백성들은 성전과 성벽을 재건하다가 유프라테스 서부의 총독 닷트내(Tatnai)의 제지를 받고 어려움을 겪었지만 대왕 다리우스는 유대인들의 성전 건축을 지지하였다. 한편 페르시아 제국은 네 곳에 수도를 두었다. 키루스 대왕의 묘가 있는 파사르가대(Pasargadae), 여름 궁전 엑바타나(Ecbatana), 겨울 궁전 수사(Susa), 그리고 다리우스가 건설한 최대 도시 페르세폴리스(Persepolis)였다.

다리우스가 세운 페르시아 수도 페르세폴리스 유적

유럽과 아시아의 첫 대전

490년 페르시아의 속지 소아시아 페르가몬(Pergamon)에서 반란이 일어났다. 그리스 도시 국가들의 영향을 받은 페르가몬(버가모)은 공화정을 선호하며 페르시아의 제왕적 통치에 반기를 들었다. 다리우스 대왕은 헬라 민족과 사상을 불순하게 판단하고 아예 그리스 정복을 목표로 200,000명의 대군을 이끌고 유럽으로 진격했다. 이것이 바로 유럽과 아시아의 최초의 전쟁인 제1차 페르시아 대전이었다.

그리스의 20,000 병사들은 마라톤 평원에서 벌어진 전투에서 현저한 병력 열세에도 불구하고 페르시아에 용감히 맞서 싸워 예상 밖의 승리를 거두었다. 아테네 전령 페이디피데스(Pheidippides)는 전장에서 아테네까지 42km를 뛰어 승리의 소식을 전하고서 바로 숨을 거두었다. 이 사건이 훗날 '마라톤 경기'의 유래가 된 것이다. 처참한 패배를 당한 다리우스는 페르시아로 돌아갔다.

다리우스가 죽은 후 아들 크세르크세스(Xerxes, r.485-465)가 페르시아의 제왕이 되었다. 크세르크세스는 자신에게 불순종했던 왕비 와스디(Vashti)를 폐하고 유대 출신의 에스더(Esther)를 새 왕비로 삼았다. 유대인들은 이 제왕을 "아하수에로"라고 불렀다. '크세르' 발음이 "흐세르"로 변화되고 다시 "아흐세로"나 "아하수에로"가 된 것이다.

B.C. 480년 크세르크세스는 약 200,000명의 군대를 일으켜 그리스를 정복하려는 제2차 페르시아 전쟁을 일으켰다. 첫 전투는 그리스 서부의 협곡 테르모필레(Thermophile)에서 벌어졌고 페르시아의 상대는 스파르타의 "300 용사"들이었다. 오른 쪽은 바다이며 왼쪽은 절벽인 천혜의 길목에서 스파르타 용사들은 페르시아 대군을 상대로 나흘이나 용감히 맞섰다. 페르시아의 최강 전사 부대가 나섰으나 큰 희생만 나왔다. 의외로 페르시아를 위한 실마리

왕비 에스더 - by Edwin Long

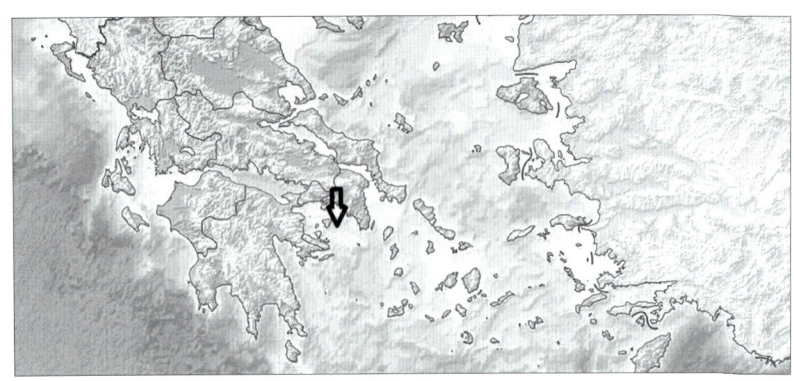

2차 페르시아 대전의 결전지 살라미스 바다

는 스파르타 내부에서 나왔다. 큰 포상금을 기대한 에피알테스가 스파르타를 배신하고 페르시아 군대에 비밀 우회로를 알려준 것이다. 스파르타 300명의 용사들은 협공을 받고 흔들렸고 결국은 태양을 가릴 만큼 쏟아지는 무수한 화살을 맞아 모두 몰살당했다. 그러나 스파르타 용사들의 결사항전은 페르시아 대군에 큰 피해를 주었으며 강력한 아테네가 페르시아에 맞서 군사적 대비할 여건을 만들어주었다. 크세르크세스의 대군은 계속 진격하여 아테네를 불사르며 기세를 올렸으나 아테네의 지장 테미스토클레스가 유도한 살라미스 해전에 말려들어 결국 병력을 거의 잃는 참담한 패배를 당했다. 이로써 페르시아의 유럽 정복의 꿈은 완전히 좌절되었다. 귀국한 크세르크세스는 부하에게 암살당했고 왕자 아르타크세르크세스(Artaxerxes)가 암살범들을 처형하고 제위를 계승하였다. 아르타크세르크세스(아닥사스다) 황제는 유대인 학자 에스라에게 예루살렘 귀환을 허락하고 또한 왕궁의 술 관원 느헤미아에게는 예루살렘 성벽 수축을 인가해 주는 친 유대적 군주였다.

결과적으로 마라톤(Marathon) 전투와 살라미스(Salamis) 해전은 역사의 추를 아시아에서 유럽으로 기울게 하였다. 이제 세계사의 중심은 메소포타미아에서 유럽의 그리스로 옮겨지게 되었다. 페르시아가 그리스에 패배한 결정적 원인은 헬라 문화가 지닌 지혜의 저력을 몰랐기 때문이다.

6. 헬라 제국과 그리스의 영웅들

그리스 문명의 기원

그리스는 유럽에서 가장 먼저 문화가 발전한 곳이었다. 그리스 문화는 B.C. 2000년경 미로 궁전 크노소스(Knossos)와 90여 개의 도시들이 번성했던 크레타 섬의 문명에서 시작되었다. 크레타 문명의 대표 유적들은 궁전 벽화들로서 특히 '미노아의 미녀(Minoan Ladies)'는 신비로운 색감과 생동감 있는 묘사로 고대 세계의 가장 뛰어난 작품이다. 이 그림 속의 여인들은 바라보는 누구에게나 시대를 뛰어넘는 생생한 미적 감흥과 예술적 영감을 제공하였다. 고대 세계에서 크레타의 예술품만큼 뛰어난 작품들은 한동안 등장하지 않았다.

그리스 문명의 두 번째 토대는 소아시아(터키 서부)의 이오니아(Ionia) 문화였다. 그 중심 도시들은 에페소스(에베소), 서머나(이즈밀), 그리고 트로이였다. 이오니아 인들의 언어 '테오레인(theorein:관찰하다)'과 '히스토레인

크노소스 궁의 벽화 미노아의 여인들 - 왕족으로 추정된다 by Cavorite

에페소스 공연 극장

(historein:탐구하다)'은 각각 'theory(이론)'와 'history(역사)'라는 가장 유명한 학술 용어를 낳았다. 이점에서 이오니아 지역은 서구 학문의 정신적 고향이다. 서양 문학의 창시자 호메로스(Homer, c. 700)도, 그리고 B.C. 5세기 페르시아 전쟁을 기록한 역사학의 선구자 헤로도투스(Herodotus, d.425)도 이오니아 출신이었다. 학당과 도서관을 중시했던 이오니아인들은 문화에 대해서는 열린 태도를 지녔으나 정작 자신들이 사는 도시에는 높고 군건한 성벽을 쌓았다. 이들은 본토 그리스에 건축 기법과 학문 방법을 전해 주었다.

소아시아의 이오니아 지역은 본토 그리스 국가들에 대해 우월감을 가졌다. 반면 본토의 그리스 도시 국가들은 이오니아의 소아시아 지역 진출에 힘썼다. 유럽에 속한 그리스와 아시아에 속한 이오니아의 두 헬라 세력들의 대결은 불가피하게 되었고 이것이 바로 고대사에서 가장 유명했던 트로이 전쟁이었다.

트로이 전쟁: "멘토"와 오디세이

역사상 트로이 전쟁(Trojan War)처럼 많은 영웅들이 등장하여 대대로 회고되며 깊은 감흥을 선사한 사건은 참으로 드물었다. 이 전쟁은 B.C. 1194년경에 약 10년간 벌어진 것으로 보인다. 트로이 전쟁은 호메로스(호머: Homer)의 대서사시 『일리아드(Iliad)』와 『오디세이(Odyssey)』에 의해 세계에 전해졌다. 한동안 전설로 간주되며 역사성이 의심되었으나 1870년경 세계적 고고학자 하인리히 슐리만(Heinrich Schliemann)이 트로이를 발굴하여 과거 역사에서 트로이가 9번이나 재건되었다는 것과 유적지층 '7A'가 트로이 전쟁의 것임을 발표하여 역사성의 표를 달게 되었다.

인간사의 많은 사건들처럼 트로이 전쟁도 사랑으로부터 발단되었다. 트로이 왕자 파리스는 에게 해(Aegean Sea) 건너편 스파르타 왕국을 방문했다가 이 나라 왕비 헬렌을 데리고 트로이로 돌아왔다. 스파르타 왕 메넬라우스는 미녀 부인을 되찾기 위해 아킬레스와 오디세이 등 그리스의 영웅들을 모아 당시 소아시아 최강 세력 트로이를 공격하였다. 이 전쟁은 왕비를 되찾는 명분도 있었지만 아시아와 흑해로 가는 좁은 길목인 다르다넬스(Dardanelles) 해협까지 빼앗을 수 있는 호기였다. 트로이는 바로 그 바닷길을 장악한 도시였기 때문이다.

트로이 전쟁의 첫 주인공은 "천막에서 관망만 하라"던 어머니의 모성적 충고와 "전장을 휘저어라"라는 자신 속의 야성적 충동 사이에서 심히 갈등했던 맹장 아킬레스였다. 적 트로이를 앞에 두고 아가멤논과 벌였던 영웅으로서의 아킬레스의 자존심 대결은 남자가 명예를 위해서도 목숨을 거는 것을 보여주었다. 그러나 후반부의 주연은 이 전쟁에 정말로 참가하기 싫어했던 이타카(Ithaca)의 지장 오디세이였다.

고대 그리스에서는 아름다운 처녀의 신랑감은 때로 경기의 승자로 결정하였다. 도주한 스파르타 왕비 헬렌이 처녀였을 때 많은 구혼자들이 그녀를 신부로 얻기 위해 경기에 참가했었다. 오디세이도 그 내기에 참가한 한 명이었다. 그는 미래의 운명도 모른 채 다른 청혼자들과 함께 헬렌을 지켜주겠다는 서약을 하였다. 그러나 경합 중간에 오디세이는 자진 포기하였고 결과적으로 메넬라우스가 미녀 헬렌을 차지하였다. 그러므로 옛 맹세 때문에 오디세이는 스파르타 왕 메넬라오스로부터 트로이 전쟁 출전 요구를 받게 된 것이다. 오디세이는 이미 아들까지 둔 행복한 가정이 있었으므로 타인의 아내를 구출하는 소득 없는 그 전쟁을 피하고 싶었다. 오디세이는 자존심도 팽개친 채 미친 흉내까지 냈지만 소용이 없었고 결국 서약을 지키기 위해 트로이 전쟁에 나섰다. 그는 두 살짜리 아들 텔레마코스(Telemachos)를 '멘토(Mentor)'라는 이름의 친구에게 맡겼는데 오늘날 "지도하는 사람"의 뜻으로 사용되는 '멘토'는 여기 이 인물에서 유래되었다.

오디세이는 트로이 전쟁에서 가장 영웅적인 활약을 펼쳤다. 죽은 아킬레스의 시신을 가져온 이도, 또 '트로이 목마' 계략을 짜낸 이도, 그리고 목마에 숨어 트로이 성에 침투한 이도 오디세이였다. 집을 떠날 때부터 시작하여 종전 후 많은 에게 해 섬들을 거쳐 다시 고향 이타카로 돌아가기까지 20년에 걸친 그의 여정이 바로 『오디세이의 모험』이다. 한편 멘토는 오디세이의 아들 텔레마코스가 고향에만 있도록 조언하며 돌보았다. 오디세이를 좋아하는 여신 아테나(Athena)는 이를 안타깝게 생각하여 멘토의 모습으로 나타나 텔레마코스에게 아버지 오디세이를 찾으러 떠나라고 권했다. 그녀를 진짜 멘토로 생각한 유순한 텔레마코스는 모험의 세계로 떠나 드디어 아버지 오디세이와 조우하고 많은 고난을 겪은 용맹한 청년이 되어 귀향하였다. 이 신화는 멘토의 근본적 역할도 가르쳐 주고 있다. 멘토란 돌보는 대상이 안일한 태도에서 벗어나 과감히 도전하는 벤처정신을 갖도록 돕는 자이다. 한편 트로이의 장군 아이네이스(Aeneas)는 무너진 조국을 탈출하여 이탈리아로 건너가서 위대한 로마를 세웠다.

　트로이는 많은 역사적 인물들에 영감을 주었다. 훗날 알렉산더 대왕은 22살의 나이에 트로이의 폐허에서 아테나 여신에게 제사했고 아킬레스의 무덤을 찾아 꽃다발도 바쳤다. 그는 트로이 재건을 명했고 이에 따라 인근 항구에 신도시 '트로아스(Troas)'가 세워지게 되었다. 알렉산더는 이곳에서 세계 정복을 다짐하였다. 그의 사후 부하 장군들도 트로아스를 서로 차지하려 했다. 장군 안티고누스(Antigonus)는 자신의 이름을 넣어 '안티고누스 트로아스'라고 칭했지만 리시마쿠스가 이를 빼앗아 대왕을 기념하여 '알렉산드리아 트로아스'로 개명하였다.

　로마 제국의 영웅들도 트로아스를 특별한 곳으로 대접했다. 카이사르는 이곳에 황궁을 세울 계획을 했었고 옥타비아누스는 트로아스 시민들의 세금을 한동안 면제하였다. 콘스탄티누스 대제는 로마 제국의 수도 후보지로 콘스탄티노플, 니코메디아, 트로아스 세 도시를 놓고 고민했었다. 소아시아까지만 선교를 했던 예수의 사도 바울은 트로아스에 와서 유럽으로 건너가는 계기가 된 신비한 환상을 보게 되었다. 바울은 기독교의 오디세이였고 교회의 멘토였으며 복음의 알렉산더였다. 항해할 때 바울은 다만 검 대신에 사랑의 메시지를 지녔다.

헬라 문화의 상징 '파르테논'

B.C. 500년 이후 헬라 문화의 중심지는 이오니아에서 본토 그리스의 아테네로 바뀌었다. 페르시아 전쟁에서 승리한 아테네 시민들은 도시의 수호신 아테나(Athena)를 위해 B.C. 440년경 신전을 세웠다. 전쟁과 지혜의 여신 아테나는 "처녀(parthenos)"였기 때문에 이 신전은 "파르테논(처녀신의 집)"으로 부르게 되었다. 폭 30.9미터에 길이 69미터 규모의 이 신전은 총 69개의 거대한 기둥들이 모두 미세하게 안쪽으로 기울어져 상공 90미터의 한 점에서 만난다. 고대 그리스의 뛰어난 수학과 건축술을 드러낸 걸작이다. 이는 많은 그리스 도시 국가들이 천상의 세계에서 하나로 단결하는 의미를 내포했다.

파르테논 신전이 건축된 지 약 400년 후인 A.D. 52년경 예수의 사도 바울은 아테네를 방문하였다. 그는 이 신전 아래 아레오파고스 재판정 광장에서 '영원한 분'을 가르치며 이렇게 말하였다.

"전능하신 하나님은 인간이 손으로 만든 곳에 계시지 않습니다."

파르테논의 기둥처럼 하나가 되기를 염원했던 그리스인들의 소망은 이루어지지 않았다. 외부적으로부터는 승리했으나 그리스는 오히려 내부 분열을 겪게 되었다. 특히 대표 도시들인 아테네와 스파르타의 대립은 더욱

파르테논 신전의 아크로폴리스(위)와 아레오파구스(아래)-1846년경 by Leo von Klenze

깊어졌다. 두 도시 국가의 정치사회적 차이가 원인이었다. 아테네는 철학적 가치를 중시하며 공화정을 펴고 있었고 스파르타는 신체적인 훈련을 강조하며 왕정을 두고 있었다. 건강한 정신과 건강한 육체 중 어느 것이 우선인가라는 충돌은 공화정이냐 왕정이냐는 정치 체제의 갈등까지 빚었고 누가 그리스의 대표 국가인가라는 자존심 대결을 낳았으며 결국 물리적 전쟁으로 귀착되었다. 훗날 로마 제국은 '건강한 정신과 건강한 육체' 이 둘을 통합하려했다.

"세계의 학문" 그리스의 철학

"철학의 아버지" 소크라테스(Socrates, B.C. 469-399)는 아테네에 많은 제자를 두었고 진리를 추구하는 변증법적 탐구 방법을 가르쳤다. 하나의 진리를 얻기 위해 많은 질문과 답을 제기하며 그 과정에서 오답들이 걸러지고 마침내 정답을 찾는다는 방법이다. 이러한 사유는 모든 학문에 특히 과학에 그대로 적용되어 현대까지 주효한 연구 방법론이 되었다.

소크라테스는 인간이 불멸의 영혼을 가진 존재라고 가르쳤다. 신들만이 불멸이라고 믿던 사회에서 이 철학자는 놀랍게도 인간의 영적 측면도 인식하고 주장한 것이다. 또한 전통적 신들은 참 신이 아닐 수 있다며 부정적으로 보았다. 무엇보다 소크라테스의 위대성은 인간이 가문, 경력, 의무 등 세상의 성취가 아니라 '비가시적인 미덕들'과 '영혼의 안녕(welfare of the soul)'을 이뤄야 함을 가르친데 있다. 인간은 원래 이런 숭고한 목적의 존재라는 것이다.

한편 소크라테스는 국가의 발전에 강력한 리더십이 필요함을 역설하였다. 정치는 정치인들이 맡는 것이며 국민들이 스스로의 신분과 한계를 아는 것이 사회 발전에 필수적이라고 보았다. 소크라테스의 제자들이 아테네의 정권을 10년간 잡게 되자 민주주의적 공화정 전통은 잠시 중단되고 이들의 집단 독재가 발생하였다. 당연 잔인한 피의 숙청도 뒤따랐다. 그러나 아테네 시민들은 얼마 후 소수 독재 집단을 몰아내고 공화정 시대를 다시 열었다.

시민들은 이 사태의 원인에 대해 따지기 시작했고 소크라테스의 사상이 배후로 작용했다고 결론지었다. 소크라테스는 결코 소수 독재자들에 협력하지 않았지만 그들을 가르친 책임이 있다는 것이다. 특히 소크라테스의 정치 철학 중 '강력한 지도력'에 대한 강조는 독재자를 편들고 더구나 아테네의 숙적 스파르타를 추종하는 불순 사상으로 간주되었다. 이 위대한 철학자의 운명은 독배를 마시고 죽는 것이었다. 그러나 그의 사상은 제자 플라톤(Plato, d. B.C. 348), 그리고 플라톤의 제자 아리스토텔레스(Aristotle, d. B.C. 322)를 통해 더욱 창조적으로 계승되었다. 이 세 사람은 세계 철학의 기틀을 마련했다.

A α	alpha	N ν	nu
B β	beta	Ξ ξ	ksi
Γ γ	gamma	O o	omicron
Δ δ	delta	Π π	pi
E ε	epsilon	P ρ	rho
Z ζ	zeta	Σ σς	sigma
H η	eta	T τ	tau
Θ θ	theta	Y υ	upsilon
I ι	iota	Φ φ	phi
K κ	kappa	X χ	chi
Λ λ	lambda	Ψ ψ	psi
M μ	mu	Ω ω	omega

헬라어 알파벳

플라톤은 놀랍게도 가시적 물질 세계의 본질적 가치를 부정하였다. 스승 소크라테스처럼 플라톤은 눈에 보이는 세계가 참 세상이 아니며 오히려 초월적 세계가 참된 세계라고 주장했다. 육체보다 영혼을, 물질보다 미덕을 더 중시한 플라톤의 이원론(Dualism)은 서구 사상의 기본 틀이 되었고 기독교 사상과의 교집합이 되었다. 훗날 많은 현자들은 이원론에 입각하여 물질적 세계의 한계를 극복하고 형이상학적 진리에 다가서고자 하였다. 돈과 쾌락, 심지어 음식과 결혼도 거부하며 영적 세계를 갈망한 수도자들도 넓게는 플라톤의 사상에서 영감을 얻었다. 이 때문에 16세기 스위스의 종교개혁자 츠빙글리(Zwingli)는 소크라테스와 플라톤이 기독교적 진리에 근접했다고 찬양하였다.

천재 미술가인 라파엘로의 작품 '아테네의 학당(School of Athens)'은 플라톤과 아리스토텔레스 두 철학자의 학문적 성향을 훌륭하게 묘사하였다. 중앙에서 플라톤은 왼손에는 『티마이오스(Timaeus)』 책을 들고 오른

라파엘의 명작 '아테네의 학당(1511)'

손으로는 하늘을 가리킨다. 그 옆의 아리스토텔레스는 왼손에 『윤리학(Ethics)』을 들고 땅을 향해 손을 내밀고 있다. 각기 다른 두 손의 방향은 상이한 학문 성향을 상징한다. 플라톤은 인간이 올려 봐야할 우주적 형이상학 사상을 강조했고 아리스토텔레스는 인간이 내려 봐야할 지상의 규범에 대해 논의하였다. 즉 플라톤은 초월 철학을 전파했고 아리스토텔레스는 현실 철학을 강조한 것이다.

"세계의 정복자" 알렉산더

헬라 철학으로 아테네의 현자들이 세계를 장악했다면 검으로 세계를 정복한 인물은 알렉산더(Alexander: B.C. 356-323)였다. 그는 마케도니아의 수도 펠라(Pella)에서 필리포스(Phillippos) 왕의 아들로 태어났다. 필리포스 왕은 그리스 전역을 장악하였으나 적들이 도처에 있었다. 여러 아내들을 두어 가족 간에도 불화하였고 왕비 올림피아스와의 사이에서 태어난 알렉산더도 아버지와 갈등이 많았다. 적국인 페르시아 제국도 필리포스를 제거하려 했다. 336년 10월 큰 잔치를 벌이던 47세의 필리포스 왕은 호위대장 파우사니아스(Pausanias)의 단검에 찔려 최후를 맞았다. 암살범 파우사니아스도 곧 처형당했다. 국왕인 남편을 증오했던 올림피아스 왕비는 이 암살범의 시신을 오히려 잘 매장해 주었다. 알렉산더는 부친 살해의 배후로 페르시아 황제를 지목했다. 그러나 파우사니아스는 페르시아와의 관련성을 부인하며 그저 자신이 유명해지려고 국왕을 죽였다고 말했다. 대체 그가 어떤 동기로 그 일을 저질렀는지는 역사의 미스터리가 되

알렉산더 대왕

었다. 부친의 죽음에 눈물을 흘리지 않았던 알렉산더는 부친의 왕국을 계승하였다. 그의 원대한 꿈은 150년 전 그리스를 짓밟은 세계 최강국 페르시아를 정복하고 더 큰 제국을 건설하는 것이었다.

알렉산더는 원정을 선포하고 페르시아 군을 무찌르기 시작했다. 가장 중요한 전투는 331년 10월 오늘날 이라크 북쪽 모술 근처에서 벌어진 고가멜라 대전(Battle of Gaugamela)이었다. 페르시아 제왕 다리우스 3세의 군대는 약 250,000명이었고 이에 맞서는 알렉산더의 군대는 5배나 열세인 약 45,000명이었다. 알렉산더는 군대를 나누어 가로 세로 각각 16명씩 총 256명씩으로 구성된 4각형 방진형 부대들로 진을 짰다. 이들은 모두 4미터가 넘는 창을 쥐고 있었다. 그 모습은 마치 100여 마리의 고슴도치들이 지략 없는 수백 마리 들개들과 몸싸움을 벌이는 것과 같았다. 기병 부대로 페르시아 군의 중앙 대형을 혼란시킨 뒤 중앙 후방의 다리우스 3세를 향해 알렉산더는 직접 말을 타고 선봉에서 진격하였다. 다리우스 3세는 겁을 먹고 도주를 했고 페르시아 군은 처참하게 유린되었다. 이날의 승리로 25살의 마케도니아 청년은 유럽과 아시아의 패권을 쥐게 되었다.

알렉산더의 최정예 병사들은 더 진군하여 페르시아의 수도들인 바벨론과 수사(Susa)를 약탈했고 마침내 세계 최대의 도시 페르세폴리스(Persepolis)까지 초토화시켰다. 이 도시의 모든 것이 파괴되고 수세기 내에도 회복되지 못하였다. 고대 페르시아 수도의 찬란했던 유적들이 모두 사라진 것은 너무나 안타까운 문화적 손실이었다. 그러나 알렉산더

그리스의 세 기둥 양식인 도리아(상), 이오니아(중), 고린트(하)

는 대신에 자신의 이름을 딴 '알렉산드리아(Alexandria)'라는 도시들을 곳곳에 세웠다.

알렉산더 제국은 서양의 사상과 동양의 지혜를 융합한 헬레니즘(Hellenism) 사상으로 세계를 통치한 위대한 제국이었다. 알렉산더는 그리스 문화를 더 발전시킨 것이다. 그리스인들은 자신들을 헬레네스(Hellenes) 신의 후손으로 여겨 스스로를 '헬라인'이라 불렀다. 좁은 의미로는 "그리스인"을 가리켰던 '헬라인'은 넓은 의미로는 헬레니즘 영향하의 백성들을 가리키게 되었다. 특히 그리스에서 유래한 철학, 정치, 건축, 예술, 언어, 문학, 종교 등은 세계 각국의 문화에 지대한 영향을 끼쳤다. 현대 영단어 50,000여 개도 헬라어로 부터 유래하였다. 건축에서 도리아(Doria), 이오니아(Ionia), 코린트(Corinth) 양식들의 기둥과 장식은 거의 모든 서구 건물들이나 성당들에 사용되었다.

대왕이 존경한 거지 철학자 디오게네스

소크라테스 말년에 아테네 거리에는 거지 행색의 철학자 디오게네스(Diogenes, B.C. 412-323)가 출현하였다. 터키 북부 시노피(Sinope) 출신인 디오게네스는 부친과 함께 주화를 위조하다가 고향에서 추방되었다. 그는 자신의 운명이 궁금하여 그리스 델피(Delphi)에 신탁을 받으러 갔다. 제단 무녀가 그에게 이렇게 말하였다.

"계속 화폐를 위조하라."

디오게네스는 이 신탁을 철학적으로 해석했는데 여기서 그의 천재성을 볼 수 있다. 그는 무엇이든 본질적 가치와 액면가는 다르다고 생각하고 부풀려진 위선적인 것들을 끌어내리기로 결심한 것이다. 즉 사람들이 소중하다고 생각하는 모든 대상들이 실제 소중한 것인지 도전하기 시작했다. 디오게네스의 첫 조롱 대상은 바로 "정신적 화폐"인 철학이었다. 아테네로 건너온 디오게네스는 대철학자 소크라테스와 그 제자 플라톤의 사상을 조롱하기 시작했다. 플라톤이 '인간'에 대한 정의(definition)를 "깃털이 없는 두 발을 가진 존재"라고 주장하자 디오게네스는 털 뽑은 닭을 플라톤에게 가져다주며 이렇게 말했다.

"여기 당신의 인간이 있소."

플라톤은 어이없었지만 인간 개념을 "깃털 없는 두 발에 발톱을 가진 존재"라고 수정했다. 사실 디오게네스는 고대 세계 최고의 수사학 대가였다. 이 걸인 철학자와 논쟁해서 이길 수 있는 사람은 거의 없어보였다. 왜냐하면 그는 논리의 법칙뿐 아니라 한계도 알았고 때로는 논리를 뛰어넘는 창조적 발상으로 주장을 폈기 때문이다. 그는 탐욕을 버린 걸인의 삶을 선택했으며 먹을 것은 구걸을 통해 얻었고 남에게 요구할 때는 언제나 당당했다. 자신의 구걸 행위는 타인에게 자선 기회를 제공하는 착한 일이라고 주장했다. 디오게네스의 눈에 정치는 유치한 행위고 재물은 불결한 물건이고 오락은 감각적 낭비였다. 이 철학자는 대낮에도 등불을 손에 들고 다니며 지나가는 사람들에게 이렇게 물었다.

"암흑의 세상에서 진실한 인간을 본적이 있는가?"

여행 중에 해적에 붙잡혀 노예가 된 디오게네스는 코린트(고린도)의 부호 크세니아데스(Xeniades)의 집에서 일하게 되었다. 그는 마치 "성경의 요셉"처럼 주인의 전적인 신뢰를 받아 집안 사무를 도맡았고 주인의 아들들도 가르쳤다. 감복한 크세니아데스가 그에게 자유를 주려하자 디오게네스는 이렇게 말했다.

"나는 노예로 일한 것이 아니고 또 노예인 적도 없으며 오히려 당신 가족들이 나에게 배웠기 때문에 그대들이 나의 노예들입니다. 그러므로 나를 풀어준다는 당신 생각조차 틀린 것이오."

디오게네스는 그 집에서 나와 코린트의 길가에서 무소유의 삶을 시작했다. 그 즈음 알렉산더 대왕이 코린트로 건너와 각국 왕들과 회합을 갖게 되었다. 시민들은 이 젊은 영웅을 좋아했고 귀인들은 선물들을 싸들고 찾아와 너도나도 알렉산더와 면담하였다. 알렉산더는 유명한 괴짜 디오게네스도 자신에게 찾아올 것으로 예상하였다. 그러나 걸인 철학자는 젊은 영웅에 대해 관심조차 없었다. 결국 호기심 가득했던 알렉산더가 먼저 디오게네스를 찾아갔다. 그리고 자신이 도와줄 것이 있는지 묻자 디오게네스는 이렇게 답했다.

"바라는 게 있소. 햇빛을 가리지 말고 비키시오."

걸인 철학자의 답변에 감명을 받은 알렉산더는 돌아가며 이렇게 말하였다.

"내가 만약 알렉산더로 태어나지 않았다면 디오게네스로 태어나고 싶다."

디오게네스는 인간보다 개가 덜 위선적이고 더 자연스런 삶을 사는 존재라고 믿었다. 그의 사상은 '시니시즘(Cynicism)', 즉 회의주의라고 불리게 되었는데 이 용어는 자유롭게 사는 '개'의 헬라어 '키온(kyon)'에서 유래되었다. 때문에 디오게네스의 석상에는 개도 함께 등장하게 되었다. 그는 재물이 아닌 무형의 가치를 위해 살았던 수도사들의 모형이 되었고 그의 회의주의 사상은 탈속 운동의 배경이 되었다. 세상을 버리는 연습은 수도원이 등장하기 전, 이 걸인 철학자로부터 시도되었다. 다만 신적 세계를 추구하는 목적의 유무에 따라 수도원주의와 회의주의는 구별되었다.

거리에서 생활한 철학자 디오게네스와 회의주의의 상징 동물인 개 by Jean Leon Gerome c 1860

대왕의 최후와 제국의 분열

세계를 정복한 33세의 알렉산더 대왕은 B.C. 323년 6월 바벨론의 궁궐에서 두 주간 잔치를 벌이다가 갑자기 열병으로 쓰러졌다. 자신이 숭배하던 헤라클레스에게 회복을 기원하는 제사를 하였지만 수일 내 급사하였다. 세상을 지배했던 대왕이 사망한 바로 같은 해에 세상에서 자유로웠던 디오게네스도 사망하였다.

알렉산더 대제의 급작스런 죽음은 헬라 제국을 큰 혼란에 밀어 넣었다. 후계자는 없었고 그의 인척들은 군주의 그릇이 되지 못하였다. 황후 록산(Roxane)은 대제 사망 직후 아들을 낳았으나 어린 유아가 제국을 이어받을 수도 없는 상황이었다. 결국 영토는 부하 장군들에 의해 조각났다. 이 시대를 '분열'이라는 뜻의 '디아도키(Diadochi)' 시대라고 부른다. 크게는 세 토막으로 나뉘어졌다. 마케도니아와 소아시아(터키 반도)는 안티고누스(Antigonus)가, 페르시아 영토와 시리아는 셀레우코스(Seleucus)가, 그리고 팔레스티나와 이집트는 프톨레마이오스(Ptolemaios)가 다스리게 되었다. 셀레우코스 장군의 후예들은 시리아를 중심으로 왕조를 이루었고 프톨레마이오스(톨레미) 장군의 자손들도 이집트에서 제31왕조를 세우고 서로 대립하였다. 이 프톨레마이오스 왕조가 바로 훗날 클레오파트라(d. B.C. 30)를 이집트의 마지막 여왕으로 배출한 왕조이다. 분열된 왕국들 중간에 위치했던 이스라엘에는 이런 상황이 큰 고통이었다.

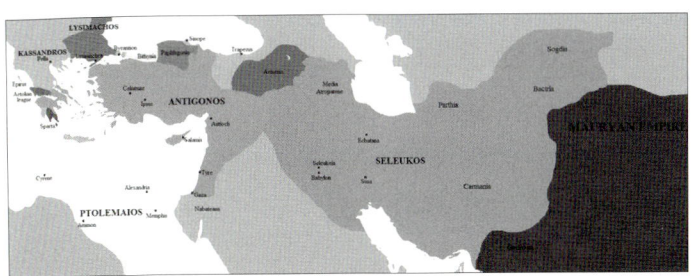

알렉산더 대왕 사후의 분열 왕국(디아도키) - by Javierfv1212

7. 유다 왕국과 마카비 혁명

두 왕조 사이의 이스라엘 운명

페르시아의 속지였던 이스라엘은 헬라 제국이 등장하자 다시 이 제국의 속령이 되었다. 이스라엘은 헬라 왕조에 곡식의 1/3과 과일 수확의 1/2을 세금으로 바쳤다. 막대한 세금을 징수하기 위해 이집트를 다스린 프톨레마이오스 장군과 시리아를 지배한 셀레우코스 장군은 중간 지대인 이스라엘 땅을 장악하려 수차례 전쟁을 벌였다. 먼저 예루살렘을 차지한 장군은 프톨레마이오스 장군이었다. 알렉산더 대제의 사후 프톨레마이오스 장군은 B.C. 323년 이집트의 총독으로 임명되었다가 스스로 이집트의 왕에 올랐다. 검은 얼굴들의 이집트에 최초로 흰 얼굴의 유럽 장군이 왕위에 오른 것이었다. 수도는 알렉산드리아 항구였다. 프톨레마이오스 왕조는 마지막 통치자 클레오파트라가 사망하여 로마에 멸망할 때까지 15명의 왕들을 내었고 270년 동안 이집트를 다스렸다. 이 왕조는 헬라 제국의 학문적 정신을 계승하였다. 초대 왕 프톨레마이오스 1세는 알렉산드리아를 헬라 학문의 중심지로 만들 포부를 갖고 고대 세계에서 가장 큰 알렉산드리아 도서관(Bibliotheca Alexandriana)을 설립하였다. 이 도서관은 50만권의 장서

B.C. 320년경 예루살렘을 점령하는 이집트 프톨레마이오스 군대 - by Jean Fouquet

를 자랑했는데, 이는 사실상 고대 세계의 거의 모든 책들을 보유한 것이나 다름없었다. 수도의 방문자들은 모든 책들을 압류 당했고 반출도 금지되었다. 왕립 학교 무세이온(Museion)이 설립되자 알렉산드리아는 마침내 "학문의 왕도"가 되었다. 이 도시에서 유클리드는 『기하학원론』을 저술했고, 에라토스테네스는 지구의 둘레를 측정하였다. "유레카(Eureka)"를 외치고 파이(pi) 값도 구했던 아르키메데스도 젊은 시절 알렉산드리아에서 공부했다. 일식과 월식을 연구한 클라우디우스 프톨레마이오스도 이 항구에서 하늘을 보았다.

히브리어(Hebrew) 알파벳

B.C. 320년 국왕 프톨레마이오스 1세는 예루살렘을 점령해 유대 지도자들의 목을 베고 수많은 유대인들을 노예로 팔거나 이집트로 강제 이주시켰다. 이 때문에 이집트에는 유대인 인구가 급증하게 되었다. 프톨레마이오스에 이어 아들 필라델푸스(Ptolemy Philadelphus, d. B.C. 247)가 왕위에 올랐다. 새 국왕은 아버지보다 훨씬 관대한 인물이었다. 전승에 의하면 필라델푸스 왕은 유대 대제사장에게 명하여 이스라엘의 구약 성경을 알렉산드리아로 가져와 헬라어로 번역하게 하였다. 이를 72명의 랍비들이 번역했다 하여 소위 '70인역(Septuagint)'라고 부르는데 그 출현 전승은 B.C. 2세기 문서인 『아리스테아스의 서신(Letter of Aristeas)』에 자세히 적혀있다. 이 문서에 따르면 이스라엘 12지파에서 6명씩 총 72명이 알렉산드리아로 파송되었다고 한다. 필라델푸스 왕은 이들에게 연회를 베풀었고 지혜에 관해 토론하였다. 또 출판을 기념해 많은 유대인 노예들을 풀어주었다. 랍비 72명은 알렉산드리아 등대 근처에 각자 방을 정하고 히브리어 구약을 헬라어로 번역하였다. 이렇게 탄생한 '70인역'은 헬라어가 공용어인 당시 세계에서 가장 많이 읽히는 구약 책이 되었다.

안티오쿠스 에피파네스 4세 왕의 동전 초상

B.C. 167년경 북쪽 시리아의 셀레우코스 왕국은 이스라엘을 공격하고 속지로 삼았다. 이제 유대인들은 새로운 지배자에게 과중한 세금을 바치며 혹독한 시기를 보내야 했다. 시리아 왕 안티오쿠스 에피파네스 4세는 황금에 눈이 먼 인물로 예루살렘 시민들의 재산과 성전의 금고까지 갈취하였다. 그런데 이전 지배자인 이집트의 프톨레마이오스 왕조가 학문적 헬라화를 추구했다면 새 침략자인 시리아의 셀레우코스 왕조는 종교적 헬라화를 추진했다. 때문에 안티오쿠스 에피파네스 4세는 예루살렘의 성전에 그리스의 신상들을 가득 세우고 숭배를 요구했다. 유대인들은 제우스, 아르테미스, 아폴로 등에게 제사를 바쳐야 했고 거부한 이들은 모두 처형되었다.

시리아의 폭압에 항거하여 예후다 마카비(Maccabees) 형제는 유대인들을 이끌고 반란을 일으켰다. 이들은 3년간 끈질기게 투쟁한 끝에 시리아 헬라인들을 쫓아내고 예루살렘을 수복하였다. 시리아의 왕은 더 큰 군대로 보복하려 했으나 갑자기 세상을 떠났고 이후 셀레우코스 왕조조차 내부 분열로 쇠락하여 안티오크(안디옥)만 남기고 해체되었다.

유대를 밝힌 빛의 축제 '하누카'

B.C. 164년 유대력 12월 25일에 마카비는 예루살렘 성전을 되찾은 후 헬라인들이 훼손한 성전을 수리하고 신상들을 제거하며 정화하였다. 그리고 그는 '메노라(Menorah)'라고 불리는 대형 황금 등잔대에 다시 등불을 켰다. 수년 만에 처음으로 점화하는 것이었다. 매일 켜두어야 하는 메노라를 위해 많은 기름이 필요했지만 당시 준비된 것은 하루 분량밖에 되지 않았다. 그런데 적은 양의 기름으로도 메노라의 빛은 기적적으로 8일

이나 더 지속되었다. 유대인들은 그 사이에 구별된 새로운 성전용 기름을 충분히 마련할 수 있었다. 이때로부터 유대인들은 성전 수리와 국가 독립을 기념하여 "봉헌(dedication)"이라는 뜻의 '하누카(Hanukkah)'라는 명절을 지키게 되었다. 이는 또 성전을 보수했기에 우리말로는 '수전절'이라고 부른다.

현대 유대인들의 가장 큰 명절인 하누카는 유대 달력으로 키슬레브(양력 12월경) 제25일에 시작되며, 이때 각 가정은 8일간 등불을 켜 마카비의 옛 승리를 기리고 메시아 왕국을 대망한다. 흥미롭게도 유대인들은 유대 월력 12월 25일에 메시아를 기다리는 절기를 지키고 있으며 기독교인들은 로마식 양력 12월 25일에 이미 오신 메시아로서 예수 탄생을 기리고 있다.

마카비 혁명으로 유대 지역은 400년 동안 상실했던 독립국의 위상을 마침내 되찾았다. 유대 왕에는 마카비의 동생 시므온(하스몬)이 즉위하여 하스몬 왕조를 열었다. 그러나 유다 왕국의 독립은 허망하게도 한 세기만에 끝이 났다. B.C. 64년 로마 최고의 명장 폼페이우스가 동방 원정을 통해 예루살렘을 점령하면서 이스라엘이 로마 속국이 되었기 때문이다. 유대인들은 매년 수백 달란트의 세금을 상납하는 고달픈 신세로 또 전락하였다. 간신히 독립을 쟁취했지만 이를 앗아간 로마에 유대인들은 큰 반감을 품게 되었다. 특히 유대가 아닌 이두매아(Idumaea) 사람인 헤롯을 로마가 "유대의 왕"으로 임명하자 이스라엘 사람들은 더 큰 굴욕감을 느꼈다.

일부 유대인들은 로마에 굴복하여 섬겼다. 성경 누가복음에 나오는 세금을 걷는 관원 삭개오(Zachaeus)가 바로 그런 인물이었다. 사실 '삭개오' 이름은 과거 페르시아 귀환 때 이방 땅에 살던 유대인들을 이스라엘로 귀환시킨 민족지도자 '삭개(Zachai)'에서 나왔다. 또 마카비 혁명 때의 독립 운동가 중에도 '삭개오' 이름을 가진 이가 있었다. 성경의 삭개오는 자신의 이름에 담긴 애국적 기원과는 달리 로마를 위해 일하다 유대인들의 배척을 받았다. 그러나 회심한 후 부정 축재한 재산을 가난한 이들에게 나누어주고 예수의 제자가 되었다.

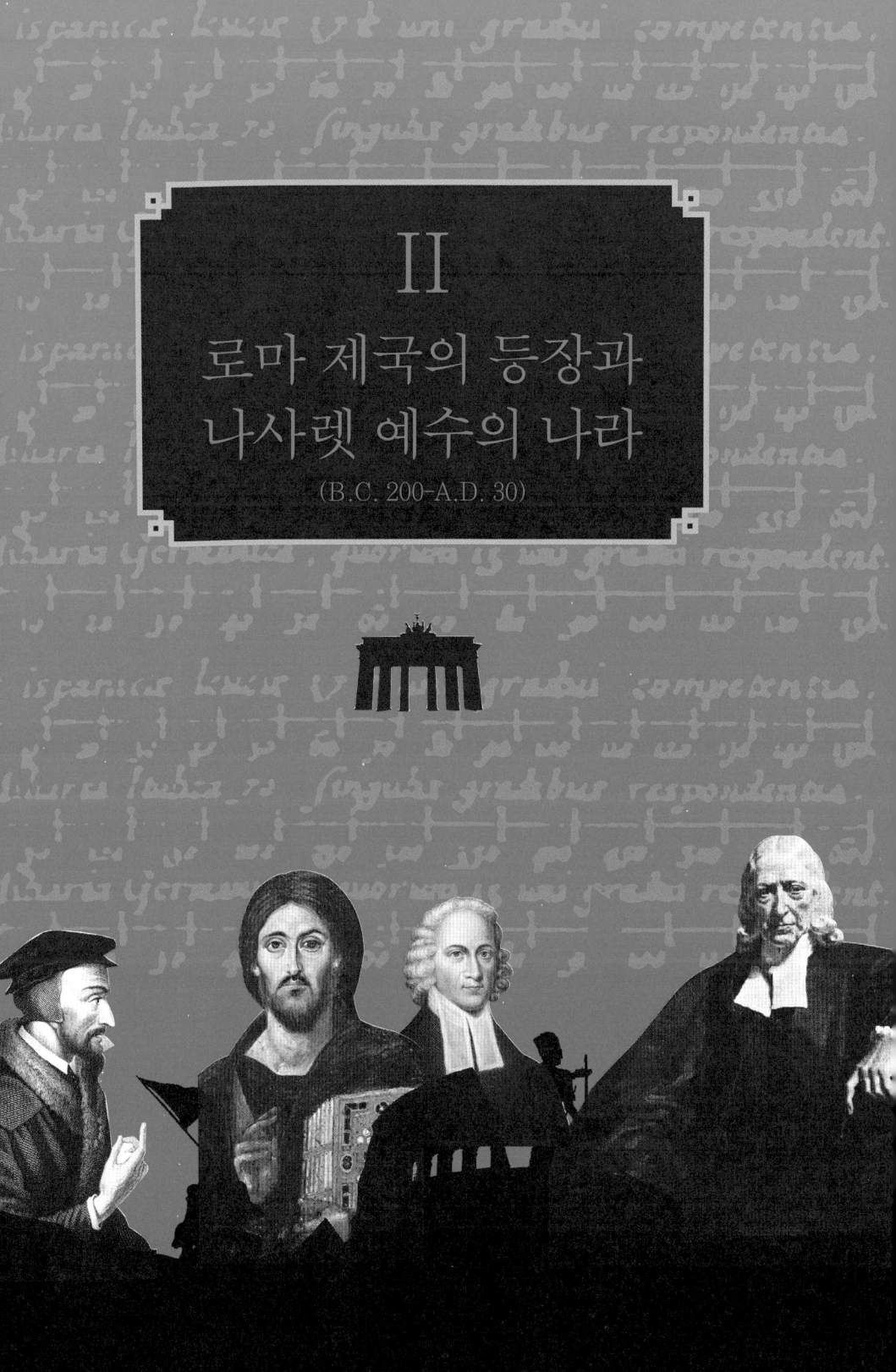

II
로마 제국의 등장과 나사렛 예수의 나라
(B.C. 200–A.D. 30)

1. 로마의 성장과 정복 전쟁

로마의 설립자들

역사상 가장 위대했던 로마 제국은 아름다운 테베레(Tiber)강의 도시 로마에서 시작되었다. 로마가 위치한 중부는 라티움(Latium) 평원이었기에 로마의 문화, 언어, 인종을 '라틴(Latin)'이라는 용어로 지칭하게 되었다. 로마 시민들은 라티움 평원의 원주민들과 알프스 산맥에서 내려온 에트루리아(Etruria) 종족, 그리고 트로이 출신의 아이네이스를 따라 이탈리아로 건너온 그리스인들로 구성되었다.

1세기 로마 역사가 베르길리우스(Virgil)는 대서사시『아이네이스(Aeneid)』에서 장군 아이네이스가 라티움에 와서 '마을' 로마를 세웠다고 기록하였다. 이를 도시 왕국으로 바꾼 이는 B.C. 753년 아이네이스 후손인 로물루스(Romulus)와 레무스(Remus) 형제였다. 이 형제는 어렸을 때 산에 버려졌으나 늑대가 데려다가 팔라티노 언덕의 루퍼칼(Lupercal) 동굴에서 젖을 먹었다. 이 전설로 인해 로마의 상징 동물은 늑대가 되었다. 이후 양치기가 늑대에게서 이 형제를 데려다가 키웠다. 로물루스와 레무스는 주변을 장악하고 도시 로마를 건설하였는데 로물루스는 동생 레무스를 죽이고 로마의 첫 왕이 되었다. 바로 '로물루스'의 이름에서 로마(Roma)가 유래되었다.

늑대 젖을 먹은 로물루스와 레무스 형제
- in Museo Nuovo in the Palazzo, Rome

초기 로마는 이탈리아 북부에서 남하한 에트루리아 문화의 영향을 크게 받았다. 특히 에트루리아인들은 광물을 잘 다뤄 금속공예에 뛰어났고 그림과 도요에도 탁월하였다. 현대의 원피스 같은 짧은 겉옷과 한 쪽 어깨에서 온 몸을 한 바퀴 감싸고 길게 늘어뜨리는 로마인들의 토가(toga)는 바로 에트루리아인의 복식에서 유래하였다. 이 토가는 자유민들만 걸칠 수 있었고 워낙 고가여서 권위와 부의 상징이었다. 또한 로마는 그리스의 헬레니즘을 가장 잘 수용하여 건축, 언어, 관습, 신화, 종교, 철학 등에 응용하였다.

로마의 공화정

로물루스 이후 B.C. 600년대까지는 에트루리아인들이 로마 왕위를 차지했고 B.C. 509년부터 왕정이 폐지되고 원로원이 다스린 공화정이 시작되었다. 로마는 '파트리키안(Patricians)'이라는 귀족들과 '플레비안(Plebeians)'이라는 평민, 그리고 노예들의 세 계층으로 이루어졌다. B.C. 1세기 황제 통치 이전까지는 두 명의 집정관이 로마를 다스렸다. 집정관들의 임기는 대개 1-2년에 불과했고 서로 견제할 권한이 있었다. 집정관들은 안건을 거부할 때 '비토(veto)'라는 용어를 썼는데 이는 "나는 거부한다!"라는 뜻이다. 로마의 최고 조직은 300명의 귀족들로 구성된 원로원(Senate)이었다. 종신직이었던 의원들은 입법안과 정책안을 집정관에 직접 전달했다. 비록 로마의 체제는 완전한 민주주의는 아니었지만 고대 세계에서 대의민주주의를 선구적으로 시행하였다.

B.C. 387년 로마시는 갈리아(Gallia/골)족의 침공을 받았다. 갈리아 족장은 로마 의원들을 모아놓고 긴 수염을 잡아당기며 희롱했다. 한 원로원 의원이 갈리아 족장에 대들다가 동료 의원들과 함께 살육을 당했다. 이때 로마를 야만인들의 손에서 구한 이는 집정관 카밀루스(Marcus Camillus)였다. 당시 추방당한 상태에 있었던 그는 군대를 조직하여 갈리아 부족에 맞

외적을 막아 로마를 구해 제2의 설립자 별명을 얻은 카밀루스

섰고 마침내 협상을 통해 이들을 도성에서 내보냈다.

외부의 위기가 지나가자 내부 문제가 발생했다. 당시 로마시는 평민과 귀족의 대립이 심하였다. 한때 평민들은 로마를 떠나 귀족이 없는 새로운 도시를 세울 계획까지 했었다. 카밀루스는 중재에 나서 평민 출신의 집정관이 선출되도록 제안하여 정치적 안정을 이루었다. 이후 로마는 두 명의 집정관을 임명할 때 귀족과 평민 계층에서 선출하였다. B.C. 365년 전염병으로 카밀루스가 죽자 로마 시민들은 그를 애도하며 이렇게 평가했다.

"카밀루스는 제2의 로마 설립자이다."

로마에서는 자유민(liberi)들만 학문을 추구할 수 있었으므로 인문학은 "리버럴 아츠(liberal arts)"로 부르게 되었다. 문법, 수사, 논리, 법학은 자유민이 공부하던 과목들이었다. 세계로 확장된 로마의 저력은 그리스를 능가한 교육열에 근거했다. 당시 로마만큼 학식과 열정을 동시에 갖춘 도시는 드물었고, 이 도시의 엘리트들이 지혜를 모았기에 로마는 세계를 지배할 수 있었다. 이러한 로마의 가장 강력한 경쟁국은 바로 카르타고(Carthage)였다.

숙적 카르타고와의 패권 대결

B.C. 264년부터 로마와 카르타고는 지중해 패권을 두고 세 번의 포에니 전쟁(Punic War)을 치렀다. 포에니(퓨닉/Punic)는 페니키아와 동의어이다. 고대 세계에서 가장 비옥한 지역들은 이집트의 나일강 하류의 삼각주, 터키 동부의 하란 평원, 티그리스강과 유프라테스강 사이의 메소포타미아, 그리고 북아프리카의 카르타고였다. 카르타고는 오늘날 튀니지

(Tunisia)의 수도 튀니스(Tunis) 인근으로서 아프리카의 사하라 사막 경계까지 펼쳐진 광활한 초지를 보유한 도시였다.

카르타고는 유럽 진출을 꾀하고 있어서 로마와의 대결은 필연이었다. 이 다툼의 승자는 지중해와 두 대륙, 즉 유럽과 아프리카의 패권을 동시에 갖는 것이었다. "포에니 전쟁"이라고 부르는 세 번의 대결은 많은 일화를 남기며 모두 로마의 승리로 끝이 났다. B.C. 264년 제1차 포에니 전쟁이 일어났는데 이는 카르타고가 시실리 섬을 차지해 발발한 접전이었다. B.C. 219년의 제2차 포에니 전쟁은 에스파냐(스페인)의 지배권을 두고 싸운 혈전이었다. 바로 이 전쟁이 카르타고의 영웅 한니발(Hannibal)과 로마의 명장 스키피오(Scipio)가 겨룬 가장 유명한 것이다.

한니발은 46,000명의 병사들과 37마리의 코끼리를 몰고 에스파냐의 피레네 산맥과 남유럽의 알프스 산맥까지 넘어 로마 인근까지 도달했다. 당시 로마는 파멸 직전의 위기에 직면했다. 로마의 원로원은 한니발이 없는 카르타고를 직접 공격하는 맞불 전략을 채택하였다. 사령관 스키피오(Scipio)는 로마군을 이끌고 바다를 건너 카르타고로 진격하였다. 카르타고의 의원들은 방어를 위해 한니발을 황급히 소환하였다. 로마 함락을 바로 목전에 두고 한니발은 통탄스럽게도 군대를 돌이켜야 했다. B.C. 202년 카르타고 남부 드넓은 평원 자마(Zama)에서 한니발과 스키피오의 대격돌이 벌어졌고 이 '자마 전투'에서 한니발이 패배하고 카르타고는 로마에 복속되었다. B.C. 146년에 카르타고는 제3차 포에니 전쟁을 일으켜 반발했으나 모두 수포로 돌아갔고 이후 다시는 재기하지 못하였다.

카르타고와의 승리를 통해 로마가 얻은 전과는 단순히 많은 전리품과 노예들 이상이었다. 그것은 세계 제국으로 가는 길목의 가장 큰 장애물을 걷어낸 것이었고 또한 북아프리카의 비옥한 곡창 지대를 확보하여 든든한 경제력을 얻은 것이었다. 로마의 승리는 계속 이어져 B.C. 148년에는 마케도니아를, 150년에는 그리스까지 속주로 삼았다.

한편 패배한 카르타고 시민들은 로마에 큰 적개심을 품고 살았다. 이들은 지속적으로 로마에 눌려 살았고 또 스스로를 로마인으로 여기지 않았다. A.D. 300년대에 로마 제국이 기독교의 제국이 되었을 때도 그런 분열 정서는 제국 교회에도 그대로 반영되었다. 로마의 교회가 박해 시에 배교했던 신자들을 용납하자 카르타고의 교회들은 로마교회를 배격하고 도나투스(Donatus)라는 지도자를 중심으로 아예 독립한 분파가 되었다. 로마와 카르타고의 오래된 분열 정서는 교회의 분열에도 그대로 반영되었다.

"솔로몬의 옷"과 로마 황족의 자주색

카르타고 국민들의 선조는 원래 이스라엘 북쪽의 페니키아인들이었다. 이들이 북아프리카로 이주하여 카르타고를 세웠다. 오늘날 레바논에 속하는 페니키아의 가장 큰 도시는 항구 두로(Tyre)였다. '포에니', 즉 페니키아는 "자주색(Purple)의 땅"을 뜻하는 말이다. 본래 두로는 섬이었으나 알렉산더 대왕이 격렬히 저항한 이곳을 정복하기 위해 토사 길을 만들었으며, 이것이 퇴적되어 지중해 연안에 붙은 육지가 되었다. 인구 10만의 두로(티레)는 환상적인 자주색을 띠는 고품질의 염료로 유명한 도시였다. 이 염료는 뿔 고둥(murex)의 내장과 각종 첨가물을 산화시켜 만들었다. 옷 한 벌을 위한 염료에는 10,000개가 넘는 엄청난 고둥들이 필요하였다. 이 때문에 식물이나 바다 달팽이로 만든 타 지역 제품들과는 달리 두로 염료는 최상품이었다. 기록에 의하면 두로 제품의 가격은 그 무게만큼의 은이었다. 이 염료로 염색한 옷감은 그늘에서는 진한 자주색(purple)을 내고 태양빛 아래서는 빛나는 붉은 색을 내었다. 엄청난 고가였으므로 왕족과 귀족들만이 구입할 수 있었다. 이스라엘의 왕 솔로몬은 많은 수입품들을 사용하며 호사스런 생활을 했는데

두로(Tyre) 항구에서 염료로 사용되는 뿔고둥 - by M Violante

그의 의복도 두로에서 수입한 것이었다. 두로의 자주색 옷감들은 로마 제국에서 황제의 외투에 사용되었고 황태자가 태어났을 때 강보로 사용하였다. 황제의 자주색, 즉 "로열 퍼플(Royal purple)"이란 표현은 여기서 유래하였다. 두로의 자주색 옷감에 대해서는 예수께서도 언급하신 바 있다. 많은 재물보다 오히려 한 송이 들꽃에 참 아름다운 가치가 있다는 다음 말씀이다.

"솔로몬이 영광 가운데 입은 옷도 이 꽃만 같지 못하였느니라."(마태복음 6:26)

2. 독재자들의 출현과 제국이 된 로마

독재 시대를 개막한 마리우스와 술라

예수 탄생 100년 전 로마의 정계는 큰 변화가 일어났다. 집단 지도체제인 원로원의 공화정이 무너지고 초법적 독재자들이 등장한 것이다. 이들은 대부분 군권을 등에 업은 장군들이었다. 공화정, 즉 '리퍼블릭(Republic)'은 라틴어 '레스 퍼블리카(res publica)'에서 유래되었다. 이는 "사물"을 뜻하는 '레스(res)'와 "공공"을 의미하는 '퍼블리카(publica)'의 합성어로서 "공공 재산"을 의미했다. 고로 '리퍼블릭'은 국가가 한 개인의 소유(res privata)가 아니라 시민 모두의 공동 재산인 것을 뜻한다. 로마인들은 공화정을 통해 국가를 공공물로 여겼으나 군부 독재자들은 국가를 사유물로 간주했다.

로마 공화정은 바로 마리우스(Gaius Marius, d. B.C. 86)와 술라(Lucius Sulla, d. B.C. 78)라는 두 독재자의 출현으로 종결되었다. 마리우스는 로마시를 공격한 게르만 야만족들을 막아내어 영웅으로 떠오른 장군이었다. 이 승리로 인해 그는 로물루스와 카밀루스에 이어 "제3의 로마 설립자"란 별명까지 얻었다. 마리우스는 가난한 농부의 아들로 태어났으나 군에서 출세하여 집정관까지 되었다. 그러나 그는 전쟁 시대에나 긴요한 인물이었고 평화의 시대에 어울리는 행정가가 아니었다. 마리우스는 초라한 출신 배경 때문에 원로원 의원들에게 한동안 조롱받았지만 정권을 장악한 후에는 철저한 폭압 정치로 그간의 수모를 갚아주었다. 마리우스는 집권 후반기에 경쟁자 술라와 치열한 권력 다툼을 벌이는 중 실각과 복권을 거듭하였다. 그러나 최종적으로 술라가 승리하자 마리우스는 로마 정계에서 은퇴하였다.

마리우스 후임자인 술라는 소아시아 원정에 성공한 장군이었다. 서투른 정치가였던 마리우스와는 달리 술라는 귀족 출신으로 노련한 정치가였다. B.C. 86년부터 10년 동안 술라는 황제 칭호만 없었지 사실상 로마의 절대 군주였다. 그의 친구들은 모든 것을 얻었으나 그의 대적들은 모든 것을 잃었다. 술라는 전임자 마리우스 측근들을 대부분 처단하여 이때부터 정적들을 잔인하게 보복하는 잘못된 전통이 시작되었다. 어느 날 부하 장수들이 마리우스와 인척 관계에 있던 한 소년을 처형하려 했으나 술라는 이렇게 말하며 살려주었다.

"그 아이는 너무 어리다."

율리우스 카이사르 -in Louvr

간신히 목숨을 건진 이 소년이 바로 역사적 지도자가 될 율리우스 카이사르(Julius Caesar)였다. 피의 통치를 했던 술라는 술 중독으로 60세에 죽었지만 살육의 죄에 비해 꽤 오래 산 셈이었다. 술라의 사망 후 권력은 측근 폼페이우스가 잡았다. 그에 맞서 로마 최대 부호 크라수스와 최고 부채자 율리우스 카이사르는 서로 연대하였다. B.C. 60년경 이 세 사람은 공동으로 로마를 통치하였는데 이를 '1차 삼두 정치(the First Triumvirates)'라고 한다. 폼페이우스는 군대를 관장했고, 크라수스는 재정을, 카이사르는 정치를 맡았다. 실상 로마 제국의 영토는 폼페이우스와 카이사르에 의해 가장 크게 확장되었다.

"대국을 만든 장군" 폼페이우스

평민 출신의 폼페이우스(Gnaeus Pompeius, B.C. 106-48)는 로마 역사상

최고의 명장이었다. 그는 술라의 오른팔이었고 정복 전쟁에서 패배를 모르는 영웅이었다. 로마를 골치 아프게 한 지중해 해적들을 소탕했고 흑해 연안 폰토스(Pontos) 왕국과 아르메니아와 시리아도 점령하였다. B.C. 64년에는 예루살렘을 함락시키고 독립국이던 유대 왕국을 로마의 속주로 만들었다. 폼페이우스의 3년에 걸친 아시아와 아프리카 동방 원정은 로마 국경선을 동쪽으로 유프라테스강까지 넓혀 명실상부 세계적 대국을 만들었다. 총 1,000개의 도시를 정복했으며 22명의 왕들을 굴복시켰다. 정복지에서 얻은 보화는 금은 20,000달란트에 달하였다.

특히 B.C. 61년은 폼페이우스에게 화려한 승전 개선식이 열린 최고의 해였다. 이때 수많은 부족들의 왕족들은 포로 신세로서 전리품 행렬에 이어 수도 로마의 가도를 노리개처럼 걸어야 했다. 개선식에서 폼페이우스는 알렉산더 대왕의 망토를 걸치고 네 마리 백마가 끄는 황금 마차를 타고 군중의 연호를 받았으며 로마 최고의 존엄한 장소인 카피톨리누스(Capitolinus) 언덕의 삼신전(temple for three gods)에 올라가 주피터 신에게 승리의 제물을 바쳤다. 그는 집정관이 되어 권력의 정점에 올랐다.

그러나 폼페이우스의 추락은 빨랐는데 카이사르와의 투쟁에서 패한 후 이집트 알렉산드리아로 도망하였고 그곳에서 살해당했다. 폼페이우스가 사망한 B.C. 48년의 9월 29일은 역설적이게도 그의 생일이었고 동시에 B.C. 61년 로마에서 개선식을 가졌던 생의 최고의 날이었다. 칼로써 흥한 그는 칼로 망하였다.

한편 삼두 정치의 한 축이었던 부자 크라수스는 경제를 통해 로마를 지배하였다. 큰손 크라수스에게 돈을 꾸지 않은 정치가가 없었다. 그는 언제나 일단 무이자로 돈을 빌려줬고 대신 상환 액수는 자신이 마음대로 정하였다. 크라수스는 청년 장군 율리우스 카이사르를 후원하였다. 전쟁 영웅의 욕심까지 부린 크라수스는 로마 제국의 적국이었던 유프라테스 동편의 파르티아 제국을 치러갔다가 오히려 포로로 잡혔다. 파르티아 군인들은 크라수스를 희롱하다가 그의 목구멍에 뜨거운 황금을 부어 죽였다. 재물로 흥한 자는 재물로 망하였다.

로마의 새 영웅 율리우스 카이사르

로마 역사에서 가장 유명한 카이사르(시저)는 B.C. 100년 수도 로마의 외곽에서 태어났다. 그의 이름은 후대 황제들이 이름이나 칭호로 사용할 만큼 존중 받았다. 그는 로마에 처음 건너온 "트로이 용사" 아이네이스의 후손으로 알려졌다.

카이사르는 폼페이우스와 함께 로마의 양대 맹장이었다. B.C. 59년에는 로마 집정관에 올랐고 서북 유럽 갈리아(이탈리아 북부, 프랑스, 벨기에, 네덜란드) 원정에 성공하였다. 또 로마를 위협한 게르만 부족들도 제압하였다. 그럼에도 그는 『갈리아 전기』를 써서 자신의 행적을 기록한 문학적인 인물이었다. 영국의 켈트족과 브리튼족도 굴복시켜 로마의 영토로 편입시켰다. 9년의 원정 기간에 카이사르는 800여 개의 도시와 300여 개의 부족들을 정복하였다. 거둬들인 노획물과 세금은 엄청난 액수였으나 섬나라 브리튼에 대해서는 이렇게 기록하였다.

"워낙 가난하고 불쌍한 백성들이라 뺏을 것도 없고 오히려 징수하는 수고가 낭비였다."

삼두 정치의 균형은 한 축인 크라수스가 파르티아에서 사망하자 흔들리게 되었고 이제 폼페이우스와 카이사르의 대결만이 남았다. 원로원은 조금 더 독재를 덜할 것 같은 연로한 폼페이우스를 최고 지도자로 선택하면서 갈리아에 있던 카이사르에게는 군권을 내려놓고 로마로 귀환하라고 명하였다. 단신으로 로마에

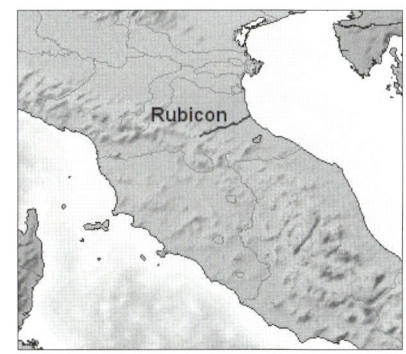

루비콘강

들어가는 것은 귀양이나 죽음을 의미했기에 카이사르는 권력 탈취를 목적으로 오히려 4개 군단을 이끌고 수도 로마로 향했다. 그의 군대는 규정상 갈리아 지역에만 머물러야 했기에 원로원의 승인 없이 갈리아와 이탈리아의 경계가 되는 루비콘강 너머로 군대를 이동시킨 행위는 명백한 불법이었다. 그러나 카이사르는 49년 1월 루비콘강을 건너 역사상 처음으로 로마인이 로마로 쳐들어가는 반란의 길을 선택했다. 이때 그는 강을 지나며 이렇게 말했다.

"주사위는 던져졌다(Let the dice be cast!)."

카이사르의 역공에 무책이었던 원로원과 폼페이우스는 도망쳤고 카이사르는 로마에 무혈 입성하였다. 현역에서 오래 전에 은퇴한 폼페이우스는 젊은 카이사르의 상대가 될 수 없었다. 폼페이우스는 그리스의 북부 테살리아(Thesalia) 전투에서 패배하자 이집트 알렉산드리아로 도주하였다. 그러나 이집트 국왕 프톨레마이오스 13세는 피신 온 폼페이우스의 목을 잘라 카이사르에게 바쳤다. 카이사르는 오히려 그 목을 껴안고 비통해 했다.

당시 이집트는 프톨레마이오스 13세와 누이 클레오파트라 7세(Cleopatra VII, c. B.C. 69-B.C. 30)가 공동 통치자로서 권력 투쟁을 벌이고 있었다. 카이사르가 클레오파트라와 사랑에 빠져 그녀의 편에 서자 프톨레마이오스 13세는 이들을 공격하였다. 그 와중에 일어난 화재는 당시 세계 제일의 알렉산드리아 도서관을 잿더미로 만들어 고대 세계의 비밀을 담은 수십만 권의 엄청난 파피루스 자료들이 순식간에 유실되어 버렸다. 카이사르는 로마 지원군을 데려와 프톨레마이오스 13세를 몰아내고 클레오파트라를 이집트의 단독 여왕으로 임명하였다. 로마 제국은 시민 간의 혼인만 인정하였기에 카이사르는 클레오파트라와 결혼하지 않았지만 그녀에게서 아들 카이사

클레오파트라 7세의 주화
- British Museum

리온(Caesarion)을 낳았다. 카이사르는 이후 원정을 재개하여 흑해 근처의 폰토스 왕국의 파르나케스 왕에게 승리를 거두고 로마 원로원에 다음과 같은 짧은 전문을 보냈다.

"베니, 비디, 비키!(Veni, Vidi, Vici; 왔노라, 보았노라, 이겼노라!)"

로마로 돌아온 카이사르는 종신 독재관이 되었다. B.C. 509년부터 400년이 넘도록 로마는 공화정 나라였으나 카이사르의 집권은 오랜 전통이 부정되어 로마에 왕이 나타난 것이나 다름없었다. 원로원은 심히 우려하여 카이사르의 손에서 로마를 구하겠다며 암살 음모를 꾸몄다. 카시우스(Cassius)와 브루투스(Brutus)가 주동이었다. 44년 3월 15일 원로원 회의에 들어가던 카이사르는 음모를 알려주는 편지를 받았으나 읽지 않고 손에 든 채 회의장으로 들어갔다. 수십 명의 원로원 의원들이 한꺼번에 카이사르에게 달려들어 무려 23번이나 칼로 찔렀다. 그중에는 그가 아들처럼 아꼈던 브루투스도 있었다. 다음의 짧은 탄식을 남기고 카이사르는 원로원에 세워진 폼페이우스 입상 아래 쓰러져 죽었다.

"에트 투 브루테(et tu, Brute)"〔브루투스 너마저도!〕

율리우스력과 그레고리력

율리우스 카이사르는 현재 쓰고 있는 달력의 기원을 만들었다. 10개월을 12개월로 바꾸고 365.25일을 1년으로 삼았다. 또 4년에 한 번씩 2월에 하루를 더 넣는 윤년(leap year)을 시작하였다. 카이사르의 후계자 아우구스투스는 달력의 중간 두 달 명칭을 카이사르와 본인의 이름으로 바꾸었다. '줄라이(July)'와 '어거스트(August)'는 이렇게 명명되었다. 때문에 원래 7월을 뜻하는 September, 8월의 October, 9월의 November, 10월의 December는 모두 두 달씩 미뤄져 현재의 달이 되었다. 이후 이 "율리우스력(Julian Calendar)"은 로마 제국과 중세의 공식 달력이 되었다.

율리우스력의 개정은 1582년에 이루어졌다. 교황 그레고리 13세는 개정 교서를 내리고 새 달력, 즉 '그레고리력(Gregorian Calendar)'을 공포했다. 이는 율리우스력의 오차를 수정한 것이었는데 부활절이 현저히 늦어졌기 때문이다. 1년이 365.25일(율리우스력) 아니라 더 정확하게는 365.2425(그레고리력)일이었으므로 이 두 수치 사이의 오차는 1년마다 약 11분이 발생하였다. 그 오차는 100년이 지나면 1,100분, 즉 하루 가까이가 되고, 그리고 1,500년이 지났을 때는 오차가 무려 11일 반이 되었다. 기독교는 부활절을 '빛의 승리'로 인식하기 때문에 낮과 밤의 길이가 같아지는 3월 21일의 춘분(equinox)과 이어진 만월(full moon)을 지난 첫 일요일을 부활절로 지켜왔다. 율리우스력을 사용한 중세 천년 동안 실제 춘분 시기와 달력의 춘분 일자인 3월 21일 사이의 불일치가 점차 현저해졌고 이로 인해 부활절도 늦어지게 되었다. 때문에 그레고리 13세는 달력을 11일을 더 앞당기고 이후 400으로 나뉘는 해들(1600, 2000)을 제외한 나머지 '100년'들(1700, 1800, 1900등)은 윤년으로 삼지 않기로 했다.

이로써 달력과 실제 춘분의 오차를 줄일 수 있었다. 당시 교황의 달력 수정에 대해 일부 반발도 있었으나 결과적으로 그레고리 13세의 달력은 세계 표준이 되었다. 즉 현대의 달력은 카이사르의 달력을 기반으로 교황 그레고리 13세에 의해 수정된 달력이다.

카이사르의 후계자들: 안토니우스와 옥타비아누스의 복수

카이사르의 살해자들은 로마를 구하려고 카이사르를 죽였다고 주장했다. 그러나 시민들은 카시우스와 브루투스의 "로마를 구한 행위"보다 카이사르의 죽음을 더 심각한 "로마의 손실"로 보았다. 분위기는 추모와 애도의 물결로 바뀌고 암살범들에 대한 처단 요구가 거세졌다. 암살자들은 동방으로 도망했지만 카이사르의 부하 장수들인 안토니우스(Marcus Antonius, B.C. 83-30)와 옥타비아누스(Gaius Caesar Octavianus, B.C. 63-A.D. 14)가 그들을 쫓아가 그리스 필리피(빌립보)에서 패배시키고 처형하였다.

카이사르 휘하 장군들은 회합을 갖고 '제2차 삼두 정치(the Second Triumvirate)'를 합의하고 로마 제국을 나누어 다스렸다. 카이사르의 부관 출신으로 군 사령관이었던 안토니우스는 동방(발칸 반도, 소아시아, 시리아, 이집트)을 관할했고, 카이사르의 사랑받는 양자로서 십대부터 전장을 누빈 젊은 옥타비아누스는 서방(이탈리아, 스페인, 갈리아)을 관장했으며 집정관 레피두스는 북아프리카를 지배하였다. 그러나 곧 레피두스는 실각하고 안토니우스와 옥타비아누스의 양자 대결로 압축되었다. 이 마지막 승부의 결과는 의외로 역사상 가장 유명한 사랑 때문에 쉽게 결정났다.

안토니우스와 클레오파트라의 러브 스토리

장군 안토니우스는 파르티아 원정을 시도하며 소아시아의 타르소스(다소/Tarsus) 성에 머물렀다. 이때 타르소스 백성들은 많은 후원을 했고 안토니우스는 그 보답으로 로마 시민권을 도성 주민들에게 수여하였다. 이 도시의 사도 바울의 가문도 이때 시민권을 받았을 것이다. B.C. 41년 안토니우스는 카이사르의 암살자들을 도왔던 이집트의 여왕 클레오파트라 7세를 추궁하기 위해 타르소스로 소환하였다. 그러나 안토니우스를 만나러 오는 클레오파트라의 화려한 행렬은 심문을 받으러 오는 것이 아니라 차라리 맞선 예식에 가까웠다. 그녀는 항구 쪽을 향해 세워진 타르소스 남쪽 성문으로 당당히 들어왔다. 이후 이 문은 그녀의 이름을 따서 "클레오파트라의 문(Cleopatra's Gate)"으로 불리게 되었다.

장군과 여왕은 만나자마자 운명적인 사랑에 빠졌으며 아예 이집트 알렉산드리

안토니우스와 클레오파트라 by Lawrence Alma-Tadema c 1885

악티움 해전 - by Lorenzo Castro

아로 옮겨 동거에 들어갔다. 안토니우스는 클레오파트라에게 키프로스와 북아프리카 동부 지역까지 선물로 주었다. 또 그녀에게서 아들 알렉산드로스를 낳고 아르메니아와 메디아를 이 아들에게 주었다. 로마 원로원의 승인도 없이 또한 최고 실권자 옥타비아누스와 상의도 않고 안토니우스가 독단적으로 로마 영토들을 변방의 여인에게 내준 행위는 로마 정계의 공분을 일으켰다. 원로원과 옥타비아누스는 안토니우스의 제거를 결정했다.

양측의 대전은 B.C. 31년 그리스 서부 해안 도시 악티움(Actium)에서 벌어졌다. 군대만 출전시키고 자신은 사랑에 빠져 전장에 나가지도 않았던 안토니우스에게 패배는 이미 예고된 것이었다. 병력을 다 잃은 안토니우스는 옥타비아누스 군대가 밀려오는 가운데 다음과 같이 말하고 자결하였다.

"로마인으로서 로마인에게 패한 것은 수치가 아니다!"

옥타비아누스는 클레오파트라가 또 다시 시도한 미인계에 전혀 넘어가지 않았다. 카이사르도 안토니우스도 그녀에게 마음을 주었으나 냉철한 옥타비아누스는 달랐다. 패배한 여왕으로서 로마 개선식에 끌려가는 비참한 수치를 피하기 위해 클레오파트라는 무화과 바구니 안의 살모사에게 자신의 팔을 슬며시 내밀었고 잠시 후 세기적 사랑과 그녀의 왕국 모두 끝이 났다.

두 명의 안토니우스

역사에는 두 명의 유명한 안토니우스(Antonius)가 등장하였다. 첫째 인물은 앞에서 살핀 클레오파트라의 연인 마르쿠스 안토니우스(d. B.C. 30)이고, 둘째 인물은 그보다 300년 뒤에 출현하여 이집트 사막에서 살았던 "수도원 운동의 아버지" 성 안토니우스

안토니우스(왼쪽) 장군과 옥타비아누스 장군(오른쪽)의 주화 초상, 각 주화에 삼두 정치의 1인을 의미하는 문구 'III VIR R P C(Triumvir Reipublicae Constituendae)'가 새겨져 있다 - by cngcoins.jpg

(d. A.D. 355)이다. 전자는 전쟁과 사랑으로 유명한 장군이고 후자는 고행과 독신으로 유명한 수도사였다. 로마 제국 첫 500년간은 장군 안토니우스가 유명했으나 중세 1,000년간은 수도사 안토니우스가 더 유명하였다. 현재의 영어 이름 '안토니(Anthony)'는 성자 안토니우스의 이름에서 유래된 것이다.

3. "지상 왕국의 군주" 아우구스투스의 통치

로마의 첫 황제 옥타비아누스

홀로 남은 로마의 주권자 옥타비아누스는 B.C. 27년에 로마 역사상 첫 황제가 되어 A.D. 14년까지 40년간 통치했다. 그는 로마 26개 군단의 통수권을 쥐고서 절대 권력을 행사하였다. 원로원은 "지극히 존귀한 자"를 뜻하는 호칭 '아우구스투스(Augustus)'를 옥타비아누스에게 선사하였고 이후 로마 황제들은 율리우스 카이사르에서 유래한 "카이사르" 또는 옥타비아누스의 칭호 "아우구스투스" 중 하나를 황제의 직함으로 사용하였다. 로마 제국 후기에는 "아우구스투스"를 황제 칭호로, 그리고 "카이사르"를 부황제 칭호로 사용하였다. 옥타비아누스는 아우구스투스 칭호 외에 로마의 최고 시민을 뜻하는 "프린켑스(Princeps)"와 총사령관을 뜻하는 "임페라토르(Imperator)"로도 불렸다.

아우구스투스의 영토는 브리튼(영국), 이베리아(스페인), 갈리아(프랑스), 아카야(그리스)와 달마티아(크로아티아), 소아시아(터키), 팔레스티나(이스라엘과 요르단), 시리아, 아르메니아, 이집트, 리비아, 북아프리카(튀니지, 모로코, 알제리 지역) 등을 모두 포함하였다. 분봉 왕이나 총독을 두어 제국을 관장했던 아우구스투스는 명실 공히 "지상의 주인(dominus)"이 되었다. 후임 황제들 대부분이 그의 명성에 못 미칠 정도로 아우구스투스는 뛰어난 통치자였으며 제국 번영의 기초를 놓았고 평화 시대(pax Romana)를 건설하였다. 제국 내 민족 간 전쟁은 중지되었고 농업과 상업이 안정적으로 발달하였으며 광대한 세계에 로마법의 질서를 수립하였다. 서유럽 영국에서 북아프리카 이집트까지 제국 백성들은 통행증도 필요 없이 자유롭게 여행할 수 있었다.

오늘날 이 거리를 여행하기 위해 수많은 나라들의 입출국 심사를 받아야하는 불편한 상황에 비하면 고대 로마 제국은 일면 더 편리한 세계였다.

아우구스투스는 헬라 문화적 요소와 로마의 실용성을 조화시켜 도시들을 새롭게 정비했다. 도시마다 신전, 경기장, 회의장, 도서관, 공연장, 기념문(arches), 목욕탕이 세워졌고 중앙에는 직로(straight road)를 두었으며 한가운데는 '시장', 즉 아고라(agora)가 들어서 상업과 토론의 장소가 되었다. 황제는 대리석 문화를 유행시키고 이렇게 말하였다.

"나는 '진흙 벽돌의 로마'를 '대리석의 로마'로 바꾸었다."

로마의 종교와 사회

예부터 숫자 '7'은 '완전(perfection)' 수로 여겨졌기에 고대 세계에서 7개의 언덕이 있는 도시는 최상의 요지로 간주되었다. 수도 로마가 바로 7개의 언덕이 있는 도시였다. 로마시의 중앙에는 황궁이 있었던 팔라티노(palatinus) 언덕이 있었는데, 이 언덕의 이름에서 궁궐을 뜻하는 단어 '팔리스(palace)'가 나왔다. 가장 중요한 언덕은 "머리"의 뜻을 가진 카피톨리누스(Capitolinus)였다. 이곳에는 로마의 세 주신들(Roman triad)인 주피터(Jupiter), 주노(Juno), 그리고 주피터의 딸 미네르바(Minerva)를 숭배하는 삼신전이 세워졌다. 이 신전은 전쟁 전후에 제물을 바쳐 승전을 기원하고 매년 제사를 행해 제국의 안녕을 구하는 가장 신성한 장소였다. 참고로 이 언덕의 이름에서 근대 미국 의회를 뜻하는 '캐피톨(Capitol)'이 나오게 되었다. 로마에서 삼신전이 신성했던 것처럼 현대 국가에서 입법 의회가 신성한 영역

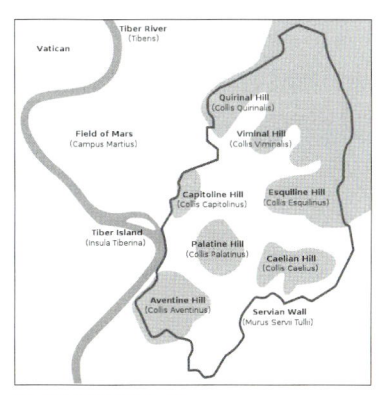

로마의 7개 언덕 by Raneta

이라는 의미에서 그렇게 명명하였다.

그리스 신들은 로마 신들과 동일시되며 라틴어 이름들로 바꾸어 일컬어졌다. 예를 들면, 그리스의 최고 신 '제우스'는 로마의 최고 신 '주피터'와 동일시되었다. 즉 제우스가 주피터이고 주피터가 제우스로 여겨졌다. 주피터는 자신을 무시하는 이들을 벌준다고 알려졌기에 다수 백성은 늘 주피터 신을 숭배하였다. 타이탄에 의해 죽임을 당했다가 다시 살아난 "포도주의 신" 디오니소스(Dionysus)는 생동하는 봄에 섬겨졌다. 이집트의 신 오시리스와 세라피스(Serapis), 시리아의 신 바알(Baal), 페르시아의 신 이슈타르(Ishtar), 게르만족의 신 토르(Thor) 등도 국제적으로 숭배되었다.

기본적으로 로마 제국은 종교에 대해 관용적 태도를 가졌다. 귀족들은 신전들을 관리하고 신들을 기쁘게 하는 일을 자신들의 중요한 임무로 여겼다. 로마 시대에는 신이 좋아하는 일을 하는 것을 "경건(piety)"이라고 불렀다. 황제들은 '폰티펙스 막시무스(Pontifex Maximus)', 즉 "최고 사제" 직책을 맡아 매해 주피터에게 제사를 바쳤다. 다신교가 로마 사회에 일반적이었으나 유일신 사상을 가진 기독교는 로마 제국에서 극심한 박해를 받았다.

[그리스의 신들과 로마의 신들 일부는 동일한 기능의 같은 신으로 숭배되었다.]

그리스 신들(Greek gods) : 로마의 신들(Roman gods) = 기능(Function)

그리스 신들(Greek gods)	:	로마의 신들(Roman gods)	=	기능(Function)
제우스(Zeus)	:	주피터(Jupiter)	=	최고의 신
아레스(Ares)	:	마르스(Mars)	=	전쟁의 신
아프로디테(Aphrodite)	:	비너스(Venus)	=	사랑의 신
아테나(Athena)	:	미네르바(Minerva)	=	지혜의 신
포세이돈(Poseidon)	:	넵튠(Neptune)	=	바다의 신

로마의 군대와 시민권

로마 제국의 가장 큰 성공 요인은 바로 우수한 군대에 있었다. 로마군은 전쟁사에서 모범으로 꼽힐 정도로 용맹한 병사들, 우수한 장비들, 뛰어난 장군들을 자랑했다. 아우구스투스 황제 때는 250,000명의 군대가 있었고 셉티무스 세베루스(A.D. 197-211) 황제 때에는 무려 440,000명에 달하였다. 로마 군대는 네 부대로 구성되었는데 로마 시민으로 구성된 정규군 '레기온(Legion)', 정복 지역에서 차출된 외인 부대 '옥질리아리(Auxiliaries)', "말(horse)"의 라틴어 '에쿠스(equus)'에서 유래한 기병대 '에퀴테스(Equites)', 그리고 황제를 호위한 최정예의 친위대 '프래토리안(Praetorian Guard)'이 있었다. 로마군은 16세에서 45세까지 복무하였고 강제 징집은 아니었지만 시민권과 좋은 혜택 때문에 많은 젊은 이들이 입대하였다. 로마군은 공화정 시대에 시민권자 중심이었으나 황제 시대에는 외인 용병들이 점차 더 많아졌다. 비시민권의 외인 병사들은 25년을 근무하면 동판에 새겨진 로마 시민권 증서를 받아 '베테랑(veteran)', 즉 퇴역 병사가 되었다. 군복무 중에는 결혼이 금지되었으며 또 결혼한 군인들은 가족을 데리고 다닐 수 없었다. 군인들은 평화 시에 도로 건설에도 동원되었다. 탈영이나 반란은 무조건 처형이었고 그 가족까지 몰살하였다. 또한 갈리아 출신 병사들은 영국 브리튼 지역에, 브리튼 출신 병사들은 소아시아 지역에 배치하는 등 고향에서 멀리 복무 지역을 배정하여 탈영을 원천적으로 방지하였다. 그렇지만 좋은 급여와 권리 때문에 이탈은 심하지 않았고 군율도 잘 유지되었다.

로마군 헬멧 in Museum Carnuntum, Austria

시민권은 원래 수도 로마 인근의 라틴 평원 사람들만 소유했으나 로마에 협조하거나 공을 세운 외인들도 군사령관들과 황제로부터 시민권을 수여받았다. 또한 고가에 구입도 가능했다. 로마 시민권은 여러 특혜를 누렸는데 우선 시민권자들만이 무려 6미터나 되는 "신분의 상징" 토가를 걸칠 수 있었다. 또한 관리에 임명되거나 투표할 권리가 주어졌고 상업도 제약이 없었다. 시민권자와 결혼할 자유를 누렸고 고문이나 구금을 함부로 당하지 아니했고 고소와 항소 등 재판의 권리도 있었으며 각종 노역과 세금에서도 면제되었다. 시민들이 가장 좋아했던 권리는 오락 행사와 서커스를 무료로 관람하고 빵도 공짜로 배급받는 것이었다.

　예수의 사도 중에는 바울(St. Paul)이 로마 시민권을 가진 인물이었다. 그러나 바울은 시민권을 위세를 드러내는데 사용하지 않았고 토가도 걸치지 않았다. 로마 시민권을 획득하려고 사람들이 애쓰는 것에 빗대어 오히려 바울은 하늘의 시민권을 사모하라고 권했다. 인간은 땅에서 유래된 저급한 존재가 아니라 하늘의 왕국에 속한 존재라는 것이다. 영원한 하늘 왕국은 고통과 배고픔이 없으며 억울하게 항소해야 하는 일도 없는 사랑의 나라라고 전했다. 또한 바울은 로마의 군대를 비유로 들며 신자들을 "그리스도의 군사"라고 불렀다. 하늘나라를 위해 일하는 병사들로서 탈영이나 불평 없이 신실한 마음으로 섬기며 때로는 먼 곳에 파견되는 사역을 감당하기 때문이다. 나아가 영적인 병역 뒤에는 하늘의 시민권이 부상으로 주어지는 것을 알렸다.

로마의 어둠과 학정

　"로마의 평화"가 수립된 이면에는 장기간의 정복 전쟁과 대량 학살들이 있었다. 로마의 영광이 확대될수록 타 민족들의 고통은 더 커졌다. 카이사르의 유명한 '갈리아 정복'만 예로 들어도 로마인들에게는 막대한 보물을 획득한 기회였지만 갈리아 지역의 거주민들에게는 그처럼 비극이 없었다. 카이사르의 9년 원정 동안 무려 100만여 명이 죽었고 갈리아 인구 1/3은 노예가 되었다. 로마 제국 인구의 30%는 노예였고 다수는 정복 전

검투 경기의 모습

쟁에서 끌려온 이들이었다. 로마는 귀족과 시민만을 위한 완벽한 계급 사회를 만들었다.

　로마 제국은 수많은 도로를 건설했으나 그 길들은 무역과 통행, 병력이동만을 위한 것이 아니었다. 피정복지의 보물과 식량과 포로들이 운송되는 통로였다. 적국 포로들은 수년씩 갇혀 있다가 팔리거나 처형되기 일쑤였다. 로마시에서는 낙원과 지옥이 늘 공존하였다. 도시의 부유한 평민이나 귀족들은 모두 노예들을 소유하고 있었다. 노예는 요리, 건축, 관리, 시중, 경비 등의 온갖 일들을 했고 시골에서는 광산과 농장에서 평생 착취당했다. 로마의 정복 사업이 2세기 중엽 멈추면서 노예 공급에 차질이 오자 노예는 비싼 가격에 팔리기 시작했다. 주인은 자신의 노예를 해방시킬 수 있었고 자유를 얻은 노예는 제한적인 시민권도 받을 수 있었으며 토지도 소유하였다. 돈을 지불하고 풀려나기도 했고 신전으로 피신하면 신들의 이름을 새긴 인장을 신체에 받고 개인 소유에서 벗어나 신전 소속이 되기도 하였다. 그러나 다수의 노예들은 신분 상승을 기대할 수 없었고 주인은 언제든지 노예를 체벌하거나 사형도 시킬 수 있었다. 도망 노예는 십자가형으로 다스렸고 병들면 바로 버려졌다. 노예들에 대해 선대했던 사람들은 서로를 형제자매로 부르면서 신분까지 해방시킨 기독교도들이었다.

　로마의 시민들은 검투 경기를 즐겼다. 수도 로마에는 티투스 황제가 50,000명의 관중을 수용하는 콜로세움(Colosseum)을 세웠고 제국 곳곳에 반원 극장 또는 원형 극장이 지어졌다. 검투사(gladiator)들은 전쟁 포로나 범죄자들 중에서 선발되어 무자비한 검술 훈련을 받아 오락물로서 경기에 보내졌다. A.D. 100년대 중엽에 로마의 기독교 박해가 본격화 되었을 때 많은 신자들은 검투사들의 상대가 되어 죽임을 당했다. 콜로세움은 한때 순교자들의 피로 붉게 물들었기에 성지나 다름없었다. 현재 콜로세움 내에는 이들을 기리는 거대한 십자가가 서 있다.

 B.C. 73년경 유명한 검투사 스파르타쿠스(Spartacus)는 로마의 학대에 맞서 약 70,000명의 노예들을 규합하여 반란을 일으켰다. 그는 오늘날 불가리아 남서쪽 트라키아(Thracia) 출신으로 로마군의 포로로 잡혔다가 검투사가 된 인물이었다. 스파르타쿠스는 이탈리아의 검투 도시 카푸아가 배출한 최강자로 이름을 날렸으나 반란을 시작한 후 무려 2년이나 항쟁하였다. 그러나 이 노예들의 군대는 노예 매매로 검은 부를 쌓은 크라수스의 진압군에 의해 무참하게 학살당하거나 십자가 처형을 받았다. 항쟁의 실패로 자유로운 세상을 갈구했던 스파르타쿠스의 꿈은 사라졌다. 그러나 기독교 신자들은 종종 검투 경기장에 난입하여 경기의 잔인성과 관중들의 폭력성을 꾸짖으며 진행을 방해하였다. 기독교가 로마 제국의 종교가 된 4세기에 이르러 콘스탄티누스 대제에 의해 검투 경기는 폐지되었다.

로마의 피 묻은 돈 "일만 달란트"

 율리우스 카이사르와 폼페이우스가 제국의 영토를 두 배나 늘린 후 로마 제국이 매년 걷어 들인 세금은 엄청난 액수였다. 피정복 지역은 때로 수확물의 절반에 해당하는 막대한 세금을 로마에 납부했다. 세금은 금이나 은의 무게를 달아냈고 무게 단위는 달란트(talent)를 사용했다. 1달란트는 약 26kg에 해당하는 엄청난 가치의 금이나 은이었다. 시리아 지역은 로마에 1,000 달란트를 납부했고 고대 유대 역사가 요세푸스 기록에 의하면 유대와 사마리아는 600 달란트를 세금으로 냈다. 이집트는 매년 2,000

달란트의 납세를 바쳤고 갈리아(프랑스)나 에스파냐(스페인) 지역은 약 500 달란트를 냈다. 브리튼은 세금을 가장 적게 낸 빈곤 지역이었다. 로마가 제국 전역에서 상납 받은 세금은 매년 많게는 1만 달란트에 달했다. '1만 달란트'에 관한 기록은 예수의 비유에서도 등장한다.

"어떤 일꾼이 국왕에게 1만 달란트 빚을 지고 갚지 못하자 국왕이 이를 불쌍히 여겨 다 면제해 주었다. 그런데 그 탕감 받은 일꾼은 훨씬 더 작은 빚을 못 갚은 이웃을 가두었다. 이에 왕은 분노하여 인색한 그 일꾼에게 다시 빚을 지우고 옥에 가두었다."(마태복음 18:23-35)

로마 제국에서 천문학적 금액인 1만 달란트를 벌거나 다룰 수 있는 위치의 인물은 각 민족으로부터 세금을 걷는 황제 외에는 없었다. 예수의 비유 속의 왕은 하나님을 상징하고 1만 달란트 빚을 탕감 받은 자는 용서받은 인간을 가리킨다. 즉 인간이 하나님께 용서받은 것을 경제적 가치로 환산하면 마치 로마 황제가 세상을

고대 세계 달란트의 무게는 이 물병 정도 크기를 채우는 물의 무게였다
- by Ad Meskens

정복해 얻은 이득에 비할 정도로 귀하다는 의미이다. 또한 타인들의 빚도 면제해주는 용서와 사랑의 삶을 그 비유는 요구한다.

로마의 법은 잔인했고 조그마한 잘못에도 사형이 언도되었다. 아우구스투스가 이룩한 평화는 사실 진정한 평화가 아니었다. 민족 간의 전쟁은 그쳤으나 증오는 확대되었고 귀족들 간의 정쟁도 심화되었다. 특히 옥좌를 향한 연이은 살육전은 로마 역사의 중심 페이지들을 차지하였다. 로마 남부에 곧게 뻗은 아피아 가도(Appian Way)의 멋진 나무들 옆으로는 그 나무들보다 더 많은 나무 십자가들이 세워져 온갖 죄목으로 처형된 가여

로마시를 향하는 아피아 가도(Via Appia)의 모습 - Photo by Radostaw Botev

운 자들을 늘 매달고 있었다. 로마로 들어오는 방문객들을 가장 먼저 맞는 이도 십자가에 매달린 죄수들이었다. 로마의 번성은 억압과 학살을 기반으로 축적되었다. 제국 내 수많은 신음하는 자들은 어디에서 위로를 받는가? 신이 존재한다면 고통들을 목격만 하시는가? 칼과 피로 확장되는 세상이 아닌 생명과 사랑의 세상은 가능한 것인가?

바로 이러한 절망과 소망이 교차하는 시대에 나사렛 예수는 탄생하였다. 그분의 출현을 놓고 역사는 "그리스도 이전(Before Christ)"과 "주후(Anno Domini)"로 구분되었다. 그가 태어난 곳은 화려한 궁궐이 아닌 동물들의 마구간이었다. 이후 300년 동안은 로마의 높은 언덕 팔라티노의 궁궐과 비천한 베들레헴 마구간의 대결이 벌어졌다. 이 마구간의 종교는 과연 철권의 로마를 이길 수 있을 것인가? 이것이 고대 역사에서 가장 흥미 있는 질문이었다.

4. "천상 왕국의 주인이며 세상의 종" 나사렛 예수의 탄생

예수의 탄생

옥타비아누스 황제, 즉 아우구스투스는 당시 지상의 군주로 성경에도 등장하는 인물이다(누가복음 2:1). 고대 세계에서 백성의 수를 세는 이가 바로 백성의 주인이었으므로 아우구스투스는 자신의 군주 됨을 선포하고자 제국의 첫 인구 조사를 실시하였다. 인구 조사는 백성들에게 통치를 각인시키고 적정한 세금 부과와 징집, 그리고 군대의 효율적 배치를 위해 행하였다. 팔레스티나도 인구 조사가 시행되어 유대인들은 각자의 본적지에 돌아가 신고해야 했다.

B.C. 4년경 나사렛(Nazareth)에 살던 가난한 목수 요셉과 마리아는 고향 베들레헴으로 인구 조사 등록을 위해 내려갔다. 베들레헴 마을은 다윗 왕의 고향으로 요셉은 그 후손이었다. 그런데 "세상의 주인" 아우구스투스의 명령으로 고된 길을 이동하는 동정녀 마리아의 뱃속에는 "천상의 구주" 예수가 잉태되어 있었다. 이 하늘의 임금은 지상의 임금의 명령 때문에 험한 길을 이동해야 했다. 이것이 예수의 "자기 비움(kenosis)"과 낮아짐의 시작이었다.

예수 탄생에 관한 이야기에는 그의 정체성을 알려주는 상징들이 가득 담겨 있다. 그가 탄생한 베

인구 조사에 등재되는 마리아와 요셉
- in Chora Church in Istanbul

들레헴은 '빵의 집'이라는 뜻으로 이는 예수께서 굶주린 세상에게 내려진 "생명의 빵"임을 계시하는 상징이다. 또 탄생 시에 큰 별이 출현한 것은 세상의 빛 되심을 나타낸다. 독일의 천문학자 요하네스 케플러(ca.1614)는 예수 탄생 별에 대해 연구하여 B.C. 7년에 목성과 토성이 겹쳐 큰 별로 보이는 현상이 일어났다고 풀이했다. 예수께서 양들의 마구간(stable)에서 태어나신 것은 그분이 "어린양"임을 의미하고 목자들과 동방의 박사들이 그를 경배한 것은 그가 인류의 목자이며 지혜자임을 뜻한다. 동방 박사들은 황금과 유향(Insense)과 몰약(Myrrh)이라는 세 예물을 아기 예수께 드렸는데 황금은 예수께서 하늘의 왕, 유향은 부활의 제사장, 몰약은 고난의 선지자이심을 가리킨다. 이 모든 상징들은 예수께서 "천상의 주인"이며 동시에 "세상의 종"(Dominus et Servus)임을 의미한다.

유대의 헤롯 대왕과 동방 박사들

예수 탄생 한 세대 이전에 카이사르의 암살자들, 카시우스와 브루투스가 로마 제국 동방으로 피신했을 때 이두매아(Idumaea)의 족장 안티파르(Antipater)는 그들과 한편이 되었다가 옥타비아누스에 패하고 암살까지 당하였다. B.C. 39년경 안티파르의 아들은 옥타비아누스 황제를 만나 카이사르의 암살자 편에 섰던 부친의 잘못을 빌고 많은 선물을 제공했다. 옥타비아누스는 과거를 관용하면서 안티파르의 이 아들을 유대(팔레스티나)의 왕으로 임명했다. 유대인들의 의사와 전혀 상관없이 유대인도 아닌 그가 유대

B.C. 36년 예루살렘을 장악한 헤롯 대왕

의 왕이 된 것이다. 바로 이 아들이 로마에 철저히 순종했던 헤롯(Herod the Great, B.C. 73-c. B.C. 4) 왕이었다. 그는 옥타비아누스를 기념하여 이스라엘의 지중해 해안 도시 카이샤라(Caesarea)를 세웠다.

헤롯이 지은 헤로디움 요새 - 현 요르단 소재 by T Asaf

헤롯은 냉담한 유대인들의 환심을 사기 위해 많은 시도를 하였다. 유대적인 연고를 갖기 위해 본부인을 버리고 유대 왕족 미녀 미리암(Miriam)과 결혼하였으며 예루살렘 성전을 웅장한 규모로 신축하였다. 무엇보다 헤롯에게 중요했던 것은 권력이었기에 유사시 피신을 위해 곳곳에 요새를 지었다. 유대 남부 베들레헴 근처에 헤로디온(Herodium), 남부 광야 마싸다(Masada), 요단강 동편 계곡에 마케루스(Machaerus) 요새를 만들었다. 세례 요한은 헤롯 왕의 아들인 안티파스에게 체포되어 이 마케루스 요새에서 처형당했다. 헤롯은 왕권 수호를 위해서는 혈육도 제거하였는데 큰 아들을 포함하여 세 명의 아들들이 피살되었다. B.C. 4년경 헤롯 왕에게 동방에서 "마구스(Magus)", 즉 박사들이 찾아왔다. "마술사"라는 영어 단어의 '매지션(magician)'은 '마구스'에서 유래하였다. 동방 박사들은 고대 천문학자이며 점성술사였고 페르시아(이란) 중대사의 조언자였다. 이들은 예수 탄생 즈음에 큰 별을 발견하고 이를 메시아 출현의 징조로 해석하였다. 전승에 의하면 이들은 페르시아 에스파한(Esfahan)에서 출발하였으며 경배를 위해 예루살렘까지 2,000km가 넘는 여행을 하였다. 5세기의 알렉산드리아의 『연대기 문서(Excerpta Latina Barbari)』에 의하면 동방 박사들의 이름은 멜키오르(Melchior), 발타자르(Balthazar), 카스파르(Caspar)였다. 이들은 아라비아로 연결되는 요르단 동편의 무역 도시 페트라(Petra)에서 황금과 유향과 몰약을 구입한 것으로 전해졌다.

> 페트라는 원래 나바테아 왕국의 수도였으나 주후 110년경 로마의 지배에 들어갔다. 이후 무역 도시로 크게 성장하였고 3세기에는 전성기를 맞이하였다. '바위'라는 뜻처럼 거대한 암석들로 이루어진 페트라는 고대의 신비 도시였다. 훗날 페르시아의 공격으로, 또 363년에 발생한 지진으로, 그리고 해상 무역이 등장하면서 육상 무역의 중심이었던 페트라는 쇠퇴하고 시리아 동편의 팔미라시에 무역의 주도권을 넘겨 주었다.

동방 박사들은 베들레헴에서 아기 예수를 경배하였고 유대 왕 헤롯을 피해 다른 길로 고향으로 돌아갔다. 새로운 왕의 출현 소식에 긴장한 헤롯은 베들레헴의 두 살 아래 모든 아기들을 학살하였다. 아기 예수는 이집트로 피난했지만 그 아기들의 희생의 빚을 자신의 목숨으로 갚아야 하는 운명을 지게 되었다. 그리고 그가 갚은 것은 그 유아들의 목숨 값만이 아니라 인류의 죗값이었다.

B.C. 4년경 일생 극도의 소외감과 집착증에 사로 잡혔던 헤롯은 내장이 썩는 병으로 죽었다. 헤롯이 죽은 후 왕국은 세 아들들에게 건네졌다. 헤롯 아켈라우스(Archilaus)는 남쪽 유대 지방을, 헤롯 안티파스(Antipas)는 북부 갈릴리와 베레아를, 헤롯 필립(Philip)은 요단강 동편을 다스렸다. 그러나 이 아들들은 실정으로 권력을 잃게 되었다.

"네 번째 동방 박사" 알타반

중세 전승에 의하면 세 동방 박사들 외에 알타반(Artaban)이라는 네 번째 동방 박사가 있었다. 비록 역사성이 희박한 전승이지만 그 속에는 신앙적 교훈이 잘 집약되어 있고 실제로 중세에는 이런 삶을 살았던 이들이 많았다.

페르시아의 수도 엑바타나 출신인 알타반은 메시야의 탄생 별을 보고 세 박사들과 함께 유대로 가기로 약속하였다. 그는 아기 왕에게 바칠 선물로 푸른 사파이어(Sapphire)와 붉은 루비(Ruby)와 하얀 진주(Pearl)를 마련하였다. 다른 박사들과 합류할 장소로 가던 중 알타반은 길에서 열병으로 죽어가는 유대인 병자를 보았다. 그냥 지나칠 수 없었던 그는 자신의 사파

페르시아 복장의 동방 박사 세 사람, 왼쪽부터 발타자르 멜키오르 카스파르 - Basilica of St Apollinare in Ravenna A.D. 526

이어를 팔아 이 병자를 치료하고 낙타를 사는 데 썼다. 회복된 유대인은 알타반에게 메시아가 베들레헴에서 태어날 것이라고 알려주었다.

알타반은 세 박사들과의 약속 장소에 늦어 일행에 합류 못하고 뒤늦게 베들레헴에 도착했으나 아기 예수도 동료 박사들도 만날 수 없었다. 바로 그날 헤롯의 병사들이 베들레헴 아기들을 학살하기 시작했다. 알타반이 머문 집에도 어머니와 어린 아기가 있었는데 로마 장교가 들이닥쳤다. 알타반은 그에게 붉은 루비를 내밀며 이렇게 말했다.

"이 아이를 살려주면 루비는 당신의 것이오."

(Henry Van Dyke, *The Blue Flower*, 2006, 81.)

장교는 빛나는 그 보석을 받고 아기를 살려주었고 밖의 부하들에게는 자신이 아이를 처리했다고 말하였다. 알타반은 비극의 베들레헴을 떠나 다시 예수를 찾으러 나섰다. 이제 그에게 남은 것은 진주뿐이었다. 30년이 지난 어느 해 유월절 알타반은 예루살렘을 다시 방문하였다. 그때 이 도시는 예수라는 청년의 처형 문제로 큰 소동이 일고 있었다. 알타반은 순간 그 예수가 바로 자신이 찾던 아기 왕이었다는 것을 깨닫고 남은 진주로 그의 목숨을 사기로 맘먹었다.

알타반이 골고다 언덕으로 예수를 찾기 위해 향하던 중 한 소녀가 나타나 눈물을 흘리면서 알타반을 잡았다. 소녀는 아버지의 빚 때문에 노예로 팔릴 처지라서 쫓기고 있었는데 그녀를 붙잡아갈 흉포한 사내들이 나타났다. 유일한 보물로 예수의 목숨을 구하느냐 아니면 소녀를 구하느냐 사이

베들레헴 아기들의 학살 - Giotto di Bondone, 14C

에서 알타반은 고민하다 그 진주를 노예 잡이에게 주고 소녀를 해방시켜주었다. 얼마 후 알타반은 십자가에 매달린 예수의 죽음을 멀리서 봐야했다. 갑자기 지진이 일어나자 이 늙은 동방 박사는 지붕에서 떨어진 타일을 맞고 쓰러졌다. 피 흘리는 알타반이 숨을 거두는 순간 놀랍게도 하늘의 음성이 이렇게 들려왔다.

"너는 내가 주릴 때에 먹을 것을 주었고 목마를 때에 마시게 하였고 병들었을 때 돌아보았고 갇혔을 때에 와서 보았느니라."

5. 예수의 교훈과 역사 기록들

마구간의 왕

흔히 예수께서 세상에 왕으로 오셨는데 마구간에서 탄생한 것을 특별한 사건으로 생각한다. 물론 본질적으로 신적인 분이 그런 곳에 탄생한 것은 분명 놀라운 일이지만 왕이 될 인물이 천한 출생을 했다는 것은 고대 세계에서 그렇게 드문 사건은 아니었다. 왜냐하면 역사에서 천출로 대왕이 된 인물들이 많았기 때문이다. 로마의 설립자 로물루스 왕도 동굴에서 늑대 젖을 먹었고 페르시아의 고레스 대왕도 버려진

갈릴리 호수 폭풍우와 예수께서 타신 배
- by Rembrandt 1633

아이였다. 그러므로 왕이 될 분이 마구간에 태어나 구유에 뉘였다는 것은 대단한 사건은 아니었다.

그러나 예수의 마구간 탄생이 특별한 의미를 갖는 것은 바로 그곳이 '왕' 예수의 출발점이지만 동시에 종착지이라는 사실이다. 영웅들은 마구간 같은 곳에서 출발해 화려한 왕궁으로 끝나지만 예수의 삶은 시종 마구간의 연속이었다. 초원, 광야, 선상, 동굴, 초막 등 그의 삶이 십자가 죽음 후 무덤에 뉘일 때까지 모두 낮아짐의 연속이었다. 부활하여 제자들의 심령에 내주할 때까지 이 "사람의 아들"은 정말 머리 둘 곳이 없었다. 예수가 위대한 왕이신 것은 바로 이 놀라운 자기 비움의 일관성에 있었다. "마구

간 성탄"은 기독교가 늘 머물러 있어야 할 장소를 가리키는 것에 그 숭고한 의미가 있다.

"하늘나라의 왕"

　세계사에서 가장 많은 책들의 주제가 되었던 인물도 또 세계 도서관들에서 가장 많은 서가를 차지하고 주인공도 예수 그리스도이다. 아기 시절 잠시 이집트로 피난했던 예수는 이스라엘 북부 갈릴리 지역 나사렛에서 성장하였다. 목수였던 아버지 요셉은 일찍 세상을 떠난 것으로 알려졌다. 예수 역시 평범한 목수의 일을 하다가 30세에 메시아로서의 사역을 시작하였다. 그의 첫 메시지는 하늘나라(Kingdom of Heaven)의 도래였다. 그리고 이 나라의 시민이 되는 것은 회개와 사랑의 삶을 통해서라고 선포했다.

　예수는 조물주를 '아버지'로 소개하고 하나님을 믿는 모든 사람은 "하나님의 자녀"라고 가르쳤다. 신의 자녀는 왕들에게만 부여된 칭호였다. 그런데 예수는 누구든지 노예들까지도 창조자의 자녀가 될 수 있음을 가르쳤다. 이처럼 친근한 신에 대한 교훈도, 또한 이렇게 고상한 인간에 대한 높임도 이전에는 없었다. 고대 세계에서 보복은 법의 기본 내용이었고 복수는 당연한 권리였다. 그러나 예수는 이렇게 가르쳤다.

　"네 이웃을 사랑하고 원수를 위해 기도하라. 누가 네 오른 뺨을 치거든 왼쪽도 돌려대라."

　상대의 오른 뺨을 치려하면 왼손을 쓰든지 아니면 오른손 손등으로 쳐야만 했다. 고대 세계에서 왼쪽은 불길한 쪽이므로 왼손으로 때린

군중에게 외치는 예수 재판에서의 빌라도 - by Antonio Ciseri c 1871

다는 것은 큰 모욕을 주는 행위였다. 오른 손등에는 목판에 서명하는 날카로운 무기 같은 인장 반지가 껴있었다. 이 두 경우의 타격 모두 상대에게는 정신적 상처를 주거나 신체적 피해를 주는 것이었고 이 둘 중 어떤 방식으로 맞아도 피해자는 가해자에게 두 배의 복수를 할 수 있었다. 그러나 예수는 오른 편 뺨을 맞

십자가에서 내려지는 그리스도 - by Raphael(1507)

았을 때에는 왼편 뺨을 대어주라고 권하며 복수의 포기를 가르쳤다. 그의 교훈은 용서와 사랑만이 증오의 순환을 끊고 새로운 평화를 이룰 수 있다는 것이었다. '로마 사회는 가난'을 저급하고 추한 것으로 간주하였다. 그러나 예수는 천국이 가난한 자의 것이라고 선포하였고 물질과 환락에 매여 사는 많은 이들의 영, 혼, 육의 병들을 치유하고 악한 세대에서 이들을 구출해 내었다. 예수의 생애와 말씀은 인류에게 자체로 "기쁜 소식(Good News)"이었다.

세상의 군주들에게 재판은 중요한 임무였다. 황제들은 사건을 판단하고 사형 언도까지 하는 권력 행사에서 마치 오락하는 쾌감을 갖기도 했다. 그러나 "왕"으로서 예수가 일컬어질 때 그가 세상의 왕들과 참으로 다른 점은 바로 살리는 사역에 몰두했다는 것이다. 그는 병자, 귀신들린 자, 가난한 자, 연약한 자, 소외받은 자, 죄인들의 친구였고 재판관이 아닌 변호하는 자(Paraclete)로 일했다. 예수는 인간의 아들로 오셔서 죄악의 인류를 위해 자신의 목숨(psyche)을 대속 제물로 버리셨으며, 동시에 하나님의 아들로 오셔서 오직 자신만이 소유한 하늘에 속한 "영원한 생명(영생; Zoe)"을 자신을 따르는 모든 자들에게 나누어주었다.

그릇된 종교 지도자들과 사회 지도자들, 그리고 로마 총독 빌라도

(Pontius Pilate)는 평소 심히 불편한 사이였지만 적어도 예수를 죽이는 일에서는 서로 협력하였다. A.D. 30년경 유대 지도자들의 고발로 그는 체포되고 빌라도의 법정에서 사형 판결을 받았다. 과거 수많은 십자가 사형수들처럼 예수도 골고다 언덕에서 매달렸다. 그의 마지막 말씀은 이것이었다.

"아버지여 저들의 죄를 용서하옵소서! 저들은 자기의 하는 일을 모르나이다."

예수의 제자들은 사망 사흘 후 부활하고 40일 후 승천하신 예수를 선포하고 다녔다. 그들은 예수의 십자가의 죽음이 인류의 죗값이며 옛 세상의 극점이고 새 창조의 기점이라고 가르쳤다. 또한 부활한 예수는 그리스도이며 "새 생명(Zoe)을 주시는 영"이시라는 '기쁜 소식'에 자신들의 목숨을 걸었다.

예수에 관한 일반 기록들

예수의 생애와 교훈은 신약 성서 마태, 마가, 누가, 요한의 네 복음서에 기록되었다. 이외에 고대 세계의 일반 문헌에서도 예수에 대한 언급들을 찾아볼 수 있는데 가장 흥미롭고 대표적인 것은 A.D. 1세기 유대인 역사가 요세푸스(Josephus)의 기록이다.

"〔빌라도의 시대에〕 예수라는 지혜의 사람이 살았다. 그는 놀라운 일을 행했고 제자들은 그를 진리로 믿고 추종했다. 많은 유대인과 헬라인들이 그를 메시아로 믿었다. 예수가 재판 받을 때에 빌라도는 사형을 언도하였으나 그의 제자들은 사랑을 접지 않았다. 메시아의 생애와 부활에 대한 구약의

1961년 가이사랴에서 발견된 빌라도 이름의 석비

예언대로 추종자들은 자신들의 예수가 삼일 만에 부활하였다고 전파하였다. 이를 믿는 자들을 '그리스도인들'이라고 부르는데 이들은 여전히 존재하고 있다."(Josephus, *Antiquities* 18.63-64.)

요세푸스 기록 외에 반기독교적인 2세기 랍비 문서에서도 예수와 신자들에 대한 언급이 있으며 로마 역사가 타키투스(Tacitus, A.D. 53-120)도 『연대기』에서 예수가 티베리우스 황제 시절 빌라도에 의해 사형을 받았다고 적었다(*Annals* 15.24). 한편 로마 총독 빌라도에 관한 기록이 담긴 석판이 총독 관저가 있던 해안 도시 카이샤라(Caesarea)에서 1961년 발견되어 예수 사건의 역사성을 뒷받침하였다.

석판 원문	번역
[DIS AVGVSTI]S TIBERIEVM ... [PO]NTIVS PILATVS [PRAEF]ECTVS IVDA[EA]E [FECIT] E[DICAVIT]	[황제] 티베리우스의 성전은 ...[본]디오 빌라도 유대의 총독에 의해 [세워졌다.]

6. 세계의 성자들이 된 예수의 제자들

그리스도인들의 출현

예수의 승천 후 예루살렘 교회는 기독교의 최초 중심지가 되었고 지도자는 예수의 형제 야고보였다. '예루살렘'은 "고통(pain)"의 뜻을 가진 '예루(jeru)'와 대가를 지불하고 얻어진 "평화(peace)"를 말하는 '살렘(salem)'의 합성어이다. 예수의 제자들은 마치 이 도시의 뜻처럼 고통 받는 자들에게 평화를 선포하였고 이를 위해 자신들이 직접 고난의 대가를 지불하였다. 예루살렘 공동체가 유대인들의 핍박으로 흩어진 후 시리아의 대표 도시 안티오크(안디옥)는 기독교의 새 중심지가 되었다. 안티오크는 B.C. 4세기 초 알렉산더 대왕의 부하 장수 안티오코스 1세에 의해 세워졌으며 과거 예루살렘을 침공한 적이 있던 셀레우코스 왕조의 본산 이었다. 때문에 유대인들에게는 악연이 깊은 도시였다. 이곳에서 '그리스도인(Christians)'이라는 명칭이 등장했고 사랑의 용서와 새 생명을 전파하는 공동체가 설립되었다.

예수의 사도들인 마태(Matthew), 마가(Mark), 누가(Luke), 요한(John), 바울(Paul)은 세계 많은 나라들의 수호 성자로 추앙받았다. 또한 성서 인물들과 역사의 기독교적 인물들은 서구인들 다수의 이름으로 사용되었다. 그 예로, '야고보'는 영어의 제임스(James), 스페인어의 이아고(Iago)와 디에고(Diego)의 원조 이름이다. 또 '베드로'는 영어의 피터(Peter)를 비롯하여 언어에 따라 페테르(Peter), 페드로(Pedro), 피에트로(Pietro), 페트로니우스(Petronius)로 불려졌다. '요한'은 영어의 '존(John)', 독일어의 '요하네스(Johannes)', 이탈리아어의 '지오반니(Giovanni)', 러시아어의 '이반

(Ivan)', 스페인의 '후안(Huan)' 등의 이름이 되었다.

스페인의 성자: 산티아고(야고보)

서유럽의 좌편 끝 이베리아 반도는 로마 시대에 에스파냐(Espana, Hispania)라고 불렸고 이로부터 현재 지명 '스페인'이 유래되었다. '에스파냐'는 "해가 지는 땅"이란 뜻으로 '에스파냐 얼티뭄(Hispania ultimum)', 즉 "땅 끝"으로 알려

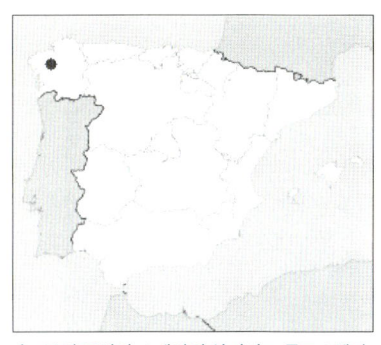

야고보의 도시인 스페인의 산티아고 콤포스텔라

졌다. 야고보(James)는 이곳에 처음으로 기독교를 전한 인물로 전해진다.

스페인 선교 여행에서 돌아온 야고보는 예루살렘에서 아그리파 왕에 의해 처형당했다. 전승에 의하면 야고보의 유골은 스페인 행 선박에 실렸으나 스페인 인근에서 배가 좌초되며 유골도 실종되었다. 세월이 지난 후 스페인 땅의 어느 평원(콤포)에 별빛(스텔라)이 비추는 지점에서 유골이 발견되자 사람들은 이를 야고보의 것이라고 믿게 되었다. 그곳을 중심으로 마을이 들어서 스페인의 세계적인 도시가 되었는데 이는 바로 "성 야고보의 도시"라는 뜻의 산티아고 데 콤포스텔라(Santiago de Compostela)이다. 천년이 넘도록 수많은 사람들은 야고보가 스페인으로 "처음 걸어갔던 길(Way of St. James)"이라 알려진 산티아고까지 걷는 순례에 나서왔다.

한편 제정 로마 시대에 스페인(이베리아)은 기독교의 중심지가 되었으며 사도 야고보는 이슬람을 퇴치하고 스페인을 수호한 국가 성자로 여겨졌다. 이 때문에 '성 야고보'의 스페인어 이름인 산디에고(San Diego)나 산티아고(Santiago)는 도시명이나 인명으로 빈번히 사용되었다.

가장 많은 나라들의 수호 성자 안드레(앤드류)

사도 안드레의 순교

성 앤드류 십자가의 스코틀랜드 국기

안드레(Andrew)는 슬라브인들이 사는 북부 유럽과 흑해 주변에 기독교를 전했으며 이 때문에 슬라브족의 사도로 불렸다. 그는 그루지야, 우크라이나, 러시아, 불가리아, 루마니아 등 슬라브 민족의 성자로 추앙받게 되었다. 슬라브 인들에게 '안드레이(Andrei)' 이름이 흔한 이유는 그 때문이다. 이들 나라들은 안드레의 선교로 신앙이 시작되고 기독교로 문명이 진보되었다고 자국 역사책에서 자부하고 있다. 안드레는 그리스 펠로폰네소스 반도 북부에 위치한 파트라스(Patras)라는 도시에서 'X'자형 십자가에 거꾸로 못 박혀 순교한 것으로 전해진다.

중세 시대에 안드레의 유물은 스코틀랜드로 유입되었다고 알려지자 스코틀랜드인들은 이를 국가적 성물로 여겼다. 이로 인해 안드레, 즉 "앤드류"는 스코틀랜드의 수호 성자가 되었다. 마치 스페인에서 '야고보'가 추앙을 받듯이 스코틀랜드에는 '앤드류'가 그 위상을 가졌다. 이로 인해 사도 "앤드류"가 처형된 날로 알려진 11월 30일은 스코틀랜드의 국경일이 되었고, 그가 매달린 X자형 십자가는 바로 스코틀랜드 국기의 중심 문양이 되었다.

이집트의 사도 마가

예수의 젊은 제자 마가(마르코)는 전승에 의하면 현재의 리비아에서 출생한 유대인이었다. 마가의 아버지 아리스토폴로(Aristopolo)는 바울을 이끌어 준 바나바(Barnaba)와 형제 사이였다. 마가는 어린 시절 아버지를 따라 예루살렘을 자주 방문하였는데 어느 날 광야에서 포효하는 사자와 맞닥뜨리게 되었다. 그러나 어린 마가는 도망가지 않고 오히려 담대하게 사자를 꾸짖었다고 한다. 사자는 마가 부자를 해치지 않고 오던 길로 되돌아갔다. 이후 마가의 성화에서는 발밑에 엎드린 사자가 등장하게 되었다. 이는 고난을 극복하는 믿음의 상징으로 여겨졌다.

성 마가의 성화 - 사자가 함께 등장한다
- by Lanternix

마가는 이집트어에 능숙하여 로마 제국 두 번째 대도시인 이집트의 알렉산드리아에서 본격적인 선교를 시작하였다. 그러나 수일 동안 한 명의 개종자도 얻지 못하였다. 가죽 샌들 끈이 헤어지자 그는 수선공을 찾아갔다. 아니아누스(Annianus)라는 이름의 수선공은 작업 도중 손을 다치게 되었고 마가는 지참한 약을 꺼내 발라주었다. 아니아누스는 마가를 집으로 초청해 교제하고 기독교 신자가 되었으며 이후 알렉산드리아 교회의 첫 주교까지 되었다. '이집트'는 고대어로 '아이귑토스(Aigyptos)'라고 일컬었고 이를 줄여 '애굽' 또는 '콥트(copt)'라고 불렀다. 즉 콥틱 교회는 고대로부터 내려온 이집트의 전통적 교회를 말한다.

A.D. 68년경 알렉산드리아에 기독교 신자들이 늘어나자 이교의 신전 사제들은 사도 마가의 목에 줄을 걸고 마차에 매어 죽도록 끌고 다녔다. 순교한 마가의 유물은 알렉산드리아 성 마가 성당 지하 묘실에 안치되었으나 828년 유럽 상인들이 이 유물을 훔쳐 베니스(베네치아/Venice)로 가져갔다. 이후 성자 마가(마르코)는 베니스의 수호 성자로 숭앙되었다. 중세에서 사도들의 유물을 가진 도시들은 특별한 위상을 인정받았다. 따라서 마가

의 유해가 온 이후 베니스는 중세 시민들에게 자부심을 주었고 마치 고대 세계의 알렉산드리아처럼 중세 최고의 항구 도시로 성장했다.

인도의 사도 도마(토마스)

도마(St. Thomas)는 의심이 많은 제자였으나 부활한 예수를 만나고 확고한 믿음의 제자로 변하였다. 인도 말 방언을 하게 된 도마는 어느 날 예루살렘을 방문한 인도인들을 만났다. 이들은 인도-파르티아 제국의 초대 국왕 곤도파레스 1세(Gondophares I)의 신하들로서 왕궁을 건축할 기술자를 구하러 온 것이었다. 도마는 자신이 그 궁궐을 건축하겠다며 그들과 함께 인도로 건너갔다. 곤도파레스 왕은 화려한 왕궁을 기대하며 도마에게 많은 자금을 주었다. 그러나 도마는 이를 빈자들을 돕는데 모두 써버렸다. 몇 달이 지나도 궁궐이 올라가지 않자 곤도파레스 왕은 도마를 불러 추궁했고 도마는 이렇게 대답하였다. "왕의 재물은 가난한 자들에게 갔으므로 왕께서는 하늘에 보물을 쌓았으며 왕의 궁궐은 그

곤도파레스 왕의 동전 A.D. 50년경

곳에 지어졌나이다."

대노한 곤도파레스는 도마를 잡아넣고 처형하기로 했다. 그날 국왕은 꿈에서 천국을 방문하였는데 자신의 이름이 붙은 화려한 궁궐을 보았다. 깨어난 왕은 도마의 얘기를 받아들이고 기독교로 개종하였다.

한편 도마에 관해 적은 도마행전(Acts of Thomas) 외에 곤도파레스 왕을 언급한 문헌이나 옛 기록은 발견할 수 없었다. 이 때문에 인도 왕국과 도마에 관한 이야기는 비역사적인 것으로 치부되었다. 그러나 19세기 중엽 곤도파레스 왕의 유적과 동전들이 파키스탄 북부에서 발견되어 이 왕국의 실재가 확인되었다. 유물들의 분석 결과 곤도파레스의 통치 연대는 도마

의 시기와 일치한 A.D. 46년경 전후로 드러났다.

에데사의 국왕 아브가르

1세기의 에데사(Edessa) 왕국은 터키 동남부의 '산리 우르파(Sanli Urfa)'를 중심으로 한 도시 국가였다. 성서의 가장 유명한 유적지인 하란(Haran)을 포함한 왕국이다. 에데사의 전승에 의하면 예수 시대에는 왕 아브가르 5세(Abgar V)가 다스렸다. 이 왕은 큰 병에 걸렸으나 온갖 처방이 소용없었다. 아브가르 5세는 갈릴리의 예수가 치유하는 능력을 가졌다는 소문을 듣고 사신을 보내 초청하였다. 그러나 예수는 이스라엘 땅을 떠나기를 사양하였고 대신 사신에게 자신의 얼굴이 찍힌 손수건을 주었다. 이 예수 이미지를 "참 형상"이라는 뜻의 '베로니카(Veronica)'나 "거룩한 형상(Holy Mandylion)"이라고

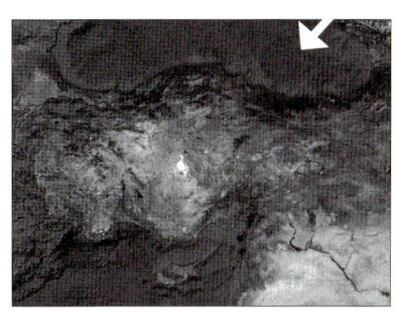

터키 동남부 시리아 국경 근처의 에데사

예수의 성화 수건을 들고 있는 에데사 왕국의 아브가르 왕

후대 사람들은 불렀다. 아브가르 왕은 예수의 성화를 본 후 치유되었고 기독교를 국교로 삼았다. 이로써 에데사는 역사상 최초로 기독교 도시 국가가 되었고 동방 기독교의 중심지가 되었다. 한편 에데사 학파를 주도하면서 300년대 시리아의 대표적 성자가 된 인물은 성자 에프라임(Ephraim, 306-373)이었다. 터키 동남 지역의 니시비스(Nisibis)에서 태어난 그는 설교, 시, 산문 등 뛰어난 저작들과 자선으로 유명하였으나 전염병 환자들을 돕다가 병이 옮아 세상을 떠났다. 시리아 인들은 복을 기원하며 에프라임의 성화를 소지하였다.

7. 기독교의 새로운 전달자 바울

바울의 출현

바울의 회심

바울(Paul)은 기독교의 확산에 가장 중요한 공헌을 한 인물로서 그에 의해 기독교는 세계의 종교가 되었다. 바울은 클레오파트라 여왕과 안토니우스 장군이 처음 만난 터키 동남부의 길리기아 타르소스(다소) 성에서 태어났다. 이 도시는 뛰어난 학문으로 유명했고 헬라 문화와 로마 문화에 개방적이었다. 바울의 외적 세계관은 어린 시절을 보낸 고향에서 형성되었지만 내적 사상은 청년 시절을 보낸 예루살렘에서 형성되었다. 그는 유대 최고의 율법 랍비인 가말리엘에게 교육을 받았다. 바울은 애초에는 기독교를 이단으로 간주하여 핍박하였다가 시리아의 수도 다마스쿠스(다메섹: Damascus) 근처에서 예수의 음성을 듣고 제자가 되었다.

바울의 본명은 이스라엘 초대 왕을 따라 지은 "사울(Saul)"이었으나 예수의 제자로 회심한 후에는 "작은 자"를 뜻하는 로마식 이름 '바울'을 사용하였다. 사실 바울은 기독교를 헬라 세계에 전파하는데 최고의 적임자였다. 우선 그는 인종에서는 이스라엘 사람으로서 히브리 사상에 정통하였고 동시에 가장 헬라적인 도시에서 성장하여 헬레니즘도 잘 알고 있었기 때문이다. 또한 히브리어, 헬라어, 라틴어에 능통하여 의사소통이 원활하였고 로마 시민권을 가졌기에 출입과 통행이 자유로웠다. 바울은 생애 세 차례의 선교 여행과 신앙 문서들을 통해 기독교를 세계에 가장 잘 이식한 인물이 되었다.

유대교와 기독교의 결별: A.D. 50년 예루살렘 공회

바울은 첫 선교 여행을 마친 후 예루살렘에서 예수의 제자들과 함께 역사상 첫 기독교 공의회를 가졌다. 이 회의는 유대교의 율법이 이방인 신자들에게 어떤 효용성을 갖는지에 대한 논의였다. 그 결과 공의회는 바울의 주장을 받아들여 이방인들이 윤리적 계명들과 몇몇 조항들을 제외하고는 유대교의 율법들을 문자적으로 준수할 필요가 없다고 결정하였다.

이후 이방인 신자는 누구든지 입교 의식인 할례를 받지 않아도 되었다. 특히 성인의 성기에 상처를 내는 할례는 지혈이 안 되거나 감염으로 사망하는 등 치사율이 1/5에 이르렀던 당시 매우 위험한 의식이었다. 기독교도들은 유대교의 각종 제사와 절기는 물론 '코세르(Kosher)'라 부르는 음식 규례에도 매이지 않게 되었다. 돼지고기와 다양한 어류도 먹을 수 있도록 하였다. 이때부터 구약 성경의 율법은 문자적 준수보다 비유적으로 해석하게 되었다. 또한 기독교는 계명을 지키는 종교가 아니라 영적인 조명을 받는 살아 있는 신앙임을 강조하게 되었다.

실질적으로 예루살렘 공회는 기독교가 유대교와 다른 신앙임을 확정하고 차별을 선언한 회의였다. 사도들은 구약의 각종 율법에서 벗어난 간결한 교리를 제시하여 기독교가 세계로 퍼질 수 있게 하였다. 이 때문에 폐쇄성을 지닌 유대교는 한 민족의 종교로 남았으나 유연성의 기독교는 세계적인 신앙이 되었다. 이 공회의 열린 결정에는 바울의 공헌이 가장 컸다.

기독교 선교의 "오디세이"

A.D. 50년 초반 바울은 2차 선교 여행을 떠났다. 갈라디아를 거쳐 소아시아 서북쪽 트로아스(드로아)까지 오게 되었다. 아시아에서 유럽으로 건너가는 가장 빠른 항로는 트로아스에서 시작했기에 이 항구는 늘 붐볐다. 또한 영웅들의 흔적이 깃든 신성한 도시였다. 바울은 호메로스의 작품에 나오는 트로이 영웅들에 대해 잘 알고 있었다. 고대 세계의 사람들에게 트로이 전쟁은 마치 현대인들에게 제2차 세계 대전 만큼이나 유명한 전쟁이었기 때문이다.

바울의 애초 계획은 트로아스에서 잠시 머물다 동쪽으로 방향을 틀어서 한 세기 전에 카이사르가 "왔노라 보았노라 이겼노라!(veni vidi vici)"의 세 마디를 외치며 정복한 신비의 땅인 폰토스(Pontos)로 가는 것이었다. 그러나 바울은 트로아스에서 기이한 꿈을 꾸고 아시아에서 유럽으로 건너갔는데, 그것은 마케도니아 청년이 꿈에 나타나 바울에게 유럽으로 와줄 것을 청하는 것이었다. 고대 세계에서 '마케도니아 청년'은 영웅의 대명사였다. 트로이의 영웅 오디세이도, 세계를 정복한 알렉산더도 마케도니아 청년들이었다. 바울이 본 환상은 복음의 세계 정복을 시사한 것이었다. 이로써 바울은 위대한 영적 영웅의 길을 선택했고 제자 누가(Luke)는 마치 호메로스와 같은 문학가의 역을 맡아 바울의 행적을 기록했다. 바울의 꿈은 경제적인 것이나 권력적인 것이 아니었고 대신 섬김과 사랑의 나라를 선포하는 것이었다.

바울은 알렉산더가 왔던 길을 반대로 건너가 유럽에 최초로 교회를 세웠다. 알렉산더 대왕의 아버지 필리포스 대왕의 이름을 따서 세워진 도시 필리피(빌립보)에서는 연약한 여인들과 함께 신자 공동체를 시작했다. 알렉산더의 누이의 이름을 딴 도시 테살로니키에서도 모임을 구성하였다. 그리스의 대도시들은 점차 바울에 의해 그리스도의 도시들로 바뀌기 시작했다.

고대의 스포츠와 바울

바울과 제자 디모데(Timothy)는 2차 선교 여행 중 스포츠 체전으로 유명했던 코린트(Corinth)에서 1년 반 동안 머물렀다.

스포츠 체전은 고대 그리스의 유명한 네 도시에서 유래되어 로마 제국에서도 인기리에 계속 개최되었다. 가장 오래된 체전은 올림피아(Olympia)에서 열린 현대 올림픽의 기원이 된 올림피아드였다. 이외에도 네메아(Nemea), 델피(Delphi), 코린트(Corinth)에서 체전이 열렸다. 그리스 경기 종목들은 본래 건장한 용사가 맹수를 포획하기 위해 들판을 '달리고' 시내를 '건너뛰며' '돌'(원반)과 '창'을 던져 짐승을 맞추고 '몸싸움'(레슬링)을 통해 제압하는 사냥에서 유래되었다. 즉 각 종목들은 인간 생존을 위한 원초적 활동에서 비롯된 것이었다. 그러므로 스포츠는 단순한 체력 단련이 아닌 생존 본능의 신체 예술적 표현이었다. 특기할 것은 고대 체전들은 그리스 신들을 기리는 축제이기도 했다. 올림피아에서는 천상을 주관하는 제우스를, 네메아는 어린 왕자 오펠테스(Opheltes)를, 코린트(고린도)에서는 바다를 지배하는 포세이돈을, 델피에서는 전쟁을 주관하는 아폴로를 기리는 경기를 했다.

아폴로는 제우스와 르토(Leto) 사이의 아들이었다. 제우스의 본처 헤라는 질투심에 어린 아폴로를 죽이려 피톤(python)이라는 큰 뱀을 보냈다. 그러나 아폴로는 화살을 쏘아 피톤을 제압하고 종으로 삼았다. 아폴로와 피톤의 주종 관계 때문에 델피의 경기는 아폴로에게 헌정되지만 "피톤 경기(Pythian Game)"라고 불렸다. 델피 신전에는 많은 무당과 점술가들이 있었고 여자 노예들은 피톤을 상징하는 진짜 뱀을 두르고 점을 쳤다.

한편 화려한 항구 도시 코린트의 경기는 '이스트무스 대회(Isthmian Game)'라고 불렸다. '이스트무스(Isthmus)'란 섬과 육지를 연결하는 자연 생성된 긴 둑을 가리키는데 고린도 인근에 위치한 넓은 들에서 대체전이 열려 이렇게 명명되었다. 경기의 우승자는 당대 최고의 스타로 대접받았

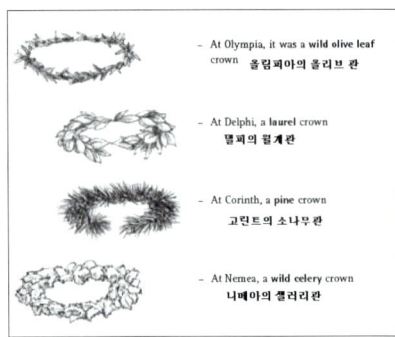

고대 그리스 경기 우승자의 면류관 종류들

고 사후에는 비석에 면류관까지 새겨지는 영광을 얻었다. 참고로, 경기 우승자들이 받은 면류관이 모두 다 '월계관'은 아니었다. 월계관은 델피에서만 수여되었고 각 도시들은 다른 종류의 면류관을 주었다. 델피에서는, 아폴로의 사랑을 거부하고 월계수(laurel) 나무로 변해버린 요정 다프네(Daphne)와 관련하여 월계관을 선사하였다. 올림피아는 제우스가 좋아하는 올리브(Olive) 잎 면류관을 씌워 주었고 네메아는 셀러리(Celery)로 면류관을 만들어 수여했다. 고린도에서는 포세이돈의 나무인 소나무(Pine) 잎 면류관을 주었다.

네 경기들은 A.D. 391년 로마 제국의 테오도시우스 대제가 이방신 제사와 직결된 그리스 경기들을 폐지할 때까지 간헐적으로 존속하였다. 이후로는 전차 경주가 제국의 최고 스포츠가 되었다. 바울과 디모데는 코린트에서 천막 수리 일을 하며 복음 사역의 비용을 마련하였고 또한 많은 사람들에게 신앙을 전파할 수 있었다. 격년으로 열리는 코린트의 스포츠 경기를 보기 위해 수만 명의 사람들이 이 항구를 방문하였기 때문이다. 바울은 생의 마지막을 앞두고 디모데에게 편지를 보내 코린트에서의 스포츠 경기를 회고하며 자신이 복음 전파의 "달리기"와 고난과의 "레슬링"에 최선을 다했으며 이후 하늘의 면류관을 기대한다고 고백하였다.

> 네메아 도시의 경기는 왕자 오펠테스(Opheltes)의 죽음을 기리는 것이었다. 네메아의 왕 리쿠르구스(Lycurgus)는 오펠테스가 태어나자 델피의 점술가들에게 찾아가 운명을 알아보았다. 점술가들은 이 아들이 걸을 수 있을 때까지 절대 땅에 내려놓지 말라는 신탁을 주었고 이에 아이는 늘 유모의 품에서 자랐다. 어느 날 테베를 공격하러 네메아를 지나던 일곱 명의 용사들이 이 유모에게 길을 묻자 그녀는 답을 하며 안고 있던 아기 오펠테스를 셀러리에 놓았다. 그 순간 아기는 그 잎들 사이 숨어 있던 뱀에게 물려 죽었다. 일곱 용사들은 이 왕자를 기리는 경기를 개최하게 되었고 우승자에게는 셀러리 면류관을 주었다.

그러나 코린트에서 바울은 스포츠의 매력에 항상 빠져들어 있을 만큼 편안한 상황이 전혀 아니었다. 일부 유대인들은 바울을 모함하고 위해하려 했으며 재판정에도 고소하였다. 이때 재판관은 아카야(그리스)의 총독 갈리오(Junius Gallio)였다. 오히려 갈리오는 바울을 고소한 자들을 법정에서 쫓아내었다. 분별력 있던 이 총독은 네로의 스승인 세네카의 친형이었다. 이 형제는 후에 네로 황제에 의해 처형되었다.

바울의 공헌

바울의 여정은 고난의 중첩이었다. 1차 선교 여행에서 절벽 위에 세워진 작은 마을 루스드라를 방문했을 때 그는 성밖 절벽 아래로 던져져 목숨을 잃을 뻔했다. 일생을 마감할 때까지 그는 사역 때문에 춥고 굶고 헐벗고 빼앗겼으며 무려 39대씩의 채찍 형을 네 번이나 맞는 핍박을 받았다. 그럼에도 불구하고 바울은 기쁨으로 자신의 임무를 감당하였다. 그는 신자들에게 하늘나라를 위해 많은 고난을 받아야함을 권면하고 다음과 같이 말했다.

"받는 자보다 주는 자가 더 복이 있다는 주의 말씀을 기억하라."(사도행전 20:35)

바울의 업적은 참으로 위대했다. 그는 이방인들을 기독교의 주역이 되게 했고 새 신앙의 무대를 서방 세계로 옮겼으며 신약 성서의 절반인 13개의 서신을 기록하여 기독교 체계를 확립하였다. 특히 지난 2,000년간 지속된 기독교는 바울이 해석한

그리스 아테네에서 전하는 바울 - by Raphael

기독교 사상 위에서 성장하였다. 바울은 어디서나 이렇게 선포하였다.

"그리스도 안에서 유대인이나 헬라인이나 이방인이나 노예나 자유자나 다 하나이니라."(골로새서 3:11)

민족들과 계층들이 분열된 로마 제국에서 이처럼 고도의 지적, 윤리적, 영적 교훈을 제시한 신앙은 없었다. 많은 로마인들은 기독교의 고상한 메시지에 호응하여 신자가 되었다. 갈라디아(터키 중부)의 이코니움(Iconium)에서 테클라(Tecla)라는 처녀가 바울을 흠모하고 제자가 되었다. 전승에 의하면, 그녀를 도저히 이해할 수 없던 그녀 어머니가 이렇게 말했다.

"대머리에 안짱다리이고 매부리코인 바울이 대체 무엇이 대단한가?"
(*The Acts of Paul and Thecla*, paragraph 2, in J. K. Elliott, *The Apocryphal New Testament*, 1993, 364.)

기독교의 급성장

로마 제국에서 기독교는 급속도로 성장하였다. 200년대 로마 제국 인구 1억 명 중 기독교인은 5%를 넘게 되었고 300년대에는 10%, 그리고 400년대에는 약 50%에 이르렀다. 수많은 종교가 존재했던 로마 제국에서 이러한 성장은 유례없이 빠른 것이었다. 그 확산 원인들은 무엇이었을까?

첫째, 사랑과 평화라는 기독교의 본질적 가치의 힘이었다. 그리스도는 용서와 영원한 생명을 세상에 주러 왔다고 전파했다. 예수의 제자들은 그리스도에 매혹되어 군림하려는 세상적인 가치들을 버리게 되었다. 로마 제국에서 노예와 귀족이 계층의 벽을 넘어 진정으로 형제로 부르며 교제하는 공동체는 사실 기독교 외에는 없었다. 많은 신자들은 노예를 가족으로 대하거나 해방시켰다. 당시 그리스도인들은 모범적인 사랑과 섬김의 공동체들을 만들었다. 이에 대해 A.D. 363년 기독교를 싫어했던 이교도 황제 율리아누스조차 이렇게 말할 정도였다.

"그리스도인들이 서로 얼마나 사랑하는 가를 보라!"

(Jean Gosselin, *The Power of the Pope During the Middle Ages*, 2010, 119.)

둘째, 이교 종교들과 현저히 달랐던 기독교의 독특한 신관이었다. 아들 예수를 인간을 위해 보낸 사랑의 창조주와 인간의 죗값을 치루기 위해 자발적으로 십자가의 길을 택한 예수의 이야기는 로마와 그리스 신들의 탐욕적이고 전투적인 모습과 질적으로 대비되었다. 기독교는 신의 전능성도 강조하면서 하찮은 인간을 위해 신이 세상에서 죽고 수모를 당했다는 사상도 중시했다. 기독교는 예수가 십자가에 매달린 시점에서 "왕"으로서 명패가 붙는다는 역설적인 교훈을 전파했다. 기독교 신앙은 바로 십자가에 우리 자신이 종결될 때에 진정한 이김이 있는 것이다. 십자가에서 진정, 그는 그리스도처럼 왕이 된다.

셋째, 신자들의 선행이었다. 초대 교인들은 고아와 과부, 병자들과 굶는 자들을 도왔으며 재산을 기부하였다. 처형되어 길에 버려진 죄수들의 시신도 매장해 주었다. 로마 사회에서 사형 판결로 처형된 시신을 매장하는 것은 중대한 위법 행위였지만 그럼에도 불구하고 기독교도들은 누구의 시신이든지 가리지 않고 묻어주었다. 또한 예수에 대한 확신 있는 가르침과 신자들의 의연한 순교도 많은 이교도들에게도 큰 감명을 주었다.

넷째, 헬라어의 공용화와 로마 제국의 효율적 도로망도 기독교 확산에 크게 기여하였다. 미약하게 시작한 베들레헴의 진리는 곧 로마 황실까지 이르렀고 타 종교들을 추월하기 시작했다. 세속의 삶과 종교에서 충족될 수 없었던 공허한 인간들에게 기독교는 고상한 진리로 다가가 그들의 영혼과 삶을 사로잡았다.

III
제정 로마 시대의 세계
(A.D. 30–300)

1. 1세기 황제들의 학살의 향연

예수 시대의 황제 "늙은 학살자" 티베리우스

A.D. 14년 예수의 소년 시절, 황제 아우구스투스는 자식 없이 아내의 팔에 안겨 76세의 생을 마감했다. 이 호걸의 마지막 말은 다음과 같았다.

"만약 인생의 연극에서 내가 맡은 배역을 잘했고 즐거웠다면 당신의 갈채로 무대를 내려가게 해주시오. 리비아, 이제 안녕. 우리의 결혼을 기억해주길!"

(If I have played my part in the farce of life creditably enough? If I have pleased you, kindly signify appreciation. Goodbye, Livia, remember our marriage!) – (Suetonius, Div. Augustus 99, in *The Twelve Caesars*, 2007.)

10여 년 후 어느 날 예루살렘의 바리새인들이 예수께로 와서 로마에 세금을 바치는 것이 합당한지 물었다. 이는 예수를 옭아매고자 던진 질문이었다. 만약 로마에 세금을 내지 말라고 답하면 로마에 거역한 "반란자"로 고발하고 만약 내야 한다고 말하면 민족의 "반역자"로 낙인 찍으려는 속셈이었다. 황제의 초상이 새겨진 로마 동전을 놓고서 예수는 오히려 그들에게 이렇게 물었다.

"이 동전의 초상이 누구의 것이냐?"

"카이사르, 즉 황제의 것입니다."

"그렇다면 카이사르의 것은 카이사르에게 하나님의 것은 하나님에게 바치라."

바리새인들은 동전이 황제의 것이라고 스스로 대답함으로써 황제와 세금 문제가 서로 연관된 것임을 자인해 버렸다. 예수를 시험하려 준비해온 논리적 포승에 자신들이 묶인 것이다. 예수께서 가리켰던 동전 초상의 주인공은 바로 티베리우스(Tiberius, r. A.D. 14-37) 황제였다. 아우구스투스의 양아들이었던 그는 58세에 제위에 올랐다.

티베리우스 황제의 주화, 뒷면에는 모친 리비아

1세기의 로마 황제들은 차라리 없었으면 더 좋았을 인물들도 여럿이었는데 냉혈 독재자 티베리우스도 그들 중 한 명이었다. 일찍이 로마는 이처럼 잔인한 살인마를 지도자로 둔적이 없었다. 이 황제는 몰래 남들의 애기를 엿듣고 밤새 분노를 삭인 후 날이 새면 처형 명단을 게시하였다. 살인은 황제가 즐기는 유희나 다름없었다. 정적들은 물론 무고한 시민들과 심지어 어린이들까지 티베리우스 살인극의 배역들이 되어 목이 베이거나 산채로 시내의 티베르(Tiber)강에 내던져졌다. 나이든 황제는 대법관의 임무까지 수행했다. 물론 고대 군주들의 주요한 임무가 중대 사건의 판결이었지만 유독 티베리우스는 재판을 사람 죽이는 의식으로 믿고 있는 듯했다. 그는 모든 고소에 관여하여 죄목도 자신이 붙이고 사형 판결을 수시로 내렸다. 로마인들은 공포 속에 떨며 티베리우스가 오히려 티베르강에 던져질 날이 속히 오기를 기원할 뿐이었다.

황제 티베리우스는 세금도 증액시켜 철저히 거두었다. 제국 백성들은 수확물을 팔아 로마의 주화를 구입하여 세금을 내야 했다. 당시 액수가 엄청났던 달란트는 일반 통용 화폐가 아니었고 대중들이 사용한 주화는 황제의 초상을 담은 데나리온(denarius)이었다. 로마인들은 주피터의 아내인 주노 여신이 제국을 보호한다고 믿었다. 주노의 신전은 "돌보다"의 뜻을 지닌 "모네타(Moneta)"로 불렸다. 오랫동안 로마시가 발행한 주화들은 바로 주노의 신전 "모네타"에서 주조되었기에 '머니(money)'라는 용어가 나오게 되었다.

티베리우스는 자신의 초상이 새겨진 주화를 만들었다. 한 면에는 "황제 티베리우스, 신성한 아우구스투스의 아들(Tiberius Caesar, uios divini Augusti)" 문구가 적혔고 반대 면에는 "대제사장(Pontifex Maximus)" 칭호가 쓰였다. 유대인들은 이 주화에 대해 총체적으로 거부감을 느꼈다. 납세는 두말 할 것 없이 싫었고, 이교 신전 모네타에서 주조된 점도 꺼림칙했다. 또한 동전에 황제의 초상이 있다는 점도 형상을 금지한 유대교에 위배되므로 혐오스러웠다. 게다가 이 주화에 써진 황제의 '대제사장' 칭호도 거슬렸고 또 반드시 이 주화로만 세금을 받는다는 납세 방법도 반발심을 불렀다.

로마 제국에 납세할 때와는 정반대로, 유대인들은 예루살렘 성전에 헌금을 할 때는 모네타 신전에서 만들어진 로마의 데나리온 은전은 사용할 수 없었다. 이때는 성전에서 따로 통용되는 주화 세겔(Shekel)로 바꾸어야 했다. 이런 배경에서 유대 지도자들이 예수께 와서 로마 황제에게 세금을 바치는 것이 합당한지 물었던 것이다. 바리새인들은 오히려 자신들의 대답을 통해 카이사르의 고유한 경제 세계가 있음을 인정한 셈이 되었다. 그리고 예수는 카이사르의 것과 야훼의 것을 구분하여 '하늘나라'가 본질적으로 세상 나라와 다른 것임을 분명히 알려주었다.

티베리우스 통치 23년 동안 로마는 암울한 시기를 보냈고 이 상황에서 전파된 예수의 사랑과 구원의 메시지는 참으로 세상이 품을 수 없는 것이었다. 티베리우스의 충복이었던 유대 총독 빌라도가 예수를 십자가에 처형하였을 당시 황제 티베리우스는 칠십 넘은 노인이었다. 말년의 티베리우스는 그동안의 학살극으로 인한 후환과 보복에 두려워 떨었다. 심신이 쇠약해지자 로마시를 떠나 나폴리 아래 카프리 섬에서 지냈다. 티베리우스의 포악함을 그대로 복사한 후계자 칼리굴라는 빨리 제위에 오르기 위해 양아버지 티베리우스의 얼굴을 베게로 힘껏 눌렀다.

"젊은 학살자" 칼리굴라

　25살에 황제가 된 칼리굴라(Caligula, r. 37-41)의 본래 이름은 가이우스였다. 양아버지 티베리우스가 친척들까지 처형하였을 때 가이우스는 나이가 어려서 가까스로 살아 남았다. 어린 소년은 생존을 위해 바보스럽게 행동했다. 군인들은 그에게 긴 장화를 신겨 뒤뚱거리게 만들며 놀려댔다. 이후 "긴 장화"를 뜻하는 별명 '칼리굴라'가 그의 이름이 되었다. 역사는 이 젊은 황제를 칼리굴라라고 불렀지만 당시 누구든지 가이우스 황제 앞에서 '칼리굴라' 별명을 언급하면 바로 목숨을 내놔야 했다.

　칼리굴라는 전임자 티베리우스의 학살 행진을 이어갔다. 로마 독재자는 단지 노인에서 청년으로 바뀌었을 뿐이었다. 그의 주요한 업무는 야수에게 집어 던질 죄수를 선정하는 일이었다. 칼리굴라는 그리스 신처럼 복장하고 지냈고 황제를 알현한 모든 이들은 공포에서 나온 아부를 하며 그를 숭배하는 척했다. 그렇지만 A.D. 41년 칼리굴라가 군인들에게 급료를 지불하지 못하자 인내심이 바닥난 근위대 군인들은 젊은 학살자를 서른 군데나 찔러 살해하였다. 이어서 칼리굴라의 삼촌으로서 유약한 성격을 지닌 클라우디우스가 원치도 않는 황제에 추대되었다.

"유약한 군주" 클라우디우스

　클라우디우스(Claudius, r. 41-54)는 어린 시절부터 다리에 장애가 있었고 귀가 잘 들리지 않았다. 그는 부친에 의해 시골로 보내졌고 이 때문에 그는 로마의 학살극에서 목숨을 구할 수 있었다. 조카 칼리굴라가 황제에 올랐을 때 클라우디우스는 집정관에 임명되었다. 그러나 이는 영광의 감투가 아니라 굴욕의 자리였다. 22살이나 어린 칼리굴라는 클라우디우스를 수시로 모욕을 주고 괴롭혔다. 그러나 클라우디우스는 인내로 넘겼고 다만 깡마른 몸이 되었다. 칼리굴라가 암살당할 때 그는 황제가 되지 않으려고 친위대 장교들을 피해서 커튼 뒤에 숨어 있었다. 그러나 군인들은 클라우디우스를 발견하고 반강제로 황제로 옹립했다.

51세로 제위에 오른 클라우디우스는 과단성이 없었지만 시민들은 황제가 잔인하지 않은 것만으로도 다행이라 생각했다. 황제는 건축에 안목이 있어 로마시를 정비하였다. 클라우디우스도 매일 재판을 즐겼고 흥미로 사형 판결을 자주 내렸다. 그는 유약했고 늘 경솔하여 실수가 잦았고 망각증도 심했다. 자신의 판결로 처형당한 신하들이 누군지도 또 왜 죽었는지도 금방 잊는 등 정신적 문제도 심각했다. 심지어 자신의 아내 메살리나를 처형하고도 왕비가 왜 늦느냐고 물을 정도였다. 황제 클라우디우스는 조카 아그리피나(Agrippina)와 재혼하여 시민들의 조롱거리가 되었다. 아그리피나도 초혼 신부가 아니었고 전 남편과의 사이에 아들도 있었다. 이 소년이 바로 네로였는데 교활한 어머니는 그를 후임 황제로 만들기 위해 온갖 모략을 꾸몄다.

한편 로마시에 기독교 신자들과 관련하여 소동이 일어나자 클라우디우스 황제는 A.D. 51년 매서운 겨울에 유대인들과 기독교인들을 모두 로마시에서 추방하였다. 이들 중에는 폰토스 출신으로 천막 일에 종사했던 유대인 아퀼라(Aquila)와 프리스킬라(Priscilla) 부부가 있었다. 이들은 제전과 무역으로 유명한 코린트 항구로 새로 이주하였고 항구 시장에서 매부리코에 대머리인 사람을 만나 예수의 도를 더 배우게 되었다. 그가 바울이었고 이후 이 부부는 바울의 중요한 동역자가 되었다.

"굴곡의 왕" 헤롯 아그리파

아기 예수를 죽이려 했던 헤롯 대왕은 여러 아내를 두었다. 그는 유대인에게 인정받고자 유대 왕족인 미리엄(Miriam)과 결혼하고 아리스토볼로(Aristobolo)를 낳았으나 후에 이 아들을 위험스럽게 여겨 처형하였다. 아리스토볼로도 처형 직전에 아들을 낳았는데 바로 헤롯 아그리파(Agrippa the Herod, B.C. 10-44 A.D.)였다. 헤롯 대왕은 손자 아그리파도 싫어하였다. 아버지를 잃고 불행한 어린 시절을 보낸 아그리파는 로마시에서 핍박과 눈치 속에 성장하였다. 그는 빚에 쪼들리다 옥에도 갇히

헤롯 아그리파의 주화 - CNG coins

는 등 궁핍한 생활에 있었다. 그러나 일순간에 헤롯 아그리파의 인생에는 큰 행운이 찾아왔다. 친구들인 칼리굴라와 클라우디우스가 연이어 로마의 황제가 되었기 때문이다. 그리고 이들 덕에 아그리파는 '유대인의 왕'으로 임명받아 할아버지 헤롯 대왕에 버금가는 넓은 영토를 통치하게 되었다.

헤롯 대왕이 유대인들에게 인기가 없었던 반면 유대인 할머니 미리엄의 피를 받은 손자 아그리파 왕은 오히려 인정을 받았다. 아그리파가 유대인들이 혐오하는 황제 석상이나 이교 신전을 예루살렘에 세우지 않고 특별한 도시로 대접했기 때문이다. 또한 알렉산드리아의 유대인들이 고초를 겪자 그곳 로마 총독에게 처우 개선을 요청하기도 했다.

이스라엘 백성들은 광야 생활을 기리는 큰 명절인 초막절(Feast of Tabernacle)을 지켰는데 이 절기에는 왕들이 백성 앞에서 율법을 낭독하는 전통이 있었다. 유대교 신앙이 돈독했던 아그리파는 왕으로서 신명기를 읽는 순서를 맡았는데 갑자기 다음 구절에서 낭독을 멈추고 눈물을 흘리기 시작했다.

"왕을 세우려면 네 형제 중에서 한 사람을 택하라."(신명기 17:15)

아그리파 왕은 자신의 피가 절반만 유대인인 까닭에 이스라엘의 왕으로서 자격이 있는지에 대해 눈물로 백성들의 동정을 구하였다. 그는 대중의 인기를 위해 감수성을 잘 이용할 줄 아는 정치인이었다. 왕의 눈물에 감명을 받은 이스라엘 백성들은 이렇게 소리쳤다.

"아그리파여! 그대는 우리의 왕이고 우리의 형제요!"

카이사랴 항구의 수로(aquaduct)

아그리파는 집권 후반기에 들어서며 포악하고 교만한 조부의 성격이 나타났다. A.D. 40년경 예루살렘에 기독교인들이 많아지자 유대인들의 핍박이 시작되었다. 기득권층인 유대 지도자들은 아무 때나 어디서나 기독교인들을 잡아 폭행을 가하였다. 아그리파 왕은 유대교도들의 환심을 사기 위해 기독교 박해를 시작하고 예수의 제자 야고보의 목을 베었다. 이내 예루살렘 교회는 흩어졌고 유대인들은 국왕을 칭찬하였다. 3년 후 카이사랴(Caesarea) 항구의 전차 경기장에서 축제와 경주가 개최되자 아그리파 왕은 수많은 군중 앞에 은실로 짠 빛나는 옷을 입고 신처럼 등장했다. "유대인의 왕 아그리파 만세!"를 외치는 백성들의 환호를 듣다가 이 왕은 경기장 왕의 자리에서 그대로 쓰러졌고 며칠 후 목숨을 잃었다.

2. 네로 황제와 광기의 시대

네로의 등극

클라우디우스의 새 황후 아그리피나는 아들인 네로(37-68)를 황제로 만들기 위해 무엇이든 다하였다. 그 점에서 그녀는 네로에게 더 없이 좋은 어머니였다. 그러나 권력만이 자식을 행복하게 해줄 것으로 믿었다는 점에서 그녀는 자식을 망친 나쁜 어머니였다. 네로는 제왕의 자질을 배우기 위해 로마의 위대한 철학자 세네카(Seneca the Younger)를 선생으로 고용하였다. 세네카의 대표적인 경구 몇 개는 다음과 같다.

"인간은 사회적 동물이다."
(Man is by nature a social animal.)
"때로는 사는 것 자체가 용기 있는 일이다."
(Sometimes even to live is an act of courage.)
"인간은 오늘 죽을 것처럼 두려워하며 영원히 살 것처럼 욕심을 낸다."
(Man fears immediate death today and covets as if possessing eternal life.)

그러나 네로는 세네카의 가르침과는 반대로 살았다. 교육이 인간을 변화시키지만 분명 한계가 있고 심지어 최고의 스승에서 최악의 학생이 나올 수 있음을 이 사제 관계는 보여 주었다.

A.D. 54년 가을날 황제 클라우디우스는 버섯을 먹고 의문스러운 죽음을 맞았고 의붓아들 네로가 즉위했다. 아그리피나는 한동안 섭정을 했으나 청년이 된 네로는 어머니와 권력을 나누기를 거부하였다. 결국 전권을

쥐기 위해 네로는 어머니를 살해한 희대의 패륜아가 되었다. 그런 아들을 낳았던 것을 자책하며 아그리피나는 죽어가며 이렇게 말하였다.

"나의 자궁에 침을 뱉어라."

스승 세네카도 자살을 강요당해 스스로 생을 마쳤다. 그 와중에도 네로는 음악에 몰입하여 광기 넘친 연주회를 곳곳에서 열었다. 청중들은 그를 최고의 가수라고 무조건 칭찬하면서 감동의 박수를 쳐야 했다. 또 네로의 기괴한 음성도 최고의 미성인 듯 감격의 표정을 지어야 했다. 황제의 초대였지만 사람들은 네로의 무대를 달가워하지 않았다. 반응이 약할 경우 관객들은 때로 죽음을 면치 못했기 때문이다.

네로는 수도 로마에 황금 궁궐과 새 건물들을 건축하는 도시 계획을 수립했다. 그러나 좁고 꾸불꾸불한 옛 도로들과 다닥다닥 붙은 수많은 작은 집들이 자신의 계획에 방해가 된다고 생각했다. 더구나 그가 새 궁궐을 짓기 위해 찍어 둔 장소는 로마의 유동 인구가 가장 많은 시장이었다. 네로는 부지를 확보하기 위해 모든 것을 불태우는 방법밖에 없다고 믿었다. A.D. 64년 일군의 사람들이 횃불을 손에 들고 로마 곳곳에 불을 질렀고 곧 대형 화재로 변하였다. 로마시의 14개 구역 가운데 무려 10개 구역이 재가 되었다. 수많은 사람이 화마로 사망하거나 생업과 터전을 잃었다. 네로는 불타는 로마를 보며 옛 트로이 멸망 장면을 상상하면서 오히려 노래를 불렀다.

대화재 후에 백성들의 분노가 치솟자 당황한 네로는 수습 대책을 내놓았다. 이재민에 급식을 주고 구호소도 지어줬다. 그러나 황제가 방화범이라는 소문은 더욱 커졌다. 이를 잠재우고 또한 들끓는 민심을 달래면서 민중의 관심을 다른 방향으로 돌릴 의도로 네로는 희생양을 만들었다. 기독교인들을 방화범으로 지목하고 처형을 명한 것이다. 수많은 신자들이 온갖 방법으로 사형을 당했고 아직 불탄 재가 가득한 로마 거리에 시신들이 버려졌다. 네로의 기독교 박해는 기독교도들의 증언이 아닌 오히려 비신자인 로마 역사가 타키투스의 다음 기록에 자세히 등장한다.

"네로는 방화의 소문을 덮기 위해 희생양을 만들었다. 그들은 빌라도에게 처형당한 예수를 믿고 있는 혐오스런 기독교인들이었다. 수많은 그리스도인들이 붙잡혀 노리개처럼 희롱당하고 목숨을 잃었다. 동물 가죽을 덮어쓰고 개에 물려 죽었고 십자가형에도 처해졌다. 일부는 로마의 어둔 밤을 밝히는 횃불로 사용되어 불에 타 죽었다. 시민들이 기독교도들을 동정할 정도였다. 이 신도들은 공공의 유익을 위해 처형된 것이 아니라 한 개인[네로]의 잔학함 때문에 살육당했다."(Tacitus, Annales. xv. 44.)

베드로와 바울의 처형

네로 박해 때에 기독교의 대표 지도자 베드로와 바울이 로마에서 처형되었다. 『베드로 행전(Acts of Peter)』에 의하면 수제자 베드로는 처음에는 체포를 면하려 외곽으로 피하였다. 그러나 그때 놀랍게도 로마시를 향해 걸어오는 예수를 보게 되었다. 베드로는 이렇게 물었다.

"주여, 어디로 가시나이까(Quo vadis, Domine)?"

"네가 버린 로마를 위해 내가 다시 십자가에 매달리러 가노라(Romam vado iterum cruicifigi.)."(Vercelli. Acts of Peter. 35.)

환상 가운데 대화를 나눈 베드로는 한참을 바닥에 엎드렸다가 순교를 결심하고 로마에 입성하여 십자가형을 받았다. 그는 군병에게 청해 십자가에 거꾸로 매달려 죽었다. 세상의 악이 선으로 뒤바뀌기를 소망하는 뜻으로 또한 스승과 같은 자세로 죽을 자격이 없다는 겸손에서 그런 죽음을 요

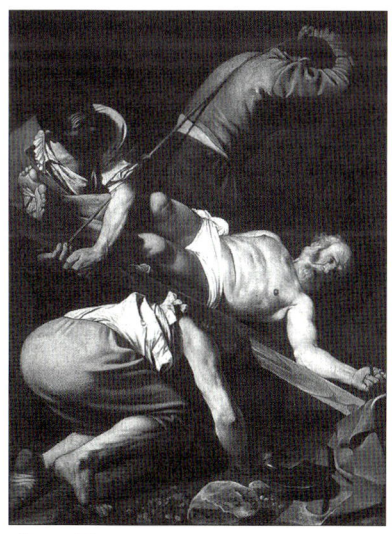

베드로의 순교

구했다. 네로의 황제 등극 10주년 기념일인 64년 10월 13일에 베드로는 처형되었다. 베드로가 그리스도를 보았던 자리에는 현재 쿠오바디스 채플(Church of Quo Vadis)이 서 있고 테베레 강변의 처형 장소에는 성베드로 대성당(St. Peter's Basilica)이 세워졌다.

같은 시기에 사도 바울도 예루살렘에서 붙잡혀 네로의 재판을 받기 위해 로마로 이송되어 투옥되어 있었다. 그는 도끼로 목이 잘리는 죽임을 당했다. 처형 시 바울의 목이 땅에 떨어지며 "예수"를 외치며 세 번 튀었고 그 피가 묻은 세 지점에서는 후에 우물이 솟게 되었다. 그가 처형된 장소에는 '세 우물 교회당(Tre Fontane Abbey)'이 세워졌다. 한편 네로의 기독교 박해는 제국 전역에 확산된 것이 아니었고 수도 로마에 국한된 것이었다.

네로의 살인극은 일반인들에게도 펼쳐졌다. 집권 후반기 그의 광기가 극에 달하여 수많은 사람들이 무고히 죽임을 당했다. 인내가 소진된 군대는 반란을 일으켰고 원로원은 네로를 매질하여 죽일 것을 결의했다. A.D. 68년 종말을 예감한 네로는 결국 31살의 나이에 스스로 자결하였고 로마 시민들은 크게 환호하였다.

3. 유대 전쟁과 군인 황제들의 시대

유대 민족의 반란

네로 이후 황제 자리는 A.D. 68년 여름 이후 불과 1년 동안에 갈바(Galba), 오토(Ortho), 비텔리우스(Vitellius), 베스파시아누스(Vespasianus) 등 네 명의 장군들이 연이어 차지했다. 갈바는 오토에 의해 처형되었고, 오토는 비텔리우스의 쿠데타를 접하고 자결하였다. 비텔리우스는 유대 전쟁에서 달려온 베스파시아누스에 의해 목이 베어졌다. 죽기 직전 비텔리우스는 이렇게 말했다.

"그래도 한때 나는 너희들의 황제였다."

유대 지역의 로마 총독은 예수 시대의 빌라도에 이어 펠릭스(Felix), 페스투스(Festus), 그리고 플로루스(Gesius Florus) 순으로 이어졌다. 총독 플로루스는 A.D. 64년에 네로 황제에 의해 유대 총독으로 임명받은 인물이었다. 유대인들은 로마에 대한 반감은 깊었지만 무장 봉기를 계획하지는 않았다. 그러나 플로루스가 총독으로 온 직후 이스라엘의 상황은 순식간에 심각해졌다. 그는 유대교를 무시하는 언행을 일삼았고 공공연하게 금전을 요구했으며 심지어 예루살렘 성전의 헌금에서 17달란트나 되는 엄청난 액수를 징수했다. 또 총독의 병사들도 유대인들을 수시로 폭행했다.

총독의 이 모든 행태들로 인해 유대 백성들의 분노는 극에 달했다. 시위가 발발하여 격화되었고 성전 제사장들은 네로 황제의 안녕을 위해 야훼께 올리는 제사를 거부하였다. 플로루스 총독은 군대를 동원해 폭력 진압에 나섰고 시민권을 가진 유대인들까지 십자가에 달아 처형했다. 얼마 후 플로루스는 사태의 책임을 지고 해임되었지만 A.D. 67년 예루살렘 시민들은 로마 군인들을 죽이고 예루살렘을 완전히 장악하였다. 이로써 "유대 전쟁"이 시작되었으며 항쟁의 불길은 갈릴리까지 퍼졌다.

로마의 반격과 예루살렘의 멸망

시리아에 주둔한 로마 장군 갈루스(Gallus)의 병사 2,000명은 즉각 갈릴리에 투입되어 폭동을 진압하였다. 로마군은 예루살렘까지 점령하려 했으나 유대인들의 격렬한 대응에 실패하고 많은 군사들만 잃고 후퇴하였다. 갈루스가 세상을 떠나자 네로 황제는 베스파시아누스(Vespasianus)를 사령관으로 임명해 전투를 수행케 했다. 베스파시아누스는 수많은 유대인들을 학살하면서 예루살렘을 제외한 대부분의 유대 반란을 진압하였다. 이때 요세푸스(Josephus)라는 유대인 역사가인 제사장이 포로가 되었다. 그는 베스파시아누스 장군에게 비상한 영감으로 이렇게 예고하였다.

"당신은 지금 나를 포로로 잡았지만 1년 뒤 황제가 되어 나에게 자유를 줄 것입니다."

베스파시아누스의 황제 등극을 예고했던 요세푸스는 『유대 전쟁사(Jewish War)』를 기록하여 예루살렘의 처참한 멸망과 당시 정세를 자세히 전하였다. 반란의 발원지 예루살렘을 포위한 채 대규모 공격을 준비하던 베스파시아누스는 로마에서 네로가 자살하여 정국이 급변하자 즉시 로마로 귀환하였다. A.D. 69년 베스파시아누스는 황제가 되었고 유대 전쟁의 지휘는 아들 티투스(Titus) 장군에게 맡겼다. 전쟁은 다시 재개되었고 예루살렘 시민들은 투항을 거부했다. 장기간의 포위는 성내 식량을 바닥내 시민들을 빈사 상태로 만들었다. 아이까지 잡아먹는 비극도 일어났고 대제사장 부인조차 길에서 먹을 것을 찾는 거지 신세가 되었다.

티투스 장군은 마침내 예루살렘을 함락시켰고 수십만의 시민들이 살육당했다. 그는 로마로 귀환하여 황금 마차를 타고 유대 전쟁의 승리를 기념하는 개선식을 벌였다. 티투스는 예루살렘 성전에서 가져온 구약 성경과

A.D. 70년 예루살렘의 멸망-메노라를 탈취하는 로마군(제단 좌측 아래) by Francesco Hayez

대형 메노라(황금 등대) 등의 전리품을 자랑하였고 이 메노라를 카피톨리누스 삼신전의 주피터에게 바쳤다. 현존하는 로마의 티투스 개선문 안쪽에는 로마 병사들이 메노라를 운반하는 장면이 조각되어 있다. 만약 발견된다면 이스라엘의 최고의 국보가 될 이 메노라는 바티칸 박물관에 소장되어 있다는 풍문이 돌았다.

티투스 장군 승전 개선문에 새겨진 메노라 운반 장면

예루살렘 성전이 완전히 파괴되자 유대 종교에도 큰 변화가 일어났다. 유대인들은 세계 각 지역에 흩어졌고 회당을 세우고 율법주의에 더 기울게 되었다. 즉 성전 중심에서 회당 중심의 유대교로 바뀐 것이다. A.D. 70년 예루살렘이 멸망할 때 유대인 기독교인들은 로마와 유대의 전쟁에 관여하길 거부했다. 오히려 이들은 유대의 멸망이 예수를 죽인 유대인들에 대한 심판으로 믿었다. 전승에 의하면 무모한 전쟁에 동참을 꺼리던 유대인 기독교인들은 예루살렘 멸망 직전 천사가 꿈에 나타나 피신을 명했다고 한다. 이들은 요단강 동편 다마스쿠스와 펠라 등의 데가볼리(Decapolis) 지역으로 도피하였다. 교회가 더욱 확산되자 기독교인들에 대한 유대인들의 핍박도 가중되었다. 유대인들은 기독교 신자가 된 유대인들을 회당과 공동체에서 추방하였다.

한편 예루살렘의 멸망은 기독교와 유대교를 사실상 분리시키는 물리적 계기가 되었고 예루살렘은 더 이상 유대교 중심지도 또 기독교 중심지도 아니게 되었다. 이후 새로운 기독교 도시들이 예루살렘을 대체하는 권위를 가졌는데 수도 로마, 이집트의 알렉산드리아, 시리아의 안티오크, 소아시아의 에페소스, 동로마의 콘스탄티노플 등이었다.

"자유의 죽음" 마싸다 요새

수도 예루살렘이 로마군에 초토화되었으나 유대 반란 세력이 완벽히 진압된 것은 아니었다. A.D. 66년 반란 초기에 유대인 열심당(Sicarii) 960명은 유대 남부 마싸다(Masada) 요새의 로마 부대를 제압하고 이곳을 장악하였다. 마싸다 산의 정상에는 가로 275미터와 세로 400미터의 넓은 거주할 공간이 있었고 그 높이는 인근 사해 바다 표면보다 400미터나 솟았으며 사방 각 면은 깎아지른 절벽으로 이루어진 난공불락의 요새였다. B.C. 30년경 헤롯 대왕이 이 요새에 화려한 연회장과 목욕탕을 가진 별장을 세웠으나 그의 사후 로마군의 요새로 관리된 곳이었다. 구약 성경 시편에 "야훼는 나의 요새"라는 구절이 나오는데 이 "요새"라는

천혜의 요새 마싸다

단어가 바로 히브리어로 '마짜다(마싸다)'이다. 일반적인 요새를 뜻하기도 하지만 고유명사로서 유대 남부의 마싸다를 지칭하기도 한다.

A.D. 72년 로마의 실바(Flavius Silva) 장군이

베스파시아누스 황제와 그 아들 티투스 황제는 "유대 정복(Judaea Capta)"이라는 제목의 주화를 무려 25년간 무수히 발행하였다. 위는 베스파시아누스 황제의 초상이며 주화 뒷면은 의기양양한 로마 군인 및 애통하는 유대 여인의 모습이다.

지휘하는 10군단은 마싸다 공격을 위해 요새 밑에 숙영지(camp)를 세웠다. 그는 일반적인 전략으로는 도저히 이 요새를 정복할 수 없음을 깨닫고 마싸다 옆면에서 정상까지 올라갈 공격용 경사로(rampart)를 만들었다. 그런데 이 경사로는 단순한 산허리 비탈길이 아니라 사실상 옆에 거대한 산을 만들어 쌓는 대공사였다. 마싸다 위의 유대인들은 이 공사를 방해할 수 없었다. 동원된 인부 다수가 동족 유대인 포로들이었기 때문이다. 마침내 A.D. 73년 봄, 로마군은 공격 경사로를 완성시켜 본격적인 등반만 앞두게 되었다. 로마의 공격 하루 전날, 마싸다 요새의 960명 유대인들은 한 자리에 모였다. 그 밤에 저항군의 지도자 엘르아잘 벤 야일(Eleazar ben Yair)은 감동적인 역사적 연설을 하였다.

"나의 사랑하는 형제들이여! 우리는 결코 로마의 노예가 될 수 없습니다. 오직 우리는 하나님께만 노예가 될 것입니다. 우리는 로마에 대항한 첫 공동체였고 또 마지막까지 항거한 사람들입니다. 아직 용감하게 죽을 권리가 있다는 것은 오히려 축복입니다. 분명 하루 안에 이 요새는 함락될 것이지만 영광스럽게도 모두 함께 자결할 기회가 있습니다. 사실 이 모든 재앙은 우리의 큰 죄에 대한 하늘의 진노입니다. 그러므로 로마의 처벌을 받지 말고 우리 손으로 자결하여 이 징계를 받읍시다. 우리는 식량이 부족해서 죽는 것이 아니라 스스로의 결정에 의해 속박이 아닌 죽음을 선택하는 것입니다."

(Flavius Josephus, *War of the Jews*, 7.8.7.)

유대인들은 먼저 각자 가족들을 껴안고 울었다. 이들 960명은 제비를 뽑아 죽여 줄 사람을 10명에 하나씩 정하고 이들에게 목숨을 맡겼다. 하지만 마싸다 항쟁을 후대에 알리기 위해 2명의 여인과 5명의 아이들은 살려두었다. 다음날 요새에 올라간 로마 군인들을 맞이한 것은 이 급진파 유대인들의 주검들이었다. 단 960명의 잔당을 처단하기 위해 10배나 되는 군대를 동원한 로마인들이나 이에 항거하여 집단 자결로 대응한 유대인들이나 모두 엄청난 근성의 민족들이었다. 마싸다는 버려진 장소가 되었고 300년대 이후에는 수도사들의 기도처가 되었다. 마싸다의 최후는 유대 나라의 최후였으며 이후 속국 신세도 유지 못하였다.

지난 1,900년 동안 마싸다 항쟁은 단지 전설로만 여겨져 왔으나 1963년 이스라엘의 저명한 고고학자 이가엘 야딘(Yigael Yadin)이 그 유적을 발굴함으로써 그 역사성을 확인케 되었다. 28구의 남은 유골들이 발굴되었고 옷과 유물의 연대 측정 결과 바로 유대 전쟁 시기, 즉 A.D. 70년경으로 분석되었다. 현대 이스라엘 군인들은 신병 교육을 마치고 마싸다에 올라 조국 수호를 맹세하며 구호제창 의식을 거행한다. 1967년 아랍과 이스라엘 사이의 '6일 전쟁(Six-Day War)'의 영웅이며 국방 장관을 역임했던 모세 다얀(Moshe Dayan, d. 1981) 장군이 이를 정례화 했는데, 그 구호는 다음과 같다.

"마싸다는 결코 다시 함락되지 않으리라!"(Masada shall not fall again!)

"바르 코크바"의 반란과 디아스포라

A.D. 132년 하드리아누스 황제는 예루살렘을 로마 문화의 도시로 변모시키려 주피터 신전과 자신을 기리는 신당을 건축하기 시작했다. 이에 유대인들은 군대를 조직하고 예루살렘을 장악하여 또 다시 로마 제국에 반란을 일으켰다. 이 항쟁의 지도자는 기이한 성격의 바르 코크바(Bar

Kokhba)였다. 그는 전부터 자신을 별 같은 메시아라고 선전하였는데 일부 유대인들과 갈등을 빚었고 또한 기독교도들을 잔인하게 박해하기도 하였다. 바르 코크바의 반란이 시작되었을 때 즉시 로마 군단

통곡의 벽 앞 유대인들 - by E Challis

이 출동했으나 초기 진압에 실패하고 오히려 큰 피해를 입게 되었다. 기세를 올린 바르 코크바는 유대 나라의 재건을 선언하고 무려 2년이나 로마에 맞섰지만 결국 135년 이스라엘 베타르(Betar)에서 그의 잔병들과 함께 전사하였다.

유대 반란군에 승리하고도 분노를 삭이지 못한 하드리아누스 황제는 유대인 주동자들의 시신 매장을 금하고 길에 버려두도록 명하였다. 또한 예루살렘에 결국 주피터 신전을 세웠고 이를 반대해온 유대 랍비들을 모두 처형하였다. 현자 랍비 아키바(Akiba)는 살가죽이 벗겨지는 형을 받았고 랍비 이스마엘은 머리 가죽이 벗겨져 죽었다. 당시 기록에 의하면 유대인 580,000명이 죽임을 당했고 생존자들은 추방되거나 노예로 팔렸으며 다시는 유대 땅에 거주할 수 없게 되었다. 황제는 유대인들이 만약 예루살렘으로 돌아오면 무조건 처형하도록 명했다. 심지어 이 지역의 명칭도 보복하는 의도로 '유대'에서 '팔레스티나'로 바꿔 부르게 하였다. 이후 팔레스티나는 이스라엘 영토와 동일한 명칭이 되었다. 팔레스티나 지역에 사는 현재 아랍인들을 "팔레스타인 사람들"로 부르지만 실상 구약의 블레셋(팔레스티나) 민족의 후손이 아니므로 인종적인 관련성이 거의 없다. 다만 거주 지역만 유사할 뿐이다. 구약 시대의 "블레셋 사람들"은 B.C. 1000년경 다윗 왕에게 패배한 후 세력이 약화되었고 B.C. 600년경에는 바벨론에 끌려가서 살게 되었고 이스라엘 땅으로 다시 귀환하지 않았다.

한편 바르 코크바의 반란 이후 일부 유대 랍비들은 갈릴리로 이주하여 공동체를 만들고 율법 해설서 탈무드(Talmud)와 미시나(Mishna)를 편찬하였으나 대다수 유대인들은 전 세계로 흩어진 백성, 즉 디아스포라(diaspora)가 되었다. A.D. 313년에야 콘스탄티누스 황제는 유대인들에게 관용을 베풀어 1년에 한 번씩 예루살렘을 방문할 수 있도록 허락하였고 이로써 유대인들은 A.D. 70년 예루살렘 멸망 때 잔해인 성전 서쪽 벽 앞에서 기도하게 되었다. 이것이 바로 "통곡의 벽(Wailing Wall)"이다. 유대인들은 1948년 이스라엘이 수립되기까지 1,900년간 전 세계에서 혹독한 고초를 겪었다.

베스파시아누스 가문 황제들

유대 전쟁으로 많은 유대인들은 예루살렘에서 아사했지만 이 전쟁의 사령관 출신 황제 베스파시아누스(Vespasian, r. A.D. 69-79)는 로마에 거대한 원형 극장 콜로세움을 건설하고 시민들에게 유흥과 빵을 무료로 제공하였다. 79년 그가 사망하고 아들 티투스(Titus, r.79-81)가 권좌에 올랐다. 티투스는 1세기 황제 중 가장 정상적인 인물이었으나 가장 비정상적인 시대를 살다 갔다. 2년의 짧은 그의 통치기는 재난으로 가득했다. 황제 즉위 한 달 만인 79년 8월 24일 이탈리아 남부 베스비우스(Vesuvius) 화산이 폭발하여 그 밑자락의 도시 폼페이와 헤르클라네움이 단숨에 사라졌다. 반경 400km의 수백만 명도 종말에 가까운 재앙을 맞았다. 설상가상 흑사병이 로마를 강타해 큰 희생이 발생

천사로부터 종말의 계시를 받는 밧모섬의 사도 요한 by Jacopo Vignali 17C

했다. 백성들의 불안과 공포는 극에 달했고 그런 와중에도 동생 도미티아누스는 형의 권좌를 늘 노렸다. 결국 티투스는 의문스런 독살을 당했다.

불행한 황제 티투스에 대해 로마인들은 아까워했으나 유대인들은 일말의 동정심도 가질 수 없었다. 유대인들은 티투스가 거룩한 도시 예루살렘을 멸망시키고 성전을 파괴했으며 수많은 인명을 살상한 죄들 때문에 화산 폭발의 대재앙과 암살의 형벌을 받은 것으로 믿었다.

제위를 계승한 동생 도미티아누스(Domitianus, r. A.D. 81-96)는 철저한 독재자였다. 그는 십대 때 어머니와 누이를 잃었고 아버지와 형은 전장에 있어 늘 홀로 자랐다. 도미티아누스는 열등의식 속에 지나친 교만함을 지닌 양면적 인물로서 모든 사람을 불신하였다. 그는 황제 모독죄를 신설하여 수많은 사람들을 처형하였다. 맹장이었던 형 티투스의 그늘에 가려서 자신을 드러내지 못해 불만에 찼던 도미티아누스는 열등감을 해소하려는 듯 아예 황제 숭배를 강요하였다. 전임 황제들은 신의 대리자로는 불렸으나 스스로를 신으로까지 내세우지는 않았다. 그러나 도미티아누스는 자신을 신으로 선포하고 세상의 "주(Dominus)"로 부를 것을 명했다.

신으로 자처한 황제 도미티아누스는 예수를 "주"라고 불렀던 기독교를 그냥 둘 수 없었다. 네로 시대에 수도 로마에만 한정되었던 기독교 박해는 도미티아누스 황제에 의해 이제 본격적으로 제국 전역에 확산되었다. A.D. 95년경 유일하게 생존한 예수의 사도 요한(John the Apostle)은 소아시아의 밧모(Patmos) 섬에 유배되어 장래 종말에 관한 계시를 기록하였다. 한편 도미티아누스는 반란을 두려워해 사회적이든 종교적이든 일체의 야간 모임을 금지하였다. 이 때문에 기독교의 주일 예배는 당시 주일 첫 시간이었던 토요일 저녁

트라야누스 황제의 다키아 전투

대사제 직책으로 카피톨리움 삼신전에서 제사하는 마르쿠스 아우렐리우스 by Matthias Kabel

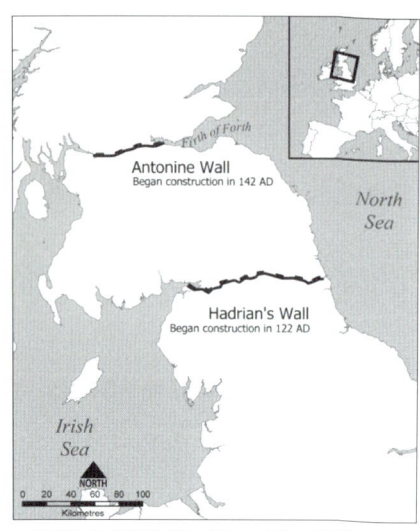
브리튼에 세워진 안토니우스 피우스 성벽(위)과 하드리아누스 성벽(아래)- by Norman Einstein

에서 다음날 아침 일요일 새벽으로 옮겨지게 되었다.

형보다 훨씬 잔인했지만 도미티아누스의 15년 통치는 정치적 측면에서 제국을 다시 안정시켰다. 또한 브리튼(영국), 칼레도니아(스코틀랜드), 다키아(루마니아) 등을 정복하여 영토를 넓혔고 문화도 진흥시켰다. 그러나 원로원을 무시하고 모든 것을 독단적으로 처리했던 도미티아누스는 주위 사람들을 적대자와 추종자로 뚜렷이 나뉘게 하였고 이 때문에 그도 암살을 비켜갈 수 없었다. A.D. 96년 신처럼 숭배되길 원했던 황제는 궁정 관리들에게 살해당해 불태워져 버려졌다.

로마의 오현제들

도미티아누스에 이어 네르바가 황제가 되었고 바로 이 황제부터 두 세대 동안은 5명의 유능한 황제들이 연속으로 통치하였다. 로마 제국은 100년 만에 다시 전성기를 이루었기에 이때를 "오현제 시대"라고 부른다. 로마 군대는 더욱 강력해져 야만족을 제압하고 영토를 더 확장시켰으

산타 안젤로 요새로 변모된 하드리아누스 황제의 묘실 - photo by Titoni Thomas

며 경제와 문화도 발전했다. 오현제들은 대부분 냉철하고 철학적인 성향을 지녔으나 기독교에 대해서는 전통에 따라 적대적 태도를 취했다.

네르바(Nerva, A.D. 96-98) 황제는 학정을 멈추고 법치를 세웠다. 트라야누스(Trajan, A.D. 98-117) 황제는 세계 곳곳에 로마식 도시들을 건설하여 로마 문화를 크게 유행시켰다. 알제리에 위치한 팀가드(Timgard)는 그가 세운 대표 도시인데 현존하는 로마 유적지들 중 에페소스와 더불어 가장 온전히 보존된 곳이다.

브리튼(영국) 북부인 스코틀랜드에 거주한 스코트 족이 로마 9군단을 습격하여 궤멸시켰을 때 하드리아누스(Hadrian, A.D. 117-138) 황제는 이 무서운 부족을 막기 위해 무려 120km에 달하는 "하드리아누스 성벽(Hadrian's Wall)"을 축조하였다. 특기할 것은 이 성벽이 훗날 영국과 스코틀랜드의 실질적 경계선이 되었다. 또한 하드리아누스는 마르쿠스 아그리파(Marcus Agrippa,

판테온 신전(Pantheon) by Rudolf von Alt(1835)

B.C. 64-B.C. 12) 장군이 150여 년 전에 세웠던 판테온(Pantheon) 신전을 개축하였다. 로마의 판테온은 그리스의 파르테논에 비견되는 건축 예술의 백미이다. 판테온은 말 그대로 모든(pan) 신(theos)들을 제사하는 신전이었다.

또한 A.D. 130년경 황제 하드리아누스는 로마 테베레강 옆에 자신의 묘실을 지었다. 이 "하드리아누스 묘실(Hadrian Mausoleum)"은 전략적 위치 때문에 중세에는 성채로 개조되었다. A.D. 590년 그레고리 교황 때 미카엘(Michael) 천사가 재앙을 거두며 묘실 위에 출현했다는 전설이 생긴 후 이 묘실은 "대천사의 성채", 즉 산타안젤로(Santa'Angelo) 성채로 불리게 되었다. 중세 말 교황들은 이곳을 요새와 감옥의 용도로 사용하였다.

이어서 황제 위에 오른 안토니우스 피우스(Antonius Pius, A.D. 138-161)는 예술과 학문을 발전시켰고 공공 사업으로 도시들을 정비하였다. 또한 A.D. 142년 브리튼 영토를 더욱 넓히고 스코틀랜드의 픽트(Picts)족을 막기 위해 하드리아누스의 성벽보다 더 위쪽에 '안토니우스 성벽(Antonine Wall)'을 구축하였다.

오현제의 마지막 황제인 마르쿠스 아우렐리우스(Marcus Aurelius, A.D. 161-180)는 로마 군주들 중 가장 철학적인 황제였다. 그는 감정이 아닌 규범에 의존하는 스토아 철학을 신봉하였다. 아우렐리우스는 명상록을 저술하여 안정과 성찰을 추구했으나 동시에 로마 국경을 침범한 게르만족을 물리친 용맹한 황제였다. A.D. 180년 제위를 물려받은 형편없는 괴짜 아들 코모도스(Commodus, d. 192)는 오현제 시대를 이어가지 못했다.

4. 기독교의 시련과 대응

기독교는 2세기 이후 외부로부터 로마 제국의 박해와 내부로부터 이단들의 도전에 직면하였다. 박해에 대한 기독교의 대응은 변증과 순교였고 이단에 대해서는 성경(Canon)과 신조(Creed), 직제(Clergy)의 수립이었다.

로마 제국의 기독교 박해 원인

네로 황제 이후 시작된 기독교 박해는 A.D. 313년 콘스탄티누스 황제가 등장하기 전까지 무려 250년이나 지속되었다. 원래 로마는 모든 종교에 대해 관용적이었고 기독교의 등장 초기에는 별로 주시하지 않았다. 그러나 기독교와 로마 사회와 갈등이 고조되면서 박해가 시작되었다. 그렇다면 주된 원인들은 무엇이었는가?

첫째, 기독교의 평등과 자유, 그리고 천부적 인권에 대한 본질적 가르침이 신분제 로마 사회와 충돌하였다. 이 때문에 교회는 반사회적 기관으로 인식되었다.

둘째, 기독교의 유일신관도 갈등의 원인이었다. 사실 기독교도들은 무신론자라는 죄목으로 처형되었다. 하나님이신 그리스도 예수를 제외하고는 모든 그리스와 로마 신들을 거부하였기 때문이다. 기본적으로 로마는 모든 신들을 섬기는 나라였다. 가뭄이 들었을 때는 "농사의 신" 새턴(Saturn)에게 제사했고, 병력을 움직일 때는 "전쟁의 신" '마르스(Mars)'에게 제물을 바쳤으며, 결혼을 할 때는 "사랑의 신" 비너스(Venus)에게 행복을 빌었다. 그러므로 기독교인들이 이방 신들을 부정한 것은 로마 전통과 사회적 안녕을 원치 않는 것처럼 오해되었다.

셋째, 기독교는 황제 숭배를 거부하여 핍박을 받았다. 황제들은 자신들을 위한 신전을 짓고 제사를 요구하였다. 백성들은 황제를 신격의 호칭인 "주(Dominus)"로 불러야 했다. 사실 다신을 믿은 로마인들에게 황제를 신으로서 추가해 숭배하는 것은 어려운 일이 아니었지만 그리스도인들에게는 수용할 수 없는 것이었다.

넷째, 기독교에 대한 오해가 혐오를 가중시켰다. 대표적인 것은 성만찬과 세례(침례)에 대한 곡해였다. 은밀한 장소에서 장엄하게 드려지는 그리스도의 "몸을 먹고 피를 마시는" 성찬식은 기독교를 식인 종교로 오해케 하였다. 물론 그리스도의 영적인 몸을 먹고 영적인 피를 마시는 의미를 일반인들이 깨닫지 못했기 때문이다. 또한 기독교도들은 이웃에 호의로 대했지만 목욕이나 식사 등의 세속적 방식으로 교제하지 않았던 것도 사회적 단절의 요인이었다.

그러나 박해 정황에서도 기독교는 비약적으로 성장하였다. A.D. 112년경 소아시아 북서 지역인 비두니아(Bythynia)의 총독 플리니(Pliny)의 기록에는 기독교가 이미 제국 전역에 뿌리내렸음을 보여주었다. 그는 트라야누스 황제에게 그리스도인들의 처리에 관해 다음 질의를 보냈다.

"그리스도인들의 수가 급증하여 다른 신전들이 텅 비는 정도입니다. 그들을 체포해 경고를 주었고 뉘우치지 않으면 처형했습니다. 저의 이런 처리가 맞는지 또는 어떠한 죄목으로 그들을 다루어야 하는지 의문이 듭니다."

트라야누스 황제는 아래와 같이 답신을 보냈다.

"그대의 처리가 옳다. 다만 사냥하듯이 색출하지는 말고 제보자들이 고발할 경우에만 처리하라. 그러나 그들이 우리의 로마 신들을 다시 믿겠다고 하면 사면하도록 하라!"

이들의 문답은 로마 신들을 믿기 거부하면 기독교도들을 처형했던 로마의 사법적 태도를 분명히 보여주고 있다. 고로 황제 숭배나 신상 제사를 거부한 기독교 신자들은 체포되었다. 목숨을 건질 수 있는 배교의 기회를 주었지만 끝까지 신앙을 고수한 이들은 짐승의 밥이 되거나, 목 베이거나,

끓는 물속에 던져지거나, 또는 십자가 형벌을 받았다. 로마 당국은 기독교 파괴를 위해 경전 소각이 필수적이라고 생각하고 배교자들에게 반드시 성경을 건네도록 했다. 때문에 이들의 별명은 "건넨 자들(Handoverers)"이 되었다.

성 칼리스투스 카타콤의 성찬식 그림

그러나 기독교 박해는 로마 제국에서 해마다 가해지지 않았고 간헐적으로 발생했다. 또한 일부 황제들은 박해에 무관심하거나 길게는 수십 년 동안 평화 시대도 존재했다. 그럼에도 불구하고 빈번하게 반복되는 참혹한 박해들은 교회의 엄청난 희생과 피해를 초래하였다. 전반적으로는 A.D. 100년대 오현제 시절보다 A.D. 200년대의 로마 혼란기에 박해가 더 심하였다.

핍박이 발생하면 기독교도들은 각 도시 외곽의 "지하 무덤" 카타콤(Catacomb)으로 피신하였다. 박해가 없는 기간에도 성자들의 유골과 함께 있고 또 세상에 물들지 않기 위해 일부러 무덤에 살았던 신자들도 많았다. 수도 로마의 카타콤들은 전체 지하 세계 길이가 40km가 넘는다. "죽음의 장소" 카타콤은 일면에서 아름다운 예술의 장소이다. 고대 세계의 많은 조각과 성화들이 보존돼있기 때문이다. 지하 동굴에 매장하는 방식은 로마의 일반적인 장묘 문화였으나 5세기 이후 교회 묘지에 묻히는 지상 매장이 보편화되면서 카타콤은 사용이 중지되었다. 한편 순교자들은 성자로 크게 추앙받았는데 대표적인 순교자들 일부는 다음과 같다.

성자 폴리갑(St. Polycarp)

소아시아 도시 서머나의 주교 폴리갑(69-155)은 황제 숭배를 거부하여 A.D. 155년경 박해 발생 시 체포되었다. 이미 연로했던 폴리갑은 처음에는 피신했으나 붙잡힌 신자가 그의 거처를 실토해 붙잡혔다. 재판정에 들어선 노인을 보고 로마 총독은 그를 배교시키려하였다.

"폴리갑 그대는 황제 폐하를 주님으로 인정하고 그리스도를 부인하라!"

"내가 86년 동안 살면서 예수님은 한 번도 나를 배반한 적이 없습니다. 그런데 어떻게 참 왕이신 그분을 부인하겠습니까?"

"그대가 이 미신을 버리지 않으면 뜨거운 불에 던지겠노라."

"나는 육신을 태우는 세상의 불이 아니라 영원히 꺼지지 않는 지옥불이 더 두렵습니다!"

결국 폴리갑은 기둥에 매어져 칼에 찔리고 불태워졌다. 의연하게 신앙을 지킨 그는 순교의 영성을 제시한 모범이 되었다. 소아시아 서머나(이즈밀)에 그의 기념 교회당이 세워졌다.

성녀 세실리아 (St. Cecilia)

세실리아는 로마시의 아름다운 여인이었다. 기독교 귀족 가문에서 성장하여 여성으로서는 드물게 교육을 받았으며 발레리안(Valerian)이란 젊은이와 결혼하였다. A.D. 100년경 트라야누스(Trajan) 황제가 박해를 일으키자 많은 신자들이 죽었다. 이때 세실리아의 남편 발레리안과 동생은 함께 밤에 나가 길에 버려진 시신들을 묻어주었다. 그러나 두 형제의 선행이 발각되어 이들도 참수형을 당해 길에 버려졌다. 당시 처형당한 시신의 매장은 불법이었기 때문이다. 이번에는 아내 세실리아가 남편 형제의 시신들을 수습하자 로마 군인들은 그녀의 집에 들이닥쳤다. 그들은 세실리아를 욕실에 가두고 뜨거운 수증기로 질식사 시키려했으나 시간이 지체되자 도끼로 그녀 목을 쳐서 죽였다. 그녀는 이미 재산을 가난한 자들에게 나누어 준 상태였다. 신자들은 세실리아를 로마 외곽 카타콤에 묻었다.

그녀의 순교 이야기는 많은 이들에 전해졌고 313년 기독교가 공인되자 세실리아 기념 교회당이 그녀 집터 위에 세워졌다. 이후 500여 년 후인 A.D. 817년 칼리스투스 카타콤에서 실제로 그녀의 무덤이 발견되었고 놀라운 것은 그녀의 시신 상태가

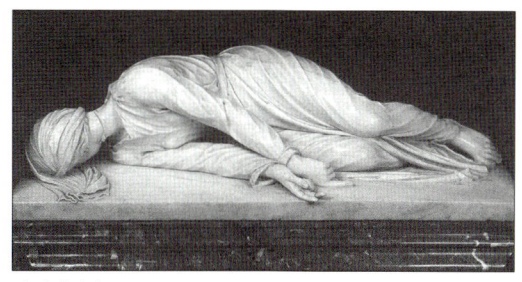

성 세실리아 by Stefano Maderno

순교 때의 모습 그대로 잘 보존되었다는 것이다. 이때 그녀 시신은 세실리아 기념 성당으로 옮겨졌다. 다시 800년이 지난 1599년 교황은 세실리아의 관을 재개봉하였고 이때 이탈리아의 조각가 스테파노 마데르노(Stefano Maderno)는 그녀의 시신이 뉘인 모습대로 불후의 명작 '성 세실리아' 조각상을 만들었다. 진품은 그녀 관 위에 제작되었으며 카타콤의 묘 위치에는 복제품을 두었다.

성자 세바스찬(St. Sebastian)

A.D. 288년경 디오클레티아누스 황제의 부하였던 장교 세바스찬은 반역죄로 체포되었다. 세바스찬이 모든 군인들의 의무였던 황제가 믿는 신들에게 제사하기를 거부한 까닭이었다. 디오클레티아누스는 그를 기둥에 묶고 활을 쏘아 죽였고 그대로 들에 방치하고 떠났다. 그러나 세바스찬은 아직 숨이 붙어 있어 지나가던 여인의 도움을 받아 목숨을 구할 수 있었다. 회복된 후 세바스찬은 도피하지 않고 오히려 황제를

성자 세바스찬의 순교

대면하겠다고 결심하였다. 어느 날 황제의 마차가 지나갈 때 세바스찬은 갑자기 앞에 나타나 크게 외쳤다.

"폐하는 왜 무고한 기독교 신자들을 박해하십니까?"

디오클레티아누스는 죽은 걸로 믿은 세바스찬이 나타나 경악했으나 곧 그를 다시 체포해 참수하였다. 로마 외곽의 "세바스찬 카타콤"은 그가 매장되었기에 그렇게 명명되었다.

산타페 (Santa Fe)

세계의 많은 도시들의 이름인 '산타페'는 원래 한 스페인 성녀의 이름에서 유래되었다. '산타'는 성자를, 그리고 '페'는 "믿음(faith)"을 뜻한다. A.D. 290년경 '페' 이름의 어린 소녀는 디오클레티아누스 황제의 박해로 스페인에서 순교하였다. 배교한 신자들과는 달리 그녀는 끝까지 신앙을 증거 했는데 철로 만들어진 침상에 매여 불로 달궈지는 처참한 고문으로 목숨을 잃었다.

40명의 군인들 (Forty Soldiers of Sebaste)

320년경 동방 황제 리키니우스는 자신의 군대에서 기독교 병사들을 색출하여 처형하라는 명령을 내렸다. 아르메니아 북부 세바스테(Sebaste) 지역에 주둔한 로마 12군단에서도 많은 병사들이 죽임을 당했다. 재조사를 통해 다시 40명의 신자 병사들이 체포당했다. 지휘관

세바스테의 40명 병사들의 순교

은 이들을 모두 동사시키기로 결심하고 한겨울 날씨에 얼어붙은 호수 위에 알몸으로 세워두었다. 옆에는 예수를 부인하면 들어갈 수 있는 따뜻한 목욕탕도 세워두었다. 추위와 죽음의 고통을 도저히 견디지 못한 한 병사가 믿음을 포기하고 목욕탕으로 들어갔다. 그러나 이때 경비병 중 한 명이 얼음 위에서 죽어가는 나머지 39명의 신앙에 감동되어 자신도 신자라고 고백하고 군복을 벗은 후 그들과 함께 섰다. 다시 40명이 채워졌고 이들 모두는 강에서 얼어 죽었다.

"제2의 생일"

초기 기독교인들에게 순교일은 하늘 낙원으로 태어난 "제2의 생일"이었다. 이들은 순교를 승리 자체로 간주했다. 검은 색 옷을 입고 죽음을 슬퍼한 이교도들과는 달리 기독교도들은 언제나 하얀 옷을 입고 소망 가운데 죽은 이들을 환송하였다. 미쓰라(Mithra), 마니(Mani), 이시스(Isis), 미네르바(Minerva), 주피터(Jupiter)가 가장 유명한 신들이었던 고대 세계에서 수많은 순교자들은 나사렛 예수를 구주로 전하였고 마침내 이교 신들을 쇠퇴시키고 기독교를 세계의 신앙으로 만들었다. 이 때문에 3세기 "교부" 터툴리아누스(Tertullianus, c. A.D. 220)는 다음과 같이 말했다.

"순교자의 피는 교회의 씨앗이다."

(The blood of the martyrs is the seed of the church.)

"변증가" 유스티누스의 등장

2세기에는 기독교가 로마 제국에 무해하며 심오한 진리를 가졌음을 역설한 변증가들(Apologists)이 등장했다. 가장 대표적 인물은 이스라엘의 세겜(Shechem) 출신으로 철학과 신학에 정통했던 '순교자' 유스티누스(Justin Martyr)였다. 그는 수도 로마에서 학당을 열어 교사로서 가르쳤으며 고대

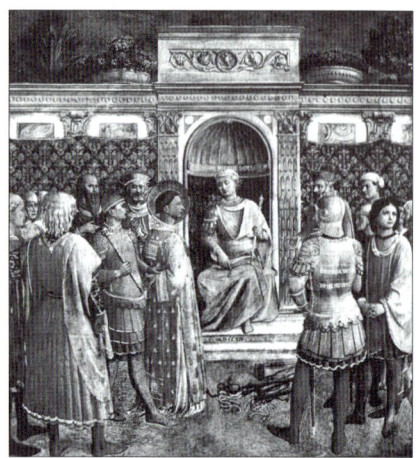
철학자 장관 루스티쿠스의 재판을 받고 있는 철학자 순교자 유스티누스 A.D. 165

의 지혜와 지식들을 동원하여 기독교를 변호한 『변증서(Apologia)』를 저술하고 이를 안토니우스 피우스 황제에게 제출하였다. 이 저서는 초기 기독교의 중요한 변증 사상이 되었는데 그 개략적 내용은 다음과 같다.

기독교의 하나님은 플라톤 철학의 초월적 신과 같은 맥락에 있는 존재이며 예수는 헬라 철학이 만물의 근원으로 보는 로고스이시다. 부활은 자연에서도 발견된다. 겨울이 가고 봄이 오면 말라 죽은 들판에서 새싹들이 돋는 것처럼 이미 우리는 부활의 진리를 보고 있다. 기독교는 결코 반역의 종교가 아니며 황제의 안녕을 기원하는 사랑의 종교이다.

A.D. 165년 스토아 철학자이며 로마 시장이었던 루스티쿠스(Junius Rusticus)는 유스티누스와 기독교에 대해 심하게 논쟁하였는데 시장은 유스티누스를 불순히 여겨 참수하였다. 이후 "변증가" 유스티누스는 "순교자" 유스티누스로도 부르게 되었다.

내부의 이단들

초기 기독교는 내적으로 여러 이단들이 발생하여 분열의 시련을 겪었다. 가장 큰 위기를 조장한 종파들은 마르시온파(Maricionism)와 영지주의(Gnosticism)였다. 이단이었던 마르시온은 폰토스 시노페(Sinope)의 사제였는데 로마에서도 활동하였다. 그는 극단적 이원론에 사로잡힌 채 구약성경의 징벌하는 저급한 신과 신약 성경의 수준 높은 사랑의 신으로 성경의 하나님을 구분하였다. 또한 구약을 열등한 책이라며 거부했으며 신약의 바울 서신만을 경전으로 수용하였다.

영지주의 종파는 자신들만이 비밀스런 '영지(gnos)', 즉 "영적 지식"을 소유했고 일반 교회는 가짜 지식을 붙들고 있다고 주장하였다. 대표적 영지주의자는 발렌티누스(Valentiunus)였고 그 문서들로는 도마 복음(Gospel of Thomas)과 20세기 후반에 발견된 유다 복음서가 있다. 영지주의자들도 마르시온과 유사하게 이원론으로 창조의 신과 구원의 신을 구별하였고 모든 물질 세계를 저급한 것으로 취급하였다. 또 야훼는 물질 세계를 창조하지 않았고 영적인 천상 세계만을 만들었다고 주장하였다. 마르시온과 영지주의 이단 사상은 한때 강력한 세력이었으나 교부 이레니우스(Irenaeus)에 의해 효과적으로 반박되어 소멸되었다.

한편 영지주의와는 정반대로 에비온파(Ebionism)는 친유대주의 종파였다. '에비온(Ebion)'은 "가난(poor)"을 뜻하는데 이들은 스스로를 율법을 지키는 "청빈한 자"들로 자처했다. 또한 극단적 성령주의자 몬타누스를 추종한 그룹도 교회를 분열케 하였다. 몬타누스파는 예수를 부정하지는 않았으나 임박한 종말을 가르쳤고 영적 경험을 성서보다 더 중시하였다.

정경의 수립

초대 교회는 이단 사상에 대한 대응으로 구약과 신약의 목록을 확정하고 이를 신앙의 유일 규범, 즉 정경(Canon)으로 선포하였다. 이는 첫 두 세기 동안의 기간을 통해 이루어졌다. 정경은 "자(ruler)"를 뜻하는 '캐논(canon)'에서 나왔는데 이는 경전이 신앙의 표준임을 의미한다. 정경의 출현으로 신자들은 자신들의 신앙을 경전으로 재볼 수 있게 되었다.

한편 헬라어가 공용어였기에 교회는 헬라어 구약 성경인 "70인역(Septuagint)"을 사용하였다. 그러나 A.D. 90년 반기독교적인 유대인 랍비들은 이스라엘 얌니아(Jamnia)에서 회합을 갖고 70인역을 거부하고 자신들의 히브리어 본문과 구약 39권만을 정경이라고 주장하였다. 또한 기독교를 "그릇된 이단"으로 규정하고 유대인 기독교도들을 회당에서 축출하기로 결의하였다.

예수 시대 이후 약 200권이 넘는 기독교 문서들이 출현했지만 그중 영적으로 또 문학적으로 뛰어난 27권만이 "새로운 약속"의 책, 즉 신약으로 불렸다. A.D. 367년 교부 아타나시우스는 부활절 회람 서신에서 에스더서를 제외한 구약 성경의 38권과 신약 성경 27권이 교회에 의해 "구원의 근거요 생명의 말씀"으로 수용되었다고 전하였다. 이 서신의 언급은 현재의 신약목록을 완벽하게 열거한 역사상 최초의 문헌 기록으로 당시에 이미 현재 목록의 성경이 보편적이었음을 보여준다. 교회가 정경을 결정할 때 고려한 가장 중요한 기준은 '사도성(Apostolicity)'이었다. 즉 예수의 사도들이나 부활의 목격자들이 쓴 것인가라는 점이 우선적으로 고려되었다. 이런 측면에서 성경은 교회가 정했다고 할 수 있으나 사실 성경은 그런 권위를 인정받을 수밖에 없는 구별되는 영감(inspiration)을 가진 책들이었다.

칠십인역 바티칸 사본(Codex Vaticanus)의 에스드라 1서 부분

신조와 직제의 수립

기독교는 짧고 명료한 형태의 암기용 신조를 만들어 이단 사상에 대항했다. 가장 오래되고 유명한 신조들은 바로 사도신경(Apostles' Creed) 과 아타나시우스 신조(Athanasius Creed)였다. 전승에 의하면 사도신경은 12사도가 한 마디씩 고백한 것이 조합되었다고 하나 실제로는 오랜 세월에 걸쳐서 작은 형태로부터 현재의 형태로 발전된 것이라 할 수 있다. 사도신경은 서로마 교회의 중심 신조였고 아타나시우스 신조는 A.D. 325년 이

후 동로마 교회들의 대표 신조였다. 신조들은 하나님, 예수, 성령, 교회에 관한 네 구조로 되어 있으며, 그중 특히 예수 그리스도에 관한 진술이 많은 것을 볼 때 이 신조들이 기독론 이단들을 경계하기 위한 것임을 알 수 있다.

신조에 반대되는 주장은 이단적인 것으로 간주되었다. "천지를 만드신 아버지"라는 진술을 통해 조물주가 하늘과 땅을 다 창조하셨음을 고백한다. 이 부분은 신이 천상 세계만 만들고 물질 세계는 만들지 않았다는 영지주의 사상을 반박하였다. 한편 "성도의 교제" 문구는 시대에 따라 성찬, 성자들과의 교통, 교인들의 친교, 영적 교통 등으로 해석되었고 "죄를 사하여 주시는 것"은 침례나 고해 성사 등으로 여겨졌다. 또한 특별한 분파만이 구원을 독점할 수 없음을 명시하여 기본적인 교리를 준수하는 모든 보편(catholic) 교회들이 정통임을 강조했다.

초기 교회는 장로(presbyter), 집사(deacon), 주교(bishop) 등 직제를 두어 이들을 통해 공동체를 세우고 신앙을 지도하였다. 주교는 감독이라고도 부른다. 특히 이단을 효과적으로 제압한 주교들과 학자들은 "교회 내의 아버지", 즉 '교부(church fathers)'로 불렸다. 도시마다 주교가 임명되었고 예루살렘, 안디옥, 콘스탄티노플, 알렉산드리아, 로마, 에데사, 페르시아의 크테시폰 등에는 대주교(Patriarch)가 세워졌고 더 큰 권위를 인정받았다. A.D. 300년대에는 콘스탄티노플과 알렉산드리아의 대주교가 주도권을 경쟁했으며 A.D. 400년대 이후로는 콘스탄티노플과 로마의 대주교들이 서로 우위성을 주장했다. 이는 장차 동방의 교회와 서방의 교회 간에 분열 원인이 되었다. 서로마 주교는 그 위상이 상승되어 "신자들의 아버지"란 뜻의 '교황(Pope)'이란 칭호로 불리게 되었다.

5. 위대한 교부들과 사상들

"기틀을 세운 교부" 이레니우스

초기 기독교의 사상적 기초를 놓은 교부들은 말 그대로 교회 내의 "영적 부모" 역할을 담당했는데 또한 철학자였고 행정가였고 목회자였으며 일부는 주교였다. 교부들은 크게 시대별로 세 분류인데 사도들의 제자들이었던 '속사도 교부(Post-Apostolic Fathers)', 325년에 열린 '니케아공회 이전 교부(Ante-Nicene Fathers)', 그리고 '니케아공회 이후 교부(Post-Nicene Fathers)'로 나뉜다. 속사도 교부들은 순교자 폴리갑과 로마의 클레멘트(Clement of Rome), 안티오크의 주교 이그나티오스(Ignatius of Antioch) 등이 유명하다. 니케아공회 이전 교부 중 가장 중요한 인물은 이레니우스(Irenaeus, c. A.D. 125-202)와 오리겐(Origen, A.D. 185-253)으로 이들의 사상은 기독교에 큰 영향을 끼쳤다.

A.D. 180년 리옹(Lyon)의 주교였던 이레니우스는 『이단에 대항하여(Against Heresies)』를 저술하여 영지주의 이단을 가장 강력하게 제압하였다. 이레니우스는 구약과 신약을 상호 연관시키며 해석하여 구약 성서의 경전으로서의 가치를 변증하였다. 즉 구약에는 예수의 생애와 교훈이 예표와 상징으로 가득 차 있으며 또 예수의 생애에는 구약의 진리가 종합적으로 "갱신(recapitulation)"되어 성취되었다고 보았다.

성자 교부 이레니우스(130-202)

한편 교부들은 헬라 철학과 기독교를 유비시

켜 사상적 저변을 확장함과 동시에 기독교에 대한 친숙한 이해를 도모했다. 알렉산드리아의 클레멘트(Clement of Alexandria, d. 215)가 바로 그런 관점을 지녔는데 이 교부는 철학을 기독교의 예비 학문으로 간주했다. 사실상 그로부터 기독교 신학은 큰 전환점을 맞았다. 헬라 철학의 관점들을 본격적으로 적용하였기 때문이다. 그의 제자 오리겐은 헬라 사상의 기반 위에 성서에 보다 더 충실하였다. 그러나 기독교는 '사상'이 아닌 십자가를 지는 '삶'이기에 철학과의 교류를 반대하는 입장도 있었다. 카르타고의 교부 터툴리아누스가 그중 한 명으로 이렇게 역설했다.

"대체 예루살렘이 아테네와 무슨 상관이 있단 말인가?"

(Tertullian, "The Prescriptions Against the Heretics", in *Early Latin Theology*, 1956, 36.)

오리겐과 "선한 사마리아인"

초기 기독교의 천재 교사는 바로 오리겐(오리게네스)이었다. A.D. 202년 셉티무스 세베루스 황제의 박해 시에 그의 아버지는 알렉산드리아에서 처형되었다. 오리겐도 함께 순교하려 했지만 어머니의 만류로 뜻을 접었다. 이후 집안의 모든 재산은 몰수당했고 남은 아홉 식구들은 극도의 가난에 처했다. 플라톤 철학을 공부했던 오리겐은 세례를 받고 수도사가 되었으며 이후 매일 성서 연구에 집중했다. 그는 알렉산드리아에서 스승 클레멘트의 학당을 맡아 운영하며 탁월한 교사로서 명성을 얻었다. 오리겐은 안티오크에서 황제 알렉산더 세베루스의 모친인 율리아 마마이아에게 특강도 하였다.

오리겐은 충격적이게도 "천국을 위해" 스스로 거세를 행했는데 육체적 유혹을 이기려는

알렉산드리아의 오리겐

극단적 고행 방법이었지만 이는 목숨을 건 위험한 행위였다. 알렉산드리아 주교 데메트리우스는 오리겐의 난해한 기행과 뛰어난 지성, 강직한 태도를 싫어하여 그를 영구히 추방하였다. 이후 오리겐은 이스라엘 해안 도시 카이샤랴에서 주로 여생을 보냈다.

당시 가장 인기 있던 사상은 헬라 철학이었으나 오리겐은 기독교 사상을 헬레니즘 이상으로 끌어올렸다. 그는 하나님께서 "제1원리(1st principle)"이며 그리스도께서 만물의 근원인 "로고스"라고 가르쳤다. 또한 철학의 목적은 그리스도를 찾는 것인데 철학은 본질적으로 '질문'이며 성서는 '대답'이라고 주장했다. 오리겐은 성서가 단순한 옛 이야기 책이 아닌 영적이고 비밀스런 교훈들이 숨어있다고 굳게 믿었다. 때문에 이레니우스와 클레멘트가 구체화시킨 새로운 영적(spiritual)이고 우의적(allegorical Interpretation) 해석이 오리겐에 의해 확장되었다. 사실 우의적 성서 해석은 구약의 영적 교훈들을 밝힘으로써 당시 구약을 유대교 경전이나 저급한 고대 신화로 폄하한 시각들을 반박한 것이었다. 이것이 실은 우의적 해석의 큰 공헌이었다. 당시 이 해석에 대한 주요 대적들은 유대인들과 이단들이었다.

강도 만난자를 여관에 데려다 주는 선한 사마리아인 - by Rembrandt

오리겐의 우의적 해석은 예수의 "선한 사마리아인(Good Samaritan)" 비유 풀이를 통해 쉽게 이해할 수 있다. 이 비유는 어떤 사람이 예루살렘에서 여리고로 여행하다 강도의 공격으로 쓰러져 죽을 위기에 처했는데 유대 제사장과 레위인은 그냥 지나쳤지만 한 사마리아인은 다가가 상처를 싸매주고 말에 태워 여관에 데려가 동전 두 개를 지불하고 돌보아 줄 것을 부탁했다는 내용이다. 오리겐은 이 비유가 인간에게 선한 사마리아인처럼 선행을 하라는 실제적인 교훈을 제공할 뿐만 아니라 영적으로는 성경 전체의 구원 역사를 담고 있다고 보았다. 그 비유에서 행인은 '인류'를, 강도는 '사탄'을, 제사장은 '율법'을 상징하며 또 선한 사마리아인은 바로 '예수'를, 여관은 '교회'를, 다시 오신다는 표현은 '재림'을 의미한다는 것이다. 즉 오리겐은 멸망에 처한 인간을 구원하기 위해 '선한 사마리아 사람'인 예수께서 세상에 오신 비유라고 풀이했다. 사실 이런 해석은 이전부터 내려온 것이었으나 성서 전반에 우의적 해석을 가장 깊게 적용한 인물은 오리겐이었다.

한편 오리겐은 교회를 "예전 중심"에서 "성경 중심"으로 바꾼 인물이었다. 그러나 인간 영혼이 출생 전에 이미 선재한다는 주장이나 만인이 종국에는 신적 사랑으로 다 용서받는다는 만인구원설 등은 후에 배척되었다.

A.D. 250년 로마에 전염병이 돌자 데키우스 황제는 그 원인을 기독교인들에게 돌렸다. 많은 신자들이 처형되었고 연로한 오리겐도 이때 모진 고문을 받고 후유증으로 A.D. 253년 세상을 떠났다.

6. 3세기 로마 사회와 군주들

세베루스 가문의 통치

A.D. 180년 오현제의 마지막 황제 마르쿠스 아우렐리우스가 사망하고 코모도스가 제위를 계승했다. 코모도스는 로마 역사상 최초로 아버지가 황제일 때 태어나 옥좌를 물려받은 인물이었다. 멋대로 자라나 정치보다는 검투 경기와 레슬링을 좋아했던 그는 신처럼 보이기 위해 온 몸에 금가루를 뿌리고 다녔다. 황제는 기독교도들을 콜로세움으로 끌어내 검투사들의 칼로 처형하였다. 여성과 아이들까지도 군중의 오락물이 되어 목숨을 잃었다. 검투 경기를 무척 좋아했던 코모도스는 폭정에 질린 원로원이 보낸 자객 검투사에 의해 A.D. 192년 12월 마지막 송년의 밤에 목 졸려 죽었다.

A.D. 193년 신년이 되자 공석이 된 제위를 놓고 5명의 장군들이 혈투를 벌였고 그 결과 아프리카 출신 셉티무스 세베루스(Septimus Severus, r. A.D. 193-211)가 승리하였다. 이후 그의 가문은 로마를 40년 동안 통치하였다. 셉티무스 세베루스 황제도 기독교를 불법으로 선언하고 3세기 전반기에 가장 혹독한 박해를 가했다. 그는 로마의 영역을 더 확장한 뛰어난 지

카라카라 목욕장 photo by Chris

휘관이었다. 동방 원정에 성공하여 파르티아의 수도 크테시폰까지 침공하였고 티그리스강까지 로마 국경을 넓혔다. 이어서 스코틀랜드 정복을 추진하려 영국으로 건너갔으나 갑자기 건강이 악화되어 요크(York)에서 쓰러졌다. 셉티무스 세베루스는 두 아들에게 제국을 물려주면서 이렇게 유언하고 죽었다.

"서로 불화하지 말라. 군부에 돈을 주되 다른 이들은 무시하라."

(Anthony Birley, *Septimus Severus: the African Emperor*, 2002, 187.)

아버지의 유언을 비웃기라도 하듯 형 바키아누스(Vacianus, r. A.D. 209-217)는 동생 게타(Geta)를 바로 살해하고 혼자서 권력을 차지하였다. 바키아누스는 '카라칼루스'라고 부르는 긴 외투를 입고 새 패션을 유행시켜 '카라칼라(Caracalla)'라는 별명으로 더 유명해졌다. 그는 광포한 인물이었지만 로마 시민들을 위해 대목욕탕(bath)을 지었다. 길이 228미터에 1,600여 명을 수용하는 세계 최대의 이 욕장에서 정작 자신은 한 번도 목욕하지 못하고 죽었다. 로마의 목욕탕은 스포츠 센터, 쇼핑몰, 갤러리, 사교장, 회의장 등의 다양한 기능을 하였다. 물론 노예를 제외하고 평민 이상 입장할 수 있었다.

"3세기의 네로" 엘라가발루스

A.D. 217년 근위 대장 마크리누스(Macrinus)가 카라칼라를 암살하며 정권을 빼앗자 세베루스 가문에 위기가 닥쳤다. 그러나 이 난관은 여걸로서 계략에 능했던 셉티무스 세베루스 황제의 처형 율리아 마에사(Julia Maesa)에 의해 극복되었다. 그녀는 뇌물로 군대를 조종해 마크리누스를 물리치고 정권을 탈환했다. 이때 마크리누스 편에서 싸웠던 로마 2군단 사령관은 처형되었고 그녀를 지지한 3군단 사령관은 친위대장이 되었다. 마에사는 소마이아와 마마이아라는 두 딸이 있었고 이 딸들이 낳은 두 외손자가 있었다. 이 두 딸들은 종교가 달랐는데 소마이아는 가문 전통에 따

엘라가발루스의 장미 파티 - by Lawrence Alma Tadema 1888

라 엘 가발(El-gabal)이라는 시리아의 바알 신을 숭배하였고 마마이아는 기독교 신앙을 받아들였다. 엘 가발 신전의 제사장 딸이었던 마에사는 당연 바알 신을 믿는 소마이아를 택해 15세 외손자 엘라가발루스(Elagabalus, r. A.D. 218-222)를 황제로 올렸다.

시리아에서 로마로 이주한 율리아 마에사는 섭정이 되어 정계를 조종하였다. 할머니 덕분에 황제가 된 엘라가발루스는 이름도 바알과 연관되었듯 열렬히 '엘 가발'을 숭배하였다. 엘라가발루스 황제는 바알 신을 로마의 주신으로 선포하고 신전을 세웠다. 로마에서 사상 처음으로 주피터보다 더 큰 신상이 만들어졌다. 엘라가발루스는 누구든지 엘 가발 숭배를 거부하면 처벌하였고 이 신을 "무적의 태양신(Deus Sol invictus)"으로 부르며 제사케 했다.

철없는 나이에 철권을 쥔 엘라가발루스는 마치 160년 전의 네로가 환생한 것 같았다. 광기와 포악, 유흥과 방탕으로 하루하루를 보냈고 도무지 종잡을 수 없는 일들을 저질렀다. 창녀들을 원로원 의원으로 임명하였고 아내도 다섯 번이나 바꾸었으며 결국에는 동성애자가 되어 소아시아 서머나의 운동선수와 성대한 결혼식까지 올렸다. 로마는 이제 남성을 아내로 둔 최악의 황제를 목격하게 되었다. 엘라가발루스는 자신을 반대하는 자는 누구든지 즉결 처형하였다. 그의 눈에는 할머니 율리아 마에사도 안중에 없었다. 그의 어머니 소마이아는 이때를 기회로 아들 황제의 위세를 업고 방자하게 행동했다. 로마 제국이 이들 모자의 개인 소유가 된 듯했다.

역사가 에드워드 기번(Edward Gibbon)은 엘라가발루스를 "로마 역사상 가장 저질의 황제"라고 평했다. 군주의 정신 나간 행태에 시민들은 할 말을 잃었고 할머니 율리아 마에사는 자신의 딸과 외손자를 제거하기로 결심했다. 그녀의 사주를 받은 친위대 군인들은 즉각 실행에 옮겼다. 그래도 소마이아는 죽는 순간까지 19살 아들 엘라가발루스의 몸을 찔러대는 칼을 대신 받으려 했다. 두 사람의 시신은 로마의 길거리에 뒹굴다가 테베레 강에 던져졌다. 화가 여전히 덜 풀린 시민들은 시리아의 신 '엘 가발' 석상을 부수어 버렸다.

알렉산더 세베루스의 현치

A.D. 222년 "권력의 여인" 율리아 마에사는 또 다른 외손자 알렉산더 세베루스(Alexander Severus, r. A.D. 222-235)를 제위에 올리고 4년 후 죽었다. 새 황제는 보기 드문 건실한 지도자였다. 독재보다 법치를 선호했고 원로원과 타협하며 정치하였다. 제국의 도덕성을 고양하고 백성들의 삶을 향상시키려 노력하였다. 수로를 건설하여 물 부족을 해결하였고 세금도 경감하였을 뿐만 아니라 저리의 이자로 자금을 빌릴 수 있도록 시민 은행도 운영하였다. 군인들의 처우를 개선하였고 예술, 문학, 과학 분야도 진흥되었다.

특히 알렉산더 세베루스는 최초로 기독교도 모친을 둔 황제로서 전임자들과는 달리 친 기독교적 태도를 취했다. 어머니 율리아 마마이아는 안티오크에 있을 때 당시 교회의 대교사였던 오리겐을 불러 특강도 들었다. 황제 알렉산더 세베루스는 공식적으로 교회 건물을 수도 로마에 세우려고 했으나 이교 사제들의 격렬한 반대로 포기하였다. 그럼에도 불구하고 로마에 유대인 회당의 설립을 허락했다. 더욱이 A.D. 70년 예루살렘 멸망 때 티투스 황제가 야훼의 성전에서 탈취한 구약 성경 토라(Torah)를 유대교 회당에도 기증하였다. 토라는 창세기에서 신명기까지의 율법을 가리킨다. 비록 현존하지 않지만 이 구약 토라는 "세베루스 두루마리(Severus Scroll)"라고 불렸다.

A.D. 234년 재위 10년에 라인강 바깥의 게르만족이 제국을 침공하자 황제는 이 야만족과 타협을 모색했다. 그러나 군부는 유약한 태도라고 비난하며 황제를 암살하였다. 새로 권좌에 오른 막시미누스 트락스(Maximinus Thrax)는 전임 황제의 측근들을 제거하고자 기독교 박해를 시행했다.

로마 제국 "위기의 3세기"

알렉산더 세베루스의 치세는 로마 제국의 짧은 중흥기였다. 그러나 후임 막시미누스 트락스의 A.D. 235년부터 디오클레티아누스의 등극 A.D. 285년까지의 이 50년 동안은 "위기의 3세기"라 부르는 극심한 정쟁의 시대였다. 황제들은 화폐 데나리온의 함량을 속여 은화에는 '은'이 거의 없을 정도였다. 불량주화들이 유포되자 화폐 가치는 엉망이 되고 경제는 계속 바닥이었다.

짧은 통치기를 지낸 황제들이 지나가고 249년에는 데키우스(Decius)가 군부에 의해 황제로 옹립되었다. 그는 단 2년간 재위에 있었지만 가장 몰입했던 일은 기독교 박해뿐이었다. 그는 제국 전역에 황제 숭배를 명해 '리벨루스(libellus)'라는 숭배 증명서를 발급받게 했으며 이를 거부하는 자는 무조건 사형시켰다. 재위 2년째인 A.D. 250년 로마 제국에는 "키프리아누스 흑사병"이 돌기 시작했다. 이 전염병의 참상을 카르타고의 '순교 성자' 키프리아누스(Cyprianus, d. 258)가 기록하였기에 역사에서 그렇게 명명되었다. 이 돌림병으로 수도 로마에서만 하루에

환락 속의 로마 연회 장면 - 폼페이의 벽화

5,000여 명씩 죽어갔다. 정신 나간 데키우스 황제는 기독교인들이 황제 숭배를 거부하여 전염병이 돌았다며 신자들을 희생양 삼아 무수히 살육하였다. 한때 전임 황제 알렉산더 세베루스 앞에서 특강까지 했던 교부 오리겐도 이때 받은 혹독한 고문으로 사망하였다. 그때 고트족이 침공하자 데키우스 황제는 출전하여 전사하였다. 데키우스는 외적과의 전장에서 사망한 최초의 황제였다. 기독교도들은 그의 죽음이 하늘의 심판을 받은 것이라고 간주했고 무엇보다 광란의 학살극이 그친 것을 다행으로 감사했다.

A.D. 257년 발레리아누스(Valerianus, d. c. 264)가 황제에 등극해 6년간 중지되었던 기독교 박해를 재개하였다. 신자들은 카타콤 지하 묘지로 또 들어가야 했고 황제는 그곳까지 병사들을 보내 뒤지게 했다. 수십 킬로미터의 미로나 다름없는 카타콤에 들어온 병사들은 안에서 길을 잃어 오히려 기독교인들의 도움을 받아야 했고 감화된 일부 병사들은 남아 신자가 된 경우도 있었다.

발레리아누스는 역대 로마 황제 중 가장 수치스런 삶을 산 군주였다. A.D. 259년, 경쟁국 페르시아의 샤푸르 1세가 로마를 침공하자 발레리아누스는 70,000명의 군대로 이에 맞섰다. 그러나 에데사에서 벌어진 전투에서 주력군이 궤멸되었고 더구나 발레리아누스는 섣불리 협상에 나섰다가 샤푸르의 계략에 속아 협상장에서 포로로 잡혔다. 페르시아로 끌려간 로마 황제는 샤푸르 1세의 말잡이 노예가 되어 대왕이 말을 탈 때마다 바닥 받침이 되어 엎드려야 했다. 죽은 후에는 황금 박제까지 되었

샤푸르 1세의 말잡이 노예가 된 로마 황제 발레리아누스
- by Hans Holbein the Younger c 1521

다고 전해졌다. 그러나 로마 제국은 발레리아누스를 구출하지 않았고 시민 누구도 그 굴욕을 동정하지 않았다. 재임 시절에 발레리아누스가 너무나 포악하여 수많은 정적과 시민을 죽였기 때문이다. 카타콤에서 엎드려 예배했던 로마의 기독교도들은 다시 지상에 설 수 있었다.

"위기의 시대" 50년 동안 무려 26명의 군인 황제들이 등장하였다. 한 황제 당 평균 통치기는 2년도 채 되지 않았고 다수는 전임자를 살해하고 권력을 잡은 경우였다. 3세기 중엽 로마 정계는 불안정과 혼란 그 자체였다.

7. 냉정한 황제 디오클레티아누스와 기독교의 귀환

양 로마 체제와 사두 정치

무정부 상태 같은 로마의 혼란기를 끝내고 안정을 가져온 황제는 285년에 즉위한 디오클레티아누스(Diocletianus, d. 311)였다. 탁월한 지도력을 행사했던 그는 효율적 통치를 위해 사상 최초로 제국을 서로마와 동로마로 분할하였다. 브리튼, 스페인, 이탈리아, 갈리아, 카르타고는 서로마 제국에 속했고 발칸 반도, 소아시아, 시리아, 팔레스티나, 이집트는 동로마 제국에 속했다. 디오클레티아누스는 당시 경제적으로 우월했던 동로마를 선택했고 서로마는 친구인 막시미아누스(Maximianus) 장군에게 맡겼다.

집권 9년 후인 A.D. 293년 황제 디오클레티아누스는 부황제 두 명을 임명하여 모두 네 사람이 함께 다스리는 획기적인 사두 체제(tetrarchy)를 시작하였다. 권력을 분할하면 로마 정계에 안정이 찾아오고 또 위험

동로마와 서로마

한 경쟁자들을 달랠 수 있다고 생각했기 때문이다. 중요한 것은 10년 후에 부황제들에게 권력을 넘기기로 한 것이다. 동로마 부황제로는 갈레리우스(Galerius)가, 서로마 부황제로는 콘스탄티우스 클로루스(Constantius Chlorus)가 임명되었다. 이 후자가 바로 30년 후에 등장한 위대한 황제 콘스탄티누스의 아버지이다.

황제는 '아우구스투스'로 칭했고 부황제는 '카이사르'라고 불렀다. 양 로마 체제와 사두 체제는 성공적으로 안착되어 안정을 가져왔으나 황제들의 엄한 독재 정치는 여전하였다. 상품 가격도 또 과세액도 마음대로 정했는데 수도 로마만 납세 의무를 면제받았고 제국 전역은 중과세에 시달렸

	서로마	동로마
황제(아우구스투스)	막시미아누스	디오클레티아누스
부황제(카이사르)	콘스탄티우스	갈레리우스

다.

"최대의 기독교 박해"

디오클레티아누스 황제 박해

디오클레티아누스는 자신을 신으로 숭배하도록 포고령을 내렸다. 그는 비단과 금사로 만든 황포를 입고 진주 왕관을 쓰고 보석 신발을 신었다. 태양 아래서 더욱 빛났던 그의 모습은 백성들에게는 신의 대리자처럼 보였다. 황제는 모든 신전에서 자신에게 제사를 할 것을 명했다. 이전에는 황제를 위해 다른

신들에게 기도했으나 이제는 신으로 자처한 황제에게 기도해야 했다. 그러나 기독교도들은 황제 숭배를 전면 거부하였다.

302년 디오클레티아누스는 소아시아 도시 디디마(Didyma)에 위치한

면류관을 쓴 디오클레티아누스 황제의 주화

아폴로 신전에서 "골치 아픈" 기독교인들에 대한 신탁을 요청했다. 디디마는 밀레토스(밀레도) 항구 남쪽 인근의 헬라 성소로서 당시 델피에 이어 두 번째로 큰 신전 도시였다. 디디마의 이교 사제들은 동물 제사를 바치고 그 내장을 꺼내 살펴본 후 황제에게 신탁을 적어 보냈다. 사신이 황제에게 가져온 편지에는 이렇게 적혀 있었다.

"신들은 기독교라는 사교에 대한 전면적 박해를 명합니다. 그래야 황제의 안녕이 보장됩니다."

디오클레티아누스 황제는 기독교를 멸절시키기로 결심하고 로마 역사상 가장 잔인하고 혹독한 박해를 시작하였다. 부황제 갈레리우스는 아예 "박해 사업"의 위원장이 되었다. 그는 비열하게도 황궁에 일부러 불을 지르고 사건을 조작하여 많은 기독교인들을 황제에 대한 암살미수범들로 몰

콜로세움에서의 의연한 순교자들 - by Jean Gerome

아 처형하였다. 모든 교회의 파괴를 지시하고 신자들의 재산을 다 몰수했다. 신자들을 끌어다 이교 신들에게 제사시키고 거부하는 자는 가차없이 처형하였다. 기독교인을 신고한 자는 그 재산을 갖게 했고 모든 성경의 소각도 명하였다. 관직에 있는 자는 파면되었고 성직자들은 모두 투옥되었다. 로마의 "위기 시대"는 끝났지만 "기독교의 위기 시대"는 새로 시작되었다.

황제의 묘실과 성자의 묘실

살로나(스팔라토)의 디오클레시안 황제 궁궐
- by E Herard

A.D. 304년 재임 19년째에 디오클레티아누스 황제는 건강 악화로 갑자기 쓰러졌고 더 이상 업무를 수행할 수 없었다. 어차피 20년간 통치하고 퇴직하기로 공언했으므로 A.D. 305년 5월 1일 공식 은퇴를 선언했다. 서로마 황제 막시미아누스도 약속대로 함께 물러나도록 했다. 오랜 세월을 기다린 서로마 부황제 콘스탄티우스 클로루스와 동로마 부황제 갈레리우스는 각각 황제로 승진하였다. 은퇴한 디오클레티아누스는 고향 살로나(크로아티아 스팔라토)로 물러가서 밭을 갈며 지냈다. 재임 시절 너무 많은 사람들을 살육한 까닭에 그는 매일 보복의 공포에 시달렸다. 살로나 해변에 세워진 황궁은 점차 요새로 변해갔다. 로마 제국의 기독교 박해 300년 동안 신자들은 처참한 고난을 당했지만 황제 살해 음모를 획책한 적이 없었다. 황제는 기독교도들보다도 정적들의 보복을 우려했다.

67세에 이르자 디오클레티아누스의 심신은 더욱 피폐해졌다. 아내와 자녀들이 살해당하자 큰 충격을 받아 빈방을 떠돌며 괴성 지르는 노망

든 노인이 되었다. 주위 측근들도 부하들도 모두 다 그를 떠났다. 311년 12월 3일 한때 신처럼 군림하던 디오클레티아누스는 아무도 없는 방에서 혼자 쓰러져 죽었다. 그는 생전에 살로나에 자신이 건축한 24개의 웅장한 대리석 기둥들을 가진 묘실(Mausoleum)에 묻혔다. 그러나 그의 시신은 곧 사라졌고 한 세기 후에 그 묘실 위에는 자신이 그토록 축출하고자 했던 기독교의 대성당이 세워졌다. 이것이 바로 크로아티아 스팔라토의 성 두제 대성당(Cathedral of St. Duje)이다.

크로아티아 스팔라토의 성 두제 대성당

한편 크로아티아에서 가장 추앙받았던 성자는 300년경 스팔라토에서 순교했던 두제(St. Duje)였다. 두제는 사제였는데 가문의 재산을 가난한 이들에게 준 자선의 사람이었다. 디오클레티아누스 황제가 자신을 "주님"으로 부르게 하고 제사를 명하자 이에 두제는 스팔라토의 시민들에게 황제는 세상의 주가 아니라고 가르쳤다. 얼마 지나지 않아 두제는 체포되어 처형되었다.

크로아티아의 정신적 성소는 성자 두제(St. Duje) 대성당이다. "두제(Duje)"는 이 나라 말로 "주님(Dominus)"을 뜻한다. 디오클레티아누스의 유해가 사라진 후 그 자리에는 역설적으로 성자 두제의 유골이 안치되었다. 성자 두제는 죽은 이후에도 인간이 세상의 영원한 주인이 결코 될 수 없음을 보여주었다.

정리하면 디오클레티아누스와 갈레리우스는 역사상 가장 기독교를 심하게 박해했던 로마 황제들이었다. 311년 둘 다 세상을 떠났지만 2년도 채 못 되어 기독교는 전면적인 신앙의 자유를 얻게 되었다.

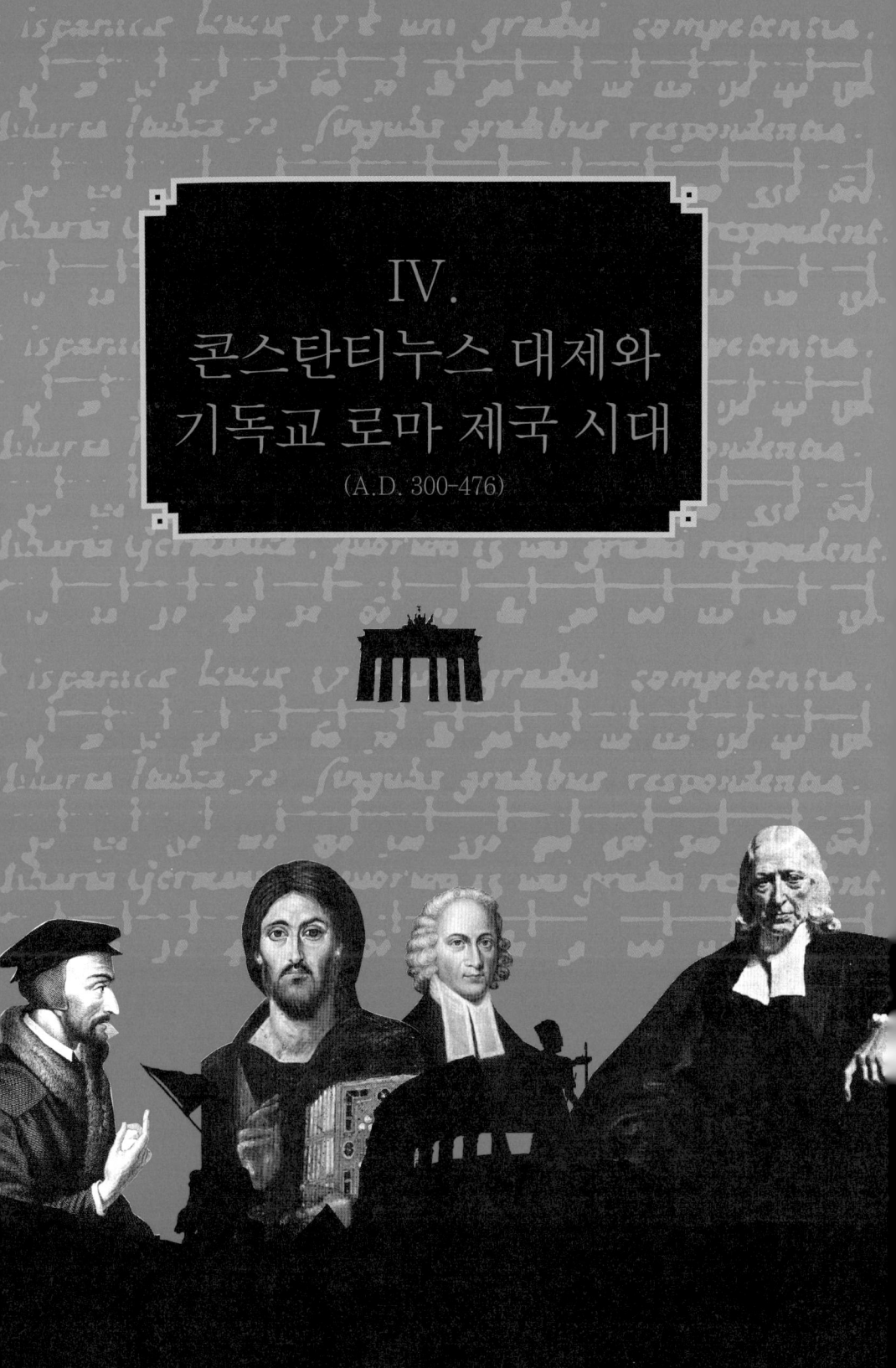

IV. 콘스탄티누스 대제와 기독교 로마 제국 시대
(A.D. 300-476)

1. 콘스탄티누스의 성장과 숙명의 대결

아버지와 아들: 콘스탄티우스와 콘스탄티누스

305년 막시미아누스에 이어 서로마 황제가 된 콘스탄티우스 클로루스는 원래 디오클레티아누스 황제의 충직한 부하였다. 271년 달마티아(현 세르비아)에서 소규모 전쟁을 치른 콘스탄티우스는 어느 시골 여관에서 머물게 되었다. 자신의 이름 '클로루스(Chlorus)'의 뜻처럼 얼굴이 "창백했지만" 미남이었던 그는 여관 주인에게 하룻밤을 같이 보낼 여자를 부탁하였다. 23살의 젊은 장군이 맘에 든 여관 주인은 놀랍게도 16세 된 자신의 딸 헬레나를 주었다. 이틀 후 콘스탄티우스는 헬레나에게 자신의 옷과 돈을 주고 기약없이 떠났다. 그 하룻밤이 세계 역사를 바꾸는 시작이 될 줄은 아무도 알지 못했다.

9개월이 지나 헬레나는 콘스탄티우스의 아들을 낳았고 그녀는 장군의 이름을 따라 '콘스탄티누스'라고 지었다. 하지만 헬레나는 장군의 소재를 알지 못했고 또 콘스탄티우스도 헬레나를 잊었기에 아들이 태어난 사실을 알 수 없었다. 콘스탄티우스 장군은 자신의 상관 디오클레티아누스가 황제가 되자 승진 가도를 달렸다. 10년이 지나 콘스탄티우스는 운명처럼 다시 달마티아 총독으로 부임하였다. 어느 날 부하 장교가 우연히 헬레나와 아들 콘스탄티누스가 살고 있는 여관에 머물게 되었다. 그때 말(horse)을 좋아했던 10세 소년 콘스탄티누스가 장교 소유의 말에게 장난을 걸었

헬레나 황후 초상을 가진 로마 주화 - 325년경 주조

다. 그 말은 과민하게 반응하고 울었고 뛰어나온 로마 장교는 콘스탄티누스를 말 도둑으로 오해하고 손목을 자르려 하였다. 이때 어머니 헬레나는 다급하게 이렇게 소리쳤다.

"그 애를 해하지 마시오. 이 아이는 콘스탄티우스 장군의 아들입니다."

부하 장교는 놀라 총독 관저로 달려가 이 사실을 보고하며 이렇게 덧붙였다.

"그 소년은 각하를 쏙 빼닮았습니다."

(D. G. Kousoulas, *The Life and Times of Constantine the Great*, 1997, 9.)

콘스탄티누스 대제
in Capitoline Museums

콘스탄티우스는 즉시 헬레나와 아들을 불러들였다. 신분상 차이로 합법적 혼인이 될 수 없었지만 장군은 사실상 그녀를 아내로 대우했다. 달마티아에서 이 가족은 수년 동안 참으로 행복한 시간을 보냈으나 또다시 생이별을 해야 했다. 디오클레티아누스 황제는 사두 통치를 실행하기 위해 콘스탄티우스를 서로마 부황제로 임명하려고 계획하였다. 그런데 부황제가 되는 화려한 승진 뒤에는 잔인한 조건이 하나 있었는데 그것은 먼저 정황제의 사위가 되는 것이었다. 콘스탄티우스는 제국의 규정이므로 어쩔 수 없이 아내 헬레나와 헤어지고 서로마 황제 막시미아누스의 딸과 결혼하였다. 293년 사두 체제가 공포되고 콘스탄티우스는 부황제 겸 브리튼(영국) 주둔 로마군의 사령관이 되었다. 그리고 그는 아들 콘스탄티누스를 디오클레티아누스에게 인질처럼 보내야 했다. 이미 건장한 청년이 된 콘스탄티누스는 동로마 친위대에 배속되어 부친과 떨어져 무려 10년이나 감시받으며 지냈다. 남편과 헤어지고 아들 콘스탄티누스와 함께 동로마로 왔던 헬레나는 슬픔 속에 지내다가 기독교 신앙에서 소망을 찾았다.

철저히 감시받으며 생활하던 콘스탄티누스는 305년 갈레리우스가 동로마 황제가 되자 신변이 더 위험해졌다. 정치적 갈등이 벌어지면 언제나

이 황제에 의해 처형될 수 있었기 때문이다. 비열한 갈레리우스는 콘스탄티누스를 제거하기 위해 젊은이의 자존심을 긁으며 사자와 대결을 부추기기도 하였다. 서로마 황제 콘스탄티우스는 갈레리우스에게 서신을 보내 아들을 보내줄 것을 요청했지만 묵살 당했다. 어느 날 저녁 갈레리우스는 엄청난 과음을 했고 그 기회를 타서 콘스탄티누스는 휴가를 요청했다. 만취한 갈레리우스는 기분이 들떠 이를 허락하였다. 즉시 궁을 나간 콘스탄티누스는 밤새 잠시도 쉬지 않고 서쪽으로 말을 달렸다. 아침에 술이 깬 갈레리우스가 뒤늦게 후회하고 그를 잡으려 했지만 이미 사정권에서 벗어난 뒤였다.

마침내 305년 여름 콘스탄티누스는 브리튼에 거주한 아버지 콘스탄티우스와 10년 만에 기쁨의 재회를 가졌다. 그러나 그 웃음도 잠시였는데 이듬해 7월 부친 콘스탄티우스 황제가 갑자기 사망하였기 때문이다.

카르눈툼 황제 회의

서로마의 콘스탄티우스 황제가 사망하자 세베루스(Flavius Severus)가 황제로 임명되었다. 아들 콘스탄티누스 장군은 서로마 군부의 지지를 받았으나 부친이 유고하여 발생한 상황들을 수용하고 세베루스 휘하의 부황제가 되었다. 그러나 A.D. 307년, 은퇴 황제 막시미아누스의 아들이며 로마 남군 사령관인 막센티우스(Maxentius)가 반란을 일으켜 세베루스를 살해하였다. 이제 서로마 제국의 권좌를 놓고 로마 정계는 순식간에 극도의 회오리에 휩싸였다.

막시미아누스는 복귀를 시도했고 막센티우스는 자신을 황제로 자칭하고 홍보했다. 콘스탄티누스는 부황제인 자신이 승급하는 것이 순리라고 주장했다. 리키니우스 장군도 제위를 노렸다. A.D. 308년 내전의 위기에 처하자 갈레리우스는 사태 해결을 위해 은퇴한 디오클레티아누스에게 조언을 구했다. 그 결과 오스트리아의 로마 군영 카르눈툼(Carnuntum)에서

면모는 거창했지만 큰 영향을 못 끼친 황제 회의가 열렸다. 한때 제국을 좌지우지한 이들이 한 자리에 모였다. 서로마 은퇴 황제 막시미아누스와 동로마 현직 황제 갈레리우스가 참석했다. 이 자리에서 슬기로운 디오클레티아누스는 동료 막시미아누스에게 이렇게 권했다.

"이제 그만 자네도 모든 것을 포기하게. 더 이상 관여 않고 채소를 가꾸면서 사는 것이 얼마나 좋은지 아는가?"

끊임없이 간섭하고 권좌를 노린 은퇴 황제 막시미아누스는 노욕의 인간이었다. 그는 동료의 진심어린 충고를 거부하고 도리어 분을 삭이며 서로마로 돌아가 거병을 선언했다. 이 소식을 들은 디오클레티아누스는 약속을 위반하고 로마의 안정을 깨버린 막시미아누스에 격노하며 그의 초상화를 찢고 동상을 부숴버렸다. 결과적으로 A.D. 310년 막시미아누스는 조롱만 받고 복위에 실패했으며 동료 디오클레티아누스에게도, 아들 막센티우스에게도, 사위 콘스탄티누스에게도, 후배 갈레리우스에게도 다 외면당하고 굴욕 속에 자결하였다.

311년 기독교 박해의 주관자 갈레리우스는 동로마 황제에 즉위한지 6년 만에 내장이 썩는 중병으로 큰 고통을 겪으며 죽었다. 그는 임종 직전 뒤늦게 과오를 인정하고 이전에 내린 박해 칙령을 취소했다. 그의 조카 막시미누스 다이아(Maximinus Dia)가 제위를 계승했지만 여전히 서로마 황제는 궐위 상태로 있었다. 결국 상황이 정리되어 막센티우스와 콘스탄티누스, 두 장군들의 최종 대결로 결정하게 되었다. 이 전쟁의 승자가 서로마 황제가 되는 것이다.

세계사적 '밀비안 전투'

군사력은 막센티우스의 군대가 보병 17만 명과 기병 1만 8천 명으로 훨씬 강하였고 이에 맞서는 콘스탄티누스의 군대는 보병 9만 명과 기병 1만 명 정도였다. 더구나 강력한 친위 부대는 이미 막센티우스를 지지하여

밀비안 전투(312년) - by Giulio Romano c 1520

콘스탄티누스가 현저히 불리한 상황에 있었다. A.D. 312년 여름 콘스탄티누스의 군대는 남진하면서 적성들을 하나씩 정복하며 막센티우스 군대를 압박하였다. 콘스탄티누스에게 합세하는 도시들도 늘어났지만 정작 주력 부대 간의 전투는 아직 남겨둔 상태였고 여전히 그의 병력은 절반밖에 되지 않는 큰 열세였다.

312년 10월 로마 북쪽 밀비안(밀비우스)강 근처에서 역사적인 전투가 벌어졌다. 4세기 역사가 유세비우스(Eusebius)는 이 전투를 자세히 기록해 전해주었다. 로마 군인들은 전쟁과 관련하여 아폴로 신을 숭배하였고 콘스탄티누스 장군도 예외가 아니었다. 10월 27일 막센티우스와의 결전을 하루 앞두고 콘스탄티누스는 아폴로에게 승리를 기원하던 중 하늘에서 기이한 환상을 보았다. 그리스도 이름($X\rho$istos)의 첫 두 철자 '키(X)'와 '로(ρ)'가 결합되어 기독교를 상징하는 "키로" 문양이 하늘에 나타난 것이다. 그리고 신비한 음성도 같이 들었다.

"이 표시로 승리하라!"(in hoc signo vinces)

콘스탄티누스 장군은 신비스런 체험을 통해 어머니의 신앙인 기독교를 수용하기로 결심했다. 이어서 병사들의 모든 무기, 방패, 갑옷에 '키로'를 새기도록 명령했고 이 문양을 크게 그린 "라바룸(Labarum)"이라 부르는 대형 깃대를 만들어 앞세우게 했다. 콘스탄티누스는 로마 역사상 처음으로 그리스 신이 아닌 기독교의 신 이름으로 전쟁 승리를 기원한 장군이 되었다. 흔히 콘스탄티누스가 본 상징이 십자가로 알려져 있지만 이는 사실이 아니다. 당시 십자가는 기독교 상징이 아니었고 또 그가 본 것도 십자가가 아니었다. 그는 '키로' 상징을 보았다. 십자가는 400년대에 이르러야 기독교의 대표적 상징이 되었기 때문이다.

라바룸을 양손에 든 병사 모습 주화

10월 28일 드디어 역사의 향방을 정하는 대전이 벌어졌고 결과는 열세였던 콘스탄티누스의 대승이었다. 경쟁자 막센티우스는 밀비안 다리에서 익사하였다. 얼마 후 콘스탄티누스는 로마에 입성하여 개선식을 갖고 40세에 서로마 황제로 등극하였다. 이제 로마는 최초의 기독교 황제를 두게 되었고 콘스탄티누스의 운명만큼 기독교의 위상도 완전히 달라졌다.

키로 문양의 로마 동전
- 마그넨티우스 주조 c 350

밀라노 칙령과 관용의 세상

313년 2월 서로마의 콘스탄티누스 황제와 발칸 반도를 관장한 리키니우스 황제는 이탈리아 밀라노에서 함께 만났다. 이는 제국의 문제들을 결정하는 공식 회담이며 동시에 콘스탄티누스의 여동생과 리키니우스(Licinius)가 결혼식을 올리는 사적 행사였다. 회담 결과 유명한 '밀라노 칙령(Edict of Milan)'이 선포되었다. 그 일부는 아래와 같다.

"황제 콘스탄티누스와 황제 리키니우스는 밀라노에서 만나 공공의 안녕과 복지에 관한 모든 사항을 의논하였다. 먼저 우리는 공익을 위해 신을 경배하는 문제를 논의하여 다음 사항을 결정하였다. 이제 그리스도인들에게 자유롭게 예배할 완전한 권리를 부여한다. 이 포고령은 제국 어디에든 선포되고 모든 이들에게 알려져야 한다."

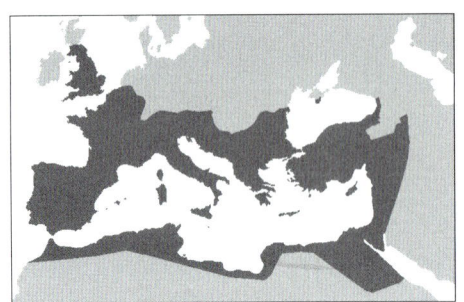

콘스탄티누스 대제의 로마 제국 A.D. 335

(*The Original Sources of European History*, 1907: Vol. 4: 28.)

기독교는 사상 최초로 공식 자유를 얻게 되었고 이 자체가 세계사적 사건이 되었다. 이때로부터 로마 제국은 "기독교 로마 제국"으로 불리게 되었기 때문이다. 또한 로마 제국의 영토 위에 건설되는 이후 수많은 나라들은 직간접으로 기독교의 영향에 놓이게 되었다. 중세 시대에 유럽이 기독교 왕국(Christendom)으로 가는 역사적 변화의 문은 콘스탄티누스 황제가 연 것이다.

통일 로마 제국의 황제

콘스탄티누스가 서로마 황제위에 오를 때 로마는 삼분되어 있었다. 발칸 반도는 리키니우스가 다스렸고 소아시아와 이집트의 동로마는 막시미누스 다이아 황제가 통치했다. 313년 밀라노 칙령이 서로마에서 공포되자 동로마는 이를 무시하고 계속 기독교를 박해하였다. 콘스탄티누스 황제는 다이아 황제와 전쟁을 벌여 승리했고 다이아는 패배의 충격으로 병까지 생겼다. 다이아는 자신의 발병이 기독교도들을 죽인 죄에 대한 형벌로 간주하고 용서를 구하는 기도를 한 후 세상을 떠났다. 로마의 군주들은 셋에서 둘로 정리되어 서방은 콘스탄티누스가, 동방은 리키니우스가 통치하게 되었다.

두 로마의 두 군주는 처남매부 사이였지만 화합하지 못했다. 특히 동방 황제 리키니우스는 밀라노 칙령을 깨고 기독교를 다시 박해하였다. 이에 분노한 콘스탄티누스 황제는 즉시 군대를 일으켜 리키니우스를 치러 갔다. 리키니우스는 거의 모든 신들에게 제물을 바치면서 승리를 기원하였다. 이교 사제들은 짐승의 창자를 꺼내 보이면서 그에게 이렇게 예언했다.

"창자가 심하게 떨리는 것을 보니 이것은 대승을 의미합니다."

이 신탁을 굳게 믿고 리키니우스는 군대를 이끌고 콘스탄티누스를 치러갔다. 이에 대항하는 콘스탄티누스의 서로마 군대는 밀비안 전투 때처럼 병기와 깃발에 그리스도의 이름을 새기고 전쟁에 나섰다. 콘스탄티누스와 리키니우스는 서로 자신들의 병사들에게 이렇게 외쳤다.

"우리는 곧 어느 신이 최고이고 어느 신이 거짓인지 보게 될 것이다."

324년 7월 한여름의 전투에서 콘스탄티누스는 리키니우스에 대승을 거두고 동로마 지역까지 수중에 넣고 드디어 통일 로마 제국의 황제가 되었다. 디오클레시아누스 이후 30년 만에 단독 통치자를 맞이한 것이다.

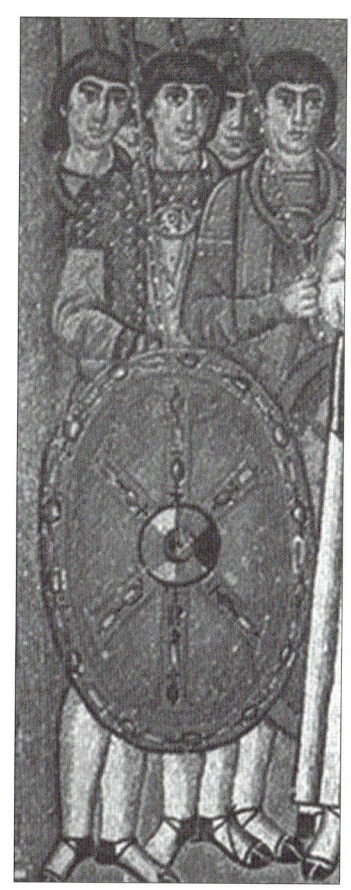

황제 근위대의 방패에 새겨진 키로(☧) 문장- in St Vitales of Ravenna

2. 변혁의 제국과 노쇠한 대제

기독교의 공인과 사회 개혁들

콘스탄티누스 황제의 통치는 25년이나 지속되며 로마의 발전을 이루었다. 역사는 그의 뛰어난 통치 때문에 로마 황제 중 최초로 "대제(the Great)"의 칭호를 선사하였다. 아우구스투스 황제 이후 그처럼 안정적이며 강력하게 개혁한 군주는 없었다. 무엇보다 콘스탄티누스 대제는 기독교와 관련해서 제국과 역사에 큰 변화를 가져왔다. 그는 박해에 대해 공식으로 유감을 표하고 몰수되었던 교회의 재산들을 돌려주었고 신자들을 관료에 중용하였다. 또한 교회당들을 건축하였고 50여 부의 필사된 성경을 비치하였다. 당시 성경 한 권의 필사에는 많은 분량의 고가 양피지와 학식 있는 수도사의 수년간 각고의 노력이 필요했기에 성경 한 권의 가치는 물질적 측면에서도 보석 이상이었다. 이를 고려하면 황제가 배포한 성경 부수는 대단한 것이었다.

전술했듯이 초기 기독교에서 십자가는 대표적 상징이 아니었다. 주후 300년에 이르기까지 십자가가 로마의 사형 도구였기 때문이다. 초기 기독교도들은 십자가 장식보다 세례 받은 신자를 상징하는 '양'과 '물고기' 상징을 더 선호했다. 콘스탄티누스는 잔인한 사형 제도인 십자가형을 폐지하였다. 또한 325년에 대제는 다음과 같은 놀라운 선포를 했다.

"평화의 시대에 유혈 대결은 우리를 불쾌하게 하므로 검투 경기를 금지한다. 중죄를 지은 죄수들은

물고기 상징의 모자이크

광산으로 보내져 더 이상 피 흘림 없이 그들의 죗값을 치르게 할 것이다."

(Catherine Edwards, *Death in Ancient Rome*, 2007, 215.)

콘스탄티누스는 로마 역사상 최초로 일요일을 공휴일로 쉬는 법령을 공포하였다. 물론 유대인들은 안식일을 지켰지만 그것은 일요일이 아닌 토요일이었다. 그러나 콘스탄티누스 이후로 세계인들은 일요일에 쉬는 전통을 갖게 되었다. 매 일요일에는 관공서의 업무를 중단했고 노예들에게도 휴식을 주도록 권장했다. 대제의 일요일 휴일 제정 이전부터 그리스도인들은 예수를 "참 빛"이나 "참 태양"이라고 부르며 일요일 예배를 드려왔다. 그렇기에 황제의 일요일 휴식 법령은 기독교 예전의 확대와 발전을 가져왔다. 예배 시간도 새벽에서 오전으로 옮겨졌고 매우 길어졌다. 콘스탄티누스 대제로 인해 기독교는 비약적인 성장을 하였다. 교회는 자유롭게 예배와 선교를 하였고 한 세기 내에 제국 인구의 절반 정도가 기독교 신자가 되었다.

새로운 바실리카와 새로운 수도

로마의 공회당은 '바실리카(Basilica)'라고 부르는 사각형 건물이었다. A.D. 4세기 이후 바실리카 형태의 교회 건물들이 많아졌기에 '바실리카'는 이후 교회당을 뜻하게 되었다. 콘스탄티누스 대제는 로마의 라테란 궁궐(Lateran Palace)에서 지냈다가 이마저도 바실리카 형태의 교회당으로 바꾸었다. 이 건물이 성 요한 라테란 대성당(St. John Lateran Cathedral)인데 15세기까지 교황의 예배당으로 사용되었다. 대제는 성 베드로 성당(St. Peter's Basilica)도 새로 지었다. 이 성당은 1500년대 초반 크게 개축되어 현재의 성 베드로 대성당이 되었다. 4세기 이후 일반인들도 순교 장소에 많은 채플들을 세웠고 지하에 성인들의 유골을 두었다. 부속 건물로 세례당(Baptistery)도 지었는데 "새로운 창조"의 상징 수인 '8'을 따라 팔각형 구조가 많았다.

새 수도 콘스탄티노플을 봉헌하는 콘스탄티누스 황제 - 성 소피아 성당 모자이크

콘스탄티누스 대제가 시행한 최대 국가 사업은 제국의 수도 이전이었다. 330년 5월 그는 보스포루스(Bosphorus) 해협의 유럽 편에 위치한 아름다운 비잔티움(Byzantium: 오늘날의 이스탄불)을 새로운 수도로 삼고 천년 동안 유럽 중심이었던 로마를 떠났다. 비잔티움을 자신의 이름을 따서 콘스탄티노플(Constantinople)로 불렀고 이 도시는 순식간에 제국의 중심이 되었다. 제국 천도는 중세 역사에도 큰 영향을 끼쳐 로마와 콘스탄티노플 두 도시 간의 정치, 사회, 종교적인 갈등을 증대시켰다. 또한 수도 이전으로 서로마 제국은 더욱 약해져 한 세기 후 함락을 초래하였고 황제가 떠난 이후 로마 주교의 권한은 더 높아졌다.

신실한 모후 헬레나와 "베라 크루즈"

콘스탄티누스 대제와 어머니 헬레나는 이스라엘의 기독교 성지들을 발굴한 후 기념 채플들을 세웠다. 헬레나는 70의 나이에 직접 이스라엘을 향해 떠났다. 그녀는 자신과 아들에게 일어난 믿을 수 없는 엄청난 변화에 감사했으며 이를 갚는 많은 자선을 베풀었다. 이스라엘을 향해 가는 동안 그녀의 손에는 빈자들에 나눠줄 빵과 돈이 가득 들려 있었다.

A.D. 333년 콘스탄티누스 대제는 재위 20주년을 기념하여 예루살렘의 예수의 무덤 위에, 즉 성묘 성당(Church of Holy Sepulcher)을 세웠다. 이와 관련해 다음과 같은 전설이 내려온다. 헬레나는 잃어버린 예수의 무덤을 찾는 중 영감이 떠올라 로마가 세웠던 주피터 신전의 유적을 지목하여 그 아래를 파게 했다. 곧 무덤으로 추정되는 동굴이 나왔다. 그곳에는 3

개의 십자가와 'INRI(Iesus Nazarenus Rex Iudaeorum)', 즉 "나사렛 예수 유대인의 왕"이라고 쓰인 죄패가 놓여 있었다. 세 개의 십자가 중 어느 것이 예수의 진짜 십자가인지 가려내기 위해 헬레나는 병든 여인을 데려와 세 십자가를 차례로 져보게 하였다. 그중 하나를 지고 나서 그녀가 치유되자 헬레나는 이를 "예수의 십자가"로 삼았으며 그 동굴에 '베라 크루즈(Vera Cruz)', 즉 "진짜 십자가"로 여겨진 유물을 세워두었다. 1,700여 년 전 모후와 황제가 기념 교회당들을 이스라엘에 설립한 것은 성지 보존에 큰 도움이 되었다.

참 십자가(베라 크루즈)를 들고 있는 헬레나 황후 - by Cima da Conegliano - c 1495

한편 콘스탄티누스는 어머니 헬레나를 무척 존경하였다. 터키 동북부에 있는 헬레나의 고향 드레파눔(Drepanum)을 황제는 모후의 이름을 따서 '헬레노폴리스(Helenopolis)'로 개명하고 확장하였다.

"궁궐로 간 기독교" 대 "광야로 간 기독교"

박해 종식 이후 기독교에 긍정적 변화만 있었던 것은 아니다. 박해 이전에는 신앙으로 직위를 잃었으나 이후에는 신앙이 출세의 조건이 되었다. 형식적 신앙인들이 많아졌고 기독교는 순수함을 상실하며 제도화되었다. 교회는 부를 축적하며 고통 받던 시대를 망각하였다. 주교직을 놓고 다툼이 끊이지 않았다. 한때 "무덤에 피신한 기독교"는 이제 "궁궐로 간 기독교"가 되었다. 기독교는 자유를 얻으며 동시에 소중한 요소들도 잃었다.

이제 순교자는 제국 내에 볼 수 없게 되었지만 그럼에도 불구하고 많은 사람들은 진리를 갈망하여 사막으로 들어갔다. 사막의 수도자들이 새로운 영적 지도자로 떠올라 "광야로 간 기독교"의 시대가 열렸다. 고대 로마 시대는 팔라티노 황궁과 베들레헴 마구간의 대결이었지만 이후 중세는 궁궐과 광야의 또 다른 대결의 시대로 전개되었다.

콘스탄티누스와 기독교의 관련성에 대해서는 두 가지 잘못된 오해가 있다. 첫째는 그가 명목상 기독교인이 되어 권력을 위해 기독교를 이용했다는 견해이다. 둘째는 콘스탄티누스 때문에 기독교가 타락하고 권력화되었다는 비판이다. 콘스탄티누스의 등장 시기는 전임 황제들의 혹독한 박해로 제국 내 기독교가 사실상 와해된 상태였다. 천년 로마의 전통적 종교 세력들은 엄존하였고 귀족들은 여전히 이교와 결탁되어 있었다. 귀족의 주요한 업무는 신들에 대한 제사와 봉헌이었기 때문이다. 극히 소수에 불과했던 기독교를 선택한 콘스탄티누스의 결단은 많은 전통적 기득권자들과의 갈등을 자초한 것이었고 또한 당시로서는 득이 아니라 오히려 자신의 정치적 기반을 위태롭게 할 수 있는 행위였다. 그러므로 그의 기독교 선택은 종교를 이용한 정치적 행위가 아니라 오히려 로마의 미래를 감지한 결단이었다. 그는 분명 기독교가 제국에 가져다 줄 긍정적 변화를 확신하였다.

콘스탄티누스 대제는 당시의 기준으로 분명 그리스도인에 해당했고 로마 황제들이 전통적으로 맡아왔던 종교 영역에 있어서의 "대제사장", 즉 '최고 사제(Pontifex Maximus)'의 칭호를 사용하면서 그 의무에 충실했다. 역대 로마 황제들의 가장 큰 임무 중 하나는 종교적인 제사였다. 콘스탄티누스가 일으킨 기독교의 변화는 '새 신앙'의 대사제로서 자신의 직임을 수행한 것이었다. 또한 분명한 것은 콘스탄티누스가 기독교에 특혜는 주었으나 이교들을 박해하지 않았으며 더구나 기독교를 국교로 정하지도 않았다. 더구나 중세 기독교의 혼탁한 양상을 콘스탄티누스에 모두 책임을 돌리는 것도 지극히 부당한 시각이다. 그가 기독교인들을 중용하였고 주교들이 권력화된 것도 엄연한 사실이지만 모든 부정적 요소들은 일차적으로 부패한 이들의 잘못이었다.

위대한 황제, 평범한 인간

콘스탄티누스는 황제로서는 위대했으나 인간으로서는 초라했다. 그는 끔찍한 실수들을 수차례 저질렀다. 황후 파우스타(Fausta)와 첩에게서 낳은 장남 크리스푸스(Crispus)의 관계를 의심하고 전후도 살피지 않은 채 성급하게 아들을 처형하였다. 크리스푸스는 군 사령관도 맡았던 능력 있는 아까운 인물이었다. 얼마 후 아들의 죄목이 모두 파우스타의 음모로 조작된 것이었음을 알게 되자 이번에는 그녀를 목욕탕의 뜨거운 증기로 질식시켜 죽였다. 이후 대제는 자신의 죄와 가정 내 비극을 생을 마칠 때까지 탄식하였다.

콘스탄티누스는 죽기 직전에야 세례를 받았다. 당시 세례는 일생 동안 지은 모든 죄를 용서받는 의식으로 인식되었기에 많은 사람들은 말년에 받고자 하였다. 337년 초엽 병약해진 대제는 어머니의 고향 헬레노폴리스의 온천으로 향했다. 생의 마지막을 예감한 황제는 마침내 그곳에서 세례를 받기로 결심하였다. 자주색 황포를 벗고 보석 왕관을 내려놓고 세례를 위해 흰옷으로 갈아입었다. 니코 메디아의 주교 유세비우스(Eusebius of Nicomedia)가 나약한 인간의 모습으로 서 있는 황제에게 세례를 주었다. 이후 그는 다시 황제 복을 입지 않았고 수주 후 337년 5월 22일 파란만장

콘스탄티누스가 생애 마지막을 보낸 드레파눔 - 모친의 이름을 따서 헬레노폴리스라고 불렀다

콘스탄티누스의 세례식 - by Raphael & his students

한 생을 마쳤다. 『콘스탄티누스의 생애』를 저술한 카이샤라의 주교인 또 다른 이름의 유세비우스(Eusebius of Caesarea)는 대제를 가리켜 "13번째 사도"라고 불렀다. 마치 13번째 사도처럼 그는 자신이 수도 콘스탄티노플에 세운 '열두 사도' 대성당(Church of the Holy Apostles)에 묻혔다.

콘스탄티누스도 기독교를 통해 신앙과 승리를 얻었지만 기독교도 그에게 큰 빚을 졌다. 그는 박해를 종식시켜 수백만의 목숨을 위기에서 건졌다. 또 중세의 기독교 발전과 문화는 대제가 조성해준 여건 위에 세워졌다. 중세의 가장 위대한 통치자 샤를마뉴는 콘스탄티누스 대제의 초상을 궁궐에 걸어두고 늘 경의를 표했다. 동방 정교회는 콘스탄티누스를 성자로 기념하였고 후대 황제들은 '콘스탄티누스'라는 이름을 자신의 이름으로 사용했으며 그와 같이 열두 사도 대성당에 매장되었다.

3. 기독교 공의회와 사상적 대결

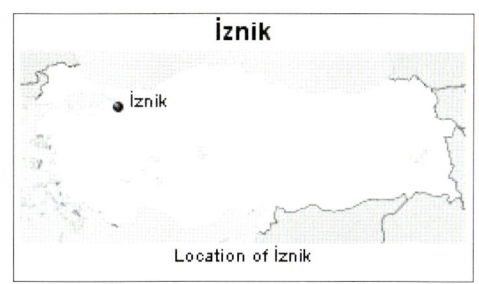

오늘날 터키 서북 니케아(이즈닉)

박해가 종식된 4세기 초 기독교는 전례 없이 빠른 성장을 했지만 더불어 내부의 시련을 혹독히 겪게 되었다. 이는 바로 예수에 대한 교리적 분열이었다. 일부 사람들은 예수의 사역과 존재에 대해 구분하며 예수를 칭송하면서도 그의 신적 정체성을 부인하였다. 그러나 초기 기독교는 예수의 교훈과 더불어 그의 본성의 중요성도 강조하기 시작했다. 즉 '기독론'은 그분이 '대체 누구인가'라는 논쟁부터 '어떻게 인간이시고 또 하나님이신가'를 다루는 교리이다.

교회 분열 문제를 다루기 위해 황제들은 주교들을 모아 여러 공의회들을 개최하였다. 그중 가장 중요한 것은 네 개의 공의회이다. 예수의 신성과 인성을 선포한 니케아 공의회(325년), 아리우스파 이단을 단죄한 콘스탄티노플 공의회(381년), 네스토리우스를 축출한 에페소스 공의회(431년), 그리고 예수의 두 본성을 확정한 칼케돈 공의회(451년)였다. 이중 가장 중요했던 회합은 사실 니케아 공의회였다.

니케아 공의회: 아리우스와 아타나시우스의 대결

320년경 이집트 알렉산드리아의 사제 아리우스(Arius)는 삼위일체를 부인하고 예수는 하나님과 "유사한" 신성을 가진 피조물이라고 가르쳤다. 이 도시의 대주교 알렉산더(Alexander)와 부제 아타나시우스(Athanasius)

는 아리우스를 반박하고 파문하였다. 이들은 예수께서 하나님과 동일한 창조주이시며 "똑같은" 신성을 가지고 있다고 지적하였다. 아타나시우스는 삼단 논법에 기초하여 아리우스의 주장을 반박하였다.

(1) 하나님만이 구원자이시다.
(2) 피조물은 같은 피조물을 구원할 수 없다.
(3) 예수는 구원자이시므로 피조물이 아니며 하나님이시다.

아리우스는 알렉산드리아에서 추방된 후에도 니코메디아의 주교 유세비우스(Eusebius of Nicomedia)의 지지를 받으며 더욱 세력을 확장하였다. 여러 도시에서 정통파와의 다툼도 격화되었고 급기야 아리우스파 신도들은 테러도 일삼았다. 거짓 종교는 늘 폭력을 수반한다. 제국에 혼란이 발생하자 A.D. 325년 콘스탄티누스는 주교들을 모두 초청하여 공의회를 소집하였다. 장소는 아름다운 아카르디아 호수 옆에 황제의 별궁이 있는 니케아(이즈닉)였다. 아타나시우스 기록에 의하면 318명의 주교가 참석하였다. 회의장 한가운데 높은 단에는 신약 성서가 놓였고 홀 가장자리 보좌에는 콘스탄티누스 대제가 앉아 있었다. 크고 강렬한 눈빛, 굵은 목과 건장한 체격의 대제는 겸손히 로마 제국의 과거 박해를 사과한 후 비장한 어조로 이렇게 연설하였다.

니케아 공의회의 모습 - 황제(중앙)와 주교들, 그리고 엎드린 아리우스 - in Meteora Monastery of Greece

"친애하는 여러분! 여러분을 뵙고 싶었습니다. 모든 주교들이 참석하여 진심으로 하나님께 감사하고 찬양합니다. 교회의 분열은 전쟁이나 갈등보다 더 해로운 것입니다. 왜냐하면 전쟁은 인간의 육체를 죽이나 잘못된 교회는 영혼을 죽이기 때문입니다. 여러분 간의 불화를 해결하고 신속히 그 원인을 제거하기 바랍니다."

(Eusebius, *Vita Constantini*, III.12 in NPNF2, 1 : 523.)

격론의 결과 주교 두 명을 제외한 모두가 아리우스파의 이단성에 표를 던졌다. 이러한 결과에는 대주교 알렉산더(Alexander, c. d. 328)를 수행한 아타나시우스의 활약이 컸다. 콘스탄티누스 대제는 아리우스의 책을 모두 불태우고 추방할 것을 명했다. 공의회는 성자 예수에 대한 니케아 신조(Nicene Creed)를 만들어 다음과 같이 고백하였다.

"하나님의 독생자 예수 그리스도는 창조된 분이 아니라 아버지 하나님과 동일한 본질(homoousios)을 가지신 참 하나님이시고 빛 중의 빛이시다."

(Philip Schaff, *The Creeds of Christianity:* History of Creeds, vol. 1 : 27.)

예수께서 참 하나님이시자 참 인간이시라는 진술은 기독교인들에게 단순히 신비 그 이상의 명제였다. 그것은 하나님의 사랑과 정의를 확증하는 일이었다. 한편 기타 안건으로, 부활절을 유대교 달력으로 지키는 것을 폐하고 로마 달력에 따라 춘분이 지난 만월 직후의 일요일에 지키는 부활절을 정하였다. 니케아 공의회는 황제가 소집한 최초의 회의였는데 이후 정치가 교회에 개입하는 계기가 되었다. 주교들은 몇 주일 더 머무르며 큰 연회에 참석했다. 카이사랴의 주교 유세비우스는 이전의 혹독한 박해 시대를 회상하며 이 모든 놀라운 변화들이 믿기지 않아 이렇게 말했다.

"마치 그리스도의 왕국을 미리 보는 것 같다. 모든 것이 현실이 아닌 꿈처럼 느껴진다."

"세상을 맞선 사람" 아타나시우스

정통파들의 이런 꿈 같은 기쁨도 머지않아 깨졌다. 특히 니케아 공의회의 공로자 아타나시우스와 동료들의 앞날에는 오히려 악몽 같은 고초가 기다리고 있었기 때문이다. 그는 298년 알렉산드리아에서 태어났는데 어린 시절 주교가 되는 꿈을 가졌다. 어느 날 어린 아타나시우스는 주교 흉내를 내며 친구들과 세례 주는 놀이를 했고 이때 길 가던 대주교 알렉산더의 관심을 받게 되었다. 아타나시우스가 부모를 잃고 고아가 되자 알렉산더 대주교는 그를 양자로 키우고 부제로 삼았다. 아타나시우스는 플라톤의 철학, 아리스토텔레스의 수사학, 오리겐의 신학을 연구하여 청년 시절 이미 유망한 학자 겸 사제로 인정받았다. 또한 그는 시편을 거의 다 암송하는 성서의 사람이었다.

무엇보다 아타나시우스는 아리우스파 이단을 제압하는데 혼신의 힘을 기울였다. 니케아공회 3년 후인 328년 대주교 알렉산더가 세상을 떠나자 그는 서른의 나이에 대주교(Patriarch)에 선출되었다. 젊은 나이였지만 그 시대의 평균 수명이 현대보다 20년 이상 짧았던 것을 감안하면 서른 살은 적절한 나이였다. 대주교 직위는 분명 영광스러웠지만 아타나시우스에게는 이것이 엄청난 고난의 시작이었다.

한편 니케아에서 이단으로 규정된 아리우스는 콘스탄티누스 대제에게 반성문을 제출하고 인맥을 동원해 사면을 구했다. 황제는 대주교 아타나시우스에게 연통하여 70의 고령인 아리우스를 교회 일치를 위해 용납할 것을 권했다. 그러나 젊은 대주교는 오류와 기만으로 충만한 아리우스를 신뢰할 수 없었기에 황제의 요청을 과감히 거부하였다. 위대한 황제와 위대한 주교는 결국 이렇게 충돌하였다. 콘스탄티누스 황제는 즉각 아타나시우스를 대주교에서 파면하였다. 황제보다 대주교를 더 존경했던 알렉산드리아 시민들은 황제를 비판하며 격렬하게 시위하였다. 335년 콘스탄티누스 대제는 더 분노하여 아타나시우스를 아예 서로마 트리어(Trier)로 귀양 보냈고 이듬해 이단 아리우스를 알렉산드리아로 귀환시켰다. 돌아온 아리우스는 의기양양하여 활보했으나 갑자기 큰 복통으로 사망하였고 이듬해 콘스탄티누스 대제도 세상을 떠났다.

아타나시우스는 총 45년의 대주교 사역 동안 무려 다섯 번이나 18년간 유배와 망명 생활을 했다. 356년 아리우스파 황제 콘스탄티우스 2세는 그를 죽이려고 5,000명의 병사들을 알렉산드리아 테오나스 성당으로 보낸 적도 있었다. 아타나시우스는 피신했지만 지지자 수백 명은 학살당했다. 아리우스파 황제들이 통치할 때 이 이단도 함께 위세를 부리며 행패를 일삼았다. 정통파 교회들은 인고의 세월을 견뎌야 했다. 세 번째 피난 중에 아타나시우스는 친구 파코미우스가 세운 이집트 사막의 수도원에서 지냈다. 그는 유배 생활을 차라리 수도 생활로 삼았고 고행 중에 『성자 안토니우스의 생애』를 저술하였다. 나지안주스의 주교 그레고리는 아타나시우스를 가리켜 "모든 미덕을 다 갖춘 모범"이라고 평했다.

373년 알렉산드리아에서 아타나시우스는 마침내 바뀐 세상을 목격하고 세상을 떠났고 8년 후인 381년 테오도시우스 대제는 콘스탄티노플 공의회를 열어 폭력적인 아리우스 이단을 축출하였다. 또한 이 공의회는 성부와 성자와 성령의 동일한 신성을 천명한 삼위일체 교리를 고백하였다. 참고로 공의회가 열린 성 이레네(St. Irene) 성당은 완벽한 형태로 보존된 역사상 가장 오래된 교회당이다. 당시 사람들은 무려 네 명의 황제들에 대항했던 아타나시우스를 가리켜 이렇게 말했다.

"아타나시우스는 온 세상과 맞섰고 온 세상도 아타나시우스에 맞섰다."(Athanasius contra mundum, et mundus contra Athanasium)

에페소스 공의회와 네스토리우스 논쟁

제3차 공의회는 431년 6월 22일 에페소스(에베소)에서 열렸다. 198명의 주교들이 참석하여 콘스탄티노플의 대주교 네스토리우스의 사상을 이단으로 정죄하였다. 이 공의회는 실상 정치적으로 신학적으로 가장 혼란스러운 회의였다. 애초 발단은 네스토리우스가 마리아를 "하나님의 어머니"가 아니고 "예수의 어머니"라고 주장한 것이었다. 당시 교회는 마리아를 "하나님을 낳은 자", 즉 '테오토코스(Theotokos)'로 불렀는데 네스토리우스는 이

구원의 중보자로 숭배된 성모 마리아
- Byzantine Icon

칭호를 거부하였다. 마치 하나님에게 어머니가 있는 것처럼 거슬리게 들린다는 것이다. 분명 네스토리우스의 우려는 근거가 있었다. 사람들의 성모 숭배가 심각할 정도로 지나치고 있었기 때문이다.

네스토리우스의 강력한 적대자는 알렉산드리아의 대주교 키릴(Cyril)이었다. 그는 네스토리우스의 사상이 인간 예수와 하나님 예수로 그리스도를 분리시키는 오류를 범했다고 지적했다. 마리아의 뱃속에서 이미 예수는 하나님이셨으므로 "예수의 어머니"로만 지칭하는 것은 신성을 무시하는 표현이라는 것이다. 사실 알렉산드리아와 콘스탄티노플 두 도시는 늘 다방면에서 경쟁하였고 대주교들도 갈등 관계에 있었다. 이런 정치적 갈등도 회의에서 대립 요인으로 작용했다.

사실 이 공의회는 마리아 숭배가 강했던 에페소스에서, 더구나 성모마리아 성당(Church of St. Mary)에서 열렸는데, 이 자체가 네스토리우스 진영이 이길 수 없는 회의였음을 보여준다. 에페소스시는 성모 마리아가 노년에 살았던 곳으로 전해졌다. 원래 여신 아르테미스를 숭배했던 이 도시는 기독교가 전래된 후 성모 공경으로 쉽게 정서를 바꾸었다. 사실 에페소스 공의회는 논란과 왜곡도 심해 진실 파악이 어려운 회의이다. 네스토리우스파는 로마 제국 밖으로 추방되었으나 페르시아와 중앙아시아에 크게 퍼졌고 600년대 중엽에는 중국까지, 그리고 1,100년대에는 몽골 제국까지 확산되었다.

"논란의 종결" 칼케돈 공의회

네스토리우스를 적대했던 인물 중에는 콘스탄티노플의 수도원 감독 유티케스(Eutyches)도 있었는데 의기양양했던 그는 아예 한발 더 나아가 그리스도의 인성이 마치 "꿀 한 방울이 바다와 합쳐지듯" 신성과 합쳐졌다고 주장했다. 이는 인성이 신성에 흡수되어 사실상 신성만 남아 있다는 "단성론(Monophysitism)"을 주장한 셈이었다. 수십만의 시리아 교인들이 이 견해를 지지했고 다수의 알렉산드리아 교인들도 유사한 사상을 갖게 되었다.

450년경 동로마 황제 마르키안(Marcian)은 로마 교황 레오 1세의 요청을 받아들여 신학적 논쟁을 해소하려고 터키 서북부 칼케돈(Chalcedon)에서 제4차 공의회를 열었다. 장소는 성 유페미아 교회당(Church of St. Euphemia)이었고 가장 많은 600여 명의 주교들이 참석하였다. 칼케돈 공의회는 유티케스(Eutyches)와 단성론자들을 이단으로 결정하였다. 불과 20년 전에 네스토리우스를 몰아내고 승자가 되었던 유티케스는 이제 이단으로 판정받고 추방되었다. 그의 단성론은 예수 그리스도께서 신성과 인성이 결합된 "하나의 본성(one nature)"만 가진 분이라고 주장했지만 이에 반해 칼케돈 공의회는 그리스도의 신성과 인성이 "혼동도, 변화도, 분리도, 대립도 없는" 두 본성(two natures) 상태로 있다는 교리를 공포하였다. 교황 레오는 참석 대신에 "서신(Tome)"으로 자신의 견해를 표명했는데, 이것이 공의회 결론에 크게 반영되었다.

기독교도들이 제국 인구 절반에 이른 400년대 중엽 대중의 관심사는 종종 교회 갈등이나 교리 논쟁을 포함했다. 당시 기록들에 의하면, 시장 상인들도 예수의 신성과 인성이 결합되어 하나의 본성인지, 아니면 인성과 신성이 구별된 채로 두 본성으로 있는지에 대해 서로 논쟁했다는 것이다. 초기 기독교도들에게 예수 그리스도의 정체성은 구원에 직결된 민감한 주제였다. 그분의 신성은 구원자로서의 자격에, 인성은 제물로서의 자격에 필수적이기 때문이다.

4. 로마의 두 숙적: 파르티아와 페르시아

로마 제국은 공화정 말기에서 중세 초까지 무려 800여 년에 걸쳐 파르티아 제국(Parthian Empire)과, 그리고 연이은 신 페르시아 제국(Persian Empire)과 충돌을 거듭하였다.

"제정 로마의 경쟁자" 파르티아 제국(B.C. 247-A.D. 224)

제정 로마의 최대 적은 파르티아 제국이었다. 파르티아는 메소포타미아를 중심으로 기원 전후에 걸쳐 약 470여 년간 존재하였다. 이 민족은 본래 북동 이란과 북서 아프가니스탄에 살던 민족이었으나 메소포타미아를 관장한 셀레우코스 왕국을 무너뜨리고 대제국을 건설했다. 시조 왕은 아르세이시스 1세(Arsaces I)였다. 파르티아는 유프라테스강 유역과 르반트(레바논)와 아르메니아를 놓고 늘 로마 제국과 치열한 전쟁을 벌였다. B.C. 53년 로마 최고 부호 크라수스는 파르티아 원정에 나섰다가 포로가 되어 죽었다.

예수의 사도들이 방언을 받아 외국어를 구사하게 되었을 때 해당 지역들이 성서(사도행전 2:9)에 언급되었는데 그중 첫 나라는 바로 강대국 파르티아(바대)였다. 파르티아는 로마 제국에 비해 기독교 박해를 덜 가했다. 수도 크테시폰과 에스파한은 기독교도들이 많은 도시였다. 그런데 파르티아 제국을 멸망시킨 것은 그동안 치열하게 싸운 로마 제국이 아니라 피지배하의 페르시아 민족이었다. 이 민족은 주후 224년 신 페르시아 제국을 건설했다.

"비잔틴 로마의 경쟁자" 사산 페르시아 제국(A.D. 224-651)

세계 역사에서 페르시아 제국은 두 번 등장하였다. 첫 번째는 B.C. 400년대 전성기를 맞았던 '구' 페르시아 제국이고 두 번째는 A.D. 224년 파르티아를 무너뜨리고 500년 만에 다시 등장한 '신' 페르시아 제국(사산 제국)이다. 이 새 제국은 아르다쉬르 1세(Ardashir I)가 세웠는데 그가 조로아스터교의 제사장 사산(Sasan)의 자손이었기에 "사산 제국"으로도 부른다. 고로 신 페르시아 제국은 조로아스터교를 국교로 삼았다.

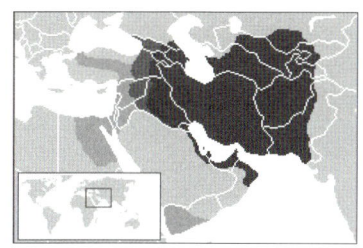

신페르시아 영토 - by Kermanshahi

설립자 아르다쉬르는 평범한 군인의 아들로 태어났으나 다리우스 대왕의 후손이라는 자부심 속에서 자랐다. A.D. 224년 아르다쉬르는 부족 연합군을 만들어 세 번의 대승으로 파르티아를 멸망시키고 민족을 해방시켰다. 그의 목표는 옛 페르시아 영토를 모두 회복하여 영광을 재현하는 것이었다. 이를 위해 아르다쉬르는 로마 제국에 시리아, 아르메니아, 소아시아를 모두 건네줄 것을 요구하였는데 이후 과도한 군사적 행보로 순식간에 로마와의 관계는 적대적으로 바뀌었다.

굴욕의 시대와 샤푸르 2세의 황금기

로마 제국과 사산 제국의 장기 전쟁이 시작되며 서로 승리와 굴욕을 주고받았다. 먼저 승점을 올린 쪽은 사산 제국이었다. 아르다쉬르 1세의 아들 샤푸르 1세(d. 272)는 259년 로마와의 에데사 전투에서 승리를 거두었다. 로마 황제 발레리아누스는 포로가 되어 샤푸르의 말잡이 노예가 되었다. 로마의 반격은 유능한 황제 디오클레티아누스에게서 비롯되었다. 296년 샤푸르 1세의 아들 나르세스(Narses. d. 302) 제왕이 로마의 속국 아르메니아를 침공했을 때 디오클레티아누스는 부황제 갈레리우스에게 군대를 주어 응징케 하였다. 초반은 갈레리우스의 연이은 고전이었으나 결국은 대승을 거두어 나르세스의 왕비와 자녀들까지 포로로 잡았다. 그렇기에 이번에는 페르시아의 굴욕 차례였다. 나르세스는 사신을 보내 전달한 장문의 서신에서 이렇게 사정하였다.

"인간에게 두 눈이 있듯이 세상에는 위대한 로마와 페르시아 두 제국이 있습니다. 두 제국은 상호 존중하고 서로 대우해주어야 할 것입니다. 아무 조건 없이 평화를 요청하며 로마의 요구 사항을 수용할 것입니다. 포로들에게 선대해주기를 당부합니다."

(George Rawlinson, *The Seven Great Monarchies of the Ancient Eastern World: The Sassanian or New Persian Empire*, 2010, 91.)

한참 동안 말없이 듣고 있던 갈레리우스는 갑자기 사신에게 큰 분노를 퍼부었다. 일전에 패배한 로마 황제를 노예로 부린 페르시아가 무슨 염치로 포로에 좋은 대우를 부탁하느냐고 공박한 것이다. 종국에 로마는 나르세스로부터 티그리스 동편의 5개 도시들을 포함한 광대한 영토를 건네받았다. 그로 인해 페르시아 영토는 심히 줄었고 나르세스는 로마에 대한 패배 충격으로 제위도 내려놓고 은둔 생활을 하다 바로 사망하였다.

A.D. 309년 나르세스의 아들 호르미즈드 2세(Hormized II)가 왕이 되었으나 그에게는 로마 제국이 적이 아니었다. 페르시아 귀족들의 내부 반란 때문에 큰 고역을 겪었고 끝내는 살해당했다. 정권을 잡은 귀족들은 다른 왕자들을 죽였으나 왕비 뱃속에 있는 아기는 살려주었다. 그리고 태아를 페르시아의 왕으로 선언하며 배 위에 왕관을 얹었다. 이 아기가 바로 훗날 귀족들로부터 정권을 되찾아 신 페르시아 제국의 황금시대를 이룩한 샤푸르 2세(Shapur II, d. 379)였다. 샤푸르는 강력하고 유능한 통치로 "대왕"으로 불리게 되었다. 313년 샤푸르 2세가 세살 나이 때, 로마에서는 콘스탄티누스 장군이 황제로 즉위하였다. 라이벌 제국의 두 군주들은 유사한 시기에 다스리며 모두 '대왕'과 '대제'의 칭호를 얻었다.

전승에 의하면, 페르시아는 콘스탄티누스 대제에게 즉위 축하 선물로 여러 보물 상자를 보냈다. 대제는 그중 한 상자를 열어보고 보물의 정체를 알게 되자 그 앞에 무릎을 꿇었다. 거기에는 바로 300여 년 전 아기 예수를 경배하러 왔던 동방 박사들의 유골이 담겨 있었기 때문이다. 콘스탄티누스 대제가 기독교도이기에 페르시아가 화친을 원해 보낸 선물이었다. 콘스탄티누스는 베들레헴에 '아기 예수 탄생' 교회당(Church of Nativity)을 세웠고 내부에는 동방 박사들의 성화를 그리게 하였다. A.D. 614년 페르시아 군대가 이스라엘을 침공했을 때 그 교회당을 불태우지 않았는데, 이는 벽화에 나오는 동방 박사들의 페르시아 복장 때문이었다고 알려져 있다. 337년 콘스탄티누스 대제 사후 페르시아의 샤푸르 2세 대왕은 유프라테스강 유역을 침공하여 무력 충돌이 재개되었다.

신 페르시아의 국교 조로아스터교

조로아스터교는 B.C. 6세기경 조로아스터가 시작한 아후라 마즈다(Ahura Mazda) 신을 숭배하는 종교였다. 만물의 최초 근원이며 신성의 상징으로서 불을 숭배하므로 '배화교'로도 불린다. A.D. 360년경 샤푸르 2세는 페르시아의 기독교도들에게 조로아스터교로 개종을 요구했고 거부할 시 무조건 처형하였다. 그의 치하에서 16,000여 명이 목숨을 잃었다. 특히 조로아스터교의 사제들은 기독교 신자들을 고발하고 재산을 뺏을 수 있는 권리를 가졌다.

샤푸르의 사망 후 잠시 박해가 중지되었으나 420년 바흐람(Bahram) 5세가 즉위하면서 기독교도 살육은 재개되었다. 그럼에도 불구하고 아직 최악은 아니었다. A.D. 438년, 제위를 계승한 야즈데게르드 2세는 기독교 멸절을 결심하고 446년 9월 25일 바그다드 북쪽 카르카(키르쿠크)에서 약 150,000명의 기독교도 백성들을 한꺼번에 학살하였다. 현재까지 당시의 비극을 위로하는 의식이 행해질 정도로 처참한 사건이었다. 또한 야즈데게르드 2세는 아르메니아를 침공해 예배당들을 조로아스터교 신전으로 바꾸었고 무수한 백성들을 처형하였다. 페르시아의 사산 왕조 내에서 기독교는 간신히 생존만 모색할 수 있었다. 신 페르시아 제국은 주로 동로마와 지속적으로 전쟁을 벌였는데 그 결과 국력이 약화되어 A.D. 651년 이슬람 아랍족의 공격으로 멸망당했다.

5. 제국의 분열과 테오도시우스의 통치

세 아들들의 유산 다툼

A.D. 337년 콘스탄티누스 대제는 세 아들들과 두 조카에게 로마 제국을 나누어 주었다. 콘스탄티누스 2세(d.340), 콘스탄스(d. 350), 그리고 콘스탄티우스 2세(d. 361)는 각각 제국의 서쪽, 중앙, 동방을 다스렸다. 그러나 페르시아 제국과 관계도 악화되어 군사적 충돌이 계속되었고 사촌들의 땅을 빼앗고 주변 친척들을 제거했으며 거기에다 아버지의 뜻과는 달리 형제들 간에 영토를 놓고 혈투를 벌였다.

에스파냐(스페인)와 브리튼(영국), 갈리아(프랑스)를 다스린 장남 콘스탄티누스 2세는 이렇게 광활한 지역을 차지하고도 자신과 동생들의 몫이 비슷한 것에 불만을 품었다. 그는 정실부인 파우스타의 아들인데 배다른 형 크리스푸스가 죽임을 당한 후 장자가 되었다.

콘스탄티누스 2세는 막내 동생 콘스탄스가 사촌 몫의 발칸 반도를 차지하자 대신 북아프리카를 요구하였다. 콘스탄스가 이를 거부하자 콘스탄티누스 2세는 전쟁을 선포하고 이탈리아로 쳐들어갔으나 오히려 아퀼레이아에서 전사하고 말았다. 콘스탄스는 형의 영토까지 병합하여 로마 제국 서쪽을 모두 다스리게 되었다.

337년 콘스탄티누스 대제 사후 세 아들에게 주어진 왕국 - 왼쪽부터 콘스탄티누스 2세, 콘스탄스, 콘스탄티우스 2세의 영토 by Panairjdde

그 다음에는 서로마 군주인 막내 콘스탄스와 동로마를 소유한 차남 콘스탄티우스 2세의 대립이 시작되었다. 그들 사이는 신앙적 갈등으로 더 악화되었다. 서방 황제 콘스탄스는 정통파 기독교를 지지했으나 동방 황제 콘스탄티우스는 자신의 정치적 후원 세력인 아리우스 이단을 편들었다. 이 이단은 대단히 권력적이었고 폭력적이었는데 권력과 거리를 두려했던 아타나시우스 정통파와는 성격이 전혀 달랐다. A.D. 346년 두 황제는 이 문제로 회담을 가졌다. 형 콘스탄티우스는 아리우스파를 변호하며 따졌고 동생 콘스탄스는 정통파를 져버린 형을 질책하였다.

"예수님이 어떻게 하나님이냐?"

"하나님이 아니라면 왜 믿습니까?"

한참을 논쟁한 황제들은 각자 신앙관 대로 통치하기로 동의했다. 동로마의 콘스탄티우스 2세는 자신을 후원하는 아리우스파를 복귀시켰고 군대를 동원하여 정통파들을 축출하였다. 350년 서방의 콘스탄스가 수비대장 마그넨티우스(Magnentius)에게 암살당하자 동방의 콘스탄티우스 2세는 역도들을 진압하고 서로마를 차지하여 이후 10년간 단독 황제가 되었다. 같은 피를 받은 삼형제의 다툼은 이렇게 비극으로 끝났다.

"배교자" 율리아누스와 "갈릴리 사람"의 대결

361년 콘스탄티우스 2세가 열병으로 급사하자 사촌인 부황제 율리아누스(Julian, 361-363)가 황제로 승진했다. 율리아누스(또는 줄리안)는 광포한 성격을 지녔는데 이는 성장기 비극적 환경에서 기인하였다. 과거에 콘스탄티누스의 아들들은 권력을 넘보았던 친척들을 가차 없이 제거하였다. 그때 황족이었던 율리아누스의 부모도 반역죄로 처형되었으나 율리아누스는 너무 어려 처벌이 면해졌고 소아시아 반도 카파도키아(Cappadocia)에서 연금 생활 가운데 자랐다.

그럼에도 불구하고 율리아누스는 콘스탄티누스 가문에 의해 부황 제도 되고 또 황제로도 임명되었다. 전임 황제들은 그의 부모를 죽인 원수였고 동시에 그를 황제로 출세시킨 은인이었다. 엇갈리는 애증을 지녔던 율리아누스는 자신에게 일어났던 비극을 기독교에 대한 복수로 표출했다. 전임 황제들의 정책을 철회하였고 특히 기독교를 뿌리 뽑아 로마의 전통 종교들을 복원시키려 했다. 가장 유명한 수도원 지역에서 성장하였음에도 불구하고 율리아누스는 "갈릴리 사람" 예수에 대결을 선포한 셈이었다. 그의 치세하에 쇠락했던 주피터 신전이 개축되었고 신전 사제들이 참모로 중용되었다. 복수의 칼을 갈았던 율리아누스는 전임자들 측근과 기독교인 신하들을 숙청하였다. 역설적이게도 당시 그에게 핍박받고 쫓겨난 신자들은 정통파뿐 아니라 한동안 득세해온 아리우스파 이단들이었다.

그러나 박해 재개에도 불구하고 이미 제국에 깊게 뿌리내린 기독교는 사라질 수 없는 신앙이었다. 기독교 배경에서 자랐으나 오히려 핍박자가 되었기에 "배교자(Apostate)"란 오명을 얻은 율리아누스 황제는 65,000명의 병사들을 직접 이끌고 적국인 페르시아 원정에 나섰다. 그는 로마를 위해 싸우는 일이 가장 영예로운 일이라고 생각했는데 샤푸르 2세의 군대와 혈전에서 창을 맞고 죽었다. 3년의 통치를 전장에서 마감한 그의 마지막 외침은 이것이었다.

"갈릴리인 예수여, 그대가 이겼도다(vicisti, Galilaee.)!"

(Theodoret, *Historia Ecclesiastica*, 3.25).

어린 황제들의 비극과 혼란스런 제국

율리아누스 황제 사후, 장군 요비아누스(조비안: Jovian, d. 364)가 군부의 지지로 황제가 되었다. 그는 파괴된 기독교를 다시 회복시켰고 그리스도의 이름의 첫 두 글자 '키로($X\rho$)'를 결합시킨 '라바룸(Labarum)', 즉 군대 문장을 다시 사용하도록 명했다. 그러나 요비아누스는 페르시아에 굴복하여 티그리스강 너머의 영토를 넘겨주었고 불과 8개월 만에 막사에서 급사하였다.

로마 제국은 늘 군인들이 가장 큰 권력을 행사했다. 364년 로마 장군들은 즉시 회합을 갖고 새 황제로 발렌티니아누스(Valentinianus I, d. 375) 장군을 선출하였다. 그는 수락 연설을 통해 우선순위를 군대에 두고 통치하겠다고 약속했다. 발렌티니아누스는 정권 안정을 위해 동생 발렌스(Valens)를 동로마 황제로 지명하고 자신은 서로마를 맡았다.

A.D. 375년 유능했던 발렌티니아누스가 사망하고 두 아들 그라티안과 발렌티니아누스 2세가 서로마의 공동 군주가 되었다. 그런데 이때부터 서로마는 모든 면에서 매우 불안정한 상태가 되었다. 당시 그라티안은 16살이었고 발렌티니아누스 2세는 겨우 4살이었다. 그라티안은 정치에 관심이 없었고 사냥과 오락에 심취하였다. 3년 후인 378년 동로마 제국을 다스리던 삼촌 발렌스 황제가 고트족과의 전투에서 사망하자 서로마의 그라티안은 군부가 지지하는 테오도시우스(Theodosius) 장군을 동로마 황제로 임명하였다.

그러나 5년 후 383년 서로마의 그라티안은 휘하 군인들의 반란으로 23살에 살해당했다. 서로마의 공동 통치자였던 동생 발렌티니아누스 2세(371-392)가 어머니 유스티나(Eustina)와 함께 서로마를 다스렸으나 아리우스파를 중용하자 혼란이 야기되었다. 그도 얼마 후 의문의 죽음을 당하였다. 동로마의 테오도시우스 황제는 서로마의 반역자들을 모두 처단함으로써 전임 황제 가문에 진 빚을 갚았다. 387년 권력에 늘 민감했던 유스티나 모후는 세상을 떠나기 직전 자신의 딸을 테오도시우스와 결혼시켰다.

테오도시우스 대제의 새로운 시대

로마 제국은 또 한 명의 대단한 황제를 보게 되었다. 테오도시우스(347-

395)가 동서의 두 로마 제국을 단독으로 다스리며 혼란을 끝내고 새로운 시대를 연 것이다. 그는 380년경 세례를 받은 확고한 정통파 신자였다. 이듬해 콘스탄티노플의 성 이레네(헬레나: Irene) 성당에서 공의회를 개최하고 분열과 폭력을 일삼던 아리우스 이단을 종식시켰다.

놀랍게도 테오도시우스 황제는 391년 2월 기독교를 로마의 국교로 선포했다. 제국 내 모든 신전에서 이교 숭배가 금지되고 이교 사제들은 개종해야 했다. 아테네의 파르테논 신전, 이집트의 카르낙 신전, 알렉산드리아의 세라피스 신전, 로마의 판테온 신전 등 그리스와 이집트의 세계적인 신전 건물들에서는 내부 신상들이 모두 제거되고 제사도 철폐되었다. 이후 거의 모두 교회당으로 사용되었다.

전차 경주 승자에게 면류관을 수여하는 테오도시우스 황제 - 이스탄불 원형 경기장 오벨리스크 하단 형상

테오도시우스 황제의 이런 조치들은 긍정적이고 부정적인 양면이 있었다. 잔인하고 미신적이었던 고대 세계의 종교들이 철폐된 점은 긍정적이었다. 인간을 기망하는 사술들과 온갖 종류의 잡다한 숭배도 또 동물을 죽이고 내장을 꺼내 점을 치는 것도 금지되었다. 종교를 빙자해 권력을 쥐고 백성들의 재물을 강탈하는 가짜 사제들도 밀려났다. 로마의 베스타 여신전의 수백 년간 켜온 제단 불도 끄고 신전 여인들이 풀려났다. 노예로 팔려와 약에 취해 점을 치던 그리스 델피와 소아시아 디디마의 여인들도 놓였다. 특히 인신 제사가 금지되었고 만

테오도시우스 대제의 초상 주화 - 월계수와 장미관을 쓰고 손에는 홀과 방패를 들고 있다 - ca 383

약 어길 시에는 사형에 처했다.

그럼에도 불구하고 황제의 국교 조치로 부정적인 면도 엄존하였다. 한때 박해받았던 기독교가 이제 억압하는 입장에 선 것이다. 또 교회가 형식화 되었고 신앙의 순수성도 퇴색되었다. 국교는 진정한 경건보다는 의식적인 행사를 더 중시하게 되었다. 초기 기독교 이후 유지해온 비폭력성과 관용성을 잃어버린 것도 부정적 현상이었다.

터키 이스탄불 광장의 오벨리스크

한편 테오도시우스는 황제 중 최초로 '최고 사제(Pontifex Maximus)' 칭호를 버렸다. 이는 초기 황제들이 주피터에 제사하며 사용했던 것이었다. 이후 기독교 제국에서 "폰티펙스 막시무스", 즉 최고 사제는 점차 로마 교황을 지칭하게 되었다. 테오도시우스 황제 치세에 로마 제국은 평화와 안정을 구가했다. 그는 뛰어난 통치로 '대제(the Great)'의 칭호를 후대에게서 선사받았다. 대제는 제국의 영광을 나타내고자 고대 이집트의 파라오 투트모세 3세가 세운 알렉산드리아의 거대한 오벨리스크를 콘스탄티노플(이스탄불)로 옮겨와 원형 경기장에 두었다. 395년 이탈리아 원정 중에 48세의 테오도시우스 대제는 갑자기 쓰러져 세상을 떠났다. 아버지와 달리 너무 평범한 두 아들에게 권좌는 계승되었는데 서로마는 호노리우스(Honorius)가, 그리고 동로마는 아르카디우스(Arcadius)가 맡게 되었다.

6. 황제들과 주교들의 대결

"밀라노의 성자" 암브로시우스

테오도시우스 대제의 임종을 침상에서 지켜보고 장례식을 집례 했던 인물은 밀라노의 주교인 성자 암브로시우스(St. Ambrosius, 337-397)였다. 그는 대제가 가장 존경한 인물로서 4세기 로마 제국에서 큰 영향력을 행사했다. 암브로시우스(또는 암브로우스)는 독일 중서부 트리어(Trier)의 독실한 기독교 가정에서 태어났으며 아버지 아우렐리우스는 갈리아의 집정관이었다. 암브로시우스는 법학, 문학, 수사학을 공부하고 관직을 맡아 이탈리아 북서 해안 리구리아(Liguria)의 총독이 되었다.

패션과 예술의 도시 밀라노는 서로마에서 수도 로마에 이어 두 번째로 큰 상업 도시였으며 300년대 이후에는 황제의 주요 거주지였다. 밀라노는 당시 아리우스 이단이 득세하며 정통파 기독교도들을 핍박하여 혼란에 휩싸여 있었다. 아리우스파 주교가 사망하여 후임 선출을 놓고 상황은 악화되었다. 정치와 종교가 분리되지 않은 고대 사회에서 주교는 마치 현대의 시장직과 유사한 직무를 수행하였다. 이 때문에 주교 선출은 각 도시의 중대사가 되었다. 시민들은 정통파와 아리우스파로 나뉘어

성 암브로시우스 주교를 만난 테오도시우스 황제 - by Anthonis van Dyck 17 C

대립하였고 특히 아리우스파는 테러와 방화까지 일삼았다.

374년 총독 암브로시우스는 소요 진정을 위해 밀라노에 파견되었다. 그런데 갑자기 다수의 시민들은 신망 있는 암브로시우스 총독이 주교직에 적임자라고 확신하게 되었다. 그 또한 정통파에 속한 신자였다. 급기야 군중이 모여 시위하듯 외치기 시작했다.

"암브로시우스를 주교로!"

당황한 암브로시우스는 극구 사양하였다. 왜냐하면 성직자도 아니었고 수도사도 아니었으며 심지어 아직 세례도 받지 않은 상태였기에 자신을 적임자로 생각할 수 없었다. 그는 자리를 피했으나 시민들은 쫓아가 그를 붙들어 왔다. 서로마 황제 그라티안은 존경받는 암브로시우스에게 주교직 수락을 권했다. 이를 하늘의 소명으로 생각한 암브로시우스는 먼저 총독 자리를 사임하였다. 그는 일주일 동안 교리 문답 교육을 이수한 후 바로 세례를 받았고 그 다음날 사제 안수와 주교 임명을 동시에 받았다. 중세 때 돈으로 성직을 매매하던 사례를 제외하고 공식 절차를 통해 세례 이후 주교까지 역사상 이렇게 고속으로 선출된 인물은 암브로시우스가 전무후무하다.

암브로시우스는 먼저 재산을 가난한 이들에게 나눠주는 자선으로 주교 임무를 시작하였다. 무엇보다 암브로시우스는 권력적이었던 아리우스 이단들을 축출하는데 힘썼는데 이 과정에서 더 강력한 대적을 만나게 되었다. 서로마 황제 그라티안이 사망한 후 서로마는 발렌티니아누스 2세와 모후 유스티나가 다스렸다. 이들 모자는 아리우스파 이단의 추종자들이었다. 이들은 암브로시우스를 협박하며 교회 사유화를 시도했다. 이런 큰 위기에 큰 지원은 동로마에서 왔다. 암브로시우스 주교를 존경한 동로마 황제 테오도시우스가 서로마 황제 모자에게 경고를 준 것이다. 결국 모자는 교회 건물들을 장악치 못했고 밀라노의 정통파들은 안정을 찾았다. 자신에게 고초를 주었음에도 불구하고 암브로시우스는 수년 후 발렌티니아누스 2세가 반란군에 의해 횡사했을 때 오히려 그의 장례식을 정성껏 치러

주었다.

암브로시우스는 당시 대수사학자이었고 동시에 논리성, 명료성, 호소력을 갖춘 대설교가였다. 중세의 위대한 교사로 추앙받는 아우구스티누스도 젊은 시절 수사학을 배우고자 암브로시우스의 설교를 자주 들었다. 암브로시우스는 서방 교부로서 융통성 있는 인물이었다. 아우구스티누스가 밀라노의 예전이 로마와 다르다고 지적하자 암브로시우스는 예배 방식은 각 지역의 상황에 따라 조정되는 것이 당연하다며 아우구스티누스에게 이렇게 말하였다.

"나는 로마에 가면 로마의 법을 따르고 밀라노에 오면 밀라노의 법을 따른다."

(Augustine of Hippo, *Epistle to Januarius*, II. 18.)

바로 암브로시우스의 이 조언이 "로마에서는 로마의 법을 따르라!(When in Rome, do as the Romans do!)"라는 유명한 경구의 유래가 되었다.

작고 가냘픈 체구였지만 강한 의지의 암브로시우스는 결코 권력지향적인 인물이 아니었다. 그는 독신의 우월성을 가르치며 평생 홀로 살았고 수도사처럼 청빈했으며 연회도 즐기지 않았다. 주중에는 저녁 식사 대신 금식하며 독서로 대신했고 저녁 식사는 주말에만 먹었다. 교회의 많은 예산을 구제에 힘쓴 그는 가난한 시민들의 존경받는 친구였고 또 권력자의 불의를 용기 있게 지적하는 지도자였다. 심지어 자신을 지지해준 동로마의 테오도시우스 대제의 잘못도 질타하였다.

390년경 그리스 테살로니키에서 최고 인기의 전차 경주자가 동성연애 혐의로 투옥되자 군중들은 석방을 요구하며 난동을 부렸고 총독까지 살해하였다. 테오도시우스 대제는 즉시 군대를 보내 전차 경기장을 봉쇄하고 무려 7,000명이 넘는 시위대를 처형하였다. 그릇된 폭력 시위에 대해 너무도 과한 처벌이었다. 과한 처벌은 자체로 또 하나의 죄악이다. 황제의 조치에 대한 비난이 컸지만 절정의 권력을 가진 황제에게 감히 누구도 함부로 질책할 수 없었다. 그러나 암브로시우스는 황제에게 공식 서한을 보내 큰 죄를 지적하며 교회로부터 파문하였다. 그는 이렇게 말하였다.

"폐하가 신앙의 정열은 있으나 천성이 급하여 흥분하면 인내할 줄 모릅니다. 당신도 연약한 인간에 불과하니 회개해야 합니다. 눈물의 참회만이 죄를 용서받을 수 있습니다."

암브로시우스는 황제가 회개하기까지 대면하는 것도 성찬을 베푸는 것도 거부하였다. 파문은 무려 8개월이나 지속되었다. 결국 버티던 테오도시우스는 굴복하여 황제복 대신 베옷을 입고 교회당에 나와 백성들이 보는 가운데 바닥에 엎드려 용서를 구했다. 이후 황제는 의미 있는 법규 하나를 제정했다. 사형 판결을 받고 30일 동안은 그 형을 집행하지 못하고 재심청구도 받는 법이었다. 성급한 사형 선고와 즉각 집행을 명했던 자신의 잘못을 뉘우치고 또한 백성들의 추후 억울한 죽음을 줄이려는 의도였다.

중세 여명기의 성자 암브로시우스는 중세 신앙에 두 측면에서 큰 영향을 끼쳤다. 마리아 숭배 정서와 성찬 빵이 그리스도 몸의 실재라는 사상을 확산시킨 것이다. 후자는 성찬 떡이 예수님의 진짜 살로 변한 것이라는 화체설의 기초가 되었다. 암브로시우스는 아우구스티누스, 제롬, 그레고리 대교황과 함께 서유럽 기독교의 기틀을 세운 "네 명의 대교사(the Four Great Doctors)"로 추앙되었다. 테오도시우스의 장례식을 집례한 지 2년 후 397년 4월 암브로시우스도 세상을 떠났다. 그의 시신은 밀라노 대성당 지하에 네로 박해의 순교자로 추정되는 두 청년들과 함께 안치되었다.

궁궐과 광야의 대결: 요한 크리소스톰

이번에는 동로마에서 황제에 맞선 위대한 주교가 등장하였다. 수도사 출신으로 제국 수도 콘스탄티노플의 대주교가 된 요한 크리소스톰(John Chrysostom, 349-407)이 그 주인공이다. 그는 시리아 안티오크(안디옥)에서 군인의 아들로 태어났다. 크리소스톰은 10대부터 수사학과 철학, 신학에 심취하였고 수도사가 되어 극단적인 수련을 하였다. 너무 많은 날들을 금식하여 장이 손상되었고 늘 쇠약했다. 요한은 안티오크에서 사제가 된 후 곧 뛰어난 설교자로 이름이 났다. 그의 설교가 얼마나 감동적이었는지 사람들은 그에게 "황금의 입(Golden Mouth)"이란 뜻의 '크리소스톰' 별칭을 붙여주었는데, 이것이 그의 이름이 되었다. 사실 그는 역사에서 가장 뛰어난 설교자로 손꼽히는 인물이다.

4세기의 지도자 존 크리소스톰- 루브르 소장

당시 신학은 알렉산드리아와 안티오크에 세워진 두 학파가 주도하였고 상호 많은 차이가 있었다. 알렉산드리아 학자들은 3세기의 위대한 교부 오리겐의 영향을 받아 성서를 우의적인 (allegorical) 시각에서 해석하였다. 그러나 안티오크 수도사 학자들은 문자적이고 도덕적인 성서 해석을 선호하였다. 크리소스톰도 백성들에게 성서를 실천적인 규범으로 가르쳤다.

일전에 테오도시우스 대제가 세금을 더 늘리자 안티오크 시민들은 폭력 시위를 벌였다. 대제가 분노하여 군대를 보내 시민들을 응징한다는 풍문이 들려 왔다. 안티오크 시민들은 이내 공포에 잠겼다. 이때 요한 크리소스톰은 20일 동안 백성들에게 설교하며 무법한 삶에서 돌이키도록 촉구하였고 많은 시민들이 개심하고 질서가 회복되었다. 이 소식을 들은 테오도시우스 황제는 시민들 처벌을 유예했다. 안티오크에서의 12년 활동으로 크리소스톰은 대중적인 존경을 받게 되었다.

테오도시우스를 뒤이은 동로마 황제 아르카디우스는 398년 전격적으로 크리소스톰을 콘스탄티노플의 대주교로 초빙하였다. 군대가 와서 거의 강제로 크리소스톰을 이송해갔다. 가장 영예스런 자리에 오른 크리소스톰은 가장 화려한 도시에서 가장 청빈한 수도사의 모습으로 일했다. 그는 콘스탄티노플에 병원을 세워 빈민 환자들을 치료하고 자선을 강조했다. 대중들은 새로운 대주교를 환영했지만 모두가 좋아한 것은 아니었다. 황족들과 귀족들, 그리고 고위 사제들은 대주교의 질책을 듣게 되자 모두 적대자가 되었다. 특히 향락과 사치에 중독된 여인 황후 유독시아(Eudoxia)는 대주교를 싫어했다. 그럼에도 불구하고 크리소스톰은 호사스런 방종을 견책하는 말씀을 전했다.

"그리스도께서는 벌거벗은 몸으로 십자가의 고난을 받으셨습니다. 제국 내에 굶어죽는 이들이 얼마나 많은데 당신들은 매일 잔치를 벌이며 또 헐벗은 이들이 얼마나 많은데 실크로 치장하고 다닙니까?"

(John Chrysostom, *In Evangelium, Homily*. 50:3-4.)

대주교는 끝내 그 직책에서 5년 이상 버티지 못하였다. 403년 황후와 귀족들은 주교단을 장악하여 크리소스톰을 파면하고 귀양을 결정했다. 그 때 콘스탄티노플에 갑자기 지진이 발생하자 이를 하늘의 진노로 여긴 아르카디우스 황제는 크리소스톰을 복귀시켰다. 얼마 후 유독시아 황후가 교회당 앞에 자신의 석상을 크게 세우자 대주교는 여지없이 이를 비판하였다. 강직한 크리소스톰의 모습은 부패한 황궁에 맞지 않았다. 결국 두 달 만에 아르카디우스 황제는 그를 끌어내리고 변경으로 귀양 보냈다. 시민들이 대주교의 복위를 요구하며 시위를 벌였으나 황제는 오히려 그들의 재산을 몰수하고 추방하였다. 로마 교황도 항의단을 동로마에 보냈지만 이들조차 구금되었다가 쫓겨났다.

크리소스톰의 귀양지는 수도에서 가장 먼 아르메니아 코카서스였다. 407년 두 명의 젊은 병사가 낮에는 뜨거운 날씨로 밤에는 매서운 추위로 일관한 일기 속에서 60세의 대주교를 학대하며 두 달 동안 끌고 갔다. 크리소스톰은 결국 이송 행로에서 세상을 떠났다. 그가 남긴 마지막 말은 다음 한 문장이었다.

"모든 일에 하나님께 영광을!"(Glory be to God for everything!)

(Quasten, *Palladius: Dialogue on the Life of St John Chrysostom*, 73.)

요한 크리소스톰은 대바질(Basil the Great), 나지안주스의 그레고리(Gregory of Nazianzus) 등과 함께 '동방 교회'에서 "위대한 세 교사들(three Great Hierarchy)"로 추앙되었다. 동방 지역의 교회 건축물에는 빈번히 이들 세 교부들의 성화가 그려졌다.

동방 교회의 대표적인 세 성자 교부들 - 왼쪽부터 바질, 존 크리소스톰, 나지안주스의 그레고리

로마 역사에서 향락의 자리를 탐한 이들은 수없이 많았어도 황제들의 부도덕함을 꾸짖고 백성들을 대변한 이들은 적었다. 암브로시우스나 요한 크리소스톰을 위대한 설교자로 부르는 것은 단순히 그들의 수사학이나 화술의 탁월함 때문이 아니라 진리를 대변하는 힘, 청빈의 삶, 그리고 약자들에 대한 사랑이 실재였기 때문이다. 그들은 굳어가는 교회와 추락하는 로마 제국을 직시한 시대의 예언자들이었다.

7. 광야의 성자 안토니우스와 수도주의의 성장

"수도원 운동 아버지" 성자 안토니우스

일부 황제들은 권력으로 종교에 개입했고 일부 신자들은 황제들이 제공한 특권을 누렸다. 그러나 또 다른 다수는 궁궐과 정반대로 황량한 광야로 나갔다. 기독교의 영웅은 더 이상 원형 경기장의 굶주린 사자들 앞의 순교자들이 아니라 험악한 광야의 어슬렁거리는 야수들 근처의 수도사들이었다. 세례 요한과 예수의 사도들은 애초부터 수도와 절제를 보여주었고 또 자기 절제를 강조하는 그리스의 스토아 철학도 기독교 수도원주의(monasticism)에 영향을 주었다.

'몽크(monk)', 즉 수도사는 '독신(celibacy)'을 뜻하는 헬라어 '모나코스(monachos)'에서 유래되었다. 사막에서 "홀로" 하늘과 대면하고 내적 환희의 세계를 일생 추구한 이들이다. 수도사들은 세상을 물질, 욕심, 쾌락 등 이 세 가지 부정적 특성이 가득한 곳으로 규정하고 그 반대의 요소들을 취하고자 했다. 그러므로 물질이 아닌 '청빈(Poverty)', 욕심이 아닌 '복종(Obedience)', 쾌락이 아닌 '독신(Celibacy)'을 지키는 세 가지 서약을 하였다. 3세기 이후 험산과 광야에는 서약의 사람들이 모여들기 시작하였다.

수도원주의를 확산시킨 대표적인 인

악마가 주는 고통을 견디는 성자 안토니우스 - by Michelangelo

물은 바로 성자 안토니우스(안토니)였다. 그는 251년경 이집트 나일강 하구 헤라클레오폴리스의 부유한 가정에서 태어났으나 어린 시절 부모를 여의었고 많은 유산을 상속받았다. 스무 살이 되던 해 그는 예수께서 부자 청년에게 하신 다음 말씀을 성전에서 듣고 그런 삶을 살기로 결심했다.

"가진 것을 다 팔아 가난한 자들에게 주고 너는 나를 따르라!"(마가복음 10:21)

사실 이 구절은 안토니우스뿐 아니라 이후 많은 이들을 광야의 세계로 초청한 구절이었다. 안토니우스 이후로 약 270년 뒤에 성자 베네딕트가, 320년 뒤에는 교황 그레고리가, 950년 뒤에는 성자 프란시스가 그 말씀에 잡혀 광야의 사람이 되었다. 안토니우스는 유산을 정리하여 누이와 빈자들에게 주고 이집트 사막에서 80년간 수도 생활을 하였다. 안토니우스와 악마의 영적 투쟁은 끊임없이 일어났다. 질병에 걸리자 원망의 마음을 악마가 집어넣었으나 안토니우스는 사랑의 감정을 붙들었다. 안토니우스는 아무도 없는 광야에서 은화가 가득한 쟁반을 발견하였을 때 그냥 지나치며 이렇게 말했다.

"악마여! 그대가 나를 돈을 사랑하도록 유혹하여도 소용이 없노라!"

안토니우스는 수도 생활로 큰 영적 능력을 얻어 성자로 추앙받게 되었다. 찾아온 병자들이 치유되고 심지어 콘스탄티누스 황제와 그 아들들도 이 사막의 수도사에게 조언을 받았다. 사막 제자들이 안토니우스의 말년에는 무려 5,000여 명으로 늘어났다. 그는 "아버지"를 뜻하는 "압바(Abba/Abbot)"로 불렸고 이후 이 용어는 수도원장을 지칭하게 되었다. 더 넓은 의미에서 그는 "수도원 운동(Monasticism)의 아버지"가 되었다. 매일 소량의 빵만 먹고 40일 금식을 수차례나 하는 극도의 고행을 늘 했음에도 그는 105세나 살았다. 이미 살아있을 때부터 성자로 추앙받았으나 안토니우스는 이렇게 유언을 남겼다.

"나를 절대로 우상화하지 말고 조용하게 장례를 치루라."

파코미우스의 최초 수도원

수도원주의는 A.D. 318년 파코미우스(Pachomius, 290-346)가 규율(Rule)에 입각한 첫 수도원을 이집트 사막 타벤니시(Tabennisi)에 세우면서 더욱 발전되었다. 성자 안토니우스의 수도 생활은 개인적이고 자율적이었지만 성자 파코미우스의 수도원은 조직적이고 규칙적이었다. 군인 출신 파코미우스는 사적인 수도 생활의 나태함을 방지하고 상호 섬김의 기회를 위해 마치 군대처럼 엄격하고 철저한 공동 생활 수도원(cenobitic monastery)을 설립하였다. 파코미우스의 여동생 마리아도 최초의 수녀원을 세웠다. 348년 전염병으로 세상을 떠나기까지 그의 영향으로 설립된 수도원은 이집트 전역에 3,000여 개나 되었다. 마침내 수도주의는 팔레스티나, 시리아, 소아시아로 확산되었다.

카파도키아의 학자들

300년대 후반에는 기암괴석의 카파도키아(터키 중부)가 새로운 중심지가 되었다. 세계적인 명승지 카파도키아의 동굴들은 수도사들의 일생 거주지였다. 나무 위나 동굴 속에서 수십 년씩 극단적 수련을 한 이집트의 수도사들과는 달리 카파도키아의 수도사들은 절제와 독서에 기초한 온건한 수도 생활을 하였다. 때문에 수도사들은 당대의 뛰어난 학자들이었고 또 일부는 교회의 지도자들인 교부들이 되었다. 수도원 운동이 중세에서 학문의 전당이 된 것은 바로 카파도키아의 수도사들의 모범에서 비롯되었다.

가장 대표적인 수도사들은 "카파도키아의 3인 교부"로 불리는 "대학자" 바질(Basil the Great, 330-379)과 동생인 닛사의 그레고리(Gregory of Nyssa, d. 394), 그리고 나지안주스의 그레고리(Gregory of Nazianzus, d. 389)였다. 헬라 철학에 정통했던 이들은 삼위일체 교리를 정립시켰다. 또 예수의 신성을 부정한 아리우스파와 예수의 인성을 부정한 아폴리나리스(Appolinaris, d. 390)파 등 양극단의 이단들을 소멸시키는데도 기여했다. 특히 바질은 소아시아 카이사랴 마자카(터키 카이세리)에서 수사학자의 아들로 태어났는데 형제 10명은 모두 수도사가 되었다.

기둥 위의 성자 시므온

시리아의 대표적 수도사는 기둥 성자 시므온(Simeon the Stylite, d. 459)이었다. 기둥 성자는 세상과 더 멀어지고 하늘과 가까이 있으려는 높은 기둥 위의 수도자들을 가리킨다. 시므온은 알레포(Allepo) 외곽 돌기둥 위에서 세상을 떠나는 때까지 37년 동안 수도 생활을 했다. 그는 매일 1224번씩 엎드리

알레포 인근에 있는 성자 시므온의 기둥 유적

며 기도하였다. 고대 세계는 모든 물고기들이 "153" 종류라고 생각했고 이 어류의 수는 모든 민족들의 숫자로도 여겨졌다. 이 '153'에 '새 창조'를 상징하는 숫자 '8'을 곱한 것이 바로 시므온이 매일 절한 횟수였다. 그는 세상 모든 민족이 새로워지기를 기원하며 그 수만큼 절하였다. 그는 바구니를 통해 외부에서 빵과 물을 공급 받았다. 인근 부족의 한 공주는 나병에 걸려 궁에서 쫓겨났다가 시므온에게 찾아와 치유를 얻었다고 한다. 이후 그는 많은 사람들의 방문을 받게 되었고 기둥 위에서 가르쳤다. 시므온이 세상을 떠나자 동로마 황제 제노(Zeno, r. 474-491)는 그 기둥 주위로 거대한 기념 교회당을 세웠다. 그를 따라 곳곳에 많은 기둥 성자들이 출현하였다. 이들은 늘 두 평이 안 되는 공간에서 일생 거주했으나 그 작은 공간을 자신들의 "천국"으로 만들었다. 진리를 추구하는 이들에게는 늘 궁궐로 가는 길과 광야로 가는 두 길이 놓여 있어 선택을 요구했다.

수도원주의의 빛과 어둠

수도원들은 그 규모가 커지고 부를 축적하자 본래의 이상을 망각하게 되었고 수도원 자체가 권력과 부유의 창고가 되기도 했다. 이 때문에 '영성'과 '수도사'라는 두 용어 사이는 점차 거리가 멀어졌다. 또한 사회 속에서 이웃을 섬기는 것이 아닌 고독한 광야에서 홀로 수도하는 것이 신앙의 본질인가에 대한 의문도 일었다. 수도사들은 결혼을 영적으로 낮은 신분이라고 간주해 배척하고 대신 독신을 선택하였다. 성(sex)과 육체적 사랑에 대해서도 부정적이었다. 수도사들의 그러한 신념은 사회와도 또 성경적 원칙과도 멀어진 것이었다. 한편 이집트와 카파도키아에서 일찍 발전한 동방 수도원 운동과는 달리 서유럽의 수도원 운동은 A.D. 520년경 성자 베네딕트를 통해 시작되었다. 수도원들은 문명의 빛으로 기능하며 1,000년이나 더 지속되었다. 그러나 1517년 마르틴 루터가 종교개혁을 일으키며 독신의 가치들을 본질적으로 비판하면서 수도원 운동은 쇠퇴하게 되었다.

터키 중부의 카파도키아 - 5세기 기둥 성자들의 거처였다

중세 역사

V
중세의 개막과 암흑의 시대
(476-600)

중세(Middle Ages)는 476년 서로마의 멸망과 야만족의 대이동으로부터 시작되었다. 학설에 따라 중세의 시작을 콘스탄티누스가 천도한 때나 또는 600년대의 그레고리 대교황의 시대 심지어 800년대의 샤를 대제의 때로 보기도 한다. 그러나 일반적으로는 서로마 제국의 멸망을 그 기점으로 삼는다. 이는 한 시대의 종말이었을 뿐 아니라 새로운 문명, 민족, 사상의 시작이었기 때문이다. '중세'는 말 그대로 "중간의 시대"로서 고대 서로마 제국의 멸망부터 16세기의 르네상스와 종교개혁 이전까지를 가리킨다.

중세 유럽의 가장 큰 특징은 동일한 신앙으로 기독교 사회를 이룬 것이었다. 기독교 정신은 중세의 뿌리였고 열매였다. 1,000년이 넘는 중세는 다음과 같이 세분할 수 있다.

(1) 중세의 암흑기: 476-750년, 야만족 시대와 프랑크 왕국의 성장
(2) 중세의 성장기: 750-1000년, 샤를마뉴와 봉건 시대의 등장
(3) 중세의 절정기: 1000-1300년, 십자군 운동과 중세 문화의 발전
(4) 중세의 쇠퇴기: 1300-1500년, 중세의 붕괴와 사회적 위기

1. 중세의 교사

아우구스티누스와 히에로니무스

로마 제국의 말기에서 중세로 전환되는 혼란기에 아우구스티누스(Augustinus, 354-430)와 히에로니무스(Hieronymus, 345-420) 두 인물은 중세 천년을 지탱한 사상을 제공했던 대교사들이었다. 아우구스티누스는 영어로는 "어거스틴(Augustine)"으로, 히에로니무스는 "제롬(Jerome)"으로 잘 알려져 있다. 4세기의 아우구스티누스가 얼마나 위대했는가는 중세 최고의 군주인 9세기의 샤를마뉴(샤를 대제)가 그의 저술 『신국론(City of God)』을 통치의 이상으로 삼은 것에서도 알 수 있다. 글을 잘 읽지 못했던 샤를마뉴는 종을 시켜 그 책을 자주 낭독케 했다. 중세는 많은 군주들이 "하늘 왕국"의 이상을 지상에 실현시키려 힘쓴 시대였다. 이점에서 중세는 전체로서 거대한 기독교 왕국(Christendom)이었다. 실상 아우구스티누스와 제롬은 중세가 아니라 고대 로마 말기의 인물이지만 이들의 철학과 신학은 마치 천년을 버틴 코린트식 기둥들처럼 중세 사상의 기둥이 되었다.

아우구스티누스의 성장

354년 아우구스티누스는 오늘날 알제리에 있는 타가스테(Tagaste)에서 이교도 아버지 파트리쿠스(Patricus)와 경건한 어머니 모니카(Monica)로부터 태어났다. 아버지 파트리쿠스는 부인의 설득으로 뒤늦게 신자가 되었고 아우구스티누스가 17세 때 세상을 떠났다. 어머니 모니카의 기대와는 달

어머니 모니카와 성 아우구스티누스
- by Ary Scheffer in Musee du Louvre

리 아우구스티누스는 방탕 속에서 성장하였다. 이미 그는 16세 때 아들 아대오다투스(Adeodatus)도 낳았고 마니교에 심취하였다. 아우구스티누스는 수사학(Rhetoric) 교사가 되어 카르타고에서 9년간 가르쳤고, 383년 수도 로마로 이주하여 가르치다가 학당 경영의 어려움으로 다시 1년 만에 북쪽 밀라노로 가서 수사학 교사가 되었다. 그가 거쳐 왔던 카르타고, 로마, 밀라노는 서로마의 3대 도시로서 그는 젊은 시절을 화려한 도시들에서의 방황으로 채웠다.

수사학은 설득하는 논리를 배우는 학문으로 정치가, 법률가, 상인, 교사, 수도사, 사제 등에 필요한 학문이었다. 아우구스티누스는 설득력은 바로 아름답고 정결한 언어 구사에서 나온다고 가르치고 있었다. 그가 성서를 믿지 않았던 것은 성서에 험한 이야기와 추한 단어들이 많이 등장하기 때문이었다. 즉 분노, 살인, 전쟁, 심판 등의 언어들이 등장하고 심지어 타 종족을 멸절하라는 명령도 나온다. 그는 이 경전이 인간을 설득할 수 없는 수사학적으로 실패한 책이라고 보았다.

그런데 당시 밀라노에서 수사학의 대가는 테오도시우스 대제가 존경한 주교 암브로시우스였다. 아우구스티누스는 암브로시우스가 수사학적으로 성경을 어떻게 풀이하는지 알기 위해 종종 설교를 들었다. 아우구스티누스는 점차 성서가 자체의 거친 표현들 이면에 깊은 내적 교훈을 지니고 있는 것을 인식하게 되었다. 이스라엘이 가나안을 멸하는 성경의 명령을 가지고 암브로시우스가 청중들에게 이렇게 외쳤기 때문이다.

"그대들의 마음속에 들어 있는 탐욕이라는 부족, 교만이라는 종족들을 멸하라."

돌아온 탕자

386년 여름날, 인생의 의미로 고뇌하는 32살의 아우구스티누스는 집 정원에서 어린아이의 노래 같은 신비한 음성을 듣게 되었다. "집어 읽으라(tole lege)!"였다. 그는 즉시 성경을 펴들고 눈에 크게 들어오는 한 부분을 읽었다.

"예수 그리스도의 옷을 입고 정욕과 육신의 일들을 추구하지 말라."(로마서 13:13).

순간 아우구스티누스는 빛을 발견한 감격을 느꼈고 신자가 되기로 결심했다. 이듬해 부활절에 침례를 받았으며 이 날만을 평생 기다린 모니카는 아들이 세례 받는 순간 감사로 넘쳤다. 사실 그녀는 빗나간 아들을 위해 20년이 넘게 끊임없이 눈물로 기도해왔다. 아우구스티누스의 소년 시절 어머니는 타가스테의 주교에게 자식을 훈계하는데 조언을 달라며 수차례 간청하였다. 이 주교는 너무 자주 찾아오는 모니카가 귀찮아 이렇게 소리질렀다.

"제발 가시오. 사정합니다. 많은 눈물의 기도는 자식을 결코 망하게 하지 않습니다."

(Go now, I beg you; it is not possible that the son of so many tears should perish.)

‒ (Augustine, *Confessions*, Book 3.12.21.)

387년, 변화된 아우구스티누스는 이제 화려한 도시들을 떠나 광야의 수도자로 살기로 결심했다. 그리고 밀라노를 떠나 고향 북아프리카로 향하는 배를 타기 위해 로마 인근 오스티아(Ostia) 항구로 내려왔다. 그러나 모친 모니카가 그곳에서 갑자기 열병에 걸려 임종을 앞두게 되었다. 고향에 있는 남편 무덤에 같이 묻히고 싶었으나 그녀는 이제 모든 것을 다 내려놓은 마음으로 아들에게 이렇게 유언했다.

"나를 아무 곳에나 묻고 신경 쓰지 마라. 다만 한 가지 네가 어디에 있든지 강단에 설 때마다 나를 기억해 주기 바란다."

성 아우구스티누스
- by Sandro Botticelli c 1480

(Augustine, *Confessions*. Book 9.11.27.)

56세의 모니카는 동행의 삶을 멈추고 자식의 품에 안겨 세상을 떠났다. 오늘날 오스티아(Ostia Antiqua) 항구에는 그녀의 기념비가 서 있다. 고향에 온 아우구스티누스는 재산을 모두 정리하여 빈자들에게 나누어 주었고 집은 수도원으로 바꾸었다. 390년 사제가 된 후에는 이름난 설교자가 되었고 교회의 그릇까지 녹여 선행에 힘썼다. 그리고 번민하는 영혼들에게 많은 시련을 통해 진리의 빛에 들어가며 또 고통을 통해 하늘의 평안을 얻는 것을 전파했다. 그는 평생 대체로 야채만 먹으며 수도사의 삶을 살았다. 그를 본받아 수도사 겸 사제로 사역하는 아우구스티누스 수도회가 훗날 시작되었다.

395년 아우구스티누스는 힙포(알제리 안나바)의 주교를 결정하는 집회에 참석했다가 예상치 못한 상황에서 주교에 추대되었고 이후 33년 동안 사역하였다. 그런데 그는 결국 이 도시만 섬긴 것이 아니라 자신의 지성과 영성으로 천년이 넘는 중세를 섬기게 되었다.

아우구스티누스의 저작들

113권의 책과 250편의 서신을 썼으며 대표적인 저작과 사상은 다음과 같다.

(1) 『믿음 소망 사랑에 대한 교본(*Enchiridion on Faith, Hope, and Love*)』
신앙에 대해 명료하게 진술하였다. 사도신경은 믿음의 고백이고, 주기도문은 소망의 간구이고, 십계명은 사랑의 명령이라고 해설하였다.

(2) 『고백록(the Confessions)』

가장 유명한 저술로서 아우구스티누스는 자신의 회심을 기술하였다. 여기서 "고백"은 죄의 고백보다는 하늘의 은총에 대한 고백을 뜻한다. 이 책은 서양 최초의 "자서전 문학"으로서 지성사적 전환을 가져왔다. 참된 인간은 자신의 내적 여정에서 신의 은총을 경험해야 한다는 것이다. 인간이 하나님을 발견하는 것이 아니라 하나님께서 인간을 추적하고 찾아오신다. 아우구스티누스는 바로 이 경험을 고백하였다. 그는 당시 기독교가 화려한 건물, 고급 의복, 복잡한 의식, 성직 제도 등으로 형식화 되는 것을 경계하며 은총의 빛과 만나는 진리 추구를 강조하였다.

(3) 『신의 도성(신국론: On the City of God)』

아우구스티누스는 말년에 서로마가 무너지는 것을 목격해야 했다. 로마가 왜 멸망했는지에 대한 신학적 대답이 이 책이다. 아우구스티누스는 로마가 "인간의 도성"이며 "하나님의 도성"은 지상의 가시적 왕국이 아님을 지적하였다. 지상 왕국은 멸망할지라도 하나님의 도성은 새로운 지상 왕국들을 사용하며 영원히 존재하는 것임을 역설했다. 이 책은 특히 중세 통치자들의 애독서가 되었고 지상에 신국을 이루고자 하는 열망을 안겨주었다. 중세가 기독교적 통일성을 가지게 되었던 것은 바로 아우구스티누스의 이 책에서 기인한다.

아우구스티누스의 대적들

기독교가 국교였던 중세에서 선행이 없는 죽은 믿음들은 많았다. 영국의 수도사 펠라기우스는 이런 형식적인 신자들을 비판하며 행함을 강조하였다. 그런데 그가 과했던 것은 선행이 구원의 필수 조건이라고 주장한 것이었다. 아우구스티누스는 펠라기우스의 이런 사상을 배격하였다. 아우구스티누스는 종교가 인간의 행위에 근거할 때 가장 저급한 신앙이 된다고 믿었다. 인간의 진정한 선행이란 신적 은총을 수용하는 것이며 이때 진정한 이웃 사랑도 나온다는 것이다. 결론적으로 펠라기우스가 종교의 윤리를 강조했다면 아우구스티누스는 종교의 본질에 대해 성찰하였다.

한편 300년대 교회는 박해 때에 배교한 신자들의 처리 문제로 대립하였다. 도나투스(Donatus, d. c.355)라는 카르타고의 주교는 배교자들을 쉽게 용서한 기존 교회를 떠나 새로운 분파를 만들었다. 아우구스티누스는 분열주의적인 도나투스파를 비판하였다. 그는 교회의 거룩함이 인간이 아닌 그리스도께 근거한다고 주장했다. 또 마지막 때까지 교회에 알곡과 가라지가 함께 존재한다고 지적했다. 인간이 육체와 영혼으로 되어 있으며 이 둘이 태초에는 마치 부부처럼 친밀한 관계였으나 타락 이후 서로 갈등 관계로 바뀌었다고 가르쳤다. 이 때문에 육체를 즐겁게 하는 일과 영혼을 즐겁게 하는 일은 대립된다고 보았다.

아우구스티누스의 유산들

그의 생애 마지막은 로마 제국 쇠퇴기였다. 430년 8월 악명 높은 반달족(Vandals)이 북아프리카를 침공하여 힙포에도 몰려왔다. 반달족이 성곽을 에워쌌을 때 아우구스티누스는 성내에서 죽음을 앞두고 병상에 있었다. 그때 어떤 병자가 아우구스티누스를 찾아와 안수 기도로 낫게 해달라고 간청했다. 아우구스티누스는 자신에게 그런 능력이 없으며 만일 있다면 먼저 중병 걸린 자신에게 사용했을 것이라고 대답했다. 그러나 그 병자는 꿈에 아우구스티누스에게 기도를 받으면 나을 것이라는 음성을 들었다며 끈질기게 청했다. 아우구스티누스는 그 사람을 위해 기도하였고 기적적으로 그 병자는 얼마 후 회복하였다.

그러나 아우구스티누스는 정작 병세가 중해져 수일 후 76세를 일기로 영원한 도성에 들어갔다. 죽을 때 그의 재산은 책밖에 전혀 없었다.

며칠이 지나 반달족은 성벽을 무너뜨리고 도성을 약탈하였다. 그러나 이들은 아우구스티누스가 사역한 교회와 도서관은 그대로 두었다. 힙포를 수도로 삼은 야만족들은 점차 기독교로 교화되었고 족장들은 아우구스티누스의 책을 읽기 시작했다. 아우구스티누스가 공부했던 과목들인 수사학, 법학, 수학, 문학, 신학 등은 800년 후 유럽 대학들의 커리큘럼이 되었다. 인문주의의 아버지 페트라르카(d. 1374)도 『고백록』을 즐겨 읽었다.

아우구스티누스는 '시간(Time)'은 오로지 피조물의 세계에만 있으며 신은 시간 바깥에서 '영원한 현재(eternal present)'로 존재한다고 가르쳤다. 인간의 역사도 현재뿐이며 과거는 '지나간 현재'이고 미래는 '다가올 현재'이다. 하나님은 우리의 과거, 현재, 미래를 동시에 보시고 영원으로 시간의 한계를 초월하신다. 이렇게 영원과 시간의 관점으로 통찰하는 '시간 철학'은 아우구스티누스가 처음 주장하였다. 그러므로 에덴 동산에서의 아담의 타락은 과거의 일이 아니라 인류의 '원죄(Original Sin)', 즉 "근원적인 현재 죄"이며 예수의 십자가도 현재의 속죄 사건이다.

미국 역사가 토마스 카힐(Thomas Cahill, b. 1940)은 아우구스티누스를 "마지막 고전 철학자이고 최초의 중세 학자"라고 불렀다. 이 위대한 중세 학자는 이렇게 인간들에게 물었다.

"일식이 언제 오는지 너무나 잘 아는 그대들은 인생에 찾아오는 어둠에 대해서는 모르고 있다. 여러분이 공중의 새를 쉽게 잡듯이 여러분 마음에 떠다니는 교만함이 잡혀야 한다는 사실을 왜 모르는가?"

(Augustine, *Confessions*, Book 5.3.4.)

중세의 학자 히에로니무스(제롬)

히에로니무스(이후 '제롬'으로 사용)는 아우구스티누스와 같은 시대에 교류했으며 더불어 중세 사상에 지대한 영향을 끼쳤다. 345년 콘스탄티누스 대제의 아들들이 다스리던 때에 제롬은 달마티아(오늘날 크로아티아)에서 태

천사의 방문을 받은 성 제롬 - 책상에 '골고다'와 '인생의 유한'을 뜻하는 해골이 있다
- by Bartolomeo Cavarozzi 17C

어났다. 그는 소년 시절부터 키케로, 베르길리우스, 루크레티우스 등 고대 세계의 석학들을 깊게 공부하여 헬라 철학과 로마의 수사학, 그리고 법학에 조예가 깊었다. 29세에 그는 기독교 신앙을 받아들였는데 어느 날 중대한 꿈을 꾸고 그 속에서 다음과 같이 꾸짖는 목소리를 들었다.

"너는 키케로의 제자이지 그리스도의 제자가 아니다."

제롬은 자신이 신자임에도 불구하고 왜 진정한 제자가 아닌가에 대해 자문하고 성경에 무지하면서 세속 철학에 더 관심을 두었던 모습을 성찰하였다. 373년 그는 로마를 떠나 안티오크에서 수도 생활을 시작하였고 두 차례의 중병 위기에서도 성경 연구에 몰두하였다. 다시 베들레헴 동굴로 옮겨 인간의 유한성과 골고다(해골)를 생각하기 위해 그는 실제 해골을 옆에 두고 성경을 읽었다.

라틴어 성경의 출간

제롬은 유대인 랍비들로부터 히브리어 성경 본문을 입수하여 최초로 이를 라틴어로 번역하였다. 초기 교회는 헬라어로 된 구약 성경 '70인역'

을 읽었지만 제롬은 히브리어 본문을 더 권위 있게 간주하였다. 382년부터 23년 동안 작업한 결과 신구약을 모두 라틴어로 번역한 '불가타(Vulgata)' 역본을 내었다. 또한 제롬은 히브리어 구약 39권에 포함되지 않는 책들을 '외경(Apocrypha)'으로 구분하고 "교회의 책(libri ecclesiastici)"으로 불렀다.

긍정적인 면에서 제롬은 서방 세계를 위한 통일된 성경을 주었으나 부정적인 측면에서 유대주의의 교정 흔적을 지닌

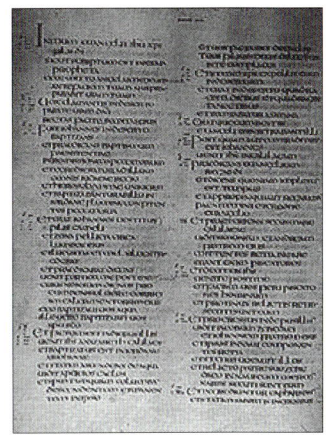

라틴어 역본 성경(Codex Amiatinus) - 9세기경

구약 본문을 비평 없이 수용함으로 400년이 넘는 70인역의 전통을 단절시켰다. 한편 70인역 구약을 옹호한 아우구스티누스는 초반에는 제롬의 성서 번역에 반대하였다. 그럼에도 불구하고 제롬의 라틴어 성경은 중세 중반 이후 라틴어 유럽에서 최고의 권위를 갖게 되었다.

독신과 고행의 길

제롬이 중세에 건네준 또 하나의 사상은 바로 '독신(celibacy)'이었다. 그는 철저한 독신주의자로 결혼을 세속적인 것으로 간주했다. 독신은 육의 즐거움을 거부하고 영적 즐거움을 더 느낄 수 있는 신분이라고 생각했다. 때문에 제롬은 세상을 독신자로 채워야 한다고 주장했다. 그의 사상은 많은 젊은이들에게 영향을 끼쳐 결혼을 포기하게 하였고 특히 유럽의 성직자들은 독신을 선택하게 되었다. 결국 제롬의 사상이 더 발전되어 1073년 그레고리 7세 교황이 성직자의 의무 독신제를 법령으로 공포하며 제도로 고착화 되었다. 오늘날 독신은 개인적 이유들로 만연된 것이지만 적어도 중세 천년 동안 독신의 목적 자체는 고상했다.

독신을 강조했던 제롬은 여성을 멀리한 타 수도사들과 달리 흥미롭게도 여러 여성들과 교분이 깊었다. 로마의 귀족 여인들인 마르켈라(Marcella), 블래실라(Blaesilla), 그리고 파울라(Paula)와 유스토키움(Eustochium) 모녀가 제롬을 따랐다. 이 때문에 제롬은 다른 수도사들로부터 조롱도 받았다. 이 여인들은 제롬에게 다방면의 후원을 하였기에 라틴어 성서 출현에도 기여하였다. 그런데 제롬이 이 여성들과 교제했던 방식은 혹독한 고행을 나누는 것이었다. 광야 기도와 금식 등 극단적인 수련을 여성들에게 권하여 그중 블래실라는 끝내 쇠약하여 세상을 떠났다. 420년 75세의 제롬도 베들레헴에서 숨을 거두고 거기에 묻혔다. 제롬보다 1,100년 후에 태어난 마르틴 루터는 종교개혁을 통해 제롬의 히브리어 본문을 선호한 성서관은 수용하였으나 독신 제도는 강력히 비판하였다.

2. 야만족의 침공과 서로마의 멸망

야만족들의 대이동

테오도시우스 대제의 두 아들이 다스리던 400년경 초부터 로마 제국은 큰 위기를 맞았다. 변방에 있던 많은 야만족들(barbarians)이 서로마를 침공하였기 때문이다. 동유럽에서부터 이들이 거주했던 위치별로 차례로 종족들을 열거

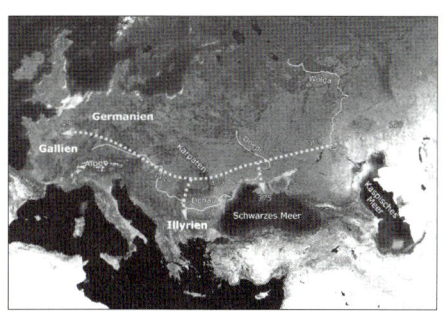

볼가강 동편에서 온 훈족의 이동 경로

하면 동고트족(Ostrogoths), 서고트족(Visigoths), 반달족(Vandals), 부르군트족(Burgundies), 앵글족(Angles), 색슨족(Saxons), 롬바르드족(Lombards), 프랑크족(Franks) 등이다. 이 부족들을 통칭해서 "게르만족(Germans)"이라고도 한다. 설상가상으로 러시아를 세로로 흐르는 볼가(Volga)강 동쪽의 훈족(Huns)도 로마 제국을 공격해왔다. 훈족은 크리미아 인근의 동고트족을 몰아냈고 또 동고트족은 서고트족을 로마 제국으로 밀어붙였다. 서고트족은 프랑크족을 압박하여 서쪽으로 이동시켰다. 그리고 프랑크족은 로마의 갈리아(골) 지역을 침공해 내려왔다. 한편 서고트족은 변경의 로마군에 승리한 후 이탈리아의 로마로 이동했다. 결과적으로 훈족의 로마 침공은 여러 게르만족들의 서유럽 이주를 도미노 현상처럼 촉진시킨 것이었다.

야만족들은 발달된 건축 문화도 없었고 목욕도 자주하지 않았으며 옷도 제대로 걸치지 않았고 날 음식을 좋아하였다. 이들을 야만족이라고 부른 것은 이러한 미개한 관습과 책을 읽지 않는 학문적 무지 때문이었다. 각

A.D. 410년 로마시를 약탈하는 서고트족 - by Sylvestre 1890

부족들은 수백수천의 떼로 다니면 서유럽을 약탈하며 땅을 차지하였다. 날뛰는 야만족에 대해 로마군은 사기도 군사력도 저하되어 진압에 실패하였다. 오래전 로마의 영웅 카이사르는 게르만족에 대해 이미 이렇게 평했다.

"이들은 남녀들이 거의 발가벗고 함께 목욕한다. 노략질을 하고도 수치심을 모른다. 족장이 나서서 노략질을 선동하면 부족민들이 자원하는데 만약 이때 따르지 않는 자들은 낙오자요 배신자로 취급한다."

(Julius Caesar, *The Conquest of Gallia[De Bello Gallico]*. vi.21-22.)

서로마 몰락의 전조는 곳곳에서 발생했다. 410년 서고트족 왕 알라리크(Alarik)는 수도 로마 정복을 시도했다. 고트족은 로마시를 2년이나 포위하고 화친의 조건으로 오스트리아 지역의 광대한 땅을 요구하였다. 서로마 황제 호노리우스(Honorius, d. 423)는 이탈리아 중동부 라벤나(Ravenna)에 머무르고 있었다. 사실 이 황제의 판단 착오가 서로마의 쇠락을 가속시켰다. 그는 스틸리코(Stilico) 장군을 협상 대표로 보냈다가 곧 이 장군을 반란 혐의를 씌워 무고하게 처형시켰고 고트족에게는 오스트리아 영토를 주겠다는 약속을 했다가 번복하였다.

호노리우스의 약속 위반에 대한 응징으로 서고트족은 410년 8월 24일 수도 로마를 사흘간 철저히 약탈하였다. 로마시가 이렇게 짓밟혀진 사례는 도시 설립 이래 지난 천년 동안 없었다. 갈리아족이나 게르만족의 기원전 침공 때도 이 정도의 처참함은 아녔다. 라벤나에 머문 호노리우스 황제는 참화를 면했다. 고트족은 삼면이 강으로 둘러싸인 라벤나를 직접 공격하지는 못했기 때문이다. 정확히 같은 시기에 반달족은 스페인을 공격하고 있었다. 갈리아(프랑스) 지방에서는 로마군 내부 반란도 일어났다. 그런데도 동로마는 서로마의 위기에 힘이 되지 못하였다.

멸망으로 가는 정쟁

400년대의 정치적 혼란은 로마 역사에서 무정부 상태였던 "위기의 3세기"를 재현하였다. A.D. 423년 무능했던 호노리우스가 병사하자 로마 시장 요아네스(Joannes)가 권력을 차지했다. 이에 서로마 제위를 결정할 권한을 지녔던 동로마 황제 테오도시우스 2세는 요아네스를 불인정하고 자신의 사촌 발렌티니안 3세(Valentinian III)를 서로마 황제로 임명했다. 425년 발렌티니안 3세는 요아네스를 패배시키고 실권을 잡았지만 자질이 모자랐던 그

A.D. 455년 로마시를 약탈하는 반달족
- by Heinrich Leutemann c 1860

도 무너지는 서로마를 세울 수 없었다. 452년에는 아틸라 왕의 훈족이 서로마 도시들을 휩쓸고 다녔다. 455년 부하 장군 막시무스(Maximus)는 향락에 취해 있는 발렌티니안 3세를 죽이고 황제가 되었으나 재위 두 달 만에 반달족의 침공을 맞게 되었다.

황제 막시무스는 수도 방위를 포기하고 비겁하게 도주를 시도했다. 455년 5월 31일 흥분한 로마 시민들은 도망가는 막시무스를 잡아다 돌로 쳐서 죽이고 강에 던졌다. 그는 일전에 자신이 살해한 발렌티니안 3세와 유사한 비극을 당했다. 3일 후 반달족은 로마로 입성하여 노략질을 했으나 이를 말린 교황 레오 1세의 간청을 받아들여 두 주 만에 로마를 떠났다.

이어서 로마 장군 아비투스(Avitus)가 고트족의 지원을 받고 황제가 되

었다. 그러나 파산한 로마에 식량조차 부족했다. 457년 총사령관 리키머르(Ricimer)와 장군 마조리안(Majorian)은 반란을 일으켰고 아비투스는 1년 만에 퇴진하고 주교가 되었다. 리키머르는 마조리안을 황제로 올리고 자신은 막후 실권자가 되어 이후 15년 동안 서로마 정계를 농락하였다. 유능한 인물이었던 마조리안은 리키머르로부터 독립과 개혁을 시도하다 실패하고 461년 오히려 리키머르에게 살해당했다.

이어서 허수아비 황제 리비우스 세베루스(Libius Severus)가 권좌에 올랐으나 467년 병으로 죽었고 유식한 장군 안테미우스(Anthemius)가 황제가 되었다. 안테미우스는 로마의 옛 명예를 되찾고자 아프리카를 점령한 반달족 공격에 나섰지만 수복에 실패하였고 이어서 갈리아 지역을 차지한 서고트족 정벌도 시도했지만 또 패배하였다. 472년 안테미우스도 리키머르에 실각하여 참수 당했다. 이어서 올리브리우스(Olybrius)가 황제가 되었으나 전신수종(dropsy)으로 즉위 반년 만에 사망하였고 장기간 서로마를 좌우한 리키머르도 그해 흑사병에 걸려 피를 토하고 죽었다.

473년 서로마 제위는 친위대장 글리케리우스(Glycerius)가 차지했으나 그도 1년 만에 반란으로 밀려나 정계 은퇴를 선언하고 살로나의 주교가 되었다. 이어서 474년 반란의 주역 율리우스 네포스(Julius Nepos)가 황제가 되었으나 총사령관 오레스테스에 의해 권력을 잃고 추방되었다. 475년 실권자 오레스테스는 자신의 15세 아들 로물루스(Romulus Augustulus)를 기쁜 맘으로 황제로 올렸다. 그러나 이 아버지는 그 아들이 서로마의 "마지막 황제"라는 비극적 역사의 주인공이 될 줄은 꿈에도 생각 못했다.

오도아케르의 반란과 멸망의 원인

476년 서로마 실권자 오레스테스는 휘하의 게르만 용병들이 보상을 요구하자 이를 묵살하였다. 불만이 팽배한 게르만 용병들은 야만족 출신 로마 장교 오도아케르(Flavius Odoacer, d. 493)를 중심으로 사령관 오레스테스에 반기를 들었다. 476년 9월 4일 오도아케르는 라벤나의 황궁으로 쳐들어가 오레스테스를 죽이고 황제 로물루스를 폐위시켰다. 당시 15세에 불과했던 어린 황제는 무릎을 꿇고 오도아케르에게 왕관을 바치며 목숨을 구걸해야 했다. "마지막 황제" 로물루스는 시골로 보내졌고 역사에서 조용히 사라졌다.

오도아케르 장군에 항복하는 소년 황제 로물루스 - by Charlotte Mary Yonge

476년 이후 서로마 황제는 다시 복위되지 않았고 대신 야만족의 세상이 펼쳐졌으므로 이 해를 로마 멸망의 해로 간주한다. 더 정확히 표현하면 두 개의 로마 중 서로마가 사라진 것이었다. 이와 달리 동로마는 "비잔틴 로마 제국"으로 불리며 1453년 오토만 제국에 멸망당할 때까지 약 1,000년이나 더 존속되었다. B.C. 753년 로마가 '로물루스' 왕에 의해 시작되고 1,200여 년이 지나 또 다른 '로물루스' 황제 때 멸망한 것은 운명 같은 아이러니였다.

한편 쿠데타의 주인공 오도아케르는 게르만족을 다스리며 이탈리아의 왕으로 자처했으나 그의 성공을 꺼려한 동로마 황제 제노와 동고트 왕 테오도릭(Theodoric)에게 제거되었다. 수많은 로마인들의 목숨을 앗아갔던 오도아케르도 종국에는 똑같은 비극을 당한 것이다. 테오도릭은 오도아케르를 죽이며 이렇게 말했다.

"이것이 바로 네 만행에 대한 징벌이다."

세계를 호령하던 서로마 제국이 힘없이 무너질 것은 누구도 상상하지 못했다. 여러 야만족들은 서로마를 나눠가졌고 헬라 문화와 로마 문화가 쇠퇴하고 기독교 문화도 공격받는 시대가 열렸다. 야만족의 시대로 중세는 시작되었으나 암흑의 시대가 첫 장을 차지한 것이다. 교회가 보유해온 수많은 장서들은 야만족의 방화로 사라졌고 고대 세계의 위대한 예술품과 건물들도 그들의 공격으로 파괴되었다. 세계 역사에서 문명은 계속 진보되어 왔으나 야만족이 주인이 되었을 때 사실상 처음으로 문명의 정체 현상이 발생했다.

한때 강력했던 로마는 왜 멸망하였을까? 물론 야만족들이 다국적군처럼 강력하게 몰려왔기 때문이다. 그러나 야만족에 저항도 못할 만큼 로마가 쇠약해진 원인들은 분명 존재하였다. 첫째는 400년대의 반복적인 기근과 전염병의 생태학적 재난이었다. 이는 식량 부족과 제국의 재정 파탄을 불렀다. 둘째는 로마군 내부의 게르만 용병들의 배신이었다. 외인들이 많아지며 애국심은 약해졌고 오히려 이들은 침공한 게르만족과 상부하였다. 셋째는 황제들의 지도력 부재와 무능 탓이었다. 탐욕스런 인물들이 권좌를 서로 차지하기 위해 혈투를 이어가며 스스로 무너졌다. 넷째는 로마 지도층들의 향락과 사치였다. 이 모든 요소들이 결합하여 서로마를 멸망케 하였다. 현대 역사학자 윌 듀란트(Will Durant)의 다음 격언은 바로 패망한 서로마 제국에 정확히 어울리는 것이었다.

"한 나라는 스토아주의〔금욕주의〕로 시작하지만 후에는 에피쿠로스주의〔쾌락주의〕로 몰락한다."〔A nation is born stoic and dies epicurean.〕

- (Will Durant, *The Story of Civilization*, Vol. 1, 1943, 12.)

3. 유럽 국가들의 시작과 암흑시대의 빛

야만족들과 유럽 나라들

야만족들의 침공은 일면에서는 민족들의 대이동이었다. 이는 오늘날 서유럽 민족을 형성하는 중요한 계기가 되었다. 원래 덴마크에 살았던 앵글족(Angles)은 영국 섬을 정복하여 원주민 브리튼 민족을 밀어내고 "앵글의 땅", 즉 잉글랜드(England)를 만들었다. 색슨족도 영국을 차지하여 앵글로색슨의 나라를 이루었다. 이로 인해 브리튼족은 영국 서부 웨일즈와 바다 건너 브르타뉴 지역으로 밀려났다. 웨일즈와 영국의 갈등은 바로 이때부터 유래하였다.

프랑크족이 차지한 땅은 "프랑키아(Francia)", 즉 프랑스가 되었다. 게르만족들이 살았던 본토는 독일(Germany)이 되었다. 동고트족은 이탈리아 북동부를 차지했고, 서고트족은 스페인을 차지해 그곳 민족과 융합되었다. 부르군트족은 알프스 북부를 수중에 넣고 오늘날 다수 스위스 국민들의 조상이 되었다. "롱 비어드(long beard)", 즉 긴 수염을 기른 롬바르드족은 이탈리아 반도를 장악하였다. 롬바르드 왕국은 중세 초반 이탈리아 왕국과 동의어였다. 반달족은 북아프리카를 점령하고 모로코와 알제리의 백성들이 되었다. "훈(Hun)"족과 "마자르(Magyar)"족이 지배했던 지역은 두 명칭을 합쳐 "헝가리(Hungary)"로 불렸다. 이렇듯 야만족들은 오늘날 유럽을 구성한 주요 민족들이 되었다.

또한 고트(Goth)족 명칭은 중세 문화에도 이용되었다. 중세의 대표적 건축을 "고딕(Gothic)" 양식이라고 부르기 때문이다. 이는 중세 건물들이 이후의 화려한 바로크(Baroque) 양식에 비해 야만스럽다는 의미에서 기인하였다. 물론 고딕식은 웅장하고 자체의 아름다움을 지니고 있지만 워낙 많은 장식을 자랑한 16세기 바로크나 로코코 문화의 시각에서 보면 단순 무지한 것으로 느껴질 수 있었다. 대부분의 야만족들은 비슷한 정도의 폭력성을 지녔으나 그중에서도 반달족의 악명은 가장 높아 현대 영어에까지 그 흔적이 남아 있다. 바로 약탈이나 파괴를 뜻하는 단어인 '반달리즘(vandalism)'이 그 예이다.

암흑시대와 문명의 빛

"천년의 로마를 '내적으로' 정복한 기독교와 천년의 로마를 '외적으로' 무너뜨린 야만족이 대결하면 누가 이길 것인가?"

중세 초기의 역사를 살필 때 가장 흥미 있는 질문은 바로 이것이다. 사실 중세 전반기는 바로 기독교와 야만족의 대면 이야기다. 그리고 중세 중기는 그 야만족들이 기독교를 통해 어떻게 독특한 문화를 세웠는가의 이야기이고 중세 후기는 이들이 문화 재탄생(르네상스)을 가진 가운데 어떻게 쇠락하였는가의 이야기이다.

476년 서로마의 멸망에서 770년대 샤를마뉴의 통치 이전까지 약 300년 동안은 세계사에서 "암흑의 시대(Dark Ages)"라고 일컫는다. 이 명칭은 14세기 이탈리아 인문주의자 페트라르카(Petrarca)가 처음 사용했는데, 그 이유는 서로마 멸망 후 찬란했던 그리스·로마 문명이 실종되고 지성적 퇴보가 발생했기 때문이다. 실제로 야만족의 시대는 펴낸 책보다 전쟁으로 불태워 없앤 책들이 더 많은 시기였기에 암흑의

이교에 대한 기독교의 승리를 묘사한 그림
- by Tommaso Laureti(16세기)

시대라고 불려야 했다. 7세기는 세계 곳곳에서도 혼란과 전쟁의 시대였다. 서유럽뿐 아니라 비잔틴 로마 제국도 또 페르시아 제국도 쇠잔해졌고 아프리카는 이슬람의 확산으로 기존 로마 문화들이 쇠퇴했다.

한편 16세기 이탈리아 역사가 바로니우스(Baronius) 추기경은 바이킹 족의 침공이 두드러진 10-11세기를 유럽의 암흑시대로 판단했다. 이 시기에 저술이 줄어들고 사회적 혼란도 심했다는 것이다. 일부 사가들은 종교적 관점에서 교황청 타락과 흑사병이 절정에 이르렀던 중세 쇠락기인 14-15세기를 암흑시대로 보았다. 이처럼 암흑시대에 관한 여러 견해들이 있지만 페트라르카의 구분을 따라 중세 초기인 5-8세기를 암흑시대로 보는 입장이 주류이다. 또한 중세 전체를 "암흑시대(Dark Ages)"로 오해하는 것도 역사적 무지의 소산이다. 중세 만의 뛰어난 문화적 발전이 있었기에 중세 천년 전체가 결코 암흑시대가 아니었다.

초기 암흑시대에 문명의 빛과 정신적 안정은 교회와 수도원에서 제공되었다. 중세인은 성자들의 무덤 위에 교회당을 세우고 이를 중심으로 도시를 건설하였다. 파리(Paris), 루앙(Rouen), 메스(Metz), 랭스(Reims), 르망(Le Mans), 생 드니(Saint Denis) 등 중세의 수많은 도시들이 이렇게 세워졌다. 중세 사람들에게 교회는 삶의 중심이었고 수도원은 수백 년간 고전 문서들을 필사 보존한 중세 학문의 성채였다. 중세 학자들은 대부분 수도원 출신이었고 라틴어와 헬라어를 사용할 수 있는 이들도 사제들과 수도사들이었다. 야만족들은 기독교 신앙 아래 정상적 국가들을 세우고 덕목을 추구하였다. 서구 사회에서 기독교의 기관들은 사회 복지에서 사실상 유일한 역할을 감당했다. 암흑시대는 많은 전쟁 고아와 과부를 내었고 이들의 이름은 교회의 구제 명부에 기록되어 정기적으로 금전과 식량을 지급받았다. 수도원은 나그네들과 피난민들의 숙소로도 또 병원으로도 이용되었다.

4. "중세의 주역" 프랑크 왕국과 클로비스 왕

톨비악 전투와 "첫" 루이의 개종

사실 기억하기 힘든 여러 야만족들 중에서 반드시 알아야 할 종족은 바로 "프랑크족"이다. 왜냐하면 이 부족이 다른 야만족들을 물리치고 서유럽의 강력한 왕국을 건설하였기 때문이다. 또한 프랑크 왕국은 프랑스, 이탈리아, 독일(신성 로마 제국)로 나누어져 중세 유럽의 기원이 되었고 이슬람과 대결을 벌이며 초기 중세사의 중심에 섰기 때문이다.

프랑크 왕국은 486년 국왕 클로비스(Clovis, 466-511)가 주변 10개의 부족들을 통일하며 시작되었다. 프랑크 족도 원래 잘리어(Salii) 프랑크와 리푸아리(Ripuari) 프랑크로 나뉘어 있었지만 잘리어(살리카)족인 클로비스의 통치 아래 하나가 되었고 또 로마인, 알레마니족, 부르군트족도 융합되었다. 클로비스는 '메로빙거(Merovingian)' 왕조를 시작했는데, 이 용어는 프랑크 왕들의 조상으로서 하늘로 올라간 전설의 인물 메로비치(Merovech)에서 유래되었다.

클로비스 대왕(465-511) - by Francois Louis Dejuinne(1835)

클로비스 왕은 클로틸데(Clothide)라는 기독교인 왕비를 두었다. 그녀는 리용의 부르군트 궁정에서 공주로 태어났다. 그녀의 어린 시절은 부모가 모두 삼촌에 살해당하는 비극으로 점철되었다.

삼촌은 그녀를 클로비스에게 주었는데, 사실 이는 그녀보다는 클로비스에게 행운이었다. 왜냐하면 클로틸데는 신실한 여인이었기 때문이다.

496년 프랑크족의 경쟁 부족은 라인강 너머의 알레마니 부족이었다. 클로비스는 이들과의 첫 전투에서 패하여 많은 부하들을 잃었다. 그는 알레마니 부족과의 중대한 두 번째 결전을 앞두고 있었는데 만약 승리할 경우 영토를 두 배나 확장할 수 있는 기회였다. 그러나 승리에 대해 확신이 없었던 클로비스는 불안감에 빠졌고 이에 클로틸데 왕비는 옛적 콘스탄티누스 대제가 기독교를 받아들여 승리했던 사실을 상기시키며 클로비스에게 기독교로 개종할 것을 권했다. 그러나 클로비스는 이를 무시하고 게르만의 "전쟁의 신" 티위(Tiw)에게 제사한 후 출전했다. 496년 알레마니 부족과 겨룬 역사적인 "톨비악 전투(Battle of Tolbiac)"가 벌어졌는데 전황은 클로비스가 심히 불리했다. 왕비의 권고를 상기한 국왕은 힘겨운 전장에서 하늘을 향해 두 손을 들고 이렇게 외쳤다.

"전능자의 아들 예수여, 무능한 저에게 승리를 주신다면 영원히 당신을 섬기겠나이다."

(Gregory of Tours, *The Conversion of Clovis*. Book 2. 30.)

그때 한 병사가 감추어 두었던, 그리스도 이름이 새겨진 라바룸 문장을 높이 들었다. 대적 알레마니의 족장이 전사하자 적군들이 항복하여 클로비스의 승리로 끝이 났다. 그는 그해 12월 24일 성탄 전야에 부족민들 3,000여 명과 같이 랭스(Reims)에서 침례를 받았다. 침례를 주는 주교 레미기우스(Remigius)는 클로비스에게 이렇게 말하였다.

"그대는 지금까지 믿어온 것을 불태우고, 지금까지 불태웠던 것을 믿으시오."

클로비스 대왕의 세례

(Burn what you believed, and believe what you burned!)

주교의 말은 야만족들이 파괴했던 교회의 신앙을 받아들이고 그동안 믿어온 게르만의 신상들을 불태우라는 뜻이었다. 클로비스가 세례 받은 장소에는 작은 채플이 지어지고 그 위에 랭스 대성당이 들어섰다. 이로써 랭스 대성당은 프랑스 역사의 중요한 사적지가 되었다. 프랑크의 전설 같은 메로빙거 군주들과 프랑스 왕들이 클로비스의 정통성을 계승하기 위해 대관식을 가졌기 때문이다.

특히 클로비스의 개종은 유럽의 역사에 큰 영향을 끼쳤다. 한 개인의 개종이었지만 동시에 왕국의 개종이었기 때문이다. 국왕의 종교는 바로 백성의 종교여야 한다는 이 원칙은 중세는 물론 근대까지 대다수 나라들에서 적용되었다. 프랑크 왕국이 중세 유럽의 강국으로 성장하면서 자연스럽게 기독교도 확대되었다. 물론 이 왕국은 기독교 전파에 기여했지만 기독교도 프랑크의 문명화에 결정적으로 공헌하였다. 프랑크족은 켈트족에 이어 두 번째로 야만성을 버린 종족이었다. 또 이 왕국은 원래 이질적인 부족들의 연합으로 시작하였고 종교도 제각각이었으나 클로비스 이후 기독교를 통해 공동체성을 강화할 수 있었다.

프랑크의 "백합"과 살리카법

500년대 초 서유럽에서 가장 큰 왕국은 프랑크 왕국이 아니었다. 갈리아(프랑스) 전 지역과 스페인을 장악한 서고트 왕국이었다. 507년 여름 클로비스는 또 하나의 대전을 치러야 했다. 바로 서고트족과 벌인 역사적인 '부예 전투(Battle of Vouill)'였다. 프랑크 왕 클로비스와 서고트 왕 알라리크 2세가 직접 충돌한 이 전투는 서고트의 대패로 끝이 났다. 그 결과 프랑스 대부분에 해당하는 엄청나게 광대한 지역이 단숨에 프랑크 왕국의 영토가 되었고 서고트 족은 피레네 산맥 서편 스페인 땅으로 만족해야 했다. 이로써 클로비스는 갈리아 지역을 모두 통일한 첫 프랑크 왕이 되었다.

한편 패배한 서고트족에게 더 큰 아픔은 그 넓은 영토의 상실이 아니었다. 바로 부예 전투에서의 알라리크 2세 왕의 전사였다. 이후 무능한 왕자들의 다툼으로 스페인의 서고트 왕국은 심각한 내부 분열을 가져와 더 이상 단일 국가로 존속하지 못했다.

승리를 거둔 클로비스는 감사의 마음으로 들에 핀 노란 붓꽃을 꺾어 어깨에 꽂았다. 이로부터 유래되어 그의 계승자들은 붓꽃과 유사한 백합(Iris)을 프랑크 왕실의 문장으로 삼았다. 훗날 프랑크 왕국에서 갈라진 프랑스 왕국은 제2차 십자군에 출정한 루이 7세 때 삼위일체를 상징하는 "세 개의 잎을 가진 백합"을 국가의 공식 문장으로 삼았다.

클로비스는 유럽의 기틀을 잡는 중요한 두 유산을 남겼다. 이는 수도 건설과 법전 공포였다. 그는 세느(Seine)강 언덕에 성을 쌓고 왕도를 세웠다. 높은 언덕들은 외적을 방어하는데 크게 유리하였다. 이곳은 고대 로마 시대 때는 루테리아 파리시오리움(Luteria Parisiorium)이라고 불렸는데 클로비스는 이를 줄여 파리(Paris)라고 불렀다. 후대 왕들이 아헨(Aachen)으로 수도를 옮겼지만 그럼에도 불구하고 파리는 프랑크 왕국의 중심지였다.

한편 왕비 클로틸데는 많은 자선으로 백성들에게 자애로운 어머니로 존경받았다. 502년 왕비와 국왕은 파리에 베드로와 바울을 위한 '사도 성당'을 지었다. 당시 프랑크 왕국은 쥬느비에브(St. Genevieve, d. 512)라는 이름의 신비한 여인이 추앙을 받고 있었는데 그녀는 왕비의 조언자였고 백성들의 교사였다. 쥬느비에브는 사도 성당에서 주로 기도하였고 죽은 후에는 이곳에 묻혔다. 이후 그 성당의 이름은 그녀 때문에 생

살리카 법전을 공포하는 클로비스 대왕

쥬느비에브 성당이 되었다.

507년 클로비스는 왕국을 야만성에서 탈피시키고 통일된 법치 국가로 변화시키기 위해 주로 형법과 소송법이 많은 '살리카 법전(Lex Salica)'을 공포하였다. '살리카'는 클로비스의 출신 부족인 '잘리어(Salii)'의 라틴어식 발음이다. 이 법전의 대표적 특징은 다음 조항이었다.

"프랑크의 모든 영토는 필히 여성이 아닌 남성에게만 상속된다."

(Catherine Drew, *The Laws of the Salian Franks*, 1991, 44.)

이는 작게는 농토에서 크게는 국가까지 남성에게만 상속권이 있다는 엄격한 차별 조항이었다. 프랑크 왕조에서 여왕이 존재하지 않았던 이유가 바로 이 때문이다. 또 국토를 '장자 승계'가 아닌 "왕자들에게 나눠서 물려주는 법" 조항도 독특한 것이었다. 이 때문에 프랑크 왕국은 왕권이 형식화되고 영토는 점차 갈라졌다. 이러한 계승 문화는 장자 계승이 일반화 될 때까지 무려 500년 이상 유럽 각국에서 채택되었다. 살리카 법은 약탈과 도적질을 엄금했으며 또 이런 조항도 들어 있었다.

"만약 누구든지 다른 사람을 여우나 토끼라고 놀리면 그는 벌금 120디나르를 내야 한다."

이 벌금액은 일꾼 한 명의 일주일치 임금에 해당하는 것이었다. 용맹을 덕목으로 하는 프랑크 왕국에서 인간을 연약한 짐승에 비유하는 것은 큰 명예 훼손이었기 때문이다.

프랑크 왕국의 발전은 비잔틴 로마 제국의 인정을 받아 아나스타시우스 황제는 클로비스 왕에게 '집정관(Proconsul)' 칭호와 면류관을 보냈다. 클로비스는 511년 동고트족과의 전쟁 중에 사망하였고 왕비 클로틸데는 545년 세상을 떠날 때까지 30년 이상 수녀로

왕비 클로틸데와 왕자들

살았다. 프랑크 왕국은 살리카 법에 따라 네 아들에게 나뉘어졌다. 세대가 흐를수록 왕족들의 수만큼 영주가 나왔고 국토는 더 분화되었다.

클로비스의 큰 업적들은 게르만족의 통일, 살리카 법치의 수립, 기독교 문명의 확산 등이다. 그 위대성은 그의 이름을 후대 왕들이 선호한데서도 잘 드러난다. '클로비스(Clovis)' 이름은 "칭찬받는 용사"라는 뜻으로 후대에서는 'Clovis'의 첫 'C' 철자가 탈락하여 'lovis(로비스)'로 불렸고, 이는 라틴어의 '루도비쿠스(Ludovicus)', 프랑스어의 '루이(Louis)', 영어의 '루이스(Lewis)', 독일어의 '루드비히(Ludwig)'로 다양하게 사용되었다. 프랑스의 왕들 중 무려 13명은 '클로비스'에서 나온 '루이(Louis)' 이름을 사용하였다.

5. 아일랜드와 스코틀랜드: 패트릭과 콜럼바

"아일랜드의 노예" 패트릭

프랑크 민족의 개종 직전 영국의 서쪽 섬나라 아일랜드 켈트(Irish Celt)족은 기독교를 수용하기 시작했다. 원래 켈트족은 잔인하고 무도하기로 악명 높은 종족이었다. 거의 벗은 몸에 칼을 차는 끈만 매고 다닐 정도로 야만적이었다. 이들은 로마 제국에 속한 브리튼(영국)의 서안 지역을 침공하여 주민들을 잡아다 노예로 부렸다. 브리튼 주민들에게 아일랜드의 켈트족은 공포의 대상이었다. 이런 야만족 아일랜드를 교화시켜 국가적 성자로 추앙받은 인물은 성자 패트릭(St. Patrick, c. 387-461)이었다.

패트릭은 300년대 말 테오도시우스 대제 때 영국에서 사제의 아들로 태어났다. 그는 15살에 켈트족에 납치당해 건너편 아일랜드로 끌려간 후 섬 북동부 슬레미쉬(Slemish) 마을에서 6년 동안 추장의 노예로 지냈다. 패트릭은 혹독한 생활에서 풀려나 고향에 되돌아가기를 매일 기도했다. 어느 밤 그는 꿈속에서 신비한 목소리를 들었다.

"너는 너무 많이 굶주렸구나. 이제 집에 곧 가게 될 것이다."

며칠 후 패트릭은 꿈속에서 또 목소리를 들었다.

"너를 위한 배가 준비되었다."

(Philip Freeman, *St. Patrick of Ireland: A Biography*, 2004, 33.)

고대나 현대나 꿈은 인간에게 늘 신비한 것이다. 더구나 고대에서 꿈의 신성한 목소리는 반드시 따라야 할 명령이었다. 이 때문에 패트릭은 목숨을 걸고 즉시 도주를 시작했다. 며칠 동안 100km 이상 걸어 추장이 붙잡을 수 없는 멀리 떨어진 항구에 도착하였다. 거기에는 갈리아(프랑스)로 떠나는 배가 정박해 있었다. 선장을 만난 패트릭은 승선을 애원했으나 일언지하에 거절당했다. 그는 절망하지 않고 그 밤에 기도하며 잠들었다. 다음 날 출발하는 배에 다가간 패트릭은 다시 선장에게 다가갔다. 선장은 건장한 청년이 필요했는지 갑자기 마음이 바뀌어 패트릭에게 이렇게 외쳤다.

"지금 출발해야 하니 어서 타도록 하라."

드디어 패트릭은 아일랜드를 탈출하게 되었고 선원들은 그를 아들처럼 대했다. 패트릭은 그들에게 기독교 신앙을 전하고자 했다. 배가 첫 정박지 프랑스에 도착하였지만 기대와 달리 남은 항해에 필요한 식량을 그곳 항구에서 충분히 구할 수 없었다. 얼마 전 고트족이 항구를 약탈했기에 주민들도 식량이 부족한 상태였다. 선원들이 낙담하자 패트릭은 먹을 것을 하늘이 주실 것이라고 예언했다. 신통하게도 야생 돼지 떼가 수일 내 그 마을에 나타났다. 선원들은 이들을 잡아 배불리 먹었고 많은 분량의 말린 고기를 배에 실을 수 있었다.

배는 다음 목적지 영국으로 출발했으나 패트릭의 고향에서 너무나 먼 북부 스코틀랜드에 도착했다. 아마도 영국 큰 항구들에 출몰하는 해적들을 피해서 그곳에 닻을 내린 것 같았지만 거기서 하선해야 했던 패트릭에게는 또 다른 고난의 시작이었다. 그는 침침한 일기와 습한 광야를 헤치며 무려 한 달을 걸어서 집에 돌아왔다. 그의 부모는 아들을 보자 마치 돌아온 탕자를 만난 아버지처럼 껴안고 울었다. 패트릭은 21살의 청년이 되어 있었다. 그동안 겪은 수많은 고난은 그를 부드러운 영성의 사람으로, 동시에 강인한 인내의 사람으로 변모시켰다. 너무나 기쁜 부모는 이렇게 말했다.

"내 아들아 다시는 이별하지 않겠다고 약속해다오."

그러나 그러겠다고 대답한 아들은 이 약속을 몇 해 지나지 않아 어길 수밖에 없었다. 이번에는 타의가 아닌 자의로 떠나는 것이었는데, 그것은 이번에도 그가 꾼 기이한 꿈 때문이었다. 패트릭은 빅토리쿠스(Victoricus)라는 아일랜드 젊은이가 자신에게 편지 한 통을 건네주는 꿈을 꾸었다. 편지 제목은 "아일랜드인의 소리"였고 그 내용은 이렇게 적혀 있었다.

"당신에게 호소하니 우리에게 돌아와 주소서!"

패트릭은 이 꿈을 아일랜드에 기독교를 전해야 할 사명으로 해석했다. 그는 프랑크 왕국의 수도원으로 가서 성서를 연구하고 훈련을 받은 뒤 432년에 아일랜드로 건너갔다. 이번에는 노예가 아닌 자발적인 수도사 신분이었다.

"뱀"과 "십자가"의 대결

켈트족에게 돌아온 패트릭은 엄중한 권위가 느껴지는 고상한 인물이 되어 있었다. 마을들은 새로운 종교를 전파하는 그를 두려워하며 성문을 걸어 잠갔다. 그러나 첫 교회를 북아일랜드 동쪽 마을 솔(Saul)의 헛간에서 시작한 후 일생 동안 패트릭은 300개가 넘는 수도원과 교회들을 아일랜드 전역에 세웠다. 수천의 제자들을 길러냈으며 12만 명에 달하는 켈트인에게 세례를 베풀었다.

패트릭은 중간 부분에 원형이 특징인 켈트 십자가를 처음으로 고안하였다. 이런 종류의 십자가 사용과 관련하여 두 가지 설명이 내려온다. 첫째는 아일랜드의 전통 종교 '드루이드(Druid)교'와 연관된 것이다. 드루이드교는 오크나무와 뱀을 숭배하며 인간을 제물로 바치는 잔인한 의식의 종교였다. 뱀이 겨울잠을 자고 봄에 깨어나는 특성을 재탄생으로 여기며 뱀을 신성시한 것이다. 때문에 자신의 꼬리를 물고 있는 둥근 뱀의 모습을 이 종교는 상징으로 사용했다. 켈트족들은 원형 뱀이 그려진 부적을 만들어 소지하고 다녔다. 성자 패트릭은 이 드루이드교의 사제들과 대결했다. 그는 먼저 신성하게 여긴 오크 나무들을 도끼로 잘라냈다. 사람들은 그가 벌

원형 문양이 특징인 켈트 십자가

을 받아 곧 죽을 것으로 생각했으나 아무 일도 일어나지 않자 패트릭을 믿기 시작했다. 패트릭은 원형 뱀의 부적 위에 십자가를 긋고서 켈트인들에게 뱀을 이긴 십자가를 믿으라고 하였다. 고로 켈트 십자가는 원시 종교에 대한 복음의 승리를 뜻하는 것이다. 둘째로 켈트 십자가의 중앙 원형을 경기나 전투의 승자에게 수여한 면류관이라는 설명이다. 이는 기독교가 국민의 종교가 된 것을 의미한다.

아일랜드의 성자 패트릭

드루이드교 사제들은 패트릭을 수차 죽이려 시도했으나 결국 실패하였다. 한편 전승에 의하면 패트릭은 아일랜드에서 모든 뱀을 물러가라고 명령했다. 실제로 아일랜드에는 뱀이 전혀 없으며 켈트족은 이 성자 때문에 뱀이 없어졌다고 믿게 되었다. 분명한 것은 상징적인 뱀인 이교들도 모두 사라지게 되었다.

"아일랜드의 성자" 패트릭의 축일 (St. Patrick's Day)

패트릭과 수도사들의 노력으로 켈트족은 야만의 옷을 벗고 문명과 신앙의 예복을 입기 시작했다. 약탈이 줄어들고 오히려 약자를 돌보는 삶을 배우게 되었다. 노동과 독서와 기도가 유행하기 시작했다. 아일랜드는 중세 초 유럽의 암흑시대에서 반대로 가장 지성적인 지역이 되었다. 유럽 곳곳에서 야만족들이 수도원의 도서관을 불태우고 다닐 때에 이와 반대로 아일랜드의 많은 젊은이들은 수도사가 되어 고전과 성경을 필사하였다. 이들은 유럽 대륙에 건너가 수도원을 세우고 많은 책들을 전수함으로 문명의 횃불을 봉송한 공헌을 하였다.

패트릭은 사도 바울 이래 위대한 선교사 중 한 명이었다. 그가 어떻게 드루이드교와 싸우면서 그 일들을 할 수 있었는가? 중세 문헌들은 이것이 그의 설교, 기적, 그리고 자선에 의해 가능했다고 전한다. 패트릭의 메시지는 쉬우면서도 권위가 있었다. 그는 들에 피는 세 잎 클로버(Shamrock)들을 가지고 삼위일체를 간결하게 설명해 주었다. 패트릭이 가는 곳에는 다양한 기적도 일어났다. 전승에 의하면, 어느 마을의 추장 아들이 병으로 눕자 패트릭은 그를 위해 기도했다. 그 소년은 회복되었고 부족민은 모두 개종하였다고 전한다. 패트릭은 자선의 수도사로서 봇짐에는 항상 나눠줄 빵과 옷들이 들어 있었다. 무엇보다 그와 후예들이 부른 다음의 켈트 찬송에 나오듯이 불굴의 신앙이 작은 불꽃으로 각지에 퍼졌다.

"내 맘의 주여 내 소망되소서. 주 없이 모든 일 헛되어라. 낮이나 밤이나 주님 생각. 잘 때나 깰 때 함께하소서."

461년경 3월 17일, 패트릭은 자신이 처음 섬긴 마을 '솔'로 되돌아가서 세상을 떠났다. 아일랜드 국민들은 이날을 '세인트 패트릭 데이(St. Patrick's Day)', 즉 성자 패트릭 축일로 부르며 국가적 명절로 지켜왔다. 세계 각지의 아일랜드 인들은 그날 큰 축제를 갖고 단합된 민족성과 문화를 자랑한다. 성자 패트릭이 언제나 환희만 경험한 것은 아니었다. 부족들의 냉대도 심했고 강도를 만난 때도 수차 있었다. 수도사로서 그는 절제와 청빈의 삶을 살았으며 모두의 친구였다. 자신의 『고백록(Confession)』에서 그는 이렇게 다짐했다.

"내 앞에 어떤 일이 다가오든지 좋은 일이나 나쁜 일이나 나는 하나님께 감사하며 동일하게 대면할 것이다." [Whatever may come my way, good or bad, I equally tackle it, always giving thanks to God.]

(Mary Cagney, "Patrick the Saint", 1998, 15.)

스코틀랜드 픽트족의 성자 콜럼바

스코틀랜드는 유럽에서 로마 제국도 정복하지 못한 가장 사나운 지역이었다. 이곳 원주민들은 자신들이 모세 시대의 이집트 공주 스코타(Scota)

의 후손이라는 건국 설화를 믿었다. 이 전설의 공주 이름에서 종족 '스코트(Scot)'와 지명 '스코틀랜드(Scotland)'가 나왔다. 스코틀랜드의 원주민들은 크게 두 부족으로 구성되었다. 하나는 서부에 거주하는 게일(Gales)족이며 또 다른 부족은 중동부의 픽트(Picts)족이었다. 그중 픽트족은 무척 용맹했기에 로마군도 두려워하였다. 그들은 얼굴과 몸에 파랗고 검은 줄들을 그려 마치 괴물을 연상시켰고 전투마다 공포를 자아냈다. '픽트(Pict)'에서 그림을 뜻하는 영단어 '픽쳐(picture)'가 유래되었다.

2세기 초 영국에 주둔한 로마 9군단은 픽트족에 몰살당한 것으로 알려졌다. 결과적으로 이들을 막기 위해 로마 황제들이 내린 무지막지한 결론은 브리튼을 가로지르는 긴 성벽(Wall)을 세우는 것이었다. A.D. 122년에 하드리아누스 황제는 무려 117km 길이의 성벽(Hadrian Wall)을 쌓았고 A.D. 142년에 안토니우스 피우스 황제는 더 위쪽에 63km 길이의 성벽(Antonine Wall)을 쌓았다.

성자 콜럼바 - in Scotland History, by John Skelton

스코틀랜드의 거친 두 종족을 교화하고 하나로 융합시키는 데는 기독교의 역할이 결정적이었다. 아일랜드에 성자 패트릭이 있다면 스코틀랜드에는 성자 콜럼바(St. Columba, 521-597)가 있었다. 흥미롭게도 그 아일랜드 성자는 영국 본토 브리튼 출신이고 한 세기 후의 스코틀랜드 성자는 아일랜드 출신이었다. 콜럼바는 521년 아일랜드 북쪽의 시골에서 태어났다. 그는 수도원 학교를 졸업한 유능한 청년이었

하드리안 성벽의 유적

243
V. 중세의 개막과 암흑의 시대

다. 콜럼바는 '비둘기'라는 평화스런 뜻의 이름과는 달리 불같이 급한 성격을 가졌다. 어느 날 그는 이웃 부족의 청년들과 당시 보물처럼 귀했던 성서의 양피지 몇 장을 두고 싸움을 벌였다. 곧 양측의 갈등은 부족 간의 전투로 확대되어 무려 3,000명이나 사망하는 비극적 사태로 끝이 났다. 근원적인 책임을 느낀 콜럼바는 세상에서 물러나 수도사가 되었다. 그리고 뉘우치는 뜻으로 희생자 수만큼이나 많은 개종자를 얻겠다는 결심을 하고 아직 기독교가 전해지지 않은 스코틀랜드로 향했다.

563년 콜럼바와 12명의 동료 수도사들이 탄 배는 스코틀랜드 서해의 작은 아이오나(Iona) 섬에 도착하였고 그곳에 역사적인 첫 '아이오나 수도원'을 세웠다. 섬 건너 스코틀랜드의 육지로 건너간 콜럼바와 동료들은 한 세기 이전에 패트릭이 아일랜드에서 했던 것처럼 일생 수백 개의 수도원과 교회들을 세웠으며 10만여 명의 개종자를 내었다. 당시의 스코틀랜드의 인구수를 고려하면 사실상 그 당시 인구의 1/4 이상은 신자가 되었다고 할 수 있다. 픽트족의 많은 젊은이들은 문신과 분칠을 멈추고 문법과 필사에 힘쓰는 수도사가 되었다. 전승에 의하면 콜럼바는 아이오나에서 육지로 건너올 때 이동식 제단으로 사용할 조그만 돌을 가져왔는데 이것이 바로 "운명의 돌(Stone of Destiny)"로 불리는 것이었다. 스코틀랜드 왕들은 스콘에서 대관식을 가질 때 이를 제단으로 또는 즉위 보좌의 받침으로 사용하였다.

스코틀랜드와 아일랜드의 수도원들은 마을을 위한 교회, 도서관, 학교, 보호소, 병원 등의 역할을 감당했다. 또한 두 나라의 수도사들은 야만족들이 여전히 활약하는 유럽 본토에까지 진출하여 무려 40여 개의 수도원들을 세워 대륙의 학문 발전과 신앙 고취에 크게 기여하였다. 이 수도원들을 중심으로 여러 유럽 도시들도 설립되었다. 르베(Rebais), 쥐미에주(Jumiege), 코르비에(Corbier) 등이다. 스코틀랜드에서 콜럼바의 동료였던 성자 갈렌(갈루스)은 스위스에 진출해 수도원 도시 성 갈렌(St. Gallen)을 세웠다. 이 수도원의 도서관은 고문서들과 중세 성서들을 보관한 유서 깊은 곳이다.

6. 교황권의 상승과 서방 수도원 운동의 확산

교황권의 상승 원인

중세 역사에서 가장 두드러진 직책은 바로 교황이었다. 교황은 본래 권위 있는 여러 대주교들 중 한 명이었다. 대주교는 옛 수도 로마, 새 수도 콘스탄티노플, 이집트의 알렉산드리아, 시리아의 안티오크, 이스라엘의 예루살렘에 있었는데 이중 예루살렘의 대주교는 상징적인 자리로만 존재했다. 칭호를 더 명확히 하면 모두 '대주교(Patriarch)'이지만 서유럽 로마 주교만은 '교황(Pope)'이라고 불렸다. 사실 두 단어 모두 "높은 아버지"라는 유사한 뜻을 지녔다. 동로마의 대주교들은 황제의 권력에 종속되어 절대적 권한을 행사하지 못했으나 로마의 교황은 권위가 계속 커졌다.

로마의 주교들이 교황의 권위를 갖게 된 원인은 무엇일까? 첫째, 수도 로마의 위상 때문이다. 331년 콘스탄티노플로 천도했지만 여전히 로마시는 정신적으로 제국의 모태였기에 로마 교회의 영향력은 주도적이었다. 둘째, 로마시가 가장 위대한 두 명의 기독교 지도자 베드로와 바울의 순교지였기 때문이다. 그래서 수도 로마는 자연스럽게 최고의 영적 순례지로 대우받게 되었다. 셋째, 서로마가 멸망한 후 뛰어난 교황들이 등장하여 사회의 안정에 기여했기 때문이다. 야만족들이 침공하였을 때 황제들은 위기를 극복할 지도력도 없었고 행정력도 마비되었다. 오히려 그 역할은 주교들에게 넘겨져 본래의 영적인 임무 외에 도시의 행정가로서의 직무도 감당해야 했다. 그러한 뛰어난 리더십을 지닌 두 명의 로마의 대주교의 출현은 일약 중세를 교황의 시대로 만들었다. 이들은 바로 레오 1세(Leo I, pont. 440-61)와 그레고리 1세(Gregory I, pont. 590-604)이다. 2,000년 역사의 많은 교황들 중 "대교황(Great Pope)" 칭호를 얻은 이들은 이 두 인물을 포함해 단 3명에 불과했다. 나머지 한 명은 니콜라스 1세(Nicholas Ⅰ, pont. 858-867)였다. 그는 800년대에 "중프랑크" 로타링기아의 부도덕한 왕족들을 견책하며 모범적으로 교황 직책을 수행한 인물이다.

훈족 왕 아틸라와 교황 레오 1세

A.D. 400년경 이탈리아 토스카나 출생의 교황 레오 1세는 원래 로마 제국의 관리였다. 회심 후 그는 사제가 되었고 뛰어난 자질과 인품으로 존경을 받아 교황에 추대되었다. 당시의 교황직은 현대와 비교할 수 없는 열악한 대우와 처지에 있었다. 오늘날 교황은 웅장한 즉위 예식을 치르며 세계적인 위상을 자랑하고 있지만 A.D. 400년대 레오의 시대는 교황은커녕 황제조차 자리보전이 어려웠던 서로마의 대혼란기였다. 이러한 사회적 위기에서 그는 로마의 정신적 기둥이 되었다.

A.D. 450년에 서유럽은 엄청난 공포에 휩싸였다. 게르만족조차 두려워하는 중앙아시아의 훈족이 침공해온 것이다. 훈족의 왕은 "신의 채찍(the scourge of God)" 별명을 가진 아틸라(Attila)였다. 그의 부족은 발칸 반도를 휩쓸며 노략질을 했고 북상하여 쾰른, 트리어, 랭스, 파리 등 많은 도시들을 약탈하였다. 그는 이탈리아 북부에 소재한 황제의 별장 도시 아퀼레이아(Aquleia)를 아예 잿더미로 만들고 황궁이 있던 밀라노와 파비아를 노략질한 후 다음 약탈 대상을 수도 로마로 정했다. 재앙 같

레오 대교황과 훈족 왕 아틸라의 대면,
레오 배경에는 베드로와 바울 - by Raphael

은 아틸라의 군대가 남하하자 로마 시민들은 예정된 살육에 떨면서 피난을 시작했다. 위기 수습을 위해 바로 50세의 교황 레오가 나섰다. 그는 집정관 트리게티우스(Trygetius)와 함께 말을 타고 민키오(Mincio) 강변에 진영을 친 아틸라를 직접 만나 이렇게 청하였다.

"아틸라 왕이시여! 한때 로마는 세계를 정복했습니다. 모든 왕들이 로마 황제의 발 아래 엎드렸습니다. 그런데 그 제국의 황제와 원로원 의원들이 오히려 이제 그대에게 자비를 구합니다. 한때는 세계의 군주였던 이들이 그대 아틸라 왕에게 간청하는 것보다 더 큰 명예가 어디 있겠습니까? 이제 당신은 지배자로서 자비를 베풀어 평화를 세워주길 바랍니다."

(J. H. Robinson, *Readings in European History*, 1905, 50.)

그런데 레오를 만난 후 놀랍게도 아틸라는 수도 로마 공격을 철회하고 물러갔다. 레오가 로마시를 구한 셈이다. 아틸라는 왜 돌아갔을까? 교황 레오의 간청이 논리적이고 설득적이어서 그러하였을까? 아니면 로마를 침공하고 즉시 사망한 서고트족의 왕 알라리크의 불행을 레오가 상기시켰기 때문일까? 또는 레오가 교회의 기물까지 다 털어서 마련해간 선물들에 만족해서였을까? 혹은 훈족 병사들의 사기가 갑자기 약화된 것이었을까?

동시대의 역사가 프로스페르(Prosper of Aquitaine)는 훈족 왕 아틸라가 레오의 인품에 감명을 받았기 때문이라고 전한다. 게다가 아틸라가 레오의 뒤에 검을 든 베드로와 권위적인 바울이 서 있는 환상을 보고 경외심에 물러갔다고 덧붙였다. 이듬해 아틸라는 게르만 여인 일디코(Ildiko)와 결혼식을 올리는 날에 사망하였다.

3년 후인 455년에는 가이세릭 왕이 이끄는 반달족이 로마시로 쳐들어왔다. 황제 막시무스는 방어를 포기하고 도주하다 시민들에게 맞아 죽었다. 다시 찾아온 총체적 위기에서 교황 레오는 목숨을 걸고 가이세릭을 대면하여 살육을 만류하였다. 가이세릭은 레오의 청을 수용하여 단 12일만 약탈하되 방화와 살육을 않기로 약속하였다. 그의 군대는 입성하여 필요한 물품들을 징발하고 돌아갔다. 레오가 로마시를 또 구한 것이었다.

교황 레오는 정통 기독론 신학의 정립에도 큰 역할을 하였다. 451년 칼케돈 회의는 그의 주장을 받아들여 그리스도의 본성에 관한 교리를 확립하였다. 그의 유능한 내외적 활동들은 교황의 위상을 크게 신장시켰다. 레오 1세는 교황이 베드로의 후계자로서 모든 교회를 지도한다고 주장하였다. 서로마 멸망 후 시민들은 교황들을 종교적이고 사회적인 가장 큰 권위를 가진 지도자로 여기게 되었다.

"서로마 수도주의의 아버지" 성자 베네딕트

성자 베네딕트(St. Benedict of Nursia, 480-547)는 중세에서 가장 유명한 수도사 성자이다. 그의 이름은 한문으로 '베네딕트'와 유사 발음인 '분도'로 표기한다. 성자 안토니우스에 의해 이집트 사막에서 시작한 수도원 운동은 아시아 전역에 퍼졌고 마침내 베네딕트에 의해 서유럽에 확산되었다.

480년 이탈리아 중부 누르시아(Nursia)에서 태어난 베네딕트는 로마에서 수학하는 동안 부패한 사회상에 실망하고 세속 직업을 포기하고 수도사가 되었다. 처음에는 동굴에서 3년간 수도 생활을 하였다가 인근 수비아코(Subiaco)에 작은 수도원들을 세워 공동 생활을 시작하였다. 그러나 철저한 고행 지도에 반감을 품은 동료들은 베네딕트를 배척하였다. 일부 제자들은 그를 독살하려고까지 했다. 베네딕트는 이들을 떠나 이탈리아 중부의 몬테카시노(Monte Cassino)로 옮겨 새로운 수도원을 세웠다. 이곳이 바로 천년 중세의 대표적 기관인 베네딕트 수도원의 중심 본부가 되었다.

성자 베네딕트
- by Fra Angelico, c 1437

베네딕트의 영성과 인품은 널리 알려져

많은 야만족 병사들도 그의 제자 수도사로 개종할 정도였다. 동고트족(Ostro-Goths) 왕도 베네딕트에게 개인적 조언을 구하러 왔다. 그런데 그 왕이 받은 것은 그동안 저지른 악행에 대한 베네딕트의 심한 질책뿐이었다. 베네딕트가 첫 수도원을 세운지 한 세기도 되지 않아 서유럽 각지에는 수많은 베네딕트 수도원들이 설립되었다. 중세 중반에는 그 수가 수천에 이르렀다. 흔히 중세 유럽의 학문의 진흥, 교회의 성장, 문명의 확산을 위해 수도원이 가장 기여했다고 평가할 때 이는 우선적으로 베네딕트 수도원들의 공로를 가리킨다.

"베네딕트의 규율(the Rule of Benedict)"

베네딕트 수도주의의 정신과 방법은 그가 직접 쓴 "규율"을 통해 잘 드러난다. 베네딕트는 기도, 노동, 독서 세 가지를 강조하였다. 극단적인 고행을 했던 이집트나 시리아의 수도원 운동과 달리 베네딕트 규율은 첫 특징으로 온건한 수도 생활을 요구한다. 물론 영성을 등한시하는 현대적인 관점에서 보면 그들의 수련도 매우 혹독해 보인다. 그럼에도 불구하고 베네딕트의 규율은 상대적으로 온건하였다. 이집트 수도사들은 동굴, 나무, 기둥 위에서 지냈지만 유럽의 베네딕트 수도사들은 건물에서 생활했고 또 전자는 하루에도 수천 번 절을 하거나 종일 기도에 집중하는 엘리트적 수련을 했지만 후자는 하루에 7번 예배를 드리고 일정 시간에 기도했기 때문이다. 또 이집트 사막의 수도사들은 금식을 밥 먹듯이 했지만 베네딕트 수도사들은 매일 빵을 먹었고 가끔 계란과 우유도 먹었다. 돼지고기와 소고기는 먹을 수 없었으나 닭고기는 허락되었다. 비쌌던 버터는 규정상 날마다 먹을 수 없었고 크리스마스에는 허락되었다. 베네딕트 수도원 운동은 훈련의 합리성으로 일반 대중에 쉽게 확산 되었다.

베네딕트 규율의 두 번째 특징은 독서의 강조이다. 문법 교육은 필수였고 수도원 내에 반드시 도서관을 두었다. 오늘날 읽혀지는 고전들은 다수가 베네딕트 수도사들의 필사에 의해 전수된 것이다. 한마디로 그들은 문명의 전달자였다. 세 번째 특징은 노동의 강조이다. 더 이상 나무 위에서 수십 년간 지내는 수도사는 등장하지 않게 되었다. 왜냐하면 성자 베네딕트가 노동도 기도의 일부이고 밭일도 영성 훈련이라고 강조했기 때문이다. 이러한 태도는 실제 유럽에 큰 경제적 변화를 가져왔다. 수도사들에 의해 많은 공지가 개간되었고 농사법도 연구되어 일반에게 전수되었다. 또 수도원의 농지 조성과 관개 시설은 이를 둘러싼 마을과 도시 발전에도 크게 기여하였다. 마치 19세기 산업 혁명이 근대 세계를 완전히 바꾼 것처럼 6세기 수도원 운동은 중세 유럽을 크게 변화시켰다.

베네딕트 수도사들과 로마의 성직자들은 머리 주위를 둥글게 밀고 가운데만 남기는 "왕관 형" 머리를 하였다. 그러나 아일랜드와 스코틀랜드의 켈트 수도사들은 머리 한가운데를 밀고 옆머리만 남기는 "월계관 형" 머리를 했다. 이 머리 모양의 차이는 수도 생활이 하늘나라의 왕관을 쓰는 삶으로 보느냐 아니면 영적 고행의 가시 면류관을 쓰는 길로 보느냐는 인식의 차이였다. 서유럽에서 켈트 수도사들과 베네딕트 수도사들은 때로 다양한 주제로 격론을 벌였다. 부활절의 날짜가 언제인가, 교회의 수장이 누구인가, 심지어 성직자가 말을 타는 것이 옳은가에 대해서도 심각하게 논쟁하였다.

7. 대교황 그레고리 1세와 중세 학문의 성장

중세의 대표적 교황은 바로 그레고리 1세 (Gregory the Great, r. 590-604)이다. 일부 역사가들은 그의 교황 즉위를 중세의 시작으로 간주한다. 재임 기간 그레고리가 일으킨 사회 변화들이 중세의 대표적 특성들이 되었기 때문이다. 그는 뛰어난 사역으로 로마의 혼란을 극복하였고 서유럽에 안정을 제공하는데 기여하였다.

그레고리 대교황

"종들의 종(servant of servants)"

그레고리(또는 그레고리우스)는 로마의 귀족 가문에서 태어나 고위공직자가 되었다. 피폐해진 로마에서 그는 신앙을 갖게 되자 광야의 수도사가 되었다. 이미 명예를 버린 그는 물질도 버리기로 했다. 부모로부터 받은 많은 유산을 가난한 자들에게 나누어주고 7개의 작은 수도원을 설립한 것이다. 500년대 서유럽은 야만족의 말 발굽 아래 놓여 있었고 심지어 교황의 신변조차 위험한 시대였다. 로마시는 무정부적 혼란 상태에서 생태학적 재난까지 겪어야했다.

A.D. 590년 수많은 시민들과 교황 펠라기우스 2세(Pelagius II)가 전염병으로 사망하였다. 새로운 교황을 필요로 했던 로마인들은 덕망 높은 수도사 그레고리를 찾아갔다. 4세기 말 밀라노에서 암브로시우스가 주교에 오른 경우처럼, 또 북아프리카 힙포에서 아우구스티누스가 주교가 된 상황처럼 그레고리도 거의 반강제로 교황에 추대되었다. 그레고리는 자신이

적임자가 아니라고 생각했는데 교황 즉위를 하늘의 벌로 여기기도 했다. 그러나 결과는 그가 중세 최고의 교황이었음을 보여주었다.

그레고리가 교황으로서 첫 번째 한 일은 거친 베옷을 입고 일반 시민들과 함께 전염병이 멈추도록 거리에서 회개의 행진을 하는 것이었다. 그때 일부는 하드리아누스 황제 묘실(Hadrian Mausoleum) 위에 천사 미카엘이 재앙의 칼을 다시 집어넣는 환상을 보았다고 주장했다. 전염병은 곧 잦아들었고 이후 그 묘실은 천사 출현 전설로 인해 '산타안젤로(Sant'Angelo)' 성채로 부르게 되었다. 얼마 후 로마와 인근에 홍수가 발생하자 그레고리는 이재민들에게 식량과 물품을 나누어주었다. 또 교회당의 기물을 팔아 야만족에 잡혀간 포로들을 되사왔고 롬바르드족이 로마시를 위협할 때 직접 평화 협상을 주도했다. 비잔틴 로마 황제도 할 수 없었던 일들을 교황 그레고리는 해내었고 로마시는 점차 안정을 되찾았다.

또한 그레고리는 문맹인 사제들을 교육하기 위해 『목회 규율(Pastoral Rule)』을 썼다. 이 책은 중세기 대표적인 실천 신학 교재가 되었다. 그는 늘 지도자들에게 지도력이 '군림'이 아닌 '겸손'과 '실천'에 있음을 강조하였다. 그레고리도 자신을 '교황'이라는 칭호보다는 '종'으로 부르게 했다. 이 때문에 그의 별명은 "종들의 종(servant of all servants)"이 되었다. 나아가 서유럽 각지에 선교사를 보내 기독교를 전파하였다. 597년 그가 영국에 파송한 어거스틴(Augustine of Canterbury, d. 604)은 서남부 캔터베리에 교회를 세우고 앵글족을 성공적으로 교화시켰다.

그레고리 교황은 중세 음악 발전에 큰 기여를 하였다. 이전까지의 음악은 소리를 통해 전수 받았으므로 배우는데 많은 시간이 걸렸고 사람마다 멜로디가 조금씩 달랐다. 그러나 그레고리는 멜로디를 악보에 적게 하였고 가사도 성문화하였다. 네모 점들의 음자리표가 이때부터 중세 1,000년간 사용되었고 15세기 이후 동그란 음자리표로 바뀌었다. 이로써 '그레고리 성가(Gregorian Chants)'라고 부르는 아름다운 단선율 노래들이 많이 작곡되었다. 특히 그의 권고로 많은 교회에 성가대가 조직되고 음악 교육도 시작되었다.

교황 그레고리는 인품, 자선, 교육, 신앙, 그리고 음악을 통해 위기의 시대에 소망을 제공했다. 그는 높아지려고 하는 이들에게 이렇게 말했다.

"세상에서는 신분이 올라감으로써 높은 곳에 이르지만 우리는 사랑 안에 낮아짐으로써 높은 곳에 도달합니다."

(Gregory the Great, *Be Friends of God: Spiritual Reading from Gregory the Great*, 1990, 58.)

중세 교황들에 대한 오해

중세의 불행은 중세의 첫 교황 그레고리가 중세 1,000년 동안 가장 위대한 교황이었다는 점에 있다. 이 진술은 이후 교황들이 능력이나 인품에서 그에 현저히 미치지 못했음을 뜻한다. 때로는 교황이 되지 말았어야 할 인간들이 오히려 직위를 탐해 중세 사회를 더 혼란케 하였다. 중세를 시작한 교황이 중세의 가장 큰 인물이었다는 사실은 중세사의 안타까운 일면이다.

그레고리 대교황은 공로 구원설, 연옥설, 그리고 성자 존경을 말하여 사실상 중세 신앙의 기초를 마련했다. 그레고리는 입으로만 신앙을 고백하고 삶은 탐욕에 매인 형식적인 신자들을 향해 선행이 구원의 필수임을 강조하였다. 또 죄를 선행으로 다 갚지 못하면 연옥에서라도 반드시 갚아야 천국에 간다고 가르쳤다. 사실 이 사상은 당시 상황에서 긍정적인 기능을 수행했으나 시대가 흐르며 의도들은 경시되며 미신적으로 적용되었다. 때문에 선행 구원론, 연옥설, 성자 숭배는 중세의 대표적인 부정적 교리들이 되었다.

한편 중세는 교회나 교황이 절대적 권한을 행사한 시대라고 알려져 있다. 그러나 이는 전적으로 오해요 무지이다. 중세 초기 그레고리 같은 대교황도 절대적 권력과 부귀를 행사하지 못했고 중세 대부분의 시대도 마찬가지였다. 또 중세 중반까지 수세기 동안 많은 교회들은 국왕의 권력 아래 예속되었다. 실제 교황권이 절정에 달해 정치를 지배했던 때는 1077년부터 1200년대 중반까지 중세 1,000년 중 200여 년 정도에 불과했다. 교황이 황제를 선택한 경우보다 황제가 교황 임명에 간섭한 사례가 현격히 많았다. 물론 중세는 교황 지상주의를 시도하였지만 실현하지 못했기에 전반적으로 교황의 절대 시대가 아니었다.

중세의 교양서들: 아우구스티누스와 보에티우스

중세에서 가장 많이 읽혀진 책은 물론 성서였다. 성서는 신앙뿐 아니라 이성을 위한 지혜서이기도 하였다. 『고백록』과 『신의 도성』 등 아우구스티누스의 저작들도 인기가 있었다. 그레고리 교황이 집필한 『성자 베네딕트의 생애』도 애독서였다. 폭력과 갈등이 일상이었던 일반인들에게 성자들의 거룩한 삶은 닮고 싶은 동기와 목표를 제공하였다.

수도사들은 플라톤이나 아리스토텔레스의 책들도 읽었다. 많은 신학 용어들은 바로 고대 철학에서 빌려왔다. 철학의 'philosophy(필로소피)'는 'phileo(사랑하다)'와 'sophia(지혜)'의 합성어이다. 그러므로 철학은 지혜를 사랑하고 추구하는 학문이었다. 기독교도들은 예수를 지혜의 인격체로 보아 '소피아(Sophia)', 즉 지혜자로 불렀고 이는 많은 교회들의 명칭이 되었다. 그 예로 콘스탄티노플(이스탄불)에 성 소피아 대성당이 있고 러시아의 기원이 되는 키예프에도 성 소피아 성당이 세워졌다.

투옥된 '철학의 위안'의 저자 보에티우스
- by Gregorius of Genoa

보에티우스(Boethius, c. 480-524)

의 책은 학식 있는 자들의 필독서였다. 그는 서로마 멸망 후 동고트 족이 로마시를 지배할 때 관리로 일했다. 또 그의 아들은 집정관이었다. 보에티우스가 쓴 『철학의 위안(Consolation of Philosophy)』은 아우구스티누스의 저술에 버금가는 작품이었다. 동고트족과 비잔틴 동로마 제국과의 관계가 악화되자 524년 보에티우스는 반역자로 몰려 처형당했다. 그는 다음과 같은 경구를 남겨주었다.

"선한 사람은 언제나 강한 자이다. 반면 악인은 언제나 약한 자이다. 선은 기어코 승리하고 보상받기 때문이다."

(Aricus Boetius, *Consolation of Philosophy*. IV.i.)

스페인의 빛: 세비야의 이시도르

중세 학문은 보에티우스의 지성을 계승한 스페인의 위대한 학자 세비야의 이시도르(St. Isidore of Seville, 560-636)를 통해 진보하였다. 580년경 이시도르는 청년기에 이미 뛰어난 학자로 인정받았고 사제가 된 후 30년 동안 세비야의 주교로 사역하였다. 그는 서고트족이 스페인을 점령해 왕국을 세우는 것을 목격해야 했다. 그러나 이시도르는 서고트족에게도 인정을 받았고 당대 최고의 학자로 추앙되었다. 이시도르는 고트족과 반달족들에 관한 기록을 자세히 남겨 고대 역사 연구에 기여하였다.

이시도르가 세계 지성사에 공헌한 것은 크게 두 가지 면에서다. 첫째는 '집약' 의미의 『수마(Summa)』라는 대백과사전을 편찬한 것이다. 이 책은 448장에 20권으로 구성되어 당대 지식을 총망라한 중세 최고의 교과서였다. 또한 철학뿐 아니라 동물, 식물, 지리, 광물 등도 깊이 다루었고 오락과 음식도 논하였다. 각 학문의 연관성과 지식의 통합을 추구한 작품이었다. 중세에서 만약 누구든지 그의 저작에 의존하지 않고 지식을 쌓으려면 이슬람 저서들을 직접 번역해 읽는 수밖에 없었을 것이다.

둘째는 이시도르는 학문을 문법, 수사, 변증, 수학, 기하, 음악, 천문의

7개의 일반 분야와 의학, 법학, 역사학(연대기) 등의 3개의 전문적 과목으로 분류하였다. 물론 이시도르 이전에도 유사한 분류는 존재했지만 그의 명성으로 이 분류가 정론으로 확정되었다. 이 방대한 책이 인쇄기가 없던 중세에 보급 될 수 있도록 지성사에 공헌한 이들은 또 있었다. 그들은 바로 추운 겨울 열기 없는 조그만 골방(cell)에서 얼어붙어 감각 없는 손을 불어가며 수많은 책들을 필사했던 수도사들이었다.

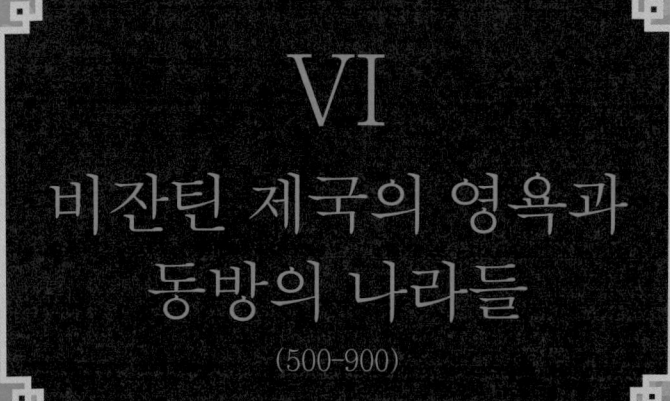

VI
비잔틴 제국의 영욕과 동방의 나라들
(500-900)

서로마의 멸망 후 동로마는 정통성을 계승하며 비잔틴 로마 제국으로 불리게 되었다. '비잔틴' 명칭은 수도 콘스틴티노플의 옛 이름 '비잔티움(Byzantium)'에서 나왔다. 이 도시가 중심이 된 로마 제국이라는 의미이다. 비잔틴 제국, 비잔틴 로마 제국, 동로마 제국 등 모두 똑같은 제국을 가리키는 이름들이지만 엄밀히 논하면 "비잔틴 시대"는 주후 5세기 이후부터 멸망하는 15세기까지의 천 년을 가리킨다. 이 제국의 전성기는 500년대였고 이후는 쇠락의 길을 걸었다.

 에티오피아와 아르메니아는 변방의 보석 같은 나라들로 생존을 위해 많은 고난을 견뎌야 했다. 동로마에서 벗어난 네스토리우스 종파는 놀랍게도 중국에까지 이르러 당나라의 전성기와 함께하였다. 비잔틴 제국의 숙적 페르시아 제국은 의외로 이슬람 아랍 제국에 멸망당해 사라졌고 이슬람 문화는 8세기 이후 세계로 퍼졌다.

1. 황후 테오도라와
   대제 유스티니아누스의 영광의 시대

비잔틴 제국의 정치적 상황

476년 서로마 제국이 멸망하고 프랑크 왕국이 성장하는 대격변기에 동방에는 황제 제노(r. 474-491)가 다스리고 있었다. 그의 치세는 안팎으로 도전에 직면했다. 야만족들의 위협은 계속되었고 교회는 여러 공의회들로 분열을 거듭했다. 제노 황제는 연합령(Henotikon)을 공포하고 칼케돈파와 비칼케돈파로 나뉜 제국의 교회 분열을 치유하려 했다. 그러나 이 시도는 양측의 반대에 부딪혀 좌절되었다. 제노의 통치는 그럼에도 불구하고 동로마의 안정을 세우는데 기여하였다. 그는 병사한 것으로 보이지만 일설에 의하면 술 중독으로 정신병이 들어서 황후 아드리아네(Adriane)가 산채로 관에 넣어 죽였다고 한다. 491년 제노가 죽고 나서 황후는 존경받는 궁정관리 아나스타시우스(Anastasius)를 비잔틴 로마의 황제로 추대했다.

아나스타시우스는 서유럽에서 큰 왕국을 이룬 클로비스에게 면류관을 선물한 황제였다. 평범하나 평판이 좋았던 아나스타시우스는 왕위를 세 명의 조카 중에서 한 명에게 물려주기로 생각했다. 후계자를 고르는 방법을 놓고 고심하던 중 그는 세 명을 동시에 불러 다음날 가장 먼저 오는 이를 선택하기로 하였다. 다음날 궁궐에 가장 먼저 입성한 이는 돼지 치기 집안에서 태어나 군인으로 성공한 조카 유스티누스(Justinus, r. 518-527)였다. 518년 아나스타시우스가 죽자 당시 친위대장이던 유스티누스는 68세의 나이에 황제가 되었다. 유스티누스도 제위를 조카에게 물려주었다.

비잔틴 로마 제국의 최전성기는 바로 A.D. 500년대였는데 정작 이 전

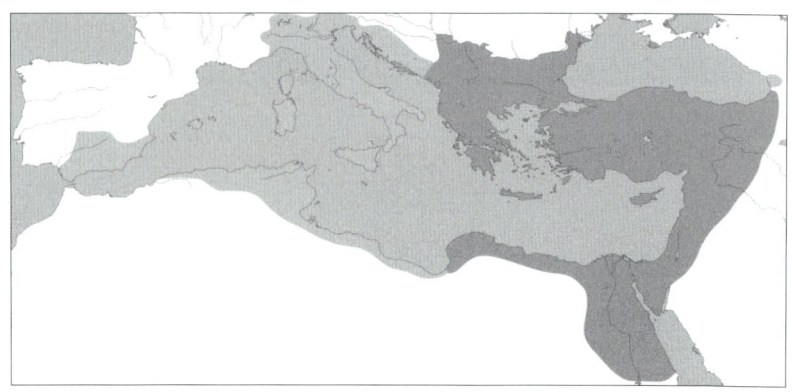

유스티니아누스 대제의 비잔틴 로마 제국 - 이탈리아 인근 흐린 색은 복속 영토
- by Atlas historique de Georges Duby

성기는 유스티누스 황제가 아니라 그 세기의 절반을 주도한 그의 조카 부부에 의해서 이루어졌다. 그들은 바로 유스티니아누스(Justinianus: 483-565)와 테오도라(Theodora: c. 500-548)였다.

거리 무희에서 제국 황후까지

테오도라는 A.D. 500년 시리아에서 태어났으나 부모를 따라 콘스탄티노플로 이주했다. 그녀의 이름은 "하나님의 선물"이라는 고상한 뜻을 지녔으나 삶은 전혀 고상하지 못했다. 당시 최고 인기를 모았던 경기는 바로 전차 경주였다. 테오도라의 아버지는 경기장의 서커스 단원으로 곰 조련사였고 어머니는 춤추는 무희였다. 빼어난 미모를 가진 테오도라는 어린 나이에 길거리의 배우가 되었다. 그녀는 광대처럼 얼굴에 흰 칠을 하고 벙어리 연극을 하며 외설스런 몸짓으로 사람들을 웃겨야 했다.

테오도라는 십대 후반에 로마 관리의 첩이 되었다. 그러나 이 관리를 따라 알렉산드리아로 이주했던 테오도라는 일 년도 못되어 거리에 버려진 신세가 되었다. 큰 곤경에 처한 테오도라는 어느 날 알렉산드리아 변두리에 있는 어느 집 문을 두들겼다. 집 주인 티모시(디모데)는 로마 제국 내에서 이단으로 정죄된 알렉산드리아 기독교도들을 이끄는 지도자였다. 선한 사람이었던 그는 테오도라에게 많은 도움을 주었고 이에 감복된 테오도라는 기독교도가 되었다. 티모시는 테오도라가 수도 콘스탄티노플로 돌아갈 수 있도록 후원해 주었다.

귀경한 테오도라는 정숙한 여인으로 변화되었다. 환락의 과거는 버리고 베를 짜 옷을 만들기 시작했다. 그녀가 만든 옷은 전차 경주에 사용되는 것들이었다. 당시 전차 경주는 오늘날의 세계적 스포츠처럼 경제는 물론 정치까지 관련되었다. 콘스탄티노플은 녹색당(the Greens)과 청색당(the Blues)이라는 두 정당이 경쟁하고 있었는데 이들은 전차 경주를 통해 대결하였다. 522년경 청색당의 열렬한 후원자였던 노총각 유스티니아누스 장군은 청색당의 옷을 만드는 22살의 테오도라를 우연히 만나 첫 눈에 사랑에 빠졌다. 끈질긴 구애 끝에 유스티니아누스는 테오도라의 마음을 얻을 수 있었다.

유스티니아누스는 유능하면서 운이 좋은 청년이었다. 그는 원래 발칸의 평민 출신이었는데 삼촌 유스티누스를 따라 군인이 되었다. 페르시아 전투와 서유럽 야만족들과의 전투에서 승리하며 유스티니아누스는 승진을 거듭하였다. 그가 테오도라를 만나기 2년 전인 518년에 삼촌 유스티누스는 황제가 되었다. 즉 테오도라는 당시 최고 권력자의 조카를 만난 것이었다. 그때의 유스티니아누스는 최고의 군사력을 자랑하며 황제가 있는 곳에는 어디든지 같이 다니는 호위 군대(Presental Army)의 사령관이었다.

황제의 조카와 길거리 천민은 로마법상 결혼할 수 없었다. 그러나 사랑을 위해 유스티니아누스는 523년 황제와 원로원을 설득하였

유스티니아누스 대제 - 라벤나 성비탈레스 성당 모자이크

고 마침내 황제는 계급 간 자유로운 결혼을 허용하는 법을 공포하였다. 그 해에 유스티니아누스는 테오도라와 결혼하였다. 2년이 지난 525년 황제 유스티누스 1세는 조카 유스티니아누스를 부황제에 임명하였다. 다시 2년 후인 527년 유스티누스는 건강이 악화되자 옥좌를 양보하고 퇴위하였다. 유스티니아누스는 황제가 되었고 테오도라는 황후가 되었다. 이 부부는 네 마리 백마가 끄는 황금 마차를 타고 수도 콘스탄티노플을 행진하여 즉위 축하식이 열리는 전차 경기장으로 입장하였다. 경기장에 가득한 수많은 시민들은 새로운 황제와 황후의 출현을 뜨겁게 환호하였다. 한때 아래 운동장에서 무희였던 그녀는 황후의 좌석에 앉아 자신의 삶을 회상하고 감격에 젖었다. 테오도라는 이 모든 일들을 정말 자신의 이름처럼 "하나님의 선물"이라고 믿었다.

사랑에서 용기까지

테오도라는 로마 제국의 황후 중에서 가장 많은 자선을 베푼 여인이었다. 그녀는 사치를 멀리하였고 황실의 재산으로 빈자 구호에 앞장섰다. 유스티니아누스 대제는 비잔틴 역사에서 가장 위대한 황제로 간주되지만 그 업적의 이면에는 테오도라의 지혜와 내조가 큰 역할을 하였다. 한때 황제보다 황후의 위상이 더 두드러지기도 했다.

이들의 삶이 한없이 평온했던 것은 아니었다. 532년 청색당과 녹색당의 정치사회적 대립은 전차 경주 대회를 통해 큰 폭력 사태로 비화되었다. 이내 수도는 화염에 휩싸이고 황실의 교회인 성 소피아 성당

성찬 포도주를 든 테오도라 황후 in St Vitales of Ravenna

도 불에 탔으며 정적들의 반란도 일어났다. 유스티니아누스는 신변 위협을 느끼고 궁궐 수비대에게 트라키아로 도주할 준비를 시켰다. 마차가 기다리는 가운데 그가 테오도라를 데리러 들어가자 오히려 그녀로부터 불같은 꾸중을 들어야 했다.

"위중한 상황에서 여인이지만 저는 말해야겠습니다. 그대는 로마의 황제입니다. 이 사태는 그대만이 수습할 수 있습니다. 어디로 도망가려 합니까? 황제께서 도망하면 재물을 가지고 목숨을 구하겠지만 평생 조롱받을 것입니다. 명예로운 죽음을 위해 안락을 버릴 수도 있어야 합니다. 적어도 저는 자주색 황포가 가장 고상한 수의(shroud)라는 경구를 믿겠습니다."

(William Safire, *Lend Me Your Ears: Great Speeches in History*, 2004, 47.)

변복하고 도망가는 졸부가 되지 말고 자주색 황포를 입고 죽음을 각오하고 맞서라는 테오도라의 송곳 같은 질책에 유스티니아누스는 군대를 움직여 반란군과 폭도들을 진압하였다. 많은 희생이 따랐으나 콘스탄티노플은 안정을 되찾았다.

솔로몬 성전에서 성 소피아 대성당까지

황제와 황후는 도시 재건을 위해 힘썼고 특히 532년부터 5년간 공사하여 불타버린 소피아 교회당을 재건하였다. 그 건축 자재들은 국제적이었다. 그리스의 녹색 대리석, 이집트의 반암(porphyry), 보스포루스 해협의 흑석 등이 사용되었고 심지어 에페소스의 아르테미스 신전의 기둥들도 뽑아왔다. 결과는 길이 82미터에 높이 55미터의 당대에 가장 크고 아름다운 성 소

성 소피아 대성당(Hagia Sophia)

피아 대성당의 출현이었다. 감격한 유스티니아누스 황제는 이렇게 외쳤다.

"솔로몬이여! 그대를 이겼도다!"

(Solomon, I have outdone thee!)

(William Rosen, *Justinian's Plea: the First Great Plague and the End of Roman Empire*, 91.)

성 소피아 대성당의 예수 모자이크화

이스라엘의 위대한 왕 솔로몬보다 더 화려한 성전을 건축했다는 자부심의 표현이었다. 성 소피아 대성당은 비잔틴 건축의 정수를 보여주는 세계적 문화유산으로 현재 터키 이스탄불에 웅장하게 서 있다. 아름다운 모자이크 성화가 건물 천장과 사면을 수놓았고 중앙의 수많은 창문들은 천상의 빛을 지상으로 쏟아내었다. 이 대성당은 유럽에서 고딕식 성당이 출현한 13세기 이전까지 600년 동안 세계에서 가장 큰 교회 건축물이었다. 모자이크는 이미 전부터 유행했지만 특히 비잔틴 제국에서 가장 인기 있었다. 화강석, 유리, 대리석, 금, 은 등의 작은 조각들 (tessera)을 잘라 석고를 바른 벽에 붙여서 모자이크화를 만들었다.

아름다운 모자이크화로 유명한 라벤나의 성 비탈레 성당 내부, 중앙 성화는 예수께서 순교자 비탈레스에게 면류관을 주는 장면
- photo by Tango7174

한편 성 소피아 대성당은 많은 시련을 겪었다. 726년 레오 황제는 성화를 혐오하였기에 대성당의 많은 장식들을 지웠다. 한 세기 후에야 다시 성화들이 복원되었다. 1453년 이슬람이 콘스탄티노플을 점령하자 수도의 운명처럼 성 소피아 대성당은 이슬람 모스크로 바뀌어 400년 동안 사용되었다. 복원된 성화들은 형상을 거부한

이슬람에 의해 또 회칠을 당했다. 그러나 놀랍게도 1935년 현대 터키 공화국의 초대 대통령 아타튀르크(Atatürk)에 의해 이 역사적 건물은 박물관으로 지정되어 일반의 관람이 허락되었다.

성 소피아 대성당 외에도 유스티니아누스 황제 부부의 기부로 제국 내에 20개에 달하는 성당들이 확장되거나 신설되었다. 에페소스에 있는 성요한 성당(St. John's Cathedral)과 유네스코에 등재된 이탈리아 라벤나의 성 비탈레(Basilica of San Vitale) 성당도 그들이 세웠다. 서유럽의 교회당들이 공중에서 보면 십자가(+) 모양인 로마네스크 양식인데 반해 비잔틴 교회당의 건물은 중앙부에 천상의 우주를 상징하는 큰 돔(dome)을 자랑하였다.

유스티니아누스의 치적

평민 출신이었던 대제는 유능한 인재들을 발탁한 뛰어난 군주였다. 정치, 경제, 사회, 군사 각 분야에서 전문성을 가진 충성스런 인물들을 등용하였다. 그의 40년 치적은 놀라웠다. 아프리카에서 아시아까지 영토를 수복하여 비잔틴의 영광을 재현했고 식수 공급을 위해 수로를 늘리고 많은 건물들을 수리해 도시들을 정비했다. 곳곳에 성벽과 요새를 건설하여 군사력을 견고히 했고 동시에 평화의 시대를 구축하여 시와 문학이 넘치게 만들었다. 농업 위주 사회에서 상업과 무역의 사회로 바뀌기 시작했다. 발칸 반도의 여러 광산에서 금과 은이 계속 채굴되어 제국의 재정을 늘렸다. 수많은 도시들과 촌락들이 번창하였고 백성들의 삶은 활기가 넘쳤다. 다만 비잔틴 제국의 적들은 변함없이 밀물처럼 오가곤 했다. 이들은 전염병과 페르시아 군대였다.

"세계의 법" 유스티니아누스 법전

현대의 법은 근대 유럽의 법에 기초하고 있고 유럽의 법은 바로 529년에 제정된 유스티니아누스 법전(Codex Justinianus)에서 크게 영향을 받았다. 유스티니아누스 황제는 제위에 오르자마자 인권 고양과 사회 안정을 위해 법령을 정비하였다. 물론 제국에는 한 세기 전에 만들어진 테오도시우스 2세의 법전이 사용되고 있었다. 그러나 이 법전은 로마인의 생활 전반을 다루지 않았고 정치적인 조항들이 다수였기 때문에 일상의 갈등을 해결하는데 크게 미진하였다. 다양한 영역의 성문법 부재로 관리들도 재판에서 주관적 판단으로 선고를 내리는 일이 허다하였다. 재판도 피고와 원고 간의 논박 대결로 승부가 나거나 아니면 부자의 편에서 판결이 선고되었다.

유스티니아누스 법전은 상기한 폐해들을 막기 위해 제정되었다. 편찬 책임은 트리보니안(Tribonian)이 맡아 14개월 동안 연구하였다. 새 법전은 네 영역으로 구분되었는데 인간과 생활에 관한 법, 자연과 사물에 관한 법, 경제와 행정에 관한 법, 그리고 범죄와 상해에 관한 법을 내용으로 했다. 이 법전의 첫 장에 나오는 법의 정의는 의미심장하다.

"제1조: 법이란 신성한 것과 인간적인 것에 대한 지식이다. 그리고 정의와 불의에 대한 지식이다."

"제3조: 법의 원칙은 바로 정직하게 사는 것, 아무도 해치지 않는 것, 모두에게 자신들의 몫을 주는 것이다."

이 법전은 여러 의의를 지녔는데 무엇보다 법의 일원화를 지적할 수 있다. 동일한 범죄에 대해 어느 지역은 벌금형을 내리는데 다른 지역은 사형을 내리는 형량의 차이도 줄어들었다. 또한 관습법 사회에서 성문법 사회로 바뀌게 되었고 법조항도 최대한 쉽고 명료하게 기술하였다. 특기할 것은 옛 로마법이 관료의 특권을 보장했다면 유스티니아누스 법전은 관료들의 부패를 줄이는데 목표를 두었다. 새 법의 시행은 재판관들의 자의적 판결을 줄이고 반드시 법전에 의거토록 했다. 법 조항과 배치되는 개인적 조례도 총독이 따로 공포할 수 없게 했다.

유스티니아누스 법전은 기독교 정신을 반영하였다. 예를 들면, 물건을 훔친 자는 마치 성경의 삭개오가 회개했던 것처럼 "네 배"로 갚도록 했고 미신적인 관습들이나 성서적 가치에 위배되는 옛 법들도 청산하였다. 노예를 죽여도 죄를 묻지 않았던 관습법을 폐지하였고 재판 없이 사적으로 노예를 죽일 시에는 주인을 엄히 처벌하도록 했다.

> 〈유스티니아누스 법전 조항들의 예〉
> - 자연법에 의해 공기, 강물, 바다, 해변은 개인이 아닌 공동의 소유이다.
> - 누구든지 자유롭게 바다에 나가 그물을 던질 수 있다.
> - 들짐승, 새, 물고기 등 바다와 공중과 땅에 사는 모든 것들을 누구든지 잡을 수 있고 잡은 자가 소유자가 된다. 물론 타인의 땅에 있는 것들은 잡을 수 없다.
> - 길가에서 나뭇가지를 자를 때는 지나가는 행인들에게 주의하라고 외쳐야 한다. 만약 경고를 하지 않아 행인이 다치면 자르는 자에게 책임이 있다.
> - 병사가 훈련 중에 창술을 연습하다 타인이 상해를 입으면 병사는 면책된다. 그러나 병영이 아닌 부적합한 장소에서 무기를 휘두르면 이는 병사의 잘못이다.
> - 성전은 거룩한 곳이므로 어느 누구도 그 물건이나 땅을 함부로 팔거나 소유할 수 없다. 그러나 노예를 다시 되찾는 등 자선 행위를 위해서는 그 기물을 팔 수 있다.
>
> (Oliver J. Thatcher, ed., *The Library of Original Sources: Vol. III: The Roman World.*)

테오도라와 "여성들의 눈물"

황후 테오도라는 유스티니아누스 법전에 역사상 중대한 영향을 끼쳤다. 여성 인권에 관한 법률들을 제정하는데 결정적인 역할을 한 것이다. 오랫동안 로마 제국에서 여성의 권리는 법적으로도 보호받지 못하였다. 그러나 유스티니아누스 법은 이러한 현실을 개선하였다. 여성을 살인한 것에 대해 작은 형벌로 처리하던 종래의 행태는 금지되고 성문법에 의거 중형에 처하도록 하였다. 또 신부가 지참금으로 가져온 돈은 신랑이 사망한 후에도 소유할 수 있도록 하였다. 무엇보다 역사상 처음으로 딸과 아들의 동등한 유산 상속권을 명문화했다. 노예 여성들의 자녀가 자동적으로 노예가 되는 종래의 신분법도 폐지하였다.

황후 테오도라는 누구보다 사창가 여인들의 재활을 도왔다. 어린 시절 길거리 무희의 삶을 통해 그들의 비참함을 충분히 보았기 때문이다. 가난과 사창 산업이라는 두 가지 사회악은 비잔틴 제국을 곪게 한 문제였다. 헐값에 시골의 가난한 어린 처녀들을 사와서 사창가(brothel)를 운영하며 큰돈을 버는 포주들이 많았다. 어린 소녀들은 심한 착취를 당하며 몸을 팔았고 몸값에 막대한 이자가 붙었기에 도저히 자유를 얻을 수 없었다. 수십만 명의 여성들이 사창 산업의 노예로 매어 있었다.

테오도라는 우선 포주의 매질과 여성 매매 행위를 엄히 금지하였다. 도시로 가면 많은 돈을 벌 수 있다는 달콤한 말로 소녀들을 현혹하여 사창가에 넘기는 인신매매범들을 처벌하였다. 또한 사창가의 여성들에게 살인적인 이자를 매기는 것을 불법으로 공포하고 그들이 팔려온 첫 금액을 빚으로만 인정하게 했다. 이를 어기는 포주들은 엄벌에 처하여 많은 여성들이 몸값을 갚고 자유를 얻을 수 있게 하였다. 황후는 이 문제가 법으로만 해결될 수 없음도 잘 알고 있었다. 그녀는 황실 재산을 기부하여 팔려온 여성들의 몸값을 대신 갚아주고 이들에게 자유를 주었고 갱생할 수 있는 보호소도 설치하였다. 여성의 권리와 복지를 위한 황후의 노력들 가운데서 사창 산업에 연관된 업자들과 싸우는 것이 가장 어렵고 힘든 일이었다.

황후에게 수많은 적대자들이 생겨났다. 그녀의 과거를 헐뜯고 비난하며 남의 재산을 강탈하는 여자라며 욕하였다. 사실 테오도라만큼 적대자와 추종자로 주변인들이 나뉜 여성은 역사에서 드물었다. 그녀의 시대에 제국의 사창 산업이 사라지지는 않았지만 적어도 여성을 인신 매매하여 죽도록 착취하는 행태는 크게 줄었다. 테오도라는 진정으로 자신이 왜 밑바닥 인생으로 출발했는지 삶의 이유를 신앙적으로 깨달았던 인물이었다. 오늘날 여성의 권리는 바로 약 1,500년 전의 테오도라의 노력에서 비로소 출발되었다고 해도 과언이 아니다.

　548년 파란만장한 삶을 살았던 테오도라는 48세에 암으로 세상을 떠났다. 유스티니아누스의 슬픔은 매우 컸다. 그들 사이에는 자녀가 없었고 대제는 18년 후 세상을 떠날 때까지 재혼하지 않았다. 황후 테오도라의 뛰어난 자질 때문에 비잔틴 황실 남자들은 평민 출신 아내를 선호하기 시작하였다. 생전에 테오도라는 알렉산드리아의 단성론자들과 교제하였다. 옛날 자신이 곤궁한 처지에 놓였을 때 도움을 받았기 때문이다. 죽기 직전 황후는 이 신도들에게 씌워진 "이단" 혐의를 재심해 줄 것을 황제에게 부탁하였다. 사실 알렉산드리아 신자들은 그리스도의 신성과 인성을 모두 믿었다. 그러나 두 본성이 그리스도에게 "그대로" 존재한다는 칼케돈 신조를 거부하고 두 본성이 "합해져" 한 본성으로 존재한다고 주장했다. 이에 단성론은 "이단"으로 규정되어 한 세기 동안 소위 "정통" 교인들에게 핍박받아 왔다.

　평소 황후는 '정통'이라는 이름만 있고 사랑의 열매가 없는 귀족 종교인들을 혐오했고 교리의 차원을 넘어 사랑의 삶을 사는 신앙인들을 존경하였다. 테오도라의 사후 5년 후인 553년 유스티니아누스는 제5차 공의회를 열고 단성론이 이단인지 재심해줄 것을 요청하였다. 대다수 주교들은 황제의 바람과 달리 단성론이 이단이라고 재확인하였다. 그때 로마의 주교는 유스티니아누스 대제에게 서신을 보내 다음과 같이 일갈했다.

　"황제의 임무는 교리를 만드는 것이 아니라 교리를 수호하는 것입니다."

　소년 시절 전차 경주에 환호했고 젊은 시기에는 군대에 정열을 쏟았으며 장년에는 법에 관심이 있었던 대제는 생애 후기에 신학과 철학에 심취하였다. 565년 11월 그는 숨을 거두고 콘스탄티노플의 열두 사도 대성당에 묻혀 한 시대를 마감하였다. 제위는 조카사위에게 물려주었다. 명백히 비잔틴 로마 제국의 천년 역사 중 최전성기는 바로 유스티니아누스 대제의 시대였으며 이 부부는 6세기 초반 세계사의 중심에 선 인물들이었다. 대제 사후 비잔틴 제국의 전성기는 다시 오지 않았고 쇠락을 향해 갔다.

"비잔틴의 대표 성자" 산타클로스

유스티니아누스는 선행의 장려를 위해 300년대 초반의 성자 니콜라스(St. Nicholas, c. 270-343)의 전승을 유행시키고 콘스탄티노플에 그를 기념한 성당을 건축하였다. 성자 니콜라스는 터키 서남부 도시 미라(Myra)의 주교였는데 점차 비잔틴 지역에서 가장 사랑받는 성자가 되었다. 그는 부유하고 경건한 가문 출신으로 어린 시절부터 수요일과 토요일에 금식하는 신실한 신자였다. 부모를 일찍 여의고 많은 유산을 상속받은 그는 파타라(Patara)의 주교였던 삼촌 집에서 자랐다. 삼촌은 그를 사제가 되게 했고 장성한 니콜라스는 미라의 주교가 되었다. 전승에 의하면 그는 수많은 선행을 베푼 인물이었다.

어느 해 겨울날 니콜라스는 길을 걷다 어느 가난한 집에서 지참금이 없어 시집을 못가는 세 자매와 아버지가 울고 있는 것을 보았다. 고대 세계에는 신랑을 얻기 위해 지참금이 필요했고, 이것 없이는 혼기를 놓쳐 시집을 못가거나 여종으로 팔려가는 경우가 많았기 때문이다. 니콜라스는 다음날 밤에 돈이 든 가죽 주머니를 굴뚝을 통해 던져주어 큰 딸이 시집갈 수 있게 하였다. 이듬해 겨울 니콜라스는 또 그 집을 몰래 찾아가 창틀에 말려놓은 양말에 은화를 넣어 둘째 딸도 시집갈 수 있도록 하였다. 삼년 째 어느 겨

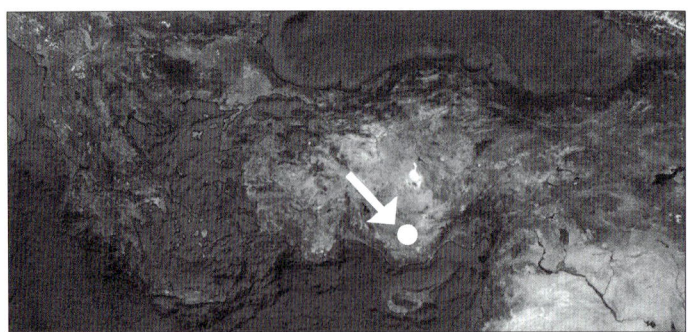

터키 서남부에 위치한 산타클로스의 유래 도시 미라

울날 니콜라스가 다시 올 것을 예상한 소녀들의 아버지는 자선의 주인공을 밝히기 위해 집밖을 지켜보고 있었다. 니콜라스가 창문을 통해 셋째 딸을 위한 돈을 집어 던지고 가자 아버지는 쫓아가 엎드려 감사를 표했다. 그러자 니콜라스는 손가락을 하늘을 가리키며 이렇게 말했다.

가난한 세 소녀의 집을 구제하는 성 니콜라스
- by Gentile_da_Fabriano

"내가 한 것이 아닙니다. 저 위에 계신 분이 하신 것입니다."

흉년이 들어 먹을 것이 귀해지자 가난한 소년들을 유인해서 살해하고 햄을 만들어 팔려는 흉악한 푸줏간 주인이 있었다. 니콜라스는 그의 궤계를 알아내고 나무 통에 갇힌 어린이들을 구출해 주었다. 또 어떤 사람이 살인죄의 누명을 쓰고 처형될 위기에 놓이자 억울함을 발견한 니콜라스는 관리에게 청하여 그를 구명해주었다. 배의 큰 돛이 쓰러져 선원들이 깔려 죽게 되자 이들을 살려냈다는 전설도 퍼졌다. 이 때문에 그는 선원들과 연안을 접한 슬라브족과 섬이 많은 그리스의 수호 성자로 추앙받았다.

성자 니콜라스의 다양한 선행은 널리 알려져 그가 세상을 떠난 12월 6일은 '세인트 니콜라스 축일'이 되었다. 그 이름은 발음이 변화되어 '산타클로스(Santa Claus)'로 불리게 되었다. 12월에는 그의 선행을 기리며 선물을 주고받는 따뜻한 문화가 생겨났는데 이는 이미 중세부터 내려왔다.

2. 정치적 비극의 순환과 성상 논쟁

뒤늦은 후회와 당부

비잔틴 제국은 두 가지 요인으로 내리막을 걸었다. 첫째는 끊임없는 왕권 다툼으로 인한 내부 분열이고, 둘째는 외적들과의 오랜 전쟁이다. 서쪽 발칸의 슬라브(Slaves)족과 아바르(Avars)족, 동쪽의 페르시아, 그리고 남쪽의 아랍 이슬람과 대결해야 했다.

위대한 유스티니아누스 대제가 세상을 떠나자 조카사위인 유스티누스 2세(Justin II, d. 578)가 제위를 계승하였다. 유스티누스 2세는 그 넓은 영토로도 만족하지 못하고 유프라테스강 동편 정복을 원했다. 때문에 선왕이 유지한 페르시아와의 평화를 깨고 무리하게 동방 원정을 추진하였다. 실상 그는 전쟁 수행으로 재임 기간을 다 허비했다. 당연 제국은 약화되고 황권은 추락하였다. 574년 유스티누스 2세는 건강까지 악화되었고 모든 의욕도 잃었다. 그가 참으로 잘한 일은 좋은 후계자를 선택한 것이었다. 백성들의 존경을 받고 있던 친위대장 티베리우스 2세(Tiberius II, d. 582)를 지명한 것이다. 새 황제는 전부터 가난한 자들을 많이 도운 자선의 사람이었다. 유스티누스 2세는 마지막 숨을 거두며 후임 티베리우스 2세에게 다음과 같이 당부하였다. 영광과 좌절의 날들을 보낸 군주의 퇴임 당부는 진심어린 것이었다.

자선으로 존경받은 티베리우스 2세 황제의 주화
- by Tataryn77

"보라! 그대는 이제 최고 권력의 표장을 받게 된다. 그대는 이를 나의 손이 아닌 하나님의 손으로부터 받는 것이다. 나는 한 인간으로 죄인에 불과하기에 징계를 받고 있으며 곧 그리스도의 심판대에 설 것이다. 나는 왕관의 영광에 현혹되었으나 그대는 현명하고 겸손해라. 백성들과 노예들을 권위로 다스리되 부모처럼 부드럽게 대하라. 또 네 몸처럼 그들을 사랑하고 사랑받도록 노력하라."

(Edward Gibbon, *History of the Decline and Fall of the Roman Empire*, 4: 297)

티베리우스 2세는 이 당부를 진실로 지키고자 노력했다. 사실 그는 성품으로만 평가하면 로마 황제들 중 가장 인격적이고 자애로운 군주였다. 같은 이름이지만 A.D. 1세기 예수 시대의 황제 티베리우스와 A.D. 6세기의 황제 티베리우스는 하늘과 땅처럼 달랐다. 전자는 살인의 제왕이었고 후자는 선행의 제왕이었다. 티베리우스 2세의 주된 임무는 제국 재정으로 복지 사업을 하는 것이었다. 굶주린 자들은 빵 배급을 받기 시작했고 병든 자들은 치료를 받게 되었다. 포로로 잡혀간 군인들은 정부가 내준 몸값으로 다시 귀환할 수 있었다. 또 세제도 정비하여 과도한 징세를 삼갔다. 재정이 심하게 줄어들자 전임 황제의 황후 소피아는 티베리우스 2세의 과도한 자선을 나무랐다. 이에 황제는 이렇게 대답했다.

"저는 가난한 자들에게 도움을 주고 또 포로들을 되사오는 일을 계속할 것입니다. 저의 재산은 바로 그들입니다. 주님께서 '천국에 너희의 보물을 쌓아두라' 하셨기 때문입니다."

황제는 부하들로부터 전혀 뇌물을 받지 않았다. 상납 액수보다 몇 배로 백성들을 수탈할 것을 우려하여 애초부터 거부했다. 일부 백성들은 황제가 비밀 은광을 소유하여 재산이 넉넉하기 때문이라고 헛짚기도 했다. 섭정 역할을 하던 소피아는 이런 황제가 맘에 들지 않아 전복시키려는 음모를 꾸몄다가 발각되었다. 그러나 너무나 착한 티베리우스 2세는 그녀와 역도들도 용서해주었다. 582년 그는 질병으로 재위 8년 만에 세상을 떠났다. 그의 사망은 비잔틴 제국에 불운이었다. 죽기 직전 그는 사위 마우리키우스(Mauricius, d. 602)를 후계자로 지명하고 이렇게 당부했다.

"나의 딸과 제국을 함께 그대에게 넘기네. 늘 공평과 정의를 사랑하도록 힘쓰게나."

그러나 티베리우스 2세의 애정 어린 당부는 전혀 계승되지 않았다. 마우리키우스(모리스)는 함량 미달의 인물로서 선왕과 정반대로 지극히 인색하였다. 전쟁터 병사들의 급료까지 떼먹었고 포로로 잡힌 로마군을 되사오는 생각조차 안했다. 군대는 마우리키우스 황제에게 항의단을 보내 약속 이행을 촉구했다. 이때 항의단 중 장교 포카스(Phocas, r. 602-610)는 마우리키우스 황제에게 직접 뺨까지 맞았다. 굴욕을 당한 포카스는 복수를 다짐하고 끝내 쿠데타로 정권을 잡았다. 체포된 마우리키우스는 자신의 눈앞에서 다섯 아들들이 포카스에 의해 죽임을 당하는 것을 본 후에 그도 역시 처형당했다. 황제 포카스의 초반은 세금도 감면하고 개혁도 시도하는 등 출발은 좋았다. 그러나 그는 정치 기반이 약하고 사람을 신뢰하지 못했기에 권력 유지를 위해 너무 많은 사람들을 살해하였다. 도처에 정적들이 생기자 6년 통치한 그의 폐위는 시간 문제가 되었다.

헤라클리우스의 전쟁들

610년 아프리카 총독의 아들 헤라클리우스(Heraclius: d. 641) 장군은 반란군을 이끌고 수도 콘스탄티노플을 점령한 후 인기가 바닥인 포카스를

페르시아 군과 비잔틴 황제 헤라클리우스 군대의 전투 -by Piero della Francesca c 1452

몰아내었다. 권좌는 헤라클리우스가 차지하였고 이 과정에서 폐위된 포카스와 거친 대화를 주고받았다.

"포카스, 너는 이것을 통치라고 했는가? 이 쓰레기 같은 인간!"

"그러는 당신은 나보다 더 잘할 거라고 생각하는가?"

성난 헤라클리우스는 그 자리서 직접 포카스를 죽이고 시신을 불태웠다. 새 황제는 제위에 30년간 있었는데 통치 면에서는 포카스보다 훨씬 뛰어났다. 아르메니아 출신이었던 그는 제국의 공식어를 라틴어에서 헬라어로 바꾸었다. 또한 내부 단결을 위해 각 정파의 화합을 추구하였다. 당시 수십만의 시리아인들은 유티케스파를 따르는 단성론자들이고 수백만의 알렉산드리아 신자들은 또 다른 부류의 단성론자들이며 수천만의 북부 지역 백성 다수는 칼케돈 정통파였으므로 제국은 교리적으로 갈라져 있었다. 고도로 지성적이었던 헤라클리우스 황제는 갈등을 해결하고자 모든 종파들의 중간 입장인 "단의론(Monothelitism)"을 내었다. 이는 그리스도께 두 본성이 있으나 발현되는 의지(Will)는 하나라는 이론이다. 즉 두 본성이 있되 통일성을 지닌 그리스도를 제시한 것이다. 그러나 모든 종파들은 잠시 흥미를 보이다가 곧 거부하였다. 제국의 통합을 추구한 그의 시도는 끝내 실패하였다.

600년대 초반 페르시아 군대가 비잔틴 제국을 침공하였다. 이들은 예루살렘을 공격해 성묘 교회당에 세워진 "참 십자가(True Cross)"까지 탈취하였다. 627년 헤라클리우스는 니느웨 전투(Battle of Nineveh)에서 페르시아 군대에 대승을 거두고 각지를 휩쓸었다. 십자가도 다시 되찾아와 황제는 예루

참 십자가를 들고 예루살렘을 행진하는 헤라클리우스 황제 -by Matin Bernat

살렘에서 이를 직접 메고 행진까지 하였다. 한편 패장인 페르시아 황제 코스로우 2세(Khosrau II)는 부하들에게 암살을 당하였고 페르시아 제국은 내적 문제와 외적 위기로 와해 직전에 놓였다. 페르시아는 비잔틴 로마를 다시 넘볼 수 없는 상태에 빠졌지만 로마 군대의 희생도 컸다.

A.D. 636년, 단합하지 못한 제국을 이끄는 헤라클리우스 황제는 놀랍게 단결된 새로운 강적을 만났다. 바로 이슬람교로 개종한 아랍 전사들이었다. 역사상 처음으로 로마 군대와 이슬람 군대가 시리아 야르묵 Yarmouk)강에서 조우하였는데 이 전투는 예상외로 로마군의 대패로 끝이 났다. 이후 비잔틴 제국은 지속적으로 쇠락하기 시작하였다. 페르시아로부터 겨우 수복한 예루살렘은 이번에는 이슬람 수중에 넘어갔다. 헤라클리우스는 "참 십자가"를 콘스탄티노플로 옮기게 하였다. 비잔틴 로마군 11만 명은 계속 북진해오는 이슬람 군대를 시리아에서 간신히 막아내었다. 그나마 이것으로도 헤라클리우스의 역량은 인정할 만했다. 하지만 비잔틴 제국은 영토 절반을 상실했고 아랍 이슬람의 영토가 더 커진 상태였다. 641년 헤라클리우스는 설상가상으로 아들들의 권력 다툼을 지켜보며 격동의 생을 마감했다.

황궁에서 수도원까지

40년의 혼란기가 지나고 685년 증손자 유스티니아누스 2세(Justinianus II)가 16살의 나이에 황제가 되었다. 그의 이름의 모델인 150년 전의 옛 유스티니아누스 대제는 위대한 통치자였지만 정작 이 후대는 욕심만 큰 독재자였다. 종국에 유스티니아누스 2세는 부하 장군 레온티우스(Leontius)의 정변에 의해 코 베임을 당하고 수도원에 유폐되었다. 그러나 타인의 코를 베었던 레온티우스도 4년 만에 티베리우스 3세에게 제위를 빼앗기고 자신도 코 베임을 당하고 수도사가 되어야 했다. 이때 수도원에 갇혀 있던 유스티니아누스 2세가 불가리아 군대의 후원으로 다시 복위에 성공하여 자신의 코를 벤 레온티우스와 티베리우스 3세 두 사람의 목을 쳤다. 그렇지만 695년에 천신만고 끝에 복권된 유스티니아누스 2세는 이번에는 필리피쿠스(Philippicus, d. 713)의 반역으로 또 다시 모든 것을 잃고 살해되었다.

새 황제 필리피쿠스도 2년 만에 수도 인근의 옵시키온 총독 테오도루스(Theodorus)의 반란으로 실권하고 장님이 되어 수도사가 되었다. 총독 테오도루스는 궁정 비서 아나스타시우스(Anastasius II, d. 719)를 황제로 추대하였으나 오히려 새 황제는 위험스런 테오도루스를 장님으로 만들고 수도원에 넣었다.

아나스타시우스 황제도 2년 만인 715년 테오도시우스 3세(Theodosius III, d. 717)의 반란군을 맞게 되었다. 이때 콘스탄티노플의 대주교 게르마누스는 이미 반란군의 세력이 압도적인 것을 확인하고 불행한 사태를 막기 위해 아나스타시우스 황제를 설득하여 퇴위시키고 수도사가 되게 하였다. 그러나 수도원에 들어간 지 3년 후인 719년, 퇴임 황제 아나스타시우스는 옛 권력을 못 잊고 도발을 했다가 처형되었다. 황제 테오도시우스 3세는 레오 3세(Leo III, d. 741)에게 도전받자 스스로 제위에서 물러나 아들과 함께 수도사가 되었다. 지혜롭게도 테오도시우스는 에페소스의 주교가 되어 권좌 투쟁에서 거리를 두었다.

황궁에서 낙원처럼 누리던 이들이 수도원 두 평의 방에서 홀로 수련하기란 너무나 힘든 것이었다. 궁궐의 삶과 달리 광야의 삶은 자발적 포기의 마음으로만 행복을 느끼기 때문이다. 일부 황제들은 성경을 들고 수도사로서 새 삶을 살았으나 소수는 궁궐을 잊지 못하고 다시 칼을 잡아 파멸로 향했다. 비잔틴 황궁의 반복적 비극의 역사는 11세기에 또 재현되었다.

성상과 우상의 대결

레오 3세는 반란으로 실권하지 않고 오랜만에 제위를 아들에게 물려

준 황제였다. 그러나 그는 전혀 다른 종류의 대적들을 만났다. 수년간 계속된 가뭄과 매해 발생한 극심한 전염병이었다. 백성들의 삶은 처참해지고 군대도 밀린 월급의 지불을 요구하며 파업하며 위협하였다. 설상가상으로 717년 아랍 이슬람 군대가 콘스탄티노플을 침공해오고 있었다. 낙담한 36세의 레오 3세는 성 소피아 대성당에 들어가 엎드려 하늘의 도움을 기원하였다. 1년을 포위하고 공략을 시도한 아랍군은 그 해 겨울 유난히 혹독했던 추위에 큰 피해를 입고 퇴각하였다. 비잔틴 제국은 문자 그대로 "하늘의 도움"으로 간신히 막아 낸 것이었다.

레오 3세는 제국에 왜 이런 위기들이 연속되는지 스스로 물었다. 그리고 그 답은 성화나 조각상을 만들어 숭배하는 제국의 죄 때문이라고 결론 내렸다. "형상을 만들지 말라"는 구약의 십계명을 어긴 범죄를 저질렀다는 것이다. 비잔틴 제국에서 이미 수백 년간 유행해왔던 성화나 조각상 등은 백성들에게는 예수나 성자들의 모습을 담았으므로 "거룩한 상", 즉 성상(icon)이었으나 레오 황제에게는 혐오스런 우상(idol)에 불과하였다. 황제는 모든 성화들을 회칠하여 지우고 거리의 석상들을 제거할 것을 명하였다. 콘스탄티노플의 중심에 세워진 거대한 예수상을 비롯하여 성모상들과 성자상들이 군인들의 망치질에 모두 파괴되었고 이를 반대하는 자들도 다 처벌받았다.

레오 3세에 이어 후임 황제들도 반세기가 넘도록 성상 파괴 정책을 계속하였다. 이와 반대로 많은 사제들은 성상의 긍정적 기능들을 강조하며 파괴에 강력 반발하였다. 사실 오랜 동안 비잔틴 수도원들은 성화를 제작 판매하면서 막대한 수입을 올려왔기 때문에 일면에서 성상 금지령은 이들에게 큰 경제적 손해를 안겨주었다. 또 일반 대중도 미신적 태도로 인해 성상 소지를 좋아하였다. 결국 "성상 옹호론자(Iconophiles)"들과 "성상 파괴론자(Iconoclasts)"들의 첨예한 대립은 제국을 더 분열시켰다. 레오 3세에 맞서 성상을 강력히 변호했던 학자는 바로 다마스쿠스 출신의 요한(John of Damascus, c. 676-749)이었다.

성상을 옹호한 다마스쿠스의 요한

다마스쿠스 요한(존)은 특이한 배경의 소유자였다. 원래 그의 이름은 이슬람식으로 지은 이븐 사르준(Ibn Sarjun)이었으나 훗날 '요한'으로 개명했다. 그의 아버지 이븐 만수르(Ibn Mansur)는 아랍인 기독교도였지만 뛰어난 능력으로 이슬람 옴미아드 왕조의 칼리프 밑에서 고위 관리로 일했다. 아버지는 아들 요한의 교육을 위해 포로로 붙잡혀온 학식 있는 시실리인 코스마스(Cosmas)를 가정 교사로 고용했다. 요한은 헬레니즘의 철학, 로마의 문학, 유클리드 기하학, 아우구스티누스의 신학, 그레고리의 음악까지 공부한 수재였다. 아버지가 세상을 떠난 후에 관리 직책을 이어받았지만 기독교 신앙이 깊어지자 이를 사임하고 베들레헴 근처 광야에 있는 마르사바(Mar Saba) 수도원의 수도사가 되었다.

성상을 옹호한 다마스쿠스의 요한 (676-749)

다마스쿠스의 요한은 성상 옹호에 관한 여러 저술을 내었다. 그는 성서 속에 등장하는 많은 상징들에 주목하였는데 예를 들면, 아브라함에게 "하늘의 별처럼 많은 자손"을 주시겠다는 말씀에서 별이란 '가시적' 상징이 사용됨을 지적하였다. 바로 이러한

다마스쿠스의 요한이 수도했던 유대 광야의 마르 사바 수도원-by Effib

성서 속 상징들이 성화 사용의 정당한 근거라고 추론한 것이다. 또한 예수의 성육신 자체도 가시적인 것을 배척하지 않는 신적 의지를 나타낸다고 믿었다. 다마스쿠스의 요한은 '성상 파괴자' 황제 레오 3세에게 미움을 받아 큰 곤경을 치렀으며 749년까지 마르사바 수도원에서 여생을 마쳤다.

복원된 성상과 축소된 제국

다마스쿠스의 요한이 세상을 떠난 지 한 세대인 787년, 종국에는 성상 옹호자들이 승리하였다. 콘스탄티노플에서 공의회가 열려 성화나 석상은 예배(worship)가 아닌 "숭모(veneration)"의 대상으로서 사용될 수 있음을 선포하였다. 이 결정에는 다마스쿠스의 요한의 사상이 큰 역할을 하였다. 700년대 후반 비잔틴 로마 제국의 유일한 여제였던 이레네(Irene)는 공의회 결정을 추인하여 공식적으로 성상을 복원시켰다.

중세에서 성상은 문화적, 종교적, 경제적 측면과 연관되며 여러 기능을 수행했다. 첫째로 성상의 교육적 기능을 지적할 수 있는데 대부분 문맹이었던 중세인은 그림과 조각들을 통해 성서를 더 많이 배웠다. 사실 인류가 문자의 보편 교육을 받은 것은 근대에 일어난 일로서 중세에 왕들은 물론 90% 이상의 사람들이 글을 몰랐다. 때문에 그레고리 교황도 성상을 가리켜 "가난한 자들의 책(Book of the Poor)"이라고 불렀다. 둘째로 성상을 통해 중세인은 천상의 것들에 집중할 수 있었다. 이점에서 성화는 그림 저 너머 영원한 실재를 바라보는 "창문"이었다. 그러나 일반 대중은 성상에 자체로 신비한 힘까지 있다고 믿었다. 성화를 소지하면 성자들의 영적 공로와 기운이 전달된다고 여기며 성상에 입을 맞추었다. 분명한 것은 학자들의 긍정적 설명과는 별개로 일반 대중은 성화를 이미 부적처럼 미신적으로 사용하였다.

한편 서유럽 교황들은 대체적으로 성상을 옹호하였다. 동방 교회는 성상 중에서 성화를 더 많이 사용했고 서방 교회는 조각상을 애용하였다. 성상은 복원되었지만 비잔틴 제국과 동방 기독교는 더 약화되었다. 청빈과 고독의 삶을 사는 사막 수도사들도 점점 줄어들었고 희생적인 대주교도 출현하지 않았다. 비잔틴 교회는 자신들만 정통으로 주장하면서 조그마한 논리적 오류를 흠잡아 주변 교파들을 배척하였고 때로는 무력으로 압박하였다.

이슬람 세력이 출현하자 많은 민족들은 새 종교를 선택했고 비잔틴 제국의 반대편에 섰다. 640년경 아랍의 옴미아드 왕조는 비잔틴의 이집트와 시리아를 빼앗았고 이어서 들어선 페르시아의 아바스 왕조는 760년 아나톨리아 반도, 즉 소아시아(터키)의 동부를 차지했다. A.D. 1000년이 되었을 때 비잔틴 제국은 원래 영토의 3분의 1만 남는 약소국으로 전락해 있었다.

3. 비잔틴 제국의 혼란과 쇠락

"60세의 20대 여인" 조에의 권력

1000년대 비잔틴 제국은 내우외환을 또 겪게 되었다. 셀주크투르크는 침공을 거듭했고 발칸 반도의 민족들은 반기를 들었으며 서유럽의 교황은 적대적으로 변했고 더욱 심각하게도 정치적 내부 반란까지 반복되었다. 거의 100년 동안 제위는 끊임없는 혈투의 목표였기에 황제들은 세상을 지배하다 물러나면 수도사로서 세상을 등지는 운명을 또 반복하였다.

이 황당한 혼란기는 가장 세간의 논란이 되었던 여제 조에(Zoe, 978-1050)로부터 시작되었다. 1028년 콘스탄티누스 8세 황제가 아들 없이 사망하자 공주 조에가 제위에 올랐다. 그녀는 유럽의 군주들과 수차 혼인의 얘기가 오갔으나 성사되지 못해 나이 50이 되도록 처녀로 지냈다. 13세기 비잔틴 역사가 프셀로스(Psellos)의 기록에 의하면 그녀는 제국에서 가장 아름다운 여인이었다. 그녀는 세계의 수많은 사치품들을 방에 넘치도록 수입하였는데 그중 비법으로 제조된 화장품을 애용하여 50세가 넘어도 20대 여인의 피부를 유지하였다. 50세의 조에는 제위에 오르자마자 시집을 갔고 이후로도 두 번이나 더 결혼했다. 그녀의 세 남편들은 차례로 공동 황제가 되었다.

조에의 첫 남편은 로마노스 3세(Romanos III)였다. 나이 많은 그녀는 로마노스의 아이

세 명의 남편들과 결혼한 황후 조에
- 성 소피아 대성당 모자이크

를 갖는데 실패하여 두 사람 사이는 멀어졌다. 공동 황제로 함께 비잔틴 제국을 통치하는 로마노스와 조에는 부부가 아닌 차라리 원수 사이에 더 가까웠다. 이들은 서로를 없애려 시도했는데 먼저 제거된 쪽은 의문의 죽음을 당한 남편이었다. 로마노스가 죽은 바로 그날에 조에는 미카엘 4세와 결혼하였다. 새 남편은 더 형편없는 인물로서 그 역시 아내의 권력을 뺏으려다 갑자기 사망하였다. 그녀는 60이 훨씬 넘은 나이에 또 결혼하였다. 세 번째 남편은 콘스탄티누스 9세였다. 이번에는 아예 조에가 마음을 비우고 새 남편에게 권력을 다 양보했다. 파란만장한 생애를 보낸 그녀는 수년 후 세 번째 남편보다 먼저 세상을 떠났다.

황제에서 수도사로

1056년 콘스탄티누스 9세가 사망하자 조에의 여동생이 다스렸으며 이후 미카엘 6세가 왕위에 올랐다. 부하 장군 이삭(Isaac)은 미카엘에게 모욕을 당하자 반란을 일으켜 정권을 찬탈하였다. 밀려난 미카엘 6세는 복수를 생각하다 대주교의 조언에 따라 정치에서 은퇴하고 수도사가 되었다. 새 황제 이삭 1세는 돈을 무척 좋아해 수도원의 재산까지 탐했다. 어느 비오는 날 군영에서 그는 번개가 떨어져 옆의 나무가 부러지는 것을 목격하고 두려움에 휩싸여 자신의 죄를 새삼 깨달은 후 정치에서 손을 떼었다. 이삭 1세는 건강이 악화되어 50세에 죽었고 부하로서 후계자였던 콘스탄티누스 10세가 황제가 되었다.

노인 황제 콘스탄티누스 10세는 제국의 쇠락만 목도하다 세상을 떠났다. 그가 한 일중 가장 특이한 것은 아내에게 자신의 사후 재혼하지 않겠다는 서약을 강제로 시킨 것이었다. 그러나 이를 우습게 생각한 황후는 남편이 사망하자 바로 로마노스 4세(Romanos IV, r. 1068-1071)와 결혼하였다. 로마노스 4세는 당시 반역죄로 목숨을 잃을 위기에 처했으나 미망인 황후의 눈에 들게 되어 죄수에서 순식간에 황제가 되는 엄청난 신분 상승을 누렸다.

그러나 황제 자리도 결코 로마노스 4세에게 행운이 아니었다. 1071년 그는 터키 동부 아라라트산 근처 만지커트(Manzikert)에서 벌어진 셀주크투르크와의 결정적인 대전에서 패배하고 소아시아를 잃었다. 비잔틴 제국의 몸통이 사라진 셈이었다. 설상가상으로 그는 술탄의 포로까지 되었다. 그 와중에 콘스탄티노플에서는 두카스(Ducas) 가문이 반란을 일으켜 새 황제를 옹립했다. 셀주크의 술탄에게 온갖 굴

1071년 셀주크 술탄 알프 아르슬란에게 희롱당하는 비잔틴 황제 로마노스

욕을 당한 로마노스 4세는 간신히 탈출해 귀환했으나 자신의 자리는 없었다. 그는 수도사가 되었지만 실권을 쥔 두카스 가문이 자객을 보내 그의 한 눈을 강제로 뽑고 심지어 이렇게 적힌 조롱의 편지도 쥐어 주었다.

"아직 한 눈은 남아서 괜찮을 것이다."

뽑힌 눈에 난 상처는 심히 악화되어 얼굴에는 피고름으로 가득했다. 로마노스 4세는 생의 마지막이 온 것을 절감했다. 그는 수도원 골방에서 간신히 무릎을 꿇고 피를 쏟으며 죄 용서를 구하는 기도를 하였고 그 직후 42살의 나이로 나머지 한 눈을 감았다.

이후 비잔틴 제국은 두카스(Ducas) 가문이 반세기 동안 지배하였다. 1078년 황제 '미카엘 7세 두카스'의 권좌를 찬탈하려고 소아시아 사령관 니케포로스 3세(Nikephoros III, d.1081)가 비잔틴 제국의 주적인 셀주크투르크와 오히려 손을 잡고 반란을 일으켰다. 황제 미카엘 7세도 폐위되어 동굴 속의 수도사가 되었다. 수도사가 되는 운명은 새로 황제가 된 니케포로스 3세도 예외가 아니었다. 마치 정해진 시나리오처럼 그 역시 발칸을 수복한 장군 알렉시오스 1세에 의해 강제 은퇴를 당해 수도사가 되었다.

1081년 즉위한 알렉시오스 1세(Alexios I, d. 1118)는 불가리아의 콤네노스(Comnenos) 가문 출신이었다. 이 가문은 비잔틴 제국을 1185년까지 한 세기 동안 통치하였다. 그러므로 이 시기 황제들의 이름 뒤에는 "콤네노스"가 성처럼 붙었다. 알렉시오스 1세 콤네노스는 정략결혼으로 서방 세계와 외교 관계를 개선하였다. 그의 급선무는 주적 셀주크를 물리쳐 상실한 소아시아 본토를 되찾는 일이었다. 쇠약한 제국의 군사력으로는 무리라고 판단한 황제

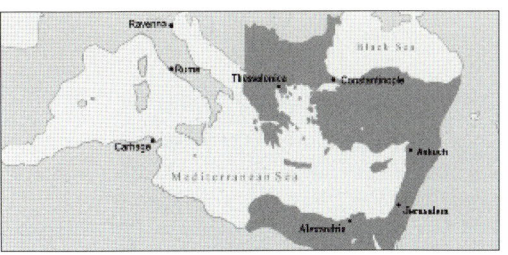
600년대 초반의 비잔틴 제국 영토

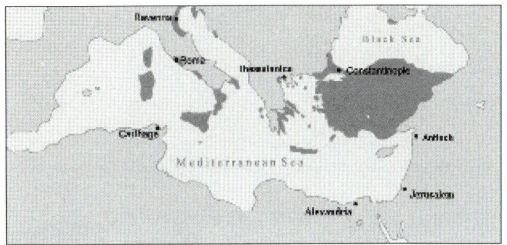
1000년대의 현저히 줄어든 비잔틴 제국

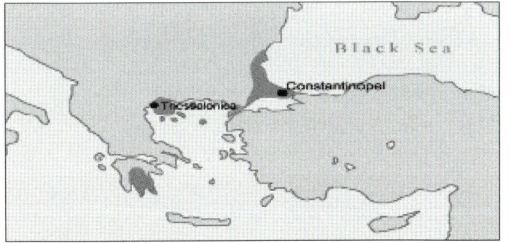
1453년 모든 영토를 잃은 멸망 직전의 비잔틴 제국

는 처음으로 교황 우르반 2세에게 십자군 원정을 요청하였다. 결국 1차 십자군이 파견되어 혁혁한 전공을 세움으로 알렉시오스 1세는 소아시아 중앙부까지 크게 수복하였다. 생애 말년에 제국이 안정되자 험난한 시기를 보냈던 알렉시오스 1세는 황제 의복을 벗고 스스로 수도사가 되었다. 그도 수도원에서 생을 마쳤고 제위는 아들 요하네스 2세 콤네노스가 이었다.

"아름다운 황제" 요하네스 2세 콤네노스

비잔틴 제국의 성군 요하네스 2세 콤네누스
(1118-1143) - 성 소피아 대성당의 성화

1118년 계산적이었던 부왕 알렉시오스 1세와 달리 요하네스 2세(1087-43)는 비잔틴 황제 60여 명 중에서 가장 유능하고 진실한 인물이었다. 그는 군주에게 필수적인 "능력"과 "진실" 두 덕목을 드물게 모두 갖추었다. 1차 십자군 전쟁이 바로 끝났지만 잃어버린 영토를 수복하기 위한 비잔틴 제국만의 전쟁은 계속되었다. 요하네스 2세는 용맹한 지도력으로 셀주크투르크에 빼앗긴 영토를 거의 다 수복하였다.

요하네스 2세는 누구를 대하든지 관용으로 대했고 평생 어떤 백성도 무고하게 처형하지 않았다. 황실의 재산을 늘 선행에 다 썼고 사치하는 귀족들에게 경고하고 빈자들을 위한 자선의 삶을 장려했다. 날마다 자신의 식탁도 이전 황제에서 도저히 볼 수 없는 빵과 수프만의 소박한 차림이었다. 그는 도덕적으로 모범이 되었을 뿐만 아니라 행정을 개혁하고 군대를 보강하며 서유럽과 외교를 강화하는 등 내치에도 뛰어난 능력을 보여주었다. 요하네스 2세의 거의 유일한 실패는 이미 선왕 때에 크게 신뢰를 상실한 십자군과의 관계를 개선하지 못한 것이었다. 무슬림과의 중요한 전투를 앞두고 십자군은 연합 작전을 제의한 황제를 배척하였다. 1143년 요하네스 2세는 길리기아의 타르소스(다소)에서 사냥을 하다 사고로 갑자기 사망하였다. 그렇지만 선왕 알렉시오스와 요하네스 부자는 합산하여 무려 60여 년을 통치하며 비잔틴의 옛 영광을 일시적으로나마 되살렸다. 요하네스 2세는 영웅의 풍모를 갖춘 인물이 아니었고 키도 작고 얼굴도 검고 평범하였다. 그럼에도 역사가 붙인 그의 별명은 "아름다운 사람(Kaloi)"이었다. 용모가 아닌 품성이 아름다웠기 때문이다.

수많은 비잔틴 황제들의 비극적 최후들은 권력 무상을 적나라하게 보여주는 역사적 실례이다. 명멸한 수많은 제국에서 자의든 타의든 이처럼 반복적으로 황제가 수도사가 되었던 시대는 없었다. 황제 수도사들의 삶이 가르쳐준 부정적 교훈은 바로 "오늘 죽음을 두려워하면서도 영원히 살 것처럼 탐욕을 부리는" 인간의 본성과 말로를 여실히 보여준 데 있다.

13세기 이후 다시 추하고 무능한 통치자들이 연속해서 등장했고 비잔틴 제국은 기울기 시작했다. 한번 무릎 꿇은 제국은 재기하지 못했다. 셀주크투르크가 물러간 자리에는 그 아류인 셀주크 룸 왕국이 세워져 1182년 또 비잔틴 본토를 다 차지했다. 마지막 남은 발칸 반도도 위험에 처하였고 심지어 서유럽 십자군이 원조는커녕 콘스탄티노플을 공격해 약탈까지 했다.

1300년대 비잔틴의 적국은 또 바뀌어 더 강력한 오스만투르크가 등장하였다. 결말을 미리 짚으면 오스만 부족은 약해진 셀주크 룸 왕국의 자리를 이어 받아 비잔틴 제국의 앞마당 소아시아를 차지하였고 이웃 중동을 모두 장악한 다음 뒷마당 발칸을 정복하고 1453년 마침내 안방인 콘스탄티노플을 함락하며 비잔틴 제국을 끝내 멸망시켰다. 이 최후의 모습은 후에 더 자세히 다루겠지만 혼란 속에서도 비잔틴 제국이 전체적으로 천 년간이나 존속했다는 사실은 그저 신의 은총 덕이었다고 할 수 있다.

4. 에티오피아 왕국의 영광과 존속

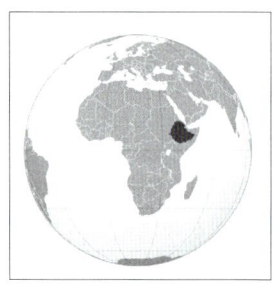
에티오피아

지구의 검은 보석 아프리카 대륙에서 이집트 다음으로 오랜 역사를 지닌 나라는 바로 에티오피아(Ethiopia)이다. 또한 아프리카에서 유네스코(UNESCO)에 가장 많은 유적지가 등재된 나라도 피라미드의 이집트가 아닌 호모 사피엔스의 고장 에티오피아이다. 이들은 스스로를 선사 인류의 민족으로 자부한다. 에티오피아는 고대 시대에 무역을 통해 강력한 국력을 갖추었다. 현 수도는 아디스 아바바(Addis Ababa)이지만 역사의 중심지로서 옛 수도는 악숨(Aksum)이다. 민족 기원에 대해서는 이 나라의 고대 역사서인 『악숨서(Book of Aksum)』에 기록되어 있는데 노아의 아들 함(Ham)이 구스(Cush)를 낳았고 구스의 자손이 에티오피스(Ityoppis)였는데 바로 이 인물에서 민족이 시작되었다고 전한다.

예수 탄생 900여 년 전 에티오피아의 여왕 시바(Sheba)는 이스라엘의 솔로몬 왕의 아내가 되었다. 이들에게서 태어난 왕자 에븐 멜렉(Ebn Melek)은 솔로몬의 혈통으로서 에티오피아에서 왕조를 이루었다. 흥미롭게도 『악숨서』는 왕자 멜렉과 제사장 사독(Zadok)의 아들이 에티오피아로 떠날 때에 비밀리에 예루살렘 성전에 복제 법궤를 두고 진품을 가져왔다고 전한다. 에티오피아인들은 이 전승을 확신하며 고대 세계의 미스터리인 "잃어버린 법궤(the lost Ark)"를 소유하고 있다고 주장해 왔다. 진품 검증은 이루어지지 않았으나 어쨌든 오랜 세월 동안 법궤 하나가 악숨의 '시온의 성모(Our Lady Mary of Zion) 교회당' 지하에 현재 보관되어 있다. 솔로몬의 후계 왕조하에 에티오피아는 자연스럽게 유대교를 중심 종교로 삼앉고 주후 1세기 중엽 한 관리(칸다게)가 예수의 사도 빌립으로부터 전도를 받아 개종한 후 기독교도 서서히 전파되었다.

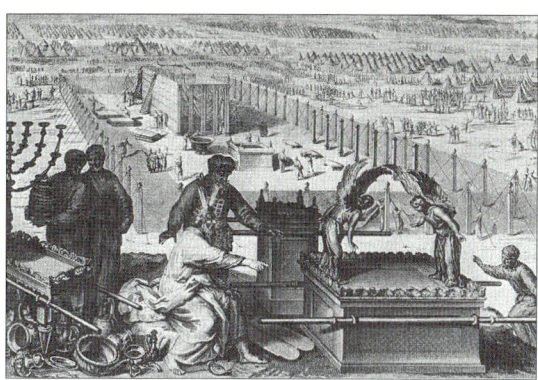
성막과 언약궤 by Gerard Hoet(1728)

310년경 페니키아 두로(Tyre)의 상선이 아라비아와 무역하던 중 에티오피아 연안에 잠시 상륙했는데 원주민들과 큰 충돌을 빚어 모든 선원들이 죽었으나 프루멘티우스(Frumentius)와 동생만 간신히 목숨을 건져 에티오피아 왕실의 노예가 되었다. 신실한 이 형제는 충성스럽게 일하여 왕의 인정을 받고 결국 노예 신분에서 해방되었다. 특히 학식이 높았던 프루멘티우스는 왕자 에자나(Ezana)의 스승이 되어 헬라 철학, 로마 문학, 성서 신학을 가르쳤다.

에디오피아의 성자 프루멘티우스

에티오피아 역사의 큰 획은 바로 316년에 그어졌다. 에자나가 스승 프루멘티우스의 권유로 유대교에서 기독교로 개종하였고 그가 국왕에 오르고 기독교를 크게 확산시킨 것이다. 이에 알렉산드리아의 대주교 아타나시우스는 프루멘티우스를 악숨의 주교로 임명하였다. 당시 로마 제국의 콘스탄티우스 황제는 아리우스 이단을 지지하며 정통파 대주교 아타나시우스를 핍박하였기에 에티오피아 국왕 에자나에게 서신을 보내 아타나시우스와 친분 있는 프루멘티우스를 이단 심문을 위해 넘기라고 요구하였다. 심지어 서신에 무례하게도 "황제의 명령"이라고 적었으나 에자나 왕은 이를 무시해버렸다.

중세 한때는 침체기를 거쳤지만 에티오피아의 국력은 쇠하지 않았다. 오히려 서유럽은 에티오피아 왕이 전설의 "사제왕 요한(Prester John)" 일 것으로 추정하며 강력한 군대로 이슬람을 물리치기를 기대하기도 했다. 사실 근대 아프리카 대부분은 서구 열강의 식민지였으며 나라들도 독립한지 100년도 채 되지 않았다. 그러나 1884년의 베를린 조약(Berlin Conference)에서 서구가 아프리카 분할을 논의할 때도 에티오피아만은 독립국으로 인정받았다. 20세기 중반에 잠시 이탈리아의 속국이었지만 곧 영국의 지원과 저항 운동을 통해 주권을 되찾았다.

검은 대륙에서 3,000년 동안 국가의 지위를 계속 유지해온 나라는 아프리카에서 에티오피아가 유일하다. 물론 에티오피아는 전설의 '사제왕 요한'의 국가는 아니었지만 많은 시련의 역사에서 기독교를 통해 인내하며 민족 통합을 이루었고 문화의 중심지가 되었다.

5. 아르메니아 왕국의 눈물과 생존

'영원'을 만난 "영원"의 도시

아르메니아는 세계사에서 어느 나라보다도 수많은 고난을 겪었다. 아마도 역사상 이 정도의 고통을 겪은 민족은 유대인 외에는 견주기가 어려울 것이다. 지정학적으로 세계사에 등장한 거의 모든 제국들의 확장 경로에 위치하여 언제나 점령과 약탈의 대상이 되었

아라랏 산을 뒤로한 아르메니아 수도 예레반
- by Serouj Ourishian

다. 아르메니아인들의 조상은 아람(Aram)이었는데 국명은 그로부터 기원하였다. 수도는 "승리"라는 뜻을 지닌 예레반(Yerevan)으로서 아라라트(Ararat) 산 부근에 위치해 있다. 아르메니아인들은 B.C. 753년에 세워진 로마보다도 29년 앞선 B.C. 782년에 예레반이 세워졌다며 주장하며 로마가 "영원한 도시"라면 예레반은 "영원에 29년을 더한 도시"라고 불러왔다.

고대 아르메니아인들은 우라르투(Urartu) 왕국을 노아의 방주가 멈춘 아라라트산을 중심으로 세웠다. '우라르투'는 '아라라트'의 고대어이다. 전승에 의하면 아라라트산에 방주를 내린 노아는 아르메니아에서 정착하여 포도 농사를 지었다. 이 때문에 현재 이 명산은 터키의 영토로 되어있으나 정신적으로는 아르메니아 민족의 고향으로 간주된다.

B.C. 600년대 이후 아르메니아 왕국은 근동 제국들의 속국이 되었다. B.C. 66년에는 폼페이우스 장군에게 정복당해 로마의 속국이 되었다. 이후 아르메니아는 말할 수 없는 시련을 겪었다. 로마와 파르티아 사이에서 A.D. 100년부터 150년 동안 전쟁터로 이용되었고 A.D. 224년 이후부터는 로마와 페르시아 사이에서도 점령 대상이 되어 무려 400년간 고통받았기 때문이다. 아르메니아의 영토는 갈수록 줄어들었다. 한편 예수의 사도 바돌로메는 아르메니아에 처음 기독교를 전했으나 본격적인 확산은 A.D. 300년대 초에 앞 못 보는 한 장님에 의해 이루어졌다.

아르메니아의 성자: "조명을 비춘 자" 그레고리
(Gregory the illuminator)

아르메니아 왕조는 자치를 인정해 주었던 로마와 더 친하였다. 또한 페르시아를 공격한 로마군에는 아르메니아 병사들도 많았다. 이런 아르메니아는 페르시아에게 눈엣가시였다. 250년경 페르시아는 아르메니아 국왕 코스로 2세(Khosrov II)를 제거하기 위해 아낙(Anak)이란 첩자를 잠입시켰다. 2년 간 아낙은 충성스런 신하로 행세하다 코스로 암살에 성공했으나 체포되어 가족과 함께 몰살당했다. 그런데 그 와중에 그레고리(c. 257-331)라는 아낙의 어린 아들만은 목숨을 구해 카파도키아로 보내졌다.

국왕을 잃은 아르메니아는 큰 혼란에 빠졌고 페르시아의 침공을 받았다. 이에 대항하여 로마는 군대를 보내 페르시아를 물리치고 다시 아르메니아 일부를 수복하였다. 살해당한 코스로 2세의 어린 아들 트리다테스 3세(Tridates III, r. 287-330)는 로마에서 양육되었고, 287년 디오클레티아누스 황제는 그를 아르메니아의 왕으로 즉위시켰다.

한편 암살범의 아들 그레고리는 수도원 중심지 카파도키아에서 자라나 수도사가 되었다. 우연히 자신의 부친이 암살범이었다는 사실을 알게 된 그는 선행으로 죄를 갚기 위해 조국 아르메니아로 건너갔다. 그레고리는 신분을 감추고 국왕 트리다테스 3세의 충성스런 신하가 되었으며 또한 기독교를 성실하게 전파하였다. 어느 날 트리다테스 왕은 신하들에게 다산의 여신 아나힛(Anahit)에게 제사할 것을 명했다. 그러나 그레고리와 신자들은 충성스러웠지만 여신 숭배 명령을 거부하였고 이 때문에 왕은 분노하여 이들을 투옥시켰다.

그런데 곧 그레고리의 부친이 부왕의 암살범이었다는 과거 비밀도 드러나게 되었다. 트리다테스 왕은 그레고리를 12주에 걸쳐 온갖 종류의 모진 고문을 가했다. 어느 주에는 그레고리를 성에 거꾸로 매달기도 했고 또 다른 주에는 벌거벗겨 계속 매를 치기도 했다. 결국 그레고리는

트리다테스 3세 왕에게 세례를 주는 조명자 그레고리 - by Francesco Zugno c. 1780

먹을 것도 구할 수 없는 코르 비랍(Khor Virap)의 깊은 구덩이에 던져져 독충, 쥐, 뱀과 함께 지내야 했다. 그런데 인근에 사는 한 기독교도 여인은 꿈에 천사가 나타나 매일 빵 한 조각씩 구덩이에 던지라는 명령을 받았고 그녀는 이를 실행에 옮겼다.

13년이 지난 301년 일부 로마인들이 디오클레티아누스 황제의 기독교 박해를 피해 아르메니아로 피신 왔는데 그 중에는 미모의 여성 립심(St. Rhipsime)이 있었다. 트리다테스 왕은 이 여인에게 연모의 마음을 갖고 청혼을 했으나 그녀는 이미 독신을 서원했다며 거절하였다. 분노한 왕은 이들 모두를 처형하였다. 그런데 이후 왕은 갑자기 정신병에 걸려 마치 동물처럼 행동하는 증상을 보였고 업무 수행이 불가능하여 누이가 대신 정사를 책임졌다. 섭정 누이는 기독교인들의 기도가 병을 낫게 한다는 이야기를 듣고 뛰어난 영적 능력을 가진 기독교 지도자를 찾았다. 이에 신하들은

조명자 그레고리의 지하 감옥터 위에 세워진
코르 비랍 수도원

구덩이 옥에 갇힌 그레고리가 만약 살아 있다면 왕을 치유할 수 있을 것이라고 대답하였다.

섭정은 그레고리가 여전히 살아 있는지 확인하여 데려오도록 했다. 그는 놀랍게도 생존했으나 오랜 세월을 지하 어둠 속에 지냈기에 실명한 상태였다. 아르메니아 고대 역사서는 그가 궁에서 국왕 트리다테스를 위해 기도하자 바로 국왕이 치유되었다고 전한다. 국왕이 그를 석방하고 상을 주려하자 그레고리는 오히려 이렇게 말했다.

"상은 필요치 않으나 왕의 부친을 해한 제 부친의 옛 죄들을 용서해주소서."

복귀한 트리다테스는 그레고리의 인품과 교훈에 감동되어 기독교로 개종하였다. 눈 먼 성자는 국왕에게 직접 세례를 주었고 기독교는 아르메니아의 국교로 공포되었다. 이때가 A.D. 301년으로 로마 제국이 기독교 관용을 선포하기 이미 11년 전에 아르메니아는 사상 처음으로 기독교 국가가 되었다. 국왕 트리다테스 3세는 당시 수도였던 에트미아친(Etchmiadzin)에 왕실 교회당을 세웠다.

아르메니아 역사에서 301년의 기독교 개종은 단순한 종교적 사건 이상의 의미를 지녔다. 이 민족이 신앙을 중심으로 수많은 고난을 인내하며 공동체성을 유지하게 되었기 때문이다. 세계사에는 '그레고리' 이름의 많은 인물들이 등장하는데 이 아르메니아의 그레고리는 비록 시력을 잃었지만 자국에 참 빛을 주었다는 의미로 "조명자(the Illuminator)" 별칭을 얻었다. 현재 아르메니아에서 가장 역사적인 장소는 바로 "조명자"가 갇혔던 코르 비랍(Khor Virap)의 교회당인데 마치 유대인들이 예루살렘의 '통곡의 벽'에 서서 기도하는 것처럼 아르메니아인들은 코르 비랍을 순례하며 가족과 국가의 안녕을 기원해왔다.

아르메니아의 눈물: 아바라이르 평원의 대결투

387년 아르메니아는 로마와 페르시아에 의해 두 개로 분할 통치되었다. 451년 경 로마 지배의 아르메니아는 평화로운 상태였으나 페르시아가 점령한 나머지 반쪽 아르메니아에서는 혹독한 시련을 겪고 있었다. 특히 페

A.D. 451년 아바라이르 전투
- 왼편의 코끼리 부대는 페르시아군

르시아는 기독교 제국인 동로마와의 관계가 악화되자 같은 기독교 국가인 아르메니아를 핍박하였다. 페르시아 황제 야즈데게르드 2세는 아르메니아의 모든 국민에게 조로아스터교로의 개종을 명했다. 이 황제는 이미 446년에 자신의 영토인 바그다드 북쪽 키르쿠크에서 150,000명의 기독교도들을 학살한 흉포한 인물이었다. 페르시아 군인들은 모든 아르메니아 교회당들을 접수해 조로아스터교 신전으로 바꾸었고 기독교 사제들을 처형하였다.

451년 여름 아르메니아인들은 항쟁을 일으켜 아바라이르 평원에서 페르시아와 결전(Battle of Avarayr)을 벌였다. 아르메니아인들은 66,000명의 군대를 조직했고 페르시아는 코끼리 부대를 포함해 무려 3배나 되는 병력으로 상대했다. 비록 패배했지만 아르메니아 병사들은 모두 장렬히 전사하며 페르시아 군대에 큰 타격을 주었다. 이후 아르메니아인들의 끈질긴 저항은 멈추지 않아 484년 페르시아의 페로즈 1세(Peroz I)는 결국 아르메니아의 자치 정부와 기독교를 인정하였다. 아르메니아의 독립은 정

신적 승리를 거둔 '아바라이르 전투'에서 기인했으므로 그 병사들이 모두 전사한 5월 26일은 국경일이 되었다.

중세 이후의 아르메니아

651년 페르시아가 아랍 이슬람 세력에 의해 멸망당할 때 아르메니아도 아랍 지배에 놓였다. 페르시아 시절보다는 덜 혹독했지만 이슬람의 아랍인들도 아르메니아에 개종을 강요하였다. 이슬람도 단일 신앙으로 강력하게 압박했지만 아르메니아도 이를 능가하는 민족 신앙으로 완강하게 저항하였다. 다시 아르메니아는 자유를 위해 각고의 노력으로 무장 투쟁을 지속했고 끝내 885년 독립을 쟁취하였다. 수도 예레반과 신도시 '아니(Ani)'를 중심으로 새 전성기를 맞이하였다. '아니'시에는 무려 1,001개의 교회 건물들이 있었고 그 열성은 서유럽을 능가할 정도였다.

11세기 셀주크투르크가 소아시아의 패권을 차지하자 아르메니아는 다시 속국이 되었고 14세기에는 오토만 제국의 지배에 놓였다가 다시 19세기 초반 러시아가 영토를 차지하였다. 이후 1917년까지 지난 역사에서 무려 800년 동안 아르메니아인은 자유 잃은 민족으로 생존했다. 이들은 이스라엘 예루살렘의 성지들을 자신들의 상징적 영토로 생각하고 개인 소유로 전락하지 않도록 여러 유적지들을 보존하였다. 1914년에는 1차 세계 대전 중 친 러시아파로 몰려 터키 내의 약 150만 명의 아르메니아인들

도시 아니(Ani)의 유적 모습(1885 삽화) - in British Graphic

이 희생당하기도 했다. 1936년 이후에는 소련의 지배를 받으며 고통 받았고 1991년에야 완전한 독립을 누리게 되었다. 고난의 역사 때문에 많은 아르메니아인들은 여전히 세계 곳곳에 흩어져 살고 있으나 이들은 하나의 신앙으로 언어, 문화, 민족성을 보존하였다.

6. 고대 중국의 변화와 당의 경교

사마르칸트와 네스토리우스

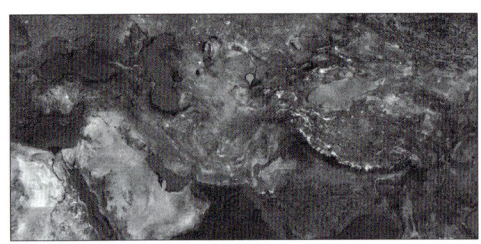
현 우즈벡에 위치한 동서 교역의 중심 사마르칸트

중앙아시아의 거대한 텐산 산맥과 아랄 해 주변에는 드넓은 고원과 사막이 펼쳐져 있으며 약대 상인들의 교역로는 사막의 많은 도시들을 연결하였다. 19세기 말 독일 지리학자 리히트호펜(Ferdinand von Richthofen)은 중국산 비단이 주요 물목이어서 이 통상로를 '실크로드(Silk Road)'라고 처음 불렀다. B.C. 3000년경부터 중국인들은 실크를 생산했는데 오랫동안 그 생산 과정은 비밀이었다. 비단 유충(Silkworm)은 중국 외부로 아예 유출이 금지되었다. 일설에는 중국 남부 소국의 공주가 인도로 시집을 갈 때 머리 두건에 유충을 숨겨가 비로소 국외로 퍼졌다고 한다. 로마 제국은 실크 수입을 하다가 중세 초반기에는 실크를 생산할 수 있게 되었다. 사실 실크로드는 양방향의 교역로였다. 아시아의 물품들은 서양으로 수출되었고 반대로 서양의 칼, 가죽, 상아, 보석, 책 등은 아시아로 수입되었다.

중앙아시아 소그드(Sogd) 지역의 대도시 사마르칸트는 실크로드에서 가장 중요한 도시였다. 고대 페르시아 제국과 그리스 제국도 이곳까지 영토를 확장했었다. 소그드인들은 동서남북 네 방향 무역의 주역들이었다. 비잔틴 로마 제국에서 아시아 물품에 대한 수요가 줄어들고 또 이슬람이 팽창하면서 실크로드는 쇠퇴하였다. 그런데 6세기 이후 이 길을 이용해 아시아로 간 기독교 종파는 네스토리우스 교도들이었다. 이들은 비록 비정통파였지만 사상 처음으로 중앙아시아와 동아시아에 전래된 기독교였다. 중앙아시아 무역 센터 소그드는 이제 이 기독교 종파의 중심지가 되었다.

유럽처럼 중앙아시아에도 많은 교회당과 수도원이 설립되어 유목민들에게 신앙과 문명을 갖게 하였다. 미신을 믿던 유목민들 다수는 신앙을 통해 미개한 관습을 청산하였고 성서적 가치를 수용하게 되었다. 네스토리우스 신자들은 신앙만 전파한 것이 아니라 서양의 사고, 문화, 철학도 동양에 전하였다. 더 나아가 중앙아시아 민족들을 위한 언어와 문자를 개발하고 보급하였다. 훗날 칭기즈칸이 몽골 제국의 문자로 빌려 사용한 것은 네스토리우스파 사제들이 보급했던 시리아어였다. 800년대 이슬람교가 중앙아시아에 전파되면서 네스토리우스 종파의 확산은 둔화되었다. 그렇지만 중세 1,000년간 네스토리우스 종파는 중앙아시아 민족들의 주요한 신앙 지류가 되었고 실크로드를 통해 동서 문화 교류의 주역이 되었다.

고대 중국의 왕조들과 서양사

중국의 나라들	서양의 사건들	연대
고대 왕조들: 하-상(은)-주-진-한	이집트 고대 왕국과 구약 시대	B.C. 1000
춘추 전국 시대	페르시아와 헬라 제국 시대	B.C. 400
한나라(전한, 후한)	로마 제국과 예수의 탄생	B.C. 4
5호16국 시대	서로마의 멸망과 야만족 시대	A.D. 476
수나라	중세의 개막과 그레고리 교황 시대	A.D. 590
당나라 - 중국 기독교 첫 전래	프랑크 왕국의 성장과 이슬람의 등장	A.D. 650
원나라 - 로마 교황청과의 교류	십자군 운동	A.D. 1200
명나라 - 예수회의 중국 선교	종교개혁	A.D. 1517
청나라 - 개신교의 확산	미국의 발전 / 기독교의 세계 확장	A.D. 1850

"황"의 시대

중국의 역사는 길이가 4,666km(2,900mile)로 세계에서 다섯 번째로 긴 강인 황하강과 함께 시작되었다. 세계에서 가장 긴 강은 나일강이며 두 번째는 남미의 아마존강, 세 번째는 중국의 양쯔강, 네 번째는 러시아와 몽고를 가로지르는 예니세이(Yenisey)강이다. 고대 세계에서 '물'의 중요성을 고려할 때 황하와 양쯔라는 세계적인 강을 두 개나 소유한 중국은 문화가 일찍 발달할 수밖에 없었다. 특히 고대 중국인들은 주변의 비옥한 황토를 둔 황하강을 문명의 잉태지로 간주하였다. '황(黃)'은 생명과 풍요의 상징어로서 황하, 황해, 황제, 황천 등 "귀한" 대상에 '황'을 사용하였다. 이 황하강을 중심으로 중국의 첫 나라 하 왕조(Xia Dynasty)가 시작되었다. 이때 이집트에서는 구왕국 시대였고 이스라엘에서는 아브라함의 때였다. 이후 이스라엘 백성들이 이집트에서 거주할 때인 B.C. 1600년경에는 은(Yin) 나라가 세워져 B.C. 1046년까지 약 550년간 존재하였다. '은(Yin)' 왕조는 '상(Shang)' 왕조라고도 부른다. 은(상)나라는 내부적으로 타락하여 주나라에 의해 멸망당했고 주나라는 B.C. 770년까지 존속되었다.

분열과 통일

주나라 이후 중국은 황하 중심에서 벗어나 양쯔와 남부까지 확장되며 여러 소국들이 등장하게 되었고 이후 무려 500년 동안 춘추 전국 시대(B.C. 770-B.C. 221)가 펼쳐졌다. 많은 전투와 혼란의 시대였으나 동시에 공자(Confucius, B.C. 551-479), 노자(Laozi), 한비자(Hanfeizi) 등 세계적인 사상가들도 출현한 때였다. 공자가 세상을 떠난 때에 바로 그리스의 소크라테스는 세상에 태어났다. 중국의 오랜 "분열의 시대"는 진나라의 시황제(d. B.C. 210)가 끝냈는데 이 시기 서양에도 스키피오의 로마가 한니발의 카르타고를 제압하며 지중해를 통일하고 있었다. 진(Chin)이 상하(上下) 중국을 모두 통일하였기에 "진"은 중국 전체를 지칭하는 국명이 되었으며 여기서 국호 '차이나(China)'가 유래되었다. 만리장성을 만든 진 왕조(B.C. 221-B.C.206)는 3대 15년에 불과한 짧은 왕조였으나 화폐와 도량형의 경제 제도는 후대 왕조에도 영향을 끼쳤다.

"한지"와 "운하"

진나라 멸망 후 천민 출신의 한나라 유방과 귀족 출신의 초나라 항우가 패권을 놓고 싸웠으나 이때 현저히 불리했던 유방이 특유의 끈기와 용인술로 승리하여 한나라(B.C. 202-A.D. 220) 독주 시대를 열었다. 무엇보다 한나라는 중국 문화의 토대를 수립하였다. 이 '한' 명칭에서 중국의 대표하는 한문, 한족 등의 용어가 나오게 되었다. 특히 한나라 채륜이 만든 종이 '한지'는 세계사의 위대한 발명품이 되었다. 중국의 기록 문화는 세계의 여타 지역보다 발전되었다. 한나라는 로마 제국과 실크로드를 통해 교류하였고 로마 귀족들은 중국의 실크에 매료되었다. 한때 로마 원로원은 황금 유출을 막기 위해 실크 수입을 금지할 정도였다.

A.D. 220년경 한나라 해체 후에 위, 촉, 오의 삼국 시대와 흉노족, 몽골족, 퉁구스족 등 기마 민족이 지배한 '5호 16국' 시대가 차례로 이어지고 300년이 넘도록 혼란이 지속되다가 589년에야 통일 제국 수나라가 등장하였다. 수나라는 1,800km에 달하는 대운하를 건설한 물로 흥한 나라였으나 612년 고구려의 을지문덕 장군에게 살수 대첩에서 패해 물로 망한 나라가 되었다. 이때 이연과 이세민 부자는 거사를 일으켜 새로운 제국 당나라를 세웠으며 새로운 포도주를 새 가죽부대에 담기 원하여 서구 문화에 개방적이었다. 이미 실크로드의 중심지 사마르칸트에서 아시아 사방으로 전래된 네스토리우스 분파는 마침내 당나라에도 도착하였다.

당 태종 이세민과 장안의 십자가

약 220명의 역대 중국 황제들 중 문화의 기틀을 다진 한고조 유방(B.C. c.247-B.C. 195), 한족의 태평성대를 이룬 당 태종 이세민(A.D. 599-649), 그리고 선정으로 강국을 만든 청나라의 강희제(A.D. 1654-1772)는 가장 뛰어난 군주들로 추앙받았다. 나라의 개국 군주는 '태조'로 칭하나 나라를 융성케 한 군주는 '태종'으로 칭했다. 이 '태종' 칭호에 가장 잘 어울리는 인물이 바로 이세민이었다. 626년 아버지 이연을 몰아내고 황제에 오른 이세민은 난국을 잘 극복하고 최고의 융성기를 이루었다. 연호가 '정관'이었으므로 그의 뛰어난 치세 23년을 "정관의 치"로 부르는데, 이는 태평성대의 대명사가 되었다. 이세민은 고구려의 연개소문에 패하고 안시성의 양만춘에게 한 눈을 잃었다고 전해졌지만 아무튼 북방의 돌궐족과 중앙아시아의 부족들을 점령하고 명실상부 대국 중국을 이룬 황제였다. 그의 통치기에 당나라의 수도 장안은 세계적인 도시가 되었다.

바로 이세민이 등극한지 10년째인 635년 네스토리우스교는 중국 장안에 소개되었다. 이 기독교 비주류 분파는 중국에서 경교(景敎)라고 불렸다. 경(景)자 는 '해(日)'와 '으뜸(京)'이 합쳐진 한자로서 그 의미는 "크게 빛나는 종교" 또는 "큰 빛을 믿는 종교"이다. 실제 경교 기독교는 동방 교회의 일파로서 교회당 내에 빛나는 성화들을 그려놓았고 당시 실내 조명으로 또 기도의 상징으로 수많은 촛불들을 켜두었다. 그리고 예수를 "크고 참된 빛"이라고 가르쳤으므로 기독교를 처음에 '경교'라고 부른 것은 여러 의미에서 맞는 것이었다. 경교의 사제는 한문으로 "아라본(阿羅本)"이라고 불렀는데, 이는 '랍비'의

781년경 네스토리우스파의 중국 전래를 알려주는 대진 경교 유행 중국 비 by Henri Hvret

시리아어 '랍반(Rabban)'의 발음을 가차한 것이다.

당 태종은 경교 사제들을 '대진(大秦)', 즉 로마 제국의 사신으로 대우하며 포교를 허락하였다. 한편으로 당나라가 경교를 용인한 것은 서구와의 교류를 통해 국제화를 시도한 의도도 있었다. 당나라 정치인들은 비잔틴 로마 제국의 번성에 대해서도 또 기독교에 대해서도 알고 있었다. 이 때문에 기독교는 "로마의 종교"라는 뜻으로 '대진 경교'라고 불린 것이다. 오늘날에는 경교가 네스토리우스 종파만

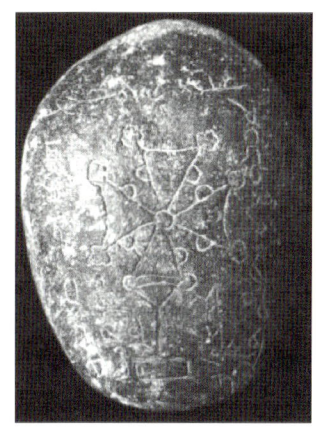

A.D. 1262년경의 네스토리우스 여성 교도의 묘비석 in Museum of Tashkent Uzbekistan

을 가리키는 특정어지만 사실 당나라 시대에 이 명칭은 네스토리우스 분파뿐 아니라 전체 기독교를 뜻하였다. 경교는 빠르게 퍼져나가 장안은 물론 각 지방마다 대진사(교회)가 건립되고 십자가가 세워졌다.

경교의 중국 전래 과정에 관한 상세한 내용은 781년에 만들어진 '대진 경교 유행 중국비(大秦景敎流行中國碑: Nestorian Stele)'에 기록되어 있다. 그 내용은 경교의 중국 도착 과정, 아라하(야훼)의 천지창조, 삼위일체의 신비, 미시가(메시아)의 생애, 회심과 구원에 대한 설명이다. 일부 경교 사제들은 기독교 사상을 한문 서적으로 만들어 전파한 뛰어난 학자들이었다. 한편 당나라와 통일 신라는 긴밀한 관계였기에 장안을 방문한 김춘추와 한민족 인물들은 경교 기독교의 존재를 알았을 것으로 추정된다.

당의 멸망과 경교의 쇠퇴

당 태종 이세민은 임종 직전 14살의 무후를 후궁으로 들였다. 그녀는 이세민 사후 비구니가 되었다가 이번에는 이세민의 아들 치(고종)의 후궁이 되었다. 무후는 자신이 낳은 딸을 죽인 후 황후 왕 씨를 살인범으로 음

해해 수족이 잘려 죽게 만들고는 황후 자리를 차지하였다. 이 끔찍한 여인이 바로 남편을 누르고 실권을 장악해 반대파들은 물론 자신의 아들들까지 처단한 측천무후(d. 705)이다. 690년 그녀는 권력의 화신답게 중국사에서 유일한 여제가 되었다. 국호를 "대주"로 바꾸고 수도도 낙양으로 천도했다. 무후가 세운 '주'의 시대는 '무주의 치'라고 부른다. 측천무후는 "간악한 군주"와 융성기를 이룬 "여걸"이었다는 상반된 평가를 받았다. 그녀는 철저히 숭불 정책을 시행하고 타 종교를 혹독히 박해하였는데 그 피해는 고스란히 경교 기독교에 전가되었다. 많은 사제들을 잃었고 대진사 예배당은 폐쇄되었다.

700년대 초 당나라 현종이 즉위하여 45년 동안 '개원의 치'를 펴며 새로운 전성기를 맞아 경교도 다시 재건되었다. 744년에는 서방에서 기독교 사제들이 도착하여 현종의 궁에서 직접 예배까지 집례하였다. 현종은 말년에 양귀비를 들여 정사를 그르치고 소그드 출신 절도사 안록산의 반란으로 곤경에 빠졌다.

한편 이시기 고구려 유민 출신으로 수만의 당나라 군대를 이끈 고선지 장군은 서역 정벌에 나서 파미르 고원을 넘어 오늘날 우즈베키스탄의 타슈켄트까지 정복하고 당나라의 영토를 크게 확장하였다. 그러나 탈라스 전투(Battle of Talas)에서 압바스 이슬람 군대에 패배하였고 제지법과 자석까지 건네주게 되었다. 이와 연관하여 17세기 영국 사상가 프란시스 베이컨은 중국에서 나온 문명의 3대 발명품이 중세를 바꾸었다고 평가했다.

"고대에는 없었던 세 품목, 즉 종이, 화약, 자석[나침반]은 세계의 면면을 완전히 바꾸었다. 종이는 문학에, 화약은 전쟁에, 자석은 항해에 영향을 끼쳤다."

(Francis Bacon, *Novum Organum*, Book I. aphorism 129.)

특히 탈라스 전투에서 서양에 건네진 종이는 지성사적 변화를 가져왔다. 제지법은 아라비아 상인들을 거쳐 서구에 전래되었고 서서히 보급되어 13세기에는 유럽 전역에 제지 공장이 들어서며 1,000년간 존재했던 양피지는 사라졌다. 가격과 생산 분량에서 양피지보다 훨씬 우월했으므로 종이는 학문 보급과 발전에 크게 기여하였다.

한편 845년 당나라의 무종은 이전의 측천무후와는 정반대로 강력한 폐불 정책을 사용하였다. 꾸준히 확산되어왔던 경교는 오히려 불교와 유사한 종교로 인식되어 또 핍박을 받았다. 결국 당 말기의 폐쇄적 종교 정책으로 경교는 쇠퇴케 되

종려주일 중국 네스토리우스 교도들의 행렬
in Khocho Nestorian Temple c 683

었다. 800년대 말 소금 밀매상인 황소가 농민 전쟁을 일으키자 당나라는 무너졌다. 그 과정에서 경교는 당나라와 함께 운명을 같이 하였다. 바로 이어진 중국의 5대 10국 시대는 전란으로 인구가 급감하고 피폐한 혼란기였고 979년에 송나라가 유교의 기치 아래 중국을 재통일하였다.

중앙아시아와는 달리 중국에서는 경교가 왜 쇠퇴하였는가? 우선적으로는 사원들이 모두 폐쇄된 반복적인 박해 때문이다. 둘째로, 식자층에서 시작되어 아래로 내려오는 하향식 전교 방식에도 문제가 있었다. 토착화의 장점은 있었으나 혼합주의를 피해야 하는 단점도 극복하지 못했다. 경교는 유교의 언어와 불교의 형식도 상당 부분 수용하였는데 이 과정에서 기독교적 독특성과 생명력을 부각시키는데 미진하였다. 그럼에도 불구하고 경교는 동양에 전래된 첫 기독교였다는데 의의가 있다. 서양 기독교의 흐름과 유사하게 경교도 극심한 박해를 받았고 많은 순교자들을 내었으며 뛰어난 수도사들도 있었다. 또한 서양 문화를 동양에 전하고 또 동서양 간의 첫 사상적 조우의 장을 마련한 기여도 했다. 불안정한 인간 삶에 천상의 소망을 제공하는 신앙적 기능도 분명 감당하였다. 비록 중국에서는 그 깃발을 내렸지만 그럼에도 불구하고 경교는 중앙아시아와 몽골 부족들에서 초원의 십자가를 지속적으로 휘날렸고 1200년대 칭기즈칸의 시대에 다시 번성하였다.

7. 이슬람교의 등장과 무슬림 왕조들의 유산

마호메트 등장과 '검은 돌'을 둘러싼 전투

600년대 초 세계사에 큰 지각 변동을 일으킨 이슬람교가 시작되었다. 오랫동안 유럽은 이슬람이 태동한 아라비아 반도를 기껏해야 각종 향신료의 생산지로만 생각했었다. 아라비아 반도의 대부분은 사막이고 부족들은 홍해 쪽 연안을 따라 거주하였기에 인구도 타 대륙에 비해 훨씬 적었다. 세계의 변방으로 치부되던 이곳에서 역사의 분기점을 초래한 이슬람이 성장한 것이다.

이슬람교의 창시자 마호메트(Mahomet, 무함마드: Muhammad)는 570년 메카(Mecca)에서 태어났다. 어려서 부모를 잃고 삼촌의 손에서 성장했으며 아라비아를 다니는 상인이 되었다. 십대 때는 시리아를 방문하여 바히라(Bahira)라는 이름으로 알려진 네스토리우스파 수도사 세르기우스(Sergius the Hermit)에게 배우기도 하였다. 마호메트는 25살의 나이에 40살의 과부 카디자(Khadijah)와 결혼했고 그녀 사후 다시 9살짜리 아히사(Ahisa)와 재혼하였다. 그는 전쟁으로 남편을 잃은 과부들도 아내로 삼아 총 13명의 처첩을 두었다. 다른 자녀들은 일찍 죽고 두 딸만 있었는데 훗날 4대 칼리프가 되는 사촌 알리는 마호메트의 딸 파티마와 결혼하였다.

아랍인들은 오래 전부터 메카에 있는 1미터가 안 되는 유성 운석 같은 "검은 돌(Black Stone)"을 숭배해 왔다. 왜냐하면 천사가 아담과 하와에게 이 돌을 제단으로 주었고 아브라함의 아들 이스마엘(Ismael)이 메카에 이 돌로 카바(Kaaba) 성소를 세웠다는 전설을 신봉했기 때문이다. 이스마엘의 후손들인 아랍인들은 그 성소를 육방면체의 신전으로 더 크게 세워 숭배하였다. 더 나아가 이들은 카바 신전의 검은 돌 옆에 각 부족들이 믿은 360개의 많은 신들의 형상들을 두고 매일 각 신에게 제사하였다. 610년 메카의 히라(Hira)산 동굴에서 알라(Allah) 신만 섬기라는 천사의 계시를 받았다고 주장한 마호메트는 바로 도시로 내려와 유일신 신앙을 전파하며 검은 돌을 제외한 카바의 우상들을 제거해야 한다고 외쳤다. 또 자신을 알라의 선지자로도 내세웠다. 이것이 이슬람교의 시작이었다. 사실 이슬람교도 아라비아의 토속 종파, 유대교, 기독교, 조로아스터교의 교리들이 섞여 있는 종교이다.

마호메트의 추종자들이 늘었으나 그는 메카의 다신교도들을 이길 수 없었고 오히려 살해 위협에 놓였다. 622년 그는 결국 메카에서 약 300km 북쪽에 위치한 야스립(Yathrib)이라는 도시로 피신했다. 그런데 이곳에서 그의 포교는 큰 성공을 거두었고 야스립은 후에 "예언자(마호메트)의 도시"라는 뜻의 "메디나[안나비]"로 개명되었다. 그가 메카에서 메디나로 "도피"한 것을 '헤지라(Hegira)'라고 부르는데 이 해가 이슬람 달력(Anno Hegira)의 원년이 되었다.

마호메트는 군병을 양성해 다시 메카로 돌아가 7년간 공격한 끝에 이 도시를 굴복시켰다. 메카로 입성한 그는 즉시 카바 신전의 360개 신상들을 모두 치우고 검은 돌만 두었다. 이후 이 신전은 유일신 알라 신앙의 상징이 되었고 이슬람교도들은 어느 곳에 있던지 메카의 카바 신전을 향해 기도하게 되었다. 마호메트는 이슬람교 전파를 위해 전사들을 모아 아라비아의 다신교 부족들을 공격해 모두 무슬림으로 만들었고 약대 상인들도 사막 곳곳에 이슬람교를 전파하였다. 마호메트는 이슬람교도들에게 유일

메카의 카바 성소 by Muhammad Mahdi Karim

신 신앙과 이스마엘의 자손임을 새기기 위해 생애 한번 반드시 메카를 방문해 카바 신전을 일곱 번 도는 순례를 명했다.

632년 그가 열병으로 세상을 뜰 때 지리멸렬했던 아라비아 부족들은 이슬람교로 단결하여 이미 하나의 제국이 되어 있었다. 제자 아부 바크르(Abu Bakr)는 "계승자", 즉 칼리프(Caliph)가 되었다. 아부는 체구가 작고 신중한 인물로 스승 마호메트의 가르침을 모아 경전 쿠란(Quran)을 펴내었다. 그중 많은 부분은 구약 성서의 내용을 변개한 것이다.

세계적 확장과 요인들

634년 아랍 이슬람 전사들은 사해 남단에 주둔한 비잔틴 로마군과의 첫 전쟁에서 승리를 거두었다. 적을 가볍게 여겼다가 의외의 패배를 당했던 비잔틴의 헤라클레이오스 황제는 응징을 위해 병력을 증파하였고 636년 요단강 지류인 야르묵강에서 두 군대는 역사의 향방을 결정하는 대전을 치렀다. 그러나 아랍 군대는 또 대승을 거두었고 더 북진하여 시리아의 지배권을 수중에 넣었다. 이 야르묵강의 전투가 바로 이슬람이 세계사 본무대에 등장하는 순간이었다. 이후 아랍 이슬람은 파죽지세로 중동 전역을 차지하였다.

638년에는 비잔틴 제국 영토인 예루살렘을, 639년에는 이집트를 점령하였고 경악스럽게도 651년에는 400년 동안 존재한 신 페르시아 제국까지 멸망시켰다. 특히 예루살렘은 638년부터 십자군이 수복한

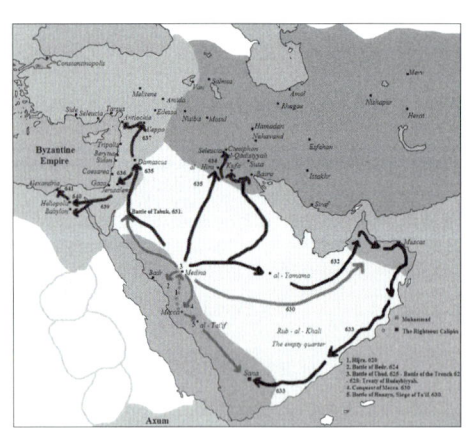

A.D. 631-641년까지의 마호메트와 아부바크르의 이슬람 정복 전쟁 - by Javierfv

12세기를 제외하고 무려 1,200년 동안 이슬람 관할로 존재했었다. 중동 장악 이후 이슬람 전사들은 포교와 정복의 두 목적을 위해 북아프리카의 연안을 타고 서진하였다. 700년경에는 이미 리비아를 넘어 오늘날의 알제리, 튀니지, 모로코 등이 이슬람 지역이 되었고 북아프리카 무슬림들은 스페인까지 정복하였다. 이슬람교는 빠른 속도로 확산되어 거대한 제국을 탄생시켰다.

그렇다면 이슬람 세력의 급속한 팽창의 원인은 무엇이었는가? 첫째, 아라비아 반도는 오랫동안 세계사적 전쟁에서 비켜 있었기에 아랍 이슬람이 성장 저력을 비축할 수 있었다. 둘째, 비잔틴 로마와 페르시아는 무려 200년에 걸친 무력 대결로 서로 막대한 군사력을 상실하고 쇠약해졌다. 이것이 동시대 제3세력이던 이슬람 제국이 쉽게 두 제국을 제압한 요인이었다. 특히 비잔틴 로마 제국은 이슬람의 초기 성장을 가볍게 생각하였고 빼앗긴 영토들을 쉽게 수복할 것으로 판단했으나 이는 희망사항에 불과하였다. 셋째, 아랍과 여타 민족들은 이슬람 신앙으로 강력히 규합하여 제정일치 국가를 만들었다. 넷째, 이슬람교의 빠른 확산에는 무력적 개종 정책이 큰 몫을 하였다. 전향을 거부한 이들은 무슬림의 칼을 받거나 중한 세금을 내야 했다. 다섯째, 이슬람 세력의 확장에는 유일신 신앙과 단순한 교리가 큰 요인이었다. 이슬람 신앙의 5개 기둥만 준수하면 누구나 신자로 간주되었다.

반면 아랍에 영토의 절반을 잃어버린 비잔틴 로마 제국은 7-8세기에 정치적으로도 종교적으로도 대혼란의 시기였다. 비잔틴의 기독교는 선교의 열정도 도덕적 권위도 영적 생명력도 부족하였고 분열을 거듭했다. 또 제국 바깥의 북아프리카와 페르시아의 기독교 신자들을 이단으로 간주하여 그들의 활동을 제한시켰다. 이 때문에 많은 사막의 부족들은 정통을 자처하며 권위적이었던 비잔틴 기독교보다는 단순한 교리의 이슬람교에 더 매력을 느꼈다. 이런 상황은 페르시아 제국도 마찬가지였다. 조로아스터 사제들의 패악이 극심하여 백성들의 혐오 대상이었다. 아랍의 전사들이 페르시아를 멸망시키고 이슬람교를 강요하자 페르시아 백성들은 너무 쉽게 자신들의 생기 없는 전통 종교를 포기하였다.

> **[이슬람교의 5대 기둥 The Five Pillars of Islam]**
> (1) 믿음(faith): 알라를 유일신으로 또 마호메트를 최고의 선지자로 믿는다.
> (2) 기도(prayer): 하루 다섯 번씩 메카를 향해 기도한다.
> (3) 자선(charity): 타인을 돕는다.
> (4) 금식(fasting): '더위'라는 뜻의 '라마단' 여름 한 달 동안 낮시간만 금식을 한다.
> (5) 순례(pilgrim): 평생에 한 번 메카의 카바 신전에 하지(Hajj: 순례)를 간다.
>
> **[용어들의 의미]**
> *이슬람: "복종"의 의미
> *무슬림: "복종하는 자들"이란 의미로 이슬람교도
> *사라센: "사막의 사람들"이라는 뜻으로 이슬람 전사들
> *무어인: 스페인과 북아프리카 모로코, 알제리 지역의 이슬람인들

아랍 제국의 옴미아드 왕조

이슬람 제국은 칼리프(후계자)의 지위를 놓고 내전을 벌였다. 초대 칼리프인 아부 바크르에 이어 우마르 파룩(Umar Farooq)이 2대, 오트만(Uthman)이 3대 칼리프에 올랐다. 오트만이 반란으로 죽자 마호메트의 사위 알리(Ali, d. 651)가 4대 칼리프에 올랐다. 그러나 알리는 5년 통치 동안 시리아의 총독 무아위야(Muawiyah)가 주도한 반란에 곤경을 겪었다. 칼리프 알리는 끝내 카리자파(Kharijites)의 배신으로 암살당하고 옴미아드(Umayyad) 가문의 무아위야에게 칼리프를 넘겨 주었다. 무아위야는 알리의 아들 하산(Hasan/후세인)까지 독살하였다. 이로써 무아위야의 후손들이 칼리프를 이어받는 옴미아드 왕조가 시작되었다. 이 왕조는 비잔틴 제국 공격을 위해 시리아의

대도시 다마스쿠스(Damascus)를 수도로 삼았다. 이로써 한때 바울의 도시였던 다마스쿠스는 옴미아드의 대표 도시로 바뀌었다.

한편 알리의 추종자들은 알리 이전의 칼리프들과 이후의 옴미아드 칼리프들을 모두 모하메드의 혈통이 아니라는 이유로 인정하지 않았다. 대신 마호메트의 자손을 '이맘(Imam)', 즉 지도자로 세워 독자적 분파인 "추종자" 뜻의 시아(Shia)파를 이루었다. 주로 이란과 이라크의 무슬림들이 시아에 해당된다. 기존 칼리프들을 인정하는 무슬림은 "전통" 의미의 수니파(Sunni)로 불리며 다수 아랍인들을 포함하여 전체 무슬림의 80% 이상을 차지한다. 옴미아드 왕조 내에서 아랍 무슬림들은 1등 민족으로 군림하였고 타 민족이나 종파들은 차별받았다.

페르시아 무슬림의 아바스 왕조

750년 아랍 중심의 옴미아드 왕조가 끝나고 이슬람의 새 왕조가 시작되었다. 이는 페르시아 중심의 '아바스' 왕조였다. 메카 가문의 아바스(Abu al-Abbas)가 옴미아드 칼리프 마르완(Marwan)을 죽이고 칼리프를 차지해 새 왕조를 시작한 것이다. 그는 마르완의 친족들을 무려 300여 명이

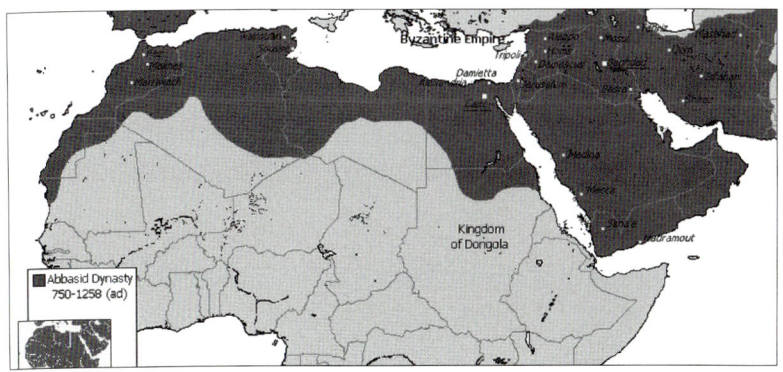

8세기 전성기 때의 아바스 이슬람 제국 - map by Arab League

나 척살하며 옴미아드를 거의 멸절시켰다. 페르시아(이란) 귀족들은 아바스를 적극 지원하였고 수도도 다마스쿠스에서 바그다드(Baghdad)로 옮겼다. 바그다드는 단시간에 중동의 가장 큰 무역 도시가 되었다.

기하학 문양과 푸른색의 건축으로 알려진 페르시아 문화는 이슬람교 출현 이전부터 이미 존재했으나 바로 아바스 왕조로부터 '페르시아 문화'와 '이슬람 문화'는 거의 동의어 같이 되었다. 또한 페르시아 민족은 그동안 아랍인들에 밀린 2등 민족이었으나 비로소 지배 민족의 위상을 갖게 되었다.

751년 아바스 왕조는 서역을 정벌하러 온 당나라 장수 고선지의 군대와 중앙아시아의 패권을 놓고 탈라스(Talas) 강가에서 대전을 벌였다. 그러나 당시까지 연승을 거듭했던 당나라 군대는 패배하였고 이슬람은 승리와 함께 세계사적 노획물도 얻었다. 그것은 나침반의 획득과 포로들을 통해 배운 제지법이었다. 곧 바그다드는 제지 산업의 중심지가 되었다. 아바스 왕조는 무역과 학문을 장려하고 제국을 발전시켜 11세기까지 "이슬람의 황금시대(Golden Age of Islam)"를 이루었다. 수도 바그다드는 국제적인 도시로서 많은 고대 세계 책들을 수집했고 일부는 유럽에도 전래되었다.

아바스 왕조 아래 이슬람교는 중앙아시아에 전래되었고 9세기 이후 광대한 제국은 각자 왕들을 두며 느슨하게 연합하는 형태로 존속했다. 가장 큰 왕국은 동부 이란을 중심으로 한 가즈나비(Ghaznavid, 975-1187) 왕국이었다.

이슬람 스페인의 등장

북아프리카를 정복한 이슬람의 전사들은 700년대 초반 북아프리카 건너 스페인(에스파냐)까지 진출했다. 당시 스페인의 서고트 왕국은 내전으로 자멸 위기에 처했고 그 일파가 북아프리카의 무슬림 전사들을 용병으로 스페인에 불러들였다. 711년 튀니지의 베르베르(Berber)족 장군인 타리크 이븐 지야드(Tariq Bin Ziyad)는 12,000명의 무슬림 용병을 이끌고 지중해 초입의 좁은 해협을 건넜다. 서유럽에 이슬람 군대가 처음 상륙한 것이다. 다만 스페인 서고트족들이 몰랐던 것은 이들이 지원군이 아닌 원정군으로 왔다는 사실이었다. 결국 서고트족의 로더릭 왕이 타리크 장군에 맞서 싸우다 전사하면서 서고트 왕국은 사라졌다. 이후 이베리아 반도는 이슬람 지역이 되었고 타리크는 총독으로 지배했다. 그가 처음 발 디딘 유럽 언덕은 "타리크의 산", 즉 '자발 타리크(Jabal Tariq)'로 불렸고 이 명칭에서 '지브롤터 해협(Gibraltar strait)'이 유래되었다. 타리크 장군은 소환되어 다시 지브롤터 해협을 건너 다마스쿠스로 되돌아갔다.

한 세대 후인 750년 옴미아드 왕조를 학살하며 아바스 왕조가 들어섰을 때 간신히 목숨을 건진 옴미아드 칼리프의 손자 압둘 라흐만(Abd al Rahman I)은 스페인으로 도망하여 코르도바 공국(755년)을 세운 후 가문의 명맥을 이었다. 아바스 왕조는 라흐만을 죽이기 위해 암살단을 스페인에 파견했으나 실패했고 자객들은 모두 목이 잘리고 소금에 절여져 아바스 칼리프에게 다시 보내졌다. 옴미아드의 적통으로 자부한 라흐만의 후손들은 족장(emir)으로 다스리다 929년에 칼리프로 명칭을 바꾸었다. 이로써 중세 중엽 스페인 코르도바와 페르시아 바그다드에 두 명의 칼리프들이 존재하는 분열이 일어났다.

셀주크투르크의 성장

아바스 왕조와 가즈나비 왕국은 존속 300년 만에 중앙아시아에서 내려온 셀주크투르크(Seljuk Turks) 부족에게 무너졌다. 새로운 정복자 셀주크투르크는 첫 족장은 셀주크(d. 1038)로

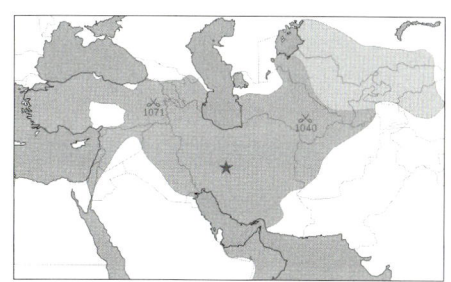

11세기 전성기 때의 셀주크 제국

부터 그 명칭이 나왔다. 이들은 원래 아랄 해와 카스피 해 사이에 거주하다가 카자흐스탄 남부 시르다리아(Syr Daria)에서 강력한 세력이 되면서 이슬람교를 수용했다. 족장 셀주크는 미카일(미카엘), 아르슬란(이스라엘), 무사(모세), 위누스(요나)의 네 아들을 두었는데, 이 이름들은 사실 모두 성서적인 것이었다. 아마도 그의 가문은 본래 네스토리우스 기독교도였거나 또는 카잔 왕국에서 번성했던 유대교를 받아들인 것으로 추정된다. 바로 미카일의 아들 토그릴(Toghril, d. 1063)이 부족민을 이끌고 중동으로 대이동을 하였다.

1040년 중앙아시아 실크로드 도시 단다나칸(Dandanaqan)에서 족장 토그릴의 셀주크투르크는 가즈나비 왕국과 벌인 역사적 대전에서 승리하고 페르시아 지역을 장악했으며 더 서진하여 아바스 왕조까지 굴복시킨 후 마침내 시리아에서 인도에 이르는 셀주크 대제국을 건설하였다. 아바스 칼리프는 토그릴에게 '술탄(sultan)' 칭호를 수여했고 이후 이슬람 군주들은 술탄(왕)으로 불렸다.

토그릴의 조카인 술탄 알프 아르슬란(Alp Arslan)은 원대하게도 비잔틴 로마 제국 정벌을 목표로 동진하였다. 1071년 만지커트 전투를 벌여 비잔틴 제국을 패배시키고 소아시아(터키) 반도를 거의 장악하였다. 이후 셀주크 제국은 1072년 말리크샤(Shah Malik)의 전성시대를 거쳐 자치 소국들로 분열되었고 그중 가장 강성했던 것은 소아시아 중부를 차지한 '셀주크 럼' 왕국이었다. "로마(Rome)의 영토에 설립된 셀주크 왕국"이란 의미로 "럼(Rum)"이라 불렸다.

이전의 아바스 왕조와는 달리 셀주크투르크는 성지를 순례하는 기독교도들을 잔인하게 살육하는 호전적인 무슬림이었다. 때문에 셀주크와 유럽의 정치 군사적 갈등은 비등해졌다. 셀주크는 1000년대 후반 비잔틴 로마 제국의 가장 큰 위협 세력이 되었다. 그 결과가 바로 서유럽과 이슬람의 대충돌인 1100년대의 '십자군 전쟁'이었다.

티그리스 동서로 갈라진 이슬람의 운명

이슬람 세력은 티그리스강을 중심으로 동과 서로 갈라졌으며 그 변천도 판이하였다. 특히 이 거센 강의 동편 이란과 카스피 해 사이에서는 서로 충돌을 빚으며 많은 이슬람 제국들이 명멸하였다. 가즈나비 왕국을 멸망시킨(1040년) 셀주크 제국은 동서로 나뉘었다(1059년). 이후 동쪽 제국은 "흑거란" 카라키타이에 무너졌고(1141년), 카라키타이 제국은 10년 만에 속국 호라즘에 의해 소멸되었다(1150년). 호라즘 제국은 150여 년 존속하다가 몽골에 멸망했고(1220년) 그 자리에 몽골 일한국이 들어섰다. 일한국은 스스로 와해되었고 다시 그곳에 티무르 제국이 들어섰다(1393년). 이 티무르 제국도 내전으로 지리멸렬해져(1500년) 하부 영토는 인도의 무굴 제국에 편입되었고 상부는 자치 왕조들로 분열되었다. 많은 제국들이 명멸했던 이슬람 동쪽 지역에는 현재 "땅"이란 뜻의 '스탄' 명칭을 갖는 여러 나라들이 들어섰다. 우즈베키스탄, 키르기스스탄, 투르크메니스탄, 카자흐스탄 등이다.

반면 복잡했던 동편과 달리 셀주크 제국의 서쪽인 중동 지역은 그 운명이 단순하였다. 1200년대 세력을 잡은 이집트에 이어서 1300년 이후부터 무려 600년 동안 오스만투르크(Osman Turks)가 지배한 것이다. 오스만투르크는 13세기 중반 중앙아시아의 북동 지역에서 내려와 셀주크 룸 왕국 옆의 소아시아를 본거지로 영토를 확장하였다. 한 세기 후에는 소아시아와 중동과 발칸 반도까지 장악한 광대한 이슬람 제국을 세웠다. 이 제국은 첫 부족장 '오스만(또는 오트만)'의 이름을 따서 '오스만 제국'이나 '오토만 제국' 또는 '오스만투르크 제국'으로 칭하게 되었다.

족장 오스만은 초승달이 땅 한쪽에서 반대편 쪽으로 뻗어진 꿈을 꾼 후 군기에 초승달을 넣을 것을 명했다. 무슬림들은 무늬 없는 검은 색이나 녹색 깃발을 사용했으나 점차 초승달 깃발로 대체하였다. 초승달은 달이 태양에 가장 가까이 있을 때의 모습이고 또한 음력에서 매월 첫 날의 달 모습이다. 이슬람 교도들은 알라에게 가까이 가는 열망과 세계적 제국을 건설하고자 하는 야망을 초승달 국기를 통해 표현하였다. 실제로 이슬람은 스페인에서 메소포타미아까지 3개 대륙에 초승달 모양으로 걸친 대세력을 이루었다.

이슬람 제국과 기독교도들의 수난

초기 아랍 이슬람 지배하에서 기독교도들은 지역에 따라 신앙을 유지할 수 있었다. 그러나 아바스 왕조 시대가 되며 중동의 기독교도들은 개종의 압력을 거세게 받았고 추방과 처형을 흔하게 당했다. 이어진 셀주크 시대에는 몰살을 면치 못했다. 종교세를 매긴 오토만 제국에서는 그나마 상황이 나았다. 비이슬람교도들은 특별 종교세를 납부해야 했고 관직이나 상업에서 제한이 따르는 등 큰 차별을 경험해야 했다. 중동의 수많은 교회 건물들은 제단이 치워지고 동쪽 메카를 향한 문이 설치되는 등 모스크(사원)로 개조되었다. 한편 이슬람교는 문화적 측면에서 페르시아 외에 비잔틴 제국의 영향도 받았다. 특히 이슬람 사원의 중앙 돔을 비롯한 여러 요소는 비잔틴 건축 양식에서 영향받았다.

이슬람의 등장으로 600년 이상 기독교의 땅으로 존재해 왔던 동방 지역들은 무슬림의 땅으로 변하였다. 한번 이슬람으로 변한 지역들은 현대까지 1,600년 동안 종교적으로 그대로 유지되었다. 이슬람 지배의 모든 세기동안 기독교인들이 처형당하거나 추방된 것은 아니었고 지역에 따라 공존한 곳도 있었다. 대표적 예는 이집트와 발칸 반도로서 비교적 온건한 종교 정책이 펼쳐졌다. 특히 발칸의 민족들은 15세기 이후 오토만 제국의 지배에 놓였지만 기독교 신앙 아래 고유한 민족성을 유지해갔다. 그러나 역사 전반에서 이슬람 사회 속의 기독교도들은 극심한 핍박을 경험하였다. 어떤 종교이든지 배타적이고 전투적인 성향을 갖게 될 때는 그 자체로 종교적 가치를 잃는다. 사실 이슬람교는 역사상 출현한 종교들 중에 가장 무력적인 개종 정책을 사용해 왔으며 인류의 공동선을 이루는데 필수적인 관용의 덕목을 간과하였다.

이슬람 문화의 유산

이슬람의 유산과 영향은 무엇일까? 가장 긍정적인 요소들은 주로 아바스 왕조의 "이슬람의 황금시대"에서 비롯되었다. 당나라에서 건너온 제지술을 통해 중세 중반에는 바그다드를 중심으로 많은 서적들이 출판되었다. 아리스토텔레스, 히포크라테스, 갈레노스, 유클리드 등 일부 고대 헬라 학자들의 저술은 아랍어로 번역되었다가 역으로 서구에 유입되어 라틴어로 번역되었다. 이슬람의 수학도 학문 발전에 크게 기여하였다. 숫자는 아라비아 상인들이 전파하였고 대수학도 이슬람 세계에서 심화되었다. 아라비아 숫자의 출현 이전까지 로마 제국은 알파벳을 숫자로 사용했었다.

고대 세계의 유명 의학자들- 왼쪽 위부터 아스클레피우스, 히포크라테스, 이븐 시나, 알라지, 아리스토텔레스, 갈레노스, 마케르, 알베르투스 마그누스, 디오스코리데스, 메주에, 세라피온

이슬람의 의학도 서구에 영향을 끼쳤다. 페르시아의 과학자요 의학자인 알라지(Al Razi, d. 925)는 천연두 연구를 통해 병의 원인을 밝히는데 공헌했고 철학자요 의학자인 이븐 시나(Ibn Sina, d. 1037)는 병의 전염에 관한 이론을 세웠다. 7세기에서 10세기의 중세 중반에는 이슬람의 과학과 수학이 가장 앞서 있었다. 더 나아가 이슬람의 아랍어는 영어를 비롯한 서구 언어에도 많은 단어를 건네주었다. 애드미랄(admiral:제독), 알코올(alcohol), 알제브라(algebra:대수학), 알칼리(alkali), 매거진(magazine), 소다

(soda:음료수), 슈거(sugar:설탕) 등이 그 예이다. 신드바드(Sindbad)의 모험이 들어 있는 『아라비안나이트(Arabian Nights)』로 대표되는 아랍인들의 민속 이야기도 세계적인 흥미를 끌었다.

VII

중세 중기의 변화

(700-1000)

1. 기독교 유럽과 이슬람 제국의 충돌

700년대에 유럽과 중동에는 각각 세 곳의 강력한 세력이 존재했다. 이들은 서유럽의 프랑크 왕국, 비잔틴 로마 제국, 그리고 이슬람 제국이었다. 확장을 목표로 한 기독교 제국들과 이슬람 제국 간의 대결은 피할 수 없었다. 첫 대결은 700년대 초에 일어났고 본격적인 대전은 1100년대 십자군 전쟁에서 벌어졌다.

콘스탄티노플의 대격돌(717년)

이슬람 제국과 비잔틴 제국은 634년 사해 바다 근처에서의 첫 충돌을 벌인 후 수차례 더 격돌하였다. 그때마다 이슬람 옴미아드 제국의 승리로 끝이 났고 중동을 빼앗긴 비잔틴 제국의 위신은 크게 추락하였다. 옴미아드 왕조 설립자인 칼리프 무아위야는 674년 제1차 콘스탄티노플 침공을 감행했다. 비잔틴 군대는 "그리스의 불"로 알려진 새로운 화염방사기를 고안하여 아랍 군대의 예봉을 드디어 꺾었다. 시리아에서 수차 승리를 거듭했던 이슬람 군대는 첫 패배를 경험하고 콘스탄티노플의 3중 성벽의 견고함만 확인한 채 물러갔다.

'그리스의 불' 화염방사기로 싸우는 비잔틴 군대

약 30여 년 후인 717년 1,800여 척의 군함과 120,000명의 대규모 아랍 군대는 제2차 콘스탄티노플 공격을 감행했다. 이는 비잔틴 로마의 육군과 해군을 훨씬 압도하는 군사력이었다. 지루한 전투가 수개월째 지속되면서 비잔틴 로마군에게 뜻밖의 유리한 상황이 전개되었다. 유난히 매섭고 혹독한 겨울 추위가 온 것이다. 매년 혹한을 경험한 로마군은 무더운 사막에서 올라와 동절기 대비가 불충분한 이슬람 군대에 비해 훨씬 유리했다. 매일 폭설이 쏟아지고 다 얼어붙은 상황에서 이슬람 군대는 생존을 위해 말과 당나귀는 물론 인육까지 먹어야 했다. 게다가 이슬람 군대에 차출되었던 많은 아랍계 기독교 병사들은 탈영을 하여 비잔틴 제국으로 항복해왔다. 때마침 비잔틴 제국과 우호 관계에 있던 불가리아 군까지 도착하여 공격을 퍼붓자 이슬람 군대는 더 이상 견디지 못하고 결국 퇴각하였다. 패잔병들 다수는 뱃길로 돌아가는 중 불어 닥친 폭풍으로 목숨을 잃었다. 이후로 이슬람과 비잔틴 제국은 소아시아를 놓고 간헐적인 전투를 벌였다.

세계사의 운명을 가른 투르 전투(732년)

비잔틴 제국과의 일전이 끝난 지 15년 후 732년 이번에는 기독교의 서유럽과 이슬람 왕국 간의 첫 대결이 벌어졌다. 유럽의 신흥 강호 프랑크 왕국과 스페인을 정복한 안달루시아(Andalusia) 왕국이 바로 대결의 주인공들이었다. 안달루시아의 총독 압둘 라흐만은 대군을 이끌고 피레네 산맥을 넘어 프랑크 왕국을 침공하였다. 이에 맞선 프랑크 왕국의 사령관은 샤를 마르텔(Charles Martel, d. 741)이었다. 그의 이름은 '카를 마르텔'로도 불리는데 '샤를'과 '카를'은 같은 이름의 불어식과 독일어식 발음이다. "망치"를 뜻하는 '마르텔' 이름처럼 샤를의 육중한 무기에 맞으면 버틸 자가 없었다. 그는 수많은 대소 전투에서 승리한 프랑크 왕국의 맹장이었다.

무패의 승리를 거두며 서유럽을 정복한 프랑크 군대와 100년 동안 확장해 온 이슬람 군대의 운명적 대결은 프랑스의 투르(Tours)와 푸아티에

세계사의 분수령이 된 732년 투르 전투
- by Charles de Steuben 1834

(Poitiers) 사이에서 벌어졌다. 기병을 선봉에 둔 이슬람 군대는 약 80,000명이었고 보병 위주의 프랑크 군대는 30,000명으로 현저히 열세였다. 그럼에도 불구하고 이 전투의 결과는 샤를 마르텔이 지휘한 프랑크 군대의 대승이었다. 이슬람 군대는 지휘관 압둘 라흐만을 잃은 채 피레네 산맥을 또 넘어 도주해야 했다. 이후 이슬람은 신대륙을 발견한 1492년까지 스페인 땅에 존속했지만 다시 서유럽을 침공하지 못하였다. 18세기 영국의 역사학자 에드워드 기번(Edward Gibbon)은 투르 전투를 서양사의 가장 중요한 사건 중 하나로 지목했다. 이 전쟁은 카를 마르텔 개인의 승리를 넘어 프랑크 왕국의 승리였고 더 나아가 서구 유럽의 승리였으며 기독교의 승리였다. 때문에 기번은 이렇게 가정하였다.

"만약 투르 전투에서 이슬람 군대가 승리했다면, 패배한 프랑크 왕국은 이슬람 국가로 변하고 서유럽의 주된 종교는 이슬람교가 되었을 것이며 옥스퍼드 대학에서는 코란을 주교재로 가르쳤을 것이고 서구인들은 하루에 다섯 번씩 지금도 메카를 향해 기도하고 있을 것이다."

이슬람의 강력한 확장과 영향을 감안하면 기번의 이러한 가정은 무리한 추측이 아니다. 때문에 투르 전투는 서구 중세 역사에서 프랑크 왕국과 기독교의 미래를 담보한 결정적 계기가 되었다. 또한 스페인에서는 약화된 이슬람 왕국 사이로 기독교 소왕국들이 성장할 수 있게 되었다. 투르 전투의 승리로 영웅이 된 카를 마르텔은 권력의 정점에 섰고 마침내 그의 아들은 왕이 되어 새 왕조를 설립하였다.

2. 프랑크의 피핀 왕과 카롤링거 왕조의 시작

"키 작은" 피핀의 즉위

투르 전투의 영웅 카를 마르텔은 궁재(Mayor of the Palace)로서 최고 실권자였다. 유명무실한 왕 칠데릭(힐데리히) 3세보다도 궁재의 권력이 더 강하였다. 이제 남은 것은 카를 마르텔의 가문이 정식으로 왕위에 오르는 것뿐이었다. 741년 궁재 카를 마르텔이 세상을 떠난 후 두 아들 카를만(Carolman, d. 754)과 "키 작은" 피핀(Pepin the Short, c. 714-768)이 왕국의 궁재들로서 동서를 관장하였다. 그러나 인생의 허무함을 절감하여 진리를 원한 장남 카를만은 갑자기 관직을 버리고 수도사가 되었기에 피핀이 단독 궁재가 되었다. 무력한 왕 밑에서 다스린 피핀은 교황 자카리우스에게 이렇게 질문했다.

"권력이 없고 명목상 왕인 이가 진짜 왕이라 할 수 있습니까?"

이에 교황은 피핀이 원하는 대답을 해주었다.

"실제로 통치하는 자가 왕권을 가져야 마땅합니다."

(W. C. Perry, *The Franks: From Their First Appearance in History to the Death of King Pepin*, 2009, 309.)

피핀은 국왕에 직접 퇴위 압력을 넣기 부담스러웠으나 모든 뒤처리는 72세의 교황 자카리우스가 다해주었다. 교황은 즉시 국왕 칠데릭 3세(Childeric III)를 찾아가 허수아비 권좌를 내려놓고 수도사가 될 것을 권하였다. 묵묵히 듣던 칠데릭 3세는 교황의 권유에 순복하고 보좌에서 내려와 왕

피핀 왕의 주화 - R은 Rex(왕)을 뜻하고 P는 Pepin이다
- by Phgcom

보니페이스 주교의 안수로 왕위에 오르는 피핀 -by Jean Fouquet 1470s

관을 내려놓고 무릎을 꿇었다. 프랑크 왕들은 늘 삼손이나 압살롬처럼 긴 머리를 가졌는데 이는 권위의 상징이었다. 교황이 칠데릭에게 해줄 수 있는 마지막 호의는 그의 긴 머리카락을 다 자르고 수도사의 안수를 민머리에 해주는 것뿐이었다. 칠데릭의 긴 머리털들이 잘리는 순간 왕권은 사라졌고 메로빙거 왕조도 끝이 났다. 옆머리만 둥그렇게 남은 그의 모습은 속세의 왕관이 아닌 영적인 왕관을 쓴 모습이었다. 그의 아들도 왕자의 신분을 놓고 수도사가 되었다. 그해 고령의 교황은 세상을 떠났고 수년 후 칠데릭도 조용히 지내다 세상을 떠났다.

피핀은 즉시 왕위에 올랐다. 부친 '카를' 마르텔의 이름에서 비롯된 새로운 '카롤링거' 왕조가 탄생한 순간이었다. 피핀은 두 번이나 대관식을 치렀다. 첫 번째는 "독일의 사도"인 유명한 보니파키우스(St. Boniface) 주교가 왕관을 수여했으며, 두 번째는 새로 교황이 된 스테판 2세가 직접 생드니(St. Denis) 대성당으로 달려와 '로마 통치자(Patricus Romani)'라는 칭호와 함께 도유식(Anointing)을 하며 관을 다시 씌워주었다. 교황 스테판 2세(Stephen II)는 보호를 구실로 세금을 뜯어왔던 비잔틴 제국과 아예 절연하면서 새로운 후견 세력이 필요하므로 프랑크 왕국을 선택한 것이었다. 피핀은 교황이 직접 왕관을 씌워준 최초의 통치자가 되었다. 신장이 작았으나 야망은 무척 컸던 피핀은 교황에게 왕관을 받자 매우 기뻐했다. 이 사건은 한편으로 로마 교황청과 프랑크 왕실의 정치적 결탁의 시작이었다.

교황의 선물과 피핀의 선물

교황 스테판 2세는 피핀에게 대관식을 치러준 대가로 이탈리아 중부의 엄청난 영토를 요구했다. 이를 정당화하기 위해 교황은 "콘스탄티누스의 증여(Donation of Constantine)"라는 위조문서를 만들어 피핀에게 제시했다. 그 내용은 330년경 로마 제국의 콘스탄티누스 대제가 새 수도 콘스탄티노플로 천도하면서 옛 수도 로마와 인근의 광대한 땅을 교황 실베스터 1세에게 선물했다는 것이다. 물론 콘스탄티누스는 그런 기증을 한 적이 없었지만 위조문서에 근거하여 교황 스테판 2세는 이탈리아 중부가 자신의 몫이라고 주장하였다.

754년 교황에게 보답을 해야 했던 피핀 왕은 문서의 내용을 진실로 받아들여 롬바르드족을 물리치고 라벤나에서 로마까지의 이탈리아 중부를 교황에게 주었다. 가짜 "콘스탄티누스의 증여"가 진짜 "피핀의 증여"로 성취된 것이다. 이제 교황은 한 국가에 달할 정도의 큰 영토의 주인이 되었다. 베드로는 "은과 금"이 없었지만 그 후계자로 자처한 교황들은 대대로 최고 영주가 되었다. 휘하에 많은 기사들을 두었고 막대한 세금을 거두어 부와 권력과 명예를 동시에 쥐었다. 이 교황 영지(papal states)는 1800년대까지 유지되었다. 한편 "콘스탄티누스의 증여" 문서는 15세기에 인문주의자 로렌조 발라(Lorenzo Valla)에 의해 위조임이 드러났다.

역사에서는 사실 피핀과 같은 삶이 참으로 어려운 것이었다. 그의 아버지와 아들은 위대한 인물들이었기 때문이다. 신체의 크기에서 피핀은 선대와 후대에 비해 작았지만 결코 그의 통치는 실패가 아니었다. 피핀은 영토를 확장하고 무너진 왕권을 복원하였으며 상비군을 잘 양성하여 아들에 넘겨 주었다. 아들 샤를마뉴(카를 대제)의 위대한 통치는 아버지 피핀이 그 기초를 놓았기에 가능했다. 768년 피핀 왕은 54세를 일기로 전쟁 중에 사망하고 36년 전 대관식을 가졌던 생 드니 성당에 묻혔다. 그의 마지막 유언은 다음과 같았다.

"내 시신을 땅에 엎드리게 한 채 매장하라. 나는 죄가 크므로 죽어서도 회개 하겠노라."

프랑스의 "수호 성자" 드니와 대표 유적지

영국에서는 왕들이 묻힌 웨스트민스터 대성당(Westminster Abbey)이 최고의 사적지이나 이에 비견되는 프랑스의 사적지는 파리 인근의 생 드니(St. Denis) 대성당이다. 이 대성당은 프랑크 왕국의 수호 성자 성자 드니(생 드니)를 기념하여 세워졌는데 그는 골(프랑스)족에 처음 기독교를 전하고 A.D. 250년경 로마 황제 데키우스의 박해 때 목이 잘려 순교한 인물이다. 전승에 의하면, 드니는 목이 떨어지는 순간에도 처형하는 병사에게 복음을 전했다. 그 순교 장소는 원래 전쟁의 신 "마르스의 언덕"이라는 뜻의 '몽마르스(Montmars)'였으나 드니가 순교 후 지명은 "순교자의 언덕"이란 의미인 "몽마르트(Montmartre)"로 바뀌었다.

프랑크 전설은 성자 드니의 시신을 천사들이 옮겼다고 전한다. 비신화화해서 해석하면 천사 같은 이들에 의해 묻혔다고 이해할 수 있다. 성자 드니의 묘 위에 작은 채플이 들어서고 주위로 '도시' 생 드니가 세워지고 그 채플 위로 생 드니 대성당이 세워졌다. 이 대성당은 프랑크 왕국의 첫 왕 클로비스를 비롯하여 카를 마르텔, 카롤맨, 루이 가문의 왕들, 그리고 루이 16세와 왕비 마리 앙투아네트까지 대부분 묻힌 장소이다.

이외에도 프랑스의 역사적 장소는 국왕의 일상적인 미사와 행사 장소인

786년 샤를마뉴가 세우고 묻힌 아헨 대성당

노트르담(Notre Dame) 대성당과 대관식을 위한 랭스(Reims) 대성당이 있다. 특히 초대 왕 클로비스가 세례를 받은 랭스 채플은 대성당으로 개축되었고 이곳에서 많은 프랑스 왕들은 대관식을 가졌다. 예외적으로 새 왕조를 시작한 피핀 왕은 754년 생 드니 대성당에서 대관식을 가졌다. 대관식은 성유(holy oil)를 머리에 바르는 도유식, 왕관을 씌우는 수여식, 왕권을 상징하는 반지와 검을 주는 전달식, 영주들이 충성을 맹세하는 서약식 등으로 이루어졌다.

한편 9세기 샤를마뉴가 수도로 삼고 대성당을 세웠으며 자신이 묻힌 독일 북부의 아헨(Aachen)도 중요 유적지이다. 아헨 대성당에서 약 500년 동안 오토 1세를 비롯한 독일(동프랑크) 왕들이 대관식을 가졌다. 이들은 '왕' 칭호를 먼저 받은 후 '신성 로마 황제' 칭호를 이탈리아 로마로 가서 교황에게 받았다. 황제 칭호는 독일 왕들만 수여받았다.

3. 대왕 샤를마뉴와 중세 르네상스

카롤링거 르네상스

768년 피핀의 사후 프랑크 왕국은 두 아들 샤를(Charles, 742-814)과 카를만(Carolman)에 계승되었다. 동생 카를만이 과다출혈로 급사하자 샤를은 왕국을 홀로 다스리며 중세 역사의 가장 위대한 군주가 되었다. '마뉴', 즉 "대왕"의 칭호를 얻어 그의 이름은 불어로 '샤를마뉴(샤를 대제)'이며 영어로는 '샬레메인(Charlemagne)', 독어로는 '칼 대제(Karl der Große)', 라틴어로는 '카롤루스 마그누스(Carolus Magnus)' 등 다양하게 불린다. 이 대왕에 의해 서유럽의 암흑시대는 끝이 나고 중세 문명의 새 장이 열리게 되었다. 이 때문에 그의 시대를 '카롤링거 르네상스(Carolingian Renaissance)'라고 칭한다. 르네상스는 '재탄생(rebirth)'의 의미를 지닌 문예 부흥을 가리키는데 중세에는 수차례 르네상스가 있었다. 9세기의 카롤링거 르네상스 외에 10세기 오토 왕조의 르네상스, 13세기 학문의 르네상스, 그리고 가장 유명한 15세기 이탈리아의 르네상스 등이 일어났다.

제국의 건설

샤를마뉴(칼 대제)는 741년 부활절에 오늘날의 벨기에 리에주(Liege)에서 탄생한 것으로 전해졌다. 그의 친구이며 궁정학자인 아인하르트(Einhard, d. 840)는 『샤를마뉴의 생애(Vita Caroli Magni)』를 저술하여 이 군왕에 관한 많은 정보를 알려주었다. 여러 해를 전장에서 보낸 샤를마뉴는 190cm의 장신에 두꺼운 목의 건장한 체격의 소유자였고 지혜와 용맹까지 겸비하였다. 1861년 그의 유골에 대한 법의학적 분석 결과는 전승으로 내려온 그에 관한 골상학적 정보가 대부분 사실임을 확인해 주었다. 샤를마뉴는 중세 유럽의 최고 정복자로서 재위 45년간 50회가 넘는 전쟁을 성공적으로 수행하였다. 그는 그때까지 프랑크에 복속되지 않았던 독일 북부의 색슨(색소니)을 굴복시켜 왕국의 동쪽 국경을 확장했다.

이 색슨족 정복은 단순히 영토 확대 이상의 의미를 가졌는데 마침내 독일 전역이 프랑크 왕국에 포함된 것이다. 프랑크 왕국 초기인 490년경 클로비스 대왕이 여러 게르만족들을 정복했으면서도 실패한 지역이 바로 색슨이었다.

샤를마뉴 대제 by Albrecht Durer 1471-1528

색슨족은 끈질기게 프랑크에 저항했으며 500년대에 이 부족 일파는 영국을 정복해 색슨 나라를 세웠다. 독일의 색슨족은 개화한 타 민족들과 달리 야만적 문화와 전투적 성향을 그대로 유지한 부족이었다. 매해 추수기가 되면 프랑크 왕국의 라인강까지 서진하여 약탈을 자행하고 많은 교회당과 수도원을 파괴하고 백성들을 살육하였다. 포로로 잡힌 프랑크의 남성들은 노예가 되었고 여인들은 색슨인의 아내나 첩이 되었으며 어린이들은 게르만 신들의 제물로 바쳐지기도 했다. 유약했던 프랑크 왕들은 색슨의 만행에 100년이 넘도록 효과적인 군사적 제재를 가하지 못했다.

그러나 샤를마뉴는 776년부터 20년이 넘도록 끈질기고 강력하게 색슨족 원정에 나서 끝내 성공하였다. 그는 이 지역의 게르만 신들을 제거하고 기독교를 전파하였기 때문에 '색슨 원정'은 일면에서 "종교 원정"이기도 했다. 즉 색슨족의 기독교 개종은 역사적으로 중대한 변화를 가져왔다. 코르베이(Corvey), 파더보른(Paderborn), 뮌스터(Münster)에 대성당과 수도원이 세워지고 도시가 건설되었으며 이 기관들의 학교를 중심으로 독일 문예 부흥이 일어났기 때문이다. 로마네스크 건축의 유행지는 바로 이 지역이었다.

이로써 한때 야만의 극치를 달렸던 색슨족은 문화의 절정을 구가하게 되었다. 또한 색슨족은 기독교로 개종한지 정확히 100년 후에 오토 왕조를 배출하여 독일 왕국의 중심이 되었고 황제를 선출하는 선제후 공작지역의 위상도 가지게 되었다. 나아가 1517년 색스니의 학문 도시 비텐베르크에서 마르틴 루터가 반박문을 붙임으로 종교개혁의 중심이 되었다.

샤를마뉴 대왕은 독일 남부의 바바리아와 롬바르드 왕국이 지배한 북이탈리아 지역을 장악하고 남쪽으로 왕국을 확장했으며 모라비아(체코)와 아바르, 크로아티아, 세르비아 등을 속지로 삼아 동쪽으로도 넓혔다. 스페인의 코르도바 왕국을 원정하여 이슬람의 세력에 큰 타격을 주며 서쪽도 확장하였다. 샤를마뉴는 부친 피핀이 물려준 왕국을 3분의 1이상 넓혀 사실상 옛 서로마 제국을 부활시킨 것과 다름없었다.

샤를마뉴는 즉위 직후 온천수가 나는 아헨(Aachen)의 별장에 왔다가 아예 이곳을 제국 수도로 삼았다. 변방의 이 시골 도시는 일약 가장 유명한 왕도가 되었다. 온천 별장(Aquis Villa)은 궁궐로 개축되었고 786년에는 아헨 대성당을 지었다. 그는 동프랑크어(독일어), 서프랑크어(불어), 라틴어에 능숙했고 중년에는 약간의 헬라어도 배웠다. 말하기와는 달리 글쓰기는 약하였고 문자는 뒤늦게 배웠다.

샤를마뉴는 행정에서도 뛰어난 역량을 발휘했다. 왕국에 250여 명의 백작(Count)들을 두어 행정과 사법의 업무를 맡겼다. 당시 귀족들은 빈번히 사적으로 백성들을 처벌했으나 샤를마뉴는 이를 엄금하고 정당한 재판을 강조했다. 이로써 왕국의 모든 지역에 재판정이 설치되었고 학정이 크게 줄었다. 주변 나라들은 샤를마뉴의 통치를 인정하며 다양한 선물들을 보냈다. 그가 가장 좋아한 것은 바그다드의 칼리프가 보낸 코끼리였다.

대제와 대교사

샤를마뉴는 타 문명에 비해 크게 뒤진 서유럽을 현저히 발전시켰다. 그는 게르만 사회가 비잔틴 제국은 물론 이슬람 제국보다 심지어 영국과 아일랜드보다 더 낙후된 것을 잘 알고 있었다. 또한 왕국 발전을 위해 교육과 신앙이 필수적인 두 기둥임을 확신하였다. 그의 명령과 후원에 의해 아헨의 궁정학교

라바누스 마우루스를 가르치는 알쿠인(우측)

외에 많은 성당들과 수도원 학교들이 설립되었다. 그는 전쟁 사령부였던 궁궐조차도 학문의 서가로 바꾸었다.

샤를마뉴는 각국의 대학자들을 프랑크 왕국으로 초빙하였다. 스페인, 동로마, 아라비아, 북아프리카에서도 많은 교사들이 건너왔다. 대왕은 교사들을 존경하며 좋은 대우를 하였다. 위대한 교사들은 다수가 수도사들이었는데 당시 가장 대표적인 학자는 샤를마뉴와 왕자들의 스승인 알쿠인(Alcuin 또는 Albinus, 730-804)이었다. 알쿠인은 영국 요크의 집사(deacon) 출신으로 프랑크 왕국에서 궁정학교의 교장으로 섬겼다. 왕국의 교육 정책을 총괄하였고 문법, 수학, 법률, 성서 등의 과목들을 왕자들과 인재들에게 지도하였다. 그의 교육 목표는 다음과 같았다.

"라틴어를 읽고, 시편을 암송하고, 수 계산을 하며, 문법에 맞게 말하도록 한다."

알쿠인은 특히 짧고 간결하게 기록하는 라틴어 소문자(Latin minuscule)를 도입하고 문법을 통일하였는데 이는 영어, 불어, 독어의 발전에 큰 영향을 끼쳤다. 804년 세상을 떠난 이 대학자는 자신의 묘비에 이렇게 쓰게 했다.

"내 이름은 알쿠인이며 나는 늘 지혜를 사랑하였다."〔Alcuin was my name, I always loved wisdom.〕

〔Joanna Story, *Carolingian Connections: Anglo-Saxon England and Carolingian Francia, c.* 750-870, 2003, 7.〕

기독교 제국의 실현

샤를마뉴는 기독교 신앙을 통해 지혜를 얻는다고 믿었다. 샤를마뉴에게 문명과 선교는 동전의 양면이었고 교육의 핵심 내용도 기초 성경 지식을 포함하였다. 그는 자신의 성공을 자랑하지 않았고 겸손한 태도로 하늘의 도움을 구했다. 문맹인 많은 왕들과는 달리 그는 시편을 읽기 위해 글을 배웠으며 많은 구절들을 암송할 줄 알았다. 아우구스티누스의 『신의 도성』을 즐겨 읽었고, 이 책의 "신국(Kingdom of God)의 비전"을 자신의 지상 왕국에 구현코자 노력했다.

수도 아헨(Aachen)에 아름다운 성당을 지어 저녁마다 예배에 참석하였다. 매일 아침과 저녁에는 궁정 채플에서 기도하였다. 대왕은 정중하게 사제들을 대했고 제왕이었지만 결코 성당에서 큰소리를 내지 않았고 회중과 함께 서서 조용한 목소리로 찬송을 불렀다. 황제는 라틴어 예배를 제도화하였다. 이로써 서유럽에서 라틴어는 학문과 예전 두 영역에서 가장 큰 권위의 언어가 되었다. 대제는 자신의 왕국에 기독교가 확장되도록 선교하는 수도사들을 지원하였다. 색슨족이 기독교를 거부하고 수도사들을 살해했을 때 샤를마뉴는 이를 처벌하며 군대를 보내 신앙 기관들을 보호하였다.

샤를마뉴는 백성들을 아끼는 통치자였다. 전쟁에서는 무적이었으나 평화 시에는 누구도 학살하지 않았다. 특히 가난한 국민들에 대한 그의 관심은 참으로 진실한 것이었다. 대제는 많은 자선을 베풀었고 고아와 과부, 나그네를 위한 거처 및 병원을 지었다. 나병 환자(leper)들을 위한 수용소도 세웠다. 심지어 타국의 빈곤 상황도 관심을 두고 지원하였다. 왕국의 축제일에는 빵이 무료로 공급되었다.

　샤를마뉴 황제 때 중세 음악은 대중에 크게 확산되었다. 예술은 평화의 시대에 더욱 발전하기 때문이다. 야만족의 암흑시대가 끝나고 샤를마뉴의 안정기가 들어서자 음악 학당들이 많아졌고 이때부터 오르간이 많이 사용되었다. 교회당의 종이 회중의 발걸음을 모았다면 오르간은 회중의 마음을 모았다. 오르간은 반주용 악기가 아니었고 합창과 교대로 연주하는 독주 악기였다.

　한동안 프랑크 왕국도 이슬람 제국처럼 타 종교 신도들을 매질이나 추방 또는 사형으로 처벌하였다. 그러나 왕국의 대교사 알쿠인은 이러한 강제 개종 정책이 기독교적 덕목에 부합하지 않는다며 대제에게 폐지를 진언했다. 진정한 종교는 외양이 아니라 마음이 바뀐 내면에 근거한다고 확신했기 때문이다. 797년 대제는 대교사의 조언을 수용하여 이교도나 타 종교도들을 위해하는 규정을 삭제하였다. 다만 인신제사를 하는 야만 종교는 엄히 처벌하였다.

　한편 당시의 기독교는 예전에 치중하였고 게르만족의 토착적 요소들에도 크게 영향을 받았다. 일부 기독교 문화는 오히려 사라지고 게르만의 이교 문화가 들어왔다. 대표적 예로 장례식에 흰 옷을 입고 소망을 기원하던 초기 기독교 관습은 줄어들고 이교의 장례 풍습인 검은 옷이 유행하게 되었다. 한동안 시행된 강제 개종으로 형식적으로 신자가 된 이들도 많았다. 신앙을 갖는 것이 단지 십자가 장식을 갖는 것과 같다고 믿는 이들도 있었다. 기독교의 덕목보다는 유물의 수집이나 성자의 그림을 소지하는 것에 더 관심을 갖기도 했다.

　그렇지만 절대 다수가 문자를 모르는 세상에서 성서적 기독교를 수립하는 것은 참으로 어려운 일이었기에 중세의 종교적 일탈은 일정 부분 불가피한 면이 있었다. 때문에 무턱대고 중세의 신앙을 매도하는 태도는 무지한 것이다. 사실 물질에 지배받는 현대인보다 하늘을 향한 중세인의 신심이 훨씬 순수하고 진실했다. 또 굶주린 이웃들을 돕고 나그네에 먹을 것을 주는 사랑의 모습은 현대 사회보다 중세 거리에서 더 보기 쉬운 일이었다.

"로마 황제"가 된 샤를마뉴

800년 중순 이탈리아 로마에서 중대한 사태가 벌어졌다. 평민 출신으로 교황에 오른 레오 3세(Leo III, d.816)가 반대파에게 공격을 받아 한 눈이 실명하고 혀를 베이는 사건이었다. 일부 귀족들은 평민 출신의 레오 3세를 무시하며 그의 품행에 문제가 있다는 구실로 제거하려 했다. 물론 이 교황은 경건하고 진실한 인물은 아니었지만 그를 공격한 이들도 별반 차이 없는 인간들이었다. 레오 3세는 로마를 탈출하여 알프스 산맥을 넘고 먼 길을 여행하여 독일 북부 파더보른에 있는 샤를마뉴에게 찾아갔다. 어렸을 적 로마 교황 스테판 2세에게 안수를 받았던 대왕은 교회의 지도자로 교황을 존중하였다. 그런데 새 교황이 온몸에 상처를 입고 왕 앞에 나타난 것이었다.

800년 12월 샤를마뉴는 군대를 이끌고 교황과 함께 로마로 내려갔다. 그는 교황의 적대자들을 추방하고 교황을 복위시켰다. 며칠 후인 12월 25일 샤를마뉴는 로마 성베드로 대성당의 성탄 예배에 참석해 한쪽 무릎을 꿇고 기도하고 있었다. 그런데 갑자기 교황 레오 3세가 다가와 예수의 십자가 처형에 사용되었다는 못이 꽂힌 금관을 샤를마뉴의 머리에 씌워주며 이렇게 선언했다.

"그대는 이제 왕의 권위를 넘는 '로마의 황제'입니다."

실제로 샤를마뉴는 사라진 서로마 제국의 옛 영광을 훌륭히 되살렸으므로 황제로 불려도 손색이 없었다. 교황의 정치적 의도와는 별개로 이 대관식은 사실상 샤를마뉴가 명실상부 유럽의 절대 군주로 인정받는 상징적 사건이었다. 황제 칭호를 받음으로 샤를마뉴는 비잔틴 황제에 버금가는 위상을 갖게 되었다. 또 샤를마뉴의 대관식 영향으로 중세 중기 이후 독일의 왕들은 국왕 즉위 후에도 이탈리아의 교황으로부터 '황제 관'을 또 받으려 애쓰게 되었다.

샤를마뉴가 받은 황제(Augustus Imperator) 칭호가 '신성 로마 제국의 황제'라고 알려진 것은 오류이다. '신성 로마 제국(Holy Roman Empire)'은 전체 프랑크 왕국을 다 지칭하는 것이 아니라 962년 오토 대제가 다스린 동프랑크(독일과 오스트리아)에 대한 국명이었기 때문이다. "신성 로마"의 명칭은 아직 샤를마뉴 시대에는 사용되지 않았다. 교황 레오 3세는 프랑크 왕국의 명칭을 전혀 바꾸지 않았고 단순히 샤를마뉴를 "로마의 황제"라고만 칭하였다. 이후 황제의 칭호는 수여되지 않았으나 150년 후 동프랑크 국왕 오토가 다시 황제 관을 교황에게 받아씀으로써 그 권위가 회복되었다.

황제 칭호가 서유럽에서 사용될 때 동로마 제국은 불편해 하지 않았을까? 사실 800년경 이 제국은 황제가 공석이었다. 아니 정확히 표현하면 아테네의 고아 출신으로 황후까지 된 이레네(Irene of Athens, d. 803)가 남편 레오 4세가 죽은 후 황제처럼 통치하고 있었다. 그러므로 그녀는 샤를마뉴의 대관식에 항의할 처지가 아니었다. 오히려 서유럽이 여성인 이레네를 동로마 황제로 인정하기 꺼려했다. 교황은 이런 상황을 잘 판단하여 로마 황제 직위가 샤를마뉴에게 건네졌다고 선언한 것이다. 교황은 샤를마뉴와 과부 여제 이레네의 재혼도 주선했으나 이미 5명의 처첩을 가진 샤를마뉴도 또 이레네도 냉담하여 성사되지 않았다.

일면에서 샤를마뉴의 대관식은 추후 황제와 교황사이에 본격적인 협력과 경쟁의 계기가 되었다. 교황은 황제가 자신에 부속되는 것으로 믿었고 이와 반대로 황제는 교회가 자신의 보호를 받는다고 생각했다. 교황은 제국 정치에 관여하려 했고 황제는 거꾸로 교회를 장악하려 했다. 두 권력 사이의 갈등은 결국 교황과 황제의 충돌이라는 중세사 중반의 큰 이슈가 되었다.

샤를마뉴의 기독교 제국은 세계 역사에 큰 영향을 끼쳤다. 신앙을 통해

아헨의 샤를마뉴 옥좌-이후 독일 왕들도 이를 사용해 즉위식을 가졌다

서유럽이 문화적, 종교적, 사회적 통일성을 이루었고 문명이 현저하게 발전하였기 때문이다. 한참 뒤쳐졌던 서유럽은 샤를마뉴의 통치로 비로소 아바스 이슬람의 "황금시대"를 추격할 수 있었다.

그러나 '인간' 샤를마뉴의 인생은 반대로 해가 저물고 있었다. 그의 문화적, 사회적, 종교적 영향은 지속되었지만 정치적 권력은 늘 유한할 수밖에 없었다. 아내들의 반목과 아들들의 다툼 속에서 대제는 큰 고통을 받았다. 샤를마뉴는 첩에게서 장남을 얻었는데 부친의 이름을 따서 피핀(Pepin the Hunchback, d. 811)이라고 지었다. 대학자 알쿠인은 샤를마뉴를 성서의 위대한 왕 다윗에 비견했다. 역설적인 것은 다윗의 장남 압살롬(Absalom)이 아버지에 반역을 일으켰듯이 샤를마뉴의 장남 피핀도 반란을 일으켰다. 차이가 있다면 구약 성경의 압살롬이 건장한 최고의 미남이었던 반면 프랑크 왕국의 피핀은 못생긴 꼽추였다. 쿠데타에 실패한 피핀은 차마 아들을 죽일 수 없었던 샤를마뉴에 의해 수도원에 유폐되어 20년간 수도사로 살다가 앞서 세상을 떠났다. 다른 자녀들도 아버지보다 먼저 세상을 떠났다.

대제는 노년을 고독과 우울 속에서 보냈다. 70이 가까워오자 마지막 남은 적통 아들 루이(Louis the Pious)를 공동 통치자로 임명하고 모든 정사를 맡겼다. 814년 73세의 대제는 영웅 풍모가 사라지고 고열로 위독한 노인이 되어 있었다. 이 해 1월 28일 중세의 가장 위대한 황제는 조용히 눈을 감고 영원한 왕국으로 떠났고 육신은 자신이 세운 아헨 대성당에 묻혔다. 임종을 지킨 사제는 다음 구절을 읽어 주었다.

"주의 손에 내 영혼을 의탁하나이다(시 31:5)."

4. 프랑크 왕국의 분열과 봉건제의 발전

분열된 왕국: 프랑스, 이탈리아, 독일의 시작

샤를마뉴 사후 아들 루이(778-840)가 군주가 되었다. 그러나 루이는 나라를 직접 통치하기보다 4등분하여 세 아들과 조카 버나드(Bernard of Italy)에게 주고 이들을 부속 왕으로 임명하였다. 그러나 818년 이탈리아의 왕만으로는 만족 못한 버나드는 루이 왕에게 반역을 일으켰다가 장님이 되는 형벌을 받았다. 두 눈이 뽑힌 고통과 후유증으로 버나드는 이틀 만에 숨졌다. 그런데 루이는 조카를 죽인 죄책감에 무척이나 괴로워하였고 4년 뒤인 822년 교황 파스칼 2세 앞에 바닥에 엎드려 참회하였다. 역사에서 반역에 대한 합법적 처리를 놓고 국왕이 참회를 한 사례는 참으로 드물었다. 국왕 루이는 신실한 신자였기에 별칭도 "경건한 자(the Pious)"이다. 그의 세 아들들은 영토 분쟁을 계속 일으켰다.

루이는 외로운 말년을 지내다가 수도사가 된 이복동생 드로고의 품에 안겨 세상을 떠났다. 부친 생전에도 싸웠던 루이의 세 아들들은 사후에도 여전히 싸우다가 843년 베르댕 조약(Treaty of Verdum)을 맺고 결국 프랑크 왕국을 삼분하였다. 막내아들인 "대머리" 샤를(Charles the Bald, d. 877)은 서프랑크를 차지하였는데 이는 오늘날의 프랑스가 되었다. 장남 로타르(Lothar)는 '황제 칭호'와 중프랑크, 즉 네덜란드, 벨기에, 스위스, 이탈리아 지역을 다스렸다. 다민족의 중프랑크 왕국은 통일성 있는 민족명이 없었으므로 국왕 로타르의 이름을 따서 로타링기아(Lotharingia)로도 불렸다. 또 차남 루이 2세(Louis the German)는 동프랑크를 차지했으며 이는 독일이 되었다. 이 세 왕국들 중에서 중프랑크 왕국은 로타르의 사후 해체되어 870년의 메르센 조약(Treaty of Meerssen)을 통해 서프랑크와 동프랑크로 편입되었다.

프랑크 왕국의 행정 언어는 라틴어였지만 일상어는 달랐다. 서프랑크 왕국은 갈리아어(불어)를 사용했고 동프랑크 왕국은 게르만어(독일어)를 말하였다. 독일의 게르만족은 튜턴(Teuton)족이라고도 불렸는데 '튜턴'을 뜻하는 '튜티스카(Teutisca)'에서 바로 '도이치(Deutsch)'가 유래되었다. 때문에 동프랑크 지역만을 가리켜 '도이치란트(Deutschland)'라고 불렀다.

한편 프랑스의 전신이 되는 서프랑크 왕국은 987년 루이 5세가 20살의 젊은 나이에 돼지 사냥을 하다 요절함으로써 카롤링거 왕조가 종식되었다. 그의 후사가 없어서 귀족들은 회의를 열어 먼 인척들 중에서 새 왕을 뽑아야 했다. 그때 한 귀족이 나서서 위그 카페(Hugh Capet) 공작을 이렇게 말하면서 추천하였다.

"이 공작에게 왕관을 씌워야 합니다. 그는 공적이나 신분이나 능력에서 가장 뛰어납니다. 왕위 계승에 더 중요한 것은 혈통이 아니라 영혼의 선함입니다. 카페가 그런 인물입니다."

(Harriet Harvey Wood, *The Battle of Hastings: The Fall of Anglo-Saxon England*, 2008, 46.)

위그 카페가 국왕에 선출됨으로써 서프랑크, 즉 프랑스에는 새로운 "카페" 왕조가 시작되었다. 사실 프랑스의 대표적 왕조는 바로 이 카페 왕조로서 발루아, 앙굴렘, 부르봉 가문들을 배출하며 1848년까지 무려 900년 동안 프랑스를 다스렸다.

"은대지" 봉건 사회

살리카 법의 영향으로 서유럽 국왕들은 장자 계승보다 아들의 수대로 왕국을 분할해 주었다. 작아진 왕국들은 세기를 지나며 친인척과 신하들의 수대로 더 쪼개졌다. 영주를 중심으로 독립된 생활 공동체인 수많은 장원(Manor)들이 형성되었다. 이러한 중세의 대표적 사회 제도가 바로 봉건제이다. '봉건제'는 한자로는 경작지를 뜻하는 "땅을 다지는" 봉(封)자와 "나라 세울" 건(建)자를 쓰고 있는데, 즉 영토를 매개로 세운 사회를 가리킨다. 봉건제의 영어 단어 '퓨달리즘(feudalism)'도 군주에게서 "은혜로 받은 토지(은대지)"를 뜻하는 라틴어 '페오둠(feodum)'에서 유래되었다.

중세 이전의 고대 로마 시대는 무역과 상업이 활발했으나 서로마가 멸망한 후 5세기 이후 오랜 전쟁과 사회적 혼란

충성을 맹세하는 기사

은 무역과 화폐 경제를 쇠퇴시켰다. 서유럽을 다시 재건한 프랑크 왕국은 귀족들에게 공작(duke), 후작(marquis), 백작(count), 자작(viscount), 남작(baron) 등의 작위를 수여하며 영토를 나누어 주었고 봉토를 받은 영주들은 국왕에 충성을 맹세하였다. 영주들은 은대지를 다시 휘하 기사들에게 불하하였고 기사들은 또 이 땅을 농민들에게 임대해 주었다. 이로써 농업과 임업을 중심으로 봉건제라는 자급식 유럽 경제가 재편된 것이다. 영주는 기사들을 데리고 국왕의 전쟁에 참가했다. 손을 머리에 올려 경례하는 오늘날과는 달리 중세의 충성 맹세는 기사가 기도하듯 두 손을 모아 내밀고 영주가 자신의 손으로 기사의 내민 손을 감싸는 것이었다.

보호와 안정의 제도

850년 이후 서유럽은 바이킹족과 마자르족의 침공으로 또 혼란에 봉착했다. 백성들은 외적을 막아낼 군사력이 없었고 국왕은 원거리에 있었다. 신변 안전은 가장 큰 사회적 문제였고 농민들이 의지할 대상은 기사들

이었다. 때문에 자유민들은 기사를 영주로 삼고 땅 소유권을 바쳤고 기사는 대신 보호를 약속하였다. 물론 농민들은 여전히 같은 땅에서 농사를 지었지만 수확의 일부를 세금으로 바쳐야 했다. 만약 농민이 토지 소유권을 유지한 채 영주의 보호를 받으려면 영주의 땅을 경작해주어야 했다. 장원에는 요새 같은 성이 있어 영주와 기사들이 함께 살았으며 유사시 주민들도 성안으로 피신하였다. 그러므로 바이킹과 마자르의 침공으로 사회가 불안정할수록 장원 중심의 봉건 제도는 더 확대되었다.

모든 장원들은 주민들의 영적 안식과 공동체의 교제를 위해 교회를 세웠으며 영주들은 의무적으로 사제를 초빙해야 했다. 대성당들과는 달리 장원의 교회당은 미사와 기도를 위한 작은 채플이었다. 영주는 장원 내에서 거의 왕을 대리하는 권한을 가졌지만 사제들은 영주에 예속되었음에도 동시에 견제 세력이었다. 영주들이 무릎을 꿇고 고해를 하며 자신들의 죄에 대해 늘 회개하였기 때문이다. 10세기 영국의 수도원장 알프릭(Aelfric of Eynsham)의 아래 기록은 봉건제의 단순한 신분들을 잘 설명해준다.

"이 세상에는 세 종류의 사람들이 있다. 일하는 자〔농민〕, 기도하는 자〔수도사〕, 싸우는 자〔기사〕들이다. 일하는 자들은 우리들 일상을 위해 일한다. 기도하는 자들은 하늘 평화가 내려오도록 기도한다. 기사들은 마을을 보호한다. 기사들은 보이는 적들과 싸우며 기도하는 자들은 보이지 않는 적들과 영적인 전쟁을 한다."

(Jonathan Hill, *The History of Christianity*, 2007, 183.)

기독교는 중세를 변화시키기도 했지만 역으로 동화되기도 했다. 봉건제는 교회를 때로는 가해자도 또는 피해자도 되게 하였다. 교회의 땅을 관리하는 많은 주교나 수도원장들도 장원의 영주였다. 물질적 부가 쌓이자 중세 교회는 본연의 사명을 망각하게 되었고 주교들은 종종 욕심 많은 영주로 비춰졌다.

긍정과 부정의 두 얼굴

흔히 봉건제를 설명할 때 "폐쇄", "억압", "착취" 등의 용어들이 사용된다. 그러나 중세의 봉건 제도를 구시대적 부정적 제도로만 이해하는 것은 중세사에 대한 무지이다. 물론 탐욕스런 영주들과 고통당한 농민들의 문제도 엄존했으나 대체적으로 중세 봉건제는 사회에 순기능이 더 많았다. 즉 제2의 암흑기에서 서유럽의 안정을 꾀하기 위한 차선의 제도였기 때문이다. 봉건제의 확대는 농업의 발전도 가져왔다. 9세기 시작되어 16세기 쇠퇴한 중세 봉건제는 11-13세기에 최전성기를 구가했다. 이 절정의 300년 동안 개간된 유럽의 농지는 그 규모가 기존 농지의 두 배에 달했다. 유럽의 수많은 산지와 평원, 강변들이 농지로 개간된 것이다. 또한 쟁기, 물레방아, 경작법 등 도구와 기술에서도 획기적인 진보가 있었다. 봉건제가 확대되는 동안 생산량이 크게 늘었고 인구도 증가하였으며 평균 수명도 더 늘어났다.

늘어난 유럽 인구가 14세기에만 급감한 것은 봉건제와는 전혀 관계가 없고 흑사병과 전쟁들에 기인한 것이었다. 장원의 삶은 개인주의를 자제하고 협동하는 공동체 정신을 갖게 했다. 또 중세의 피라미드 신분제 구조는 일방적 착취 구조가 아니었고 오히려 계약과 보상을 토대로 하는 양방향적인 제도였다. 나아가 중세 후기 도시의 성장과 상업의 발달도 봉건제의 결과로서 이루어졌다. 농업의 확대로 자급자족을 넘는 잉여 농산물을 배출

중세 장원 모습

하였고 이로부터 거래 무역이 활성화되었기 때문이다.

봉건제는 부정적 측면도 엄존하였다. 이 체제가 심화될수록 계층 간의 갈등도 고조되었고 민족들의 통합도 어려웠다. 봉건제로 분열한 대표적 국가는 바로 중세에는 독일이었고 근대에는 러시아였다. 970년경 오토 대제 때 잠깐 통합되었던 독일은 이내 200년 만에 200여 개의 소국으로 분열하였다. 이들은 1700년대에 이르러서야 하나로 통합하였다. 또한 장원 중심의 사회였으므로 국가적 대규모 공공 사업이 어려웠다. 중세 사회의 기반 시설 확충이 더뎠던 이유가 이 때문이었다. 봉건제 아래 백성들의 이동도 드물었다. 상업이나 성지 순례를 빼고는 좀처럼 자신의 마을이나 장원에서 수십 킬로미터 바깥으로 여행하지 않았다.

무엇보다 절대적 권한을 가진 영주들의 인격에 따라 장원의 분위기는 늘 천국과 지옥으로 나뉘었다. 일부 이기적인 영주들은 농민들을 학대하였기 때문이다. 사회가 불안할수록 농민들은 보호를 위해 영토를 바쳐야 했고 종국에는 농노로 전락하였다. 봉건제가 침몰한 것은 역설적이게도 봉건제가 더욱 확장되었기 때문이다. 봉건제 확산은 상업 발달로 이어졌고 상업 발달은 도시 발전을 낳았다. 도시의 많은 일자리는 과중한 소작을 감당 못한 시골 농민들의 이주를 유도하였다. 사회적으로 점차, 토지 소유주들인 영주보다 더 부유한 도시 상인이나 전문 직업인들이 사회의 신흥 세력으로 태동하였다. 그리고 이들이 중세의 봉건적 가치에 도전하며 종교개혁과 르네상스를 이끌었다. 또한 흑사병과 전쟁들이 장원에 큰 타격을 주어 봉건제를 쇠락하게 하였다.

5. "독일의 사도" 보니파키우스와 게르만 족의 변화

학자 수도사 "보니파키우스"의 결심

라인강 건너편 동프랑크, 즉 튜턴(Teuton) 지역은 호전적이면서도 나무와 숲을 두려워하는 게르만 일파인 색슨족이 살고 있었다. 이들은 일찍 기독교를 수용한 서프랑크의 부족들과는 달리 게르만 토착신들을 섬기며 문명적 발전에서 뒤쳐져 있었다. 특히 색슨인은 자연을 신들의 신비스러운 거주지로 여기고 거대한 나무들을 특별하게 여겼다. 숲과 강을 요정들의 거처로 믿어 나무들을 벌목하는 것도 또 강에 다리를 놓는 것도 꺼렸다. 당시의 게르만 마을들은 유럽의 여타 지역보다도 미신과 폐습에 더 젖어 있었고 가장 신화적인 세계관을 갖고 있었다. 바로 색슨족이 숭배하던 나무들을 도끼로 찍어내어 그들의 큰 분노를 샀지만 종국에는 게르만족의 성자로 추앙된 이가 바로 700년대의 보니파키우스(St. Boniface, c. 672-754)였다. 그는 신앙과 문명을 전한 대교사였으며 샤를마뉴의 할아버지인 카를 마르텔이 가장 존경한 사제였다. 또한 보니파키우스는 카를 마르텔의 아들 피핀의 대관식 때 왕관을 수여하며 새 왕조의 정당성을 부여해 준 인물이다.

본래 그의 본명은 윈프리드(Winfrid)였는데 교황은 그를 '보니파키우스(보니페이스)'로 바꾸어 불렀다. "독일의 사도" 보니파키우스

고대 게르만족의 모습
- by Philipp Cluver

'독일의 사도' 보니페이스의 세례 주는 장면 (위)과 순교 장면 (아래)

는 역설적이게도 영국 웨섹스(Wessex) 출신이었다. 그는 어린 시절 자신의 집을 방문한 한 수도사에게 감명을 받아 수도사의 길을 선택하였다. 아들이 세속 직업을 갖기를 원했던 아버지는 강하게 반대했지만 아들의 고집을 꺾지 못했다. 보니파키우스는 수도원 학교에 들어가 성서, 역사, 수사학, 문법, 시, 음악 등을 공부하였고 학자로서 명성을 얻어 교장으로 섬겼다.

716년 그는 영국에서의 안정된 삶을 포기한 채 마흔이 넘은 중년의 나이에 혼란스러웠던 프리기아(덴마크 남부)로 건너갔다. 그러나 부족 간 전투가 끊이지 않았던 프리기아에서 계획한 일들은 성취되지 않았고 결국 1년 만에 영국으로 귀국하였다. 그는 자신에게 제안된 수도원장직도 사양하고 이번에는 프리기아 아래의 색슨 지역 선교를 목표로 정하였다. 영국의 색슨족 후손으로서 보니파키우스는 같은 혈통인 독일의 색슨족에게 복음과 문명을 전할 계획을 세웠다.

보따리와 도끼의 성자

보니파키우스는 독일 중부 튀링기아(Thringia)와 북부 마인츠(Mainz)를 순회하며 수많은 게르만 부족들을 대면했다. 한 손에는 옷, 책, 빵을 담은 선물 보따리가 있었고 다른 손에는 숭배 받는 나무들을 찍을 도끼가 들려 있었다. 원주민들은 게르만신 토르(Thor)가 이 수도사에게 번개의 벌을 내릴 것으로 믿었으나 몇 달이 지나도 그가 무사하자 그들은 이교를 버리고 기독교로 개종하였다. 이는 점차 독일의 큰 사회적 변화로 이어졌다. 진취적이고 자유로운 임업과 농업이 이루어졌고 건축 양식도 목조 문화가 유행하게 되었다. 또한 게르만 마을에 교회와 수도원이 세워지며 도시들이 발달하였다. 무엇보다 보니파키우스는 약탈이 아닌 노동의 중요성을 주지시키며 오랜 내전을 그치게 했고 이교의 폐습도 금했다. 흔하던 근친혼도 교회의 규정에 따라 금지되었다. 전사를 희망했던 게르만 젊은이들은 책을 필사하고 영성을 닦는 수도사가 되었다.

보니파키우스는 동프랑크에서 가장 성과가 있었던 마인츠의 대주교가 되었으며 이 도시는 중세 독일의 중심지가 되었다. 당시 게르만 지역에서의 주교직은 사실상 명예도 권력도 재물도 거의 없는 목숨을 건 성직일 뿐이었다. 교황 그레고리 2세는 프랑크 왕국의 궁재였던 카를 마르텔에게 서신을 보내 보니파키우스의 활동을 후원해 줄 것을 당부하였다. 튜턴의 색슨족에 대해서는 회의적인 견해를 가졌던 카를 마르텔은 이들을 경이롭게 변화시킨 보니파키우스의 사역에 경의를 표했다.

"전나무의 계절"

동로마 제국에서는 크리스마스에 성자 니콜라스(산타클로스)의 선행을 기렸지만, 서유럽에서는 성탄에 보니파키우스가 시작한 관습들이 유행이었다. 독일 중부의 가이스마르(Geismar) 마을에는 토르신의 화신으로 숭배되는 큰 오크 나무가 있었다. 보니파키우스는 주민들이 보는데서 그 나무가 신이 아님을 보여주기 위해 도끼로 찍어 버렸다. 대신 부근에 자라는 조그만 전나무를 가리키며 크리스마스를 기념하는 나무로 삼게 했다. 이후 서유럽에서 전나무는 성탄절의 상징이 되었다. 보니파키우스는 이 나무의 의미를 이렇게 설명했다.

"이 작은 나무를 집에 두고 그리스도께서 여러분 가정의 중심이심을 기억하십시오. 이 나뭇잎은 시련 속에서도 언제나 푸릅니다. 마찬가지로 그리스도께서 영원한 인도자가 될 것입니다."

(Hulme, *Symbolism in Christian Art*, 1976, 161.)

크리스마스의 기원

크리스마스는 300년대 초부터 지키기 시작했지만 본격적인 축제가 된 것은 중세 중반부터이다. 300년대 이전에는 시대적 여건이나 그리스도의 신성을 강조한 신학적 성향 때문에 성탄절에 대한 관심이 적었다. 성탄일을 12월 25일로 정한 것은 초기 기독교 교부들이었다. 이들은 제사장 사가랴의 아내 엘리사벳이 세례 요한을 임신한 지 6개월 되는 때에 예수를 잉태한 마리아를 만난 성경의 사건에서 근거를 얻었다(누가복음 1:26). A.D. 386년, 대주교 요한 크리소스톰은 성탄절의 기원에 대해 이렇게 설명했다.

"제사장 사가랴가 속죄일 임무를 수행한 직후인 9월 25일에 세례 요한이 잉태되었으므로 예수의 잉태 시기는 9월에서 6개월이 지난 이듬해 3월 25일이 된다. 이 수태고지일(3월 25일)에서 다시 임신 기간 9개월을 더하면 우리 주가 태어나신 12월 25일이다."

(John Chrysostom, "Sermon Preached at Antioch", 25 December, A.D. 386.)

이러한 성탄 기원은 이미 A.D. 200년경부터 교회에서 가르쳤고 4세기에는 보편화되어 교부들인 제롬이나 아우구스티누스도 같은 견해를 전했다. 또한 로마력에서 이날은 일반적으로도 중요한 '동짓(winter solstice)'날이었다. B.C. 46년경 율리우스 카이사르의 달력은 12월 25일을 태양이 지구의 극지에서 가장 먼 동지로 정했다. 물론 현대 달력은 정밀한 천문학에 의거하여 매해 12월 22일경인 정확한 동지를 제시하지만 고대

예수 잉태의 소식(수태고지)을 접하는 마리아 - by Henry Ossawa Tanner, 1898

로마에서는 12월 25일을 가장 어둠이 길고 빛이 짧은 날로 여겼다. 초기 기독교인들은 예수 그리스도께서 어두운 세상에 "빛"으로 오셨다고 믿었기에 예수께서 "로마의 동지"에 태어나셨다고 확신하였다.

아우구스티누스는 세례 요한의 "나는 쇠하여야 하고 그는 흥하여야 하리라"는 언급을 로마력과 연관시켜 성탄일을 유추했다. 즉 요한의 출생이 낮의 빛이 줄어드는 기점인 하지 6월 25일[로마력]을 의미하고 예수의 탄생은 빛이 늘어나는 기점인 동지 12월 25일을 가리킨다고 풀이한 것이다. 이렇듯 많은 교부들이 12월 25일을 성탄일로 제시하여 크리스마스 절기가 정착되었다. 한편 동방의 기독교도들은 아기 예수의 성탄보다 성인 예수의 성령 강림을 더 강조하여 1월 6일을 '현현일(Epiphany)'이라 부르며 기렸다.

한편 유대인들은 자신들의 달력 12월 25일에 B.C. 164년 때의 독립을 쟁취하고 성전의 불을 밝힌 날을 기념하는 '하누카'를 지켜왔다. 이방인들은 별도로 로마력으로 12월에 태양신들인 미쓰라(Mithra)나 솔 인빅투스(Sol invictus)의 축제를 가졌다. 그러나 유럽 전역이 기독교 왕국으로 바뀌며 이방인들의 태양신 숭배는 사라지고 전부터 기독교인들이 지켜오던 성탄절이 대표적 축제로 기려지기 시작하였다. 크리스마스가 단순히 이교 태양신 축제의 변신이라는 것은 과한 추정이며 본래 유대교나 기독교 내부에서 12월 25일에 대한 신학적인 의의가 오랜 기간 형성되어 왔다. 또한 이교도들이 12월 25일에 축제를 했다는 역사 기록은 없고 날짜 불특정의 겨울 축제에 관한 기록만 있다.

다만 기념 '방식'에 있어서는 변화가 있었는데 이는 이전에 예식(ritual)으로만 지켰던 크리스마스가 5세기 이후부터는 축제처럼 지켜졌다. 또한 지역별로 토착적인 성탄 문화가 나타나게 되었다. 전술한 게르만족의 전나무는 그 한 예이다.

요일들의 명칭과 "참 보물"

게르만 민족들에게 한 주일의 하루하루는 신화와 관련해 의미가 있었다. 화요일은 "전쟁의 신" 티위(Tiw)의 날이었으므로 주로 이날 전투를 시작했다. 수요일은 "승리의 신" 오딘(Odin)의 날이므로 사냥을 많이 했다. 목요일은 "최고의 신" 토르(Thor)의 날이므로 중요 행사를 목요일 저녁에 열었다. 금요일은 사랑의 신 프리그(Fryge)의 날이었다. 오늘날 요일들의 명칭은 바로 게르만 신들의 이름에서 유래되었다. 영어의 Tuesday(Tiw+day), Wednesday(Odin+day), Thursday(Thor+day), Friday(Fryge+day)가 바로 그것이다. 이는 중세 유럽에서 게르만 종교가 얼마나 크게 유행했었는지를 잘 알려준다. 만약 이 종교가 여전히 전해져 왔다면 현대인은 중대 회의는 목요일에 하고 결혼식은 금요일에 하였을 것이다.

'보니파키우스(Bonifacius)' 이름은 'boni(선)'와 'face(만들다)' 두 단어의 합성어로 "선을 행하는 자"라는 뜻이다. 그는 참으로 이름에 걸 맞는 삶을 살았다. 70세가 넘은 노년에 보니파키우스는 청년 시절 사역에 실패했던 프리기아로 다시 가서 성공적으로 부족들을 교화시켰다. 그즈음 이미 그는 유럽의 존경받는 인물이 되어 있었고 752년 국왕 피핀의 대관식도 집례하였다. 2년 후인 754년 보니파키우스는 프리기아인들과 부활절 예배를 드리다가 강도떼의 습격을 받았다. 도적들은 교회당 제단에 두려움 없이 서 있는 백발의 주교에게 칼을 들이대며 보물을 요구하였다. 이 노인은 강도들에게 빛나는 금속 상자를 주며 이렇게 말하였다.

"이것이 내 보물 상자요!"

그리고 바로 그들의 칼에 목숨을 잃었다. 도적들은 탈취한 상자를 열어 보았으나 그 안에는 성경만이 들어 있었다. 이 "독일의 사도"가 묻힌 풀다(Fulda) 대성당은 독일 왕국에서 유명한 순례지가 되었다.

6. 마자르족의 헝가리와 성자 슈테판 대왕

돌아온 암흑시대

샤를마뉴의 평화의 시대가 끝나고 A.D. 850년에서 1000년까지 서유럽에는 마자르족(Magyars)과 바이킹족(Vikings)이 극심한 노략질을 벌이는 공포의 시대가 찾아왔다. 마자르족은 러시아 평원에서 서진해왔고 바이킹족은 북유럽 스칸디나비아 반도에서 남진해왔다. 게다가 아프리카 무슬림들도 북상하여 이탈리아의 시실리 섬을 공격하였다. 마치 유럽에 "제2의 암흑기"가 도래한 듯했다. 겁에 질린 유럽인들은 '리베라 노스 도미네(libera nos Domine!)', 즉 "주여 우리를 구하소서!"만 외쳤다. 10세기 중세인 모두는 늘 이렇게 기도하였다.

"주여, 우리를 바이킹의 분노에서 구하소서! 또한 우리를 헝가리인의 화살로부터 구하소서!"〔A furore Normannorum, libera nos Domine. Sagittis hungarorum libera nos Domine.〕 - (Yves Cohat, *Vikings: Lord of the Seas*, 1992, 45.)

마자르족의 개종과 헝가리의 등장

896년 중앙아시아 평원에서 달려온 마자르 일곱 부족의 족장들은 지도자 아르파드(Arpad)를 중심으로 프랑크 왕국의 속지 일부를 점령하고 헝가리를 세웠다. 이들은 훈족의 일파로 알려졌기 때문에 '훈(Hun)'과 '마자르(Magar)'의 이름들을 조합하여 '헝가리(Hungary)' 국명을 쓰게 되었다. 실제로 로마 제국 말기에 훈족이 그곳을 잠시 점령했었다. 헝가리는 다뉴브 강이 중앙에 흐르는 서쪽 마을 부다(Buda)와 동쪽 마을 페스트(Pest)가 합해지며 발전하였다.

970년 서유럽의 큰 골칫거리인 마자르족은 대족장 아르파드 후손인 게자(Geza)가 헝가리의 대공으로 있을 때 역사적 전기를 맞이했다. 신성 로마 제국의 오토 대제가 게자 대공에게 기독교 개종을 권유한 것이다. 게자 대공은 헝가리의 미래를 위해 단일 신앙이 필요하다고 믿고 이를 수용하였다. 스위스 상 갈렌(St. Gallen) 출신의 수도사 브루노(Bruno)가 건너와 대공 게자에게 침례를 주었고 약탈을 포기할 것을 약조 받았다. 게자의 마자르족은 이후 더 이상 유럽에 위협이 되지 않았다. 헝가리 전체의 개종을 통해 중세 사람들이 소원했던 마자르족으로부터의 구원이 성취되었다.

헝가리의 성자 슈테판 대왕

부타페스트 광장에 세워진 성자 슈테판 대왕 동상 - by Ben Godfrey

A.D. 1000년 아직 헝가리는 국가이지만 왕을 세우지 못한 상태였다. 유럽의 각국과 교황으로부터 승인이 필요했기 때문이다. 이러한 상황에서 헝가리의 첫 왕이 된 인물은 대공 게자의 아들 슈테판 1세(St. Stephen I, d. 1038)였다. 슈테판은 독일 귀족의 딸인 기셀(Giselle)과 결혼하였는데 그녀의 오빠는 신성 로마 제국 황제가 되었다. 슈테판은 정확히 주후 1000년 크리스마스에 대관식을 가졌고 교황 실베스터 2세가 왕권의 상징물로 보낸 황금 왕관과 십자가를 수여받았다.

슈테판 왕은 헝가리에 굳건한 국가적 기틀을 마련하였다. 문명 진흥을 위해 라틴어를 국어로 선포했고 수도원, 도서관, 학교를 설치하였다. 봉건제를 도입해 체제 안정을 꾀했고 농업도 발전시켰다. 또한 기독교를 헝가리의 국교로 선포하고 십계명의 숫자 '10'에 따라 전국을 10개 주로 나누었고 각 주는 10개의 부락마다 반드시 교회 하나씩을 세우도록 했다. 또 베니스 출신 학자인 겔레르트(Gellert 또는 Gerhard) 주교를 왕자 에머릭의 교사로 임명하였다. 슈테판의 40년 통치는 헝가리를 '유목민 부족'에서 '문명국'으로 변모시켜 "대왕" 칭호를 얻었다.

헝가리의 성자 왕 스테판

슈테판 대왕은 경건하고 자애로웠다. 평민으로 변복하고 자주 밀행을 나갔으며 가난한 백성들에게 돈과 식량을 건네주었다. 한번은 평복한 국왕이 강도떼들에게 돈을 빼앗기고 폭행을 당한 일이 일어났다. 이들은 모두 체포되어 처형될 처지에 놓였으나 국왕은 이들의 목숨을 살려주었다. 한편 외아들 에머릭 왕자가 사냥 중 사고로 죽는 비극이 일어났다. 슈테판 대왕은 매우 상심했고 위로를 받기 위해 매일 시편과 잠언을 읽었다. 이후 그는 계승자를 인척 중에서 택하려 했으나 유력 후보자들이 모두 이교도이므로 생의 마지막까지 결정하지 못했다. 1038년 60의 나이로 세상을 떠나는 순간 대왕은 왕관을 높이 들고 이렇게 말했다.

"헝가리를 성모께 위탁하나이다."

그의 사후 무려 9년간 권력 투쟁이 일어났고 기독교도들은 이교도들에 의해 살해되며 혹독한 박해를 받았다. 1046년 부다페스트의 이교도들은 슈테판의 스승이며 헝가리에 학문과 신앙을 전수한 겔레르트 주교를 시외 언덕 위로 끌고 가서 날카로운 창살들이 박힌 수레에 묶어 아래로 굴려버렸다. 언덕 아래에 아직 숨이 남아 있는 노수도사를 그들은 창으로 찔러 죽이고 다뉴브 강에 버렸다. 부다페스트를 한눈에 내려다보는 이 언덕은 그의 이름을 따서 "겔레르트 언덕(Gellert Hill)"으로 불렸고, 그는 "헝가리의 사도"로 일컫게 되었다. 한 세대 후인 1083년 교황 그레고리 7세는 슈테판 대왕과 겔레르트 주교를 성자들로 시성하였다. 슈테판은 헝가리의 수호 성자가 되었고, 그의 축일 8월 20일은 국경일이 되었다.

A.D. 1200년까지 헝가리는 영국보다 더 많은 곡식 생산량을 낼 정도의 나라였다. 그러나 바로 그즈음 몽골군이 침공하자 200만 국민의 절반 이상이 죽거나 유랑하는 엄청난 피해를 겪었다. 1400년대 이후로는 오토만 제국의 침공을 받아 파괴를 당했고, 1600년대부터는 오스트리아 합스부르크 가문의 지배 아래 놓였다. 중세 헝가리의 전성기는 1000년경 슈테판 대왕 시절이었고 이후로는 고난의 연속이었다. 슈테판 대왕이 아들 에머릭에게 보낸 편지의 일부분은 그가 어떠한 국왕이었는지 여실히 느끼게 한다.

"나의 사랑하는 아들아! 나는 기도하며 너에게 명령한다. 모든 일에 헌신하고 친척과 친구뿐 아니라 귀족이나 시골 백성이나 또한 외국인들에게도 호의를 보이라. 이 의무를 다할 때에 비로소 행복을 찾을 것이다. '자비를 원하고 제사를 원치 않는다.'는 주님의 말씀을 명심하고 고통 받는 이들에게 사랑을 베풀라."

7. 바이킹족의 북구 3국과
   레이프 에릭슨의 아메리카 발견

노르망디의 "노르만"

'바이킹' 명칭은 스칸디나비아 남부 해협의 움푹 들어간 "비크 만(Vik bay) 사람들"에서 유래하였는데 노르웨이, 스웨덴, 덴마크 등 북구 3개국 민족을 가리킨다. 이들은 '바이킹' 외에도 "북부인"이라는 뜻인 '노르만(Norman)'으로도 불렸다. 이 종족들에게는 노략질과 생업 사이의 큰 구분이 없었다. 바이킹의 전술은 순식간에 약탈하고 빠르게 퇴각하는 테러 수법이었다.

영국, 프랑스, 독일 등 각국은 바이킹에 대한 대처 방식도 달랐다. 프랑스는 영토를 선물했고 영국은 왕위를 주었으며 독일은 무력으로 대응했다. 911년 롤로(Rollo)라는 바이킹 족장이 군대를 이끌고 프랑스 파리까지 공격해오자 간신히 막아낸 국왕 샤를 3세는 아예 그를 공작에 임명하고 사위로 삼은 후 프랑스 북부 땅을 주었다. 노르만(북방인)들이 새로운 거주자였기에 그곳은 '노르망디(Normandy)'로 불리게 되었다. 중세 전통은 새로운 공작이 국왕의 발에 입을 맞추며 충성을 맹세해야 했다. 그러나 이를 꺼려한 롤로 공작은 자신의 부하에게 키스를 시켰고 그 부하도 엎드리는 대신 무례하게도 프랑스 국왕 샤를의 발을 들어 입을 맞추었다. 이 정도로 바이킹의 위세는 험악하고 대단했다. 유럽 문명 수준에 맞춰야 했던 공작 롤로는 세례를 받고 '로버트'라는 새 이름도 얻었다. 그는 늘 긴 칼을 차고 다닌 아들 윌리엄(기욤, d. 942) 1세에게 현명하게도 다음의 유지를 남겼다.

"우리 공국이 생존하는 길은 프랑스 왕가와 친선 관계를 유지하고 내가 기독교로 개종하였듯이 너도 기독교 신앙을 갖는 것이다."

롤로의 후손들은 노르망디 공작 작위를 이어갔다. 한편 독일은 오토 3세가 바이킹을 상대로 원정을 벌이기도 했다. 그러나 바이킹 노략질은 부분적으로 잦아들었을 뿐 유럽 전역에서 완전히 종식된 것은 아니었다. 정작 약탈의 종결 문제는 전혀 새로운 방식으로 해결되었다. 이는 그들 내부에서 일어난 큰 변화 때문이었다.

960년경 바이킹은 지난 200년이 넘도록 여전히 유럽에 최고 공포의 대상이었다. 바이킹의 원조 노르웨이의 역사는 약탈을 종식시킨 두 명의 유명한 바이킹 왕들에 의해 시작되었다. 이 두 왕은 우연히도 모두 올라프(Olaf)라는 같은 이름을 갖고 있었는데 먼저 왕이 된 인물은 올라프 트릭베슨(Olaf Tryggvason, c. 960-1000)이었다.

바이킹을 정복한 올라프 트릭베슨

올라프 트릭베슨의 아버지는 오슬로의 바이킹 족장이었으나 얼 핵콘(Earl Hakon)이라는 다른 바이킹의 공격을 받고 죽임을 당했다. 이때 3살의 올라프는 어머니와 함께 노르웨이를 떠나 삼촌 시그루드(Sigurd)가 있는 러시아 키예프의 궁정으로 향했다. 항해 중 에스토니아의 해적들이 나타나 배를 약탈하고 선원들과 두 모자를 포로로 끌고 갔다. 아이 올라프는 옷 한 벌에 에스토니아의 노예로 팔렸다.

6년 후 어느 날 올라프의 삼촌 시그루드는 그곳을 방문하였고 시장에서 소년 올라프를 우연히 보게 되었다. 시그루드는 올라프의 출신을 물어보아 이 소년이 자신의 조카임을 알게 되었다. 그리고 올라프를 노예에서 해방시키고 노브고로트로 데려가 러시아 블라디미르 대왕(Vladimir the Great, d. 1015) 휘하의 군인이 되게 하였다. 바이킹 족장의 피를 받은 올라프는 기골이 장대한 장수가 되어 왕궁 수비대에서 근무하였다. 어느 날 그는 시장에서 자신을 노예로 잡았던 해적들을 만났다. 이들은 여전히 해적질을 하며 사람들을 잡아다 팔고 있었다. 올라프는 그들을 모두 처치하였다.

승진을 거듭해 직위가 높아져 주변의 시기를 받게 되자 올라프는 블라디미르 왕에게 배와 군병들을 받아 러시아를 떠났다. 그리고 24살

항복을 받는 올라프 1세 by Pete Arbo

의 나이에 아내가 세상을 뜨게 되자 견딜 수 없는 슬픔에 올라프는 노략질하는 바이킹이 되었다. 이탈리아, 프랑스, 영국을 공격하여 공물을 받거나 보물을 약탈하였다. 올라프의 무용은 이내 이름을 떨쳤다. 당시 영국 앵글로색슨의 왕 에델레드(Ethelred)도 2만 파운드의 엄청난 조공을 주어 바이킹의 공격을 면할 정도였다. 올라프에게 남은 중요한 과제는 아버지의 복수를 하는 것과 스칸디나비아 반도의 바이킹들을 장악하는 것이었다. 그의 부대가 시실리의 섬에서 잠시 머무를 때 올라프는 영적 능력이 있다는 수도사의 소문을 듣고 그를 만나러 수도 동굴로 찾아갔다. 이 수도사는 올라프와 이렇게 대화를 나누었다.

"당신은 위대한 왕이 될 것이오. 그러나 먼저 기독교 신앙을 받아들여야 하오."

"나는 신자가 되고 싶지 않소."

"이것만 알려주겠소. 당신은 머지않아 배신을 당해 큰 부상을 입을 것이나 7일 만에 회복될 것이오. 그리고 훗날 많은 이를 기독교 신자가 되게 할 것이오."

배로 돌아온 올라프는 실제로 며칠 후 부하들의 배신으로 중상을 입었다가 회복되었다. 이 경험 이후 그는 기독교로 개종하였다. 이 소식을 들은 영국 왕 에델레드는 기뻐하여 자신의 주교를 보내 세례를 주게 했고 많은 선물도 함께 주었다. 올라프는 자신이 신자가 된 사실에 크게 만족하였

고 이후 영국을 약탈하지 않았다.

한편 당시 바이킹족들은 올라프 가문의 원수인 핵콘이 여전히 다스리고 있었다. 핵콘은 왕으로 행세하며 포악한 일들을 자행하였다. 특히 많은 여자들을 사로잡아 며칠 동안 노리개로 삼고 다시 노예로 팔았다. 그는 오딘(Odin) 신에게 전쟁 승리를 기원하기 위해 어린아이들은 물론 심지어 자신의 아들까지 제물로 바친 잔인한 인간이었다. 어린아이들은 오딘 신전 노예들이 손으로 들어 제단 바위 위에 내려쳐 등뼈가 부서지고 불길에 던져졌다.

노르웨이 전통 양식의 스타브 교회(Stave Church) - photo by John Erling Blad

그즈음 올라프는 아일랜드의 소국 여왕과 재혼하여 더 많은 군대를 갖게 되었는데 핵콘을 제거하고 이교 사당들을 없애서 오딘의 날(Wednesday)을 예수를 예배하는 날로 바꾸겠다고 맹세했다. 995년 올라프의 함선들이 노르웨이에 도착하자 핵콘의 반군들이 그를 환영하였다. 그의 용맹에 대해 익히 소문을 들은 핵콘은 열세한 전력을 깨닫고 대항을 포기하고 노예 한 명만 데리고 도주하였다. 올라프는 핵콘의 목을 가져오면 금고리를 상으로 주겠다고 선포하였다. 도망 중에 핵콘은 행여 노예가 자신을 죽일까봐 염려해 이렇게 말했다.

"내 목을 가져가도 올라프는 결코 금고리를 주지 않을 거야. 오히려 널 죽일 것이다."

그러나 그 노예는 잠든 핵콘을 죽이고 그 목을 올라프에게 가져갔다. 올라프는 약속대로 그에게 금고리를 준 후에 처형하였다. 올라프는 여러 부족들을 정복하고 트론햄(Trondheim)에서 즉위하여 국왕 올라프 1세가 되었다. 그는 이곳에 노르웨이의 역사적인 첫 교회를 세웠다. 나무를 잘 다룬 민족답게 바이킹들의 전통적 예배당들은 목조 기와로 지어졌으며 이를

'스타브 교회당(Stave Church)'라고 부른다. 국왕 올라프 1세는 바이킹들에게 이렇게 명령을 내렸다.

"기독교나 죽음 중에서 하나를 택하라!"

올라프의 개종시키는 활동은 계속되었고 이를 위해 때로 무력도 사용하였다. 사실 이때 바이킹들은 진정한 변화를 가진 신앙보다 형식적인 개종에 불과한 경우도 많았다. 미 대륙을 발견한 그린란드의 리프 에릭슨도 그의 권유로 세례

올라프 1세의 최후를 야기한 스볼트 전투

를 받았다. 헝가리에서 슈테판 대왕이 왕으로 등극한 때인 주후 1000년, 노르웨이의 올라프 1세는 11척의 함선을 이끌고 바다에 나갔다가 무려 70척이 넘는 스웨덴 바이킹 군대의 기습 공격을 받았다. 이 스볼트 전투(Battle of Swold)에서 그는 마지막까지 용감히 싸우다 익사하였다. 그의 통치에 바이킹 노략질이 완전 종식된 것은 아니었지만 적어도 역사상 가장 큰 변화가 일어난 것은 사실이다.

"노르웨이의 성자" 올라프 2세 대왕

노르웨이를 본격적으로 교화시켜 기독교 국가로 만들고 교육과 법치를 확대하여 문명을 세운 왕은 바로 올라프 해럴슨(Olaf Haraldsson II, d. 1030), 즉 올라프 2세였다. 그는 올라프 1세가 즉위한 955년에 태어났는데 이 두 사람은 부자 관계가 아닌 단지 같은 이름의 별도의 인물이다. 원

노르웨이의 성자 대왕 올라프 2세

래 올라프 2세는 십대 때부터 약탈을 일삼던 바이킹이었는데 토르(Thor)신을 믿으며 서유럽 주민들을 살육하고 다녔다. 1014년 그는 바이킹 후손들이 거주하는 프랑스 노르망디에 갔다가 공작 리차드 2세에게 성경 이야기를 들었다. 그러나 올라프 2세의 흥미를 끈 것은 복음이 아니라 오히려 예루살렘의 보물이었다. 이 바이킹은 예루살렘을 약탈할 계획까지 세우고 배와 군병들을 모았다. 어느 밤 그는 꿈을 꾸고 기이한 음성을 들었다.

"약탈을 멈추고 노르웨이로 돌아가라. 너는 왕이 될 것이다."

올라프 2세는 이 꿈을 신비하게 여겨 노르망디의 수도 루앙(Rouen)에서 세례를 받고 기독교 신자가 되었다. 바로 노르웨이로 가서 변화된 성품과 신앙으로 생활하면서 바이킹 귀족들의 존경을 받았다. 1015년 그는 여러 부족들의 추대를 받아 노르웨이의 왕이 되었다. 그는 스웨덴에게 잃어버린 노르웨이의 영토를 수복했고 바이킹족 역사상 처음으로 법률을 제정하였다. 또한 기독교를 국교로 선언하고 이교를 금했으며 인신제사를 사형으로 처벌했다. 노략질을 금지시키고 살인을 강력히 처벌하였다. 바이킹의 나라가 서유럽 수준에 도달하도록 교회와 수도원, 그리고 학교를 세워 문자 교육도 실시했다. 많은 바이킹들이 수도사가 되어 책을 필사하며 도서관을 세우는 믿지 못할 변화들이 일어났다.

1028년 올라프 2세의 개혁에 반대하는 일부 바이킹들은, 영국과 덴마크를 다스리면서 노르웨이까지 노린 크누트 대왕(Cnut the Great, d. 1035)과 결탁하고 반란을 일으켰다. 강력한 크누트 대왕은 노르웨이 궁까지 쳐들어 왔고 올라프 2세는 왕좌를 포기해야 했다. 2년 더 지속된 역도들과의 전투에서 올라프 2세는 사망하였고 그의 아내와 아들 마그누스

(Magnus)는 러시아 키예프로 피신하였다. 삼국을 다스린 크누트 대왕이 죽자 마그누스는 왕권을 되찾았다. 그는 아버지 올라프 2세를 반역한 원수들에게 복수를 계획했으나 선왕이 존경한 궁정 시인 시그바트 (Sigvat)가 찾아와 이 한마디를 던졌다.

올라프 2세의 전사 장면 - by Peter Arbo

"네 원수를 용서하라."

마그누스 왕은 복수를 포기하였고 역사로부터 "선한 왕(the good king)"이라는 별명을 얻었다. 크누트의 아들인 덴마크 왕 하타크누트 (Harthacnut)가 또 노르웨이를 노리자 두 왕은 회담을 갖고 먼저 세상을 떠나는 사람의 왕국을 물려받자는 협약을 맺었다. 하타크누트가 먼저 사망하자 마그누스는 덴마크와 노르웨이의 공동 왕이 되어서 강제로 폐위 된 아버지 올라프 2세의 복수를 평화를 통해 갚았다.

이후 마그누스의 부친 올라프 2세는 노르웨이 국민들에 의해 위대한 "성자 왕" 또는 "노르웨이의 영원한 왕(Rex Perpetuus Norvegiae)"으로 추앙받게 되었다. 분열되었던 노르웨이는 기독교 신앙을 중심으로 단합하였고 바이킹의 약탈 행위가 드디어 완전 종식되었다. 마그누스의 통치기에 유럽인들은 더 이상 바이킹 공포에 떨 필요가 없었다. 노략질을 위해 강하고 빠른 배를 만들었던 바이킹의 건조 기술은 어업과 무역을 위해 사용되었고 생활 수준도 향상되었다. 이 때문에 올라프 2세는 "죽어서 더 잘 통치한 왕"이라는 수식어로 칭송되기도 한다. 그의 시신이 안치된 니다로스 (Nidaros) 대성당은 유럽인들의 순례지가 되었다.

바이킹들은 성격이 급하고 행동이 앞섰던 베드로를 가장 좋아하였다. 열두 제자 중에서도 칼로 상대의 귀를 벤 호전적인 사람이었기 때문이다.

예수께서 십자가에 못 박히시던 날 베드로는 새벽닭이 울기 전 예수를 세 번이나 모른다고 부인했었다. 이 때문에 북유럽의 교회 건물에는 회개와 용서의 상징으로 닭의 모양을 종탑 위에 장식하였다.

"댄 왕의 땅" 덴마크

유틀란트(Jutland) 반도의 덴마크는 데인(Danes)족의 나라로서 이 민족도 한때 노르웨이인처럼 바이킹으로 악명을 날렸다. 덴마크 민담을 기록한 12세기의 『레트렌스 연대기(Chronicon Lethrense)』에 의하면 1세기 로마 황제 아우구스투스가 덴마크 원정에 나섰을 때 반도 우편의 가장 큰 섬인 질랜드(Zealand)의 지도자 댄(Dan)이 그를 막아내었다. 인근의 7개 부족은 용맹한 댄을 첫 왕으로 추대하였고 이후 이 민족은 '데인즈', 즉 데인족으로 불리게 되었으며 그 나라는 "댄의 땅"이라는 뜻으로 '댄마르크(Danmark)', 즉 '덴마르크(Denmark)'로 일컫게 되었다.

덴마크에 서유럽 문명과 기독교가 처음 전파된 것은 830년 수도사 안스가르(Ansgar) 일행에 의해서였다. 그는 이 나라에 첫 교회와 수도원을 세웠다. 덴마크의 수도 코펜하겐 궁전 옆 왕립 성당 입구에는 안스가르의 동상이 세워져 있다. 그는 스웨덴에서도 선교를 했기에 "북구의 사도(the Apostle of the North)"로 불리게 되었다.

덴마크를 강력한 대국으로 만들고 주변국을 통합하여 거대한 북구 제국을 이룬 군주는 1019년에 즉위한 크누트 대왕이었다. 그는 경건한 군주로서 기독교를 덴마크의 국교로 삼았다. 그러나 덴마크 국민들에게 더 자애롭고 인기 있던 왕은 그의 조카손자인 크누트 4세(Cnut IV, d. 1086)였다. 이 신실한 왕은 노예와 평민들의 처지에 대해 동정하고 복지 정책을 시행하였다. 그는 역도들에게 암살당했다. "선한 왕" 크누트 4세는 마치 노르웨이의 올라프 2세처럼 사후 덴마크의 수호 성자로 추앙받았다.

레이프 에릭슨과 아메리카 대륙의 발견

바이킹 일부는 그린란드와 아이슬란드, 그리고 아메리카 대륙까지 발견하였다. 흔히 아메리카 대륙은 1492년 콜럼버스가 발견했다고 말한다. 물론 역사성의 측면에서는 이 진술이 맞다. 그러나 세계사적 전환점은 아니었지만 실제로 가장 먼저 아메리카 대륙을 발견한 유럽인은 콜럼버스보다 무려 500년이나 앞선 레이프 에릭슨(Leif Erikson, d. 1020)이었다. 이름 '에릭슨'이 말해주듯 그의 아버지는 바이킹이었던 "빨강 머리" 에이리크(Erik the Red)였다. 신대륙 발견의 일화는 그의 아버지부터 시작된다.

레이프 에릭슨의 아버지 에이리크는 살인죄로 노르웨이에서 추방되어 아이슬란드로 건너갔다. 그는 험한 환경을 헤치고 농장을 만들었고 아들 레이프도 낳았다. 에이리크는 자신의 노예가 이웃 농장의 언덕에서 썰매를 타다가 살해되자 옆집 이웃들과 싸움을 벌여 또 그들을 죽게 하였다. 이에 에이리크 가족은 아이슬란드에서도 추방당했다.

985년 에이리크는 살 곳을 찾아 서쪽으로 더 항해하여 영토의 80%가 얼음인 지구상에서 가장 큰 섬을 발견하였다. 이곳에 상륙한 그는 얼어붙은 땅에 정착하기 위해 재차 갖은 고생을 했다. 에이리크는 많은 사람들의 이주를 유도하기 위해 이 얼음 섬을 허황되게 "녹지로 가득한 땅", 즉 '그린란드(Greenland)'라고 불렀다. 실제로 그의 말을 믿고 많은 바이킹들이 25척의 선박에 가득 타고 그린란드로 건너왔다. 항해도 쉽지 않아 도중에 무려 열한 척의 배가 부서지고 여러 명이 목숨을 잃기도 했다. 그러나 이들을 더 황당하게 만든 것은 자신들이 도착한 땅이 녹색의 푸른 초원이 아

레이프 에릭슨의 동상
- 미네소타 주 수도 세인트 폴 소재

캐나다 동부 뉴펀들랜드와 우측 상단의 그린랜드

니라 두꺼운 눈과 얼음으로 뒤덮인 하얀 불모지라는 사실이었다. 바이킹들은 생존을 위해 할 수 없이 바다로 나가 물개, 곰, 순록 등을 잡아 가죽과 뿔을 마련하여 지나가는 선원들과 식량으로 바꾸는 척박한 삶을 살아야 했다.

에이리크의 아들 레이프는 아버지와는 전혀 다르게 진중함과 모험심을 동시에 가진 인물이었다. 레이프는 기독교도인 어머니에게 영향 받아 신자로 자랐다. 이 때문에 그는 토르신을 믿는 아버지와 자주 충돌하였다. 레이프는 선조의 고향 노르웨이를 방문하였다가 바이킹을 개종시킨 올라프 1세 왕을 만났고 이렇게 권유 받았다.

"그린란드 바이킹들이 기독교 신앙을 갖도록 만들게. 이건 그대에게 주는 임무이네."

(Arthur M. Reeves, *Voyages to Vinland: The First American Saga*, 1942, 13.)

레이프는 세례를 받고 사제와 함께 그린란드로 돌아와 이 얼음 섬에 돌로 만든 첫 교회를 세웠다. 1000년경 레이프는 100여 명의 부하들과 새로운 땅을 찾아 서쪽으로 항해를 시작하였다. 수개월이 지나 이들의 배가 상륙한 곳은 무성한 숲이 있는 섬이었다. 그린란드에서는 볼 수 없는 포도나무(vine)를 발견하고 너무 기뻐 그곳을 빈란드(Vinland)라고 불렀다. 레이프가 발견한 이 땅은 오늘날 캐나다 동부의 뉴펀들랜드(Newfoundland)

었다. 이로써 그는 미 대륙을 최초로 발견한 유럽인이 되었다. 그의 일행은 빈랜드에 얼마간 머물다가 아메리카 원주민들의 공격을 받고 그린란드로 돌아갔다. 거대한 얼음조각 사이로 위험스런 항해를 성공적으로 완수한 그는 "행운의 레이프"라는 별명을 얻었다. 1950년에 행해진 뉴펀들랜드 고고학 탐사는 바이킹들의 집터와 흔적들을 발굴하여 이 전승을 뒷받침하였다. 오늘날 미국은 10월 9일을 북구 이민자들에게 가장 큰 기념일인 '레이프 에릭슨의 날(Leif Erikson day)'로 지킨다.

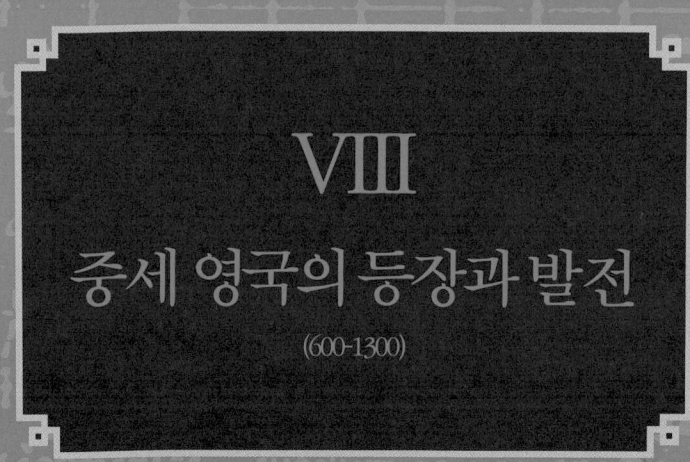

VIII
중세 영국의 등장과 발전
(600-1300)

1. 브리튼 시대의 종결과 앵글로 색슨의 침공

로마의 브리튼 정복

섬나라 영국은 원래 켈트족 일파인 브리튼(Britons)족의 땅이었다. 스코틀랜드의 픽트(Pict)족처럼 얼굴에 푸른 칠을 하고 다니는 브리튼도 호전적인 부족이었다. 당시 브리튼인은 부모와 형제간에 공동으로 아내를 두는 흉한 관습을 가졌고 전통 종교는 켈트족에서 흘러온 드루이드교였다.

로마의 영웅 카이사르는 B.C. 55년에 2개 군단을 이끌고 두 차례나 브리튼 원정을 했다. 그는 병사들에게 이곳을 "황금과 진주가 많은 땅"이라고 소개했다. 그러나 첫 원정은 실패했고 성공한 두 번째 원정에서 그가 깨달은 것은 브리튼이 황금과 진주의 땅이 아니라는 사실이었다. 오히려 대체 왜 원정을 왔는지 스스로 후회까지 했다. A.D. 80년 도미티아누스 황제 시절 이후부터는 영국의 로마화가 추진되었다. 이때 브리튼인은 반감을 누그러뜨리고 로마 문화를 전격 수용하였다. 대형 로마 목욕탕이 세워진 영국의 배스(Bath)나 콘스탄티누스 대제가 군대를 일으킨 요크(York) 등은 로마 제국의 유명한 도시로 발전하였다.

2세기부터 브리튼에는 기독교가 전래되었다. 갈리아 출신으로 로마 총독까지 했던 5세기의 게르마누스(St. Germanus, d. 448)는 사제가 된 뒤 브리튼으로 건너가 펠라기우스 이단을 견제하고 정통 기독교 신앙을 전하였다. 게르마누스는 픽트족이 남진하여 침공하자 브리튼 군병들을 지휘하였다. 특이하게도 그의 군대는 야만족에 맞서 "할렐루야"를 외치며 진격하였고 방어에 성공하였다. 그러나 410년 야만족들이 서로마 제국을 침공하자 호노리우스 황제는 이탈리아에 병력이 필요하여 영국에 주둔했던 로마군을 철수시켰다. 브리튼에게는 자력으로 영토를 수호하라고 주문하였다. 그렇지만 로마군 철수 이후 유약한 브리튼은 야만족의 침공을 이겨낼 수 없었다.

야만족들의 침공과 7왕국 시대

476년 서로마가 멸망하자 브리튼에 내전이 일어나 유틀란트(덴마크) 반도에 살았던 주트족(Jutes)이 용병으로 들어왔다. 그러나 도우러온 이 야만족은 아예 브리튼을 밀어내고 영국 남동부를 차지한 후 켄트(Kent) 왕국을 세웠다. 주트족의 성공 이야기는 다른 게르만족들인 색슨족(Saxons)과 앵글족(Angles)에게 원정의 야망을 크게 품게 했다. 곧 색슨족이 건너와 영국 남부를, 그리고 얼마 후에 앵글족이 도착하여 영국 중부를 점령하였다. 섬나라의 주인이었던 브리튼인과 켈트인은 영국 서부 웨일즈와 아일랜드, 그리고 프랑스 북서쪽의 브르타뉴(Brittany)로 밀려나야 했다. 6세기경 브리튼족의 한 "전설의 왕"은 이들 야만족에 맞서 끝까지 싸웠다. 그가 바로 "곰"이란 뜻의 아더(Arthur) 왕이었다. 전설에 의하면 아더 왕은 돌에 박힌 신비의 검인 엑스칼리버(Excalibur)를 뽑아 브리튼의 왕이 되었다. 그와 원탁의 기사 이야기는 현대까지 문학의 흥미 있는 주제였다. 그러나 이 왕의 전설적인 투쟁에도 불구하고 영국의 새로운 주인은 결국 주트, 색슨, 앵글의 세 야만족들이 되었다.

세 야만족들은 하나의 국가로 통일되기까지 각각 7개의 소국들을 세워 공존하였다. 이들은 주트족의 켄트(Kent), 색슨족의 세 왕국인 서식스(Sussex), 에식스(Essex), 웨섹스(Wessex), 그리고 앵글족의 세 왕국들인 이스트앵글(East Anglia), 머시아(Mercia), 노썸브리아(Northumbria) 등이다. 이중 영국 중북부에 위치한 노썸브리아의 영토가 가장 광대했다.

2. 영국의 문명화와 캔터베리의 어거스틴

"앵글(Angle)"에서 "앵겔(Angel)"까지

595년 영국의 역사에는 중요한 변화가 일어났다. 그것은 7개국 중 하나인 켄트 왕국에 미래 영국 국교가 되는 기독교가 전래된 것이다. 브리튼은 기독교를 수용한 민족이었으나 새로운 점령자 세 야만족들은 아직 기독교를 접하지 않은 상태였다. 그 계기를 만든 인물은 중세의 대교황 그레고리였다. 당시 이탈리아 로마의 시장에서는 많은 물건들과 노예들이 팔리고 있었다. 595년 교황은 시장에서 앵글족 노예 소년들을 보게 되었고 이렇게 말했다.

"너희들은 앵글[야만]이 아니라 앵겔[천사] 같구나!" [Non angli, sed angeli sunt.]

(Norman Davies, *Europe: A History*, 1996, 277.)

베데의 '영국 교회사' 저서에 나오는 캔터베리의 어거스틴

교황은 이 아이들을 사서 노예 신분에서 풀어주고 교육도 시켰다. 이후 그레고리 교황은 영국에 큰 관심을 갖고 수도사인 캔터베리의 어거스틴(Augustine of Canterbury: d. 604)을 선교사로 파송하였다. 참고로 이 6세기의 선교사 어거스틴(또는 아우구스티누스)은 4세기의 대교사 아우구스티누스(d. 430)와 전혀 다른 인물이다. 597년 선교사 어거스틴과 노예 출신의 앵글족 청년들, 그리고 40명의 동료 수도사들은 도버 해협을 건너 영국의 켄트 왕국에 도착하였다.

그들은 수도 캔터베리(Canterbury)에 도착하여 에델버트(Ethelbert) 왕을 만났다. 왕은 이들을 선대하며 이렇게 물었다.

"나는 연로한 그대들을 핍박하지 않을 것이다. 당신들이 말하는 신비한 능력을 가진 신은 사실인가?"

어거스틴은 예수에 대해 전했는데 국왕은 숙소를 제공하고 포교의 자유도 주었다.

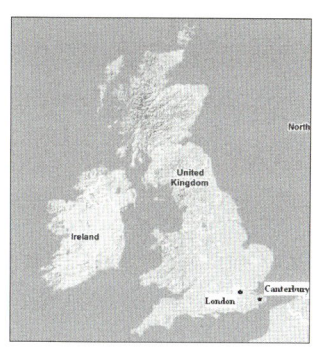

영국의 캔터베리

에델버트 왕이 어거스틴을 환영한 까닭은 아내 버르타(Bertha) 왕비가 프랑크 왕국 공주 출신으로 이미 신자였기 때문이다. 그녀는 영국에 시집올 때 사제도 대동했으며 수도 캔터베리 중앙에 성 마르틴 성당(St. Martin's Church)을 세워 예배하고 있었다. 이 성당은 영국에서 현존하는 가장 오래된 교회당이다. 597년 크리스마스 때 에델버트 왕은 세례를 받아 영국 역사상 첫 개종자 군주가 되었다. 어거스틴의 선교는 성공적이어서 602년에는 캔터베리 대성당을 설립하고 첫 대주교가 되었다. 이러한 역사적 중대성 때문에 캔터베리 대성당은 영국 역사와 교회의 중심지가 되었고 대주교는 영국 교회를 대표하게 되었다.

영국의 캔터베리 대성당

필기사 '클럭'과 대학자 베데

어거스틴과 동료들은 북상하여 앵글족과 색슨족에 선교하고 수백 곳의 교회와 수도원을 세웠다. 야만족의 대표인 앵글족이 기독교를 수용함으로써 비로소 영국의 암흑시대는 종식되고 문명화가 진행되었다. 한때 "야만의 나라"가 오늘날 "신사의 나라" 별칭을 얻게 된 것은 기독교 문화에서 그 원인을 찾을 수 있다. 앵글족에서 글을 아는 이들은 거의 모두 수도사나 성직자들이었다. 본래 "글 쓰는 직원"을 뜻하는 단어 "클럭(clerk)"은 어원상 성직자를 가리키는 라틴어 '클레리쿠스(clericus)'에서 유래되었다. 당시 사제들이 주로 글을 사용하는 계층이었기 때문이다. 앵글족과 색슨족들에게 수도사들을 통해 라틴어와 헬라어가 전해졌다. 현대 영어에는 70,000여 개의 단어들이 바로 라틴어와 헬라어로부터 유래되었다.

731년 수도사 베데(Bede)는 『잉글랜드의 교회사(Historia Ecclesiastica Gentis Anglorum)』를 저술하였다. 이 책은 고대 영국사를 연구하는데 현재에도 가장 중요한 자료로 활용되고 있다. 한편 베데는 이 책에서 그리스도의 탄생을 기점으로 역사를 구분하는 'A.D.(Anno Domini)'를 본격적으로 사용하였다. 그때까지 유럽은 디오클레티아누스가 로마 황제가 된 A.D. 285년을 기점으로 연도를 표기해왔다. 예를 들면, "디오클레티아누스 215년(A.D. 500년)" 또 "디오클레티아누스 415년(A.D. 700년)" 방식으로 표기해온 것이다. 그러나 디오니시우스 엑시구스(Dionysius Exiguus, d. 544)라는 수도사는 기독교를 박해한 황제인 디오클레티아누스를 기준으로 연대를 계량하는 것을 거부하였다. 이에 엑시구스는 모든 로마 황제들의 재위 기간을 합산하여 예수 탄생 연도를 계산해 내었고 이 해를 기점으로 "안노 도미니(A.D.)", 즉 '기원후(주후)'란 용어를 처음 사용하여 연대를 썼다. 이것이 오늘날 모든 인류가 사용하는 서기 연력의 시작이다. 디오니시우스의 새 연대표기를 처음 학문적으로 채택한 대학자가 베데였고 또한 베데의 저술 때문에 비로소 예수의 탄생은 기원전과 기원후의 기준으로 확산되었다.

3. 대왕들의 시대: 알프레드, 크누트, 정복자 윌리엄

영국의 첫 대왕 알프레드(849-899)

영국 역사의 많은 왕들 중 바이킹족 출신인 크누트를 제외하고 사실상 유일하게 "대왕"의 칭호를 받은 왕은 바로 알프레드(Alfred the Great, 849-899)였다. 그의 통치 아래 7개 소국들이 하나로 연합되어 단일 국가가 되었기 때문이다. 프랑크 왕국에 샤를마뉴가 있었다면 영국에는 알프레드가 있었다. 물론 알프레드 대왕은 자신보다 한 세기 먼저 프랑크 왕국을 다스린 샤를마뉴를 존경하였다. 앵글로 색슨의 피를 받은 알프레드는 웨섹스의 국왕 에델울프(Aethelwulf, d.858)의 막내로 태어났다. 어린 시절 그는 로마에서 교육받았는데 교황은 그의 머리에 안수하며 이렇게 축복했다.

알프레드 대왕 동상, 윈체스터 소재
photo by Odejea

"너는 영국의 가장 위대한 왕이 될 것이다."

사실 교황의 이 예언 아닌 예언은 실현 가능성이 없었다. 왜냐하면 알프레드 위로 3명의 왕자들이 있었기 때문이다. 그러나 형들이 차례로 사망하여 결국 운명처럼 알프레드에게 왕위가 주어졌다. 알프레드가 웨섹스의 국왕이 될 때인 800년대 영국은 대혼란의 시대였다. 왕국들은 서로 전쟁에 몰두하고 있었다. 알프레드는 영국 내의 여러 소왕국들을 통일하였다. 그는 색슨족의 웨섹스는 물론 앵글족들도 수중에 넣어 북부 지역의 노섬브리아를 제외하고 험버(Humber)강 아래 영국 땅을 모두 관장하게 되었다. 그는 명실 공히 연합된 "앵글로색슨(Anglo-saxon)"의 첫 왕이 되었고 이후 두 민족은 인종적으로도 융합되었다. 한편 노섬브리아는 925년 그의 손자 에델스탄(Athelstan) 왕이 정복하였다.

당시 영국의 가장 심각한 문제는 수백 척의 배로 침공해온 바이킹족이었다. 그러나 알프레드는 바이킹족과 전쟁과 협상의 양면 전략을 통해 이들을 한시적으로 굴복시켰다.

알프레드는 영토 확장뿐 아니라 문예 부흥을 일으킨 성군이었다. 버려진 도시 런던을 수도로 삼아 재건했고 학문 진흥을 위해 학자 수도사들을 초청하여 수도원과 학교의 설립을 지원하였다. 알프레드 대왕은 통일 영국의 법을 제정하였다. 신실한 신자였던 그는 십계명을 자신의 법전 첫 부분에 기록하였다. 법률 항목도 "모세의 나이"인 120개로 만들었다. 마치 모세를 통해 야훼의 율법이 주어진 것처럼 영국 백성들에게도 새로운 법이 필요하다고 믿었다. 초범자는 대부분 벌금형을 받도록 처벌을 완화했는데 바로 관용성이 이 법전의 특징이다.

알프레드 대왕은 귀족들의 무법한 살인을 금하고 평민의 권리를 보호하였으며 가난하고 억울한 자들의 송사에 늘 귀를 기울였다. 불의한 뇌물을 받은 재판관들은 엄벌로 다스렸다. 대왕은 국왕의 책무가 공정한 법 집행과 억울한 백성이 없게 하는 것이라고 확신했고 겸손한 태도로 처신했다. 한때 바이킹족과의 전투로 피신할 상황에 처했을 때 알프레드는 왕의 신분을 숨기고 한 평민의 집에 신세를 지게 되었다. 주인 여인은 그에게 빵이

화덕의 빵을 지켜보는 알프레드 대왕

타지 않도록 부엌 아궁이를 지켜보라는 일을 시켰다. 알프레드 대왕은 빵 굽는 것을 보다가 상념에 빠져 그만 빵을 다 태워버렸고 주인 여인으로부터 호된 꾸지람을 들었다.

"빵도 제대로 못 굽나요? 타는데도 그렇게 손이 느려 뒤집지 못하면서 식탁에서는 재빨리 손을 뻗쳐 먹으려고 하지요?"

보다 못한 옆의 신하가 왕의 정체를 밝히자 여인은 떨면서 엎드렸지만 대왕은 이렇게 대답했다.

"당신의 말은 모욕이 아니라 나를 겸손하게 만들려는 하늘의 목소리입니다."

(Richard Abels, *Alfred the Great: War, Culture, and Kingship in Anglo-Saxon England*, 1998, 158.)

알프레드 대왕은 거의 모든 고전들을 다 읽은 지성적 군주였다. 그래서 모두에게 독서를 권하였다. 그는 사후에 성자로 추앙받았다.

바이킹 전사에서 영국의 대왕으로: 크누트 대왕(c. 985-1035)

1002년 영국 왕 에델레드 2세(Aethelred II, d. 1016)는 영국 내 모든 바이킹족들을 처형하라는 명령을 내렸다. 왕의 이 조치는 그의 별명인 "준비되지 않은 자(the Unready)"가 암시하듯 아무 숙고 없이 독단으로 내려졌다. 1016년 덴마크 바이킹의 왕자 크누트(Cnut the Great)는 영국에서 처형된 친족들의 복수를 위해 군대를 이끌고 영국으로 건너갔다. 그는 에델레드를 패배시킨 후 영국 전체를 수중에 넣었다. 이로써 영국 역사상 최초로 바이킹 출신 국왕이 등장하였다. 크누트 왕은 정통성을 얻기 위해 선왕 에델레드의 왕비 엠마와 결혼하였고 예물로는 보석으로 장식된 대형 십자가를 주었다. 1018년 덴마크 왕 헤럴드(Harald)가 사망하자 동생인 크누트는 덴마크의 왕위까지 계승했고 1028년 "성자 왕" 올라프 2세를 폐위시키고 노르웨이도 수중에 넣어 명실상부 크누트 제국을 이루었다.

크누트 대왕과 과부 왕비인 엠마와의 결혼 장면 - 크누트가 예물로 십자가를 주고 있음 - in British Library

크누트 대왕은 다음 일화 때문에 역사에서 파도에 명령한 "어리석은 왕"으로 알려져 있다. 신하들은 늘 "전능한 왕"이나 "사상 최고의 군주"같은 말들로 아첨하였다. 크누트는 이들의 과도한 아첨을 고치려고 맘먹었다. 어느 날 대왕은 해변에 옥좌를 놓고 앉았다. 그리고는 밀려오는 파도가 해안의 모래를 깎아내는 것을 함께 보며 신하들에게 이렇게 물었다.

"내 땅을 잠식하는 이 파도를 보고 내가 만약 멈추라고 명령하면 파도가 복종하겠는가?" 신하들은 당황하며 그럴 것이라고 대답했다. 그러자 크누트는 파도를 향해 수차례 멈추라고 소리쳤다. 물론 파도는 멈추지 않았고 계속 밀려와 옥좌에 앉은 왕의 발목이 잠기게 되었다. 이에 크누트 대왕은 신하들에게 이렇게 훈계했다.

"사실 왕의 힘이란 무력한 것임을 알아야 한다. 하나님의 이름 외에는 세상에 가치 있는 것은 없다. 나의 명령이 아닌 그분의 명령에 하늘과 땅과 바다도 복종하기 때문이다."

(V. Raman, *Variety in Religion and Science*, 2005, 36.)

일화가 보여주듯 크누트는 어리석은 왕이 아니라 권력의 한계를 아는 현명한 통치자였다. 20년을 다스리며 그는 세 국가들을 효율적으로 관장했다. 또 자신이 바이킹이었기에 북구 바이킹족의 침공도 효과적으로 제압하였다. 바이킹의 노략질을 사죄하는 마음으로 대왕은 영국 내에 여러 수도원과 교회들을 세웠다. 수도 윈체스터의 대성당 예배에서 그는 늘 겸손하게 왕관을 벗었다. 1035년 크누트 대왕은 50이 안된 젊은 나이에 세상을 떠났다. 중세에는 평균 수명이 50세에 불과했으므로 그의 죽음은 때 이른 것은 아니었다. 이후 영국, 덴마크, 노르웨이에는 국왕이 따로 옹립되었다. 영국은 크누트의 아들 하타크누트(Harthacnut)가 통치했으나 1042년 이 불쌍한 왕은 재위 3년째인 불과 24살의 젊은 나이에 그것도 자신의 결혼식 날에 신부를 위한 건배를 외치다가 쓰러져 요절하였다. 왕위는 어머니 엠마가 낳은 동복형제인 에드워드가 계승하였다.

"고백자" 에드워드 (1042-1066)

에드워드(Edward the Confessor)는 엠마의 전 남편인 에델레드 국왕의 아들이었다. 이로써 바이킹 가문의 지배가 끝나고 앵글로색슨의 웨섹스 혈통에서 다시 왕이 배출되었다. 에드워드 왕은 무척이나 경건한 인물이었기에 성자의 칭호인 "고백자(Confessor)"가 주어졌다. '고백자(증거자)'는 순교가 아닌 자연적인 죽음으로 생을 마감한 성자를 지칭한다. "고백"이나 "증거"는 일생 동안 환경과 상관없이 신앙을 유지하고 표현했다는 의미로 사용된다. 국왕 에드워드는 국가적 위기를 잘 극복했고 자애로우며 신앙적인 왕이었으므로 중세 영국에서 성자 조지(St. George)와 함께 국가적 수호 성자로 추앙받았다. 참고로 마을을 괴롭힌 용을 물리치고 제물로 바쳐진 처녀들을 구한 성자 조지의 전설은 기사도의 용맹성과 약자 보호 정신을 내포하여 문학이나 예술의 인기 주제가 되었다.

"고백자" 에드워드가 비록 "위대한 왕"은 아니었지만 1050년 세계적 유산을 남겼는데 바로 영국이 배출한 역사적 위인들과 국왕들이 묻힌 웨스트민스터 성당(Westminster Abbey)의 건축이었다. 정확히 런던의 한 중심에 있는 이 성당(사원)은 원래 베네딕트 수도

웨스트민스터 대성당(1749년경 모습)

원이었으나 에드워드가 그 옆에 영국 최초의 로마네스크 양식의 교회당을 15년의 공사로 지었다. 1066년 12월 28일 헌당식 며칠 후에 에드워드는 세상을 떠나 이곳에 묻힌 최초의 영국 왕이 되었다. 이후 왕실의 대관식, 장례식, 중대 회의 등이 바로 웨스트민스터 성당에서 열렸다. 또한 영국이 배출한 세계적 인물들도 매장되었다. 1245년 헨리 3세는 현재의 고딕식 건물로 개축하였다. "민스터(minster)"란 수도원, 즉 "모니스테리움(monisterium)"에서 유래된 단어로 수도원에서 확장된 대성당을 뜻한다.

새 시대를 개막한 정복자 윌리엄(William the Conqueror)

1066년 "고백자" 에드워드 왕이 독신으로 살다가 후사 없이 죽자 웨섹스 왕조는 마침내 종식되었다. 왕좌를 놓고 영국 본토의 헤럴드(Harold, d. 1066) 백작과 프랑스 노르망디의 윌리엄(1028-1087) 공작의 충돌이 벌어졌다. 윌리엄은 노르망디에 정착한 바이킹 후예인 로버트(로베르) 공작과 평민 신분의 첩 아를레트에게서 태어났다. 그는 천대받으며 성장했고 "서자(Bastard)" 별명까지 붙었다. 그러나 그의 아버지는 윌리엄을 일찍부터 후계자로 지목하였다. 이를 시기한 귀족들은 윌리엄을 암살하려 자객을 보냈고 한번은 함께 자던 다른 아이가 그로 오인되어 살해된 적도 있었다. 부친 로베르는 경건한 인물이었는데 예루살렘 성지 순례를 갔다가 귀환 길에 병사하였고 윌리엄이 노르망디의 공작이 되었다.

영국 국왕 정복자 윌리엄 - in National Portrait Gallery of London

윌리엄은 에드워드 왕이 생전에 프랑스 노르망디를 방문했을 때 자신을 영국 왕위의 후계자로 약속했다고 주장하였다. 또한 이모할머니가 영국 왕비 엠마이므로 윌리엄 자신도 웨섹스 왕족의 혈통이라고 강조하였다.

윌리엄은 왕위 경쟁자 헤럴드 백작을 일전에 도와준 적이 있었다. 그때 헤럴드와 식사하면서 윌리엄은 그에게 왕위를 양보하라고 종용했고 이에 헤럴드는 별생각 없이 그러겠다고 대답하였다. 그 순간 윌리엄은 갑자기 식탁보를 치웠는데 그것은 식탁이 아니라 성자들의 유골이 들어 있는 상자였다. 중세에서 맹세는 성자의 유골 위에 했고 만약 누구든지 이를 어기면 하늘의 저주를 받는다고 믿었다. 윌리엄은 회심의 미소를 지었고 헤럴드는 엄청난 불안감을 느꼈다.

그럼에도 불구하고 에드워드가 사망한 다음날인 1066년 1월 6일 헤럴드는 대관식을 강행하고 자신의 즉위를 선포하였다. 그런데 영국인들은 하늘에서 무서운 불덩어리가 날아가는 것을 보았다. 그것은 76년마다 찾아오는 핼리(Halley) 혜성이었다. 사람들은 이를 흉조로 보았고 즉위 첫날부터 불길한 느낌이 영국에 퍼졌다. 이 때문에 그에게는 "불운의" 헤럴드(Harold the Unfortunate)라는 별명이 붙게 되었다.

왕위를 얻기 위해 윌리엄은 696척의 배와 군사들을 이끌고 영국으로 건너가 헤럴드와 역사적인 헤이스팅스 전투(Battle of Hastings)를 벌였다. 결과는 윌리엄의 승리였고 헤럴드는 눈에 화살을 맞고 전사하였다. 윌리엄은 곧장 런던을 차지하고 자신이 영국 군주임을 선포하였다. 이로써 그는 "정복자(the Conqueror)" 칭호를 얻었다. 캔터베리나 윈체스터에서 대관식을 했던 선왕들과 달리 윌리엄은 에드워드가 세우고 묻힌 웨스트민스터 성당을 대관식 장소로 사용했다. 이는 에드워드의 계승자임을 천명하는 것이었고 이후 영국의 모든 국왕들도 이곳에서 대관식을 치르게 되었다.

윌리엄은 즉위 직전에 플랑드르 공국의 공주 마틸다와 결혼했는데 이 두 사람은 먼 친척간이어서 교황 레오 9세는 이 결혼을 강하게 반대했다. 중세에서 귀족이나 국왕의 결혼은 교황으로부터 먼저 점검받아야 했다. 교황의 거부권으로 곤경에 빠진 윌리엄을 도와준 인물은 바로 노르망디의 베크(Bec) 수도원장 랜프랑크(Lanfranc, d.1089)였다. 랜프랑크는 이탈리아 파비아 출신으로 당대의 이름난 학자 겸 수도사였다. 그는 새로운 교황이 들어서자 교황청을 방문해 윌리엄이 프랑스 북부 캉(Caen)에 두 개의 수도원을 세워 친족 결혼에 대한 참회를 하는 조건으로 승인을 얻어냈다. 또한 윌리엄이 영국의 왕위에 올랐을 때도 영국인들의 지지를 받기 위해 먼저 교회의 인준을 받는 일이 필요했다. 랜프랑크는 자신의 제자였던 교황 알렉산더 2세에 연락하여 윌리엄의 즉위에 선물을 보내게 하였다. 이러한 사건들을 계기로 국왕 윌리엄은 수도원장 랜프랑크를 가장 존경하고 신뢰하였다.

1070년 마침내 윌리엄은 캔터베리의 대주교로 랜프랑크를 초빙하였다. 윌리엄은 주로 프랑스 노르망디에 머물렀고 영국의 내치는 노르망디 출신 귀족들과 랜프랑크에게 맡겼다. 대주교 랜프랑크는 부패한 교회를 개혁하고 학문 진흥에 큰 노력을 기울였다. 그러나 성만찬의 화체설을 강조하여 기념설을 주장한 베렝가르(Berengar)를 핍박하였고 또 성직자의 독신을 강화하여 결혼한 성직자들을 갈라서게 하고 그 아내들을 수도원으로 보냈다. 한편 랜프랑크의 제자들은 유럽 곳곳에서 수도원장과 주교가 되어 시대를 주도했다. 제자 중 가장 유명한 인물은 그에 이어 캔터베리 대주교를 맡았던 중세 스콜라 철학의 거장 안셀름(Anselm of Canterbury, d. 1109)이었다.

국왕 윌리엄은 영국보다 본거지 노르망디에 더 많이 거주했지만 영국 역사에 중대한 변화들을 가져왔다. 첫째로 영국의 정치 지형을 완전히 바꾸었다. 즉위 5년 이내에 수천 명의 영국 귀족들은 거의 제거되었다. 이들 일부는 플랑드르나 스코틀랜드로 피신하였고 대신 프랑스에서 건너온 노르망디 귀족들이 영국 땅을 차지하며 억압하는 영주들이 되었다.

둘째로 윌리엄의 통치는 영국에 프랑스 문화를 유입시켜 영어와 관습에도 모두 큰 영향을 끼쳤다. 사실 윌리엄은 영국의 왕이었지만 노르망디에서 성장한 탓에 앵글 언어인 영어를 잘 구사하지 못했고 불어를 선호했다. 이 때문에 영어는 평민의 언어로, 불어는 행정의 언어로, 라틴어는 학문의 언어로 귀착되었다. 또한 영어에 많은 프랑스 이름들과 단어들이 유입되었다. 영국의 대중적인 이름들인 윌리엄, 로버트, 리처드 등은 원래 프랑스의 이름들이다.

셋째로 그의 통치 이후 영국민들은 대륙으로 확장하려는 야망도 갖게 되었다. 1087년 재위 23년차에 윌리엄은 프랑스 북쪽 마을 망떼(Mantes)를 공격하다 말에서 떨어져 치명적 부상을 입었다. 그는 노르망디의 수도 루앙에서 침상에 누운 채 모든 정적들을 풀어준 후 숨을 거두었고 자신이 세운 캉(Caen) 수도원에 묻혔다. 세 아들은 왕국과 재산을 물려받았는데 장남 로베르는 노르망디를, 차남 윌리엄 루퍼스는 영국 왕좌를, 막내 헨리 1세는 은화 상자를 받았다. 윌리엄의 후손들은 영국과 프랑스 일부를 다스렸으므로 이는 양국 간 큰 갈등의 요인이 되었다. 영국은 프랑스에서 영역을 더 확장하려 했고 프랑스는 영국을 몰아내려 했기 때문이다. 결국 이는 두 나라 간의 유명한 '백 년 전쟁'으로 비화되었다.

사실 "정복자" 윌리엄의 영국 정복은 영국 역사에서 외적의 침공을 받은 마지막 사건이었다. 지난 1,000년 동안 영국 본토는 외적의 군대에 의해 한 번도 정복되지 않았다. 1942년 2차 세계 대전에서 영국군은 연합군과 함께 노르망디 상륙 작전을 성공시킨 후 희생 장병들의 추모비를 그곳 배요(Bayeux)에 세우고 라틴어로 이렇게 새겨 넣었다.

"윌리엄에 의해 정복된 우리들은 이 정복자 국왕의 고향[노르망디]을 해방시켰노라."

(NOS A GULIELMO VICTI VICTORIS PATRIAM LIBERAVIMUS.)

배요(Bayeux)의 대형 전몰기념비, 위에 라틴어 문구가 씌여 있다 - by Kevin Fitzpatrick

4. 중세 절정기의 영국 국왕과 주교들의 통치

탐욕과 청빈의 대결: 윌리엄 루퍼스와 안셀름 대주교

정복자 윌리엄의 아들 윌리엄 2세는 얼굴이 붉었기에 별명은 "붉은색(red)"의 라틴어인 '루퍼스(Rufus)'였다. 윌리엄 루퍼스는 재임 기간 내내 귀족들과 반목하고 또 대주교와도 대립하였다. 그는 매우 탐욕스러웠고 약속을 수없이 번복하였다. 1089년 유일하게 왕에게 충언을 했던 랜프랑크 대주교가 죽자 윌리엄 2세는 대주교 두는 것을 껄끄럽게 여겨 임명을 4년이나 미루면서 캔터베리 대성당의 재산을 탈취하였다. 중세는 현대처럼 입법, 사법, 행정이 분리되지 않았지만 대주교와 국왕은 자주 대립하며 상호 견제의 역할을 했었다. 국왕에 대한 백성들의 여론은 매우 악화되었다. 갑자기 건강이 나빠지자 윌리엄 루퍼스는 일시적인 반성을 한 후 대주교 임명을 결심하였다. 주변 사람들은 베크 수도원장이며 당대 최고의 학자인 안셀름(안셀무스, 1033-1109)을 추천하였다. 노르망디의 베크 수도원은 정복자 윌리엄의 후원으로 설립된 곳이고 또 전임 대주교 랜프랑크를 배출한 곳이므로 영국민들은 대주교직에 베크의 수도사들을 선호하였다.

안셀름(Anselm of Canterbury)은 이탈리아 북서부 아오스타 출신으로 신자인 어머니에게 영향을 받아 15세에 수도사를 지망하고 한 수도원을 직접 찾아간 인물이다. 그러나 그곳의 수도원장은 소년 안셀름이 부친의 동의 없이 온 것을 알고 그를 집으로 돌려보냈다. 얼마 후 사랑하는 어머니가 세상을 떠나자 안셀름은 충격을 받았고 설상가상으로 아버지의 난동이 심해지자 23세에 방랑에 나섰다. 결국 그는 수도사가 되기로 결심하고 노르망디 베크 수도원에 정착하였다. 안셀름은 랜프랑크 수도원장의 제자가 되었고 부원장으로 섬겼다. 안셀름의 학문적 성취는 대단하였고 곧 프랑스의 대학자로 이름나게 되었다. 그런 안셀름이 영국을 잠시 방문하자 국왕 윌리엄 2세가 반강제로 그를 캔터베리의 대주교에 임명한 것이다.

그러나 물욕에 눈먼 국왕과 청빈한 대주교의 관계는 결코 좋을 수가 없었다. 갈등은 바로 안셀름의 대주교 취임 첫 달부터 시작되었다. 윌리엄 2세는 자신의 전쟁 비용을 교회에서 일부 부담할 것을 요구했다. 헌금을 전쟁 후원금으로 사용하는 것 자체가 어이없는 일이었지만 국왕의 요구가 워낙 강력했기에 대주교는 일정 금액을 제안하였다. 그러나 윌리엄 2세는 적은 액수에 크게 분노하며 수령을 거부하였다. 황당해한 안셀름은 그 돈을 가난한 이들에게 나누어 주었고 이에 국왕과의 사이는 급속히 악화되었다.

대주교 안셀름은 영국 교회를 개혁하려 했지만 국왕 윌리엄 2세가 늘 걸림돌이었고 국왕 입장에서는 대주교가 언제나 반대만 일삼는 인물처럼 보였다. 안셀름은 윌리엄 2세에게 교회 개혁에 관한 요구 사항들을 제시했으나 국왕은 탈취해간 대성당 영지만 겨우 돌려주었다. 국왕은 대주교의 권한 증대를 우려하여 자신이 직접 주교들을 임명하고 충성 맹세까지 받았다. 성직자들이 국왕에 무릎을 꿇고 충성을 서약했다는 사실 자체가 이미 정치가 종교를 지배한 것이었다. 안셀름은 국왕을 격렬히 비판했고 이에 분노한 윌리엄 2세는 마침내 안셀름에게 이렇게 통보했다.

"추방과 복종 중에서 하나를 택하시오."

그릇된 복종을 택할 수 없었던 안셀름은 추방을 택하고 대주교에서 물러난 후 미련 없이 영국을 떠났다. 1100년 윌리엄 2세는 사냥 중에 티럴 남작이 쏜 화살을 맞고 고의적 살해 같은 사고사를 당했다. 티럴 남작은 실수라고 우겼지만 이 남작은 영국 제일의 명궁이었기 때문이다. 당시 사냥터에 함께 있던 국왕의 동생 헨리 1세는 형 윌리엄 2세가 화살을 맞고 쓰러지자 형의 사고에 슬퍼하기보다 오히려 곧 다가올 자신의 즉위에 더 흥분해 있었다. 헨리 1세는 즉시 대관식을 갖고 새 왕이 되었다. 그는 나라의 안정을 위해 추방된 대주교 안셀름을 복위시키며 이렇게 직접 약속하였다.

"국왕이지만 대주교의 조언을 늘 수용하겠습니다."

그러나 헨리 1세도 선왕과 마찬가지로 교회 장악에 대한 욕망을 버릴 수 없었다. 중세의 가장 중요한 기관인 교회를 통해 국가 통제는 물론 권력과 재산까지 더 취하고자 했다. 결국 동조할 수 없었던 안셀름은 헨리 1세와 갈등을 빚었고 70이 넘은 고령이었음에도 불구하고 영국에서 다시 추방되었다. 얼마 후 국왕은 곧 뉘우치고 베크 수도원에 찾아가 안셀름의 복귀를 요청했다.

1107년 다시 복귀한 안셀름은 교회의 독립과 개혁을 위해 노력하였다. 사실 그는 중세의 대표적 학문인 스콜라 철학의 대가였는데 이 부분에 관해서는 뒤에 다룰 것이다. 학문의 세계에서 가장 크게 존경받았던 안셀름은 정치의 세계에서는 가장 큰 풍상을 겪어야 했다. 어린 시절 그는 한 꿈을 꾸었는데 큰 산을 넘고 평원을 걸어 마침내 도달한 낙원에서 창조주가 선사한 흰 빵을 맛있게 먹는 꿈이었다. 1109년 재복귀한 지 불과 2년 만에 75세의 노인 안셀름은 침상에서 옛 꿈을 다시 회상하며 영원한 잔치의 나라로 올라갔다.

헨리 2세의 앙주 제국

1135년 정복자 윌리엄의 막내아들 헨리 1세는 후계자 없이 사망하여 영국에는 20년에 가까운 오랜 내전이 벌어졌고 1154년 마침내 헨리 1세의 딸 마틸다와 앙주(Anjou)의 백작 조프루아 3세 사이에서 태어난 헨리 2세가 국왕이 되었다. 어머니로부터 노르망디를, 아버지로부터 앙주 영토를 받은 헨리 2세는 프랑스의 절반과 영국과 아일랜드까지 다스리며 앙주 제국(Angevin Empire)의 군주가 되었다. 앙주 가문은 300년이 넘도록 무려 14명의 왕들을 배출하며 영국을 통치했다. 앙주 왕조는 흔히 "플랜테

저넷(Plantagenet) 왕조"라고도 부르는데 이는 금작나무(genista) 가지로 모자 깃을 삼은 조프루아 백작의 별명에서 유래된 것으로 보인다. 플랜태저넷 왕조는 중세 영국의 발전을 이루어냈고 후기에는 이 왕조에서 랭캐스터 가문과 요크 가문이 파생되어 서로 '장미 전쟁'을 벌였다.

"두 나라 왕비" 엘레아노르 이야기

헨리 2세는 즉위 2년 전에 원래 프랑스 왕비였던 엘레아노르(Eleanor of Aquitaine, c. 1122-1202)와 결혼하였다. 그녀는 아키텐의 여공(duchess)으로서 중세 유럽에서 가장 부유한 여인이었다. 아키텐 지방은 프랑스의 1/3에 이를 만큼 광대한 영지였기 때문이다. 엘레아노르는 어려서부터 많은 교육을 받은 지적이며 야심 많은 여인이

엘레아노르와 루이 7세의 결혼식 장면과 십자군을 떠나는 장면

었는데 15살에 프랑스 국왕 루이 7세와 결혼하였다. 그녀는 남편 국왕을 움직이려 했고 국가 정사도 수시로 개입하였다. 그녀의 여동생 페트로닐라가 왕의 사촌이며 기혼자인 라울과 혼인하자 이 무법한 부부는 교황으로부터 혼인 무효와 파문을 받았다. 엘레아노르는 당대 가장 영향력 있던 클레르보의 수도원장 버나드(Bernard of Clairvaux)를 찾아가 교황과의 중재를 요청했다. 동생 부부의 문제로 눈물을 흘리며 도움을 청하는 엘레아노르에게 이렇게 버나드는 충고했다.

"국가의 중대사에 간섭하지 말고 자애로운 왕비가 되시오."

프랑스 국왕 루이 7세는 자신에 반기를 든 귀족을 처단하는 가운데 한 마을의 무고한 백성들 1,000명을 불태워 죽인 적이 있었다. 1145년 그는 자신의 죄를 뉘우치기 위해 제2차 십자군 참전을 결심하였다. 여걸 왕비 엘레아노르도 휘하 기사들을 직접 이끌고 나섰다. 이 부부는 수도원장

영국 왕 헨리 2세 때의 앙주 제국
- map by Cartedaos

버나드 앞에 자복하고 십자군의 표징인 적색 십자가를 받아 가슴에 붙였다. 그러나 막상 전쟁에 참가한 루이는 이슬람 군대와의 격전보다는 한가한 성지 순례를 원했고 엘레아노르는 안티오크의 성주이며 삼촌인 레이몽에 과도한 애정을 보였다. 두 사람은 서로 크게 실망하고 다투었으며 화난 루이는 엘레아노르를 그곳에서 감금까지 하였다.

결과적으로 2차 십자군 원정은 처참한 실패로 끝났고 갖은 고생 끝에 각자 따로 귀환한 두 사람은 사실상 별거에 들어갔다. 억지로 몇 년을 더 지냈지만 아들도 태어나지 않자 루이의 마음은 완전히 굳어졌고 이들의 15년의 결혼 생활은 끝내 파국을 맞았다. 교황은 그들의 혼인이 애초에 근친혼이었다는 구실로 무효를 선고했다. 중세에는 이혼은 허락되지 않고 혼인 무효만 있었기 때문이다.

놀랍게도 엘레아노르는 프랑스 국왕 루이 7세와 결별한지 불과 2개월 만에 당시 앙주와 노르망디를 동시에 소유한 공작 헨리 2세에게 청혼하였다. 비록 그녀가 약 11살이나 더 연상이었지만 헨리 2세는 그녀가 소유한 프랑스의 광대한 아키텐 영토에 마음이 끌렸다. 둘은 보란 듯이 결혼을 했고 2년 후 헨리 2세는 영국의 국왕이 되었다. 이로써 엘레아노르는 세계 역사상 유일하게 프랑스의 왕비에 이어 영국의 왕비까지 되었다. 그녀만 진기록을 세운 것이 아니라 남편 헨리 2세도 새로운 기록을 세웠는데 서유럽 절반을 지배하며 거대한 "앙주 제국"을 건설한 것이다. 즉 그는 기존의 노르망디와 앙주 영토에 더해 왕비의 땅 아키텐을 추가하였고 영국을 다스렸으며 또 스코틀랜드와 아일랜드도 복속시켜 당시 유럽에서 가장 넓은 영토를 소유한 군주가 되었다. 그러므로 헨리 2세는 영국 왕을 넘어서는 앙주 제국의 제왕이 되었다. 게다가 그가 프랑스에서 소유한 땅은 프랑스 국왕보다 더 넓었다.

초혼에서 아들을 못 낳은 한을 재혼에서 풀 듯 엘레아노르는 헨리 2세에게 무려 5명의 아들을 낳아주었고 그 중 셋이나 국왕이 되었다. 그러나 그녀의 재혼도 행복하지 못했다. 그녀의 강한 성품은 여전하여 남편과 갈등을 빚었고 이에 복수하듯 자유분방한 헨리 2세는 여러 첩들을 두었다. 서자들도 많이 태어나 왕실의 분란이 끊이지 않았다. 헨리 2세는 말년에 엘레아노르를 만나지 않았고 10년 넘게 연금시키기도 했다. 왕비의 희망은 오직 왕자들뿐이었고 아들들은 어머니의 편이 되어 아버지에게 반기를 들었다. 점차 헨리 2세는 아내는 물론 자식들과도 원수가 되었는데 그의 진정한 역사적 적수는 정작 따로 있었다. 이는 영국의 영적이고 정신적 지주인 캔터베리 대주교였다.

"영국의 대표 성자" 토마스 베킷 대주교

헨리 2세는 혹독한 독재자였다. 정치는 물론 교회의 인사와 재정에 전권을 행사하려 했다. 교회법은 사회법의 일부였고 주교들은 재판관으로 일상의 문제들을 판결했으므로 국왕은 늘 주교단을 장악하려 시도하였다. 헨리 2세는 자신을 영국 교회의 수장으로 내세웠고 이탈리아 교황의 영국에 대한 내정 간섭을 거부하였다. 국왕의 이런 태도에 영국 내부에서도 엄청난 반발이 일어났다. 교황을 편들기 위해서가 아니라 국왕이 교회를 자신의 부속 기구로 간주하고 독재하기 때문이었다.

특히 캔터베리의 대주교 토마스 베킷(Thomas Becket, d. 1170)이 헨리 2세와 대립하였다. 영국에서 가

헨리 2세(우측)와 베킷 대주교의 대면 - 14세기 삽화

장 높은 성(Sacred)과 속(Secular)의 두 직위에 있는 이 두 사람은 원래 친한 사이였다. 그러나 헨리 2세는 교회 법정을 왕권 아래 두려했고 토마스 베킷은 왕의 권한은 교회법을 넘을 수 없다고 확신했다. 국왕은 대주교의 뒷조사를 시켰고 그 결과 대주교의 지시에 의해 100여 명이 넘는 성직자들이 무고하게 쫓겨났다는 보고를 받았다. 물론 비위로 쫓겨난 이들이 많았지만 분명 대주교에게 억울하게 파면당한 성직자들도 일부 있었다. 헨리 2세는 이를 구실로 걸림돌인 토마스 베킷을 제거하기로 결심하였다.

1170년 국왕의 명령을 받은 군인들이 캔터베리 성당에 난입하여 대주교를 도끼로 찍어 살해하였다. 영국인들은 국왕의 처사에 경악을 금치 못했다. 일부 왕당파들만 국왕이 교회를 교황의 하수인으로부터 독립시켰다고 떠들었다. 베킷 대주교에게 로마 교황청은 이때 '토마스'라는 이름을 수여하고 성인으로 시성하였으며 영국인들은 베킷이 살해된 캔터베리 대성당을 국가적인 순례 성지로 여겼다.

결과적으로 탐욕의 군주인 헨리 2세의 말년은 초라하였다. 대주교 베킷을 척살한 자신의 과오를 두고두고 괴로워했다. 프랑스에 연이은 패배를 했고 그의 아들들은 왕좌를 놓고 다툼을 벌였다. 가족은 해체되고 서로 증오했다. 왕자 리처드는 16살부터 반군을 조직해 아버지 헨리 2세에 맞섰다. 왕비 엘레아노르는 늘 아들들의 편이었고 아들들도 불충실했던 아버지를 외면했다. 1189년 헨리 2세가 임종하는 순간에도 찾아온 아들은 당시 요크의 주교이며 첩에게서 태어난 서자 제프리(Jeffrey) 빼고는 아무도 없었다. 국왕은 죽기 직전 엘레아노르가 낳은 왕자들을 가리켜 이렇게 욕하고 세상을 떠났다.

"내 옆을 지킨 이 아들이 진짜 적자이고 다른 자식들은 못된 서자(bastard)들이다."

(Marie Lovett, *English Episcopal Acta: York*, 1189-1212, 1980, xxxii.)

5. 영웅 리처드 왕과 굴욕의 존 왕

기사도 정신의 "사자 심장" 리처드

헨리 2세가 죽고 왕위는 "사자 심장" 별명을 가진 리처드(Richard the Lionheart, d. 1199)가 계승하였다. 새 국왕은 즉위하자마자 십자군 운동의 참가를 선포했다. 제1차 십자군이 점령했던 예루살렘이 1187년 다시 이슬람 군대에 함락되자 유럽에서는 제3차 십자군이 결성되었고 "사자 심장"처럼 대담했던 리처드 왕은 이 원정의 대표 전사가 되었다. 그는 십자군 원정에 막대한 국가 예산을 소모하였다. 1191년 이스라엘로 건너간 리처드의 군대는 이슬람의 영웅 살라딘의 군대를 수차 패배시켰다. 그러나 영국에서 동생 존(John, d. 1216)

'사자 심장'의 리처드 왕
- by Merry-Joseph Blondel

의 왕위 찬탈 야욕이 심해지고 또 자신과 언쟁하고 돌아간 프랑스의 필립 왕이 유럽 대륙의 영국 영토를 침공하자 리처드는 십자군 전쟁을 더 지속할 수 없었다. 결국 살라딘과 협정을 맺고 그는 귀환하였다. 예루살렘 탈환의 목표는 이루지 못했지만 유럽인들의 성지 순례에 대한 안전 보장 약속은 받아내었다. 리처드는 영국 왕이었음에도 불구하고 재위 10년 중 단 6개월 정도만 영국 본토에 주둔하였다. 영국의 내정은 사실상 캔터베리 대주교 휴버트 월터(Hubert Walter, d.1205)가 다 맡아서 처리했다. 대주교 휴버트 월터는 총리(Chief Justiciar)와 대법관(Lord Chancellor) 직위도 겸했다. 월터는 사실 성자나 학자보다는 유능한 정치가였다. 리처드 국왕의 업적으로 알려진 많은 부분들은 월터 주교가 한 일이었다. 영국 내의 학문 진흥과 행정의 문서화, 법률 정비 등이 그 예이다.

살라딘과의 평화 협상이 이루어지자 휴버트 월터 주교는 유럽에서 가장 먼저 예루살렘을 방문하였다. 살라딘은 그를 환대하였고 심지어 무슬림 지배하의 예루살렘에서 기독교식 예배도 할 수 있도록 허락했다. 무슬림의 영웅이 캔터베리 대주교를 환영했다는 사실은 실상 놀라운 일이었다. 국왕 리처드가 십자군 전쟁 후 귀국하는 길에 오스트리아 공작에게 붙잡히자 월터 대주교는 충성스러운 신하로서 국왕 석방을 위해 큰 노력을 기울였다. 1199년 리처드 왕은 프랑스 리모주에서 국지전에 연루되어 화살에 맞아 어머니 엘레아노르를 생각하며 세상을 떠났다.

리처드 국왕에 대한 평가는 극과 극을 달린다. 기사도 정신으로 유럽을 대표해 싸운 영웅이며 대영 제국의 정신적 근간을 세운 왕으로 칭송되면서 현대까지 전설, 예술, 문학의 사랑받는 주인공이 되었다. 그럼에도 불구하고 반역한 아들, 영어도 못한 영국 왕, 정사에 무관심한 군주, 국력을 소진한 군왕이라는 부정적인 평가도 존재했다. 리처드가 긍정적인 지도자였는지 아니면 부정적인 독재자였는지는 실상 어려운 판단에 속한다. 그의 제3차 십자군에서의 활약은 "십자군 원정" 부분에서 자세히 살필 것이다.

국왕 존의 굴복: 대헌장이 제정되다

리처드 사후에는 옥좌를 탐냈던 동생 존(John)이 보위에 올랐다. 부왕이 유산을 분배할 때 다른 형제들과는 달리 존은 부왕의 사랑을 받았음에도 불구하고 큰 몫을 챙기지 못했다. 이 때문에 그의 별명은 "땅 부자"가 아닌 "땅 부족(Lackland)"이었다. 정치를 신하들에 맡겨두었던 형 리처드 왕과는 달리 존 왕은 독재 정치를 폈다. 그는 자신의 별명처럼 물려받은 직할지가 없었기에 왕실의 빈 금고를 채우기 위해 과도한 증세를 하였기에 귀족들은 물론 백성들의 삶도 피폐해졌다. 일설에 의하면 전임 리처드 왕의 부하로서 활쏘기의 명수였던 기사 한 명은 존 왕의 학정에 맞서 전설적인 의적이 되었다. 그가 바로 로빈 후드(Robin Hood)인데 이 전설적 인물의 실존은 존 왕의 혹독한 시대를 감안하면 충분한 개연성이 있다.

1205년 뛰어난 행정가였던 휴버트 월터 대주교가 세상을 떠나자 존 왕은 캔터베리 대주교 직위를 공석으로 두고 교회를 수중에 넣은 후 교황의 승인 없이 대주교를 임명하려 했다. 이에 대응해 로마의 교황은 스티븐 랭턴(Steven Langton, d. 1228)을 캔터베리 대주교로 임명한다고 선언하였다. 존 왕은 이를 즉각 거부하고 랭턴을 대주교로 대접하는 모든 이들을 처벌하겠다고 선언했다. 국왕이 교황과 직접 정치적 대결을 벌인 것은 당시로서는 큰 판단 착오였다. 왜냐하면 그 교황이 바로 역사상 가장 강력한 권한을 행사했던 이노센트(이노켄티우스) 3세였기 때문이다. 1209년 이노센트 3세는 영국 전체에 일체의 예전을 일절 금지하는 성무금지령(Interdict)을 내렸다. 신앙을 가장 중요한 영역으로 간주한 중세 백성들에게 교회의 예식들이 모두 금지된 것은 엄청난 불안을 야기하는 심각한 상황이었다. 영국민들은 존 왕에 대한 불만으로 가득했고 이에 국왕은 어쩔 수 없이 교황에 항복하고 랭턴 대주교를 승인했다. 심지어 주종 관계의 봉신 왕 신분까지 격하되는 수모를 감내해야 했다.

1214년 설상가상으로 어리석은 존 왕은 프랑스와의 부빈(Bouvines) 전투에서 결정적인 패배를 당하고 영국 영토인 거대한 프랑스 서부를 프랑스 국왕 필립 2세(d. 1223)에 모두 빼앗겼다. 그 넓은 노르망디, 앙주, 아키텐, 투렌 등이 불과 10년 만에 모두 프랑스의 수중에 넘어간 것이다. 전쟁을 명목으로 철저하게 세금을 거두었던 존 왕은 이 패배로 입지를 상실했다. 이미 백성들의 삶은 더할 나위 없이 피폐해졌다. 결국 영주들이 반란을 일으켜 런던을 장악하였다. 스티븐 랭턴 대주교의 주도로 영주들은 국왕의 권한을 제한하는 문서를 만들어 독재자 존에게 제시하였다. 그 내용은 다음을 주 골자로 하였다.

마그나 카르타에 서명하는 존 왕

국왕 에드워드 1세

"근거 없이 함부로 백성들을 체포하지 않는다."

"대표자 영주들의 동의 없이는 세금을 올릴 수 없다."

"교회는 어떤 경우라도 자유로워야 한다."

이 문서가 바로 '마그나 카르타(Magna Carta)'라고 부르는 대헌장이다. 수세에 몰린 존 왕은 엄청난 굴욕감을 느끼며 귀족들이 도열한 러니미드(Rynnymede) 평원에서 대헌장에 어쩔 수 없이 서명하였다. 그러나 후에 이를 번복하여 영주들과 또 내전을 벌였다. 물론 이 문구대로 권력에 대한 욕망을 누르고 왕권을 스스로 제한한 중세의 영국 왕은 드물었다. 또한 이 문서도 큰 법적 구속력을 갖지 못했고 위반한 왕에 대한 효과적인 제재도 없었다. 그럼에도 불구하고 이 헌장은 상징적인 중대한 의의를 지녔는데 이는 왕보다 법이 더 높은 권위를 가지고 있다는 법치주의 및 자유와 정의의 사상을 선포한 것이었다. 근대 영국의 국왕들은 실제로 이 문서의 정신을 계승하여 왕권을 제한하고 민권을 확대하였으며 세계의 많은 헌법들도 마그나 카르타의 정신으로부터 영향을 받았다.

1216년 존 왕은 급체로 사망하고 왕위는 아들 헨리 3세에 이어졌으나 영국의 세상은 별반 달라진 게 없었다. 1272년 현명한 에드워드 1세가 왕위에 오르고서야 비로소 영국민들은 왕다운 왕을 만날 수 있었다. 균형 잡힌 군주였던 에드워드 1세는 주교와 귀족들로 이루어진 그룹의 조언을 수용했다. 바로 이 그룹이 영국 의회(Parliaments)의 원형이 되었다.

국왕 에드워드는 의회를 통해 법령을 정비하였기에 "영국의 유스티니아누스 황제(English Justinian)"라는 영예로운 별명을 얻었다. 또한 스코틀랜드를 일시적으로 속국으로 만들고 "스콘의 돌"을 탈취해 영국으로 가져왔으며 이 돌을 넣은 대관식 옥좌를 만들어서 웨스트민스터 사원에 두었다.

6. 영문학의 발전과 위대한 중세 작품들

영어의 등장과 발전

1066년 프랑스 노르망디 출신의 국왕 윌리엄 이후 영국은 큰 문화적 변화가 일어났다. 프랑스 문화권의 왕족들이 300년 동안 영국을 지배할 때 영어는 영국에서 평민의 말이었고 불어와 라틴어가 고급 언어였다. 1300년대까지 장기간 영어보다는 프랑스어나 라틴어로 된 문학들을 높이 여겼다. 그러나 14세기 초 프랑스와의 백 년 전쟁이 시작되면서 앵글로색슨의 민족주의가 고양되기 시작했고 이를 배경으로 영문학의 본류가 시작되었다.

중세 영문학의 새 시대가 열린 것은 세계적 작품들이 나오기 시작한 바로 1330년부터이다. 물론 이전에도 영어로 된 뛰어난 작품들이 있었다. 최초의 영어 문서들인 단편 성경 사본들이 있었고 앵글족의 신화를 담은 대서사시 베어울프(Beowulf)도 9세기에 등장했다. 이는 스칸디나비아 예아트족의 영웅 베어울프의 활약을 노래한 것으로 성문화되기 오래전부터 구전으로 전래되었다. 그 내용은 밤마다 마을에 나타나 약탈하는 살인 괴물 그렌델 제거에 실패한 다른 전사들과는 달리 용사 베어울프는 맨손으로 물리치고 평화를 되찾았다는 것이다. 영웅적 기사를 칭송하는 사회상과 관련되어 이 서사시는 영국에서 큰 인기가 있었다. 이외에도 영어로 된 민속 설화, 로맨스, 민요, 아더 왕과 샤를 대제의 무용에 관한 이야기도 퍼져 있었다. 그럼에도 중세 초기의 대부분 영어 작품들은 창의성, 문학성, 사상성, 민족성에서 부족한 부분들이 많았다. 그러나 14세기에는 영어의 위상을 현저히 고양시키는 역사적 작품들이 출현하였다.

랭글런드의 『농부 피에르의 환상』

14세기 중엽 윌리엄 랭글런드(William Langland, 1330-1387)는 『농부 피에르의 환상(The Vision of Piers Plowman)』이라는 영문학사적 전환점이 되는 작품을 썼다. 이 우의적 서술시(allegorical narrative poem)는 '윌(Will)'이라는 한 농부의 기독교적 경건을 향한 소망을 노래하고 있다. 지친 방랑자 농부 윌은 깊은 잠에 빠져 꿈속에서 높은 탑과 깊은 지하옥 사이에 존재하는 온갖 인간 군상들의 모습을 본다. 그의 노래 속에는 중세 사회의 불의, 진리의 심판, 그리고 은총의 속죄 등이 묘사되어 있다. 특히 이 작품은 빈자를 멸시한 냉정한 부자들에 대한 엄한 질책을 담고 있다. 동시에 진실한 이웃 사랑과 하나님 사랑을 삶의 궁극적 목적으로 제시하고 있다.

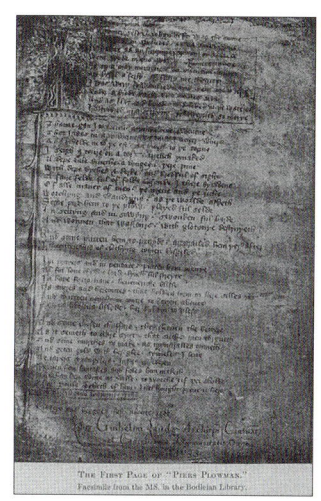

'농부 피에르의 환상' 첫 페이지

윌리엄 랭글런드의 생애에 대해서는 맬번(Malvern)에서 태어났고 성당학교에서 문법 교육을 받았으며 또 성당의 하급 직책에 있었다는 것 외에는 전해진 바가 없다. 많은 학자들은 작품 분석을 통해 그에 대한 정보를 유추했지만 제한적일 수밖에 없었다. 그 서술시의 아름다운 한 부분을 보면 다음과 같다.

"The most needy are our neighbours if we take good heed, such as prisoners in dungeons or poor folk in cottages, burdened with children and the landlord's rent.
What they save by their spinning they spend it in house-hire,

also in milk and meal to make porridge with,

to fill their children who cry after food.

And they themselves suffer much hunger.

Ruth is it to read or show in rhyme."

(William Langland, *Vision of Piers Plowman*, 1895, 128.)

"똑바로 주목하면 가장 궁핍한 우리의 이웃들이 보이네.
감옥의 죄수들과 오두막에 사는 가난한 이들이네.
자녀 양육으로 또 영주들 과세로 힘겨워하는데
물레질해서 아낀 것으로 임대료 갚고 우유와 식품을 사서 죽을 먹는구나.
이것으로 배고파 울어대는 아이는 달랬지만
부모들은 여전히 큰 배고픔을 겪는구나.
이들의 고통은 말로도 시로도 너무 슬프지 않은가!"

제프리 초서의 『캔터베리 이야기』

랭글런드와 동시대의 인물인 제프리 초서(Geoffrey Chaucer, 1343-1400)는 중세 영문학의 걸작 『캔터베리 이야기(Canterbury Tales)』를 출간했다. 대주교 토마스 베킷(d. 1170)이 독재 군주 헨리 2세에 의해 순교한 후 캔터베리 대성당은 영국 최고의 순례 성지가 되었다. 매년 수많은 영국인들은 대성당으로 순례를 떠났는데 이는 민족 대이동이었다. 성자의 공로를 나누어 받고 삶의 근심을 위로받기 위해 캔터베리 성지를 향해가는 각계 사람들의 다양한 모습이 이 작품에서 그려지고 있다. 또한 당시의 다양한 사회적 정서와 사상과 문화를 묘사한 위대한 문학이다. 특히 이 작품의 첫 구절은 문학사적 의의를 지녔다.

"달콤한 4월의 비가 내려오면 3월의 가뭄을 뿌리까지 모두 적시나니."

(When that April with his shoures soote, the droghte of March hath perced to the roote.)

1922년 시인 엘리오트(T. S. Elliot)는 자신의 시 '황무지(the Waste Land)'에서 초서 작품의 첫 구절을 뒤틀어 "4월은 가장 잔인한 달(April is the cruelest month)"이라고 읊었다. 초서가 4월의 자연을 직설적인 묘사로 노래하였다면 엘리오트는 역설적인 수사로 찬양하였다. 기쁨과 슬픔, 고통과 희망을 교차적으로 노래한 『캔터베리 이야기』는 사회적이고 종교적인 수사들을 통해 아름다운 운율을 드러내었다.

랭글런드와 초서의 작품들은 불어와 라틴어에 대한 영어의 문화적 열등감을 극복하게 해준 문학적 소산이었다. 오랜 동안 서민들의 삶과 유리된 영웅들의 이야기들이 대중에게 대리 만족과 흥미를 제공해 왔지만 이에 반해 랭글런드와 초서의 작품들은 보통 사람들의 삶을 다루었다. 이로써 독자들은 자신들의 인생과 신앙을 문학으로 성찰할 수 있었다. 아래는 『캔터베리 이야기』의 도입 부분이다.

"And specially from every shires ende(모든 지역으로부터)
Of Engelond, to Caunterbury they wende,(캔터베리를 향해 가는데)
The hooly blisful martir for to seke(그곳에서 거룩한 성자를 찾는다)
That hem that holpen, whan that they were seeke"(아프고 약한 이들을 돕는 성자를!)
(Geoffrey Chaucer, *The Canterbury Tales*, 2008, 1.)

노르위치의 줄리안: 영국 여성 문학의 효시

중세 영문학의 발전에 기여한 여성은 노르위치의 줄리안(Julian of Norwich, 1342-1416)이었다. 그녀는 중세 영국에서 런던 다음으로 큰 도시였던 노르위치 시의 대성당 수녀였다. 본명은 미상이나 그녀가 속한 성당의 명칭을 따서 '줄리안'으로 불렸다. 그녀는 좁은 골방에서 매일 기도와 명상에 전념하다가 1373년 30살에 중병에 걸려 병상 생활을 하며 신비한 환상들을 보며 신앙 고백을 토해냈다. 이를 기록한 것이 바로 『신적 사랑의 16개 묵시(Sixteen Revelations of Divine Love)』라는 작품이다. 이는 영어로 쓰인 최초의 여성 문학으로 내용 일부는 아래와 같다.

"놀라운 사랑과 삼위일체의 경륜에 의해 아버지 하나님은 제2인격이신 예수를 우리의 어머니요 형제요 구원자가 되게 하셨다. 하나님이 참으로 선하신 아버지인 것처럼 동시에 예수는 어머니이시다. 우리의 아버지는 뜻을 드러내시고, 우리의 어머니는 일하시고 거룩한 영은 이를 확증하신다." [As God is truly good father, He (Jesus) is our mother. Our Father wills and our mother works, the holy Spirit confirms it.]

- (Monica Furlong, *Visions and Longings: Medieval Women Mystics*, 1996, 237.)

줄리안의 작품은 많은 이들에게 읽혀지고 문맹자들에겐 낭독되었다. 사실 이 작품이 영국과 유럽에 끼친 영향은 문학적 측면을 훨씬 넘어서는 것인데 수많은 고난 받는 이들에게 위안을 제공했다. 당시 유럽은 흑사병으로 인해 형언할 수 없는 비극을 경험하는 세상이었지만 그녀의 작품은 비탄을 표현하지 않고 오히려 재앙 속에서 빛나는 따뜻한 신적 사랑을 묘사하였다. 그녀는 고난이 신의 형벌이 아니라 오히려 하늘로 상승하는 신비에 필요한 과정이라고 보았다.

1380년 영국에는 영어를 대중화시킨 또 다른 위대한 작업이 이루어졌다. 옥스퍼드 대학의 교수 위클리프(John Wycliffe, 1324-1384)가 영어 성경을 출간한 것이다. 영국과는 달리 유럽 대륙의 많은 나라들은 자국어 성경을 아직 갖지 못한 상태였다. 그런 상황에서 위클리프의 영어 성경은 문학적, 종교적, 사회적 측면에서 모두 큰 기여를 하였다. 비록 위클리프의 성경이 예배용 성서는 아니었으나 평민을 위한 쉬운 영어로 번역되어 신앙 강화와 문맹 타파에 크게 기여하였다. 또한 영국이 르네상스 종교개혁의 길로 향하는 계기가 되었다.

한편 박식한 존 가우어(John Gower, 1330-1408)의 작품도 바로 이 시대 등장하였다. 그는 불어, 라틴어, 영어 3개 언어로 시와 산문을 썼다. 같은 시대 유럽 대륙에서는 1320년경 단테가 『신곡(Divine Comedy)』을, 1350년경에는 보카치오가 『데카메론(Decameron)』을 저술하여 르네상스의 개막을 알렸다. 이들 대작 못지 않게 영국의 윌리엄 랭글런드와 제프리 초서, 존 위클리프, 노르위치의 줄리안의 작품들은 역사적 명작들이었다. 이들에 의해 영어는 드디어 학문과 지성의 언어로 고양되었다. 1300년대 후반 영국은 행정과 사법의 문서들에 라틴어와 더불어 영어를 공식 행정 언어로 사용하기 시작했다.

7. 중세 스코틀랜드의 고난과 생존

스코틀랜드의 국모 마가렛 왕비

스코틀랜드 국왕 말콤 3세와 왕비 마가렛

1066년 "정복자" 윌리엄이 영국 왕위를 차지했을 때 영국의 에드워드 왕가의 친척들은 스코틀랜드로 망명해야 했다. 이중에는 고백자 에드워드 왕의 조카딸인 마가렛 공주(Margaret, d. 1093)가 있었다. 그녀는 스코틀랜드의 국왕 말콤 3세(Malcolm III)와 결혼하였다. 말콤은 성미가 사납고 거친 남편이었던 반면 왕비 마가렛은 경건하고 신중한 여인이었다. 그녀는 남편과 왕자들에게 신앙과 학문의 중요성을 일깨웠다. 포악한 말콤은 점차 순화되어 선정을 베풀었고 마가렛은 국정의 영향력 있는 조언자가 되었다.

마가렛 왕비는 잔인한 풍습과 미신들을 추방하는데 힘을 기울였다. 교회와 수도원을 세워 국민을 개화시켰고 왕궁의 재물을 통해 빈자들을 구제하였다. 그녀는 매일 반드시 가난한 사람을 찾아 먼저 빵을 나누어주고 그 이후에야 저녁 식사를 했다. 마치 동로마 제국의 테오도라 황후와 같은 왕비였다. 마가렛은 매일 저녁 궁궐 채플에서 기도하였고 인근 동굴에서도 수녀처럼 자주 수련하였다.

한편 1093년 영국에서는 국왕 윌리엄에 이어 그의 아들 윌리엄 루퍼스(William Rufus)가 즉위한 후 스코틀랜드를 침공하였다. 이에 대항해 스코틀랜드는 말콤 3세 국왕과 에드워드 왕자가 맞섰으나 부자 모두 치열한 전투에서 목숨을 잃었다. 당시 병상에 있던 마가렛 왕비에게 아들 에드먼드는 그들의 전사 소식을 사흘이나 감추며 안부에 대해 거짓으로 답하였다.

에딘버러 성의 성녀 마가렛 왕비의 채플
- by Jonathan Oldenbuck

"아버지와 형님은 무사합니다."

그러자 마가렛 왕비는 이렇게 말했다.

"너희들이 말하지 않아도 이미 다 알고 있단다."

1093년 아름다운 에든버러 고성에서 그녀는 다음과 같이 기도하고 숨을 거두었다.

"주 예수 그리스도여! 당신의 죽음으로 저를 죄에서 구원하시고 영원한 생명을 허락하소서."

후에 마가렛 왕비의 유해는 던펌린 수도원(Dunfermline Abbey)으로 옮겨졌고 이곳은 그녀의 명성 때문에 스코틀랜드의 역사적 명소가 되었다. 비록 마가렛 왕비의 삶은 곤경으로 가득했지만 후손들은 반세기 후 유럽의 군주들이 되었다. 스코틀랜드 역사에서 말콤 3세 국왕과 마가렛 왕비는 가장 위대한 군왕 부부로 존경받았다. 특히 마가렛은 사랑과 자선의 국가적 성녀로 추앙되었다. 이 나라에는 그녀의 이름을 기린 학교와 기관들이 다수 설립되었다.

수도사에서 전쟁 영웅으로: "브레이브하트" 윌리엄 윌리스

마가렛 왕비의 1093년부터 알렉산더 3세의 1286년까지 스코틀랜드는 안정기를 누렸다. 이 나라의 건축술은 유럽 대륙을 뛰어넘는 수준이었고 상당한 규모의 국부를 자랑하였다. 그러나 알렉산더 3세 사후 후계자로 무려 14명의 경쟁자들이 나서며 극심한 분열이 생겼고 이에 내전을 막기 위해 스코틀랜드 귀족들은 영국 왕 에드워드 1세를 초청하여 국왕 선출에 관한 조정을 부탁하였다. 그 결과 존 1세가 왕으로 선택되었는데 에드워드 1세는 이후부터 마치 자신이 임명한 것처럼 위세를 펴며 스코틀랜드를 봉신 국가로 취급하기 시작했다.

그를 견제하기 위해 스코틀랜드의 존 1세는 영국의 숙적인 프랑스와 외교 관계를 갖게 되었는데 사실 이는 현명한 판단은 아니었다. 1296년 영국의 에드워드 1세는 스코틀랜드를 침공하여 왕궁이 소재한 스털링 요새를 정복한 후 국왕 존 1세를 몰아내었다. 영국의 원정 동기는 자존심 회복과 영토 확장 외에 세금과 병사를 차출하기 위함이었다. 에드워드 1세는 스코틀랜드를 마치 영국의 곡물 창고처럼 생각하고 수많은 마을을 약탈했다. 영국인들에게는 키 크고 잘 생긴 에드워드 1세가 뛰어난 군주였으나 스코틀랜드 국민들에게는 원흉일 뿐이었다.

에드워드 1세에 맞서 스코틀랜드를 구하려 한 수도사가 등장하였다. 그는 "용맹한 심장", 즉 '브레이브 하트(Brave-heart)'란 별명을 가진 윌리엄 월리스(William Wallace, d. 1305)였다. 뛰어난 전사였던 그는 페이즐리 수도원(Paisley Abbey)에 입문하여 수도 생활을 하였다. 영국이 스코틀랜드를 지배하자 글래스고 대성당의 위샤트(Robert Wishart) 주교는 나라의 독립과 교회의 자유를 위해 윌리엄 월리스에게 출전을 권유했다. 1281년 군대를 조직한 윌리엄 월리스는 스털링(Stirling) 다리의 전투에서 영국군에 결정적인 승리를 거두었다.

1305년 영국군에 붙잡힌 윌리엄 월리스 - by Daniel Maclise

에드워드 1세의 군대는 다시 신무기 장궁(long bow)을 사용-

하여 장대비 같은 화살을 스코틀랜드 군대에 쏟아 붓고 패배의 복수를 하였다. 1305년 월리스는 부하의 배신으로 영국군에 건네졌고 영국 궁궐에서 범죄자의 두목으로 간주되어 화관이 쓰이는 조롱을 당하며 사지가 찢기는 죽임을 당했다. 월리스는 반역죄의 죄목으로 사형이 언도되었을 때 자신은 영국인이 아니므로 자신의 행위가 항거이지 결코 반역이 아니라고 주장했었다.

그러나 월리스의 처참한 희생은 스코틀랜드에 불굴의 정신을 고취시켰고 9년 후 이 민족은 국왕 로버트 브루스(Robert the Bruce)를 중심으로 배녹번(Bannockburn) 전투에서 영국군을 패배시키고 마침내 독립을 쟁취하였다. 이 때문에 월리스와 브루스는 스코틀랜드의 애국적 영웅들로 추앙받게 되었다. 1650년대 영국의 올리버 크롬웰에 의해 복속되기 전까지 스코틀랜드는 독립국의 위상을 지켰다.

"스콘의 돌"과 "웨스트민스터의 돌"

영국과 스코틀랜드의 전쟁은 일면 "돌"의 전쟁이었다. 이 돌은 "스콘의 돌(Stone of Scone)"이라 불리는 중세 스코틀랜드의 최고 보물이었다. 그 유래에 대해서는 여러 전승들이 존재한다. 일설에는 성경의 야곱이 돌베개로 삼았던 것인데 건국 신화의 주인공인 이집트 공주 스코타가 스코틀랜드로 가져온 것이라고 한다. 또 다른 전승에는 민족을 기독교화 했던 "스코틀랜드의 성자" 콜룸바가 아이오나 수도원에서 제단용으로 사용한 돌이라고 한다. 중세의 기록에는 성자 콜룸바가 이 돌을 서부 해안의 아이단(Aedan) 왕의 대관식에 사용했다고 적혀 있다. 이 돌은 신성

스콘의 돌을 넣은 에드워드 옥좌

하게 여겨져 스콘 성당에서 스코틀랜드 국왕들이 대관식을 가질 때 실제로 그 위에 앉아 왕관을 받았다.

　1296년 영국의 에드워드 1세 군대는 스코틀랜드의 던바와 에든버러 고성을 점령한 후 바로 "운명의 돌"을 뺏으러 스콘으로 진군했다. "스콘의 돌"이 없다면 스코틀랜드의 군주들은 즉위한다 하더라도 신성한 권위를 부여받지 못한 왕들이 된다고 그는 생각했다. 결과적으로 에드워드 1세는 스콘 점령에 성공하고 그 돌을 웨스트민스터로 가져와 스코틀랜드 지배를 상징하기 위해 그 돌을 밑에 넣어 둔 기품 있는 옥좌를 만들었다. 에드워드 1세 이후 영국 군주들은 바로 웨스트민스터 사원에 놓인 이 "에드워드 옥좌"에서 대관식을 가졌다.

　그러나 일설에는 영국군이 에든버러에서 출발해 스콘을 정복하기까지 3개월이란 충분한 시간이 있었기 때문에 이미 그 돌은 스코틀랜드 수도사들에 의해 비밀 장소로 옮겨졌고 에드워드는 복제된 가짜 돌을 가져갔다고 한다. 또 1306년의 로버트 브루스의 대관식 기록은 그가 완전한 의식을 치렀다고 되어 있어 스콘의 돌이 스코틀랜드에 있었을 가능성도 존재한다. 한편 현대의 지질학자들은 에드워드 옥좌 밑의 돌 재질이 아이오나 섬의 돌과 같지 않고 오히려 스콘 지역의 것들과 같다고 주장하여 복제설을 편들었다. 크게는 국가의 존엄, 왕권의 신성함, 자유의 소중함을 상징했고 작게는 "마법의 돌"이라는 중세 전설에 영감을 준 이 돌은 1996년 영국이 스코틀랜드에 700년 만에 다시 반환함으로써 에든버러 고성에 놓여졌다.

IX.
중세의 전성기
(1000-1300)

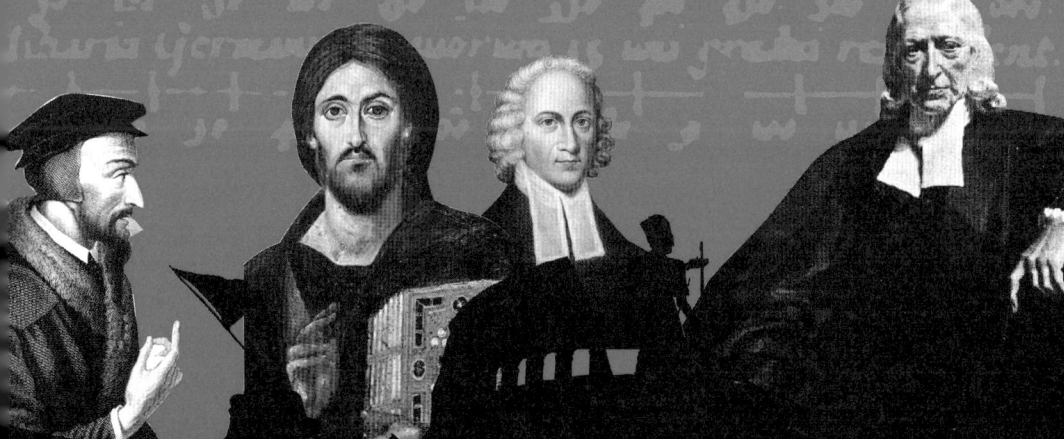

1000년부터 1300년대까지 중세를 대표하는 사건들이 일어났다. 교회의 분열, 교황권의 상승, 수도원의 갱신, 프란시스 파와 도미니크 파의 등장, 십자군 전쟁의 발발, 고딕 예술의 발전, 스콜라 철학의 형성 등이 이뤄진 시대였다. 이 시기를 '전성기'로 부르는 것은 가장 선진화된 시기라는 뜻이 아니고 중세의 특징을 규정하는 주된 사건들이 만개했기 때문이다.

1. 교황권의 수치와 새로운 수도회들

엽기의 길을 간 교황들

중세 교회는 고통당하는 인간들에게 내세의 소망을 제공하는 가운데 일탈과 갱신을 반복하였다. 중세기의 교황들 중 다수는 진정한 의미에서 교회의 대표로서도 또 영적 지도자로서도 제 역할을 다하지 못했다. 특히 800년대 이후 이러한 현상이 두드러졌다. 교회의 구조적 부패와 성직자의 낮은 자질이 중세 교회를 쇠퇴시킨 요인이었고 중세 중반에 이를수록 더 심화되었다. 4세기의 성자 안토니우스나 6세기의 성자 베네딕트의 수도원 덕목들도 세기가 지날수록 변질되고 실종되었다. 8세기 이후 수도사들 가운데는 금전과 토지에 몰입되어 하늘 왕국보다 세속 왕국을 더 사랑하는 이들이 많았다.

주교들의 경우는 교회 직제를 사고팔며 더욱 부패하였다. 성직 매매를 뜻하는 '시모니(simony)'는 영적인 신분을 돈으로 사고자 했던 사도행전에 나온 "마술사 시몬의 행위"에서 유래한 것인데 실제는 중세에서 더 유행되었다. 교회 토지를 봉건제를 통해 마을 농민들이 경작했기 때문에 교회는 일반인에게 세금을 부과할 수 있었다. 흉년에도 아랑곳없는 무거운 세액에 농민들의 불만은 팽배해졌고 이는 반성직주의(anticlerical)로 이어졌다. 이에 반해 하급 사제들은 너무도 빈한하였고 교육도 불충분하여 일반 평민과 차이 없이 무지하였다.

이탈리아는 롬바르드족의 지배 아래 있다가 샤를마뉴에 복속되었고 다시 봉건제 아래 여러 공국들로 분열되었다. 롬바르드의 일파인 스폴레토(Spoleto) 공국은 로마의 우편에 위치하여 늘 교황청의 정치에 개입하였다.

전임 교황 포모수스의 시신을 재판하는 교황 스테판 6세
-by Jean-paul Laurens

896년 스테판 6세는 스폴레토 가문을 등에 업고 교황이 되었다. 이미 사망한 전임 교황 포모수스는 그의 정적이었는데 분노에 불탄 새 교황은 전임자를 재판하겠다며 죽은 지 7개월이나 된 부패된 시신을 꺼내 교황의 옷을 다시 입히고 재판정의 피고석에 앉히는 엽기적인 일을 벌였다. 거론된 모든 죄목에 당연 응답할 수 없던 "피고" 포모수스는 유죄가 선고되었다. 시신에 입혔던 교황복은 찢겼고 신도들을 축복했던 그의 손가락 세 개는 잘려졌으며 이미 흉해진 시신은 길거리에 내버려졌다. 누군가가 교황을 공동묘지에 묻었으나 며칠 후 재차 파내져 테베레 강에 던져졌다. 그러나 포모수스를 심문했던 교황 스테판 6세 역시 포악한 성격으로 인심을 잃고 폐위되어 목이 매달리는 수모를 겪었다.

이어서 정상적인 사고를 가진 로마누스가 교황위에 올랐으나 로마의 파당은 수개월 만에 그를 퇴위시켰다. 이미 10세기에 교황청은 개혁조차 어려운 상태에 이르렀다. 로마누스는 모든 것을 포기하고 수도사로 생을 마감하였다. 그 다음에는 테오도르 2세가 교황이 되었지만 불과 20일 만에 급사하였다. 자질 없는 인물들이 권력과 금권에 의지하여 교황이 되었던 이야기는 900년대만으로 그치지 않았다. 1032년 베네딕트 9세는 많은 돈을 들여 교황 직위를 샀고 이를 벌충하기 위해 교회의 재산을 유용하였다. 매일 호화 파티를 열었고 창녀들을 교황청에 불러들이고 각종 악행도 일삼았다. 웬만한 비행은 눈감는 귀족들도 자신들보다 더 패악한 교황을 용납할 수 없어 베네딕트 9세에게 사퇴를 요구했다.

베네딕트는 결혼할 수 있게 되어 차라리 잘되었다고 생각하고 물러나면서 교황직을 그레고리 6세에게 거액에 팔았다. 그러나 베네딕트를 폐위시킨 분파는 그레고리 6세를 불인정하고 별도로 실베스터 3세를 교황으로 옹립하였다. 그레고리 6세와 실베스터 3세는 서로 각자가 정통 교황이라고 주장하였다. 얼마 후 베네딕트 9세가 다시 교황에 복귀한다고 선언하였다. 이로써 동시대에 세 명의 교황이 등장한 실소할 상황이 벌어졌다.

결국 독일의 황제가 개입하여 모든 교황들이 물러나고 레오 9세가 교황이 됨으로 사태는 일단락되었다. 그러나 이 일련의 과정은 교황청의 타락상을 단적으로 드러내었고 다른 한편으로는 세속 권력이 얼마나 교회를 장악하였는가를 여실히 보여주었다. 설상가상 다툼이 유럽에만 국한된 것은 아니었다는 사실이다. 전체 기독교권이 이 시기에 분열하였다.

서방 교회와 동방 교회의 대분열

1054년 7월 16일 콘스탄티노플의 성 소피아 대성당에서 예배가 시작될 때 소동이 벌어졌다. 화려한 복장의 서유럽 방문자들이 대성당에 들어왔는데 이들은 바로 로마 교황 레오 9세가 보낸 특사 훔베르트(Humbert) 추기경 일행이었다. 먼 길을 온 이들의 용무는 너무도 간단하게 교황의 교서 하나만을 전달하는 것이었다. 서유럽 교회의 대표 훔베르트는 중앙 제단 위에 문서를 던져 놓고 급히 대성당을 나와 이렇게 소리쳤다.

"그대들을 하늘이 굽어보고 심판하시길 원하노라."

(I. S. Robinson, ed., *The Papal Reform of the Eleventh Century: Lives of Pope Leo IX and Pope Gregory VII*, 2004, 148.)

그 교서는 교황이 내린 동방 교회 전체에 대한 파문장(bull of excommunication)이었다. 비잔틴 제국의 대주교 미카엘 케룰라리우스(Michael Cerularius)는 그 문서를 길바닥에 집어 던지고 오히려 서유럽 교회야말로 이단이라고 선언했다. 이 작은 소동은 바로 동방과 서방 두 교회의 공식적 분열(East-West Schism)의 시작이었다. 교황의 서유럽의 교회는 스스로를 "표준적(catholic)"이라고 주장해 "로마 가톨릭"이라 불리게 되었고 동방의 교회는 자신들을 "정통(Orthodox)"이라 주장하여 "동방 정교회"로 일컫게 되었다.

서유럽과 동방의 교회는 왜 분열했을까? 가장 주된 원인은 두 교회들의 지역적, 문화적, 정치적, 신학적 차이였다. 물리적 거리는 결국 정신적인 거리를 초래하였다. 대표 도시들인 서방의 로마와 동방의 콘스탄티노플은 오랜 동안 맞수 관계였기에 견제 심리도 컸다. 또 서유럽에서 발전한 프랑크 왕국과 동방의 비잔틴 로마 제국이 정치적으로 경쟁했던 것도 두 대륙의 교회에 그대로 반영되었다. 무엇보다 교황은 범세계적 교회의 지도력을 내세우며 비잔틴 지역까지 간섭하였다. 이외에 서방은 라틴어 문화였고 동방은 헬라어 문화였기 때문에 상호 이해가 부족한 것도 원인이었다. 두 교회들의 상호 외면은 십자군 전쟁 때를 제외하고 2000년대 초 로마 교황이 정교회를 방문해 화해를 모색하기까지 무려 900년이나 지속되었다.

기독교의 분파들

역사에서 기독교는 두 번의 큰 분열을 겪었는데, 첫 번째는 바로 위에 기술한 동방과 서방의 교회 분열이고, 두 번째는 1517년 유럽 내에서 일어난 가톨릭교회와 개신교회의 분열이다. 두 사건 다 하나의 문서로 시작되었는데 전자는 교황의 교서였고 후자는 마르틴 루터의 95개조 반박문이었다. 이에 다음과 같은 기독교의 3대 분파가 나오게 되었다.

1) 로마 가톨릭교회(Roman Catholic Church): 남서 유럽과 스페인 지역
2) 동방 정교회(Eastern Churches): 소아시아와 중동 지역
3) 개신교회(Protestant Churches): 1517년 이후 북유럽과 미국

동방 정교회는 다시 아래와 같이 분류할 수 있다.

1) 헬라 정교회(Greek Orthodox Churches): 그리스, 불가리아, 러시아 등 비잔틴 제국의 영향을 받은 교회들

2) 동부 지역 정교회(Oriental Orthodox Churches): 페르시아, 아르메니아, 시리아, 이집트(콥트), 에티오피아, 인도 말랑키라 등 비잔틴 제국의 영향 바깥의 교회들
3) 기타 종파들: 중국으로 간 네스토리우스교, 동서방 교회가 혼합된 서부 우크라이나의 가톨릭 정교회(Orthodox Catholic)

동방의 기독교 분파들

동방의 교회들은 각국 민족의 이름으로 불리게 되었는데, 즉 고대 이집트(콥트) 교회, 시리아 교회, 아르메니아 교회, 페르시아 교회, 에티오피아 교회 등으로 부르며 상호 간 유사성이 많다. 아르메니아는 에트미아드진, 이집트는 알렉산드리아, 에티오피아는 악숨, 시리아는 에데사 도시가 종교적 중심 도시였다. 페르시아 제국에서는 수도였던 크테시폰(Ctesiphon)과 동방 박사들이 출발한 도시로 전해진 에스파한(Esfahan)을 중심으로 기독교가 발전하였다.

아르메니아를 포함한 상기 6개 나라의 동부 지역 정교회들은 451년 칼케돈 공의회를 인정하지 않았다. 칼케돈의 규정이 지나치게 철학적 개념을 도용했다는 이유에서다. 대신 동부 지역 정교회들은 "예수는 신성과 인성이 연합된 존재이다"는 간결한 고백을 선호했다. 다시 이들은 예수의 인성이 신성에 녹아져 별도의 본성이 존재한다는 단성론자(Monophysites)와 양성이 단지 결합만 되어 있다는 연합론자(Miaphysites)로 나뉜다. 2001년 동방 정교회와 로마 가톨릭, 동부 지역 정교회의 대표들은 화해의 회담을 갖고 '연합론'이 칼케돈 신조와 내용상 같으며 단지 용어 차이만 있다는 화해 선언(Middle Eastern Oriental Orthodox Common Declaration)을 발표하였다.

동방 정교회나 동부 정교회 모두 예식서를 따라 진행되는 예전을 중요시한다. 특히 요한 크리소스톰이 4세기 말에 정립한 예식서(Divine

Liturgy)는 1,600년 동안 정교회 예배의 주된 교본이었다. 한마디로 동방 교회 예배는 1,600년 전에 드려졌던 예배를 현재도 그대로 재현하고 있다. 성자들의 초상을 담은 성화대(Iconostasis)가 교회당 앞부분에 세워져 있으며 그 뒤에는 빵과 포도주를 놓는 성찬상이 있다. 오랜 전통에도 불구하고 지나친 성상의 사용, 성자들 숭배, 기복적 믿음, 역동성 부족, 개혁성 결핍 등은 동방 정교회 내의 지속된 문제였다.

천상의 길을 간 세 수도회: 클루니, 카르투지오, 시토

1,000년경 서유럽에는 수천 여 개의 수도원들이 있었고 다수는 부패하였기에 이를 개혁하고자 세 수도회들이 출현하였다. 바로 클루니(Cluny) 수도회, 카르투지오(Carthusians) 수도회, 시토(Citeaux) 수도회이다.

클루니 수도회는 910년 아키텐의 공작 윌리엄(William the Pious)이 프랑스 남부 도시 클루니에 수도원 갱신을 목적으로 설립한 것이다. 이 수도회는 성직 매매를 금하고 독신을 강조하며 권력과의 결탁을 거부하는 개혁 운동의 기둥이 되었다. 곧 유럽 전역에서 1,500여 개의 수도원들이 클루니 수도원의 취지와 방향에 동참하였다.

한편 카르투지오 수도회는 1084년 성자 부르노(St. Bruno, d. 1101)가 세웠다. 이 수도회는 훈련 규율의 엄격한 준수, 물욕의 극복, 기도의 정진 등을 강조하였다. 특히 이들은 수도회 대형화를 반대하고 소규모 공동체를 지향하였다.

개혁을 위한 더 강력한 열망을 가졌던 조직은 시토 수도회였다. 이 단체는 1098년 프랑스 남부 시토의 작은 수도원에서 시작되었다. 이들 역시 엄격하고 고립된 수도 생활을 추구하였는데 간단한 빵만으로 하루 한 끼나 두 끼만 먹으며 호사스러움을 거절하였고 아무리 추운 겨울에도 크리스마스 날을 제외하고는 불을 때지 않고 지냈다. 이들은 고행의 삶 속에 오히려 즐거움과 행복이 있다고 믿었다.

수도복의 색깔에 따라 클루니회는 "검은 수도사(black monk)"로, 그리고 브루노와 시토회는 "흰 수도사(white monk)"로 불렸다. 세 수도회의 학당들은 개혁적인 귀족들과 성직자들을 배출하였고 혼탁했던 중세 중엽을 정화하였다. 시토 수도회가 배출한 중세 절정기의 거인은 바로 성자 버나드(St. Bernard of Clairvaux)였다.

시대를 풍미한 성자 버나드(베르나르)

1,100년대 초반은 성자 버나드(1090-1153)의 시대였다. 그는 프랑스 중부 부르군트의 귀족 아들로 태어났다. 그는 훌륭한 교육을 받았고 십대 후반에 어머니가 세상을 떠나자 개혁적인 시토 수도회에 들어갔다. 얼마 후 그는 '클레어 계곡(Clair Valley)', 즉 "클레르보"에 성자 베네딕트의 교훈을 준수하는 수도원을 세웠는데, 이후 그의 이름에는 클레르보가 붙게 되었다.

버나드는 고전, 문법, 성서, 신학, 철학 등의 많은 분야에 정통하여 파리 대학의 당대 최고 학자 피터 아벨라르에 견줄 정도였다. 버나드는 시토파 수도회의 확산과 수도원 갱신, 그리고 교육 사업에 열정을 쏟았다. 그에게 영향 받아 약 350여 개의 시토파 수도회가 설립되었다. 또 귀족 자녀들은 시토파 수도원에서 가장 많이 공부하였다. 성자 버나드는 수사학의 대가였고 설교와 강의에 탁월하였다. 누구든지 그를 만나 대화하면 수도사가 되기로 결심하였다. 때문에 그가 출현하면 어머니들은 자신의 아들들이

귀신들린 여인을 치료하는 클레르보의 버나드

성모 마리아와 아기 예수

수도사가 될까 걱정하며 감출 정도였다. 당대의 많은 사제, 영주, 기사, 주교, 수도원장들이 그의 제자였다. 그 중에는 교황 유진 3세(Eugene III)도 있었다. 국왕들도 버나드를 방문하여 상담을 받았다.

버나드는 기독교 신앙의 흐름을 바꾼 인물이었다. 한 세대 선배인 캔터베리의 주교 안셀름은 성만찬의 빵이 예수의 몸으로 변하는 화체설의 신앙, 즉 "예전적 기독교"를 강조했다. 그러나 버나드는 모든 신학의 정점은 창조주의 사랑을 내적으로 깨닫는 것이라고 믿는 "신비주의적 기독교"를 주창했다. 현대에도 불리는 버나드의 찬송시는 이를 잘 표현한다.

"구주를 생각만 해도 내 맘이 좋거든 주 얼굴 뵈올 때에야 얼마나 좋으랴."

사랑의 중요성을 강조한 버나드에게 두 가지 독선이 있었다는 점은 참으로 역설적이다. 첫째는 대학자 피터 아벨라르(Peter Abelard)를 위험한 인물로 낙인찍고 결코 용서하지 않은 것이고, 둘째는 평화를 노래한 그가 무력을 사용하는 십자군을 옹호한 것이었다. 사실 제2차 십자군은 그의 부추김으로 동원된 것이나 마찬가지였다.

버나드는 마리아 숭앙(veneration of Mary)을 가장 강력하게 확산시킨 인물이다. 중세의 신분제는 신앙 세계에도 적용되었다. 신자들은 영적 신분이 낮으므로 그리스도를 직접 대면할 수 없기에 중보자(mediator)가 필요하다고 그릇되게 가르쳤다. 때문에 2,000여 성자들과 마리아에게 직접 기도하였다. 버나드는 마리아를 최고의 중보자로 제시하며 이렇게 말했다.

"성모는 방향을 알려주는 인생의 바다에서의 별이다."

(John F. Thornton & S. B. Varenne, ed. *Honey and Salt: Selected Spiritual*

Writings of Saint Bernard of Clarivaux, 2007, 415.)

버나드의 지나친 성모 추앙이 중세 말 성모 숭배라는 부정적 현상으로 이어지게 되었다. 훗날 16세기 종교개혁자들은 버나드에 대해 역설적 태도를 보였다. 성모 숭배를 퍼뜨린 원조로 보면서 거부하였으나 동시에 사랑의 중요성을 강조한 신앙인으로도 인정하였다. 분명 버나드는 개혁적이고 청빈한 수도사였다. 반찬 없이 소금만으로 식사하며 금식을 밥 먹듯 했던 그는 호사스런 삶과는 전혀 거리가 멀었다. 그의 일성은 교황들까지 주목하게 하였고 욕심 많은 군주들은 그의 엄한 경고에 무릎을 꿇었다. 또한 패배한 이들을 무자비하게 죽이는 비윤리적인 전쟁을 질책하고 일요일이나 절기에는 전쟁을 중지하는 가르침을 전했다. 이것이 기사들이 잠시 동안 칼을 놓는 '휴전 기간(Truce of God)'이다. 또한 여자와 아이를 해치지 않는다는 선서를 기사들에게 요구했다. 63세를 일기로 세상을 떠난 버나드는 자주 숲에서 명상하며 이렇게 말했다.

"수많은 책보다 산의 나무들이 더 많은 것들을 가르쳐준다."

7가지 성례와 기독교 왕국의 시민

중세 사람들은 역사상 가장 종교적인 정서를 지녔다. 그들에게 신앙은 인생의 필수 주제였으며 7가지 성례전을 통해 기독교 왕국의 시민이 되었다. 성례전은 헬라어로는 "신비"의 의미를 띤 '미스테리온(mysterion)'이라고 부른다. 하늘의 은총을 예식에서 '비밀스럽게' 받기 때문이다. 라틴어로는 "표징"이라는 뜻의 '사크라멘툼

중세의 7가지 성례, 중앙 위는 성찬이며 왼쪽 셋은 종부성사와 세례, 견신례, 오른쪽 셋은 결혼, 성직 안수, 고해 성사 in Hildesheim Cathedral

(Sacramentum)'이라고 불렸다. 이 용어는 고대 세계에서 가축이나 노예가 받는 문신을 뜻했다. 따라서 라틴어 세계에서는 성례전이 그리스도께 매이는 "표시"를 받는 의식이었다. 현대 개신교회는 세례와 성만찬의 두 종류 성례전만 인정하지만 중세에는 천년이 넘도록 7가지 성례가 있었다. 이 성례들은 사실 인생의 각 단계들과 연관된 것이다.

1) 첫째 성례는 유아기에 받는 세례(baptism)이고
2) 둘째 성례는 청소년기에 신앙 고백을 하는 견신례(confirmation)이고
3) 셋째 성례는 성년기에 갖는 혼인(marriage)이며
4) 넷째 성례는 정기적으로 범죄에 대한 참회(고해 성사/penance)이고
5) 다섯째 성례는 매주 받는 성찬식(Eucharist)이며
6) 여섯째 성례는 숨을 거두기 전 영생을 확신하는 임종 성사(ultimate unction)였다.
7) 일곱 번째 성례는 사제 안수(ordination)이다.

"내 배 안의 예수"

831년 프랑크 왕국의 코르비 수도원장인 라드베르투스(Paschasius Radbertus)와 풀다의 수도원장인 라바누스 마우루스(Rabanus Maurus)는 성찬식의 빵과 포도주가 "그리스도의 몸과 피로 변한다."는 화체설(transubstantiation)을 주장하였다. 성찬의 빵을 통해 "파니스 안젤리쿠스(Panis Angelicus)", 즉 '하늘의 양식'이 실제로 제공된다는 것이다. 이와 달리 동시대의 수도사 학자 라트람누스(Ratramnus)와 1,000년경 샤르트르 대성당 학교의 베렝가르(Berengar)는 빵과 포도주는 단순히 그리스도 몸의 상징이라고 주장하였다.

성찬 논쟁은 계속되었고 결국 화체설은 1215년 라테란(Lateran) 대성당에서 열린 제4차 공의회에서 공식 교리로 천명되었다. 사제가 성찬에서 빵을 축복하는 순간 외형은 그대로 있어도 본질은 그리스도의 몸으로 변

화된다는 것이다. 가톨릭의 미사는 예수의 "진짜 몸"을 받으러 나오는 의식이 되었고 대중들은 빵과 포도주를 미신적으로 인식하였다. 몸이 아파도, 병이 들어도, 행운을 빌 때도 성찬의 빵이 효과적이라고 믿었다. "예수가 어디에 계시는가?"라고 물으면 많은 대중들은 성찬 빵을 먹고 나서 "내 뱃속에 있습니다."라고 대답하였다. 또한 포도주는 쏟을 것을 우려해 나눠주지 않게 되었고 빵만 분배하게 되었다. 결과적으로 화체설은 성찬식을 주관하는 성직자의 위치를 배타적으로 만들었다. 16세기 종교개혁자들은 화체설과 그 부수적 결과들을 배격하였다.

2. 오토 대제의 영광과 잘리어 왕조의 독일 왕국

오토 대제의 신성 로마 제국과 영광

900년대 초반 동프랑크 왕국, 즉 독일은 내우외환에 시달렸다. 북에서는 바이킹이, 동에서는 마자르족이, 남에서는 무슬림들이 공격해왔으며 내적으로도 분열을 거듭했다. 이 지리멸렬한 독일 왕국의 백성들은 각자의 영지에 보호해줄 영주를 세웠고 색스니, 즉 색슨 지역에는 하인리히(헨리/Heinrich I, d. 936)가 공작이 되었다. 919년에 독일 귀족들은 그를 왕으로 추대하였다. 가장 늦게 프랑크 왕국에 편입된 색슨족에서 마침내 한 세기만에 독일의 왕이 나오는 순간이었다. 전령이 국왕 선출의 소식을 가져왔을 때 하인리히는 새 잡는 그물을 치고 있어서 그의 별명은 "들새 사냥꾼(the Fowler)"이 되었다. 이후 그의 가문에서 연속으로 5명의 왕이 즉위하여 '오토 왕조'를 이루었다. 세력이 약했던 하인리히 왕은 귀족들과 타협할 수밖에 없었지만 이어서 왕위에 오른 아들 오토 대제(Otto the Great, r. 936-973)는 뛰어난 지도력으로 독일 왕국을 강력하게 발전시켰다.

오토의 '독일 국왕' 즉위식은 아헨 대성당에서 열렸다. 마인츠의 대주교 힐데베르트(Hildebert)는 오토의 이마에 기름을 바르고 왕관을 씌워주었다. 또한 기독교를 수호할 검과 통치권의 상징인 홀(scepter)을 주었다. 참석한 모든 사람들은 만세를 부르며 환호했으며 명문 귀족들은 국왕의 연회에 각각 시종, 안내, 보조, 마부 등의 역할을 맡아 오토 왕의 권위에 대한 순복의 예를 표했다. 그의 즉위는 두 가지 추가적 의의가 있었다. 첫째는 처음으로 색슨족 출신의 왕조가 들어선 것이고, 둘째는 독일의 통일이다. 독일은 명목상 하나의 나라이지만 내적으로는 분열되어 있었다. 그러나 오토는 뛰어난 통치로 각 영지들의 자치를 보장한 채 단결시켰다.

오토 대제의 재임 초반은 행운과 불운이 겹쳐 일어났다. 고향 색스니에서 엄청난 매장량의 은광이 발견되어 그에게 막대한 부를 안겼다. 경제적 안정을 구가했지만 정치적으

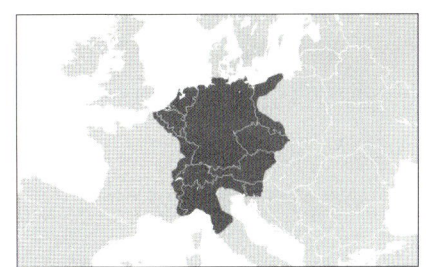

신성 로마 제국의 영토 - map by SSalbergj

로는 반란에 직면하여 난관을 넘겨야 했다. 그러나 위기를 잘 극복하였고 독일을 공격한 바이킹족과 마자르족을 막아내어 사회적 안정도 가져왔다. 그는 현명하게도 프랑스 영토에 탐을 내지 않고 독일 땅에 만족하였다. 비잔틴 제국과도 정략 결혼을 통해 관계를 개선시켰다. 사실 현대 독일의 고전적인 형태는 오토 대제에 의해 설계되었다.

국왕 오토가 독일 왕국을 개화시키는데 사용한 방법은 검과 십자가였다. 즉 무력을 통해 정복하거나 아니면 기독교를 전파하여 열악했던 동부 지역들을 서유럽 수준에 이르도록 지원했다. 발칸의 슬라브족들에게 선교를 했고 덴마크인도 그의 권유로 기독교를 수용하였다. 그는 자신을 교회의 보호자요 감독자로 여겼다.

962년 오토 왕은 이탈리아 북부의 롬바르드족이 교황령을 침공하자 이를 막아주었고 교황 요한 12세는 답례로 성 베드로 성당에서 그를 신성 로마 황제로 올리는 금관을 씌워주었다. 이 관은 온갖 종류의 보석들로 장식되고 한가운데에는 황금 십자가를 세웠으며 전면에는 지혜의 왕 솔로몬의 성화를 그려 넣었다. 오토 대제 이전의 독일 왕들은 교황 집례의 대관식 없이 스스로 황제를 자칭했으나 이는 대외적 인정을 받지 못했다. 오토를 기점으로 독일 왕들만이 교황으로부터 직접 황제 관을 수여받아 '왕'과 '황제'의 두 칭호를 동시에 갖게 되었다. 타국 군주들은 교황으로부터 왕권을 상징하는 선물만을 받았다. 이 때문에 동프랑크 왕국은 "새롭고 거룩한", 즉 '신성'의 두 글자가 붙어 '신성 로마 제국(Holy Roman Empire)'이라

2008년에 주조된 오토 대제 기념 100유로 기념주화, 뒤 배경은 대관식 장소인 성베드로 대성당

고 불리게 되었고 교황이 주관하는 대관식은 16세기까지 계속되었다. 기존의 비잔틴 로마 제국과 신성 로마 제국을 제외하고 영국, 프랑스, 헝가리, 이탈리아 등 어느 나라의 중세 통치자도 황제로 불리지 않았다.

한편 교황 요한 12세는 오토 대제의 권한이 너무 커지자 그를 배척하였다. 분노한 오토 대제는 로마로 내려와 교황을 바꿔버렸다. 새로운 교황 레오 8세는 성직자도 아닌 평신도였다. 오토 대제가 교황을 바꾼 사건은 후임 황제들이 주교 임명은 물론 교황 선출까지 관여하는 부정적 선례가 되었다. 973년 화려한 생애를 보냈던 오토 대제가 세상을 떠나고 아들 오토 2세가 왕위에 올랐다. 오토 대제의 왕국은 통일된 독일과 이탈리아 북부를 포함한 거대한 규모였다. 그러나 통합된 신성 로마 제국은 봉건제의 영향으로 그의 사후 점차 수백 개의 소국으로 또 다시 분열되었다.

현명한 테오파누 여제와 오토 왕조의 종결

오토 대제가 세상을 떠나기 한 해 전인 972년 왕세자 오토 2세에게 비잔틴 황제의 조카인 테오파누(Theophanu, 960-991)가 시집왔다. 테오파누는 지참금으로 많은 보물을 가져왔으나 정작 게르만 인들을 놀라게 한 것은 그녀가 가지고 온 커다란 포크(fork)였다. 손으로 음식을 먹는 게르만인과 달리 비잔틴 제국에서는 이미 이것을 사용하고 있었다. 그녀는 서유럽에서 처음 포크를 사용하여 유럽의 식사 예절을 바꾼 여인으로 전해졌다. 강력한 통치를 했던 부친과는 달리 오토 2세는 곳곳의 반란에 직면하여 황후와 함께 쫓겨 다니다 983년 28살의 젊은 나이로 이탈리아에서 사망하였다.

이어서 세 살의 오토 3세가 제위를 계승하자 황후 테오파누는 마인츠 대주교의 후견을 받으며 섭정 여제로 독일 왕국을 다스렸다. 그녀는 독일 왕국의 사실상 첫 여제나 다름없었다. 역사상 독일에서의 여제는 바로 이 테오파누와 1740년에 다스린 오스트리아의 마리아 테레지아 둘 뿐이었다. 독일과 프랑스는 여성에게 영토나 왕위를 주지 않는 살리카 법을 오랫동안 준수하였기에 타국에 비해 여왕들이 나오지 않았다. 물론 교황은 테오파누가 여성이므로 신성 로마 황제의 관은 줄 수 없었다. 황제는 남성에게만 국한되었기 때문이다.

테오파누는 비잔틴 정교회의 신앙을 보전하며 서유럽의 신앙에도 적응한 경건한 여인이었다. 그녀와 동시대에 살았던 독일 메세부르크(Merseburg)의 주교 티에트마(Thietmar, d. 1018)는 자신의 『연대기』에서 여제 테오파누에 대해 이렇게 평하였다.

"비록 여성이라는 불리한 면이 있었지만 그녀는 절제와 신뢰, 예의를 갖추었다. 아들의 위태로운 왕권을 남성적인 의지로 지켰고 반역자들에게는 잔인했지만 정직한 자들에게는 늘 자상하였다."

(Adelbert Davids, *The Empress Theophano: Byzantium and the West at the Turn of the First Millennium*, 1995, 46.)

오토 3세는 모친 테오파누의 사후에도 무려 6년을 더 기다려 996년 17살에 황제가 되었다. 그러나 현명했던 모친과는 달리 그는 군주로서 경솔하게 행동했다. 사촌을 교황에 임명하였다가 로마 시민들이 반발하자 군대를 보내 잔인하게 진압하였다. 무고한 큰 희생이 생기자 자신을 질책한 오토 3세는 참회를 위해 수도사처럼 은둔 생활을 하다가 1002년 22살의 젊은 나이에 세상을 떠났다. 그의 시신을 독일로 운구한 병사들은 큰 곤욕을 치렀다. 오토 3세의 공격으로 가족을 잃었던 많은 이탈리아 시민들이 길에 나와 그의 시신을 향해 돌을 던졌기 때문이다.

오토 3세가 후사가 없이 죽자 사촌 하인리히 2세(Heinrich II, d. 1024)가 왕위를 계승하였다. 하인리히 2세의 집안은 전임 왕에 맞서다 핍박을 당하였고 그도 어린 시절 수도원에 피신하여 성장하였다. 왕이 된 후 하인리히는 교회의 일에 적극적으로 개입하여 개혁을 추진하였다. 22년의 통치로 독일 왕국을 공고히 한 하인리히는 황후 큐니군데(Cunigunde)와 부부보다는 형제에 가까운 생활을 하여 후사가 없이 1024년 세상을 떠났다. 황후는 홀로 정사를 맡았다가 수녀원에 들어가 여생을 마쳤다. 이로써 오토 왕조는 끝이 나게 되었다. 하인리히 2세는 개인적 경건성과 교회에 대한 기여로 사후에 독일의 통치자 중 유일하게 성자로 추앙되었다.

프랑크족의 후손 잘리어 왕조의 시대

1024년 하인리히 2세에 이어 콘라트 2세(Conrad, d.1039)가 왕이 되자 새로운 '잘리어 왕조(Salian dynasty: 1024-1125)'가 시작되었다. 이 왕조는 콘라트에 이어 후손 네 명의 왕들을 배출하였다. '잘리어(살리카)'는 '잘리어 프랑크족' 명칭에서 나왔다. 이전의 오토 왕조는 독일 북부의 색슨족이었지만 국왕 콘라트 2세는 자신이 프랑크 왕국의 설립자 클로비스 왕이 속했던 '잘리어 프랑크족'의 순혈임을 자부하였다. 옛 프랑크 왕국의 메로빙거 군주들은 모두 잘리어 프랑크족 혈통이었다. 그렇지만 유럽의 모든 가문이 그렇듯이 전임 오토 왕조와 신임 잘리어 왕조도 정략 혼인으로 서로 연결되었다. 일전에 오토 대제의 딸이 잘리어 공작에게 시집갔고 이들의 증손자가 바로 콘라트 2세였기 때문이다.

전임 왕 하인리히 2세가 사망했을 때 이탈리아 북부 파비아인들은 왕궁을 파괴하고 난동을 부렸다. 신임 왕 콘라트가 즉위하자 이들이 찾아와 난동 행위에 대한 관용을 구했다. 그들은 자신들이 선왕의 궁궐을 부쉈으므로 현재 왕에 반역한 것이 아니라고 변명하였다. 이때 콘라트 황제는 왕의 개인 집을 없앤 것이 아니라 왕국의 재산을 없앤 것임을 다음과 같은 역사적 명언으로 지적하였다.

"배 키잡이가 물에 빠져도 배는 남는 것처럼 국왕은 죽어도 왕국은 남아있다."

〔Even if the king died, the kingdom remained, just as the ship whose steersman falls remains.〕

(Benjamin Arnold, *Medieval Germany 500-1300*, 1997, 164.)

콘라트 2세의 이 말은 국가 재산을 개인 소유가 아닌 공적인 객체로 인식하는 정치 철학에 영향을 주었다. 그는 이탈리아와 갈등을 빚다가 1039년 숨지고 자신이 초석을 놓은 슈파이어 대성당에 묻혔다. 이후 신성 로마 황제들도 그를 따라 이 대성당에 묻히게 되었다.

콘라트 2세의 사후 왕자 하인리히 3세가 왕이 되었다. 그는 통치권을 각인시키려 독일의 각 도시를 순회하였다. 계속 거주지를 옮겨 다녔고 후임들도 이를 따라하였다. 1048년 하인리히 3세는 로마의 교황이 세 명에 이르는 사태가 벌어지자 이들 모두를 퇴위시키고 새 교황 레오 9세를 임명하였다.

1056년 황제 하인리히 3세가 요절하자 "카노사의 굴욕(Humilation of Canossa)"으로 세계사적 불명예의 주인공이 되는 하인리히 4세(1050-1106)가 독일 왕으로 등극하였다. 하인리히 4세는 색스니 지역의 반란에 직면하였지만 이들을 진압하여 체면을 세웠다. 그러나 젊고 교만한 그는 전혀 예기치 못한 가장 강력한 상대를 만나게 되었다. 바로 인격과 지성과 권위를 겸비한 교황 그레고리 7세였다.

3. 교황 그레고리 7세와 황제 하인리히 4세의 대결

교황 그레고리 7세의 개혁의 길

교황 그레고리 7세는 전임 교황 레오 9세가 추진한 미완의 개혁을 이어간 교황이었다. 그는 중세 역사에서 가장 큰 영향력을 끼친 인물로서 사실상 유럽의 1000년대 후반은 그의 세기나 마찬가지였다. 본명이 힐데브란트(Hildebrand, c. 1015-1085)인 그레고리 7세는 이탈리아 토스카나의 소바나에서 목수의 아들로 태어났다. 소년 시절부터 로마에서 교회 보조로 일을 시작했고 집사로 교황청에서 근무한 후 중년에 추기경을 거쳐 교황이 되기까지 40년이 넘도록 로마에서 사역을 했다. 중세 교회의 집사는 일반 신도가 아닌 사제에 속했다. 힐데브란트는 자신이 섬겼던 부패한 전임 교황들과는 판이하게 도덕적이고 경건한 인물이었다. 그는 세 명의 교황이 동시에 등장한 한심한 사태를 직접 목격했고 그 결과 교회가 세속 권력의 포로가 된 현실을 개탄하였다. 힐데브란트는 결코 교황 직위를 탐하지 않았으나 역사는 그를 전면으로 끌어내었다.

교황 그레고리 7세
in Weltgeschichte - Eine Chronik

1073년 교황 알렉산더 2세가 급사하자 수많은 로마 시민들은 새 교황에 "힐데브란트" 이름을 외치고 다녔다. 로마 귀족들과 국왕 하인리히 4세가 개입할 여지도 없이 58세의 힐데브란트는 갑자기 교황에 추대되었고 그는 교황 이름으로 '그레고리 7세'를 선택했다. 선출된 교황들은 이전부터 본명 대신 교황직을 위한 새 이름을 사용하였다.

그레고리 7세는 세 가지 정책으로 역사적인 큰 영향을 끼쳤다. 첫째로 '콘클라베(Conclave)'라고 부르는 교황 선출을 위한 추기경단을 조직하였다. 그동안 교황 임명은 고정된 방식이 없이 무질서했으나 이후 콘클라베에서의 교황 선출이 현대까지 전통이 되었다. 둘째로 재위 1년 후인 1074년 모든 사제들의 독신을 의무화하였고 사제들의 결혼을 불법으로 선언했다. 사제 독신은 관습적 신분이었지만 법적 의무는 아닌 상태였다. 때문에 많은 성직자들이 결혼하거나 혼인 예식 없이 가정을 이루고 살았다. 그러나 교황 그레고리 7세는 결혼이 성직자가 택할 삶의 방식이 아니라고 믿었다. 한마디로 중세는 독신의 시대로서 독신 자체를 천국을 향한 영적 공로를 쌓는 최고의 선행으로 여겨졌다. 또 신자들도 결혼한 사제들보다 독신 사제들을 더 선호하였다. 심지어 성찬의 빵이 독신인 예수의 몸이므로 독신한 사제만 만져야 합당하다는 생각까지 퍼졌다.

당시의 타락상을 고려할 때에 독신 강화는 분명 개혁적인 요소를 지녔지만 동시에 여러 문제들도 불러왔다. 그레고리 7세는 서유럽의 성직자들에게 성직과 결혼 중 하나를 선택할 것을 명령했다. 성직자들의 아내와 자녀들은 눈물을 흘리며 수녀원이나 수도원으로 들어가야 했다. 만약 사제가 가정을 선택하면 성직을 그만두게 했다. 이후 사제 독신이 거센 반발 속에서도 정착되었지만 홀로 생활할 수 없었던 많은 사제들은 사창가를 이용하거나 비밀리에 여인을 두었다. 중세 말에는 단지 결혼식만 올리지 않은 사제들을 독신자로 부를 정도가 되었다. 그런데 16세기 종교개혁자들은 결혼을 독신보다 더 우위에 두는 사상을 주창하여 사제의 결혼이 개신교회를 중심으로 다시 등장하였다.

셋째로 그레고리 7세는 세속 왕들이 주교나 수도원장을 교황의 승인 없이 임명하는 것을 금하여 교회의 독립적 위상을 세웠다. 모든 개혁적 조치들은 새 교황의 인기와 권위 때문에 그대로 시행되었지만 혈기왕성한 한 젊은 군주만은 이에 반기를 들었고 이는 대사건으로 비화되었다.

황제와 교황의 대충돌

국가와 교회가 통합된 사회의 최고 지도력은 누구에게 있는가? 정교일치의 사회에서 교회는 교황과 국왕 중 누구의 관할하에 있는가? 역사의 시계가 주후 1000년을 넘어설 때 유럽은 온통 이 논란에 휩싸였다. 중세 교회의 혼란은 전적으로 교회의 잘못만은 아니었다. 교회가 세속화된 것에는 귀족들과 군주들이 교회를 지배하고 이용한데도 큰 원인이 있었다. 국왕들은 교회를 관장하는 것이 중요한 국가적 책무라고 믿었고 자신들이 평신도임에도 불구하고 임의로 주교와 수도원장을 임명하거나 파면하였다.

국왕이 주교를 임명할 수 있는가? 또 성직자인 주교들이 평신도인 국왕 앞에 영주로서 무릎을 꿇고 두 손을 내미는 '충성 맹세(homage)'를 하는 것이 타당한가? 이에 대해 교황은 자신이 주교 임명권을 가지며 성직자는 인간에게 충성 맹세를 할 수 없다고 선언했다. 반면 국왕들은 주교들이 영주이므로 군주가 임명하고 맹세를 받는 것은 합법적이라고 주장했다. 이를 '성직 수여 논쟁(Investiture Controversy)'이라 부른다. "수여"를 뜻하는 "인베스티쳐(investiture)"는 원래는 부하로 삼는 "옷을 입히는" 의식을 뜻했다. 즉 군주가 부하 영주에게 충성 맹세를 받으며 권한을 수여하는 것을 가리켰다. 이것이 일반인이면 아무 문제가 아니겠으나 주교에게 "부하의 옷을 입히는" 것이 큰 논란이었다.

1075년경 독일 국왕 하인리히 4세와 로마의 교황 그레고리 7세는 교권과 왕권 중 어느 것이 우위인지를 놓고 정면으로 충돌하였다. 하인리히 4세는 당시 로마에서 신성 로마 황제의 대관식을 치르지 못해 황제가 아니었지만 황제나 다름없이 행세하였다. 970년경의 오토 대제 이후부터 독일 왕은 교회에 보호를 구실로 지원금을 요구해왔다. 이 행태는 교회를 부속 기관으로 간주한 것이었다. 그래서 하인리히 4세도 교황 그레고리 7세에게 공납을 요구했다. 그러나 교황은 독일 황제에게 바치던 교회의 공납을 폐지하고 더 나아가 황제가 주교 임명에 간섭하지 말라고 주장했다. 하인리히 4세는 교황의 경고를 무시하고 되레 밀라노와 스폴레토의 주교들을 마음대로 임명하였다. 이에 교황 그레고리 7세는 이런 경고를 보냈다.

"그대의 번성은 은총으로 된 것이니 늘 겸손하며 또 국왕일지라도 베드로의 후계자인 교황의 지시에 복종해야 한다."

서신을 읽은 황제는 분노하여 보름스(Worms)에 독일의 측근 주교들을 모이게 하여 교황 그레고리 7세를 거부하는 결의문을 발표하도록 사주했다. 그 문서는 이렇게 적혀 있었다.

"힐데브란트 형제여! 그대는 불법으로 교황에 선출된 후 거만했고 또 무법한 일들을 자행하였다. 이에 우리는 그대에게 순종을 맹세한 적이 없어 따를 의무가 없으며 그대가 교황이 아님을 선언하노라!"

결의문을 받아 본 교황 그레고리 7세는 마침내 그 주교들과 황제 하인리히 4세를 향해 아래의 교서를 공포하였다.

"나는 삼위 하나님의 이름으로 교회 수호를 위해 하인리히가 독일과 이탈리아의 통치권을 상실했음을 선포하노라. 또한 하인리히에 대한 신하들과 백성들의 충성 서약도 무효가 되었노라. 때문에 누구도 그를 왕으로 섬길 수 없다. 순종을 거부한 하인리히를 저주의 파문에 처하노라!"

(Henry Bettenson, *Documents of the Christian Church*, 1963, 103.)

이 소식을 접한 하인리히 4세는 교황을 무력으로 굴복시키겠다고 공언하였다. 교황과 황제의 전면적인 충돌이 벌어진 것이다.

황제의 카노사 굴욕

그레고리 7세의 인격과 권위 때문에 국왕의 협박장보다는 교황의 파문장이 더 효력을 발휘하기 시작했다. 파문된 황제는 교회에 출입도 할 수 없었고 왕실을 위한 모든 예식도 금지되었다. 실상 하인리히 4세는 타인의 예쁜 딸들을 강제로 빼앗아 첩으로 삼아 원성이 자자했으며 거만하고 포

카노사의 굴욕(1077년) - by Carlo Emanuelle

악하게 행동하여 도처에 정적도 많았다. 독일 귀족들은 하인리히 4세에게 반기를 들고 스와비아(Swabia)의 공작 루돌프(Rudolf)를 새 국왕으로 추대까지 하였다. 교황 그레고리 7세는 반란 귀족들과 공조하려고 독일로 오고 있었다. 이제 하인리히 4세는 제위까지 위협받는 상황에 처했다.

결국 하인리히 4세는 교황에 맞서기를 포기하고 반란군보다 먼저 앞서 교황을 만나 사죄하기로 결심하였다. 황제의 정확한 의중을 몰랐던 그레고리 교황은 알프스에 위치한 카노사 고성으로 일단 피신했다. 이 고성은 토스카나의 마틸다 백작 부인의 소유로 그녀는 당대 엄청난 부와 권력을 지닌 과부였고 또 교황의 후원자였다. 이 카노사 고성은 설혹 황제의 군대가 공격해도 버틸 수 있는 튼튼한 요새 성이었다.

1077년 1월 25일 매서운 겨울 눈보라가 치는 가운데 하인리히 4세는 황제의 의복 대신 거친 수도복을 입고 두 손을 가지런히 모은 채 굳게 닫힌 카노사 성문 앞에 맨발로 섰다. 비겁한 황제는 교황의 동정을 사려는 의도로 평소 사랑하지도 않았던 아내와 세 살의 아기 콘라트를 데려와 그 추위에 옆에 함께 있게 했다. 이들 가족은 용서를 구하며 성문이 열리기를 무려 사흘이나 기다렸다. 높은 요새 안의 교황 그레고리 7세는 크게 고민하였다. 그는 하인리히 4세가 진실한 반성보다는 단지 상황 모면을 위해 온 것임을 잘 알고 있었다. 교회의 독립과 교황 자신의 안전을 위해서는 황제를 파문한 채 그대로 두어야 했다. 그러나 교회법에 따르면 누구든지 사죄를 구하면 사제는 용서해야 했다. 그레고리 7세는 교황이기 전에 사제였고 또한 황후와 왕자도 함께 추위에 떨고 있음을 잘 알고 있었다.

교회의 독립과 사제의 도리를 놓고 고민하던 그레고리는 드디어 후자를 선택하고 1월 28일 사흘 만에 성문을 열어주었다. 교황을 알현한 황제는 양팔을 십자가 모양으로 펴고 엎드린 채 용서를 구했다. 교황은 하인리히 4세에 내린 파문을 철회하고 사면을 내렸다. 황제를 돌려보내기 전에 이 가족을 위해 만찬을 배설했으나 맘껏 먹었던 어린 왕자 콘라트와는 달리 하인리히 4세는 음식을 입에 대지 않고 고개를 숙인 채 말없이 있었다.

독일로 귀환한 하인리히 4세는 정적 루돌프 공작을 제압하고 왕권을 공고히 다진 후 교황에 대한 복수를 준비하였다. 그레고리 7세 교황이 또 독일의 반란군을 지지하며 하인리히 4세를 다시 파문하자 황제는 더 참을 수

하인리히 4세(좌)와 아들 하인리히 5세

없었다. 황제는 교황을 치기 위해 군대를 이끌고 로마로 내려왔다. 그레고리 7세는 피신하였고 하인리히 4세는 자신이 직접 새 교황을 임명하였으며 '독일의 왕'에서 '신성 로마의 황제'가 되는 대관식도 치렀다.

1085년 이번에는 노르만과 사라센의 연합군이 로마를 약탈하자 그레고리 7세는 쇠약한 몸을 이끌고 남서 해안 도시 살레르노(Salerno)로 피신하였고 그곳에서 70세를 일기로 파란만장한 생을 마쳤다. 묘비에 새겨진 그의 마지막 유언은 다음과 같았다.

"나는 정의를 사랑하고 불의를 미워하였다. 이제 피난 중에 죽노라."
〔The epitaph in St. Matthew's Cathedral, Salerno.〕
(Uta-Renate Blumenthal, *The Investiture Controversy*, 1982, 126.)

황제 하인리히 4세의 눈물

젊은 시절을 투쟁으로 허비한 황제는 말년이 결코 행복할 수 없었다. 이탈리아 북부와 독일 남부는 여전히 황제에 저항했고 심지어 왕자 콘라트

도 이 반란 세력에 동참했다. 너무나 방종한 황제의 삶에 황족들도 등을 돌렸다. 하인리히 4세는 독일의 왕이면서도 이탈리아 북부에서 머물며 수년 동안 아헨의 왕궁은커녕 독일 영토에 발도 딛지 못한 상태였다. 그는 황제 칭호만 보유하고 독일 왕에는 자신의 아들 하인리히 5세(1086-1125)를 임명하였다. 하인리히 4세는 새 교황과도 갈등을 빚어 또 파문을 받았다. 그는 중세에 가장 파문을 많이 받은 황제라는 "불명예"도 얻었다. 게다가 아들 하인리히 5세도 부친에 반기를 들었다. 하인리히 4세가 갖은 고생 끝에 이탈리아에서 독일로 돌아오자 하인리히 5세는 아버지를 지하 감옥에 가두었다. 교황에 반기를 들었던 하인리히 4세는 반기로 흥하였고 반기로 망하였다.

처참한 신세의 하인리히 4세는 간신히 탈옥하여 군병을 모으고자 독일의 마을들을 순회하였다. 그러나 백성들은 그치지 않는 전쟁에 너무도 고달파하며 안정을 갈망하고 있었다. 그는 나이 50을 넘은 그때서야 자신이 형편없는 군주임을 깨달았다. 1106년 황제는 교회당에 맨발로 들어가서 엎드리고 그동안 과오에 눈물을 흘렸다. 얼마 후 그는 세상을 떠났다. 그가 여전히 파문 상태에 있었지만 교회는 장례를 치러주었다. 많은 굴곡을 겪었던 하인리히 4세는 임종 직전에 자신을 반역한 아들 하인리히 5세에게 두 가지 부탁을 유서로 적어 보냈다.

"나를 슈파이어 대성당에 묻어라. 그리고 나도 모든 것을 용서하니 너도 내 부하들을 용서해라."

(I. S. Robinson, *Henry IV of Germany:* 1056-1106. 1999, 327.)

'카노사 굴욕'의 영향(Legacy of Canossa)

그레고리 7세가 카노사에서 하인리히 4세를 굴복시킨 사건은 중세 역사에 큰 영향을 끼쳤다. 이를 기점으로 교황들은 "카노사의 굴욕" 사건을 수차 재현하려고 시도하며 향후 200년간 교황의 시대를 열었다. 마침내

1200년대에 이르러 교황은 국왕과 황제 선출에까지 영향력을 행사하며 유럽의 최고 군주로 등극하였다. 교황들은 결코 1,000년 중세의 모든 기간에 늘 최고 군주가 아니었지만 11세기 이후 두 세기 동안은 확실히 그들의 시대였다.

1075년 그레고리 7세는 "교황 칙령(Dictatus Papae)"을 기록해 두었다. 비록 그가 직접 공포하지 않았으나 후대 교황들은 이 문서를 발견하고 자신들의 위상 강화를 위해 무수히 인용하였다. 그릇된 목표를 지닌 이 문서의 일부는 아래와 같다.

"로마 교회만이 하나님이 세우신 것이다."

"교황 아래 모든 군주들은 엎드려야 한다."

"교황의 이름만이 세상에서 가장 권위 있는 이름이다."

"교황은 황제를 폐위할 수 있다."

"교황의 승인 없이는 어느 책도 정경이 되지 않는다."

"교황은 공의회 소집 없이 언제나 주교를 면직할 수 있다."

(Ernest F. Henderson, trans. & ed., *Select Historical Documents of the Middle Age*, 1892, 366.)

교황은 권력 신장을 위해 세 종류 무기를 사용하였다. 첫째는 군사적 수단으로서 십자군이었고, 둘째는 종교적 무기로서 파문이나 예배 금지령(Interdict)이었고, 셋째는 사법적 도구로서 교회법이었다. 중세 사회는 일반법과 교회법의 구분이 불명확했으며 국법은 늘 교회법을 포함하였다. 결혼, 장례, 의복 문제까지 중세 교회법은 사회를 통제하였다.

한편 그레고리 7세의 조치들이 진정한 개혁이었는지는 반론도 존재한다. 성직자의 결혼을 부정하고 독신주의를 의무화한 것이 옳은 개혁인지 아니면 가정을 해체시킨 비정한 정책이었는지 상반된 시각이 양립하였다. 또한 탐욕스런 황제를 굴복시켜 교회를 독립시킨 것은 개혁이었지만 교회가 정치적 권력도 소유해야 한다는 교황의 생각은 명백히 과도한 것이었다. 대체적으로 독일 역사가들은 황제 하인리히 4세 편을 들었고 반면 이탈리아 역사가들은 교황 그레고리 7세 편에서 사건을 바라보았다. 전자 그룹은 교황이 너무 정치적이어서 황제가 이를 견제했다고 판단했다. 그러나 후자 그룹은 황제의 탐욕을 비판하며 '카노사의 굴욕'은 역사 발전을 위해 필요한 사건이었다고 평가하였다. 이러한 상이한 역사 해석에는 두 나라의 민족적 정서도 반영되었다.

분명 교황이 시도한 세속 권력의 지배는 긍정적으로 평가할 수 없지만 그럼에도 불구하고 교황 그레고리 7세는 영적 세계의 순수성을 진실하게 주장하였다. 무엇보다 그는 자신들을 늘 지고선으로 착각했던 중세 군주들에게 그들이 무릎을 꿇어야 하는 나약한 인간에 불과함을 인식시켰다. 통제 없는 독재자들에 대해 교황은 유일한 경고자이기도 했다.

12세기의 독일 군주들

1122년 황제 하인리히 5세는 교황과 대립했던 부친과 달리 교황 칼릭스투스 2세와 보름스에서 협약(Concordat of Worms)을 맺고 대타협을 하였다. 교황은 주교를 임명하고 황제는 영주인 주교들의 형식적인 충성 맹세를 받는다는 것이었다. 서명 후에 교황과 황제는 함께 축하 미사를 드리고 화해를 선포했다. '보름스 협약'의 의의는 정부와 교회가 법적으로 상호 독립을 인정한 것에 있다. 이를 통해 교회는 실리를, 정부는 명분을 얻었다. 하인리히 5세는 평소 건강이 약했기에 39세의 나이로 후사도 없이 세상을 떠났고 이로써 왕조도 끝이 났다.

한편 독일은 벨프 가문과 호엔슈타우펜 가문 사이의 긴 투쟁이 벌어지며 극심한 내전에 휩싸였다. 호엔슈타우펜 출신의 콘라트 3세는 천신만고 끝에 국왕이 되었다. 그는 성자 버나드(베르나르)의 설교를 듣고 제2차 십자군 원정에 출전하였다. 그러나 콘라트 왕은 군사적인 실패만 맛보고 귀국했고 다시 벨프 가문과 내전에 휘말렸다가 유일하게 독일의 왕이었지만 신성 로마 제국 황제의 대관식을 갖지 못하고 급사하였다. 이어서 1152

년 "바바로사(붉은 수염)" 프리드리히(Friedrich Barbarossa, d. 1190)가 왕위를 이었다. 그는 부모가 각각 벨프와 호엔슈타우펜 출신이어서 오랜 내전을 잠재울 수 있었다. 당시 독일은 무려 1,600여 개가 넘는 수많은 영지들로 분열되어 있었다. 그가 내세운 책무는 다시 강력한 왕국을 건설하는 것이었다.

프리드리히 바바로사 황제는 약 10만 군대를 이끌고 3차 십자군에 참전했지만 소아시아에서 익사하고 병사들을 다 잃었다. 그의 사망은 독일 왕국은 물론 유럽에도 큰 불행이었다. 만약 그가 사망하지 않았다면 영국의 리처드 왕과 함께 공조하여 최대의 공적을 남기는 십자군 원정이 되었을 것이며 이슬람의 살라딘 장군의 기념비적 무용은 역사에 남지 않았을 것이다. 또 독일도 분열을 극복하고 강국의 위상을 갖추었을 것이다.

독일 왕의 선출과 황제 칭호의 선호

1257년부터 참으로 특이하게 독일의 왕은 세습제가 아닌 선거에 의해 선출하였다. '선제후(electoral princes)'로 불리는 7명의 대표자들이 국왕을 선택하였는데 이 선출 방식은 원래 고대 세계에서 게르만족들의 연합체인 알레마니의 족장을 임명할 때 사용한 방법이었다. 선제후들에는 독일 왕국의 "신성한" 정체성을 위해 3명의 대주교들을 포함시켰다. 이들은 쾰른 대주교, 마인츠 대주교, 트리어 대주교였고 거기에 라인팔라틴 백작, 브란덴부르크 후작, 색스니 공작, 보헤미아 왕 등 4명의 세속 대표 지도자들이 합해져 총 7명의 선제후 그룹이 이루어졌다. 그 세 곳의 대주교들은 독일 내에서 가장 큰 영적 권위를

독일 왕을 선출하는 권한을 가진 제후들(선제후)

행사했다. 선제후의 권한과 국왕 선출, 그리고 국민의 권리에 대한 규정들은 1356년의 "금인 칙서(Golden Bull)"에 명시되었다. 이 역사적인 문서는 신성 로마 제국의 기초 헌법의 역할을 하였다. 독일 왕이 서거하면 마인츠 대주교는 새로운 국왕 선출을 위해 프랑크푸르트에 선제후 회합을 소집하고 이들은 성자 바돌로메오 성당에서 지혜를 구하는 미사를 한 후 논의로 결정하였다.

합스부르크 가문 문장

독일의 왕들은 교황으로부터 신성 로마 제국 황제의 칭호를 수여받기 위해 선물과 협박을 동시에 사용했다. 언제나 국왕위와 황제위를 위한 대관식을 두 번씩이나 치렀다. '황제' 칭호 없이 '왕' 칭호만으로는 수많은 소국들과 타국들을 향해 권위가 결핍된다고 인식했다. 더구나 옛 로마 제국의 계승자로 간주되는 상징성 때문에 독일 왕들은 황제 칭호를 수여받는 것을 큰 명예로 생각했다. 그러나 1200년대가 지나며 프랑스와 영국은 '황제'의 위상을 무시하고 독일의 군주를 황제보다는 왕으로 불렀다.

호엔슈타우펜 왕조에 이어 10여 년의 혼란기가 지난 후 1273년에 처음으로 합스부르크 가문의 루돌프가 독일 왕으로 선출되었다. 세계사에 이 가문이 처음으로 등장하는 순간이었다. '합스부르크(Habsburg)' 명칭은 스위스에 위치한 '매의 성(Hawk's castle)'이란 뜻의 작은 요새에서 유래되었다. 루돌프 왕은 오스트리아를 통일해 가문 소유로 만들었고 이후 오스트리아는 600년 동안 합스부르크 가문의 개인 영지가 되었다. 여러 가문에서 독일 왕들이 선발되었다가 1438년 선제후들은 합스부르크 가문의 알브레히트를 다시 왕으로 선출했다. 이후 신성 로마 제국 황제위는 무려 500년 가까이 이 가문이 독점하였으며 영토를 확장하여 근대 유럽에는 "합스부르크 제국"을 세웠다.

4. 십자군 운동의 발발과 군웅들의 대결

1차 십자군의 원인: 문명의 대충돌

바이킹들이 노략질을 포기하였을 때, 교황권이 절정을 향해 상승하고 있을 때, 스콜라 철학이 태동하고 있을 때, 장엄한 고딕식 대성당들이 건축되기 시작할 때에 중세에서 가장 순진하면서도 추악한 사건이 일어났다. 바로 십자군 운동(Crusade Movement)이다. 사실 십자군 운동은 단순히 교황이 일으킨 종교적 현상을 넘어서는 역사적 격변이었다. 세계사적인 큰 맥락에서 보면 십자군 운동은 팽창주의 이슬람 세력과 서유럽의 공고한 기독교 왕국 간의 문명의 충돌로 기인하였다.

십자군 원정은 1096년의 1차 원정을 시작으로 1300년까지 크게 8회가 있었다. 1차 원정의 직접적 원인은 극단적 무슬림들인 셀주크 투르크의 확장 때문이었다. 셀주크는 중앙아시아에서 내려와 1040년 단다나칸 전투에서 페르시아 전역을 정복하고 서진하여 시리아까지 차지하였다. 이후 셀주크 술탄 알프 아르슬란(r. 1064-72)은 1071년 소아시아의 만지커트 전투에서 비잔틴 제국을 대패시켜 소아시아 반도 대부분을 수중에 넣었다. 이 전투에서 비잔틴 황제는 포로로 잡혀 엄청난 굴욕을 겪었다.

클레르몽 공의회에서 십자군 출병을 역설하는 교황 우르반 2세

셀주크는 알프 아르슬란이 죽고 아

들 말리크샤 시대에 전성기를 맞았다. 이후 1092년 셀주크 제국은 분화되었고 소아시아 반도에는 술탄 킬리즈 아르슬란(Kilij Arslan)이 세운 부속 왕국 셀주크 룸(Rum)이 강성해졌다. 1095년 이 술탄은 비잔틴 제국의 수도에서 불과 90km 떨어진 역사적인 도시 니케아(이즈닉)까지 점령하였다. 니케아는 아예 셀주크 룸 왕국의 수도가 되었고 비잔틴 황제의 별장은 술탄의 오락장이 되었다. 비잔틴 제국은 마지막 남은 본체인 소아시아를 영구히 잃을 위기에 놓였고 수도 콘스탄티노플(이스탄불)도 안전을 보장할 수 없는 처지가 되었다.

날개 꺾인 독수리 비잔틴 제국이 기댈 곳은 서유럽뿐이었기에 황제 알렉시오스는 교황 우르반(Urban) 2세에게 원군을 청했다. 순수하지 못했던 교황은 이 상황을 동방까지 자신의 영향력을 확대시킬 호기로 인식했다. 1095년 11월 교황 우르반 2세는 프랑스 서남부 클레르몽의 페랑성에서 주교와 영주 300여 명을 모아놓고 십자군 봉기를 이렇게 부추겼다.

"하늘의 선택을 받은 프랑크 인들이여! 콘스탄티노플과 예루살렘에서 비통할 소식들이 우리 귀에 들려오고 있습니다. 예루살렘은 세계의 중심이며 모든 땅들의 열매이고 기쁨의 낙원입니다. 그 도시는 구세주께서 기적을 행하시고 고난을 받으신 후 다시 사신 거룩한 땅입니다. '왕 중의 왕'인 예루살렘이 적들의 포로가 되어 해방을 갈구하고 구원의 손길을 기다리고 있습니다. 사죄를 받기 위해 또 천국을 위해 여러분은 여정을 시작하십시오!"

(Frederic Austin, ed., *Source Book of Medieval History*, 2009, 284-285.)

교황의 연설이 끝나자 안팎의 군중들은 '데우스 불트(Deus vult)', 즉 "신께서 원하신다!"는 구호를 외치면서 십자군을 조직하기 시작하였다. 이 운동은 결코 종교적 열광이나 이 단순한 구호 때문에 일어난 운동이 아니었다. 전술했듯이 유럽의 입장에서는 방치된 무슬림 세력의 세계적 확장을 방지해야 할 상황에 있었고 이는 이미 수세기 전부터 쌓인 상호 갈등의 폭발이었다.

"순진과 무지"의 농민들의 십자군

1096년에 처음 구성된 제1차 십자군은 크게는 "농민 십자군(Peasants' Crusade)"과 "기사 십자군(Knights' Crusade)"으로 구분되었다. 전자는 아래로부터 모인 군대였고 후자는 위로부터 구성된 군대였다. 교황은 애초에 이들을 모아 정예 부대를 편성하여 콘스탄티노플을 거쳐 중동으로 보낼 생각이었으나 시작부터 그의 계획은 빗나갔다. 1096년 4월 십자군 모병의 천재였던 "은둔자(Hermit)" 별명의 피터(피에르)가 40,000명이나 되는 열광적인 농민 십자군을 인솔하고 쾰른에서 미리 출발했기 때문이다. 엄밀히 말하면 바로 이들이 십자군 운동에서의 최초의 군대였다. '카리스마적 지도자' 피터는 군중에게 이렇게 주장했다.

"나는 하늘의 계시를 직접 받았습니다. 우리는 성지를 탈환할 것입니다."

농민 십자군은 유럽 각지에서 모여든 소수의 기사들과 다수의 평민들로 구성되었다. 가난한 농부들 외에 순진한 신자, 가출한 청소년, 불량한 사기꾼, 파산한 영주, 그리고 방황한 여인들까지 들어 있었다. 십자군 출전의 동기는 참으로 다양했으나 우선적으로 신앙적 동기가 있었다. 교황은 십자군 참전이 모든 죄를 용서받으며 연옥에서의 대기 기간이 전혀 없는 "완전한 구원"을 얻는 선행이라고 규정했다. 이 때문에 구원을 얻기 위해 지원한 이들이 많았다.

한편 십자군 운동은 중세 유럽의 열악한 상황과도 밀접한 연관이 있었

은둔 수사 피터와 농민 십자군

다. 11세기 말 가뭄과 기근, 실업과 기아는 유럽 사회를 위기에 처하게 했다. 서구인들은 출구를 원하며 새로운 대륙으로의 확장을 기대하였다. 때문에 십자군 운동은 종교적 동기 외에 영토 획득이라는 경제적 동기, 유럽의 탈출이라는 사회적 동기, 이슬람 세력의 제재라는 정치적 동기, 분위기에 휘말린 심리적 동기 등이 모두 합해진 것이었다.

농민 십자군은 흰옷을 입고 가슴에 붉은 십자가를 붙이고 전략도 없이 "은둔자" 피터를 따라 무작정 동쪽으로 떠났다. 출발 분위기는 들뜨고 즐거웠다. 40,000명은 마치 세상의 종말에 나타날 무적의 군대처럼 보였고 말 대신 당나귀를 탄 지도자 피터도 신비해 보였다. 더구나 하늘에서 유성이 나타나고 월식이 발생하자 승리할 징조라며 환호했다. 그러나 이들은 차라리 군대라기보다는 예루살렘의 위치도 모르고 장비도 전략도 전무한 거대한 유랑 집단에 가까웠다. 헝가리에 이르자 식량을 조달하려 약탈을 시작했다. 이로써 십자군의 오명은 이미 출발부터 생성되었다. 주민들은 이들을 막으려 전투까지 벌였고 결국 농민 십자군 수천 명이 전사하였다. 고된 행군에 낙오자와 귀환자도 증가하였다. 그럼에도 이들은 대오를 유지해 30,000명의 인원으로 4개월 만에 비잔틴 제국의 콘스탄티노플에 마치 개선 군대처럼 입성하였다. 애초 10,000명 정도의 전문 전투 기사단을 기대했던 비잔틴 황제 알렉시오스는 엉성한 농민 부대를 보고 경악을 금치 못해 이렇게 조롱했다.

"대체 저들이 뭘 할 수 있단 말인가!"

비잔틴 제국이 제공하는 보급품이 부실하자 농민 십자군 일부는 시내 가게들을 또 약탈했다. 약삭빠른 황제는 골치 아픈 농민 십자군이 즉시 보스포루스 해협을 건너게 해주었다. 그러나 이때부터 농민 십자군은 내부 분열이 생겼고 "은둔자" 피터는 지휘권을 상실했다. 전투 경험도 없는 이들은 너무도 무모하게 셀주크 럼의 수도 니케아를 바로 공격하였다. 애초에 강력한 셀주크 군대의 상대가 되지 못했기에 개전 즉시 궤멸되었다. 생존자는 이슬람으로 개종하거나 노예로 팔렸고 콘스탄티노플로 도주했다.

너무나 처참한 결말이었다.

그렇다면 농민 십자군은 무의미한 원정이었는가? 이들의 기여는 있었는데 그것은 역설적이게도 셀주크 럼 왕국을 방심하게 만든 것이었다. 농민 부대를 짓밟았던 술탄은 또 다른 유럽 군대가 진격해오고 있지만 유사한 전력일 것으로 착각하였다. 그러나 다가오는 기사 십자군은 술탄의 종말을 가져올 유럽의 정예 군대였다.

"용맹과 욕심"의 기사들의 십자군

1096년 농민 십자군이 출발한 직후 1차 십자군의 본진인 "기사 군대"가 따로 조직되었다. 전사들이 대부분이었고 보병과 기병을 합쳐 병력은 4개 사단의 30,000명에 이르렀다. 각 사단의 지휘를 맡은 장군들의 면모는 대단하였다. 툴루즈의 공작으로 이미 무슬림과 수차례 전투를 치러 한 눈까지 잃은 백전노장의 레이몽 장군, 부용의 영주로 훗날 예루살렘 왕국의 첫 군주가 될 고드프리(Godfrey), 타란토의 공작이며 뛰어난 무용을 자랑하는 보에몽(Bohemond) 등이었다. 이들의 최종 목적지 예루살렘까지의 거리는 약 3,000km이었는데 이들 1차 십자군은 육로로 진군했고 50년 후의 2차 십자군부터는 베니스에서 이스라엘의 아크레(약고:Acre)까지 해로를 애용하였다.

1096년 말 기사 십자군도 콘스탄티노플에 도착하였고 알렉시오스 황제를 알현했다. 특히 보에몽 장군을 대면한 비잔틴 공주 안나 콤네나는 뛰어난 연대기 작가답게 이렇게 평했다. "그는 예루살렘에서 예배하기 위해 십자군이 되었지만 오히려 권력에 대한 야심이 더 느껴진다. 그의 첫 인상은 찬탄의 느낌을 준다. 장대한 신장과 큰 눈 때문에 거칠게 보이지만 보에몽은 매력적인 용사이다."

(Jay Rubenstein, *Armies of Heaven: The First Crusade and the Quest for Apocalypse*, 2011, 95.)

알렉시오스 황제와 영웅들은 진지한 토론을 하였다. 황제는 결코 십자군 전쟁이 종교 전쟁으로 비화되는 것을 원치 않는다고 말했다. 그가 관심 가진 것은 단지 옛 비잔틴 제국의 영토 회복이었고 이집트나 예루살렘이 목표가 아니었다. 최소한의 목표도 설정했는데 그것은 소아시아 절반의 회복이었다. 그러나 유럽의 영웅 기사들은 견해가 달랐다. 일부는 종교 전쟁으로 인식하고 출전했고 또 일부는 자신의 공국을 세울 의도로 나섰기 때문이다. 최종적으로 소아시아 반도를 비잔틴 제국에 귀속시킨다는 합의를 한 채 보급품을 충당한 기사들은 군대와 함께 해협을 건넜다.

니케아로 진격할 때의 기사 십자군의 병력은 낙오자, 병사자, 익사자, 탈영자로 인해 20,000명 정도로 줄어 있었다. 당시 셀주크 룸 왕국의 술탄은 타 부족과의 전투 때문에 니케아를 비운 상태였다. 십자군과 황제의 군대는 술탄이 부재한 니케아를 협공하여 함락시켰다. 니케아의 피공 소식에 술탄 킬리즈 아르슬란은 50,000명의 군대로 되돌아와 십자군과 전투를 벌였다. 그러나 농민 십자군과의 전쟁 경험 때문에 유럽의 군사력을 경시했던 이 술탄은 우세한 병력에도 불구하고 도릴레움(Dorylaeum) 전투에서 대패하였다. 이후 그는 유럽 십자군을 회피하게 되었고 셀주크 룸 왕국은 한동안 약화되었다.

"배신과 반전"의 안티오크 전투

1097년 10월 기사 십자군은 시리아의 안티오크 성에 도착하였고 병력은 15,000명으로 줄어 있었다. 중요한 성지인 이곳은 시리아 무슬림들의 요충지로서 이스라엘로 가는 길목이었다. 안티오크 함락은 니케아와는 전혀 상황이 달라 무려 8개월에 이르는 지루한 공방이 이어졌다. 그러나 1098년 6월 3일 기사 군대는 성곽을 수비한 적군 피루즈를 매수하여 성내 침투에 성공했고 순식간에 안티오크 성을 점령하였다.

그러나 불과 이틀 후인 6월 5일 기사 군대는 제1차 십자군 기간 중 최대의 위기를 맞았다. 안티오크의 전쟁 소식을 들은 모술의 총독 케르보가가 무려 75,000명의 무슬림 군대로 십자군을 공격해 온 것이다. 성내의 무슬림들도 다 장악을 못한 상황에서 모술의 전사들을 맞아야 하는 기사 십자군은 진퇴양난에 빠졌다. 안티오크로 행군해오던 비잔틴 제국의 군대는 도와주기는커녕 케르보가의 군대가 두려워 비열하게도 기사 십자군을 버려두고 발길을 되돌렸다. 이 일로 유럽인들은 비잔틴 제국에 대한 신뢰를 버렸고 적의까지 품게 되었다. 안티오크의 기사 십자군은 절망에 빠졌으나 이때 사기를 충전시킨 "기적"같은 사건이 벌어졌다. 피터 바돌로뮤(Peter Bartholomew)라는 종군 수도사가 갑자기 나타나 이렇게 주장한 것이다.

1차 십자군의 안티오크 공격
- by Jean Colombe

"나는 그리스도의 옆구리를 찌른 '거룩한 창'이 숨겨진 장소의 환상을 보았소. 그 창을 앞세우고 싸우면 우리는 승리를 할 것이오."

(Steven Lucimen, *History of the Crusades: the First Crusade and the Foundation of the Kingdom of Jerusalem*, 1999, 242.)

기사들은 피터가 가르쳐 준 장소인 안티오크의 '베드로 성당' 밑을 파보았다. 오전 내내 찾았으나 아무것도 나오지 않았다. 당황한 피터는 혼자 구덩이에 뛰어들더니 이내 뾰족한 창 조각을 들고 나왔고, 그것이 "성창(Holy Lance)"이라고 주장했다. 이를 지켜본 일부는 진실로 여기고 그 앞에 무릎을 꿇었고 또 다른 일부는 황당해 하며 고개를 저었다. 며칠간 자신의 진실을 웅변하던 수도사 피터는 회의적인 이들에게 너무나 위험한 얘기를 꺼냈다.

"나는 타는 장작불 사이로 걸어가도 전혀 상하지 않소. 이것이 내 진실

창을 들고 불길 사이를 걸어간 수도사 피터 바톨로뮤 - by Gustave Dore

을 증명할 것이오."

기사들은 실제로 활활 타는 장작불을 크게 피워놓고 피터 수도사에게 걸어가라고 잔인하게 요구했다. 그러자 피터는 그 사이를 용감히 걸어갔고 놀랍게도 현장에서 죽지 않았다. 중화상을 입어 8일 후에 사망하였다.

그 기간에 십자군은 피터를 신뢰하여 '성창'을 앞세워 충천한 사기로 출전하였다. 선봉장 보에몽은 아예 야외 대결을 결정하고 안티오크 성문을 열고 총독 케르보가의 군대에게 진군했다. 이 오론테스 강변의 전투에서 유럽의 기사 부대는 지형을 이용한 백병전으로 대승을 거두었고 케르보가는 재기불능의 상태가 되어 모술로 되돌아갔다. 보에몽 장군은 안티오크의 성주가 되어 남았고 나머지 십자군은 예루살렘을 향해 진격했다. 사실 안티오크에서의 완전한 승리는 수도사 피터의 역할이 있었기에 가능했다. 분명 피터는 죽을 때까지 자신의 환상이 진짜라고 주장했고 십자군은 그를 믿고 싶어 했다.

"거룩한 도시"의 함락

200년의 전체 십자군 운동에서 가장 정점이 되는 사건은 바로 1099년 여름 1차 십자군의 예루살렘 전투였다. 이해 6월 마침내 약 10,000명의 십자군은 예루살렘에 도착하였다. 이 도시는 이집트 파티마 왕조의 군인들이 수비하고 있었다. 사실 이집트 군대의 전력은 유럽 기사단에 비해 약세였다. 그러나 십자군의 최대 난적은 정작 따로 있었다. 그것은 견고한 예루살렘 성벽과 이스라엘의 폭염이었다. 성벽은 부수기에는 너무 견고하였고 무더위는 순식간에 일사병으로 쓰러질 정도였다. 이 전투는 십자군에게 어느 전투보다도 괴롭고 힘든 것이었다.

타는 목마름에도 대오를 추슬러 예루살렘 공격이 시작되었다. 성벽을 부수는 것이 불가능하여 아예 성벽을 넘고자 목재 공성탑을 여러 개 세웠다. 성안의 이슬람 군대가 탑들을 태우려 불화살을 쏘아대자 마실 물도 부족한 판에 십자군들은 짐승 가죽들을 물에

예루살렘 함락을 위한 십자군의 공격(1099)

흠뻑 적셔 탑들을 감싸야 했다. 십자군은 두 부대로 나누어 한 부대는 선봉장 부용을 중심으로 북쪽의 스데반 성문에 공성탑을 대며 맹공을 퍼부었고 나머지는 서쪽의 자파(Jaffa) 성문에서 침투를 시도했다. 1099년 7월 15일 십자군은 결국 침입에 성공하고 성문을 열어 순식간에 "거룩한 도시"를 수중에 넣었다. 엄청난 비극이 이어졌는데 성내 유대인들과 무슬림 군병들이 모두 학살을 당한 것이다. 십자군은 모두 성묘(Holy Sepulcher) 성당으로 향해 달려갔다. 핏물이 시내처럼 흐르는 상황에서 그들은 무릎을 꿇고 예배를 드렸고 성지를 탈환한 감격으로 서로 껴안고 울었다.

이것으로 1차 십자군 전쟁이 다 끝난 것은 아니었다. 예루살렘 함락 직후 이집트의 50,000명 군대가 십자군을 치러온 것이다. 그러나 규모만 믿은 이집트 군대는 셀주크의 전사도 모술 대군도 모두 꺾은 십자군의 충천한 사기를 꺾을 수 없었다. 아스켈론(Ascalon) 전투에서 십자군은 무려 5배나 되는 이집트 무슬림 군대를 상대로 또 대승을 거두었다. 이것이 1차 십자군의 마지막 전투였고 이스라엘 성지에는 1187년까지 88년간 존속된 "예루살렘 왕국"이 수립되었다. 이 왕국의 백성들은 유대인이 극소수였고 다수는 유럽에서 건너온 십자군과 이주민이었다. 첫 통치자에는 전

쟁 영웅 고드프리가 즉위하였다. 그는 예루살렘의 진짜 왕이 '그리스도'라며 '왕' 칭호는 사양하였다.

1차 원정의 성공으로 가장 이득을 본 쪽은 십자군을 조롱했던 비잔틴 황제 알렉시오스 1세였다. 그는 셀주크의 기세를 누른 후 빼앗겼던 소아시아 지역을 다시 수복하였고 1세기 동안 그의 콤네누스 가문은 비잔틴 제국의 안정을 누렸다. 예루살렘의 탈환으로 십자군 운동이 모두 종결된 것은 결코 아니었다. 여덟 차례의 대규모 원정 중 하나만 끝났을 뿐이었고 새로운 주인공들과 돌발적 사건들은 두 세기 동안 계속 출현했다.

부부만 갈라놓은 제2차 십자군

1100년대 초반 십자군에 대적한 이슬람 세력은 소아시아(셀주크), 시리아(모술), 이집트에 삼분되어 있었다. 1144년 당시 가장 위협적인 무슬림인 시리아의 젱기(Zengi) 장군은 십자군 도시 에데사를 공격하였다. 젱기는 당시 모술과 알레포의 성주였다. 그의 초승달 전사들은 에데사의 성을 함락하고 유럽의 기독교도들과 기사들을 전멸시켰다. 에데사 함락은 서방 세계에 큰 충격을 주었고 1년 후 제2차 십자군이 조직되었다.

제2차 십자군 루이 7세를 영접하는 안티오크의 성주 레이몽 - by Jean Colombe

성자 버나드의 거병 촉구에 프랑스 왕 루이 7세와 독일 왕 콘라트 3세가 출병을 하였다. 1,000여 명의 백성을 무고하게 죽인 루이 7세는 사죄를 받기 위해 십자군에 나섰다. 그의 유명한 왕비 엘레아노르도 직접 기사들을 이끌고 참전하여 십자군 최초의 여성 지휘관이 되었다. 2차 십자군은 유럽의 국왕들이 처음으로 출전한 원정이었으나 전략 부재와 상호 갈등으로 실패만 거듭했다. 더구나 이집트를 무리하게 자극하여 십자군 전쟁에 다시 끌어들여 오히려 예루살렘 왕국까지 위험에 처하게 했다. 게다가 프랑스 국왕 부부 루이 7세와 엘레아노르는 원정 기간 내내 다투기만 하고 귀국 후 끝내 결별하였다. 엘레아노르는 영국 국왕 헨리 2세와 결혼해 또 왕비가 되었다. 때문에 2차 십자군의 가장 현저한 결과는 결과적으로 부부만 갈라놓은 셈이 되었다.

"이슬람의 영웅" 살라딘 장군

제2차 십자군 이후 이집트 술탄 살라딘(Saladin Yusuf, c. 1138-1193)은 이스라엘을 장악하기 위해 군대를 조직했다. 그는 쿠르드(Kurd) 출신으로 14살에 군인이 되었고 삼촌의 후원과 자신의 능력으로 마침내 술탄까지 올랐다. 이슬람 전쟁사에서 최고의 영웅으로 간주되는 살라딘은 이집트는 물론 젱기 왕조의 시리아 알레포도 정복하여 명실상부 중동의 맹주가 되었다. 살라딘의 초승달 군대와 이스라엘 십자군의 첫 대결은 1177년 몽기사르(Montgisard) 전투였다. 그러나 살라딘은 큰 방심으로 경계에도 소홀하고 전략도 부재하여 십자군에 대패했는데 특기하게도 이 패배는 그의 생애 중 가장 치욕스러운 것이었다. 목숨까지 잃을 뻔했고 호위대의 도움으로 간신히 살아나 병력을 다 잃고 이집트로 귀국하였다. 이후 살라딘은 더 강력한 군대를 양성하고 늘 신중한 전략을 세우게 되었다.

원래 살라딘과 예루살렘 왕국은 서로 안정을 원했는데 갑자기 관계가 급속히 악화되었다. 이런 상황을 초래한 이는 카락(Karak)의 성주인 불명예스런 기사 레이날드(Reynald)

이집트의 술탄 살라딘

하틴 전투

였다. 십자군은 당시 이슬람 군대와 협상하자는 "공존파"와 전쟁을 지속하자는 "멸절파"로 양분되어 있었다. 그런데 레이날드는 일전불사의 멸절파였다. 그는 선배 기사들이 전해준 셀주크 이슬람의 잔인성과 아랍 이슬람의 사기성에 관한 이야기들로 세뇌되어 있었다. 물론 셀주크의 악명도 사실이었고 침례를 받겠다고 강으로 십자군을 유인해 살해하는 아랍인들의 흉계도 근거가 있었다. 그러나 문제는 레이날드도 이슬람을 혐오한다며 같은 방식의 약탈과 학살로 대응한 것이다. 그의 병사들은 카이로와 다마스쿠스를 오가는 카라반 대상들을 공격하였고 메카를 향하는 홍해의 이슬람 함선들까지 노략하였다. 레이날드는 명예로운 기사보다는 차라리 물질에 눈먼 도적에 더 가까웠다. 그의 좌충우돌 행태는 새로운 전쟁을 불러왔고 더 나아가 예루살렘 왕국의 멸망, 십자군의 패퇴, 그리고 유럽의 중동 상실이라는 중대사들의 도미노 현상을 불렀다.

1185년 술탄 살라딘과 예루살렘 국왕 귀이는 4년의 휴전에 합의했으나 1년 만에 레이날드는 또 약대 상인들을 약탈하여 조약을 깨버렸다. 살라딘의 누이도 레이날드의 공격으로 위험에 처했었다. 인내가 한계에 달했던 살라딘은 30,000명의 군대로 십자군에 선전 포고를 하고 북상하여 요르단강을 건너 갈릴리 호수의 티베리아스를 점령하고 진영을 차렸다. 이에 대항하는 예루살렘 왕 귀이는 파국을 피하기 위해 협상을 시도했으나 무용을 자랑하는 템플 기사단의 압박으로 전쟁을 선택해야 했다. 귀이의 군대는 20,000명에 달해 대등한 전투가 예상되었다.

1187년 7월 두 군대의 역사적인 대결은 갈릴리 호수 서부의 '하틴의 뿔(Horns of Hattin)'이라는 평원에서 벌어졌다. 십자군은 선제 공격을 감행하려고, 무리하게 병력을 이동시켰다. 그 과정에서 전혀 식수를 얻지 못한 채 기력만 낭비하였다. 뜨거운 폭염으로 어디에서도 물을 찾을 수 없었다. 승부는 전쟁 개시도 전에 이미 판명되었다. 그러나 열악한 상황에서도 십자군은 온 힘을 다해 싸웠고 끝내 초승달의 가늘고 둥근 칼에

하틴 전투 후 십자군 귀이 왕의 항복 1954
- by Said Tahsine

모두 궤멸되었다. 특히 죽음의 맹세를 했던 템플 기사단은 마지막 한 명까지 결사 항전하였기에 그 시신들 위로 하늘에서 신비한 빛이 사흘 동안 쏟아졌다는 중세의 전설도 생겨났다.

한편 예루살렘의 왕 귀이와 카락의 성주 레이날드는 생포되었다. 술탄 살라딘은 이들을 자신의 천막으로 불러 조약 위반과 약탈에 대한 질책을 했다. 그러나 레이날드는 전혀 사과도 없이 물을 마시면서 뻔뻔한 자세로 일관했다. 죽음의 위기에서도 그렇게 행동한 그는 어쩌면 진정한 반이슬람 전사였는지도 모른다. 분노한 살라딘은 레이날드의 멱살을 잡고 천막 밖으로 끌고 나가 직접 그 목을 베었다. 옆에 있던 귀이는 극도의 공포로 떨며 자신의 차례를 예상하고 있었다. 그러나 살라딘은 그를 살려주며 이렇게 말하였다.

"왕이 왕을 죽이는 것은 나의 관례가 아니다."

(Beha Ed-Din, *The Life of Saladin*, 2005, 109.)

살라딘 장군은 여세를 몰아 예루살렘을 공격했다. 성내의 십자군들도 치열하게 항전했다. 그중 기사 발리안(Balian)은 용감히 싸우다 살라딘의 포로가 되었다. 그는 대담하게도 살라딘에게 자신의 가족을 성 밖으로 데리고 나올 수 있도록 청했다. 살라딘은 발리안에게 무슬림과 싸우지 않겠다는 맹세를 시키고 보내주었다. 그러나 성 안에 들어간 발리안은 함께 싸

우자는 동료 기사들에게 설득당해 다시 전사가 되기로 결심했다. 그는 살라딘에게 편지를 보내 자신의 맹세를 무효로 해줄 것을 부탁했고 살라딘은 이것도 동의하였다. 전투가 재개되자 예루살렘은 더 이상 버티지 못하고 성문을 열고 항복하였다. 발리안은 또 포로가 되었으나 처형을 면하고 가족들과 귀향할 수 있었다. 발리안의 기사도와 살라딘의 관용의 이야기는 십자군과 초승달 군대의 전쟁이 살육으로 가득한 추악함 자체만이 아니었다는 한 예로서 제시된다.

예루살렘의 십자군 왕국은 존재한지 88년 만에 소멸되었고 "거룩한 도시"는 또다시 무슬림 영토가 되었다. 한편 예루살렘을 함락시킨 술탄 살라딘의 명성은 유럽에 급속히 퍼졌고 이에 새로운 십자군이 조직되었다. 그리고 이 3차 십자군은 그동안의 원정군과는 현저히 다른 엄청난 대군이었으며 이번에는 살라딘에게 대위기였다.

"창대한 시작과 미미한 종말"의 제3차 십자군

예루살렘이 함락되었다는 소식에 교황 그레고리 8세는 3차 십자군 거병을 각국에 독려하였다. 사실 출전 면모로 보자면 유럽의 군주들이 거의 다 나선 3차 십자군이 역대 최강이었다. 독일 황제 프리드리히 바바로사(Frederick I Barbarossa), 프랑스 국왕 필립 아우구스투스(Philip II Augustus), 영국 왕 '사자 심장'의 리처드(Richard the Lionheart), 오스트리아 공작 레오폴트 5세(Leopold V), 비잔틴 로마 황제 이삭 2세 등이 직접 자신의 군대를 이끌었다. 이들 십자군들은 이렇게 노래하며 행진하였다.

"거룩한 그리스도의 묘여, 우리를 도우소서!"

그러나 이 영웅들의 참전 이야기는 참으로 황당한 비극으로 끝났다. 비잔틴 황제 이삭 2세는 낮에는 십자군으로 행세하고 밤에는 살라딘과 비밀 거래를 추진했다. 독일 황제 프리드리히 바바로사는 마인츠 대성당에서 엎드려 빨간 십자가를 수여받고 기세등등하여 10만의 대군을 이끌고 나왔지만 어이없는 최후를 맞았다. 소아시아 카파도키아의 살레프강을 건널 때 낙마하여 익사한 것이다. 그가 만약 생존했더라면 이후 세계사는 대단한 변화가 있었을 것이다. 14세기 이슬람 역사가 이븐 카티어(Ibn Katheer)가 이에 관해 이렇게 언급할 정도였다.

익사로 최후를 마친 프리드리히 바바로사 황제
- by Gustave Dore

"만약 알라께서 30만 군대를 보유한 독일 왕〔프리드리히〕을 데려가지 않았다면 우리는 이집트와 시리아를 잃은 상태에서 이 나라들이 한때 이슬람 국가였다고 회상할 것이다."

(Martin Kitchen, *The Cambridge Illustrated History of Germany*, 1996, 60.)

남은 군주들의 불유쾌한 해프닝은 계속 이어졌다. 1191년 이들은 모두 이스라엘의 지중해 항구 아크레(Acre)에 도착했다. 이 항구는 병력과 물자 수송을 위해 반드시 확보해야 할 도시였다. 당시 예루살렘을 빼앗긴 귀이 왕은 아크레에 진영을 세우고 살라딘의 군대와 필사적인 전투를 벌이고 있었다. 바로 그때 2,000명의 기사를 보유한 프랑스의 필립 2세가 먼저 도착했고 이어서 수천의 기사를 가진 오스트리아의 레오폴트와 100척의 함선에 기사 4,000명과 보병 4,000명을 데려온 영국의 리처드가 합류하였다. 이들 모두는 선봉을 다투며 용맹하게 싸워 살라딘의 공격을 물리치고 해안 도시 아크레를 수복하였다.

승리에 도취한 오스트리아의 공작 레오폴트 5세는 피로 젖은 자신의 하얀 옷을 찢어 깃발을 만들고 고지 위 영국 국기 옆에 꽂아 두었다. 흰색 위 아래로 빨간 피가 묻은 레오폴트의 깃발은 훗날 오스트리아의 국기가 되었다. 두 깃발이 같은 높이에서 휘날리는 것을 목격한 영국 국왕 리처드는 국가가 공국과 같이 취급받았다며 레오폴트의 기를 뽑아 찢어버렸다. 큰 수모를 겪은 레오폴트 공작은 복수를 다짐하며 즉시 이스라엘에서 철수해 버렸다. 그런데 십자군의 분열은 이것으로 끝나지 않았다.

당시 프랑스와 영국은 영토 전쟁 중에 십자군에 출전하였기에 서로 화합하기 어려운 상태였다. 리처드는 필립 2세와도 서로 기 싸움을 하며 갈등을 빚었다. 사실 두 사람은 국가적 분쟁 외에도 가문의 악연이 얽혀 있었다. 필립 2세의 아버지 루이 7세는 리처드의 어머니 엘레아노르 왕비의 전 남편이었기 때문이다. 1191년 도도한 리처드의 위세를 도저히 묵과할 수 없었던 필립 2세는 약해진 건강을 핑계로 진군을 포기하고 아크레 전투 직후 귀국해 버렸다. 이제 모든 전쟁은 리처드 국왕 혼자에게 남겨졌다. 화난 리처드는 이렇게 내뱉었다.

"미완의 임무를 두고 회피하는 것은 참으로 수치스러운 것이다. 만약 우리가 여기서 죽어야 한다면 그것도 하나님의 뜻이다."

(David Boyle, *The Troubadadour's Song: The Capture and Ransom of Richard the Lionheart*, 2005, 94.)

"영웅들의 충돌": 리처드와 살라딘

리처드는 중세 문학에서 무용이 뛰어난 기사의 전형으로 소개되었다. 그는 마상 전투나 육박전에서 적수가 없을 정도로 이름났다. 홀로 십자군 원정을 진행하는 리처드는 예루살렘 수복을 위해 인근 항구 요파(자파/Jaffa)의 탈환을 일차 과제로 삼았다. 요파 북쪽의 아르수프(Arsuf)에서 살라딘과 대전을 벌였고 그 결과 리처드는 큰 승리를 거두었다. 이어진 수차의 국지전에서도 영국군이 우세를 보였다. 살라딘의 패배는 예상치 못한 일이었다. 이슬람 역사가 바할흐딘은 리처드 군대의 용맹에 대해 이렇게 기록했다.

"무슬림 병사들이 [리처드 군대의] 전열을 흩트리기 위해 무수히 화살을 쏘아댔다. 그러나 목적지에 이를 때까지 그들은 하나의 흐트러짐 없이 철저히 대오를 유지하고 행진했다."

(Bahā'al-dīn Ibn Shaddād, *The Rare and Excellent History of Saladin*, 2002, 170.)

그러나 살라딘 군대의 강력한 저항으로 끝내 리처드 군대는 예루살렘 탈환에 성공하지 못했다. 그럼에도 두 사람은 서로의 용맹함을 인정하였다. 어느 날 전투를 앞두고 리처드가 고열에 시달리자 살라딘은 전투를 미루고 신비스런 헬몬(Mt. Hermon)산의 얼음을 가져와 리처드에게 보냈다. 한편 리처드 왕은 살라딘에게 성사되지는 않았지만 가문 간 정략 결혼을 제안한 적도 있었다. 어느 날 두 군대는 전쟁이 아닌 마상 경기를 벌이기도 하였다. 리처드와 살라딘은 대화를 나누었고 병사들은 자국의 선수들을 응원하였다. 치열한 전쟁의 와중에 이러한 휴식은 일면 흥미로운 것이었다.

리처드의 이스라엘 2년 체류 동안 영국에서는 동생 존이 왕위 찬탈 음모를 꾸미고 있었고 또 프랑스 국왕 필립 2세는 영국령을 침공했다. 유럽의 정치적 불안정은 리처드로 하여금 살라딘과의 전투를 지속할 수 없게 만들었다. 사실 살라딘도 오랜 전쟁으로 건강이 악화되어 있었다. 둘은 이스라엘 중부 라믈라에서 조약(Treaty of Ramla)을 맺고 종전에 합의하였다. 예루살렘은 무슬림의 소유로 그러나 아크레와 여타 지중해 도시들은 십자군 소유로 인정하기로 했다. 또한 유럽인들의 성지 순례도 보장하기로 약속했다. 협상 1년 후인 1193년 긴 전쟁의 후유증으로 살라딘이 먼저 세상을 떠났다.

요파(자파) 전투에서의 리처드 왕의 군대

"사자"의 최후

런던 국회의사당 곁에 세워진 '사자 심장' 리처드 왕의 동상

한편 리처드 왕의 귀국 길은 수난의 연속이었다. 육로로 영국령 노르망디에 가기 위해 오스트리아를 지날 때 리처드는 자신이 수모를 주었던 바로 그 레오폴트 공작에게 붙잡혀 포로가 되었다. 신세가 완전히 역전된 것이다. 리처드는 더 큰 수모를 겪은 후 부자 어머니 엘레아노르가 보내 준 막대한 몸값을 지불하고 겨우 풀려났다.

1199년 프랑스 리모주 자작의 영지에서 한 농부가 황금을 발견하였다. 군주로서 리처드 왕은 그 금을 상납하라고 요구했다. 리모주 자작이 반발하자 이를 충성 맹세를 위반한 반란으로 간주하고 리처드 국왕은 그곳 마을들을 공격하였다. 사태는 수습되었으나 많은 희생이 생겼다. 얼마 후 리처드 왕은 성벽을 거닐다 한 소년이 쏜 화살을 맞았다. 이 소년은 리처드 군대의 공격으로 자신의 부모가 죽었다며 복수심에 일을 저질렀다고 실토했다. 외과 의사까지 겸했던 푸줏간 주인이 왕의 중상을 치료했으나 소용이 없었다. 생의 마지막을 직감한 리처드 왕은 마지막 자선을 베풀기 위해 자신을 쏜 소년에게 오히려 100 실링(Shilling)의 돈을 주어 풀어주라고 명령했다. 그리고 파란곡절의 삶을 살았던 어머니 엘레아노르를 생각하며 리처드는 파란만장한 인생을 마쳤다. 국왕의 분부가 있었지만 부하들은 이를 어기고 소년을 처형하였다. 용맹한 리처드 왕이 작은 소년의 화살에 의해 죽었기에 사람들은 이 역설적인 종말을 이렇게 표현하였다.

"사자가 개미에 의해 쓰러졌다(The lion by the ant was slain.)."

(Marion Meader, *Eleanor of Aquitaine: A Biography*, 1977, 329.)

"약탈자" 4차 십자군

1198년 다시 4차 십자군이 조직되었으나 이들은 십자군 명칭만 도용한 강도떼였다. 집결지는 베니스였으나 절반밖에 모이지 않아 선박의 임대 비용도 지불 못할 형편이었다. 80의 나이에도 탐욕스러웠던 베니스의 총독(doge) 엔리코 단돌로(Enrico Dandolo)는 뱃삯을 못 내는 십자군들에게 이슬람 땅이 아닌 기독교 항구 자라(Zara)와 비잔틴 수도 콘스탄티노플을 공격해줄 것을 제안하였다. 크로아티아 해변

십자군의 약탈을 부추기는 엔리코 단돌로
- by Gustav Dore

에 위치한 자라는 당시 달마티아의 수도로서 베니스 지배에서 벗어난 후 해상 무역에 뛰어든 항구였다. 단돌로는 이 도시들과의 과거 전투에서 패하고 실명까지 했으므로 십자군을 이용해 개인적 복수와 베니스의 이익을 꾀한 것이다.

십자군은 이제 단돌로의 용병이 되었고 자라 항구를 공격한 후 콘스탄티노플로 향했다. 당시 비잔틴 제국의 황제는 전임 알렉시오스 4세를 죽이고 제위에 오른 알렉시오스 5세였다. 형편없는 새 황제 알렉시오스 5세는 수도 방위를 포기하고 도주하였다. 단돌로는 콘스탄티노플에 입성하여 무자비한 약탈을 벌여 수많은 보물들을 탈취하고 베니스로 옮겼다. 이 때문에 십자군 위신은 크게 추락하였고 교황 이노센트 3세는 격분하여 이 "강도떼"들을 파문하였다. 황당하게도 비잔틴 제국을 약탈한 엔리코 단돌로는 콘스탄티노플의 성 소피아 대성당 2층에 묻혔다가 후에 이슬람에 의해 파내어졌고 그 자리에는 표식만 남았다.

"소년 십자군"

1212년 몽상가들의 집단 운동이 "소년 십자군"이라는 특이한 현상을 출현시켰다. 니콜라스라는 독일의 한 목자는 유랑하는 농부 7,000명을 모아 바다를 가르는 모세의 기적을 실제로 보여주겠다며 이들과 함께 이탈리아 제노아 항구로 내려갔다. 이들은 세상의 종말을 기대하며 핍절한 현실을 벗어나고 싶은 그룹이었다. 지도자 니콜라스는 모세처럼 두 손을 들고 지중해 바닷물을 지팡이로 쳤고 군중과 함께 밤새 기다렸으나 아무 일도 일어나지 않았다. 이 무리들은 곧 분열하여 각자의 길로 흩어졌다. 니콜라스는 일군의 추종자들을 규합해 교황 이노센트 3세를 찾아갔다. 교황은 이들을 잘 권면해 고향으로 돌려보냈다.

바로 그 해에 이번에는 프랑스에서 몽상의 바람이 불었다. 스테판이라는 목동은 직접 하늘의 계시를 받았다면서 이를 적은 편지를 프랑스 국왕에게 전하려고 길을 나섰다. 수많은 청소년들과 뜨내기 농부들이 그를 따르기 시작했고 어느새 이들은 30,000명에 이르게 되었다. 스테판은 상드니에서 국왕 필립 2세를 만났으나 집으로 돌아가라는 권유만 들었다. 그러나 스테판은 자신이 예언자임을 끝까지 주장하며 국왕의 권고를 거부했다. 비록 정통적이지는 않았지만 이미 그는 십대의 나이에 카리스마적 자질을 가진 인물이었다.

스테판의 추종자들은 "소년 십자군"이 되어 이슬람을 평화적으로 개종시키겠다는 계획까지 갖게 되었다. 사제들이 나서서 이 청소년들의 "질풍노도의 광기"를 막고자 했으나 소용이 없었다. 이제 십자군 운동은 더 이상 교회가 통제할 수 있는 상황이 아니었다. 소년 십자군은 프랑스 남부 마르세유에서 승선했으나 곧 수척이 난파되어 많은 목숨을 잃었고 이슬람 땅에 도착한 이들도 노예로 팔려갔다. 알렉산드리아의 한 무슬림 지도자는 관용을 보이며 수백 명의 십자군 소년들을 다시 유럽으로 되돌려 보냈다.

"협상 왕" 프리드리히 2세의 전쟁: 5차와 6차

소년 십자군의 비극 바로 이듬해 1213년 유럽은 제5차 십자군이 출병하였다. 이 원정에는 프리드리히 2세의 독일과 프랑스, 그리고 새롭게 헝가리와 홀란드가 참여하였다. 특기할 것은 무슬림 이집트를 공격하러 가면서 이들은 소아시아의 강력한 무슬림 소국인 셀주크 룸 왕국과 연대한 것이다. 제1차 십자군의 적군이 제5차 십자군에서는 연합군이 된 것이다. 이미 십자군은 종교 전쟁의 범주를 넘어섰음을 알 수 있다. 이들의 이집트 공략은 선공에서는 성공했으나 수성에 실패하였다. 7년간의 지루한 전투에서 보급로가 끊겨 사기가 떨어졌고 이집트 군대의 반격으로 퇴각해야 했다. 결국 5차 십자군도 휴전만 맺은 채 패배로 끝났다.

1228년 제6차 십자군은 독일 황제 프리드리히 2세가 홀로 나섰다. 그는 협상으로 예루살렘을 획득하고 10여 년간 지배하였다. 최초로 무력 대결 없이 성과를 얻은 십자군이었다. 그러나 15년 후인 1244년 몽골에 밀려난 호라즘 전사들이 서진하며 예루살렘을 수중에 넣고 이집트에 양도해 다시 이슬람 지배로 넘어갔다.

"성자 왕" 루이 9세의 전쟁: 7차와 8차

예루살렘을 되찾기 위해 1248년 프랑스 왕 루이 9세가 제7차 십자군의 엄청난 대군을 이끌고 홀로 출전하였다. 이집트를 공격했으나 결과는 처참한 대패였고 오히려 자신만 포로로 잡혀 프랑스 왕실 예산의 1/3에 해당하는 막대한 배상금을 물고 풀려났다. 원정 실패 후 한 템플라 기사는 이렇게 좌절감을 표했다.

"분노와 슬픔이 내 마음에 가득 찼다. 아마도 하나님은 투르크를 더 지원하시는 것 같다. 성지는 다 잃고 이제 다시는 되찾을 수 없을 듯하다. 투르크와 싸우는 것은 미친 짓이다. 그리스도께서는 그들과 싸우지 않으신

루이 9세의 7차 십자군

다. 그들은 정복했고 또 계속 정복할 것이다."

(Nigel Cliff, *Holy War: Clash of Civilization*, 2011, 42.)

20년 후 1270년 루이 9세는 또 다시 십자군 원정을 시작했다. 불굴의 의지를 가진 그는 일전의 수모를 되갚고 성지를 기필코 탈환하고 싶었다. 이번 목표는 이집트의 동맹국인 북아프리카의 튀니스였다. 함선을 이용해 튀니스 항구에 도착했으나 병사들은 모두 탈이 났고 루이 9세도 장출혈로 56세를 일기로 그곳에서 숨을 거두었다. 실상 그는 프랑스를 유럽의 최강국으로 이끈 뛰어난 군주였다. 성자로 추앙된 루이 9세가 숨질 때 남긴 마지막 말은 다음 딱 한 마디였다.

"예루살렘!"

십자군 운동의 종말

8차 원정을 끝으로 비로소 십자군 운동은 쇠퇴의 길을 걸었다. 이스라엘 수복의 꿈은 포기하였고 대신 별종의 그릇된 십자군들이 조직되었다. 북부 핀란드의 이교도나 러시아의 정교회 신자들을 공격할 때도 '십자군' 이름을 사용하였다. 고상한 이상으로 시작된 십자군은 방향 잃은 건달들이 되어버렸다.

역사에서는 십자군의 오명 때문에 유럽의 중동 침공만 부각된다. 그러나 객관적으로 판단하면 오랜 기간의 상호 갈등이었다. 더구나 초승달의 무슬림 전사들은 유럽과 비잔틴 제국을 1,000년간 침공하였다. 이집트도 팔레스티나도 시리아도 소아시아도 발칸 반도도 모두 회오리 같은 초승달 군대의 칼에 이슬람 영토로 편입되었다. 반대로 서유럽의 중동 침공은 십자군 전쟁(1095-1300) 시기와 근대의 1차 대전 전후로서 300년에 불과하였다. 또 십자군의 잔인성에 대해 이슬람 사가들이 자주 언급하였으나 10만도 되지 않는 군대를 30만으로 기록한 과장법적 역사 기술을 고려하면 유럽 군대가 저지른 약탈, 방화, 학살은 부풀려진 것도 많았다. 이슬람 군대의 잔인성도 흔히 간과되는데 이는 명장 살라딘의 떳떳하고 너그러운 전투 태도에 기인하였다. 그러나 살라딘이 지휘한 이슬람 군대는 불과 10여 년에 불과하였고 여타 무슬림 지휘관들의 전쟁 방식은 극한의 잔인함을 보여주는 경우도 허다했다.

그럼에도 유럽 군대와 초승달 군대가 늘 대결만 벌인 것은 아니었다. 때로는 서로 연대도 제휴도 하였다. 일례로 이란 동부의 호라즘 제국 유민들이 시리아를 공격했을 때 십자군들은 시리아의 무슬림들을 도왔다. 또 프랑스가 신성 로마 제국과 다툴 때에 오토만 제국은 프랑스와 전략적으로 협력하였다. 비잔틴 제국 또한 투르크인들과 자주 협상하였다. 1300년대에 이르러 십자군은 그 동력을 상실하였고 유럽은 그제야 역사적 비극의 허무함을 인식하게 되었다. 결과적으로 십자군 운동은 정치·군사적 측면에서는 큰 실패였지만 사회사적 측면에서는 중요한 변화를 가져왔다.

십자군 운동의 영향

십자군 원정은 단기적으로는 교황권을 신장시켰고 장기적으로는 추락시켰다. 유럽 사회의 주도적 이슈를 교황이 점유하며 지도력을 높였지만 결국 원정 실패는 교황 권위의 추락으로 이어졌다. 십자군 운동은 전체적 측면에서 기독교가 주도한 운동이라고 할 수 없다. 많은 원정들은 기독교의 이름만 빌린 정치·군사적 충돌이었다. 또한 교황뿐 아니라 유럽의 왕들도 자신들의 영향력 확대와 세 과시를 위해 경쟁적으로 나섰다. 명백한 것은 십자군 전쟁이 아니었어도 유럽과 이슬람의 충돌은 문명적 측면에서 불가피했었다.

유럽의 십자군 운동의 실패는 팔레스티나와 소아시아의 패권을 약 600여 년 동안 무슬림에 완전히 건네주는 결과를 낳았다. 1400년대 이후 약 200년 동안 오토만 제국은 자신의 절정기를 맞았다. 십자군 운동의 종결은 단지 유럽의 선제적 공격이 정지되었다는 것을 의미한 것이었으며 무슬림의 공격이 중지된 것을 뜻하는 표현은 아니었다. 십자군 운동 후 오토만 제국은 주도권을 쥐고 일방적인 공격을 유럽에 무려 300년 동안 가했다.

한편 십자군 원정은 의미 있는 결과도 있었다. 이슬람으로부터 문물이 수입되었고 의학과 철학 서적들도 유입되었다. 복숭아와 시금치 등 과일과 야채도 아라비아에서 전래되었다. 투르크의 면화로 된 가벼운 복장도 유럽에서 유행하였다. 또한 동방으로 가는 육로와 해로가 발달되며 무역이 증대되었다. 무엇보다 십자군 원정을 통해 유럽은 비좁은 세계관을 벗고 더 넓은 세계를 상상하게 되었으며 이는 곧 신대륙의 탐험으로 이어졌다. 십자군 수송과 지중해 무역의 증가는 많은 선박을 필요로 하였고 이는 자연스럽게 항구들 특히 베니스의 발전을 가져왔다.

바다 위의 도시 베니스는 십자군의 도시였고 무역의 도시였으며 문화의 도시였고 동시에 최고의 선박 건조업의 도시였다. 이들은 오토만 제국이 침공해 왔을 때 맞대응을 위해 불과 두 달 만에 100척이 넘는 전함들을 생산할 정도로 뛰어난 능력을 보유했다. 베니스는 과학 기술의 창구였고 동서양 문화의 최대 시장이었다.

십자군 운동은 두 가지 점에서 명백한 과오가 있었다. 첫째는 '성지', 즉 "거룩한 땅"이 지상에 존재한다고 생각한 것이다. 예수의 교훈에서 '거룩한 나라'는 결코 "지상의 왕국"과 동일시되지 않는다. 하늘나라는 분명 흙의 나라가 아니다. 둘째는 거룩한 땅을 '무력'으로 쟁취하려는 오판이다. 지상의 나라와 달리 예수의 나라는 결코 칼과 창이 아닌 생명과 사랑으로 수립된다. 십자군 전쟁은 천상의 교훈과 지상의 원리를 혼동한 사건이었다.

5. 높아진 교황권과 낮아진 두 수도회: 프란시스와 도미니크

"가장 높아진 교황" 이노센트 3세

1077년 그레고리 7세로부터 시작된 교황과 군주의 대결은 점차 교황이 우위를 점하게 되었고 1200년대에 이르러 그 권력은 최고 절정에 이르렀다. 역사상 가장 큰 권력을 행사했던 교황은 바로 이노센트(이노켄티우스) 3세였다. 그는 이탈리아 중부 아나그니 (Anagny)에서 태어났는데 그의 가문은 교황을 배출한 적이 있는 유력 가문이었다. 이노센트는 좋은 교육을 받고 자라 교회법과 사

교황 이노센트 3세

회법, 철학과 신학에 정통하였다. 1197년 넘치는 열정, 가문의 힘, 뛰어난 능력, 그리고 대중적 인기가 모아져 이노센트 3세는 37살에 교황이 되었다. 그의 교황 즉위식은 이전의 어떤 교황들보다도 더 화려하였다. 로마의 모든 귀족과 각국의 군주들이 참석하였고 교황 말의 고삐를 잡거나 시종의 역할을 수행하며 예를 표했다. 이노센트 3세는 교황관(tiara)을 쓰고 성 베드로 성당을 나서 교황궁인 라테란 성당까지 행진을 하였다. 길가에는 수많은 로마 시민들이 연도에 서서 손에 종려나무 가지를 들고 "교황 만세"를 외쳤다.

이노센트 3세는 이전보다 훨씬 더 강력한 교황 이론을 펼쳤다. 과거의 교황들은 "베드로의 대리자"로 자처했으나 이 새 교황은 새로운 선포를

하였다.

"교황은 그리스도의 대리자이다(Pope is the vicar of Christ.)."

교황의 위치는 이노센트 3세에 의해 베드로와 동급에서 이제는 상급으로 올라간 셈이었다. 더 나아가 그는 교황에게 하늘 왕국과 지상 왕국의 통치권이 모두 수여되었다고 주장하고 다양한 종교적 무기로 모든 유럽 군주들을 굴복시키거나 충성을 받았다. 이 교황은 서유럽 국가들에 무려 80회가 넘는 파문과 금령(interdict)을 내렸다. 파문이 '개인'에 내려진 저주의 낙인이라면 금령은 '국가 전역'에 모든 예식을 금지하는 것이었다. 종교적 요소들이 절대적 우선순위를 가졌던 중세에서 모든 의식이 금지될 때는 큰 사회적 혼란을 야기했다. 백성들은 금령을 내린 교황보다 금령을 초래한 군주들을 탓하였고 결국 국왕들은 교황에게 굴복할 수밖에 없었다. 이노센트 3세 때에 비로소 교황은 유럽의 최고 군주가 되었다.

일면에서 교황의 권위는 폭정을 일삼는 국왕들을 견제하는 역할도 있었다. 세속 군주들은 탐욕과 오만으로 독재했던 인물들이 많았으며 때로 교황들은 그들의 호된 감독자였다. 군주의 근친혼, 학살의 자행, 재산 강탈 등의 잘못에는 어김없이 교황의 견책과 파문을 받았다. 한편 이노센트 3세는 독일 왕을 굴복시키며 오랫동안 독일에 지배당한 이탈리아 공국들의 자치를 이끌어냈다. 이 때문에 교황의 인기는 이탈리아에서 훨씬 더 컸고 그에 대한 역사적 평가도 독일과 이탈리아에 따라 다르게 내려졌다.

이노센트 3세의 시대부터 각국의 수도원과 교회들은 교황청에 정기적으로 헌금을 납부하기 시작했다. 교황청은 부로 넘쳐났지만 다행히도 교황 이노센트 3세는 경건하며 절제하는 인물이었다. 늘 수도사처럼 생활하며 잔치를 즐기지 않았고 교회의 재산을 후대 교황들처럼 착복하지도 않았다. 십자군이 그릇된 약탈자들이 되었을 때 그는 가차 없이 파문하였다. 진정한 의미에서 이 교황의 시대 때 로마 교회는 유럽의 모든 교회가 맞추게 되는 "표준(universal)", 즉 '가톨릭'의 위치에 올랐다. 그럼에도 부정적인 면에서 이노센트 3세는 지나치게 사회 권력에 개입했고 종교 지도자의 한계를 설정하는데 실패했다.

1216년 그가 세상을 떠난 이후부터 자질도 능력도 모자란 교황들이 출현하면서 위상은 점차 추락하였다. 절정의 1200년대를 지나 1300년대에 이르자 교황청은 화려한 시대를 마감하고 프랑스 국왕에 예속되는 신세로 전락하였다. 절정은 한 세기에 불과했지만 교황들의 호사스런 생활, 막대한 영지, 그리고 상징적 권위는 어느 시대나 관성적으로 일정 유지되었다. 예수의 제자들은 "은과 금"이 없었으나 후계자를 자처한 교황들은 결코 가난한 자들이 아니었다. 1418년 청빈의 수도사 토마스 아켐피스(Thomas a'Kempis)가 말한 다음 고백은 사실상 교황들이 더 명심해야 할 경구였다.

"예수는 천국을 열망한 많은 추종자들을 두었으나 정작 그의 십자가를 지려는 이들은 드물다."〔Jesus has many lovers of his kingdom of heaven, but He has few bearers of his cross.〕

(Thomas a' Kempis, *The Imitation of Christ*, 1989, 64.)

"상승"과 "하강"의 극적인 대면

교황권 절정기인 1209년 이노센트 3세의 교황청에 행색이 초라한 28세의 청년과 친구 11명이 찾아와 면담을 요청하였다. 거지 모습의 청년은 라테란 궁전의 길고 화려한 통로를 걸어 교황 보좌 앞으로 나아갔다. 복도 옆에는 많은 추기경과 주교들이 호기심으로 바라보고 있었다. 이 청년은 자신의 "형제들의 모임"을 수도회로 인가해 주기를 청하였다. 13세기 역사가인 파리의 마태(Matthew of Paris)는 이 대면에 대해 더 자세히 기술해 주었다. 교황 이노센트 3세는 이 청년에게 말하기를 "그대는 돼지 치기 같은데 돼지들한테 설교하고 오면 허락해 주겠다."고 하였다. 물러난 그 청년은 실제로 오물이 가득한 돼지 우리에서 하루를 자며 돼지들에게 설교를 하였고 이튿날 다시 교황을 찾아왔다. 이노센트 3세는 그의 비범함을 인식하며 이렇게 외쳤다.

"그대들의 형제회를 인가하노라. 큰 수도회가 될 것이다."

교황과 대면한 이 인물은 바로 성자 프란시스(프란체스코)였다. 사실 교황은 그를 만나기 며칠 전 꿈을 꾸었는데 한 수도사가 나타나 무너지는 교황궁의 기둥을 떠받치는 꿈이었다. 이는 교회를 재건할 위대한 인물의 출현을 예고하는 것이었다. 교황 이노센트 3세는 꿈속의 수도사가 자신을 만나러 온 거지 떼의 대장일 수 있

무너지는 교회를 성 프란시스가 세우는 꿈을 꾸고 있는 교황 이노센트 3세 - by Giotto di Bondone

다는 사실은 상상치도 못하였다. 가장 큰 명예와 권력을 누린 교황 이노센트 3세와 가장 청빈하고 낮은 삶을 살았던 성자 프란시스의 만남은 세계사에 등장하는 여러 거인들의 극적 대면들 중 하나였다. 한편으로 이는 소유를 추구한 "궁궐의 기독교"와 포기를 추구했던 "광야의 기독교" 간의 만남이었다.

"가장 낮아진 성자" 프란시스 (St. Francis of Assisi)

성자 프란시스(1182-1226)는 이탈리아 중부 아시시의 부유한 가정에서 태어났다. 그의 출생에 관해서는 다음과 같은 전승이 내려온다. 아버지 피에트로는 의류 상인이었으며 아내 피카가 프란시스를 낳을 때 그는 프랑스 방문 중이었다. 피카는 난산 중에 있었는데 한 순례자가 지나며 그녀에게 집이 아닌 마구간에서 출산을 한다면 모든 과정이 순탄할 것이라고 말해 주었다. 이 때문에 그녀는 아픈 몸을 이끌고 집 옆의 마구간으로 가서 프란시스를 낳았다. 사실 프란시스의 출생 전승은 아기 예수의 탄생을 연상시키며 프란시스가 전개할 미래 사역도 시사해 준다. 아버지 피에트로

는 프랑스에서 사업으로 성공하였고 또 아내도 프랑스 출신이어서 이탈리아인 아들을 "프란시스(프랑스인)"라고 이름 지었다.

프란시스는 잘생기고 명랑한 청년이었다. 부유하게 생활했고 무지개 같은 화려한 옷들을 좋아했으며 오락을 즐겨했다. 20살이 되자 그의 고향 아시시는 인근 도시 페루기아(Perugia)와 정치적 문제로 전쟁을 벌였고 프란시스는 군인으로 참전했다가 포로가 되었다. 페루기아에서 1년

성자 프란시스
- in Hermitage of St Petersburg

간 옥에 갇혀 큰 고초를 겪은 후 그는 간신히 귀향할 수 있었다. 이후 프란시스는 전쟁과 투옥 경험을 통해 인생의 의미를 성찰하며 세속적인 환락과는 결별하고 영적 세계에 대해 관심 갖게 되었다. 단벌옷과 지팡이 외에는 소유하지 않았던 예수와 제자들에 대해 묵상한 후 프란시스는 이를 평생 따르기로 결심하였다. 친구들은 갑자기 변한 프란시스를 의아해 했고 그는 자신이 결혼을 앞두고 있어 방종할 수 없다고 대답하였다. 친구들은 어느 여인과 결혼하느냐고 물었고 프란시스는 이렇게 대답했다.

"나의 신부는 청빈(Lady Poverty)이다."

어느 날 프란시스는 성자 다미앵 성당에서 기도하는 중 갑자기 "집을 세우라"는 신비한 음성을 들었다. 오랜 전쟁과 혼란으로 아시시의 여러 예배당들은 부서진 상태였다. 프란시스는 그 음성을 교회 건물을 수리하라는 명령으로 생각하고 망치를 들고 한동안 쇠하고 버려진 성당들을 수리하였다. 얼마 후 프란시스는 그 음성을 부귀와 갈등을 통해 무너진 교회를 청빈과 평화의 정신을 통해 새롭게 세우라는 소명으로 재인식하였다.

이후 그의 일이 더 늘었다. 성당 건물들을 수리하면서 동시에 가난한 이들을 돕기 시작한 것이다. 아예 자신이 소유한 것은 다 나누어주었고 심지

어 아버지 재산인 옷감까지 팔아 구제를 위해 써버렸다. 성공한 사업가였던 아버지는 분노하여 아들을 집에서 내쫓았다. 프란시스는 아버지에게 옷까지 벗어 주며 많은 사람들 앞에서 자신의 새 삶을 선언했다. 사실 모든 사람과 화해했던 성자 프란시스가 딱 한 사람과는 오랫동안 화해하지 못하였다. 바로 그의 아버지였다.

이제 프란시스는 아시시의 거지나 다름없었고 은둔의 기도와 명상에 전념하였다. 그의 일은 빈자들을 찾아가 필요한 일을 해주는 것이었다. 먹을 것은 구걸을 통해 얻었고 이조차도 타인에게 주기 위한 것이었다. 참으로 그는 청빈과 결혼하였다. 얼마 후 프란시스는 친구들을 모아 프란시스 형제회를 시작하였다. 이들은 회색 누더기 옷을 입으며 헤지면 계속 기워 입어 평생 단벌옷의 사람이 되고 또 벗은 맨발로 살기로 서약하였다. 때문에 프란시스 수도회는 "회색 수사(gray friars)"라고 부르게 되었다. 1209년 프란시스 형제회는 교황 이노센트 3세의 수도회 인가를 받은 후 더 크게 성장하였고 10년 후 5,000여 명으로 늘어났다. 아시시의 부호 딸인 클라라(St. Clara)는 아버지의 반대를 딛고 프란시스의 애제자가 되었다. 이후 그녀는 프란시스 수녀원을 설립했고 "청빈의 클라라(Poor Clara)"라 불리며 프란시스와 교제하였다.

프란시스는 역사상 가장 그리스도를 닮은 인물로 간주된다. 그는 예수의 삶에 나타난 청빈, 사랑, 용서가 바로 기독교 신앙의 본질이라고 믿었다. 그는 나병 환자를 껴안으며 친구가 되었고 이후 프란시스 수사들은 걸인과 병자의 친구가 되기를 소원했다. 또 진정한 신자는 물질과 영광을 탐하지 않아야 한다고 가르쳤다. 어느 날 프란시스의 제자 한 명이 길에서 돈을 주워 감추었다. 이를 알게 된 프란시스는 그 제자에게 입으로 돈을 물어 길바닥의 똥에 집어넣으라고 명했다. 제자는 시키는 대로 순종했고 스승은 이렇게 말했다.

"돈을 똥처럼 생각하라."

프란시스는 세상의 모든 존재 하나하나를 "형제"라고 부르며 평화하기

원했다. 태양이나 달을 가리킬 때도 "형제 태양(brother Sun)"이나 "자매 달(Sister Moon)"이라고 했다. 새와 나무도 친구였고 만물은 창조의 신비를 노래하는 형제였다. 구비오라는 마을에 늑대 한 마리가 출현해 사람들과 가축들을 해쳤다. 프란시스는 숲으로 들어가 늑대를 보자 알아듣든 말든 그 사나운 눈을 보며 이렇게 외쳤다.

"늑대 형제여(Brother wolf)! 그대가 하나님의 형상인 인간들에게 끼친 해는 너무나 잘못된 것이오. 사형에 처해져야 마땅하지만 나는 그대가 사람들과 화해하며 살기를 바라오."

(Omer Englebert, *St. Francis of Assisi: A Biography*, 1979, 133.)

다시 마을로 돌아온 프란시스는 마을 사람들에게 밭에 먹을 것을 매일 미리 둘 것을 권했고 이후 늑대는 피해를 주지 않았고 마을의 애완견과 같이 되었다.

성자 프란시스는 이집트까지 가서 살라딘의 조카인 술탄 알 카밀(al-Kamil)을 만나 사랑과 용서의 메시지를 전했다. 술탄은 비록 프란시스의 권고를 수용하지는 않았지만 그 비범함을 인지하고 이슬람 지역을 안전히 통행하도록 조치해 주었다. 프란시스의 수사들은 사랑과 평화의 메시지를 위해 몽골과 중국은 물론 세계를 누볐다.

프란시스는 성탄 때 가축 인형과 짚들로 장식되는 '아기 예수의 마구간 탄생 장면(Nativity Scene)'을 최초로 전시한 이로 전해진다. 프란시스는 기독교의 본래 자리가 베들레헴의 마구간임을 역설하였다. 물질, 명예, 권력과 결혼한 이들에게 프란시스는 청빈, 비움, 섬김과의 결혼이 얼마나 행복한지 보여주었다. 그가 세상에 남긴 누더기 한 벌 옷은 교황 이노센트 3세가 소유했던 모든 보화보다 값진 것이었다. 많은 사람들은 예수의 산상 수훈이 이상(Ideal)이나 목표(goal)라고 여겼지만 성 프란시스는 그것이 실행 가능한 원리임을 여실히 보여주었다. 프란시스 수도회는 예수의 사도처럼 살자는 '비타 아포스톨리카(Vita Apostolica)', 즉 "사도적 삶"의 운동으로 불리며 더 확산되었다. 현대의 성녀 테레사(d. 1997)는 성자 프란시스의 것으로 알려진 다음 기도문을 늘 외웠다.

〔Prayer of St. Francis〕
"주여 나를 평화의 도구로 써주소서!
위로받기보다는 위로하고
이해받기보다는 이해하고
사랑받기보다는 사랑하고
주는 것 속에서 얻게 하며
용서하는 것 속에서 용서 받으며
죽는 것을 통해 영생을 얻게 하소서!"
"Lord, make me an instrument of your peace;
grant that I may not so much seek to be consoled as to console;
to be understood, as to understand;
to be loved, as to love;
for it is in giving that we receive, it is in pardoning that we are pardoned,
and it is in dying that we are born to Eternal Life!"

1226년 생애 말기 성자 프란시스는 40일 동안 금식하였다. 건강은 심히 쇠약해졌고 빈자들을 섬겼던 두 손바닥과 맨발로 다닌 두 발에는 상처가 생겼고 피까지 흘렀다. 동굴에서 돌 위에서 자다가 생긴 옆구리 상처에서도 출혈이 일어났다. 그는 마치 예수의 십자가 상처인 '성흔(Stigmata)'을 가진 것처럼 보였다. 다섯 군데 상처들은 치료도 되지 않았고 오히려 더 악화되어 결국 그는 44세를 일기로 시편 141편을 암송하며 세상을 떠났다.

일전에 프란시스가 교황 이노센트 3세를 처음 대면했을 때 많은 주교들이 비웃었지만 그때 추기경 우골리노(Ugolino)만은 깊은 감명을 받았다. 프란시스 사망 1년 후 우골리노는 교황에 선출되어 그레고리 9세가 되었으며 프란시스를 성자로 시성하고 이 형제회의 확산을 지원하였다. 그의 사망 50년이 지나지 않아 유럽에는 1,000여 개가 넘는 성 프란시스 수도회와 수만 명의 수사들이 출현하였다. 사실 그의 시대에 유럽은 십자군이 여전히 지속되며 일탈과 침공을 일삼는 때였고 동양은 칭기즈칸이 수많은 학살을 통해 대제국을 건설하는 시대였다. 살육이 동서로 넘쳐나는 시대에 그는 참으로 숭고하고 완벽한 비움의 삶을 살았다. 성자 프란시스의 마지막 말은 이것이었다.

"자매 죽음이여, 그대를 환영하오!(Welcome, Sister Death!)"
(Adrian House, *St. Francis of Assisi: A Revolutionary Life*, 2001, 279.)

왈도의 꿈과 현실

청빈 운동은 프란체스코회 외에도 여러 분파들이 있었다. 유사한 이상을 공유하며 왈도파(Waldensian), 아놀드파(Arnold), 알비파(Albigesian), 도미니크파(Dominican) 등이 나타났다. 왈도파는 리용의 상인이었던 피터 왈도(Peter Waldo, d. 1218)가 이끈 종파였다. 어느 날 그는 한 노래를 듣고 청빈 운동의 길을 선택했는데 그 가사 내용은 알렉시스(Alexis)라는 청년이 자신의 부유한 집을 떠나 무소유의 삶을 살다가 후에는 자기 집 앞의 걸인으로 세상을 떠났다는 내용이었다. 왈도는 이 노래를 통해 인생의 허무와 청빈의 가치를 숙고하게 되었고 그리스도처럼 소박한 삶을 살자는 메시지를 서부 유럽에 확산시켰다.

독일 보름스에 있는 피터 왈도의 동상
- photo by Tartessos

한편 아놀드(Arnold, d. 1155)라는 이탈리아 브레시아(Brescia)의 수도원장은 교회의 화려함을 비판하였다. 프랑스 알비에서 "영지주의"적인 알비파도 출현하여 물질 세계를 거부하고 영적 세계를 추구하였다. 알비파는 "순수"의 의미인 "카타리(Cathari)"라고도 불린다. 정통 교회에 실망한 많은 중세인은 이 종파들에 매료되었다. 도미니크회를 제외하고 이 종파들은 모두 교황청의 호화와 교회의 부패를 강력하게 비판하였다. 이에 교황청은 보복으로 왈도, 아놀드, 알비의 세 그룹을 모두 이단으로 정죄하고 무력으로 진압하였다. 아놀드는 화형을 당했고 알비파와 왈도파는 교황의 용병들에 의해 잔인하게 살해당했다. 알비파는 교리적인 일탈이 있기는 했지만 편파적이었던 중세 판결을 고려하면 분명 과도한 핍박을 받았다. 무엇보다 왈도파의 희생은 참으로 컸다. 이들은 알프스의 깊은 산속으로 피신하여 공동체를 이루어 300년 동안 간헐적으로 박해를 받다가 후에 칼빈주의 개신교회에 합류하였다.

중세 교회는 소위 "이단"들로 낙인찍힌 이들에 대해 설득과 처형이라는 두 방법으로 대응하였다. 교황들은 때로 극악한 십자군을 보내 신생 종파의 마을들을 습격하였다. 단순 투옥이나 추방이 아닌 처형 방식의 이단 심문은 신앙의 이름으로 저지른 중세 교회의 만행이었다. 그럼에도 중세인은 육신보다 영혼을 더 중시했으므로 이 억울한 "이단자들" 다수는 결코 신념을 버리지 않았다. 이들을 간혹 설득하기 위해 나선 수도사들도 있었다. 바로 도미니크파로서 이들은 프란시스파와 더불어 중세 중반 이후 대표적 수도회가 되었다.

"학자 수사" 성자 도미니크

도미니크(St. Dominic, 1170-1221)는 스페인에서 태어난 성자이다. 경건한 귀족이었던 그의 어머니는 이 아들을 낳을 때 "횃불을 입에 문 개"의 꿈을 꾸었다. 이 때문에 부모는 이 아들을 "주님의 개"라는 뜻으로 "도미니카니스(Domini canis)", 즉 '도미니크(Dominic)'라고 불렀다. 도미니크의 다른 형제들도 이름난 인물이었다. 형 안토니오(Antonio)는 부모의 유산을 모두 빈자들에게 나눠주고 병자들을 돌보며 살았고 동생 마네스(Manes)도 자선으로 성자가 되었다.

성자 도미니크(왼쪽)와 성자 프란시스의 만남
- by Fra Angelico

도미니크는 알비파 이단이 확산되자 이들을 정통으로 유도하기 위해 수도회를 만들었다. 그는 중세 교회를 바로 세우기 위해 두 가지 요소가 필요하다고 보았다. 첫째는 청빈한 수사들이 많아져야 하며, 둘째는 설득하기 위해 수사가 학식을 갖추어야 한다고 확신했다. 도미니크회는 마을마다 다니며 순회 설교를 하였다. 성서를 가르쳤고 지식도 알려주었다. 도미니크는 주교직을 제안 받았으나 단번에 거절했다. 이에 추천자들이 강제로 그를 임명하려 하자 이렇게 말했다. "만약 당신들이 나를 주교에 임명하면 그 순간 나는 지팡이만 들고 야밤에 아무도 모르는 곳으로 도망할 것입니다."

도미니크와 프란시스 모두 '가난'을 강조 했지만 차이가 있었다. '청빈'은 프란시스에게는 신부이고 목적이었으나 도미니크에게는 친구이고 수단이었다. 프란시스는 제자들에게 일을 하며 빵을 벌 것을 명했으나 이와 달리 도미니크는 제자들에게 일체 직업을 갖지 않고 구걸이나 강의료에 의지하라고 했다. 도미니크 수도회는 중세의 대학 발전에 큰 공헌을 하며 가장 학문적인 수도회가 되었다. 중세 최초의 볼로냐 대학도 도미니크 수사들이 가르쳤다. 스콜라 철학의 대가들인 토마스 아퀴나스, 알베르투스 마그누스, 마이스터 에크하르트도 바로 이 신생 수도회의 수사들이었다. 물론 프란시스 수도회도 윌리엄 오캄, 보나벤투라, 둔스 스코투스 등의 대학자들을 배출하며 경쟁하였다.

엄밀히 지적하자면 베네딕트회나 시토회 구성원들은 "수도사(monk)"라고 부르고 프란시스회나 도미니크회는 "수사(friar)"라고 칭한다. 'monk(몽크)'는 "단독"을 의미하는 헬라어 'monachos(모나코스)'에서 나왔고 'friar(프라이아)'는 '형제'를 뜻하는 라틴어 'fratus(프라투스)'에서 유래되었다. 이 때문에 본질적 의미에서 "수도사"는 단독자로서 수련하는 자이고 이와 달리 "수사"는 형제로서 섬기는 자이다. 1400년대에 이르자 도미니크파는 600여 개의 수도원과 12,000여 명의 수사들을 두었고 프란시스파는 1,400여 개의 수도원과 약 30,000여 명의 형제들이 있었다.

그러나 대부분의 운동들이 그러하듯 두 수도회는 대형 조직이 되자 순수했던 초기 이상을 상실하고 경화되었다. 프란시스파는 소유파와 무소유파로 분열하며 부를 소유하게 되었다. 도미니크파는 이단 심문관(Inquisitor)이 되어 뛰어난 학식을 순진한 민중들을 잡는데 사용했다. 이 때문에 이 종파의 별명은 "주님의 개"가 아니라 "교황의 개"가 되었다. 이들 수도회가 출현한 중세 절정기는 지성사적 광채를 내었으나 이들이 청빈의 이상을 상실한 중세 말에는 사회도 교회도 모두 쇠락의 길로 치달았다.

・중세의 대표적 수도회들・

A. 수도사(monk)들의 3개 수도회
 (1) 베네딕트 수도회(Benedictines, est. 529)
 (2) 카르투시안 수도회(Carthusians, est. 1084)
 (3) 시토 수도회(Cistercians, est. 1098)

B. "수사(friar)"들의 4개 형제회
 (1) 프란시스 형제회(Franciscans, est. 1210)
 (2) 도미니칸 형제회(Dominicans, est. 1216)
 (3) 갈멜 수도회(Carmelites, est. 1154)
 (4) 아우구스티누스 형제회(Augustine Friars, est. 1256)

6. 대학의 발전과 위대한 스콜라 학자들

"우니베르시타스"의 설립

십자군의 전사들이 공국들을 세웠을 때 학문의 전사들은 대학을 수립했다. 중세의 초기 대학들은 대형 건물보다는 교수와 학생의 만남 또는 강의 장소를 의미했다. 교수의 집이나 성당 바닥, 허름한 창고나 강변 언덕에서 강의가 열렸다. 중세 교육에서의 가장 큰 문제는 도서의 부족이었다. 학생들은 도서관이 있는 곳으로 모여야 했으므로 자연스럽게 수도원이나 대성당 주위에서 학문 공동체가 형성되었다.

중세의 교육 소비자인 학생들은 상인들의 조합 '길드(guild)'처럼 '베르시타스(versitas)'라는 조합을 만들었다. 신학도들은 '신학 베르시타스'를, 법학도들은 '법학 베르시타스'를, 음악 학도들은 '음악 베르시타스'를 조직하는 등 전공별 조합이 만들어졌다. 이 학생 조합들은 교육적 필요 사항들을 의논했는데 희망 과목을 요청하였고 강의 평가에 따라 강사료를 내었으며 주변 방세를 놓고 조정도 하였다. 교수들도 조합을 만들었는데 이는 강의실의 질서와 교수들의 권익을 위한 것이었다. 점차 이러한 여러 종류의 조합(베르시타스)들은 "하나(uni)"로 합쳐져 "우니-베르시타스(universitas)", 즉 유니버시티(university)로 불리는 대학을 탄생시켰다. 대학이란 교수와 학생들의 대면으로

중세 대학 강의 by -Laurentius de Voltolina - c 14th

권익을 도모하며 많은 전공들이 협력하는 공동체임을 그 어원은 알려주고 있다. 대학의 등장으로 드디어 수도원은 1,000년간 지켜온 학문의 기둥이라는 명예를 대학에 건네주었다.

최초의 볼로냐 대학(1158)

'알마 마테르 스투디오룸(학문의 모교)'
가 적힌 볼로냐 대학의 문장

최초로 설립된 중세 대학들은 1158년 황제의 공인을 받은 이탈리아의 볼로냐 대학(University of Bologna)과 1200년경 시작한 프랑스의 파리 대학(University of Paris)이다. 볼로냐 대학은 법학의 최고 전문가였던 베네딕트 수도사 그라티아누스(Gratianus)의 강의에서 비롯되었다. 그는 법학 교재를 편찬하여 명성을 얻었고 뛰어난 강의로 유럽 각지의 수많은 학생들을 끌어 모았다. 너무나 유명했음에도 불구하고 이 수도사 법학자의 생애 정보는 기이할 만큼 별로 전해진 것이 없다.

중세의 법은 사회법(Civil Law)과 교회법(Canon Law)으로 구성되었고 법학 연구는 유스티니아누스 법전, 살리카 법전, 그리고 교황 교서들을 살피는 것이었다. 볼로냐 대학은 법학 외에도 신학, 철학, 수학, 의학, 천문학 등의 여러 전공들을 개설하였고 1200년대에 이르자 무려 10,000명이 넘는 학생들이 공부하였다. 이 때문에 이 대학의 별칭은 "학문의 모교(Alma Mater Studiorum)"가 되었다.

피에르 아벨라르와 파리 대학

파리 대학은 중세 최고의 교수인 피에르 아벨라르(Peter Abelard, 1079-1142)의 강의에서 시작되었다. 그는 연약한 인간이었고 힘없는 수도사였으며 동시에 위대한 학자였다. 이 개인의 놀라운 학문성과 인기가 파리를 일순간에 교육의 도시로 인식케 하였다. 아벨라르는 프랑스 북서쪽 브르타뉴(Brittany) 출신으로 일찍부터 학문의 길을 선택하였다. 파리 노트르담 대성당 학교에서 수학하였고 교사들을 능가할 정도의 학식을 갖추자 그는 독립하여 센 강변의 생 쥐느비에브 대성당 부속실에서 학생들을 모아 강의를 시작하였다.

수년 후 아벨라르는 강의로 파리를 점령하였다. 대교사로서의 그의 명성은 온 유럽에 퍼졌고 갑자기 파리에는 이처럼 많은 학생들이 몰려든 적이 없었다. 곧 시인, 소설가, 연대기 작가 등 문학가들도 파리로 모여들었고 좋은 교수들도 많이 늘어났다. 해외에서도 유학생들이 찾아왔다. 아벨라르의 과목들은 신학, 철학, 수사학(논리학)에 관계되었는데 특히 그의 수사학 강의는 큰 인기를 끌었다. 수사학은 정치, 법률, 경제, 과학 등에 기본이 되는 중요한 과목이었다. 그의 학당과 다른 교수들의 학당이 합해지며 파리 대학으로 발전되었다.

아벨라르의 대표적 저술은 『긍정과 부정(Sic et Non: Yes & No)』이었다. 이는 무조건 암기를 강조했던 이전의 명령형 교재와는 전적으로 달랐고 토론과 탐구를 중시하는 문답식 교재였다. 이 책은 성경과 교부들에 관한 158개의 질문들을 제기하고 긍정적인 답과 부정적인 답들을 동시에 제시하였다. 이를 통해 학생들은 비평적 시각, 분석적 사고, 창의적 추론, 합리적 태도 등을 기를 수 있게 되었다. 신학적 측면에서 그는 예수의 십자가 죽음이 인간에게 깊은 "도덕적 감화(Moral Influence Theory)"를 일으키는 모범이라고 가르쳤다.

한편 파리 대학은 대학 역사에 중요한 유산을 하나 남겼다. 가난한 학생들을 위해 학사를 마련한 것이다. 1257년 왕실 사제였던 소르본의 로베르(Robert de Sorbon)는 '칼리지(college)'라 부르는 첫 학사를 마련하였고 여기에서 강의까지 겸하였다. 이 건물은 그의 이름을 따서 "소르본 칼리지"라고 불렸다. 때문에 파리 대학은 점차 숙식과 강의를 겸한 여러 학사들,

즉 칼리지들의 연합으로 발전하였고 이런 방식의 대학이 유럽의 표준이 되었다. 건물을 갖춘 대학은 경제 공동체로서도 각 도시에 기여하였다. 대학과 시청 간에 분쟁이 발생하면 교황이 재판관이 되어 많은 경우 대학에 유리한 판결을 내렸다.

한편 1167년 파리에서 내분이 일어나 외국인들이 추방되자 이때 영국인들도 귀국하여 템스 강변에 옥스퍼드 대학(Oxford University)을 시작하였다. 1209년 이번에는 옥스퍼드 주민들과 학생들의 충돌이 일어나자 일부가 북동쪽으로 이동하여 케임브리지 대학(Cambridge University)을 설립하였다. 이후 독일과 스페인을 비롯한 유럽 전역에 대학이 유행처럼 설립되었다. 수많은 대학들의 등장으로 유럽은 비로소 학문과 문화와 국력에서 세계 최고에 이르는 동력을 얻었다.

루이 9세와 파리의 발전

1200년대 로마는 종교의 도시였고 볼로냐는 교육의 도시였으며 피렌체는 예술의 도시였고 베니스는 상업의 도시였으며 파리는 문화의 도시였다. 파리가 문화의 중심 도시로 앞서게 된 것은 이 시기 중세 프랑스의 전성기를 이룬 국왕 루이 9세(Louis IX. r. 1226-1270)의 유능한 통치 때문이었다. 그는 43년간의 치세에 정치, 경제, 군사의 측면에서 프랑스를 영국과 독일에 앞서는 국가로 발전시켰다. 루이 9세는 학문 발전과 고딕 건축 및 예술의 큰 후원자였다. 또 '루이 성서'라는 삽화 성서도 편찬하였는데 현재 뉴욕 모간 박물관에 소장되어 '모간 성서(Morgan Bible)'라고도 부른다. 이는 중세 예술의 걸작으로

참회 때 채찍 형을 자청한 성자 왕 루이 9세

노트르담 대성당의 스테인드글라스 성화와 함께 프랑스의 뛰어난 예술성을 보여주었다.

신앙심 깊은 루이 9세는 프랑스가 기독교 세계의 장자 역할을 해야 한다고 믿었고 성지 회복을 위해 1249년 제7차 십자군 원정도 떠났다. 그러나 이집트 공격 중에 포로가 되어 협상 끝에 풀려나는 곤욕도 치렀다. 루이 9세는 수사 루브룩의 윌리엄을 보내 몽골 제국의 대칸 구유크와 교류도 시도하였다. 1270년 북아프리카 튀니지를 공격하러 제8차 십자군을 책임지고 떠났으나 상륙 직후 그곳에서 사망하였다. 그는 겸손한 왕이었고 자선에 힘쓰고 경건한 군주였기에 프랑스 왕으로서는 유일하게 성자로 추앙되었다. 그의 이름 "성자 루이", 즉 '세인트루이스(St. Louis)'는 프랑스는 물론 미국과 캐나다의 여러 도시들의 지명이 되었다.

"파리의 연인들": 아벨라르와 엘로이즈

1120년경 피에르 아벨라르는 학문으로 큰 명예를 얻자마자 스캔들로 큰 곤욕을 겪었다. 이는 엘로이즈라는 파리의 연인과의 사랑 때문이었다. 아니 스캔들이 아니라 중세 역사상 가장 극적인 로맨스라고 할 수 있다. 젊은이들이 넘쳐났던 파리의 대학촌에서도 당시 여성 학생은 극히 드물었다. 그러나 파리 노트르담 대성당의 사제 플로베르(Fulbert)는 자신의 조카 엘로이즈(Heloise)에게 최고의 교육을 시켰다. 대교사 아벨라르를 엘로이즈의 입주 가정 교사로 초빙한 것이다. 그녀는 30대 후반의 아벨라르보다 무려 20살이나 어린 십대 후반이었으나 무척이나 지적이고 고상한 여인이었다. 둘은 지식을 나누며 동시에 사랑도 깊게 나누었다. 삼촌 플로베르는 그 관계를 알게 되자 격노하여 두 사람을 갈라놓았다. 아벨라르는 대중의 조롱을 받으며 명성이 추락하였고 분이 덜 풀린 플로베르는 자객을 보내 그를 폭행하고 끔찍하게도 거세시켜 버렸다.

엘로이즈는 아벨라르의 학문과 장래를 위해 현실적 사랑을 포기하기로

피터 아벨라르와 그의 연인 엘로이즈
- by Edmund Leighton

결심하였다. 그녀는 수녀가 되었고 아벨라르도 수도사가 되었다. 수도원들의 높은 담장 바깥으로 나올 수 없었던 두 사람은 살아 있는 동안은 다시는 만나지 못했고 연서들만 교환하였다. 물론 이별은 이들에게 가혹한 고통을 안겨주었다. 엘로이즈는 다음과 같이 썼다.

"당신의 불행이 저에게 그대로 전달되고 있습니다. 당신의 가치를 모르는 이 세상이 부끄러울 뿐입니다. 나의 아벨라르여! 눈물 없이 한숨 없이 당신 이름이 불린 적이 있을까요."

(Israel Gollancz, ed., *The Love Letters of Abelard and Heloise*, 2008, 30.)

이 두 사람은 단순한 애정을 넘어 정신적으로 온전한 사랑을 추구했고 이별의 아픔을 천상을 향한 신앙으로 승화시켰다. 학문의 전당을 탄생시킨 아벨라르는 마음에 사랑의 전당도 같이 세웠다. 당대 최고의 교회 정치가였고 신비주의 학자였던 버나드는 아벨라르를 이단으로 정죄하고 핍박하였다. 1142년 아벨라르는 병까지 얻어 결국 이 세상을 떠났다. 150년 후 단테와 베아트리체가 이탈리아의 대표적 사랑이었다면 아벨라르와 엘로이즈는 프랑스의 대표적 로맨스였다. 단테가 신곡을 통해 사랑을 만나고자 했다면 아벨라르는 학문을 통해 사랑을 물으려했다. 단테는 베아트리체를 먼저 보냈고 아벨라르는 엘로이즈보다 먼저 떠났다. 22년을 더 살았던 엘로이즈도 1164년 세상을 떠나자 사람들은 이 둘을 파리 외곽의 묘지(Pere Lachaise)에 함께 묻어 주었다. 생전에 피에르 아벨라르는 마치 모든 지식을 소유한 듯 학생들의 모든 질문에 답을 주었다. 그런 그가 숨지는 순간 남긴 마지막 말은 이 한마디였다.

"나는 모른다!" [I do not know!]

(Norman Davies, *Europe: A History*, 1996, 687.)

중세 대학의 교육 과정

중세의 고등 교육은 학사, 석사, 박사의 세 체계였다. 오늘날 현대의 학위 체계는 중세를 그대로 이어받았다. 학사는 "배첼러(Bachelor)"라고 부르는데 이는 라틴어 '바카라우루스(baccalaurus)'에서 유래되었다. 그 뜻은 "베리(bacca) 열매와 가지(laurus)를 거둔 일"이라는 뜻이다. 뜨거운 태양 아래 땀 흘려 수고하고 추수한 농부처럼 학생이 학문의 열매를 거두었다는 의미이다. 석사는 '마스터(Master)', 즉 학문에 "능숙한 자"이고 박사 '닥터(Doctor)'는 타인을 "가르치는" 의미의 '독토리스(doctoris)'에서 파생되었다. 학사 과정은 문법(Latin Grammar), 수사학(Rhetoric), 논리학(Logic)을 4년간 공부했고, 석사 과정은 대수학(Algebra), 기하학(Geometry), 음악(Music), 천문학(Astronomy)을 2년간 더 배웠다. 이 7개의 과목들은 로마 시대에 노예가 아닌 자유민만 공부할 수 있었으므로 "자유인의 학문(Liberal Arts)", 즉 '인문학'이라 부르게 되었다.

문법과 수사학 교재들은 아우구스티누스나 보에티우스의 저술들을 가지고 공부하였고 논리학은 아리스토텔레스의 책들이 교재였다. 중세 박사 과정에서는 인간 신체를 다루는 의학(Medicine), 인간관계를 살피는 법학(Law), 인간 가치를 논하는 신학(Theology)이 개설되었다. 특히 아리스토텔레스 사상은 중세 학문에서 환영받았다. 그의 생리학은 의학에, 그의 윤리학은 법학에, 그리고 그의 철학은 신학에 적용되었다. 중세는 결코 암흑으로 일관된 시대가 아니었으며 역사 발전의 시대적 사명을 명백히 감당한 세기들이었다. '유니버시티(University)'의 본뜻이 학문 간의 연합이라는 것과 '칼리지(College)'의 시작이 가난한 학생들을 위한 학사였다는 사실은 대학의 역할에 대한 통찰력을 제공하고 있다.

중세 학문의 기둥이 된 스콜라 철학

서기 첫 천년 동안 학문은 암기 위주였고 논리적 비판과 창의적 탐구는 별로 장려되지 않았다. 중세 1100년대에는 인간과 우주, 세상과 교회, 창조와 종말, 도덕과 존재, 시간과 영원, 선과 악 등 당시 다양한 주제들을 새롭게 분석한 스콜라 철학(Scholasticism)이 등장하였다. 'scholae(스콜라)'는 본래 "그룹"을 뜻했는데 중세 중반에는 학교나 대학의 사람들, 즉 "연구 집단"을 의미하게 되었다. 이 때문에 중세의 '스콜라 철학'이란 중세 대학의 지성적 집단에게서 나온 학문을 의미한다. 이전에는 골방이나 동굴, 수도원에서 독자적으로 학문을 발전시켰지만 중세 절정기에는 대학의 교사들이 서로 논쟁하며 학풍을 조성하였기 때문이다. 암기에 치중했던 수도사들과는 달리 스콜라 학자들은 토론으로 가르치며 합리적 이성으로 분석하고 창의적인 입증을 더 중시하게 되었다.

스콜라 철학의 선구자는 영국 국왕 윌리엄 2세와 대치했던 캔터베리 대주교였던 안셀름이었다. 그는 노르망디 베크의 수도원장으로 재직하던 중 "독백"을 뜻하는 『모노로기온(Monologion)』, "웅변"을 의미하는 『프로슬로기온(Proslogion)』, 『왜 '하나님-인간'이 오셔야 하는가?(cur Deus Homo)』 등을 저술하였다. 안셀름은 예수의 신성과 인성이 구원에 어떠한 효력을 미치는 가를 중세의 신분제를 통해 설명하였다. 봉건제 사회에서 죄의 처벌은 피의자와 피해자 신분에 따라 달리 규정되었다. 즉 왕에 대한 범죄와 평민에 대한 범죄는 달랐다. 따라서 인간이 하나님께 죄를 범하였을 때 이는 인간이 도저히 갚을 수 없는 정도의 엄청난 규모로 하나님의 명예를 손상시킨 것이다. 그러므로 이 피해는 인간이 갚을 능력이 없고 신적 신분을 가진 분만이 갚을 수 있다. 또한 인간에 내려진 형벌은 반드시 참 인간이 받아야 한다. 결론적으로 인류의 구원이 효력이 있기 위해서는 하나님의 명예를 갚을 하나님 정도의 존재와 인간의 참 죽음을 당할 진짜 인간이라는 존재의 두 가지 조건을 모두 충족시키는 '하나님-인간'이 필요하다는 것이다.

"우둔한 황소" 아퀴나스의 중세 사상 완성

중세 말 가장 위대한 학자는 토마스 아퀴나스(1225-74)였다. 세상이 온통 혼란에 있어도 오로지 그의 관심은 철학 고전들과 성서뿐이었다. 그는 신학, 철학, 물리, 자연 등 다방면의 주제에 대해 날카로운 통찰력으로 분석하고 종합한 인물이었다.

아퀴나스는 이탈리아 중부 로카세카(Roccasecca) 성에서 귀족 부모에게서 태어났다. 그의 어머니 테오도라는 신성 로마 황제를 배출한 호엔슈타우펜 왕조의 후손이었다.

중세를 대표하는 스콜라 철학자 토마스 아퀴나스(1225-1274)

아퀴나스는 성장기 다른 아이들보다 발육이 늦어 행동이 느리고 뚱뚱하여 "우둔한 황소(dumb ox)"라는 별명까지 얻었다. 19살에 그는 도미니크 수사가 되기로 결심하였는데 부모는 조그마한 신생 수도회에 들어가려는 아들이 정말 "우둔한" 선택을 했다고 믿었다. 차라리 수도사가 되려면 고위 성직자를 많이 배출하는 전통의 베네딕트 수도회에 들어가라고 권유했다. 아퀴나스가 고집을 꺾지 않자 그의 부모는 그를 2년이나 성에 가두어두었다. 그럼에도 아퀴나스는 뜻을 굽히지 않았고 자식을 이길 수 없던 어머니는 그를 보내주었다.

아퀴나스는 도미니크파의 수사가 되어 아예 학문과 결혼하였다. 파리대학에 입학한 그는 저명한 학자 알베르투스(Albertus Magnus, d. 1280)에게 배웠다. 알베르투스는 당대의 천재로서 철학, 천문학, 수학, 연금술, 과학, 음악, 신학 등 거의 모든 분야에 조예가 깊었다. 알베르투스와 스콜라 학자들은 만물에 신적 속성이 있으므로 자연과 사물에 대한 연구를 강조했고 이러한 학문적 태도는 과학의 발전에도 기여했다. 이 때문에 중세에 쓰인 많은 과학책들은 알베르투스에게 헌사되었다. 한 세대 후에 쓰인 단테의 신곡에서는 가장 지혜로운 인물로 알베르투스와 아퀴나스가 등장할 정도이다. 알베르투스는 주교였는데 군림하는 모습으로 비춰지는 말 타기를 꺼려하고 민 거리도 걸어 다니는 존경받는 지도자였다. 그는 제자 아퀴나스에 대해 이렇게 평하였다.

"사람들이 그를 황소라고 놀리지만 언젠가 세계는 이 황소의 울음소리를 들을 것입니다."

아퀴나스는 파리와 로마에서 가르쳤고 말년에 나폴리에서 학당을 운영하였다. 이 학자는 이성(reason)을 학문의 도구로 사용했으나 이성의 한계도 알고 있었다. 이성으로 세상을 다 밝힐 수 없기 때문에 당연 인간은 신의 계시를 필요로 한다. 아퀴나스의 대표적 저술은 『신학의 요약(Summa Theologia)』으로서 엄청난 분량과 다양한 주제가 특징이다. 그는 '목적론적 논증(Teleological Argument)'이라고 부르는 논리를 통해 신 존재 증명을 시도하였다. 세상의 모든 사물은 반드시 움직이게 하는 힘에 영향 받았는데 그 최초의 동인이 바로 신이라는 것이다. 또한 우주는 고도의 지적인 설계를 보여주는데 이는 반드시 설계자가 있음을 알려준다. 더 나아가 인간에게는 선함, 기쁨, 양심 등 지울 수 없는 궁극적 가치가 내재 되어 있는데 이는 그 가치들의 완벽한 근원자인 신이 존재함을 말한다는 것이다.

아퀴나스는 정부와 자연법에 대한 중요한 논문을 썼다. 그는 이 세상에는 인간이 만든 법과 병행하여 자연을 통해 제정된 불변의 법이 있다고 주장하였다. 특히 자연법은 인간에게 절대적 권리를 보장하는데 생존의 권리, 행복의 권리, 신앙의 권리, 출산의 권리 등이 그 예이다. 아퀴나스는 이 권리들을 하늘이 부여한 권리, 즉 "천부 인권"으로 불렀고 모든 인간이 이 권리를 누리며 어떤 통치자나 정부도 제거할 수 없는 것이라고 굳게 믿었다. 바로 아퀴나스의 자연법 사상은 근대 법철학의 형성과 정부의 역할에 큰 통찰력을 제공하였다.

1273년 12월 사고를 당해 건강이 악화된 토마스 아퀴나스는 그동안 써오던 책을 중단했다. 그리고 기도로 3개월의 시간들을 채운 후 이 "우둔한 황소"는 아래와 같이 한마디 울고 세상이라는 외양간을 떠났다.

"내가 깨달은 계시와 환상에 비하면 나의 모든 책들은 한 무더기 지푸라기에 불과하다."

(F. C. Coplesotn, *Aquinas: An Introduction to the Life and Work of the Great Medieval Thinker*, 1995, 10.)

중세의 여성 신비가: 빙겐의 힐데가르트

아퀴나스가 남성으로서 중세 최고의 학자로 등극하기 정확히 100년 전에 유럽은 한 여성의 학문성과 영성에 열광하였다. 그녀는 바로 수녀 힐데가르트(St. Hildegard, d. 1179)였다. 그녀는 사실상 중세 최초, 최고의 여성 학자였으며 수사학, 철학, 음악, 의학, 식물학 등 전 분야를 탐구했다. 힐데가르트는 독일 베르메르샤임에서 태어나 소녀 때에 베네딕트회 수녀가 되었다. 1148년 학문과 수련에 힘쓰던 그녀는 50세에 빙겐(Bingen)에 독립 수녀원을 설립하였고 이후 "빙겐의 힐데가르트"로 불리게 되었다. 이 수녀원장은 뛰어난 학문성뿐 아니라 신비한 환상들로도 유명했는데 자신의 내면에 들려진 음성들을 기록하여 전하였다. 놀랍게도 그녀의 기록들은 삶과 세계에 대해 비상한 통찰력을 지녔다. 다방면에서 그녀의 명성이 높아지자 조언을 구하거나 순례를 오는 이들이 줄을 이었고 여러 기적들도 보고되었다. 평민들은 물론 교황 유게니우스 3세와 독일 황제 프리드리히 바바로사도 그녀에게 자문을 구

빙겐의 힐데가르트

했다.

　힐데가르트는 순회 설교를 했는데 이는 여성이 강단에 서는 것을 금지한 중세의 상황에서는 참으로 희귀한 사례였다. 여성 설교자로서 힐데가르트가 추구하고 전파한 삶은 결코 세속적 요소에 관한 것들이 아니었다. 그녀의 메시지는 주로 교회의 부패에 관한 질책과 새로운 각성이었다. 직책을 사고파는 시모니(성직 매매), 이권 다툼, 영성 결핍, 호사스런 삶 등을 비판하였고 나아가 물질 집착의 세속성에서 벗어나 신비한 세계로 나아갈 것을 강조했다. 특히 힐데가르트는 인간의 전인적 치유를 강조했는데 영, 혼, 육의 세 영역이 같이 치유 받아야 함을 강조했다. 그녀와 대면한 많은 이들은 큰 위로와 치료를 받았는데 이점에서 그녀는 최고의 상담자였다. 역설적이게도 정작 그녀 자신은 늘 병중에 있었고 그럼에도 80세까지 살아 당시 일반인의 두 배 수명을 누렸다. 독신 수녀인 그는 사랑에 대해서도 많은 글을 남겼는데 이런 언급도 있다.

　"남자의 사랑은 불타는 화산의 사랑으로 시작하여 가지에 붙은 여린 불이 되나 여인의 사랑은 부드럽고 따뜻한 태양빛처럼 시작하여 숯불처럼 지속된다."

　(Marcia C. Chamberlain, "Hildegard of Bingen's Causes and Cures: A Radical Feminist Response to the Doctor-Cook Binary", 1998, 66.)

7. 중세 문화의 단면:
순례, 음악, 기사도, 여성, 과학, 건축

중세의 성지 순례

　가장 중요한 성지는 물론 이스라엘의 예루살렘이었다. 일부 사람들은 목숨을 걸고 이 도성까지 갔다 오기도 했다. 유럽에서는 영국의 캔터베리, 사도 야고보의 도시인 스페인의 산티아고 콤포스텔라, 이탈리아의 로마, 프랑스의 상드니, 독일의 풀다 등이 유명하였다. 매해 4월 봄이 되면 본격적으로 시작되는 성지 순례는 중세에서 다양한 사회적 기능을 지닌 중요한 행사였다. 현세에서 지은 죄들을 사함받기 위해 또 병든 가족의 회복을 비는 마음에서도 순례를 했고, 자녀들이 세상을 먼저 떠나면 이들의 유골 일부를 가져가 성자들의 유골함에 대며 성자들이 그리운 아이들을 천국으로 인도해줄 것으로 믿었다.

　한편으로 성지 순례는 매해 수백만의 이동 행렬을 위해 식당, 숙소, 안내서, 물품 등에 관련된 생산과 소비를 늘렸고 마을과 도시의 경제를 활성화시켰다. 순례자들은 강도떼들로부터 자신들을 보호하기 위해 많은 경우 단체로 여행하였다. 사실상 유일하게 순례를 통해 각종 정보를 교환하며 새로운 문화와 더 넓은 세상을 경험할 수 있었다.

중세의 음악

　음악의 가장 주된 무대가 오랫동안 교회였기에 서구 음악의 발전은 기독교와 분리해서 생각할 수 없다. 중세 음악 발전에는 두 인물이 큰 공헌을 하였는데 바로 그레고리 대교황과 샤를 대제이다. 앞서 보았듯이 600년대 초 그레고리 교황은 구전 노래들을 악보에 기록하고 작곡을 장려하는 등 음악의 성문화(written codification)를 이루었다. 샤를마뉴는 소년 합창단을 마을마다 조직하고 악기 오르간을 보급하고 음악 교육을 중시하였다.

수도사들은 많은 성가를 작곡하였다. 아름다운 목소리의 수도원 성가(chant)는 천상의 세계를 갈구한 중세의 이상과 잘 어울렸다. 수도사들의 또 다른 공헌은 악보들의 필사와 음악 이론의 정립이다. 이들에 의해 고전도 전래되었듯이 옛 음악들과 가사들도 현대까지 전해졌다.

베네딕트회 수도사 파울루스(Paul the Deacon, d. 799)는 중세의 뛰어난 음악가였다. 그는 롬바르드족의 연대기(Historia Langobardorum)를 쓴 역사가였으며 동시에 "세례 요한 찬송(Hymn to St. John the Baptist)"을 지은 시인이었다. 특기할 것은 11세기 이탈리아 아레쪼의 수도사 구이도(Guido of Arezzo, d. 1050)가 최초로 음계를 만들었는데 그가 인용한 것이 바로 파울루스의 기도문 가사였다. 구이도는 기도문 각 행의 첫 글자들을 따서 음계 '웃[도]레미파솔라'를 만들었다.

· 성자 세례 요한 기도문 ·

Ut queant laxis(당신의 종들이)
Resonare fibris(자유로운 목소리로)
Mira gestorum(놀라움을 표하네)
Famuli tuorum(당신의 위업을!)
Solve poluuti(더러움을 씻으소서)
Labii reatum(우리의 때 묻은 입에서)
Sancte Iohannes(오 성자[세례] 요한이여!)

얼마 후 이 시의 7번째 연 'Sancte Iohannes'의 두 단어 첫 철자를 합해 '시(SI)'가 추가되었고 '웃(Ut)'은 "주님"을 뜻하는 '도미누스(Dominus)'의 "도(Do)"로 바뀌어 '도레미파솔라시도' 음계들이 완성되었다. 폼포사에서 음악 교육을 받은 수도사 구이도는 4줄 악보 위에 음계를 표기하는 혁명적인 방법을 고안하여 음악을 더 쉽게 기록하고 학습하게 한 중세 최고의 음악가였다.

중세의 민요 '롤랑의 노래(Song of Roland)'

중세에서 큰 인기를 끌었던 노래는 대서사 시인 '롤랑의 노래'였다. 이 노래는 놀랍게도 10음절 시구의 무려 4,002행의 엄청난 분량으로 되어 있다. 중세의 음악은 문학과 불가분의 관계였는데 서사시는 글로도 또 노래로도 전래되었기 때문이다. 이 노래의 주인공 롤랑은 샤를마뉴의 조카 기사로서 스페인 이슬람 원정에서 맹활약한 장수였다. 기사 롤랑은 중세 기사도의 모델이었는데 '롤랑의 노래' 내용은 다음과 같다.

롤랑의 노래에 나오는 전투 장면
by Granger

샤를마뉴의 군대는 스페인의 많은 이슬람 도시들을 함락시키고 사라고사 하나만을 남겨두었다. 이 도시의 군주인 무슬림 마르실(Marsile)은 거짓 항복을 하며 화친을 청하였다. 이를 두고 샤를마뉴의 부하들은 의견이 나뉘었다. 용맹한 롤랑(Roland) 장군은 공격을 주장했고 이와 반대로 사라센으로부터 많은 뇌물을 받은 가느롱(Ganelon) 장군은 화친을 추진했다. 음흉한 가느롱은 롤랑의 의붓아버지로서 전부터 둘은 사이가 나빴다. 샤를마뉴가 휴전을 염두에 두고 사신을 뽑으려 하자 롤랑은 가느롱을 추천하였다. 가느롱은 위험한 일을 맡게 된 것에 분노하며 롤랑을 제거하기로 결심하였다.

샤를마뉴는 화친 조약을 맺은 뒤 본군을 되돌렸고 만일에 대비해 후미의 수비는 롤랑의 부대에게 맡겼다. 가느롱이 내통한 사라센 전사들은 롤랑 부대를 공격하였고 롤랑은 용감히 싸우고 전사하였다. 앞서가다 뒤늦게 모든 상황을 파악한 샤를마뉴는 가느롱을 처단하고 사라센을 향해 말을 되돌렸다. 그즈음 스페인 이슬람 세력을 돕고자 다마스쿠스에서 보낸 벨리간(Baligant)의 원군이 도착했다. 샤를마뉴와 벨리간은 맞대결을 벌였으나 서로 무용이 대등하여 한참 동안 승부를 가리기 어려웠다. 그러나 "천사 가브리엘의 도움으로" 샤를마뉴는 마침내 벨리간을 베고 대승을 거두었다.

배신과 충성, 탐욕과 신앙 등을 흥미 있게 대비시킨 '롤랑의 노래'는 중세 마을의 광장과 장터에서 많은 군중들이 모여앉아 들었던 가장 극적인 노래요 드라마였다. 문학사적 측면에서 볼 때 이는 중세의 대표적 영웅 문학이었다. 동시에 샤를마뉴의 이슬람 왕국 7년 원정을 기록한 전쟁사적 작품이고 당시의 사회상을 상세히 전해주는 귀중한 문화사적 자료이다. 또 신앙의 수호와 기독교 국가의 승리를 노래한 종교적 예술이었다. 중세의 많은 소년들은 이 노래를 부르며 롤랑 같은 영웅 기사의 꿈을 품었고 12세기의 십자군 병사들도 이를 애창하며 성지로 나아갔다.

중세의 꽃 '기사도'

두 손을 모아 내밀며 국왕에게 충성을 맹세(homage)하는 기사 - 9세기 문서 삽화

중세에서 일반 평민을 '젠틸리스(gentilis)'라고 불렀다. 이 라틴어 단어에서 신사를 뜻하는 영어의 '젠틀맨(Gentleman)'이 나왔다. 사실 중세에서 신사는 평민이며 또 신사도(Gentlemanship)는 '평민' 수준에 필요한 예절이었다. 이 초급 단계의 예절보다 한 단계 위에 있는 것이 바로 중세의 기사도(Knighthood)였다. 기사가 되기 위해서

는 십대 중반부터 수년간 교육과 훈련을 받아야 했고 규칙에 철저해야 했다. 이들에게 모델은 영국의 전설의 왕 아써(Arthur)나 그의 부하 랜슬럿(Lancelot) 아니면 샤를마뉴나 부하 롤랑 같은 기사들이었다. 기사들은 기독교 수호, 국왕에 대한 충성, 그리고 약자 보호 등의 세 가지 서약을 하였다. 또한 야만적 전투 문화를 청산하려 노력했고 심지어 패자에 대한 배려도 보여주었다. 기사들의 목표는 고상한 전사가 되는 것이었다. 때문에 기사들은 무술뿐 아니라 학문에 열심이었고 여자와 아동 앞에서는 "자상한 약자"가 되어야 했다.

기사도 정신의 확산은 전투의 문화를 놀랍게 바꾸었다. 기사도 정신이 없는 나라들의 전투와도 극명한 차이가 있었다. 고대 세계의 전투에서는 군대 간의 단순한 충돌을 넘어 패배한 도시들의 모든 노약자들까지 다 살육하는 것이 일반적이었다. 또 상대 병사들의 손발을 잘라 들판에 늘어놓거나 심지어 시신을 먹기도 하였고 여인들은 겁탈한 후 나무에 매달아 활쏘기 표적으로 삼기도 했다. 중세까지 모든 민족들은 극단적인 야만성을 기르는 대결들을 해왔지만 샤를마뉴 이후 기사도의 확산은 전투에서 한계와 도의가 있어야 함을 가르쳐 주었다. 모든 전사들이 이 정신에 충실한 것은 아니었지만 적어도 중세 전쟁에서 야만성을 배격하는 현저한 시도들은 분명 나타났다.

평화 시에 기사들은 장원의 경호 임무가 주어졌고 유사시에는 군대에 차출되었다. 기사들은 십자군에서도 선봉에서 성지 보호에 공헌을 하였다. 그러나 십자군의 실패와 봉건제의 약화로 기사들의 사회적 위상은 추락하였고 또 중세 말에 총포와 대포의 등장으로 무기에 획기적인 변화가 오면서 군사적 필요도 감소하여 기사 전투는 쇠퇴하였다.

여성들을 활쏘기 표적으로 삼은 중세 전사들의 야만적인 모습

중세의 여성 문화

중세 시대 직전 헬라-로마 세계에서 여성은 재산이나 소유물처럼 간주되었다. 전쟁과 약탈의 첫 대상은 언제나 여성이었기에 약자로서 여성의 삶은 남성보다 더 고통스러웠다. 결혼도 거래로 이루어졌다. 자녀의 의사는 무시되었고 또 결혼 생활에서 법적 보호도 미미했다. 근친혼, 중혼으로 보내지기도 했고 아무 때나 버려질 수 있었다. 그나마 있었던 제약은 계층 간의 결혼을 금하는 것이나 자유로운 혼인에 제한을 두는 것 등 오히려 폐지되어야 할 부정적인 것들이었다. 신부는 재산으로 간주되고 딸을 파는 경우도 흔했다. 다음의 노래는 약 B.C. 1세기의 헬라 시대에 한 신부가 의사에 반하는 결혼을 앞두고 부른 것으로 시대상을 알려준다.

"모두가 나를[집에서] 보내려 하네.

모두가 나에게 떠나라고 하네.

나는 눈물을 흘리며 무거운 마음으로 떠난다네."

(Nancy Demand, *Birth, Death, and Motherhood in Classical Greece*, 1994, 14.)

그러나 기독교가 지배한 중세 유럽에서 여성의 위상은 그러한 고대 세계에 비해 크게 개선되었다. 중세 여성은 독신과 결혼 중 선택의 기회가 있었고 독신을 선호한 이들도 많았다. 사회는 수녀를 아내보다 더 나은 신분으로 대우하였다. 여성에게는 수녀가 되는 것이 교육과 보호를 동시에 받는 방법이었기 때문이다. 그러나 수녀원의 한정된 정원 때문에 누구나 수녀가 될 수는 없었고 가문의 영향력이 작용하기도 하였다.

중세에서 독신은 구원을 위한 큰 선행으로 간주되었다. 최고의 여성학자 힐데가르트도 늘 독신의 가치를 홍보하였다. 불안정한 사회 때문이기도 했지만 영적인 이유에서도 여성들은 독신을 더 선호하였다. 중세의 강단은 반복적으로 독신과 결혼의 영적 차이에 대해 가르쳤다. 씨앗이 땅에 떨어져 "30배, 60배, 100배의 결실"을 맺는다는 성서의 '씨 뿌리는 비유'(마태복음 13:8)에 관한 중세의 독특한 주해는 그 한 예이다.

"결혼한 배우자들은 30배를, 홀아비나 과부의 독신은 60배를, 평생 독신자[수도사]는 100배의 영적 보상을 하늘에서 받습니다."

(Caesarius of Arles, *Sermons*. I.43.)

물론 결혼의 가치도 중세에서 크게 향상된 것은 사실이다. 혼인은 성례전에 속했으므로 교회가 결혼에 관련된 법들을 관장하였다. 혼인은 거룩한 서약으로 이루어졌고 일부일처제를 강조했으며 임의로 이혼하거나 배우자를 버리는 것을 금하였다. 만약에 이를 어기면 국왕일지라도 교회의 비판과 파문을 받았다. 고대 세계에서 관습적으로 행해진 근친혼도 교회법에 의해 금지되었다. 때문에 중세의 혼탁한 혼인 질서를 수립하는데 있어서 교회법(canon law)의 역할은 매우 컸다. 그렇지만 혼인에 관한 교회의 지나친 간섭도 많았다. 미리 성직자의 점검을 받아야 했는데 불합리한 구실로 혼인 승인이 거부되기도 했으며 사제에게 금품을 줘야 예식을 올리는 경우도 있었다. 왕들의 결혼은 교황이 승인했고 일반인들의 결혼은 주교와 사제들이 관여했다.

혼인이 성례전이기 때문에 중세에서는 규정상 이혼은 불가하였다. 다만 이혼 대신 혼인이 애초에 불성립한 원인을 찾아서 예를 들면, 근친혼이나 배우자의 결격 요소 등을 구실로 혼인 무효를 내렸다. 그러나 전쟁에 의해 수많은 배우자들이 실종되어도 사망이 확인되지 않는 한 교회는 재혼을 허락하지 않았다. 16세기 종교개혁이 일어난 후 개신교회는 세례와 성만찬만 성례전으로 인정하고 교회법 남용을 방지하기 위해 혼인을 성례전에서 제외하여 사회법이 관장토록 했다.

중세에서 결혼의 목적은 자손을 낳는 것이었고 출산은 늘 큰 문제였다. 감염으로 인한 2차 질병으로 자주 이어졌고 많은 희생을 낳았다. 유아 사망률은 1/3이 넘었고 전체 아동 절반은 5세를 넘기지 못하였다. 또 전쟁과 기근과 전염병은 여성과 아이들에게 가중의 고통을 안겼다. 사실 아내로서 중세 여성의 삶은 수녀보다 더 힘들었다. 고대 세계의 혼인 서약문은 신부의 아버지가 하는 것으로 "내 딸을 그대에게 주노라"였다. 그러나 중세의 서약문은 신랑과 신부의 상호 서약으로 바뀌었고 여성의 문구는 다음과 같이 이루어졌다.

"아플 때나 건강할 때나 가난할 때나 부할 때나 늘 복종하고 섬기겠습니다."

(Marilyn Yalom, *A History of the Wife*, 2001, 58.)

서약문에 있어 중세와 현대는 매우 흡사하나 뚜렷한 차이는 중세의 문구에 "복종(obey)"이라는 단어가 있다는 것이다.

중세에 남편은 때릴 권리가 있었고 아내가 불구가 되어도 남편이 처벌받는 경우는 없었다. 남편을 살해한 여인은 살인죄로 처벌되지 않고 "주인을 죽인 반역죄"로 처벌되었다. 심각한 가정 폭력을 막기 위해 교회법 "엄지손가락 규정(the Rule of a Thumb)"이 공포되었다. 즉 아내를 때릴 때는 손과 발이 아닌 반드시 매를 사용해야 하는데 이 매는 엄지손가락 두께 이하여야 한다는 규정이었다. 이를 어겼을 때는 견책과 파문을 받을 것이라고 했지만 실제 지켜지는지 확인 자체가 어려운 법이었다. 고해 성사를 통해 용서를 요청하는 죄의 목록에는 아내에 대한 폭력 고백이 제일 많았다. 남편의 폭력을 감시하는 유일한 사회적 기관은 중세에는 사실상 교회뿐이었다. 남편들에게 사제들은 이렇게 권면하였다. "남편들이여, 집안에서 무서운 사자(lion)가 아닌 순한 양이 되고 매를 사용하는 잔인한 독재자가 아닌 머리를 사용하는 영리한 통치자가 되시오."

아내들은 가사를 책임지며 대부분의 집안 열쇠들을 가졌으나 중세 남편들은 단 한 가지 열쇠만은 주지 않았다. 그것은 바로 "포도주 장롱열쇠(key of the wine cellar)"이었는데 삶이 고통스러웠던 아내들이 종종 알코올 중독에 빠졌기 때문이다.

중세의 목욕탕

고대 로마 시대에는 목욕탕이 번창했으나 중세에는 목욕탕이 많지 않앉고 또 그 용도도 사교 장소가 아니라 중세에는 퇴폐적 유흥 장소였다. 중세인은 아무리 땀이 많이 나도 세탁도 목욕도 즐겨하지 않았고 햇볕에 옷과 몸을 말리기만 하였다. 목욕을 등한시했던 이유는 신체를 씻는 위생 관념도 부족했고 수도사들이 목욕을 삼가라고 충고하였으며 중세 의사들은 목욕이 영양소를 씻

중세의 목욕탕

어낸다며 부정적으로 얘기했기 때문이다. 사실 다수의 평민들은 계절마다 단벌옷만 있었기에 세탁도 목욕도 자주할 수 없었다. 때문에 중세 사람들의 몸에서는 기괴한 악취가 늘 풍겼다. 십자군 전쟁 때 무슬림 병사들이 가장 곤혹스러워했던 것은 기사들의 높이 쳐든 칼이 아니었고 겨드랑이에서 풍기는 유럽인들의 지독한 냄새였다.

　십자군 전쟁 이후 아라비아인들과 발칸인들로부터 목욕 문화를 다시 수입한 유럽인들은 12세기부터 증기를 쐬는 목욕탕을 짓기 시작하였다. 옛 로마 시대에 이어 사우나가 재개되었으나 이는 청결 행위보다 몸을 즐겁게 하는 오락 행위로 이해하였다. 즉 남녀가 함께 목욕하거나 창녀들을 만나는 곳이었다. 이 때문에 중세에서 목욕탕에 간다는 말은 사창가에 간다는 의미를 담고 있었다. 목욕탕에 가는 남성을 "저급한 형제", 즉 '브로트(broth)'라고 불렀으므로 사창가를 '브로델(brothel)'이라고 칭하게 되었다. 특히 중세의 목욕탕 이용은 종종 매독과 전염병을 쉽게 옮을 수 있어서 몸을 청결히 하는 것이 아니라 어이없게도 더욱 더럽히는 일이었다.

중세의 연금술

　과학의 측면에서 중세는 철과 돌의 재료를 변화시켜 황금으로 만들고

자 끊임없이 시도한 연금술(Alchemy)의 시대였다. 연금술은 단순한 마술 이상의 학문이었고 중세 과학의 대표적인 영역이었다. 연금술의 '알케미(Alchemy)'는 "변화의 기술"을 뜻하는 아랍어 "알-키미아(al-kimia)"에서 유래되었는데 바로 이 '알-케미'에서 화학을 뜻하는 '케미스트리(Chemistry)' 단어가 나왔다.

중세의 학자들은 모든 물질에 외형(form)과 본질(substance)의 두 요소가 있다는 아리스토텔레스 사상을 선호했다. 따라서 물질을 구성하는 본질을 변화시키면 외형의 변화까지 초래한다고 확신하였다. 즉 청동의 내적 본질을 금의 본질로 변화시키면 외형도 금으로 변화된다는 것이다. 이러한 사고는 물질의 표면이 아닌 심층까지 집중하는 연구 방법을 활성화시켜 자연스럽게 물리학과 화학의 발전에 큰 영향을 끼쳤다. 연금술 학자들은 우주가 땅, 공기, 물, 불의 네 원소들과 조물주가 자연에 둔 중심 원리인 제5원소의 조합으로 이루어졌다고 믿었다. 그리고 하위 원소들인 은, 동, 철, 납, 주석, 수은 등을 다른 물질들과 혼합하여 본질을 바꾸면 황금을 만들 수 있다고 확신했다.

중세의 연금술을 시작한 이들은 게베르트(Gerbert d'Aurillac, d. 1003)를 비롯한 수도사들이었다. 그는 랭스 대성당 학교의 뛰어난 학자였는데 독일 국왕 오토 3세도 그의 학생이었다. 게베르트는 교황에 올라 '실베스터 2세'가 되었고 문학과 과학을 장려하였다. 심지어 유럽이 당시 금기시했던 이슬람권의 수학과 과학을 자신이 먼저 탐구하였고 천문학과 연금술을 수도원 학문으로 장려하였다. 그는 유럽에서 최초로 아라비아 숫자를 사용하고 이를 보급하려 했으나 "이슬람의 숫자"를 가르

중세 연금술사의 **작업실(1572)**
- by Chemical Heritage Foundation

친다는 거센 비판에 직면해 교황이었음에도 불구하고 성과를 이루지 못했다. 두 세기는 더 지난 후에야 비로소 유럽은 아라비아 숫자를 보편적으로 수용하였다. 1200년대의 영국 링컨의 주교 로버트 그로세테스테(Robert Grosseteste)와 또 프란시스파 수사 로저 베이컨(Roger Bacon)도 뛰어난 연금술사이며 과학자였다.

연금술이 유행하며 그 연구의 장은 수도원의 도서관에서 일반인들의 실험실로 이동하였다. 중세 중반에는 많은 연금술사들이 등장하였는데 상당수는 모조금 사기꾼들이었기에 과학, 마술, 사기를 구분할 수 없게 되었다. 결국 1400년대 이후 연금술은 부정적으로 평가되고 로마 교황청도 이를 공식적으로 배격하였다. 이로써 과학과 종교의 동행의 시대가 마감되고 대립의 시대를 야기하게 되었다. 이러한 갈등에는 과학과 종교 모두에 책임이 존재했다. 교회는 과학에 무리한 검증을 시도했고 중세의 과학은 미신과 주술을 학문의 이름으로 포함하고 있었다.

그럼에도 중세 연금술은 근대 과학에 현저한 기여를 하였다. 물질을 가열하여 분리시키고 증기를 액화시키며 본질에 따라 분리하여 본성에 따라 활용하는 이론들은 과학의 토대가 되었다. 또 중세의 많은 실험 도구들은 현대의 실험실에서도 유사한 형태로 사용된다. 중세 연금술사들이 금을 만들었는지는 미지수이지만 경건하며 창조적인 학자들이 분명 많았다. 탐구정신으로 넘쳤던 연금술사 수도사들은 이 구호를 늘 굳게 믿었다.

"읽고 또 읽고 노력하고 기도하라 그리하면 발견하리라!" (lege, lege, labora, ora et invenis.)

(Peter L. Wilson, *Alchemy & Ecology*, 2007, 145.)

중세의 고딕 건축과 문화

고대 로마에는 원형 경기장들이 대표 건축물이었지만 스포츠가 쇠퇴한 중세에는 약 800여 개의 고딕식 성당들이 건축학적 위상을 구가했다.

중세 초기의 건축 양식은 로마네스크(Romanesque)였다. 라틴어 '네스크(nesque)'는 'of(의)'를 뜻하므로 단어 그대로 "로마의" 양식이라는 뜻이다. 그 대표적 특징은 반원형 아치(arch)이다. 비잔틴 제국은 돔(dome) 천장을 가진 사각형, 육각형, 팔각형 형태의 성당을 지었지만 서유럽 교회는 하늘에서 내려다보면 십자가 형태의 예배당을 세웠다. 로마네스크는 주로 목조 건물이었는데 1200년대부터 새로운 고딕식 석조 건축이 등장하였다. 고딕 건축은 외부의 충격과 화재에 취약했던 로마네스크의 단점들을 보강한 양식이었다.

중세 예술의 최대 창작자 겸 후원자는 교회였다. 교황이나 국왕은 물론 귀족과 평민도 성당을 세웠다. 건축 기간은 짧게는 십여 년에서 길게는 200년도 넘었다. 대성당 중 'cathedral(캐터드랄)'은 주교의 보좌 'cathedra(카테드라)'가 있기 때문에 그렇게 명명되었다. 즉 주교의 대성당이란 뜻이다. 첫 고딕식 성당은 프랑스의 국왕들의 장지인 상드니(Saint Denis) 대성당이었다.

"고딕(Gothic) 양식"이라는 용어는 고트(Goth)족의 양식을 뜻하는데 이는 1500년대 중엽의 예술사학자 조르지오 바사리(Giorgio Vasari, d. 1574)가 처음 사용한 명칭이었다. 그의 표현에는 중세의 석조 건물들이 "야만적인(barbarous)" 느낌을 준다는 조롱이 담겨 있었다. 고딕 건물이 하늘로 솟은 단순한 수직 구조이며 또 예술 작품도 실내에 별로 없기 때문이다. 물론 과도할 정도로 많은 장식을 사용한 근대의 바로크 건축 관점에서는 중세의 고딕 건축물들이 그 옛날 로마를 무너뜨린 고트족의 거친 면을 연상시킨다고 볼 수 있다. 그럼에도 고딕식 성당들은 자체로 신비하고 장중한 미를 풍겼다. 고딕의 가장 큰 특징들인 수많은 첨탑과 마치 두 손을 대어 기도하는 모양의 뾰족한 아치, 그리고 아름다운 스테인드글라스가 주는 예술성 때문이다. 대표적으로 파리 노트르담 대성당의 장미 문양 스테인드글라스는 빛과 유리 예술의 정수를 보여준다. 참고로 '노트르(Notre)'는 "우리의" 뜻이고 '담(Dame)'은 "귀부인"을 뜻하므로 '노트르담'은 "우리의 귀부인", 즉 성모 마리아를 지칭한다. 이탈리아 대성당에서 특징적인 것은 종탑(bell tower)과 세례당(baptistery)의 분리 건축이었다. 세례당은 "새 창조"를 의미하는 '8'의 수를 사용하여 대부분 팔각형으로 지었다.

고딕식 성당들은 중세 정신을 가장 정확하게 표현하였다. 중세는 선행을 쌓아 천상으로 "상승(ascending)"하고자 갈망하는 시대였다. 고딕 건물들의 높은 첨탑, 뾰족한 아치, 큰 기둥은 마치 로켓처럼 그 갈망을 뚜렷이 표현하였다. 더 나아가 고딕 성당들은 하늘의 "하강(descending)"도 선포하였다. 스테인드글라스 창문을 투과하여 어두운 실내를 비추는 형형색색의 빛들은 암흑의 세상을 비추는 신적 은총을 의미했다. 바로 육신이 되어 세상에 오신 메시아의 하강을 알리는 것이다. 고딕의 작은 창문은 세상과 천상의 구분을 상징하고 길게 늘어진 교회당 내부는 구원의 먼 길을 묘사하였다. 그러나 제단이 놓인 앞부분의 실제 긴 공간들은 성직자와 회중 간의 멀어진 정서적 거리를 상징케 되었다.

고딕식의 샤르트르 대성당 모형

제정일치의 중세 사회에서 교회의 건축은 중요한 공공 사업이었다. 수많은 일반인들과 예술가들에게 수십 년간의 일자리를 제공하였고 건물 자체로도 예술 작품이었다. 중세인 대부분은 자신들 마을의 대성당에 자부심을 갖고 신성시했다. 혼돈과 재앙, 질병과 죽음, 갈등과 전쟁이 만연한 중세에서 대성당들은 인간에게 내적 안정감을 제공한 중요한 장소였다. 그럼에도 불구하고 높이 솟은 고딕 건물은 일면에서 중세 교회의 권위와 군림을 현저히 느끼게 하였다.

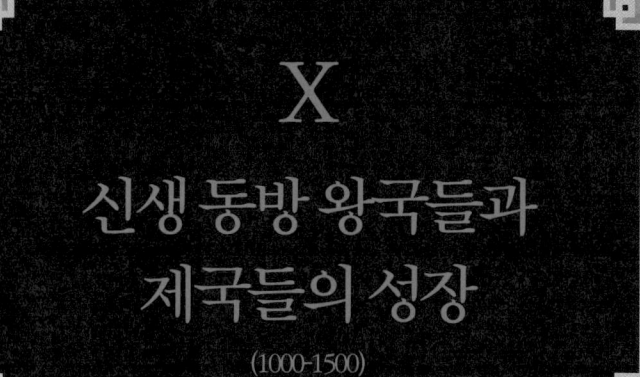

X
신생 동방 왕국들과 제국들의 성장

(1000-1500)

1. 불가리아 왕국과 보헤미아 왕국

슬라브족의 빛: 키릴과 메토디우스

800년경 발칸 반도에는 북쪽에 모라비아(Moravia) 왕국이, 남쪽에는 불가리아가 존재하고 있었다. 모라비아 공작 라스티슬라브(Rastyslav)는 문예 부흥과 기독교 확산을 위해 비잔틴 제국에 학식 깊은 수도사를 요청하였다. 863년경 비잔틴 황제 마이클 3세는 수도사 키릴(Cyril. d. 869)과 메토디우스(Methodius. d. 885) 형제를 모라비아 왕국에 파송하였다. 이 형제는 제국 총독의 아들들로 태어나 많은 교육을 받아 이미 학문으로 이름난 상태였다. 이들은 모라비아에서 수도원과 학교들을 세웠고 슬라브어 성경과 법전을 펴냈다.

무엇보다 키릴 형제의 가장 큰 공헌은 슬라브족 문자를 처음으로 고안한 것이었다. 당시 슬라브인들은 문자 없이 말로만 의사소통하였다. 키릴은 헬라어 대문자(uncial) 알파벳을 차용하고 이것에 슬라브 발음에 맞추었다. 이 "키릴 문자"는 오늘날 슬라브족 국가들인 불가리아, 마케도니아, 우크라이나, 러시아 등의 공용 문자가 되었다. 헬라어는 신약 성서의 원어였으므로 이를 차용한 슬라브 민족은 자신들의 언어를 신성시하며 대단한 자부심을 가졌다. 로마를 방문한 키릴은 건강이 악화되자 자신 생의 마지막을 직감했다. 교황이 선물한 화려한 주

모스크바 광장의 키릴과 메토디우스 수도사 형제 - by Kmorozov

교복을 벗고 그는 수도복으로 갈아입은 후 43세의 짧은 생을 마쳤다. 형 메토디우스는 슬라브족에서 사역을 홀로 이어갔다. 키릴 형제는 "슬라브족의 교사들"로 추앙되었고 키릴이 성자로 시성된 5월 24일은 불가리아와 체코, 슬로바키아, 마케도니아의 가장 중요한 국경일이 되었다.

불가리아의 대왕 보리스

발칸 반도의 불가리아는 800년대 중반에 국가의 기틀을 갖추었다. 슬라브족의 모체라는 자부심을 가진 불가리아는 852년에 즉위한 위대한 국왕(칸) 보리스 1세(Boris I, d. 889) 때에 통일되고 발전하였다. 비잔틴 제국이 발칸에 대해 야심을 품었으나 보리스 1세는 협상을 통해 자신의 왕국을 잘 지켜내었다. 어느 날 보리스는 최후의 심판에 관한 성화를 보고 크게 각성하여 세례를 받았다. 그는 불가리아의 발전과 통합, 그리고 문명 진흥을 위해 기독교를 국교로 선포하였고 유럽

800년대 후반 불가리아의 기틀을 세운 보리스 대왕

각국의 학자들을 초청하여 백성들을 가르치게 했다. 이때 모라비아에 있던 키릴과 메토디우스는 자신의 제자들을 불가리아로 보내 성당과 학교, 수도원을 세우게 했다.

경건했던 보리스 왕은 아들 블라디미르(Vladimir of Bulgaria)에게 보좌를 물려주고 홀로 고행하는 수도사가 되었다. 그러나 블라디미르 왕은 부친과 달리 4년의 통치 기간에 미신을 조장하고 기독교 신자들을 억압하였다. 893년 보리스 왕은 수도원에서 나와 이 아들을 폐위시키고 다른 아들 시므온(Simeon the Great)을 왕위에 앉혔다. 시므온은 원정을 성공시켜 영토를 확장하고 제국을 만든 후 황금기를 구가하였다. 보리스와 시므온의

시대는 마치 옛 이스라엘 왕국의 다윗과 솔로몬의 시대와 비견되었다. 한편 불가리아 교회는 동방과 서방 교회들의 특징을 다 영향받았다. 즉 예전과 건축은 비잔틴 양식을 따랐고 반면 교회의 직제는 서유럽과 동일한 "정교회 가톨릭(Orthodox Catholic)"이 되었다.

"불가리아의 성자" 이반 릴스키(Ivan Rilski)

'불가리아의 성자' 이반 릴스키

불가리아의 릴라 수도원

보리스 왕부터 그 후손 4대까지 활동하며 불가리아의 성자로 존경받은 인물은 바로 이반 릴스키(Ivan Rilski/Ivan of Rila, 876-946)였다. 슬라브 단어 '스키(ski)'는 '의(of)'의 의미이므로 '릴라의 이반'이란 뜻이다. 그는 젊은 시절부터 평생을 불가리아 릴라 계곡의 동굴에서 수도하였고, 이것이 릴라 수도원이 되었다. 이 수도원은 대대로 불가리아의 지도자들과 사제들을 가르친 교육 기관이었다. 1400년대 이후 불가리아는 오토만 제국의 지배를 받았지만 이슬람으로 개종하지 않고 자신들의 고유한 신앙과 문화, 언어와 민족성을 지킬 수 있었다. 릴라의 수도원은 바로 불가리아 민족의 정신적 구심점 역할을 하였다.

수도사 이반의 명성이 커지자 많은 사람들은 기적과 교훈을 바라고 찾아왔고 그럴수록 그는 더 깊은 곳으로 은둔하였다. 893년 시므온의 아들

페테르 국왕이 지혜의 교훈을 듣기 위해 수도 소피아에서 릴라까지 먼 길을 여행해 이반을 찾아 왔다. 국왕이 온다는 소식에 오히려 수도사 이반은 국왕 피터가 찾아올 수 없는 더 높은 곳으로 숨어버렸다. 페테르는 멀리서 이반에게 많은 보화를 선물로 보내며 성공적인 통치자가 될 수 있는 교훈을 달라고 부탁하였다. 이반은 극히 적은 분량의 음식만 취한 채 나머지 선물은 모두 페테르에게 돌려보내며 다음과 같은 조언을 적어주었다.

"나에게 보낸 이런 재물들로 가난한 자들에게 나누어 주고 좋은 군대를 만드시오. 그리하면 그대는 좋은 왕이 될 것이오."

불가리아의 고난

페테르 국왕으로부터 한 세기후인 A.D. 1000년경 불가리아는 국왕 사무엘의 시대에 큰 시련을 맞았다. 러시아의 대공 스비야토슬라브가 침공하여 수도 프리슬라브(Preslav)를 빼앗았다. 이어서 중앙아시아 유목민들이 침략했으며 그 위기도 넘기자 비잔틴 황제 바질 2세의 군대가 엄청난 공세로 밀려왔다. 바질 2세는 전 지역을 점령했으며 저항한 불가리아 군대를 대파하였다. 비잔틴 군대는 수많은 불가리아 포로들을 100명 단위로 묶은 후 99명은 장님으로 만들고 나머지 한 명은 애꾸로 만들어 귀향하도록 했다. 비잔틴 황제 바질 2세는 "불가리아인의 학살자"였다.

국왕 사무엘은 모두 장님이 된 자신의 군병들을 보고 충격을 받아 사망하였다. 불가리아 제국은 그렇게 쇠락하여 비잔틴 제국의 속국이 되었고 1400년대 초부터는 오토만 제국의 수중에 편입되었다. 그럼에도 불구하고 1878년 해방되기까지 불가리아 민족은 하나의 신앙과 언어로 고유한 민족성을 보존하며 생존하였다. 오랜 세월 이 민족은 키릴 문자와 새로운 신앙을 자부하는 내용의 다음 민요를 국가처럼 불러왔다.

"전진하라! 다시 태어난 민족이여.(Go, reborn people)
밝은 미래를 향해 전진하라!(Towards a bright future, go!)

이 문자들로 얻은 새 힘은(With letters, this new force)

너의 운명을 새롭게 할 것이라!(Your fortunes you will renew!)"

"체코의 성자 왕" 웬세슬라우스(Wenceslaus)

보헤미아와 모라비아의 체코

오늘날 체코는 근대 이전에는 보헤미아로 불렸다. 체코의 최고 군주로 또 최고 성자로 추앙받는 인물은 바로 국왕 웬세슬라우스(바츨라프: d. 935)이다. 907년 그는 프라하에서 공작 아들로 태어났는데 아버지가 일찍 세상을 떠나자 13살의 나이에 보헤미아의 대공(군주)이 되었다. 웬세슬라우스는 일생 가장 가까운 두 여인이 크게 상반된 영향을 끼쳤다. 할머니 루드밀라(Ludmilla)는 그의 교육을 도맡아 신앙과 인격을 가르쳤다. 그러나 그의 어머니 드라호미라(Drahomira)는 이교도로서 시어머니를 미워하며 사치와 향락을 즐기는 여인이었다. 드라호미라는 권력을 차지하기 위해 온갖 악행을 저질렀고 시어머니 루드밀라를 살해하고 권력을 쥐었다. 심지어 그녀는 아들 웬세슬라우스까지 없애고 정권을 탈취하려는 음모를 꾸몄다가 종국에는 실패하고 추방되었다.

18살부터 단독으로 보헤미아를 통치한 웬세슬라우스는 자애로운 군주였다. 밤마다 궁 밖으로 나가 빈민들에게 식량과 돈을 나누어주었다. 그는 독일 국왕과 평화 협상을 맺고 복종을 서약하여 나라를 안정시켰다. 또 수도사들을 초빙하여 체코에 학교와 교회를 세우고 백성을 계몽하였다. 전부터 대공 자리를 노려오면서 기독교를 박멸하겠다고 어머니와 맹세까지 했던 동생 볼레슬라프는 대공 웬세슬라우스에게 왕자가 생기자 귀족들을 규합하여 반란을 획책했다. 기독교 국가 수립을 비난하며 대공이 독일 국왕에게 영토를 팔았다는 괴담까지 유포하였다.

935년 9월 28일 성자 코스마와 다미앵의 축일에 간교한 동생 볼레슬라프는 형을 교회당으로 초청하였다. 형 웬세슬라우스가 문 앞에 이르자 자객 셋이 칼로 찔러 그를 살해하였다. 선한 웬세슬라우스는 이렇게 말하고 숨을 거두었다.

"동생아, 하나님께서 너를 용서하기를!"

(Pat Martin, *Prague Saints and Heroes of the Charles Bridge*, 2003, 87.)

당시 보헤미아는 독일의 속지였으므로 웬세슬라우스는 국왕이 아닌 공작 신분이었다. 그러나 그를 존경했던 독일의 오토 대제는 추후 그를 왕으로 추서하였다. 보헤미아는 웬세슬라우스 시대로부터 250년이 더 지난 1198년에야 왕국으로 승격되지만 국가로서 인정되지 않았던 시대에 왕으로 추앙되었다. 그는 체코 민족의 역사적 구심점이 되었고 유럽 각 군주들의 모방할 표상이 되었다. 체코 프라하의 중앙 광장은 그의 이름을 따서 "웬세슬라우스 광장"으로 명명되었고 그의 기마 동상이 서 있다. 그가 목숨을 잃은 9월 28일은 체코의 국경일이 되었다. '웬세'는 '더(more)'의 의미이고 '슬라우스'는 '영광'의 뜻이다. 그는 자신의 이름대로 사후에 더 영광스러운 인물이 되었다.

크리스마스 다음날인 26일 성 스테판 축일(St. Stephen's Day)은 "상자의 날(Boxing Day)"이다. 이날 성탄 선물들을 상자에 가득 담아 가난한 이들에게 나누어 주었기 때문이다. 참고로 이 축일의 스테판은 사도 시대의 첫 순교자 스테판이 아니라 A.D. 800년경 스웨덴에서 순교한 선교사 성자 스테판이다. 천년이 넘도록 많은 사람들은 성 스테판의 날에 선물 가득 한 상자를 들고 도와줄

프라하 성 비투스 대성당의 웬세슬라우스 동상- 양 옆에는 검은 색의 악한 어머니(우측)와 하얀 색의 선한 할머니(좌측)

이들을 찾아갔다. 일부 국가에서는 12월 26일도 공휴일로 하거나 '자선의 날'로 기리기도 한다. 웬세슬라우스 왕은 연중에도 구제에 열심이었고 12월 26일에도 어김없이 큰 상자를 들고 다녔다. 1853년 영국의 작사자 존 닐(John M. Neale)은 이 착한 임금님을 기리는 유명한 크리스마스 캐롤 "Good King Wenceslaus(착한 임금 웬세슬라우스)"를 지었다. 그 내용은 다음과 같다.

"착한 임금 웬세슬라우스
스테판 축일에 밖에 나갔네.
눈이 깊게 내린 얼어붙은 달밤에
땔감 나무를 주우려는 가난한 농부를 보았네.
임금은 신하를 불러 물어보았네.
'저기 농부는 어디 사는가?'
'각하. 저 착한 사람은 산 아래에 삽니다.'
'음식과 포도주, 땔감을 그의 집에 가져다주자.
오늘 우린 그가 맛있는 저녁 먹는 것을 볼 것이다.'"

2. 러시아의 기원과 블라디미르 대왕의 정교회 공국

루스의 출발과 올가 여왕의 통치

가장 큰 슬라브민족 국가인 러시아는 주후 1000년 세계사 무대에 처음 등장하였다. 러시아(Russia)는 "루스(Rus)족의 땅"이란 뜻이다. '루스'의 어의는 "노를 젓는 자들(rowers)"로서 원래 스웨덴 땅에 살던 바이킹 일파였다. 북방 민족인 루스인, 즉 러시아인들은 큰 키와 금발에 푸른 눈을 가진 건장한 이들이었다.

- **러시아 역사의 시대 구분** -
1) 키예프 러시아 시대(880-1220)
2) 몽골 지배 시대(1220-1480)
3) 모스크바 시대(1480-1689)
4) 상트 페테르부르크의 근대(1689-1917)
5) 소련 공산주의 시대(1917-1988)
6) 현대 러시아(1988-현재)

러시아의 고대 연대기는 일부 슬라브족과 루릭(Rurik)이 이끄는 루스족의 통합으로 러시아가 시작되었다고 전한다. 800년대에는 족장 올렉(Oleg)이 흑해 위 키예프(Kiev)로 이주하였고 이후 이곳은 중세 러시아의 중심이 되었다. 키예프의 통치자는 주변 러시아 영토를 모두 관장하였고 "대공(Grand Duke)"으로 불렸다.

900년대 중엽 키예프 대공 이고르(Igor)는 공물을 걷으러 순회하다가 반란 부대에게 살해를 당했다. 이고르의 부인 올가(Olga, r. 945-963)는 복수를 감행해 역도들을 모두 우물에 집어던졌다. 그렇지만 그녀는 납세액을 크게 줄여 백성들의 원성을 누그러뜨렸다. 올가의 아들이 어렸기에 그녀는 섭정 여왕으로 다스렸다. 우호적인 비잔틴 제국 황제의 권유로 그녀는 955년 콘스탄티노플에 건너가서 세례를 받고 러시아 역사상 최초로 기독교를 수용한 통치자가 되었다. 그러나 이는 그녀의 개인적인 개종이

키예프 러시아의 영토

었고 국가 차원의 개종은 손자 블라디미르 때에 이루어졌다. 한편 올가의 현명한 통치는 강력한 공국의 토대를 세웠다.

왕자 스비야토슬라브 1세(Sviyatoslav I, d.972)는 내치를 모친에게 맡기고 군대를 이끌고 영토를 확장하였다. 당시 키예프 러시아의 좌우에는 두 개의 거대한 나라들이 있었다. 서부에는 사무엘 왕이 다스리는 불가리아 왕국이, 그리고 동부 카스피해 북부에는 카자리아(Khazaria: 카자흐스탄) 왕국이 있었다. 이 카자리아는 흥미롭게도 유대교를 국교로 삼은 나라였다. 스비야토슬라브는 불가리아와 카자리아를 점령하고 거대한 영토를 획득하였다.

러시아를 통합한 블라디미르 대공

키예프 러시아를 공국에서 국가로 발전시킨 인물은 스비야토슬라브의 아들 블라디미르(Vladimir, r. 980-1015) 대왕이었다. 그는 서자였으므로 왕자 시절에 키예프에서 멀리 떨어진 노브고로트에서 거주하였다. 그러나 다른 왕자들 간에 내전이 일어나 서로 공멸하자 블라디미르에게 기회가 주어져 마침내 키예프의 권좌를 차지하게 되었다.

러시아는 다종교 국가로서 당시 샤머니즘이 널리 확산되어 있었다. 심지어 인신제사를 드리는 곳도 있었으므로 유럽에서는 낙후된 러시아를 야만족처럼 취급하였다. 학자들과 학교는 극소수였고 유럽과의 문명 수준 격차도 현저하였다. 블라디미르는 혼탁한 이교들이 국가 발전에 저해된다고 믿고 나라의 개혁과 민족의 통합을 위해 국교로 정하기로 결심했다. 이를 위해 대공은 유대교, 이슬람교, 그리고 기독교의 두 종파인 로마 가톨릭교회와 동방 정교회의 사제들을 모두 초청하여 차례로 교리들을 청취했다. 먼저 카자리아의 유대교 랍비들이 율법을 설명하자 블라디미르는 왜 카자리아가 유대교를 믿었음에도 망했는지 물었다. 랍비들은 이렇게 대답했다.

"카자리아가 죄를 지어 하늘의 심판을 받았기 때문입니다."

이에 블라디미르는 행여 카자리아처럼 망국하여 백성들이 유랑하게 될까 우려해 유대교를 국교 후보에서 제외하였다. 이슬람교 사제들은 대공에게 마호메트의 가르침을 믿으면 사후 낙원에서 70명의 첩을 받을 것이라고 강조했다. 여자를 좋아했던 블라디미르는 흥미로워 했으나 술을 엄격히 금하는 교리 때문에 고개를 저으며 이렇게 답했다.

"우리 러시아인들은 술 없이 존재하지 않는다."

로마 가톨릭 차례가 되자 사제들은 국왕에게 신자로서 정기적으로 금식하며 교황에게 복종해야 한다고 말했다. 블라디미르는 인상을 찡그리며 이렇게 대꾸했다.

"나는 자주 굶을 수 없고 또 교황 밑에 위치할 수 없다."

마지막으로 콘스탄티노플의 동방 정교회 사제들은 온건한 교리를 대공에게 설명했다. 결국 그는 동방 기독교를 러시아의 국교로 선포하였다. 특히 블라디미르가 비잔틴 제국에 보낸 사절단들은 콘스탄티노플의 성 소피아 대성당을 방문한 후 동방 교회의 장점들을 칭찬하였다. 그들은 대공에게 다음과 같이 보고 하였다.

"대체 우리가 천상에 있는지 지상에 있는지도 모를 정도였습니다. 아마도 이 땅 어디에도 그렇게 장대하고 웅장한 광경은 없을 것입니다. 그들의 예배는 다른 어느 곳과도 비교할 수 없으며 우리는 그 아름다움을 잊을 수 없습니다."

(D. Kaiser & G. Marker, ed., *Reinterpreting Russian History*, 1994, 60.)

블라디미르는 정교회의 예전, 건축, 문화, 학문 등을 수용하여 비잔틴 로마 제국의 영광을 러시아가 재현할 수 있을 것으로 기대하였다. 988년 대공은 침례를 받고 국왕위에 올랐다. 그는 키예프의 백성들도 함께 침례

블라디미르 대왕의 세례 - by Viktor Vasnetsov

드니프로 강에서의 세례 - by Klavdiy Vasilievich Lebedev(1852-1916)

받도록 명하였다. 이전에 믿던 우상들은 한데 모아 불살랐고 주교의 신호에 키예프를 지나는 드니프로(Dnipro) 강물에 모두 뛰어들었다. 러시아가 수용한 동방 정교회는 '러시아 정교회'라고 부른다.

　기독교를 국교로 삼은 것은 러시아 역사에서 블라디미르의 가장 큰 업적으로 평가되었다. 러시아와 비잔틴 로마 제국의 관계를 증진시켰고 많은 학자들을 초빙함으로 러시아를 유럽의 문화적 수준으로 성장시키는 계기를 마련했다. 최초로 기독교로 개종한 올가 여왕과 이를 국교로 선포한 블라디미르 대공은 사실 성자와는 거리가 먼 삶을 살았지만 공적인 업적들로 인해 러시아에서는 성자로 추앙되었다.

키예프의 전성기를 이룬 야로슬라브 현제

　블라디미르의 아들 야로슬라브(Yaroslav the Wise, 978-1054)는 부친보다 훨씬 더 뛰어난 성군이었다. 야로슬라브는 큰 발전을 이루어 "현제(the Wise)"의 칭호를 얻었다. 그는 부왕 블라디미르처럼 내전으로 자멸한 형제들을 누르고 1019년 러시아의 국왕이 되었다. 강력한 중앙집권제를 실시했고 비잔틴 제국뿐 아니라 유럽과의 친선 관계도 수립하였다. 또한 자신의 딸 안나를 프랑스 국왕 헨리 1세(Henry I)에게 시집보냈고 각국 왕실

과도 정략 혼인을 통해 외교를 강화했다. 야로슬라브는 슬라브 민족 최초의 법전을 공포하여 귀족들의 사적인 처벌을 금하였으며 사회 질서를 세웠다.

러시아 지폐 1천 루블(rubles)에 그려진 야로슬라브 현제

또한 "슬라브족의 사도" 키릴과 메토디우스 형제가 고안한 문자를 러시아 문자로 삼아 학문 진흥에 기여하였다.

경건한 신자였던 야로슬라브는 콘스탄티노플의 성 소피아(St. Sophia) 대성당을 모본으로 삼아 키예프와 노브고로트에 각각 동일한 명칭의 성 소피아 성당을 건립하였다. '소피아'는 지혜를 뜻하는데 그리스도를 상징한다. 키예프의 소피아 성당은 러시아 교회의 시작점이 되었으며 동시에 왕실 예배당이었다. 이 건물 내부에는 초기 러시아의 성화들이 그려져 있다. 특히 '기도하는 성모상(Oranta of the Virgin)'은 풍상과 외침에도 심지어 몽골 침략 때에도 파손되지 않아 도시의 수호 성물로서 대우받고 있다.

야로슬라브 시대에 러시아 최초의 수도원인 키예프의 "페체르스카 라르바(Pecherska Larva)"가 설립되었다. 그리스 아토스(Athos) 수도원 출신인 안토니(St. Anthony of Kiev)는 1051년 페체르스카(동굴)에서 수련을 하며 대수도원을 설립하였다. 이후 주교와 학자들이 이곳에서 배출되었고 수도원 학교에서 왕자들과 귀족 자식들이 교육받았다. 페체르스카의 작은 동굴 방에서 많은 수도사들은 일생 묵상과 기도, 독서에 전념하였고 사후에는 바로 그 방에 안치되었다.

야로슬라브 현제가 세상을 떠난 후 후손들은 영토를 잘게 분할하였고 유럽보다 훨씬 더 분화된 봉건제가 고착되었다. 농업은 발전했으나 국가와 국왕의 힘은 약해졌고 보야르(귀족)들은 서로 대립하였다. 결국 이들의 분열은 몽골군의 침략에 너무 쉽게 무너진 원인이 되었다.

3. 러시아 수난기와 영웅들의 등장

몽골의 러시아 점령기(1223-1480)

1220년 칭기즈칸의 최고의 명장 체페 노욘이 이끄는 몽골군은 이란 지역의 호라즘 왕국을 무너뜨린 후 북서로 진군하여 러시아를 침공하였다. 1223년 82,000명의 러시아군이 몽골군을 막기 위해 출정하였으나 대공까지 숨지며 대패하였다. 이후 10여 년의 짧은 소강 상태가 있었으나 끝내 키예프 러시아의 종말은 찾아왔다. 1237년 칭기즈칸 손자인 몽골군 사령관 바투(Batu)는 러시아의 여러 도시들을 파괴한 후 키예프의 대공 유리 2세(Yuri II)에게 항복을 권했다. 대공은 이를 거절했고 결국 1240년 몽골군의 말발굽에 키예프는 초토화되었고 이후 옛 위상을 회복하지 못하였다.

바투는 볼가강 하류의 사라이(Saray)를 수도로 삼고 황금실로 짠 천막 궁정을 세우고 칸이 되었으며 이 때문에 그의 나라는 '황금 유목민 제국(Golden Horde)'으로 불렸다. 바투는 러시아 공작들을 소환하여 충성 맹세를 시켰고 이후 몽골의 혹독한 지배가 시작되었다. 이 시련의 시기에 러시아인들의 추락한 자존심을 세운 영웅이 등장하는데 그가 바로 알렉산드르 네프스키(Alexander Nevsky)였다.

"러시아의 자존심" 알렉산드르 네프스키

1230년 몽골군 침공으로 러시아 남부가 초토화된 상황에서 설상가상으로 독일 튜턴족 기사들을 고용한 스웨덴 군대가 북쪽에서 침공하였다. 러시아 서북을 노린 스웨덴 군대는 어이없게도 스스로를 "십자군"이라 불렀다.

스웨덴에 맞서기 위해 노브고로트의 공작 알렉산드르 네프스키(1220-1263)는 러시아 병사들을 규합하였다. 1240년 네바(Neva)강의 전투를 앞두고 그는 얼어붙은 강 위에서 병사들과 함께 무릎을 꿇고 조국 러시아를 위해 승리를 기원했다. 몽골족 지배 아래 그나마 자치를 허락받은 처지에서 스웨덴에게 영토까지 잃는다면 이는 러시아의 소멸을 의미했다. 네바강에서 치열한 전투가 벌어졌고 그 결과 무거운 갑옷을 입고 말을 타고 싸우다 강 얼음이 깨져 익사한 스웨덴 기사들의 처참한 패배로 끝이 났다. 이후 스웨덴

알렉산드르 네프스키

은 두 세기 이상 러시아를 침공하지 못하였고 러시아는 서부 지역을 지켜 내었다. 이후 알렉산드르의 이름에는 '네바'강의 승리를 기려 "네프스키(Nevsky/of Neva)"가 붙여졌다.

승리 직후 알렉산드르 네프스키는 사라이의 바투에게 승전 보고를 위해 찾아갔다. 칸은 몽골의 신들에게 승리의 제사를 바칠 것을 명했다. 그러나 알렉산드르는 이렇게 말하였다.

"저는 기독교도이므로 비록 목숨을 잃는다 하더라도 이교 신에게 제사할 수 없습니다."

옆에선 러시아 귀족들은 알렉산드르의 죽음을 예상했으나 잠시 침묵했던 바투는 그의 용기와 신앙에 감탄하고 제사 의무를 면제하였다. 알렉산드르 네프스키는 러시아의 대표적 영웅이며 수호 성자로 추앙받았다. 그의 '네바강의 승리'는 러시아의 운명에 큰 영향을 끼쳤다. 북부 지역을 지켜냄으로써 모스크바가 발전할 수 있었고, 이것이 러시아 재건의 계기가 되었기 때문이다. 바투의 아들 사르탁과 알렉산드르는 의형제를 맺은 친

밀한 사이였다. 사르탁이 황금 유목민 제국의 칸이 되자 알렉산드르는 러시아의 최고 대공으로 임명되었다. 그러나 곧 사르탁 칸이 암살당하자 남부 러시아인들의 고통은 가중되었다.

알렉산드르의 아들 다니엘로(Danielo)는 모스크바의 대공이 되었고 한 세기 내에 모스크바는 러시아의 정치, 경제, 무역의 중심 도시로 성장하였다. 몽골 지배 240년간 러시아의 피해는 참으로 혹독하였다. 수십만의 러시아 젊은이들은 몽골의 노예로 팔려갔으며 매해 바쳐야 하는 공물의 양과 여자들의 수도 엄청났다. 당시 세계에서 가장 많이 팔리는 노예는 러시아인들이었다. 몽골 지배하에서도 러시아인들은 단일한 신앙 아래 민족성을 보존하면서 해방을 갈망하였다.

"영웅"과 "성자"의 만남: 드미트리 돈스코이와 세르기우스

중세 러시아에서 몽골의 지배로부터 가장 자유로웠던 지역은 원거리의 모스크바였다. 몽골의 비위를 맞추면서도 모스크바 대공들은 군사력을 축적하여 국가 독립을 준비하였다. 1380년 모스크바 대공이었던 드미트리 돈스코이(Dmitri Donskoy, d. 1389)는 몽골에 납세를 거부하고 150,000명의 군대로 200,000명의 황금 유목민 몽골 군단에 항전을 선포했다. 몽골과의 대전을 앞두고 대공 드미트리는 축복 기도를 받기 위해 당시 러시아

세르기우스 수도사에게 기도 받는 드미트리 돈스코이 by Ernst Lissner 1907

에서 추앙받는 국가적 성자 세르기우스(St. Sergius of Radonezh, d. 1392)를 찾아갔다. 세르기우스는 모스크바 근처 작은 움막에서 수도사가 되어 러시아의 최대의 '삼위일체 수도원(Trinity Monastery)'을 설립했다. 그의 제자들은 수천 명이 넘었고 각지에 400여 개의 부속 수도원을 건립하였다. 유럽도 그러했지만 특히 러시아에서는 수도원들을 중심으로 농민들이 모여 촌락과 도시를 형성하였다. 수도원은 교회, 학교, 병원을 내부에 두었고 자선과 복지의 유일한 기관으로서 도탄의 시기에 러시아인들에게 안정을 제공하였다. 성자 세르기우스는 무릎을 꿇고 대공 드미트리 돈스코이의 머리에 손을 얹고 이렇게 말을 했다.

"그대는 승리할 것이다. 그러나 늘 전쟁보다 평화를 사랑하라."

성자는 자신의 제자가 된 전사 출신 수도사도 드미트리와 함께 보냈다. 1380년 돈강 근처 쿨리코보(Kulikovo) 평원에서 몽골과의 대전이 열렸다. 먼저 양측 선봉 장수들의 단독 결투가 벌어졌다. 러시아 진영에서는 수도사 전사인 알렉산드르 페레스베트(Alexander Peresvet)가 수도복을 입은 채 나왔고 몽골에서는 테미르 무르짜(Temir-murza)가 나섰다. 치열한 전투는 알렉산드르의 승리였고 무르짜는 낙마하여 사망하였다. 알렉산드르도 중상을 입어 곧 숨을 거두었으나 러시아 군의 사기는 충천하게 되었다. 이어진 전면전은 결국 러시아의 승리로 끝이 났고 대공 드미트리는 민족 영웅이 되었다. 그는 돈(Don)강에서의 승리 때문에 '돈스코이(of Don)' 이름을 얻게 되었다.

몽골 지배를 완벽히 종식시킨 것은 아니었지만 드미트리의 승리는 북부 러시아를 해방시켰고 독립을 가시화했다. 그러나 완전한 자유까지는 정확히 100년은 더 기다려야 했다.

몽골을 물리친 드미트리 돈스코이의 쿨리코보 전투

4. 모스크바 시대와 이반 왕조

러시아의 독립과 이반 대제

몽골 사신들을 호통치고 서신을 밟은 이반 대제
- Aleksey Kivshenko

돈스코이 대공의 승리 100년 후인 1480년에 러시아는 몽골 지배에서 완전히 벗어났다. 그 주인공은 무려 43년을 통치한 모스크바의 대공 이반 3세(Ivan the Great, 1440-1505)였다. 그는 조공을 요구하는 몽골 칸의 편지를 찢어버리며 독립을 선언하였다. 이미 쇠약해진 몽골군은 쉽게 패배했고 이반 3세는 옛 영토를 수복하였다. 이반 3세의 치세 때 러시아는 다시 발트해로부터 우랄 산맥까지 대국으로 재편되었다. 뛰어난 통치로 인해 역사는 그에게 "대제(the Great)" 칭호를 선사했다. 참고로 '이반'은 헬라어 '요한(John)'의 슬라브 이름이다.

이반 3세는 비잔틴 황제의 조카, 소피아(Sophia Paleologus) 공주와 결혼하였는데 1453년 비잔틴 로마 제국이 오토만 제국에 멸망하자 러시아는 비잔틴 로마의 새로운 계승자임을 천명하였다. 모스크바를 "제3의 로마"로 부르며 비잔틴 제국의 '쌍독수리' 문장도 사용하였다. 이반 대제는 러시아의 크렘린(Kremlin) 궁을 건축하였으며 황제 칭호인 '차르(Tsar)'를 처음으로 사용했다. '차르'는 로마 제국 '카이사르(Caesar)'의 러시아식 칭호이다. 이반 대제에 이어 바실리 3세(r. 1505-33)가 다스리며 부친의 정복

사업을 이어갔다.

영광과 좌절을 보낸 이반 뇌제(Ivan the Terrible, 1530-1584)

러시아 역사에서 가장 논란이 되는 인물은 바로 이반 4세이다. 1533년 아버지 바실리 3세가 세상을 떠나고 이반은 세 살 때 제위에 올랐다. 그는 무서운 군주였으며 재위 50년은 공포의 시대였다. 이 때문에 '뇌제(the Terrible)'의 별명을 얻었다. 8세 때 어머니는 암살당했고 권력을 장악한 보야르(귀족)의 손에서 희롱당하며 성장하였다. 그의 이런 성장 배경은 모든 대상에 의심과 적의를 품게 하였고 말년에는 심각한 정신적 불안을 야기했다. 이반은 자신을 무시했던 귀족을 개에 물려 죽게 하였고 싫어하는 귀족의 혀를 자르기도 했다.

이반 4세는 강력한 중앙집권제를 정착시켰고 법을 공포하여 일면에서 귀족들의 만행을 막았다. 그의 치세 때 러시아는 가장 넓은 정복 사업을 성공시켰다. 몽골족이 남아 있던 카잔과 아스트라한(Astrakhan) 두 나라를 러시아에 복속시켰고 시베리아도 수중에 넣었다. 야수 같은 이반 뇌제를 그나마 온순하게 다루었던 이는 미녀 왕비 아나스타시아(Anastasia)였다. 황제의 냉혈적인 성격과는 달리 황후는 자애로운 여인이었다. 그녀는 모스크바에 화재가 발생하여 많은 이재민이 나오자 구제에 앞장섰다. 평소에도 자선에 열심이었고 깊은 신앙심으로 여러 교회당을 세웠다.

1560년 이반 4세에게 큰 불행이 일어났다. 사랑하던 아내 아나스타시아가 갑자기 의문의 죽음을 당한 것이다. 실제로 현대에 행해진 아나스타시아 유골에 대한 법의학적 분석은 그녀가 다량의 수은에 중독되었음을 밝혀주었다. 이반 4세는 깊은 슬픔에 잠겼고 과격한 성격이 표출되었다. 무서운 황제는 '오프리치니키(Oprichniki)'라는 비밀경찰대를 조직하여 러시아 전역을 통제하였다. '개'와 '빗자루'를 그린 검은 망토를 걸치고 검은 말을 타고 다닌 이들은 경찰이라기보다 정말 개처럼 뒤지고 빗자루

죽은 아들을 안고 후회하는 이반 뇌제
by Ilya Repin 1885

수도사 입문을 청하는 이반 뇌제
by Klavdiy Lebedev

처럼 휩쓸고 다니는 강도떼나 다름없었다. 비밀경찰들은 무제한적 권력을 행사하는 절대 왕권의 주구였다. 오프리치니키에 의해 무고한 귀족들도, 힘없는 평민들도 무수히 죽었다. 1569년 이반 뇌제가 예배에 참석하자 모스크바 총대주교 필립(Philip)은 작심한 듯 이렇게 비판하였다.

"백성이 굶어도 무심하고 함부로 처형하고 불법한 무리들을 길에 풀어놓는 불의한 왕은 하나님의 심판을 반드시 받을 것입니다."

(Timothy Ware, *The Orthodox Church*, 1997, 108.)

가만히 들으며 얼굴이 굳어진 황제는 예배가 끝나자 군병을 보내 대주교를 옥에 가두고 며칠 후 교수형에 처해버렸다. 1581년 51세의 이반 뇌제는 천박한 옷을 입는다는 이유로 며느리를 발로 차고 때렸다. 왕자가 항의하자 황제는 흉기나 다름없는 강철 지팡이로 수십 차례 왕자를 두들겼다. 쓰러진 왕자는 많은 피를 흘리며 그 자리서 숨졌다. 곧 제정신을 찾은 황제는 아들을 꺼안고 울었으나 소용이 없었다.

이반 4세는 노년을 회한과 자책 속에 보냈다. 말동무도 없었고 신하들도 찾아가지 않았다. 그는 괴성을 지르며 크렘린의 궁궐을 돌아다녔다. 심적 고통을 견딜 수 없었던 황제는 프스코브(Pskov)의 수도원장에게 자신을 수도사로 받아 달라고 사정하였다. 원장은 어쩔 수 없이 그의 청을 받아주었다. 이제 이반 4세는 낮에는 황제요 밤에는 수도사가 되었다. 요나

(Jonah)라는 이름을 받고 참회를 하며 수도사의 옷을 늘 입고 지냈다. 그리고 자신이 처형한 모든 이들에 대해 용서를 구하고 그들의 명복을 빌었다. 1584년 이반 뇌제는 세상을 떠났고 다른 러시아 군주들과 함께 모스크바의 대천사 성당(Archangel Cathedral)에 묻혔다.

이반 뇌제의 걸작: 성 바실리 대성당

성 바실리 대성당 - by Dror Feitelson

1555년 이반 4세는 러시아의 불후의 명작 성 바실리 성당(St. Basil Cathedral)을 지었다. 모스크바의 붉은 광장에는 혹독한 차르 통치를 상징하는 크렘린과 아름다운 러시아 문화를 대표하는 이 성당이 함께 서 있다. 형형색색으로 '큐폴라(cupola)'라는 양파 모양의 돔들이 세워진 이 교회당은 포츠닉 야코브레프라는 건축가가 6년 동안의 공사로 완공하였다. 일설에는 이반 뇌제가 이 건축가를 바실리 성당보다 더 화려한 건물을 짓지 못하도록 장님으로 만들었다고 한다. 그러나 포츠닉이 그 후에도 건물들을 지었으므로 장님은 아닌 듯하다.

바실리 대성당은 건축 양식에서 큰 혁신을 불러왔다. 이후 세워진 많은 성당들도 유사한 형태로 화려한 색의 큐폴라들을 세우게 되었다. 바실리 성당은 하나의 예배당이 아니라 여러 개의 소형 채플들이 결합된 구조이다. 원래 명칭은 '성모의 보호(Protection of Mother of God)' 대성당이었으나 성자 바실리(St. Basil, d. 1552)가 그중 하나의 채플에 묻힘에 따라 전체 건물의 이름으로 사용되었다. 이 성자는 별명이 "바보(the Fool)"였는데 학정을 일삼은 황제에게 크렘린 바깥에서 자주 소리쳐 꾸짖기도 하였다. 황제는 대주교를 처형했으나 "바보"를 처형하지는 못했다. 바보의 "비범함"

때문이었는지 묵묵히 들었다.

"모스크바의 바보"와 "키예프의 바보": 성자 바실리와 이반

바보 성자 바실리

1500년대 중엽 모스크바에서 가장 존경받은 이는 "바보"처럼 살았던 수도사 바실리(바질)였다. 그는 원래 가난한 구두 수선공이었는데 수도사가 된 후 비정상적인 극단적 고행을 하였다. 길거리에 벗은 몸으로도 다녔고 맨발로 걸었으며 알 수 없는 이야기들을 하고 다녔다. 그러나 그의 이야기를 깊이 새겨들은 사람들은 그에게서 놀라운 메시지를 발견하였다. 일부는 기적도 경험하였다고 전해진다. 비정상적인 모습은 얼핏 필부들의 눈에 "바보"처럼 보여 이것이 그의 별명이 되었다. 그가 비범한 성자임을 알게 된 많은 사람들은 바실리를 찾아가 고민과 문제들을 털어놓았고 해답과 해결을 받았다.

모스크바의 한 귀족이 교회당 한 채를 건축하고자 했으나 공사 도중 많은 사고가 발생해 전혀 진척이 없었다. 그는 성자 바실리를 찾아가 해결책을 물었다. 바질은 그에게 이렇게 한마디 대답했다.

"키예프에 가서 이반이라는 사람을 만나시오."

이 귀족은 모스크바에서 남쪽으로 먼 길을 여행해 키예프에 도착했으나 이반이란 이름을 가진 사람은 너무나 많아 대체 누구를 만나야 할지 몰랐다. 그때 문득 한 가지 생각이 들어 지나가는 행인에게 이렇게 물었다.

"이 도시에서 가장 바보 같은 이반이 누구입니까?"

그 행인은 날마다 연못 옆에서 돌을 던지는 이반이란 이름의 바보가 있다고 알려주었다. 마침내 이 귀족은 "모스크바의 바보" 바실리가 가르쳐

준 "키예프의 바보" 이반을 만났다. 계속 연못가에 앉아 종일 돌만 던지는 기이한 이반을 보고 귀족은 의아해서 이렇게 물었다.

"왜 돌을 던지고 계십니까?"

한참 침묵 후에 요한은 이렇게 답했다.

"저 장소가 내가 태어난 곳이오. 나는 어머니에게 큰 잘못을 저지른 불효자입니다. 그래서 참회하는 마음으로 내가 태어난 장소를 향해 돌을 던집니다."

키예프의 이반의 얘기를 들은 모스크바의 귀족은 비로소 자신도 똑같이 청년 시절 큰 불효를 범했고 또 모스크바의 건축 사고들이 그 죄 때문임도 깨달았다. 귀경한 귀족은 온전한 참회를 하였고 성당을 완공할 수 있었다.

한편 성자 바실리는 종종 부잣집에 들어가 무조건 물건을 가지고 나와 가난한 이들에게 주는 기행을 보였다. 도둑으로 붙잡혔어도 성자 바실리면 사람들은 그를 풀어 주었다. 바실리뿐만 아니라 각 시대의 다른 러시아의 성자들도 늘 기행을 일삼았다. 이것은 그들의 수도 생활 일부였고 인간들을 깨우치기 위한 행위였다.

중세 러시아의 암흑시대

1584년 이반 4세의 사후 아들 페오도르(Feodor I, d. 1598)가 즉위하였다. 경건했던 페오도르 황제는 정치에는 관심이 없었고 매일 기도와 명상에 시간을 보냈다. 귀족들은 다시 득세하였고 국정은 처남인 보리스(Boris Godunov)에게 맡겼다. 황제는 러시아 마을들을 다니며 예배당 종들을 세우거나 종치는 것을 더 좋아하였다. 이 때문에 페오도르의 별칭은 "종치기(Bell-ringer)"가 되었다. 1598년 그가 40세의 나이로 세상을 떠나자 9세기부터 내려온 러시아 전통의 루릭 왕조는 끊어졌다. 이후 보리스가 황제가 되었으나 개혁에 실패하였고 혼란과 정체의 시대를 맞게 되었다.

처남 보리스에게 황금 목걸이를 수여하는 종치기
(Bellringer) 황제 페오도르
- by Aleksey Kivshenko(1895)

이반 왕조 시대에 국가는 강해졌으나 국민들의 삶은 고달팠다. 중세 러시아의 봉건제는 장점보다 단점이 더 많았다. 국가는 세계 최대의 영토를 소유했지만 국민은 여전히 빈민들이었다. 광활해도 동토를 제외하면 농사에 적합한 땅은 한정되었고 그나마도 모두 귀족의 소유였다. 귀족들은 돈이 필요한 농민들에게 대출을 해주고 대신 노동력으로 받았다. 대출 원금에 매해 막대한 이자가 붙자 농민들은 농노의 신분으로 전락했다. 이 때문에 러시아에서 '농부'는 '노예'나 다름없었다. 유럽 봉건제의 장점이었던 개간과 보호, 자급 자족도 러시아에서는 제대로 기능하지 못했다. 일부 농민들은 강도떼가 되었고 또 다른 농민들은 코사크(Cossacks)라는 자치 부대를 조직하여 무력으로 저항하였다.

러시아 기독교도 두 부류로 나뉘었다. 국왕과 귀족들의 탐욕을 질책한 부류와 그들에 편승해 탐욕으로 질주한 부류였다. 거시적 측면에서 러시아 기독교는 암울한 국가 역사에 문명의 기둥 역할을 수행했고 단일한 신앙을 통해 민족성도 유지케 하였다. 또 문화와 문학을 융성케 한 가장 큰 후원자였고 기독교를 통해 러시아는 유럽 및 비잔틴 제국과 교류하며 성장할 수 있었다. 그럼에도 불구하고 러시아 정교회는 종교를 개혁하는 것도 또 종교가 사회를 개혁하는 것도 큰 한계를 보였다. 존경받는 이들은 탐욕을 버리고 광야의 동굴로 들어간 일부 수도사들뿐이었다. 유럽은 16세기 새 시대를 열었으나 개혁에 무감각한 봉건적 러시아는 정치도 종교도 18세기 초까지 중세 모습으로 존재하였다.

5. 사제왕 옹칸의 나라와 징기스칸의 몽골 제국

유럽을 흥분케 한 사제왕 요한(Prester John)

예루살렘에 십자군 왕국이 세워진 지 42년째인 1141년 중앙아시아 사마르칸트와 아랄해 사이의 카트완(Qatwan) 평원에서는 당시 세계가 주목하지 못한 중대한 전투가 벌어졌다. 이슬람의 셀주크 군대와 중국에서 건너온 카라키타이(Kara Kita)족의 대결이었다. 카라키타이는 926년 발해를 멸망시키고 중국 북쪽에 요나라를 세운 거란족의 일파였다. 요나라가 여진족의 금나라에 멸망하자 황족 야율대석은 몽골로 옮겨가 세력을 규합하고 군주를 뜻하는 "구르칸(Gur Khan)"에 올랐다. 야율대석(Yelu Dashi, d. 1143)은 더 서진하여 중앙아시아 키르기스스탄에 근거했던 카라한 왕조를 무너뜨리고 카라키타이(서요) 제국을 세웠다.

속국 카라한 왕국이 무너지자 동부 셀주크투르크의 술탄 아흐메드 산자르(Ahmed Sanjar, d. 1156)는 야율대석의 카라키타이를 응징하러 직접 출정하였다. 그러나 술탄의 10만 군대는 카라키타이의 20만 군대에 궤멸 당했다. 술탄 산자르는 아내도 버려둔 채 겨우 호위병 수십 명만 데리고 전장에서 도주해야 했다. 오늘날의 이란 북부와 아프가니스탄에 걸쳐있던 산자르의 호라산 왕국은 그 즉시 카라키타이의 속국이 되었다. 야율대석은 사마르칸트에서 석달 동안 머무르며 이슬람 귀족들을 종처럼 부렸다.

바로 그즈음 이슬람의 패배 소식을 듣고 흥분한 자발라(시리아 항구)의 주교 위그(Hugh of Jabala)는 서유럽으로 건너와 이 충격적 사건을 교황과 유럽인들에게 전달하였다. 그런데 문제는 위그가 그 내용을 다음과 같이 너무 환상적으로 보고한 것이다.

"페르시아 너머 동방에는 사제이며 왕인 '요한'이 다스리는 나라가 있는데 모두 네스토리우스 기독교도입니다. 수년전 이 나라는 페르시아와 메데 왕인 사미아르디와 전쟁을 벌여 페르시아의 수도 엑바타나를 무너뜨렸습니다. 사제왕 요한(Presbyter John)에게 페르시아 백성들은 재앙 같은 패배를 당했습니다. 이후 그는 예루살렘(십자군)을 도우려고 했지만 대군이므로 깊은 티그리스강을 건너지 못했고 북으로 이동해 겨울에 강이 얼기를 기다렸습니다. 그러나 몇 년간 온순한 날씨가 지속되어 강이 얼지 않자 결국 그의 대군은 귀향했습니다. 이 사제왕 요한은 동방 박사의 후손입니다!"

(Robert Silverberg, *The Realm of Prester John. Athens*, 1996, 7.)

위그가 전한 소식, 즉 동양에 강력하고 신비한 기독교 왕국과 사제왕(Prester)이 존재한다는 것과 강적 이슬람이 대패했다는 것을 처음 듣게 된 유럽은 엄청난 흥분에 빠졌다. 위그가 전한 이야기는 모든 소문이 그렇듯이 부정확한 오류와 분명한 사실이 얽혀 있었다. 오류는 카라키타이를 기독교 왕국으로 전한 것, 전장 카타완 평원을 엑바타나(Eqbatana)로 혼동한 것, 야율대석을 '기독교 왕' 요한으로 오해한 것, 십자군을 도우려고 했던 것 등이었다.

그럼에도 역사적 사실들은 다음과 같은데, 실제로 동서양의 대전이 벌어진 것, 동부 셀주크 무슬림이 대패한 것, 카라키타이에 일부 네스토리우스(경교) 기독교도들이 존재한 것, 그리고 사제왕 요한 같은 인물이 아시아에 실재한 것 등이었다. 서유럽은 이슬람 반대 세력은 누구든지 바로 기독교의 우호 세력으로 간주했으므로 카라키타이가 기독교 왕국으로 혼동될 소지는 충분했다. 당시 유럽은 더 많은 나라와 인구가 살고 있던 동양에 대해 너무 몰랐고 그저 신비한 땅으로만 여겼다.

이후 유럽에는 사제왕 요한의 왕국이 황금과 보물이 넘치며 수많은 신하들이 왕과 왕궁에서 함께 예배한다고 알려졌다. 호기심의 유럽인들은 직접 사제왕을 찾으러 나섰는데 마르코 폴로도 그중 한 명이었다. 그리고 실제로 중앙아시아 부족들 중에 기독교 왕국과 사제왕이 있다는 사실이 밝혀지게 되었다.

"사제왕" 옹칸의 나라

동방을 여행한 마르코 폴로는 마침내 사제왕 요한이 누구인지 자세한 정보를 유럽에 알렸다. 그 주인공은 중앙아시아 유목민 케레이트족(Kerait)의 군주 '옹칸(Wang Khan, d. 1203)'이었다. 이 부족은 사막

칭기즈칸과 옹칸의 모습 -by Sayf al-Vahidi

의 도시 카라코룸을 수도로 삼은 기독교 왕국을 세웠다. 그 외에도 몽골 지역에는 네스토리우스파 기독교를 받아들인 나이만족(Naiman), 옹구트족(Ongut) 등 여러 부족들이 있었다. 유목 민족들은 '텐그리(Tengri)'라고 일컫는 하늘의 신을 섬겼기에 기독교의 '하늘의 하나님' 개념을 쉽게 수용할 수 있었다.

토그릴(Toghrul)이라는 본명의 옹칸은 사실상 유럽인들이 오랫동안 찾았던 사제왕 요한에 부합되는 인물이었다. 그는 군주이면서 네스토리우스 기독교도였고 이름 '옹'도 요한(John)과 발음상 유사하기 때문이다. 그의 가문은 대대로 신자였는데 옹칸의 할아버지 마르구즈(Marghus) 칸은 중국 금나라에 붙들려가 나무로 만든 당나귀에 못 박혀 죽임을 당했다. 금나라 황제는 이런 방식의 처형으로 마르구즈의 기독교 신앙을 조롱하였다. '마르구즈'는 '마가(Mark)'와 같은 이름이다. 옹칸의 가족들은 모두 세례 받은 신자들이었고 천막 교회당을 세워 매주 예배를 드렸다.

1190년경 작은 몽골 부족의 한 청년이 아내까지 잃고 쫓기는 신세가 되어 옹칸에게 일신을 의탁하러 왔다. 이 청년은 사제왕 옹칸의 도움으로

훌륭한 전사로 재기할 수 있었다. 그가 바로 세계적 제국을 건설한 칭기즈칸(Genghis Khan, c. 1162-1227)이었다.

사제왕의 공주와 칭기즈칸의 왕자

본명이 테무친이었던 칭기즈칸은 몽골 고원의 오논 강변 마을에서 족장 예스게이와 메르키트 출신의 어머니 사이에서 태어났다. 당시 중앙아시아에는 수많은 부족들이 있었으나 몽골 부족은 그중 미약한 부족이었다. 아버지 예스게이가 타타르족에게 독살당한 후 칭기즈칸의 청소년 시절은 피신과 고난의 연속이었다. 심지어 아내 보르테(Borte)를 메르키트족에 빼앗기기도 했다. 이 때문에 칭기즈칸은 아버지 예스게이와 의형제를 맺었던 옹칸을 찾아간 것이었다. 옹칸의 도움으로 칭기즈칸은 메르키트를 무찌르고 세력을 키워갔다. 옹칸의 아들들이 칭기즈칸을 시기하여 제거하려하자 그는 다시 도피하였다. 그러나 머지않아 칭기즈칸은 부족들을 규합한 더 강력한 군대를 이끌고 케레이트족을 공격해 왔다. 결국 옹칸은 아들 같았던 칭기즈칸에게 패해 경쟁 부족인 나이만족으로 도망하였고 그곳에서 살해되었다. 이로써 전설로만 알려졌던 사제왕 요한의 일생은 마감되었다. 그러나 옹칸의 유산은 종식된 것이 아니었고 집안의 여인들을 통해 이어졌다.

톨루이와 소르각타니베키 - by Rashid al-Din

케레이트족을 정복한 칭기즈칸은 옹칸의 조카들인 세 공주들을 자신 가문에 들였다. 그 중 소르각타니 베키(Sorkaktani Beki, d. 1252)는 칭기즈칸의 막내아들 톨루이(Tolui)의 아내가 되었다. 소르각타니는 네스토리우스파의 독실한 신자였고 바로 그녀를 통해 칭기즈칸 가문에 기독교가 들어오게 되었다. 소르각타니는 자신에게 일어난 비극을 딛고 존경받는 여인이 되었으며 일생 신앙을 지켰다. 그녀의 두 아들 몽케와 쿠빌라이는 몽골 제국의 대칸이 되었다. 그녀가 옹칸의 조카였으므로 결과적으로 "사제왕 요한"의 혈통은 칭기즈칸 가문의 대칸들을 통해 이어졌다. 그리고 몽골 제국은 유럽이 기대한 것처럼 실제로 이슬람의 제국들에 엄청난 타격을 입혔다.

칭기즈칸의 정복 전쟁과 호라즘 제국의 침몰

칭기즈칸은 알타이 산맥의 나이만족을 굴복시키고 중앙아시아의 맹주가 되었다. 1206년 그는 오논 강에 부족 대표 회의에서 대칸에 올랐으며 이때부터 테무친에서 칭기즈칸이 되었다. 중앙아시아 수백만 인구의 24개 투르크족들과 몽골

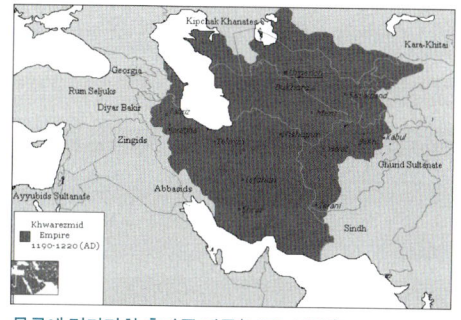

몽골에 멸망당한 호라즘 제국(1150-1220)
- map by Arab League

부족들은 그에게 충성을 맹세했다. 제3차 십자군이 끝났을 때, 그리고 성자 프란시스가 이탈리아에서 수도회를 시작했을 때 동양의 칭기즈칸은 몽골 제국을 수립하였다. 적어도 동양에서 1200년 이후 200년 동안은 그의 후손들의 세상이었다. 몽골은 아시아를 모두 지배했고 유럽조차 떨게 하였다. 칭기즈칸은 세계 원정을 시작하고 동서남북으로 끊임없이 말을 몰았다. 그의 군대는 남쪽의 서하를 정복하였고 서쪽으로는 러시아를 굴복시켰고 동으로는 조상을 토막 내어 죽인 금나라를 응징하였다. 1213년 금나라 황제는 무릎을 꿇고 3,000필의 말과 많은 보물을 내놓은 후 멸족을 면할 수 있었다.

몽골이 무너뜨린 나라들 중 가장 강력했던 나라는 호라즘 제국(Khwarezm Empire)이었다. 원래 호라즘은 1141년 카라키타이 제국의 속국이 되었으나 10년 만에 반란을 일으켜 오히려 카라키타이를 무너뜨리고 급성장하였다. 호라즘 제국은 동부로는 우즈베키스탄, 서부로는 투르크메니스탄, 남부로는 이란에 그 영토를 걸쳤다. 1200년대 이슬람은 3대 세력으로 나뉘었는데 소아시아의 셀주크 투르크, 이집트의 맘루크, 그리고 호라즘 제국이었다. 그중에서도 샤(황제) 무하마드 2세(Muhammad II)의 호라즘 제국이 가장 강성하였다. 1218년 무하마드 샤에게 칭기즈칸은 화친을 요청하는 다음 서신을 사신과 함께 보냈다.

"샤에게 인사를 드리겠소. 나는 그대의 왕국에 대해 잘 알고 있고 그대를 좋은 아들로 생각하오. 나는 많은 나라를 정복했는데 그대가 우리와의 교역에 관심 있기를 바라오."

무하마드 샤는 자신을 아들로 부른 것에 매우 기분이 나빴지만 은괴와 비취, 도자기와 그릇 등의 선물을 보고 맘을 풀었다. 얼마 후 카라코룸에서 출발한 몽골 대상들이 호라즘 국경의 오트라르(Otrar) 요새에서 첩자의 누명을 쓰고 처형되자 양국 관계는 갑자기 냉각되었다. 칭기즈칸은 항의 사절단을 무하마드에게 보냈으나 이 특사들은 큰 모욕만 당하고 쫓겨 왔다. 1220년 대노한 칭기즈칸은 무하마드의 제거를 맹세하고 200,000명의 군대를 출정시켜 무려 3,200km의 장거리를 행군하여 호라즘 제국을 침공하였다.

몽골군은 특유의 강인하고 끈끈한 민족성 아래 놀라운 전투력을 가진 군대였다. 전사한 병사들은 반드시 그 유골이나 유품이 고향에 전달되었고 전달하는 노예나 병사도 상을 받았다. 이국에서 전사하여도 고향의 가족에게 자신의 유골이 전달되는 문화는 몽골군에게 일사각오의 전투 정신을 갖게 했다. 마상 전투는 이들을 당할 민족이 없었고 실크와 가죽도 전장에서 큰 몫을 하였다. 가공을 많이 하지 않은 실크 옷감과 가죽들은 촘촘하면서 질겨 화살이 빗발치는 전투에서 큰 효과를 발휘하였다. 웬만한 화살촉은 박혀도 뽑기 쉬웠고 상처도 덜 입었으며 실크는 화살촉에 발라진 독퍼짐도 방지해 주었다.

이슬람의 호라즘 군대는 전략도 부재한 상태에서 첫 전투부터 전면전을 치렀다가 주력 부대가 궤멸되었다. 몽골군의 엄청난 전투력에 놀란 호라즘 잔병들은 모두 사원에 모여 알라를 부르짖으며 기도했으나 소용이 없었다. 몽골 대상들을 죽여 애초 사단을 일으킨 오트라르의 영주 이날추크는 생포되어 눈과 귀에 펄펄 끓는 쇳물이 부어지는 처형을 당했다. 이슬람 학문 중심지 부하라(Bukhara)도 몽골의 발굽 아래 밟혔고 대도시 사마르칸트의 30,000명의 이슬람 군대는 아예 전투를 포기하고 성문을 열어 몽골군 앞에 엎드려 항복하였다. 피해에 따라 몽골군의 응징도 비례했다. 몽골 지휘관이나 많은 병사들이 전사할 경우 처참한 살육으로 보복했고 성문을 미리 열고 투항하는 경우 관대하게 대하였다. 1220년 호라즘 제국의 니샤푸르(Nisapur)를 공격하다 칭기즈칸의 사위 토쿠차르가 전사하자 이듬해 몽골군은 70,000명의 병력으로 다시 나타나 이 도성을 정복하고 사흘간이나 모든 백성들을 살해하였다.

1221년 호라즘의 수도 우르겐치는 성벽이 각각의 주택으로 구성된 견고한 성이었기에 완강히 저항하였다. 그러나 몽골은 성벽 곳곳에 구멍을 내어 기름에 불을 붙인 항아리들을 던져 구역마다 불태워 나갔다. 함락을 앞두고 우르겐치 백성들은 항복을 표시하고 자비를 간청했으나 몽골군은 거부하였다. 피신 못한 남자들은 모두 죽었고 여자와 아이들은 노예가 되었다. 더구나 아무다리야(Amudarya) 강둑을 터뜨려 아예 우르겐치를 수장시켜 버렸다. 호라즘 백성들은 시리아와 팔레스티나, 아라비아로 피난하였다. 일부는 이집트의 용병이 되었으나 다수는 유랑민이나 강도떼가 되어 망국의 분풀이로 수많은 기독교도들을 살해하였고 같은 무슬림들을 약탈하였다. 다마스쿠스의 무슬림들은 호라즘 잔당들을 "개들(dogs)"이라고 불렀다.

호라즘의 모하메드 샤는 경악하였다. 세상을 호령했으나 모든 것을 잃은 채 호위병만 데리고 도피의 삶을 시작했다. 칭기즈칸은 명장 수보타이에게 20,000명의 병사들을 주며 샤를 체포해 오라고 명령하였다. 모하메드는 무서운 몽골 추격대에 몰리는 먹잇감 신세가 되었다. 매순간 불안에 떨며 1년을 도망 다니다 그는 결국 카스피해의 조그만 섬에서 기진하여 죽었다. 호라즘 제국도 역사로 사라졌다. 샤의 비참한 말로를 목격한 사람들은 이렇게 전했다.

"수많은 나라에 군림했으나 죽을 때는 묘지로 쓸 땅 한 조각 없었고 깨끗한 수의조차 마련 못해 한 벌 겉옷으로 겨우 시신을 덮었다."

(Thomas J. Craughwell, *The Rise and Fall of the Second Largest Empire in History*, 2010, 141.)

"야사"의 제정과 제국의 분할

칭기즈칸은 몽골 제국의 법치를 위해 '야사(Yassa)'라 부르는 법을 공포하였다. 그 법의 첫 부분은 다음과 같았다.

제1조: "모든 사람은 하늘과 땅을 창조하고 부와 가난을 주관하고 생명과 죽음을 관장하는 전지전능하신 유일신 하나님을 숭배해야 한다."

제2조: "모든 사제들, 전도자, 사원의 직원들은 세금이 면제된다."

제3조: "대칸을 사칭하는 자는 사형에 처한다."

야사법에는 기독교적 요소가 반영되었고 종교와 사원에 대한 관용적인 태도를 담았다. 또한 대칸은 몽골 제국의 문자를 위구르어로 삼을 것을 명했다. 그런데 이 위구르 문자는 시리아어를 모체로 한 것으로 네스토리우스 사제들이 전파한 문자였다.

대영 제국에 이어 역사상 두 번째로 큰 제국을 세웠던 대칸은 1227년 전쟁의 상처와 후유증으로 약 70세에 세상을 떠났다. 몽골 제국은 그의 자손들이 분할하였다. 일찍 사망한 장남 주치의 아들 바투는 러시아와 카자흐스탄을 다스리며 "황금 유목 부대(Golden Horde)"라 부른 킵차크 한국을 세웠다. 차남 차가타이는 사마르칸트 주변의 땅을 받아 차가타이

한국을 시작했다. 막내 툴루이의 아들 훌라구는 페르시아 지역을 중심으로 일한국을 수립하였다. 1229년 제2대 대칸 자리에는 칭기즈칸의 유지에 따라 성격이 온순한 삼남 오고타이 (Ogetai, r. 1229-41)가 올랐다.

1227년 칭기즈칸 사망 시의 몽골 제국
- by Postmann Michael

오고타이는 야율초재를 최고 중신으로 중용하였다. 원래 야율초재는 거란족 출신으로 금나라의 신하였으나 뛰어난 인품과 학식으로 칭기즈칸이 중용한 인물이었다. 몽골 제국의 제도적 안착에는 야율초재가 크게 기여하였다. 오고타이의 즉위에도 정국의 안정에도 그의 정치력이 빛났다. 야율초재는 왕권 강화를 위해 형 차가타이에게 동생인 대칸에게 큰절을 하도록 설득도 하였다. 이 몽골의 "제갈공명"은 처참한 대학살을 수차례 막아 수많은 사람들을 살렸다. 생전에 칭기즈칸이 남송을 멸절시키려 하자 야율초재는 이렇게 호소하였다.

"이들을 다 죽이면 대체 누가 대칸의 백성이 되겠습니까?"

야율초재와 후손들은 네스토리우스 기독교도들이었다. 늘 검소했던 이 몽골의 2인자가 세상을 떠나자 사람들은 그의 허름한 집을 뒤졌으나 나온 것은 악기와 책들뿐이었다.

유럽의 위기와 몽골의 퇴각

1236년 오고타이 대칸은 유럽 원정을 명하였다. 몽골 기마 부대와 유럽 기사 부대의 대충돌은 피할 수 없었다. 1240년 몽골의 총사령관 바투는 100,000명의 군대를 이끌고 러시아를 정복했고 이듬해 봄에는 무서운 속도로 동유럽으로 진격했다. 폴란드의 리그니츠에서 유럽 기사들이 대항했으나 모두 몰살당하였다. 몽골군은 아드리아해를 올라가며 도시들을 차례로 약탈하였다. 폴란드, 보헤미아, 모라비아, 달마티아 등지에서 13개의 유럽 부대들이 저지에 나섰으나 이들도 궤멸되었다. 느리고 무겁고 비만한 유럽의 전투력으로는 빠르고 가볍고 날랜 몽골 군대를 도저히 이길 수 없었다. 몽골 제국이 호라즘을 무너뜨릴 때 유럽은 칭기즈칸을 '사제왕 요한'으로 가정하며 기대한 때도 있었다. 그러나 바투의 몽골군이 폭풍처럼 동유럽을 몰아치자 비로소 서구인들은 몽골군이 "은총의 군대"가 결코 아님을 깨달았다.

유럽을 몽골 위기에서 구한 것은 유럽의 영웅들이 아니라 역설적이게도 몽골의 오고타이 대칸이었다. 1241년 그가 과도한 음주로 사망하자 바투가 유럽 원정을 중지하고 수도 카라코룸으로 가야했기 때문이다. 만약 오고타이가 조금만 더 생존했어도 파리나 로마의 한복판에 몽고 천막의 깃발이 적어도 한 세대는 펄럭였을 것이다.

3대 대칸에는 오고타이의 아들 구유크(Kuyuk, d.1248)가 올랐다. 이때 교황 이노센트 3세는 유럽 침공에 항의하고 또 대칸의 개종을 권유하기 위해 성자 프란시스의 제자인 카르피니의 지오반니(요한)를 몽골로 보냈다. 1246년 구유크의 즉위식이 열리는 때 지오반니는 카라코룸에 도착하였다. 세계 각국에서 3,000여 명의 사절들이 축하 선물을 들고 대칸을 알현하러 왔지만 재물을 천시하는 이 프란시스회 수도사는 아무 선물도 없이 달랑 교황의 서신만 구유크에게 전달하였다. 지오반니의 맨발에 더 황당했던 대칸은 답신을 주며 오히려 교황이 자신을 섬겨야 한다고 말했다. 유럽과 몽골의 첫 외교적 대면은 이렇게 이루어졌다.

6. 칸들의 나라와 아시아 초원의 십자가

몽골의 "위대한 모후" 소르각타니 베키

구유크 칸도 즉위한지 불과 2년 만에 급사하였다. 다시 대칸을 뽑는 제국회의 쿠릴타이가 개최되었고 몽케(Mongke, r. 1251-59)가 4대 대칸으로 추대되었다. 전술했듯이 몽케는 칭기즈칸의 막내아들 톨루이(Tolui, d.1232)와 옹칸의 조카 소르각타니 사이에서 태어났다. 남편 톨루이가 20년 전에 세상을 떠났으나 아내 소르각타니는 가장의 역할을 감당하며 아들들을 성장시켰다. 그녀는 독실한 경교 신자였으며 인품과 덕망이 높았고 몽골 백성들에게 칭송받는 부인이었다. 아들들에게 신앙과 법도를 가르쳤으며 잔인한 살육을 삼가고 선정을 베푸는 군주가 될 것을 충고하였다. 몽케가 대칸이 된 것은 바로 어머니 소르각타니가 추앙받는 귀부인이었던 것도 요인으로 작용하였다.

소르각타니는 아들 몽케가 칸이 되는 것을 목격한 후 얼마 되지 않아 세상을 떠났고 간저우(Ganzhou)의 교회당에 묻혔다. 그녀의 아들들은 모두 세계적 군주가 되었다. 장남 몽케에 이어 차남 쿠빌라이(Kublai, r.1260-94)도 대칸이 되었고 셋째 아들 훌라구는 일한국(Il-khanate)의 군주가 되었다. 그녀의 관용과 지혜는 자손들에게 전수되었고 또 기독교에 대한 호의적 태도도 유전되었다. 그녀의 아들들이 대칸으로 있을 때 유럽과의 교류도 이루어졌고 수도사들도 왕래하였다. 소르각타니는 사망 후 황후의 칭호를 수여받았고 네스토리우스파 사제들은 그녀를 성녀로 추앙하였다. "사제왕 요한" 옹칸의 조카로서 그녀는 흥미롭고 신비한 사제왕의 전승을 이어간 여인이었다. 13세기 시리아의 역사가 바르 헤브라에우스(Bar

Hebraeus, d. 1286)는 소르각타니 베키에 대해 다음과 같이 기록하였다.

"황후는 아들들을 훌륭하게 양육하였다. 왕자들은 모두 어머니의 유능함을 물려받았다. 그녀는 헬레나[콘스탄티누스 대제의 모친] 같은 신실하고 경건한 여인이었다. 만약 그녀와 같이 뛰어난 여인이 이 세상에 한 명만 더 있다면 여성은 남성보다 더 우월한 존재일 것이다."

(James D. Ryan, *Christian Wives of Mongol Khans*, 1998, 417.)

황금 천막의 몽케 칸과 맨발의 루브룩 수사

몽케 대칸

몽케의 통치는 몽골 제국의 개혁기였다. 그는 세금을 경감했고 죄수들을 사면했으며 귀족들의 횡포를 엄히 다스렸다. 소르각타니의 아들답게 술도 삼갔으며 신중하게 행동하였다. 대화와 토론을 좋아했고 다양한 의견을 참조했다. 몽케의 시대에 기독교 박해가 금지되었고 신하들 중에는 경교 신자들도 많았다. 이슬람교나 불교에 비해 몽골에서 약자였던 경교 기독교는 때로 핍박과 차별을 받았지만 대칸 몽케는 종교 간의 공격 행위를 일절 금지하고 어길 시는 사형으로 다스렸다.

1253년 프랑스의 "성자 국왕" 루이 9세는 십자군에 함께 참전한 프란시스회 수도사 윌리엄 루브룩(William of Rubruck, d. 1293)을 콘스탄티노플에서 몽골 제국에 특사로 파견하였다. 루브룩의 임무는 대칸에게 기독교를 전하고 이슬람에 맞설 외교적 제휴를 모색하는 것이었다. 체격이 매우 컸던 루브룩은 수도회의 무소유 규칙에 따라 맨발로 여행을 시작했으나 견딜 수 없는 추위로 곧 신발을 신어야 했다. 카라코룸까지의 거리는 약 9,000km로 사실 목숨을 건 여정이었다. 가는 길에 그는 황금 유목민 제국의 바투와 사르탁 부자를 만나 몽골로 가는 안내를 받았다.

출발 1년 후 1254년 루브룩은 마침내 카라코룸에 도착하여 황금실로 짠 천

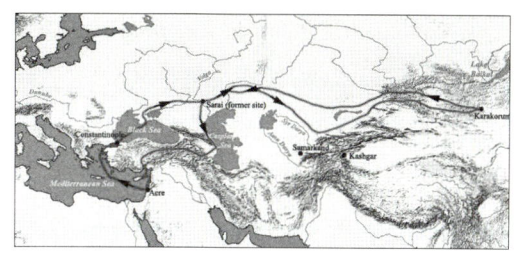
한민족을 처음으로 소개한 루브룩의 여정 루트

막에서 몽케 대칸을 만났다. 선물도 없고 또 칸의 선물도 받지 않는 루브룩의 모습에 몽케는 흥미를 느꼈다. 비록 몽골과 프랑스의 관계가 직접 맺어지지는 못했지만 루브룩은 몽골과 동양에 대한 많은 정보를 얻었다. 카라코룸의 여러 천막에서는 십자가 깃발이 나부끼고 있었고 네스토리우스파 교회당도 있었다. 루브룩은 이 종파의 사제들과 많은 대화를 했고 몽케가 주최한 종교 간 토론회도 지켜보았다. 신앙에 대해 잘 알고 있다는 듯 대칸은 그에게 이렇게 말했다.

"성경에는 다른 사람을 헐뜯지 말라는 말씀이 나오는 것을 잘 알고 있소. 돌아갈 길이 멀 터이니 긴 여행을 버티려면 음식을 잘 먹으시오."

루브룩의 보고서와 최초로 언급된 "코리아"

몽골 제국을 살펴보고 돌아온 루브룩은 프랑스 국왕 루이 9세에게 『수사 루브룩의 여행기(1255년)』라는 자세한 보고서를 올렸다. 루브룩의 2년 여정에서 몽골 제국과 동양에 대한 정보를 담고 있는 이 문서는 마르코 폴로의 견문록에 비견될 만큼 역사적 가치를 가졌다. 생생하고 역동적인 필치로 글을 쓰는 마르코 폴로와는 달리 루브룩은 담담하고 명료하게 여행기를 작성했다. 놀랍게도 루브룩의 보고서는 한민족(고려)을 유럽에 소개한 역사상 최초의 문서였다. 그는 여행기에 이렇게 적었다.

"카타이〔중국〕동쪽 강 건너에는 '고려(Caule)'가 있다. 고려는 겨울에 바다가 얼어붙는 섬인데 〔몽골에〕사신을 보냈다."

(William of Rubruck, *The Mission of Friar William of Rubruck: His Journey to the Court of the Great Khan Mongke 1253-1255*, 2009, 203.)

동방 은둔의 민족이 세계의 기록에 처음 등장한 것이다. '고려'의 라틴어식 철자 표기 'Caule'는 'Cauly', 'kauli', 'Coria' 등으로 표기되었다가 최종적으로 오늘날 한민족을 가리키는 '코리아(Korea)'로 정착되었다.

세계를 통치한 쿠빌라이와 세계를 여행한 마르코 폴로

몽케가 남송을 공격하다 사망하자 동생 쿠빌라이(1259-1294)가 5대 대칸에 올랐다. 쿠빌라이는 몽골의 야만성을 극복하려 애썼고 속국의 주민들을 포용적으로 대하였다. 더 나아가 중국 문화를 확산시켰고 아예 중국 본토 대두(베이징)로 천도하여 원나라를 세웠다.

1283년 쿠빌라이에 대항하여 퉁구스 만주족의 나얀(Nayan) 왕자가 반기를 들었다. 나얀 왕자는 경교 신자로서 십자가를 앞세우고 전쟁을 치렀으나 쿠빌라이 군대에 패배하였다. 이때 불교도와 이슬람교도들은 기독교를 다음과 같이 조롱하였다.

"기독교는 아무런 힘도 없는 십자가만 믿는 종교이다."

그러나 쿠빌라이는 이를 듣고 불교도와 무슬림들을 엄하게 꾸짖으며 아래와 같이 말했다.

"나얀은 주군에 반역한 배신자라서 하나님의 십자가가 그를 돕지 않은 것이다. 십자가는 불의한 자를 돕지 않는 좋은 것이다."

(Marco Polo, *Travels in the Land of Kubilai Khan*, 2005, 25.)

쿠빌라이는 부활절과 성탄절 예배에 참석하여 성경에 입을 맞추었고 신하들도 따라했다. 그는 말기에 불교로 기울었지만 종교에 대한 포용 정책은 유지하였다. 한편 베니스의 상인이며 탐험가인 니콜로 폴로(Niccolo Polo)는 동생 마테오 폴로(Matteo Polo)와 함께 중국 대두로 여행하여 쿠빌라이(세조)를 만났다. 쿠빌라이는 몽골에 100명의 기독교 선교사를 파송해줄 것을 폴로 형제를 통해 교황에게 요청하였다. 또한 예루살렘의 성묘 성당의 성유(holy oil)도 보내 줄 것을 부탁하였다.

1271년 니콜로 폴로는 유럽에 돌아와 교황 그레고리 10세에게 쿠빌라이의 서신과 의도를 전달하였다. 그러나 당시 로마 교황청은 여전히 혼란 중에 있었고 또 선교적인 동기도 없었으므로 쿠빌라이의 요청에 주목할 수 없었다. 또한 당시의 사회적 여건상 100명의 선교사를 동양에 파송한다는 것은 실현되기 어려운 일이었다. 대신 교황은 선물과 서신을 니콜로 폴로를 통해 중국에 보냈다.

니콜로 폴로가 교황의 서신을 가지고 몽골을 향할 때 17세 아들도 함께 데려갔다. 그가 바로『동방견문록』을 쓴 마르코 폴로(d. 1324)이다. 1271년 시작한 이들의 여정은 3년 6개월이란 긴 시간을 소모하여 원나라 수도 북경에 도착하였다. 루브룩이 몽케 칸과 대면한 지 20년 후 마르코 폴로는 쿠빌라이 칸을 만나 총애를 받았으며 중국에서 17년을 머물며 고위 벼슬까지 지냈다. 마르코 폴로도 '고려(Cauli)'를 몽골에 복속된 나라로 간략히 소개하였다.

실크로드 여정과 동양 문화에 대해 기록한 마르코 폴로의『동방견문록』은 세계에 큰 영향을 끼쳤다. 폴로 가문은 "백만(Emillione)"이라는 별명이 있었는데 이는 "많은 사람"을 뜻할 때 "백만 명"이라고 하거나 또는 많은 것들을 지칭할 때 "백만 개"라는 식의 과장된 수사법에서 유래한 별명으로 보인다. 때문에 마르코 폴로 여행기의 원제목은『백만의 책(Il Millione)』이었고 이는 역설적이게도 종국에는 과장이 아니라 실제로 수백만이 읽은 책이 되었다. 수많은 탐험가들은 그의 책에서 동기를 얻어 사제왕 옹칸과 황금의 나라와 신비한 부족들을 찾아 미지의 땅으로 떠났다. 200년 뒤에 태어난 콜럼버스는 스페인의 세비야 도서관에서 마르코 폴로의 책을 탐독하였고 신대륙 탐험의 동기를 가졌다. 마르코 폴로에 영향 받은 또 한 명의 인물은 세계 지도와『천주실의』를 펴낸 마테오 리치(d. 1610)였다.

훌라구의 일한국 운명

소르각타니 베키의 셋째 아들 훌라구(Hulagu)는 중국이 아닌 중동에서 대국을 건설했다. 호라즘 제국을 멸망시킨 몽골군은 훌라구의 지휘 아래 페르시아와 메소포타미아를 장악한 후 다마스쿠스와 안티오크를 공격하여 시리아까지 장악하였다. 유럽 십자군의 100년 원정이 이루지 못했던 것을 훌라구의 몽골군은 훨씬 더 넓은 지역까지 단숨에 차지한 것이다. 그리고 페르시아를 축으로 좌우에 시리아와 아프가니스탄을 아우르는 거대한 일한국을 세웠다.

일면에서 훌라구는 전설의 '사제왕 요한'에 가장 어울리는 인물 중 한 명이었다. 주요 이슬람 도시들을 모두 정복하였고 시리아의 술탄을 패배시켰으며 바그다드의 칼리프도 제거했기 때문이다. 알 무스타심이라는 바그다드 칼리프는 황당하게도 몽골 군대의 괴력을 괴담으로 치부한 인물이었다. 훌라구의 군대가 몰려 올 때도 그는 간단히 퇴치될 것으로 착각하고 아무런 대비도 하지 않은 채 만찬을 즐기고 있었다. 인구 150만의 대도시 바그다드는 어이없게도 저항도 못 한 채 순식간에 훌라구 군대에 점령당했다. 훌라구는 칼리프의 궁궐에서 엄청난 보물 창고를 발견하고 경악하여 그를 끌어내어 이렇게 물었다.

"그대는 왜 이렇게 보물을 많이 모았는가? 이 보물이 대체 그대에게 무엇이란 말인가? 어찌하여 이 보물로 내가 쳐들어 올 때 병사들을 사서 성을 막지 않았는가?"

칼리프는 선채로 아무런 대답을 못했다. 훌라구는 그를 보물 창고에 가두게 하고 음식을 주지 말라고 엄명한 후 칼리프에게 이렇게 말했다.

"네가 너무나 사랑하는 보물이니 배고프면 아무 보물이나 먹고 싶은 대로 먹으라."

(Noah Brooks, *The Story of Marco Polo*, 2009, 34.)

칼리프는 수일 뒤에 죽었고 이로써 500년간 내려온 아바스 왕조도 종식되었다.

특이하게도 훌라구의 부인 도쿠즈 카툰(Dokuz Khatun, d. 1265)이 소르각타니 베키의 사촌으로서 그녀 역시 경건한 네스토리우스파 기독교도였다. 왕비

바그다드 칼리프를 그의 보물 창고에 가두는 훌라구 칸

도쿠즈는 훌라구 칸과 함께 메소포타미아에 여러 교회당을 세웠고 기독교도들을 차별한 이슬람 법률을 폐지하였다. 도쿠즈의 영향으로 중동의 기독교도들은 600년 만에 처음으로 무슬림과 같은 지위를 누리게 되었다. 또한 훌라구는 무슬림들에게 파괴했던 교회 건물들을 원상복구하도록 명령했고 기독교도들의 재산을 강탈하는 것도 금하였으며 종교적 이유의 살인은 사형으로 다스렸다. 그러나 그는 이슬람교를 금지하지 않았고 신앙의 자유를 주었다. 훌라구 칸의 최고 장군은 네스토리우스 신자였던 키부카(Kitbuqa)였다. 이슬람 세계의 타 종교도들은 유대인이든 기독교도이든 불교도이든 모두 훌라구와 키부카를 하늘이 낸 해방자로 간주하였다.

역사적 운명의 '골리앗 샘 전투'(1260)

아직 훌라구가 정복하지 않은 영토는 십자군이 물러간 팔레스타나와 이슬람 세력의 최후의 보루 이집트였다. 훌라구는 이집트 맘루크(Mamluk) 왕조의 술탄 쿠투즈(Qutuz)에게 특사를 보내 항복을 권했다. 자존심 상한 술탄은 몽골 특사를 그 자리에서 처형하는 것으로 응수하였고 훌라구는 보복 전쟁을 선포했다. 그러나 바로 그때 몽케 대칸이 세상을 떠나자 동생 훌라구는 수도 카라코룸으로 떠나야 했고 이집트와의 전쟁은 키부카에게 맡겼다. 그런데 훌라구가 이집트의 저력을 얕잡아보고 주력 군대를 몽골로 데려간 것이 치명적인 패착이었다.

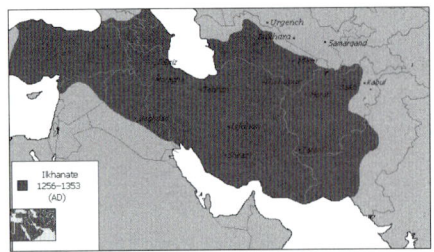

일한국(1256_1353)의 전성기 영토
- by Arab League map

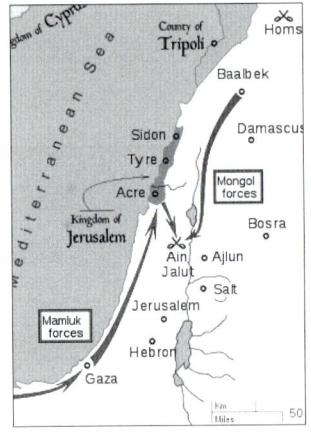

1260년 아인 잘루트의 대전

1260년 일한국의 맹장 키부카는 남은 병사들을 데리고 이집트 군대와 운명의 결전을 벌여야 했다. 전장은 이스라엘 북부 이즈르엘(Jezreel) 계곡의 "골리앗의 샘"이라 부르는 아인 잘루트(Ain Jalut)였다. 이집트의 맘루크 군대는 술탄이 건강한 노예들을 사들여 훈련시킨 최강 전사들로 구성되었다. 이에 맞서는 몽골 부대는 패배를 몰랐던 경력 때문에 방심하여 지형에 대한 사전 탐색도 부족한 상태였다. 더구나 화학이 발달했던 무슬림은 폭약을 제조해와 실전에서 사용하여 몽골 말들을 놀라게 하여 전과를 올렸다. 폭약 소리에 익숙했던 이집트 말들은 대오를 유지했다. 그 결과는 치고 빠지는 효과적인 전략을 구사한 이집트의 완승이었다.

이스라엘 아크레에 주둔한 유럽의 십자군은 이집트와 일한국의 공조 요청을 동시에 받았으나 이집트를 선택하고 이슬람 군대의 항구 사용을 허가하며 지원하였다. 이는 지난 160년 동안 서로 혈전을 벌여왔던 십자군과 이집트 군대의 어이없는 공조였다. 유럽은 초승달 군대보다 초원의 군대를 더 무섭게 생각한 것이다. 키부카는 후퇴를 거부하고 싸우다 전장에서 전사하였다. 승리로 의기양양했던 이집트 술탄 쿠투즈도 고국으로 돌아가는 길에 정적에게 암살당했다.

"골리앗 샘" 전쟁은 세계사적 의미를 가진 사건이었다. 몽골의 신화가 깨지고 세계 지배의 꿈이 좌절되는 전쟁이었다. 만약 이 전투에서 훌라구가 몽골로 주력 부대를 데려가지 않고 이집트 전쟁에 투입하거나 또는 유럽 십자군이 일한국 군대와 제휴했다면 이집트는 재기불능의 상황에 빠졌을 것이고 이슬람 세력도 현저히 축소되었을 것이다. 어쨌든 이집트의 '아인 잘루트'의 승리는 이슬람의 팽창을 불렀고 오토만 제국이 성장할 환경을 조성하였다. 이후 이집트 맘루크 군대는 그동안 관용하였던 수많은 기독교도들을 학살하였다.

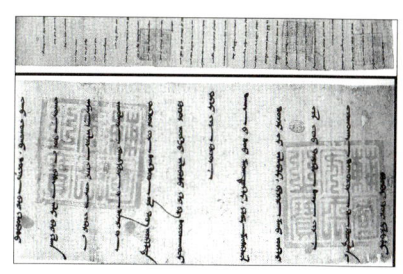

일한국의 아르군 칸이 프랑스 국왕 필립 4세에게 보낸 편지(1289)

다시 돌아온 훌라구는 이집트에 복수를 다짐했으나 실현하지 못했다. 그의 사촌이며 킵차크 한국을 다스린 베르케(Berke) 칸이 무슬림으로 개종하고 이슬람의 수호자로 자처하며 훌라구의 이집트 공격을 저지했기 때문이다. 일한국과 킵차크는 국지전까지 벌였다. 훌라구의 손자 아르군(Arghun, r. 1284-1291)은 몽골의 위대한 수도사 바르 소마(Bar Soma)를 프랑스 사절로 보내 국교를 희망했으나 실현되지 않았다. 오히려 아르군의 아들 가잔은 칸이 되자 이슬람교로 개종하였다. 그 결과 타 종교 신자들은 다시 혹독한 시대를 맞게 되었다. 바르 소마의 제자로 페르시아 교회의 총대주교였던 야발라하(Mar Yahallaha)는 옥에 갇혔고 기독교 선교는 일한국에서 금지되었으며 기독교도들은 공개적인 구타와 처형을 당했다.

1300년대 중반 일한국도 중심을 잃고 쇠망하였고 많은 내전으로 몽골 제국도 와해되었다. 일한국이 존재하던 자리에는 또 다른 살육의 대국인 티무르 제국이 들어섰다. 그럼에도 일한국 시대는 중국, 몽골, 아랍, 페르시아, 유럽의 문화들이 함께 융성한 때였다.

몽골 제국의 유산과 영향

칭기즈칸 제국은 수많은 왕국들을 역사에서 사라지게 했다. 중앙아시아 부족 국가들, 중국의 남송, 사마르칸트의 호라즘, 바그다드의 아바스 왕조, 다마스쿠스의 아이유브 왕조, 키예프의 러시아 등이 소멸했다. 몽골 지배 아래 세계는 서로의 문화와 문물, 관습과 도구를 공유할 수 있었다. 실크로드를 통해 부분적으로 이루어졌던 동서 교류는 몽골 제국 아래서 인종적 교류, 문화적 융합, 군사적 결합, 다면적 무역으로 확대되었다. 나라 간의 도로들은 서로 연결되고 더 길어졌다. 황금을 머리에 이고 여행해도 안전할 정도로 한 세기 동안 세계의 치안은 살아 있었다. 유럽은 몽골 제국을 통해 좁은 세계관에서 벗어날 수 있었다.

1368년 중국에서는 주원장이 이끄는 한족이 원나라를 멸망시키고 명나라를 세웠고 중동의 강대국 일한국도 자멸하였다. 티무르 제국이 몽골을 계승하려 했으나 약탈만 일삼다가 스스로 무너졌다. 킵차크 한국도 러시아의 돈스코이 대공에게 패하며 소멸해갔다. 사실 몽골 제국은 세계사에 부정적인 영향도 끼쳤다. 특히 수많은 민족들의 형언키 어려운 희생이 있었다. 칭기즈칸의 부대의 응징과 복수는 신사도는커녕 잔인성의 극치를 달렸다. 칭기즈칸의 세계 지배 목적도 결코 고상한 것이 아니었다. 그는 이렇게 외쳤다.

"우리는 비단옷과 진귀한 보물과 미녀들을 취하려고 세계를 정복한다."

그처럼 광대한 제국이 이처럼 단순한 목적 아래 확장되었다는 점은 여러 생각을 갖게 한다.

칭기즈칸이 남송에서 죽고 그의 시신이 운반되는 동안에도 이를 목격한 일반인들은 죽임을 당했다. 그는 최고의 정복자였지만 동시에 최악의 도살자였다. 중동의 이슬람교도들에게 몽골은 끔찍한 제국이었고 유럽의 기독교도들에게는 기묘한 제국이었다. 그럼에도 옹칸과 소르각타니, 몽케, 훌라구를 배출했던 초원의 십자가 깃발은 제국의 운명과 상관없이 계속 휘날렸다.

7. 콘스탄티노플의 멸망과 오토만 제국의 확장

오스만의 꿈과 오토만의 성취

1230년경 몽골의 칼날이 절정에 이르렀을 때 북아시아 알타이 산맥에 거주하던 에르토그릴은 투르크 전사 400명을 이끌고 소아시아(터키) 반도로 내려왔다. 이들이 도착한 곳에는 셀주크 럼 왕국이 비잔틴 제국과 치열한 전투를 벌이고 있었다. 언덕 위에서 지켜보던 에르토그릴은 전황이 불리해진 셀주크 럼 왕국을 도와 승리를 이끌어내었고 이 왕국은 그에게 소아시아 서부의 영토를 주었다. 1258년 일한국의 훌라구 칸이 바그다드를 정복한 그 해에 에르토그릴은 아들 오스만을 낳았다. 오스만은 유랑하는 여러 투르크족들과 지역민들을 규합하여 부족을 성장시켰다.

족장 오스만(Osman)은 꿈 하나를 꾼 후 대국의 야망을 품었다. 그 꿈은 나무가 크게 자라 가지들이 아시아와 아프리카, 유럽의 3개 대륙으로 뻗고 뿌리는 네 지역의 강산에 걸친 것이었다. 오스만의 후손들은 그 꿈을 실현시켜 1300년 이후 일한국이 해체된 중동을 차지하고 600년을 존속한 오토만(오스만) 제국을 수립하였다.

오스만 '부족'을 '제국'으로 끌어올린 이는 오스만의 손자 무라트 1세(Murad 1, d. 1389)였다. 그는 혹독하고 강력한 지도력으로 제국의 본토가 되는 소아시아 반도 전역을 수중에 넣었고 놀랍게도 불가리아, 그리스,

> 족장 '오스만' 이름은 무슬림 3대 칼리프였던 '오트만(Uthman)' 이름에서 유래되었다. 아랍 이름 '오트만'은 투르크어로는 '오스만'이 되며 라틴어 표기로는 '오토만(Ottomanus)'이다. 따라서 '오스만'과 '오토만'은 같은 이름이다. 다만 현대 영어에서 '오스만(Osman)'은 개인 이름으로, 그리고 '오토만(Ottoman)'은 부족를 가리키는 명사 또는 형용사로 쓰인다. 오스만투르크 제국과 오토만 제국은 혼용된다.

세르비아 지역을 점령하여 발칸 반도까지 차지했다. 그는 족장(bey)에서 격상되어 이집트 칼리프에 의해 술탄의 칭호를 받았다.

오토만 제국의 엄청난 확장에는 무라트 1세가 만든 특수 부대 '예니체리(Janissaries)'가 매세기마다 큰 활약을 하였다. 중세 유럽 국가들은 유지 비용이 큰 대규모 정규군을 아직 운영하지 못하였지만 오토만 제국은 마치 옛 로마 제국처럼 정규군 예니체리를 보유하였다. 모병은 주로 "루멜리아(발칸 반도)"에서 많이 이루어졌는데 장남을 제외하고 건강한 아이들을 선발하였다. 예니체리는 철저한 이슬람 교육과 혹독한 훈련을 받고 성장하여 술탄의 충성스런 직할 부대가 되었다. 이들은 오토만 제국에서 왕족, 귀족, 사제들과 함께 4대 지배 계층에 속했으며 1826년 소멸되기까지 중요한 위상을 누렸다.

무라트 1세가 영광을 누렸던 것과는 달리 아들 바예지트 1세(d. 1403)는 비참한 굴욕의 삶을 살았다. 이 술탄이 참으로 불운하게도 강력한 대적을 만났기 때문인데 바로 중앙아시아의 맹주로 군림한 무자비한 티무르(테멀레인)였다. 부상을 입어 "절름발이(lame)"가 된 티무르는 오늘날 우즈베크의 사마르칸트를 중심으로 북으로 사라이, 남으로 인도 델리, 서쪽으로 다마스쿠스까지 차지한 제국을 세웠다. 1402년 오토만 제국과 티무르 제국은 소아시아 패권을 놓고 앙카라 대전을 벌였으나 오토만 제국이 대패하였다. 술탄 바예지트는 포로가 되어 수모 속에 사망하였다. 그러나 수백만의 학살자 티무르도 3년 후 명나라 원정을 시도하다 70세에 사망하자 티무르 제국도 와해되었다. 이후 오토만 제국의 기세는 무적이 되었고 술탄들은 수모가 아닌 영화로운 시대를 구가했다. 새 제국의 등장으로 가장 큰 위기를 맞은 나라는 천년을 생존한 동로마, 즉 비잔틴 제국이었다. 이미 소아시

포로가 된 술탄 바예지트를 찾은 절름발이 티무르
- by Stanisraw Chlebowski

아와 발칸을 상실하고 수도 콘스탄티노플만 간신히 소유한 비잔틴 제국은 이제 역사로 사라질 마지막 최후를 앞두고 있었다.

콘스탄티노플의 종말

1300년대 비잔틴 제국은 망국의 징조를 보이고 있었다. 권력 투쟁으로 정치적 혼란이 극에 달했고 유럽을 강타한 흑사병에 큰 희생을 치렀다. 1346년 흑사병은 콘스탄티노플 인구 절반을 사망시켰고 군대도 경제도 토막을 내었다. 설상가상으로 오토만 제국이 옥죄어올 때 서유럽도 서로 간의 전쟁과 역병으로 인해 지원할 처지가 아니었다. 모든 문제는 비잔틴 제국 홀로 대처해야 했다.

1453년 술탄 메메트 2세는 100,000명의 군대를 이끌고 콘스탄티노플을 공격했다. 비잔틴 수도에는 대항할 병사가 10,000명도 남지 않았다. 술탄은 황제에게 항복을 권하며 이슬람으로 개종하면 목숨과 영토를 보장하겠다고 제안했다. "마지막 황제"는 술탄에게 이렇게 답했다.

"이것은 개인의 선택이 아닌 국가의 운명입니다. 우리 모두는 목숨을 구걸 않고 싸우다 최후를 맞을 것입니다."

공격 개시 두 달째인 1453년 5월 29일 이슬람의 대포는 콘스탄티노플의 강력한 삼중 성벽을 마침내 무너뜨렸고 오토만 병사들은 성안으로 침투했다. 비잔틴 군대는 끝까지 저항하다 장렬히 전사하였고 함께 싸우던 황제도 죽었다.

A.D. 331년 콘스탄티노플을 세운 황제도 콘스탄티누스였지만 이 위대한 도시가 함락될 때의 황제 이름도 콘스탄티누스(11세)였다. 생포된 이들은 이슬람 개종을 강요받았고 거부한 자들은 모

콘스탄티노플의 견고한 삼중 성벽
by bigdaddy1204

콘스탄티노플의 함락 in Istanbul Panorama Museum

두 처형당했다. 비잔틴 군사령관 루카스 노타라스(Loukas Notaras)는 포로가 되어 아들들과 함께 연금당해 있었다. 술탄 메메트 2세는 루카스 공작의 미남 아들을 술자리 노리개로 불렀다. 루카스가 아들을 보내지 않자 술탄은 분노하여 이 가족의 처형을 명했다. 끌려나온 사령관 루카스는 죽음을 앞두고 자신의 두 아들에게 이렇게 말하였다.

"사랑하는 아들아, 죽음을 두려워하지 말라. 우리의 황제도 친척도 친구도 모두 죽었다. 교회당도 주택도 건물도 파괴되었다. 여전히 살아계신 전능자 앞에서 용감하게 죽음을 맞도록 하자. 지금 이 순간은 단지 육체가 죽는 것이고 우리는 영원한 세계로 들어갈 것이다."

(Marios Philippides & Walter K. Hanak, *The Siege and the Fall of Constantinople in 1453: Historiography, Topography and Military Studies*. 2011, 604.)

삼부자는 목이 잘리고 길에 버려졌다. 천년 제국의 종말은 비참했으나 이를 맞는 최후는 참으로 장엄하였다. 술탄 메메트는 약탈된 콘스탄티노플을 재건하고 오토만 제국의 수도로 삼았다. 도시명도 "대도시"를 뜻하는 '이스탄불'로 바뀌었다. 무너진 로마 황궁 옆에는 술탄을 위한 톱카프 궁전(Topkapi Palace)이 세워졌다. 이 궁전은 1856년 돌마바흐체 궁전(Dolmabahce Palace)의 설립 전까지 사용되었다. 성 소피아 대성당은 네 개의 미너렛(첨탑)이 세워지고 이슬람의 모스크가 되었다. 성당 성화들은 회칠해졌고 중앙 제단은 메카를 향한 기도 단상인 미라브(Mirhab)가 들어섰다. 이후 1935년에 박물관이 되기 전까지 480년 동안 무슬림들의 기도 장소로 사용되었다.

전성기를 이룬 술레이만 대제

메메트 2세의 손자로 흑해 근처 신비로운 아마시아(Amasya)에서 태어난 셀림 1세(Selim I, 1512)는 할아버지가 서진하여 콘스탄티노플을 점령했던 것과는 반대로 동방 원정을 떠나 경쟁자인 페르시아 사파비드(Safavid) 왕조를 무너뜨렸고 남방 원정도 감행해 이집트를 복속시켰다. 그는 권력에 위협이 되는 친척과 형제까지 모두 제거한 잔인한 술탄이었다.

600년 오토만 제국의 최전성기는 아버지 셀림 1세에 이어 25살에 술탄에 오른 술레이만(Suleiman, c. 1494-1566)의 시대였다. 그의 이름은 고대 이스라엘의 지혜의 왕 '솔로몬'의 투르크어의 발음이다. 술레이만은 뛰어난 능력에 문학, 과학, 법률을 공부하여 학식도 갖춘 인물이었다. 그는 46년 동안 강력하게 통치하며 법을 제정하여 질서를 수립했고 행정도 체계화하였다. 시를 좋아했던 술레이만은 학문과 예술을 증진시켰으며 많은 학교도 세웠다. 그는 큰 위업으로써 "대제(the Magnificent)"의 칭호를 얻었다. 그의 제국은 유럽의 발칸과 아시아의 중동, 그리고 아프리카의 이집트 등 3개 대륙에 뻗치는 광대한 영토를 차지해 "오스만의 꿈"을 성취했다. 더구나 칼리프에도 등극하며 이렇게 자부했다.

"바그다드에서 나는 샤(Shah)로 불리며, 비잔틴에서는 카이사르(Caesar)로 칭함 받고, 이집트에서는 술탄(Sultan)으로 받들어진다."

(Caroline Finkel, *Osman's Dream: The Story of the Ottoman Empire*, 2005, 129.)

오토만 제국의 술레이만 대제

1500년대에는 세계사에서 가장 영향력 있는 세 통치자가 함께 등장한 시대였다. 오토만 제국의 술레이만 대제와 유럽의 신성 로마 황제 카를 5세, 그리고 영국의 왕 헨리 8세였다. 특히 술레이만은 유럽 원정을 꿈꾸고 카를 5세와 평생 전쟁하였다. 두 제국의 갈등은 1526년 오토만 군대가 헝가리를 공격하면서 시작되었다. 전투는 부다페스트 남쪽의 모하치(Battle of Mohacs)에서 벌어졌으나 헝가리는 대패하였고 부다페스트는 1688년 수복될 때까지 오토만 제국의 영토로 존재하였다. 헝가리 왕 루이 2세는 항복을 거부하고 술탄과 끝까지 싸우다 물에 빠져 익사하였다. 19살 루이의 시신을 잠시 바라보던 술레이만 대제는 마음이 무거운 듯 이렇게 말하였다.

"내가 군대를 이끌고 이곳에 온 것은 국왕이 영화도 누리지 못하고 이렇게 짧게 살다 죽는 것을 보기 위함이 아니다."

헝가리를 정복한 술탄의 군대는 1529년 더 서진하여 유럽의 맹주 합스부르크 왕궁이 있는 비엔나를 공격하였다. 그러나 이번에는 날씨의 변화로 큰 피해를 입고 공략에 실패하여 퇴각하였다. 역설적이게도 술탄의 유럽 침공은 루터의 개신교회 확산에 유리한 환경으로 작용하였다. 이후에도 신성 로마 황제 카를 5세와의 전쟁은 육지뿐 아니라 바다에서도 계속되었다.

술레이만 대제와 예루살렘 성벽

예루살렘은 이집트의 관할 아래 있었으나 1517년 오토만 제국의 셀림 1세가 이집트를 복속시키면서 예루살렘도 인계되었다. 외적의 침공을 막기 위해 또 도시의 위엄을 드러내기 위해 성벽은 필수적이었지만 오랫동안 예루살렘은 성벽이 무너진 채 방치되어 있었다. 도시의 위상은 성벽으로 결정되었기에 성벽이 없는 도시는 마치 벌거벗은 사람이나 다름없었다. 술탄들은 300년 동안 예루살렘으로부터 많은 세금은 걷어갔으나 성벽은 재건하지 않아 수모의 도시로 두었다.

1542년 예루살렘 성벽은 놀랍게도 술레이만 대제가 중건하였다. 전승에 의하면 두 마리의 황금 사자들이 포효하는 무서운 꿈이 계기였다. 술탄은 해몽을 위해 수도하는 현자를 불렀고 이런 대답을 들었다.

"술탄께서 거룩한 도시 예루살렘을 소홀히 하여 하늘의 벌을 예고하는 꿈입니다."

이에 술탄은 예루살렘 보호를 위해 재건을 명하였고 3년의 공사 끝에 높이 15m에 길이 4km의 사각형 형태의 성벽이 완성되었다. 성벽에는 11개의 성문을 내었고 오늘날에는 7개의 문만 사용되고 있다. 그중 동

예루살렘성의 '스데반 성문(사자의 문)'

편 성문 위에는 사자들이 조각되어 있어 '사자의 문(Lion's Gate)'이라고 하며 또한 A.D. 1세기의 첫 순교자 스데반 집사가 처형당한 장소 부근이므로 '스데반의 문(St. Stephen's Gate)'이라고도 부른다.

한편 술탄 술레이만에게는 요셉이란 유대인 비서가 있었다. 술탄의 큰 신임을 받았던 그는 갈릴리 지역의 영주가 되었다. 이후 요셉은 유대인의 이스라엘 역이민을 지원하여 성지에 최초의 귀환 정착촌이 세워지게 되었다. 예루살렘에서 그의 동료들은 통곡의 벽(the Wailing Wall)을 중심으로 기도하였고 술탄은 이들에게 작은 길목을 거주지로 허락했는데 이것이 바로 유대인 구역(Jewish Quarter)의 기원이 되었다.

대제의 석양과 대국의 노을

"보물과 여인"이 정복 동기였던 몽골 제국과는 달리 오토만 제국은 이슬람교를 위한 "성전(holy war)"을 주창했다. 무슬림 지배하의 각 지역은 이슬람교로 개종하였으나 400년간 종속된 발칸 반도는 예외였다. 이는 발칸의 기독교 신앙이 내적인 저력을 가졌던 것과 또한 오토만 제국이 부분적으로 관용적이었기 때문이다. 발칸의 백성들은 고달팠지만 종교세를 내고 자신들의 신앙을 지켜갈 수 있었다. 일부 총독(vizier)들은 기독교도

들만 내는 막대한 종교세 감소를 우려해 이슬람 개종을 달갑게 여기지 않았다.

　1566년 술레이만 대제는 또 유럽 원정을 재개하고 헝가리의 최후 전선 시게트바르(Szigetvar) 요새를 공격하였다. 2,000여 명의 헝가리 병사들은 100,000여 명의 투르크 군대에 맞서 필사적으로 싸우다 전사하여 시게트바르를 "헝가리의 마싸다"가 되게 했다. 술레이만은 50배나 우세한 전력을 가지고도 쉽게 승리를 못 거두고 오히려 수배나 많은 희생이 발생하자 자신의 군대에 분통을 터뜨렸다. 전장에서 대제는 갑자기 가슴을 부여잡고 쓰러져 그대로 숨을 거두었다. 이것이 칼리프, 술탄, 샤, 카이사르, 대제까지 모든 칭호를 다 가졌던 인물의 최후였다. 오토만 군대는 죽은 술탄을 의자에 앉히고 전쟁을 지속하여 소득 없는 승리를 거두었지만 유럽 원정은 그것으로 끝났다. 그의 사후 이슬람 오토만 제국은 전성기를 마감하고 기울기 시작했다.

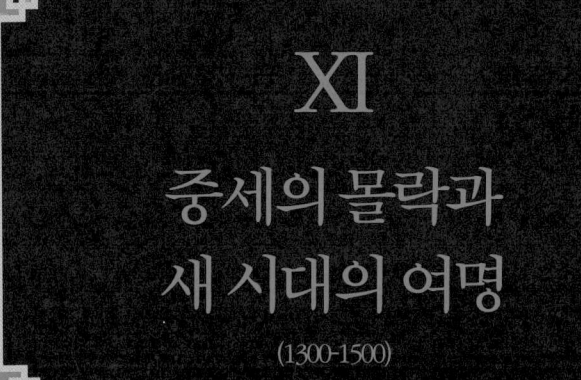

XI
중세의 몰락과 새 시대의 여명
(1300-1500)

1300년 이후 두 세기는 중세를 규정지었던 특성들이 붕괴하는 시대였다. 내적으로 르네상스와 인문주의 운동은 새로운 패러다임을 불러왔고 외적으로 흑사병의 생태학적 재난과 수많은 전쟁들은 기존 사회를 무너뜨렸다. 동시에 새로운 탐험과 발견으로 가치관이 변하였다. 인류 역사상 중세 말에 버금갈 만큼 암울하고 혼돈스럽고 급속한 변화가 있었던 시대는 아마도 세계 대전을 두 차례나 치룬 지난 20세기를 제외하면 찾기 어려울 것이다. 모든 중세적 요소들이 다 부정적인 것은 아니었지만 제거가 필요한 사회상의 실제와 인간의 어떤 문화나 시대도 절대적일 수 없다는 진리에 입각하면 중세성은 해체될 운명을 지녔다.

1. 르네상스 사상과 인문주의 선구자들

"온고지신"의 아드 폰테스

1300년대에는 르네상스(Renaissance)와 인문주의(Humanism) 운동이 탄생하여 중세의 절정을 이루면서 동시에 중세적인 많은 요소들을 변혁시켰다. 르네상스는 "재탄생(rebirth)"을 의미하는데 이 명칭 자체에서 고대 그리스-로마의 문화적 특성이 다시 부활한 사조임을 알 수 있다. 중세는 천년 동안 "천상의 학문"만 갈구했으나 중세 말에 이르러 "인간의 학문"들에 더 집중하기 시작했다. 이것이 옛 고전에 관심을 갖고 새 작품을 만든 인문주의이다.

위 두 사조는 기독교를 배격한 운동이 아니었고 오히려 천상과 지상의 통합을 시도한 사조였다. 인문주의자들은 인간을 들여다보는 것이 결코 신을 배척하는 것이 아니라는 사실을 깨달았다. 이 때문에 이들은 하나님에 대해서도 인간에 대해서도 비관적이지 않았으며 하늘과 땅을 만나게 하는데 성공하였다. 예를 들면, 단테의 『신곡』은 기성 종교에 대한 신랄한 비판이면서 동시에 천국에 대한 애타는 갈망이었다.

르네상스 예술가들도 마찬가지였다. 다빈치의 '최후의 만찬'은 가장 신비한 분위기와 가장 인간적인 표정들을 완벽히 묘사한 작품이었다. 미켈란젤로의 '최후의 심판'은 천상과 세상을 한곳에서 대면하게 하였다. 그러므로 르네상스 시대에 등장한 거의 모든 작품들은 영적이면서 동시에 인간적이었다. 인문주의자들은 인문학과 신학을 지식의 도로를 진행하는 수레의 두 바퀴처럼 여겼다. 바로 이러한 양면적 요소가 인간 이성의 우위만을 강조한 18세기 계몽주의와의 차이다.

중세 말의 토스카나 공국

르네상스와 인문주의는 인류 지성사에서 가장 창조적인 운동 중 하나였으나 이는 결코 과거 전통과의 결별이 아닌 옛 지혜를 배운데서 비롯되었다. 즉 옛것을 기반으로 새것을 제시하는 온고지신(溫故知新)의 창조성이었다. 이 정신은 "원천으로 돌아가자"는 '아드 폰테스(Ad fontes)'라는 구호로 널리 퍼졌다. 흑사병의 대재앙 가운데서도 이들은 위대한 창조의 작업을 계속하였고 인간 문화의 찬란함을 보여주었다. 이런 면에서 르네상스 인문주의는 중세의 화려한 마지막 유산이면서 동시에 중세의 사망을 초래한 이중적 성격의 운동이었다. 르네상스와 인문주의라는 태풍은 문학, 예술, 종교, 건축 등 다양한 영역을 휩쓸었고 그 눈은 바로 이탈리아 토스카나의 피렌체였다.

이탈리아와 예술의 발달

피렌체 예술의 후원자 로렌조 메디치
- by Agnolo Bronzino 15C

중세 후기 예술의 중심지인 토스카나(Toscana) 지역에는 피사, 피렌체, 시에나, 아레조, 프라토 도시들이 속하였다. 이 지역은 중세 말의 세계사적 천재들을 배출하였다. 단테, 페트라르카, 보티첼리, 레오나르도 다빈치, 미켈란젤로, 갈릴레이 등이 그 예다. 토스카나 공국의 본거지 피렌체는 단연 예술의 고향이었고 그 강력한 후원자는 1400년대 피렌체를 지배한 메디치(Medici) 가문이었다. 이 가문은 은행업과 직물 교역을 통해 유럽 최대의 부호가 되었고 4명의 교황을 배출하고 프랑스 왕비도 두 명이나 내는 큰 영향력을 발휘했다. 특히 메디치가의 로렌조(Lorenzo de' Medici)는 예술을 후원하여 세계사적 작품들의 태동에 공헌하였다.

"거룩한 코미디"의 단테

볼로냐가 학문의 중심지고 베니스가 무역의 중심지였다면 피렌체는 예술의 중심지였다. 사실 단테(Dante Alighieri, 1265-1321)의 출생지라는 사실만으로도 피렌체의 문화적 가치는 충분하다. 지오토(Giotto)가 피렌체 성 십자가 성당의 벽에 프레스코화를 그릴 때에 단테는 열심히 문학을 공

피렌체와 연옥 사이에 서 있는 단테 by Domenico di Michelino 1465

부하고 있었다. 단테는 어린 시절 피렌체의 아르노(Arno)강을 함께 걸었던 베아트리체(Beatrice, d. 1290)를 평생 사랑했다. 그녀는 시몽 데 바르디라는 은행가의 후처가 되었으나 단테를 더 슬프게 했던 것은 그녀의 때 이른 24살의 죽음이었다.

피렌체는 교황파 구엘프당과 황제파 기벨린당의 유혈 투쟁이 가장 격렬한 도시였다. 구엘프당이 정권을 잡았고 단테도 이 정당에 속했지만 그럼에도 교황을 반대하였기에 결국 추방되었다. 피렌체시 정부는 떠난 단테에게 공금 횡령 죄목으로 유죄까지 씌워 화형을 들먹이고 위협하였다. 그는 다시는 귀향할 수 없었지만 라벤나에서 숨질 때까지 고향을 그리워하였다. 사랑과 영원히 이별하고 고향까지 상실한 단테는 절망적 감정에서 지옥을 경험했다. 어느 날 그는 성경을 들고 읽기 시작했고 두 눈은 시편에 고정되었다.

"사람의 인생이 칠십이라."(시편 90:10)

이 구절은 35세의 단테에게 이미 인생의 반환점을 돌았음을 인식시켰다. 이후 단테는 천국을 찾아 떠나는 문학적 순례를 시작하였고 그 결과는 위대한 문학 『신곡(Divine Comedy)』의 탄생이었다. 이 작품에서 단테는 처절한 지옥(Inferno)과 고달픈 연옥(Purgatorio), 빛나는 낙원(Paradiso)의 세 세계들을 여행하였다. 단테가 본 지옥과 연옥에는 사악한 자들과 고리대금업자들, 황제들과 교황들, 기사들과 귀족들, 위선적인 주교들과 사제들이 있었다. 특히 교황을 구원의 배급자로 간주했던 중세 사회에서 단테의 이러한 기술은 자체로 혁명적인 비판이었다. 『신곡』은 낙원이 진실한 삶을 사는 논밭의 농부나 부엌의 여인이나 길가의 아이들에게 약속된 새 땅임을 지적하였다.

울창한 숲속에서 단테가 길을 잃었을 때 로마의 철학자 베르길리우스(Virgil)가 나타났고 낙원에서는 베아트리체가 안내하였다. 단테는 그리운 연인을 『신곡』으로 재회한 것이다. 베르길리우스와 베아트리체가 안내자들로 나온 것은 문학적이고 종교적인 상징들이다. 인간은 철학의 질책에서 각성하여 사랑의 감동으로 천국에 이른다는 것이다. 이 작품은 이탈리아어의 운율, 문법, 단어를 형성하는데 크게 기여하였다. 이탈리아어를 "단테의 언어"라고 부르는 이유는 바로 이 때문이다. 단테의 작품은 수많은 이들을 감동시켰고 그에게 문학적 영감을 받은 바이런과 릴케도 또 많은 대가들도 훗날 그의 묘소에서 고개를 숙였다.

『신곡』에 사용된 용어 '코미디(Comedia)'는 중세에서 "웃기는 이야기"가 아닌 "웃는 이야기"를 뜻했다. 마지막 부분에서 단테는 낙원에서 인간의 모든 질곡과 고통들이 사라지는 '웃는 이야기'를 기술하였다. 인간의 모든 사건들은 마치 아름다운 채색 옷의 실들처럼 하나님의 빛나는 섭리로 짜여 있다. 단테도 어떤 인간도 그 섭리를 측량할 수 없다. 이 진리를 확신한 단테는 다음 고백으로 명작을 마감하였다.

"나의 뜻이나 의지도 해와 별들을 주관하시는 그분의 사랑에 이미 감화되었다."

(Dante Alighieri, "Pradiso 33" in *the Divine Comedy*, 1995, 541.)

"인문주의의 아버지" 페트라르카

인문주의의 창시자 페트라르카

1304년 단테가 피렌체에서 추방되어 하반생의 방랑을 시작할 때 피렌체에서는 "인문주의의 선구자" 페트라르카(Petrarch: 1304-74)가 탄생하였다. 그의 아버지 페트라코(Petracco)는 피렌체에서 정치적 갈등으로 추방당한 후 아비뇽 교황궁에서 법무사로 일했다. 이 때문에 페트라르카는 아비뇽에서 어린 시절을 보냈는데 교황권의 타락을 상징하는 장소 아비뇽이 인문주의 선구자의 성장지였다는 점은 참으로 역설적이다. 페트라르카의 학문적 재능은 어려서부터 두드러졌다. 아버지는 아들의 장래를 위해 교육에 큰 관심을 기울였고 법률가로 만들기 위해 최고의 법학 대학 볼로냐로 유학시켰다. 그러나 고전을 더 좋아했던 아들은 시인과 문학가의 길을 선택했다.

어느 날 볼로냐의 아들 자취방을 방문한 아버지는 경악하였다. 아들 서가에 꽂힌 책들은 법학 교재들이 아닌 낡아빠진 시집과 고전들뿐이었다. 정치적 갈등으로 피렌체에서 추방당해 많은 고난을 겪었던 아버지 페트라코는 아들이 법학을 공부하여 권력의 사람이 되길 기대했다. 아들 페트라르카가 집에 오자 아버지는 분노를 터뜨리며 키케로, 세네카, 베르길리우스 등의 책들을 뽑아 화로에 집어 던져버렸다. 페트라르카는 눈물을 흘렸다. 아들의 눈물에 가슴이 아팠던 아버지는 타다만 책들을 꺼내 아들에게 주며 이렇게 말했다.

"좋다. 이 책들을 읽어라. 그러나 법률가가 되어라."

(Petrarch & Thomas Campbell, *The Sonnets, Triumphs, and Other Poems of Petrarch*, 2010, 9.)

이제 이십대를 갓 넘긴 감성적인 젊은 아들은 아버지의 말에 순종하기로 맘먹었다. 그러나 얼마 후 사랑하는 어머니가 세상을 떠나자 충격을 받은 아버지도 숨졌다. 부모를 잃은 슬픔에 그는 문학에 더 빠졌으며 법규 암기와 조문 해석의 공부를 포기하였다. 이후 그는 여행과 등산을 시작했다. 사실 그는 당대에 순례자가 아닌 여행자로서 가장 많은 명소들을 방문한 인물이었다. 수많은 여행은 그에게 큰 소득을 주었다. 페트라르카는 여러 수도원들의 도서관들을 뒤져 수도사들이 일생의 노고로 필사한 보물 같은 고전들을 더 많이 발견했기 때문이다. 그는 고전과 문학과 시조의 세계로 완전히 뛰어들었다. 그런 후 주목받지 못했던 고대 역사를 최초로 쉬운 라틴어 시들로 써내기 시작했다.

첫 작품은 로마의 영웅 『스키피오』였고 이후 그리스와 로마의 역사를 서사시로 계속 출간해 냈다. 지루했던 중세인은 페트라르카의 저작에 탄성을 질렀고 글을 아는 남녀노소의 손에는 그의 책이 들려 있었다. 순식간에 그는 1300년대 중반 유명 인사가 되었다. 그가 로마를 방문했을 때 시민들은 "글의 영웅"에게 개선장군처럼 월계관을 만들어 씌워주었다.

페트라르카의 가장 큰 공헌은 바로 고대 세계에 대한 관심과 고전 연구를 유행시킨 것이다. 지성인들은 그리스-로마 시대의 문학과 예술에 큰 흥미를 느끼게 되었고 많은 이들이 페트라르카를 뒤따라 인문주의자가 되었다. 자연스럽게 그는 "인문주의의 아버지(Father of Humanism)"로 불리게 되었다. 특히 그의 통찰력과 연구 방법은 각 분야에 접목되었다. 건축가들은 로마 양식을 차용하였고 학자들은 헬라 철학서들을 읽었으며 문학가들은 고대 신화에 관심을 가졌고 신학자들은 성서 원전을 교황의 교서보다 더 많이 읽게 되었다.

바로 인문주의의 특징은 철저한 "원전(original text)" 연구였다. 페트라르카는 같은 제목이어도 내용이 약간씩 상이했던 옛 고전 역본들을 상호 대조하고 정리하였다. 이는 본문 비평(textual criticism) 연구로 불리는데 특히 그는 문학 비평의 선구자였다. 이런 연구 방법론은 종교개혁자 에라스무스와 루터에게도 영향을 끼쳐 여러 성서 역본들을 비교하며 정확한 본문을 추구하게 만들었다.

페트라르카 이후 유럽인들의 개인 서가는 고전들로 채워졌고 옛 지식의 가치와 지혜를 존중하게 되었다. 신대륙 발견의 콜럼버스도 세계를 알기 위해 지리와 해양에 관한 옛 서적들을 다 읽어 탐험가 이전에 탐독가가 되었다. 인간에 강조점을 두는 인문주의 문학을 시작한 점에서 페트라르카는 "반(anti)" 중세적이었다. 그러나 중세의 제도들을 부정하지 않았다는 점에서 그는 "친(pro)" 중세적이었다.

단테의 고향 후배 페트라르카는 재치 있는 깔끔한 글로 정신을 일깨우는 최고의 문학가였다. 반면 굴곡의 삶을 살았던 단테는 격정적인 언어들로 가슴을 불타게 하는 위대한 사상가였다. 페트라르카는 무지한 이들을 명료하게 가르쳤고 단테는 틀에 박힌 이들을 창조적으로 일깨웠다. 이 두 사람은 작게는 인문주의 개척자들이었고 크게는 경화된 세계에 생동감을 넣은 펜의 예술가였다. 페트라르카의 많은 지혜는 오늘도 유효하며 다음은 그 일부이다.

"부자가 되는 지름길은 욕심을 줄여가는 것이다."

"인간의 가장 큰 적은 자기 자신이다."

"우리의 다섯 악은 탐욕, 야망, 질투, 분노, 교만이다. 이를 없애면 영구적 평화를 얻는다."

페트라르카는 등산을 매우 좋아했는데 사실 알프스를 처음 등정한 산악인이었다. 그에게 등산은 육체적 단련이고 자연과의 대화였으며 세속과 멀어지려는 영적 갈망이었다. 산 아래에서는 항상 로마 시대의 고전들을 보았지만 이 위대한 지성인은 산 정상에서는 늘 성자 아우구스티누스의 『고백록』을 읽었다.

가면을 벗긴 로렌조 발라

교황의 위조 문서를 밝혀낸 문학 비평의 대가 로렌조 발라

고전 연구가 특징인 인문주의는 중세의 교황주의에 타격을 가했다. 인문주의자들은 교황청의 권위를 지탱하는 고문서들을 비평하여 허구임을 밝혀내었다. 이 분야의 개척자는 1407년에 태어난 이탈리아의 로렌조 발라(Lorenzo Valla, d. 1457)였다. 고전 헬라어와 라틴어의 대가인 그는 논란 있는 문헌들을 비평하여 그것들이 위조나 변조된 것임을 밝혀내었다. 가장 대표적인 위조 문서는 교황이 막대한 영토를 소유함에 있어 근거로 사용한 "콘스탄티누스의 증여(Donation of Constantine)"였다. 로렌조는 이 문서의 형성이 교황이 주장하는 4세기가 아니라 문체와 용어들을 볼 때 훨씬 후대에 속한다고 주장했다. 예를 들면, 문서에 나오는 총독 직위 'satrap(사트랩)'은 8세기 이후에야 로마 제국에서 사용된 직함이었다. 또한 로렌조는 사도신경이 단기간이 아닌 장기간에 걸쳐 형성된 것을 지적했고 1세기 역사가 티투스 레비(레비우스)가 쓴 『로마사(ab urbe condita libri)』도 많은 후대 가필이 있음을 밝혀내었다.

발라의 연구 방법은 문학 비평과 본문 비평, 역사 비평의 효시가 되었고 고문서의 형성 과정과 사회적 배경을 밝히는 방법론으로서 지성사에 큰 기여를 하였다. 에라스무스와 루터는 로렌조 발라의 연구에 경의를 표하였다. 일부 교황 주의자들은 교황청 문서의 치부를 드러낸 발라를 위협하였다. 그러나 역설적이고 너그럽게도 교황 니콜라스 5세는 그를 비서로 채용하였으며 발라를 방해하지 않았다.

2. 천상과 지상을 연결한 예술가들

"유다의 입맞춤"과 "천국의 문": 지오토와 기베르티

피렌체는 미술의 르네상스를 개척한 위대한 화가 지오토(Giotto di Bondone, c. 1267-1337)도 배출하였다. 아동기부터 그림을 좋아했던 그는 귀여운 목동이었다. 어느 날 지오토는 바위에 양 그림을 그려놓았는데 당시 유명 화가 지오반니 치마부에(Giovanni Cimabue, d. 1302)가 우연히 이를 보고 제자로 삼았다. 지오토는 스승 치마부에의 작업에도 참여하였다. 사람의 코를 그린 스승의 작품에 지오토는 파리 한 마리를 그려놓았는데 얼마나 실재처럼 보였는지 스승은 파리를 쫓으려 한 후에야 그림인 줄 알았다. 지오토의 가장 대표적인 작품은 이탈리아 파두아의 스크로베니(Scrovegni) 채플에 그리스도의 생애를 주제로 그린 37개의 장면들이다. 가장 비장한 장면은 '유다의 입맞춤'이다.

지오토의 위대성은 기존의 어둡고 상징적인 비잔틴 양식을 극복하고 사실적이고 극적인 새로운 회화를 시작한 것이다. 비잔틴 미술의 인간은 무표정하였고 장면도 상징으로 묘사되었다. 그러나 지오토는 성서의 이야기를 마치 실제 사건 속의 한 장면처럼 표현했고 풍부한 색감을 사용하는 새로운 기법을 확산시켰다. 한마디로 그는 "미술의 페트라르카"였다.

지오토의 '유다의 입맞춤' 작품

피렌체 대성당 세례당의 기베르티의 '천국의 문' - photo by Ricardo Frantz

피렌체가 자랑한 또 다른 예술가는 지오토보다 한 세대 후에 등장한 로렌조 기베르티(Lorenzo Ghiberti, 1378-1455)였다. 중세 말 흑사병의 죽음과 공포가 피렌체에 들이닥치자 시민들은 안녕을 기원하려고 피렌체 대성당 옆에 세워진 팔각형 세례정 건물의 청동 문들을 만들어 봉헌하기로 결심했다. 세례정은 '8'이라는 수가 상징하듯 영적 재탄생의 장소로서 피렌체 시민들은 새로운 문들을 제작함으로 죽음의 시대에 새로운 생명을 갈망했다.

1401년 청동 문을 제작할 예술가를 선정하는 경쟁이 붙었고 그 결과 기베르티가 선정되었다. 그는 세례당 북문 두 짝에 그리스도의 삶에 관한 28개 장면을 새겨 넣었는데 완성까지 무려 21년이 소요되었다. 1425년 기베르티는 세례당 동쪽의 출입문도 만들기 시작했다. 다시 27년의 수고 끝에 아담, 아벨, 노아, 아브라함, 이삭, 요셉, 모세, 여호수아, 다윗, 솔로몬 등 구약 성서 장면들이 부조된 총 10개 패널의 청동 문이 완성되었다. 한 세대 후 미켈란젤로는 기베르티의 이 황금빛 청동 문을 보고 찬탄을 보내며 "천국의 문(Gates of Paradise)"이라고 불렀다. 이 걸작은 부조와 조각 영역에 대단한 영감과 세밀한 기법을 전해 준 세기적 예술품이 되었다. '천국의 문'은 훼손을 우려하여 1990년 피렌체의 두오모(Duomo) 미술박물관에 보존되었고 원위치에는 복제품이 부착되었으며 미국 샌프란시스코 그레이스 대성당(Grace Cathedral)에도 또 다른 복제 문이 달려 있다.

"미술의 단테" 프라 안젤리코

피렌체의 보물 화가는 또 있었다. 비잔틴 회화의 유산 위에 원근법과 사실적 표현을 더한 프라 안젤리코(Fra Giovanni Angelico, 1395-1455)였다. 기베르티가 밝은 야외의 청동 문을 작업하고 있을 때 안젤리코는 어두운 수도원 벽들에 신비한 색의 그림들을 채우고 있었다. 안젤리코는 르네상스 시대 어느 누구보다 가장 완벽한 재능을 가진 화가로 인정받았다. '프라'는 그의 이름이 아니라 수도원의 수사를 가리키는 '프라테(frate:형제)'의 준말

피렌체의 프라 안젤리코가 그린 '유다의 입 맞춤'

이다. "수사"라고 부르는 호칭이 안젤리코의 이름처럼 되었다. 1436년 프라 안젤리코는 피렌체 광장 근처에 새로 세워진 도미니크파의 산마르코(성마가) 수도원에서 거하며 수도원 방마다 프레스코(fresco)화를 그렸다.

안젤리코의 예술 세계는 그의 신앙 세계와 불가분의 관계에 있었다. 항상 기도한 후 붓을 잡았고 예수의 고난을 그릴 때는 동참하듯 눈물을 흘렸다. 그에게 그림은 하늘을 향한 인간의 탄원이었고 동시에 인간들을 향한 하늘의 메시지였다. 이점에서 그는 "성자(saint)" 미술가였다. 안젤리코는 겸손한 인품과 진실한 영성으로 피렌체 시민들의 존경을 받았다. 이 도시의 주교 자리가 공석이 되었을 때 시민들은 교황에게 안젤리코를 추천하

고대의 전설적 화가 아펠레스의 것이거나 같은 화풍의 후대 그림으로 추정되는 '알렉산더 대왕의 이소스 전투' - in Museo Archeologico Nazionale of Naples

였고 임명이 이루어지려 하자 안젤리코는 사양하며 임명 철회를 간곡히 부탁하였다. 그는 권력이나 명예에 관심이 없었기에 결국 대주교는 다른 인물이 되었다. 이후 안젤리코는 로마에서 활동하다 1455년 65세에 성녀 시에나의 캐서린(Catherine of Sienna, d. 1380)이 묻힌 로마의 '산타마리아(Santa Maria sopra Minerva)' 성당에 묻혔다.

지오토, 기베르티, 안젤리코의 작품들이 창조적임에도 불구하고 왜 "재탄생(르네상스)"의 작품이라고 불리는 것일까? 이는 그동안 간과된 고대 미술의 사실적 묘사의 화풍이 중세 말 그들을 통해 다시 부활했기 때문이다. 고대 세계는 정밀한 회화의 시대였다. 주전 4세기 그리스의 전설적 화가 아펠레스(Apelles)의 그림들은 정말 살아 있는 것 같았다고 전해진다. 또한 예술 재료들도 고대 로마의 영향을 받았다. 기베르티의 청동 주물도 청동을 잘 다루었던 로마 예술에서 아이디어를 얻은 것이었다. 위대한 화가였음에도 프라 지오반니 안젤리코는 자신의 비문에 이렇게 쓰게 하였다.

"나를 칭찬할 때 아펠레스의 재능 같다고 하지 마시오. 오히려 그리스도의 이름으로 재능을 가난한 자들을 위해 썼다고 말해주시오. 세상에서 인정받지 않아야 나는 천국에서 인정을 받을 수 있습니다. 나 지오반니는 그냥 토스카나의 꽃 한 송이였습니다."

(Giorgio Vasari, *Lives of the Artists*, 1965, 171.)

역사의 페이지가 부족한 세 거장들

피렌체에서 출발한 르네상스 예술은 세계적인 세 예술가에 의해 절정에 올랐다. 바로 레오나르도 다빈치(Leonardo da Vinci, 1452-1519), 미켈란젤로(Michelangelo, 1475-1564), 그리고 라파엘(Raphael, 1483-1520)이었다. 1494년 다빈치는 밀라노의 산타 마리아 델레 그라치에 수도원에 '최후의 만찬(the Last Supper)'을, 미켈란젤로는 1537년부터 4년간 바티칸 시스틴채플의 전면 벽에 '최후의 심판(the Last Judgement)'을, 1510년 라파엘은 교황 궁에 '아테네 학당(School of Athens)'을 그려 예술사의 위대한 시대를 이루었다. 사실 세 예술가들에게는 적절한 수식어들이 부족하다.

'최후의 심판'을 그릴 때 다빈치의 큰 고민은 예수를 판 가룟 유다의 얼굴이었다. 아직 대상을 찾지 못하였을 때 평소 다빈치를 못마땅하게 여겼던 밀라노의 수도원 부원장은 작품 완성을 재촉하며 많은 스트레스를 주었다. 조르지오 바사리(Giorgio Vasari, d. 1574)의 기록에 의하면 다빈치는 부원장 표정을 가룟 유다의 얼굴로 삼았고 부원장은 이후 한마디 말도 꺼내지 않았다고 한다.

미켈란젤로 -by Jacopino del Conte

미켈란젤로는 '매너리즘(Mannerism)'이라는 새로운 미술 장르를 열었다. 이는 "양식적(mannered)" 의미를 지닌 사조였다. 즉 자연적인 것도 정형화한 것도 아닌 예술가 자신만의 독특한 스타일을 의미하였다. 그의 '최후의 심판'은 이 특성을 잘 보여주었는데 원래 이 작품은 교황의 개인 채플 전면에 모든 인간들이 나체로 그려진 벽화였다. 미켈란젤로는 조물주의 심판 앞에 교황이든 평민이든 모든 인간이 벌거벗은 모습으로 서게 됨을 강조하였다. 그러나 나체화를 그려 교황을 모독했다며 체세나(Cesena) 의 전관이 분노하자 미켈란젤로는 그의 얼굴을 벽화 우측 모서리 "지옥의 사자" 미노스의 얼굴로 사용하였다.

예술을 모독한 이는 다빈치의 작품에서는 가룟 유다로, 그리고 미켈란젤로의 작품에서는 지옥의 수장으로 그려지는 벌을 받았다. '최후의 심판' 완성 24년 후 1560년경 트렌트 공의회는 모든 누드화의 예배당 게시를 금지하였고 그 결과 '최후의 심판'도 볼테라(Volterra)에 의해 누드 부분이 천 그림으로 덮여지게 되었다. 볼테라는 걸작에 손을 대어 망쳤다는 오명을 대대로 듣게 되었다.

라파엘의 유고작 '예수의 변화산 변모'

라파엘은 르네상스에서 가장 영향력 있는 예술가였다. 그의 작품은 침묵과 웅변이 공존하고 생동감과 엄숙함이 어우러져 있으며 과거와 현재가 함께 만나는 사실감과 신비감이 조화된 것들이었다. 라파엘의 명작 '아테네 학당'은 그의 예술이 얼마나 해박한 지도 여실히 보여주었다. 1520년 37세의 천재 라파엘은 '예수의 변모(the Transfiguration)'를 그리다가 병으로 쓰러졌다. 생의 마지막을 감지하고 방종했던 죄들을 고백하며 라파엘은 자신의 변모를 기원했다. 그리고 참회 다음날인 4월 6일 자신의 생일날에 세상을 떠났다. 미켈란젤로와 최고를 다투었던 라파엘이 만약 단명하지 않았다면 미술의 역사는 더 풍성해졌을 것이다.

세 대가들에게는 작품 자체가 신앙적 표현이었다. 성서 이야기는 그들 예술의 중요 주제였다. 또한 그들의 강력한 후원자도 교회였다. 최후의 만찬도, 최후의 심판도, 예수의 변모 사건도 모두 예배당에 그려졌다. 문학가, 역사가, 건축가이며 천재 예술가인 조르지오 바사리는 1550년『예술가들의 생애(The Lives of the Most Excellent Artists)』를 저술하여 사상 최초로 예술의 역사를 집대성하였다. 실은 이 인물이야 말로 앞선 3대 대가에 버금갈 정도이다. 바사리의 책은 옛 화가들에 대해 엄청난 정보와 통찰을 제공하였다. 사실 르네상스 예술에 대한 오늘날의 평가들은 바사리의 분석에 대부분 의존하고 있다. 바사리가 거장 예술가들에 대해 남긴 평 일부는 이렇다.

"라파엘은 고전과 현대의 예술에 들어 있는 최상의 요소들을 묘사했으며 아마도 〔그리스의 최고 화가들인〕 아펠레스와 제우키스를 능가한 화가일 것이다."

"레오나르도 다빈치의 '모나리자' 목을 자세히 들여다보면 숨을 쉬며 움직이는 것을 느낄 수 있다. 사실 다빈치 작품은 어느 대단한 예술가라도 경외감을 느끼게 만든다."

"미켈란젤로는 죽음을 진짜 죽음으로 또 생명을 진짜 생명으로 묘사할 줄 아는 대단한 능력을 가졌다. 그는 단테의 문학을 미술로 온전히 표현한 인물이다."

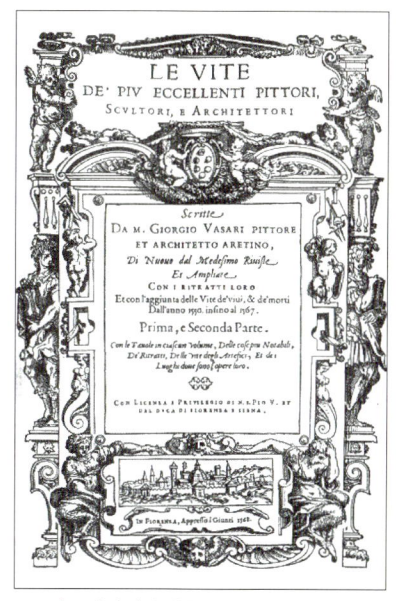

조르지오 바사리의 저술 '예술가들의 생애' 표지

(Giorgio Vasari, *The Lives of the Artists*, 1998, 280, 294, 462.)

3. 스페인 성장과 이사벨라의 영욕

이베리아 반도 스페인의 변화

　동유럽에서는 강력한 이슬람 세력인 오토만 제국이 전성기를 구가하고 있었지만 서유럽의 끝 스페인에서는 이슬람 코르도바 왕국이 패퇴하고 있었다. 스페인 이베리아 반도는 8세기 이슬람에 정복된 이래 기독교도, 무슬림, 유대인들이 혼합되어 지내는 땅이었다. 이슬람 코르도바 왕국은 세기가 지날수록 세력이 위축되었고 9세기부터는 기독교 공국들이 반도 북부에서 성장하였다.

　1100년대 이베리아 반도는 북부 기독교 왕국들과 남부 무슬림 왕국으로 정확히 가로로 양분되어 있었다. 북부 지역에는 세 곳의 기독교 왕국들이 나란히 있었는데 서부의 포르투갈(Portugal), 중앙의 레옹-카스티야(Castile), 그리고 동쪽의 아라곤(Aragon)이었다. 세 왕국은 반도 남부의 무슬림들을 밀어내며 왕국을 확대하였는데 특히 카스티야 왕국이 중부의 톨레도(Toledo)까지 영토를 넓히며 가장 강성해졌다.

스페인의 대모: 카스티야의 이사벨라

　이베리아 반도에서 이슬람 세력을 완전히 축출하고 근대 스페인의 기틀을 마련한 인물은 여왕 이사벨라(Isabella, 1451-1504)였다. 그녀는 가장 부강했던 레옹-카스티야 왕국의 공주로 태어났다. '이사벨라' 이름은 원래 히브리어 '엘리쉐바(Eli-sheba: 하나님의 약속)'에서 유래되었고 영어 '엘리자베스(Elizabeth)'의 스페인어 이름이다. 이사벨라는 어린 시절부터 당시 여자로서는 드물게 문학, 철학, 음악, 법률 등을 모두 공부하고 뛰어난 학식을 갖추었다.

그녀는 원래 카스티야 왕위에 오를 기대를 갖지 않았다. 이복 오빠 엔리케 4세(Henry IV)가 당시 왕위에 있었고 다음 계승자도 그녀 동생 알폰소(Alfonso)였기 때문이다. 그러나 알폰소가 전염병으로 일찍 죽자 17살의 이사벨라가 선순위 계승자가 되었다. 엔리케 4세는 자신의 별명 "무능(impotent)"처럼 거

카스티야 왕국의 이사벨라

의 모든 면에서 모자랐고 이사벨라를 정략 결혼시켜 자신의 권력을 강화하려 했다. 그가 주선한 혼담 상대들은 이사벨라보다 무려 스무 살 이상 많은 매력 없는 타국 왕족들이었다. 그녀는 원치 않는 배우자와의 결혼을 완강하게 거부하였다.

이사벨라는 자신이 배우자를 선택하기로 결심하고 한때 정혼 상대로 거론되었던 아라곤의 왕자 페르난도 2세(Ferdinand II of Aragon, 1452-1516)를 비밀리에 초청하여 만났다. 1469년 10월 15일 카스티야에서 두 사람은 단 하루 동안 데이트하고 4일 후에 결혼하였다. 인물로 평가하면 마키아벨리적인 페르난도보다는 통찰력 있는 이사벨라가 훨씬 더 우수하였다. 뒤늦게 모든 사실을 알게 된 엔리케 4세는 큰 분노를 표했지만 되돌릴 수 없는 혼인 서약 때문에 결혼을 인정해야 했다.

결혼 5년 후인 1474년 국왕 엔리케 4세가 사망하자 마침내 이사벨라는 23살에 카스티야 여왕이 되었다. 한 살 어린 남편 페르난도도 5년 후 아라곤의 왕위에 올랐

페르난도와 이사벨라의 비밀 결혼 장면

다. 이 부부의 딸들은 각국의 왕비가 되었고 후손들은 군주로서 유럽과 신대륙을 지배하게 되었다. 한 세대 후 이사벨라와 페르난도의 외손자 카를(Charles, d. 1558)은 두 왕국을 다 물려받아 통일 스페인 왕국을 수립하였다. 카를은 스페인의 첫 국왕으로서는 "카를 1세"였으나 신성 로마 제국의 황제로도 임명되면서 "카를 5세"로 불리게 되었다.

'1492' 환희, 비극, 야망의 역사적 해

조선 건국(1392) 100년 후이며 임진란(1592) 100년 전인 1492년은 스페인의 역사에서 세 가지 큰 사건이 일어난 중대한 해였다. 첫째는 이해 3월 이사벨라 부부가 그라나다 왕국을 멸망시켜 무려 781년이나 지속되었던 이슬람 세력의 스페인 거주를 종식시킨 것이다. 항복한 술탄 무함마드 12세(Muhammad XII)는 아름다운 궁전 알함브라(Alhambra)를 남겨둔 채 가슴 아픈 "최후의 장탄식(the Last Sigh of the Moor)"을 내뱉으며 아프리카로 건너가야 했다. 이 사건을 역사적 용어로는 "레콩퀴스타(Reconquista)", 즉 이베리아 반도의 '재정복'이라고 부른다.

둘째는 유대인의 추방과 이단 심문이다. 그라나다를 정복한 후 이사벨라 여왕 부부는 "알함브라 포고령(Alhambra Decree)"을 내려 무슬림과 유대교도들의 가톨릭 개종을 명했다. 만약 이를 거부할 시에는 누구든지 스페인에서 추방되었다. 사실 유럽의 반유대적 태도는 여러 복잡한 문제들과 얽혀 있었다. 유대인들은 독립적 공동체를 이루고 회당을 세워 일반 공동체와 대립하였고 또 기독교를 이단시하며 예수를 마리아의 사생아로 가르치는 공격적인 선전을 했다. 사실 기독교 왕국인 중세 유럽에서 유대인들의 이런 행태는 용납받기 불가능한 것이었다. 특히 국가의 임무가 기독교 신앙의 수호라는 강한 신념을 지닌 이사벨라 여왕 같은 군주들에게는 그런 유대교의 자세가 묵과될 수 없었다. 더구나 스페인 유대인들은 이사벨라에 반란을 꾀한 적도 있었다.

결국 기독교로 개종한 유대인과 무슬림 100,000여 명은 스페인에 남았지만 개종을 거부한 또 다른 100,000여 명의 유대인들은 떠나야 했다. 이들은 관용적이었던 홀란드, 폴란드, 리투아니아, 오토만 제국 등으로 이주하였다. 한편 가짜 개종을 색출하려는 이단 심문도 동시에 진행되었다. 이 과정에서 화형도 서슴지 않았던 이단 심문관(Inquisitors)의 만행은 너무나 추악하였다. 이단 심문은 한 세대 후 프로테스탄트(개신교회)가 확산되었을 때 신교도들을 불태우는 가톨릭의 악행으로 변질되었다. 중세 말과 근대의 스페인은 유럽에서 가장 무섭고 공포에 찬 나라였다. 일면에서 이사벨라의 반유대인 정책은 유럽에 큰 여파를 남겼다. 스페인을 조롱하는 소수도 있었지만 대체적으로는 반유대주의(Anti-semitism)를 더 자극하게 되었다.

셋째는 이사벨라가 후원한 콜럼버스의 신대륙 탐험이다. 여왕의 이 판단은 스페인이 신대륙에 선취권을 갖게 하여 세계적 제국으로 성장케 하였다. 1400년대 말 그녀의 치세부터 강력한 군대와 막강한 부를 축적한 스페인의 시대가 열렸다.

권력과 부를 한껏 누렸지만 인간 이사벨라는 많은 비극을 겪었다. 어려서는 감시 속에 지냈고 노년에는 비탄에 젖어야 했다. 그녀는 6명의 자녀들을 두었으나 남편 페르난도와의 사이는 남남에 가까웠다. 장녀 이사벨은 포르투갈의 알폰소 국왕에게 시집갔지만 과부가 되었고 또 다시 포르투갈의 마누엘 1세와 재혼했으나 아들 미구엘(Miguel)을 낳자마자 그녀는 바로 세상을 떠났다. 미구엘이 성인이 되면 포르투갈과 스페인을 동시에 상속 받아 한 나라를 만들 수 있었다. 그러나 이 아이도 두 살 때 사망하여 두 나라 통합은 물거품이 되었다.

이사벨라의 차녀 후안나(Joanna)는 남편 필리프로부터 버림받고 가문 내력인 우울증과 정신 질환에 시달려 "광녀(the Mad)"의 별명까지 얻으며 수녀원에서 여생을 마쳤다. 1497년 이사벨라의 장남 후안(John)은 19살의 나이로 먼저 세상을 떠나 불효자가 되었다. 1501년 이사벨라의 막내 딸 캐서린은 영국 왕자 아써(Arthur)에게 시집갔으나 반년 만에 사위 아서가 죽어 헨리 8세와 재혼하기까지 7년을 고통스럽게 기다렸다. 공헌과 과실이 동시에 넘쳤던 기품의 이사벨라 여왕은 1504년 우울하게 지내다가 세상을 떠났다. 그녀가 장남을 잃었을 때 슬픔에 잠겨 고백한 말은 자신의 좌우명이었다.

"주신 이도 하나님이시오 가져가신 이도 하나님이시니 주의 거룩한 이름에 영광이 있을지어다."

4. 도시의 발달과 지식의 혁명

화폐와 도시

르네상스 이후 중세는 도시들의 시대가 되었다. 시골 중심의 문화는 쇠퇴하고 많은 도시들의 인구와 위상은 변방의 작은 국가들보다 더 커졌다. 상업과 무역이 급증하고 화폐 경제가 활발해지며 도시들은 압도적 위상을 가지게 되었고 권세 있는 신흥 부자들이 출현하게 되었다. 도시들은 '도제(Doge)'로 부르는 귀족들이 다스렸는데 가장 부유했던 가문은 피렌체를 지배한 "은행업의 대부호" 메디치 가문이었다.

중세에는 나라나 도시마다 통용 은화가 각각 달랐다. 메디치가는 금화를 찍어내고 이를 마치 오늘날의 세계 통화 달러 같은 기준 화폐처럼 사용케 하였다. 영주들은 화폐가 없는 농민들에게 세금으로 농산물을 직접 받았다. 영주들이 혼사로 인해 지참금을 보내거나 국왕에 전쟁 부담금을 송금할 때 달걀 수천 개나 양 수백 마리 같은 현물을 보낼 수는 없었다. 때문에 이를 가까운 도시에 팔아 그 도시에서 통용되는 화폐로 받은 후 다시 각지에서 통용되는 메디치가의 화폐로 교환했다.

인쇄술과 지식 혁명

한편 중세 말 도시의 부흥과 학교의 증가는 많은 책들을 필요로 했다. 이는 제지업자, 문학가, 필경사, 장식가, 제본공, 판매상 등 여러 직종을 출현시켰다. 중세 말 15세기까지 대부분의 책은 직접 필사되거나 목판 활자를 이용해 인쇄되었다. 목판 위에 종이를 놓고 손으로 문질러서 인쇄

금속 활자 인쇄소의 모습, 1568년경
- by Jost Amman

하는 방식은 출판 속도나 수량에서 한계가 있었다. 이 문제로 고민하던 마인츠 출신의 요한 구텐베르크(Johann Gutenberg)는 1450년경 기계화된 금속 활자(metal press)를 발명하여 출판 혁명을 일으켰다. 그는 납과 안티몬의 합금을 이용해 모양과 크기가 서로 다른 글자를 주조하였고 기계틀에 장착하였다. 기계인쇄술은 기존 인쇄 방식보다 속도와 양을 수십 배 증가시켰고 반대로 책 가격은 현저하게 낮아졌다.

구텐베르크가 금속 활자로 최초의 인쇄한 책은 1456년에 출판된 200권의 라틴어 성경이었다. 그의 기술은 초기에는 비밀로 했으나 이내 퍼져 유럽 곳곳에 인쇄소가 세워졌다. 동양의 종이와 서양의 금속 활자의 절묘한 조화는 문화의 새 시대를 열었다. 구텐베르크는 한때 많은 돈을 벌었으나 발명권을 둘러싼 소송에서 패하고 빈곤하게 지내다 세상을 떠났다. 금속 활자의 등장 후 100년간 인쇄된 책의 수량은 중세 1,000년의 전체 수량보다 더 많았다.

한편 독일 인쇄업자들은 뽀족한 글씨의 고딕체를 만들었고 피렌체 업자들은 아름답고 우아한 이탤릭체를 만들었다. 인쇄 혁명은 특권층의 전유물이었던 지식들을 밭가는 농부나 길거리 소년에게 공유되게 하였다. 또한 대중들의 독서 문화를 유행시켰고 유럽의 문맹률을 현저하게 낮추어 급속한 사회 발전을 가능케 했다. 사실 이때로부터 유럽은 동아시아의 중국과 중동의 오토만 제국을 지식과 기술 양면에서 추월하게 되었다. 더 나아가 교황이나 국왕을 비판하고 사회적 모순을 지적하는 주장들도 단기간에 전 지역으로 확산될 수 있었다. 사람들은 이미 교황의 가르침이 맞는가를 인쇄된 성경을 통해 직접 확인할 수 있었고, 이러한 시도는 종교개혁의 첫 단계가 되었다. 고정되었던 중세를 개혁하기 위한 외부 환경들은 이렇게 때가 차고 있었다.

5. 국가들의 전쟁과 비극적 재앙

"네 기사들"

중세 말의 위기를 묘사한 알브레흐트 뒤러의 묵시록의 네 기사(1498)- 왼쪽부터 죽음, 기근, 전쟁, 역병

1498년 독일의 예술가 알브레흐트 뒤러(Albrecht Dürer, d. 1528)는 세기적 목판화 명작 '종말의 네 기사(Four Horsemen of the Apocalypse)'를 그렸다. 그는 자신의 시대인 중세 말기가 죽음, 전쟁, 기근, 역병이라는 "네 기사들"이 휘젓는 요한계시록(6장)에 언급된 파멸의 세상이라고 믿었다. 르네상스가 중세를 정신적으로 해체했다면 중세 유럽을 물리적으로 붕괴시킨 이들은 14세기부터 등장한 "네 기사들"이었다.

위기의 중세 말 평균 수명은 40대 중반에 불과하여 역사상 가장 단명의 시대를 기록하였다. 중세의 전체성은 근대의 개별성이 등장하자 무너졌다. 처처에 전쟁이 일었고 갈등과 분노가 폭발하였다. 그중 두 나라는 무려 100년이나 싸웠다.

영국과 프랑스의 백 년 전쟁

1339년부터 1453년까지 벌어진 영국과 프랑스의 '백 년 전쟁'은 자체로 재앙이었다. 전쟁의 처참한 과정과 결과는 백년을 넘는 피해를 주었다. 이 전쟁은 두 민족을 대립시킨 여러 요소들이 결합되어 일어났다. 첫째로 정신적 측면에서 양국 왕실의 오랜 적대감이었다. 1088년 노르망디 공작 윌리엄이 영국 왕위를 정복한 후 프랑스 왕실은 영국을 봉신국의 나라로 인식하였다. 이와 반대로 영국은 1154년 앙주 제국 이후 프랑스 국왕보다 더 많은 땅을 차지하며 프랑스를 속국으로 삼으려 했다.

둘째로 가시적인 면에서 백 년 전쟁은 프랑스 북서부의 광대한 영토를 두고 벌인 대립이었다. 1214년 영국의 "어리석은" 존 왕이 프랑스의 필립 2세에게 부빈 전투(Battle of Bouvines)에서 대패하며 엄청난 서부 프랑스를 상실하자 영국 정부는 수복을 다짐했다. 경제적 이익이 막대한 프랑스 북부의 양모(wool) 주산지 플랑드르와 와인(wine) 산지 귀에느 보드로도 양국 다툼의 대상이었다.

셋째로 직접적인 도화선 측면에서는 1328년 프랑스 국왕 샤를 4세 사후 왕위 계승권 분쟁을 지적할 수 있다. 프랑스 귀족들은 선왕의 사촌 필립 6세를 국왕으로 추대하였으나 영국 왕 에드워드 3세는 자신이 샤를 4세의 조카로서 필립 6세보다 서열이 앞선다며 프랑스 왕권까지 주장하고 나섰다. 황당하게도 영국의 에드워드 3세는 프랑스의 필립 6세에게 다음 중 하나의 방법으로 사태를 해결하자고 제안하였다. 국왕끼리 대결을 벌이거나 굶주린 사자를 먼저 죽이거나 아니면 병든 환자를 빨리 고치는 쪽을 승자로 하자는 것이었다. 필립은 응대조차 안했고 두 정부의 갈등은 끝내 '백 년 전쟁'의 시작으로 비화되었다.

백 년 전쟁은 크게 네 단계로 나뉘는데 첫째 국면은 1339년 이후 20년간 영국의 "흑태자의 전쟁"이었고 영국의 큰 우세였다. 둘째 국면은 1369년부터 20년간 프랑스의 "샤를 5세의 전쟁" 시기로서 프랑스의 큰 승리였다. 이후 30년 휴전이 있었고 셋째 국면은 1413-1422년까지 10년간 영국 "헨리 5세의 전쟁"으로 영국이 프랑스 북부를 다 차지하였다.

넷째 국면이 바로 1429년부터 시작된 유명한 "잔 다르크의 전쟁"이다. 네 시기의 전쟁에서 서로 승리와 패배를 주고받으며 균등하게 2승 2

패를 거두었으나 결과는 프랑스의 최종 승리였다. 흥미롭게도 백 년 전쟁의 초반은 "영국의 소년" 에드워드 흑태자(Edward the Black Prince, 1330-1376)가 영웅이었고, 후반에는 "프랑스의 소녀" 잔 다르크(Joan of Arc, 1412-1431)가 영웅이었다. 14세기 영국의 인구는 약 500만이었던데 반해 프랑스의 인구는 1,500만으로 훨씬 더 많았다. 그러나 강력한 왕권과 효율적 통치의 영국이 국력과 군사력에서 전반적으로 우세하였다.

"흑태자" 에드워드의 전쟁

흑태자 에드워드가 영웅이 된 크레시 전투 (1346)-왼쪽이 영국군

백 년 전쟁의 첫 전투는 1339년 플랑드르 앞 바다에서 벌어져 영국이 선승을 거두었다. 1346년 두 나라는 프랑스 북부 해안의 크레시 전투(Battle of Crecy)에서 다시 맞붙었고 그 결과 무려 세 배나 많은 프랑스 군대를 무찌르고 영국군이 대승을 거두었다. 이 크레시 전투에서 16살의 소년 에드워드 흑태자는 영웅으로 떠올랐다. 그는 영국 왕 에드워드 3세의 장남으로 "흑태자" 별명은 늘 검은색 갑옷을 입는데서 유래하였다.

1356년 26살의 흑태자 에드워드는 새로 즉위한 프랑스 국왕 장 2세(John II)와 푸아티에(Poitier) 전투를 벌였다. 놀랍게도 흑태자는 7,000명의 병사로 20,000명의 프랑스 병사를 또 제압하고 심지어 장 2세 왕마저 포로로 잡았다. 그러나 겸손한 에드워드는 자신을 낮추며 그를 포로가 아니라 왕으로서 깍듯이 예우하였고 때로 시종처럼 그의 시중을 들었다. 영국으로 끌려간 장 2세 왕은 막대한 배상금 지불과 프랑스 영토의 일부 양도를 약속한 후 석방되어 본국으로 귀환하였다. 그러나 프랑스의 귀족들이 몸값을 내지 않자 지불 약속을 지킬 수 없게 된 장 2세는 큰 수치를 느끼고 직접 영국으로 건너가 포로를 자청하였다. 국왕 장 2세는 프랑스를 떠나며 이렇게 말했다.

"신뢰와 명예의 기사도 정신을 지키기 위해 왕위를 버린다."

1364년 1월 매서운 날씨에 장 2세는 영국에 도착하였고 놀란 에드워드 흑태자는 그를 따뜻하게 영접하였다. 그러나 이 프랑스 국왕은 곧 중병에 들어 영국에 온 지 4개월 만에 세상을 떠났다. 그의 시신은 다시 프랑스로 정중히 예를 갖춰 보내졌고 이전의 프랑스 국왕들처럼 생 드니의 대성당에 묻혔다. 에드워드 흑태자는 자신의 병사들에게 이렇게 말했다.

"한때 야만적이었던 우리 영국인들은 영광의 시대를 살아온 프랑스를 이겼다. 그러나 나는 이 위대한 국왕[장 2세]의 통탄할 비극을 생각하면 한숨이 저절로 나온다."

(Peter Hoskins, *In Footsteps of the Black Prince: The Road to Poitiers, 1355-1356*, 2011, 44.)

이때의 승리로 영국은 프랑스의 절반이나 차지하게 되었다. 7년 후 에드워드 흑태자 또한 중병으로 죽고 캔터베리 대성당에 묻혔다. 에드워드 흑태자나 장 2세 왕 모두 기사도 정신을 가진 신실한 인물들이었다. 흑태자의 관 위에는 그가 죽기 전 남긴 고백이 새겨졌다.

"이곳 깊은 바닥에 나는 누워 있다. 큰 화려함은 모두 지나갔고 내 육신도 뼈만 남았다."

불발로 그친 양국의 통합

흑태자의 시대가 끝났을 때 프랑스의 국왕 "샤를 5세의 전쟁"이 다시 시작되었다. 이로써 백 년 전쟁은 두 번째 단계에 접어들어 프랑스의 대반격이 1369년부터 20년간 계속되며 영국 군대를 다 밀어내었다. 이후 30년의 소강 상태가 있었는데 이는 인류 최대의 재앙 흑사병 때문이었다. 그러나 1415년 백 년 전쟁의 세 번째 단계로서 영국 왕 "헨리 5세의 전쟁"이라 불리는 영국의 대반격이 재개되었다. 국왕 헨리 5세는 프랑스의 내분을 틈타 부르고뉴와 동맹을 맺고 프랑스 원정을 감행하였다. 그리고 놀라운 전과를 거두었는데 프랑스 북부의 전통 도시들인 캉, 루앙, 랭스, 파리를 모두 영국 수중에 넣었다.

1420년 영국의 헨리 5세는 프랑스의 샤를 6세를 마침내 굴복시켜 굴욕적인 트루아 조약(Treaty of Troyes)을 서명하게 했다. 그 내용은 헨리 5세가 샤를 6세의 딸 캐서린과 결혼하여 아들을 낳으면 이 왕자를 프랑스의 계승자로 삼는다는 것이었다. 트루아에서 바로 양국 왕실 간 결혼식을 가졌고 1년 후에 아이가 태어났다. 그런데 조약 체결 2년 후에 헨리 5세와 샤를 6세 모두 같은 해에 갑자기 세상을 떠났는데 이에 영국 귀족들은 헨리 5세의 어린 유아가 두 나라의 국왕이라고 선언하였다.

만약 이때 프랑스 귀족들이 이를 수용했다면 역사상 최초로 프랑스와 영국의 공동 제왕이 등장하였을 것이고 이후 두 나라의 합병까지도 가능했을 것이다. 그러나 프랑스 귀족들은 자국이 영국 유아의 소유가 된다는 사실에 엄청난 수치심을 느끼고 조약을 파기하였다.

프랑스의 영웅: "오를레앙의 소녀" 잔 다르크

이러한 혼란기에 선왕의 왕세자 샤를 7세는 프랑스 왕권을 주장하고 나섰다. 그는 샤를 6세의 12형제 중 막내였는데 형들은 모두 세상을 떠났고 홀로 남아 왕세자(dauphin)의 권리를 가졌다. 그러나 샤를 7세는 아버지와 불화하여 왕세자의 권리를 한때 박탈당했고 또 어머니가 부정하게 낳은 아이라는 소문까지 들으며 신망 없는 왕자로 취급받아온 상태였다.

영국 정부는 다시 군대를 일으켜 조약을 어긴 프랑스를 압박하며 수차 승리를 거두었고 군사적 요충지 오를레앙 점령을 위해 총공세를 폈다. 오를레앙이 무너지면 프랑스는 북부 수복은커녕 남부로 내몰려 아예 조그마한 소국으로 전락할 위기에 놓여 있었다. 왕세자를 자처하며 옥좌를 바란 샤를 7세는 절망감을 느끼고 시농 요새로 숨어들었다. 그는 용감하거나 지략이 뛰어난 지휘관도 아니었기에 스페인 망명까지 고려하고 있었다. 출신도 의심받는 무기력한 이 왕세자 앞에 1429년 3월 10일 17세의 생기 넘친 시골 소녀가 찾아와 엄청난 소식을 전했다.

잔 다르크의 전장들

"프랑스를 구하고 왕세자를 랭스에서 왕위에 올리라는 하늘의 계시를 받았습니다. 저는 하나님을 위해서, 그리고 프랑스를 위해서 싸울 것입니다."

이 소녀는 프랑스 동북부 동레미(Domremy) 출신의 잔 다르크로서 13살 때부터 천사 미카엘로부터 프랑스를 구하라는 환상을 보았다고 주장했다. 많은 프랑스인들이 신비해 보이는 그녀를 추종하게 되었다. 샤를 7세는 첫 대면에서 그녀의 비범함을 시험하기 위해 일부러 평복을 입고 무리 가운데 서 있었다. 한 번도 샤를을 본적이 없는 잔 다르크는 바로 그 자리에서 샤를을 지목해내고 앞에 무릎을 꿇었다.

샤를 7세는 잔 다르크와 독대한 후 마지막 기대를 걸며 군대를 내주었고 그녀는 오른손에는 칼을, 그리고 왼손에는 백합과 성모를 수놓은 군기를 들고 오를레앙을 구하러 떠났다. 1429년 5월 놀랍게도 신적 계시를 받았다는 그녀가 이끈 군대는 영국군에 승리를 거두었다. 이 오를레앙 전투는 백 년 전쟁의 중요한 전환점이 되었다. 프랑스의 군대는 오랜만에 승리를 거두었고 더구나 정신적인 수도 랭스와 실제적인 수도 파리를 수복할 길도 열었다. 프랑스 군대와 국민의 사기도 충천해져 승리가 연이었다. 마침내 샤를 7세는 대관식의 도시 랭스(Reims)의 대성당으로 가서 깃발을 든 잔 다르크가 지켜보는 가운데 주교로부터 머리에 성유가 뿌려지고 왕관을 수여받아 프랑스 왕위에 올랐다.

잔 다르크는 전장의 영웅이었고 이미 성녀처럼 여겨졌다. 이제 영웅에게 필요한 것은 완벽한 승리나 억울한 죽음 중에서 운명이 주는 선택을 받는 것이었다. 그리고 그녀의 종말은 후자에 배정되었다. 잔 다르크는 계속 진격을 원했으나 국왕이 된 샤를 7세는 우유부단하여 확전을 피하려했고 영국과 적당한 타협을 시도했다. 1430년 잔 다르크는 독단적으로 파리를 수복하고자 영국의 동맹인 부르고뉴 군대와 싸웠으나 샤를 7세는 지원군을 보내지 않았다. 결국 열세의 전력으로 잔 다르크는 패배하고 포로가 되었다.

그녀 덕분에 왕이 되었던 국왕 샤를 7세는 송환 협상도 몸값 지불도 하지 않았고 이 19세 소녀는 부르고뉴 군영에서 영국 군영으로 건네져 재판을 받게 되었다. 영국 정부는 노르망디의 루앙에서 잔 다르크를 이단으로 몰아 그녀의 신화를 부수고 또 샤를 7세의 즉위가 불법임을 선전하고자 했다. 심문관은 그녀에게 정말 신으로부터 환상을 보았는지 확인하고자 교활한 질문을 던졌다. 만약 그녀가 보았다고 대답하면 교황의 공인이 없는 환상을 공포하고 다닌 이단이 되는 것이고 만약 보지 않았다고 대답하면 사기꾼임을 자인하는 셈이었다. 잔 다르크는 희망 어법으로 이렇게 대답하였다.

"내가 환상을 볼 때나 지금이나 여전히 하늘의 은총 아래 있었기를 바랄 뿐입니다."

영국 군대는 전장에서 바지를 입었던 그녀에게 여자 옷을 입히고 추행하려 했다. 잔 다르크는 할 수 없이 허리띠 줄이 스무 개나 있는 남자 바지를 입고 자신을 보호해야 했다. 그러나 중세 법전은 여성의 남장이 금기였으므로 잔 다르크는 결국 "남장 여자"의 이단 죄목으로 사형이 선고되었다. 그녀는 화형대 위에 올랐고 한 농민이 발밑에 십자가를 놓아두자 이를 바라보며 타죽었다. 영국군은 그녀의 유해가 프랑스인들의 숭배 대상이 되지 않도록 시신을 더 태워 재로 만들고 루앙의 센강에 뿌렸다.

샤를 7세는 전쟁을 지속하여 파리도 수복하고 프랑스 영토를 전부 다 회복하여 그녀 사후 23년이 지난 1453년 백 년 전쟁을 승리로 종결지었다. 그로부터 2년 후 샤를 7세는 교황에게 잔 다르크 재판의 재심을 청구하였고 재판관들은 그녀의 무죄를 선고하였다. 이후 잔 다르크는 프랑스의 수호 성녀로 추앙되며 프랑스 민족과 신앙을 상징하게 되었다. 한편 그녀의 생애는 비상한 소명이 어느 계층에나 올 수 있음을 알려주었고 또 평범한 여성이 신분 상승 없이 역사의 중심에 설 수 있음도 보여주었다.

오를레앙의 승리의 영웅 잔 다르크 (1412-1431) - c 1450

여기에서 드는 한 가지 의문이 있다. 과연 잔 다르크가 체험한 신비한 환상은 진실이었을까? 이에 대한 대답은 그녀가 관계한 역사적인 사건들을 짚어보면 유추될 수 있다. 그녀는 분열된 국민을 단결시켰고, 회의적이었던 샤를 7세를 확신시켰고, 군대의 선봉에 섰고, 전략적 요충지 오를레앙에서 승전했고, 북부 진출의 전기를 마련했다. 왕도인 랭스와 수도인 파리로 가는 길도 열었고, 그리고 랭스 대성당에서 샤를 7세를 즉위시켜 정통성의 왕실을 복원하였다. 이 모든 사건들은 사실 프랑스 재건을 위한 필수적 조건들이었고 모두 그녀의 역할이 들어있었다. 무학의 10대 소녀가 이것들에 모두 관계되었다는 사실이 경악과 경이 그 자체이다. 아마 소명이 아니고서는 잔 다르크는 국가 재건의 길도 또 순교의 길도 걸어가기 만무했을 것이다. 그녀는 자신이 계획한 것이 아니라 단지 환상 속의 음성을 따랐다고 주장했다. 화형 직전 "오를레앙의 성녀"는 천사 가브리엘로부터 이렇게 들었다고 말했다.

"네가 한 모든 일은 주님이 주인공이 되셔서 하신 일이다. 너의 원수들은 결코 그 일들에 대해 아무런 힘도 없었느니라."

(W. P. Barrett, *The Trial of Jeanne D'Arc*, 1952, 304.)

전쟁의 영향들

백 년 전쟁에서의 패배 이후 영국은 심각한 내전을 겪었다. 1455년 흰 장미 문장을 쓰는 요크 가문(York)과 붉은 장미를 쓰는 랭커스터(Lancaster)가문이 30년간 왕권을 다툰 장미 전쟁(War of the Roses)이 벌어졌다. 그 결과 랭커스터 가문의 헨리 7세(Henry Tudor)가 요크 가문의 엘리자베스와 혼인하고 1485년 왕위에 올라 대립을 평화적으로 종결지었다. 이후 그의 가문은 117년 동안 영국의 왕좌를 차지하였고 격동의 시대인 종교개혁 시대에 세계사적 변화를 주도했다. 헨리 7세의 튜더 왕조 때에 영국은 백 년 전쟁의 참화를 딛고 강국으로 다시 재건되었으며 새롭게 역사의 무대에서 스페인과 다투게 되었다.

백 년 전쟁은 민족주의와 국가 의식을 일깨우는 계기가 되었다. 유럽 각국은 민족의 생존에 대해 이전과는 다른 인식을 갖게 되었다. 점차 도시와 지방의 단위를 넘어 민족 개념의 국가로 뭉치기 시작하였다. 그러나 국가 의식의 발전은 유럽 전역을 전쟁터로 만들었다. 가장 먼저 민족 국가로 형성된 나라들은 영국, 프랑스, 스페인, 포르투갈 등이었고 반대로 소도시별로 분열하여 국가 형성이 지연된 곳은 네덜란드, 스위스, 독일, 이탈리아였다.

흑사병 재앙이 휩쓰는 때에도 각 나라 왕실은 국가 건설이라는 명제를 내세워 전쟁을 위한 막대한 세금을 거두었고 평민들의 삶을 무너지게 했으며 많은 목숨을 희생시켰다. 한 명의 기사를 죽이기 위해 치열한 칼싸움이 필요했던 옛 전투는 줄어들고 총포의 대결이 등장하여 전투마다 전사자의 수도 급증하였다. 중세 말 죽는 모습과 규모도 변하였다.

농민 전쟁

중세 말은 다양한 전쟁의 시대였다. 크게는 신성 로마 제국과 오토만 제국의 대결이 있었고 국지적으로는 프랑스, 영국, 독일, 이탈리아 등의 상쟁이 계속 이어졌다. 더 작게는 도시와 공국들끼리 전투를 벌였고 놀랍게도 계층 간의 투쟁도 발생했다. 이는 바로 학정에 항거해 일어난 농민들의 반란이었다. 농민들은 산과 호수에서 사냥과 낚시, 벌목이 금지되거나 이용 수수료를 내야 했다. 기근과 전염병은 농업을 더 무너뜨렸다. 경작민의 수만 감소한 것이 아니라 가축들도 대량으로 병사나 아사하였다. 농민들은 소나 말이 없어 밭가는 쟁기를 자신들의 목에 걸어야 했다. 생산량은 급격히 줄었으나 영주와 교회, 국왕에 내야하는 세금은 엄청난 짐이었다. 농민들은 이렇게 한탄했다.

1381년 영국의 농민 반란

"세상에는 네 도적들이 있는데 바로 기사, 판사, 주교, 상인이다."

기사들은 과중한 세금을 물렸고, 재판관들은 부자들을 위한 판결을 내렸고, 주교들은 성경보다 명예에 더 관심이 있었고, 상인들은 농산물 가격을 조작하여 농민에 손해를 끼쳤다. 농민들의 봉기에는 하급 사제들도 많이 참여하였다. 빈곤한 사제들은 부패한 상층부 주교들에 대해 큰 반감을 가졌기 때문이다.

1381년 백 년 전쟁에 충당할 세금을 또 걷자 영국 농민들은 봉기하였으나 곧 진압되었다. 수년 후 스페인에서도 농민들이 저항했으나 희생만 당했다. 1400년대 스위스 농민들은 수십 차례의 끈질긴 투쟁을 벌여 부분적인 권리를 얻었다. 이웃해 있는 독일 농민들도 이 소식을 듣고 1492년, 1512년, 1515년, 1524년 연이어 난을 일으켰다. 그러나 모두 영주의 군대에 잔인하게 진압되며 큰 희생만 치렀다. 농민들의 꿈은 좌절되었지만 신분제 중세를 뒤흔들고 사회 모순을 인식시킨 중요한 계기가 되었다.

"가장 무서운 종말의 기사" 흑사병

1320년 북부 유럽은 엄청난 기근으로 큰 식량 부족을 겪었다. 수년 후 장티푸스 열병이 발생하여 영양실조에 빠진 백성들의 목숨을 앗아갔다. 이것은 비극의 전조에 불과하였다. 곧 가장 무서운 "종말의 네 번째 기사" 역병, 즉 흑사병이 유럽을 강타한 것이다. 벼룩이 옮기는 페스트균에 의한 흑사병은 원래 중앙아시아에서 시작했으나 이탈리아의 거대한 선박들이 중동의 항구에서 화려한 물품들을 가져올 때 벼룩들로 가득한 쥐들도 함께 딸려 왔다.

1347년 시실리에서 흑사병 첫 희생자들이 나온 후 불과 수개월 만에 이탈리아 전역에 퍼져 수십만이 죽었다. 1348년에는 독일에 퍼졌고 이듬해에는 영국에 확산되어 희생자는 갑자기 수백만으로 늘어났다. 상하수도가 분리되지 않았던 불결한 생활 환경은 쥐들에게는 천국이었고 인간에는 지옥을 열어주었다. 중세 사람들은 흑사병의 발병 원인조차 몰랐다. 도

중세를 무너뜨린 흑사병- Pieter Bruegel the Elder

리어 재앙을 피한다며 더욱 군집하였고 그럴수록 피해는 더 늘어갔다. 수백만의 주민들은 무탈한 마을들을 찾아 떠돌았으나 이주와 방랑은 재앙을 더 확대시켰다.

결과적으로 14세기 흑사병의 대재앙은 유럽 인구 1/3에 해당하는 수천만의 목숨을 앗아갔다. 마을은 버려지고 공포가 넘쳤으며 인구가 다시 회복되기까지 최소 200년은 더 걸렸다. 어떠한 약도 처방도 소용없었고 오히려 미신적인 중세 의학은 죽음을 더 재촉하였다. 의사들은 히포크라테스 의학에 기초하여 병이 피와 물의 불균형 때문에, 그리고 "더러운" 피로 인해 발생한다고 믿고 환자들의 피를 자주 빼냈다. 과다 출혈을 야기한 이런 황당한 의술은 근대에 이르기까지 사실 치유보다 사망을 더 유발하였다. 19세기 말 프랑스의 미생물학자 루이 파스퇴르(Louis Pasteur, d. 1895)가 페스트균 퇴치법을 찾기까지 흑사병은 수백 년 동안 인류 최대의 난적이었다.

희생양이 된 유대인과 마녀들

대재앙에는 종종 원인으로 탓할 희생양이 필요했다. 그 일차 대상은 "예수를 죽인 자들"이면서 "돈만 아는 구두쇠들", "일하기 싫어하는 고리대금

중세의 잔악한 폐습 마녀 처형의 모습

업자들", "선민의식을 지닌 이기적인 인간들"이라는 각종 편견이 씌워진 유대인들이었다. 사회적 위기가 올 때마다 유럽인들은 무고한 유대인들의 재산을 몰수하고 추방하거나 학살했다. 유대인 학살의 광기는 세기마다 순환되었으나 중세 말은 참으로 혹독하였다. 스페인 땅의 유대인들은 흑사병이 지나가자 이단 심문의 광풍으로 또 고난을 받았다. 구걸하는 거지가 거의 없었던 유대인들은 참으로 특이한 민족이었다. 선민의식을 자부하며 피난을 감내했고 또 마사다의 후손들로서 의연하게 죽음을 맞기도 했다. 어떤 마을에서는 회당에 모여 아예 스스로 불을 질러 자결도 하였다.

억울한 희생은 유대인 외에 무수한 사회적 약자들도 당하였다. 사람들은 마녀들이 인간 중에 있다고 믿었다. 늙어 혼자 살거나 정신적인 병이 있거나 신체에 장애가 있거나 심지어 몸에 반점만 생겨도 마녀로 몰렸다. 아무 잘못도 없는 여인들이 마녀사냥으로 화형이나 교수형을 당했다. 누가 악마의 친구인가 서로 의심하였고 아무나 고발하였다. 잡힌 여인들은 극심한 고문 끝에 마녀임을 고백하면 처형되었고 인정하지 않으면 고백할 때까지 고문했다.

흑사병의 처참한 공격에 인간관계들은 다 파괴되었다. 오락도 문화도 축제도 사라졌다. 전염병에 걸린 시신들은 매장되지 않은 채 길과 집에 내버려졌고 발병 마을들은 아예 불로 태웠다. 수천만이 죽고 수백만이 거처를 잃고 방황하였다. 농민도 줄고 작황도 급감하고 삶은 피폐해졌다. 페스트가 지나자 이제는 굶어죽는 이들이 많아졌다. 장원도 쇠락해지며 봉건제는 와해되었다. 중세는 그렇게 무너지고 있었고 모든 이들은 새로운 여명을 갈구하고 있었다.

6. 아비뇽 포로와 위기의 교회

아비뇽의 포로가 된 1300년대 교황들

중세 후기에 교회도 큰 위기에 처했다. 1200년대 이노센트 3세가 누렸던 교황의 권력은 한 세기만에 종료되고 순식간에 추락하였다. 중세 말의 교황청은 종교적 기관이라기보다 오히려 경제적 기관으로 전락한 듯 보였다. 교황은 영적 돌봄보다 다양한 명목의 교회세 징수에 더 관심을 가졌다. 면죄부와 성직을 팔았고 사제들의 급여 중 일부를 상납 받았다. 교황청의 방대한 조직 운영과 호사스런 생활에 이 수입이 사용되었다.

정확히 A.D. 1300년 교황 보니파키우스 8세(Boniface VIII, pont. 1294-1303)는 희년(Jubilee)을 선포했다. 희년이란 구약 시대에 빚진 자를 탕감해주고 잡힌 땅을 돌려주는 정말 '은총의 해(grace year)'를 의미했다. 그러나 중세의 희년은 "로마로 와서 죄를 씻는 해"였다. 수많은 사람들은 성자들의 유물을 보거나 사기 위해 로마로 순례를 왔다. 엄청난 가짜 유물들이 판매되어 교황청은 막대한 수입을 올렸다.

추락한 교황 보니파키우스 8세
Bruegel the Elder

교황 보니파키우스 8세는 지고의 권위를 내세우며 각국의 국왕들을 봉신으로 취급했다. 그는 존경을 불러오는 가장 중요한 두 가지 자세, 즉 영성과 겸손이 결핍되어 있었다. 유럽의 최고 군주를 자처한 보니파키우스 8세는 무너지는 중세와 변화하는 시대를 감지하지 못한 구시대의 인물이었다. 그의 행태는 자신에게는 큰 위험이 되었고 교회에는 중대한 위기를 가져왔다. 사람들은 이제 교황청의 과도한 정치적 위세에 오히려 반감을 가지고 있었다.

프랑스의 국왕 필립 4세는 자국의 교회를 장악하고 교황청에 보낼 헌금을 자신에게 납부케 했다. 분노한 교황 보니파키우스 8세는 필립 4세에게 편지를 보내 이렇게 확인시켰다.

"교황은 세속 왕보다 더 큰 권위를 가지노라!"

프랑스 국왕을 견제하고자 교황은 독일 국왕 알브레히트에게 신성 로마 제국의 황제 관을 수여하고 독일 황제가 프랑스 국왕보다 더 높은 지위라고 선포하였다. 답례로 알브레히트 황제는 자신의 위치가 교황의 아래에 있다며 낮은 자세를 취했다. 그러나 교황의 이러한 영광도 잠시뿐이었다. 무시당한 프랑스 국왕 필립 4세가 강력하게 복수했기 때문이다. 그는 우람한 기사 노가레의 기욤(Guillaume de Nogaret)을 사주하여 나이든 교황을 납치하고 심하게 구타케 하였다. 간신히 풀려난 보니파키우스 8세는 후유증으로 곧 사망하였는데 역사는 이 교황에 대해 이렇게 평하였다.

"여우처럼 [교활한] 교황이 되었고 사자처럼 군림하다가 개처럼 죽었다."

(R. Chamberlin, *The Bad Popes*, 2003, 93.)

아비뇽 포로기와 두 명의 교황 시대

프랑스의 왕 필립 4세는 새 교황에 아예 프랑스 출신 클레멘트 5세를 임명하고 1,000년 동안 로마시를 떠난 적이 없던 교황청을 충격적이게도 1309년 이탈리아 북부 아비뇽(Avignon)으로 옮겼다. 이 도시는 론(Rhone) 강이 흐르는 작고 아름다운 마을에서 거대한 성곽을 가진 교황 도시로 변모하였다. 아비뇽은 700년이 지난 현대에도 온전한 교황 궁과 완벽한 중세 모습을 보여주는 도시이다.

1305년에서 1377년까지 72년 동안 6명의 교황들은 프랑스에 의한,

아비뇽 도시 교황 궁- 교황들은 1305년부터 한 세기 동안 머물렀다 - by Jean Marc Rosier

프랑스를 위한, 프랑스의 교황들이었다. 때문에 이 기간을 교황의 "아비뇽 포로기(Captivity of Avignon)"라고 부른다. 한때 유럽 최고의 군주였던 교황의 권위는 추락하였고 프랑스 왕실의 손아귀에 놓인 아비뇽 교황청은 각국에서 조롱의 대상이 되었다.

아비뇽 교황청이 존속한 후 70년이 되자 다시 로마로 옮겨야 한다는 도처의 정치적 압력이 잇따랐다. 당시 이탈리아의 신비주의 성녀 카타리나(Catherine of Sienna)는 아비뇽의 교황을 직접 찾아가 로마로 되돌아올 것을 설득하였다. 1377년 교황 그레고리 11세는 드디어 로마로 돌아왔으나 곧 사망하였고 프랑스 귀족들로 구성된 추기경단은 우르반 6세를 교황에 선출하였다. 그러나 프랑스 귀족들은 새 교황과 갈등을 빚자 클레멘트 7세를 교황으로 또 선출하였다. 그런데 클레멘트는 로마가 아닌 아비뇽에서 교황을 자처하였다.

이로써 로마에서는 우르반 6세가, 그리고 아비뇽에서는 클레멘트 7세가 교황으로 존재하는 교황청의 수치스런 대분열(1378-1417)이 일어났다. 두 명의 교황이 존재하는 상황은 40년 가까이 지속되었다. 1409년 사태 해결을 위해 각국의 대표들이 기울어진 종탑으로 유명한 피사 대성당에 모였다. 이 피사 공회에서 알렉산더 5세를 새 교황으로 선출하였으나 아비뇽의 교황과 로마의 교황 모두 퇴진을 거부하였다. 이제 상황은 더 엉망이 되어 세 명의 교황이 세상에 존재하게 되었고 교황청은 최대의 논란거리가 되었다.

아비뇽과 로마와 피사 중 누가 진짜 교황인가를 놓고 사람들은 논쟁하였고 각국마다 다른 입장을 취했다. 프랑스는 물론 아비뇽 교황을 밀었고 프랑스와 갈등 관계에 있었던 영국은 로마 교황을 지지하였다. 독일은 피사 교황을 인정하였다. 1414년 결국 독일의 콘스탄츠에서 공의회가 또 열려 세 교황을 모두 퇴진시키고 마르틴 5세를 새 교황으로 추대하는 결정을 내렸다. 이로써 교황청의 분열은 공식적으로 종식되고 한 명의 교황이 존재하게 되었다.

"이타 에스트 미사"

교황청의 수치스런 시기는 흑사병으로 유럽 사회가 침몰하는 때였다. 일부는 미신과 마법과 점술에 미혹되었으나 다수의 중세 사람들은 충실한 신자였다. 이들은 진짜 예수의 몸으로 변했다고 믿는 빵 한 조각을 받기 위해 매주 한 시간이 훨씬 넘는 예배에 참석하였다. 라틴어로만 진행되는 예배에서 사람들은 내용도 뜻도 모른 채 관람객처럼 서 있었다. 그러나 예배가 끝날 때 사제가 외치는 다음 라틴어 한 문장만큼은 잘 알아들었다.

"이타 에스트 미사(Ita est missa)!"

즉 "이제 세상으로 보내집니다!"라는 선포인데 귀가하라는 뜻이었다. 때문에 사람들은 서로 "미사(missa: 보내지다)"를 외치며 돌아갔고 이런 연유로 중세 예배는 "미사"라고 부르게 되었다. 성당에서는 매일 온갖 종류의 미사가 드려졌는데 가장 빈번한 것은 이미 사망한 가족들의 연옥 대기 기간이 단축되도록 살아 있는 신자들이 요청하여 행해지는 미사였다. 이런 종류의 미사들까지 합해 1년이면 한 성당에서 드려지는 횟수는 1,000번이 넘었다. 귀족들은 저택에 사적인 채플을 세우고 사제들을 고용해 미사를 드리게 했다.

중세는 선행(bona opera)으로 구원을 "이루는" 시대였다. 이 선행은 '착한 일'이 아닌 구원에 '좋은 일'을 의미했다. 그러므로 금식, 자선, 순례, 미사, 헌금, 성물, 십자군 등이 모두 "선행"으로 여겨졌다. 그중 최고의 선행은 독신과 순교였다. 성자(Saints)들은 선행의 최고 경지에 도달했던 이들로 간주되었고 중세 신자들은 그들의 공로와 선행을 마치 은행의 돈처럼 빌릴 수 있다고 믿었다. 또 성물들은 신비한 능력을 방출한다고 믿어 구입했고

중세 미사의 모습

군인에게는 승리를, 농부에게는 풍년을, 신부에게는 행복을, 병자에게는 건강을 주는 징표로 숭배되었다. "십자가를 지라"는 예수의 가르침은 가짜 십자가 나무 조각들을 구입하라는 메시지로 변질되었다. 인류 역사에서 가장 불안정하고 혼란스러웠던 시대에 중세 말의 교회는 위로와 희망이 아닌 그릇된 가르침의 온상이었다.

7. 개혁의 선구자들과 불꽃 같은 종말

1500년대 종교개혁이 일어나기 한 세기 전 중세 말의 부패에 대응하여 교회와 사회를 정화시키고자 시도한 개혁의 선구자들이 출현하였다. 이들은 표현의 시대가 오자 문서와 설교와 행동으로 교회의 타락을 비판하고 바꾸고자 노력하였다. 대표적인 선구자들은 존 위클리프(John Wycliff), 얀 후스(Jan Hus), 사보나롤라(Sabonarola)였다. 이들의 개혁의 몸짓은 비극적 결과를 낳아 모두 화형당하였다.

"영국의 떠드는 자" 존 위클리프

존 위클리프 - work by John M Kennedy

가장 먼저 중세 교회의 부패를 지적하고 나선 인물은 옥스퍼드 대학에서 수학한 존 위클리프(c. 1333-1384)였다. 그는 세속의 통치권이 합당하게 적용되어 교회의 부패한 성직자들을 징계해야 한다고 주장하였다. 또한 모든 인간은 창조주와 직접적인 신앙을 수립해야 하며 성물이나 성자를 숭배하는 것은 모두 부정한 것이라고 외쳤다.

위클리프 비판의 정점은 교황이었다. 예수의 제자 베드로는 가난한 어부였고 금과 은을 탐하지 않았지만 베드로의 후계자를 자처하는 교황은 정반대로 탐욕의 삶을 산다고 통렬히 비판하였다. 교황이나 사제들은 권위적으로 군림하려는 유혹을 버리고 선한 모범을 보여주는 청빈하고 겸손한 목자가 되라고 외쳤다. 이 담대한 개혁자의 뛰어난 사상은 바로 교회를 건물이나 조직이 아닌 "선택받은 자들(the Elect)의 모임"으로 주장한 것이다. 그러므로 위클리프는 이렇게 단언하였다.

"만약 교황도 선택받은 자가 아니면 적그리스도의 종에 다름 아니다."

위클리프와 그 동료들은 영국의 작은 마을까지도 찾아다니며 새 신앙을 전하였기에 "떠드는 사람들"이라는 뜻의 '롤라드(Lollards)'파로 불렸다. 진실한 신앙은 교황의 말보다는 성경 말씀을 직접 읽는 것이라고 믿고 위클리프는 라틴어 성경을 모국어인 영어로 번역하였다. 한편 위클리프의 성경은 동시대에 등장한 제프리 초서의 대작 『캔터베리 이야기』와 함께 영어의 보급과 발전에 크게 기여하였다.

위클리프는 과격한 사상에도 불구하고 1384년 일단 생은 순탄하게 마쳤다. 당시 아비뇽과 로마로 분열된 두 명의 교황들이 영국의 학자를 화형시킬 수 없었기 때문이다. 그러나 위클리프의 사망 후 교황권이 다시 수립되었을 때 공의회는 그를 이단으로 정죄하였고 이에 영국 재판정은 그의 유골을 꺼내 모욕을 주고 불에 태워 강에 뿌렸다. 그러나 유골의 재가 대양으로 흘러갔듯 그의 사상도 유럽 대륙으로 퍼졌다. 보헤미아(체코)에서 바로 한 인물이 위클리프의 책을 읽고 개혁의 선구자가 되었다. 그가 바로 "체코인의 아버지" 얀 후스였다.

"보헤미아의 거위" 얀 후스

얀 후스(Jan Hus, 1369-1415)는 위클리프에 영향을 받아 개혁의 길을 가기로 결심하였다. '얀'은 '존(John)'의 보헤미아 이름이며 '후스'는 "거위"를 뜻한다. 그의 고향도 거위가 많았던 후시넥(Hussinec)이었다. 마치 거위처럼 후스는 위클리프보다 더 격렬한 목소리로 개혁을 주창했다. 후스는 프라하 카를 대학(Charles University)의 학장이었고 이 도시의 베들레헴 교회(Church of Bethlehem)의 설교자였다.

체코의 개혁가 안 후스 (1369-1415)

1410년 후스가 사역한 베들레헴 교회당 벽에는 화려한 옷에 말을 탄 교황과 그 옆에 가난한 모습으로 걸어가는 예수의 그림이 있었다. 이 벽화 자체가 부패의 교황들과 호사스런 종교 귀족들에 대한 비판이었다. 후스는 성직자의 청빈한 삶을 강조하고 면죄부 판매를 질타하였다. 또한 무력을 사용하는 십자군 원정도 거부하며 칼과 힘이 아닌 사랑과 용서를 가르치라고 외쳤다. 교황파인 프라하의 대주교는 후스를 골치 아파하며 개혁 사상을 철회하도록 압력을 가했다. 주교와 후스는 이런 대화를 주고받았다.

"그대는 왜 교황에 복종하지 않는가?"

"교황이 그리스도의 교훈을 따르면 나는 당연 복종할 것이지만 그리스도와 반대로 행하므로 화형을 당할지라도 불복종할 것이다."

후스는 더 나아가 초대 교회를 예로 들며 교회는 교황이 없이도 존재할 수 있다고 주장했다. 또 교회의 수장은 교황이 아니라 그리스도라고 가르쳤다. 그러나 후스가 야기한 상황은 심각한 것이었다. 프라하 도시는 한때 신성 로마 황제의 수도였던 중요한 도시였기 때문이다. 황제 지기스문트(Sigismund)는 철저한 가톨릭 신자였기에 자신이 지배하는 체코의 종교적 변화를 원치 않았다.

1414년 교황청의 분열 문제로 독일의 남부 콘스탄츠(Konstanz)에서 공의회가 열렸을 때 회의 개최자인 황제는 후스에게 안전한 귀환을 약속하며 공의회 참석을 요구했다. 그러나 이 요청은 후스를 제거하기 위한 음모에 불과했다. 니콜로 마키아벨리가 『군주론(the Prince, 1513)』을 써서 권력을 위해 거짓과 협박을 써야한다고 주장했지만 그 책이 출현하기 한 세기 전에 황제 지기스문트는 이미 거짓과 표변을 정치의 원리로 쓰고 있었다.

1414년 11월 콘스탄츠 공의회가 시작된 때에 순진한 개혁자 후스는 도착하였고 바로 지하 옥에 갇혔다. 변호 기회도 주어지지 않은 채 그는 6개월 동안 고문을 당했다. 그동안의 주장들을 철회하면 풀어주겠다는 회유가 들어오자 후스는 이렇게 외쳤다.

"황금으로 가득한 교회당을 준다 해도 나는 진리를 떠날 수 없다."

(I would not, for a chapel full of gold, recede from the truth.)

1415년 6월 6일 결국 후스는 화형에 처해졌고 불탄 유해는 콘스탄츠 호수에 뿌려졌다. 이 개혁자의 무고한 죽음은 거짓 안정을 원하는 권력자와 부패한 종교인들의 합작품이었다. 후스는 화형대에서 이렇게 말한 것으로 전해졌다.

"지금은 내가 거위가 되어 불타지만 한 세기 뒤 백조가 출현하여 세상을 바꿀 것이다." 정확히 100년이 지난 1515년 세계사적 개혁자 마르틴 루터는 자신의 수도원 골방에서 세상을 변화시킨 "백조 같은" 종교개혁 원리를 발견하였다.

"체코의 독립 영웅" 지즈카의 저항

정신적 지주인 후스가 화형당한 후 보헤미아 시민들은 봉기를 일으켰고 이들은 유럽에서 '후스파(Hussite)'로 불리게 되었다. 후스의 종교개혁은 체코 교회의 갱신뿐 아니라 독일 황제와 이탈리아 교황의 이중적 간섭으로부터 민족을 독립시키려한 시도였다. 교황은 자신에게 항거하는 보헤미아 전 지역에 성찬 예배를 금지시켰다. 이에 보헤미아 시민들은 교황의 교서를 무시하고 아예 빵과 포도주를 다 받는(Utraquism) "온전

보헤미아의 전쟁 영웅이며 후스의 후계자 얀 지즈카(1421)-by Jan Vilimek

한 성찬"을 시작하였다. 이를 처벌하려 황제는 십자군 이름을 쓰는 그릇되고 추악한 군대를 보냈고 교황은 살인적인 이단 심문관들을 보냈다. 이들은 마을마다 후스파를 색출해 즉결 처형하였다.

이때 위기에 처한 보헤미아를 수호하기 위해 애꾸눈의 "군사 영웅" 지즈카(Zizka) 장군이 군대를 조직하였다. 그는 후스의 후계자로서 체코 민족의 독립과 교회의 개혁이라는 두 목표를 향해 투쟁하였다. 후스파 농민들은 처음에는 농기구로 황제 군대에 대항하였으나 지즈카 장군의 지휘 아래 우수한 부대가 되었다. 그러나 농민 부대는 황제의 전투 전문 기사들에게 장기적으로는 역부족이었다. 체코의 서부는 보헤미아로 동부는 모라비아로 불렀는데 후스 화형 7년 후인 1423년 지즈카는 모라비아 지역을 놓고 벌인 전투에서 패하였다. 나머지 한쪽 눈마저 잃은 채 아래와 같은 말을 남기고 그는 전사하였다.

"나의 살가죽으로 북을 만들어 보헤미아를 위한 전쟁에서 두드리라!"

지즈카가 사망하자 체코인들은 온건파와 급진파로 분열되고 독립 투쟁은 무위로 끝났다. 결국 보헤미아는 황제의 합스부르크 가문 영토로 복속되었다. 개혁성을 고수한 체코인은 마르틴 루터의 종교개혁이 일어났을 때 프로테스탄트를 지지했다. 1400년 이후 황제들의 체코 박해는 1600년대의 '30년 전쟁'때까지 지속되었고 온 나라는 폐허가 되었으며 백성들은 방랑 빈민이 되었다. 헝가리와 더불어 체코인들은 유럽에서 가장 큰 시련을 겪은 민족이었다.

"피렌체의 불꽃" 사보나롤라

화려한 예술의 중심지 피렌체에서 잘 어울리지 않는 엄격한 금욕주의를 주장하며 청빈한 신앙을 외친 이가 있었다. 그는 피렌체 광장의 산마르코 수도원의 원장 사보나롤라(Girolamo Savonarola, 1452-98)였다. 사실 피렌체의 르네상스는 일면에서 중세를 극복하였지만 귀족 문화의 전형을 보여준 면에서는 여전히 중세적이었다. 1491년 사보나롤라 수도원장은 예수의 고난을 기리는 사순절이 되자 부와 향락에 취해 있는 피렌체 시민들을 향해 회개를 촉구하였다. 순수한 형태의 기독교로 돌아가자는 그의 주장은 중세를 무너뜨리는 또 하나의 개혁적 목소리였다. 시민들은 화려한 옷과 사치품들을 광장에 가져와 불태우며 가난한 시골 주민들이 기근으로 굶주릴 때 자신들은 늘 파티를 즐겼던 것을 반성하였다.

피렌체의 개혁자 사보나롤라

사보나롤라는 또한 사상 최악의 교황인 알렉산더 6세를 격렬히 비판하였다. 분노한 교황은 사보나롤라를 파문하고 피렌체 시민들에게 그를 화형시킬 것을 명하였다. 만약 처형을 실행하지 않을 경우 피렌체를 공격하겠다고 위협하였다. 피렌체 시민들은 살인마 교황의 위협과 양심적인 수도사의 외침 가운데서 고민하였다. 가난했던 보헤미아 백성들은 개혁자 후스를 지지하며 결사항전으로 맞섰지만 부유한 피렌체의 시민들은 그럴 용기도 의지도 박약했다. 1498년 피렌체 시민들은 교황과의 정치적 타협을 선택하고 얼마 전까지 인정했던 사보나롤라를 수도원 앞 광장으로 끌어내어 화형시켰다. 화형을 앞둔 그에게 한 사제가 옆에서 물었다. "두렵지 않습니까?" 사보나롤나는 이렇게 답했다.

"주님께서도 나를 위해 얼마나 고난을 당하셨는가!"

(Will Durant, The Renaissance: A History of Civilization in Italy from 1304-1576 A.D., 161.)

역사에 무지한 이들은 사보나롤라를 르네상스에 대항한 광신도로 간주하기도 하였다. 그러나 사보나롤라가 거부한 것은 르네상스 전체가 아니었다. 그는 결코 예술의 적이 아니었다. 그의 수도원에 르네상스의 거장 수도사 안젤리코의 그림이 가득했기 때문이다. 또 르네상스도 절대 선은 아니었다. 사보나롤라가 공격한 것은 예술의 가면을 쓴 환락과 사치였다. 중세 상류층은 풍요가 넘쳤고 하류층은 궁핍에 절었다. 사보나롤라는 바로 중세 사회의 물질적 탐욕을 비판한 것이었다. 이점에서 그는 중세를 부정한 개혁자였다. 중세를 부정한 개혁자도 불탔지만 개혁을 부정한 중세도 침몰하고 있었다.

종교개혁 시대

I
16세기 종교개혁의
시작과 발전
(1500-1600)

 1300년도부터 중세는 대위기였다. 흑사병을 비롯한 각종 전염병은 유럽 인구 30% 이상을 희생시켰고 봉건제는 해체되며 삶은 생존조차 위협받았다. 한편 국가주의의 등장은 각 민족 간 지속적인 전쟁을 불러왔고 영국과 프랑스, 영국과 스페인, 프랑스와 신성 로마 제국, 신성 로마 제국과 오토만 제국 등은 서로 대립하였다.

 그 와중에 발달된 과학은 대포를 만들어 전쟁을 확대시키고 희생자도 늘게 했다. 특히 발달된 선박 기술은 더 큰 배를 만들어 세계를 탐험하고 정복하게 하였다. 유럽은 비로소 세계가 얼마나 광대한지 깨닫게 되었고 자신들이 세계의 중심이 아니라는 판단하게 되었다.

확장된 세계관은 다양한 가치관을 낳았고 새로운 인쇄술은 사상들과 가치관을 세계에 전파하는데 가장 크게 기여하였다. 르네상스와 인문주의는 중세의 획일적인 문화를 거부하고 고대 세계의 지혜로 눈을 돌리게 하였다. 붕괴된 중세는 새 시대의 도래를 고대하고 있었다.

1. "나쁜 교황들의 시대"와 "최고의 지성" 에라스무스

위기의 교회와 사유화된 교황청

중세의 강단은 하나님을 무서운 심판자이며 예수를 죄인들의 무게를 재는 두려운 메시아로 가르쳤다. 인간은 하늘에 공포심을 느꼈고 성자들을 화해의 중보자로 삼기 시작했다. 중세 말이 되자 성자들과 마리아를 추앙하는 신앙은 더욱 심각해져 미신적 양상을 띠었다. 기독교는 어느새 예수를 믿는 종교에서 예수 주변을 믿는 종교로 바뀌었다. 혼탁한 교황청이 가르치는 바는 1세기 예수의 교훈과 너무나 다른 것이었다.

중세 말은 사회적 위기뿐 아니라 종교적 위기의 시대였다. 중세 가톨릭은 안정, 소망, 변화를 제공하지 못하고 불안과 절망과 부패의 개혁 대상이 되었다. 그 대표적 사례가 목자이어야 할 교황들이 오히려 불량배로 전락한 것이었다. 1400년대 초 한꺼번에 세 명의 교황들이 난립하기도 했다. 이 자체가 중세 로마 가톨릭의 타락상을 여실히 드러내는 분명한 사례였다. 그럼에도 '세 교황 시대'가 최악의 정점은 아니었다. 1400년대 중반 이후 역사에서 그렇게 모아놓기도 어려울 정도로 흉악한 인물들이 연이어 교황청을 접수하고 "나쁜 교황들의 시대(Age of Bad Popes)"를 만들었다. 흑사병이 닥칠 때마다 교황들은 인간들의 죄에 대한 신의 형벌이라고 규정했다. 그러나 당시 누구든지 평민의 죄보다 교황의 죄가 훨씬 더 크다고 믿었다. 세상은 부와 권력을 탐한 교황들에 대해 경멸의 감정을 가지고 있었다.

마르틴 루터가 태어난 직후인 1484년 교황위에는 이노센트 8세가 올랐

최악의 교황 알렉산더 6세
- by Christofano dell'Altissimo

다. 사제의 결혼이 금지된 중세 교회에서 이 교황은 이미 여러 명의 자녀들을 두고 있었다. 부패한 인물이었지만 이노센트 8세는 그나마 자신의 후임보다는 더 나은 교황이었다. 그 후임은 중세 천년에서 가장 악명 높은 교황 알렉산더 6세(pont. 1492-1503)였다. 그가 교황이 되었을 때 경쟁 가문 메디치 출신으로 훗날 교황 레오 10세가 되는 지오반니(Giovanni)는 오죽하면 이렇게 탄식하였을까.

"이제 우리는 이 세상에 출현한 가장 악랄한 늑대의 손에 놓인 것 같다. 도망가지 않으면 잡아먹힐 것이다."

(James Reston, *Dogs of God*, 2005, 287.)

"스페인 건달" 알렉산더 6세와 "강도들의 천국" 교황청

알렉산더 6세의 본명은 로드리고 보르기아(Rodrigo Borgia)로서 스페인 발렌시아(Valencia) 출신이었다. 그는 단 하루도 사제로 일한 적이 없었지만 삼촌 칼릭스투스(c. 1455) 교황 덕에 추기경에 임명되어 교황청에 입성하였다. 칼릭스투스 교황은 추기경과 주교 직위에 자신의 아들, 사위, 조카 심지어 자신의 정부까지도 앉히는 완벽한 족벌주의(Nepotism)로 교황청을 운영했다. 1400년대에 시작된 교황청의 족벌주의는 한 세기 이상 지속되었고 1692년 교황이 딱 한 명의 친척만 추기경에 임명할 수 있다는 규정이 마련되면서 비로소 감소하였다.

추기경 보르기아가 자신의 삼촌과 전임 교황들 밑에서 배운 것은 오로지 협잡뿐이었다. 그는 교황이 되기 위해 추기경들을 "네 마리의 나귀"가 끌 정도로 많은 재물로 매수하였고 경쟁 후보를 회유와 공갈로 낙마시켰다. '스페인 건달' 보르기아, 즉 알렉산더 6세가 교황으로서 한 일은 부정한 축재와 부끄러운 악행이 거의 전부였다. 관심사는 매일 벌어지는 환락 파티의 프로그램들이었고 춤추는 창녀들을 따라잡는 놀이였다. 자신의 딸과 가진 수치스런 근친 관계는 로마에 익히 알려진 비밀이었다. 알렉산더 6세는 매우 잔인한 인물로 반대 세력을 암살하였고 자신을 강력히 비판한 피렌체의 개혁자 사보나롤라도 화형시켰다. 그의 일가친척들은 주교와 추기경 직책들에 임명되었다. 알렉산더 6세는 불안 속의 중세 백성들에게 면죄부도 판매하였다. 사람들은 교황청을 바라보며 이렇게 탄식했다.

"로마는 이제 스페인 강도들의 천국이 되었다."

1503년 최악의 교황 알렉산더 6세는 마침내 정적에 의해 독살당했다. 그는 극심한 고통으로 피를 토하고 죽었고 사망 하루 만에 시신은 검게 변했다. 이 교황의 최후는 마치 중세의 죽음을 상징하는 듯했다. 교황이었음에도 불구하고 그의 장례식에는 가족을 빼고 딱 네 명만이 참석하였다. 시신은 성 베드로 대성당 지하 교황들의 묘지에서도 쫓겨나 다른 성당으로 보내졌다. 알렉산더 6세는 역사상 어느 고인도 받아보지 못한 참담한 문구의 다음 추모사도 헌사받았다.

"증오와 투쟁의 마음으로 살았고 싸움과 대결과 살육을 멈추지 않았던 사람, 죽어서 오히려 모든 이를 기쁘게 한 그가 여기 누웠노라."

1503년 9월 드물게 정상적인 사고와 신앙을 지닌 새 교황이 등극했다. 그는 피우스 3세로서 무너진 교황청을 바로 세우고자 전임자가 임명한 부패한 귀족 추기경들을 축출하고 의욕적인 개혁을 시도하였다. 그러나 결과는 한 달도 못되어 발생한 새 교황의 의문의 죽음이었다. 이어서 교황이 된 율리우스 2세(pont. 1503-1513)는 동성연애의 의혹을 받았다. 그는 성베드로 대성당 재건축을 시작했고 교회의 많은 재정을 예술가 후원에 쏟아 부었다. 이러한 극심한 예산 낭비는 역설적이게도 라파엘이나 미켈란젤로의 명작들을 출현시켰다. 미켈란젤로는 율리우스 교황의 개인 기도실인 시스틴 채플에 '최후의 심판'을 그렸다.

예술을 좋아했지만 율리우스 2세의 별명은 "무서운 교황(Terrible Pope)"

이었다. 그는 자신을 위협하는 프랑스 왕실을 치겠다며 직접 군대를 이끌고 칼을 찬 채 출정하는 사상 초유의 일을 벌였다. 그리스도의 대리자로 자처하는 이전 교황들은 군대를 파견하기는 했어도 갑옷을 입고 검을 찬 채 직접 선봉에서 장군처럼 군대를 지휘하지는 않았었다. 그러나 율리우스는 검을 쓰는 자가 검으로 망한다는 예수의 기본 말씀조차 안중에 없는 교황이었다. 그가 선례가 되어 이후의 교황들도 직접 출정을 하게 되었다. 정작 그의 진짜 적은 프랑스가 아닌 목숨을 앗아간 열병이었다.

1513년에는 메디치 가문의 레오 10세(Leo X, d. 1521)가 교황의 모자 '삼중 관'을 썼다. 그는 피렌체 출신의 유럽 최고부호 로렌조 메디치의 둘째 아들이었다. 가문의 재력으로 레오 10세는 13살 소년의 나이에 이미 추기경에 임명되었고 교황이 될 때 그가 낳은 자녀들의 수는 16명에 이르렀다. 그나마 그의 긍정적인 업적은 로마를 유럽 문화의 중심으로 다시 복원한 것이었다. 레오 10세는 라파엘을 비롯한 예술가들을 후원하여 대작들을 남기게 하였다. 사실 좋은 표현으로는 '후원'이지만 실제로는 교회 재정의 심한 낭비였다. 레오 10세는 재물을 사랑한 교황으로 면죄부 판매로 유명한 인물이었다. 늘 손에 돈을 쥐고 다녔던 그는 때로는 구제도 실시하였다. 그러나 마르틴 루터의 종교개혁이 일어나자 파문을 선고해 시대 변화에 역행한 교황이 되었다. 레오 10세는 이탈리아 북부를 교황령으로 넣기 위해 프랑스와 전쟁을 벌였고 종국에는 영토 획득에 성공했다. 그러나 바로 그 직후 말라리아로 재위 8년 만에 세상을 떠났다. 후임 교황 아드리안 6세와 마르켈루스 2세는 안일한 인물들이었다.

지역의 주교들도 물질을 탐하기는 마찬가지였다. 무엇보다 혼인에 대한 교회의 간섭으로 여론은 악화되었다. 이들은 과도한 근친혼 법규를 적용하여 먼 친척 사이의 혼인도 인가해 주지 않았다. 이러한 제동은 뇌물을 통해 풀렸고 많은 경우 결혼 허가에도 돈이 필요했다. 유아 세례도 사제들에게 돈을 주어야만 제때에 집례해주었다. 고위 성직자들만이 혐오의 대상은 아니었다. 시골의 하위 성직자들도 공동체를 섬길 지식도 자질도 모자랐다. 한 자료에 의하면 당시 스코틀랜드 글로스터(Gloucester) 교구의 311명의 사제들 중에서 168명은 십계명을 암송하지 못했고 그중 10명은 주기도문을 몰랐으며 또 39명은 주기도문이 성경의 어디에 나오는지도 찾지 못했다. 더 어이없는 일은 사제 34명은 주기도문(Lord's Prayer)이 누구에게서 나온 것인지도 몰랐다. "주님의 기도"라고 부르고 있으면서도 답을 알지 못한 것이다.

"비판적 최고의 지성" 에라스무스

에라스무스 by Hans Holbein the Younger(1523)

16세기 최고의 학자를 꼽을 때 에라스무스(Desiderius Erasmus, 1466-1536)는 1순위 후보였다. 그는 대표적 인문주의자로서 사제, 교수, 문학가, 신학자였다. 네덜란드 로테르담(Rotterdam)에서 신부의 사생아로 태어난 에라스무스는 중세에 대해 이중적인 태도를 견지할 수밖에 없는 운명에 있었다. 결혼이 금지된 사제에게서 태어난 아들이므로 자신의 존재 자체가 중세의 부패를 상징했고 또 동시에 교회는 부정할 수 없는 자신의 뿌리일 수밖에 없었다. 때문에 그는 로마 가톨릭을 크게 비판하되 결코 극단적으로 배척하지 않았다.

에라스무스는 파리에서 라틴어와 헬라어, 히브리어 등의 언어와 문법을 공부하였다. 심히 가난했던 형편은 25살의 이 청년을 수도사가 되게 했고 이후 사제로도 활동하였다. 그는 문학, 철학, 신학, 법학 등을 더 연구하여 마흔의 나이에 최고의 지성으로 대우받았다. 영국 체류 중 토마스 모어와 교류하였고 케임브리지 대학에서 강의하였다. 그는 캔터베리 대성당을 방문한 후 교회의 타락상에 대해 새삼 인식하게 되었다. 순례자들

에라스무스의 헬라어 신약 성서 표지 (1516)

은 장사에 이용되며 교회는 유물 파는 장소로 전락한 것을 본 것이다. 에라스무스는 중세 교회의 부패 원인이 초대 교회의 단순성을 상실하고 형식주의에 빠진 것이라고 보았다. 그는 『우신예찬(Praise of Folly)』이라는 저술을 통해 대중 신앙에 숨어 있는 그릇된 미신과 그 미신을 경제적으로 이용하는 로마 가톨릭의 그릇된 행태를 비판하며 갱신을 촉구하였다. 또한 그리스도의 군사 교본(Enchiridion Militis Christiani, 1503)』 책에서는 다음과 같이 지적하였다.

"사랑의 임무를 져버리고 권력만 추구하는 이들이 가득하다."

인문주의자 에라스무스는 기독교를 위한 중요한 유산을 남겼는데, 이는 신약 성경의 사본들을 모아 대조 비평한 헬라어 신약 성경(1516)을 출판한 것이었다. 기독교의 자리는 교황이나 교리가 아닌 예수의 말씀에 위치해 있다고 믿었고 성서 원전을 통해 말씀의 본뜻을 가르쳐야 한다고 주장했다. 이러한 학문적 태도는 기독교에 큰 변화를 가져왔는데 형식과 외형이 아닌 성서와 이성을 강조하는 기독교의 등장이었다. 에라스무스의 헬라어 신약은 출판 5년 후에 독일 종교 개혁자 마르틴 루터가 독일어 성서로 번역했고 영국에서는 킹 제임스 성경(King James Version)의 신약 본문으로 사용되면서 "표준 본문(Textus Receptus)"으로 인정받았다. 한편 에라스무스는 라틴어 사전과 문법책을 펴냈는데 유럽 학생들의 교과서가 되었다.

에라스무스는 행동하는 개혁자보다는 개선의 길을 제시하는 비판자로서의 역할에 머물렀다. 교황청에 대한 공격으로 파문에 직면하자 에라스무스는 일부 사상을 철회하였다. 사실 에라스무스의 개혁은 주로 도덕적 차원의 개선을 의미하였다. 수위를 낮추어 파국을 면한 에라스무스는 편안하게 삶을 끝냈다. 그러나 1559년 그가 애증을 동시에 보였던 가톨릭

교회는 에라스무스의 모든 책을 금서로 선언하고 오히려 그를 저버렸다. 그럼에도 어리석은 교황청의 공의회 결정과는 달리 당시 유럽에서 팔리던 책의 5권 중 1권은 그의 책일 정도로 가장 인기 있었다. 그는 당시 시대상을 빗대며 다음과 같은 경구를 남겼다.

"장님의 세상에서 한 눈 가진 사람이 왕이다."

위 문장에 정말 어울리는 인물은 참으로 에라스무스 자신이었다. 위클리프나 에라스무스 등은 "장님의 세상" 중세에서 '한 눈 가진 자들'이었다. 그러나 그는 일면에서 중세의 본질적 문제에 대해 두 눈을 다 뜨지 못한 한계가 있었다. 중세 교회는 교황이나 교회의 도덕적 변화뿐 아니라 보다 본질적인 변화를 가져올 새로운 사상이 필요했기 때문이다. 위대한 인물이었음에도 불구하고 에라스무스는 루터나 칼빈처럼 큰 변화를 가져오지는 못하였다. 그것은 개혁자들이 목숨을 걸고 선명한 가시밭길을 걸었던 것과는 달리 에라스무스는 현장이 아닌 서가에 주로 있었고 또 개선의 길을 모색하다 중도에 철회했기 때문이다.

그럼에도 에라스무스는 중세의 오류를 가장 지혜롭게 지적한 인물이었으며 근대에서 더 큰 평가를 받았다. 그의 저작들과 학문적 통찰력은 중세에서 근대의 계몽주의로 나아가는 초석이 되었다. 네덜란드 로테르담에는 에라스무스 대학이 있으며 이 도시의 큰 다리는 그의 이름을 따라 명명되었고 현재도 에라스무스의 날이 기념되고 있다. 1536년 에라스무스는 바젤에서 세상을 떠났다. 그가 묻힌 교회당은 당시는 가톨릭 건물이었으나 훗날 바젤에서 종교개혁이 이루어진 후 개신교회 예배당으로 바뀌었다. 그의 마지막 유언은 이것이었다.

"오 자비로우신 예수여! 주여, 저를 자유롭게 하소서! 불쌍히 여기소서!"

〔O Jesu, misericordia; Domine libera me; Domine miserere mei.〕

2. 세상을 바꾼 마르틴 루터의 발견과 시련

레오 10세와 "최상급 면죄부"

1513년 교황이 된 레오 10세는 자신이 그리스도로부터 인간의 모든 죄와 형벌에 대한 사면권을 받았다는 주장을 펴며 면죄부를 발행하였다. 그는 한시적 기한의 면죄부부터 과거, 현재, 미래의 죄를 모두 용서해주는 최상급 면죄부(plenary indulgence)와 사망한 가족들의 연옥 형벌을 감해주는 특별 면죄부까지 팔았다. 그리스도의 공짜 은혜가 교황들에 의해 돈으로 판매되는 행태가 일어난 것이다. 주교와 귀족들은 교황에게 엄청난 금액을 지불하고 자신들 지역을 위한 면죄부 판매권을 구입하였다. 이익은 교황과 판매업자가 나누었다.

독일 북부의 면죄부 총판권은 알브레히트(Albrecht) 대주교에게 있었다. 그는 은행업의 푸거 가문에서 돈을 빌려 주교직을 샀으며 이를 벌충하기 위해 면죄부 판매에 열을 올렸다. 그나마 푸거(Fugger) 가문은 독일 남부 아우구스부르크에 빈민 구제를 위한 주택을 110여 채(Fuggerie)지어서 귀족으로서의 의무를 이행했으나 교황청과 주교들은 축재에만 열을 올렸다. 대주교 알브레히트는 현혹시키는 화술로 유명한 도미니칸 수도사 테첼(Tetzel)을 판매 책임자로 고용하였다. 테첼은 동네마다 순회하며 사람들에게 이렇게 외쳤다.

교황 레오 10세 - by Raphael

"면죄부를 구입한 동전이 금고 안에 떨어지는 순간 연옥에 있는 영혼은 천국으로 올라간다!" 〔As soon as a coin in the coffer rings, the soul from purgatory springs.〕

면죄부 판매 모습

테첼이 독일 비텐베르크 인근에 오자 시민들은 면죄부와 성자들의 유물을 구입하며 자신들의 연옥에서의 대기 기간이 감소될 것으로 믿었다. "구원의 증서"를 구입한 이들은 예배(미사)에도 결석하였고 고해도 빠뜨렸다. 비텐베르크의 한 사제는 면죄부를 구입한 교인을 찾아가 왜 예배에 나오지 않는가를 물어보았다. 그 신자는 테첼에게서 구한 면죄부를 마치 천국 보증서처럼 보여주었다. 미신적 행태에 분노한 이 사제는 펜을 들어 면죄부를 공격하는 "95개조 반박문"을 써서 교회당 문에 게시했다. 그 사제가 바로 마르틴 루터(Martin Luther, 1483-1546)였다.

중세의 1년 365일은 매일 특정 성자의 축일로 지켜졌다. 중세의 성자는 2,000명이 넘었으며 축일을 배정받은 성자들을 제외하고 나머지 다수는 11월 1일 만성절(All Hallows Day)에 지켜졌다. 이 날은 말 그대로 "모든 성자들의 날"이었다. 현대의 '할로윈(Halloween)'은 본래 모든 성자들을 뜻하는 "All Hallows"에서 비롯되었다. 그 날은 중세의 큰 축일이었고 그 전야에는 성자들의 유물과 면죄부를 많이 판매하였다. 바로 그 때문에 루터는 만성절 전날인 10월 31일에 비텐베르크 성채 교회당 문에 반박문을 게시하였다. 30대 중반의 젊은 사제 마르틴 루터는 자신이 불러올 엄청난 역사적 격변을 당시에는 상상도 못하였다. 중세의 마감과 종교개혁의 도래는 바로 이 평범한 사제의 비범한 문서로부터 비롯되었다.

"순종"과 "불순종"

루터는 1483년 10월 10일 독일 아이스레벤(Eisleben)에서 한스 루터와 마가레트에게서 태어났다. 그는 투르(Tour)의 성자 마르틴의 날에 세례를 받아 당시 전통에 따라 이 성자 이름을 받았다. 아버지 한스는 농부에서 광업으로 전직한 후 경제적 형편이 더 좋아졌다. 부모는 아들이 법학을 공부해 법률가나 관리가 되길 기대하고 1501년 에르푸르트 대학(Erfurt University)에 입학시켰다. 이 도시는 "독일의 로마"라고 부르는 신문화 중심지였다. 루터는 300명에서 2등을 차지할 만큼 열심히 공부한 뛰어난 학생이었다. 그러나 이 우등생은 늘 죽음에 대한 공포, 구원에 대한 갈망, 그리고 실존적 불안(Anfechtungen)에 휩싸여 있었다. 중세는 전쟁의 천지였으나 루터는 총칼의 전쟁이 무섭지 않았고 오히려 마음속에 일어난 내적 투쟁으로 번민하였다. 내면에 가득한 죄들은 그를 저주의 자녀로 정죄했고 하늘에는 분노한 심판자만 있다고 믿게 했다.

대학을 마친 후 고향을 방문하고 오는 길에 루터는 슈토턴하임(Stotternheim) 근처에서 인생의 전환점이 되는 경험을 하였다. 폭우에 천둥 번개가 치자 루터의 심령에 공포의 폭탄이 발화되었고 비오는 들녘에서 무릎을 꿇고 떨게 되었다. 그가 무서워한 것은 천둥이 아닌 천둥 같은 심판이었다. 그리고 광부들의 수호 성자인 성 안나(St. Anne)에게 보호를 구하며 이렇게 외쳤다.

"수도사가 되겠나이다."

1505년 7월 17일 루터는 법학을 포기하였고 출세보다 구원을 먼저 얻기 위해 에르푸르트 대학 옆의 아우구스티누스 수도회에 들어갔다. 검은 옷을 입은 채 매일 두 조각의 빵으로 생활하고 추운 겨울에도 불을 피우지 않는 조그만 수도원 방에서 그는 기도와 묵상의 날들을 보냈다. 수도원 밖 외출은 1년이나 금지되었다. 루터는 이러한 고된 영적 수련이 구원을 안겨줄 것으로 기대하였다.

수도원에 가입하면 1년간은 단순 서약(Simple Vow)을 하여 예비 수도사로 살고 1년이 지나 중대 서약(solemn vows)을 하면 영구적인 수도사로 살아야 했다. 루터는 수도원 입문 1년 후 가족과 아무 상의도 없이 중대 서약을 선택했고 더군다나 사제가 되는 안수까지 받았다. 사제로서 첫 미사를 집전하는 날 다른 이들도 그랬듯이 루터도 가족들을 초청하였다. 법률가의 길을 포기하고 아무 의논도 없이 사제가 된 아들 루터가 아버지 한스는 그렇게 원망스러울 수 없었다. 미사가 끝나고 2년 만에 재회하는 자리에서 아버지는 굳게 다문 입을 떼며 아들을 이렇게 나무랐다.

"너는 대체 '네 부모에 순종하고 공경하라'는 성경의 계명도 모르느냐?"
(*Luther's Works* 54: 109.)

루터는 사제의 소명에 순종했고 부모는 아들의 불순종에 실망한 채 발걸음을 돌렸다. 1512년부터 루터는 비텐베르크의 신설 대학에서 강사로 또 사제로 일하였다. 그로부터 3년 후 1515년 후스가 화형당한 지 정확히 100년이 되는 시기에 루터는 중세 천년의 구원 사상을 뒤집는 새로운 발견을 하였다. 그때에야 자신의 불안과 번민에서 자유를 경험했고 이제 그 발견을 알리기 시작했다.

"오직 은혜로"와 "오직 선행으로"

중세 기독교는 아리스토텔레스 사상에 기초한 구원론을 가르쳤다. 이는 "유사성을 이루어 같은 종류가 되는(like is known by like)" 방법론을 가진 사상이었다. 즉 완벽한 하나님과 유사한 일들을 행함으로 하나님과 같아지는 것이다. 그러므로 중세 천년 동안 구원이란 인간이 선행을 통해 신과 유사해지는 노력이며 "성취"였다. 그럼에도 루터는 완벽할 수 없는 인간이 갖는 내적 불안과 공포에 시달렸다. 그 영적 번민에 대한 대답을 그는 다음 성경 구절에서 찾았다.

"복음에는 하나님의 의가 나타나서 믿음에서 믿음에 이르게 하나니 오

마르틴 루터 by Lucas Cranach (1528)

직 의인은 믿음으로 살리라."(로마서 1:17)

루터는 위 구절을 새롭게 이해함으로 큰 발견을 하였다. '하나님의 의(Righteousness of God)'는 중세 사람들에게 도달해야 할 '기준'이었다. 그러나 인간은 그 의의 기준에 스스로의 힘으로 이르지 못하고 죽는 것을 루터는 잘 알고 있었다. 그 기준이 인간이 도달하기 힘든 것이라면 그것이 어떻게 "기쁜 소식", 즉 복음이겠는가! 루터는 이 구절을 역으로 생각하였다. 그 '의'를 얻는 것이 "기쁜 소식"이 되려면 결국 인간이 도달하는 것이 아니고 하나님께서 역으로 내려주는 선물이라고 생각하였다. 그리고 '선물'이 바로 '은혜'인 것이다. 본래 이 두 단어는 고대 세계에서 같은 의미를 지녔다. 또한 '의로움'이 하늘의 선물이라면 그동안 이를 성취하려고 매진한 모든 중세적 선행들, 즉 금식, 자선, 독신, 순례, 유물, 십자군, 면죄부, 교황에 대한 복종 등은 부차적인 것들이 되는 것이다. 때문에 루터의 사상은 한마디로 중세 천년의 전통을 뿌리 채 뒤흔든 것이었다. 그러나 루터의 발견은 총체적 위기에 직면한 인간들에게 소망의 메시지였다. 삶의 모든 의미와 참 안정은 인간이 쌓는 선행 탑으로 얻어지는 것이 아니라 하늘에서 내려온 예수 그리스도의 사랑과 용서와 생명으로부터 출발한다고 가르쳤기 때문이다. 사랑과 용서는 십자가를 통해 이루어졌고 새 생명은 주어졌다. 이것이 바로 은혜이다. 루터는 오직 은혜만이 우리를 죄와 악한 세상에서 구원한다는 강한 믿음을 말했다. 인간에게 필요한 것은 자신의 공로가 아니라 십자가에서 이루어진 그리스도의 공로이다. 즉 우리에게 필요한 것은 선한 도덕 선생으로서 행함을 요구하는 이가 아니라 우리의 죄와 사망을 십자가와 부활로 직접 짊어져 처리하시는 그리스도가 필요한 것이다.

그러므로 세상의 복과 물질이 많아지는 것을 목적으로 예수를 믿는 것은 거짓된 신앙이다. 루터는 이를 소위 "영광의 신학(theology of glory)"이라 부르며 거부하였다. 오히려 세상 가치들을 추구하지 않고 그리스도의 고난을 따르는 삶인 "십자가의 신학(theology of cross)"만이 기독교의 본질이라고 보았다. 루터에게 교황들이나 중세 기독교의 모습이 거짓으로 보였던 것은 바로 외적인 요소에 대한 치중과 예수 이름을 이용한 상업적 신학, 십자가 없는 세상 영광을 추구하는 종교성이 가득했기 때문이다. 사실 루터 사상에서 주목할 점은 바로 이 부분이다. 인간은 본성적으로 세상으로 회귀할 경향성을 가지고 있고 또한 기복을 위해 종교를 갖는 본능을 가지고 있기 때문이다. 그러나 예수 그리스도의 신앙은 이런 차원을 뛰어 넘는 것이다. 오히려 그것은 십자가를 향한 그리스도의 삶을 따라가는 것이다.

　루터의 사상은 "오직"을 뜻하는 5개의 라틴어 '솔라(sola)'로 설명할 수 있다. 인간은 자신의 공로가 아니라 '오직 은혜(sola gratia)'로 의로워지며 십자가에 대한 '오직 믿음(sola fide)'으로 구원에 이른다. 또한 교황이 아니라 '오직 그리스도(sola Christo)'가 교회의 중심이며 공의회의 전통이 아니라 '오직 성경(sola Scriptura)'만이 최고 규범이다. 루터의 이 주장은 교황이 필요 없는 새로운 기독교의 출현으로 이어졌다. 더 나아가 루터는 진정한 의미의 '오직 행함(sola opera)'을 강조하였다. 면죄부 구입이나 유물 수집 같은 "중세의 선행"들을 거부하고 '이웃 사랑'만이 참 선행(bona opera)이라고 주창하였다.

　루터는 친구 요나스에게 보낸 1529년 편지에서 "cl."에서 이 "칭의" 교리를 발견했다고 적었다. 대체 이 "cl."이 어떤 곳이기에 이 위대한 발견이 나왔는가에 대한 여러 해석들이 나왔는데 이는 다음과 같다.

　1) cl.이 아닌 "오직"을 뜻하는 'sl.(solus)'의 약어라는 해석.
　2) cl은 "capitel(chapter) 1"의 준말로서 신약의 로마서 1장을 의미한다는 것.
　3) cl.은 "cellar", 즉 수도사 방을 말한다는 것.

4) cl.이 cloister(수도원)라는 것.

5) cl.은 'cloaca(화장실)'의 약어라는 주장.

만약 5번의 해석이 옳다면 루터는 비텐베르크 성탑의 화장실에서 이를 발견한 것이 된다. 그러나 루터의 그 편지에 'cl.'을 지시하는 독일어 대명사가 중성(das)이므로 중성 명사인 수도원(C(K)loster)의 약어라는 것이 정설이다. 어쨌든 루터는 변비로 한 시간 이상을 화장실에 늘 있었기에 수도원이나 탑의 화장실일 가능성도 있다.

불붙은 면죄부 논쟁

루터가 진정 우려한 것은 아무런 희생도 봉사도 헌신도 없이 면죄부 구입 같은 행위로 구원을 받는다고 믿는 '가짜 기독교'의 등장이었다. 1517년 10월 31일 "95개조 반박문"을 붙인 루터는 이 문서에서 다음과 같이 주장하였다.

"제32조: 사면장으로 구원을 판매한 이들은 그 가르친 이들과 함께 저주를 받을 것이다."

"제86조: 교황은 오늘날 어떤 대부호보다도 더 부유하다. 그런데 성 베드로 대성당을 지을 때 왜 자신의 돈을 쓰지 않고 가난한 신자들의 돈을 쓰려하는가?"

"제95조: [면죄부라는] 거짓된 확신이 아니라 많은 고난을 통해서 천국에 가는 것이다."

(Henry Bettenson, *Documents of the Christian Church*, 1963, 191.)

'95개조 반박문 게시' 사건은 종교개혁의 시작이었고 새 시대 개막의 상징이었다. 이로써 역사는 중세가 아닌 근대로 건너오게 되었다. 루터의 글은 금속 활자로 인쇄되어 수많은 사람들에게도 전파되었다. 누군가가 95개조 반박문을 면죄부 판매 책임자였던 마인츠의 대주교 알브레히트에게 보냈다. 당황한 대주교는 95개조 문서를 즉시 교황에 보고했고 이제 사태는 심각해졌다. 면죄부 판매로 성 베드로 대성당의 건설 비용을 충당한 교황 레오 10세는 일개 수도사의 도전에 분노하였다. 1518년 교황은 루터를 누르고자 독일 비텐베르크 영주 프레데릭 현제(Frederick the Wise)에게 압력을 넣었으나 프레더릭은 루터 편을 들었다.

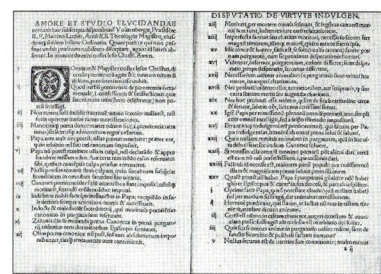

루터의 95개조 반박문

이듬해인 1519년 7월 교황청은 이름난 학자 엑크(Johann Eck)를 보내 라이프치히에서 루터와 공개 토론회를 갖게 했으나 그 자리에서 루터는 아예 교황까지 공격하였다.

"교회의 머리는 교황이 아니라 그리스도이며 교황은 오류를 저지르는 인간에 불과하다."

토론 상대로 나온 달변가 엑크는 루터의 사상이 100년 전 화형당한 얀 후스(Jan Hus)와 같다며 루터를 이단으로 몰아갔다. 후스의 사상을 파악하고자 루터는 잠깐의 휴회를 요청하였고 다시 토론장으로 돌아와 이렇게 외쳤다.

"맞다. 나는 후스파이다!"〔Ich bin ein Hussite!〕

루터의 저술들

1520년 엑크와의 토론회 직후 루터는 가장 대표적인 저술 네 권을 내었다. 그는 평생 약 200권의 저술을 남겼는데 이는 사제와 개혁자로서의 임무를 고려할 때 엄청난 분량이었다. 네 권의 위대한 논문(treatises) 중 첫째인 『독일 귀족에게 고함(Appeal to the German Nobility)』은 이탈리아 교황들과 종교 귀족들의 전횡을 고발하였다. 이 논문은 독일 국민들의 민족적 정체성을 고양시키는데 기여하였다. 루터는 종교개혁을 위해 민족주의를 자극하며 이렇게 물었다.

"왜 독일인들이 이탈리아인들의 지배를 받아야 하는가?"

『교회의 바벨론 포로(Babylonian Captivity of the Church)』라는 두 번째 저술에서 루터는 교회가 교황의 포로가 되었다고 탄식하였다. 교황이 각종 그릇된 전례와 의식으로 가짜 기독교를 만들어 신자들을 노예처럼 묶어두었다고 비판하였다. 또한 루터는 세례와 성만찬을 제외하고 다른 성례들은 거부하였다. 또 "모든 사람이 다 성직자"라는 '만인사제직' 사상도 펼치며 사제와 신도 간에 아무런 영적 차등이 없음을 주장하였다.

세 번째 논문 『그리스도인의 자유에 관하여(On the Freedom of A Christian)』에서 루터는 전반부에는 신자의 전적인 영적 자유를 외쳤고 후반부에는 신자의 외적 의무인 사랑을 강조했다. 이 논문은 많은 사람들이 후반부를 읽지 않거나 또는 제목을 '자유에 관하여(de liberate)'가 아닌 '자유'로만 읽어 루터 사상을 크게 오해하였다. 루터는 결코 이 책에서 기독교인의 전적 자유를 주장하지 않았으며 오히려 이웃에 대한 종으로 매인 삶을 강조하였다. 네 번째 논문 『수도원 서약에 대한 심판(Judgement on Monastic Vows, 1521)』은 수도적 독신을 비판하고 결혼과 가정의 가치를 주장하였다.

수도사 루터와 황제 카를 5세의 역사적 대면

1520년 6월 멧돼지 사냥을 즐기며 놀던 교황 레오 10세는 루터에게 최후 통첩의 서신을 보냈다. 60일 이내에 이단성을 인정하고 그동안의 주장들을 철회하지 않으면 파문당할 것이라고 경고했다. 루터는 아예 교황의 교서를 불태우며 철회를 거부하였고 이에 교황은 다음과 같이 시작하는 파문장을 공포하였다.

"주여 일어나소서(Exsurge Domine)! 멧돼지가 거룩한 포도원을 파괴하고 있나이다."

(Hans Hillerbrand, *The Reformation in its own Words*, 1964, 80.)

교황의 눈에는 루터가 멧돼지로 보였지만 루터의 눈에는 교황이 교회라는 포도원을 허는 여우처럼 보였다. 교황은 신성 로마 제국의 카를 5세(찰스 V) 황제에게 루터 재판을 요청하였다. 당시 21살의 카를 5세는 스페인의 유명한 이사벨라 여왕의 외손자였다. 이사벨라는 딸 후안나(Joanna the Mad)에게 자신의 왕국을

신성 로마 제국 황제 카를 5세
- by Rubens

물려주었고 이는 다시 후안나의 아들 카를 5세에게 건네졌다. 스페인 국왕이었던 카를 5세는 할아버지 막시밀리안 신성 로마 황제로부터 독일과 유럽의 여러 영지도 물려받았다. 1519년 카를 5세는 독일의 왕으로 아헨에서 즉위했고 이듬해 신성 로마 제국 황제로도 임명되었다. 그는 독일과 스페인뿐 아니라 오스트리아, 네덜란드, 나폴리, 시실리, 사르디나, 북이탈리아, 크로아티아 등을 모두 지배하는 유럽의 최고 군주였다.

카를 5세는 루터 문제로 자신의 제국에 분란이 발생하는 것을 원치 않았으므로 제국 회의를 열어 상황을 종결하려 했다. 루터는 카를 5세로부터 안전을 보장받고 1521년 4월 16일 보름스(Worms)에서 열린 회의에 참석하였다. 이틀 후 카를 5세와 루터는 처음으로 만났다. 이는 세계 역사상 가장 극적인 만남들 중 하나로서 중세를 상징하는 인물과 근대를 상징하는 인물의 대면이었다. 또 가톨릭의 수호자와 개신교 개혁자의 충돌이었고 강력한 군주와 가난한 수사의 만남이었다. 카를 5세는 루터의 해명을 듣기조차 거부했고 단지 딱 한 가지 질문만 던졌다.

"문서에 나온 그대의 주장들을 철회하는가?"

루터는 답변을 위해 하루의 시간을 요청하였고 이튿날 다시 황제와 수백의 청중들 앞에서 결연한 의지로 이렇게 외쳤다.

"폐하! 제 대답은 이것입니다. 저는 수없이 오류를 범한 교황과 공의회

를 신봉하지 않습니다. 제 양심과 성경에서 직접 가르쳐주지 않는 한 저는 철회할 수도 없고 철회하지도 않겠습니다. 오! 하나님, 저를 도우소서! 제가 여기 섰나이다."

카를 5세 황제는 예상치 못한 이 대답에 심히 불쾌해 했다. 다음날 황제는 청중들에게 이렇게 선포했다.

"나는 가톨릭 신앙과 전통을 수호하기로 결심했다. 단 한 명의 수도사가 온 기독교 세계에 반대되는 거짓 주장을 펴고 있다. 나는 분명히 [가톨릭을 수호하는] 이 일에 나의 제국, 권력, 친구, 심지어 내 몸과 피, 목숨, 영혼까지 모두 걸 것이다. 나는 더 이상 루터의 거짓 주장을 간과하지 않을 것이다."

(Oscar Thulin, *A Life of Luther*, 65-67.)

일주일 후 황제는 루터 문제에 대해 보름스 칙령(Edict of Worms)을 내렸는데, 이는 루터가 이단이므로 처벌되어야 하며 루터의 동조자들도 사형선고와 재산 몰수로 벌하겠다는 내용이었다. 루터의 귀환을 이미 약속했기에 회의장에서 즉각 구속하지 않았지만 루터는 돌아가는 길부터 목숨이 경각에 달리게 되었다.

비텐베르크로 돌아가는 도중에 루터는 갑자기 일군의 병사들에게 납치되었다. 이들은 루터를 지지한 영주 프레더릭 현제가 보낸 병사들이었다. 루터는 발트부르크(Wartburg) 성에 안전하게 연금되어 1521년 한 해를 보냈는데 개혁의 급선무인 성경 확산을 위해 3개월 만에 독일어 신약 성경을 번역하였다. 이는 그해 9월에 출판되어 "9월 성경(September Bible)"이라고도 불렸다. 루터는 자신이 비록 사라진다할지라도 목동도 상인도 자유롭게 성경을 읽는 세상만을 기대했다. 어려운 라틴어로 쓰여 친

보름스 제국 회의에서 황제 찰스 5세와 대면한 루터 by Anton von Werner(1876)

년 동안 일반인들이 접근할 수 없었던 성경은 이제 대중 언어로 번역되어 보급되기 시작했다. 교황의 말을 듣는 기독교가 아닌 성경의 말을 듣는 기독교가 출현하게 되었다. 한편 루터의 성경은 독일어의 발전과 문자 교육에 큰 공헌을 하게 되었다. 라틴어의 천년 위상은 바로 이때부터 기울기 시작했고 각국은 자국의 언어를 더 중시하게 되었다. 발트부르크 성은 안전한 곳이었지만 루터는 이렇게 고백하였다.

"내 주는 강한 성이시다."

[Eine feste burg ist unser Gott; Our God is mighty fortress.]

루터가 95개조 반박문을 게시한 비텐베르크 성채 교회, 탑 둘레에 '내 주는 강한 성이시다(Eine feste burg ist unser Gott)'가 씌여 있다

3. 종교 개혁기의 전쟁과 평화

"비극"과 "희극": 농민 전쟁과 루터 결혼

1521년 루터가 부재했던 비텐베르크는 안드레아스 칼쉬타트(Andreas Karlstadt, d. 1541)가 지도자가 되어 급진적인 개혁을 주도하였다. 성상과 성화를 부수었고 십자가에서 예수상도 떼어냈고 사제 결혼을 의무화하고 평신도와의 구분도 없앴다. 급작스런 변화는 혼란으로 이어졌고 루터가 다시 비텐베르크로 돌아와 개혁을 맡게 되었다. 칼슈타트는 루터와 결별하고 떠났다. 급진파 칼슈타트와 유사한 그룹은 훗날 영국에서 다시 확산되는데, 이들이 바로 중세의 잔재를 청소하자는 "청소교도", 즉 줄여서 '청교도(puritan)'이다.

1524년 영주의 억압에 고통 받아오던 독일 농민 약 200,000명이 난을 일으켜 영주의 군대와 전쟁을 벌였다. 농민들의 봉기에는 루터의 사상도 일정 동기로 작용했다. 특히 루터가 그리스도인의 '자유'를 외쳤을 때 농민들은 이를 경제적이고 사회적인 자유라고 간주하였다. 농민들은 자신들의 처절한 요구 사항을 담은 "12개 조항(Twelve Articles)"을 발표하였다.

"첫째, 우리는 성직자를 선출할 수 있는 권한을 원하고, 둘째, 우리의 십일조[종교세]는 가난한 이들과 사제들을 위해 합당하게 사용되어야 한다. 십일조 외에 다른 헌금은 강제로 걷지 말아야 한다. 셋째, 성경이 인간의 자유를 선포하므로 우리를 농노제에서 풀어 주어야 한다. 넷째, 가난한 농민들이 수수료 없이 들과 강에서 자유롭게 사냥하고 낚시하게 하라. 다섯째, 모든 숲들은 공동체의 소유가 되어야 한다. 땔감조차 두 배의 가격으로 사야 하는 폐단을 고쳐야 한다. 만약 우리들의 요구 사항 중 단 하나라도 하나님의 말씀에 어긋나는 것이 있다면 그것을 철회할 것이다."

(Lindberg, *The European Reformation Sourcebook*, 2000, 91-92.)

이외에도 농민들은 부역의 축소, 영주의 학대 금지, 토지세의 감소, 불합리한 법규 폐지, 초지의 공유, 빈민 유족에 대한 상속세 폐지 등을 요구하였다. 당시로서는 참으로 혁명적인 주장들이었다. 그러나 농민 전쟁은 최후의 심판이 임박했다는 종말론과 결합되어 혼란스런 방향으로 흘러갔다. 종말론자 사제인 토마스 뮌처(Thomas Müntzer, d.1525)는 농민들에게 영주들을 학살하라고 선동하며 농민군이 듣고 싶어 하는 설교를 해주었다.

"만약 여러분 중에 단 세 명의 의인만 있다면 영주들의 수십만 군대를 두려워할 필요가 없습니다. 전진! 전진! 전진합시다! 때가 왔습니다. 악인들이 무서운 개처럼 짖고 있지만 불의한 귀족들에게 자비를 베풀 필요가 없습니다. 여러분의 칼이 식지 않게 하십시오!"(Matheson, *The Collected Works of Thomas Müntzer*, 1988, 140.)

루터는 처음에는 농민 운동을 심정적으로 지지했으나 점차 이 봉기가 무도한 폭력적 민란으로 변질되자 지지를 철회하였다. 루터는 학정을 일삼는 영주들을 꾸짖는 문서와 폭력적인 농민들을 질타하는 문서 두 개를 거의 동시에 저술했다. 그러나 더 많이 배포된 것은 농민들을 비판하는 문서였다. 1525년 농민 전쟁은 귀족들의 군대에 의해 10만여 명이 학살당하는 처참한 비극으로 끝이 났다. 결과적으로 루터는 농민을 배반하였다는 비판을 받게 되었다. 루터는 순진하게도 어떤 종류의 폭력이든지 극단적으로 혐오하였는데, 사실 이점이 농민 전쟁을 반대한 가장 큰 이유였다. 한편 19세기 일부 사회학자들은 독일 농민 전쟁을 민중 계층의 사회주의 투쟁으로 간주하였다. 그러나 중세 말의 농민 전쟁은 정권을 쟁취하거나 국가를 세우려는 정치적 운동이 아니었다. 농민의 관심은 자신들의 본래적 권리 쟁취였고 또 종말론적 환상을 가진 운동이었다.

농민 전쟁의 와중에 유럽 최고의 지성 에라스무스와 유럽 최고의 개혁자 루터는 서로 글로 전쟁을 벌였다. 에라스무스가 먼저 루터의 사상을 비판하는『자유의지론(Freedom of the Will)』을 펴내어 구원에 있어 인간의 참여가 가능하다고 주장했다. 루터는『노예의지론(Bondage of the Will)』을 써서 에라스무스를 격렬히 비판하며 구원에는 인간의 역할이 없으며 전적으로 신적 주권만이 있다고 주장하였다. 이 두 거인은 전에도 친하지 않았지만 이 논쟁으로 더 소원해졌다.

한편 루터는 개종을 거부하는 유대인을 "제거"하라고 권했는데, 이는 추방을 의미하였다. 기독교로 통일된 유럽에서 유대인들은 일관되게 예수는 마리아와 로마 군인 사이에서 태어난 "사생아"라고 가르쳤다. 기독교를 공격하는 유대인들의 전단지가 독일 마을에도 뿌려졌다. 유대인들의 기독교 폄하는 유럽의 전통적인 반유대적 감정에 불을 지핀 행위였다. 그러나 분명한 것은 유대 '인종'을 혐오한 타국과 유대인들의 '사상'을 거부한 루터는 분명 달랐다. 또한 스페인의 100,000명의 유대인 학살이나 축출에 비교할 때 루터 지역의 유대인 추방은 지극히 작은 규모였고 또 개종한 유대인들은 형제로서 간주되었다.

1525년 42살의 노총각 루터는 자신보다 무려 16살이나 어린 26세의 도망친 수녀 카타리나 폰 보라(Catharina von Bora, 1499-1552)와 결혼하였다. 루터 결혼에 대한 교황의 저주에도 불구하고 이들은 6명의 자녀를 낳으며 21년의 행복한 가정을 이루었다. 루터의 가정관은 유럽 사회에 영향을 끼쳤다. 교황주의자들은 농민 전쟁의 "비극" 끝에 수도사와 수녀의 결혼이라는 "희극"이 나왔다며 조롱했지만 개신교 사제들은 루터처럼 결혼을 선택하기 시작하였다. 루터는 유럽 각지에서 몰려온 제자들을 교육시켜 개신교를 확산시켰고 목회, 강의, 저술, 순회로 생의 후반부를 보냈다.

루터는 가정이 신성한 사역의 현장이라고 믿었다. 부모가 자녀를 양육하는 일은 교회가 성베드로 대성당을 짓는 일보다 더 중요하다고 가르쳤다. 가정은 인간을 치료하는 병원이고 훈련받는 수도원이고 배우는 학교이고 기도하는 교회이고 사랑을 나누는 천국이라고 규정했다. 중세는 특별한 영적 영웅들을 성자로 추앙하였다. 그러나 루터는 진정한 성자들은 자녀들을 위해 굶었던 평범한 아버지와 어머니라고 믿었다. 그는 다음과 같이 규정했다.

"우리의 부모들이 성자들이다."〔Nam videmus patres and matres sanctus.〕

(*Luthers Werke* 2: 166.)

오토만 이슬람과 신성 로마의 '비엔나 전투'

신성 로마 황제 카를 5세는 철저한 가톨릭교도로서 개신교도들을 이단으로 간주하고 오랜 기간 강력히 핍박하였다. 1526년 황제가 루터파 진멸을 시도할 때에 오토만 제국은 헝가리를 공격하여 부다페스트(Budapest)를 점령하였다. 이 상황은 오토만 제국의 술탄인 술레이만과 세계

많은 적들을 두었던 황제 카를 5세 - 왼쪽부터 술탄 술레이만-교황 클레멘트 7세-프랑스 왕 프랑소아 - 클레브의 공작 - 색소니의 공작- 헤세의 백작

패권을 다투는 황제 카를 5세에게는 심각한 압박이 되었다. 설상가상으로 카를 5세는 프랑스 왕실과도 또 로마 교황과도 군사적 충돌을 빚는 등 도처에 적들이 많았다. 이 많은 적들을 한꺼번에 상대해야 했기에 황제는 애초 계획했던 개신교회(루터파) 박해를 진행할 수 없었다.

오토만 제국이 침공한 1526년 독일의 루터파 영주들은 개신교의 권리를 의논할 제국 회의를 요청하였다. 황제 카를 5세는 자신을 대리하여 동생 페르디난트 공작에게 슈파이어에서 회의(Speyer Diet)를 열게 했다. 그 결과 일단 루터파에 관용을 허락하고 추후 독일 전체 회의에서 더 논의하

기로 합의하였다. 황제 카를 5세는 궁지에 몰린 외부 상황 때문에 어쩔 수 없이 개신교회에 호의적인 회의 결과를 묵인하였다. 이단 혐의가 정지된 개신교회는 더 넓게 확산되었다.

1528년 카를 5세는 오토만 제국에 승리하여 부다페스트의 반쪽 부다(Buda)를 탈환하였고 로마를 침공하여 적대자 교황 클레멘트 7세도 완전히 제압하였다. 이 상황을 보고 그동안 황제와 교황 두 군주들에게 고통 받았던 마르틴 루터는 흥미로운 듯 이렇게 말했다.

"전에는 황제가 교황 편이 되어 나를 핍박하더니 이번에는 황제가 교황을 핍박하여 나를 돕는 상황이다. 그리스도는 참으로 기이하게 일하신다."(Luther's Works 49: 169)

1529년 3월 황제 카를 5세는 상황이 호전되자 동생 페르디난트를 시켜 제2차 슈파이어 제국 회의를 열게 하고 루터파를 불법으로 선고하였다. 분노한 개신교 영주들은 즉각 '항의문(Protestatio)'을 황제 대리인 페르디난트 공작에게 제출하였다. 그 내용은 다음과 같다.

"보름스 칙령을 정지시켜 관용을 허락한 이전 합의를 존중해야 하며 신앙이란 양심과 자유의 문제이므로 억압하지 말아야 한다."

(Carter Lindberg, *The European Reformation Sourcebook*, 2000, 150)

바로 이 항의문 제목 "프로테스타티오"에서 개신교회를 뜻하는 '프로테스탄트(Protestant)'가 유래되었다. 황제 카를 5세는 독일 개신교 영주들을 처단하려 했으나 1529년 10월 오토만 제국의 술탄 술레이만의 군대가 헝가리를 장악하고 아예 비엔나까지 쳐들어 왔기에 또 개신교 핍박을 미루어야 했다.

이해 10월 10일 신성 로마 제국과 오토만 제국 간의 역사적인 비엔나 전투가 시작되었다. 전력은 오스트리아군이 20,000여 명으로 오토만 군대의 120,000여 명에 비해 턱없이 열세였다. 비엔나의 거대한 고딕식 성 스테판 대성당은 오스트리아 군대의 숙영지로 변하였다. 오토만 군대는 비엔나 성을 포위하고 총 공격을 가했는데 10월 날씨에 맞지 않게 갑자기

심한 눈비가 쏟아지자 가을 전투만 준비한 오토만 군대는 큰 피해를 입었다. 술탄의 군대는 비엔나 공략을 포기하고 후퇴하였다.

1530년 오토만 군대의 위협에서 벗어난 황제 카를 5세는 참으로 끈질기게 또 루터파를 핍박하고자 아우구스부르크에서

1555년 한시적이었던 아우구스부르크 평화 협약

제국 회의를 다시 개최하였다. 이때 루터의 동료 필립 멜랑흐톤이 개신교 대표자로 참석하였다. 멜랑흐톤은 신학, 철학, 헬라어의 대가였고 독일어 문법의 기초를 수립하여 "독일의 교사(teacher of Germany)"라는 별명을 지닌 에라스무스에 비견될 이름난 학자였다. 멜랑흐톤은 신학원론(Loci Communes)』이라는 뛰어난 조직신학 저술도 내었다. 그는 카를 5세에게 개신교회 교리를 진술한 '아우구스부르크 신앙 고백(Augsburg Confession)'을 제출하였다. 그러나 카를 5세는 이를 무시하고 개신교회를 이단으로 선언하고 가톨릭 복귀를 명령했다. 그런데 이 제국 회의가 끝나자 오토만 제국은 또 다시 유럽 침공을 계획하였고 황제는 이에 대처하고자 10년간 독일 땅을 떠나 있었다. 때문에 개신교는 황제의 끊임없는 위협에도 불구하고 생존할 수 있었다.

1538년 그리스 북서 해안 프레베자(Preveza)에서 교황의 이탈리아, 카를 5세의 스페인, 제노아, 베니스 공국은 신성 동맹(Holy League)을 맺고 오토만 제국과 해전을 벌였다. 그러나 신성 동맹은 패배하였고 1541년 심지어 프랑스마저 오토만 제국과 연대하고 카를 5세를 위협했다. 수세에 몰린 카를 5세는 오토만 제국과 화친을 맺을 수밖에 없었다. 조약 문서에는 술레이만의 "오토만 제국 술탄" 칭호가 그대로 쓰였으나 카를 5세는 "신성 로마 제국 황제"가 아닌 "스페인의 왕"으로만 적혀 있었다. 격하된

카를 5세는 사면초가 입장 때문에 서명할 수밖에 없는 굴욕을 겪었다.

결론적으로 신성 로마 제국과 오토만 제국과의 지속적 대치 국면은 개신교의 확산에 유리한 환경을 제공하였다. 카를 황제는 독일 북부 전역과 심지어 북구의 국가들에까지 개신교가 확산되는 것을 한동안 지켜볼 수밖에 없었다. 이슬람의 두 번에 걸친 유럽 공격이 생존의 위기에 놓였던 개신교도들에게 참극을 피하는 계기가 되었다는 사실은 참으로 역설적이다.

황제와 루터의 대결과 타협

1531년 카를 5세에 함께 맞서기 위해 개신교 영주들은 쉬말칼트에서 군사 동맹(League of Schmalkalden)을 맺었다. 1546년 오토만 제국의 침공이 잦아들자 황제는 끝내 개신교 영지들을 공격하여 수년 동안 국지전이 벌어졌다. 1547년 카를 5세는 수차의 승리를 거두었고 비텐베르크까지 진격하였다. 그는 이미 1년 전에 사망한 마르틴 루터의 무덤 위에 서서 자신의 승리를 선포하였다. 신하들은 카를 5세에게 루터의 무덤을 파헤쳐 유골을 불태울 것을 권했으나 황제는 고개를 저으며 이렇게 말했다.

"나는 죽은 자와 전쟁하러 온 것이 아니다."

그러나 개신교의 끈질긴 저항 때문에 또 많은 전쟁으로 심신이 지친 카를 5세는 마침내 개신교에 대한 관용을 베풀기로 결심하였다. 1555년 9월 거동조차 불편해진 황제 카를 5세를 대신해 또 동생 페르디난트가 중재에 나섰고 가톨릭과 개신교 양측의 영주들은 아우크스부르크에서 협약(Peace of Augsburg)을 맺었다. 비로소 개신교는 승인이 되었고 그 합의문은 다음 한 문장으로 요약된다.

"영주의 종교가 그 지역의 종교이다."(cuius regio, eius religio)

즉 영주가 가톨릭이면 그곳 백성들은 가톨릭만 믿어야 하고 만약 영주가 개신교도이면 그 백성들도 개신교도가 된다는 '신앙 속주주의(屬主主義)' 원칙을 천명한 것이었다. 이 합의는 개신교 지역은 용인하되 확산은 금지시킨 의도를 담았다. 3년 후 찰스 5세는 광범위한 개신교 성장을 지켜보며 말라리아로 세상을 떠났다. 아우크스부르크 협약에도 불구하고 개신교와 가톨릭의 항구적 평화는 이루어지지 않았다. 반세기 후 종교적 대립의 비극인 30년 전쟁이 일어났기 때문이다.

"헛짓"에서 "필수"로: 교육과 복지에 대한 루터의 공헌

중세 다수의 평민들은 글을 배우는 것을 "헛짓"이라고 생각했고 교육은 특권층의 전유물처럼 내려왔다. 그러나 이러한 관념에 처음으로 도전한 이가 바로 마르틴 루터였다. 그는 교육의 중요성을 주창하여 루터파 교회가 세워지는 곳마다 일반 학교와 도서관을 세우게 하였다. 중세 시대 도서관은 귀족들의 사가나 수도원에 주로 있었으나 종교개혁 이후 농민들의 마을에도 들어서게 되었다. 이점에서 루터는 사실상 근대 일반 교육을 확산시킨 최초의 인물이었다. 국가의 역할에 대해 중세 말에 아래와 같은 그의 주장은 참으로 놀라운 것이었다.

"세속 왕국이 정상적으로 유지되기 위해서는 교육이 절대적이다. 정치가들은 학교를 만들고 부모들이 자녀를 학교에 보내도록 강제력을 행사해야 한다."

(*Luther's Works* 46: 256).

루터는 예배와 생활이 구분되는 신앙을 배격하였다. 삶이 예배이고 예배가 삶이다. 특히 세상에서의 섬김은 "예배 이후의 예배(liturgy after liturgy)"이다. 또 자선도 타인이 불쌍해서 돕는 행위가 아니다. 루터에 의하면 이웃 사랑 자체가 또 하나의 예배라는 것이다. 그는 자신이 사역하던 비텐베르크 교회의 운영을 위해 17개 항의 규율을 마련하였는데 이중 단 3개만이 예배에 관한 규정일 뿐 나머지 모두는 빈자 구제와 자선 정책에 관한 것이었다. 가난이라는 지독한 사회 문제에 대한 한 방책으로 루터는 공동 금고(Common Chest)를 제안하였다. 금고 재정으로 빈곤자의 무상급식, 소상인들의 사업 지원, 병약자의 구호, 이민자 정착 지원, 학생들의 장학금을 위해 사용하였다. 이후 종교개혁을 수용한 모든 마을들에는 이 공동 금고가 설치되었다. 루터는 고리대금업을 무척 혐오하였는데 적정한 수준을 넘어선 이율은 경제 발전을 좀먹는 도적질이라고 주장했다.

근대 독일과 북구 유럽의 복지 정책의 기본 정신은 바로 루터의 개혁에서 영향을 받았다. 이점에서 이 개혁자는 사실상 최초의 근대 사회사업가였다. 동료 요한 부겐하겐(Johann Bugenhagen, d. 1558)은 북구 유럽의 중요한 개혁자가 되었고 특히 국가적 차원의 복지 정책 수립에 기여하였다. 부겐하겐의 활동이 유산이 되어 덴마크, 노르웨이, 스웨덴, 핀란드 등은 세계적 복지 국가로서의 명성을 얻게 되었다.

1546년 2월 18일 마르틴 루터는 개신교 승인 9년 이전에 아직 황제의 군대가 핍박하는 가운데 62세를 일기로 치열한 세상을 떠났다. 고향 아이스레벤에서 눈을 감았고 30년 전 95개조 반박문을 붙였던 비텐베르크 교회당에 묻혔다. 인간은 결국 구세주로부터 공짜 은혜를 받아야 하는 파산한 존재임을 명심하였던 루터는 다음 마지막 말로 세상을 떠났다.

"우리는 거지이다. 이것은 진실이다!"

[Wir sein pettler. Hoc est verum.; We are beggars. This is true!]

(Heinrich Bornkamm, *Luther's World of Thought*, 1958, 291.)

북구 3국의 융성과 발트 3국의 고난

북구 유럽의 덴마크, 노르웨이, 스웨덴 세 나라는 1397년 칼마르 연합(Union of Kalmar) 때부터 100여 년 동안 연방제 국가처럼 합쳐져 있었다. 정확히 지적하자면 덴마크가 두 나라를 장악하고 있는 셈이었다. 그러나 1520년대에 가장 큰 역사적 변화를 경험하게 되었다. 첫째는 연방제의 분열이고, 둘째는 개신교의 수용이었다. 전자는 정치적 변화를 후자는 정신적 변화를 불러왔다.

1520년 덴마크 국왕 크리스티안 2세는 가톨릭과 결별하고 루터파를 수용하였다. 3년 후 그가 반란으로 물러나고 루터파 신도인 프리드리히 1세가 즉위하자 덴마크는 유럽에서 최초의 개신교 국가가 되었다. 루터에게 배우고 귀국한 개혁자 한스 타우젠(Hans Tausen, d. 1561)은 루터가 파송한 요한 부겐하겐과 함께 덴마크와 노르웨이의 전반적 개혁을 주도하였다.

1523년 스웨덴은 칼마르 연합에서 벗어나 독립국 수립을 시도하고 덴마크에 저항을 시작했다. 포로였다가 탈출한 바사(Vasa) 가문의 귀족 구스타프(Gustav I, 1496-1560)가 국왕이 되어 끈질긴 투쟁 끝에 마침내 자유를 쟁취해냈다. 그는 국민들과 행렬을 이루어 수도 스톡홀름에 입성하고 대성당에서 무릎을 꿇었다. 바로 이 순간이 스웨덴 독립국의 탄생이며 동시에 칼마르 연합의 해체였다. 구스타프 1세는 "스웨덴의 아버지(Father of Sweden)"로 추앙받았고 국왕으로 선출된 '6월 6일'은 스웨덴의 국경일이 되었다.

한편 로마 교황은 자존심 강한 이 스웨덴 국왕에게 옛 가톨릭 주교들을 복귀시킬 것을 명령했다. 이것은 스웨덴 내에 원수였던 덴마크 신하들을 두라는 것 같은 터무니없는 요구였다. 1531년 구스타프는 교황을 거부하고 아예 개신교의 루터 교회를 국교로 선택하였다. 스웨덴 개혁의 임무는

1397년 칼마르 연합으로 하나로 존재한 북구 국가들 - by S, solbergj

스웨덴의 독립을 위한 거병을 하고 있는 구스타프 바사 -by Johan Gustaf Sandberg가들 - by S, solbergj

루터의 제자인 올라우스 페트리(Olaus Petri) 형제가 수행하였다.

개혁적 종교로 새 국가를 구성한 덴마크와 스웨덴은 근대에 스페인과 영국에 버금가는 강국으로 성장하였다. 1814년 노르웨이도 덴마크에서 떨어져 나가자 삼국의 독립은 완성되었다. 한때 바이킹의 후예들로 약탈의 대가였던 이들이 무역의 대국이 되었던 것은 바로 문명과 신앙을 확산시킨 북구 성자들의 기여가 컸다.

동부 유럽의 에스토니아, 라트비아, 리투아니아 등 발트 3국은 중세 이후 오랫동안 러시아와 폴란드, 스웨덴 세 대국의 각축장으로서 많은 고통을 받았다. 인구가 작았던 반면 주변 세력들은 강해 발트 3국은 국가 수립도 어려웠다. 에스토니아와 라트비아는 '리보니아(Livonia)' 지역으로 불렀는데, 1558년 리보니아 전쟁에서 스웨덴은 에스토니아를 차지하고 폴란드는 라트비아와 리투아니아를 지켜냈다. 그나마 발트 3국 중에서 리투아니아가 국가로서 계속 지속될 수 있었다. 리투아니아는 1386년 이후 폴란드와 서로 정략혼으로 묶여 밀접한 관계가 되었고 그 영향으로 가톨릭이 우세한 나라가 되었다. 더 개혁적이었던 에스토니아는 스웨덴과 러시아에 차례로 지배 받았으나 수도 탈린은 동유럽 르네상스가 꽃핀 도시였다.

4. 스위스의 츠빙글리 개혁과 재세례파의 급진 사상

"소시지 사건"이 불러온 스위스의 변화

종교개혁은 중세의 획일성을 거부한 다양성(pluralism)의 운동이었다. 루터가 독일에서 변혁 운동을 시작했을 때 스위스에서는 울리히 츠빙글리(Ulrich Zwingli, 1484-1531)가 개혁자로 등장하였다. 츠빙글리는 에라스무스의 영향을 많이 받은 인문주의자로 특히 성경 원어 연구에 몰두하여 루터에게 배우지 않고도 스스로 개혁 사상을 형성하게 되었다. 젊

스위스의 개혁자 츠빙글리

은 시절 츠빙글리는 흑사병에 걸려 죽음의 위기를 맞았다가 기적적으로 회복되었는데, 이 경험을 통해 모든 인간의 운명은 하나님의 '절대 주권(absolute sovereignty)'에 좌우됨을 깨닫게 되었다. 그러므로 목숨뿐 아니라 구원도 교황의 손이 아닌 신적 섭리에서 오는 것을 믿게 되었다. 또 초월적인 신성을 가르치고 불멸의 세계를 주장했던 소크라테스나 플라톤 같은 철학자도 하늘의 신비를 깨달았기에 모두 그리스도인의 예표라고 간주했다.

1519년 츠빙글리는 스위스의 취리히 대성당의 사제로 임명되었다. 루터의 종교개혁이 95개조 반박문 게시로 시작된 반면 츠빙글리의 스위스 개혁은 "소시지 문제"가 발단이었다. 1522년 3월초 츠빙글리는 친구 프로샤우어(Froschauer)의 집에서 저녁 모임을 가졌다. 이때는 예수의 수난을 40일간 기리는 사순절 중이므로 일절 육식과 음주가 금지되었다. 제정

일치의 중세 사회에서는 종교적 규율은 사회법이나 다름없었다. 저녁 모임이 길어지자 프로샤우어는 소시지를 내왔고 츠빙글리를 제외한 모두가 이를 맛있게 먹었다. 며칠 후 이를 알게 된 시의회는 프로샤우어를 체포하고 벌금을 매겼다.

츠빙글리는 이 사태를 지켜보며 사순절 규정들뿐 아니라 더 거시적으로 중세 가톨릭의 총체적 문제들을 살펴보았다. 그 결과 그는 취리히 시의회에 종교개혁을 위한 "67개 조항"을 제출하였다. 그의 주장들은 루터와 유사하지만 더 급진적이어서 교황 권위, 사순절 금식, 화체설 성찬, 마리아 숭모, 성화 숭배, 성자 추앙, 유물 수집, 연옥 존재, 공로 구원 등의 수많은 중세 교회의 전통들을 부정했다. 취리히 의회는 츠빙글리의 주장을 받아들여 개혁 도시로 탈바꿈하는데 일조했다. 대성당 성화를 벗겨내고 성상을 없앴으며 매주 베푼 성만찬은 1년에 4번만 집례하게 되었다. 취리히(Zurich)에서 시작된 종교개혁은 이웃 주들인 베른(Bern), 바젤(Basel), 샤프하우젠(Schaffhausen), 제네바(Geneva)로 옮겨가 스위스 절반이 넘는 지역에 확산되었다.

두 거인들의 대면: 마르부르크 회담(Marburg Colloquy, 1529)

독일의 개신교 영주들은 카를 5세의 가톨릭 군대에 맞서기 위해 루터파의 독일 북부와 츠빙글리파의 스위스 사이에 군사적 연대를 모색하였다. 1529년 무력적인 연합에 소극적이었던 루터는 츠빙글리와 마르부르크(Marburg)에서 만났다. 두 사람은 힘을 모으기 전에 서로의 사상에 대해 점검하였다. 이들은 종교개혁에 관한 15개 사항을 차례로 합의하였으나 마지막 항목 성만찬의 의미에 대해서는 이견을 드러내고 큰 논쟁을 벌였다. 루터는 이렇게 말했다.

"예수께서 말씀하신 것처럼 성만찬의 빵과 포도주는 그리스도의 몸과 피를 담고 있다."

(Carter Lindberg, *The European Reformation Sourcebook*, 2000, 123.)

루터는 중세 신앙의 타락이 성서를 무시하는데서 기인했다고 믿었으므로 예수의 말씀을 그대로 수용해야 한다고 보았다. 그러나 츠빙글리는 성찬의 빵이 예수의 진짜 몸으로 변한다는 가톨릭의 화체설(transubstantiation)도, 그리고 진짜 몸이 들어 있다는 루터의 공재설(consubstantiation)도 다 미신적으로 여기며 거부하였다. 츠빙글리는 이렇게 대꾸했다.

"예수께서 '나는 포도나무이다'라고 말씀하셨어도 예수님이 들판의 포도나무가 아니고 상징이듯이 빵을 보고 '내 몸이다'고 하신 것도 상징적인 말씀일 뿐이다."

츠빙글리는 중세의 타락이 빵이 몸으로 변한다는 그런 "유치한 미신"에서 비롯되었다고 보고 빵은 단지 몸의 '표징(sign)'이라고 주장했다. 가톨릭은 십자가의 예수의 피를 받는 예식으로, 그리고 루터는 성육신한 예수의 재현으로 성찬을 이해했지만 츠빙글리에게 성찬은 충성의 결단 의식이었다. 이처럼 빵이 실제 몸이냐 아니면 상징이었는가는 당시에 중대한 이슈였고 신앙의 방향까지 결정하였다. 협력을 위해 벌인 토론 이후 두 개혁자들 관계는 오히려 악화되었다. 루터는 츠빙글리를 "위험한 영(spirit)"을 가진 급진주의자로 보았고 츠빙글리는 루터를 여전히 "중세적 인물"로 여겼다. 만약 이때 독일과 스위스의 개혁 세력들이 단합했다면 이후 유럽의 프로테스탄트 지형은 더욱 확대되었을 것이다.

다양한 인간들이 그리스도의 식탁 안에서 '하나'되는 성만찬 때문에 위대한 두 개혁자들이 '둘'로 분열했다는 사실은 참으로 아이러니하다. 그럼에도 두 거인의 토론은 성찬의 의미를 후대가 더 진보해서 볼 수 있는 토대가 되었다. 즉 성찬이 예수의 고난을 '기억(remembrance)'하는 의식이고 용서와 구속(redemption)의 표징이며 그리스도와 함께 '연합(Reunion)'하는 체험이며 또 모든 장벽을 넘는 '화해(Reconciliation)'의 만찬이며 고난의 십자가를 '결단(Resolution)'하는 서약이고 영원한 생명을 먹는(refilling) 식사이고 또 하늘 잔치의 '예행(Rehearsal)'이라는 것이다.

스위스의 분열과 통합

츠빙글리의 종교개혁은 크게 세 가지 측면에서 스위스에 영향을 끼쳤다. 첫째는 모래알 같던 13개 주들(cantons)을 자극하며 스위스 민족주의를 고양한 것이다. 특히 6곳의 개혁 주들은 외부 가톨릭의 간섭을 막아내어 스위스 독립의 중심이 되었다. 둘째는 개혁 운동으로 스위스 도시들이 유럽 문화의 중심이 된 점이다. 취리히와 제네바는 문화, 교육, 정치, 산업의 신도시가 되어 일약 유럽의 대표 도시 중 하나로 떠올랐다.

셋째는 용병제를 감소시키고 산업을 장려한데 있다. 스위스의 건장한 병사들은 이탈리아, 프랑스, 독일 등의 용병이 되어 비록 같은 고향에서 친구로 자랐어도 전장에서 적으로 만나는 일이 비일비재하였다. 츠빙글리는 군목 경험을 통해 용병 제도가 스위스 민족에 득이 아닌 큰 해가 됨을 인식하고 비판을 멈추지 않았고 목축업과 가내수공업을 장려했다. 개혁자는 이렇게 소리쳤다.

"용병제는 우리 형제들의 피를 파는 돈벌이다. 소젖 짜는 일이 훨씬 더 유익하다."

1531년 스위스는 가톨릭과 개신교로 분열되어 있었다. 1531년 상 갈렌(St. Gallen), 우리(Uri), 쉬비츠(Schwyz), 루체른(Lucerne) 등의 가톨릭 시골 주들은 오스트리아의 조종을 받고 개신교 주들을 공격하였다. 당시 스위스의 개신교 확산은 이 지역을 노린 이탈리아, 오스트리아, 독일의 철저한 견제를 받았다. 이 나라들은 스위스의 종교개혁이 독립으로 연계될 것을 충분히 예상했기 때문이다. 가톨릭 주들은 개신교를 박멸할 "이단"으로 여기고 옛 영향력 복원을 엿보았다. 이와는 달리 츠빙글리와 개혁 주들은 개신교 수호와 민족 독립을 위해 가톨릭 세력을 막아내야 한다고 믿었다. 이 전쟁은 종교적이며 정치적인 충돌이었다.

전쟁은 카펠(Kapel)에서 벌어졌고 츠빙글리도 직접 칼을 들고 참전하였다. 카펠 전투는 치열했으며 츠빙글리는 부상을 당해 들판에 쓰러졌다. 가톨릭 군병들은 그를 네 토막을 내어 죽였고 개신교도들이 가져갈 수 없도록 아예 불로 태워 재로 만들었다. 츠빙글리의 사망 소식을 전해들은 루터는 사제로서 직접 칼을 든 츠빙글리를 긍정할 수 없었다. 카펠 전투는 협상으로 종결되었고 츠빙글리가 형성시켰던 종교개혁 주들의 연대는 더 공고해져 결국은 1638년 스위스의 독립을 이끌어냈다. 스위스의 개혁과 독립을 염원했던 츠빙글리가 전장에서 남긴 마지막 말은 바로 이것이었다.

"내 육체는 죽일 수 있지만 내 영혼은 죽일 수가 없다!"
〔You may kill my body, not my soul!〕

재세례파의 등장과 기여

가장 철저한 반가톨릭 성향으로 단순한 기독교를 추구한 그룹은 바로 재세례파(Anabaptists: 재침례파)였다. 1525년 스위스 취리히의 콘라드 그레벨(Conrad Grebel, d. 1526)은 츠빙글리의 학식 있는 친구였다. 그러나 그레벨은 성경을 공부하다 더 급진적으로 사고해 유아 세례를 부정하게 되었다. 그는 츠빙글리와 결별하고 동조자들을 모아 성인 침례를 행하여 '재세례파(Anabaptists)'를 결성했다.

1527년 재세례파는 스위스의 쉴라이트하임(Schlietheim) 마을에 독립 공동체를 설립했다. 수도사 출신의 마이클 새틀러(Michael Sattler)는 재세례파 사상이 들어 있는 쉴라이트하임 신조를 작성하였다. 그 내용으로는 성인 세례, 세상과의 분리, 평화주의를 포함하였다. 그러나 교황, 마리아, 성자, 성물, 성직,

재세례파 지도자 메노 시몬스
(Menno Simons)

자신의 추격자를 오히려 구해주는 재세례파 교도 빌렘스

사제 등의 일체의 중세적 특성들은 거부하였다.

재세례파를 곤경에 빠뜨린 것은 종말론 신봉자 멜키오르 호프만(Melchior Hoffman, d. 1543)의 가입이었다. 1533년 호프만을 따르는 재세례파 일부는 독일 북부 뮌스터로 가서 세상의 종말이 임박했음을 외치고 군중들을 미혹하여 순식간에 이 도시를 장악하였다. 이들은 구약의 율법과 신약의 종말론을 믿는 도시로 변모시켰다. 세상의 멸망을 예고하면서 아이러니하게도 일부다처제도 시행하였다. 가톨릭 군대는 뮌스터를 공격해 되찾았고 이 과정에서 많은 재세례파들이 처형되어 길거리에 효시되었다. 뮌스터 사태는 평화적 재세례파의 수치스런 일탈이었다.

재세례파의 실추된 명예를 회복하고 고상하게 재건시킨 지도자는 네덜란드 가톨릭 사제 출신의 메노 시몬스(Menno Simons, d. 1561)였다. 그는 본래의 엄격한 평화주의와 소박한 신앙을 기본 교리로 재천명하였다. 그의 뛰어난 지도력으로 재세례파는 "메노파(Mennonites)"로 불리게 되었다. 메노 시몬스는 특히 유아 세례를 주제로 루터, 칼빈과 논쟁하였다. 메노는 유아가 아니라 의지적으로 믿음을 고백하는 성인만 세례를 받을 수 있다고 주장하였다. 이에 반해 루터는 세례가 그리스도와 인간이 동시에 서약을 주고받는 예식이므로 그리스도의 서약의 위대성에 근거해 유아 세례가 가능하다고 가르쳤다.

재세례파는 초기 뮌스터의 폭동을 제외하고는 늘 비폭력을 추구하였기에 유럽에서 흉포한 폭력의 피해자들이 되었다. 이들은 심각한 이단으로 간주되어 수없이 처형당했다. 침례를 또 받으라는 조롱의 의미로 주로 수장을 당했고 화형도 시켰다. 마이클 새틀러도 처형당했으며 세계 종말을 잘못 예언했던 멜키오르 호프만도 스트라스부르에서 옥사하였다.

디르크 빌렘스(Dirk Willems)라는 네덜란드의 재세례파 신자의 이야기는 이 종파의 선한 특성을 여실히 보여주었다. 1569년 빌렘스는 가톨릭교도들에 의해 체포되었으나 간신히 탈옥에 성공하였다. 그는 산으로 도망하던 중 자신을 추격하는 병사 한 명이 강 얼음이 깨져 익사할 위기에 처하자 도망가다 말고 돌아와 그 병사를 구해내었다. 이 때문에 그는 다른 추격자들에게 체포되었고 결국은 처형당했다. 많은 재세례파들은 비교적 탄압이 적었던 네덜란드에서 뿌리를 내렸고 이후 일부는 영국의 청교도 일파와 결합하여 침례교도(Baptist)가 되었다. 1693년 자코브 암만(Jacob Ammann)이라는 메노파 장로는 세상과 철저하게 격리된 공동체를 설립하였다. 이들은 암만파라는 뜻으로 '아미쉬(Amish)'라고 부르며 1700년대 미국 펜실베이니아로 이주하였다.

재세례파가 역사에 기여한 점은 실로 크다. 정교일치 시대에 그들은 최초로 정부와 교회의 완전 분리를 주장하였다. 이 사상은 근대 민주주의의 한 개념인 '종교의 자유'에도 영향을 끼쳤다. 또한 평화주의를 이처럼 굳게 전파한 이들도 드물었고 차별이 만연한 세상에서 소박한 신앙의 재세례파는 평등한 공동체를 세계 곳곳에 세웠다.

5. 제네바와 존 칼빈의 종교개혁

"방문자" 칼빈

요한 칼빈 by Hans
Holbein the Younger(1543)

츠빙글리가 사망한 후에도 스위스의 종교 개혁은 계속 진행되었다. 취리히의 개혁은 베른에 전파되었고 베른은 제네바에 개혁 사상을 전했다. 이 때문에 제네바는 가톨릭 사보이(Savoy) 가문의 지배에서 벗어나 독립 도시가 되었다. 베른 시정부는 츠빙글리의 친구인 개혁자 기욤 파렐(William Farel, 1489-1565)을 제네바에 파송하였다. 이후 파렐은 제네바의 개혁에 대해 늘 고민하였다. 그 때 한 청년이 제네바를 우연히 방문하자 파렐은 그를 설득하여 함께 일하도록 했다. 이후 그 청년은 서구 문화에 세계사적 영향을 끼친 개혁자가 되었다. 그가 바로 요한 칼빈(John Calvin, 1509-1564)이다. 그의 프랑스식 이름은 '장 칼뱅'이고 영어는 '존 캘빈'이며 라틴어로는 '요하네스 칼빈(칼빈우스)'으로 불리었다. 전 세계에는 라틴어식 이름 '칼빈'으로 알려졌다.

"발견자" 칼빈

칼빈은 역동적이었던 루터와 달리 왜소한 체격의 조용하고 신중한 인물이었다. 수줍은 성격에 건강도 약하고 문학을 좋아하는 사람이 어떻게 종교개혁의 위업을 이루었는지 의아스런 일이다. 1509년 프랑스 북부 노용(Noyon)에서 제라르 코뱅의 아들로 태어났다. 어머니는 일찍 세상을 떠났고 아버지는 아들이 신학을 공부해 사제가 되기를 원했다. 14살 때에 칼빈은 파리로 보내져 마르슈 대학과 몽테그 대학에서 거칠고 냉담한 소년들과 공부하였다. 기숙사는 쥐와 벼룩이 넘치는 불결한 곳이었다. 또 칼빈은 간단한 저녁 식사 후 매일 밤늦게까지 공부하고 전혀 운동을 즐기지 않는 생활의 연속이었으므로 건강은 크게 약화되었다.

1528년 칼빈은 신학을 준비하다 법률가로 목표를 바꾸고 오를레앙 대학과 부르제 대학에서 법학을 공부하였다. 흥미롭게도 루터는 법학에서 신학으로 진로를 바꾸었고 칼빈은 신학에서 법학으로 방향을 바꾸었다. 그러나 오를레앙 대학과 부르제 대학은 프랑스 종교개혁자들의 중심지였기 때문에 칼빈은 자연스럽게 개혁적 신학을 배울 수 있었다. 독일 출신의 최고 고전학자 볼마르(Melchior Womar) 교수와 사촌 올리베땅도 칼빈에게 영향을 주었다.

프랑스의 종교개혁은 상 제르망 데 프레 성당의 수도원장 브리소네(Briconnet)가 모(Meaux) 성당에서 최초로 교회 갱신을 주장한데서 시작되었다. 비슷한 시기에 파리의 유명한 인문주의자 르페브르(LeFevre d'Etaples, d. 1537)도 성경에 기초한 개혁적 신앙을 전파했다. 그는 훗날 칼빈을 발탁한 제네바의 기욤 파렐을 가르쳤다. 칼빈이 처음 파리에 유학 왔을 때는 프랑스 국왕 프랑수아 1세의 신교 박해가 막 시작되는 단계였다. 1523년 8월 8일 사실상 최초의 프랑스 개신교 신자 장 발리에르(Jean Valliere)는 마리아 숭배를 비판하였다가 체포되어 혀가 잘리고 화형을 당했다. 그럼에도 개혁의 확산은 계층에 불문하고 계속되었다.

늘 신중했던 칼빈에게 큰 변화가 일어난 것은 1531년 고향 노용에서 일어난 아버지의 고난과 죽음이었다. 노용의 교회 운영위는 회계사였던 칼빈의 아버지 제라르를 금전 문제로 파문하고 핍박했고 그 직후 아버지는 사망하였다. 이 사건으로 칼빈은 가톨릭에 큰 실망을 느꼈고 수년 전 오를레앙과 부르제의 수학 시절 접했던 루터의 사상을 기초로 스스로 발견한 개혁 원리들을 정립하였다. 신교로 전향한 놀라운 변화에 대해 칼빈은 이렇게 고백하였다.

"고집스런 마음이 순종하도록 만들어져 교황제의 미신으로부터 갑자기 돌이킬 수 있었다."

(John Calvin, *The Preface of Commentary on the Psalms*, 1557. in *Calvin Works*, 1998, 30.)

칼빈을 개혁자의 길로 내몬 것은 친구 니콜라스 콥(Nicholas Cop)의 '연설문 사건' 때문이었다. 콥은 파리 소르본 대학의 학장(rector) 취임을 앞두고 있었는데 칼빈은 그의 연설문에 폭력적인 가톨릭을 비판하고 복음에 근거한 개혁을 촉구하는 내용을 담았다. 1533년 11월 1일 만성절에 학장 콥은 많은 군중이 모인 자리에서 그 연설문을 다 읽었고 곧 엄청난 소동으로 이어졌다. 가톨릭의 사상의 "본산"인 파리 대학의 교수진들은 매우 분개하여 콥을 이단으로 당국에 고발하였고 가톨릭의 도시 파리도 그 연설문에 경악하였다. 즉시 관련자들의 체포령이 내려졌다. 학장에 취임했던 콥은 단 며칠 만에 그만두고 급히 바젤로 도피했고 칼빈도 변장하고 파리에서 빠져나가 역시 바젤로 갔다.

1517년 마르틴 루터의 95개조 반박문이 만성절(All Saints' Day) '전날(10월 31일)'에 게시되고 1533년 칼빈이 쓴 연설문이 만성절 '당일(11월 1일)'에 선포된 것을 주목하면 역사가 주는 유머를 읽을 수 있다. 마치 개혁이 성자 숭배로 점철된 중세를 배격하고 그리스도 중심의 새 신앙을 전하는 숙명임을 예고하는 듯했다.

1536년 칼빈은 바젤에서 대표적 명저 『기독교강요(Institutes of Christian Religion)』 초판을 출간하였다. '강요(Institutio)'란 기본적 원리나 교본을 뜻하는 용어로서 이 책은 하나님, 예수, 성령, 교회, 윤리 등에 관한 프로테스탄트 원리를 명료하게 설명하였다. 제1판은 간략한 분량이었으나 1558년 최종판은 약 6배나 더 커졌다.

"우회자" 칼빈

1518년 프랑스 동부 스트라스부르(Strasbourg)에는 시민 400여 명이 밤낮으로 춤을 추다 멈추지 못해 죽는 기이한 광란 현상이 일어났다. 이상한 식물에 중독된 것이었는지 집단 최면이었는지 원인은 밝혀지지 않았으나 스트라스부르는 큰 공포에 빠졌다. 이후로도 가톨릭과 개신교의 충돌로 또 전염병으로 도시의 혼란은 여전하였다. 1523년 루터파 개혁자 마르틴 부써(Martin Bucer)와 자코프 스트룸(Jacob Strum)

스트라스부르의 개혁자 마르틴 부써
- by Jean Boissard

은 이곳에서 종교개혁을 시작하고 새로운 신앙을 전파했다. 수년 후 스트라스부르는 안정을 찾았고 문화도 번성하여 피난민들, 유학생들, 개신교회 망명객들이 선호하는 도시가 되었다. 1536년 7월 파리 부근으로 다시 왔던 칼빈도 자유스런 그 도시에서 정착할 계획을 가졌다.

그러나 칼빈은 스트라스부르로 가는 직통길인 알사스(Alsace) 도로를 이용할 수 없었다. 그 노상에서 프랑수아 1세의 프랑스와 카를 5세의 오스트리아가 전쟁 중이었기 때문이다. 칼빈은 멀리 남하해 제네바를 통해 다시 북상하는 'U'자 형의 우회로를 선택해야 했다. 그런데 이 "우회"는 자신과 역사를 바꾸는 중대한 계기가 되었다. 칼빈이 제네바에 들르자 그의 방문이 개혁 지도자 파렐에게 알려졌고 파렐은 즉시 여관으로 달려가 칼빈을 만났다. 파렐은 마치 예언자처럼 첫눈에 칼빈의 뛰어난 능력을 발견하였다. 단지 하루 밤을 머물려고 방

칼빈을 설득하기 위해 저주까지 언급한 파렐

문한 27살의 청년에게 47세의 파렐은 제네바에서 함께 일하자고 강력히 설득하였다. 칼빈은 남은 여행을 포기하고 종교개혁에 일생을 바치기로 결심하고 제네바에서 짐을 풀었다. 무척 신중한 칼빈의 마음을 움직인 것은 파렐의 다음과 같은 읍소형 협박이었다.

"만약 이처럼 도움을 필요로 하는 중대한 시기에 그대가 이를 외면하고 자신의 안위만을 추구한다면 하늘의 저주가 있을 것이오."

(John Calvin, *The Preface of Commentary on the Psalms*, 1557, in *Calvin Works*, 1998, 32.)

"개혁자" 칼빈

1536년 8월부터 칼빈은 제네바의 설교자 및 교사로 일하며 개혁 정책을 시도했다. 그러나 스스로 원해서 남은 것도 아니었던 그에게 시의회와 시민들은 반감을 표하며 칼빈의 노력들을 좌절시켰다. 일부는 그의 집 주위에 몰려와 돌을 던지거나 총을 쏘며 위협도 하였다. 물론 젊은 칼빈의 고집스럽고 급진적인 성격에도 문제가 있었다. 수차례 모욕과 곤욕을 치렀던 칼빈은 결국 파렐과 함께 2년이 못되어 제네바에서 쫓겨났다. 이렇게 그의 1차 제네바 사역은 처참한 실패로 끝이 났고 모든 것이 원점으로 돌아온 상황에서 칼빈은 애초 목적지였던 스트라스부르를 향했다.

스트라스부르의 개혁 책임자 마르틴 부써는 종교개혁자들을 화합시키기 위해 늘 노력한 인물이었다. 관용과 사랑이 많았던 부써는 쫓겨난 칼빈을 따뜻하게 환영해주고 자신의 집에서 6개월 동안 머무르게 했다. 이 자유 도시에 거주하며 30살의 칼빈은 50살의 부써에게 많은 것을 배웠고 토마스 교회의 목회자가 되어 프랑스 난민들을 섬겼다. 독신으로 살 결심이었던 칼빈은 이곳에서 두 자녀를 둔 재세례파 출신 과부 이델테드 뷰어(Idelette de Bure, d.1549)를 만나 결혼을 하였다. 이런 측면에서 칼빈의 제네바 추방은 넓은 의미에서 인생의 많은 득을 얻는 계기가 되었다.

3년 후인 1541년 칼빈은 제네바로부터 개혁 지도자로 다시 와달라는 초청을 받았다. 그에게 제네바는 "천개의 목숨이 있다 해도 하나도 주고 싶지 않은" 싫은 도시였지만 칼빈은 곧 마음을 돌이켜 초청을 수락하며 이렇게 고백하였다.

"신속하고도 신실하게 나의 심장을 드리나이다."

(*Cor meum tibi offero Domine prompte et sincere*.)

이후 "신속과 신실(prompte et sincere)"은 칼빈주의자들의 표어가 되었다. 제네바에서 칼빈의 2차 사역은 큰 성공을 거두었다. 그는 제네바에 목사, 장로, 교사, 집사의 네 직제를 가진 교회 공동체를 세웠다. 더 이상 교황의 조직으로서의 교회가 아니라 신자들의 교제로 세워진 교회가 출발하였고 도시 제네바도 민주주의적 제도로 운영되었다. 칼빈의 '장로 교회(presbyterian Church)', 즉 더 정확한 표현으로는 "장로회 교회"는 이렇게 시작되었다.

칼빈의 가장 큰 공헌은 위기에 처한 종교개혁을 구하고 새로운 프로테스탄트 센터를 건설한 데 있다. 제1세대 종교개혁의 중심지가 독일 비텐베르크였다면 그 뒤를 잇는 2세대 개혁 본부는 바로 제네바였다. 루터가 1546년 세상을 떠나자 비텐베르크는 신성 로마 황제와 가톨릭 영주들의 공격으로 크게 위축되었기 때문이다. 제네바에서 스코틀랜드를 변화시킨 존 녹스와 테오도르 베자를 비롯한 많은 개혁 지도자들이 배출되었고 네덜란드, 영국, 헝가리, 미국으로 개혁파 신앙이 전파되었다. 1550년부터 10년 동안 제네바에는 약 60,000여 명의 피난민들이 이주해왔다. 칼빈이 처음 거주했을 때 제네바의 인구가 10,000여 명에 불과했음을 고려하면 이곳이 도피성이며 신도시였다는 사실을 명백히 알 수 있다. 더 나아가 칼빈의 사상은 400년 이상 서구인들이 성찰하였던 철학, 교육, 복지, 정치, 문학, 음악, 예술, 경제 등의 많은 영역에 영향을 끼쳤다.

"선구자" 칼빈: 교육과 사회에 대한 영향

칼빈은 제네바를 유럽 최초로 성공적인 공교육의 도시를 만들었다. 시립 초등학교와 고등학교를 설립하였고 빈민 자녀들도 성경, 인문, 실기 교육을 받았다. 칼빈이 세운 제네바 아카데미(Geneva Academy)는 유럽 명문 대학으로 급성장했다. 1559년 개교 시에 900여 명이 등록할 만큼 칼빈의 학자로서의 위상, 이 도시의 명성, 그리고 새로운 대학에 대한 기대는 컸다. 놀랍게도 제네바 대학의 학비는 무료였는데 시 재정과 기부자의 후원으로 운영되었기에 이 교육 기관은 "현대 공교육의 효시"가 되었다.

당시 유럽 정부들은 교육이 국가적 책무라는 인식이 부족한 때였다. 오로지 과세, 전쟁 준비, 상업 증진, 정권 유지에 관심을 두었으나 이와 판이하게 제네바 정부는 새로운 가치관을 가지고 있었다. 20세기 초부터 정부가 교육을 책임지기 전부터 칼빈주의자들은 세계 각지에서 약 400년 동안 수많은 학교들을 세워 지성사적 발전에 기여하였다. 칼빈의 후예들이 미국에 세운 세계적인 대학들만 예를 들어도 하버드(Harvard), 예일(Yale), 프린스턴(Princeton), 보두인(Bowdoin), 마이애미(Miami of Ohio), 윌리엄스(Williams), 앰허스트(Amherst), 델라웨어(Delaware) 등이다.

칼빈은 집사들을 뽑아 최초의 전문적 사회 복지사의 일을 맡겼다. 집사의 역할은 사회적 약자들을 위한 기금 마련과 직접 봉사였다. 제네바시는 13세 이하의 고아들을 돌보았고 과부들과 무연고 노인들에게 일을 제공하였다. 제네바 시민뿐 아니라 피난민들을 위해 "구호 기금(Bourse)"을 마련해 이들을 원조해 주었다. 지독한 자민족 이기주의가 팽배한 유럽에서 제네바의 이런 정책은 놀라운 것이었다. 대부호 클로데 살로몬(Claude Salomon)은 큰 재산을 기부해 서민 병원을 세워 무상 의료를 제공하였다. 제네바 복지 제도는 일시적인 것이 아니었고 무려 300년 이상 지속되었다. 그러므로 지속적인 차원에서 세계 최초의 사회 복지 도시는 사실상 제네바였고 이 때문에 "복지 도시(Welfare City)"라는 별명을 얻었다.

제네바는 현재도 세계에서 가장 삶의 질이 높은 도시로 평가된다. 이곳에서 포로 협정에 관한 인도주의적 제네바 조약이 체결되고 UN 기관과 적십자 본부가 있으며 세계 금융 센터가 소재하는 등 국제적 도시로 발전한 것은 종교개혁의 본부였던 과거 유산

제네바에 세워진 종교개혁자들의 입상- 왼쪽부터 윌리엄 파렐, 존 칼빈, 테오도르 베자, 존 녹스

때문이다. 작고 평범하고 혼란스러웠던 제네바가 개혁, 교육, 복지의 도시로 발전되고 현대 유럽에서 존중받는 중심지가 된 것은 분명 역사적 측면에서 칼빈의 공헌이 컸다. 칼빈의 시대에 이미 스코틀랜드의 개혁자 존 녹스(John Knox)는 이렇게 단언했다.

"제네바는 가장 완벽하고 거룩한 도시이다."

(McNeill, *The History and Character of Calvinism*, 1967, 178)

"지도자" 칼빈: 민주주의와 자본주의에 대한 유산

칼빈주의의 영향은 무엇보다 정치적 측면에서 여실히 드러난다. 우리는 흔히 민주주의가 고대 그리스에서 모두 기인한 것으로 착각한다. 물론 민주주의를 토론과 투표로 결정하는 체제로 규정할 때는 그것은 헬레니즘의 유산이다. 그러나 민주주의의 핵심 가치들이 모든 인간의 기본적 존엄성과 법에 대한 만인의 평등, 억압으로부터의 자유에 있다고 규정할 때 이것들은 헬라 철학보다는 칼빈주의 사상에서 비롯되었다.

칼빈은 세계가 신적인 질서 아래 있으며 궁극적으로는 절대적 신율을 통해 세상이 통치된다고 보았다. 중세기 군주들은 왕명을 신율로 내세웠으나 적어도 칼빈의 사상이 퍼지는 곳에서는 그런 독재적 발상은 견제되

고 저항 받았다. 영국식 민주주의도 또 미국식 민주주의도 칼빈의 후예들이 주도하였다. 청교도와 침례교도들은 미국에서 마을 회의(town meeting)를 시작하였고 이것이 풀뿌리 민주주의를 가능케 했다. 칼빈의 유산에 대한 일정한 탐구 없이는 서구 사상의 정통적 인식은 불가능할 만큼 칼빈주의는 중요한 발전 요인이었다.

칼빈의 사상은 경제적 측면에서도 서구에 큰 영향을 끼쳤다. 칼빈은 신적인 주권에 의해 구원받을 자와 멸망받을 자로 인간이 선택되어 있다는 '이중예정론(double predestination)'을 주장했다. 이 예정 사상은 구원이 인간 기원이 아니라 창조주의 절대 주권에서 나온다는 고백적인 사상이었다. 그렇다면 예정은 무엇으로 확인할 수 있는가? 그것은 사치와 방종이 아닌 청빈과 절제의 열매를 통해서다. 이러한 사상 때문에 칼빈주의가 퍼진 곳에서는 낭비와 방종이 질책되고 근면과 미덕이 칭송되었다. 분명한 것은 칼빈의 자본주의는 물질 숭상의 배금주의가 아니었다.

칼빈주의자들의 사회에서 근면으로 축적된 자본들은 새로운 재투자를 낳으며 자본주의 경제 발전을 가져왔다. 사치품이 아닌 일반 물품의 사용을 장려하여 이는 상품의 표준화와 보편화를 낳게 하였고 이것이 대량 생산으로 이어지며 산업도 활성화되었다. 이러한 자본주의 발전에 대한 칼빈주의 영향들은 독일의 사회학자 막스 베버(Max Weber)가 쓴 『개신교 윤리와 자본주의 정신(The Protestant Ethic and the Spirit of Capitalism, 1905)』에서 잘 분석되어 있다. 이 책은 경제가 순수 상업적 요소들뿐만 아니라 인간의 신앙과 태도 등 정신적 요소에 의해서도 영향 받는 것을 논증하였다. 실제로 근대 역사는 개신교가 확산된 국가들이 먼저 자본주의 발전과 국부를 이루었음을 보여 주었다.

"질그릇" 칼빈

1553년 제네바 정부는 마이클 세르베투스라는 삼위일체를 부정하는 이단자를 처형하였다. 물론 이 도시의 큰 과오였다. 알려진 바와는 다르게 칼빈은 분명 세르베투스를 살리거나 죽이는 일에 주도한 인물이 아니었고 또 절대적 권한을 행사한 시기도 아니었다. 그럼에도 적극적으로 시정부의 형 집행을 말리지 않은 실수는 있다. 세르베투스 역시 목숨과 바꾸더라도 자신의 주장을 철회하지 않을 정도로 당시 교리적 신념은 사회의 가장 중대한 요소였다. 사실 유럽인 모두가 자신의 신앙을 지키기 위해 칼을 빼든 상황에서 제네바도 이단 사상까지 자유를 줄 정도의 사회는 아니었다. 그러나 제네바는 무서운 파리나 혹독한 톨레도에 비하면 비교가 불합리할 정도로 이성적인 도시였다. 어쨌든 세르베투스의 처형 이후 350년이 지난 1903년 제네바는 과오를 반성하는 비석을 세웠다. 또한 술과 춤과 파티를 좋아하는 이들에게 별로 유흥이 없는 제네바는 따분한 도시였음은 분명하다.

한 인간의 측면으로 보자면 칼빈은 나약한 질그릇이었다. 그의 가정에는 불행도 많았다. 이델레트 드 뷰어와의 사이에 가졌던 태아들은 유산이나 사산되어 결국 자녀는 없었고 결혼 9년 만에 아내는 병사하였다. 그는 아내가 남겨둔 전남편의 두 아이와 제네바의 모든 아동들을 자신의 자녀로 여겼다. 칼빈은 엄중한 권위로 인해 "제네바의 교황"으로 비판도 받았다. 그러나 그는 교황도 아니었지만 당시 교황들과 달리 청빈하고 존경받는 지도자였다. 늘 자선과 기부에 힘썼던 칼빈은 자신의 장례식을 치를 재산도 남기지 않았다. 칼빈은 신장결석, 치질, 위장병, 관절염 등으로 일생 고생하다 1564년 세상을 떠났다. 사망 한 달전 그는 주위 사람들에게 이렇게 말했다.

"내가 했던 일들은 실상 귀한 일들이 아니었습니다. 내가 한 일은 아무 가치도 없었습니다. 나는 나의 악함에 대해 항상 괴로워했습니다."

숭배를 금하기 위해 칼빈은 자신의 무덤을 만들지 말고 표식도 절대 남기지 말라고 유언하였다. 제네바의 후임 개혁자 베자(Theodore Beza)는 칼빈을 이렇게 추모하였다.

"그보다 더 검소하고 가난하게 산 사람이 있는가? 그의 재산은 소장하고 있는 책들에 불과하였다. 그는 진실로 모방하기도 어려운 경건한 삶과 죽음의 본보기였다."

(Theodore Beza, *The Life of John Calvin*, 1998, 65.)

칼빈의 것으로 알려진 무덤 - photo by Schutz

6. 영국 왕 헨리 8세의 결혼들과 엘리자베스의 위대한 통치

헨리 8세의 아내들과 영국의 종교개혁

'장미 전쟁'을 통해 튜더(Tudor) 가문의 헨리 7세가 1485년 왕권을 잡은 후 영국은 정치적 안정을 구가하게 되었다. 그는 왕위를 이을 장자 아써(Arthur)의 신붓감으로 일찍부터 스페인 이사벨라 여왕의 딸 캐서린(Catherine of Aragon, 1485-1536)을 선택하였다. 1501년 왕세자 아써는 캐서린과 결혼하였으나 5개월 만에 병사하였다. 국왕 헨리 7세는 스페인에서 보낸 막대한 지참금과 외교 관계 때문에 캐서린을 둘째 왕자 헨리 8세(1491-1547)와 결혼시키기로 했다. 1509년 헨리 7세가 세상을 떠나자 18세의 헨리 8세는 자신을 7년이나 기다린 5살 연상의 캐서린과 결혼하고 국왕이 되었다.

헨리 8세- by Hans Holbein the Younger

독일은 '면죄부' 때문에, 스위스는 '소시지' 때문에, 프랑스는 '연설문' 때문에 종교개혁이 일어났지만 영국은 국왕의 '혼인법' 때문에 일어났다. 헨리 8세와 캐서린 부부는 24년간의 결혼 생활 동안 딸 메리(Mary) 외에는 아들이 없었다. 1527년 헨리 8세는 궁녀 앤 볼레인(Anne Boleyn: c. 1501-1536)과 사랑에 빠지자 아들을 낳는 구실로 왕비 캐서린과 이혼을 결심하고 교황 클레멘트 7세에게 혼인 무효를 요청하였다. 캐서린이 원래

헨리 8세의 비운의 첫 왕비 캐서린 - by Michel Sittow

형 아써의 아내였다는 억지스런 이유였다. 교황은 왕비 캐서린의 조카였던 신성 로마 황제 카를 5세의 압력을 고려해 헨리 8세의 요구를 거부하였다. 그러나 결별을 결심한 영국 국왕은 이미 다른 방안을 강구해두고 있었다. 캔터베리 대주교 토마스 크랜머(Thomas Cranmer)가 개최한 주교 회의를 통해 혼인 무효를 선고받은 것이다. 1533년 헨리 8세는 비정하게도 캐서린을 곧바로 연금시키고 앤 볼레인과 결혼하였다. 앤 볼레인은 대관식을 치루고 여종의 신분에서 순식간에 무려 250명 심복들이 보좌하는 왕비가 되었다.

1534년 헨리 8세는 정사에 간섭했던 로마 교황과의 완전한 단절을 결심하고 국왕 자신이 바로 영국 교회의 치리자라는 '수장령(Act of Supremacy)'을 선포하였다. 영국에서 로마 교황에게 보내는 모든 세금을 압류하고 수도원을 폐쇄하고 그 토지는 몰수하였다. 더 세부적인 개혁은 루터 사상을 선호한 대주교 토마스 크랜머에 의해 주도되어 많은 가톨릭적 요소들이 폐지되었다. 이것이 바로 영국의 종교개혁이었다. 이후 영국 교회는 '국교회(국가 교회)' 또는 '성공회(Holy Anglican Church)'로 부르게 되었고 국민들은 "교황의 신도"에서 '국교도', 즉 국가 교회의 신자들로 일컬어졌다.

이처럼 영국 교회의 개혁은 신학적 동기보다는 왕명에 의한 외적 변화에서 비롯되었다. 결과적으로 헨리 8세는 수장령 선포로 제정일치의 영국에서 교회의 수장과 국가의 수반을 겸하며 권한이 증대되었다. 그러나 가톨릭으로 회귀하려는 '복고파'와 중도의 길을 걷는 '국교회', 그리고 철저한 개혁을 주장하는 급진적 '청교도' 등 세 그룹이 등장하여 내부적으로는 한 세기 이상 치열한 대립이 진행되었다.

한편 옥스퍼드 출신의 교수 윌리엄 틴데일(1496-1536)은 루터에게 영향을 받고 1525년부터 영어 성경을 번역 출간하였다. 1536년 헨리 8세는 이전부터 자신의 이혼을 반대하고 비판해온 틴데일을 왕실의 인가 없이 성경을 번역했다는 죄목으로 체포하여 화형에 처했다. 1616년 킹 제임스 성경(King James Version)이 최초 공인 성경으로 출간되었는데, 이는 틴데일의 번역을 80% 이상 반영한 것이었다. 성서를 읽는 평민들이 넘치기를 원했던 틴데일의 꿈은 결국 80년 이후에나 이루어진 셈이었다. 그는 화형당하기 직전 아래의 말을 남겼다.

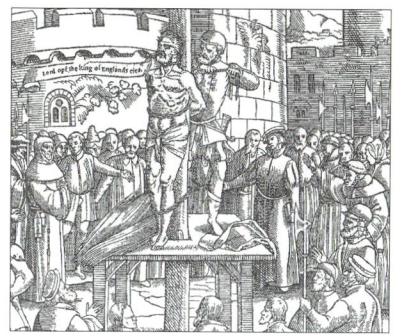
1536년 영어 성서 번역본을 만든 죄목으로 처형되는 윌리엄 틴데일

"주여! 영국 왕의 눈을 열어 주소서!"

"이혼하고, 목베이고, 병사하고": 6명의 왕비들

1533년 헨리의 두 번째 아내 앤 볼레인이 아이를 가졌다. 영국의 점성가들은 뱃속 아이가 영국의 가장 위대한 왕이 될 것이라고 예언하였다. 당연 아들을 기대를 했던 헨리는 딸이 태어나자 크게 실망하였다. 그러나 그 예고는 결과적으로 들어맞게 되었다. 왜냐하면 그 아이가 42년 동안 통치하며 세계적 제국의 기틀을 마련한 엘리자베스(Elizabeth, 1533-1603) 여왕이 되었기 때문이다. 여아를 낳았음에도 불구하고 한동안 헨리 8세와 앤 볼레인의 사이는 좋았다.

폐비된 캐서린은 3년 만인 1536년 1월 7일, 연금당한 처지에서 쓸쓸히 죽었다. 그녀의 시신을 해부했을 때 심장이 검게 변해 있었다. 캐서린의 사망 소식을 들은 헨리 8세는 영국에서는 기쁨을 상징하고 캐서린의 고국 스페인에서는 슬픔을 상징하는 노란 옷을 머리부터 발끝까지 입고

헨리 8세의 비운의 두 번째 왕비 '1000일'의 앤

밝은 표정을 지었다. 왕비 앤도 같이 웃었는데 불과 5개월 후 자신 앞에 닥칠 비극적 운명을 예감조차 못하고 있었다.

앤 볼레인이 또 임신했다가 사산했을 때 국왕의 마음은 그녀에게 멀어졌다. 당시 정치적이었던 앤 볼레인은 런던의 보수 정객들과 갈등을 빚고 있었다. 국왕은 정치꾼들의 탄원을 받아들여 그녀를 부정과 반역의 죄목으로 런던 타워에 가두었다. 처형 위기에 놓인 그녀는 옥에서 편지를 써서 이미 마음이 떠난 국왕에게 이렇게 간청했다.

"왕이시여, 저는 세상의 어떤 군주도 받지 못했을 남편에 대한 사랑을 당신에게 주었습니다. 제게 공평한 재판을 받을 기회를 주십시오. 제 대적들이 이 재판에 관여하고 있습니다. 대체 여기 갇힌 진짜 이유를 모르겠습니다. 만약 무조건 저의 죽음을 원하신다면 주님께서 당신과 제 대적들의 큰 죄를 용서해 주시기를 기원할 뿐입니다."

(James Anthony Foude, *History of England from the Fall of Wolsey to the Death of Elizabeth*, Vol. 2, 2011, 477.)

냉혈의 국왕은 이 편지를 외면했고 왕비의 처형을 명했다. 캔터베리 대주교 토마스 크랜머는 영민하고 신앙심 깊었던 왕비의 억울함을 아는 듯 처형 결정에 눈물을 흘렸으나 구명에 적극 나서지는 않았다. 왕비가 된 지 3년 만인 1536년 5월 19일 볼레인은 교수대에서 처형되어 "천일의 왕비(Queen of thousand days)"가 되었다. 교수대에 선 그녀는 끝까지 기품을 유지했고 아래의 고상한 유언을 남겼다.

"나는 지금 어떤 사람도 저주하고 원망하고 싶지 않습니다. 저는 국왕이 구원받기를 기도하며 이 세상의 어떤 왕들보다도 더 자애로운 군주가 되기를 바랄 뿐입니다. 국왕은 저에게 좋은 분이었습니다. 저는 이 세상과 여러분을 영원히 떠납니다. 오! 주여, 저에게 자비를 베푸소서. 저의 영혼을 의탁하나이다."

(James Mackintosh, *The History of England: From the Earliest Times to the Final Establishment of the Reformation*, 2009, 93.)

냉혈이고 육적인 헨리 8세는 불과 두 주후 제인 시무어(Jane Seymour)와 또 결혼하였고 이듬해 10월 드디어 고대하던 아들 에드워드 6세(Edward VI)를 얻게 되었다. 그러나 사흘에 걸친 난산의 후유증으로 세 번째 왕비 시무어는 곧 세상을 떠났다. 헨리는 이후에도 클리브스의 앤(Ann of Cleves), 캐서린 하워드(Catherine Howard), 캐서린 파르(Catherine Parr)와 세 차례 더 결혼하였다. 마지막 왕비 파르만 헨리 8세보다 더 오래 살았다. 백성들은 이 6명의 아내들의 안타까운 말로를 차례로 언급한 다음과 같은 노래로 그녀들을 기억하였다.

"이혼하고, 목베이고, 급사하고,
이혼하고, 목베이고, 생존했다.
[Divorced, Beheaded, Died,
Divorced, Beheaded, Survived.]

(Stephanie Coontz, *Marriage: A History*, 2005, 134.)

영국의 유명한 두 "토마스"

이 시기 헨리 8세의 결혼 문제와 깊이 연관된 두 명의 유명한 토마스(Thomas)들이 등장했다. 바로 대법관 토마스 모어(Thomas More, d. 1535)와 대주교 토마스 크랜머(Thomas Cranmer, d. 1556)이다. 두 사람 모두 당대 영국의 정치와 종교의 최고 자리에 있었지만 그 운명은 여러 면에서 대조되었다.

『유토피아(Utopia, 1516)』의 저자 토마스 모어는 헨리 8세의 이혼과 수장령을 강력히 반대하다 처형당했다. 그의 저서 『유토피아』는 근대 사회

헨리 8세의 수장령에 반대하다 처형당한 대법관 토마스 모어-by Hans Holbein the Younger

영국 종교개혁을 주도한 캔터베리 대주교 토마스 크랜머 by Gerlach Flicke

에 많은 사회적 통찰력을 주었다. 모어는 귀족만이 엄청난 부를 소유한 불균등한 사회를 비판하고 모두가 재산을 공유하고 남녀가 다 교육받으며 질서가 유지된 이상적인 섬 유토피아를 꿈꾸었다. 이곳에는 왕도 없고 모든 일은 토의에 의해 결정한다. 노예들은 금 사슬에 매여 지내고 국민들은 재물을 놓고 다투지도 않는다. 유토피아에는 무료 병원이 있고 일도 늘 주어진다.

모어의 유토피아 사상은 예수 제자들의 공동체적 삶과 수도원주의에서 착안된 것이었다. 이 책은 국왕의 독단을 우회적으로 비판하였고 불평등한 사회를 탄식했으며 인류가 지향할 이상 사회를 제시하였다. 실제로 그가 꿈꾼 이상향의 모습은 현대 복지 사회에서 유사하게 구현되었다.

귀족 가문 출신인 대법관 토마스 모어와는 정반대로 평민으로 태어나 대주교까지 오른 토마스 크랜머는 헨리 8세의 첫 이혼과 수장령을 승인한 인물이었다. 그는 독일에서 외교관으로 지내던 중 개신교를 수용하였고 독신을 포기하고 결혼도 하였다. 종교개혁으로 발전된 북부 유럽을 직접 목격한 크랜머는 당시 가톨릭의 수구적 본성을 반대하며 영국에 루터와 칼빈의 사상이 구현될 필요를 확신하였다. 1547년 헨리 8세가 세상을 떠나고 열 살 나이의 왕자 에드워드 6세가 왕위에 오르자 토마스 크랜머는 종교개혁의 주역이 되었다. 성자 숭배나 연옥 교리를 배격하자 영국 교회는 중세 가톨릭의 특성들을 벗게 되었다. 그는 『공동 기도서(Book of Common Prayer)』를 써서 국교회의 예배를 개선하였고 수도원들을 개조하여 보호소나 병원으로 사용하였다.

1553년 결핵에 걸린 에드워드 6세는 즉위 6년 만에 죽고 이복누이 메리(Mary Tudor)가 여왕이 되었다. 이후 세상은 완전히 뒤바뀌어 1인자였던 크랜머는 추락하여 목숨을 부지하기 어려운 상황이 되었다. 캐서린의 이혼을 승인한 전력 때문에 종국에 이 대주교는 캐서린의 딸 메리에게 처형당했다. 정리하면 토마스 모어는 아버지에게, 토마스 크랜머는 딸에게 처형당했다. 그 이유가 모어는 이혼을 반대하였고 크랜머는 이혼을 찬성하였기 때문이었다. 철저한 가톨릭교도 토마스 모어는 교황에 의해 성자로 시성되었고 확고한 개신교도 토마스 크랜머는 신교 신자들에게 추앙받았다.

"냉혈의" 메리와 수난의 엘리자베스

에드워드 6세에 이어 왕위를 계승한 메리는 열렬한 가톨릭교도였다. 그녀는 영국을 다시 옛 세상으로 완전히 되돌려 놓았다. 그녀의 친모 캐서린은 가톨릭의 종주국 스페인 출신이었고 또 캐서린이 헨리 8세에 의해 축출되는 것을 로마 교황이 반대했기에 그녀는 가톨릭적일 수밖에 없었다. 쫓겨난 어머니의 복수를 위해 여왕 메리는 교황과 단절한 수많은 개신교도들을 이단으로 규정하고 잔

스페인의 국왕 필리프 2세와 영국 여왕 메리 부부 -1558

혹하게 학살하였다. 이 때문에 그녀에게 별명 "피의 메리(Bloody Mary)"가 붙게 되었다. 가톨릭교회는 복원되었고 개신교적 정책들은 모두 취소되었다. 그녀는 개혁의 꿈도 거부한 군주여서 신교도들은 독일, 스위스, 네덜란드 등으로 피난가야 했다. 그중 일부는 칼빈에게서 더 강력한 개신교적 사상을 배워 훗날 영국에 다시 돌아와 청교도가 되었다.

메리는 스페인 국왕 필리프 2세(Philip II)와 결혼하였다. 영국민들은 이들 사이에 아들이 태어나지 않기를 바랐다. 아들이 태어나 영국과 스페인을 물려받고 동시 양국을 지배하게 되면 종국에는 영국이 스페인의 속국이 될 것으로 우려했기 때문이다. 그러나 영국 입장에서 다행히 그들 사이에 자녀가 없었다. 그녀는 이복동생 엘리자베스를 증오하였다. 때로 런던 타워에 가두고 암살 시도도 하였다. 사실 엘리자베스가 태어났을 때 메리는 모든 특권을 상실했기에 큰 상처가 있었다. '웨일즈 공주'라는 직위도, 160명의 하인도, 대저택도 모두 엘리자베스에게 내주었고 무엇보다 아버지의 사랑조차 잃었다. 오랜 동안 메리는 공주임에도 여왕이 되기 전까지 궁궐이 아닌 시골에서 살았다. 물론 엘리자베스도 남동생 에드워드 6세가 새 어머니 시무어를 통해 태어났을 때 지위와 저택을 모두 다 상실하고 메리처럼 외면당했다.

1558년 과거의 상처, 편협한 종교관, 그리고 상상 임신으로 모두를 괴롭게 했던 메리는 재위 5년 만에 암으로 세상을 떠났다. 폭압과 수구의 통치가 종언을 고했고 백성들은 환호성을 올렸다. 메리 사후 5년 뒤 성직자 존 폭스(John Foxe, d. 1857)는 『순교자들의 이야기(Book of Martyrs)』를 저술하여 로마 시대로부터 메리 여왕에 이르기까지 박해로 목숨을 잃은 이야기들을 알렸다. 임종 직전 메리는 그토록 미워했던 동생 엘리자베스를 왕위 계승자로 지목하였다.

엘리자베스의 위대한 통치

메리 사망 직후 영국 상원 의장은 엘리자베스를 여왕으로 선포했고 일군의 신하들은 런던 북쪽 30km 하트필드(Hatfield)의 저택에 있는 엘리자베스에게 이를 알리러 갔다. 이들이 도착했을 때 그녀는 정원의 오크나무에서 성경을 읽고 있었다. 다가간 그들은 모두 엘리자베스 앞에 무릎을 꿇고 "여왕 폐하"를 외쳤다. 엘리자베스는 감격에 겨워 말을 할 수 없었고 잠시 후 그녀도 잔디에 무릎을 꿇고 라틴어로 시편 한 구절을 고백하였다.

엘리자베스 여왕

"이는 야훼께서 행하신 것이요 우리 눈에 기이한 바로다〔시편 118:23〕."

(Alison Weir, *The Children of Henry VIII*, 1996, 363.)

이복누이 메리의 감시 아래 수차 생사를 넘나들었던 엘리자베스는 연금된 처지에서 순식간에 최고 군주로 신분이 바뀌었다. 그녀의 대관식은 전례대로 웨스트민스터 대성당에서 바로 행해졌다. 그녀는 금실로 짠 드레스를 입고 족제비 가죽의 망토를 두르고 황금 마차를 타고 대성당에 도착해 가장 고상한 걸음으로 중앙 제단으로 걸어갔다.

캔터베리의 대주교는 그녀의 머리에 올리브 기름으로 십자가 성호를 그렸고 국왕 반지와 황금 왕관을 씌워주었다. 런던의 거리는 새 여왕을 환호하는 인파로 가득했다. 영국 역사상 가장 위대한 군주가 탄생하는 순간이었다. 엘리자베스는 영국을 45년 동안 현명하게 통치하며 세계적 대국의 기초를 닦았다. 그녀는 메리의 가톨릭 정책들을 철회하고 다시 개신교 개혁을 수행하였다. 그녀가 택한 것은 급진적이 아닌 중도적(via media) 개혁이었다. 이 태도는 양극단을 배제하여 영국 사회와 교회를 개선하고 안정시켰다. 선왕 메리의 핍박에 피난 갔던 많은 사람들도 다시 영국으로 돌아왔다. 국가 위상은 고양되었으며 국부도 크게 늘어났다. 영국의 세계 진출도 시작되어 아시아, 아프리카, 그리고 신대륙에 식민지들을 세워나갔다. 평생 처녀(virgin)로 살았기에 이 여왕의 별칭을 딴 '버지니아(Virginia)'가 북미 신대륙에 세워졌다. 백성들은 여왕을 존경하였고 일부는 여왕 이름으로 다음 기도문을 암송하였다.

1571년, "Prayer" by John Conway

E: Encrease Knowledge — 지식을 증대시키고
L: Let virtue guide — 덕을 따르며
I: In prayer persevere — 기도로 인내하고
Z: Zealously ask. — 열심히 간구하며
A: Acknowledge sin — 죄를 인정하고
B: Beware of presumption. — 가식적이지 않으며
E: Envy no man. — 타인을 부러워말고
T: Tender the helpless. — 약자를 돌보며
H: Hope for Heaven! — 천국을 소망하게 하소서!

(Stump & Felch, *Elizabeth I and Her Age*, 2009, 167.)

엘리자베스 통치기에 문화도 크게 발전하였다. 그리스 시대에는 스포츠가 큰 인기였고 로마 시대에는 검투 경기였고 비잔틴 로마 시대에는 전차 경주였다면 16세기 영국에는 바로 연극 공연이었다. 유럽 대륙이 미술과 음악에 더 치중했다면 영국은 문학과 공연에 더 관심을 가졌다. 극장은 흔했고 입장료는 매우 저렴하여 가난한 이들도 자주 연극을 볼 수 있었다. 극작가들이 많아졌고 셰익스피어는 그 시대 작가 중 한 명이었다. 교육이 턱없이 부족했던 영국에서는 희곡을 읽고 연극을 관람하는 것이 문화 발전과 언어 교육의 중요한 기능을 수행했다. 셰익스피어의 작품들은 이 때문에 영어 성경과 더불어 영문학 발전에 큰 기여를 하였다. 그는 작품에서

중세적인 형식주의와 서사주의를 넘어 엘리자베스 시대의 인문주의와 중도주의를 표방하며 인간관계와 내면 세계에 집중하였다.

　엘리자베스가 아무런 시련도 없이 늘 평화로웠던 것은 결코 아니었다. 왕권은 수차 도전받았고 특히 가톨릭교도들은 여왕 암살을 시도하였다. 그럼에도 관용적이었던 엘리자베스의 45년 통치 기간 동안 처형된 가톨릭교도들의 수는 이전 메리 여왕의 5년 치세 때 처형된 개신교도 수보다 비교할 수 없을 만큼 적었다. 스페인의 국왕 필리프 2세는 선왕 메리의 남편이었지만 메리의 사후 엘리자베스에게 여러 번 청혼하였다. 이는 영국의 왕위를 노린 속셈이었는데 일부 신하들도 여왕에게 정치적 이점을 고려하며 결혼을 권유하였다. 그때마다 그녀는 즉위식 때 받은 반지를 손에서 빼내 높이 들며 이렇게 외쳤다.

　"나는 영국과 결혼했노라. 이 반지가 징표이다."

　엘리자베스는 가톨릭과 개신교 급진주의 사이의 중도 정책으로 비판도 받았지만 사실 그녀는 개신교 세력의 수호자나 다름없었다. 프랑스와 네덜란드에서 개신교들이 핍박받자 구명을 위해 노력하고 원조도 보냈다. 그러나 교황 피우스 5세(d. 1572)는 엘리자베스를 "개신교 이단의 괴수"로 불렀고 또 자존심 상한 스페인 국왕 필리프 2세도 그녀를 "창녀의 딸"로 놀렸다. 영국 배들은 스페인 함선들을 공격하고 물품을 탈취하여 양국 긴장이 고조되고 있었다. 결국 필리프 2세는 교황의 부추김에 힘입어 "이단의 나라" 영국을 정복하려고 함대 '아르마다(Armada)'를 보냈다. 1588년 영국과 스페인의 역사적 해전이 벌어졌지만 결과는 예상외로 스페인의 대패로 끝이 났고 이후 영국은 스페인 우위에 서게 되었다.

고심하는 여왕 엘리자베스 - 그녀의 뒤에서는 죽음의 사자가 위협하고 있고 위의 아기 천사들은 그녀의 왕관을 붙잡아주며 지지해 주고 있다

1588년 영국과 스페인의 해상전

1603년 영국은 부강해졌으나 여왕의 건강은 심히 쇠약해졌다. 그해 3월 23일 말조차 못할 정도로 기력을 잃은 엘리자베스는 주교의 질문을 받았다.

"여왕께서는 그리스도의 공로로 구원받은 것을 믿습니까?"

이 질문에 그녀는 말없이 손가락으로 하늘을 가리키고 잠시 후 숨을 거두었다. 수많은 군중들이 애도하는 가운데 그녀는 대관식 장소였던 웨스트민스터 대성당에 묻혔다. 영국 왕위는 그녀의 6촌 조카손자이고 스코틀랜드 국왕인 제임스 1세에게 계승되었다. 엘리자베스는 자신의 관이 놓일 자리가 이복언니 메리 여왕의 옆이라는 사실을 죽기 전에 알고 있었다. 세상을 떠날 때에 모든 갈등까지 같이 묻고 가길 바라는 마음으로 신하들은 엘리자베스를 메리와 나란히 묻었고 제임스 1세의 권유에 의해 그 위에는 라틴어로 다음 글귀가 쓰였다.

"왕국과 무덤을 같이 가진 엘리자베스와 메리, 우리 자매는 부활의 소망 가운데 여기 함께 잠들어 있노라."〔Regno consortes & urna, hic obdormimus Elizabetha et Maria sorores, in spe resurrectionis.〕

청교도들의 불만

엘리자베스는 성공회에 대한 국왕으로서의 지배력을 포기하지 않았다. 주교(bishop) 임명에 적극적으로 개입하였고 교구를 획정하였다. 여전히 교회 출석은 사회적 의무였고 무허가 집회나 모임을 금하였으며 종교세도 납부케 했다. 이에 영국 국교회를 더 근본적으로 개혁해야 한다는 입장의 '청교도(puritans)'들이 등장하였다. 이들은 영국 성공회의 중세적 요소와 가톨릭 유산들을 "청소(purify)"하자는 교도들이었다. "청소교도", 즉 청교도들은 성자, 성모, 직제, 복장, 축일 등에 관한 전통적 관념을 거부하였다. 크리스마스도 중세 절기로 간주하여 지키기를 거부하였다.

청교도들은 국교회의 강제적 특성을 혐오했고 신앙에 대한 정부의 간섭을 반대하며 주교가 아닌 신도들이 직접 운영하는 교회를 주장하였다. 청교도들은 직접 민주주의적인 회중주의자들(Congregationalists)과 회중의 대표들이 교회 업무를 관장하는 장로회주의자(Presbyterians)들로 구분된다. 이들은 대체로 제네바의 개혁자 칼빈의 사상에 크게 영향 받았으며 목사나 사제는 국가가 임명하는 것이 아닌 회중이 선출하는 직책이라고 믿었다. 청교도들은 또한 독립적인 교회를 세운 급진적 비국교도, 즉 분리주의자(Nonconformist)와 성공회 신조에 동의하지만 내부에서 개혁을 시도한 비분리주의자(Conformist)로 나뉘었다. 1620년 신대륙 미국에 플리머스를 세운 청교도들은 분리주의자였고 매사추세츠를 세운 청교도들은 비분리주의자들이었다.

스코틀랜드의 개혁과 메리 스튜어트의 불행

중세 후반 스코틀랜드는 독립된 국가로 존속했다. 특히 15세기는 스코틀랜드의 개화기였다. 세인트앤드루스(St. Andrews) 대학, 글래스고(Glasgow) 대학, 애버딘(Aberdeen) 대학 등이 설립되며 학문 발전도 이루어졌다. 1488년 즉위한 국왕 제임스 4세는 스코틀랜드의 전성기를 이루었다. 그는 영국 왕 헨리 7세의 딸과 결혼하였지만 친 프랑스 정책을 펴다가 1513년 영국과의 전투에서 전사하였다. 그의 아들 제임스 5세 국왕도 프랑스의 기즈 가문의 메리(Mary of Guise)를 왕비로 삼고 프랑스 우호 정책을 고수하다가 영국과 갈등하였다.

1542년 제임스 5세가 세상을 떠나자 어린 공주 메리 스튜어트(Mary Stuart)는 스코틀랜드의 여왕이 되었고 어머니 기즈 메리는 섭정

스코틀랜드 여왕 메리 스튜어트 by Francois Clouet(1559)

을 하였다. 이 시기 두 명의 메리가 동시에 등장한 스코틀랜드의 왕실은 철저한 가톨릭이었다. 그러나 이와 달리 스코틀랜드의 국민은 개혁자 존 녹스(John Knox)를 중심으로 개신교도들이었다. 존 녹스는 한때 섭정 메리의 박해로 고국을 떠나 망명 생활을 하며 온갖 고초를 겪었으나 제네바에서 개혁자 칼빈에게 배운 후 스코틀랜드에 돌아와 종교개혁을 확산시키고 있었다. 기즈의 메리 섭정은 여왕인 어린 딸 메리 스튜어트를 가톨릭교도로 성장시키기 위해 13년 동안 일부러 프랑스에서 교육시켰다. 사실 어머니의 이 잘못된 결정은 훗날 딸의 운명을 망치는 요인이 되었다. 이 시기 스코틀랜드는 이미 가톨릭으로 돌아갈 수 없는 크게 개혁된 지역이었기 때문이다.

1560년 여왕 메리 스튜어트(Mary Stuart)는 18살에 스코틀랜드로 돌아왔고 어머니로부터 권력을 찾아 왕좌에 올랐다. 여왕 메리 스튜어트는 온건한 가톨릭교도여서 당초 프로테스탄트 박해를 고려하지 않았다. 더구나 개신교도인 단리 경(Lord Darnley)과 결혼까지 하였다. 그러나 단리는 아내 메리의 권력을 탐하다 반격을 받고 결국 목 매달리는 살해를 당했다. 이 일을 계기로 메리 여왕과 스코틀랜드의 개신교도들 사이에는 본격적인

대결이 벌어졌고 최종적으로 개신교도들이 승리하였다. 메리 스튜어트 여왕은 실각하고 고작 13개월 된 젖먹이 아들 제임스 6세에게 왕위를 양도한 뒤 영국으로 망명해야 했다. 유아 국왕 아래 존 녹스와 신교도들은 실권을 쥐고 스코틀랜드를 장로 교회의 국가로 만들었다. 일면에서 장로제를 통해 스코틀랜드는 영국보다 먼저 사회와 교회의 정책을 합의로 결정하는 대의 민주주의 정치를 선보였다.

한편 영국으로 도망 온 메리 스튜어트는 5촌 고모 엘리자베스 여왕에게 도움을 받으며 18년 동안 살았다. 그러나 메리 스튜어트는 가톨릭교도들의 부추김을 받고 꾸어서는 안 될 꿈을 꾸었다. 엘리자베스의 왕좌를 노린 역모에 가담한 것이다. 더구나 자신이 헨리 8세의 조카손녀이므로 왕위 계승권이 있다는 주장까지 퍼뜨렸다. 결국 반역을 꾀한 문서가 발각되어 투옥되었고 1587년 2월 매섭게 추운 날 메리 스튜어트는 단두대에서 목이 잘렸다. 전날 얼마나 큰 심적 고통을 느꼈는지 메리 스튜어트의 머리카락은 하룻밤 사이에 하얗게 새어 있었다. 아름다운 여왕이었던 그녀는 변화하는 시대를 읽지 못하고서 고국에서는 왕권까지 상실하였고 또한 타국에서는 타인의 권좌까지 탐하다가 비극적 최후를 맞았다. 메리 스튜어트를 처형했던 엘리자베스는 인생에 길이 아파한 또 하나의 큰 슬픔을 겪었다.

그러나 스코틀랜드에 남겨진 메리 스튜어트의 아들 제임스 6세는 어머니의 운명과 전혀 달랐다. 18세에 통치권을 신하들로부터 찾았고 1603년 엘리자베스 여왕 사후 영국 왕위도 계승하여 영국, 스코틀랜드, 아일랜드 삼국의 왕이 되었다. 영국 역사에서 처음으로 "제임스" 이름의 국왕이 등장했으므로 그는 스코틀랜드에서는 제임스 '6세'이지만 영국에서는 제임스 '1세'가 되었다. 또한 스코틀랜드만 가지고 보자면 역사상 최장기간인 57년이나 통치하였다.

제임스 6세 이후 스코틀랜드는 한 세기 동안 영국에서 분리되어 독립적인 행정과 사법 체제로 운영되었으나 아일랜드와 스코틀랜드를 합병한 영국의 군사적 성공으로 1707년 연합령(Acts of Union)을 통해 영국과 통합되었다. 이후 스코틀랜드의 독립 국가로서의 역사는 종식되고 새로 명명된 '대영 제국(Kingdom of Great Britain)'의 부속 지역이 되었다.

7. 종교개혁이 바꾼 세계: 교육, 여성, 정치, 건축, 음악

존 스투름의 교육 개혁과 영향

프로테스탄트 사상의 중요한 사회적 기여는 교육 분야에서의 성취였다. 교육이 사회적인 의무임을 아직 인식하지 못한 근대 세계에서 개혁자 루터와 칼빈은 이것이 공적 책임임을 강조하였다. 실제적으로 개혁 타운들마다 초등학교들이 설립되었고 행정 기관은 교육 예산을 집행하기 시작하였다. 아동들을 위한 다양한 교재들도 출판되어 문법과 도덕의 교육도 실시되었다. 아래는 16세기 독일에서 어린이들에게 식탁 예절에 관해 가르친 교재 내용 일부이다.

"먼저 손을 씻고 손톱을 자른다. 식탁의 윗자리는 아버지의 것이므로 앉지 않는다. 감사 기도 후에 어른이 식사 시작하길 기다린다. 돼지처럼 급하게 먹거나 소리를 내지 않으며 빵을 다투며 집지 않는다. 음식을 향해 달려들지 않고 입을 다물고 음식을 씹는다. 식탁에서 트림하거나 울지 않고 식사가 끝난 다음에는 다시 조용히 주님께 감사를 드린다."

(Steven Ozment, *When Fathers Ruled: Family Life in Reformation Europe*, 1983, 143.)

근대 교육 발전에 영향을 끼친 또 다른 종교개혁자는 스트라스부르의 교육가 존 스투름(John Sturm, d.1589)이었다. 그는 단순한 문법 교육에 그친 초중등 교육을 심화시켜 대학 입학 이전 단계에서 배우는 새로운 학제를 처음으로 시작하였다. 그때까지만 하더라도 초중등 교육의 약 7년이나 8년이 지나면 대부분 학교 교육을 끝마치거나 극히 일부는 바로 대학에 입학하였다. 그러나 존 스투름이 스트라스부르에서 시작했던 '김나지움 (Gymnasium)'은 세계의 고등학교 모델이 되었다. 언어, 문학, 수학, 과학, 경제를 체계적으로 배우는 스투름의 교과 과정과 고등학교 체제는 곧 유럽에 확산되었다. 이후로 초중등 교육 이후 반드시 고등 교육을 이수하고 대학에 입학하는 제도가 정착되었다.

원래 '김나지움'은 고대 그리스의 운동 선수들의 훈련장을 뜻하는데 스투름은 학교가 학생들의 지적 훈련장이기 때문에 이 용어를 사용하였다. 미국에서는 본뜻인 체육관(Gym)을 뜻하나 현재도 독일, 네덜란드, 폴란드, 체코 등 종교개혁의 직접적 영향을 받은 국가들은 고등학교를 김나지움이라 부른다.

종교개혁과 여성

여성의 신분과 위상에도 종교개혁은 큰 변화를 가져왔다. 가부장적 권위 아래 여성을 차별하는 남편상은 종교개혁자들에 의해 공격받았다. 또한 개혁적 마을에서는 성경을 통한 문자 강습이 처음으로 여성들에게도 제공되어 교양과 지식을 향상시켰다. 무엇보다 루터는 가정이 왕궁이나 교회만큼 중요한 장소이며 어머니인 여성은 집안의 왕비요 사제라고 주장하여 그 중대성을 보편적으로 인식시켰다. 루터는 남성의 가사 분담도 과감하게 권유하며 이것이 교황의 일보다 "더 나은 일"이라고 언급했다.

"아버지가 자녀의 기저귀를 갈고 옷을 세탁하고 여러 하찮은 일들을 할 때 사람들은 그를 여자 같은 바보라고 놀릴 것이다. 그러나 섬기는 그를 보고 비웃는 사람은 하나님을 비웃는 것이다."(*Luther's Works* 45 : 40.)

한편 제네바 개혁자 칼빈은 본격적으로 여성들을 사회 복지사와 봉사자로 활용하였다. 집사 직분의 본래 취지는 병자 간호와 약자 돌봄에 있었다. 결혼 시기와 혼인 예풍도 1500년대 이후 큰 변화가 일었다. 중세에는 십대 초반에 부모들이 강제로 혼인을 시켰으나 종교개혁 이후 자녀들의 동의를 의무화하는 문화가 정착되었다. 또한 아동 결혼은 감소하고 20세에 이르러 결혼하는 문화도 확산되었다. 이혼에 있어서는 진보적인 변화가 있었다. 중세에는 결혼이 성례였으므로 이혼이 결코 허락되지 않았는데 이는 일면에서 사회적 문제를 초래하였다. 예를 들면, 전쟁터에서 실종된 군인들의 아내들은 십년이 흘러도 재혼이 허락되지 않았다. 그러나 개혁 운동은 배우자의 전사 실종, 남편의 잔인한 학대 등 기타 불가피한 사유의 이혼과 재혼을 허락하였고 결혼을 교회의 성례에서 사회의 예식으로 바꾸었다.

정치 사상의 발전

상인들은 프로테스탄트의 등장을 환영했다. 가톨릭 도시들과는 달리 프로테스탄트 도시들에서는 규제와 수수료 부과가 덜했기 때문이다. 프로테스탄트의 확산은 자본주의를 발전시키며 자연스럽게 많은 중산층을 형성시켰고 이들은 자유 사상을 추구하며 독재자들을 견제하였다. 모든 종교개혁자들은 전제 군주들이 입에 달고 살았던 왕권신수설, 즉 권력이 하늘로부터 왔다는 사상을 거부하였다.

존 낙스는 스코틀랜드에서 아예 혁명의 논리를 선포하고 다녔다. 결국 그의 지도력 아래 국민 다수를 무시했던 메리 스튜어트 여왕은 왕위를 아들 제임스 5세에게 양도하고 망명해야 했다. 프랑스에서도 프로테스탄트 교도들이 절대 왕정에 대한 반발을 주도했다. 한편 칼빈의 뒤를 이은 제네바의 개혁자 테오도르 베자(Theodore Beza)는 정치적 큰 영향을 끼친 저술을 내었다. 1574년 『권력자들의 권한에 대하여(On the Right of Magistrates over Their Subjects)』에서 베자는 다음의 혁명적 주장을 펼쳤다.

"백성은 모든 권력자에 우선한다. 백성은 군주를 위해 존재하는 것이 아니라 백성을 위해 군주가 존재한다. 법적 형평성이 유지되는 곳에는 특별한 예외를 제외하고는 사실상 왕이 필요 없다. 왕들이 극악해지면 권력을 주었던 백성들은 그들의 권력을 뺏을 권한도 있다."

(Julian H. Franklin, *Constitutionalism and Resistance in the Sixteenth Century: Three Treatises*, 1969, 114.)

건축의 변화: 고딕에서 바로크로

중세 붕괴 후 건축에도 새 사조가 일어났다. 돌과 스테인드글라스를 주재료로 사용한 고딕식 건축 양식은 퇴조하고 르네상스와 종교개혁으로 인해 새로운 건축 양식들이 도래케 되었다. 이는 르네상스가 가져온 양식과 종교개혁이 야기한 양식으로 둘로 나뉘는데 르네상스 건축 양식은 중세의 고딕과 판이하게 다양성을 표현하는 화려함으로 나갔고 종교개혁은 그 반대로 단순성을 강조하는 소박함으로 나갔다.

인간성과 다양성을 강조한 르네상스의 바로크(Baroque) 양식은 가장 예술적이었다. '바로크'는 '장식(ornaments)'을 뜻하는데 건물 전역에 고딕 양식에서 볼 수 없었던 우아한 장식과 그림, 조각 등이 더해졌다. 뾰족한 고딕 아치(arch) 대신 로마네스크 양식의 둥근 반원 아치가 다시 등장하였고 스테인드글라스 대신 유화들이 들어서게 되었다. 하늘로 높이 솟은 첨탑들은 사라지고 마치 명작과도 같은 우아함을 주고자 했다. 이러한 새 변화는 궁궐, 산성, 성당에도 나타났다. 프랑스의 루이 14세가 파리 외곽에 지은 베르사유(Versailles) 왕궁은 바로크의 절정을 보여주었다. 유럽의 많은 군주들은 베르사유의 장식을 모방하거나 유사한 장식들로 궁궐과 별장을 꾸미게 되었다.

바로크 미술은 이탈리아에서 가장 활발하였다. 극적이며 감성적인 바로크 미술의 개척자는 성베드로 대성당의 건축 감독자로서 광장, 기둥, 그리고 내부 베드로 묘지 위의 채플을 만들었던 베르니니(Gian Lorenzo Bernini, d. 1680)였다. 건축과 조각 예술의 정수를 보여주는 바르베리니 광장의 '트리톤 분수'와 나보나 광장의 '네 줄기 분수'도 모두 그의 작품이다.

한편 종교개혁의 급진파, 재세례파, 회중파, 청교도, 침례교도 등은 화려한 바로크 양식과 전혀 상반된 실용적이고 소박한 건축을 선호하였다. 특히 청교도의 목조 건축은 단순과 청빈과 절제의 근본 정신을 잘 표현하였다. 회관, 시청, 교회, 학교, 책방 등이 직선과 사각의 반듯하고 올곧은 형태로 목재를 이용해 지어졌다. 바로크 미술과 건축은 개신교도들에게는 큰 흥미를 끌지 못했지만 이와 반대로 바로크 음악은 이들을 통해 발전되었다.

바하의 성경- 우하 모서리에 그의 서명이 있다 이 성경은 루터파 학자 아브라함 칼로프가 주석을 달아 '칼로프 성경'이라고 부른다

음악의 새 시대: "아카펠라에서 칸타타로"

종교개혁은 음악 발전에 큰 영향을 끼쳤다. 개혁자들은 예배에서 음악을 강조해 더 큰 무대를 제공했으며 음악가들을 후원하였다. 궁정이나 도시의 음악 감독을 뜻하는 '카펠마이스터(Kappelmeister)'는 채플의 '카펠(Kappel)'과 장인을 의미하는 '마이스터(meister)'의 합성어로서 원래 마을 교회의 음악 지도자를 가리켰다. 음악인들은 많은 경우 교회에서 음악을 배웠고 성가대에서 활동하였다.

과거 중세 음악은 그레고리 성가에 기초했고 순수 목소리로 찬양하는 아카펠라(A Capella)가 주류였다. 인간 자체가 가장 아름다운 악기라고 믿었기 때문이다. 중세 음악에서 악기들은 발달하지 못했고 합주도 없었다. 아카펠라는 '~으로'를 뜻하는 '아(a)'와 교회당(Chapel)을 의미하는 라틴어 '카펠라(capella)'의 합성어이다. 즉 "교회 방식의 노래"를 말하기에 악기를 아예 배제한 중세 교회의 입장에 따라 목소리만의 합창을 가리키게 되었다. 그러나 종교개혁은 새로운 음악 사조도 출현시키고 많은 악기들을 사용한 합창곡을 장려하였다. 때문에 목소리로만 부르는 '아카펠라'에서 악기 연주 합창곡의 '칸타타' 시대로 바뀌게 되었다. 칸타타(Cantata)는 '노래하다'라는 라틴어 '칸타레(cantare)'에서 유래된 용어로 합창곡을 지칭한다. 칸타타의 형식은 보통 아리아로 시작하고 대화식 노래의 중간 부분을 지나 전체 합창으로 전개되었다.

음악사의 측면에서 중요한 새 악기들도 근대에 만들어졌다. 풀무질 오르간은 천상의 소리에도 불구하고 막대한 제작 비용 때문에 소형화나 대중화되기 어려웠다. 1700년대 초 건반으로 된 현악기를 새로 발명하여 약하게나(Piano) 또는 강하게(Forte) 칠 수 있게 되었다. 이 이탈리아 단어 '피아노'는 새 악기의 이름이 되었고 곧 세계적으로 보급되었다. 피아노나 한 악기만을 위한 연주곡인 소나타도 유행하게 되었다.

바로크(Baroque) 음악은 종교개혁 정신 아래 태동하였다. 개혁자들의 사상은 인간과 세상에 대한 희망의 선포였으므로 이는 음악에도 그대로 표현되었다. 중세의 엄숙한 분위기의 음악들은 퇴조하고 대신 활발하고 풍부한 주제들이 음악 주류가 되었다. 바로크 건축이 고전 건축과 비교할 수 없을 만큼 많은 장식과 문양을 가졌던 것처럼 바로크 음악도 고전적인 멜로디를 꾸며주는 장식 화음들과 배경 화음들을 같이 지녔다. 바로크 음악의 대표자는 "음악의 아버지" 요한 세바스찬 바흐(Johann Sebastian Bach, 1685-1750)와 "음악의 어머니" 조지 프리데릭 헨델(George F. Handel, 1685-1759)이었다. 흥미롭게도 두 사람 모두 독일인으로 같은 해에 탄생하였고 독실한 루터파 교도들이었다.

바흐는 음악의 신기원을 열며 참화에 빠진 세상에 음악으로 평화를 선포하였다. 그는 음악의 루터였다. 아이제나흐(Eisenach)에서 태어난 바흐는 어두운 색조의 중세 음악을 완전히 청산하고 바로크 음악을 통해 천상과 인간이 만난 환희의 세계를 노래하였다. 그는 아른쉬타트(Arnstadt)의 성 보니파키우스 교회의 오르간 반주자로서 음악 사역을 시작한 후 바이

마르 공작궁의 왕립 교회에서 활동했고 다시 라이프치히(Leipzig)로 옮겨 20년이 넘도록 토마스 교회(Thomas Kirke)의 성가대 지휘자 겸 반주자로 일한 후 이 교회당에 묻혔다.

50세 때의 조지 프리드리히 헨델
- by Balthasar Denner

바흐는 열두 제자를 상징하는 숫자 '12'를 좋아하여 자신의 선율과 악장에 이를 기본으로 삼았다. "마태 수난곡", "브란덴부르크 협주곡", "크리스마스 오라토리오" 등 예배와 절기를 위해 300여 합창곡을 작곡하였다. 종교개혁 정신을 잘 드러낸 곡은 바흐 작품 147번 10악장으로 제목은 "예수, 인간의 기쁨으로 머무소서(Jesu, bleibet meine Freude)!"이다. 새 세계를 보인 바흐의 음악은 모차르트와 쇼팽에 영향을 주었고, 쇼팽은 슈만과 리스트에 영감을 주었다. 종교개혁이 바흐의 음악에 큰 영향을 끼쳤지만 동시에 그의 음악도 사회와 교회에 기여하였다. 찬송들은 그의 화성 이론으로 작곡되었고 또 그의 음악 이론은 현대 음악학의 가장 중요한 기초가 되었다.

바흐의 형을 가르친 요한 파헬벨(Johann Pachelbel, 1653-1706)은 바흐에 앞서 활동하였다. 그는 성가지휘자 쉬벰머(Herinrich Schwemmer)로부터 음악을 배웠고 에르푸르트 교회에서 12년 동안 성가지휘자 겸 작곡자로 활동하였다. 그가 마을의 축제를 위해 작곡한 '캐논(Canon)'은 세계적인 명곡이 되었다. 변하지 않는 질서를 표현하는 중심 곡조와 자유를 나타내는 화려한 화성이 경이롭게 어울리는 이 캐논은 바로 개혁의 시대가 가져온 긍정적인 세계관을 잘 보여주었다.

헨델은 독일의 경건주의 중심지 할레에서 태어났다. 그의 아버지는 이발사이며 외과 의사였다. 옛 시대 이발사와 의사는 하얀 줄과 빨간 줄의 광고를 같이 사용하는 동종 직업이었다. 고향 할레에는 경건주의 운동을 시작한 필립 제이콥 슈페너가 세운 할레 대학이 있었고 이곳에서 헨델은 법률을 공부했다. 이 대학은 당시 경건과 삶의 내면화를 강조하는 경건주의 운동의 센터였으며 그 정신은 헨델의 음악 세계에서도 구현되었다. 마리아 교회(Marienkirche)의 지휘자 자코브(Friedrich Wilhelm Zachow)는 헨델에게 음악을 가르쳤고 헨델은 교회의 오르간 반주자로 활동을 시작했다. 이후 메디치가의 초청으로 이탈리아에서 오페라를 작곡한 후 영국으로 건너간 헨델은 피렌체, 베니스, 나폴리 등 문예 부흥 중심지에서 이미 시작된 오페라를 영국에 부흥시키는 주역이 되었다. 막강한 재력과 문화적 욕구를 가진 영국에서 오페라는 화려한 무대 장치와 특수 효과까지 내며 공연되는 등 크게 발전하였다.

헨델은 자선 사업과 보육 사업 후원에 힘썼는데 "파운딩 하스피틀(Founding Hospital)"이라는 영국의 가장 큰 아동보육 병원에서 아이들이 음악을 배우게 했고 이 보육원의 책임자까지 맡았다. 독일 출신이었으나 영국에서 가장 위대한 음악가로 인정받았던 헨델은 웨스트민스터 사원에 묻혔다. 또한 미국의 루터 교회와 감독 교회(Episcopal Church)는 헨델과 바흐를 공식적으로 기념 주일을 통해 기리고 있다.

II
확장된 세계와 개혁 속의 혼란들
(1550-1700)

1. 스페인 무적함대의 침몰과 네덜란드의 독립

냉혹한 필리프 2세와 "돈키호테" 스페인

16세기 스페인은 이사벨라 여왕의 손자인 신성 로마 제국 황제 카를 5세(1500-1558)와 그의 아들 필리프 2세(d. 1598) 치세에 전성기를 구가했다. 유럽을 호령하며 개신교를 핍박하던 카를 5세는 중년이 되어 심한 퇴행성 질환으로 고생하였다. 더구나 합스부르크 가문의 근친혼으로 인한 유전적 특성인 긴 턱이 더 늘어나 이 황제를 보는 이마다 불편한 느낌을 가졌다. 그는 심히 병약해져 50대 초반에 이미 주변의 부축을 받아야만 움직일 수 있었다. 1558년 독일과 오스트리아는 아우 페르디난트에게 넘겼고 스페인과 네덜란드는 아들 필리프 2세에게 건네준 후 세상을 떠났다.

1571년 강대국 스페인은 베니스, 교황령 이탈리아 등과 신성 동맹(Holy League)을 맺고 오토만 제국과 지중해 패권을 놓고 그리스 코린트 인근 르판토(Lepanto)만에서 해전을 벌였다. 스페인의 무적함대(Armada)는 투르크 함대를 궤멸시키는 대승을 거두었는데, 이때 노예로 잡혀 투르크 함선들의 노를 젓고 있던 유럽인 포로 15,000명이 자유를 찾았을 뿐만 아니라 수백 년 만에 유럽이 처음으로 무슬림 세력에게서 거둔 의미 있는 승리였다. 스페인의 위상은 더 높아졌고 자연스럽게 수도 톨레도는 로마보다 더 크고 영향력 있는 도시가 되었다.

스페인의 국력이 절정에 이르렀어도 국왕 필리프 2세는 미소 없이 살았다. 사촌지간 부모의 근친혼에서 태어나 역시 긴 턱을 가진 그에게 더 심각했던 것은 신체적 기형보다 정신적 기형, 즉 무서운 집착증과 우울증이었다. 그가 유일하게 웃는 때는 톨레도 광장 복판에 장작개비들을 쌓아두고 그 위에 개신교도들을 불태워 죽일 때였다. 스페인의 국왕으로서 필리프 2세는 가톨릭의 수호자를 자처했지만 사실상 광신도였다. 거슬리는 사람은 누구든지 거침없이 죽였고 무슬림은 물론 로마 가톨릭과 다른 개혁적 성향을 가진 사람은 누구나 처형하였다. 한 개신교도는 화형대 위에서 필리프 2세와 이렇게 문답을 주고받았다.

화형식 장면

"국왕처럼 고귀한 이가 왜 저 같은 평민의 신앙에 신경을 쓰시나이까?"

"너희들처럼 신을 모독하는 자들은 내 아들이라도 내 손으로 직접 불태워 죽일 것이다!"

(Henry Kamen, *Philip of Spain*, 1997, 81.)

실제로 필리프 2세는 비록 죄목은 다르지만 아들도 죽였다. 자신도 정상이 아니었음에도 불구하고 국왕은 아들 돈 카를로스가 정신병에 걸리자 이를 부끄럽게 여겨 옥에 가두고 방치해 죽였다. 이미 역사에는 무서운 아버지에 의해 목숨을 잃은 불쌍한 아들들의 비극이 수차례 등장하였다. 로마 황제 콘스탄티누스가 장남 크리스푸스를 죽였고 러시아의 이반 뇌제도 아들을 때려 살해했다.

부인 메리가 죽은 후 영국은 엘리자베스 여왕이 등극하여 종교개혁을 택했기에 필리프 2세의 눈에는 영국이 "이단의 괴수" 국가였다. 발전하는 영국은 스페인에게 잠재적인 적이었고 무엇보다 필리프 2세가 지배한 네덜란드에 독립운동을 지원하는 영국을 가만 둘 수 없었다. 1588년 필리프 2세는 3만여 해군과 130여 척의 배, 대포 2,630문으로 구성된 무적함대 아르마다를 영국으로 출격시켰다. 이에 맞서 엘리자베스도 훨씬 열세의 영국 함대를 출전시키며 병사들에게 이렇게 연설하였다.

"나의 사랑하는 백성들이여, 하나님과 이 왕국과 백성들을 위해 나의 피와 명예를 걸 것입니다. 나는 연약한 여인이지만 국왕의 정신과 심장이 있습니다. 우리는 곧 적들에 대해 위대한 승리를 거둘 것입니다."

(Alison Weir, *The Life of Elizabeth*, 2008, 393.)

이 전쟁은 양국의 운명과 세계 패권의 향방을 가늠하는 건곤일척의 대전이었다. 또한 가톨릭과 개신교의 일전으로 추후 역사에서 서구의 주도적 종파를 결정하는 것이었다. 바다에서의 기상 변화를 생각하지 못하고 늦게 출항한 스페인 함대는 좁은 영국 해협에서 큰 폭풍우를 만나 엄청난 피해를 입고 종국에는 대패하였다. 근대 영국과 스코틀랜드에서 성공회, 장로 교회, 회중 교회, 침례 교회, 퀘이커, 감리 교회, 구세군 등의 주요한 개신교 종파들이 등장한 것을 고려할 때 만약 이 전쟁에서 영국이 패배하여 스페인 지배를 받았다면 개신교의 오늘날 성장은 기대할 수 없을 것이다. 유럽의 개신교도들은 이 전승이 신교에 대한 하늘의 승인이며 또한 가톨릭 스페인의 잔혹한 행위에 대한 형벌로 간주하였다. 겨우 수척의 배만 귀환한 스페인의 대패에 필리프 2세는 큰 충격에 빠졌다. 이를 기점으로 스페인은 유럽의 패권을 영국과 프랑스에 넘겨주게 되었고 유럽에서 스페인의 영향력은 감소하기 시작했다.

한편 영국과의 해전 훨씬 이전에 일어난 르판토 해전에 참전했던 아르마다의 병사들 중에는 세르반테스(Cervantes, d. 1616)가 있었다. 그의 명작 『돈키호테(Don Quixote)』는 1603년 파산하여 투옥된 상황에서 태어난 것으로 최초의 코믹 장르 작품으로 또 현대 소설의 기원으로 간주된다. 작품 속의 주인공 돈키호테는 우스꽝스럽고 돌발적인 기사이고 그를 따라다니는 산초 판자(Sancho Panza)는 지극히 현실적인 인물이다. 세르반테스는 이 책을 통해 인간과 사회의 양면을 묘사하고 열정

미구엘 세르반테스

적 이상주의와 냉철한 현실주의의 대비를 보여주었다. 즉 세계에는 열정을 가진 돈키호테와 이성을 가진 산초가 함께 있어야 한다는 것이다.

"산초, 저기 적들이 몰려온다. 그들은 엄청나게 긴 창들을 들고 있다."

"돈키호테, 아니 저것은 적들이 아니라 풍차라오."

"그대는 아직 저들이 얼마나 무서운지 모르고 있다. 내가 그들을 무찌른다."

풍차를 거인들로 알고 돌진한 돈키호테는 풍차 날개에 걸려 창이 부러지고 자신조차 들판에 내팽개쳐졌다. 판초의 조언을 무시한 돈키호테는 중세의 모습이었고, 그리고 스페인의 모습이었다. 1500년대부터 스페인은 두 세기 동안 변화가 아닌 무모한 돌진과 추락을 보여주었다. 스페인 왕 필리프 2세에 이어 필리프 3세(d. 1621), 필리프 4세(d. 1665), 그리고 카를로스 2세(d. 1700)가 왕위에 올랐으나 이들도 합스부르크의 피를 받았기에 다 긴 턱의 소유자들이었고 정신병적 증상을 가졌다. 이들은 돈키호테 같은 정열과 산초 같은 현실 감각을 동시에 구비 못한 보통 군주들이어서 스페인의 영광도 변화도 구현하지 못했다.

네덜란드의 반란

스페인은 가장 먼저 대양에 진출한 나라였으나 지나친 과소비와 많은 전쟁으로 경제적 적자를 늘 보고 있었다. 이런 상황에서 스페인이 속지 네덜란드로부터의 거둬가는 세금은 큰 수입이었고 반대로 계속 수탈만 당하는 네덜란드는 고통만 배가되었다. 네덜란드는 홀란드(Holland)

1566년 성상을 없애고 개혁 교회로 바꾸는 네덜란드인들- by Van Dyke

라고 부른 광대한 지역의 북부를 가리키는데 바다보다 낮아 저지대(Low Countries)라고도 일컬어졌다. 네덜란드의 국토 사분의 일은 흙벽(dike)으로 바닷물을 막아 넓힌 땅이었다.

1400년대 프랑스가 '100년 전쟁'을 통해 영국으로부터 국토를 회복했다면 네덜란드는 1500년대 '80년 전쟁(1566-1648)'을 통해 스페인으로부터 독립을 쟁취했다. 그 긴 투쟁의 시작은 바로 1566년 네덜란드 곳곳에서 일어난 교회당의 성화를 벗겨내는 소동으로부터 시작되었다. 네덜란드인들(Dutches)은 일찍부터 칼빈주의 개신교를 선택했는데 타지와 달리 관용적인 태도를 보였다. 이들은 가톨릭 교회당을 개조하고 중세적 요소들을 제거하면서 노골적으로 신교 지역임을 선포하였다.

당시 네덜란드를 소유했던 스페인 왕 필리프 2세는 이 지역의 개신교의 확산에 경악하여 종교 재판소를 설치하고 가톨릭에 위배되는 많은 주민들을 처형하였다. 그는 개신교의 확장이 군주에 대한 반역을 불러올 것으로 확신한 인물이었다. 물론 네덜란드인들도 포악한 군주에 대한 저항의 권리와 자유를 향한 독립을 칼빈주의를 통해 배우고 구체화하고 있었다. 독립운동의 중심에는 네덜란드 역사의 최고의 영웅인 오렌지 공작 빌렘(William of Orange, d. 1584)이 있었다.

네덜란드의 독립과 오렌지의 빌렘

중국에서 유래된 오렌지 과일은 중세 때 아랍 지역을 거쳐 유럽에 수입되었다. 이 과일은 프랑스 남부 지역에서 본격적으로 생산되었는데 이로 인해 그 곳 지명은 '오렌지(오랑주)'가 되었다. 빌렘(William)은 바로 오렌지 가문(House of Orange)의 공작이었다. 당연 이 가문의 문장(Coat Arm)은 오렌지 열매였고 이는 훗날 네덜란드의 국과와 국색이 되었다. 오렌지는 척박한 뜨거운 땅에서 자라는 열매로 도전과 모험을 상징하였기에 신대륙의 정착민들은 '오렌지'를 타운 이름으로도 많이 사용하였다. 그 실례가 미국

16세기 네덜란드 위트레흐트의 모습 - by Joost Cornelisz

의 "오렌지 카운티"이다.

   오렌지가의 공작 빌렘(윌리엄)은 스페인 국왕 필리프 2세의 신하로 네덜란드를 관장하고 있었다. 빌렘은 개신교도 부모의 영향으로 프랑스에서 비밀리에 신교 신자가 되었다. 어느 날 빌렘은 프랑스 왕으로부터 충격적인 얘기를 듣게 되었다. 스페인 왕 필리프 2세가 네덜란드의 모든 개신교도들을 처형할 것이라는 정보였다. 빌렘은 감정을 억제하고 말없이 듣기만 하자 이후 "침묵자 빌렘(William the Silent)"으로 불리게 되었다. 네덜란드 총독 빌렘은 사절단을 만들어 필리프 2세에게 개신교 관용을 청했으나 무시당했고 스페인 귀족들은 네덜란드 백성들을 "바다의 거지들(Sea Beggars)"이라고 조롱하였다. 1572년 스페인 군대는 네덜란드에 상륙하여 신교도 9,000여 명을 투옥하고 무려 1,000여 명을 처형하였다.

   1579년 홀란드 북부 7개 주들은 위트레흐트에서 연맹(Union of Utrecht)을 결성하고 오렌지 공작 빌렘을 중심으로 스페인에 대한 강력한 항쟁을 시작했다. 자금도 병력도 열악했으나 빌렘은 백성들의 큰 지지를 받으며 스페인 군대를 축출하고 많은 도시들을 수복해 나갔다. 이 과정에서 칼빈주의는 네덜란드인들의 저항과 단결의 기본 이념이 되었다. 1581년 각주 대표들은 헤이그에서 3부 회의를 열고 아예 스페인으로부터 '네덜란드 이탈(Act of Abjuration)'을 선언하고 빌렘을 첫 통치자로 추대하였다. 이로써 네덜란드의 국가로서 역사가 시작되었다. 한편 헤이그 회의는 "주권이 국민에 있다"고 사실상 최초로 선언한 민주주의 효시였다. 때문에 국가수반도 왕(king)이 아닌 "총통(Stadtholder)"으로 일컬어졌다.

분노한 스페인 국왕 필리프 2세는 빌렘을 배신자로 규정하여 큰 암살 현상금을 걸었고 1584년 빌렘은 네덜란드 궁정에서 프랑스 병사에 의해 저격되었다. 빌렘이 숨을 거두며 남긴 마지막 말은 이것이었다.

"하나님! 제 영혼과 이 가난한 백성들을 불쌍히 여기소서!"
〔My God, have pity on my soul and on this poor people.〕
(George Edmunson, *History of Holland*, 2007, 105.)

빌렘 사후에도 네덜란드 7개 주는 끈질긴 저항을 지속했고 마침내 1588년 무적의 스페인 함대가 영국에 패배하자 자유를 누리게 되었다. 이후에도 스페인과의 항쟁이 간헐적으로 이어졌으나 1648년 뮌스터 조약에서 스페인은 네덜란드 독립을 공식적으로 인정하여 기나긴 '80년 전쟁'은 마침내 종결되었다.

한편 이탈을 선언했던 홀란드 북부 네덜란드와는 달리 홀란드 남부는 스페인 충성파로 존속하였고 주교들의 영향 아래 가톨릭을 고수해 벨기에와 룩셈부르크를 형성하였다. 이 두 나라들은 오랜 동안 오스트리아의 지배를 받다가 19세기에야 독립을 얻게 되었다.

1600년대에 네덜란드는 진취적 정신으로 대양에 진출한 강국이 되었다. 무역 회사들은 단합하여 네덜란드 동인도 회사를 세워 상업을 증진시켰다. 암스테르담은 유럽의 대표적인 무역항이 되었고 금융 센터가 되었다. 일부 네덜란드인들은 1609년에 미 북동부에 건너가 뉴욕의 전신인 '뉴 암스테르담(New Amsterdam)'을 건설하였다. 일본과도 교역을 하였는데 1627년 네덜란드 선박이 제주도에 표류하여 벨테브레(Jan Welevree) 일행이 조선에서 살게 되었다. 그는 조선인으로 귀화하여 박연이란 이름으로 살았다. 조선의 기록에 의하면 "자주 무릎을 꿇고 기도를 한 조용한 사람"으로 묘사되었다. 한 세대 후인 1653년 조선 효종 때에는 하멜

(Hendrick Hamel) 일행의 스페르베르(Sperwer)호도 제주도에 표류해 왔다. 한양에서 지내며 고초를 겪었던 하멜과 동료들은 13년 만에 야밤에 목선을 훔쳐 조선 탈출에 성공하였고 일본을 거쳐 네덜란드로 귀국하여 '표류기'를 기록하였다.

1703년 국왕 빌렘 3세가 사망한 이후 네덜란드는 강력한 리더십의 지도자를 갖지 못하고 해양의 주도권을 타국에 넘긴 채 정체를 맞게 되었다. 한편 칼빈파 장로교도들은 예정론으로 인해 네덜란드에서 분열하였다. 그 논란의 중심에는 레이든 대학의 교수 아르미니우스(Jacobus Arminius, 1560-1609)가 있었다. 그는 전능자가 인간의 미래를 미리 예지하므로 구원받을 자를 예정하셨다는, 즉 '예지 예정'을 주장하였다. 또한 은총에 대해 인간의 선택과 거부가 가능함을 말했다. 아르미니우스의 주장은 그의 사후 열린 1618년의 도르트(Dort) 공의회에서 "무조건적이고 불가항력적인 예정"을 주장하는 보수파 장로교도들에 의해 배격되었다. 아르미니우스의 사상은 결과적으로 따뜻한 신관과 책임적인 인간을 강조하는 18세기 영국의 감리교 운동에서 다시 재현되었다. 대체적으로 네덜란드는 스위스나 스코틀랜드처럼 장로 교회 지역이었지만 관용적인 곳이었다. 그러므로 수많은 이들의 피난처가 되었고 자유로운 사상들의 탄생지가 되었다.

2. 프랑스 군주들의 권력 투쟁과 블레즈 파스칼의 내적 투쟁

프랑수아 1세와 위그노들

1500년대의 프랑스 상황은 어느 나라보다 혼란스럽고 복잡하였다. 정치적이고 종교적인 내전으로 오랜 투쟁과 잔인한 살육으로 점철되었다. 1515년 프랑스 국왕 프랑수아 1세는 이탈리아 영토를 놓고 독일 왕 카를 5세와 무려 20년이 넘도록 전투를 벌였다. 세력 확대를 위해 이탈리아 장악은 서로에게 필요조건이었다. 먼저 수모를 당한 쪽은 프랑수아 국왕이었다. 1525년 이탈리아를 침공하였으나 카를 5세에게 파비아 전투에서 대패해 28,000명의 병사들을 모두 잃고 프랑수아 자신도 포로로 잡힌 최대의 굴욕을 겪었다. 마드리드로 끌려간 그는 두 아들을 인질로 주며 또한 프랑스에서 루터의 사상을 금지할 것이라고 약속하고 엄청난 몸값을 지불한 후에야 풀려났다. 귀국한 프랑수아는 바로 조약을 무시하고 교황 클레멘트 7세와 합세하여 독일의 카를 5세에 다시 대항했다. 그는 자신의 아들 앙리 2세를 교황의 조카이며 메디치 가문 출신인 카트린느(Catherine, d. 1589)와 결혼시켜 권력과 재력의 동시 보강을 기대했다.

독일에서 루터의 개혁이 확산되어 카를 5세의 왕국이 분열되자 경쟁자인 프랑수아 1세(Francis I, r. 1515-1547)는 이를 즐기고 있었다. 그러나 1534년 정작 프랑스에 종교개혁 사상이 퍼지고 자신의 침실 문에까지 개신교 문서들이 게시되자 프랑수아는 교황과 가톨릭 귀족들의 지지를 받기 위해 신교 근절을 천명했다. 그는 루터 사상을 전파한 시민들을 산채로 화형시키기 시작했다.

프랑스 개신교도들은 "위그노(Huguenots)"라는 별칭으로 불렸다. 사실 이 명칭의 기원은 불분명한데 제네바의 개혁자 위그(Benson Hugues)에서 유래되었다는 설이 유력하다. "위그노"들은 종교개혁을 지지하면서 동시에 프랑스의 사회 개혁을 추구하는 정치적 진보 세력이었다.

외교 관계를 맺은 프랑스 국왕 프랑수아 1세와 오토만 술탄 술레이만

이들은 가정 교회에서 출발하여 모(Maux)에 첫 교회당을 세우고 프랑스 전역으로 확산되었다. 프랑스 국왕은 수시로 위그노들을 체포하여 처형하였고 국정을 주도했던 잔인한 가톨릭 기즈(Guises) 가문도 그들에 대해 폭력과 테러를 일삼았다.

프랑수아 1세는 1536년 서구 역사상 최초로 이슬람 세력인 오토만 제국과 외교적 제휴를 하였다. 이는 신성 로마의 카를 5세를 견제하기 위한 것으로 일면 종교를 뛰어넘은 근대 최초의 정치적 외교였지만 프랑스는 곧 유럽의 엄청난 비난에 직면했다. 프랑수아는 비열하게도 자신의 가톨릭 충성심을 과시하고자 더 개신교 박해를 강화하였다. 특히 1545년 프랑스 최남단 메링돌(Merindol)에 거주하던 왈도파와 개신교도들을 제거하려고 군대를 파견하여 20여 개의 마을들을 방화하고 수천 명을 학살하였으며 670명은 노예선에 보냈다. 이듬해 모(Maux) 마을의 광장에서 위그노 14명이 화형에 처해지고 박해는 더 확산되었다. 그럼에도 전문인들과 신흥 중산층이 대거

왈도파와 신교도들을 대상으로 했던 메링돌의 대학살

681
II. 확장된 세계와 개혁 속의 혼란들

개심하며 개신교는 더 확산되었다. 특히 1557년부터는 유력한 귀족 가문들인 콜리니(Coligny)와 부르봉(Bourbons)이 개신교를 수용하고 중심 세력이 되었다. 결국 1570년대 중엽 프랑스에는 2,000여 개의 위그노 교회들이 설립되었다.

프랑수아 1세의 통치가 프랑스에 기여했는가는 이중적 평가가 존재한다. 일면 신대륙 탐험을 지원하여 프랑스의 지경을 넓혔고 또 예술을 사랑하여 특히 이탈리아에서 명작들을 수집하거나 탈취해왔다. 실상 루브르 박물관의 기원은 프랑수아 1세의 컬렉션으로부터 비롯되었다. 또한 라틴어 사용을 축소시키고 프랑스어를 공식 언어로 선포하였다. 여러 위업에도 불구하고 프랑수아의 시대는 개신교를 핍박하여 개혁에 실패했으며 오랜 내전과 국외 전쟁에 끊임없이 국력을 소모한 피폐한 나날들이었다.

"권력의 화신" 카트린느 모후와 "광기의 가문" 기즈

1547년 프랑수아 1세가 죽고 이어 앙리 2세가 왕위에 올랐다. 매정했던 아버지를 둔 탓에 앙리 2세는 6살부터 3년 동안 아버지 대신 인질로 스페인 마드리드에서 보냈다. 앙리 2세는 부왕과도 정이 없었지만 14살에 결혼한 왕비 카트린느와는 더 소원하였다. 그녀는 원래 혼인지참금을 가져오기로 했으나 이를 주기로 했던 삼촌 교황 알렉산더 7세가 급사하여

앙리 2세의 목숨을 앗아간 상대 몽고메리와의 마상 경기

앙리 2세의 사망 직전 앙브와즈 빠헤의 치료를 받는 모습

지불에 실패했기에 프랑스 왕실에서 수모를 당하며 지냈다. 국왕 앙리 2세는 12년의 통치 내내 카를 5세와 전쟁을 지속하여 프랑스 영토를 넓혔고 오토만 제국과도 계속 연대하였다.

앙리 2세는 부왕보다 더 혹독하게 개신교를 박해하였다. 그는 아예 "불타는 법정(Chambre Ardente)"이라는 이단 재판소를 설치하여 수시로 위그노들을 처형하였다. 더구나 1551년 샤또브리앙 칙령을 통해 개신교도들이 백성들을 상대로 연설하지 못하도록 화형 직전에 혀까지 자를 것을 명령했다. 사냥과 마상 시합을 무척 좋아했던 앙리 2세는 딸 결혼식 때 열린 축하 경기에 직접 출전했다가 가브리엘 몽고메리 백작의 창에 눈이 찔리는 큰 부상으로 낙마하였다. 역설적이게도 국왕의 수술을 맡은 인물은 수없이 살해된 위그노파에 속하는 궁정 의사 앙브와즈 파헤(Ambroise Pare)였다. 무수한 이들의 피를 흘리게 했던 앙리 2세는 자신 역시 극도의 고통을 겪으며 많은 피를 쏟고 세상을 떠났다.

1559년 왕세자 프랑수아 2세가 15세의 나이로 왕위를 계승하였다. 그동안 절치부심하며 때를 기다리던 국왕의 모후 카트린느가 권력을 잡고 섭정을 시작하였다. 그런데 이듬해 10월 프랑수아 2세가 1년 반 만에 급사하자 그녀는 다시 10살 된 아들 샤를 9세를 왕위에 올려 권력을 유지하였다. 당시 정세는 카트린느를 중앙에 두고 프랑스의 유력한 세 귀족 가문들인 콜리니, 부르봉, 그리고 기즈 등이 서로 정치적이고 종교적인 대립을 하는 형국이었다. 부르봉가의 루이 왕자와 콜리니 제독은 잔인한 기즈 가문에 맞서 개신교 위그노들의 단결을 도모하였다. 일부 위그노들은 1560년 앙부아즈(Amboise)에서 기즈 가문 손아귀에 놓인 국왕을 떼어 놓으려는 무모한 거사까지 일으켰으나 실패하여 1,500명이나 희생당했다.

1555년 독일에서는 루터파와 가톨릭이 아우구스부르그 협약을 맺고 종교적 안정을 되찾았지만 프랑스의 상황은 정반대 방향으로 전개되었다. 1561년 섭정 카트린느도 혼란을 수습하고 개신교와 가톨릭 간의 화합을 모색하려 포이시에서 종교 회의(Colloquy of Poissy)를 개최했다. 개신교 측에서는 나바르 왕 앙뚜완, 제네바 개혁자 베자, 위그노 지도자 콜리니 제독 등이 참석했고 가톨릭 측에서는 기즈 가문의 추기경과 주교들이 나왔다. 이때 로마의 교황은 회의 자체에 대한 강력한 반대를 표명해 결국 양측 합의는 도출되지 않았다. 그럼에도 카트린느는 이듬해 개신교에 부분적인 관용을 허락하였다.

1562년 기즈의 귀족들은 모후의 관용령을 비웃듯이 바시(Wassy) 마을을 지나가다 시골 창고에서 예배를 드리는 위그노 500여 명을 무자비하게 공격해 많은 희생자를 내었다. 이때 이 공격을 사주한 기즈의 공작 프랑수아는 멀리서 지켜보며 희희낙락하였다. 분노한 위그노는 이듬해 야비한 그 공작을 보복으로 암살하였다. 프랑스 가톨릭은 관용보다는 비이성적인 독점을 택하여 16세기 말까지 종교적인 분쟁이 지속되었고 그 결과 열세인 신교의 현저한 피해로 이어졌다. 비극의 정점은 '성 바르톨로메(바돌로매) 축일의 학살'이었다.

성 바르톨로메 축일의 대학살(St. Bartholomew's Day Massacre, 1572)

프랑스 위그노 지도자 콜리니 제독
-by Francois Clouet

1572년 기즈 가문과 위그노 사이에서 줄타기를 하던 카트린느 모후는 위그노 나바르 가문과의 정략결혼으로 세력을 확장하려 했다. 이해 8월 18일 그녀의 딸 마그리트(Margaret)와 나바르의 앙리(Henry of Navarre: 1553-1610)는 파리 노트르담 대성당에서 결혼식을 올렸다. 프랑스 각지의 유력한 위그노 지도자들은 하객으로 대부분 참석하였다. 그런데 기즈 가문은 비열하게도 이를 위그노 세력 척결의 호기로 삼았다. 예식 4일 후 기즈 가는 자객을 보내 위그노 지도자 콜리니 제독을 암살하려

성 바돌로뮤 축일 대학살(1572) - by Francois_Dubois

자객을 보냈으나 부상만 입히고 실패하였다. 보복을 두려워한 기즈 가는 음모의 화신 카트린느 섭정과 공모하고 아예 전면적인 학살극을 벌이기로 했다. 이틀 후 신속하게 동원된 군병들과 예수회 수사들은 사실상 파리의 모든 위그노들을 공격해 처참하게 죽였다. 이 날은 8월 24일 성자 바르톨로메의 축일이었다.

부상으로 침상에 누워 있던 콜리니 제독은 수상한 총소리를 듣고 비극을 직감하고 있었다. 가톨릭과 섭정 카트리나를 신뢰하여 군사적 대비 없이 파리로 왔던 콜리니는 죽음을 수용하기로 했다. 배신한 부하는 대문을 열었고 기즈 가문의 군병들이 이층으로 올라와 콜리니를 칼로 찌르고 창 밖으로 집어던졌다. 기즈 귀족들은 바닥에 떨어진 제독의 시신을 짓밟고 그 머리를 잘라내어 섭정과 교황에게 차례로 보여주었다. 파리에서 3,000여 명의 위그노들이 죽임을 당했고 수일 내에 프랑스 전역에서 20,000여 명의 위그노들이 더 희생되었다. 아름다운 대성당 노트르담 주위로 핏물이 시냇물처럼 흘렀고 센강에는 무수한 시신들이 버려졌다. 기즈 가의 광기에 프랑스 프로테스탄트 세력은 거의 궤멸되었다.

유럽 전역의 개신교도들은 대학살에 경악하였으나 스페인 국왕 필리프 2세와 교황 그레고리 13세는 오히려 잔치를 벌였다. 이 대학살은 사실상 프랑스 가톨릭의 엄청난 과오였다. 이는 기사도 정신을 져버린 비겁한 전투였고 가톨릭의 도덕과 명예도 크게 실추되었기 때문이다. 나아가 개신교와 가톨릭의 두 종파 사이에는 치유가 어려운 깊은 증오만 남게 되었다. 프랑스 정국도 안정은커녕 혼란만 가중되었다. 결혼식의 주인공 나바르의 앙리는 가톨릭으로 거짓 개종을 하고 간신히 목숨을 건졌으나 3년 만에 파리를 탈출해 다시 위그노 군대에 합류해 지도자가 되었다. 그가 27년 후 왕이 되어 다시 파리로 되돌아오기까지는 참으로 험난한 세월을 겪어야 했다.

"사랑받은 국왕" 나바르의 앙리(앙리 4세)

아들 셋을 왕으로 두었던 카트린느 왕비

여동생의 결혼식에 어머니 카트린느가 벌인 엄청난 비극에 큰 충격을 받은 프랑스 왕 샤를 9세는 정신 이상 증세를 보이다 2년 후 병사하였다. 카트린느는 남은 아들 앙리 3세를 프랑스 왕위에 올렸다. 그녀는 세 아들이나 국왕으로 만들었으나 행복보다는 비극으로 점철된 삶을 살았다. 너무나 많은 학살을 자행한 행적에 맞는 보응의 삶이었다.

1587년 이번에는 스페인의 강력한 힘을 등에 업은 기즈 가문이 국왕 앙리 3세의 권좌에 반기를 들었다. 원래 위그노들을 제거하기 위해 함께 힘을 합쳤지만 정작 기즈 가문의 목적은 왕권 탈취에 있었다. 기즈 가의 공작 앙리(Henry de Guises)는 국왕 앙리 3세를 배교자로 부르며 반란을 일으켜 파리를 공격했다. 국왕은 파리를 피해야 했고 자신의 처남이며 위그노 지도자인 나바르의 앙리와 합세하여 반란 수괴인 기즈의 앙리와 싸웠다. 25년 만에 프랑스 왕실과 위그노의 제휴가 이루진 것이다. 이 혼란스런 프랑스 내전은 "세 앙리들의 전투(War of Three Henrys)"라고 부른다.

1588년 프랑스 내 정쟁의 추를 기울게 할 중요한 사건이 발생했다. 바로 스페인의 무적함대가 영국에 패배한 것이었다. 이는 스페인 후원을 받는 프랑스 가톨릭 세력의 후퇴를 의미했다. 얼마 후 가톨릭 기즈가의 앙리는 암살되었고 국왕 앙리 3세와 나바르의 앙리는 나머지 반란군을 제압한 뒤 승리를 거두었다.

1589년 8월 앙리 3세는 불길한 꿈을 꾸었다. 사람들의 발에 왕관과 홀이 밟히는 꿈이었다. 며칠 후 국왕은 패배한 가톨릭 기즈 가에서 보낸 자객의 칼을 맞았다. 어이없게도 그 자객은 수도사였는데 가톨릭 수호를 위해 왕을 암살하는 것이 큰 선행이라는 광신적 자기기만에 빠져 있었다. 국왕 앙리 3세는 마지막 숨을 몰아쉬며 왕위 계승자인 나바르의 앙리(앙리 4세)에게 이렇게 당부하고 두 눈을 감았다.

"이 왕관은 이제 자네의 것이다. 나는 자네가 가톨릭으로 개종하기를 권하네."

이 권고는 새 왕이 적의에 찬 가톨릭 국민들을 이끌어야 했기에 우려하는 의도에서 나온 것이었다. 앙리 4세는 국왕이었지만 아직 수도인 파리를 완전히 정복하지 못한 상황이었다. 그는 프랑스 최초의 개신교도 국왕이지만 "가톨릭의 도성"인 파리에서 다스려야 했다. 이런 상황은 그에게도 또 수십 년간 개신교도들을 학살했던 파리 시민들에게도 무척 곤혹스러운 것이었다. 양자의 대타협이 없이는 또 다른 내전은 이미 예약된 것이었다.

임종전 나바르의 앙리에게 조언하는 앙리 3세

프랑스의 가톨릭 귀족들이 "이단"으로 생각하는 개신교 국왕에게 충성 맹세를 할 리가 만무하므로 결국 앙리 4세는 다음 셋 중 하나를 선택해야 했다. 맹세를 받지 않고 시외에서 왕으로 행세하든지 아니면 파리 귀족들을 진압하여 모두 개신교로 바꾸어 놓든지 그것도 아니면 자신이 가톨릭으로 개종하고 영주들의 맹세를 받든지 결정의 기로에 섰다. 이미 스페인과 교황청 등 가톨릭 동맹은 그를 이단자로 부르며 승계 불인정을 선언한 상황이었다.

이 모든 것을 다 떠나 당장 대관식을 집례할 파리의 주교도 위그노 출신 국왕을 거부하고 있었다. 국왕은 극단적으로 간다면 파리의 주교들부터 죽여야 할 상황이었다. 앙리 4세가 평생 사랑한 두 번째 왕비 가브리엘은 충심으로 가톨릭으로 개종을 권유했다. 파리 시민들도 국왕이 개종하면 왕으로 인정하겠다고 제안하였다. 고심 끝에 그는 신앙보다 왕관을 선택하였다. 개신교에서 가톨릭으로 변심을 선언하고 이를 파리에 통보한 것이다. 1593년 자잘한 전투들을 모두 마감한 앙리 4세는 기사 부대를 앞세우고 긴장이 감도는 파리로 입성하였다. 이듬 해 그는 하얀 가톨릭 성의를 입고 샤르트르 대성당에서 미사와 즉위식을 가졌다. 이때 그는 나지막이 이렇게 내뱉었다.

"파리는 미사만큼 가치가 있다(Paris is worth a mass)."

미사를 드리기 위해 자신이 가톨릭으로 옮기는 것이 아니라 파리를 얻기 위해 신앙을 바꾼다는 뜻이었다. 현저히 개신교 세력이 열세였기에 또 더구나 가톨릭의 본산 파리에서 개신교도로서 통치한다는 것은 무모한 행위라고 판단했기에 앙리 4세는 개종을 택하였다. 사실 앙리의 변신은 신학적 고민에서 나온 것이 아니었고 생존과 평화를 위한 선택이었다. 프랑스의 유일한 개신교 국왕은 없어졌지만 그럼에도 앙리 4세는 9년 후 개신교의 부분적 자유를 가져온 낭트 칙령(Edict of Nantes, 1598)을 공포하여 그동안 함께한 위그노들에게 보답을 하였다. 이 칙령은 소위 프랑스식 "관용"을 공포한 것이었고 "신앙과 양심의 자유"를 부여한 것이었다.

"성 바르톨로뮤 축일 대학살"의 무대가 되었던 그 결혼식의 신랑이 26년 후 국왕이 되어 이처럼 놀라운 변화를 일으킨 것은 큰 위업이었다. 이로써 1562년부터 시작된 가문들의 정치적 유혈 대결은 종식되었고 종교적 대립도 일시 정지되었다. 개종한 국왕은 이 칙령을 통해 개신교 진영에 선의를 보였기 때문에 가톨릭 측이 사주한 수차의 피살 위기를 겪었다.

앙리 4세의 업적은 놀라웠다. "교육의 도시" 파리를 "경제의 도시"로 만들었고 평화를 이루어 "세계적 도시"가 되게 하였다. 문화를 부흥시켜 "예술의 도시"가 되게 했으며 센강에 다리를 놓아 파리를 확장하고 아름다운 대성당들과 왕궁을 건축하여 "건축의 도시"로도 명성이 나게 했다. 북아메리카 캐나다 동부에 탐험가들을 보내 식민지를 세워 해외도 개척하였다. 대륙에서 벗어나 "대해의 프랑스"가 된 것은 바로 그의 통치 업적을 나타낸다. 곧 프랑스는 강국이 되어 튜더 왕조의 영국과 세계의 패권을 다투게 되었다.

그러나 국민에게 사랑받은 앙리 4세를 암살하려는 극단적 가톨릭파의 끈질긴 시도는 기어코 성공하였다. 1610년 국왕은 마차에서 한 광신도의 칼을 맞고 세상을 떠났다. 그의 급작스런 죽음은 프랑스뿐 아니라 유럽에 큰 손해였다. 만약 그가 더 생존했더라면 수백만이 죽어간 30년 전쟁은 그렇게 쉽게 크게도 일어나지 않았을 것이다. 프랑스의 강력한 위상 때문에 오스트리아가 30년 전쟁을 함부로 개시하지 못했을 것이다. 설혹 개전이 되었어도 장기전으로 가지 않았을 것이고 보헤미아와 헝가리의 수백만의 희생도 크게 줄었을 것이다.

왕위는 셋째 부인 마리가 낳은 8살 왕자 루이 13세에 건네졌다. 이로써 앙리 4세와 그 후손들은 1789년 프랑스 대혁명으로 물러날 때까지 유명한 '루이' 왕조를 이루었다. 프랑스 대혁명 때 많은 국왕 동상들이 파괴되었으나 이후 가장 먼저 재건된 것은 바로 앙리 4세의 것이었다. 프랑스 백성들은 혼란을 종식시킨 그를 "선한 왕", "위대한 왕", "진실한 왕", "친절한 왕" 등으로 칭송하였다. 17년 전 앙리 4세가 파리에 왕으로서 처음 입성하던 날 경계의 눈으로 바라보았던 파리 시민들은 그의 암살 소식에 거리로 쏟아져 나와 슬픔의 눈물을 흘렸다. 한 아이가 부모에게 왜 이렇게 슬퍼하느냐고 묻자 그들은 이렇게 말했다.

"우리의 아버지가 돌아가셨다."

(P. F. Willert, *Henry of Navarre and the Hugenots in France*. 1893, 454.)

"일인지하" 리슐리외 추기경

앙리 4세의 아들 루이 13세는 장기간 어머니 마리 드 메디치의 섭정을 받아야 했다. 성인이 되고도 발음이 어눌했던 왕은 통치조차 의존적이었다. 그러나 루이 13세의 뛰어난 점은 유능한 인물을 구별해 낼 줄 아는 것과 그 인물에 대한 전적인 신뢰였다. 또한 그가 내린 정책적 선택들은 프랑스에 크게 해가 되지 않는 것들이었다. 섭정 마리는 아들의 권력을 수중에 넣으려다 실패하고 추방당했으며 모자간 관계는 끝까지 악화되었다.

루이 13세를 장기간 보좌하고 실권을 행사했던 인물은 추기경 겸 총리였던 리슐리외(Richelieu, d. 1642)였다. 뛰어난 판단력과 충성심으로 프랑스의 2인자로 살았던 리슐리외는 스페인을 패배시켜 강국의 지위에서 끌어내렸고 또 30년 전쟁에서도 개신교의 편에 서서 오스트리아와 대적하는 등 국제 관계와 외교 정책에 있어 큰 능력을 발휘하였다.

"독재자" 루이 14세

안정적인 통치를 펼친 루이 13세가 폐결핵으로 사망하고 왕자 루이 14세(1638-1715)가 4살의 어린 나이에 왕위에 올랐다. 새 왕은 선왕이 구축한 '왕국'의 강력함을 '왕실'의 강력함으로 대치시킨 인물이었다. 그는 국가와 세상을 자기중심으로 바라보았다. 별명 "태양 왕(Sun King)"이 시사해주듯 루이 14세는 무려 72년 동안 재위에 있으며 "신의 대리자"로 자처했다. 변화하는 근대에서 그는 오직 신만이 자신을 판단할 수 있다고 주장한 중세 교황 같은 사고로 행동하였다. 귀족들을 자신의 목욕 시중까지 들게 했는데 이들은 한심하게도 서로 왕의 몸을 닦겠다고 경쟁하였다. 가장 권위적 군주였던 그는 아예 이렇게 선언했다.

"짐이 곧 국가다(I am the State)!"

루이 14세가 가장 싫어한 단어는 '법'이었다. 그는 별도의 법을 지켜야 하는 영국 국왕을 한심스럽게 여겼고 자신의 생각이 곧 법이라고 내세웠다. 내각도 의회도 불필요하며 모든 결정은 토론이 아닌 국왕의 명령에서 나온다고 생각했다. 경쟁자 영국이 내각 중심의 정치로 국가가 발전된 반면 프랑스는 철저히 그 반대인 국왕 중심으로 나갔다. 물론 루이 14세는 독재자이기는 했지만 백성을 무자비하게 살육하는 야만적 부류는 아니었다. 그는 가톨릭의 예수회를 강력히 지원하였고 해외 선교 단체인 파리선교공회도 후원하였다.

1700년 신체적으로 무척 문제가 많았던 스페인의 국왕 카를로스 2세가 후사가 없이 죽자 그 후계자를 놓고 유럽 각국 간 전쟁이 벌어졌다. 가장 가까운 계승자는 바로 루이 14세와 오스트리아의 황제 레오폴트였다. 루이 14세는 손자 필리프 5세를 스페인의 국왕으로 임명했다. 문제는 이 손자가 왕세자의 아들이므로 훗날 프랑스와 스페인의 공동 국왕이 된다는 사실이었다. 이 두 나라의 합병은 실상 유럽의 지배를 의미했기에 영국과 오스트리아는 이를 강력히 저지하고 나서서 프랑스를 상대로 전쟁을 벌였다. 소위 "스페인 왕권 계승 전쟁(1701-14)"이었다. 최종적으로 루이 14세는 손자 필리프 5세에게 스페인의 국왕으로만 존재케 하고 프랑스를 절대 양위하지 않겠다는 조약을 맺고 지루한 전쟁은 종결되었다.

루이 14세가 기획한 거대한 프랑스-스페인의 통합 왕국은 수립되지 않았지만 대신 거대한 궁궐은 건설하였다. 바로 파리 외곽에 길이 400미터가 넘는 규모로 지은 유명한 베르사유(Versailles) 궁궐과 그 정원이다. 내부는 상상조차 어려운 호화로운 예술품과 가구들로 가득 찼다. 왕궁에 자신의 얼굴을 닮은 수백 개의 그리스 신상들도 세웠다. 가장 호사스러운 곳은 17개의 거대한 유리창이 17개의 큰 거울들과 서로 마주보고 있는 '거울의 방(Hall of Mirrors)'이다. 이 왕궁은 루이 14세의 왕족뿐 아니라 프랑스의 귀족들의 거처였으며 수많은 파티 장소였다. 저급한 노름판도 많이 열렸지만 동시에 예술적인 발레 공연도 많이 열렸다. 공연 문화의 융성으로 인해 프랑스는 발레의 명국이 되었다. 발레의 역사 측면에서 보면 프랑스 왕 루이 14세는 발레 발전에 가장 큰 기여자였다.

궁전의 화려함과 달리 루이 14세의 가정사는 비극적 사건들로 초라하였다. 왕세자 아들은 온 몸에 검은 반점이 생겨 곪아터지는 천연두로 죽었고 손자도 갑자기 세상을 떠났다. 그는 프랑스를 아들도 손자도 아닌 겨우 다섯 살짜리 증손자에게 물려주어야 했다. 1715년 75세의 루이 14세는 세상을 떠났고 백성들은 그의 장례식을 외면하고 조롱하였다. 그는 말년에야 기억할 만한 명언을 겨우 남겼다.

"짐은 떠나지만 국가는 언제나 남을 것이다!"

(I depart, but the state shall always remain!)

루이 14세의 치세에 대한 평가는 엇갈릴 수밖에 없었다. 그의 공과가 너무나 극명했기 때문이다. 공헌의 유산이 더 컸는지 실정의 결과가 더 심했는지는 역사에서 무수한 논쟁을 불러 일으켰다. 분명한 것은 그의 프랑스는 최강국이었으나 동시에 그의 독재는 정작 후손을 파국에 몰아넣었다. 끝도 없는 전쟁과 왕의 호사스러움에 백성들은 고통스러웠다. 국가는 강했지만 국민은 궁핍했다. 프랑스인들은 세계에서 가장 많은 세금과 강제 노역을 감당하는 백성이었다. 50년간 지은 베르사유 궁궐은 의무노동으로 목숨을 잃은 수많은 인부들의 피로 세워진 것이었다. 수레는 공사장으로 벽돌을 실어왔고 나갈 때는 시체들을 내갔다. 국왕이 평생 벌인 온갖 전쟁판에서도 수많은 인명이 희생되었다. 물론 이는 한 세기 후 나폴레옹이 몰살시킨 프랑스 군대의 숫자에 비하면 훨씬 적은 수였지만 그럼에도 프랑스 백성들은 여전히 세계 각지의 전장에서 가장 많이 죽는 국민이었다. 프랑스의 호사스런 귀족들 다수는 가톨릭 주교들이었고 백성들의 비참한 생활과 피폐한 영성에는 전혀 무관심했다. 일반인들은 조국의 신앙으로서 가톨릭에 대해 애정과 증오를 동시에 가지고 있었다.

5살의 루이 15세는 59년 동안 재위하며 무기력한 통치로 일관하다 국민의 일관된 증오 속에 세상을 떠났다. 그도 아들을 일찍 잃어 손자 루이 16세가 왕이 되었다. 루이 16세와 마리 앙투아네트는 결국 프랑스 대혁명을 맞게 되어 분노한 군중들에게 목을 내놓아야 했다.

얀센주의의 출현

1600년대 중엽 루이 14세의 통치기에 프랑스 가톨릭의 폐쇄성에 도전하는 새로운 개혁 운동인 얀센주의(Jansenism)가 등장하였다. 네덜란드 출신으로 프랑스에서 활동한 얀센(Cornelius Jansen, d. 1638) 주교는 가톨릭의 형식주의를 부정하였다. 그는 중세의 대교사 아우구스티누스(St. Augustinus, 430)의 사상에 기초하여 인간이 절대적으로 타락했기에 신의 은혜가 필수적이라고 주장했다. 그는 제도, 건물, 의식의 가치를 절하하고 인간의 변화와 삶의 절제를 더 중시하였다. 얀센의 주장들은 분명 공로를 중시하는 전통적인 가톨릭과는 다른 것이었고 오히려 칼빈주의 청교도들과 흡사하였다. 얀센의 사후 그의 사상은 더 확산되어 얀센파를 낳았다.

국왕 루이 14세는 얀센파를 개신교와 유사한 이단으로 간주하고 처형하기 시작했다. 개신교의 확산은 왕권에 대한 민주적 도전을 낳는다고 확신한 루이 14세는 개신교와 얀센파의 성장을 결사 저지하였다. 큰 세력의 예수회도 얀센파를 공격하고 핍박에 앞장섰다. 수구적인 루이 14세는 개혁을 수용할 생각도 사회를 진보시킬 계획도 없었다. 더구나 이 절대 군주는 한 세기 전인 1598년 개신교에 부분적 자유를 허용한 낭트 칙령도 아예 철회하고 개신교를 불법으로 선포하였다. 많은 프랑스 개신교도들은 혹독한 박해로 인해 고국을 떠나 영국, 네덜란드, 신대륙 미국으로 건너갔다.

근대 유럽의 대표적 지성: 블레이즈 파스칼

내적으로는 얀센주의와 개혁 사상을 억압하고 외적으로는 30년 전쟁으로 살육전이 벌어지는 혼란한 상황에서 프랑스에 인간의 실존적 의미를 성찰한 세계적인 지성 블레즈 파스칼(Blaise Pascal, 1623-1662)이 등장하였다. 수학자요 철학자이며 신학자였던 파스칼은 당시 시대처럼 어둡고 우울한 삶을 살았다. 아니 정확히 표현하면 그는 의도적으로 어둠의 세계로 들어갔는데 그 까닭은 암흑 속에서 빛을 더 잘 보기 위해서였다. 그는 십자군 운동의 발원지로 프랑스 중심에 위치한 클레몽-페랑에서 태어났는데 3살 때 어머니를 잃고 파리에서 교육을 받았다. 파스칼은 수학과 과학의 천재였기에 이미 11살 때 소리의 진동에 관한 연구 논문을 썼고 십대 후반에 이미 라틴어와 헬라어를 고급 수준까지 공부하였다. 금융투자로 인해 복잡한 수 계산에 늘 골머리를 앓은 부친을 위해서 파스칼은 계산기도 고안해 주었다. 그의 저서『수학의 철학(Philosophy of Mathematics)』은 기하학 발전에 크게 기여했다.

파스칼 동상 - 루브르 박물관 소장
by Augustin Pajou 작품

31살 되던 1654년 파스칼의 인생에는 스스로 최대 사건이라고 부른 "회심"을 경험하였다. 그는 얀센주의로부터 영향 받은 후 자신의 탐구를 수학과 물리에서 '한계'와 '영원', 즉 인간과 신성으로 바꾸었다. 여러 질병들로 끝내는 평생 목발을 짚는 불구의 몸까지 되자 파스칼은 육적 세계에서 내적 세계로 들어갔다. 위기의 순간마다 그는 이렇게 외쳤다.

"철학자의 하나님도 과학자의 하나님도 아닌 아브라함과 이삭의 하나님이 나에게 무한한 긍휼과 위로를 주신다."

(Blaise Pascal, *Pensees*. 449〔557〕.)

파스칼의 저술 『팡세(Pensees)』는 서구 근대사상사의 위대한 작품이다. '팡세'란 "생각들(thoughts)"을 뜻한다. 이 책에서 그는 불신앙의 세계에서 신앙의 가치를 변호하였고 형식적 신앙 세계에서 내적 성찰을 강조하였다. 파스칼은 인간이 얼마나 작고 어리석으며 거대한 우주 앞에 나약한 존재인지 지적하였다. 동시에 시간 속의 인간이 영원의 절대자와 만나는 것이 얼마나 큰 감격인지도 기술하였다. 신앙은 자기 절망을 통해 절대 소망으로 가는 것임을 주장했다.

한편 파스칼은 과학과 신앙의 조화를 추구하였다. 과학으로 사물을 보는 것처럼 신앙을 통해 자아를 성찰해야 전인적 학문 추구가 가능하다고 믿었다. 이러한 면에서 진정한 과학자는 신학자요 신학자는 바로 과학자여야 한다고 주장했다. 파스칼은 쾌락보다 고행을 선호하였고 순수해지기 위해 고통이 필요하다고 믿었다. 그는 진실로 인간성을 망각한 잔혹한 교리의 시대에 참 신앙의 의미를 겸손히 추구하며 프랑스의 명예를 복구한 근대의 수도자적 철학자였다. 마지막 해에 자신의 누이가 죽자 파스칼의 감정은 더 침울해졌으며 건강이 악화되어 갈망하던 영원의 세계로 떠났다. 그의 마지막 말은 이것이었다.

"하나님, 저를 결코 버리지 마옵소서."〔May God never abandon me!〕(Jane Muir, *Of Men and Numbers*, 1996, 104.)

3. 대탐험과 남아메리카 정복

대륙과 대양의 발견

중세는 유럽이 세계의 중앙이라고 믿던 시대였다. 기껏해야 아시아에 대해 피상적으로 알고 있던 유럽인들은 대탐험들로 인해 더 이상 자신들이 세계의 중심이 아님을 깨달았다. 포르투갈과 스페인은 가장 먼저 탐험에 나섰고 영국, 네덜란드, 프랑스가 바로 뒤따랐다.

탐험에는 주로 세 가지 목적이 있었는데 이는 선교와 황금과 무역이었다. 중세의 전설적 인물 '사제왕 요한(Prester John)'을 찾으려는 공상적인 모험가들도 탐험의 세계로 나섰다. 1486년 아프리카 남단을 항해한 포르투갈의 바돌로뮤 디아즈(Bartholomew Dias, d. 1500)도 사제왕 추종자였다. 그는 아프리카 남쪽 끝에 이르자 더 이상 폭풍 때문에 항해를 할 수 없었고 이 때문에 그곳을 "폭풍봉"이라고 불렀다. 하지만 후배 항해자들은 이곳이 인도로 돌아가는 매우 중요한 항로라는 것을 깨닫고 이를 '희망봉(Cape of Good Hope)'으로 바꿔 부르기 시작했다. 희망봉을 돌아 인도나 아시아로 가는 길은 매우 험한 항로였지만 점차 운송량이 늘어났다.

과학은 지구가 둥글다는 것을 증명해 주었고 지구를 돌 때 유럽의 서쪽으로 도는 항로가 인도를 갔다 오기에 훨씬 짧다고 생각한 인물이 바로 크리스토퍼 콜럼버스였다. 콜럼버스는 스페인의 이사벨라 여왕으로부터 지원을 받아 1492년 8월 3일 금요일 88명의 선원들과 함께 '니나(Nina)', '핀타(Pinta)', '산타마리아(Santa Maria)' 세 척의 배로 대서양으로 나아갔다. 대다수의 선원들은 탐험에 성공하면 사면되는 중범죄자들이었다. 온갖 고초를 겪은 끝에 두 달이 지난 10월 12일 콜럼버스는 대서양을 건너

마침내 육지를 발견하였다. 콜럼버스는 아시아의 동인도를 발견한 것으로 믿고 자신이 발견한 땅의 원주민들을 "인디언(Indian)"이라 불렀다. 사실 지구는 그가 예상했던 것보다 몇 배나 더 컸다. 그가 발견한 것은 유럽과 아시아 중간에 놓인 거대한 신대륙 아메리카였고 원주민은 '인디언', 즉 인도 사람들도 아니었다. 그럼에도 불구하고 이 '인디언' 용어는 "아메리카 원주민(native American)"이라는 현대적 용어로 대체될 때까지 아주 오랫동안 사용되었다. 첫 항해에서 신대륙의 황금과 향료와 상품을 갖고 귀환한 콜럼버스는 유럽의 영웅이 되었다.

이사벨라 여왕을 설득하는 콜럼버스 - 1893년 미국 발행 기념우표

스페인 선장 아메리고 베스푸치(Amerigo Vespucci, d. 1512)는 수차의 항해 끝에 대서양의 위도 항로를 정확히 제시한 인물이다. 또한 항해 학교도 설립하여 해양학 발전에 크게 기여하였다. 무엇보다 그는 콜럼버스가 발견한 대륙이 인도가 아니라 신대륙임을 밝혀내었다. 신대륙의 발견은 콜럼버스가 하였으나 그 정체는 아메리고가 알렸기에 이 대륙의 명칭은 '아메리카'가 되었다.

남미는 스페인과 포르투갈의 무대였지만 북미 대륙은 영국과 프랑스의 차지가 되었다. 아메리카 대륙은 콜럼버스가 발견했으므로 한동안 '컬럼비아(Columbia)'라고 불렀다. 후에 이 별칭은 북미를 지칭하는 용어가 되었다. 미국의 수도 워싱턴 디씨의 'D.C.'는 "컬럼비아의 영토(District of Columbia)", 즉 특정 주가 아닌 미국 소유의 땅이란 뜻이다. 영국은 미대륙 동부를 차지하였고 뉴잉글랜드로 불리게 되었다. 프랑스는 지금의 캐나다 동부 지역으로부터 미국의 중남부를 관통하는 지역에 뉴프랑스 식민지를 건설하였다. 이는 루이 14세의 영토라는 뜻으로 '루이지애나(Louisiana)'라고 불렀다. 뉴프랑스의 수도는 퀘벡(Quebec)이었다.

1519년 마르틴 루터가 종교개혁을 확산시킬 때 페르디난드 마젤란(Ferdinand Magellan, d. 1521)은 최초로 지구를 한 바퀴 항해하는 여정을 시작하였다. 그의 배는 거센 파도의 남미 동쪽 해안을 돌아 새로운 대양으로 접어들었다. 너무나 크고 고요한 이 바다를 마젤란은 "평화의 해양", 즉 태평양(mare pacifico)이라고 불렀다. 그러나 인생의 역설처럼 평화로운 바다의 끝자락에는 그의 생을 마감시키는 대변고가 기다리고 있었다. 태평양을 횡단을 마칠 즈음 아시아 대륙 인근에 수많은 섬들로 이루어진 지역을 발견하게 되었을 때 마젤란은 그곳을 자신의 군주인 스페인 국왕 필리프 2세의 이름을 따서 '필리핀'이라고 불렀다. 이후 이 명칭은 그 나라의 국명이 되었다.

마젤란은 필리핀 세부(Sebu)에서 원주민들과의 충돌로 성경을 해변에 남기고 세상을 떠나 역사적 항해를 완수하지 못했다. 그러나 그의 선원들은 항해를 진행시켜 스페인으로 귀환하여 마젤란에게 세계 최초의 지구일주 항해자라는 영예를 안겨주었다. 그렇지만 280명의 출발 선원 중 단 31명만이 돌아왔기에 영예만 말하기에는 너무나 큰 희생을 치른 도전이었다.

도전의 탐험가들

탐험이란 늘 죽음을 각오한 도전이었다. 음식을 신선하게 저장할 수 없었던 당시는 항해 기간 야채 섭취가 절대적으로 부족하였다. 비타민 결핍으로 입안이 헐고 피가 혼탁해지는 괴저병이 쉽게 발생하자 많은 희생자를 내었다. 예기치 못한 폭풍들은 수많은 함선들을 수장시켰다. 정확한 지도도 없었으므로 항해 방향도 수시로 어긋나 상상치 못한 변고도 많았다. 오늘날의 정확한 항해 경로는 그들의 목숨 값에 의해 얻어진 것이다. 때문에 탐험 시대의 초기에는 선원 지원자가 부족하여 죄수들로 채웠다.

탐험가들은 기대와 불안을 동시에 가졌으며 선원들은 서로 다투는 가운데서도 광풍이 휘몰아치면 모두 밧줄을 잡고 함께 기도할 수밖에 없었다. 신앙은 탐험가들에게 희망을 주는 강력한 근원이었다. 끝도 없는 대양 위 막막한 상황에서 글을 아는 선원이 읽어주는 성경 구절들은 황금을 찾아 떠난 이들에게 황금의 위안을 주었다. 수백 명으로 가득한 배가 떠나 수십 명으로 줄어 돌아온다 할지라도 과감히 돛을 달고 닻을 올린 탐험가들은 참으로 시대의 영웅들이었다. 비록 후대가 이들을 정복자들이라고 비난할지라도 그렇다.

탐험가들은 인간의 활동 영역을 넓히고 세계를 더 가까이 만나게 하였다. 사실 탐험의 가장 큰 동기는 물질적인 것 외에도 종교적이었다. 황금과 성경은 서로 전혀 어울리지 않으면서 인류 역사에서 언제나 인간 행동의 가장 중요한 동기였다. 황금을 찾아 떠난 탐험가들이 많았지만 또 상당수 많은 탐험가들은 경건한 동기로 떠났다. 탐험가들은 자신의 발견으로 순진하게도 기독교가 인디언들에게 쉽게 전래될 것으로 믿었다. 가톨릭의 선교는 진행되었고 신대륙의 원주민들은 놀랍게도 새 신앙을 쉽게 수용하였다.

탐욕의 정복자들

1492년의 신대륙 발견자 콜럼버스부터 숭고한 탐험은 정복의 탐욕을 품고 있었다. 이듬해 그는 다시 항해에 나섰는데 이번에는 17척의 배에 1200명의 군대를 인솔한 정복자의 모습이었다. 그는 오늘날의 아이티 섬 근처에 도착하여 식민지 마을을 설립하였다. 그곳의 타이노(Taino) 인디언들은 콜럼버스가 처음 왔을 때는 수만

스페인 부대와 타이노 인디언들의 만남 by Agustin Anavitate

명이었지만 불과 한 세대가 되기 전에 학대와 질병으로 모두가 사망하고 겨우 수백 명만 남게 되었다. 스페인 정복자들은 인디언들에게 황금을 상납할 것을 요구했고 거부하거나 양이 적을 경우 인디언들의 손목을 자르기도 했다. 이런 잔악한 행위는 19세기 말까지 지속되었다. 유럽에는 탐험이었지만 신대륙의 인디언들에게는 대재앙이었다.

스페인과 포르투갈이 세계 정복에 나서자 1493년 최악의 교황이었던 알렉산더 6세는 신대륙의 구획 정리에 관해 포고령을 내렸다. 그가 내린 경계선을 기준으로 양국은 남미를 나누어 분할하였다. 포르투갈이 점령한 지역은 브라질이 되었고 스페인이 장악한 지역은 나머지 남미 국가들이 되었다. 유럽인들은 황금의 꿈과 영토 소유를 위해 미 대륙으로 건너갔다. 1504년 19살의 군인 헤르난 코르테즈(Hernan Cortez)도 메소아메리카, 즉 미 대륙 중부의 인디언 마을들을 약탈해갔다. 그의 정복 사업의 절정은 남미의 가장 큰 원주민 나라인 멕시코의 아즈텍(Aztec) 왕국을 무너뜨린 것이다. 1519년 코르테즈는 550명의 병사들을 이끌고 왕궁으로 쳐들어갔다. 14대의 대포 소리에 수비대들은 놀라 도망갔고 수백 년 역사의 아즈텍 왕국은 간단히 무너졌다.

스페인의 남미 정복도 함께 진행되었다. 1513년 프란시스코 피자로(Francesco Pizarro)와 군병들은 파나마 산맥을 넘어 인디언 마을들을 약탈하였다. 그는 자신의 이름조차 쓰지 못하는 돼지 치기 출신이었지만 인디언들을 노예로 삼아 큰 지주가 되었다. 클레멘트 7세 교황은 이 정복자를 '선교사'로 부르며 칭찬하는 황당한 교서를 발표하며 남미 정복에 면죄부를 주었다. 1530년대 피자로는 더 남진하여 아타후알파(Atahualpa) 왕이 다스리는 잉카 제국을 침공하였다. 이 왕은 자신이 온 세상의 군주라고 착각한 형편없는 인물이었다. 아타후알파 왕의 5,000명의 호위대는 피자로의 전략과 소수 군대의 대포에 멸렬해졌다. 일부 백성들은 어이없게도 스페인 군대를 하늘이 보낸 해방자로 환영까지 했으나 이어진 대접은 학살극이었다. 잉카의 마지막 국왕은 체포되었고 피자로와 이렇게 설전하였다.

"대체 우리 신성한 〔잉카〕 땅을 침범한 너는 누구냐?"

"나는 사령관 피자로이며 신성 로마 제국의 황제를 대리하는 자이다. 너희 야만인들을 지극히 높으신 교황의 가르침으로 구원하기 위해 왔다."

"구원? 오늘 당신은 아무런 무기도 없는 백성 수천 명을 학살하지 않았는가! 두려움에 도망하는 자들도 죽이지 않았는가!"

"나의 〔스페인〕 군대들이 오늘 저지른 일에 대해서는 유감으로 생각한다. 우리는 생포하려 했었다."

(Siamak Akhavan, *The Universal Sign: Rediscovering Earth's Lost History*, 2010, 51.)

아타후알파는 황금으로 가득 찬 방을 주겠다며 협잡꾼 피자로와 석방 거래를 시도하였다. 피자로는 황금을 다 받은 후 약속을 어기고 왕을 처형하라고 명했다. 아타후알파는 죽으며 피자로에게 이렇게 말하였다.

"네가 믿는 교황이라는 자는 자신의 땅도 아닌 영토를 마구 침범케 하니 미치광이임에 틀림없다."

피자로가 정복한 지역은 페루가 되었고 그는 설립자로 간주되었다. 남미의 역사에서 정복은 단선적인 평가를 내리기가 어렵다. 스페인 정복자들은 원주민 아내를 통해 혼혈 자녀들을 낳았고 다시 이들은 아프리카에서 건너온 흑인들과 인종적 혼합을 또 이루었다. 현재 남미인들에게 정복과 피정복의 사건들은 모두 자신들의 생성 역사이다. 즉 그들은 정복자의 후손이며 동시에 피정복자의 자손이라는 두 정체성을 동시에 지녔다. 가해자와 피해자의 피가 동시에 섞인 대륙인들은 역사에서 흔하지 않은 예이다. 때문에 유럽의 정복을 전적으로 부정적으로 볼 수 없는 역사적 현실이 존재한다.

스페인의 식민지 영역은 남미와 북미 대륙에 걸쳐 유럽 국가 중 가장 광대하였다. 이를 '뉴스페인(New Spain)'이라고 불렀다. 브라질 지역을 제외한 남미 전역은 물론 북미의 플로리다와 텍사스, 애리조나, 캘리포니아 남부까지 오랫동안 스페인의 영토였다.

사라진 인종과 사로잡힌 인종

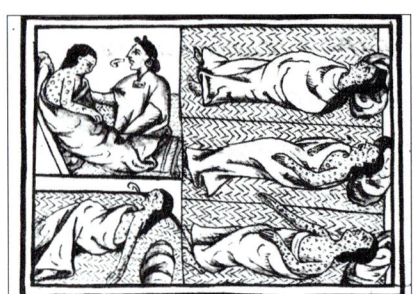
천연두(smallpox)에 감염된 남미 아즈텍인들의 모습- in Nueva Espania of Florentine Codex

신대륙의 발견은 원주민들에게는 대재앙이었다. 사실 수천만에 이르렀던 아메리카의 원주민들은 유럽에서 옮겨온 각종 전염병으로, 학살로, 학대로, 기근으로, 내전으로 비참하게 희생되어 수백만으로 줄어들었다. 인디언들은 물과 함께 사는 종족이었지만 당시 유럽인들은 목욕을 거의 하지 않았고 몸에서 나는 악취는 향수로 메웠다. 역설적이게도 불결한 유럽인들은 인디언들보다 면역력이 더 강했다. 유럽인들이 옮겨준 천연두와 매독 등 온갖 질병에 인디언들은 속수무책으로 쓰러졌다. 특히 온 몸에 검은 반점이 생기고 상처가 곪아 피고름 범벅으로 죽는 천연두는 공포의 병이었다. 또한 정복자들과 상인들은 마치 허가받은 약탈자요 학살자였다. 1500년 유럽에서는 남미를 정복한 스페인이 자랑을 하고 있을 때 신대륙에서는 스페인의 군대가 조용히 수많은 원주민들을 학대하며 처형하고 있었다.

아메리카 인디언들이 멸종에 이를 정도가 되어 식민지 농장에 노동력이 부족해지자 수백만의 아프리카 흑인들이 노예로 사로잡혀 미 대륙으로 이송되었다. 흑인 부족들은 서로 타 부족민을 잡아다 백인 노예 상인들에게 경쟁적으로 팔았다. 추악한 노예 무역은 전쟁에 버금가는 참극을 낳았다. 항해 중 배 쇠사슬에 매어 목숨을 잃은 흑인들이 무려 150만이나 되었기 때문이다. 유럽에 흑인 노예가 들어오기 시작하자 1435년 교황 유게니우스4세는 노예 무역을 하는 자는 파문하겠다고 엄포를 놓았지만 아무 소용도 없었다. 그나마 그 시대 제정신 박힌 교황은 이 인물뿐이었다.

신대륙의 컬럼비아 무역

신대륙 정복은 황금 발견의 시도에서 많은 농산품의 재배와 교역으로 이어졌다. 남미 아마존 유역에서 '엘도라도(El dorado)', 즉 "황금의 남자"를 찾으려는 우스운 탐사는 한동안 지속되었다. 엘도라도 부족을 찾는 것이 무위로 끝나자 황금을 채취하기 시작했다. 모래 속의 금가루를 흘러가는 물에 채로 쳐서 모으거나 금맥을 찾아 헤맸다. 광산에서 석영(quartz)이라는 금띠가 둘린 바위 덩어리를 캐서 이를 태우고 잉고트(ingot)라는 금덩어리를 추출해 내었다. 이런 채취 과정에서 인디언 원주민들은 엄청난 노동력을 착취당했다.

1500년대 초반 황금 생산이 줄어들자 신대륙과 아시아의 농산물을 수입하는 교역이 급증하였다. 특히 새로운 향신료와 조미료는 유럽인들의 식단과 미각까지 바꾸었다. 동양의 허브는 유럽의 식단을 풍요롭고 자극적이게 만들었고 다양한 음식들이 개발되었다. 향신료 무역은 대부분 수십 배의 이득을 안겨주었다. 차와 설탕도 온화한 기후를 가진 남미와 아시아의 식민지 농장에서 재배되었다. 부유층의 기호품들로서 늘 부족했던 차와 설탕이 대중화되자 달콤한 후식과 차를 마시는 식문화도 만들어졌다.

무역은 신대륙과 유럽 사이의 쌍방향으로 이루어졌는데 이를 "컬럼비아 무역(the Columbian Exchange)"이라고 부른다. 미 대륙에서 유럽으로는 감자, 고구마, 호박, 코코아, 스쿼시, 비버(beaver) 가죽 등이 수입되었다. 유럽에서 미 대륙으로는 각종 가축들과 바나나, 배, 오렌지, 포도 등의 과일들을 가져갔다.

"검은 음료"와 "검은 사람", 그리고 "검은 여왕"

1683년 비엔나 전투를 통해 커피가 유럽에 소개되자 한 세기 후 남미와 아시아에 세워진 유럽의 식민지에는 에티오피아의 커피나무를 이식하여 대량 생산이 시작되었다. 커피는 전 유럽에 들어가 세계적 기호품이 되었는데 아프리카 식민지의 아라비카와 동남아시아 식민지의 로부스타 개량종으로 대별되었다. 커피는 이슬람 거부 정서 때문에 유럽에서 한동안 "검은 음료"나 "악마의 물" 같은 별칭으로 불리며 수구적 종교인들이 혐오한 기호품이었다. 그러나 윗머리만 남겨두고 옆머리를 다 자른 모습이 특징인 흰 옷 입는 카푸치느(Cappuccin) 수도사들은 검은 커피에 우유 거품을 올려 흰 색으로 바꾸어 마시기 시작하였다. '카푸치느'의 원뜻은 바로 "윗부분"이나 "머리"를 뜻한다. 윗부분만 바꾼 그런 커피는 윗부분에만 머리털이 있던 카푸치느 수도회 이름을 따서 카푸치노(Cappuccino)라고 부르게 되었다. 로마 교황청과 에티오피아 정교회는 포도주 사용량을 확 줄게 만든 커피에 대해 근대까지 매우 부정적 태도를 보였지만 세계적 추세를 막을 수는 없었다.

아편과 담배(tobacco)도 주요 교역 품목이었으나 담배는 유럽에서, 그리고 아편은 아시아에서 주로 많이 소비되었다. 이것들의 해로운 점은 당시에도 잘 알려져 있었다. 영국 왕 제임스 1세는 흡연을 줄이기 위해 최초로 담배에 세금을 물렸다. 그러나 흡연 인구는 오히려 늘어났고 과세로 인해 왕실과 정부의 재정만 더 늘어났다.

가장 비극적인 무역은 바로 노예 매매였다. 아프리카 대륙이 유럽에 의해 약탈되기 시작한 16세기 이후 약 1,000만이 넘는 검은 대륙의 검은 사람들은 서구에 노예로 팔렸다. 자국민이나 외국인도 쉽게 처형했던 유럽인들은 흑인 노예들을 사오는 일에 오랫동안 죄책감을 느끼지 못했다. 노예들은 백인들이 잡아오기도 했으나 같은 흑인들이 포로로 잡아 파는 경우가 더 많았다. 사실상 아프리카의 흑인 노예들의 희생에 의해 서구는 막대한 부를 축적하였다.

서구에 대항하는 흑인들의 저항은 미미했지만 가장 주목할 만한 것은 아프리카 서부에 세워진 포르투갈의 식민지 은돔바(Ndomba) 왕국의 투쟁이었다. 포르투갈 군인들이 은돔바 백성들을 노예로 잡자 검은 얼굴의 은골라("여왕") 은징가(d. 1663)는 이에 맞섰다. 그녀는 출생 시 탯줄이 목에 감겨 나와 큰 인물이 될 것으로 원주민들이 기대한 여인이었다. 1620년경 그녀는 여인이었지만 기지와 용맹으로 부족의 군주가 되었다. 은징가의 통치기는 포르투갈이 침략한 험난한 시기였다. 자신이 기독교로 귀화하면 유럽의 침공이 중지될 것으로 생각한 은징가는 세례를 받았고 이름도 안나(Anna)로 바꾸었다. 그럼에도 포르투갈 군대가 서아프리카 영토를 잠식하고 백성들을 노예로 잡아가자 은골라는 이 유럽인들과 격렬히 싸워 일부 영토를 수호하였다.

서아프리카에 온 카푸치느 수사들은 포르투갈의 침공을 합리화하기 위해 은골라가 인신 제사를 한다고 왜곡된 소문을 퍼뜨렸지만 그녀는 사실 기독교 신자로 살았다. 오히려 자신의 백성들이 서구 문화를 접할 수 있도록 카푸치느 수사들이 선교하는 것도 허락하였다. 흑인들은 물론 마침내 커피를 좋아하는 이 수사들도 그녀를 존경하게 되었다. 그녀를 인정한 유럽인들은 이 왕국을 그녀의 왕 칭호 '은골라'를 따서 '앙골라'로 부르게 되었다.

"남미의 성자들" 몬테시노스와 라스카사스

노예로 전락한 아메리카 원주민들을 처음으로 옹호한 이는 스페인의 도미니칸 수도사 몬테시노스(Antonio de Montesinos)였다. 1510년 신대륙 정복 초기 그는 남미로 건너오자마자 자국인들의 패악을 목격하고 경악을 금치 못했다. 수많은 타이노 인디언들이 영토를 빼앗기고 노예로 전락했고 저항하는 이들이 처참하게 학살되고 있었기 때문이다. 스페인 이주자들은 원주민들을 보호한다는 명목으로 세금에 해당하는 노역을 강제로 시켜 사실상 노예로 삼았고 부족들의 땅과 금을 뺏기 위해 임의로 아무 때나 공격하였다. 1511년 12월 21일 몬테시노스는 남미의 스페인 사람들이

'남미 노예들의 사도' 라스카사스

성탄 축제 주일에 모이자 이들에게 다음과 같이 설교했다.

"대체 당신들이 무슨 권리로 이 인디언들을 노예로 삼고 학대하는지 말해보시오. 대체 당신들이 무슨 권리로 자신들의 땅에서 조용하고 평화롭게 사는 인디언들에게 전쟁을 선포하는지 생각해보시오. 나는 이렇게 셀 수 없을 정도로 무자비하게 학살하는 것을 이전에 본 적도 없습니다. 스페인은 이 죄로 반드시 심판을 받을 것입니다."

(Andre Alves & Jose Moreira, *Salamanca School: Major Conservative and Libertarian Thinkers*, 2010, 88.)

이 설교를 들은 총독과 이주자들은 반성은커녕 분노에 차서 몬테시노스를 본국 정부에 방해와 반역 혐의로 고발하였다. 스페인 국왕 페르난도 2세는 즉시 이 수도사를 소환하였다. 이때 몬테시노스에게 항의하며 동조하지 않았던 노예제를 찬동한 도미니칸 사제 한 명이 있었다. 그러나 이 사제는 1514년 성서를 묵상을 하던 중 "가난한 자"에 대한 구절을 읽고 일생 원주민들을 대변하기로 결심하였다. 이 도미니칸 수도사는 라스카사스 (St. Bartolome de Las Casas, 1474-1566)였다.

라스카사스는 50년 동안 어느 누구보다 강력하게 인디언들과 흑인들의 인권을 옹호하였다. 원주민들의 고통을 덜기 위해 흑인들을 수송하는 것을 지지했던 그는 나중에 이 생각도 철회하였다. 그는 스페인 정복자들의 잔인성을 고발하는 많은 글을 써서 유럽에 펴냈다. 1542년에는 이렇게 언급했다.

"창조주께서 뛰어난 재능을 주신 양같이 순한 이 원주민들에게 스페인 사람들은 마치 여러 날 굶주린 이리처럼, 호랑이처럼, 사자처럼 쳐들어가 이전에 듣지도 보지도 알지도 못했던 잔인한 짓들을 저질렀다."

(Bartolome de Las Casas, "Of the Island of Hispaniola, 1542", *Documents in the United States*, 2001, 10.)

라스카사스의 글은 스페인은 물론 유럽에 큰 충격을 주었다. 다른 수도사들이 라스카사스의 뒤를 잇기 시작했다. 갑자기 남미에는 많은 인권 운동가들이 생겨난 듯 했다. 때로 식민지에서 선교사들과 정복자들의 충돌도 발생했다. 대부분 비협조적이었던 총독들이나 농장주들은 자국 정부에 압력을 넣어 선교사들을 제한하는 정책을 펴게 했다. 유럽 군주들은 원주민 선교가 노예들을 계몽시켜 반란을 초래할 것으로 예단하고 선교사들의 사역을 방해하거나 통제하였다. 비록 노예제는 폐지되지 않았지만 마침내 라스카사스와 후배들의 노력이 결실을 맺어 스페인과 포르투갈 정부는 인디언과 흑인 노예들의 처우를 개선한 법을 제정하였다. 라스카사스는 "남미의 사도(Apostle of South America)"로 일컬어지며 이 대륙에서 가장 추앙받는 성자가 되었다.

신대륙에서의 선교사 수사들은 남미의 역사에 세 방향에서 지대한 영향을 끼쳤다. 도시의 설립, 원주민 옹호, 그리고 남미의 기독교화였다. 사실 북남미의 많은 마을과 도시들은 정복자들의 농장들뿐 아니라 선교사들이 세운 마을과 선교 캠프에서 비롯되었다. 대체로 선교사들의 공동체는 정복자들의 정착촌보다는 더 나은 곳이었다. 선교사들은 교회와 학교를 세워 교화와 교육에 열심이었다. 노예를 "반쪽 인간(semi-human)"으로 본 정복자들과는 달리 선교사들은 노예가 동등한 인간이라고 믿었다. 원주민들은 다양한 이유들이 있었지만 쉽게 개종하였다. 분명한 것은 수도사들만큼 원주민들을 호의적으로 대우하는 백인들도 드물었다.

물론 선교보다 사업에 몰두하며 대지주(props)를 꿈꾼 주교나 수사들도 많았다. 이들은 선교를 빙자하여 원주민들을 자신들의 농장에서 강제로 일을 시켰다. 개종을 권하고 거부할 때는 매질도 하였고 사소한 범죄에도 엄히 처벌하였다. 오히려 노예제를 변호하는 선교사들도 있었다. 이 때문에 어느 대륙보다도 남미는 기독교에 대한 이중적인 감정을 갖게 되었다. 가장 민중적인 종교이면서 동시에 가장 귀족적인 종교로 두 얼굴이 각인된 것이다. 이는 훗날 남미가 스페인과 포르투갈에 대항하여 독립을 주창하게 되었을 때 이를 외친 하급 성직자들과 독립에 반대한 고위 성직자들로 이분되는 원인이 되었다.

    1600년대 멕시코에는 무려 800만이 넘는 원주민과 흑인으로 구성된 노예들이 있었다. 이들은 거의 대부분 가톨릭 신자가 되었다. 남미에서의 가톨릭의 빠른 확산은 부정적 측면에도 불구하고 가톨릭교회는 원주민들이 기댈 수 있는 둔덕이었다. 바로 남미 선교에서 가장 큰 활동을 했던 이들은 가톨릭 재건 전위대였던 예수회 수사들이었다.

4. 가톨릭의 역종교개혁과 세계로 간 예수회

트렌트 공의회와 새 과학과의 갈등

종교개혁의 확산으로 큰 충격을 받았던 가톨릭교회는 외부적으로는 개신교를 반대하고 내부적으로는 갱신을 시도하였다. 이를 가톨릭의 "역종교개혁(Counter Reformation)" 또는 "반동 종교개혁"이라고 부른다. 현대 가톨릭의 모습은 종교개혁의 주장들을 반

가톨릭의 재건을 도모한 트렌트 공의회

영하여 크게 개선된 모습을 지니고 있다. 가톨릭의 개혁은 다음 세 가지 흐름을 통해 나타났다. 첫째는 영성 운동이며, 둘째는 트렌트 공의회이고, 셋째는 예수회의 활동이다. 교황청은 각국에 대한 통제력을 이미 상실한 지 오래였으므로 아빌라의 테레사(d. 1582)나 십자가의 성 요한(d. 1591) 같은 깊은 영성을 가진 지도자들이 등장하여 타락한 교회를 각성시켰다.

1545년 신성 로마 제국 황제 카를 5세는 교황 바울 3세에게 가톨릭의 개혁을 위한 공의회 개최를 요구하여 트렌트 공의회(Council of Trent)가 열리게 되었다. 온갖 소동과 다툼이 벌어진 이 공의회는 무려 18년 동안 세 번의 회기가 있었다. 이 공의회는 그동안 종교개혁과 영적 삶에 대해 방관하던 주교들이 새삼스럽게 모인 회의였다. 이들은 프로테스탄트와의 대화나 화해에 관해 진지한 관심이 없었고 오히려 개신교를 이단으로 배격하였다. 다만 구원을 위해 선행만을 우선적으로 내세웠던 과거 전통들을 수

정하여 선행과 믿음이 함께 필수적이라고 선언하였고 전통을 성서보다 우위에 두었던 중세 주장에서 한발 물러나 전통과 성서가 함께 최종 권위라고 공포했다. 화체설, 독신제, 그리고 교황청도 전혀 변화가 없었다.

그럼에도 트렌트 공의회는 일정 부분 로마 가톨릭의 개선의 몸짓이었다. 면죄부를 폐하였고 성직 매매도 금지하였다. 성직자의 자질을 높이기 위해 신학교를 세웠고 주교들의 호사스런 생활도 반성하였다. 이 공의회를 통해 가톨릭이 전면 개혁된 것은 전혀 아니지만 중세 천년의 역사를 고려할 때 이나마 개선 시도는 가장 의미 있는 것이었다.

그러나 과학과 새로운 사조에 대해서는 여전히 민감하게 반응하였다. 과거 청산도 바빴던 가톨릭에게 다가올 미래에 대한 준비는 벅찬 것이었다. 가톨릭의 이러한 보수성은 19세기 말까지 계속되었다. 개신교가 일찍 과학의 영역을 긍정한 것과 달리 가톨릭은 과학 문제에 개입하여 통제를 시도하였다. 조르다노 브루노(Giordano Bruno, d. 1600)는 도미니칸 수도사로서 과학자이자 천문학자였다. 그는 최초로 우주의 팽창하는 무한성을 가르치고 하늘의 별이 태양과 같은 종류임을 주장한 학자였다. 가톨릭은 브루노를 이단의 죄목으로 화형에 처했다.

또한 고향 피사의 사탑에서 낙하 실험을 하였으며 베니스에서는 안경을 발명했던 "현대 천문학의 아버지" 갈릴레오 갈릴레이는 교황 우르반 8세에게 이단 심문을 받았다. 사실 이 교황과 갈릴레오는 원래 교분 있는 사이였으나 교황청은 당시 모든 사람들이 신봉했던 아리스토텔레스의 지구 중심설(Geocentrism)을 지키고자 하였다. 아리스토텔레스는 우주는 완벽하며 그 중심에 지구가 있고 또 별들은 지구를 중심으로 돈다고 믿었다. 교황의 오류는 아리스토텔레스의 고전 천문학을 자신의 신앙과 연결시킨 것이었다. 그는 창조된 인간이 세상의 중심인 것처럼 지구가 세상의 중심이어야 한다고 생각하였다. 그런 상황에서 아리스토텔레스의 천문학이 갈릴레오의 책 『대화(Dialogue)』에서 비판당하자 아리스토텔레스를 추앙했던 교황은 갈릴레오를 비판하여 친분이 희석되고 이단 심문으로까지 이어졌다.

정확히 말하면 갈릴레오의 재판은 교회 대 과학의 대결이 아니라 아리스토텔레스 천문학 대 코페르니쿠스 천문학의 대결이었다. 교회는 단지 가톨릭의 교리와 아리스토텔레스 과학을 한편으로 묶는 잘못된 판단을 한 것이었다. 압력에 굴한 갈릴레오는 결국 자신의 주장인 태양 중심설(Heliocentrism)을 철회하였지만 속으로는 "그래도 지구는 돈다."고 되뇌었다. 사실상 명예와 영성 등 모든 면에서 실추된 로마 가톨릭을 복구한 단체는 과학에도 개방적이었던 새로운 수도회 예수회였다.

이그나티우스 로욜라와 "교황의 기사들" 예수회

1534년 8월 15일 파리의 몽마르트 성당에 모인 7명의 젊은이들은 예루살렘 순례와 이교도 선교라는 두 목표를 결심하며 새로운 수도회인 '예수회(Jesuits)'를 결성했다. 주도자는 이그나티우스 로욜라(Ignatius of Loyola, 1491-1556)였다. 이 단체는 한 세기 후 12,000여 명의 거대한 수도회로 발전하였다.

이그나티우스 로욜라는 스페인의 만레사(Manresa) 출신의 기사로서 전장에서 포탄을 맞고 다리에 평생 장애를 가지게 되었다. 그는 병상의 회복 기간 동안 성자들의 전기와 성경을 읽고 회심하여 전쟁 기사의 삶 대신 가톨릭교회를 수호하는 영적 기사의 삶을 결심하였다. 만레사의 광야에서 고행을 한 로욜라는 『영적 수련(Spiritual Exercises)』이라는 예수회의 훈련 교재가 되는 경건생활 교범을 썼다. 음식에 관한 규정에서 수련의 정도를 알 수 있다.

"(3조) 맛없는 음식을 더 먹도록 하라. 맛있는 음식을 자주 먹지 않도록 하라. 식욕이 커질수록 유혹도 커지기 때문이다."

"(4조) 음식을 먹는 동안 만약 그리스도라면 어떻게 식사하실까 또 식탁에서 어떤 말씀을 하실까 등을 생각하며 먹으라. 그리하면 너의 마음은 그리스도로 가득 차게 될 것이다."

(Ignatius Loyola, *The Spiritual Exercises of St. Ignatius*, 2000, 69.)

로욜라는 파리 대학에서 수학하며 프란시스 사비에르(Francis Xavier, 1506-1522)를 비롯한 동료들과 함께 예수회를 시작했다. 이들은 성지 순례를 희망했으나 갈 수 없었던 예루살렘 대신 유럽의 최고 성지 로마를 방문하였다. 1540년 교황 바울 3세는 예수회를 새로운 수도회로 승인하였다. 일반 수도사들은 청빈, 순결, 순종의 세 가지 서약을 하지만 예수회 수사들은 이 셋에 교황에 대한 충성을 추가하였다. 사실 예수회는 16세기 이후 가톨릭의 가장 강력한 전위대가 되었다. 이들은 가톨릭 개혁의 주역이었고 동시에 전횡의 주체가 되기도 했다. 교황의 전사들로서 개신교 탄압에도 선봉에 섰으며 동시에 선교사로서 가톨릭의 세계적 확장에 크게 기여했다. 만약 예수회가 출현하지 않았더라면 가톨릭의 신속한 재건과 거대한 확장이 어려웠을 것이다.

엘 그레코의 "가슴에 손을 올린 신사"

엘 그레코의 대표작 '오르가즈 백작의 장례'(1588)

스페인 톨레도에서 명성을 떨친 화가 엘 그레코(El Greco: 1541-1614)는 원래 크레타 섬 출신이었다. 그의 본명은 도메니코(Domeniko Theotokopolos)였으나 서유럽으로 이주한 후 "그리스인"이라는 뜻의 '엘 그레코(El Greco)'라는 이름으로 불리었다. 당시 스페인 국왕 필리프 2세는 냉혹한 자신과 그레코의 화풍이 분명 어울림에도 불구하고 그레코의 스타일을 별로 좋아하지 않았다.

사실 스페인의 톨레도는 타국인이 생

활하기에는 참으로 힘든 도시였다. 언제나 사람들을 심문하는 곳이었고 광장에는 이단으로 정죄된 이들의 처형식이 늘 열렸다. 한때 톨레도는 극단적 광기와 공포의 대표적 도시였다. 그런 곳에서 그레코의 예술은 더 빛을 발했다. 사실 종교적 극단주의가 세계사적 작품들을 배출한 예들은 역사에서 쉽게 찾을 수 있기 때문이다. 메소포타미아 종교는 지구라트를 냈고 죽음에 집착한 이집트 파라오들은 피라미드들

엘 그레코의 명작 '가슴에 손을 올린 신사'

을 건축했으며 헬라인들은 파르테논 신전을 만들었고 로마인들은 판테온을 세웠다. 톨레도의 편집적이고 냉혹한 분위기는 엘 그레코로 하여금 이전의 화풍을 거부한 자신만의 엄중한 분위기의 "표현주의(Expressionism)" 예술을 태동케 하였다.

엘 그레코의 대표작은 '오르가즈 백작의 장례(The Burial of the Count of Orgaz)'로서 산토 토메(Santo Tome) 성당 벽에 제작되었다. 이 그림은 14세기 톨레도에서 선행과 경건으로 존경받던 백작 루이즈(Don Gonzalo Ruiz)의 죽음을 애도하는 장면을 담았다. 빛과 어둠, 천상과 지상을 극명하게 대비시켜 강렬한 메시지를 전달한 명작이다. 엘 그레코는 성 프란시스에 관한 그림도 많이 그렸지만 그의 또 다른 수작은 '가슴에 손을 올린 신사(1578)'이다. 이는 예수회 수도회의 서약 모습으로 설명된다. 예수회 수사들은『영적 수련』의 교본이 명하는 대로 가슴에 손을 얹고 서약하였기 때문이다. 한 가지 확실한 것은 그 작품 속의 엄중함과 차가움, 백과 흑의 대비, 칼이 상징하는 호전성 등은 모두 예수회와 잘 어울리는 표상들이었다.

예수회의 다양한 활동과 가톨릭의 세계적 확장

예수회의 대표적 선교사 프란시스 사비에르

중국에 가톨릭을 전한 예수회 수사 마태오 리치 - by Emmanuel Preira

예수회 수사들은 광야에서 고립된 수도 생활을 거부하고 사회 속에서의 사역을 선택하였다. 당시 가톨릭 주류는 새로운 코페르니쿠스 천문학을 위험스럽게 생각했지만 예수회는 오히려 더 연구하고자 했다. 1750년까지 세계에 세워진 150여 개의 천문대 중 무려 30여 개는 예수회 수사들이 운영하였다. 수사 지오반니 리키올리(Giovanni Baptista Riccioli)는 최초로 달 지도와 지명을 만들었다. 또한 예수회는 가톨릭적 교육 기관을 도처에 설립하였다. 1640년대 중반 예수회 학교는 약 500여 개에 이르렀고 이탈리아의 파도바 대학, 로마의 게르만 대학, 독일의 잉골쉬타트 대학 등 고등 기관도 세워졌다. 1570년 예수회가 리투아니아 수도 빌니우스(Vilnius)에 세운 빌니우스 대학은 동부 유럽의 첫 대학이었다.

개신교가 세계 선교에 나서기 200년 전에 예수회는 스페인과 포르투갈을 기반으로 아메리카와 아프리카, 아시아의 중국 등에서 성공적인 가톨릭 선교를 하였다. 특히 로욜라의 가장 친한 동료인 프란시스 사비에르는 아프리카, 인도, 말레이시아, 일본, 그리고 중국 연안까지 선교한 근대 가톨릭이 배출한 최고의 선교사였다. 사비에르는 자신의 생애에 무려 10만의 이교도들에게 세례를 주었다.

중국에서는 이탈리아 출신 예수회 수사 마태오 리치(Matteo Ricci)의 활약이 두드러졌다. 1582년 중국에 도착한 리치는 황실의 허가 아래 유교적 문화를 존중하며 기독교를 전하였다. 그는 기독교의 '하나님'을 '상제(상티)'로 소개하였다. 1610년 세상을 떠날 때 이미 북경에는 2,000명이 넘는 신자들이 생겨났고, 1640년에는 그 수가 70,000명에 이르렀다. 그가 쓴 『천주실의』는 서구인이 한문으로 저술한 세기적 저서들 중 하나로서 기독교의 교리와 윤리를 대화체로 변증하는 내용이다. 이 책은 조선에도 전래되어 실학자 이벽과 정약용은 기독교를 수용하게 되었다.

예수회, 조선의 고난, 일본의 박해

1592년 4월 일본의 토요토미 히데요시는 임진왜란을 일으켜 조선을 침략했다. 약 200,000명의 왜군들은 부산에 상륙하여 삼진으로 나뉘어 조선 팔도를 도륙하였다. 왜군 선봉장들은 고니시 유끼나가와 구마모토의 성주 가토 기요사마였다. 그중 고니시는 아우구스티누스라는 세례명까지 받은 가톨릭 신도였고 그의 부하들도 다수가 신도였다. 일본은 1549년 예수회 수사 프란시스 사비에르가 도착한 이래 가톨릭이 확산되어 수십만의 신자를 둔 상태였다. 1590년 포르투갈 출신의 예수회 수사 세스페데스(Gregorious de Cespedes)도 일본에 선교사로 도착했는데, 그는 2년 후 임진년 겨울에 고니시 군대의 종군 신부로 조선에 온 인물이었다. 중요한 것은 사실상 이 세스페데스가 서양인으로서 처음으로 조선 땅을 밟은 사람이었다. 그는 조선의 혹독한 겨울을 견디지 못하고 곧 일본으로 돌아가 의미 있는 체류를 남기지는 못하였다.

조선을 침공한 왜군들은 순식간에 한양까지 점령하였고 선조 임금은 북으로 피신하였다. 나라의 운명이 백척간두에 있을 때 육지에서는 명나라의 원병이 활동하고 바다에서는 이순신 장군의 조선 수군이 승리를 거두기 시작했다. 정유재란 때 고니시 장군은 140,000명의 왜군으로 조선 수군을 누르려 했으나 연전연패하였다. 일본의 느리고 큰 함선 '안택선'

은 작고 빠르게 기동하는 조선 함선에 속수무책이었다. 고니시는 매 전투에 앞서 미사를 드리고 승리를 기원했으나 하늘은 조선 편이었다. 토요토미 히데요시가 세상을 떠나자 고니시 장군과 잔병들은 이순신 장군과 최후 결전 노량 해전을 벌였는데 해상 봉쇄망을 간신히 뚫고 일본으로 되돌아갔다.

임진왜란과 정유재란을 거치며 전란 7년 동안 조선은 폐허가 되었고 수많은 백성들은 전쟁 포로로 일본에 끌려갔다. 전쟁 후 사명 대사는 끌려간 수백 명의 백성들을 다시 데려왔으나 다수의 조선인들은 일본에서 노예로 살았고 일부는 심지어 유럽에까지 팔려 갔다. 고니시 유끼나가 장군이 소유한 일부 조선인들은 그의 영향으로 세례를 받고 가톨릭교도가 되었다. 이 포로들이 바로 조선 역사상 가톨릭과 개신교를 통틀어 첫 기독교 신자들이었다. 이중에 줄리아(Julia)라는 세례명을 가진 조선 처녀는 고니시의 수양딸이 되었다.

토요토미 히데요시가 죽자 1600년 장군들은 도쿠가와 이에야스의 동군과 고니시 유끼나가의 서군으로 나뉘어 패권을 놓고 세키가하라 전투를 벌였고 여기서 고니시는 부하들에게 배신당해 패배하였다. 고니시가 지지했던 토요토미 히데요시의 아들 히데요리는 먼저 할복하였다. 거칠 것이 없었던 도쿠가와는 마침내 일본의 권좌에 올랐고 패장 고니시는 사무라이로서 할복을 요구받았다. 고니시는 이렇게 말하였다.

"나는 기리시단(그리스도인)이다. 신자에게 자살은 죄이므로 스스로 죽을 수 없다. 그러나 쇼군(장군)으로서 죽기를 각오하니 너희들이 내 목을 치라."

결국 고니시는 교토의 거리에 끌려 다니며 모욕을 당하고 자신의 가족들과 함께 처형을 당했고 재산과 종들은 도쿠가와의 소유가 되었다. 도쿠가와는 고니시의 수양딸 줄리아에게 수청을 요구했으나 거부당했고 이에 그녀는 일본 고도로 유배되어 죽었다. 줄리아는 조선인 최초의 가톨릭 순교자가 되었으며 그녀의 기념비는 현재 서울 마포 절두산에 세워져 있다.

일본에 온 네덜란드인 윌리엄 아담스가 유럽 가톨릭 국가들의 공격성에 대해 자세히 고하자 도쿠가와 이에야스는 기리시단들을 처벌하였고 모든 가톨릭 선교사들을 일본에서 추방하였다. 그는 스페인 세력의 유입을 우려하여 일본 내의 가톨릭을 엄금하였다. 도쿠가와 이에야스를 계승한 아들 히데타다와 손자 이에미스도 많은 기리시단들을 나무에 매달아 처형시켰다. 특히 이에미스는 아예 일본의 모든 항구에서 외국 배들을 추방시키고 쇄국을 천명하였다. 조정의 허가 없는 외국과의 접촉은 무조건 사형에 처했다.

일본 토착화된 성모상과 예수 - 시마바라 유물

기리시단들이 많았던 나가사키에는 큰 유혈극이 일어났다. 성화를 바닥에 놓고 밟지 못하는 자들은 다 처형하였다. 설상가상으로 이 지역은 중한 과세로 큰 고통을 받고 있었다. 그때 16세 소년 야마쿠사 시로는 기리시단 농민들을 규합시켜 쇼군 이에미스에 맞섰다. 이것이 바로 1637년의 규슈 북부에서 일어난 '시마바라 봉기'였다. 종국에 사태는 진압되고 모두 처형되었다. 이후 일본은 한동안 매해 신년 초에 기독교 성화들을 바닥에 두고 이를 밟게 하여 망설이는 자들을 신자로 분류해 처형하였다. 결국 일본 기독교는 비밀리에 신앙을 지킨 극소수의 "가쿠레 기리시단(숨은 그리스도인들)"에 의해 명맥을 이어갔고 외형적으로는 소멸되었다. 예수회 수도사들이 들어 올린 일본의 십자가는 피로 내려졌고 일본은 19세기 메이지 유신으로 강제로 개국될 때까지 마치 분재에 담긴 작은 나무처럼 자신들만의 작은 세계에 만족하였다.

독일 출신 예수회 수사이며 천문학자인 아담 샬(Adam Schall von Bell: d. 1699)은 갈릴레오의 서책과 망원경, 그리고 성경을 중국에 가져와 전하였다. 샬은 청의 3대 황제 순치제의 중요한 자문으로 일했고 북경에 천주당을 세웠으나 말년에 역도로 몰려 옥사하였다. 흥미롭게도 아담 샬은 조선과 큰 인연이 있었다. 임진왜란 발발 40년 후 일어난 병자호란 때에 청에 10년간 인질로 잡혀간 조선의 소현세자는 북경에서 아담 샬과 교분을 나누었다. 이 현명한 세자는 아담 샬로부터 서양의 지식과 '서학(천주학)'이라 부른 기독교에 관해 배웠다. 아담 샬 신부는 소현세자에게 십자가를 선물했으나 세자는 이렇게 대답했다.

"내 나라 백성들은 아직 이것이 귀한 성물인지 모르기에 제가 조선에 가져가면 훼손될까 두렵습니다."

인질 생활에서 풀려난 소현세자는 조선 귀국 석 달 만에 의문의 죽음을 당하였다. 국제적이고 개혁적 안목을 지녔던 이 세자가 만약 왕위를 이었다면 일찍 서학과 문물이 들어와 조선의 국운이 분명 바뀌었을 것이다.

예수회의 빛과 어둠

예수회 수사들은 동서 문화의 가교였다. 벨기에 출신 수사 니콜라스 트리골트(Nicolas Trigault)는 1620년부터 중국에 무려 7,000권이 넘는 서양 서적들을 전달하였다. 또한 동양의 문물과 정보도 역으로 유럽에 소개하였다. 예수회와 도미니크 수사들은 필리핀의 설립에도 기여하였다. 어느 나라보다 필리핀 민족은 기독교에 호의적이었고 단기간 내에 가톨릭 국가가 되었다. 이슬람교가 중동에서 시작되어 동쪽 아시아로는 인도와 인도네시아까지 확산되었지만 일찍 가톨릭 국가가 된 필리핀에는 이르지 못하였다.

역사적으로 예수회는 공헌도 크지만 가톨릭 수호를 기치로 수많은 개신교도들을 학살하기도 했다. 갱신을 목적으로 탄생한 수도회가 수도주의 이상을 상실하고 종교 갈등의 도구가 되었다는 사실은 통탄할 점이었다. 또한 새로운 사조에 개방적이었던 예수회가 개신교회에 대해서만은 적대적으로 대했다는 사실은 예수회의 가장 큰 과오였다. 때문에 예수회의 등장으로 가톨릭과 개신교의 화해는 더 난망해졌다. 더구나 예수회는 가톨릭 내에서도 큰 문제가 되었다. 1700년대에는 각종 영향력을 행사하는 종교 권력이 되었다가 끝내 1773년 교황으로부터 해체까지 선고받았다. 한동안 위축되었지만 그로부터 반세기 후에 개선된 모습으로 다시 복권되었다.

5. 영국의 왕정과 크롬웰의 청교도 혁명

제임스 1세의 어긋난 통치

1603년 위대한 여왕 엘리자베스에 이어 스코틀랜드의 국왕이었던 제임스 6세가 영국의 왕이 되었다. 그는 영국에서 제임스 1세(d. 1624)로 불렸다. 새 왕은 영국 내의 정치 기반이 약했고 더구나 정치적 감각도 무딘 인물이었다. 그는 사실상 거의 모두를 자신의 적으로 만들었다. 국왕 제임스 1세의 가장 큰 문제는 왕권에 대한 인식이었다. 그는 이렇게 선언했다.

"국왕은 법 위에 있다."

그는 왕권신수설, 즉 왕권이 하늘에서 부여된 것이라는 이론을 신봉했다. 물론 타국의 왕들이 절대 권력을 행사한 경우도 많았으나 영국은 사정이 달랐다. 이미 대의 민주주의 정신을 가진 종교개혁 종파들도 많았고 또 국왕의 권한을 제한했던 대헌장 '마그나 카르타'까지 만든 중세의 경험도 있었기 때문이다. 국왕 제임스 1세는 독주하다 의회와 갈등 관계를 빚었고 가톨릭교도들과도 불화하였다. 영국에서 소수파인 가톨릭교도들은 제임스의 가문에 흐르는 가톨릭의 유전자를 기대하며 초반에는 국왕을 지지하였다. 그러나 이들은 불분명한 왕의 태도에 실망하였고 가톨릭 광신도 포크스(Guy Fawkes)는 개신교도 의원들은 물론 국왕까지 테러하기 위해 폭탄을 의사당에 설치하였다. 포크스는 실행 직전에 발각되어 처형되었고 이후 국왕은 가톨릭을 배격하게 되었다.

그럼에도 제임스 1세 왕이 가톨릭과 정반대 그룹인 청교도들(Puritans)과 우호적 관계를 가진 것도 전혀 아니었다. 청교도들도 처음에 국왕에게 큰 기대를 가졌었다. 왜냐하면 제임스 1세가 개신교가 강하게 뿌리 내린 스코틀랜드의 국왕 출신이었기 때문이다. 그들은 영국에서 개혁적인 프로테스탄트의 확산이 더 보장될 것으로 믿었다. 그러나 이것은 청교도들의 큰 착각이었다. 국왕 제임스 1세는 장로 교회 중심의 스코틀랜드에서 자신의 왕권이 제약받는 것에 큰 불만을 가졌기에 오히려 영국에서는 청교도들을 견제하였다.

국왕 제임스 1세는 영국의 국교회 이외의 일체의 예배나 집회를 금지하였다. 회중들은 자신들이 원하는 모임도 가질 수 없었고 다른 번역본의 성경도 선택할 수 없었으며 성직자를 초빙할 수도 없었다. 허락 없이 교회를 옮기는 것도 불법이었다. 마침내 국교회에 적응할 수 없었던 청교도들은 신앙의 자유를 찾아 네덜란드와 신대륙 미국으로 이주하였다. 1620년 미국에 첫 정착촌을 세운 필그림(Pilgrims)이 바로 그 시초였다. 한편 제임스 1세는 자질이 부족한 버킹엄(Buckingham)이라는 신하를 중용하였다. 이 심복의 전횡은 백성들로부터 국왕에 대한 신임을 더 잃게 만들었다. 더구나 영국의 적이었던 스페인과 화친하려고 했던 국왕의 시도는 반발만 초래하였다. 통치 기간 내내 분열과 갈등이 끊이지 않았던 왕실은 결국 그 아들 찰스 1세대에 이르러 파국을 맞게 되었다.

킹 제임스 성경 출간(1611)

제임스 1세에게 청교도 성직자 1,000명은 개혁 요구 사항을 적은 '청원서(Millenary Petition)'를 올렸다. 이 문서는 영국에서 "청소(purify)"되어야 할 가톨릭적인 요소들을 기록한 목록이었다. 십자가 성호 금지, 성자들의 절기 폐지, 사제의 호화 복장 제한 등도 있었다. 사실 청교도들은 결혼식 반지의 교환이나 성탄절조차도 중세의 유산으로 간주하여 부정할 정도로 보수적이었다. 국왕은 청교도들의 모든 청원 안건들을 다 거부했으나 유일하게 단 하나의 사항에 대해서는 승인을 하였다. 그것은 바로 영어 성경의 번역과 보급이었다.

1607년부터 1611년까지 54명의 영국의 학자들과 성직자들은 국왕의 승인 아래 영어 성경 출간을 위한 번역 작업을 수행했고 그 결과 국왕 제임스 1세의 이름을 딴 '킹 제임스 성경(King James Version)'이 출현하였다. 이 성경은 국왕의 공인을 받았기에 "공인 성경(Authorized Bible)"으로 불린다. 개혁의 확산에 아무런 관심도 기여도 없었으나 단 하나의 정책, 즉 성서 번역의 공인만으로 제임스 1세는 역사에 그 이름을 남기게 되었다.

   사실 청교도들과 장로교도들은 킹 제임스 역본에 대해 불만이 많았다. 번역 작업에 참여한 이들 절대 다수가 국교도이고 단 한 사람만 청교도였으며 또 번역 방향도 청교도주의가 아닌 국교회 전통에 맞추었기 때문이었다. 한 예로 유명한 구절인 "사랑은 오래 참고 사랑은 온유하며(고전 13:4)"를 번역할 때 킹 제임스 성경은 '사랑'의 단어에 'love'가 아닌 'charity'를 사용하였다. 이는 '자선'의 뜻인 'caritas(카리타스)'를 사용한 중세 라틴어 성경을 그대로 옮긴 번역이었다. 결과적으로 "자선은 오래 참고 자선은 온유하며"로 읽혀지게 되었기에 청교도들은 이 성경의 중세적 유산을 심히 불편해 했다.

   영국의 청교도들과 장로교도들은 오랫동안 『제네바 성경(Genevan Bible, 1560)』을 더 선호하였다. 이와 반대로 영국 국왕은 제네바에서 출간된 성경의 관주(주석)에 군주제에 반하는 내용이 들어 있어서 이를 싫어하였다. 출판에 대한 모든 권한을 지녔던 제임스 1세 국왕은 일절 다른 성서들을 출판하지 못하는 정책을 시행해 결국 킹 제임스 성경만이 보급되었다. 애초에는 외경도 같이 번역되어 묶여 발행되었으나 가격을 내리기 위해 또 청교도들이 외경에 무관심했기에 외경을 제외하였다. 영국의 세계적 영향력의 증가에 따라 킹 제임스 성경은 자연스럽게 "세계의 성경"이 되었다. 한편 영어의 보급과 영문학 발전에 있어 킹 제임스 성경 내의 시구, 산문, 리듬, 운율은 지대한 공헌을 하였다.

처형된 국왕 찰스 1세

　1625년 제임스 1세가 죽고 아들 찰스 1세가 왕위에 올랐다. 새 왕도 시민들이 기대않는 인기 없는 인물이었다. 찰스 1세가 대관식을 하던 날 축제 분위기는 고사하고 불길한 일들만 벌어져서 침침하기만 했다. 대관식 날은 비가 내렸고 템스 강을 건너는 왕실 배는 부서졌으며 국왕 반지의 보석도 빠지고 심지어 수도 런던에 지진도 일어났다. 사람들은 찰스 1세의 즉위가 영국에 불운을 가져올 것으로 우려하였다. 사실 이러한 유쾌하지 못한 사건들은 찰스 1세의 미래 비극적 운명을 예고하는 전조나 마찬가지였다.

　찰스 1세는 선왕 제임스 1세보다도 훨씬 더 심각한 독재자였다. 재위기간 내내 의회와도 또 청교도파와도 크게 대립하였다. 부과할 세금을 의회와 함께 논의하는 영국의 전통을 국왕은 무시하였다. 더구나 찰스 1세는 다수의 백성들이 외면한 가톨릭을 복구하고자 시도했다. 당시 영국인들에게 '가톨릭'이란 단어는 "독재"와 "매국"의 동의어처럼 인식되었다. 가톨릭이 영국에 복원되면 다시 백성들은 혹독한 주교들과 이탈리아 교황의 간섭 아래 놓이고 또 종국에는 영국이 프랑스나 스페인의 속국이 될 것으로 우려했다. 즉 가톨릭은 종교적으로도 또 정치적으로도 영국에서는 금기 사상이었다. 그럼에도 찰스 1세는 교회의 모든 종파들의 통합 정책을 세우고 영국과 스코틀랜드에 강제로 공포하였다. 중도파 영국인도 또 장로교파가 주류인 스코틀랜드인도 국왕의 친 가톨릭 정책인 종교 통합론을 수용할 수 없었다. 더구나 국왕이 가톨릭 신도인 프랑스계 왕비를 들이자 국민들의 실망은 극에 달했다.

　간간이 소집된 의회가 국왕에 반대하자 찰스 1세는 아예 의회를 해산하고 정책을 자기 마음대로 결정하였다. 특히 민주주의 사상을 견지한 청교도들을 혹독하게 핍박하였다. 찰스 1세는 청교도들이 일요일에 놀이와 게임을 하지 않는다는 사실을 알고 이를 조롱하기 위해 『안식일(일요일)의 놀이와 게임』이란 책자까지 내고 강제로 게임을 시켰다. 국왕은 목회자들에게 자신이 쓴 일요일 오락과 스포츠에 관한 책을 예배 시간에 의무적으로 낭독하라고 명했다. 국왕은 자신에 반기를 든 많은 청교도들의 귀를 잘랐다. 그의 치세 때 수많은 스코틀랜드인과 영국인들이 처형되었고 수만 명의 청교도들은 신대륙 미국으로 아예 이주하였다.

찰스 1세는 왕실의 재정이 빈약해지자 그동안 외면했던 의회를 새삼스럽게 소집하고 증세를 압박하였다. 이 의회는 이후로 길게 유지되었으므로 "장기 의회(Long Parliament)"라고 부른다. 의회는 상원(House of Lords)과 하원(House of Commons)으로 구성되었는데 상원은 영주와 주교들의 회합이었고 하원은 기사와 시민들의 대표였다. 국왕은 의원들에게 분담금을 요구하였고 하원은 역으로 찰스 1세의 독재에 항의하는 엄중한 탄원서(Grievances)를 제출하였다. 1641년 의회와 대결이 심화되자 찰스 1세는 독재를 비판하는 청교도 의원들을 체포하려고 의회에 군병을 데리고 난입하였다. 그러나 그들이 이미 도피하였기에 국왕은 체포에 실패하였고 의장과 이렇게 주고받았다.

"도망간 의원들이 어디 있소?"
"아무 말씀도 드릴 게 없습니다."

이 사태는 영국민들에게 찰스 1세에 대한 공분을 쌓게 하였고 청교도들을 군사적으로 뭉치게 하였다. 곧 왕을 지지하는 왕당파와 반대하는 청교도의 전쟁이 벌어졌다. 머리 모양을 윗부분만 남기고 짧게 깎아 "둥근 머리(Roundheads)"라는 별명을 얻은 청교도 군대는 뛰어난 사령관 올리버 크롬웰(Oliver Cromwell)이 지휘하였다. 1645년 13,000명의 "둥근 머리" 청교도 군대는 안개가 자욱이 낀 네이즈비(Naseby) 평원에서 7,000

찰스 1세의 재판
- from Nalson Record

여 명의 왕당파 군대를 대파하였다. 이후 모병에 실패한 왕은 의욕을 잃고 스코틀랜드로 도주하였지만 곧 체포되어 런던으로 압송되었다. 국왕의 학정과 내전으로 인해 그동안 무려 80,000 명이 넘는 희생자와 수십만의 피해자들이 발생했다. 영국민들은 국왕의 독선으로 초래된 비극에 분노로 들끓었다.

1649년 영국 왕 찰스 1세가 단두대에서 처형되는 장면

찰스 1세는 국왕에서 죄수의 신분으로 격하되고 반란죄로 특별 법정에 세워졌다. 그는 거칠게 항의하였고 재판장 존 브래드쇼(John Bradshawe)도 굽히지 않고 응수했다.

"대체 어떤 법적 근거로 합법적 국왕인 나를 재판에 세우는가?"

"영국 백성들과 이를 대표하는 의회, 즉 하원의 권위로 당신을 재판합니다."

(Richard Cust, *Charles I: A Political Life*, 2007, 454.)

역사상 최초의 공식적 국왕 재판은 마침내 이렇게 선고되며 마감되었다.

"피고 찰스 스튜어트는 국민의 복지와 이익을 돌보는 '제한된' 왕권을 받았음에도 불구하고 국민과 의회에 대해 전쟁을 벌이고 수많은 무고한 국민을 살해하였으므로 사형에 처한다."

1649년 1월 31일 찰스 1세는 화려한 궁궐을 뒤로하고 형장으로 끌려가 단두대에서 목이 잘렸다. 국왕을 폐하고 청교도 시민 정부를 수립한 이 사건을 바로 '청교도 혁명(Puritan Revolution)'이라 부른다. 사실 이 사태는 유럽 전체에 큰 충격을 주었으며 특히 프랑스나 신성 로마 제국 등 철저한 군주제 나라들을 경악시켰다.

크롬웰과 청교도 통치(1649-1660)

올리버 크롬웰 by Samuel Cooper

올리버 크롬웰(1599-1658)은 엄격한 청교도 신자였고 기병대 장교에서 지휘관까지 승진한 유능한 군인이었다. 그는 찰스 1세를 끌어내려 독재를 종식시킨 영국의 영웅으로 떠오른 후 1649년부터 11년간 "청교도(퓨리턴) 통치 시대"를 개막하였다. 이로써 영국 역사 1,000년 만에 처음으로 왕이 없는 시대가 열렸고 퓨리턴 통치는 영국과 세계에 국왕이 없어도 국가가 운영되는 실례를 보여주었다. 크롬웰은 이집트의 파라오로부터 이스라엘 백성이 탈출(Exodus)한 것처럼 영국민들도 무법한 독재자로부터 구함을 받았다고 믿었다. 기본적으로 크롬웰을 비롯한 청교도들은 칼빈주의의 영향 아래 민주주의와 법치를 중시하는 반독재적 정치적 성향을 지녔고 이점에서 청교도 혁명은 민주주의의 진보를 이룬 것이었다. 또한 청교도의 엄격한 도덕성과 절제의 정치는 영국 정계의 많은 부패를 추방하였다.

크롬웰은 국가수호자, 즉 '호국경(Lord Protector)'의 직위로 영국을 통치하였으며 스코틀랜드와 아일랜드를 복속시켜 대영 제국의 토대를 세웠다. 그의 또 다른 공헌은 영국의 사법 제도를 개혁한 것이다. 수사에서 판결까지 재판을 받는 과정마다 피고가 비용을 지불해야 했으므로 이런 사법 행정은 가난한 자들에게 늘 불리하였다. 때문에 억울한 일을 당해도 서민들은 재판 기회를 갖지 못해 권리를 잃거나 보호받지 못하는 경우가 비일비재했다. 크롬웰은 영국의 사법 제도의 개혁을 위해 입법을 촉구하며 의회를 압박하였다. 그러나 법률가가 다수인 의회는 많은 돈을 벌어온 기존 관행을 지키고자 크롬웰의 요구를 거부하였다. 크롬웰은 탐욕스런 의회를 해산하고 직접 "경건하고 정직한" 인사들을 의원으로 임명하였다.

새 의회는 비교적 청렴한 인물들로 채워졌기에 소위 "성도(Saints)들의 의회"라고 불리게 되었다. 크롬웰의 의회가 비록 지명직이었지만 사법부는 이 의회에 의해 여러 면에서 개선되었다.

또한 크롬웰은 약자를 동정하는 자비심이 많은 인물이었다. 스위스의 왈도파(Waldensian)들이 핍박받을 때 자신의 비서이며 작가인 존 밀턴(John Milton)을 통해 서신을 작성시켜 박해자인 사보이의 공작(Duke of Savoy)에게 보내고 선처를 요청했다. 유럽 대륙에 기근이 발생해 수많은 아사자들이 발생하자 그는 개인 재산에서 거금 2,000파운드를 기부하였다. 사실 청교도 통치기는 정치 지도자의 도덕적 자질이 얼마나 중요한지 여실히 보여준 시기였다.

그러나 도덕적 결벽증을 가진 사람이 타인에게도 이를 요구하듯 언제나 반듯했던 크롬웰은 백성들이 주정부리며 다투고 방종한 것을 그냥 둘 수 없었다. 이 호국경은 국민들에게 예의와 신사도를 강조하였고 위반 시에는 벌칙을 주었다. 아무리 질서의 나라였지만 카드놀이도 금지된 나라를 시민들은 좋아할 수 없었고 연극 공연이 줄어들고 찬송가만 부르라는 통치자를 환호할 수는 없었다. 물론 사상과 신앙 때문에 귀나 목을 자르고 불태우는 파리나 톨레도의 잔혹한 처벌들은 영국에서 없어졌지만 사회는 활력을 잃고 있었다. 크롬웰은 모든 이가 다 신앙적일 수 없고 또 경건이 강제될 수 없는 덕목이라는 점을 간과하였다. 그는 정치적 자유는 소중히 여겼지만 다른 권리들, 즉 문화적 자유와 행복 추구권을 무시하였다. 그 결과 점차 크롬웰의 인기는 바닥으로 떨어졌다.

1658년 백성들이 크롬웰의 퇴진을 바라고 있을 때 그는 이미 중병이 들어 업무를 더 수행할 수 없었다. 마지막 기도를 다음과 같이 올리고 두 눈을 감았다.

"백성들에게 분별력과 한마음을 주시고 서로 사랑하게 하소서! 그들을 구원하소서! 개혁에 매진하고 그리스도의 이름이 세상에서 영화로워지게 하소서!"〔Give them consistency of judgment, one heart, and mutual love, and go on to deliver them, and with the work of reformation, and make the name of Christ glorious in the world.]

(Samuel R. Gardiner, *Oliver Cromwell*, 1901, 315.)

크롬웰이 죽고 아들 리처드가 2년간 호국경에 있었으나 퇴진을 요구받고 망명을 떠났다. 그렇게 청교도 공화국은 종식되고 영국 의회는 새 왕을 초빙하여 왕정이 복고되었다. 사실 올리버 크롬웰에 대해서는 역사적 평가가 크게 엇갈렸다. 18세기 철학자 데이비드 흄(David Hume)은 그를 "냉혹한 독재자"라고 비판했다. 그러나 19세기 역사학자 토마스 칼라일(Thomas Carlyle)은 "자유의 영웅"이라고 칭송했다. 2002년 BBC의 설문조사에서 크롬웰은 지난 2,000년 영국 역사의 10대 인물에 선정되었다. 정치가로는 크롬웰 외에 엘리자베스 여왕과 처칠 수상만이 이 영예의 명단에 포함되었다. 크롬웰은 분명 370년 전보다 현대에 더 인기 있는 인물이 되었다.

6. 교파들의 등장과 명예혁명

1600년대 영국은 정치적 갈등과 혁명의 난립으로 큰 혼란에 처해 있었다. 여기에 생태학적인 엄청난 재앙들까지 발생했다. 이런 절망의 지옥에서 사람들은 소망의 낙원을 지향하는 영적 모임들을 만들었고 이것이 비로소 교회들이 되었다. 개신교의 많은 세계적인 교파들은 영국에서 태동되었다. 1600년대에는 성공회, 청교도, 회중 교회, 침례 교회, 퀘이커 등이 나왔고 1700년대에는 감리 교회가, 1800년대에는 구세군과 형제회와 부흥 운동이 출현했다. 이 장에서는 1600년대 종파들의 등장을 살펴본다.

침례 교회의 시작 (1606)

침례 교회는 청교도 혁명 이전인 제임스 1세 때에 시작되었다. 케임브리지 대학 출신의 존 스미스(John Smith)는 30대 설교자로서 제임스 1세의 국교회에 실망하여 1606년 독립적인 모임을 시작하였다. 1608년 국왕의 비국교도 탄압이 심해지자 존 스미스의 공동체는 관용적인 네덜란드 암스테르담으로 피신하였고 그곳에서 성인 세례와 물에 잠기는 침례를 강조하는 메노파(재세례파)와 연합하였다. 존 스미스가 결핵으로 사망한 후 토마스 헬위스(Thomas Helwys, c. 1616)가 새 지도자가 되었으며 이 공동체는 다시 영국으로 돌아와 '침례 교회'로 일컫는 교파를 시작하였다.

17세기 침례교도들은 미국에 건너가 로저 윌리엄스를 중심으로 로드아일랜드주를 수립하며 세계적 교파로 성장하였다. 침례교도들은 회중주의를 확산시키며 직접 민주주의적인 정신을 고양시켰다. 또한 자발적이고 능동적인 신앙 공동체들을 설립하였다. 천년의 역사에서 사실상 가장 대규모의 아래로부터의 신앙 운동이 침례 교회를 통해 시작된 셈이었다. 특히 미 서부 개척에 있어 침례 교회는 정신적이고 영적인 구심점이 되었다.

웨스트민스터 신앙고백 (Westminster Confession, 1646)

1643년 121명의 청교도 성직자들은 웨스트민스터 성당에서 회의를 개최하고 새로운 신조를 만들어 공포하였다. 이는 회의의 장소를 따서 '웨스트민스터 신조'라고 부르며 그 첫 부분은 이렇게 진술되었다.

"인간에게 자연의 빛, 지혜, 선의 요소들이 남아 하나님을 아는 지식을 제공하나 온전한 지식은 성경을 통해 계시된다."

이 종교 회의는 국교회의 주교 제도를 거부하고 민주적인 장로회 제도를 천명하였다. 이후 17년 동안 1660년까지 청교도 통치 기간에 영국 교회는 예정론을 고백하는 칼빈주의 교회로 변모하였다. 그러나 다시 왕정이 복고되면서 국교회, 즉 중도적인 성공회가 복원되었다. 스코틀랜드는 영국과 달리 이 신조에 입각한 장로 교회를 굳게 유지해갔고 1600년대 중반 이후 미 대륙에서 장로 교회는 크게 성장하였다.

조지 폭스와 퀘이커교도들

1640년 초 조지 폭스(George Fox, 1624-1691)라는 젊은 제화공은 세속적인 삶을 청산하고 경건과 내면의 빛에 대해 관심을 갖기 시작하였다. 그는 주위 성직자들에게 영적인 조언을 구하러 찾아갔다. 어느 국교회 사제는 폭스에게 담배를 피우라고 권했고 또 다른 사제는 피를 빼면 정신이 맑아진다고 말했다. 폭스는 영국 국교회의 화석화된 모습에 크게 실망하였고 획일적이었던 청교도주의나 엄격한 장로 교회도 선호하지 않았다. 1647년 조언자를 구하고 다닌 조지 폭스는 깊은 사색 끝에 내면의 큰 음성을 들었다.

"너의 유일한 조언자는 그리스도이다."

이후 그는 종교의 제도적인 요소들, 즉 건물, 장식, 양식, 복식, 사제, 성례, 신조, 조직 등을 모두 비본질적 요소로 간주하여 거부하고 대신 "내면의 빛"을 추구하였다. 폭스의 추종자들이

퀘이커들의 모임 by Bernard Picard

많아졌고 이들은 국교회를 떠나 자유로운 집회를 열었다. 신분 차별도 비판하고 또 종교세를 거부하고 국왕이 교회의 수장이라는 것도 부정하였다. 곧 폭스는 '미신고 집회'와 '무인가 거리 설교'의 혐의로 당국에 고발되어 재판에 회부되었다. 폭스는 판사 앞에서 자신의 교리를 설명하면서 성경 말씀을 묵상할 때 "떠는" 경험이 있어야 함을 강조했다. 이에 판사는 그들을 "떠는 자들"이라는 뜻의 '퀘이커(Quakers)'라고 별명을 붙였고 이것이 폭스파의 명칭이 되었다.

폭스는 생애 동안 6년간이나 옥살이를 하였고 많은 퀘이커들도 혹독한 박해를 받았다. 그 순수성에도 불구하고 퀘이커교도들은 전통을 지나치게 경시하고 내적 경험을 과도하게 강조한 불균형을 보였다. 그러나 그들은 신앙의 본질에 대해 어느 종파보다 깊은 갈망이 있었고 형식적 신자들보다 훨씬 더 진실하였다. 무엇보다 이들은 전쟁을 거부하고 평화를 외친 사람들이었고 영국 내에서 가장 자선에 힘쓴 이들이었다. 탄압 속에서도 퀘이커들은 10만을 넘게 되었고 마침내 1688년 종교 관용령이 선포되었을 때 이들은 비로소 박해에서 벗어났다. 1682년 폭스의 제자 윌리엄 펜(William Penn)은 신대륙 미국에서 퀘이커들을 중심으로 "펜의 숲" 지역, 즉 펜실베이니아(Pennsylvania)를 건설하여 자유와 관용의 가치를 구현하였다.

왕정 복고와 재앙 속의 소망

1660년 청교도 통치에 지친 영국 의회는 왕정을 복원하였다. 처형된 찰스 1세의 아들로서 프랑스에 망명했던 찰스 2세는 영국 해군의 호위를 받고 귀국해 왕위에 올랐다. 찰스 2세가 가장 먼저 한 일은 자신의 부친을 처형했던 올리버 크롬웰을 부관참시(exhumed execution)하는 것이었다. 1661년 1월 31일 웨스트민스터 대성당에 묻혔던 크롬웰의 시신이 파내어져 그 목은 길거리 장대에 걸어 두었고 유골은 불에 태웠다. 이 날은 정확히 12년 전인 1649년에 찰스 1세가 처형당한 날이었다. 오랜 뒤에야 웨스트민스터 성당 내부의 크롬웰 매장지에는 표식이라도 다시 붙일 수 있었다.

찰스 2세는 크롬웰의 정책을 모두 뒤집었고 청교도들을 탄압했으며 영국의 교회도 중도적 성공회로 되돌렸다. 백성들은 찰스 2세의 통치 초반에는 만족했었다. 복구된 것이 왕정뿐 아니라 극장과 술집도 도처에 생겨났고 또 귀족들의 무도회와 파티도 연일 이어졌기 때문이다. 그러나 찰스 2세 왕을 다시 부른 것은 의회의 큰 실수였다. 이 왕은 권력을 위해 수시로 식언하는 거짓말 대왕이었다. 1664년 그는 교회를 제외하고 일반 사회에서 5명 이상 모이는 모든 집회의 금지령을 내려 갑자기 소수 종파들을 억압하는 독재 정치를 시작했다.

찰스 2세의 영국은 즉위 5년 후 일어난 가장 참담한 재앙들로 추락하게 되었다. 1665년 기록적인 흑사병이 돌아 반년 만에 200,000명이 넘게 사망하였다. 사람들은 비좁은 선술집에 모여 술로 슬픔을 달랬으나 군집할수록 페스트균들은 더 퍼졌다. 더러운 구정물이 흐르는 하수도는 물을 마시는 상수도와 별 구분이 없었으므로 마실수록 다른 전염병들까지 함께 생겨났다. 길거리에는 처리 못한 시체들이 홍수 뒤 잔해처럼 방치되어 있었다. 온 가족이 사망한 곳은 묻어줄 사람도 없었다.

이듬해 1666년 9월 흑사병 피해가 아직 수습도 안된 상황에서 런던에

1666년 런던 대화재

는 더 처참한 재난이 발생했다. 조그만 제과점에서 일어난 불로 런던 대화재가 발생한 것이다. 바짝 말라있는 목조 건물들과 다닥다닥 붙어있는 수많은 가게들은 화마를 키우는 연료나 다름없었다. 13,000여 채의 주택들이 사라졌고 런던은 잿더미가 되었다. 시민들 다수는 절망적인 상실의 현실에서도 구걸 않는 자존심의 소유자들이었으나 일부 인간들은 수도에 거주하는 외국인들을 방화범으로 몰아 학살하는 극악한 자들도 있었다. 런던 대화재를 생생하게 기록한 영국 작가 존 이블린(John Evelyn)은 이렇게 탄식했다.

"런던은 어제 있었으나 오늘 사라졌다."

대화재는 수십만의 이재민을 내었지만 건축가 크리스토퍼 렌(Christopher Wren)의 주도하에 재건되었다. 영국의 위엄을 상징하는 세인트 폴 대성당을 비롯하여 많은 건물들이 건축되었다. 더러운 런던을 태웠다는 것이 그나마 위안 아닌 위안이 되었다. 한편 찰스 2세는 영국민들이 혐오한 가톨릭의 재건을 시도하기 시작했다. 엉뚱한 정책만 추구하는 국왕 찰스 2세에 국민들은 분노하였고 의회에는 국왕을 반대하는 휘그당(Whigs)이 만들어졌다. 그 상황에서도 국왕을 지지한 토리당(Tories)도 조직되었다. 이후 "토리당"은 보수 정파의 별칭이 되었다. 1685년 중풍으

감옥 속의 '땜장이' 존 번연

로 쓰러진 찰스 2세는 복통을 호소하며 이렇게 말하고 죽었다.

"이렇게 어려운 시기에 죽게 되어 참으로 미안하다."

국왕의 사망을 슬퍼한 영국 국민은 거의 없었고 그는 합당한 장례식도 받지 못한 채 웨스트민스터 성당에 묻혔다. 당시 재앙과 화마의 지옥에서 하늘을 지향하는 소망을 제공했던 이는 국왕이 아닌 비천한 영국인 땜장이였다. 바로 경이로운 명작 『천로역정(Pilgrim's Progress)』을 저술한 존 번연(John Bunyan, 1628-1688)이었다. 성직자가 아니었던 번연은 거리에서 바이올린을 켜며 형식적 종교를 깨고 소박하고 진실한 믿음을 전했다. 그러나 국교회를 반대하고 무허가로 설교한 죄목으로 번연은 1660년부터 12년간 투옥되었다. 그 중간에 한번은 판사가 불러 번연을 설득하려 하였다.

"그대를 풀어주면 오늘부터 설교 않겠다고 약속하는가?"

"오늘 풀어주면 바로 길에서 설교할 것입니다."

이런 대답에 그의 가석방은 물론 취소되었다. 1672년 찰스 2세 왕의 형식적 관용령이 공포되자 번연이 풀려났지만 3년 후에 변덕의 대가 찰스 2세의 관용령 취소로 또 투옥되었다. 그 와중에 번연은 아내도 잃고 딸도 장님이 되는 슬픔을 겪었다. 그의 『천로역정』은 투옥 기간에 저술된 것으로 한 순례자가 천상의 도성을 향해가며 겪는 시련과 인내를 해학적인 필치로 기술한 것이다. 세상의 고통 속에서 인간들이 고된 순례의 여정을 믿음으로 완수하면 영원한 안식의 빛의 세계가 있음을 역설하였다. 『천로역정』은 성경 다음으로 많이 번역되어 읽힌 책이 되었으며 크롬웰의 비서 존 밀턴이 쓴 『실낙원(Paradise Lost)』과 더불어 상상력의 절정을 보여준 영문학 작품으로 인정받았다.

"낙원을 상실한 인간"과 존 밀턴

존 밀턴(John Milton, 1608-1674)은 셰익스피어와 함께 영문학의 대문호로 간주된다. 런던에서 청교도 부모의 슬하에 태어난 그는 열렬한 청교도 혁명의 지지자였다. 밀턴은 젊은 시절 문학, 철학, 신학, 법학 등을 공부하며 학문적 두각을 나타내었고 청교도주의의 자유, 정의, 청빈, 민주주의, 공화 체제(Commonwealth), 비국교화 등의 개념을 주창하였다. 1660년 왕정이 복고되어 청교도 통치가 끝났을 때 밀턴은 1667년 불후의 명저 『실낙원(Paradise Lost)』을 저술하여 낙원을 상실한 현실과 자유의 퇴보를 애통해하였다.

전염병과 런던 대화재의 처참함 속에, 그리고 정치적 혼란의 배경에서 태어난 『실낙원』은 아담과 하와의 낙원 추방을 묘사하였다. 정치적으로 좌절하며 시력까지 잃어버린 밀턴이 진정으로 보기 원했던 것은 낙원의 발견이었다. 중세에 단테의 『신곡』이 정신사의 보석이었다면 근대에는 밀턴의 『실낙원』이 지성사의 보물이었다. 이 명저에서 밀턴은 천상의 전쟁과 지상에서의 대결을 흥미진진하게 기술하였다. 천상에서 하나님을 거역한 천사들은 그리스도에 패해 지상으로 내려온다. 타락한 천사들은 에덴 동산의 아담과 하와를 타락시켜 창조 세계를 파괴하는 또 다른 전략을 세웠다. 인간은 엄청난 죄책과 공포를 느꼈고 낙원으로부터 추방되는 벌을 받았다. 인간은 눈물을 흘리며 낙원을 떠나 방황의 길을 나선다. 이것이 언제나 우리 인간이 처한 현실인 것이다.

인간은 결국 불행의 길로 갈 것인가? 우리에게 진정한 자유는 과연 주어질 것인가? 어떻게 낙원을 다시 찾을 수 있는가? 이러한 질문들에 대해 밀턴은 대천사 미카엘의 입을 통해 그 답을 알린다. 선한 지식에 어울리는 행함과 미덕과 인내와 절제와 사랑을 인간이 추구해야 한다는 것이다. 낙원을 상실한 인간이 절망할 필요가 없는 이유는 하나님은 전능하셔서 어디든지 계시므로 인간이 하나님과 소통하는 한 다시 천국을 경험할 수 있기 때문이다. 이것이 바로 대문호 밀턴의 『실낙원』이 의도하는 바였다. 아담과 하와의 이야기를 통해 대문호 밀턴은 인간의 본성에 내재한 이 죄책과 공포를 주시했고 이를 극복하는 낙원에의 희망을 묘사했다. 신앙 문학인 이 책은 거시적 차원에서 고상한 가치를 상실한 영국의 정치적, 사회적 정황을 풍자하며 새로운 가치의 세계를 꿈꾸었다. 밀턴의 작품은 청교도주의에 영향을 받았으며 결과적으로 그의 자유와 정의 사상은 영국의 언어, 문학에 다시 깊은 영향을 주었다. 바로 밀턴의 이러한 사상은 대천사 미카엘이 다음과 같이 인간들에게 말한 내용에서 확인된다.

"그대가 에덴 동산을 떠났어도 실망할 필요는 없나니 산자와 죽은 자를 심판하시는 분이 신실한 자녀들을 축복하시기 때문이다. 그러므로 천상에든 지상에든 진정한 낙원이 다시 세워지리라. 그리고 그 낙원은 에덴 동산보다 더 행복한 곳이며 그대들은 기쁨의 날들을 맛볼 것이다."

(John Milton, *Paradise Lost*, 2005, 399.)

새 역사를 연 명예혁명(1688)

1685년 찰스 2세가 병사한 후 전부터 형이 죽기만 기다려왔던 동생 제임스 2세는 소원대로 왕위에 올랐다. 제임스 2세는 아예 가톨릭으로 자신의 종파를 바꾸고 가톨릭을 복원하는 것을 국가 최우선 과제로 삼았다. 그는 자신에 반대하는 국교회들과 청교도들을 가차 없이 처벌하고 단독으로 국정을 결정하였다. 민주주의까지 구현했던 나라가 갑자기 개인 소유물로 전락한 셈이었다.

제임스 2세가 가톨릭교도인 이탈리아 모데나 출신의 메리(Mary of Modena)를 왕비로 들이자 영국민들은 인내의 한계에 이르렀다. 만약 아들이 태어나 왕위를 이으면 분명 영국은 가톨릭 국가가 되어 중세의 옛 세상으로 돌아갈 것을 국민들은 우려하였다. 마침내 걱정이 현실이 되듯 제임스 2세에게 아들이 태어났다. 국민의 지지를 확신한 개신교도들의 의회는 제임스 2세를 밀어내고 새 왕을 옹립하기로 비밀 계획을 세웠다. 며칠 후 의회는 네덜란드에 은밀히 사신을 보내 그곳 통치자인 오렌지 가의 윌리엄 3세(빌렘 3세)와 왕비 메리 2세를 영국의 왕과 여왕으로 초청하였다.

1688년 11월 윌리엄과 메리 부부는 40,000명의 군대를 이끌고 영국으로 건너와 제임스 2세를 몰아내고 왕과 여왕, 즉 공동 군주로 즉위하였다. 사실 이 두 사람은 제임스 2세의 사위와 딸로서 아버지의 권력을 뺏은 셈이었다. 폐위된 제임스 2세는 프랑스로 망명하였다. 의회는 왕 윌리엄에게 권리 장전을 제출하여 동의를 받았는데, 그 내용은 국왕이 의회의 승인 없이는 법을 제정하거나 과세할 수 없고 상비군 유지도 의회와 상의해야 한다는 것이었다. 윌리엄 3세는 왕권을 제한하는 모든 조항들을 수용하였고 대부분의 국사도 각료에게 위임하였다. 그 결과 처음으로 국민의 자유와 권리를 보장한 평화적인 입헌군주국이 탄생하게 되었다. 유혈 사태 없이 민주적 정치 혁명을 이룬 이 사건을 "명예혁명(the Glorious Revolution)"이라고 부른다.

1694년 메리 2세는 천연두로 사망하고 윌리엄 3세가 홀로 통치하였다. 1700년 스페인의 카를로스 2세가 죽고 프랑스의 루이 14세가 손자를 스페인 국왕으로 임명하자 윌리엄 3세는 "태양 왕" 루이 14세 치하의 프랑스 독주를 막고자 오스트리아와 연대하여 맞섰다.

한편 1701년 영국의 왕실과 의회는 '왕위 승계법(Act of Settlement)'을 제정하여 가톨릭교도가 절대로 영국 왕위에 오를 수 없도록 명문화하였다. 또한 윌리엄 이후 메리의 동생 앤이 옥좌를 계승하고 만약 앤에게 후사가 없으면 제임스 1세의 손녀 가문인 독일의 개신교도 하노버 가에서 영국 왕위 승계자가 나온다고 정하였다.

이듬해 1702년 윌리엄 3세는 낙마 사고로 세상을 떠났고 그의 처제 앤(Anne, d. 1714)이 군주가 되었다. 앤은 개신교 신자였기에 공주 시절 가톨릭 신자인 아버지 제임스 2세로부터 크게 미움을 받았으나 험난한 시기와

18명의 아이를 모두 잃었던 비운의 영국 여왕 앤 - by Michael Dahl

많은 개인적 시련을 극복하고 끝내 여왕의 자리에 오른 여인이었다. 그녀는 세계를 소유했으나 평민도 가졌던 아이를 하나도 키우지 못했다. 18번이나 임신했으나 15번 유산하고 세 아이들도 일찍 죽는 비운 때문이었다. 정치를 내각에 위임한 그녀의 큰 위로는 자신이 영국으로 초청한 헨델이 들려주는 고상한 음악이었다.

1714년 앤 여왕이 죽자 왕위 승계법에 의거하여 개신교도로서 가장 가까운 친척인 독일 하노버 가문의 조지(George, d. 1727)가 왕이 되었다. 조지는 독일에서 성장하여 영어에 능숙하지 못하여 국사를 관장할 수 없었다. 때문에 많은 업무는 자문위원들에게 넘기게 되었다. 이들은 궁궐의 작은 방 '캐비닛(cabinet)'에서 늘 만났기 때문에 이 단어는 '각료'를 뜻하게 되었다. 국왕 조지는 로버트 월폴을 수상으로 임명하였고 이후 수상의 지위가 공식화되었다.

하노버 왕조는 지나친 국정 간섭을 피하고 정신적인 수반으로서 만족하여 내정을 안정시켰고 19세기 중엽 빅토리아 여왕 때의 대영 제국은 전성기를 구가했다. 참고로 하노버 왕조는 1차 세계 대전 이후 국민 감정을 고려하여 독일계 후손으로서의 이미지를 지우고자 '윈저(Windsor)' 왕조로 개칭하였다. 결론적으로 18세기에 유혈 혁명의 열풍에 빠진 타국들과는 달리 영국은 이미 17세기에 정치적 타협의 명예혁명으로 안정을 이루었다. 최강 제국으로 부상하며 지성사적 기여를 할 수 있었던 배경에는 바로 청교도 혁명과 명예혁명이 있었다.

7. 30년 전쟁의 참극과 영웅들의 비극

페르디난트의 분노와 30년 전쟁(1618-1648)의 시작

1600년대 세계는 대혼란의 시기였다. 영국의 혼란이 소득 있었던 갈등이었던 반면 유럽 대륙의 혼란은 무익한 비극이었다. 종교개혁이 일어난 후 정확히 100년이 되는 때에 유럽은 북쪽의 개신교와 남쪽의 가톨릭으로 나뉘어 있었다. 두 종파 간 갈등은 폭발 직전이었다. 이런 상황에서 한 광신적 군주가 등장하자 역사상 참으로 잔혹하고 쓸모없는 전쟁이 벌어지게 되었다. 이것이 바로 1618년에 시작된 '30년 전쟁(the Thirty Years' War)'이었다.

모든 사태는 오스트리아 공작 페르디난트 2세(Ferdinand II, d. 1637)로부터 비롯되었다. 1617년 그는 보헤미아의 왕으로 선출되었고 1618년에는 헝가리의 왕이 되었으며 1619년에는 산산이 쪼개진 독일의 왕이 되었고 직후 신성 로마 제국 황제로도 선출되었다. 문제는 예수회 교육을 받은 그가 순수한 가톨릭 신자의 수준에서 벗어난 무자비한 광기의 군주라는 것이었다. 갑자기 중부 유럽 일대를 지배하게 된 황제 페르디난트 2세는 자신의 관할 지역에 개신교도가 더 많은 것을 알고 경악하여 이들을 모두 가톨릭으로 되돌리거나 제거하기로 결심하였다. 이미 1555년 이후 아우구스부르크 협약을 통해 개신교가 용인되어 정착한 상황에서 이 편협한 황제는 이 조약조차 무시하였다. 예수회에 세뇌된 그에게 개신교란 혐오스런 이단에 불과하였고 프로테스탄트란 황제의 권력에 늘 "프로테스트(항거)"하는 반역도로 보였다.

1618년 페르디난트 2세는 보헤미아의 프라하에 두 명의 사신을 보내

프라하의 창문 투석 사건(1618) by Matthaus Merian

그곳 백성들에게 개신교가 불법이라고 선포하고 모두 가톨릭으로 복귀하라고 명령하였다. 200년 전 개혁자 얀 후스를 지지한 이래 개혁적 성향을 고수했던 보헤미아 주민들은 황제의 명령을 거부했다. 프라하의 개신교 귀족들은 가톨릭 황제가 보낸 특사 두 명을 약 17미터 높이의 건물에서 창문 밖으로 던져버렸다. 이를 "프라하의 창문 투석 사건(Defenestration of Praha)"이라고 부른다. '투석(defenestration)'이라는 용어는 "밖으로"라는 라틴어 단어 'de'와 "창문"이라는 'fenestra'를 결합한 것이다. 고층에서 떨어졌으나 왕의 두 특사는 기적처럼 거름더미에 떨어져 목숨을 건져 도망을 쳤다.

보헤미아인들은 아예 페르디난트 2세를 거부하고 개신교도 새 왕을 추대하였다. 이는 라인강 유역 팔라틴의 선제후 프리드리히(Friedrich) 5세였다. 반란을 접한 황제 페르디난트 2세는 즉각 군대를 일으켜 보헤미아로 쳐들어갔다. 그러나 이 전쟁은 여기서 끝나지 않고 많은 요인들이 얽히며 각국으로 전선이 확대되어 무려 30년이나 지속되었다. 참으로 비극적이고 지루했던 '30년 전쟁'은 이렇게 시작되었다.

황제 페르디난트 2세의 군대는 보헤미아 백성들을 무수히 학살하였다. 끝까지 저항했던 개신교 지도자들은 프라하 다리에 모두 목 매달려 죽었다. 보헤미아가 초토화되자 황제는 개신교 제거를 위한 더 큰 자신이 생겼고 이번에는 헝가리의 개신교도들을 목표로 삼았다. 헝가리에서 황제의 살육 행진이 진행되자 동부 트란실바니아(Transylvania)의 영주 베틀렌 가보르(Bethlen Gabor)는 개신교도 보호를 위해 당시 이 지역을 관할한 오토만 제국의 투르크 군대에게 도움을 청했다. 헝가리의 특사가 이스탄불까지 방문하자 술탄은 60,000명의 이슬람 기병대를 보내 페르디난트 2세의 군대를 저지시켰다. 물론 오토만 군대는 헝가리 관할권을 유지할 목적으로 원군을 보냈지만 역설적이게도 이슬람 군대가 헝가리의 많은 개신교도들을 구원한 셈이었다.

황제 페르디난트 2세는 이번에는 독일 북부의 개신교도들을 없애기로 결심하고 오스트리아 군대 외에 스페인의 군대를 증원했다. 수많은 독일 농민들은 프로테스탄트 신자라는 이유만으로 살육을 당하며 멸절의 위기에 놓였다. 이에 개신교 국가들은 자구책으로 연합군을 만들어 대항했다. 특히 덴마크의 크리스티안 4세는 황제 페르디난트 2세의 북진을 막고 개신교 수호를 위해 거병을 했고 영국 왕 제임스 1세도 덴마크에 지원병을 보냈으며 독일의 개신교 영주들도 합세했다.

두 전쟁 영웅의 대결: 발렌슈타인과 구스타프 아돌푸스

황제 페르디난트 2세는 "전쟁 기계" 발렌슈타인(Albrecht von Wallenstein)을 사령관으로 임명하여 개신교 연합군에 맞서게 했다. 30년 전쟁 초반 "발렌슈타인의 군대", "가톨릭 군대", "합스부르크 군대", "신성 로마 군대", 또는 "오스트리아 군대"는 사실상 모두 같은 군대를 지칭했다. 신성 로마의 발렌슈타인과 덴마크 크리스티안 4세 사이의 대전은

합스부르크 군대 사령관 발렌슈타인

30년 전쟁의 영웅 스웨덴의 구스타프 아돌푸스 국왕

덴마크의 대패로 끝이 났고 크리스티안 4세는 퇴각하였다. 승리한 발렌슈타인은 가톨릭 측의 영웅이 되었다. 그의 등장으로 가톨릭 군대의 독일 정복과 대륙에서의 개신교 축출이 가시화되는 듯 했다. 군사학 외에도 천문학에 관심이 많았던 이 장군은 케플러를 자신의 고문으로 두었다. 케플러는 태양 중심의 행성 궤도를 밝혔으며 예수의 탄생 별이 목성과 토성이 겹쳐서 보인 기이한 현상이라고 주장한 과학자였다. 케플러는 가까이 지켜본 발렌슈타인을 이렇게 평했다.

"이 장군은 무자비하고 이기적이며 난폭한 인간이다."

1630년 개신교의 최대의 위기에 스웨덴의 대왕 구스타프 2세 아돌푸스(Gustavus II Adolphus, 1594-1632)가 나섰다. 그는 17살에 왕이 되었으나 뛰어난 능력을 발휘하여 분열된 스웨덴을 통합하고 덴마크 간섭을 종식시켰다. 러시아전에서도 승리한 맹장이었다. 구스타프 아돌푸스가 30년 전쟁에 참가한 이유는 경건한 루터교 신자로서 개신교도들을 구명하고 합스부르크 제국의 북상을 저지하기 위해서였다. 만약 이 대왕이 이 전쟁에 개입하지 않았다면 유럽 본토의 수많은 개신교도들은 무참하게 학살되었을 것이다.

스웨덴 편에 네덜란드와 프랑스도 서게 되었다. 프랑스는 가톨릭 국가였음에도 불구하고 30년 전쟁에서 개신교 편을 들었는데, 이는 숙적 오스트리아가 확장되는 것을 원치 않았기 때문이다. 스웨덴의 왕 구스타프 2세는 훌륭한 장비로 잘 훈련된 군대를 보유하였다. 그는 유럽에서 최초로 군대에 파란색과 노란색이 섞인 무늬 군복을 입힌 지휘관이었다. "전쟁 영웅" 구스타프의 군대는 "전쟁 천재" 발렌슈타인의 군대와 드디어 조우를 하였고 구스타프의 군대가 연승을 거두었다. 마침내 상황은 역전되어 스

30년 전쟁의 분수령 뤼첸 전투 by Carl Wahlbom

웨덴 군대는 합스부르크 가문의 본거지 오스트리아의 비엔나 인근까지 진격하였다. 오히려 개신교 국가들의 승리가 거의 굳어진 듯 보였으며 구스타프는 영웅이 되었고 발렌슈타인의 명성은 추락하였다.

구스타프 왕은 열세에 몰린 합스부르크 군대를 아예 궤멸시키기 위해 총공세를 감행했다. 1632년 겨울 독일 중서부 뤼첸에서 30년 전쟁 중 가장 중대했던 '뤼첸 전투(Battle of Lützen)'가 벌어졌다. 양 군대의 엄청난 총포 교환이 있고 나자 한낮임에도 불구하고 전장에는 자욱한 연기로 앞이 보이지 않을 정도였다.

바람에 연기가 걷히자 전사자들로 가득한 들판이 드러났고 그 중에는 총탄에 맞아 사망한 구스타프 국왕도 포함되어 있었다. 스웨덴 군대는 국왕의 죽음을 비밀로 한 채 전투를 지속했고 발렌슈타인의 군대는 후퇴하였다. 스웨덴은 승리했지만 가장 뛰어난 지도자 구스타프 2세 왕이 숨져 한편으로 더 큰 손실을 입었다.

발렌슈타인도 개신교 군대와 타협을 모색했다가 신성 로마 황제 페르디난트 2세가 보낸 자객에 의해 암살당하였다. 사실 발렌슈타인은 초기에 개신교도였다가 가톨릭 신도로 개심한 인물이었다. 그는 보헤미아의 왕이나 큰 영주 자리를 기대하고 전쟁에 참가했지만 끝내 비참한 최후를 맞았다.

구스타프는 신앙을 위해 싸웠고 발렌슈타인은 부귀를 위해 싸웠다.

다시 오스트리아 군대는 회복되었고 전쟁은 소강 상태에 빠졌다. 이 종교 전쟁은 후반부에 이르자 비정한 영토 분쟁과 세력 다툼으로 바뀌었다. 뤼첸 전투 이후로도 16년이나 더 지속되었고 종반에는 네덜란드와 프랑스 연합군이 스페인과 오스트리아를 상대로 전쟁을 벌였다. 1640년이 되자 30년 전쟁을 시작한 초기의 왕들과 장군들, 그리고 병사들도 거의 다 세상을 떠났고 다시 새로운 주역들이 등장했지만 각 나라들은 대체 전쟁이 왜 일어났는지조차 망각한 채 관성적으로 싸울 뿐이었다.

전쟁의 종결과 각성의 시작

1648년 30년 전쟁의 종결 조약식
- by Gerard ter Borch the Younger

마침내 1648년 웨스트팔리아(Westphalia)에서 유럽 각국은 조약을 맺고 휴전하였다. 참으로 끈질긴 프랑스와 스페인은 마지막까지 화해를 거부하고 계속 전투를 벌였으나 스페인의 피해가 훨씬 컸다. 반대로 프랑스는 알자스(Alsace)를 얻는 실리까지 챙기며 1600년대 최강국이 되었다. 독일 북부는 다시 개신교 지역으로 존재하여 프러시아 국가를 잉태케 하였다. 무엇보다 30년 전쟁을 마감할 때 각국이 맺은 조약 내용이 무엇이었는지 반드시 기억할 필요가 있다. 그것은 허무하게도 그저 30년 전쟁 "이전 상황으로 돌아가자"는 것이었다. 즉 어느 진영의 우월적 승리도 없었기에 원래 개신교 지역은 개신교로 또 가톨릭 지역은 가톨릭으로 지내자는 합의였다. 결론적으로 30년 전쟁은 그토록 지루하게 싸워야 할 필요도 없고 아무런 변화도 가져오지 못한 무익한 전쟁이었다.

그러나 전쟁 피해는 상상 이상이었다. 전장의 중심지 보헤미아는 초토화되어 수많은 난민들이 생겨났고 다수는 '집시(gypsy)'가 되었다. 독일 인구는 1,800만에서 1,000만으로 줄어들었고 마을들은 황폐화되었고 논밭은 피폐해졌다. 굶주린 아이들과 남겨진 고아들 사이로 늑대들만 울어댔다. 전쟁 이후 떠도는 군인들은 강도떼나 다름없었다. 재난들은 함께 오듯 가뭄과 기근, 역병까지 같이 발생하여 산자나 죽은 자나 모두 비극이었다.

결과적으로 유럽은 종교 전쟁의 참화를 절실히 느꼈다. 30년 전쟁은 유럽의 역사에서 일어난 마지막 종교 전쟁이었다. 이 전쟁은 내적 반성을 가져왔고 자유와 관용에 대해 더 깊게 생각하게 되었다. 그 결과 두 그룹이 출현하게 되었다. 하나는 교리의 폐쇄성을 배격하고 체험과 사랑을 중심으로 한 경건주의자들이었다. 또 다른 그룹은 광기와 독선을 비판하고 이성적 세계를 구축하려 한 계몽주의 철학자들이었다.

III
세계 제국들의 중대한 변화들
(1600-1800)

1600년대 이후 한 세기는 새로운 제국들의 영욕의 시대였다. 전통적 제국들은 쇠퇴하였고 강력한 신생 제국들이 성장하였다. 문명화와 개혁을 이룬 현명한 통치자들의 나라들은 번성하였으나 내적 혼란을 초래한 분별력 없는 군주들의 국가들은 소국으로 전락하였다.

1. 스웨덴의 운명과 변심한 크리스티나 여왕

"남장 공주" 크리스티나

1632년 30년 전쟁에서 신교도를 위해 출병한 스웨덴의 대왕 구스타프 2세가 뤼첸에서 사망한 것은 유럽에 충격적 뉴스였다. 만약 그가 더 살았었다면 세계 역사는 참으로 달라졌을 것이다. 오스트리아의 신성 로마 제국은 일찍 종말을 고했을 것이고 스웨덴은 동유럽의 에스토니아 지배에 이어 폴란드와 독일까지 장악하는 대제국을 이루었을 것이다. 그러나 그의 죽음과 함께 스웨덴 제국은 영광의 재현을 다음 군주에게 기대해야 했다.

구스타프의 사망 소식에 왕비 마리아 엘레오노라는 경악하여 전장으로 달려갔다. 왕비는 남편의 심장을 황금 상자에 담아 품에 안은 채 시신과 함께 스웨덴으로 돌아왔다. 왕위는 당시 6살이었던 공주 크리스티나 (Christina, 1626-1689)가 계승하였다. 그녀가 태어날 때 수성, 금성, 달이 하나로 선 진기한 천체 현상이 있었기에 당시 국민들은 위대한 군주가 등장한 것으로 믿었다. 어린 여왕이 성인이 될 때까지 정치는 총리가 맡았고 어머니 엘레오노라는 매일 술로 슬픔을 달랬다.

크리스티나 공주는 참으로 독특한 여성이었다. 그녀는 마치 고대 이집트 신왕국의 하트셉수트(d. B.C. 1458) 여왕처럼 평생 '남자'로 살았다. 몸에 무슨 결함이 있었는지 아

스웨덴의 여왕 크리스티나
- by Sebastien Bourdon

니면 온 몸이 검은 털로 덮여 보기 흉했는지 아니면 여성적인 면이 부족했는지 정확치는 않다. 어린 여왕의 교육은 루터파 목사이며 스웨덴의 대학자인 요하네스 마티에(Johannes Mathiae)가 맡아 최상의 수업을 제공했다. 크리스티나는 천문, 과학, 역사, 문법, 신학, 철학, 음악 등을 모두 배우며 유럽에서 가장 지적인 여성이 되었다. 그녀가 가장 좋아했던 것은 고대 로마의 베르길리우스(Vigil)의 시들이었다. 크리스티나의 자질이 알려지자 유럽의 여러 왕실에서 청혼이 들어왔지만 그녀는 모두 거절하였다.

충격, 퇴위, 감소

18세에 크리스티나 여왕은 정사를 본격적으로 맡았다. 국정이 안정기에 접어들자 그녀는 갑자기 신학에 깊이 몰두하기 시작했다. 그녀는 스웨덴에 퍼진 개신교 신앙과 로마 가톨릭 신앙의 차이에 대해 공부하였다. 예수회 수도사들을 불러 신앙을 배우다 결국 그녀는 비밀리에 가톨릭으로 종파를 바꾸었다. 대표적 개신교 국가의 여왕이 가톨릭교도가 되었다는 사실은 모두에게 충격을 줄 것이지만 그녀 자신에게도 큰 중압감으로 다가왔다. 더구나 개신교도들을 위해 군대를 이끌고 가톨릭 군대와 싸우다 전사까지 했던 아버지에 반하는 선택을 한 자신에 무척 괴로워했다. 그러나 그녀의 결심은 결코 변하지 않았고 국정은 점차 소홀해졌다. 왕실의 재정은 줄어들었고 스웨덴의 내외 문제들도 산적해 있었다. 크리스티나는 점점 여왕직을 부담스러워했다.

마침내 1654년 충격적인 일이 일어났다. 28세의 크리스티나 여왕이 의회의 간곡한 만류에도 불구하고 22년간 재위한 여왕에서 물러난다고 발표한 것이다. 왕위는 사촌 칼(Karl)이 넘겨받았다. 그녀는 아예 스웨덴을 떠나 로마로 건너가 교황 알렉산더 7세에게 다시 세례까지 받았다. 가톨릭 국가들은 그녀의 개종을 크게 환영하며 이를 종파적 "우월성"의 선전 사례로 사용하였다. 로마에서 크리스티나는 조그마한 궁궐도 받았고 얼마 후 남장을 한 채 각국을 순회하기 시작했다. 늘 화려한 행렬로 다니며 국빈 대접을 받았다. 그러나 그녀가 영국 방문을 희망했을 때 호국경 크롬웰은 그녀의 공명심을 싫어하여 일언지하에 거절하였다.

크리스티나의 인기는 대단했으나 단 하나의 사건으로 인해 일순간에 추락하였다. 그녀는 자신을 험담한 시종을 잡아다 문초하였는데 그가 간절히 용서를 비는데도 잔인하게 죽였다. 사람들은 그녀를 위선자로 여겼고 허영심과 냉혈성에 등을 돌렸다. 크리스티나를 환영하는 곳도 없고 갈 데도 거의 없어졌다. 이탈리아에서 그녀는 조용히 여생을 마치게 되었다. 크리스티나는 남성과 여성 사이에서 혼란스러워하다 남성을 택했고 스웨덴과 로마 사이에서 고민하다 로마를 택했고 개신교와 가톨릭 사이에서 고심하다 가톨릭을 선택했다. 하지만 그 선택들이 그녀에게 행복과 존경을 주었던 것은 결코 아니었다.

어린 시절 크리스티나는 반세기 전의 영국 여왕 엘리자베스를 가장 존경했었다. 두 여왕 모두 평생 처녀로 살았지만 그들의 삶은 너무도 달랐다. 엘리자베스 여왕은 영국과 결혼하였지만 크리스티나는 스웨덴과의 결혼을 포기하였다. 크리스티나는 모국의 위기도 신앙도 외면했으며 변화하는 시대를 경시하고 개인적인 취향과 감정에만 몰두하였다. 이것이 바로 뛰어난 자질과 학식을 갖추었음에도 불구하고 그녀가 엘리자베스 여왕처럼 위대한 인물이 되지 못한 이유였다. 역사는 참으로 자질 있는 여성 통치자를 상실한 셈이었다.

1600년대 말 전쟁광이었던 스웨덴의 카를 12세는 러시아의 표트르 대제와 무려 21년이나 전쟁을 벌였다. 카를 12세는 초반 승리로 매우 들떴으나 무리하게 러시아 내륙으로 쳐들어갔다. 1709년 혹한을 무시하며 계속 진군한 스웨덴 군대는 10,000여 명이나 얼어 죽는 처참한 패배를 당하였다. 마침내 긴 전쟁은 러시아의 승리로 끝이 났고 결과적으로 스웨덴은 발트 해의 제해권을 잃었고 덴마크도 스웨덴의 지배에서 벗어났다. 결국 스웨덴은 세계적인 제국으로 성장하지 못하였다.

2. 합스부르크 제국과 현명한 테레지아 여제

합스부르크 제국의 성장

중세 때 수백 개의 소국으로 분열된 독일 왕국, 즉 신성 로마 제국은 1438년 알브레히트 황제 이후 오스트리아의 합스부르크(Habsburg) 가문이 500년간 지배하였다. 이 때문에 중세 말부터 '신성 로마 제국'은 '독일 왕국'보다는 '합스부르크 제국'이나 '오스트리아 제국'의 동의어가 되었다. 특히 정복보다는 정략 결혼을 통해 가문의 영토를 넓혀서 합스부르크 제국은 "결혼 반지 제국(Wedding Ring Empire)"이라는 별명도 얻었다. 왕권 유지를 위해 주로 근친혼을 행했으므로 유전적 특징인 긴 턱, 정신병, 발달 장애를 가진 이들이 많았다. 이 제국은 가톨릭만을 인정하고 개신교는 박해하여 내적 불안정을 자초하였다. 또 관할하는 영토가 많아 거의 모든 전쟁들에 다 관여하였다. 합스부르크 제국의 최고 맞수는 유럽에서는 루이 가문의 프랑스였고 외적으로는 이슬람의 오토만 제국이었다. 합스부르크는 이 두 국가들과 수백 년간 전쟁하였다. 특히 오토만 제국과의 치열한 육상전은 주로 속국 헝가리 땅에서 발생했다. 이 때문에 영국 왕 제임스 2세는 이렇게 언급했다.

"헝가리는 세상에서 가장 불쌍한 나라이다."

30년 전쟁 이후 합스부르크 제국에 위기가 찾아왔다. 가문이 지배해 온 스페인의 쇠퇴로 합스부르크의 세력도 같이 약화되었다. 독일 소국가들도 점차 신생 프로이센 제국에 편입되며 독립을 주장하기 시작했다. 여전히 유럽 내의 위기들이 산적한 가운데 이번에는 외부의 또 다른 대적을 대면해야 했다. 바로 합스부르크 제국의 수도 비엔나에 154년 만에 재침공한 오토만 제국이었다.

유럽과 중동의 세계사적 대결: 제2차 비엔나 전투(1683)

유럽의 합스부르크 제국과 중동의 오토만 제국의 전투는 합스부르크의 심장부인 수도 비엔나에서 두 번 일어났다. 1529년의 제1차 비엔나 전투에서는 날씨의 도움으로 합스부르크가 오토만 제국을 막아내었다. 이후 해전에서는 일진일퇴를 거듭했다. 1538년 프레베차(Preveza) 해전에서는 오토만 제국이 승리했으나 1571년 르판토(Lepanto) 해전에서 유럽의 신성 동맹이 대승을 거두었다.

1683년 오토만 제국은 제2차 비엔나 침공을 감행했다. 술탄 메메트 4세(Mehmet IV)는 무스타파 파샤(장군)를 사령관으로 임명하고 15만의 병사를 보냈다. 투르크 군대의 행군 소식에 비엔나의 아름다운 분수 궁전(Schönbrunn)에서 파티를 즐기던 황제 레오폴트와 귀족들은 군대를 두고 독일 땅으로 도망하였다. 비엔나 성을 포위한 투르크 군대는 사령관 무스타파가 후방 양탄자 천막 앞에 거만하게 앉아서 보내는 신호에 300문의 대포를 성을 향해 쏘았다. 그러나 비엔나 성벽은 의외로 튼튼하여 함몰되지 않았고 성안의 군대도 단결하여 잘 버티고 있었다. 교황과 황제는 비엔

1683년 제2차 비엔나 전투 - by Franz Geffels

나의 안위를 염려하였고 타국들은 예민하게 이 전쟁을 주시하였다. 그러나 폴란드의 왕 존 3세(John III Sobiesky)는 군대를 이끌고 비엔나를 도우러 왔다. 그의 가세로 성 안팎의 합스부르크 군대는 80,000에 이르게 되었고 폴란드 군대는 새벽에 미사 직후 바로 투르크 군대를 공격하였다. 우세한 병력에도 방심한 투르크군은 대패하였다. 지휘관 무스타파는 패전의 책임을 물어 부하 장교들을 처형하였으나 술탄은 그에게 자결을 명했다. 무스타파는 퇴각 길에 스스로 목을 매었다.

비엔나 전투는 오토만 제국의 마지막 유럽 침공이었고 이후 다시는 서진하지 못하였다. 이 전쟁은 또 다른 두 가지 후식을 인류에 안겼다. 이는 퇴각한 오토만 군대가 남긴 "검은 물" 커피와 승리한 비엔나의 제빵업자들이 전승 기념으로 만든 "초승달 빵" 크로상(croissant)이었다. 커피를 매일 마신 이슬람 군대는 카페인의 각성 효과로 장시간 싸울 수 있었다. 유럽 군대는 커피를 힘을 주는 물로 생각하고 자신들의 크로상과 함께 먹기 시작했다. 패전의 기념물과 승전의 기념물은 이렇게 함께 만났다. 유럽은 곧 커피의 포로가 되었고 파리의 제빵업자들이 크로상을 각지로 퍼뜨렸다. '크로상' 단어 자체는 '초승달(crescent)'의 프랑스어이다. 새벽에 빨리 구워 낸 가늘고 긴 빵 '바게트'와 함께 크로상은 대표적인 빵이 되었다.

1683년의 비엔나 전쟁에 참가했던 사보이의 공작 유진(Eugene of Savoy)은 유럽의 영웅이 되었다. 그는 여세를 몰아 발칸 반도까지 투르크를 몰아붙였다. 원래 프랑스 파리 출신이었던 유진 공작은 신부가 되고자 했으나 포기하고 군인이 된 인물이었다. 모국 프랑스는 유진의 진가를 알지 못해 배척했으나 오스트리아의 합스부르크 왕가는 그를 중용하였다. 1526년 모하치(Mohacs) 전투의 패전 이래 헝가리의 부다페스트는 오토만 제국에게 150년이나 점령되었으나 유진 공작의 용맹에 의해 수복되었다. 모스크로 사용되었던 교회당들이 복원되었고 이슬람이 세운 높은 미너렛(탑)들은 철거되거나 또는 맨 꼭대기 초승달을 떼고 성모 마리아상을 놓아 사용했다. 부다페스트의 시민들은 프랑스 출신의 유진 공작의 기마

부다페스트의 탈환 by Benczur Gyula

동상을 부다 왕궁에 세워 기렸다. 한편 투르크 세력을 몰아낸 오스트리아는 헝가리를 지배하고 발칸 반도에까지 영향력을 확대하였다.

"오스트리아의 국모" 마리아 테레지아

신성 로마 제국의 황제 레오폴트 1세는 큰 기여도 없이 오토만의 침공을 방어하였고 스페인 계승권을 둘러싼 프랑스와의 전쟁도 승리하였다. 1711년 그의 아들 카를 6세가 신성 로마 제국 황제로 즉위하였다. 황제 카를 6세에게는 큰 고민이 있었는데 자녀들이 병약하다는 사실이었다. 왕세자가 죽고 공주만 남을 수 있기에 카를 6세는 여성의 영토 상속이 금지된 살리카 법을 고쳐 공주들도 합스부르크 땅을 상속받을 수 있도록 만들었다. 이것이 바로 1713년 여성에게 영토 승계를 인정한 국사조칙(Pragmatic Sanction)이라는 법령이다. 만약 이 개정법이 없었다면 합

마리아 테레지아의 공주 시절 모습
- Andreas Moeller(1729)

스부르크 가문의 광대한 영토는 분할되어 얼굴조차 낯선 타국 인척들의 소유가 되었을 것이다. 사실 황제는 유럽의 귀족들에게 막대한 물질 공세를 벌이고 온갖 정치적 노력을 기울여 국사조칙을 승인받았다.

카를 6세의 예감이 적중하듯 4년 후 왕세자가 사망하자 공주 마리아 테레지아(Maria Theresa, 1717-1780)가 태어났다. 국왕도 오스트리아 국민도 모두 왕자의 죽음에 절망하였고 공주의 탄생에 실망하였다. 그러나 결과적으로 마리아 테레지아는 합스부르크 제국의 가장 뛰어난 군주가 되었다. 그녀는 예수회 수사들에게 교육받아 철저한 가톨릭 신자로 성장하였고 19살에는 로랭(Lorraine)의 공작 프란츠 스테판(Francis Stephen)과 결혼하였다.

1740년 카를 6세가 사망하자 마리아 테레지아는 합스부르크 제국의 계승자가 되었다. 10세기의 여제 테오파누(Theopanu) 이후 독일에서 전례가 한 번뿐이었던 여왕을 다시 보게 된 것이다. 그러나 마리아 테레지아의 즉위는 세간에 합스부르크 가문의 큰 위기로 간주되었다. 신생국 프러시아(Prussia)가 독일의 맹주로 부상하며 합스부르크를 위협하였고 더구나 각국이 그녀 가문의 영토를 노리면서 계승에 반대하였기 때문이다. 곧 오스트리아의 왕위 계승 전쟁이 벌어졌다. 프러시아는 합스부르크가 소유한 슐레지엔과 밀라노를 침공해 장악했다. 설상가상으로 오스트리아 왕실 국고는 파산 직전이었고 각 영토는 소요로 혼란에 처해 있었다.

한 세기 이전 스웨덴의 여왕 크리스티나는 중차대한 책임을 회피하고 물러났으나 오스트리아의 여제 마리아 테레지아는 모든 문제들을 대면하기로 결심했다. 테레지아는 상비군을 조직하고 군대를 보강했고 헝가리와 부속 국가를 순회하며 지지를 끌어 모았다. 마침내 끈질긴 외교력과 단호한 군사적 대처로 위기들을 수습하고 합스부르크가의 계승자로 인정받았고 가문이 관장한 나라들에서도 여왕으로 인정받았다. 그러나 '신성 로마 황제' 칭호는 남성에게만 수여되었으므로 1745년 그녀 대신 남편 프란츠가 명목상 유지되는 황제에 즉위하였다. 그러나 마리아 테레지아는

비엔나 합스부르크가의 궁전 by B Bellotto c 1758

남편 황제의 정사 개입을 허락하지 않았고 자문으로만 있게 했다. 이 때문에 문서상 그녀는 "황후(empress consort)"였지만 실질상 "여제(empress regnant)"였다. 그녀의 오스트리아는 남부의 독일 소국들을 병합하며 전보다 훨씬 강력한 제국으로 성장했다.

마리아 테레지아는 경쟁국 프러시아의 발흥을 견제하기 위해서 영국과의 친선 관계를 포기하고 300년의 숙적 프랑스와 외교 관계를 개선했다. 즉 "동맹의 역전"이 일어난 것이다. 이를 위해 자신의 유명한 딸 마리 앙투아네트(Marie Antoinette)를 프랑스의 루이 16세에게 시집보냈다. 비엔나의 화려한 장미 궁전에서 살다가 프랑스로 시집간 마리 앙투아네트는 베르사유 궁전을 작고 불편하게 여겼다. 마리아 테레지아는 자신의 딸의 정략결혼을 최선의 결정으로 여겼으나 그 딸의 장차 비극적인 운명을 고려하면 그 결혼은 분명 최악의 선택이었다. 마리 앙투아네트와 남편 루이 16세가 프랑스 대혁명 후 단두대에서 처형되었기 때문이다. 사실 마리아 테레지아는 앙투아네트에게 많은 충고를 했으나 소용이 없었고 다른 딸들도 어머니의 조언을 무시하였다.

"오스트리아의 국모" 마리아 테레지아는 합스부르크 제국의 많은 변화를 이끌어 냈다. 봉건적 문화를 없애고 도시와 상업이 번영하도록 정책을 모았다. 영주들의 학정에 대해 제동을 걸고 농민들의 세금 경감도 추진하였다. 그녀는 광범위한 교육 개혁도 이루어냈다. 예수회가 소유한 학교들을 인수받아 공립 교육을 시작했고 각종 학문들이 대학에서 연구되도록 했다. 문맹률이 높았던 오스트리아와 헝가리의 무지를 치유하기 위해 문자 교육도 의무화했다.

1765년 마리아 테레지아의 남편 프란츠 황제는 먼저 세상을 떠났다. 홀로 된 그녀의 가장 큰 근심거리는 장남 요제프 2세(Joseph II)의 돌발적인 반항이었다. 사망한 남편 프란츠의 신성 로마 황제 지위는 아들 요제프 2세가 계승하였는데 이 아들은 점차 자신 몫의 실권을 요구하였다. 어머니의 정치에 대한 가장 큰 비판자가 되었고 직접적인 권력 투쟁까지 벌였다. 요제프 2세는 당시 군주들이 크게 경계했던 계몽주의 철학에 관심을 가졌다. 테레지아는 아들의 자유스런 행동을 위험스럽게 보아 늘 지적하였다.

마리아 테레지아가 선포한 많은 전쟁들 중 최선은 천연두와의 전쟁이었다. 당시 유럽의 재앙 천연두는 각국에서 수많은 목숨을 앗아갔다. 여제의 공주와 평민의 아동들도 무수히 죽었다. 그녀는 천연두 치료법을 연구하도록 하였고 백성들에게 접종을 장려하여 질병의 확산을 막았다. 또한 비엔나에 우수한 시설을 갖춘 병원을 설립하고 오랫동안 금지되었던 시신의 부검을 용인하는 등 의학 발전을 지원하였다. 비엔나는 곧 뛰어난 의학의 중심지가 되었다. 그러나 여제는 포용적인 군주는 아니었기에 자신의 왕국에 단 하나 가톨릭 종파만 있어야 한다고 굳게 믿었다. 예수회의 영향을 받아 집권 초기에 개신교도와 유대인들을 혹독히 박해했으나 후반기에는 부분적인 관용을 허락했다.

합스부르크 제국의 위기를 극복하고 영광의 시대를 열었던 "국모" 테레지아는 1780년 40년 통치를 마감하고 세상을 떠났다. 황제인 아들 요제프 2세가 단독 통치하며 계몽주의를 적용한 개혁 시대를 열었다. 모친 마리아 테레지아가 강국을 만들기 위한 정치를 했다면 진정한 의미의 국민을 위한 정치는 그 아들 요제프 2세가 구현하였다. 그는 행정, 입법, 사법, 교육, 군사, 경제 등의 전 분야의 개혁을 추진하고 농노를 해방하고 세금을 경감하는 등 개혁 정책을 진행하였지만 귀족들의 반발에 부딪혀 큰 성과를 거두지 못하였다. 또한 편파적인 가톨릭을 견제하고 심지어 수도원 해체를 단행하고 수도사들을 사회로 강제로 내보냈다.

    마리아 테레지아와 요제프 2세의 시대는 오스트리아의 전성기였다. 그러나 1802년 나폴레옹 시대가 오자 그녀의 손자 프란츠 2세는 처참한 수모를 경험했다. 오스트리아는 프랑스의 위성 국가로 전락했고 이름뿐인 신성 로마 제국은 바로 소멸되었다. 황제 칭호조차 그 키 작은 프랑스 전쟁 영웅이 가져갔다. 나폴레옹 실각 후 합스부르크 가문 지배의 오스트리아는 다시 재기하여 헝가리와 폴란드와 체코까지 장악하고 유럽의 한 축이 되었다. 1차 세계 대전 패배 이후에야 합스부르크 가문의 영향력은 완전 소멸되었다.

3. 신생국 프러시아 왕국과 유능한 프리드리히 대왕

프러시아 왕국의 성장

1700년대 초 독일 북부 소국들이 단결된 새로운 국가가 역사에 등장하였다. 바로 프러시아(프로이센) 왕국이었다. 첫 왕은 1701년에 즉위한 프리드리히 1세(Friedrich I, d.1713)였다. 원래 프리드리히는 폴란드 북부만의 왕이었고 고향 독일 북부 브란덴부르크에서는 영주 자격으로 다스렸으나 이곳 시민들은 그를 왕으로 불렀으며 두 지역은 통합되어 프러시아를 이루게 되었다. 프러시아의 출현은 독일의 북부 국왕이 따로 존재한 셈이었고 공식적 독일 왕위를 독점해온 오스트리아에게 강력한 맞수가 등장한 형국이었다. 프러시아 왕국의 본거지 브란덴부르크는 종교개혁의 중심지였고 주변 소국들도 개신교 지역이었기에 프러시아는 쉽게 통합될 수 있었다. 프러시아를 계승한 훗날의 독일 제국도 루터파가 주류를 이루었다.

프러시아의 프리드리히 1세는 학교와 대학을 설립하고 문화 발전을 이루어 독일의 저력을 충전시켰다. 이어서 아들 빌헬름(Frederick Wilhelm, d.1740)이 왕이 되어 새로운 신앙 운동인 경건주의를 지원하며 왕국의 개혁을 꾀하였다. 또한 빌헬름은 80,000명의 강력한 정규군을 창설하여 프러시아를 군사 강국으로 변모시켰다. 군부는 가장 큰 권리를 가진 집단이었고 융커(Junkers)라고 불리는 귀족 장교들은 프러시아의 지배 세력이 되었다. 바로 이때의 군사 대국 경험은 독일 민족에게 군국주의와 팽창주의를 지향하게 만들었다.

프러시아의 개혁적 대왕 프리드리히 2세

혼란의 18세기에 프러시아 왕국을 크게 발전시킨 대왕은 빌헬름의 아들인 프리드리히 2세(Frederick the Great, 1712-86)였다. 이 왕세자는 어려서부터 부왕의 강권으로 검술을 배워야 했다. 그러나 이 왕자는 역동적인 아버지와는 달리 문학적이고 감수성 있는 정적인 인물이었다. 군사적인 것에는 무관심하였고 오히려 경쟁국 프랑스의 노래와 예술에 심취하였다. 아버지 빌헬름 국왕은 왕세자 프리드리히를 심하게 나무랐다. 반발심이 발동한 왕세자는 부왕에 맞서다가 영국으로 탈출할 시도까지 했었다.

프리드리히 2세 대왕 - by Anna Dorothea Therbusch, 1772.

이에 분노한 국왕은 아들을 강제로 고립된 성에 가두고 제왕 수업을 받게 하였다. 왕세자는 군사 전략과 국제 관계에 대한 공부는 물론 영어, 불어, 스페인어, 라틴어, 헬라어, 히브리어 등 많은 언어들을 공부하였다. 비록 강제적이었지만 이 기간에 프리드리히 2세는 민족의 미래를 위한 준비된 왕이 되었다.

1740년 빌헬름이 사망하자 28세의 프리드리히 2세가 왕위에 올랐다. 똑같은 해에 경쟁국 오스트리아에서도 합스부르크 가문의 명석한 공주 마리아 테레지아가 23세에 즉위하였다. 테레지아에게는 유능한 프리드리히 2세의 출현이 불운이었고, 프리드리히 2세에게는 현명한 테레지아의 존재가 큰 짐이었다. 수많은 독일 소국들을 병합시키고 각국의 지지를 받는 과제들을 놓고 서로 경쟁해야 했고 또한 두 통치자가 막상막하의 뛰어난 군주들이었기 때문이다. 그럼에도 프러시아는 합스부르크 가문의 오스트리아로부터 독일 중부의 소국 실레시아(Silesia)를 빼앗아 영토를 더 넓했다. 프리드리히 2세는 강력한 통치로 프로이센이 독일 제국으로 확장될 기반을 마련하여 '대왕'의 칭호를 얻게 되었다.

프리드리히 대왕은 계몽주의에 영향 받은 황제였다. 볼테르와 친구로 지냈고 학자들과 많은 교류를 즐겼으며 철학, 문화, 예술의 중흥을 꾀하였다. 프리드리히 대왕은 루터 교회 신자였기에 종교적 관용 정책을 폈는데, 이는 경쟁 관계에 있던 오스트리아 테레지아 여제의 철저한 가톨릭 수호 정책과는 대조되는 것이었다. 이 때문에 프로이센은 어떤 종파든지 수용하였고 또 유대인들도 환영하였다. 이런 연유로 독일과 폴란드에 점차 수백만의 유대인들이 거주하게 되었다. 역설적이게도 독일과 폴란드의 유대인 인구 집중은 200년 후 나치 통치기에 큰 희생을 낳게 되었다. 결과적으로 프리드리히의 관용적 태도는 유럽 동부에 안정을 제공했다. 그동안 극심한 분열로 유럽인들의 조롱을 받아 왔던 독일인들은 프로이센의 성장으로 일약 인정받는 민족이 되었다.

프리드리히 대왕은 권력을 위해 군주가 폭력과 음모도 사용해야 한다는 마키아벨리의 사상을 싫어하여 오히려 『반마키아벨리(Anti-Machiabel)』라는 책을 저술하였다. 이 책은 군주가 이성적 사고와 합법적 정책으로 통치해야 함을 강조하였다. 하지만 실제 프리드리히의 통치는 자신의 멋진 이론과는 거리가 멀었다. 그는 좀처럼 사람을 믿지 못했고 재위 기간 내내 강력한 독재자였으며 때로는 거짓 전략도 과감히 사용하였다. 그럼에도 불구하고 자신이 군주이며 동시에 "국민의 공복"이라는 의식만큼은 확실히 가진 근대 군주였다.

플루트 연주를 좋아했던 프리드리히 대왕은 백성들의 지지를 받았음에도 불구하고 명예나 호사를 즐기지 않았다. 전쟁에서 승리했어도 요란한 개선식도 정권 홍보도 하지 않고 치적도 내세우지 않았다. 오히려 더 철학적 고독과 사색의 세계로 들어갔다. 대왕의 말년은 참으로 쓸쓸하였다. 오스트리아의 여제 테레지아가 무려 13명이나 자녀가 있었던 반면 왕비와 별거하였던 대왕 프리드리히는 한 명의 자녀도 없었다. 신하들도 대왕에게 접근을 꺼려했고 또 대왕도 교제를 원치 않았다. 차라리 옛 그리스 철학자 디오게네스처럼 그는 사람보다 개를 더 좋아하였다. 개들은 주인에게 충성스럽고 배신하지 않는 동물이기 때문이었다. 프리드리히 대왕은 단지 소수의 신하들과 충직한 그레이하운드 개 한 마리가 지켜보는 가운데 세상을 떠났다.

4. 새로워진 러시아 제국과 강력한 표트르 대제

위기의 러시아와 "로마노프" 왕조의 시작

1584년 영국에서 엘리자베스가 통치하고 있을 때 러시아에는 무서운 황제 이반 4세(Ivan IV)가 세상을 떠났다. 그는 모스크바의 붉은 광장에 형형색색의 지붕(cupola)을 가진 성 바실리 성당을 세운 군주였다. 다음 제위는 아들 페오도르 1세(Feodor I)가 계승했다. 신앙심이 깊었던 이 황제는 정치를 처남 보리스(Boris Godunov)에게 맡기고 교회당 종을 만들어 주거나 종치는 일을 더 좋아했다. 1598년 40살에 페오도르가 사망하였고 이로써 전통의 '루릭 왕조'는 끝이 났다.

새 차르에는 실권자였던 보리스가 올랐다. 유능한 새 황제는 서유럽 문물을 받아들여 러시아의 개혁을 시도하였다. 러시아 청년들을 서구로 유학 보냈고 서유럽의 학자들을 초빙하여 교류했으며 루터파 개신교회도 수용하였다. 그러나 통치 7년 만에 보리스 황제는 중병으로 사망하였고 수구적인 제후들과 보수적인 성직자들은 개혁을 중지시켰다.

이후 수년 동안 귀족들의 권력 투쟁이 벌어졌으며 1601년에서 2년 동안에는 200만 명이 목숨을 잃는 국가적 기근도 발생했다. 1612년 설상가상으로 폴란드-리투아니아 연합국이 러시아를 침공하였지만 쿠츠마 미닌(Kuzma Minin)이라는 러시아 영웅이 등장하여 농민 군대를 조직해 간신히 막아내었다. 이 기근과 전쟁의 시기는 러시아에서 "시련의 시대(the Time of Trouble)"라고 부른다.

1613년 러시아 국가 의회는 왕실 인척인 미하일 로마노프(Michael Romanov, d. 1676)를 새 황제로 추대하였기에 소위 '로마노프 왕조

(Romanov Dynasty)'가 시작되었다. 이 왕조는 1917년 사회주의 혁명 전까지 존속하였다. 황제 미하일의 아버지는 모스크바 대주교 필라레트(Filaret)였다. 이 대주교는 참으로 변화무쌍한 삶을 산 인물이었다. 그는 페오도르 황제의 사촌으로 러시아 군대의 장군이었다. 그러나 페오도르 사후 보리스 황제가 즉위하고 인척들을 제거할 때 필라레트와 그 부인을 강제로 수도사와 수녀가 되게 하였다. 이로써 그는 토굴 속에서 생활하며 모든 굴욕을 감내하고 살았다. 그러나 수년이 지나 보리스 황제가 죽자 신체적 자유를 얻었고 주교로 선출되었다. 아들이 황제가 된 다음에는 아예 자신의 보좌를 옆에 마련하고 국정의 중심에 서게 되었다. 한때 수도원에 유폐되었던 인물이 러시아 군주나 다름없게 된 것이다.

그러나 이 때문에 러시아 정교회는 권력의 보호 아래 기득권을 향유하였고 개혁 의지를 놓아버렸다. 주교들은 권력을 등에 업고 차르의 충실한 협조자가 되었고 정부의 모든 일에 무조건 축복을 선포했다. 주교들은 검은색의 고급 사제복을 입고 다녔다. 이와 달리 시골이나 하급 성직자들의 생활은 비참하였고 빛바랜 하얀색 사제복을 입었다. 이미 사제 계층도 흑백으로 구분되며 그 갈등도 매우 깊었다.

러시아에서 시대마다 유대인, 가톨릭교도, 개신교도가 모두 핍박받고 추방될 때도 러시아 정교회는 방관하였다. 유럽에서 일어난 종교개혁은 러시아와는 전혀 상관없는 사건처럼 여겨졌다. "개혁"이라고 부르기는 너무나 민망하지만 물론 러시아 교회에도 작은 변화들은 있었다. 1652년 러시아의 총대주교 니콘(Nikon)은 러시아의 교회를 그리스 정교회의 모습으로 바꾸려고 시도했었다. 주요한 이슈들은 몸에 십자가 성호를 그을 때 그리스 정교회처럼 세 손가락으로 할 것인지 아니면 그동안 해온 대로 두 손가락으로 할 것인지와 같은 유치한 논쟁들에 불과했다.

러시아의 봉건제는 유럽보다 더 심각하여 일반 농민들은 노예와 다름없는 신분으로 살았다. 황제와 귀족들은 농민들을 서슴없이 죽였지만 이를 말리는 중세 시대의 성자 바실리 같은 인물은 매우 드물었다. 그럼에도 러시아 농민들에게 교회는 유일한 위로를 얻는 영역이었다. 1680년 새로운 강적 스웨덴이 진격해왔다. 위기의 러시아는 총체적인 변혁을 필요로 했고 그 개혁의 깃발은 강력한 표트르 대제(Peter the Great)가 들었다.

"러시아의 긴 수염"을 자른 대제 표트르

로마노프 왕조가 배출한 근대 러시아의 최고 군주는 표트르(1672-1725)였다. 그는 모스크바 호위 부대 스트렐치(streltsy)에 의해 새 황제로 추대되었다. 당시 표트르는 10세의 어린 나이였기에 누나 소피아가 섭정을 맡았고 시골에서 교육을 받으며 자신의 때를 기다렸다. 18세 청년이 되자 표트르는 소피아를 수녀원으로 보내고 통치권을 회복하였다.

표트르가 러시아에 끼친 가장 큰 변화는 유럽 문화의 도입과 새로운 러시아의 건설이었다. 선임 황제들은 서유럽 문화를 "라티니(Latiny)", 즉 '라틴 문화'라고 놀리며 서구 문물을 경시했으나 표트르 대제는 서구의 저력을 직시했다. 자신이 먼저 유럽 문화를 배우기 위해 황제는 평범한 선원 복장을 하고 직접 서유럽을 순회하였다. 격식과 체면을 따지지 않고 각국 지도자들을 만났고 과학과 기술을 배울 수 있는 장소들을 방문하였다. 영국 국왕 윌리엄 3세와 회담하였고 펜실베이니아를 건설한 퀘이커교도 윌리엄 펜과도 만났다. 펜으로부터 퀘이커의 사상을 듣고 난 표트르는 동의할 수 없다는 듯 고개를 저었다.

유럽 순방 중 표트르 대제는 본국에서의 반란 기미 때문에 즉시 귀국하였다. 수천 명의 반군들을 제거하고 강력한 왕실을 구축했다. 표트르가 시행한 첫 서구식 정책은 유럽의 짧은 수염의 도입이었다. 대부분의 러시아인들은 긴 턱 수염을 기르고 살아왔으나 황제의 엄명으로 긴 수염을 잘라야 했다. 황제는 직접 가위를 들고 다녔다. 겨우 러시아 정교회 사제들만 수염이 잘리는 봉변을 면할 수 있었다. 긴 수염이 천국에 들어갈 때 필요하다고 미신처럼 생각한 백성들은 잘린 수염을 보관하였다. 러시아의 잘려진 긴 수염은 봉건적 시대와의 단절을 의미했다. 그만큼 표트르는 새로운 러시아를 생성하기 원했다. 그는 시대 표준을 맞추기 위해 그리스도 탄생으로부터 시작하는 양력을 도입하였다. 그때까지 7000년이 넘었던 러시아 연도는 1700년으로 확 줄여져 조정되었다.

1703년 상페테르부르크 건설을 앞두고 발틱해를 바라보는 표트르 대제 by A benois

표트르 대제는 유럽식으로 군대를 양성하여 300,000명의 대군을 만들었다. 당시 러시아의 주적들은 위로는 스웨덴, 아래로는 오토만 제국이었다. 이들은 각각 러시아에 접한 발트해와 흑해를 장악하고 있었다. 러시아는 세계 진출을 위해 무엇보다 얼지 않는 부동항을 필요로 했다. 표트르 대제는 오토만 제국을 공격해 흑해의 아조프 항구를 간신히 빼앗았으나 흑해 전역을 장악한 것이 아니어서 별 효용이 없었다. 그는 중요한 발트 제해권과 에스토니아 영토를 놓고 스웨덴의 카를 12세와 무려 21년이나 전쟁을 벌였고 마침내 러시아의 승리를 확정지었다. 이로써 러시아는 대양에서는 발트해를 통해 유럽으로 진출하게 되었고 육지에서는 동유럽 에스토니아, 라트비아, 그리고 핀란드 일부까지 영토로 복속시켰다.

1703년 표트르 대제는 발트해에 초가 세 채 외에는 아무것도 없는 한 마을 해변에 서서 세계적 도시의 건설을 꿈꾸었다. 즉시 수만 명의 스웨덴의 전쟁 포로들과 러시아 각지에서 징발한 수많은 농노들이 10년의 신도시 공사에 투입되었다. 이렇게 세워진 새 항구가 바로 "베드로의 도시", 즉 '상트페테르부르크(Saint Peterburg)'이다. 사실 최고의 미항 출현에는 노역을 제공하다 쓰러진 수많은 노예들의 희생이 있었다. 대제의 초청을 받은 많은 유럽 예술가들은 러시아 전통 문화와 서구 양식이 혼합된 건물들을 세웠으며 이중에는 황실의 여름 궁전과 겨울 궁전도 있었다. 1712년 표트르는 수도를 아예 모스크바에서 상트페테르부르크로 옮겼으며 수

아들 알렉세이를 심문하는 표트르 대제
- by Nikolajewitsch Ge

도 지위는 1917년 러시아의 사회주의 혁명 전까지 지속되었다.

표트르 대제의 개혁에 반발한 귀족들은 반란을 획책했고 유약하고 귀 얇은 황태자 알렉세이(Alexei)도 이에 가담하였다. 황태자는 경솔하게 오스트리아를 방문해 아버지 표트르의 은퇴에 대해 거론했다가 반역죄로 투옥되어 죽었다. 아버지가 아들을 죽인 비극의 역사가 또 발생한 것이다. 표트르 대제의 위압에 눌린 자들은 백성들과 귀족들, 그리고 왕자들만이 아니었다. 가장 큰 타격은 러시아 정교회가 받았다.

1721년 황제는 700년이 넘게 내려온 전통의 러시아의 총대주교 직위를 폐지하였다. 유럽의 경우 교황을 교체시킨 왕들은 종종 있었어도 교황직을 아예 폐지한 왕이나 황제는 없었다. 그러나 러시아에서는 이러한 일이 발생한 것이었다. 당시 러시아 교회는 실제로 크게 부패하여 개혁과 청산의 대상이 된 것은 분명하였다. 표트르는 많은 교회와 수도원들을 정리하였고 토지도 몰수하였다. 물론 그는 개인적으로 뚜렷한 신앙 고백을 가졌고 자신의 정책이 러시아 정교회를 더 개선시킨다고 믿었다. 그러나 표트르의 사회 개혁은 성과를 보았으나 교회 개혁은 뚜렷한 신학이나 사상이 부재했기에 한계에 직면했다. 종국에 그는 자신을 교회의 총책임자로 선언하고 주교단에는 충성파들로 채워 인적 교체만을 이루었다. 그는 신앙, 신학, 구조, 제도, 사제, 회중 등 모든 요소들의 동시적 개혁은 인식하지 못했던 것이다.

러시아를 근대화시킨 표트르는 "대제"로 불리기에 마땅한 인물이었다. 1725년 눈앞에 있던 배가 침몰해 선원들이 익사 위기에 놓이자 표트르 대제는 이들을 구조하려 황제의 가운을 벗어 던지고 즉시 차가운 바닷물로 뛰어들었다. 이 일로 그는 독감에 걸려 끝내 회복되지 못하고 다른 세계로 떠났다.

5. 예술적 예카테리나 여제와 러시아의 어둠과 빛

예카테리나의 문예 부흥 시대

표트르의 사망 후 황후가 제위를 이었고 이후에도 여러 여성 황제들이 등장하였다. 1740년 프러시아에는 프리드리히 대제가 있었고 또 오스트리아에는 마리아 테레지아 여제가 통치할 때 러시아에도 위대한 여제가 출현하였다. 그녀는 바로 현명한 통치로 "대제(the Great)" 칭호를 받은 예카테리나 2세(Yekaterina II, 1729-1796)였다.

그녀는 본래 러시아인이 아니고 소피아(Sophie)란 본명의 프러시아(독일) 귀족으로 러시아 황태자 표트르 3세에게 시집왔다. 독일 루터 교회 신자였지만 황후가 된 후 정교회로 교적을 옮겼고 "예카테리나(Catherine)"라는 러시아식 이름까지 갖게 되었다.

예카테리나 2세는 러시아의 혹독한 추위는 잘 견디었지만 정작 참을 수 없었던 것은 자신을 버려둔 남편 표트르 3세의 냉대였다. 그녀는 수년을 고독 속에 지냈다가 애인도 두었다. 표트르 3세는 천연두에 걸려 얼굴이 얽게 되었고 이에 예카테리나 2세는 남편에 대한 마음이 얽어버렸다.

1762년 표트르 3세는 황제위에 올라 혹독한 폭정을 시작했다. 무고한 백성들을 처형했고 귀족들과 대립했으며 교회 재산도 몰수하였다. 모두의 행복을 위해

대제 예카테리나 2세

예카테리나 2세는 귀족들과 합세하여 권력을 차지했고 황제는 군인들에게 맞아 죽었다.

예카테리나 2세는 남편의 황제위를 이어 받았다. 그녀는 유럽의 종교개혁과 계몽주의에 대해 잘 알고 있었기에 표트르 대제가 추진했던 러시아의 새로운 변화를 계승하였다. 무엇보다 예카테리나 2세의 가장 큰 공헌은 교육 개혁이었다. 그녀는 러시아의 부흥이 교육에 달렸다고 확신하고 마을마다 초중학교를 설립하였고 평민의 아이들에게도 글을 가르쳤다. 교사들이 부족하자 정교회 사제들을 고용하여 문법, 성서, 과학, 지리 등을 가르쳤다. 예카테리나 2세는 교육 목표에 대해 이렇게 진술하였다.

"러시아의 모든 아이들이 하나님을 경외하고 국왕에 복종하며 십계명을 지키고 글을 알게 한다."

여제는 교회와 수도원의 과다한 재산을 압류하고 무분별한 수도원들을 폐쇄하였다. 큰 정치 집단이었던 정교회 사제들은 더 이상 권력에 개입할 수 없게 되었다. 반발하는 사제들은 모두 시베리아에 노동을 보냈다. 그러나 깊은 신학적 성찰이 없어서 과거의 표트르 대제처럼 그녀의 개혁조치도 진정한 개혁을 이루는 데 실패하였다. 이 위대한 군주들이 참으로 몰랐던 것은 루터나 칼빈 같은 인물이 전파한 '진리의 힘'이었다. 진정한 개혁은 '칼'이 아닌 '말씀'으로 이루어지기 때문이다.

1774년 예카테리나 2세는 오토만 제국과의 전쟁에서 대승하고 크리미아 반도를 획득하였다. 오토만 제국은 이 패배로 더욱 위축되었고 흑해 이용과 성지 관할권까지 양도하는 굴욕적인 조약을 맺었다. 이러한 결과는 러시아가 발칸 반도와 중동으로 진출하는 계기가 되었다.

한편 이 시대에 문화 예술은 크게 발전되었다. 귀족과 황궁의 행사를 위해 발레와 오페라가 자주 공연되었고 곧 세계적 수준에 이르게 되었다. 그녀의 또 다른 큰 기여는 겨울 궁전에 에르미타주(Hermitage) 박물관을 만들고 수많은 예술품을 수집한 것이다. 이 궁전은 훗날 무려 200만점이 넘는 작품들을 소장하여 세계 최대의 박물관으로 발전하였다.

상트페테르부르크의 겨울 궁전(에르미타쥐 박물관) by Karl Beggrov

불과 6개월만 통치하고 제거된 자신의 남편에 비해 예카테리나는 무려 34년을 통치하였다. 그녀의 화려한 권세에도 그늘은 현저하였다. 황실의 호화스러움만 러시아의 진실이 아니었고 총 인구의 40%에 달하는 헐벗은 농노들의 삶도 러시아의 진짜 모습이었다. 남겨진 국가 문제들은 고스란히 19세기 러시아의 고통으로 나타났다. 1796년 심약해진 예카테리나는 아래의 마지막 말을 남기고 67세를 일기로 제2의 조국을 떠났다.

"내 시신을 하얀 드레스로 입히고 머리에는 나의 기독교적 이름 예카테리나를 새긴 왕관을 씌우라. 애도하는 기간은 6개월이지만 짧을수록 좋다."

(Simon Dixson, *Catherine the Great*, 2009, 314.)

근대 러시아의 빛들: 톨스토이와 도스토예프스키

개혁 정책은 그녀 사후 더 이상 진행되지 않았다. 무능한 황제들로 사회는 혼란의 도가니였고 농민들은 여전히 도탄에 빠져 있었다. 러시아 황제들이 소위 개혁이라는 미명하에 벌인 재산 몰수와 통제 정책은 정교회 자체에도 사실 시련이었다. 정작 러시아 민중에게 빛을 제공한 이들은 따로 있었다. 바로 광야와 산에서 은둔하는 수도사들과 골방과 서가에서 은둔

톨스토이

한 문학가들이었다. 근대 러시아에서 제일 추앙된 성자는 모스크바 인근에서 수도한 성 세라핌(St. Seraphim of Sarov, 1759-1833)이었다. 그는 수십 년 동안 기도와 명상에 몰두하였고 삶에 지친 백성들은 가르침을 받기 위해 산으로 찾아갔다.

역설적이지만 사회의 문제들과 신앙의 본질은 세계적 문학가들인 톨스토이(Leo Tolstoy, 1828-1910)와 도스토예프스키(Dostoyevsky, 1821-1881)에 의해 성찰되었다. 이들은 글로 수도하는 자들이었다. 동시대에 살았으나 이 두 거장의 삶과 철학은 너무나 상반되었다. 한마디로 톨스토이는 숭고한 이상을 논했고, 도스토예프스키는 극단적 실존을 전했다.

톨스토이는 실제 자신의 작품명처럼 일생 전쟁과 평화에 대해 고민하였다. 그는 세상에 평화가 구현되기 위해서는 예수의 사랑이 절대적으로 필요하다고 보았다. 전쟁이 복수와 탐욕으로 일어나기 때문이다. 톨스토이는 『천국은 너희 가운데 있느니라(The Kingdom of God is within You)』라는 작품을 통해 당대의 사회와 교회를 동시에 비판하였다. 천국은 결코 건물이나 조직을 통해 존재하지 않는다. 진정한 천국은 각자 자신의 내면에서 사랑의 가치를 발견하는데서 시작된다. 이러한 톨스토이의 평화 신앙은 마하트마 간디에게 큰 영향을 주었다. 어이없게도 러시아 정교회는 톨스토이를 파문하였고 톨스토이도 부패한 러시아 교회를 거부하였다. 또한 이 대문호는 물질에 집착하는 어떤 정부나 지도자도 절대 천국을 누릴 수 없다고 역설하였다. 때문에 그는 다음 성경 구절을 가장 좋아하였다.

"부자가 천국에 가는 것보다 낙타가 바늘귀로 들어가는 것이 더 쉬우니라." (마태복음 19:24)

더 나아가 톨스토이는 절대 군주 체제를 어리석은 것으로 여겨 거부하고 무정부주의의 길을 선택하였다. 인류 역사에서 진정으로 세상에 기여한 정부다운 정부는 극히 드물었고 대부분의 정부는 군주의 이익을 위해 무고한 이들을 희생시켰기 때문이다.

내적 번민의 바다에 있었던 톨스토이와는 달리 도스토예프스키는 외적 고난의 광야에서 살았다. 도스토예프스키는 정부에 불경한 죄로 사형 판결을 받고 관 크기 정도에 불과한 감방에 5년 동안 갇혀 있었다. 그에게 허락된 유일한 책은 신약 성경뿐이었

도스토예프스키 - by Vassilij Perov 1872

다. 이후에도 8년의 강제 군역까지 겪었으며 신앙 안에서 실존의 한계를 절감하였다. 마침내 사형에서 감형되고 옥에서 방면되는 경험은 그에게 재생과 자유가 무엇인지 생생히 가르쳐주었다. 이 때문에 그의 작품은 언제나 비극과 희극, 죽음과 부활, 보복과 용서 사이의 여행이었다.

도스토예프스키는 자신이 겪은 극한의 고난을 통해서 타인의 죄와 고통을 통찰할 수 있었다. 그의 문학은 인간 제도의 죄악과 사회적 모순에 대해 고발하였고 종교의 전통적인 나태에 대해서도 비판하였다. 승리한 자와 정의로운 자를 혼동하는 사회를, 그리고 부유한 자와 복 받은 자를 동일시하는 교회를 도스토예프스키는 동시에 조롱하였다. 그는 작품 도처에 '낮아짐'과 '바보다움'에 진실이 있음을 강조하였다. 『죄와 벌』의 주인공 소냐(Sonia)나 『바보(Idiot)』의 미쉬킨 왕자가 바로 그런 삶의 주역들이다.

톨스토이와 도스토예프스키는 삶의 비극들 속에서 진리를 찾아 나선 구도자들의 고통을 기술하였다. 한마디로 그들의 작품은 인생, 정의, 고난, 신앙 등의 문제에 대한 경이로운 대답이었다. 러시아의 종교개혁은 바로 이 대작들을 통해 일정 부분 구현되었다고 평가해도 결코 과언이 아니다.

6. 인도 무굴 제국의 성장과 실패한 아우랑제브 황제

악바르 대왕의 무굴 제국

1494년 인도 북부에는 거대한 무굴(Mughul) 제국이 탄생하였다. 설립자는 바부르(Babur)였고 그는 아프가니스탄에서 인도 북부에 이르는 거대한 영토를 수중에 넣었다. '무굴'은 '몽골'을 뜻하는 단어로서 바부르가 몽골 티무르의 후예였기에 그렇게 명명되었다.

무굴 제국의 가장 위대한 황제는 바부르의 손자인 악바르 대제(Akbar the Great, 1542-1605)였다. 악바르는 가문 내의 분열로 어린 시절부터 삼촌의 인질로 살았다. 인고의 세월을 견뎌내고 뛰어난 전사로 성장한 악바르는 페르시아의 지원과 뛰어난 통솔력으로 마침내 무굴 제국의 군주가 되었다. 서유럽에서 영국의 엘리자베스 여왕과 스페인의 필리프 2세가 대결하고 있을 때 인도의 악바르 대왕은 전쟁과 협상을 통해 무굴 제국을 두 배나 확장시켜 인도 대륙 대부분을 차지하였다. 악바르 대제는 문화를 장려하고 평화 정책을 추구하였으며 유럽과의 교류도 확대하였다. 1582년 그는 편협한 종교 정책을 썼던 스페인의 국왕 필리프 2세에게 편지를 보내 이렇게 자랑했다.

"우리들은 모든 종교인들과 함께 모여 열정적으로 토론합니다."

악바르 대왕은 이슬람교도였지만 타 종교에 대해서도 관대하였다. 무슬림 신하들의 강력한 반대를 무릅쓰고 힌두교도 황후를 들었고 또한 극소수였지만 인도의 기독교도들에게 신앙의 자유를 허락하였다. 악바르는 아예 비이슬람교도에게 부과하던 벌금 같은 종교세도 폐지하였다. 그는 현명한 군주로서 백성들의 존경과 사랑을 받았다. 인도를 방문한 예수회 선교사

제롬 사비에르(Jerome Xavier)는 악바르 대왕을 이렇게 평하였다.

"악바르는 강한 자들에게 강하게, 그리고 낮은 자들에게는 낮은 모습으로 대한다."

(Marjorie Wall Bingham, *An Age of Empires,* 1200-1750, 2005, 64.)

샤 자한의 마할과 아우랑제브의 인도

악바르 대왕에 이어 자한기르(Jahangir)가 황제가 되어 정적들을 코끼리로 밟아 죽이는 학정을 폈다. 자한기르 이후에는 샤 자한(Shah Jahan: 1592-1666)이 다스렸다. 새 황제는 권력 강화를 위해 형제들까지 모두 살육한 군주였지만 아내 뭄타즈 마할(Mumtaz Mahal)을 끔찍하게 사랑하였다. 그러나 14명이나 아이를 낳았던 이 왕비가 또 출산하다 39세의 젊은 나이로 세상을 떠나자 샤 자한은 머리가 하얗게 셀 정도로 비통해했다.

샤 자한은 왕비를 위해 20,000명의 노동자를 22년간 동원하여 사후 세계를 상징하는 마우솔레움(Mausoleum), 즉 대능원을 지었다. 바로 "왕비 마할의 왕관"이란 뜻의 '타지마할(Taj Mahal)' 명칭의 묘를 세운 것이다. 빛나는 대리석과 붉은 사암, 푸른 터키석과 초록 옥보석으로 꾸민 이 웅장한 건물은 인도의 보물이 되었다. 샤 자한 황제가 다라(Dara) 왕자에게 권좌를 물려주자 다른 왕자 아우랑제브(Aurangzeb: 1668-1707)가 반기를 들고 권력을 잡았다. 그리고 아우랑제브는 아버지 샤 자한을 연금시켜 쓸쓸히 죽게 했다.

아우랑제브는 약 50년간 인도를 강력하게 다스렸지만 그의 네 가지 정책들은 국가를 쇠락시킨 결정적 원인이 되었다. 첫째는 인도를 이슬람 국가로 통

타지마할

일시키려는 무모한 시도였다. 그는 힌두교도와 타 종교도들을 잔혹하게 박해하여 결국 종교 내전을 불러와 국가의 분열을 조장하였다. 둘째는 너무 많은 국력을 허비한 지나친 정복 전쟁을 일으켰다. 특히 인도의 남부 데칸(Deccan)을 점령하는데 10년 동안 전쟁을 벌여 국민들의 삶을 피폐시켰다. 셋째는 개혁과 개화의 안목이 없었다. 아우랑제브는 서구 문화에도 관심이 없었고 강력한 지도력은 그릇된 방향으로 분출되었다. 넷째는 영국에게 거점 도시를 허락하여 훗날 피지배의 단초를 제공한 것이다. 아우랑제브는 인도 동쪽 해안 벵골(Bengal)에 영국이 항구 도시 캘커타를 건설하도록 승인하였다. 영국은 항구 보호와 무역선 경비를 위해 영국군을 주둔시켰고 훗날 이 군대는 정복 군대로 변하였다. 사실 아우랑제브가 남긴 역사적 유산 중 가장 기억할 만한 것은 1707년 병으로 사망하기 직전 아들에게 적어 보낸 다음 고백일 것이다.

"나는 내가 누구인지 모르겠다. 대체 내가 이제까지 무엇을 했는지도 모르겠다. 내가 죽은 후 어떤 형벌이 나를 기다리는지도 모르겠다."

(Stanley Wolpert, *New History of India*, 2000, 167.)

아우랑제브 이후 무굴 제국은 무수한 권력 다툼으로 분열과 망국을 향해 나아갔다. 반세기도 지나기 전에 황제 위상은 겨우 수도 델리의 시장에 불과하게 되었다. 사실 무굴 제국은 영국 침략 이전에 이미 스스로 무너져 있었다.

영국은 캘커타의 농장에서 생산되는 면화와 염료를 유럽으로, 그리고 아편을 중국으로 보냈다. 영국 상인들은 권익 보호를 위해 동인도 회사(East Indian Company)를 세웠다. 힌두스탄 민족이 인도를 공격하고 또 민족 간 내전이 발생하자 동인도 회사는 캘커타에 대규모 군대를 파견하였다. 일개 회사 소속의 군대는 영국 정부를 대리하는 군대가 되었고 진군을 계속하여 벵골을 접수하고 종국에는 인도 전역을 지배하며 세금을 거두었다. 이것이 무굴 제국의 멸망이었다.

무굴 제국 군주들은 개화의 열정도 개혁의 소망도 없었다. 때문에 유럽과는 달리 인도에는 근대 교육 기관들이 전혀 세워지지 못했고 사회를 얽어맨 신분제와 미신적 악습들도 청산되지 못하였다. 극도의 빈부 격차와 절대 다수의 영양실조는 한두 세기의 문제가 아니었고 지배자들이 아무리 바뀌어도 개선되지 않았다.

실상 인도에 개화의 빛을 던진 이들은 인도 귀족들도 또 영국의 상인들도 아니었다. 이들은 바로 유럽의 개신교 선교사들이었다. 1706년에 독일 할레 대학 출신 바돌로뮤 지겐발그(Bartholomew Ziegengbalg)와 하인리히 플뤼차우(Heinrich Plütschau)는 인도 서부에 도착하여 학교, 약국, 병원, 교회를 세우고 15년간 사역하였다. 1783년에는 영국의 윌리엄 캐리(William Carey)가 인도 동북부에 도착하여 동인도 회사의 방해에도 불구하고 인도 최초의 대학과 서구식 병원, 교회 등을 설립하였다. 이들의 시작은 인도의 산적한 문제에 비해 너무나 미미했지만 그들의 나중은 참으로 창대하였다. 문명과 신앙의 전파자로 약 6,000명이 넘는 후배 선교사들이 오게 되었기 때문이다. 인도인들을 개화시키겠다는 이런 영국 신도들의 쇄도에 영국 정부와 동인도 회사는 불만 속에서 한참동안 당황해 하였다.

7. 오토만 제국과 시들은 튤립 시대

블루 모스크와 "블루" 오토만

유럽 공격에 실패한 술레이만 대제가 1566년 사망한 이후 오토만 제국은 군사적으로 쇠퇴하였다. 1616년 술탄 아흐메트 1세(Ahmet I)는 무슬림의 재흥을 기원하며 옛 비잔틴 로마의 궁궐 자리에 거대한 블루 모스크(Blue Mosque)를 세웠다. 이 모스크에는 이슬람 세계에서 가장 많은 6개 미너렛(Minaret: 첨탑)이 세워져 시초에 큰 논란이 일었다. 모스크의 권위는 미너렛 개수에 좌우되는데 블루 모스크가 이슬람교 최고 사원인 메카의 카바(Kaba) 모스크와 같은 수의 미너렛을 가졌기 때문이다. 결국 술탄은 카바 모스크에 미너렛 하나를 추가하여 7개가 되게 하여 메카 성지의 권위를 더 높여 주었다. 블루모스크의 푸른빛은 영롱했지만 기대했던 이슬람의 영광은 오지 않았고 제국에는 푸른색 멍만 번져나갔다.

1683년 술탄 메메트 4세가 오스트리아 비엔나 공략에 실패한 것은 오토만 역사에서 중대한 기점이 되었다. 이 전투 이후부터 세 대륙에 걸쳐있던 오토만 제국은 발칸 반도와 세계 각지에서 패전을 거듭하고 영토를 잃기 시작했다. 1699년 오토만 제국은 유럽 정복을 완전히 포기하고 오스트리아와 평화 조약을 체결하였다. 이후 이슬람 군대는 단 한 차례도 발칸 산맥 너머의 유럽 땅에 발을 들여놓지 못하였다.

오토만 제국의 최고 부대 예니체리는 1700년대 이후 오히려 골칫거리가 되었다. 이들은 명목상 백성들의 경찰이었으나 사실상 폭력배나 다름없었다. 심지어 술탄을 무시하고 협박까지 하였다. 예니체리에 대한 오토만 백성들의 분노는 극에 달했다. 1826년 드디어 술탄은 이 약탈 집단의 해산을 명했다. 이스탄불과 그리스의 테살로니키에서 예니체리 병사들은 기득권을 지키려 격렬히 저항했으나 술탄이 비밀리에 조직한 특수 부대에 의해 모두 처형당했다. 오토만의 전성기에서 공신이었던 예니체리의 부패와 궤멸은 이 제국의 쇠락을 보여주는 명확한 징조였다.

"튤립 시대"의 한탄

1700년대 이미 유럽은 아시아와 중동의 국가들보다 훨씬 더 강한 세력을 형성하고 있었다. 특히 영국, 프랑스, 스페인, 오스트리아, 네덜란드는 세계로 확장되고 있었고, 이탈리아와 프랑스의 문화는 이슬람에도 퍼져 있었다. 이슬람에게 서구가 지식을 유입해 배웠던 것은 이제 까마득한 옛일이 되었다. 반대로 유럽의 대학과 학문은 이미 세계의 선두에 서 있었다.

근대 세계는 튤립 꽃에 매료되어 있었다. 이 꽃은 원래 중앙아시아에서 기원했지만 네덜란드가 가져다 온 국토에 심었고 순식간에 유럽으로 확산되었다. 유럽에 활짝 핀 튤립은 서구 문화의 발전을 상징하였다. 오토만 제국은 마침내 유럽을 배우고자 하였고 교역도 본격화되었다. 서구 문화가 오토만 제국으로 확산된 이 18세기 초를 "튤립 시대(Tulip Era)"라고 부른다. 실제로 술탄 아흐메트 3세(Ahmet III, d. 1736)는 톱카프 궁전 뜰에 튤립을 가득 심었다. 그럼에도 불구하고 현명한 술탄들의 부재로 오토만 제국의 개화나 산업 혁명의 도입은 무척 더디었다. 튤립은 이스탄불에서 활짝 피었으나 튤립 시대는 확장되지 못한 것이다.

이슬람 세계의 계몽주의 선구자는 트란실바니아(Transylvania) 출신의 역사가, 출판가, 외교관이었던 이브라임 무테페리카(Ibrahim Muteferrika, d. 1745)였다. 이 뛰어난 무슬림 학자의 흉상은 현재 이스탄불의 거대한 재래시장 그랜드 바자(Grand Bazaar) 외곽에 세워져 있다. 이브라임은 "국가 정치의 합리적 기초(Rational Bases for the Politics of Nation)"라는 논문에서 다음과 같이 물었다.

"이전에 이슬람 국가들에 비해 미약했던 유럽의 기독교 국가들이 무적이었던 오토만 제국을 패배시키고 어떻게 강력한 세계적인 나라들이 되었단 말인가!"

(Marjorie Wall Bingham, *An Age of Empires*, 1200-1750, 2005, 94.)

유럽의 국가들이 기독교로 개화되어 세계적 강국으로 발전한 것을 먼저 주목한 이들은 오히려 이슬람의 역사학자들이었다. 사실 13세기 오토만 제국의 아나톨리아 반도에서의 출발은 학문적으로 불명확한 부분이 있다. 그러나 이 제국의 종말은 너무도 명백하였다. 1차 세계 대전에서 패한 후 터키 공화국이 들어서면서 오토만 제국은 사라졌기 때문이다.

IV
미국의 시작과 발전
(1610-1776)

근대 역사에서 가장 큰 사건은 바로 미국의 출현이다. 1700년대 이후 100여 개의 나라들이 새로 출현했으나 현대에 최강국으로서 역사 흐름을 주도한 나라가 미국이기 때문이다. 근대 이전까지 존재조차 하지 않았던 이 나라가 어떻게 단기간에 국가를 이루고 확장되었는지를 이 장에서 그 놀라운 시작과 성장에 대해 살핀다.

1. 북미 대륙 첫 정착촌:
   제임스 타운과 플리머스 타운

최초의 정착촌 제임스 타운(Jamestown)

1588년 영국의 엘리자베스 여왕은 스페인의 무적함대를 무찌르고 대양의 주도권을 쥔 뒤 북미 탐험을 승인했다. 월터 라울리(Walter Rowley)는 오늘날 플로리다 이북의 해안 지방을 탐사하고 이곳을 버지니아(Virginia)라고 불렀다. 이 지명은 처녀(Virgin)였던 엘리자베스 여

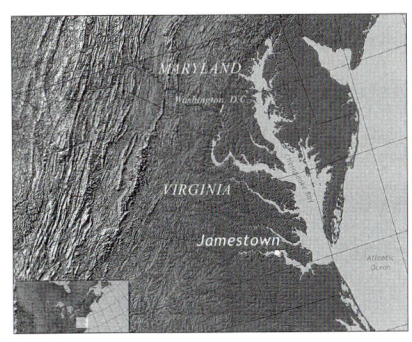
버지니아의 제임스 타운

왕의 별칭을 딴 것으로 당시 버지니아는 현재보다 훨씬 넓은 북미를 의미했다. 1585년 노스캐롤라이나의 로아노크(Roanoke) 섬에 최초로 영국인 117명이 상륙하여 정착을 시도했으나 이들은 모두 자취도 없이 의문스럽게 실종되었다. 인디언 마을에 백인 소녀가 산다는 풍문이 있어 일부는 원주민에 동화되었거나 대부분 사망한 것으로 추정된다.

그로부터 30여 년 후 1607년 신대륙에서 생존에 성공한 영국인의 첫 정착촌이 세워졌다. 28세의 존 스미스(John Smith) 대장과 144명의 일행이 버지니아의 체사피크 만에 설립한 제임스 타운이었다. 이 타운명은 당시 국왕 제임스 1세 이름을 딴 것이다. 그들은 1년 전인 1606년 겨울에 영국을 떠나 5개월의 항해 끝에 신대륙에 도착하였다. 타고 온 함선은 바로 '디스커버리(Discovery)'였고 이 때문에 '디스커버리' 명칭은 이후 미국

역사에서 중대한 의의를 가지며 새로운 탐사들에 사용되었다. 선상 음식은 육포와 비스킷, 그리고 불결한 물이었지만 "젖과 꿀이 넘치는 땅"으로 간다는 희망으로 견뎌내었다. 그러나 이들은 미국의 지질과 기후에 무지했고 이주 준비가 부족했기에 제임스 타운 설립 직후부터 극도의 고난을 당하였다. 내부 다툼이 끊이지 않았고 인디언들과 싸움도 시작되었다. 말라리아가 돌아 많은 사람들이 병사했고 양식이 떨어져 아사 위기에 몰렸다. 굶주린 주민 일부는 시신을 먹고 버텼다. 1608년 정착한지 1년 만에 겨우 38명만 남고 모두 목숨을 잃은 처참한 상태였다.

이듬해 제임스 타운 유지를 위해 영국에서는 약 500여 명에 이르는 새로운 주민들을 더 보냈다. 그러나 1610년에 이 타운은 또 다시 기근과 질병으로 많은 주민들이 사망하면서 최악의 난국을 맞았다. 농사는 실패했고 곡식은 떨어졌고 우물도 오염되어 마실 물도 없었다. 남은 주민들은 겨우 60여 명 정도만 남았다. "굶주린 시기(the Starving time)"로 알려진 이때에 주민 조지 퍼시(George Percy)는 이렇게 탄식했다.

"우리처럼 불쌍한 영국인들은 없다. 사람들은 밤낮으로 신음하고 도처에 불평과 고함만 가득했고 일부는 도망갔다."

(Ed Southern, *The Jamestown Adventure: Accounts of the Virginia Colony, 1605-1614*, 2004, 34.)

마침내 이들은 제임스 타운을 버리기로 결심하고 그해 6월 10일 아무 대책도 없이 무조건 바다로 도망나왔다. 바로 그때 하늘의 도움으로 영국에서 원조 물품을 싣고 온 배를 만났다. 델라웨어(De La Warr)경이 이끌고 온 그 배의 이름은 놀랍게도 '구원(Deliverance)'이었다. 델라웨어경이 이들을 설득하여 제임스 타운으로 다시 돌아왔고 바로 그의 집례로 예배를 드리며 열악한 환경을 극복하기로 다짐하였다. 제임스 타운의 주민들은 그 배를 만난 날을 기념하여 "섭리의 날(the Day of Providence)"이라고 부르며 매해 기념하였다. 인근의 미국 델라웨어(Delaware)주는 바로 도움의 손길을 준 '델라웨어' 총독의 이름을 따서 명명되었다.

그 배에는 보급품뿐 아니라 정착촌을 살릴 유능한 존 롤프(John Rolfe, 1585-1622)라는 청년도 있었다. 그는 브라질 인근에서 담배(tobacco) 씨를 몰래 구입하여 정착촌에 가지고 온 것이다. 당시 영국은 담배 재배지가 없었고 담배는 스페인 식민지에서 수입하고 있었다. 담배 생산을 독점해온 스페인은 그 씨의 반출을 엄히 금하고 위반자는 사형으로 다스렸다. 제임스 타운은 롤프가 가져온 담배 씨를 심어 재배에 성공하였고 인디언들에게 배운 데로 담배 잎을 말려 연초로 만들어 영국에 팔아 수입을 올리기 시작했다. 담배 농사로 제임스 타운은 나름 안정을 찾게 되었다. 신대륙에서 정착민들은 진짜 황금을 많이 못 찾았지만 대신 담배는 큰 이익을 주어 "갈색의 황금(Brown Gold)"으로 불렸다. 담배에 심취한 영국은 당시 세계에서 가장 연기를 많이 품어 내는 나라였다.

험난한 생존의 위기를 견뎌야 했던 제임스 타운은 신앙적인 공동체였다. 이들은 1607년 도착한 첫 날 예배로 정착촌의 삶을 시작하였고 작은 창고에서 집회를 가지며 로버트 헌트의 주도 아래 매 주일 모였다. 제임스 타운의 생존은 버지니아 식민지 확대와 정복에 중요한 시금석 역할을 하였다. 그러나 제임스 타운은 인디언과의 갈등을 극복하지 못하고 서로 300여 명씩 죽이는 큰 비극을 경험하게 되었다. 결국 이 타운은 더 크게 성장하지 못하였고 대신 신도시 윌리엄스버그(Williamsburg)가 인근에 세워졌다. 이 두 도시를 기점으로 버지니아는 더 많은 정착촌들이 늘어나기 시작했고 영국 왕실의 직할 식민지가 되었다. 이곳은 영국의 국교회가 주류였으므로 국교회와 갈등이 있었던 청교도들은 버지니아보다 훨씬 더 위쪽 북동부에서 다른 정착촌을 시작했다.

인디언 처녀 포카혼타스

제임스 타운과 관련된 유명한 이야기는 바로 인디언 처녀 포카혼타스(Pochahontas)에 관한 것이다. 초대 총독 존 스미스는 어느 날 인디언 마을

1613년경 제임스 타운에서의 포카혼타스의 세례 예식과 결혼식, 뒤는 남편 존 롤프

에서 처형될 위기에 놓였다. 그때 포카혼타스는 아버지 포와탄(Powhatan) 추장에게 간청하여 존 스미스를 구해주었다. 포카혼타스는 스미스와 함께 제임스 타운으로 건너왔다. 성격이 불같았던 존 스미스(John Smith)는 다른 주민들과 다툼이 생겨 충격으로 부상을 입었다. 정착촌 대장의 자리에서 밀려난 그는 포카혼타스를 남겨둔 채 새로운 항해를 위해 영국으로 떠나갔다. 스미스를 떠나보낸 포카혼타스는 크게 상심했으나 제임스 타운의 존 롤프(John Rolfe)와 사랑에 빠져 결혼하였다. 이들의 결혼은 유럽인과 인디언의 사상 첫 결합이었다. 롤프는 일기에 이렇게 적었다.

"날마다 내 자신과 내 아내의 행복을 위해 기도한다."

포카혼타스는 인디언과 백인 사이의 우호를 맺는 가교 역할을 했다. 그녀는 결혼 직전 알렉산더 휘태커(Alexander Whitaker) 목사에게 세례를 받고 레베카(Rebecca)라는 세례명도 받았다. 북미 식민지의 첫 인디언 기독교도인 그녀는 1616년 영국으로 건너간 첫 인디언 방문자가 되어 수많은 사람들의 주목을 받았다. 그러나 2년 후 아들 하나를 남긴 채 천연두에 걸려 짧은 생을 마감하였다. 포카혼타스와 존 롤프의 만남은 인종과 문화를 초월한 사랑으로서 문학이나 영화의 인기 있는 소재가 되었다.

순례 시조(필그림)들과 역사적인 플리머스 정착촌

흔적도 없이 사라진 로아노크 마을과 큰 희생을 치루고 생존한 제임스 타운의 험난한 이야기는 영국에 널리 퍼지게 되었다. 이 소식들은 영국인들에게 신대륙에 대한 환상보다는 공포를 더 안겨주었다. 모두가 신대륙 이주를 두려워하던 때에 신앙의 자유를 위해 오히려 신대륙 행을 결심한 이들이 있었는데 바로 청교도(퓨리턴)들이었다. 그중 가장 먼저 출발한 이들은 "필그림(Pilgrim)"이라고 부르는 그룹이었다.

신대륙으로 출발하기 직전 예배하는 필그림 청교도들
- by Robert Walter Weir

청교도들은 영국 국교회의 주교 제도와 중세 전통들을 거부하였다. 그들이 원한 것은 국가나 주교의 간섭이 없는 자유로운 신앙 공동체였다. 또 성직자도 자신들이 직접 선택하였으며 국교회 예배서가 아닌 성경을 가르치는 공동체를 세웠다. 1607년 영국 국왕 제임스 1세는 40일 이상 국교회 예배에 의무적으로 참석하지 않는 국민들에게 특히 청교도들에게 벌금을 부과하거나 구금하였다. 핍박을 견디기 힘들었던 일부 청교도들은 영국을 떠나 네덜란드로 건너갔다가 다시 미 대륙으로 향했다. 이 그룹이 바로 존 로빈슨(John Robinson, 1575-1657) 목사와 윌리엄 브래드포드(William Bradford, 1589-1657)가 이끄는 그룹이었다.

존 로빈슨은 옥스퍼드 대학에서 가르친 교수였으나 청교도 신앙으로 인해 사직했고 이후 목사로서 청교도 그룹을 이끌다가 자신의 회중과 함께 네덜란드 레이든(Leiden)으로 이주했다. 그러나 이 회중은 곧 신대륙에 신앙 공동체를 건설하기로 결심하였다. 이들의 이주 동기는 더 자유로운 환경을 바랐고 또 영국 관습을 잊은 자녀들이 네덜란드에 동화되지 않기를 원했고, 그리고 신대륙의 원주민들에게 선교를 원했기 때문이었다.

1620년 1차로 31살의 윌리엄 브래드포드를 포함한 35명의 청교도들이 먼저 대서양을 건너가고 존 로빈슨 목사와 나머지 일행들은 추후 합류하기로 했다. 윌리엄 브래드포드는 부유한 가문에서 태어났으나 어린 시절 부모를 잃고 고아로 자랐다. 그는 존 로빈슨 목사를 만나 청교도가 된 후 18세에는 투옥도 되었다. 그는 청교도 회중들과 네덜란드까지 함께 왔다. 10년을 넘게 한 가족처럼 지냈던 회중들은 미 대륙으로 1차 그룹이 가기 전날 송별의 예배를 드리며 눈물을 흘렸다. 다수는 자녀들을 두고 먼저 떠나야만 했다. 실상 이들 중 절반은 신대륙 도착 후 사망했으므로 사실상 목숨을 건 항해를 앞둔 바로 그 순간이 가족들 간 마지막 만남이 되었다. 윌리엄 브래드포드도 갓 나은 아이를 남겨두고 부부만 떠났고 부인도 도착하자마자 익사하였다. 송별 예배에서 존 로빈슨 목사는 회중들에게 옛적 이스라엘 백성들이 바벨론 포로 생활에서 풀려나 귀환할 때 무사히 여행한 내용이 들어 있는 다음 성경 구절을 읽어주었다.

"그 때에 내가 아하와 강가에서 금식을 선포하고 우리 하나님 앞에서 스스로 겸비하여 우리와 우리 어린아이와 모든 소유들에게 평탄한 길을 주시기를 간구하였노라(에스라 8:21)."

신대륙으로 가는 배는 영국에서 출발하였다. 이들 35명과 함께 신대륙으로 향하는 67명의 또 다른 사람들이 합류하였다. 윌리엄 브래드포드는 "이방인들(strangers)과 순례자들(pilgrims)"이라는 신약 성서 구절(히브리서 11:13)을 인용하며 자신들을 '필그림(Pilgrim)', 즉 "순례자"로 일컬었다. 이후 북미의 청교도 공동체를 이룬 102명의 선조들을 '필그림(Pilgrim)'으로 부르게 되었다. '필그림(pilgrim)' 단어는 "통과"의 의미를 가진 라틴어 'per(페르)'와 '땅'을 뜻하는 'ager(아게르)'의 합성어인 '페르아게르'에서 나온 단어이다. 문자적으로는 "땅을 통과하는 사람"을 의미하는데, 세상에 항구적 가치를 두지 않는 외인을 뜻한다. 그러므로 브래드포드는 이렇게 말했다.

"필그림은 천상을 목표로 하고 나그네 같은 순례의 길을 떠나는 이들이다."

1620년 9월 6일 102명의 필그림들은 메이플라워(Mayflower)호에 승선하여 고난의 항해를 시작했다. 대서양을 횡단하는데 2달이 걸렸고 마침내 11월 10일 매사추세츠 케이프카드(Cape Cod)에 도착하였다. 처음으로 발을 디딘 곳은 떠나온 영국 항구를 따서 '플리머스(Plymouth)'라고 불렸고 역사적인 미국의 플리머스 정착촌을 설립하였다. 이들은 육지에 내리기 전에 '메이플라워 서약(the Mayflower Compact)'이라는 헌법에 해당하는 협약에 서명했다. 이것은 공동체가 법률과 다수결에 의해 운영된다는 법치주의 원칙을 천명한 것으로 미국식 민주주의의 효시인 문서이다. 그 내용 일부는 다음과 같다.

필그림의 첫 상륙 바위(Plymouth Rock Monument in Plymouth, Massachusetts)

"하나님의 이름으로 서명한 우리들은…하나님의 영광과 기독교 신앙의 성장과 조국과 국왕의 명예를 위하여 버지니아 북부에 첫 정착촌을 세우러 왔으며…공익을 위해 지도자들과 법규에 복종할 것을 약속합니다."

필그림 청교도들은 인디언들이 전염병 발병으로 버리고 떠난 거주지에서 생활을 시작하였다. 그러나 첫 청교도들이 몰랐던 것은 바로 미 북동부의 혹독한 겨울이었다. 12월이면 엄청난 추위와 폭설이 몰아치기 시작하여 3월말까지 지속되는 일기였다. 102명 중 절반 이상이 첫 겨울에 혹한, 질병, 기아로 사망하였다. 청교도 공동체도 제임스 타운의 곤고한 선례를 닮으며 소멸의 위기에 놓여 있었다. 그러나 그 고난을 대하는 자세는 전혀 달랐다. 브래드포드는 다음과 같이 전하였다.

"100명 중 1월과 2월에 많이 세상을 떠나고 이제 50여 명 밖에 남지 않았다. 건강한 이들은 6-7명에 불과했으나 이들은 땔감을 가져오고 음식을 마련하며 병든 자들의 더러운 의복을 세탁해주었다. 사람들은 기쁨으로 자원하는 맘으로(willingly & joyfully) 아무런 불평도 없이 수고스런 일들을 하였다."

(Albert Bushnell Hart, *Source-book of American History*, 1908, 40.)

플리머스 청교도들의 첫 추수감사절- by Jennie Brownscombe

긴 겨울이 가고 봄이 되었을 때 사모셋(Samoset)이라는 인디언이 청교도들 앞에 나타났다. 그의 입에서 "웰컴(Welcom)!"이라는 영어가 나왔을 때 정착촌의 생존자들은 경악했다. 북아메리카에서 영어를 아는 인디언을 만날 것을 상상도 못했기 때문이었다. 그는 영어를 잘하는 인디언 동료 스콴토(Squanto)를 데려와 청교도들을 돕게 하였다. 이 인디언들은 일전에 대양을 지나는 영국 상선들과 교류하며 단어들을 배워왔었다. 이들은 청교도들에게 곡식 종자를 주며 농사를 도왔고 약초도 주었다. 이들의 도움으로 청교도들의 플리머스 정착촌(Plymouth Plantation)은 생존할 수 있었다.

청교도들은 매주 예배에서 생존과 번성을 기원하였다. 정착 1년이 된 늦가을 11월에 성공적으로 생존한 플리머스 공동체는 마사소이트(Massasoit) 추장과 90명의 인디언들을 초청하여 추수감사의 축제를 가졌다. 이것이 추수감사절의 유래가 되었다. 첫 감사절에 터키(Turkey)를 먹었는데 경축일에 터키를 먹는 전통은 미국의 첫 추수감사절보다 이전에 영국에서 기원된 것이었다. 1588년 스페인과의 해전에서 영국이 승리한 날 엘리자베스 여왕의 식탁에는 터키가 올랐었다. 이후 영국인들은 감사와 축제의 상징으로 터키를 요리해 먹기 시작하였다. 한편 미국의 추수감사절이 국경일이 된 것은 1863년 아브라함 링컨 대통령에 의해서였다. 그는 남북 전쟁의 분수령이 되었던 게티스버그(Gettysburg) 전투 직후 추수감사절을 국경일로 선포하였고 이후 매년 11월의 넷째 주 목요일을 감사절로 지키게 되었다.

사실 미국의 역사에서 버지니아의 제임스 타운이 비록 첫 타운이었음에도 불구하고 이보다 13년 뒤에 설립된 플리머스와 보스턴의 청교도 타운들이 더 미국적 정신을 가진 공동체로 평가받는다. 왜냐하면 상업적 목적으로 설립된 제임스 타운과는 달리 청교도 공동체는 신앙적 목적으로 세워졌기 때문이다. 미덕(virtue)과 믿음(faith)을 중시하는 관점에서 볼 때 신앙의 자유를 찾아 아무런 원조 없이 새로운 사회를 건설한 청교도 공동체가 더 의미 있는 그룹이었다. 또한 위기의 상황에서 서로 불화하고 도주한 제임스 타운보다는 상호 돌봄과 협동으로 극복한 필그림 공동체가 말할 것도 없이 본보기가 되었다. 청교도 공동체의 성공으로 수많은 영국인들과 유럽인들은 미국 이주에 대한 큰 기대를 가지고 실행에 옮기게 되었다.

플리머스의 청교도 사회는 역사에 대한 신적인 개입을 늘 믿었다. 창조주는 자녀에게 복도 주시지만 때로 고난도 주신다. 그러므로 청교도들은 자연적인 재해나 시련도 신앙적인 관점에서 이해하며 극복하였다. 모든 불행한 일들에 대해 그들은 금식과 기도로 대응하였다. 이러한 모습은 식민지 시대뿐 아니라 독립 혁명 시대에 이르기까지 미국인들의 태도에 영향을 주었으며 시련에 맞서 극복하는 정신을 갖게 하였다. 또한 교육적이고 도덕적인 청교도 공동체의 모습은 미국의 교육과 규범의 정립에 모델로서 기능하였다. 이 때문에 필그림 청교도들은 "순례 시조(Pilgrim Fathers)", "미국의 설립자들", "자유의 선구자들", "미국의 조상들"이라는 영예로운 칭호를 받게 되었다. 청교도 공동체가 크게 번창하자 북미에 첫발을 딛고 수많은 난관을 극복했던 브래드포드 총독은 회고록에서 다음과 같이 고백하였다.

"무에서 유를 창조하시고 만물을 존재케 하시는 분의 손에 의해서 우리의 시작은 미미했으나 결과는 창대하였다."

2. 매사추세츠 보스턴의 설립과 로드아일랜드의 시작

커먼웰스 공동체의 수립과 최초 도시 보스턴

플리머스 정착촌이 성공적으로 세워지자 이들의 생존과 미담은 다시 신대륙 바람을 불게 했다. 곧 많은 청교도들이 미 대륙 북동부로 이주하게 되었고 보스턴(Boston)을 중심으로 미국의 첫 주(state) 매사추세츠가 설립되었다. 보스턴의 청교도들은 플리머스를 세운 분리주의자들과는 달리 영국의 국교회를 인정하고 국왕에 충성하는 온건파 청교도들이었다. 또한 플리머스를 세운 청교도들은 "필그림"이라고 부르지만 보스턴을 설립한 정착민들은 단순히 청교도들이라고 부른다. 물론 북동부에서 플리머스가 첫 마을(town)이고 보스턴은 두 번째 정착촌이었지만 보스턴은 크게 발전하여 미국의 첫 도시(city)가 되었다. 1629년 매사추세츠 보스턴의 청교도들은 설립 목적을 이렇게 선포하였다.

"복음을 이방인의 땅에 알리고 가톨릭의 예수회가 세우려는 적그리스도의 왕국을 막는 요새를 세우기 위함이다. 유럽에서 신실한 백성들이 핍박을 받으므로 신대륙에 허락하신 피난처가 서게 되었다."

("John Winthrop Society", *Documents in the United States*, 2001, 50.)

이 목적은 청교도들의 "계약 사상" 내용이 되었다. 즉 그 사회가 거룩한 소명을 가진 공동체로서 신앙 발전과 외적 확장의 운명을 지녔다는 것이다. 이 계약 사상은 미국의 역사에서 도전 정신과 연관되어 중요한 동력이 되었다. 한편 청교도들은 예배 출석을 의무화했고 토요일 일몰부터 일요일 일몰 때까지 하루를 '안식일'로 칭하며 오락과 노동을 일절 금하였다.

보스턴은 매사추세츠의 수도가 되었고 식민지 공동체는 '매사추세츠 커먼웰스(Massachusetts Commonwealth)'라고 불렸다. '커먼웰스'는 특정 개인의 소유가 아닌 "공동 재산(Common Wealth)"을 뜻하기에 이 정착촌이 국왕이나 영주의 직영지가 아니라 시민 모두에 의해 운영되는 공화국(Republic)임을 의미하였다. 때문에 보스턴의 가장 중요한 거리는 민주적인 공동 정신을 강조하기 위해 '커먼웰스 애브뉴(Commonwealth Avenue)'로 명명되었다. 초대 지사는 존 윈스롭(John Winthrop)이었다. 1629년 설립 이래 10년 내에 15,000명이 넘는 청교도들이 보스턴으로 이민 왔고 1600년대 말에는 이미 50,000명이 넘는 대도시가 되었다. 17-18세기에서 보스턴은 북미 대륙에서 제일 큰 도시였다.

보스턴은 미국 역사에서 가장 중요한 곳이다. 1636년에 미국 최초의 공립 학교인 보스턴 라틴스쿨(Boston Latin School)과 하버드 대학이 세워져 교육의 도시가 되었고 진취적인 사상의 진원지였다. 또 가장 많은 대통령을 배출한 곳이었다. 자유를 숭상한 이 도시는 '공동 재산'인 신대륙이 영국 국왕의 '개인 재산(Private Wealth)'으로 전락할 위기에 가장 먼저 독립을 주창한 지역이었다.

1636년 토마스 후커(Thomas Hooker) 목사와 일군의 청교도들은 대의 민주주의보다 모든 시민이 직접 의사 결정에 참여하는 직접 민주주의를 주장하며 더 진보적인 청교도 정착촌을 설립하였다. 이 도시가 바로 코네티컷의 하트포드(Hartford)이다. 그러나 하트포드와는 정반대로 1638년 또 다른 청교도들은 오히려 더 엄격한 공동체인 뉴헤이븐(New Haven)을 세웠다. 이 두 도시들은 코네티컷(Connecticut)의 대표 도시로 발전되었다.

청교도들은 거듭남이라는 회심 체험, 즉 중생(Regeneration)을 강조하였다. 이 경험을 가진 부모들의 자녀에게만 세례가 주어졌으나 세대가 지날수록 회심 체험이 없는 부모들이 많아져 대부분의 자녀들도 세례 받게 되었다. 이를 '절반의 계약(the Halfway Covenant)'이라고 불렀다. 철저한 계약사상으로 시작한 초기 청교도 공동체에 비해 그 후손들은 현저히 신앙 열정이 줄어들어 절반 수준밖에 되지 않는 계약 정신을 가졌다는 의미였다.

로저 윌리엄스와 로드아일랜드의 시작

미국의 로드아일랜드주는 프로비던스(Providence)시를 세운 로저 윌리엄스(Roger Williams, 1603-1683)에 의해 시작되었다. 그는 영국 케임브리지 대학의 펨브로크 칼리지(Pembroke College)에서 공부하고 성직 안수를 받은 후 1632년 신대륙 매사추세츠 커먼웰스로 이민해 왔다. 그는 침례교도였는데 매사추세츠 청교도들이 배타적인 태도를 보이며 침례교를 용인하지 않자 이를 크게 비판하였다. 청교도 지역에서 타 종파들의 모임이나 교회 설립은 오랜 동안 불허되었다. 윌리엄스는 백인들이 인디언들에게 적절한 보상도 하지 않고 영토를 차지한 것을 "나쁜 정복"이라고 힐난하였다. 그는 더 나아가 미 대륙의 청교도 공동체가 영국 국교회는 물론 영국 정부와도 완전히 단절하여 독립적인 나라를 세워야 한다고 주장하였다.

당시 매사추세츠 주민들은 청교도 신앙으로 일치성을 갖는 것이 공동체를 유지하는 최선의 길이라고 믿었다. 관용이 자유를 부르고 그 자유에서 번성이 나온다고 믿은 로저 윌리엄스와는 달리 매사추세츠 청교도들은 관용은 방종을 낳고 방종은 정착촌을 병들게 한다고 본 것이다. 또한 당시 미 대륙의 주민들은 영국의 국교회나 왕실을 사랑하지는 않았지만 그렇다고 영국에 대해 절연을 선언한 것도 또 애국심이 사라진 것도 아니었다. 무엇보다 신대륙의 공동체가 스페인과 프랑스의 위협으로부터 안전하기 위해서는 영국의 보호가 필요한 상황이었다. 그러므로 매사추세츠 청교도들의 시각에는 영국과 결별하자는 윌리엄스의 주장은 대단히 매국적이고 위험스러운 것이었다. 또한 청교도 공동체를 목숨을 걸고 세운 이들에게 타 종파도 수용하라는 윌리엄스의 주장은 당시 주민들로서는 용인하기 힘든 것이었다.

결국 매사추세츠 정부는 로저 윌리엄스를 영국으로 강제 송환하려 하였다. 윌리엄스는 보스턴시를 탈출하여 남쪽으로 무조건 내려갔다. 한겨울 폭설을 헤치며 두 달 동안 100km나 걸은 윌리엄스는 동상에 걸리고 목숨을 잃을 위험에 처했다. 종말 같은 그 상황에서 놀랍게도 윌리엄스는 일

나랑간셋 인디언들의 환영을 받는 로저 윌리엄스
- by James Charles Armytage

전에 교류했던 나랑간셋(Narrangansett) 인디언들을 만나 살아날 수 있었다. 1638년 거주할 땅을 얻게 된 윌리엄스는 새로운 정착촌을 시작하고 마치 하늘이 정해 놓은 도움을 받은 것을 기려 그 타운의 이름을 '섭리'라는 뜻의 '프로비던스(Providence)'라고 지었다. 이곳에서 로드아일랜드가 시작되었다.

　로저 윌리엄스는 프로비던스에 미국 최초의 침례 교회를 세우고 성인 세례를 베풀었다. 그리고 로드아일랜드 주를 유례없이 정치와 종교가 분리된 지역으로 운영하였다. 그리고 타 종파에 관용을 베풀기 시작했다. 당시 미 대륙의 각 주는 독립된 국가(state)나 다름없었기에 각주마다 별개의 국교가 정해져 있었다. 매사추세츠 식민지는 청교도 교회가, 그리고 버지니아 식민지는 성공회가 국교인 상황이었다. 그러나 로드아일랜드는 침례 교도들의 지역이었음에도 불구하고 세계에서도 보기 드문 신앙의 관용이 보장된 지역이었다.

　매사추세츠와 코네티컷, 로드아일랜드 주들은 "뉴잉글랜드"로 일컫게 되었다. 매사추세츠 청교도들이 자유, 도덕, 청빈에 입각한 신앙 공동체를 건설하고 이것을 미국의 주요 정신으로 제시하였다면 로드아일랜드는 정교분리와 관용이라는 또 하나의 중요한 현대적 가치를 후대에 건네주었다. 오늘날 현대 사회가 정교분리를 일반적 원칙으로 갖게 된 것은 로저 윌리엄스의 고난과 사상에서 영향 받은 바가 크다고 할 수 있다.

3. 청교도들의 반성: 허친슨, 다이어, 살렘 주민들

앤 허친슨과 메리 다이어의 비극

"청교도적"이란 뜻의 형용사 '퓨리타니스틱(puritanistic)'은 "청빈하고 바르다"는 긍정적인 뜻만 가진 용어가 아니다. 꽉 막히고 독선적인 태도를 지적할 때도 이 용어는 사용된다. 사실 청교도들은 자신들의 신앙의 자유를 위해 신대륙에 왔지만 타 종파들의 신앙의 자유는 인정하지 않았다. 당시 보스턴을 중심한 매사추세츠는 청교도들이 아니면 거주할 수 없었다. 이런 폐쇄성은 1600년대 말까지 이어졌다.

로저 윌리엄스를 쫓아낸 보스턴 청교도 사회는 앤 허친슨(Anne Hutchinson, d. 1643)이라는 여인 때문에 또 논란이 일었다. 지적이며 지도력을 가진 허친슨에게 문제가 있다면 여성으로서 남성들의 독점적 영역에 도전한 것이었다. 그녀는 사람들을 모아 사회법보다 영적인 법이 더 중요하다고 가르쳤다. 체험을 강조한 그녀의 주장은 마치 무법주의를 조장하는 것으로 오해받았다. 또한 공개적으로 청교도 지도자들인 목사들의 설교를 비평하였고 남자들에게도 특강하였다. 당시 남성중심의 청교도 공동체는 이를 용납할 수 없었다. 결국 그녀는 "무법주의자(antinomian)"로 피소되었고 재판에서 이렇게 주장하였다.

"성경 디도서에 근거해서 저는 분명 경륜 있는 여성이 남성을 가르칠 수 있다고 믿습니다."

보스턴 광장의 앤 허친슨과 딸 수산나의 동상

("Anne Hutchinson Trial", *Documents in the United States*, 2001, 60.)

그녀는 추방을 선고받아 폭설과 혹한의 날씨에 자신의 자녀들과 함께 보스턴을 떠났다. 더 관용적인 로드아일랜드로 걸어갔다가 보스턴의 위협이 두려워 이후 더 멀리 뉴욕주로 이주하였다. 외딴 곳에 머무른 앤 허친슨과 어린 자녀들은 9살짜리 한 아이만 제외하고 모두 인디언들에게 무참하게 살해되었다.

앤 허친슨이 보스턴에서 추방당할 때 같이 쫓겨난 메리 다이어(Mary Dyer, d. 1660)라는 친구가 있었다. 메리 다이어 역시 앤 허친슨과의 교제하며 신앙의 자유와 다양성에 대해 깊이 인식하였다. 이후 메리는 영국을 방문하였다가 조지 폭스가 시작한 퀘이커 신앙의 추종자가 되었다. 특히 퀘이커의 사상 중 여성과 남성의 동등한 권리나 양심의 자유, 그리고 성직자와 성도의 구분 철폐 등에 큰 감명을 받았다. 메리 다이어는 신대륙 보스턴으로 다시 돌아왔고 퀘이커 모임을 가지려 했다. 당연 보스턴 공동체는 그녀를 추방하였다. 그러나 메리 다이어는 또 다시 보스턴에 돌아와 퀘이커 신앙을 전했다. 분노한 시정부는 1660년 그녀에게 사형 판결을 내리고 보스턴 광장의 거대한 느릅나무에 매다는 교수형을 가했다.

물론 유럽 본토에 비하면 미국에서 신앙의 갈등 문제로 처형까지 당한 사람은 비교 불가할 정도로 극소수였다. 스페인과 프랑스에서는 가톨릭 신자가 아닌 경우 수십만 명이 추방과 화형을 일상사처럼 당했고 영국만 하더라도 국교회 신도가 아니면 1688년 이전까지 옥에 갇혀야 했다. 그럼에도 불구하고 두 여인에 대한 추방과 처형은 뉴잉글랜드 청교도 공동체의 수치였다.

보스턴 시청사 앞 메리 다이어 동상

보스턴의 역사적 장소로서 훗날 미국 독립군의 훈련장으로 쓰인 공동 광장 '보스턴 커먼(Boston Commons)'에는 오늘날 동상 두 개가 서 있다. 옛 청교도 공동체의 과오를 반성하는 뜻에서 비극적으로 삶을 마감한 앤 허친슨과 메리 다이어를 기리는 동상들이다. 미국의 발전은 목숨을 걸고 신념을 지킨 자들의 용기와 과오를 반성할 줄 아는 또 다른 용기에서 분명 기인된 바가 있다. 메리 다이어의 동상에는 그녀가 죽기 전에 한 마지막 말이 적혀 있다.

"진리의 자유에 비하면 나의 목숨은 아깝지 않습니다!"

〔My life not availeth me in comparison to the liberty of the truth.〕

살렘의 "마녀사냥"과 청교도들의 사죄

1692년 보스턴 북쪽 해안의 한 마을에서는 미국 초기 역사에서 가장 수치스런 사건이 발생했다. 이는 '평화'의 뜻을 가진 살렘(Salem)에서 일어난 비극이었다. 이 마을의 7명의 소녀들은 이상한 율동과 노래를 하다 원인모를 경련과 발작을 일으켰다. 아마도 마녀에 관한 책을 읽고 심리적 공포로 인한 반응이었을 것이다. 그러나 소녀들의 정신이 계속 비정상적 상태에 있자 진료 의사의 한마디는 이 마을을 쑥대밭으로 만들었다.

"이것은 마녀의 힘에 의한 것이다."

살렘 마녀사냥의 재판 광경

마을 사람들은 7명의 소녀들이 회복되자 이들에게 주민들 중 마녀들을 분간해 내도록 몰아붙였다. 철부지 소녀들은 이 사태의 비극적 결과를 예감하지 못한 채 동네에서 따돌림 받는 세 명의 가난한 여인들을 마녀라고 지목하였다. 인디언 노예, 병든 여인, 늙은 노인이었다. 이후 사람들은 광기에 휘몰려 소녀들이 지목하는 사람은 누구든지 마녀로 의심했다. 무려 150여 명의 사람들이 마법에 연루되었는지 확인하기 위해 조사받았다. 특히 평판이 나쁜 이웃이나 불편한 사이의 사람들은 서로 마녀나 마법사로 몰았다.

권위적인 보스턴 판사들이 도착하여 특별재판소가 설치되고 고발된 사람들을 모두 심문하였다. 종국에는 레베카 너스(Rebecca Nurse)를 비롯한 19명의 사람들이 마녀로 선고되어 교수형에 처해져 억울한 죽임을 당했다. 집단 광기에서 나온 어처구니없는 비극이었다. 살렘 사람들은 얼마 후 곧 제정신을 찾고 깊은 후회를 하게 되었고 살렘이 속한 매사추세츠 청교도 식민지도 큰 충격을 받았다. 당시 소동을 일으킨 소녀 중 한 명인 베티의 아버지 패리스 목사는 살렘 교회를 사임하며 이렇게 말하였다.

"주께서 제 얼굴에 침을 뱉으셔야 마땅합니다. 이 모든 죄를 어떻게 씻을 수 있는지 은총을 구할 뿐입니다."

재판을 담당한 사무엘 시월(Samuel Sewall) 판사는 후에 자신의 두 아들을 잃는 슬픔을 겪게 되자 이것이 자신의 죄에 대한 형벌이라고 생각하였다. 마녀사냥 사건 후 5년이 지난 1697년 시월 판사는 희생자들 때문에 괴로워하며 보스턴의 교회에 사죄문을 제출하였다. 그는 모든 회중 앞에서 자리에서 일어나 말없이 고개를 숙이고 눈물을 흘렸고 목사는 그를 대신해 사죄문을 읽었다. 그는 당시에 주에서 가장 높은 직책인 주대법원 판사로 있었다. 이 공개 사과가 그의 과오를 다 덮을 수는 없지만 그의 신분을 고려하면 또 만행을 저지르고도 후안무치한 이들에 비하면 이는 대단히 진실하고 용기 있는 일이었다. 그 사죄문의 일부는 이렇다.

"저 사무엘 시월은 반복되는 하늘의 징계를 느끼고 살렘에서의 재판에 대해 수치와 비난을 감당하고자 하며 모든 이에게 용서를 구합니다. 주님께서 무지한 나의 죄를 사해 주시기를 기도합니다."

(Richard Francis, *Judge Sewall's Apology*, 2005, 181.)

살렘은 이후 댄버스(Danvers)로 아예 마을 명칭을 바꾸어 수치를 씻으려 했다. 마녀사냥이 있은지 약 100년 후 문학가 나다나엘 호손(Nathanael Hawthorne, 1804-1864)이 살렘에서 태어나 이 마을이 대문호의 고향으로 이름난 뒤에야 과거의 오명에서 벗어날 수 있었다. 호손은 『주홍글씨(The Scarlet Letter)』에서 목사 아써 딤즈데일(Arthur Dimmesdale)과 아름다운 여인 헤스터 프린(Hester Prynne)의 사랑 이야기를 통해 진정한 죄인과 의인이 누구인가를 사색케 하였다. 이 작품의 청교도 마을은 호손의 시대보다 무려 200년 앞선 1600년대 중반을 배경으로 하였다. 냉정한 청교도들이었지만 그중에는 딤즈데일과 프린 같은 "죄인 같은 의인"들이 많았던 것도 사실이다. 이 명작은 참된 청교도 사상이란 타인을 판단하는 완고함이 아니라 자신을 성찰하는 진실함에 근거하는 것임을 지적하였다. "살렘의 아들" 호손은 청교도주의에 대한 단순한 비판을 넘어 오히려 차원 높은 청교도 정신을 제시한 것이다.

살렘 사건으로 청교도 사회가 비난받았지만 당시 유럽의 잔인한 사회들에 비하면 무척이나 평화롭고 도덕적인 공동체였던 것은 명백한 사실이었다. 살렘에는 억울하게 마녀로 처형당한 이들에 대한 추모비가 세워졌다. 거기에는 "마녀사냥 광기에 무고하게 희생된 자들"이라고 기록하여 희생자들의 명예를 회복시켰다. 앤 허친슨의 추방, 메리 다이어의 처형, 그리고 마녀사냥의 비극 등 일련의 사건들은 살렘 마을뿐 아니라 매사추세츠와 그 주변 뉴잉글랜드에 큰 충격을 주었다. 청교도들은 자신들의 폐쇄성에 대해 깊게 반성하였다. 완고하고 편협한 종교관이 극단으로 치달을 때 얼마나 큰 비극을 만들 수 있는지 여실히 보여주었기 때문이다. 또한 이성적 신앙과 관용의 중요성도 일깨워 주었다. 억울한 19명의 희생으로 신대륙은 구대륙의 미신적 악습을 청산할 수 있었다.

4. 청교도들의 역사적 공헌과 인디언 전쟁의 비극

뉴잉글랜드 공동체의 진보성

매사추세츠를 중심으로 메인, 뉴햄프셔, 코네티컷, 로드아일랜드, 버몬트 등은 뉴잉글랜드(New England) 지역으로 불린다. 청교도 공동체는 바로 이 6개주에 걸쳐 있었다. 이들의 미국사적 공헌은 실로 지대하였다. 매사추세츠 청교도들을 '마녀사냥' 사건으로 매도하는 것은 지나친 단견이다. 이 사건은 작은 마을에서만 일어난 일회성 사건이었기 때문이다.

사실 뉴잉글랜드의 청교도들은 세계에서 가장 도덕적인 공동체를 설립하였다. 청교도주의의 부정적 측면인 '폐쇄성'은 점차 극복되었고 긍정적인 측면인 도덕적 생활이 두드러졌다. 이곳처럼 범죄가 적고 개화된 곳은 세계에서도 극히 드물었다. 이들의 검소와 청빈은 언제나 미국 사회에서 재현되어야 할 모델로 칭송받았다.

청교도들은 많은 면에서 칼빈의 사상에 영향받았다. 이들은 제네바 장로회를 모델로 하여 미국 북동부 뉴잉글랜드에 마을 회의(town meeting)를 관례화시켜 민주주의를 정착시켰다. 이는 곧 각주로 확산되어 미국의 특징적 정치 제도가 되었다. 영국 국왕에 맞서 독립을 주도한 이들도 뉴잉글랜드 시민들이었다. 또한 미국에서 가장 먼저 노예 제도를 청산한 곳도 바로 매사추세츠와 인근 주들이었다. 남북 전쟁이 일어나기 반세기 전에 이미 매사추세츠에서 노예 제도가 불법이었다. 도망 노예들을 가장 많이 도운 이들도 이곳 주민들이었고 남북 전쟁 때도 가장 많은 피를 흘렸다.

청교도들은 교육의 나라를 만들었다. 그들은 교육이 인간을 성장시키고 사회를 발전시킨다고 깊이 인식한 사람들이었다. 주민 50명당 교사 1

인 채용을 의무화하고 타운마다 초등학교를 설립하였다. 매사추세츠 입법부는 1636년에 대학을 세웠다. 존 하버드(John Harvard) 목사는 폐병으로 죽음을 앞둔 와중에 400여 권의 책과 777파운드의 돈을 대학에 기부하였다. 이 대학은 그의 이름을 따서 하버드 대학(Harvard University)이 되었다. 하버드는 신학을 첫 전공으로 시작한 이후 인문학과 기타 학문으로 영역을 확대하였다. 이 대학의 모토(motto)는 다음과 같다.

"베리타스 크리스토 에트 에클레시아이!"

〔Veritas Christo et Ecclesiae : 그리스도와 교회를 위한 진리의 기관〕

코네티컷의 청교도들은 1701년 뉴 헤이븐(New Haven)에 인재 양성을 위해 보수적인 대학을 설립하였다. 이 대학은 큰 기부자 엘리후 예일(Elihu Yale)의 이름을 따서 1718년 예일 대학(Yale University)으로 명명되어 미 역사상 세 번째로 설립된 대학교가 되었다. 한편 예일 대학에 앞서 세워진 두 번째 대학은 1693년 버지니아 국교회 주민들이 세운 윌리엄 앤 메리 대학(William and Mary College)이다. 당시 영국의 군주였던 국왕과 여왕 부부의 이름을 딴 것이다.

미국을 건설한 청교도들은 "계약 사상"을 깊게 신봉했다. 그 내용은 자신들이 하나님의 약속의 백성들이라는 것이다. 즉 북미 신대륙이 "가나안 땅"으로 자신들에게 주어졌고 동시에 자신들은 그 땅에 신앙 공동체를 세워야 하는 신성한 사명을 받았다고 확신했다. 또한 그들은 번성하고 창대해지는 복도 받았다고 굳게 믿었다. 이러한 계약 사상은 미 대륙을 신적 소명을 가진 땅으로 인식하게 하였고 자존감, 불굴 용기, 도전 정신, 개척 정신, 벤처 정신으로 발현되었다. 계약 사상은 미국의 확장과 발전에 가장 큰 영향을 끼친 이념이었다.

로저 윌리엄스와 일부 청교도들은 인디언들과 평화적 교류를 추구하였으나 인디언과 영토관이 달랐던 백인들은 월등한 군사력 아래 땅을 정복해갔다. 인디언은 백인에게 땅을 팔 때는 '사용권'을 주는 것으로 생각했으나 이와 반대로 백인들은 '소유권'을 넘겨받는 것으로 이해했다. 점차 인디언들은 자신들을 내쫓는 백인들을 탐욕스러운 민족으로 여기게 되었고 백인들은 인디언들을 약속에 불충실한 이들로 간주했다. 너무나 광대한 영토가 모두 자신들 소유라는 인디언들의 주장은 무리가 있었다. 결과적으로 백인과 인디언들은 무력 충돌의 비극을 낳았다. 1663년 페쿠트(Pequot) 인디언들은 백인들을 습격했고 백인들은 모히칸(Mohican)족의 도움을 받아 인디언들을 막아내었다.

갈등이 팽배해지기 전부터 인디언 사회에 직접 뛰어들어 문명화와 기독교 전파를 위해 노력한 인물들이 있었다. 대표적인 이는 "인디언의 사도(Apostle of Indians)"라고 일컫는 존 엘리엇(John Eliot, d. 1690) 이었다. 그는 매사추세츠 내틱(Natick)에 소위 "기도 촌(praying towns)"이라는 구역을 세우고 인디언들을 위한 학교, 상점, 교회를 설립하였다. 인디언 사회의 상업 발전이 백인과의 평화를 공고히 할 것이라고 생각했던 것이다. 인디언들을 열등한 인종으로 취급했던 그 시대에서 존 엘리엇의 태도는 사실 놀라운 것이었다. 1674년에는 2,000명이 넘는 인디언들이 매사추세츠에서 교육도 받았다.

사사몬의 비극과 필립 왕의 전쟁(1674)

존 엘리엇이 가르친 인디언 학생 중에는 왐파노아그(Wampanoags) 부족의 사사몬(Sasamon, d. 1674)이 있었다. 사사몬은 일찍 부모를 잃고 백인의 도움으로 자라났다. 그는 뛰어난 영어를 구사하며 서구 문화를 습득하고 세례도 받았다. 또한 명석한 두뇌와 실력으로 하버드 대학의 최초 인디언 학생이 되었다. 사사몬은 인디언 사회와 백인 사회의 믿음직한 가교였다. 그러나 매사추세츠의 포카노켓(Pokanoket) 인디언의 추장 필립이 백인 정착촌을 약탈할 계획을 세우면서 엄청난 비극은 시작되었다. 사사몬은 추장의 계획에 경악하고 1674년 12월 플리머스 총독 윈슬로우(J. Winslow)

백인과 인디언의 충돌 모습

에게 이를 알렸다. 그러나 총독은 큰 주의를 기울이지 않았고 며칠 후 사사몬이 연못에서 목이 부러져 살해된 채 발견되었다. 백인들은 필립 추장의 사주를 받은 인디언 살인범 세 명을 체포하여 교수형에 처했다. 이들은 범죄를 부인하다가 처형을 앞두고 자신들의 죄를 고백했다.

스스로를 "인디언 왕"이라 칭한 필립은 보복을 다짐하고 이듬해 백인들을 급습하여 소위 '필립 왕의 전쟁(Philip's War)'을 일으켰다. 북동부 매사추세츠와 코네티컷에 있는 마을 절반이 인디언들의 공격을 받았고 그 결과 10%의 주민들이 살해당했다. 백인들이 곧 반격하여 3,000여 명의 인디언들도 전사하였고 필립 왕도 죽었다. 한동안 그의 목은 거리에 매달려 있었다. 북동부의 인디언 세력이 궤멸되자 백인들의 영토는 난관 없이 확장되었고 이후 한 세기 동안 인디언과의 충돌은 거의 없었다.

'필립 왕의 전쟁'은 미국 역사상 가장 큰 인디언과의 충돌이었다. 이 전쟁으로 존 엘리엇을 비롯한 친 인디언 백인들은 활동이 크게 위축되었고 백인 편에 섰던 인디언 신자들도 동족들에 의해 살해당했다. 사사몬의 죽음도 또 수많은 희생들도 안타까웠지만 무엇보다 큰 손실은 두 인종 간의 완전히 무너진 신뢰였다. 백인 공동체의 명예는 북동부가 아닌 중부 펜실베이니아에서 새롭게 세워지기 시작했다.

5. 윌리엄 펜과 펜실베이니아의 "거룩한 실험"

"장군의 아들"에서 "퀘이커의 아들"로

1681년 북부에서 '필립 왕의 전쟁' 여파가 남아 있던 때에 퀘이커교도 윌리엄 펜(William Penn, 1644-1718)은 뉴욕과 버지니아 사이의 가문 소유 영토에 펜실베이니아를 건설하였다. 이로써 미 대륙에 버지니아, 매사추세츠, 로드아일랜드 등에 이어 새롭고 거대한 주가 시작되었다.

윌리엄 펜은 1644년 영국 런던에서 펜 제독의 아들로 태어났다. 이 제독은 1660년 찰스 2세가 왕위에 초빙되어 프랑스에서 영국으로 돌아올 때 함대로 호위했던 인물이었다. 국왕 찰스 2세는 펜 제독을 영국 해군 사령관으로 임명하고 작위도 수여했다. 그 과정에서 펜 제독은 국왕에게 많은 돈을 빌려주었다.

펜 제독의 아들 윌리엄의 장래는 보장되어 있었다. 부와 명성을 지닌 가문 자제이기 때문이다. 그러나 그는 소년 시절 당시 불법이던 퀘이커파에 입교하면서 모든 특권을 상실하고 험난한 고초를 경험해야 했다. 그는 옥스퍼드 대학에 입학하였으나 교과목 수업보다 퀘이커 모임에 더 자주 나갔다. 퀘이커들은 영국 국교회가 화석화 되었고, 가톨릭은 타락한 종파이고, 청교도는 위선자들이라고 비판하였다. 수많은 퀘이커들은 급진파로 몰려 투옥되고 재산을 몰수당했으며 윌리엄 펜은 대학에서 제명되었다. 자식이 그릇된 신앙에 빠졌다며 대노한 펜 제독은 18살의 아들 펜을 지팡이로 심하게 때리고 프랑스로 보냈지만 소용이 없었다.

1665년 런던에 흑사병이 일어나 수만 명이 죽어갔고 이듬해에는 런던이 사라지는 대화재가 일어났다. 그 와중에 윌리엄 펜과 퀘이커들은 환자와 빈자를 돌보는 놀라운 선행을 베풀었다. 그럼에도 퀘이커들이 체포당하고 심지어 대재앙의 희생양으로 구타당하는 것을 보고 윌리엄 펜은 절망감을 느꼈다. 그 역시 퀘이커였으므로 다시 수감되었다. 고위직인 아버지의 힘으로 곧 풀려나기는 했으나 이를 윌리엄은 수모로 생각했고 반대로 아버지는 자식을 가문의 수치로 간주했기에 부자지간은 결별하였다. 윌리엄 펜은 아예 자신이 존경하던 퀘이커 설립자 조지 폭스의 생애를 기술하며 이 신흥 종파의 대표 학자가 되었다. 그는 거리에서 이렇게 외치고 다녔다.

"전능하신 하나님은 사람의 손으로 만든 건물들에 거하지 않고 인간의 마음과 세상에 편만해 계십니다."

펜의 고난과 부쉘의 법

1670년 수천 명의 퀘이커교도들에 대한 박해가 재개되자 윌리엄 펜도 런던 타워에 다시 투옥되었다. 신념과 선행의 신사 윌리엄 펜은 이미 유명인사가 되었고 시민 다수는 퀘이커들을 동정하고 무죄를 주장하였다.

윌리엄 펜과 퀘이커교도들의 재판이 열리자 시민 배심원들은 판사의 기대와는 달리 무죄를 선언하였다. 이에 판사는 분노하고 배심원단에게 유죄 평결을 요구하며 만약 이를 거부하면 벌금을 물리겠다고 협박하였다. 당시 영국은 사실상 판사가 재판을 좌지우지하였고 배심원은 들러리나 다름없었다. 그러나 용기 있는 배심원단이 또 무죄를 내리자 판사는 실제로 이들에게 판사 모독죄로 벌금을 선고했다. 배심원 에드워드 부쉘(Edward Bushel)은 납부를 거부하고 영국 대법원에 판사가 배심원들을 조종하는 부당한 관행을 제소하였다.

마침내 대법원은 배심원의 독립성을 보장하고 벌금형을 무효화하였다. 이어서 의회는 배심원이 어떠한 평결을 내려도 처벌받지 않는 법을 제정하였다. 사법 역사상 중요한 진전을 이룬 이 '배심원 법률'을 윌리엄 펜의 재판 배심원 이름을 따라 '부쉘의 법'이라 한다.

윌리엄 펜은 벌금형을 받았고 그의 부친은 자식의 벌금을 대납했다. 쇠약해진 아버지는 세상을 떠나기 전 아들 윌리엄과 화해하며 이렇게 말했다.

"이 세상 어느 것에도 너의 양심을 굽히지 마라!"

펜의 펜실베이니아 설립(1681)

퀘이커로서 자유로운 신앙과 삶이 어려워지자 윌리엄 펜은 60년 전의 청교도처럼 아예 영국을 떠나기로 결심했다. 아버지의 권리와 유산을 상속받은 그는 국왕 찰스 2세에게 자신과 퀘이커들의 신대륙 이주를 청원하였다. 1681년 펜 가문에 빚이 있던 국왕은 흔쾌한 마음으로 신대륙의 뉴저지 남부와 메릴랜드 북부 사이의 거대한 땅을 펜에게 주었다. 국왕은 자신이 밟지도 않는 토지 보상으로써 채무도 갚고 더구나 골치 아픈 퀘이커 교도들이 이민가기 때문에 일거양득으로 생각했다. 순식간에 윌리엄 펜은 왕족이 아닌 자로서 전 세계에서 가장 큰 영토를 소유한 사람이 되었다. 윌리엄 펜은 신대륙 영지를 부친 펜 제독의 이름을 따서 "펜의 숲(Sylvania)", 즉 '펜실베이니아(Pennsylvania)'로 명명하였다. 윌리엄 펜은 이렇게 고백하였다.

"수많은 고난을 받은 우리에게 주님은 이 땅을 주셨다. 이곳은 국가의 씨앗이 될 것이다."

(Hans Fantel, *William Penn: Apostle of Dissent*, 1974, 149.)

실제로 펜실베이니아는 미국 건국에 중대한 역할을 수행하여 펜의 말은 예언처럼 이루어졌다. 미국으로 건너온 윌리엄 펜은 영토를 수여받았음에도 불구하고 인디언들에게도 보상을 하였다. 그리고 1682년 델라웨어강 하류에 항구 도시를 건설하였다. 그는 이곳이 서로 형제처럼 사랑하는 도시가 되기를 바랐기에 "사랑(필레오)"과 "형제(아델포스)"라는 단어들을 합해 '필라델피아(Philadelphia)'라고 이름 지었다. 필라델피아는 펜실베이니아주의 대표 도시가 되었다. 영국의 수많은 퀘이커들은 이곳으로 이주했다.

윌리엄 펜은 펜실베이니아를 관용과 자유의 주로 선포하였다. 따라서 퀘이커 외에 유대인, 메노파, 가톨릭, 루터파 등 모두 불안 없이 정착할 수 있었다. 이 지역은 관용과 자유를 보장한 사실상 세계에서 가장 큰 국가나 다름없었다. 펜은 이러한 공동체의 설립을 "거룩한 실험(Holy Experiment)"이라고 불렀다. 당시 북부의 로드아일랜드가 관용의 공동체로 존재했지만 영토가 심히 작고 험해 수용과 발전에 한계가 있었다. 그러나 펜실베이니아는 수십 배나 넓고 비옥하여 이민자들에게는 더 없이 좋은 지역이었다. 영국뿐 아니라 유럽 각국에서도 이주민들을 받아들였다. 윌리엄 펜은 참으로 너그럽게 자신의 영지를 헐값에 분배하였다.

펜의 유산과 영향

윌리엄 펜은 펜실베이니아의 시민들이 공정한 재판을 받을 수 있는 사법 제도를 제정하였다. 정부의 불법적인 체포도 금지했고 사형을 남발했던 유럽의 잔혹했던 사법 관행과는 달리 펜의 주에서는 소수의 죄목만 사형에 해당했다. 교도소는 처벌보다 교화의 장소로 운영되었다. 역사상 최초로 정신병자들의 불법적 구금을 금지하고 이들을 환자들로 인식하여 치료도 시작하였다. 유럽의 독재 군주들은 생각조차 못한 개혁 정책들이 펜실베이니아에서는 시행되고 있었다. 또한 인디언 학살도 금지하였다.

정치적 측면에서도 윌리엄 펜의 기여는 지대하였다. 그는 '정부의 구조(Frame of Government)'를 작성하여 입법, 사법, 행정의 권력 분립을 천명하여 독재를 막고 자유와 복종의 균형을 강조하는 정치 제도를 기획하였다. 또 내무, 외무, 교육, 경제 등의 부서를 공식적으로 두었고 상황에 맞게 헌법이 수정될 수 있는 개정 조항도 헌법에 명시하였다. 윌리엄 펜은 이런 사상들을 최초로 적용한 정부를 세웠고 이는 또 미국과 세계 각국의 정부를 위한 기본틀이 되었다. 그는 '정부의 구조'에서 이렇게 강조했다.

"시민들은 경외심을 가지고 권력을 대해야 하고 또 권력의 남용으로부터 스스로를 보호해야 한다. 이를 위해 정치가는 존경받을 만한 인물이어야 하고 시민들은 복종의 정신을 가져야 한다. 복종 없는 자유는 혼란이며 자유 없는 복종은 노예이다. 우리는 하나님께서 펜실베이니아를 만드신 것을 참으로 기뻐하시기를 간절히 기도하고 소망한다."

(Jean R. Soderlund, ed., *William Penn and the Founding of Pennsylvania: A Documentary History*, 1983, 122.)

펜실베이니아 설립의 가장 중요한 의의는 미국 전체에 '관용', '다양성', '양심'의 가치들을 확산시킨데 있다. 오늘날 미국이 인종적 다양성 아래 '화합하는 솥(melting pot)'의 나라가 된 것은 펜의 "거룩한 실험"에서 유래되었다. 상기한 여러 역사적 공헌들 때문에 미국 독립운동 때 "펜의 숲"은 중심이 되었다. 대륙 회의가 열린 곳도, 헌법이 처음 공포된 곳도, 독립 기념관이 위치한 곳도 바로 펜실베이니아의 수도 필라델피아이다. 벤저민 프랭클린과 토마스 제퍼슨도 윌리엄 펜의 사상 위에서 자신들의 정치 철학을 구성하였다.

펜과 퀘이커들은 박해를 받았으나 보복이 아닌 평화로 갚았다. 퀘이커들은 미국 서부로 더 확장되었다. 19세기 말 미 서북부 오레곤(Oregon)주까지 정착촌을 세웠고 이곳에 퀘이커 주창자 조지 폭스를 기념한 조지폭스 대학교(George Fox University)도 설립하였다.

윌리엄 펜과 델라웨어 인디언 추장과의 평화 조약 장면
- by Benjamin West

윌리엄 펜의 말년은 고통스러웠다. 영국의 식민지 정

책이 바뀌며 압력도 심해져 곤란을 겪었고 한때 영국에 귀국했을 때 투옥되기도 했다. 퀘이커들은 무기와 군대 문제에 관해 논쟁하고 서로 분열하였다. 화해를 시키려는 윌리엄 펜의 노력은 수포로 돌아갔다. 그의 소유로 된 광대한 영토도 다 주어버리고 말년에는 거의 없었다. 1718년 영국에 머물렀던 펜은 건강이 악화되어 신대륙으로 돌아오지 못하고 파란만장한 삶을 마쳤다. 그는 자신의 요란한 장례식을 엄금했으나 펜의 정신적 유산은 참으로 화려하였다. 그의 소망대로 펜실베이니아는 마침내 부강한 주가 되었고 그가 붙들었던 관용과 자유의 가치는 미국의 중심 덕목이 되었다.

1894년 필라델피아 시청사 건물에는 윌리엄 펜의 거대한 동상이 세워졌다. 그의 손가락은 인디언들과 함께 조약을 맺었던 공원을 가리키고 있다. 펜의 업적을 기리기 위해 필라델피아는 오랫동안 펜의 동상보다 더 높은 건물을 불허하였다. 프랑스 사상가 볼테르는 펜이 이룬 업적에 대해 이렇게 명료하게 진술했다.

"인간을 가치로 대하고 소수를 존중하는 정부는 윌리엄 펜의 정부가 세계에서 유일하다."

(Garry Wills, Head and Heart: A History of Christianity in America, 2007, 137.)

필라델피아 시청사 위의 펜 동상 by B Krist

6. 남부 주들의 설립과 13개 주의 완성

뉴암스테르담에서 "양키들"의 뉴욕으로

　북아메리카 동부에 영국인들은 뉴잉글랜드를 수립했고, 퀘벡부터 대륙 중부까지 프랑스인들은 뉴프랑스를 설립했으며, 서남부를 중심으로는 스페인 사람들은 뉴스페인을 세웠다. 네덜란드인들은 동부의 허드슨 강 하구에 뉴네덜란드를 시작했는데, 그곳 맨해튼 섬에 "뉴암스테르담(New Amsterdam)" 타운을 세웠다. 원래 "양키(Yankee)"는 영국인이나 미국인을 가리키는게 아니라 영국인들이 네덜란드인들을 지칭하는 용어였다. '양(Yan)'과 '키(Kee)'는 네덜란드에서 가장 흔한 두 개의 성(last name)이었다. '양'은 영어의 존(John)과 같은 이름이고 '키'는 치즈를 뜻하는 네덜란드어 '카스(kaas)'에서 유래된 목축업 자들의 성씨였다. 그러나 미 대륙에서 '양키'는 뉴네덜란드 주민뿐만 아니라 점차 뉴욕주에 사는 모든 북부 백인들을 지칭하게 되었다. 참고로 "양키"에 대칭해 남부 백인들은 "딕시(dixie)"로 불렸다. 프랑스어로 "10"을 뜻하는 '딕스(Dix)'라는 화폐를 남부 주민들이 발행한데서 유래되었다.

　뉴암스테르담을 건설한 인물은 네덜란드의 퇴역 군인 스투이베산트(Peter Stuyvesant, d. 1672) 총독이었다. 그는 맨해튼 섬에 성벽(wall)을 세우고 빙 둘러 길을 내었는데, 이것이 바로 "성벽 도로", 즉 '월스트리트(Wall Street)'이다. 또 섬을 가로 지르는 "넓은 길"인 '브로드웨이(Broad Way)'도 만들었다. 네덜란드인들은 무역에 뛰어났기에 맨해튼은 일찍부터 교역 중심지가 되었다. 타주 주민들은 월스트리트를 따라 들어선 가게에서 상품을 구입했고 브로드웨이의 호텔과 술집(pub)에서 휴식을 즐겼다. 이때부터 브로드웨이는 유흥의 대표적 장소가 되었다. 그러나 당시 월스트리트에서 가장 많이 팔린 것은 주식이 아니라 노예였다.

장로교 신자였던 총독 스투이베산트는 뉴암스테르담이 지나친 환락에 빠지지 않도록 엄격한 규율을 두었다. 그는 주민들에게 신앙을 권하고 일요일에는 상가와 술집을 닫는 규정도 시행하였다. 또한 주류에 세금을 부과해 그 재정을 교육에 투자하였다. 그는 초등학교를 두 개나 세워 맨해튼의 아동들을 무료로 가르쳤다.

초기 부유한 뉴욕 상인들의 아이들
-titled Rapalje Childre by John Durand

네덜란드인들은 맨해튼 동쪽 16km 지점의 "긴 섬" 롱아일랜드 서부에 또 다른 정착촌 플러싱(Flushing)을 세웠다. 이곳은 영국인들과 함께 거주한 타운이었다. 타운 이름 '플러싱'은 중세 때 네덜란드에 처음으로 기독교를 전한 성자 윌리브로드(St. Willibrord, d. 739)와 관계되었다. 수도사 윌리브로드는 어느 날 목마른 거지를 만나자 자신의 물병을 주었다. 그런데 신기하게도 그 물병이 줄어들지 않자 윌리브로드는 이를 "기적의 물병"이라고 부르며 아예 그 거지에게 주었다. 이후 거지는 회심하고 윌리브로드의 제자로서 그 마을의 신실한 성도가 되었다. 그 마을은 이후 "물병"이라는 네덜란드어로 "플리싱(Vlishinge)"이라고 불리며 전통의 마을이 되었다. 네덜란드인들에게 이 '플리싱'은 '풍요'의 상징어였다. 이러한 이유로 신대륙 이주자들은 또 다른 "기적의 물병"을 갖고자 하는 소망으로 그 마을을 '플러싱'이라고 불렀다.

1664년 뉴암스테르담의 운명을 바꾸는 중대한 사건이 일어났다. 영국과 네덜란드는 원래 우호적인 관계였으나 찰스 2세가 친 스페인 성향으로 기울면서 네덜란드와 영국 사이는 악화되었다. 찰스 2세는 신대륙의 뉴네

델란드 지역을 영국령으로 선포하고 동생 요크(York) 공작에게 선물하였다. 요크 공은 그 땅의 실효 지배를 위해 군함을 보내 뉴암스테르담을 포위하였다. 총독 스투이베산트와 네덜란드인들은 저항을 포기하고 영국군에게 순순히 항복하였고 이때부터 맨해튼 중심의 뉴암스테르담은 "요크의 땅"이라는 뜻으로 뉴욕 '시'(New York City)로 바뀌었고 더 넓은 "뉴네덜란드"는 뉴욕 '주'(New York State)가 되었다. 이후 뉴욕은 각국 이민자들이 정착하며 세계에서 가장 번성한 항구 도시가 되었다.

1700년대 많은 유럽인들의 신대륙 행은 해마다 급증하였다. 이들은 미국에서도 자신들의 고유한 종파 교회를 세우며 공동체를 형성해갔다. 네덜란드인들은 장로 교회를, 독일인들은 루터 교회를, 이탈리아인들은 가톨릭교회를, 유대인들은 회당(synagogue)을 세웠다. 뉴욕 일부는 요크 공작이 영국의 귀족들에게 주어 사유지로 변했다. 이곳은 영국의 저지(Jersey) 해협을 따서 뉴저지(New Jersey)라고 불렀다.

한편 1634년 영국 국무상이며 가톨릭 신자인 조지 캘버트(George Calvert)는 체사피크 만(bay)에 가톨릭 정착촌 메릴랜드(Maryland)를 세웠다. 이 명칭은 찰스 1세의 왕비 메리의 이름을 따라 붙여졌다. 유럽의 가톨릭 국가들이 철저히 개신교를 핍박했던 것에 비해 미국 대륙의 가톨릭 공동체인 메릴랜드는 개신교도들에게도 문호를 개방한 지역이었다.

캐롤라이나와 조지아의 시작

1661년 청교도 통치 이후 왕정복고로 즉위한 국왕 찰스 2세는 8명의 공신 귀족들에게 미국 남부의 땅을 선물하였다. 이 땅은 처형된 찰스 1세 왕을 기념하여 "찰스의 땅"이라는 뜻으로 캐롤라이나(Carolina)로 부르게 되었다. '캐롤(Carol)'은 '찰스(Charles)'의 라틴어식 표기이다. 1712년 캐롤라이나는 총독 임명을 둘러싸고 노스캐롤라이나(North Carolina)와 사우스캐롤라이나(South Carolina)로 분리되었다.

조지아는 1732년 박애주의자였던 제임스 오글토피(James Oglethorpe, d. 1785) 장군이 죄수들의 새 출발을 위해 설립한 주였다. 당시 영국 감옥은 경범죄자, 파산자, 채무자로 넘쳐났고 일부는 교도소용 함선으로 보내져 노만 젓다가 생을 마치기도 했다. 오글토피는 옥스퍼드 대학을 다닌 후 해군 장교로 임관한 군인이었는데 함선 옥살이에서 천연두로 죽은 친구를 발견하고 큰 충격을 받아 빈자들을 위한 정착촌 설립의 숭고한 꿈을 가졌다. 그는 113명의 개척자들을 인솔하고 88일간의 항해 끝에 사우스캐롤라이나 남부에 도착하여 사반나(Savannah)를 세우고 조지아주를 시작하였다. 이 주의 명칭은 당시 영국 국왕 조지 2세를 기념한 것이었고 그 문호는 많은 민족들에게도 개방되었다. 한편 조지아의 남부 플로리다는 당시 13개 주에 포함되지 않는 스페인 구역이었다.

주지사 오글토피는 조지아를 규범과 질서의 지역으로 만들기를 원했다. 조지아 설립 3년 후인 1735년 그는 주민들의 기독교적 각성을 위해 옥스퍼드 출신의 젊은 후배를 사반나의 첫 목사 및 선교사로 초청하였다. 그가 바로 유명한 존 웨슬리(John Wesley, 1703-1891)였다. 사실 웨슬리는 신대륙 식민지 중 가장 열악하고 힘든 환경에서 사역을 시작하였다.

북부와는 달리 남부 3개 주들에는 대규모의 미곡과 담배 농장들이 만들어졌고 수많은 노예들이 유입되어 흑인들의 수는 점차 수백만에 이르렀다. 이에 이들을 통제하기 위해 극심한 인종 차별 규정들도 증가했다. 이로써 조지아는 적어도 흑인들에게는 "박애"가 아닌 가장 "박해"하는 지역으로 변하였다. 13개 주들은 모두 영국의 식민지였지만 큰 연대 의식이나 일체감

> **13개 주들**
>
> (1) 뉴잉글랜드 청교도 4개 주들
>   뉴햄프셔, 매사추세츠, 로드아일랜드, 코네티컷
>
> (2) 중부의 개방적인 주들
>   펜실베이니아, 뉴욕, 뉴저지, 델라웨어
>
> (3) 남부의 1개 가톨릭 주와 4개 영국 성공회 주들
>   메릴랜드(가톨릭), 버지니아, 노스캐롤라이나, 사우스캐롤라이나, 조지아

없이 각자 헌법을 따로 가진 분리된 소국들로 존재하였다.

미 서부의 정착촌

1700년대 중엽 서부 캘리포니아는 스페인의 수사들이 세운 마을들로부터 시작되었다. 가장 대표적인 수사는 프란시스 수도회의 주니페로 세라(Junipero Serra, 1713-1784)였다. 그는 동료 146명과 함께 미 서부 1,000km를 종단하며 미션 스테이션 (mission station), 즉 선교 마을을 9개나 세웠다. 이후 다른 수사들에 의해 12개가 더 세워져 서부에는 총 21개의 미션 스테이션들이 설립되었다. 중요한 것은 바로 이 선교 마을들이 오늘날 서부의 대표적인 도시들로 발전한 것이다. 가장 아래의 산디에고로부터 산 가브리엘, 로스앤젤레스, 산타바바라, 산 미구엘, 산타크루즈, 산타클라라, 샌프란시스코 등의 서부 대도시들이 바로 그 예이다. 오늘날 LA 남부 '산타아나(Santa Ana)'도 주니페로 세라가 세운 마을이었다.

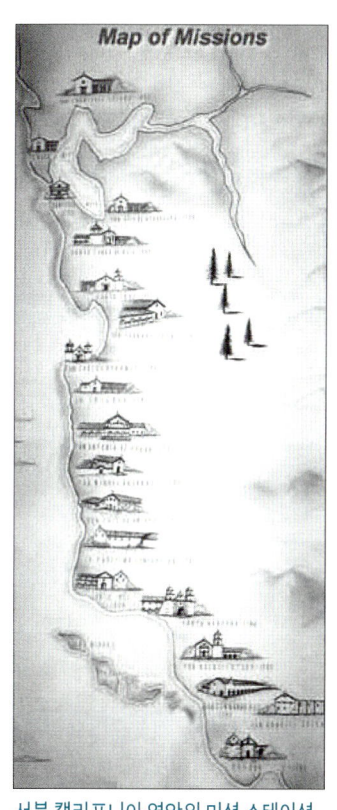

서부 캘리포니아 연안의 미션 스테이션

이 때문에 미 서부의 도시들은 성서와 역사에 나오는 성자들의 이름으로 지어졌다. 요셉을 가리키는 산호세, 야고보의 산디에고, 성자 프란시스를 기념한 도시 샌프란시스코, 성모의 모친 산타아나 등이다. 로스앤젤레스는 원래 "엘 푸에블로 데 누에스트라 세뇨라 라 레이나 데 로스 앙겔레스(El Pueblo de Nuestra Senora la Reina de los angeles)"였다. 이는 "천사들을 다스리는 거룩한 성모의 도시"라는 뜻인데 너무나 긴 이름을 다 외울 수 없었던 일반인들은 이를 줄여서 '로스앤젤레스'로만 부르게 되었다. 이 때문에 "성모의 도시"는 "천사의 도시"로 바뀌게 되었다.

사실 서부의 미션 스테이션들은 초기에 영국인들이 거의 없었고 스페인 사람들과 인디언들로 구성되었다. 스페인 수사들은 교화를 목적으로 인디언들에게 성경, 음악, 기도, 농업, 목축을 가르쳤으나 큰 성과를 거두지 못하였다. 이들 유럽인들의 가장 큰 잘못은 인디언들을 마치 무지한 어린아이처럼 학대한 것이다. 다수의 수도사들은 정복자의 모습과 별반 차이가 없었고 매질과 구금도 서슴지 않았다. 선교는 실패했으나 해괴하게도 센터의 농장들은 확장되어 스페인 총독들에게 부귀를 안겨주었다. 인디언들의 처지는 선교 대상에서 끝내는 노역자로 전락하였고 견디다 못한 인디언들은 반기를 들었다. 1780년 산타페 포페라는 인디언이 일으킨 반란은 21개 선교 마을에 큰 타격을 주었고 무려 33명의 수사가 죽는 참극을 낳았다. 그럼에도 이 마을들은 서부 발전의 축이 되어 대도시들로 성장하였다. 동부의 미국인들은 1800년대 중반에 본격적인 서부 이주를 시작했다.

1776년 동부의 13개 주들이 영국과의 독립 전쟁을 시작했을 때 비록 미 서부는 스페인 영토였지만 미 동부의 독립 항쟁을 지지하였다. 서부의 설립자로서 당시 70세의 주니페로 세라는 서부의 미션 스테이션에서 독립자금을 거두어 조지 워싱턴 장군에게 보냈다. 80년 뒤 서부가 미국에 편입된 것을 고려하면 세라 신부의 지원은 미래 미국의 통합을 예고하는 전조와 같았다.

7. 1차 대각성 운동과 공동체가 된 13개 주

1740년대 미 동부의 '1차 대각성 운동'(1730-60)은 13개 주들의 신앙적 변화와 공동 운명체 의식을 낳았다. 즉 이 운동은 기독교를 미 대륙에 확장시킨 사건이었지만 동시에 미국인을 단결시킨 동력을 제공했다. 영국의 억압이 극심해지자 1776년 북미의 13개 주들은 정치적인 연합체를 이루고 마침내 미국이라는 하나의 국가를 탄생시켰다.

"미국의 대표적 신학자" 조나단 에드워즈

1700년대 북미 13개 주들은 옛 세대의 신앙을 상실한 후손들이 주류가 되고 경제적 동기의 이민자들이 다수가 됨에 따라 설립 초기의 기독교적 이념은 크게 약화된 상태였다. 또한 지식인 계층은 계몽주의 사상의 영향으로 종교를 철학이나 윤리의 한 분야처럼 간주하였다. 북부의 청교도 후손들조차 전통적 신앙을 거의 상실한 상태였다. 이러한 상황에서 1730년대부터 한 세대 동안 13개 주에 기독교 신앙을 일깨우며 미국 사회에 지대한 변화를 가져온 대각성 운동(the Great Awakening)이 일어났다. 이때의 사건을 제1차 대각성 운동으로 부르는데 제2차 대각성 운동은 1800년대 초에 발생했다.

누구보다 제1차 대각성 운동을 주도한 거인들은 바로 조나단 에드워즈(Jonathan Edwards, 1703-1758)와 조지 휫필드(George Whitefield, 1714-1770)였다. 신학자요 설교가인 조나단 에드워즈는 북부 뉴잉글랜드 지역의 변화를 이끌었다. 코네티컷에서 태어난 에드워즈는 예일 대학 출신으로 학식과 경건을 갖춘 인물이었다. 그는 매사추세츠 노스햄톤(North Hampton)에 있는 할아버지 솔로몬 스토더드의 교회에서 목회를 시작하였

조나단 에드워즈

다. 조나단 에드워즈는 한 세대를 앞서 살았던 영국의 철학자 존 로크의 다음 명제를 잘 인식하고 있었다.

"모든 지식은 감각을 통해 확증된다."

그러므로 에드워즈는 기독교 진리는 논리로 이해되는 것이 아니라 경험되어야 한다고 믿고서 주민들에게 내적 체험과 삶의 변화를 강조했다. 1734년 조나단 에드워즈는 칼빈주의에 입각해 인간을 구원으로 이끄시는 은혜에 대해 명료하게 전하였으며 회중들은 놀랍게도 새로운 삶을 결단하였다. 이 변화의 물결은 북부로 퍼져 나갔고 중부와 남부에도 영향을 미쳤다. 이 시기 뉴저지의 목회자 프릴링귀젠(T. J. Frelinghuysen, d. 1748)이나 테넌트(W. Tennent, d. 1746) 부자도 중부의 많은 타운에서 부흥 운동을 일으키고 있었다. 이들의 부흥 운동은 식민지 정착촌들을 생활 공동체에서 신앙 공동체로 변모시키고 있었다.

교육자로서 조나단 에드워즈는 프린스턴 대학의 총장으로 봉사하며 많은 인재들을 길러내었고 신학자로서도 미국을 대표하는 인물이 되었다. 그의 대표적 저술은 『참다운 미덕의 본성(the Nature of True Virtue)』, 『원죄(Original Sin)』, 『의지의 자유(Freedom of Will)』 등이다. 에드워즈는 자기 사위의 짧은 일생에 관해서도 책을 썼다. 『데이비드 브레이너드의 생애(the Life of David Brainerd)』가 그것이다.

브레이너드(1718-1747)는 인디언들과 함께 살았는데 명백히 당시 백인들 중에서 예일 대학을 중퇴한 이 젊은이만큼 인디언을 사랑하고 좋아했던 인물은 없었다. 대륙 곳곳에서 이미 발생했던 수백 차례의 인디언과 백인간의 전투는 쌍방에 엄청난 혐오감을 조장케 했다. 교류는 중지되었고 인디언들은 중부 근처 외곽으로 밀려나 있었다. 특히 일부 백인들은 인디언들을 교화 대상은커녕 아예 소멸시켜야 할 종족으로도 보는 무도한 생각을 품고 있었다. 이런 상황에서 브레이너드는 매사추세츠 스톡브리지(Stockbridge)와 델라웨어의 인디언 부락들에서 이들과 함께 살며 실제로 개선되어야 하는 미개한 점들을 지적하고 평화를 강조하는 선교사로 활동하다 29살의 젊은 나이로 병사하였다.

당시 영국의 세계적 전도자 존 웨슬리는 『브레이너드의 생애』를 모든 기독교인들이 읽어야 할 책으로 추천하였고 훗날 인도 선교를 시작했던 윌리엄 캐리는 이 책에서 비전을 보았다. 인디언들을 위한 브레이너드의 숭고한 삶을 기려 예일 대학은 한 건물을 "브레이너드 빌딩"으로 명명했는데, 이는 그 대학 역사상 중퇴자 중 유일하게 기념된 사례였다.

"18세기 대표적 부흥사" 조지 휫필드

대각성 운동의 두 번째 주역으로 당시 영국과 미 대륙 두 곳에서 가장 유명한 부흥사는 조지 휫필드였다. 그는 친구 조나단 에드워즈와 여러 면에서 대비되었다. 휫필드는 1714년 미국이 아닌 영국 글로스터에서 태어났고 출신도 가난한 여관집 아들이었다. 어려서부터 그는 연극에 뛰어난 재능이 있어 성경의 이야기들을 직접 배역으로 배우게 되었고, 이때의 훈련은 훗날 그가 청중과 호흡하고 생생한 교훈을 전하는 위대한 설교자가

1차 대각성 운동의 대표 부흥사 조지 휫필드

되는데 큰 도움이 되었다. 옥스퍼드 대학에서 신학을 공부했으며 가난한 고학생이었으므로 재학 중 귀족 학생들의 가방을 들어주고 구두를 닦아주는 시종을 하며 학비를 벌어야 했다. 그런 그가 영국 국교회의 목회자가 되었고 이후 세계를 뒤흔든 최고의 존경받는 인물이 되었다.

휫필드는 24살의 나이에 길거리에서 설교를 시작하였고 곧 당대 최고

조지 휫필드의 집회

의 설교자가 되었다. 키작고 눈도 사시여서 용모는 볼품없었지만, 그는 남들이 갖지 못한 카리스마와 영적 깊이를 가지고 있었다. 회중의 감정을 만지고 또 쉬운 언어로 전달하는 탁월한 언변도 지니고 있었다. 조지 휫필드가 그저 단순한 지명에 불과한 '메소포타미아(Mesopotamia)'란 단어 하나만 말해도 사람들이 눈물을 흘릴 정도였다. 냉철한 과학자이며 이성주의자였던 "미국의 영웅" 벤저민 프랭클린(Benjamin Franklin)도 그의 집회에 종종 참석하였는데, 한번은 필라델피아의 큰 재판정에서 열린 집회에 갔다. 프랭클린은 운집한 수만 명의 군중을 보고 크게 놀랐는데 정작 프랭클린이 더욱 놀란 것은 자신의 변화였다. 그는 고아원에 적은 액수를 기부할 생각을 갖고 있었는데 휫필드의 설교를 듣는 도중 어느 새 마음이 바뀌어 지갑을 다 비우는 자신을 보게 되었다.

조나단 에드워즈가 체계적인 정적 설교로 회중을 움직였다면 휫필드는 격정적인 동적 메시지로 회중을 감동시켰다. 이들의 공통적인 특징은 강력한 영성이며 메시지 측면에서는 인간이 구원을 받기 위해서는 회심하고 변화된 삶을 살아야 한다는 것이었다. 마음의 변화만 아니라 생활의 열매도 강조하였으다. 특히 기독교 신앙이란 단순히 교회에 참석하거나 성찬을 받는 행위가 아니라 구별된 삶이라고 외쳤다. 조지 휫필드는 미국을 7번이나 방문하며 위로는 메인에서 아래로 조지아까지 13개 주 전역에서 수많은 설교를 하였다. 그의 청중들은 때로 20,000명이 넘기도 하였다. 한 도시의 인구 전체가 거의 다 모인 경우도 많았다. 그는 당시 미 식민지 역사상 가장 많은 군중을 동원하는 제일 유명한 인물이었다.

1차 대각성 운동의 공헌과 영향

1차 대각성 운동은 감정적인 부흥회들에 대한 논란을 낳으며 교회의 분열도 낳았지만, 그럼에도 불구하고 이 운동은 미국 역사에서 독립 전쟁, 남북 전쟁과 더불어 가장 중요한 역사적 사건이었다. 다양한 종교적, 사회적, 정치적 결과들을 낳았기 때문이다. 대각성 운동으로 인해 북미 주민들은 기독교적 이상을 복원하고 자신들의 영토를 유럽이 간섭할 수 없는 독립된 운명을 가진 "약속의 땅"으로 인식하였다.

더 나아가 1차 대각성 운동은 인종과 종파의 차이를 뛰어넘어 신대륙 시민이라는 연대 의식을 심었다. 각주 주민들은 다수의 영국인 외에 스코틀랜드, 아일랜드, 프랑스, 독일, 네덜란드, 헝가리, 체코, 이탈리아, 스위스 등 사실 유럽 전역에서 건너온 이민자들의 후손이거나 이민자들이었다. 이들은 1차 대각성 운동을 통해 비로소 자신들의 혈연적 민족성을 내려놓고 새로운 땅의 "약속의 백성"이라는 영적 정체성과 "아메리칸"이라는 새로운 국민성을 품게 되었다. 1700년대 이전에 식민지 주민들은 대각성 운동 이전까지 한 장소에 대규모로 모인 적이 없었고 또한 서로 같은 목표로 그렇게 마음을 합한 적도 없었다. 그러나 대각성 운동은 수만 명을 한데 모아 분리된 상황들을 쉽게 극복케 하였고 동질적 정서를 형성시켰다. 한 세대 후 미국이 독립 전쟁을 시작할 때 모든 주가 단결된 국민의식을 쉽게 가질 수 있었던 것은 바로 1차 대각성 운동에서 이미 일체감을 이룬 선례가 있었기 때문이다.

한편 1차 대각성 운동의 영향으로 많은 고등 교육 기관이 설립되었다. 각성 운동의 주창자들은 교육에 지대한 관심을 둔 지성적인 성직자들이었고 신대륙의 발전이 학문의 진보에 달렸다고 확신했다. 이미 설립된 하버드 대학과 예일 대학에 버금가는 많은 명문 대학들이 세워지기 시작했다. 1740년 조지 휫필드의 부흥 운동에 영향 받은 필라델피아 시민들은 학교를 세웠고 벤저민 프랭클린은 이를 확장시켜 인문학과 과학 중심의 대학을 설립하였다. 이것이 바로 "유펜(UPenn)", 즉 펜실베이니아 대학(University of Pennsylvania)이다. 1746년 부흥 운동파의 별명인 '뉴라이트(New Light)'파에 속한 장로교도들은 뉴저지 칼리지를 세웠고 이 기관이 프린스턴 대학(Princeton University)으로 발전하였다.

뉴햄프셔 주에서는 데이비드 브레이너드의 인디언 사역에 감명을 받은 엘르아잘 휠락(Eleazar Wheelock) 목사가 1748년 인디언과 백인을 위한 다트머스 대학(Dartmouth College)을 설립하였다. 로드아일랜드에서는 1764년 제임스 매닝(James Manning) 목사와 침례교도들이 브라운 가문의 후한 기부에 힘입어 브라운 대학(Brown University)을 세웠다. 앵글리칸 국교회, 즉 영국 성공회교도들은 킹스 칼리지(King's College)를 세웠다. 미국 독립 후 이 대학은 "영국 왕의 대학"이라는 불유쾌한 이름을 버리고 대신 '미국'의 또 다른 별칭인 "컬럼비아"를 택해 컬럼비아 대학(Columbia University)이 되었다.

위 교육 기관들은 소위 "아이비리그(Ivy League)"로 불리며 세계적 대학으로 성장하였고 미국의 발전에 중심적 역할을 하였다. 19세기부터 미국은 유럽의 지성적 수준을 견주게 되었다. 미국이 학문의 중심 국가가 된 배경에는 1차 대각성 운동의 기여가 컸다. 또한 사회적인 큰 변화도 일어났다. 무질서한 마을들에 규범이 확립되었고 고아원을 비롯한 사회사업 기관들도 많이 설립되었으며 인디언과 흑인의 권리를 위한 단체도 나오게 되었다. 1700년대 후반에 이르자 미 대륙은 식민지 상태로만으로 존속하기에는 너무나 거대한 역동적 공동체가 되어 있었다. 이제 새로운 국가로 태어나기에 필요한 것은 동기의 제공과 외부의 압박, 그리고 내부의 투쟁뿐이었다. 급작스럽게 증가된 영국의 억압은 이 조건들을 충족시켰다.

V
미국의 건국과 확장
(1776-1865)

1. "자유가 아니면 죽음을": 독립 전쟁의 배경

식민 지배의 고초들

1763년 영국은 프랑스로부터 애팔래치아 산맥과 미시시피강 사이의 영토를 놓고 벌인 지루한 전쟁에서 승리하였다. 그 결과 뉴프랑스는 사라지고 위로 퀘벡에서 아래로 미시시피강까지 모두 영국 영토가 되었다. 그러나 영국은 새 영토에 북미 주민들의 이주를 금하였다. 광활한 그 땅을 독식하려는 영국에 대해 지원군까지 보내 함께 싸웠던 북미 주민들은 크게 실망하였다.

영국과 북미 사이에는 갈등이 고조되었다. 영국이 북미 식민지를 곡물 창고처럼 취급하며 프랑스와의 전쟁으로 소모된 경제적 손실을 그곳에서 메우고자 했기 때문이다. 고로 북미 대륙의 경제에 영향을 끼치는 중대한 법들도 상의 없이 마구 공포되었다. 1765년 영국 정부는 북미에 인지법(Stamp Act)을 공포하여 발행되는 모든 서류와 인쇄물에 유료 인지를 붙이게 하였다. 심지어 신문이나 유언장까지도 인지를 사서 붙여야 했다. 북미 주민들은 이 악법에 크게 반발하여 철회시켰다.

그러나 영국은 더 심한 과세 정책으로 상황을 악화시켰다. 미국에 들어오는 모든 물품에 관세를 매긴 것이다. 당시 북미 대륙은 서책은 물론 기본 생필품까지 많은 품목을 해외 수입에 의존했으므로 관세 부과로 상대적으로 비싸게 물품을 사야했다. 이와는 달리 특혜를 받은 영국의 동인도 회사는 아무런 관세도 없이 자유롭게 미 대륙에 차를 비롯한 여러 품목들을 판매하였다. 영국의 차별적인 경제 정책은 미 대륙의 상업을 심각하게 손상시켰다.

독립 투쟁을 일깨운 연설: "자유가 아니면 죽음을!"

경제적 수탈과 억압은 북미 주민들의 분노를 증가시켰고 그 폭발은 매사추세츠에서 가장 먼저 일어났다. 1770년 보스턴 시민들이 영국에 항의 시위를 벌이다 5명이 총격에 사망한 '보스턴 대학살(Boston

보스턴 티 파티

Massacre)' 사건이 발생했다. 비록 "대학살"이라고 부르기에는 소수의 희생이었지만 이는 영국군에 의한 공식적 만행이었기에 정서적으로는 대학살이나 다름없었다. 곧 북미 대륙은 이 비극으로 들끓게 되었다. 1773년 매사추세츠의 사무엘 아담스(Samuel Adams)는 독립운동 조직인 '자유의 아들들(Sons of Liberty)'을 결성하여 북미 경제를 파산시킨 상징적 주범인 영국 상선을 습격하였다. 이들은 영국의 경제적 수탈에 항거하는 행위로 정박한 배에 잠입해 수입 차(tea) 342개의 상자들을 바다에 던져버렸다. 이것이 바로 역사적인 '보스턴 티 파티(Boston Tea Party)' 사태이다. 영국군은 즉시 보스턴 항구를 폐쇄하고 시민들을 협박하며 주정부에 배상을 요구하였다.

1774년 9월 5일의 1차 대륙 회의(1st Continental Congress)

1774년 9월 5일 북미 13개 주 대표자들은 총체적 대책 마련을 위해 필라델피아의 카펜터 홀(Carpenter's Hall)에서 첫 대륙 회의(1st Continental Congress)를 열었다. 운명을 결정하는 중대한 위기에 대표자들은 먼저 고개 숙여 기도하였다. 이어진 긴 토론은 영국에 항의단을 파견하여 무역 차별의 시정을 엄중히 요구키로 하였다. 항의단이 영국에 건너갔으나 조롱만 받고 아무런 소득도 없었다. 오히려 영국 국왕은 식민지 대륙을 불충하게 여겨 무력 제압을 위해 주둔 병력을 늘렸다.

　이에 맞선 미 대륙의 군사적 대응은 매사추세츠주에서 제일 먼저 시작되었다. 1775년 아직 13개 주들이 반영 혁명을 결정하기도 전에 보스턴 시민들은 항구를 봉쇄한 영국군과 싸울 민병대를 벌써 조직하였다. 이들은 불과 수분 내에 출동하는 기동성을 가진 부대여서 "미니트맨(Minutemen)"으로 불렀다. 혁명 지도자는 존 핸콕과 사무엘 아담스였다. 민병대를 제거하기 위해 영국 군대가 먼저 이동하였다. "자유의 아들들" 중 한 명으로 은제품 생산업자인 폴 리비어(Paul Revere)는 영국군 동태를 주시하다 진격 정보를 밤에 말을 타고 달려 민병대에게 미리 알렸다. 민병대는 즉시 수분 만에 조직되었고 전쟁 준비를 갖추었다. 이로써 폴 리비어는 프랑스에서 건너온 위그노의 아들이었으나 "영웅"이 되었고 훗날 롱펠로우는 시로 그의 애국적 행동을 칭송하였다.

보스턴 노스엔드에 세워진 폴 리비어의 동상 photo by Daderot

　사상 처음으로 영국과 미국의 첫 전투가 보스턴 외곽 렉싱턴(Lexington) 타운에서 벌어졌다. 이 전투는 영국군이 기세를 올렸지만 바로 이어진 콘코드(Concord) 타운의 대결에서는 놀랍게도 민병대가 승리하였다. 독립 전쟁은 이렇게 시작되었다. 이면에서 보스턴 시민들은 진정으로 "애국자(Patriots)"들이었다. 현재 이 용어는 이 지역의 미식축

구팀 '뉴잉글랜드 패트리어츠(New England Patriots)'에도 사용되며 기념되고 있다.

이제는 미 대륙의 나머지 12개 주들이 반군이 된 매사추세츠와 함께 애국자(patriots)가 되느냐 아니면 영국의 충성파(Loyalists)가 되느냐를 선택해야 했다. 각 주마다 참전 여부를 결정하기 위해 주 의회가 열렸다. 특히 13개 주들 중 가장 부강한 버지니아주의 행보가 제일 중요하였다. 1775년 3월 버지니아주 의회(Virginia Convention)가 리치몬드시의 성 요한교회

자유가 아니면 죽음을 원했던 연설의 주인공 패트릭 헨리

(St. John's Church) 본당에서 열렸고 의원들은 전쟁과 굴복 두 가지 선택을 두고 뜨거운 논쟁을 벌였다. 많은 의원들은 영국과의 전쟁을 두려워하고 있었다. 사실 미 대륙의 13개 주들은 정규군도 없었고 군수 물자도 턱없이 부족하였다. 당시 영국은 세계 최강국이었기에 북미 식민지가 승리를 기대하기 난망한 상황이었다. 이때 39살의 변호사 의원은 앞으로 걸어 나가 격정적인 연설을 하였다. 그가 바로 패트릭 헨리(Patrick Henry, d. 1799)였으며 그 세기적 연설의 제목은 "자유가 아니면 죽음을(Give me liberty or give me death!)"이었다. 그는 이렇게 외쳤다.

"만물의 주님께서 우리에게 주신 능력과 수단들을 잘 사용하면 우리는 결코 약하지 않습니다. 우리의 대적[영국]은 '자유'라는 신성한 대의를 위해 싸우는 우리 300만 주민들을 결코 이길 수 없습니다. 또 우리 군대는 홀로 싸우지 않을 것입니다. 모든 나라의 운명을 결정하시는 정의의 하나님께서 우리를 도울 원군을 보내주실 것입니다. 그러므로 이 전쟁에 참가해야 합니다. 억압과 노예의 대가로 얻어진 목숨과 평화가 뭐가 그리 좋고 달콤하겠습니까? 오 하나님, 그런 거짓 대가는 주지 마옵소서. 다른 이들은 무엇을 택할지 모르나 저에게는 자유가 아니면 죽음을 주소서!"

〔Is life so dear, or peace so sweet, as to be purchased at the price of chains and slavery? Forbid it, Almighty God! I don't know what courses others may take; but as for me, give me liberty, or give me death!〕

(Harlow G. Unger, *Lion of Liberty: Patrick Henry and the Call to a New Nation*, 2010, 97.)

잠시 장중한 침묵이 흐른 후 의원들은 모두 일어나 기립 박수를 치며 버지니아주의 독립 혁명 동참을 결정하였다. 그의 연설은 각 지역에 퍼져 나가 미국인들의 가슴을 뛰게 하였다. 패트릭 헨리는 미국 독립 이후 버지니아주의 주지사가 되었다. 헨리의 연설문과 더불어 또 다른 격정의 소책자가 크게 확산되었다. 영국에서 미국으로 이주한 철학자 토마스 페인(Thomas Paine)이 쓴 『상식(Common Sense, 1776)』이었다. 페인은 이렇게 주장하였다.

"미국이라는 대국이 조그만 섬나라인 영국 왕실의 학정을 끊고 속국에서 벗어나는 것은 너무나 상식적인 것이다."

드디어 나머지 주들도 모두 독립 전쟁 참여를 결정하였으며 13개 주 대표들은 1776년 7월 4일 펜실베이니아 필라델피아의 주청사에서 미국의 독립을 선포하였다. 선언문 초안은 토마스 제퍼슨이 만들었고 그 서두는 이렇게 시작하였다.

"우리는 다음의 자명한 진리들을 믿는다. 모든 인간은 평등하게 창조되었으며 생명, 자유, 그리고 행복 추구의 선천적 권리들을 창조주로부터 부여받았다."

펠라델피아 주청사(독립기념관)

2. "개신교도들의 항쟁": 미국의 혁명

독립 혁명의 정신적 기초

13개 주들이 독립을 선언했을 때 영국 왕 조지 3세는 식민지의 "무조건 모든 것에 대해(in all cases whatsoever)" 자신만이 주권자라고 선포하였다. 이 포고령을 접한 미국인들은 마침내 그가 정신을 잃었다고 조롱하였다. 미국인들은 신대륙이 신적인 섭리(Providence)로 마련된 약속의 땅이라고 주장하고 독립선언서를 통해 '신', '창조주', '세상의 최고 심판자', '신적인 섭리' 등 네 차례 언급하며 미국 건국이 신성한 당위성을 가지고 있음을 천명하였다. 이제 남은 것은 이 명제를 실제적 현실로 만들기 위해 흘려야 할 피였다.

미국 독립운동의 정신, 방법, 참여 등 모든 면에 있어 가장 큰 역할은 기독교에 달려 있었다. 대륙 회의 대표자들은 독립선언서를 미국 각지에 어떻게 다 전할 것인가 고민할 필요조차 없었다. 미국인들 다수는 신자였으므로 선언문은 모든 교회에 보내졌다. 도시의 신문을 제외하고 언론을 접할 수 없던 다수의 미국인들은 교회에서 정보를 공유하였다. 교회당은 세례, 결혼, 장례 등의 개인 대소사에서 국가의 중대사까지 다루어지는 장소였다. 독립을 찬성하는 교회들은 선언문을 예배 시간마다 낭독하였다. 신앙으로 일치된 공동체들이 공동의 목표인 독립을 향해 함께 단결하는 것은 쉬운 일이었다. 일생 동안 7,000번에 가까운 설교를 듣고 생활한 미국인들은 당시 독립을 기원하는 많은 메시지들을 여러 해 동안 들을 수 있었다.

그러나 신대륙의 일부 교회는 독립에 반대하였다. 신대륙 최대 교파였던 국교회(성공회)는 찬성과 반대를 놓고 아예 분열되었다. 미국 독립 후 국교회는 최대 교파 위상을 내어주어야 했고 명칭도 '영국 국교회(Anglican Church)'에서 '에피스코팔 교회(Episcopal Church)', 즉 감독 교회로 바꾸었다. 이와는 달리 청교도, 회중 교회, 장로 교회, 침례 교회, 감리 교회, 퀘이커, 가톨릭 등은 거의 다 "패트리어트"의 길에 동참하였다. 특히 북부 뉴잉글랜드와 뉴욕의 장로 교회들은 혁명에 가장 열정적이었다. 독립군 병사들 다수는 칼빈주의자들이었고, 당시 대령급 지휘관들은 한 명을 제외하고 모두 장로(elder)들이었다. 이 때문에 영국 왕 조지 3세는 미국의 혁명을 "장로교도들의 반란(Presbyterian Rebellion)"이라고 불렀다.

역설적이게도 미국의 형성에 가장 큰 영향을 끼친 인물은 미국 땅에 전혀 발도 딛지 않은 16세기 제네바 개혁자 칼빈이었다. 미국의 청교도들, 회중교도, 장로교도, 침례교도들은 칼빈의 사상을 수용한 이들로서 국가 설립과 경제, 윤리, 문화, 문학 등의 발전에 주역이 되었기 때문이다. 칼빈은 전능자와 인간 사이에 맺어진 거룩한 계약을 강조했는데 미국인들은 이 계약 사상을 자신들의 운명을 이해하는 기본 사상으로 삼았다. 독립 전쟁에 나선 병사들은 신대륙이 자신들에게 주어진 계약의 땅으로 인식하면서 영국에 맞섰다. 또한 "운명(destiny)", "섭리(providence)" 같은 칼빈의 용어들은 미국 초기는 물론 현대에도 사용되고 있다. 때문에 미국 국부이며 대륙 회의 대표자였고 2대 대통령이었던 존 아담스(John Adams, d.1801)는 이렇게 언급하였다.

"미국의 자유는 칼빈의 자유 사상에서 기인하였다."

그런데 정치가요 역사가인 조지 밴크로프트(Geroge Bancroft)는 아예 한 발 더 나아가 이렇게 단언했다.

"미국의 아버지(the father of America)는 존 칼빈이다."

(Bancroft, *History of the United States of America*, Vol. I, 1853, 464.)

1776년 7월 독립을 선언한 대륙 회의는 곧바로 조지 워싱턴(George Washington) 장군을 미국 사령관으로 임명하여 영국과의 대전을 치르게 했다. 한때 영국군 장교로 프랑스와 싸웠던 워싱턴 장군은 이제 미국을 위해 영국에 맞서게 되었다. 워싱턴의 군대는 현저하게 열세인 장비와 병력으로 큰 고초 가운데 전투를 수행했다. 그러나 그의 뛰어난 지도력과 병사들의 애국적 희생은 종국에는 용병위주의 영국 군대를 패배시켰다. 1781년 영국 군대는 버지니아 요크타운(Yorktown)의 전투에서 패배하자 항복을 선언하였다. 드디어 13개 주는 독립을 쟁취하였고 미국을 탄생시켰다. 종전 후 1783년 미국과 영국은 파리에서 조약을 맺고 이렇게 선언하였다.

"지극히 거룩한 삼위일체 하나님의 이름으로 미국의 독립을 승인한다."

미국 헌법과 권리 장전

독립 전쟁 종결 직전 13개 주는 미국 최초의 헌법인 연합 규약(Articles of Confederation)을 제정하고 연합 정부를 세웠다. 그러나 이 조직은 주로 경제에 관한 제한적 권한만을 가진 유약한 정부였기에 국가 운영에 한계가 컸다. 종전 후인 1787년 9월 필라델피아에 모인 55명의 대표단들은 제임스 매디슨이 초안을 쓴 새로운 연방 헌법(the Federal Constitution)을 인준하고 막강한 권한의 연방 정부를 구성했다. 당시 여론은 강한 정부를 주장하는 연방주의자들(federalists)과 작은 정부를 지향하는 반연방주의자들(anti-federalists)로 나뉜 상황이었다. 연방주의자들은 국가 질서 수립과 대외적 과제들의 효율적 수행을 위해 새 연방 헌법을 적극 지지했으나 이와 달

워싱턴 대통령 취임식 모습,
뉴욕 연방청사(Federal Hall)

리 반연방주의자들은 무질서보다는 독재를 더 큰 국가의 적으로 규정하고 13개 주들의 자치를 중시하며 연방 헌법도 반대했다.

그러나 미국의 두 영웅 조지 워싱턴과 벤저민 프랭클린, 헌법의 입안자이며 4대 대통령 제임스 매디슨(James Madison), 연방은행 설립자 알렉산더 해밀턴(Alexander Hamilton), 법무장관 존 제이(John Jay) 등 미국 국부들이 연방 헌법을 지지하자 종국에는 13개 모든 주들이 비준하게 되었다. 또한 1789년 조지 워싱턴을 초대 대통령으로 선출하였고 이로써 세계에 강력한 국가가 출현하게 되었다.

독재를 막고 개인의 권리를 더 보장해야 한다고 확신한 제임스 매디슨은 10개 항목의 기본권을 담은 '권리 장전(Bill of Rights)'을 만들었는데 이는 연방 헌법에 첨부되었다. 매디슨은 영국의 자유 사상 철학자 존 로크(John Locke, d. 1704)로부터 영향을 받았다. 로크는 모든 인간에게 생명, 자유, 사유 재산의 3대 기본 권리가 있다고 주장했고 또 정부의 역할은 이 권리들을 보호하는 것이라고 역설했다. 매디슨의 권리 장전은 '수정 헌법 10개 조항'이라고 부르며 특정 종파의 국교 지정 금지, 표현의 자유, 신앙의 자유, 출판의 자유, 집회의 자유, 청원권 보장 등을 내용으로 하였다.

대부분 독실한 신자들이었던 미국 국부들은 기독교 내의 청교도, 회중 교회, 성공회, 퀘이커, 침례 교회 등에서 어느 특정 종파도 미국의 국교가 되는 것을 원치 않았다. 폐쇄적 종교 정책이 국가의 분열을 가져오고 오히려 자유와 관용이 기독교의 근본 정신이라고 믿었기 때문이다. 특히 제임스 매디슨은 '신앙의 자유'를 신봉하였고 권리 장전을 만들 때 이를 포함시켰다. 이러한 배경으로 미국은 세계 최초로 신앙의 자유를 헌법에 명기한 국가가 되었다. 물론 당시 매디슨을 포함한 미국인들에게는 '신앙'이란 기독교를 의미하는 것이었고 타 종교를 포함한 것이 아니었다. 따라서 헌법상 '신앙의 자유'란 기독교 내에서 '종파의 자유'를 의미했으나 국부들이 예상도 못한 '전체 종교의 자유'로 개념이 점차 바뀌었다.

3. "미국의 아이콘들": 벤저민 프랭클린과 조지 워싱턴

미국 국부 중 가장 추앙받는 두 역사적 인물은 벤저민 프랭클린(1706-1790)과 조지 워싱턴(1732-1799)이다. 그들의 사상과 활동이 미국 역사에 지대한 족적을 남겼기 때문이다.

"미국의 솔로몬" 벤저민 프랭클린

독립 7년 후인 1790년 당시 한 인물이 사망했을 때 수백만이 애도하며 미국 역사에서 이전까지 어떤 고인도 받아본 적 없는 가장 열띤 추모 열기가 있었다. 그 주인공은 바로 벤저민 프랭클린이었다. 보스턴에서 가난한 청교도의 아들로 태어난 그는 초등학교는 2년밖에 다니지 못했지만 독학으로 뛰어난 지성을 갖추게 되었다. 필라델피아에서 인쇄소와 신문사에서 일했던 그는 여러 영역에서 천재적인 업적을 남겼다.

먼저 프랭클린은 뛰어난 과학자였다. 유명한 발명품 피뢰침은 한마디로 세계를 미신의 미몽에서 깨어나게 하였다. 번개가 신이 진노할 때 내려보내는 창이 아니라 자연 현상에서 나오는 전기임을 증명한 것이다. 양극, 음극, 충전 등 전기 용어와 이론은 그가 창안한 것이었다.

프랭클린은 또 놀라운 행정가로서 효과적인 우편 체제를 생각했고 '국가 보증'의 종이 화폐라는 역사적인 아이디어를 냈다. 즉 민간이 아닌 정부가 직접 그 가치를 보증한 지폐를 사용할 생각은 획기적인 것이었다. 그 결과 순은과 구리 소모량이 현저히 줄었고 드넓은 미국 영토에서 엄청난 분량의 동전 자루를 들고 다니는 일이 줄었고 고액이 쉽게 소지 유통되어 무역과 경제 발전에 기여하였다.

100 달러 지폐 초상화의 주인공 벤자민 프랭클린

정치가로서 프랭클린은 펜실베이니아 주지사가 되어 미국 내 가장 부유한 주를 이끌었으며 국부로서 미국 독립을 위해서 헌신적으로 투쟁하였다. 교육자로서 그는 펜실베이니아 대학(U. Penn.)을 설립하였고 책이 귀한 시절 도서관 설립과 독서 운동을 벌여 사회의 지적 성장에 기여하였다. 프랭클린의 지식과 지혜, 그리고 덕성에 감명 받은 미국인들은 그를 "미국의 솔로몬"으로 불렀다.

프랭클린은 질서와 자유를 선호한 이신론자(Deist)였다. 신이 우주를 창조했으나 이 우주는 자연의 원리에 의해 움직인다고 확신하며 기적이나 종교 기관을 경시하는 사조가 이신론이다. 이 사상에 영향 받은 일부 회중교회 목회자들은 삼위일체 교리를 부정하고 예수를 '하나님의 아들로서만' 인정하는 유니테리언(Unitarian) 교회를 만들었다. '유니테리언'은 "유니티(Unity)", 즉 단일성을 뜻하는 단어에서 파생되었는데 이는 성부 하나님 한 분께만 신적 본성이 집중되었다는 사상을 중시하므로 그 단어로 지칭되었다.

프랭클린은 교파 간의 분열을 배척하고 독선적인 신앙도 싫어하였다. 그렇지만 그는 신앙이 인류 개선을 위해 중대한 사명을 가지고 있다고 확신하였다. 이신론자 친구이며 『상식』의 저자인 토마스 페인이 아예 신앙의 불필요성을 주장하자 프랭클린은 이렇게 말했다.

"신앙이란 인간에게 미덕과 윤리를 가르쳐주는 가장 중요한 것인데, 만약 신앙이 있어도 이렇게 인간이 악하다면 신앙 없이는 얼마나 더 악할 것인가?"

무엇보다 프랭클린은 가장 미국적인 가치를 구현한 인물로 꼽힌다. 가난과 성공, 실패와 도전, 애국과 봉사, 절제와 청빈, 지혜와 지식, 모험과 중용 등의 덕목을 삶에서 골고루 보여주었기 때문이다. 미국의 많은 대학들과 영국의 옥스퍼드 대학은 프랭클린에게 명예 박사 학위를 수여하였다. 수많은 타운들과 학교들은 프랭클린의 이름을 따서 명명되었고 1929년 100 달러 지폐가 발행될 때 그는 초상의 주인공이 되었다.

1790년 프랭클린 말년에 친한 친구이며 회중 교회 목사이고 예일 대학 총장이었던 에즈라 스타일스(Ezra Stiles)는 프랭클린에게 신앙 고백을 요구했다. 무엇을 믿는지 점검하고 조언해 줄 의도였다. 프랭클린은 이렇게 단순히 고백하고 5주 후 세상을 떠났다.

"나는 우주의 창조자 한 분 하나님을 믿는다. 그분은 섭리로 세상을 다스리며 예배 받으시기 마땅하다. 그분께 드리는 최선의 경배는 이웃들에게 선을 행하는 것이다. 인간의 영혼은 불멸이고 내세에서 정의의 기준으로 판단되어질 것이다. 예수는 이 세상에서 가장 최선의 종교를 인류에게 주었지만 이후 세대는 이를 오염시켰다."

(Franklin B. Dexter, *The Literary Diary of Ezra Stiles*, 1901, [Vol.]3: 387.)

"미국의 모세" 조지 워싱턴

벤저민 프랭클린이 "미국의 솔로몬"으로 일컬어졌다면 독립 전쟁의 영웅 조지 워싱턴은 "미국의 모세"로 불렸다. 군인으로서 워싱턴 장군의 활약은 독립 전부터 두드러졌으나 무엇보다 그의 최고의 전투는 독립 전쟁 시에 펜실베이니아의 포지 계곡(Valley Forge)에서의 전투였다. 사실 이 전투의 정점은 영국군과의 일전이 아니라 미국 동부의 혹독한 겨울과의 대결이

밸리 포지에서의 조지 워싱턴

었고 동시에 절망과의 투쟁이었다. 겨울이 되면 미국과 영국의 전투는 봄이 올 때까지 중지되었다. 영하를 훨씬 밑도는 추위와 수십 인치의 폭설에 전투는커녕 행군도 어려웠기 때문이다.

1777년 독립 전쟁이 한창인 가운데 겨울 추위는 살벌하였다. 영국 군대는 필라델피아에서 비교적 안락한 겨울을 보내고 있었지만 워싱턴 장군의 군대는 그곳에서 32km 떨어진 밸리 포지(Valley Forge)에서 강추위를 버티고 있었다. 음식, 모포, 의복, 신발 등 혹한을 견딜 모든 것이 부족하였고 많은 병사들이 기아와 동상에 시달렸다. 사기가 저하되고 군대가 해체될 위기에 놓였지만 워싱턴 장군과 병사들은 굳은 신앙과 신념으로 이를 극복했다.

봄이 되자 승패의 저울추를 움직인 희소식이 들려왔다. 프랑스와 스페인이 독립 군대 편에 선 것이었다. 마치 패트릭 헨리가 "하나님께서 우리에게 원군을 보내실 것"이라고 했던 소망이 성취되는 순간이었다. 결국 워싱턴의 군대는 영국군에 승리하였다. 워싱턴 장군은 종군 목사, 즉 군목 제도를 처음으로 도입하였다. 종군 목사들은 당시에 보수도 없이 병사들의 사기 진작과 위로를 위해 전장을 누볐다. 마지막 숨을 거두는 병사들의 손은 종군 목사들이 잡았고 눈을 감겨주었다. 워싱턴이 진정 바랐던 것은 단순한 독립 국가가 아니라 사랑과 정의가 구현되는 국가였다. 그는 자신의 일기에 아래와 같이 기원하였다.

"전능하신 하나님! 미국을 지키시니 감사합니다. 이 백성들이 정의를 행하고 사랑을 베풀며 주님의 성품인 자선, 겸손, 평화의 마음을 갖게 하소서!"

종전이 되자 워싱턴은 자신의 고향으로 돌아갔으나 건국 의회는 첫 의사일정에서 그를 대통령에 선출하였다. 조지 워싱턴 대통령은 누구보다 '섭리'라는 단어를 많이 사용하였다. 인생과 역사에 신적 계획이 있다고 확신했으며 무엇보다 식민지가 얻은 승리의 기적은 인간의 능력이 아닌 신적인 섭리에 의해서 가능했다고 믿었다. 칼빈주의 사상에서 유래한 이

단어는 훗날 정치인들과 미국인들의 유행어가 되었다.

워싱턴은 이신론자이면서 형식적으로는 성공회 신자였으나 빵에 그리스도의 몸이 실재한다는 성공회의 성찬 사상을 수용하지 않아 예배에 참석하되 종종 설교만 듣고 일어섰다. 그는 사후 거의 "미국의 성자"같은 추앙을 받았다. 어린 시절 자신이 나무를 잘랐다고 솔직히 고백했다는 그의 정직에 관한 이야기는 신화처럼 유명해졌다. 사실 그 나무 이야기가 실제 일어난 사건이 아닐 수 있지만 한 가지 명백한 것은 워싱턴의 정직한 인격은 그 이야기를 뛰어넘는 정도라는 것이다. 그의 이름은 여러 대학들과 지역의 명칭이 되었다. 동부에 있는 수도 워싱턴 디씨(Washington, D. C)뿐 아니라 서북부의 워싱턴주도 그 예이다.

4. "대서양에서 태평양까지": 네 차례의 서부 확장

 미국은 1800년대 이후 50년 동안 동부 대서양에서 서부 태평양에 이르기까지 그 사이의 거대한 영토를 모두 획득하게 되었다. 이는 크게 네 단계를 거쳐 이루어졌는데 첫 단계는 애팔래치아 산맥에서 미시시피강까지의 영토를 1783년 독립 전쟁 승리로 인해 영국으로부터 양도받은 것이고, 두 번째는 1803년 루이지애나를 프랑스로부터 구입한 것이며, 세 번째는 1846년 오레곤 지역을 차지한 것이며, 네 번째는 1849년 멕시코의 캘리포니아를 정복한 것이었다.

첫 번째 확장: 애팔래치아에서 미시시피까지

 1763년 영국은 프랑스로부터 북미의 애팔래치아 산맥과 미시시피강 사이 영토를 획득했으나 1783년 독립 전쟁에서 미국에 패한 후 이를 건

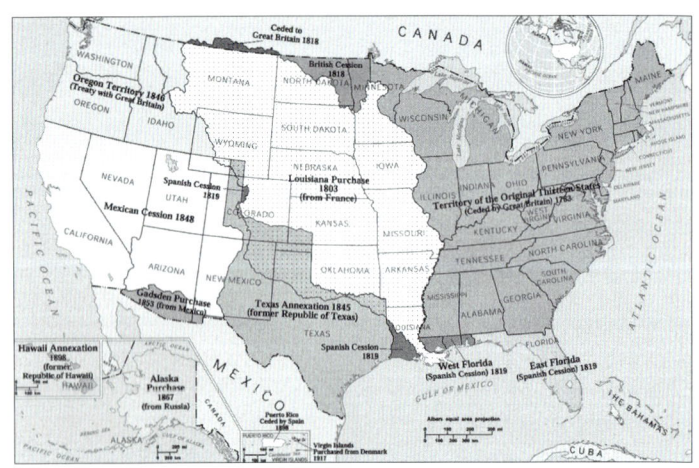

775, 단계별 미국 영토 확장- 중앙의 루이지애나(1803), 중앙 하단의 텍사스(1845), 좌상의 오레곤(1846), 좌하의 캘리포니아(1848)

네주었다. 이로써 미국은 13개 주보다 더 큰 영토를 순식간에 얻게 되었다. 주민들은 애팔래치아 산맥을 넘어 서쪽으로 진출하여 첫 서부 개척이 진행되어 인디애나, 일리노이, 위스콘신주들이 설립되었다. 건국 직후 미국 영토 경계선은 미시시피강까지였다.

두 번째 확장: 루이지애나의 구입 (Louisiana Purchase, 1803)

1803년의 루이지애나 구입 from USA Dept of State Archive

미시시피강으로부터 로키산맥 사이의 광활한 땅은 프랑스의 루앙 로베르가 탐험한 이후 프랑스 관할로 인정되었었다. 이 지역은 프랑스 국왕 루이 14세의 땅이란 의미로 '루이지애나(Louisiana)'라고 불렀다. 현재의 '루이지애나'는 남부 한 주의 명칭이지만 1800년대 초에는 대륙 맨 위 미네소타(Minnesota)에서 아칸소(Arkansas)까지 현재의 미 중부 10여 개 주에 해당하는 거대한 영토였다. 루이지애나의 가장 오랜 도시는 프랑스의 역사적 도시 '오를레앙'을 따서 붙인 미국 남부의 뉴올리언스(New Orleans)이다.

1789년 프랑스 대혁명 이후 패권을 잡은 나폴레옹은 미 대륙 정복을 꿈꾸었으나 중남미 산토도밍고에서 프랑스 군대가 패배하자 그 꿈을 포기하였다. 또 영국과의 치열한 전쟁 때문에 신대륙의 상황에 신경 쓸 겨를이 없었다. 군비가 필요했던 프랑스의 상황을 잘 포착한 미국은 1,500만 달러를 지불하고 나폴레옹으로부터 루이지애나 지역을 사들였다. 이 '루이지애나 구매(Louisiana Purchase)'로 인해 단 하루 만에 미국의 영토는 두 배나 확대되었고 그 변경이 로키산맥에 이르게 되었다.

제퍼슨 대통령은 이 거래를 대단히 기뻐했는데 이제 다음 과제는 로키산맥 너머 콜롬비아강의 미지의 땅까지 탐사하는 일이었다. 그는 비서 메리웨더 루이스(Meriwether Lewis)와 군인 윌리엄 클락(William Clark)에게 루이지애나와 오레곤 지역의 탐사 임무를 주었다. 루이스와 클락의 13명의 탐사대는 급변하는 일기와 고된 역경을 이기면서 18개월 동안 서부를 조사하여 지리학적이고 생태학적인 정보들을 수집하였고 무엇보다 서부로 가는 길까지 개척해 내었다. 이들의 노력으로 대중은 서부의 상황에 대해 실제적으로 알 수 있었기에 이후 개척민들의 이주 행렬이 늘게 되었다.

세 번째 확장: 오레곤 지역의 획득

오레곤의 개척자 제이슨 리 선교사

현재의 캐나다 밴쿠버, 그 아래의 미국 워싱턴주, 그리고 더 아래의 오레곤주는 원래 모두 합쳐 "오레곤 컨트리(Oregon Country)"라고 부른 지역이었다. 오레곤 컨트리는 미국 편입 전에 잠깐 동안 자치 정부를 세운 적은 있었지만 독립 국가를 의미하는 명칭이 아니며 단순히 지역명이다. 미국과 영국은 오레곤 컨트리의 영유권을 놓고 갈등을 빚다가 1846년 조약을 통해 위도 49도를 경계선으로 정하여 오레곤 컨트리를 남북 둘로 분할하였다. 이 '49도' 선을 기준으로 오레곤 컨트리의 남부는 미국이, 그리고 그 북부는 영국이 갖게 되었다. 훗날 이 북부는 캐나다가 되면서 49도선은 미국과의 국경선이 되었다.

미국 소유 오레곤 컨트리는 다시 오레곤주와 워싱턴주로 나뉘었다. 오레곤 컨트리에 처음으로 정착한 미국인은 바로 선교사 제이슨 리(Jason Lee, d. 1845)였다. 그가 목숨을 건 여정을 통해 광활한 오레곤으로 오게 된 계기는 인디언들의 초청 때문이었다. 1830년경 인디언 네 명은 미주리주의 세인트루이스까지 찾아와 놀랍게도 미국인들에게 "하늘의 책(Book of Heaven)", 즉 성경을 가르쳐 줄 사람을 요청하였다. 1834년 제이슨 리는 이 뉴스를 접하고 오레곤 선교를 결심하여 서부로 왔다. 제이슨 리가 오레곤에서 세운 첫 정착촌은 수도 살렘(Salem)이 되었다.

참고로 오레곤의 살렘은 "마녀사냥"이 일어난 살렘과 전혀 다른 곳이다. 후자의 살렘은 위치도 정반대로 미 북동부 매사추세츠에 소재해 있다. 19세기 말 조선의 보빙사로 미국에 왔던 유길준이 남아서 공부한 마을 피바디(Peabody)는 바로 매사추세츠 살렘 인근에 있으며 한국 문화 박물관도 세워져 있다.

오레곤의 살렘은 미국 서부 최초의 도시로서 캘리포니아의 샌프란시스코와 워싱턴의 시애틀보다 먼저 세워졌다. 제이슨 리는 인디언 선교와 문명 전파를 위해 교회와 방직 공장을 설립했고 미 서부 최초의 대학인 윌리아메트 대학(Williamette University)을 시작하였다. 비록 제이슨 리는 인디언 사역에서 큰 성과를 거두지 못하였으나 그의 활동은 오레곤주 설립의 효시가 되었고 이후 수많은 개척자들을 초청하는 선례가 되었다. 오레곤 살렘의 시청사에는 제이슨 리의 황금 동상이 세워져 개척과 봉사 정신을 웅변하고 있다.

오레곤주에 제이슨 리가 있다면 워싱턴주에는 마르쿠스 위트만(Marcus Whitman)이 있었다. 위트만은 매사추세츠 출신으로 뉴욕 의과 대학을 졸업한 선교사였다. 1836년 그와 가족들은 인디언을 위한 삶을 목표로 정하고 많은 광야와 산들을 넘어 무려 4,000km가 넘는 험한 길을 통과하여 워싱턴주 동부에 정착하였다. 그는 농장을 시작하면서 자신의 의술로 인디언들을 치료하였고 인디언과 백인들을 위한 학교도 세웠다. 1844년 인근 인디언 마을에 전염병이 돌아 400여 명이 사망하는 재앙이 일자 위트만은 이들을 치료하려 애썼다. 그러나 참으로 황당한 것은 위트만이 독약을 주어 자기 종족들이 더 죽었다고 믿은 인디언들의 오해였다. 결국 위트만은 인디언들에게 살해당했지만 그의 이름은 워싱턴주 여러 학교들의 명칭이 되어 기려졌다. 바로 이 위트만이 포장마차(Conestoga)를 타고 온

길은 오레곤 트레일(Trail: 이동로)의 효시가 되었다.

희망의 오레곤 트레일

1837년 미국에는 대공황이 발생하여 "공포의 해(Year of the Panic)"로 불렸다. 경제 위기는 십년 넘게 지속되었고 많은 공장과 회사가 도산하고 은행이 파산했으며 실업자는 수백만에 달하였다. 농장은 소산을 못 내고 지주들은 땅을 잃었다. 이 힘든 상황은 "오레곤 열병(Oregon Fever)"이라고 부를 만큼 서부 개척에 대한 큰 열망을 낳았다. 오레곤 트레일(Oregon Trail)을 이용하는 서부 대이동이 시작되었다. 이주 여정은 동부에서 중부를 거쳐 로키산맥을 넘고 꾸불꾸불한 스네이크강(Snake River)과 장엄한 컬럼비아강(Columbia River)을 따라 이어졌고 아이다호, 오레곤, 워싱턴 등지에 서부 마을들이 세워졌다.

대이동 경로는 중부에서 시작해도 무려 3,000km가 넘는 길고 고된 길이었고 실제로 수많은 이들이 병사나 사고사를 당하였다. 그럼에도 그 루트는 새로운 시작을 다짐하는 희망의 길이었다. 동부나 중부에서 서부를 향해 떠날 때 이들은 이별의 예배를 드리며 미지의 땅에서의 축복을 기원하였다. 서부 개척은 황금을 찾아 캘리포니아로 간 것보다 농업을 위해 오레곤으로 간 것이 더 먼저였다.

눈물의 인디언 트레일

1803년 루이지애나의 광대한 영토가 갑자기 획득되자 미국 정부는 이곳에 백인들의 이주를 장려하기 시작하였다. 그러나 루이지애나에 속한 미시시피강 남부와 조지아주 사이에는 약 130,000명의 인디언들이 전부터 살고 있었다. 이들은 미국 정부에 그곳이 자신들의 땅이라며 자치를 주장했다. 인디언들은 거의 서너 주들에 이를 정도로 너무나 광대한 영토의 소유권을 주장했기에 연방 정부는 이를 도저히 수용할 수가 없었다. 더구나 체로키 인디언 구역에서 금맥까지 발견되었다. 그곳에 들어가 백인들이 주 헌법에 의거하여 소유권을 획득한 후 거주를 시작하며 두 인종 사이의 갈등은 더 악화되었다.

앤드류 잭슨 대통령은 체로키족을 포함한 미시시피 남부의 인디언 5개 부족 모두를 아예 새로운 구역으로 강제 이주시키기로 결정했다. 그곳은 미국 정중앙에 위치한 캔자스 아래 오클라호마(Oklahoma)였다. 연방 의회는 이주 법률을 공포하며 인디언들에게 떠나든지 아니면 극히 축소된 제한 구역 내에서 살든지 선택을 요구했다. 이에 인디언 편에 선 6명의 백인 선교사들이 불공정한 연방 정부를 격렬히 비판하였으나 모두 구금에 처해졌다.

1831년 9,000명의 미군이 동원되어 무자비하게 인디언들을 내쫓았고 이들은 오클라호마를 향해 무려 1,000km를 도보로 이동했다. 여자와 어린이는 물론 병자와 노약자도 무조건 떠나야 했다. 강제 이주로 인해 체로키(Cherokee) 부족만 예로 들어도 질병, 기아, 추위로 4,000여 명이나 목숨을 잃었다. 인디언들이 쫓겨난 땅들은 모두 백인들에게 불하되어 흑인들이 노역하는 면화와 쌀 농장이 들어서게 되었다.

수천 년을 살아온 고향과 조상들의 무덤을 떠나 수많은 인디언들이 목숨을 잃으며 이주한 그 경로는 "눈물의 길(Trail of Tears)"이라고 부른다. 백인들의 서부 행진 '오레곤 트레일'이 "희망의 길"이었다면, 오클라호마를 향한 인디언들의 행로는 "절망의 길"이었다. 인디언들의 불행은 한 세대 이후에도 끝나지 않았다. 서부에 산재한 다른 인디언들도 계속 땅을

인디언들의 '눈물의 길'

뺏겼고 보복으로 이들은 백인들을 무차별적으로 공격하며 저항하였다. 연방군이 투입되어 수많은 소규모 전투들이 벌어졌지만 끝내 모두 진압되었다. 백인들은 인디언들의 잔학성을 더 과장하여 선전하며 자신들의 폭력을 감추려 하였고 다수의 백인들은 인디언 핍박을 당연한 정책으로 생각했다. 1868년 미네소타의 하원 의원 제임스 카바나(James M. Cavanaugh)가 의회에서 외친 아래의 연설은 그런 광기를 여실히 대변한다.

"나는 살아 있는 인디언들보다 죽은 인디언들을 원합니다. 나는 수천 명의 인디언들을 보았지만 단 한 명도 좋은 인디언을 본 적이 없습니다. 당신들은 아이와 여성들의 배를 갈라놓는 인디언들을 보면 내 말을 이해할 것입니다. 나처럼 그들에게 추격을 당해보았다면 분명히 그들의 잔혹성을 깨달을 것입니다."

("The Congressional Globe: Containing the Debate and Proceedings of the Second Session, 1868", Wolfgang Mieder et al., A Dictionary of American Proverbs. 1992, 329.)

실제로 인디언들은 잔혹한 관습과 끔찍한 대응으로 백인들을 분노케 하였지만 그런 정도의 잔혹성은 백인들도 별반 다르지 않았다. 그의 연설은 큰 논란거리가 되었으나 이후 다음과 같은 그릇된 경구가 백인들에 유행하였다.

"유일하게 좋은 인디언은 죽은 인디언이다."〔The only good indian is a dead indian.〕 극소수 인종으로 전락한 인디언들은 백인 사회에 동화되거나 한정된 보호 구역에 머물러야 했다. 이들은 안타깝게도 육체적인 죽음보다는 경제적으로 정신적으로 문화적으로 "죽은 인디언"이 되었다.

앤드류 잭슨의 성공과 실패

동부의 부유한 가문 출신도 또 유수한 명문 대학 졸업자도 아닌 서부 시골 출신으로 통나무 초급학교만 다녀서 처음으로 대통령이 된 인물은 앤드류 잭슨(Andrew Jackson, 1767-1845)이었다. 그의 부모는 아일랜드에서 미국으로 건너 온 가난한 이민자였다. 그러나 잭슨이 출생하기 3주전 아버지는 사고로 죽었고 14살 때에는 형과 어머니가 세상을 떠나 그는 고아가 되었다. 잭슨은 미국 독립 전쟁에 참가하여 영국군의 포로가 되었다. 영국 장교가 자신의 군화를 닦으라고 명령하자 잭슨이 거부하였고 이에 그 장교는 칼을 뽑아 잭슨의 이마를 그었다. 이후 잭슨은 평생 칼자국을 지니고 살았다.

20불 지폐의 주인공 앤드류 잭슨 대통령

전쟁에서 간신히 살아남은 잭슨은 이후 온갖 고생을 하며 고학으로 테네시주의 변호사까지 되었다. 그는 부모로부터 장로교 신앙을 물려받아 자신의 삶에 성공이 예정된 것으로 굳게 믿고 불굴의 의지로 도전하였다. 1812년 영국과 미국이 또 다시 서남부의 땅을 놓고 마지막 충돌을 벌이자 잭슨의 부대는 뉴올리언스 전투에서 영국군과 인디언들을 물리치는 큰 공을 세웠다. 이때의 용맹함으로 인해 그는 오래된 힉코리 나무처럼 강하다는 뜻으로 "올드 힉코리(Old Hickory)"라는 별명을 갖게 되었다. 이 전쟁에서 인디언들이 백인 마을들을 공격해 400여 명을 살해하자 그는 군대를 이끌고 인디언 800여 명을 죽이는 보복을 가했다. 이때의 충돌은 그에게 인디언들에 대한 부정적인 인식을 남겨주었다.

스페인이 지배했던 플로리다를 미국이 점령할 때 전투에 동원된 부대가 바로 앤드류 잭슨의 부대였다. 쇠약해진 스페인은 플로리다를 결국 미국에 양도하여 미국의 영토는 또 추가되었다. 잭슨은 면화 농장을 소유하여 큰 부를 쌓았다. 노예 7명으로 시작한 그의 농장은 한때 300여 명에 이를 정도로 커졌다. 전쟁 승리와 개인적 성공은 잭슨을 일약 영웅으로 떠오르게 했고 남부 주들과 서민층의 열렬한 지지에 의해 그는 미국의 7대 대통령이 되었다.

정치적으로는 그의 대통령 당선 자체가 민주주의의 승리를 상징했다. 극빈층 출신이라도 합법적 선거를 통해 세계 대국의 지도자가 될 수 있다는 것을 사실상 세계에서 처음으로 보여주었기 때문이다. 허름한 옷에 주름진 얼굴의 수많은 보통 시민들은 그의 취임식 날 백악관을 구경할 기회를 가졌다. 이들은 자신의 가족이 대통령이 된 것처럼 기뻐했고 잭슨은 그들의 거친 손들을 만져주었다. 그는 처음으로 대중에 기반을 둔 민주당(Democratic Party)을 창당하였고 금융을 좌지우지 해왔던 북동부의 경제적 기득권자들과 치열한 대결도 벌였다. 또한 땅을 가진 지주만이 투표권을 행사하던 법을 바꾸어 모든 남성들이 투표권을 가질 수 있도록 하였다. 이렇게 대중민주주의를 확산시켜 정치사에 큰 기여를 한 그의 업적을 "잭슨 민주주의(Jacksonian Democracy)"라고 부른다.

잭슨은 자신의 인생도 국가의 향배도 모두 "발현의 운명(Manifest Destiny)"을 지녔다고 굳게 확신했다. 그는 부자였지만 사랑과 자선을 많이 베푼 인물이었다. 그러나 백인 서민들에게는 그가 영웅이었고 자선의 인물이었는지는 몰라도 적어도 유색 인종들에게는 아니었다. 잭슨은 미국 대통령 중 가장 많은 노예를 거느렸고 무엇보다 그의 재임 시절 인디언 강제 이주가 시행되었다. 비록 그가 이주 과정에서 일어난 백인들의 비인도적인 행위에 사과를 표했지만 인디언들의 권리는 이미 실종된 뒤였다. 그는 거부가 되고 명예를 얻는데 성공했으나 미국의 치부를 수정하는 데는 실패하였다. 이 양면성이 잭슨의 아이러니이다. 적어도 유색 인종들의 눈물이 닦여지기 위해서는 한 세대는 더 흘러야 했다. 잭슨과 거의 동일한 수준의 빈천한 환경에서 성공한 또 한 명의 인물이 등장할 때까지였다. 그가 바로 아브라함 링컨이었다.

네 번째 영토의 획득: 텍사스와 캘리포니아

1830년대 중남미는 스페인으로부터 완전히 벗어나 독립 국가가 되었다. 가장 강력한 국가는 멕시코로서 텍사스도 소유한 상태였다. 텍사스에 정착한 미국인들은 멕시코로부터 텍사스의 독립을 요구하기 시작했다. 샘 휴스턴(Sam Houston)이 항쟁의 지도자가 되어 멕시코 대통령 산타아나(Santa Ana)에 맞섰다. 1836년 멕시코와 텍사스의 대결은 알라모(Alamo)에서의 전투가 분수령이었다. 텍사스 주민들은 장렬하게 싸우고 모두 전사하였다. 그럼에도 알라모 전투는 텍사스 주민들의 사기를 크게 고양시켰고 열세에도 불구하고 불굴의 투지로 종국에는 멕시코 군대를 패배시켰다. 독립을 쟁취한 텍사스는 십년 동안 자치 지역으로 존재하다가 미국의 주로 편입되었다. 텍사스의 수도는 독립을 이뤄낸 그 지도자의 이름을 따서 '휴스턴'으로 부르게 되었다.

이후 미국은 로키산맥 서편 캘리포니아 확보를 목표로 정하고 대서양과 태평양이라는 두 대양 사이의 대륙 국가를 꿈꾸었다. 캘리포니아를 차지하기 위해 미국은 양도 의사가 전혀 없는 소유주 멕시코를 압박하였다. 서부를 끈질기게 요구한 미국은 멕시코와의 협상이 결렬되자 수치스런 전쟁을 개시하였다. 1846년 미국은 서부 변경에 있는 멕시코의 주력 도시 산타페를 점령하고 이후 더 서진하여 사실상 인구가 거의 없던 캘리포니아를 순식간에 차지하였다. 나아가 미국은 군대를 중남미로 진격시켜 멕시코의 수도 멕시코시까지 공격하였다. 더 이상 버틸 수 없었던 멕시코는 마침내 항복을 선언하고 1848년 미국에 1,500만 불을 받고 캘리포니아를 양도하였다. 1853년 애리조나와 뉴멕시코의 땅도 1,000만 불에 추가로 더 구입하면서 미국 대륙은 완성되었다. 이제 남은 것은 이 서부를 개척하는 일이었다.

서부 개척의 동기들

1800년대 중반 미국을 서부로 확장시킨 두 가지 요인이 있었다. 하나는 가시적인 것이고 다른 하나는 비가시적인 것이다. 가시적 요인은 1837년 대공황 이후 동부에서의 경제적 상황 악화였다. 서부는 절망한 이들에게 희망의 땅처럼 보였다. 오레곤 지역의 비옥한 땅들은 농업에 적격이었고 캘리포니아에서는 금광맥이 발견되었다. 1849년에 무려 80,000여 명이 황금을 찾으러 왔다. 바로 그 해에 도착한 이들을 "개척자"의 대명사로서 "포티나이너스(49ers)"라고 부른다. 샌프란시스코는 "엘 도라도(El dorado)", 즉 "황금의 사람"이 머무는 도시로 소문나게 되었다. 콜로라도에서도 엄청난 금맥과 은맥이 발견되었다. 농업을 위해 '오레곤 트레일(마찻길)'로 이주하는 사람들보다 점차 상공업을 위해 콜로라도와 캘리포니아로 가는 '산타페 트레일'을 이용하는 이들이 더 많아졌다. 1880년대에는 "마찻길" 트레일 대신 "기찻길" 산타페 레일로드(Santa Fe Railroad)가 대륙을 가로지르는 주요 이동로가 되었다.

황금을 찾으러 온 이들 중 실제로 부자가 된 경우는 극소수에 불과하였다. 그러나 인구의 유입으로 새로운 상품들이 만들어지면서 상업이 크게 번창하였다. 광활한 서부는 유대인들에게도 기회의 땅이었다. 이들은 혹독한 유럽을 피해 1800년대 중반 이후 지속적으로 미국으로 이민 왔으며 곧 영향력 있는 민족이 되었다. 1853년 금광 열풍이 일어날 때에 독일계 유대인 르바이 스트라우스(Levi Strauss)는 샌프란시스코에서 개척자들에게 자신의 이름(Levi's)을 붙인 강하고 두꺼운 무명(Denim) 청바지를 팔기 시작했다.

성경과 전보 전선줄을 들고 미국으로 상징되는 천사가 서부로 가는 모습 by John Gast

미국의 서부 획득에 관한 비가시적인 요인은 "매니페스트 데스티니(Manifest Destiny)", 즉 "발현의 운명" 또는 "명백한 운명"으로 풀이되는 시대정신이었다. 미국인들은 신적 섭리를 확신하며 북미 대륙이 자신들을 위해 예정된 영토로 간주했다. 또한 동부의 13개 주에서 시작된 미국 영토가 계속 확장되는 것이 미국의 숙명이라고 믿었다. 이는 청교도가 전해 준 '약속의 땅' 사상보다 더 발전된 이념이었다. 특히 변경은 고정되어 있는 것이 아니라 계속 전진된다고 강조하면서 반세기 내에 이를 실현시켜 미국인들은 자신들의 영토를 다섯 배나 늘렸다.

한편 "명백한 운명"의 구호 아래 인디언 땅을 탈취한 "명백한 억지"들도 있었다. 변경이 고정된 것이 아니라 계속 확장되고 있다는 믿음은 부정적으로는 제국주의적 태도를 태동시켰고 긍정적으로는 도전, 모험, 진취의 자세를 갖게 했다. 하나 분명히 인식해야 할 것은 "명백한 운명"이 결코 영토의 확장만을 뜻한 것이 아니라는 것이다. 많은 미국인들은 자유, 인권, 문명 등의 가치들도 확산시켜야 하는 국가적 운명을 믿었다. 이런 면에서 노예제를 반대하고 인간 자유의 확산을 위한 노력도 '명백한 운명'의 소산이었다.

그렇다면 미국인들이 품은 '명백한 운명'의 정신은 어떻게 강화되었는가? 서부에서 질서와 규범은 어떻게 지켜내었는가? 교육은 어떻게 감당했는가? 이 모든 질문들은 바로 서부의 개척지에서 새롭게 등장하여 확산된 제2차 대각성 운동과 직결되어 있다.

5. "불탄 지역들과 갱신된 사회": 2차 대각성 운동과 영향

1800년대 초반 미국에는 두 번째 대각성 운동이 일어났다. 많은 이민자들과 개척민들은 무신론과 무절제의 삶을 뉘우치고 신앙을 받아들였고 이는 많은 사회적 변화로 이어졌다. 이 운동이 일어난 지역들을 "불탄 지역"이라고 불렀다. 마치 엄청난 화재가 일어난 것처럼 제2차 대각성 운동은 미국 사회에 확실한 변화를 일으켰다.

각성 운동의 주창자들

1736년의 1차 대각성 운동이 조나단 에드워즈와 조지 휫필드라는 걸출한 인물들에 의해 주도되었다면, 2차 대각성 운동은 다양한 인물들에 의한 대중적인 운동이었다. 그 무대도 1차 때의 북동부와는 달리 2차 때는 중서부였다. 혼란스러운 개척 시기에 각성 운동은 사실 사회 재건을 위한 필수적 운동이었다.

미국의 북동부에서는 예일 대학의 총장이던 티모시 드와이트(Timothy Dwight, d. 1817)가 각성 운동을 주도하였다. 그는 1차 대각성 운동의 주역 조나단 에드워즈의 손자였다. 예일 대학의 각성 운동은 타 대학에도 확산되어 기독교 신앙을 지닌 많은 지도자들을 배출하였고 이들에 의해 미국의 기독교 정신은 계속 유지되었다.

하버드 대학의 신학이 급진적으로 이론화하자 이에 실망한 이들은 1807년 보스턴에 미국 최초 대학원인 앤도버-뉴튼 신학대학원(Andover-Newton Theological Seminary)을 설립하여 보수 목회자들을 배출하였다. 이 학교의 졸업생들인 아도니람 저드슨(Adoniram Judson)과 루터 라이스

천막 집회(Camp Meeting)

(Luther Rice) 등은 미국 최초의 선교사들로서 동남아 버마와 인도 등지에서 활동하였다.

1800년대 초반 제임스 맥그리디(James McGready)와 제자 바톤 스톤(Barton Stone), 그리고 알렉산더 캠벨(Alexander Campbell)과 리만 비처(Lyman Beecher, d.1863) 등은 수많은 서부 개척민들을 대상으로 각성 운동을 일으켰다. 특히 바톤 스톤과 동료들이 주도한 켄터키의 케인 리지(Cane Ridge) 부흥 집회는 수백 명으로 시작했으나 곧 25,000명이 모이는 큰 모임으로 발전하였다. 이는 당시 켄터키 역사상 가장 많은 군중이 한자리에 모인 것으로 대각성 운동의 열기가 어느 정도였는지를 가늠케 한다. 중서부의 대각성 운동은 주로 야외에서 며칠씩 열리는 천막 집회(Camp Meeting)가 특징이었다.

변호사 출신 부흥사 찰스 피니(Charles G. Finney, 1792-1875)는 각성 운동을 오히려 뉴욕과 동북부 도시들로 퍼트렸다. 그는 강당이나 공원 등에서 수만 명이 군집하는 집회를 갖고 격정적이고 논리적인 메시지를 전하였다. 피니가 지나간 지역은 마치 영적인 큰 불이 일어난 것 같아 "불탄 지역(Burned-over district)"이라고 불렀다. 피니는 기독교의 참 본질은 역동적 회심과 실제적 변화에 있다고 믿었다. 또한 교리적 신앙보다 체험적인

18세기 말의 독일 개혁적 성직자 요한 오벌린을 기념한 독일의 우표(1954년 발행)

신앙을 강조하였고 기독교의 사회적 책임도 역설하였다.

1833년 2차 대각성 운동 지도자들은 오하이오 주에 오벌린 대학(Oberlin College)을 설립하고 최초로 흑인들을 백인들과 함께 교육시켰다. 이 대학의 진보성은 이때부터 두드러지기 시작하였다. 흑인을 전혀 받지 않던 타 대학들은 상상조차 못할 일이었다. 또한 "노예제 폐지론자들의 양성소"라고 할 만큼 진보적인 지도자들을 많이 배출했다. 찰스 피니는 오벌린 대학의 2대 총장으로 봉사했다. 이 대학의 교명은 독일의 성직자이며 사회 개혁가였던 요한 오벌린(Johann Oberlin, d. 1826)을 기념한 것이었다. 독일의 오벌린은 문법 학교, 이동식 도서관, 고아원 등을 설립하였다.

2차 대각성 운동의 특징

2차 대각성 운동은 마치 정치에서 대중 참여가 확장된 잭슨 민주주의처럼 종교 영역에서 일반 대중들의 적극적 참여로 일어난 미국식 부흥 운동이었다. 캠프 미팅(천막 집회)은 놀라운 현상이었다. 당시 인구가 100,000명도 못되는 작은 주들도 많았던 것을 고려할 때 캠프 미팅에 10,000명 이상 모인 것은 엄청난 사건이었다. 외딴 마을에서 고립되어 지내며 교류 없이 지내던 미국인들은 일주일 이상 열린 천막 집회를 통해 신앙 회복과 유대감을 이루었다.

서부에서 기독교는 인간 변화의 영적 기능 외에 중요한 사회적 기능도 수행하였다. 수많은 학교를 운영하였고 타운의 규범을 세웠으며 거친 환경에서 도전 정신을 갖게 했다. 서부의 교회는 초등학교를 운영하였는데 교회 건물은 학교로도 사용되었다. 주정부가 수립되어 공교육을 실현하기 전까지 서부의 교육은 교회들이 책임졌다.

대형 교파들로 성장한 감리 교회와 침례 교회

미국의 형성과 독립에서 칼빈주의가 크게 공헌했다면 서부의 확장과 발전에서는 웨슬리주의와 침례 교회 신앙이 기여하였다. 2차 대각성 운동이 진행되면서 미국의 종교 지도(religious map)는 완전히 바뀌어 새로운 대형 교파들이 등장하였다. 서부 지역에서의 승자는 특히 감리 교회와 침례 교회였다. 전통적 교파들인 성공회, 장로 교회, 회중 교회는 서부에서 주도권을 놓치고 1800년대 한 세기 동안 상대적 정체를 겪게 되었다. 장로 교회는 대학을 졸업한 이들에게만 목사 안수를 주었기에 광활한 서부에 보낼 목회자 수가 부족하였다. 또한 교리적이고 사변적인 장로 교회의 분위기도 또한 화려한 격식의 성공회 예전도 역동적인 서부 정서와 어울리지 않았다. 2차 대각성 운동의 시작은 장로 교회가 주도했으나 후반은 감리 교회와 침례 교회가 확산시켰다.

영국 버밍햄에서 태어난 프란시스 애즈베리(Francis Asbury: 1745-1816)와 동료 순회 전도자들(circuit riders)의 헌신적인 사역에 의해 1770년대에 시작된 미국의 감리 교회는 단시일 내에 주류 교단이 되었다. 이들은 광활한 서부 어느 곳이나 말을 타고 다니며 수많은 교회들을 세웠다. 특히 애즈베리는 감리교 감독으로서 생애에 400,000km를 순회하였다. 너무나 청빈했던 그가 세상을 떠날 때 가진 재산이란 도서관에 기증될 책뿐이었다. 그가 임명한 수많은 순회 전도자들도 똑같은 모습의 사역을 보여주었다. 결코 충분한 급여도 풍족한 생활도 기대할 수 없었지만 이 열정의 사람들은 신대륙의 혼란스런 이민자들에게 신앙과 소망을 제공하였다. 애즈베리가 처음 미국에 도착한 1771년 대륙 전체의 신도 수가 불과 300여 명에 불과했던 감리 교회는 1816년 그가 세상을 떠날 때 무려 200,000명으로 증가했고 1830년대에는 500,000명이 넘었으며 1800년대 말에는 수백만의 대형 교파가 되어 거의 "미국의 종교" 위상에 이를 정도였다.

침례 교회도 서부 개척으로 최대 교파로 성장하였다. 각성 운동으로 회심한 남부 주민들은 마을에서 자체적으로 성직자를 임명하고 교회를 세웠다. 이 교파의 특징인 단순한 설교, 간소한 신학, 회중의 참여, 자치적 행정 등은 서부 정서와 잘 어울렸다. 성직자들은 서부의 환경 때문에 직업을 가지고 목양 사역하는 경우도 많았고 대학 교육은 추후 연장 교육으로 보충하였다.

미국 서부의 원시적인 모습을 접한 일부 주민들은 교회도 사도행전의 원시적 모습을 회복해야 한다고 생각하였다. 제2차 대각성 운동을 시작한 바톤 스톤은 스코틀랜드 글래스고 대학 출신의 알렉산더 캠벨(Alexander Campbell)과 만나 기독교 복고주의 운동(Restoration Movement)을 시작하고 교파를 배제한 교회를 태동시켰다. 이것이 바로 '그리스도의 교회(Churches of Christ)'이다. 본래 그들의 의도는 별도의 교파 설립이 아니었으나 배타성으로 인해 타 교파들의 반발을 샀으며 결과적으로 '그리스도의 교회'라는 교파가 되었다.

신흥 종파들

1800년대 서부 개척지에는 배타적 공동체를 세운 쉐이커(Shaker)들이 있었다. 지도자는 앤 리(Ann Lee, d. 1784)였다. 이들은 본래 퀘이커의 후예들로 예수의 임박한 재림을 믿으며 철저한 금욕 공동체를 세웠다. 1830년 서부에는 19

쉐이커 공동체의 그룹 댄싱 c.1840

개나 되는 쉐이커 마을들이 있었다. 긍정적 측면에서 이 공동체들은 혼란스런 개척 시대에 협동과 절제의 가치를 보여주었다.

1800년대 중반에는 주류 기독교에서 이탈한 종파들도 생겨났다. 성경 다니엘서에 관심이 많았던 윌리엄 밀러(William Miller, d.1849)는 '제7일 안식일 예수재림교회(Seventh Day Adventists)'를 세웠다. 그의 안식 교회는 구약 성경을 문자적으로 지키고자 했다. 특히 구약의 안식일이 제7일이므로 토요일을 예배일로 준수하는 것을 교파의 핵심 교리로 삼았다. 또한 각종 서약이나 군복무도 거부하였다.

1830년 조셉 스미스(Joseph Smith, d. 1844)는 모르몬교(Mormons)를 시작하였다. 이 종파는 성경만을 문자적으로 고수한 안식 교회와는 정반대로 성경만으로는 부족하다고 주장하고 스미스가 펴낸 모르몬경(Book of Mormon)을 신봉하였다. 이 경전에 의하면 "모르몬"이란 미국 대륙의 태고 시대 이름이라고 우긴다. 스미스를 새로운 예언자로 믿은 추종자들은 흥미롭게도 뉴욕주에서 일부다처제의 공동체를 이루었다. 그러나 뉴욕의 법은 일부다처제를 인정하지 않아 이들은 불법이 되었기에 중부 오하이오, 미주리, 일리노이 등으로 이동하였다.

그러나 이 지역에서도 어려움을 겪자 1844년 브리검 영(Brigham Young)을 지도자로 하여 당시 미국의 땅이 아니고 멕시코 관할이었던 유타(Utah)로 또 이주했다. 거대한 소금 호수 옆에 이들이 만든 마을은 솔트레이크 시티(Salt Lake City)로 성장하였다. 이들에게 황당하게도 유타 이주 10여 년 후 미국과 멕시코의 전쟁이 벌어졌고 유타는 미국에 편입되었다. 이들은 일부다처제를 포기하고 모르몬경을 고수한 채 유타를 성장시켰다.

새로운 대학들

감리교도들은 1800년대에 최대 교단으로 성장하면서 인재 양성을 위해 여러 대학들을 설립하게 되었다. 청교도들과 장로교도들이 1600년대

찰스 강변의 보스턴 대학교

부터 200년간 다져온 교육열은 1800년대에는 감리교도들에게 건네졌다. 1839년 감리교도들은 보스턴 대학교(Boston University)를 설립하였다. 원래 버몬트에 소재했으나 이사들은 하버드 대학과 매사추세츠 공과대학이 마주보이는 보스턴의 찰스 강변에 캠퍼스를 두었다. 보스턴 대학교는 시작부터 백인 위주의 타 대학들과는 달리 외국 학생들도 입학을 허가하여 국제 교육과 세계화를 추구하였다.

1851년 시카고 인근 에반스톤(Evanston) 들판에 정치가 존 에반스(John Evans)를 포함한 6명의 실업가들과 3명의 목회자들은 무릎을 꿇고 예배를 드리며 새로 설립된 대학을 위해 기도하였다. 이들 9명의 관용적 감리교도들이 시작한 학교가 중부의 명문 노스웨스턴 대학교(Northwestern University)이다. 1867년에는 자수성가한 뉴욕의 금융가이자 독실한 감리교 신자인 다니엘 드류(Daniel Drew)의 기부로 뉴저지주에 드류 대학(Drew University)이 설립되었고 비슷한 시기에 중부에는 사업가이며 박애주의자였던 워싱턴 듀크(Washington Duke)의 후원으로 듀크 대학(Duke University)이 세워졌다. 1875년 철도 회사 대부호이며 박애주의자 감리교도인 코닐리우스 밴더빌트(Cornelius Vanderbilt)의 기부로 밴더빌트 대학(Vanderbilt University)도 시작되었다. 1836년 시작된 에모리 대학(Emory University)은 감리교 감독 존 에모리를 기념하여 명명되었으며 또한 코카콜라 회사의 설립자이고 자선 사업가 감리교 신자인 아사 캔들러(Asa Candler)의 기부로 큰 캠퍼스를 조성하게 되었다. 위 학교들은 모두 국제적인 명문 대학들로 성장하였다.

사회적 변화들

제2차 대각성 운동은 결코 종교적 변화나 교회의 외적 성장으로만 그치지 않고 미국 사회에 만연된 문제들을 치유하려는 사회적인 개혁으로도 이어졌다. 종교의 본질이 선행에 있다고 보았던 계몽주의자들보다 훨씬 더 강하게 대각성 운동의 주창자들은 신앙은 생활에서도 열매가 있어야 함을 강조하였다. 대각성 운동의 지도자인 리만 비처(Lyman Beecher)는 미국절제협회(American Temperance Movement)를 조직하고 금주와 금연 운동을 시작하였다. 당시 술은 밀가루보다 더 싸게 팔리는 품목이었고 미국 사회의 가장 큰 적이었다. 절제 운동의 확산으로 19세기 말에는 금주법도 공포되었다. 서부는 각성 운동 이후 큰 변화를 보이며 음주, 노름, 범죄가 감소되었다.

본격적으로 노예제 폐지 운동도 일어났다. 노예를 소유한 자들도 있었지만 노예제 폐지의 열정적 주창자들도 다수가 신자들이었다. 침례 교회는 흑인들의 교회 설립을 적극 도왔고 감리교 대학들은 흑인들을 입학시키고 노예 해방을 위한 지도자를 배출하기 시작하였다. 장로교 오벌린 대학의 졸업생들은 목숨을 걸고 도망 노예들을 피신시키는 일에 힘을 기울였다. 프린스턴 신학대학원(Princeton Theological Seminary)의 출신들은 강단과 언론에서 폐지론을 본격적으로 외쳤다. 그 졸업생 한 명은 신문사를 만들어 노예 폐지를 외치다가 사망하였다. 이제 인권을 향한 그 긴 투쟁의 이야기는 그의 죽음으로부터 시작되었다.

6. "백인을 위해 흘린 흑인의 피": 노예제의 현실과 숭고한 영웅들

"반노예제의 선구자" 러브조이

제2차 대각성 운동 때 회심을 한 러브조이(Elijah P. Lovejoy)는 프린스턴 신학대학원을 졸업한 후 노예제 폐지에 헌신했다. 그는 일리노이(Illinois) 알톤(Alton)에 신문사를 세우고 흑인들의 참상을 펜으로 고발하였다. 이는 결코 순탄한 보도가 아닌 목숨을 건 투쟁이었다.

1837년 러브조이의 논조에 불만을 품은 인종차별주의자 200여 명은 그의 신문사를 공격하였다. 건물에 방화했고 뛰쳐나온 러브조이와 직원들을 총격하여 살해하였다. 신문 인쇄기는 불타는 건물 옆 미시시피강에 던져졌다. 이 사건은 전 미국으로 알려졌고 그 반응은 극명하게 나뉘었다. 남부는 공격을 정당하게 생각했고 북부는 살인범들을 비난했다. 러브조이의 죽음은 그동안 내재되어 왔던 미국 역사상 최대의 갈등을 수면위로 올리는 계기가 되었다.

남북 대립의 배경

1619년 버지니아 제임스 타운에 독일의 범선이 흑인 20명을 노예로 판 이후 수십만 노예들이 북미에 끌려 왔다. 남미에는 무려 1,000만이 넘는 흑인 노예들이 수송되었으며 항해 중 사망한 흑인들도 200만이 넘었다. 아프리카에서는 콩고, 잠비아, 앙골라, 세네갈 등에서 주로 잡혀왔고 신대륙에서는 브라질에 가장 많이 유입되었다. 1800년대에 이르러 미국

내 흑인들의 수는 노예까지 포함하여 400만이 넘었으며 다수는 남부에 거주하였다.

사실 미국은 각 주마다 법이 다르기 때문에 소위 "자유주(free state)"라고 부르는 이미 노예 제도가 폐

1853년 버지니아 리치몬드 시장의 노예들 - by Eyre Crowe

지된 주도 여럿 있었다. 바로 매사추세츠를 비롯한 미국 동북부 주들이었다. 북부 주들은 전통적으로 윤리를 중시하였고 인간의 기본권에 대한 깊은 인식 아래 반노예제 입장을 명백히 하였다. 북부 주민들은 노예 제도가 자유의 미국에 어울리지 않는 국가적 수치로 간주하였다. 이와는 정반대로 남부 주민들은 흑인을 백인의 관리를 필요로 하는 열등한 인종으로 보았고 노예제 자체도 불가피한 문화로 생각했다. 남부 주민들에게는 많은 노예들을 부리는 삶이 상류 사회 생활을 의미했다.

북부와 남부는 산업 환경도 정반대였다. 영국에서 일어난 산업 혁명은 미국 북동부에서 더 크게 발전하였다. 증기선, 전신기, 타자기 등 각종 기계들이 발명되면서 북부는 미국과 세계의 산업 중심지가 되었다. 특히 매사추세츠 로웰(Lowell)시는 방직 산업을 중심으로 미국의 첫 공업 도시가 되었다. 여기서 알아야 할 점은 공장에 흑인 노동력이 필요하여 북부 주들이 노예 해방을 원한 것이 결코 아니라는 점이다. 흑인 문제는 미국의 산업 혁명의 출발지이며 첫 공업 도시인 매사추세츠 로웰이 등장하기 전부터 불거졌다. 또한 북부의 공장들이 번성한 후에도 백인들을 대부분 고용했으며 공장의 작업 기술도 흑인들이 감당할 수 있는 것들이 아니었다. 북부 주에는 흑인에 크게 의존하지 않는 농업과 공업 구조가 이미 정착해 있었기에 오히려 노예 문제에 대해 유연하게 대처할 수 있었다.

한마디로 북부가 노예제를 반대한 가장 큰 동기는 노예제의 비윤리성

때문이었다. 연방 정부가 남부 주들에 굴복해 도망 노예들에 대한 처벌법을 강화하자 남부의 노예 상인들은 북부 주까지 올라와 도주한 노예들을 잡아 매질하며 개처럼 끌고 갔다. 북부인은 자신들의 땅에서도 이런 일들이 벌어지자 남부인의 야만성에 분노하였다.

이에 비해 남부는 흑인들의 노동력이 필수적이었다. 목화, 쌀, 코코아, 담배, 인디고(Indigo) 염료 등의 생산이 주요 산업이었기 때문이다. 특히 인디고나무에서 나온 염료는 흑인들을 착취한데서 얻어져 "악마의 청색 염료(devil's blue dye)"로 불렸다. 사실 남부 500만의 백인 인구 중 노예를 2명이상 소유한 백인들은 소수였다. 또 다수의 백인들은 노예를 둘만큼 넉넉한 형편도 아니었다. 그럼에도 남부 주민들은 200만이 넘는 노예들을 풀어주면 남부의 경제에 파탄이 온다고 세뇌되어 있었다.

노예제 찬반을 두고 미국의 교회들도 크게 대립하여 장로 교회, 감리 교회, 침례 교회 등 거의 모든 교파들이 남과 북으로 갈라졌다. 남부의 교회들은 노예제에 관해 억지스런 성서 해석을 들이대며 노예제를 인정하였다. 성경에 가인(Cain)이 '표'를 받았다는 구절을 그 몸이 검어지는 것으로 해석했고 또 노아의 아들 함(Ham)이 죄를 범해 그 자손인 흑인들이 노예의 벌을 받게 되었다고 가르쳤다. 이에 반해 북부 교회들은 남부 교회들을 비판하고 노예 제도 폐지의 주역이 되었다. 이들은 미국을 확장시킨 이념인 '명백한 운명(Manifest Destiny)'이 단지 영토 확장만을 의미하는 것이 아니라 '자유와 인권'이라는 가치의 확장도 동시에 요구하고 있다고 믿었다. 북부 교회들은 헌금을 사용해 남부 노예들의 탈주와 정착을 돕기 시작하였다. 노예들이 탈주한 경로는 진짜 철로가 아니지만 상징적으로 "지하철로(Underground Railroad)"라고 부른다.

북부 주들의 노예제 폐지 전략은 연방 의회의 우세를 점한 후 폐지법을 제정하거나 또는 폐지할 대통령을 당선시키는 것이었다. 당연히 남부는 이 정치적 역전 현상을 막고자 했다. 서부 준주(western territories)들의 문제는 남북의 갈등을 더 악화시켰다. 준주는 정식 주로 편입되기 전의 지역을 가리킨다. 1849년 미국은 정확히 노예제를 금지한 "자유주"가 15개였고 합법인 "노예주"가 15개였다. 따라서 서부 개척지 신생 주들의 입장이 중요해졌다. 북부 주들은 서부 주들 전체에 노예제를 금지시키려 했고 남부는 그 반대를 시도했다. 서부 캔자스(Kansas) 준주는 노예제 찬성론자와 폐지론자들이 싸움을 벌이고 주정부까지 따로 세우고 연방에도 정식 주로 두 그룹이 별도 가입을 신청하는 큰 혼란이 벌어졌다. 북부와 남부는 물론 서부까지 분열된 것이다.

흑인들의 처지와 대응

흑인 노예들의 삶은 비참하였다. 썩은 통나무집에서 긴 천으로 공간을 나누며 살았다. 쥐들, 벌레, 독충은 물론 병균도 집안에 만연하였다. 흑인들에게 결핵과 콜레라는 너무도 흔한 질병이었다. 십대가 되면 이미 입안은 충치로 가득했고 심한 매질과 전염병, 영양실조로 60세를 넘는 노예는 100명 중 5명도 채 되지 않았다. 노예의 자녀들은 당연 노예였고 가족으로 함께 살다가도 팔리면 기약 없이 이별해야 했다. 심지어 노예들의 결혼 서약도 백인과 달랐다. 백인 커플들에게는 "죽음이 갈라놓을 때까지 사랑할 것인가"를 물었지만 통탄스럽게도 노예들에게는 "죽음이나 혹은 이별할 때까지"라고 물었다. 자유를 얻은 흑인이라 할지라도 차별은 엄존하였다.

흑인들은 간혹 물리적으로도 저항하였다. 가장 큰 사건은 1831년 냇 터너(Nat Turner)와 동료들이 차별주의 백인 55명을 살해한 것이다. 이 사건은 흑백 모두를 경악시켰다. 흑인들의 증오는 더 커졌고 백인들의 경멸은

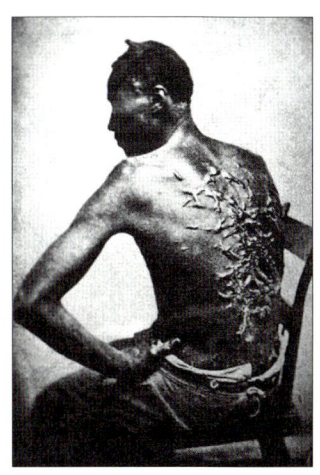

혹독한 매질을 당한 흑인 노예 피터의 모습-1863년

더 심해졌다. 백인들에게는 미국이 약속의 땅 "가나안"이었지만 흑인들에게는 여전히 압제의 땅 "이집트"였다. 해방 노예로 뉴욕의 기자였던 프레더릭 더글러스(Fredrik Douglas)는 1852년 미국 독립기념일 행사에서 이렇게 외쳤다.

"아직도 인간을 족쇄에 채우고 다니는 이 땅에서 자유를 운운하는 자체가 신성 모독이다."

(Frederick Douglass, *My Bondage and My Freedom*, 2009, 202.)

한편 흑인들은 기독교가 유일한 소망과 위로를 얻는 영적, 심리적, 사회적 출구로 인식했다. 그들은 죄 없이 죽은 예수의 수난 속에서 자신들의 피맺힌 고난을 발견하였고 이를 영가(Spiritual Songs)에 담았다. 노예들이 할 수 있는 일은 자유를 간구하는 기도와 성가를 부르며 자신들의 모세가 되어줄 누군가를 기다릴 뿐이었다.

미국의 양심을 저버린 두 사건

인권 운동을 벌인 백인들도 신분과 지위에 상관없이 인종차별주의자들로부터 극심한 공격을 받았다. 매사추세츠 상원 의원 찰스 섬너(Charles Sumner, d. 1874)는 가장 대표적인 반노예제 정치인이었다. 1856년 그는 남부의 의원들을 "짐승들"이라고 부르며 노예제를 비판하였다. 이에 분개한 사우스캐롤라이나의 하원 의원 브룩스 스톤(Brooks Stone)은 의사당에서 섬너 의원을 무쇠 지팡이로 수십 번을 내리쳤다. 섬너는 중상을 입고 영구 장애자가 되었다. 북부는 분노하였지만 남부의 신문들은 연일 스톤을 추켜세웠다. 매사추세츠주는 후안무치한 남부에 항의하는 표시로 중상 입은 섬너를 상원 의원에 다시 선출하였다.

미시시피의 흑인 노예 드렛 스코트(Dred Scott)는 주인을 따라 "자유주" 일리노이에서 살았다. 이후 다시 노예주로 이주한 스코트가 노예로 취급받자 그는 자신이 해방된 신분이라며 소송을 냈다. 1857년 연방 대법관

태니(R. Taney)는 미국 사법사상 가장 추악한 판결을 내렸다. 스코트가 여전히 노예일 뿐만 아니라 노예는 미국 시민이 아니기 때문에 미국 법정에 소송을 제기할 자격이 없다는 것이었다. 더구나 노예는 법적으로 물건과 동일한 사유 재산이므로 연방 의회가 노예제를 반대하는 것은 사유 재산을 부정하는 헌법 위반 행위라고 선언한 것이다. 이는 사법부가 입법부를 불법적이라고 공격한 것이었다. 북부 주들이 우세했던 의회는 사법부를 질타하고 판결을 무시해 버렸다. 판결을 접한 남부는 통쾌해했다.

미국의 양심을 일깨운 두 인물

상기한 두 사건과는 정반대로 1850년대에 미국의 양심을 일깨운 두 백인이 출현하였다. 해리어트 비처 스토우(Harriet Beecher Stow)와 존 브라운(John Brown)이었다. 전자는 설교자의 딸이었고 또 후자는 신념의 설교자였다. 전자는 펜에, 그리고 후자는 총에 기대었다.

1852년 해리어트 비처 스토우(d. 1896)는 『톰 아저씨의 오두막(Uncle Tom's Cabin)』을 출간하여 노예들의 비참한 삶을 적나라하게 묘사했다. 그녀는 2차 대각성 운동의 설교자 리만 비처(Lyman Beecher)의 딸이었다. 해리어트 스토우는 어린 시절 신시내티 강둑에서 살면서 노예들의 처절한 상황을 직접 목격하였다. 저술을 위해 직접 노예 상태도 체험해 보았다. 그녀는 교회에서 엉클 톰의 후반부 줄거리를 환상을 보는 것처럼 구상해 냈다. 이 책을 수백만의 미국인들이 보았으며 영국의 빅토리아 여왕도 읽고 눈물을 흘렸다. 훗날 아브라함 링컨은 해리어트 스토우를 만나 이렇게 말하였다.

"당신의 책이 자유를 위한 전쟁을 야기했습니다!"

또 다른 인물인 존 브라운은 미국 역사에서 가장 논란이 되는 백인이었다. 그는 북부 코네티컷 토링톤(Torrington) 출신으로 제혁소를 운영한 설교자였다. 정의감이 강했던 브라운은 한 백인이 흑인을 삽으로 무자비하

노예 해방 투쟁의 순교자 존 브라운
(1856)

게 때리는 것을 보고 폐지론자가 되었다. 존 브라운은 백인의 죄악은 백인이 피를 흘려야 씻길 수 있다고 믿었다. 때문에 그는 대담하게도 노예 찬성론자들을 직접 공격할 민병대를 조직하였다. 1859년 그와 18명의 민병대는 버지니아의 하퍼스 페리(Harpers Ferry)의 무기고(arsenal)를 털고 이 마을의 부유한 노예 소유주들을 공격하였다. 곧 군대가 투입되어 브라운 부대를 제압하였다. 일부는 사살당하고 브라운은 생포되었다. 그는 남부의 수많은 백인들 앞에서 공개 교수형을 받았다. 형장으로 끌려갈 때에 한 흑인 소녀가 눈물을 흘리고 바라보자 브라운은 잠시 멈추고 그 소녀를 따뜻하게 안아주었다.

　브라운 처형 이후 남부 주들은 북부 주들을 경계하였고 반대로 북부 주들은 브라운의 죽음을 애도하였다. 많은 교회들은 브라운이 처형되는 순간 예배당 종을 울렸다. 남부인은 그를 "잔인한 살인마"라고 불렀지만 북부인은 그를 "의로운 희생자"로 여겼다. 후에 존 브라운의 유족을 도왔던 대문호 랄프 왈도 에머슨(Ralph Waldo Emerson)은 그를 이렇게 규정하였다.

　"브라운은 정의를 위한 순교자이다."

　(M. York & R. Spaulding, Ralph Waldo Emerson: the Infinitude of the Private Man, 2008, 174.)

7. "흑인을 위해 흘린 백인의 피": 링컨의 이상과 남북 전쟁

링컨의 성장과 변화

남북 갈등을 초래한 노예 해방의 문제는 정작 가난한 침례교도의 아들이 대통령이 되고서 종막에 이르게 되었다. 바로 아브라함 링컨(Abraham Lincoln)이다. 그는 1809년 2월 12일 켄터키주의 오두막집에서 토마스 링컨과 낸시 사이에서 태어났다. 그가 받은 교육은 순회하는 설교자로부터 배운 문법뿐이었다. 물론 당시 링컨뿐 아니라 서부의 여느 아이들도 공교육을 받지 못하던 때였다. 9살 되던 해에 35세의 낸시는 독초 먹은 소들로 야기된 "우유병(milk disease)"에 걸려 다음 유언을 아들 링컨에게 주고 세상을 떠났다.

1863년경의 아브라함 링컨

"가족을 사랑하고 하나님을 경배하는 삶을 살아라!" [Live a life to love the kindred and worship God!]

링컨은 일리노이에서 독학으로 변호사가 되었으며 서른 살에 메리 토드(Mary Todd)와 결혼하였다. 실제 링컨은 알려진 바와 달리 젊은 시절 독실한 기독교인이 아니었다. 소년 시절에는 분명 성경과 천로역정을 좋아했었다. 그러나 청년 링컨은 독실했던 부모와는 반대로 신앙에 관심이 없었다. 오히려 무신론 철학자 토마스 페인의 사상을 좋아하였다. 또한 고정적으로 출석하는 교회도 없었다.

이런 링컨에게 큰 변화가 일어난 것은 40살이 되던 1849년 처갓집을 방문하여 스코틀랜드 성직자인 제임스 스미스(James D. Smith)가 쓴 『기독교인의 변론(Christian's Defense)』을 읽은 후부터다. 이 책은 성경에 대한 이성적인 변호와 논증을 주 내용으로 담고 있다. 얼마 후 링컨은 3살짜리 아들 에디(Eddie)를 병으로 잃었다. 결국 인간의 한계를 절감한 링컨은 회의주의를 접고 신앙을 갖고 성경을 묵상하기 시작했다. 이때부터 그는 자신의 연설과 서신에 반드시 성경을 인용하였고 무엇보다 성경적 교훈을 정치에 적용하였다. 이전에 링컨은 노예제를 단지 미개한 폐습으로 생각했으나 이제는 아예 미국의 죄악으로 여기게 되었다.

1860년 링컨은 대선 후보가 되어 노예제를 서부 준주에서 금지시키겠다고 공약했다. 남부 주민들은 만약 링컨이 당선되면 서부와 북부가 단합하여 남부의 노예제를 폐지하는 연방법을 제정할 것으로 예단하였다. 이로써 남부는 곧 파산할 것이고 자치권도 상실하리라는 망상도 가졌다. 선거는 시작되었고 당연 남부에서는 단 하나의 주(state)에서도 승리하지 못했지만 링컨은 북부의 모든 주에서 승리하며 16대 대통령에 당선이 되었다.

1861년 링컨이 취임하기도 전에 모든 남부 주들은 사우스캐롤라이나를 시작으로 연방 탈퇴를 선언했다. 그리고 '아메리카 연합국(Confederate States of America)'이라는 그들만의 반란 정부를 공포했다. 링컨은 남부의 암살 표적이 되었는데 서부의 유명한 보안관 알란 핑커튼(Allan Pinkerton)이 경호를 자처하였다. 1861년 조지 워싱턴 기념일인 2월 22일에 "반쪽 나라의 대통령" 링컨은 필라델피아 독립기념관에서 성조기를 올리며 이렇게 말하였다.

"평등의 사상을 포기하기보다 차라리 이 자리에서 암살당하는 것을 택하겠다."

그해 4월에 남군은 먼저 선전 포고를 하고 북군의 포트 섬터(Fort

Sumter)를 공격하여 남북 전쟁이 시작되었다. 링컨이 북부 지역에 애국을 호소하자 지원병들이 쇄도하여 북군이 강화되었다. 전쟁이 한창이던 1862년 9월 22일 놀랍게도 링컨은 대통령의 권한으로 남부 주들에 거주하는 300만 노예들을 놓아주는 해방 선언(Emancipation Proclamation)을 발표했다. 북군이 남부를 점령해 내려갈수록 노예들의 자유는 현실이 되었다. 노예 출신의 정치인 부커 워싱턴(Booker T. Washington, d. 1915)은 그때를 이렇게 회상했다.

노예 해방 선언문
(Emancipation Proclamation, 1863)

"한 장교가 와서 간단한 연설을 한 뒤 긴 문서[해방 선언문]를 꺼내 읽어주었다. 그리고 이제 자유로워졌으므로 어디든지 갈 수 있다고 말하였다. 어머니는 눈물을 흘리며 우리들을 껴안고 그 의미를 알려주었다. 이 자유는 오랫동안 기도하며 바랐던 것으로서 살아서는 결코 누리지 못할 것으로 생각했다."

(Booker T. Washington, *Up From Slavery: An Autobiography*, 2011, 22.)

게티즈버그 연설: 영원한 나라의 속성

1863년 7월 필라델피아 게티즈버그(Gettysburg)에서 북군은 남군에 맞서 중요한 승리를 거두었다. 전사자는 40,000명을 넘었고 이들을 위한 기념 묘지를 조성하고 봉헌식을 하는 11월 19일 링컨은 이렇게 연설을 시작했다.

"오늘 제 연설은 세상이 별로 주목하지 않을 것이지만 여기 누운 자들의 희생은 결코 망각되지 않을 것입니다."

게티즈버그 전투- by Currier Ives

그러나 이후 세상은 그의 예상과 반대로 게티즈버그 용사들보다 명문장이 들어 있는 링컨의 연설을 더 기억하게 되었다. 링컨은 병사들의 죽음이 자유를 위한 희생이라고 정의하였다. 이 세기적 연설의 핵심 부분은 이렇다.

"이들은 결코 헛되이 죽지 않았기에 이 나라는 하나님 아래서 새로운 자유의 탄생을 볼 것입니다. 바로 [모든] 국민의 정부, 국민에 의한, 그리고 국민을 위한 정부는 지상에서 영원히 사라지지 않을 것입니다."(This nation, under God, shall have a new birth of freedom, and that government of the people, by the people, for the people, shall not perish from the earth.)

흔히 게티즈버그 연설은 "국민의(of), 국민에 의한(by), 국민을 위한(for) 정부"라는 민주주의의 3대 원칙을 천명한 연설로 알려져 있으나 이는 본 주제를 곡해한 것이다. 링컨의 진의를 알기 위해서는 오히려 대선 직전인 1858년 그의 경쟁자 스티븐 더글러스와의 논쟁(the Lincoln-Douglas Debates)에서 제기된 더글러스의 이런 주장을 살펴야 한다.

"우리의 정부는 백인의 기초에 세워졌습니다. 이것은 '백인'에 의해, '백인'의 이익을 위해, '백인'에 의해 운영되어야 하는 정부입니다. 참으로 흑인, 인디언 또는 어떤 인종이든지 백인에 열등합니다."

["by the white man, for the benefit of the white man, to be administered by white men"]

더글러스는 백인만의 정부를 주장하였고 이는 당시 만연된 남부의 정서

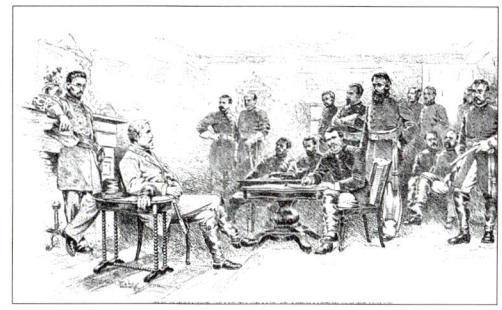

남군의 리(Lee) 장군이 북군의 그랜트(Grant) 장군에게 항복하고 있다

를 대변한 것이었다. 이와 달리 링컨이 게티즈버그 연설에서 강조한 것은 더글러스가 원한 "백인의 정부"나 또 현대인들이 오해하는 것처럼 국민들에게 주권이 있다는 단순한 "주권 재민의 정부"가 아니라 바로 희생하는 국민들이 만든 '자유와 정의'의 정부였다. 또한 특수 계층의 정부가 아닌 '모든' 국민이 평등한 정부이다. 링컨은 그런 성격의 국가를 미국 국민들에게 역설하였다.

"왜 백인이 피를 흘려야 하는가?"

1865년에 접어들며 남북 전쟁은 북군의 승리로 끝났다. 북부는 남부보다 더 큰 저력을 지닌 지역이었다. 전승을 바탕으로 링컨은 대통령에 재선되었다. 그가 전장을 격려하고 다닐 때 일부 편견의 백인들은 이렇게 따지며 항의하였다.

"대체 왜 우리 백인들이 흑인 노예들의 자유를 위해 피를 흘려야 합니까?"

1865년 3월 4일 링컨은 재선 취임 연설에서 이 질문에 대한 답을 아래와 같이 하였다.

"나라의 8분의 1이 흑인이고 주로 남부에 거주한 노예들의 문제가 전쟁 원인이었습니다… 하나님은 이 전쟁에 대한 목적을 두셨습니다… 바로

남부와 북부에 끔찍한 전쟁을 '징계'로 내리신 것입니다…사람을 노예로 삼고서 지난 250년 동안 우리가 아무런 대가도 지불하지 않고 축적한 부가 다 없어질 때까지 또 채찍으로 남의 피를 흘리게 한 자들이 그 한 방울의 피라도 자기 피로 다 되갚는 날까지 [이 전쟁이] 지속되는 것이 하나님의 뜻이라면 우리는 그저 주님의 심판은 옳다고 인정해야 합니다."

(*The Collected Works of Abraham Lincoln*, edited by Roy P. Basler et al., 1953, Vol. 8: 332-333.)

링컨은 시편(119:137)을 인용하면서 남북 전쟁은 "백인의 탐욕에 대한 정의의 심판"이라고 규정하였다. 그리고 흑인의 피 값으로 쌓은 미국의 부는 더러운 것이며 이것이 다 배상될 때까지 백인들이 피를 흘려야 한다는 것이었다. 링컨이 참으로 위대한 점은 이 전쟁에 대한 관점이었다. 그는 이 전쟁이 흑인의 자유를 위한 투쟁이 아니라 오히려 백인들이 노예제의 죄로부터 자유를 얻는 싸움이라고 생각하였다. 더 본질적으로는 타인의 인권을 침해하여 착취하고 부를 누리는 끊기 힘든 이기심과의 싸움이라는 것이다.

링컨의 이런 시각은 숭고하고 충격적인 것이었다. 백인들은 이전까지 자신을 선택받은 백성으로 또 축적된 부는 축복으로 믿어왔다. 조지 워싱턴, 토마스 제퍼슨, 패트릭 헨리 등도 모두 노예 소유주였고 노예의 피로 일정 부분 부귀를 누린 사람들이었다. 그러나 링컨은 미국이 쌓아 올린 부귀가 흑인들의 희생으로 형성된 죄악이라고 최초로 규정하였다. 이런 진실한 고백은 미국의 국부 어느 누구도 하지 못한 것이었다. 미국이 물질적 풍요를 위해 타인을 착취하는 "애굽"이 아니라 자유와 정의의 "가나안 땅"이 되어야 한다는 것이다. 남부가 몰랐던 사실은 링컨이란 인물이 가진 도덕적 크기와 영적 깊이였다.

한편 정치적 관점에서 평가할 때 링컨의 역량에 의해 미국이 두 개로 갈라지지 않게 되었고 다시 '하나의 미국'을 이룰 수 있었다. 또 다시 '단합된(United)' 미국이 되었기에 최강대국으로 발전할 수 있었다. 재선 취임 연설 후 비로소 세계는 링컨을 주목하고 인정하기 시작했다. 영국 국회도 프랑스 국회도 링컨을 조롱해오던 태도를 버리고 경의를 표하였다. 그러나 남부인 한 명은 링컨의 연설에 유독 큰 분노를 삭이며 취임식

링컨 암살 삽화(1865)

장에서 퇴장해 버렸다. 존 윌크스 부스(John Wilkes Booth)라는 이 인간은 일전에 자신의 일기에 이렇게 기록해 놓았다.

"미국은 흑인의 나라가 아니라 백인의 나라다!"

1865년 4월 14일 존 부스는 극장에서 링컨을 저격하였고 다음날 링컨은 역사가 되었다. 암살당하기 직전에 링컨은 노예제의 완전 금지를 헌법에 아예 명시하기 위해 법안을 연방 양원에 제출해 놓았었다. 링컨의 죽음 직전 미국 의회는 이를 통과시켰고 링컨의 사후 각주는 비준에 찬성하여 그 해 12월 드디어 노예제를 영구히 금지하는 제13차 수정 헌법이 공포되었다.

링컨이 총에 맞은 날은 예수의 수난일, 즉 성 금요일이었다. 미국인 모두는 충격을 받았으며 수많은 백인들과 흑인들이 링컨의 시신이 운구 되는 기차가 지날 때에 철로 가에 나와 눈물로 환송하였다. 하버드 대학의 철학자 윌리엄 제임스(William James)의 동생이며 당시 장교였던 가쓰 제임스(Garth James)는 일기에 이렇게 적었다.

"모든 병사들이 친아버지가 살해된 것처럼 비통해 한다."

(Allen C. Guelzo, *Abraham Lincoln: Redeemer*, 1999, 441.)

링컨의 사망 3일 후는 부활절이었고 예배당으로 모인 수천만의 미국인들에게 모든 설교자들은 같은 성경 구절을 읽어주었다. 그것은 복음서 중 링컨이 가장 즐겨 읽은 요한복음서의 다음 한 구절이었다.

"나는 부활이요 생명이니 나를 믿는 자는 죽어도 살겠고 살아서 믿는

자는 영원히 죽지 아니하리라."(요한복음 11:25-26)

"새로운 미국의 재건"

남북 전쟁 이후 미국의 과제는 세 가지였다. 첫째는 갈라진 국가를 다시 내적으로 연합시키는 일이었고 둘째는 피폐해진 남부의 재건이었고 셋째는 자유를 얻은 흑인 사회의 새로운 출발이었다. 이러한 과제 해결의 배경에는 미국 중서부 주들의 개척과 대륙 횡단 철도 건설이 있었다. 산업 혁명 시대의 아이콘인 철도는 미국 동서를 연결하여 분열된 나라를 유기적으로 연합시키는 촉매제가 되었고 이로 인해 하나의 국가 의식을 재정립하게 되었다.

미국의 대륙 횡단 철로 공사는 유니온 퍼시픽(Union Pacific) 회사와 센트럴 퍼시픽(Central Pacific) 회사가 나누어 시공하였다. 동부 뉴욕에서 네브래스카주 오마하(Omaha)까지 동부 노선을 먼저 놓았고 1863년부터 오마하에서 멈춘 동부 노선을 태평양까지 연장하여 횡단 철로를 완공하는 대역사를 본격적으로 시작하였다. 유니온 퍼시픽사는 오마하에서 공사를 시작하여 서부를 향해 철로를 깔았고, 센트럴 퍼시픽은 미 서부 새크라멘토에서 시작하여 중부를 향해 나아가며 선로를 놓았다. 양극 지역에서 출발하여 마주 향하는 공사를 진행한 두 회사는 중간 지점인 유타주의 프로몬토리 포인트(Promontory Point)에서 마침내 만나 대역사를 마감하였다. 무려 2,841 km에 달하는 대륙 횡단 철로가 놓아졌지만 이 인류사적 공사로 많은 목숨이 희생되었다. 그러나 마차 이주보다 훨씬 빠르고 안전한 열차 이주로 인해 인구 이동이 본격화 되며 중서부 개척과 미국 재건의 꿈이 현실화 되었다.

미국은 중부 주들이 개척되고 서부 주들이 개척된 것이 아니라 오히려 태평양 연안 서부 주들이 먼저 개척되고 이어서 중부 주들이 출현하였다. 스페인 정복지로서 또 광산업의 중심지로서 서부 주들이 먼저 관심을 받앉기 때문이다. 남북 전쟁 후 미국 북부 주민들은 경제 침체로 직업을 찾기 어려웠고, 그리고 남부 주민들은 전쟁으로 많은 집과 농장들이 파괴되어 중서부로 상당수가 이주하게 되었다. 1860년대 이후 미국의 마지막 남은 개척지인 로키산맥과 중부 평원은 집중적 관심을 받은 이주 지역이었다. 아이다호(Idaho), 몬타나(Montana), 와이오밍(Wyoming), 콜로라도(Colorado), 노스다코타(North Dakota), 사우스다코타(South Dakota) 등 미국 중부 주들의 인구가 동서부 주들에 비해 적은 이유는 이처럼 개척 자체가 늦게 시작된 요인과 농업과 목축업 중심의 지역이기 때문이다.

1862년 미국은 개척 농부법(Homestead Act)을 제정하였다. 이는 중서부로 이주하는 이들에게 1인당 162 에이커의 토지를 무료로 제공하는 정책이었다. 캘리포니아 서부 주들에는 황금을 캐는 "골

개척 농부법을 따라 중부로 이주하는 이들

드러시"(Gold Rush)가 있었다면 중부 주들에는 토지를 받기 위한 "랜드러시"(Land Rush)가 있었다. 1889년 미국의 백인 정부는 껄끄러워했던 인디언들을 오클라호마주 특별 구역 안에 강제 이주시키는 수치스런 사업을 완성하였다. 중서부의 거의 모든 땅을 불하하기로 공포하자 수많은 이주자들이 몰려들었고 많은 주들이 순식간에 배분되었다. 1800년 초반 미국 인구는 400만 명이었으나 1916년에는 1억 명을 돌파하며 한 세기 내에 25배나 폭증하는 세계사적 기록을 세웠다.

미 중부(Midwest)가 1800년대 후반에 개척되며 세계에서 가장 거대한 농업과 목축업 지대로 변모하게 되었다. 오늘날 미국의 소 숫자는 약 1억 마리에 가까울 정도로 엄청나다. 몬태나주의 현재 인구는 약 100만이지만 소의 수는 260만 마리에 이른다. 중부 주들의 출현 이후 새로 놓인 철길로 수많은 소들도 각 주로 이송되며 미국인들의 식탁은 육식으로 대폭

바뀌게 되었다. 인류 역사 이후 가장 많은 소고기를 먹는 시대가 열렸다.

동부의 기독교는 중서부 주들에도 이식되었다. 거의 모든 마을마다 언덕 위에 교회당이 세워지게 되었고 이는 지역민들의 회무와 도덕과 교육과 신앙을 책임지게 되었다. 이러한 교회를 공동체 교회(Community Church)라고 부른다. 교리적이고 개방적이었던 미국 동부와 달리 중서부 교회의 특징은 바로 지역 공동체성에 근거한다. 미국이 세계적 강국으로 발전된 가장 큰 요인은 중서부 주들까지 확산되어 지역민들을 개화, 계몽, 교육시키고 꿈을 갖고 살게 한 기독교에서 찾을 수 있다. 선박을 타고 대양을 건넌 이민자들의 가방에는 성경이 있었고 중서부로 이주한 거의 모든 개척민들의 짐들에도 성경이 들어 있었다. 미래가 막막하였으나 마치 창세기의 야곱처럼 개척민과 이주민들은 성경과 교회 안에서 꿈을 발견하였다.

VI
계몽주의와 각성의 시대
(1700-1800)

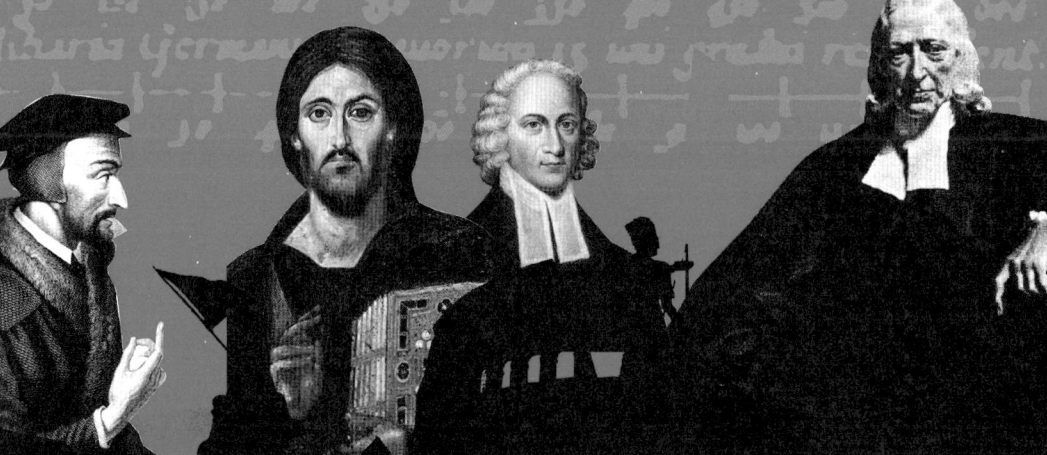

1. 계몽주의 사상의 대두

이성의 시대

독일의 문학 도시 바이마르에서의 계몽주의자들
- 쉴러가 설명하고 있고 괴테는 기둥에서 듣고 있다

1600년대는 "갈등, 전쟁, 군림의 시대"였다. 유럽의 30년 전쟁, 영국의 혁명, 프랑스의 독재, 오토만 제국과 서구의 대결 등이 세계를 혼란으로 몰아넣었다. 국왕들은 절대 왕정(Absolutism)을 추구하며 민주주의 저지를 부단히 시도하였다. 세기가 지나며 인류는 인간의 잔인성과 무도함에 대해 성찰하였다. 그 결과 1700년대의 새로운 철학인 계몽주의가 태동하였다. 그러므로 "대립의 시대" 17세기와 달리 18세기는 "계몽주의의 시대" 또는 광기를 거부한 "이성(reason)의 시대"로 부르게 되었다.

1700년대 커피는 서구에서 최고 인기의 음료가 되었다. 각국마다 카페들이 많이 늘어났다. 일반인들은 선술집 펍(pub)에서 시름을, 그리고 지식인들은 커피의 카페에서 이론을 풀었다. 계몽주의자들의 철학, 사상가들의 궤변, 정치가들의 독설, 과학자들의 상상은 모두 카페에서 교류되었다. 고로 당시 카페는 단순한 만남의 장소가 아닌 토론의 장소였다. 가장 많이 논의된 주제는 바로 정치와 종교였다.

1700년대는 참으로 특징적인 세기였다. 역사에서 선례를 찾기 힘들만큼 많은 현자들이 동시에 등장했기 때문이다. 영국의 존 로크, 아이작 뉴턴, 토마스 페인, 스코틀랜드의 아담 스미스, 스위스의 장 자크 루소, 프랑스의 샤를 몽테스키외와 프랑수아 볼테르, 독일의 요한 볼프강 괴테, 프리드리히 실러, 임마누엘 칸트, 미국의 벤저민 프랭클린, 토마스 제퍼슨, 제임스 매디슨 등이 그 예이다. 이들은 거시적 개념에서 모두 계몽주의자들이었으며 철학, 정치, 사회, 과학, 신학, 경제 등 다양한 영역에서 비이성적인 요소들에 도전하면서 지성사에 크게 기여하였다. 이점에서 현대인들은 모두 계몽주의의 유산과 혜택을 받은 그 후손들이다.

1700년대 세기와 견줄 만큼 현자들이 많이 등장했던 시대는 플라톤과 디오게네스의 그리스 B.C. 300년대나 아우구스티누스와 제롬의 로마제국 A.D. 300년대, 그리고 에라스무스, 루터, 칼빈 등의 서유럽 A.D. 1500년대 정도일 것이다. 마치 고대 그리스 철학자들이 만물 속에서 로고스(Logos)를 찾고자 했던 것처럼 또 로마의 교부들이 영성(Spirit)을 추구한 것처럼, 그리고 종교개혁자들이 은혜(Grace)를 발견한 것처럼 근대 철학자들은 세상의 모든 대상에 '이성(Reason)'을 적용하고자 했다.

생각하는 자들

1700년대 현자들도 1600년대 현자 두 명의 어깨 위에 섰기에 더 멀리 볼 수 있었다. 그들은 바로 영국의 사상가 프란시스 베이컨과 프랑스의 철학자 르네 데카르트였다. 베이컨은 추상적 접근보다는 관찰과 경험으로 얻어진 지식이 참된 것이라고 역설했다. 그는 '첫 원인(the first cause)'이 우주를 창조했으며 세상이 자연법의 지배를 받는다고 가르쳤다. 관찰과 경험의 강조는 과학 발전으로 이어졌다. 프랑스 사상가 데카르트는 기존 전통과 오래된 가치도 모두 '이성'으로 검증되어야 하고 합리적 사고와 수학적 분석만이 진리를 찾는 확실한 방법이라고 주장했다. 데카르트에 의하면 이성적 사유가 없는 어떤 국가나 사회나 인간도 유익한 가치를 보일 수 없다는 것이다. 그러므로 그는 이렇게 천명했다.

데카르트 - by Frans Hals

"나는 생각한다. 고로 나는 존재한다."(I think, therefore I am!)

계몽주의는 과학에서도 큰 열매를 수확하였다. 1687년 현대 물리학의 아버지 아이작 뉴턴은 『원리(Principia)』를 통해 행성에 만유 인력(universal gravity)이라는 '원리'가 실재함을 증명하였다. 한편 계몽주의는 정치 사상에 큰 영향을 끼쳤다. 전통적 군주들은 독재를 위해 '질서'와 '충성'을 늘 내세웠지만 계몽주의자들은 자유와 인권을 가장 중요한 덕목으로 보았다. 더구나 군주의 존재 목적이 국민의 안녕과 생존권 보호를 위한 것이라고 정의하였다. 여기에는 영국의 존 로크의 사상이 크게 기여하였다. 그는 정부와 시민의 계약에 의해 국가가 운영되는 사회 계약 이론을 정립하였는데, 인간의 기본권을 보장 않는 정부는 거부되어야 한다고 주장했다. 또 프랑스의 몽테스키외는 권력의 분점이 부패를 막는다는 실제적인 대안을 제시했다. 이렇듯 계몽주의는 작게는 각 나라의 기본권 선언들로부터 크게는 민주주의 사상의 형성까지 많은 영감을 제공했다. 일부 현명한 군주들은 계몽주의의 지혜를 빌렸으나 독재 군주들은 이 철학 사조를 혐오하였다.

2. 이성적 종교의 확산

계몽주의는 전통적인 종교관과 협력하거나 대립했다. 성서, 교리, 신앙, 죽음의 의미도 더 이상 종교의 독점적 주제가 아니었다. 계몽주의자들은 새로운 해석을 제시하였고 기존 종교는 이런 대응에 당황하였다. 중세에는 모든 인간들에게 신앙이 가장 중요한 요소였다. 그러나 이 새로운 사조는 근대에 등장하자마자 볼테르의 입을 통해 이렇게 물었다.

"왜 신앙이 세상의 가장 높은 권좌에 있어야 하는가?"

근대 세계에서 기독교는 명령하는 위치에서 내려왔고 오히려 답변석에 앉아 계몽주의의 날카로운 질문에 답변하는 시대를 맞았다. 다수의 계몽주의자들은 종교의 영향 아래 자랐으나 종교에 대해 대체로 두 입장으로 나뉘었다. 첫째는 기독교를 변호하는 그룹이고, 둘째는 아예 신앙무용론 그룹이다. 전자는 기존의 모든 교리들을 신봉하지 않았으나 기독교적 사고를 중시하였다. 이 범주의 철학자들은 주로 이신론(Deism)을 믿었는데, 이 용어는 '신'을 뜻하는 라틴어 '데우스(Deus)'에서 나온 것으로 신과 세상의 구분을 강조한다. 마치 루소의 아버지 직업 같은 시계공이 만든 시계가 저절로 가듯이 창조주가 만든 이 우주도 숨겨진 원리에 의해 작동되고 있다는 것이다. 이신론이 강조하는 바는 인간이 바로 이 원리들을 찾아 그에 따라 살아야 한다는 것이다.

이신론자들은 원초적인 기독교를 복원하고자 시도했다. 일부는 진정한 신은 야훼이며 예수는 단순히 그의 아들이라고 주장하여 전통적인 삼위일체 사상에서 벗어나기도 했다. 미국 독립선언서를 작성했고 3대 대통령을 역임했던 토마스 제퍼슨은 늘 신약 성서를 탐독하였으나 그의 중요한 관심은 역사적 예수의 본래 말씀과 후대가 덧붙인 교회의 고백을 분리시키는 작업이었다. 예수의 말씀으로 여겨지는 것들은 '큐(Q)자료'라고 칭했는데 당시 계몽주의자들은 각자만의 Q자료를 만들었다. 이들은 교리를 경시하고 종교를 윤리 수준으로 이해한 자유주의 신학에 영감을 주었다.

한편 신앙무용론을 주창한 이들은 믿음도 기적도 경전도 다 부인하였다. 이들은 이성의 시대가 지속될수록 신앙의 역할은 줄어들 것으로 보았다. 계몽주의자들은 서로 신앙의 효용성에 관해 서로 논쟁하였다. 토마스 페인이 신앙을 부정하자 벤저민 프랭클린은 신앙의 필요성을 역설하였다. 그러나 분명한 것은 중세의 종교가 신앙을 빙자한 광기를 이성을 향해 품어내었다면 근대의 계몽주의도 이성 숭배에서 배출된 광기를 신앙을 향해 분출하였다.

그러나 계몽주의의 확산에도 불구하고 인간들은 설명할 수 없는 신비한 세계와 기적들이 존재함을 인정하지 않을 수 없었다. 예상과는 달리 기독교는 소멸되지 않았고 오히려 더 확산되고 변화되었다. 계몽주의자들은 신앙의 자리를 도덕적 가치 정도로 끌어내렸지만 윤리로 답할 수 없는 인간 위기, 실존 의미, 삶의 기적, 죽음과 내세, 신의 존재 등의 문제들이 있음을 간과하였다. 계몽주의는 또한 인간의 이성이 자체로 완벽한 선을 지향할 수 없고 오히려 이기심 자체임도 보지 못했다. 또한 인간은 이성 외에 감정과 영혼을 가진 더 복합적 존재이다. 그 한계에도 불구하고 계몽주의는 인류 지성사적 기여뿐 아니라 신앙인을 계몽시키는 데도 분명 일조하였다. 18세기에도 서구 사회는 여전히 중세의 미몽과 배타적 종교관을 벗지 못하고 있었고 상상 이상으로 지독한 미신들과 질식시키는 독선들이 교리들과 공생하고 있었다. 계몽주의는 바로 이 부분을 청소해주었고 근대 기독교에 이성의 중요성을 인식시켰다.

계몽주의자 볼테르는 종교의 독선을 혐오하였는데 사실 소위 '칼라' 사건(the Calas affair)은 그 이유를 여실히 알려준다. 1761년 프랑스 개신교도인 칼라의 집안에서 장남이 자살한 사건이 일어났다. 가족들은 자살을 수치스럽게 생각해 가문을 보호하고자 타살인 것처럼 말하였다. 칼라의 아들은 생전에 가톨릭 미사에 가끔 참여하였다. 그러자 프랑스 가톨릭교도들은 그 청년의 죽음을 개신교도 음해의 구실로 이용하였다. 사실 프랑스 혁명 직전의 프랑스 가톨릭은 엄청난 부패와 무지, 그리고 억지로 가득했다. 당시 루이 14세는 개신교도들에게 큰 박해를 가하였다. 때문에 개신교도 칼라가 가톨릭으로 개종하려는 장

수레바퀴에 처형당하는 칼라

남을 살해했다는 식으로 사건이 조작되었고 모든 혐의는 아버지에게 씌워졌다. 결국 칼라의 아버지는 재산을 몰수당하고 날카로운 창이 박힌 수레바퀴에 매어 처참하고도 억울한 처형을 당했다.

볼테르는 이 사건을 집요하게 조사하여 '칼라 사건'이 날조된 것임을 밝혔다. 사실 이 비극은 프랑스를 비롯한 각국에서 근대 가톨릭이 자행한 수많은 범죄들 중 하나에 불과했다. 볼테르는 이 사건 속에서 종교의 이름으로 행해진 악마적 광기에 소스라치며 마침내 이렇게 주장했다.

"신은 존재하지 않는다!"

그가 진정 의도하고자 했던 것은 칼라를 죽인 그런 종교가 주장하는 신이 없다는 것이었다. 이점에서 볼테르의 무신론은 단순한 무신론이 아니었다. 결과적으로 계몽주의는 기독교에 이성의 중요성을 가르쳐 주었고 종교가 지고선의 가치를 실현해야 함을 새삼 인식시켰다. 물론 이것이 신앙의 본질은 아니지만 적어도 지난 천년 동안 망각해온 신앙의 문명적 책임임은 분명하였다. 인간성을 파괴하는 종교는 어떤 교리를 가지고 있든지 인류에 해가 되며 종교의 본질에서 벗어난 것임을 지적한 것이다. 근대의 기독교는 점차 형식을 벗고 내면적 체험을 강조하게 되었으며 또 포악성을 버리고 사랑의 행함을 강조하게 되었다.

3. 독일의 새 신앙 사조 경건주의 등장

"경건을 열망한" 슈페너의 운동

**필립 제이콥 슈페너 초상의 우표
(1985, 독일)**

1700년대에 이르러 기독교에는 종교적 독선을 반성하고 처참한 사회를 방관했던 과거를 성찰하는 경건주의(Pietism) 운동이 일어났다. 일면에서 계몽주의의 등장은 기독교로 하여금 이성적 태도를 중시하게 하였고 경건주의에 영향을 주었다. 한마디로 경건주의자들은 기독교의 자리를 교리가 아닌 내적 체험과 선행에서 찾고자 하였다. 그러므로 이들의 활동은 근대 자선 사업과 사회 복지의 선례가 되었다. 이 때문에 경건주의는 "제2의 종교개혁(the Second Reformation)"이라는 별명도 얻었다.

경건주의 운동은 독일 루터교회 지도자 필립 슈페너(Philip Jacob Spener, 1635-1705)에 의해 시작되었다. 1675년 그는 『경건의 열망(Pia Desideria)』을 저술하여 당대 기독교의 성찰과 변화를 촉구했다. 슈페너는 형식적이고 이기적이며 제도화된 기독교의 모습을 비판하면서 교회가 교리 준수의 공동체가 아니라 사랑이라는 원초적 가치를 실행하는 공동체임을 강조하였다. 이를 위해 교육을 통한 성직자 교육, 변화를 가져오는 설교, 성경적 신앙, 사랑의 자선 활동, 해외 선교 등을 강조하였다.

1694년 슈페너는 독일에서 명망 있는 인사가 되었고 그의 사상은 영국, 스위스, 덴마크, 스웨덴, 미국에까지 전파되었다. 그는 개혁적인 지도자 양성을 위해 할레 대학(University of Halle)을 설립하였다. 이 기관의 졸업자들은 경건주의의 주창자들이 되었고 독일과 프러시아의 다방면의 사회 지도자들이 되었다. 할레 대학은 개신교 최초의 해외 선교사들도 양성하였다. 인도와 중국 등 전 세계에 복음과 문명 전파를 위해 졸업생들이 나섰다. 유색 인종을 배척하던 당시 서구에서 타 문화권으로 찾아가는 것 자체가 화해의 사역이었다. 1832년 순조 32년에 조선을 방문한 칼 귀츨라프(Karl Güzlaf)도

인생에 놓여진 좁은 길과 넓은 길을 묘사한 위 그림은 좁은 길을 강조한 경건주의 정신을 잘 표현하고 있다. 넓은 길의 종점은 불길이 치솟는 심판의 장소이다

할레 대학 출신이었다. 그는 한민족을 찾아온 최초의 개신교 선교사인데 군산 앞바다의 섬에서 40일간 머물며 조선인들과 짧은 접촉을 하였고 주기도문과 감자 종자를 전해주었다.

"경건주의의 아버지" 슈페너는 할레 대학에 세계 최초의 언어학과를 개설하였다. 당시 유럽 각국은 자국어와 라틴어만을 가장 중요한 언어로 간주하고 있었다. 지식인들은 동양의 언어들을 상인들의 언어로만 치부하였다. 그러나 슈페너는 동양어학과를 신설하여 동서 교류와 문화 연구, 선교 사역 등을 위한 인재를 길러내었다. 할레 대학은 훗날 마르틴 루터가 가르쳤던 비텐베르크 대학과 합병되어 마르틴 루터-할레 대학이 되었다.

프랑케 기관과 친첸도르프의 공동체

할레 대학에서 동양 언어들을 가르친 프랑케(August Hermann Francke, 1663-1727)는 슈페너에 이어 경건주의의 주역이 되었다. 프랑케는 당시 일

경건주의자들의 모임 -때로 정부와 교회 당국의 핍박을 받기도 했다
-by Adolph Tidemand

헤른후트에 있는 친첸도르프의 흉상
- by Andreas Praefcke

반적이지 않았던 평신도들의 성경 공부와 소그룹 모임을 장려하였다. 이로써 경건주의는 성서 보급에 크게 기여한 운동이 되었다. 그는 할레에 '프랑케 기관(Francke Institutions)'을 세워 사회봉사에 힘썼다. 무료 학교, 약국, 병원, 도서관, 고아원 등이 설립되었다. 프랑케 기관은 근대 복지 시설의 효시가 되었다.

프로이센의 국왕 프리드리히 빌헬름 1세(d. 1740)는 국가 개혁을 위해 프랑케를 적극 지지하였다. 한 세기 후 비스마르크 총리가 의료 복지와 노동자 연금에 관한 국가 차원의 복지 정책을 시작했으나 경건주의 운동은 이미 전부터 그 통찰력을 제공하였다.

할레에서 교육받은 경건주의의 세 번째 주역은 독일의 친첸도르프(Zinzendorf, 1700-1760) 백작이었다. 그는 많은 나라들을 방문한 후 자신 소유의 광대한 영지에서 조용히 생활하고 있었다. 어느 날 그에게 500여 명의 모라비아 백성들이 찾아왔다. 이들은 30년 전쟁 이후 고향 체코를 잃고 유랑하는 난민들이었다. 친첸도르프는 박애 정신으로 자신의 영지에 이들의 정착을 허락하였다. 이후 떠도는 유랑민들을 더 받아들였다. 자신의 영토를 난민들을 위해 아무런 조건도 없이 나누는 영주의 선행은 참으로 드문 일이었다.

친첸도르프 백작과 모라비아인들은 함께 신앙 공동체를 만들고 그 명칭을 "주님의 숙소"라는 뜻의 '헤른후트(Herrnhut)'라 불렀다. 이들은 주요 안건들을 제비뽑기로 결정하였고 모두 노동에 충실하며 자급자족하였다. 놀랍게도 이 공동체는 세계에 무려 200여 명이 넘는 선교사를 파송하였다. 사실 개신교 최초의 선교사들은 바로 이 공동체 출신이었다.

당시 나라 잃은 난민들은 유랑할 수밖에 없었으나 많은 경건주의자들은 자신들의 영지를 제공하고 구호하였다. 대표적인 친첸도르프 공동체는 갈등의 세계에서 참으로 쉴만한 숙소였고 인종, 신분, 종파, 국적의 차이를 극복한 화합의 마을이었다. 무엇보다 경건주의는 계몽된 세상에서 신앙이 어떠한 모습으로 존재해야 하는지 하나의 길을 제시하였다.

4. 비참한 사회 속의 사회사업 시작

빵보다 더 싼 술

1700년대에는 과학이 급속히 발전하며 각종 도구들이 발명되는 등 산업 혁명의 여명을 밝히고 있었다. 그러나 진보하는 세계에서 인간 삶은 비참의 극치를 달리고 있었다. 전쟁으로 황폐화된 농촌은 재난 지역이나 다름없었고 도시들은 재앙 지옥 같았다. 근대의 빈부 격차는 오히려 중세보다 더 심해졌다. 상류층은 재물과 지식의 유희 속에서 다른 세상을 살고 있었고 대중들은 가난과 질병의 수렁에 있었다. 많은 주택들은 쥐와 벌레가 가득한 창고였으며 상수도와 하수도가 분리되지 않아 전염병이 만연하였다. 유아 사망률은 30%에 이르렀고 일반인 수명도 50세에 불과했다.

땅 없는 농부들은 도시로 몰려들었고 빈민은 매년 급증해갔다. 구직은 늘 힘들었고 구걸하는 이들은 넘쳐났다. 근대에서 도시 인구의 증가는 빈민층의 증가와 사실상 같은 표현이었다. 술을 대량으로 쉽게 만들어 빵보다 술이 더 쌌다. 많은 산모들이 알코올 중독자였고 잘 나오지 않는 젖을 먹이는 대신 유아에게 술을 먹여 아이를 눈멀게 하는 비참한 일도 흔했다. 술 취한 남성들은 길에서 잠을 자다 눈을 뜨면 자신의 옆에 군복이 놓여있고 순식간에 전쟁터로 끌려가는 일도 흔하였다. 총알받이 군인들은 그렇게 모병되었고 아무런 보상도 받

빈곤과 혼탁의 근대 영국 사회상

지 못한 채 전장에서 사라졌다. 도시민들은 가족이 죽어도 장례식을 치르거나 장지를 구할 돈도 없었다. 심지어 시신을 운반할 수레 비용도 없어 뒷골목에는 버려진 시신도 많았다.

빈민 계층을 구제할 공적인 안전망이나 정부의 복지 정책은 꿈꾸지 못한 시대였다. 국왕들은 귀족과 빈민의 신분이 그대로 유지되는 것을 '질서'라고 불렀고 국가의 임무는 이런 질서의 수호에 있다고 믿었다. 도시는 범죄자들로 득실댔고 사기와 폭력, 살인이 넘쳐났다. 법은 더 냉혹하고 잔인하여 조그만 범죄에도 손을 자르고 코를 베었으며 아무렇게나 사형을 언도했다. 빵 덩어리만 훔쳐도 수년의 옥살이를 하였다. 프랑스 문학가 빅토르 위고(Victor Hugo)가 쓴 『레미제라블(Les Miserables, 1862)』의 고통 속의 장 발장(Jean Valjean) 이야기는 사실 근대 유럽 사회에 너무나 흔한 사례였다. 법률과 정의는 동일한 것이 아님에도 그릇된 법들은 정의의 탈을 쓰고 칼을 휘둘렀다. 마치 계몽주의자들이 외쳤던 다음 주장이 진실처럼 느껴질 정도로 사회는 무너진 모습이었다.

"신은 인간 세상에 관여하지 않고 저 멀리 있다."

"디아코니아"의 세기적 인물들

1700년대의 경건주의는 기독교의 내적 체질을 바꾸었다. 교리 중심에서 이성, 경험, 사랑 중심으로 변화한 것이다. 일면에서 경건주의는 실상 근대 세계에서 빈곤과 무지로 점철된 사회 문제들에 가장 충실하게 대응한 운동이었다. 1800년대에도 프랑케의 영향은 지속되어 '봉사'를 뜻하는 "디아코니아(Diakonia)" 운동 또는 "내적 선교(Inner Mission)" 운동이 등장했다. 디아코니아 운동은 박애주의 활동과 사회 복지 사역의 다른 표현이다. 현재도 독일의 사회 복지는 디아코니아로 일컫고 있다.

프랑케의 계보를 잇는 디아코니아의 대표적인 인물은 요한 비커른(Johann Heinrich Wichern, d. 1881)이었다. 그는 "20세기의 성자"로 추앙받

1850년경의 라우헤스 하우스

은 슈바이처 박사가 가장 존경하고 본받은 모델이었다. 역사가 필립 샤프(Philip Schaff)는 이와 관련하여 이렇게 말하였다.

"서구 세계에서 가장 박애주의적인 인물을 꼽으라면 가장 먼저 비커른을 거론할 수 있다."

요한 비커른은 괴팅겐 대학을 졸업한 루터 교회 목회자였다. 그의 주목을 끈 이들은 굶주리고 유기된 길거리의 아동들이었다. 1833년 25세의 비커른은 함부르크에 '라우헤스 하우스(Rauhes Haus)'라는 빈곤 아동들을 위한 복지 시설을 시작하였다. 그 뜻은 "소박한 집(Rough House)"이었지만 구비 시설과 파급 효과는 소박함 이상이었다. 단순한 고아원이 아니라 아동 교육과 직업 훈련까지 실시했고 근대 사회 복지 기관의 모델이 되었기 때문이다.

1848년 비커른과 동료들은 비텐베르크에 있는 루터의 무덤에 모여 종교개혁 정신을 되새기며 '디아코니아' 운동의 전면적 확산을 결의하였다. 이 운동은 종교 단체들과 사업가들을 동참시키며 서구로 퍼져나갔다. 국가가 국민을 치유해야 한다는 개념이 보편화되기 전부터 디아코니아 운동의 주창자들은 사회 문제가 국민 공동체 전체의 과제라는 인식을 갖고 있었다. 구체적 프로그램으로 마을에 도서관을 세우고 '일요일 학교(Sunday School)'를 운영하고 병원과 진료소를 설립하였고 알코올 중독 치료소도 세웠다. 1872년 프리드리히 보델쉬빙(F. Beodelschwingh)은 나환자 요양 기관인 '베델 센터'를 열었고 이후 각지에 유사한 요양원들이 출현하였다.

1836년 독일의 목회자이며 사회 개혁자 테오도르 플리드너(Theodore Fliedner)는 여성 지위와 활동 고취를 위한 운동을 시작하였다. 그는 여성들이 사회의 주된 보호대상자이지만 동시에 훌륭한 복지사가 될 수 있는 것을 깨닫고 여성 봉사자(Deaconess)들을 양성했다. 이들은 죄수, 환자, 고아, 장애자 등 소외 계층들을 섬기는 사역을 주로 하였다. 플리드너는 독일 카이저베르트(Kaiserwerth)에 역사상 최초의 간호 학교를 설립하였다. 당시 간호사는 전문적 양성 기관도 거의 없었고 인식 부족으로 병원 잡역으로 취급받았다. 그러나 플리드너는 의료 기술과 인도주의 정신으로 무장한 전문적인 간호사들을 양성하였다. 많은 병원들은 카이저베르트 학교의 졸업생들을 선호하게 되었고 곧 유럽에서 가장 유명한 간호 교육 기관이 되었다. 19세기 중엽부터 일반 여성들의 본격적 사회 참여가 이루어졌는데 어느 영역보다도 복지 분야에서 여성 역할은 두드러졌다. 30년 후 플리드너가 배출한 여성 봉사자들은 무려 1,600여 명이 넘었다.

특기할 것은 1850년 카이저베르트 간호 학교에서 영국의 한 여성이 교육받고 크리미아 전쟁에서 헌신적 간호사로 활동하여 숭고한 모범이 되었다. 바로 "백의의 천사" 나이팅게일(Florence Nightingale, 1820-1910)이다. 그녀는 플리드너의 간호 학교에서의 경험을 "삶의 전환점"이라고 언급하며 자신의 인도주의 정신이 바로 경건주의에서 영감 받은 것임을 알려주었다. 그녀는 이탈리아 피렌체(플로렌스)에서 부유한 영국인 부모에게 태어났고 1837년 미래를 꿈꾸는 소녀 시대에 이렇게 고백했다.

"간호는 하나님께서 나에게 주신 소명이다. 그분은 나에게 명예를 추구하지 않으면서 선한 일을 할 수 있는지 물으셨다."

(Laurie Mellor, *The Sick Rose: England's Spiritual Crisis*, 2010, 56.)

1854년 크리미아 전쟁에서 "등불을 든 간호사(the Lady with Lamp)"는 헌신적인 간호와 병실 개선으로 사망률을 현저히 낮추었다. 그녀의 가장 큰 공헌은 영국에 정식 간호 학교를 세우고 간호의 학문 정립을 한 것이다.

그러나 나이팅게일은 이미 전부터 문학, 역사, 신학, 수학, 통계 등에 정통한 학자 수준의 여성이었다. 그녀는 사망 시에 런던의 웨스트민스터 성당에 묻히는 영예를 제안 받았으나 사양하고 영국 남부 시골 마을 웰로우(Wellow)의 성 마가렛 교회(St. Margaret's Church)의 묘지에 안장되었다.

근대 국가 복지의 정립: 로흐만과 비스마르크

인류는 전쟁을 중심으로 세계 역사를 기술하면서 승자들을 영웅으로 기려왔다. 그렇지만 수많은 전쟁과 정복이 과연 진정으로 인류를 행복하게 하였고 또 긍정적인 역사를 이루었는가는 의문이다. 반면 위대한 희생들과 박애주의 헌신은 분명 세상을 바꾸었다. 이점에서 선구적 봉사자들은 전쟁의 정복자들 이상의 공헌을 인류에 남겼다. 특히 디아코니아 운동은 독일과 서구의 국가 복지 제도에 틀을 제공했다. 이 측면에서 가장 큰 기여를 한 디아코니아 운동가는 비스마르크 내각의 정치인 테오도르 로흐만(Theodore Lohmann, 1831-1905)이었다. 독실한 루터 교회 가정에서 성장한 로흐만은 괴팅엔 대학에서 정치학을 전공하며 사회 문제에 고민하였고 요한 비커른의 사상을 배우게 되었다. 특히 로흐만은 노동자들의 복지에 주목하였다.

독일 국가 사회 복지를 입안한 테오도르 로흐만

당시 칼 마르크스의 사상이 유행할 때 각국 정부는 공산주의 혁명을 두려워하면서도 노동자들의 처우개선 노력은 등한시한 상태였다. 그러나 독일에서는 로흐만 때문에 전혀 다른 상황이 전개되었다. 그가 국가 차원의 복지 정책을 최초로 입안하였기 때문이다. 1869년 로흐만은 복음주의 루터 교회 총무로서 교회 사회사업 운동을 벌이다가 1880년부터 비스마르크(Otto von Bismarck) 내각에 참여하여 통상장관을 맡았다.

비스마르크는 로흐만의 복지 정책을 반영하여 독일을 세계 최초로 국가 차원의 사회 복지 시행국으로 만들었다. 이 철혈 재상의 내각은 당시 어떤 타국 정부도 시행하지 않았던 건강 보험, 사고 보상, 장애 보장 등의 복지 혜택을 국민에게 제공하였다. 또한 당시 평균 수명이 50세에 불과했지만 65세 이후에는 노후 연금도 주었다. 이 영향으로 각국의 은퇴 연령은 '65세'가 되었고 국가가 노인들을 보조하는 획기적인 사회가 되었다. 비스마르크는 사회 보장의 확대만이 사회주의 혁명을 막는 최선의 방법이라고 믿었다. 정치적 선견자였던 그는 국가 사회주의에 관해 연설하며 이렇게 주장하였다.

"건강한 노동자에게는 일자리를 주고 병들거나 노인이 되면 국가의 보호를 반드시 받게 해야 합니다. 만약 국가가 노동자에 대해 기독교 정신으로 작은 배려라도 보인다면 사회주의자들의 노래는 공허한 메아리가 될 것입니다."

(William H. Dawson, *Bismark and State Socialism: An Exposition of the Social and Economic Legislation of Germany Since 1870*. 1973, 35.)

로흐만의 사상은 비스마르크뿐만 아니라 영국의 사회 복지기획자 윌리엄 베버리지(William Beverage)와 미국의 프랭클린 루즈벨트 대통령의 뉴딜 정책 입안자들에게도 영향을 주어 연금과 의료에 관한 정책을 마련케 했다.

5. 근대 영국의 영적 지도자 존 웨슬리

존 웨슬리

근대 세계의 비참한 정황에서 많은 인간들은 존재의 의미도 삶의 가치도 찾지 못한 채 생존을 위한 몸부림만 치고 있었다. 그 결과 어느새 절망감이나 이기심이 인간성 전체를 차지하였다. 일부 선각자들은 사회를 바꾸어 인간을 변화시키려 했으나 또 다른 일부는 인간을 바꾸어 사회를 변화시키려 하였다. 인생의 가치는 환경의 변화가 아니라 내적 변화를 통해 더 귀해진다고 가르친 인물이 바로 존 웨슬리(John Wesley, 1703-1791)였다. 그는 영국의 신앙 개혁자로서 감리 교회를 창시했다. 웨슬리를 통해 많은 사람들은 더 큰 희망을 가졌고 숭고한 목표를 세웠으며 거룩한 삶과 온전한 사랑을 지향하게 되었다. 그 결과는 개인과 사회의 놀라운 변화로 이어졌다.

어린 웨슬리 "불에서 건져낸 나무토막"

1688년 선포된 영국의 종교 자유법은 각 교파에 관용을 주었으나 이후 불신앙의 자유까지 보장한 것이나 다름없었다. 영국민들은 교회에서 멀어졌고 출석률은 급감했다. 많은 교회는 점차 상류층의 친목단체와 유사해졌다. 난해한 예식과 화려한 복식은 빈민 대중의 외면과 조롱을 받았다. 영국을 주도한 국교회는 화석화되어 사회 문제에 무감각해져 있었다. 가난한 계층에게 교회는 멀리 떨어져 있는 기관이었고 귀족 교인들도 빈자들을 환영하지 않았다. 심지어 일부 목회자들은 가난한 자들이 멸망 길로 정해졌다며 예정론을 부르짖었다.

석탄을 사용하면서 광업은 영국의 주요 산업이 되었다. 영국의 남부 브리스톨은 대표적인 탄광촌이었다. 광부들은 새벽 세 시에 일어나 빵조각으로 아침을 때운 후 환기도 되지 않고 장비도 별로 없는 위험한 갱도에서 하루 종일 일했다. 광부는 당시 가장 낮은 임금과 열악한 대우를 받는 직종이었다. 그런데 이들을 찾아가 검고 더러워진 손들을 잡아주며 생명과 변화의 삶을 전한 옥스퍼드 대학 출신의 젊은이가 바로 존 웨슬리였다. 그는 평생 영국 전역의 대중들을 만나 같은 메시지를 전하였다. 바로 미국에선 조나단 에드워즈가 각성 운동을 벌이고 독일에서는 프랑케가 경건주의 운동을 확산시킨 때에 영국에서는 웨슬리가 회심 운동을 일으켜 인간 변화를 주도했다.

1703년 3월 28일 존 웨슬리는 영국 중부 엡워쓰(Epworth)에서 사무엘 웨슬리 목사와 수산나 사이에서 19명의 자녀 중 15번째 아이로 태어났다. 이들 중 불과 10명만 살아남아 성년이 되었다. 웨슬리가 5세일 때 집에 의문의 화재가 일어났다. 그의 아버지는 시골 주민들에게 점술이나 마법을 멀리하라고 권하였는데 아마도 사무엘 목사를 미워한 점쟁이들이 화재에 연루된 듯하였다. 불이 난 직후 모든 가족이 다 빠져 나왔으나 이층

화재에서 구출되는 어린 웨슬리

다락에 있던 어린 존 웨슬리만 나오지 못하고 있었다. 사람들은 어깨사다리를 만들어 그를 구출해 내었다. 이후 어머니 수산나는 성경 구절(스가랴 3:2)을 인용해 존 웨슬리에게 이렇게 말하였다.

"앞으로 네 별명은 '불에서 꺼낸 나무토막(brand plucked from fire)'이다."

웨슬리는 이때의 구출 경험을 늘 회상하며 자신의 삶에 신적인 보호와 섭리가 있음을 믿게 되었다. 그는 12살 때까지 어머니에게서 교육을 받았다. 혼자 양육하기에는 많은 수의 자녀를 두었지만 그럼에도 수산나는 자녀 모두에게 별도의 교습 시간을 정하고 신앙, 교양, 문법 등을 가르쳤다. 어머니 수산나의 철저한 가정 교육은 존 웨슬리에게 직접적으로 영향을 주었고 이는 훗날 감리교도들의 교육열로 이어지게 되었다. 존 웨슬리는 목요일에, 그리고 동생 찰스(Charles)는 금요일에 배워 훗날 사람들은 이렇게 말하였다.

"목요일의 아들과 금요일의 아들이 세상을 놀라게 하였다."

1726년 웨슬리는 옥스퍼드 대학에 진학하였다. 형편이 넉넉하지 못한 그는 귀족 학생들의 보조를 하며 생활비를 보충하였고 학업 후 국교회의 목회자가 되었다. 대학에서 동생 찰스 웨슬리와 친구 조지 휫필드(George Whitfield) 등과 함께 신앙 동아리 '홀리 클럽(Holy Club)'을 시작했다. 이들은 신앙 성장의 "방법(method)"을 목록으로 작성해 실행하였다. 즉 두 시간의 기도, 두 시간의 성경, 두 시간의 선행을 기본으로 한 규칙들을 정하고 이를 철저히 적용하였다. 사람들은 "방법"을 가지고 신앙적으로 실행하는 이들을 "방법주의자", 즉 "메소디스트(Methodists)"라고 놀렸고 이것이 감리 교회의 명칭이 되었다. 이 종파는 한문으로는 살필 '감(監)'자와 다스릴 '리(理)'를 사용해 방법으로써 자신을 "살피고 다스리는" 웨슬리의 정신을 표현했다.

젊은 웨슬리 "사반나의 스캔들"

1732년 제임스 오글토피 장군은 북미 대륙 남부에 사반나(Savannah)를 중심으로 미국 13개 주들 중 마지막인 조지아를 설립했다. 죄수들과 채무자들에게 갱생의 기회를 주기 위해 시작한 조지아로 빈천한 이민자들이 각지에서 몰려들었다. 초대 주지사인 제임스 오글토피 장군은 정착민들의 신앙 증진과 인디언 선교를 위해 정착촌의 목회자를 구하고 있었다. 마침 주지사는 옥스퍼드를 졸업한 웨슬리 형제를 소개받고 조지아로 초청하였다. 1735년 이 두 형제는 고상한 목표를 갖고 신대륙행의 배에 승선하였다. 그 배는 대서양에서 험한 폭풍우로 무려 5번이나 위기에 처했다. 어느 날 폭풍우가 일자 바다가 출렁였고 돛대가 부서졌다. 배에는 공포에 질린 비명들로 가득했다. 그런 상황에서 한 그룹의 외국인들은 조용히 찬송하고 있었다. 놀란 웨슬리는 그들과 이렇게 대화를 나눴다.

"당신들은 두렵지 않습니까?"
"안 두렵습니다. 오히려 하나님께 감사합니다."
"그러나 당신들의 여자들과 어린이들은 두려워하지 않습니까?"
"아닙니다. 그들도 죽는 것을 두려워하지 않습니다."

(Stephen Tomkins, *John Wesley: A Biography*, 2003, 45.)

웨슬리는 두려움 속의 자신과는 달리 선상에서 평온한 태도로 일관한 이 외국인들에게 큰 감명을 받았다. 이들은 독일 경건주의 운동의 지도자 친첸도르프 백작이 헤른후트 공동체에서 미국으로 파송한 모라비안 교도들이었다. 존 웨슬리 형제는 마침내 4개월의 긴 여정 끝에 조지아에 도착하였다. 그는 목회자로, 동생 찰스는 오글토피 주지사의 비서로 일하게 되었다. 존 웨

풍랑을 만난 함선

슬리는 약 1,000명에 이르는 큰 교구를 책임졌을 뿐 아니라 선교사로서 인디언들과 외국인들도 돌보아야 했다. 그가 방문해야 할 영역은 300km를 넘는 광대한 땅이었다. 거친 정착촌에서 점잖은 대학졸업자 웨슬리는 적응에 큰 어려움을 겪었다. 그의 자세도 관점도 현지와는 전혀 맞지 않았다. 더구나 웨슬리를 곤란케 하는 일들이 연속으로 일어났다. 서로 의지했던 동생 찰스가 주지사와 갈등을 일으켜 6개월 만에 귀국하였다. 성격이 올곧았던 찰스는 방만한 오글토피 장군의 생활에 실망했던 것이다. 또한 사반나의 행정관 토마스 코스톤(Thomas Causton)도 웨슬리를 무척 괴롭게 하였다. 코스톤은 정착민들을 착취하며 부정을 저지르다가 웨슬리의 고발로 면직된 인물이었다.

설상가상 웨슬리는 소피아 홉키(Sophia Hopkey)라는 아가씨와 친밀히 교제하다 스캔들에 휩싸였다. 그가 고민 끝에 소피아와의 결혼을 포기하자 그녀는 상처를 받고 갑자기 윌리엄이라는 남성과 결혼하였다. 이에 한때 애정을 품었던 웨슬리도 그녀의 돌발적인 혼인으로 충격을 받았고 두 사람 사이에는 깊은 갈등이 자리 잡았다. 수개월 동안 교회에 결석한 소피아가 어느 날 갑자기 나와 성찬식에 참여하자 웨슬리는 그녀에게 성찬 베풀기를 거부하였다. 국교회의 규정은 예배에 정기적으로 출석하고 미리 신청한 자들만 성찬 받도록 되어 있어서 웨슬리는 그 규정을 감정적으로 적용한 것이었다. 소피아와 남편 윌리엄은 큰 모욕감을 느끼고 웨슬리를 명예 훼손죄로 고소했고 심지어 남편은 개인 결투도 신청하였다. 더구나 소피아는 일전에 웨슬리의 고발로 인해 관직에서 쫓겨난 토마스 코스톤의 조카였다. 이들 가족들은 웨슬리를 모략하고 모욕하는데 힘을 모았다. 아직 1,000명에 불과한 사반나의 작은 정착촌에서 웨슬리는 목회자로서 실패한 사람이 되었다.

1737년 결국 2년 만에 웨슬리는 불명예와 좌절감을 안고 영국으로 돌아왔다. 사반나를 떠나기 전 쉬팡겐버그(Schpangenberg)라는 독일 경건주의자는 웨슬리를 만나 이렇게 물었다.

"예수님이 누구인지 아십니까(Who is Jesus)?"

웨슬리는 이렇게 대답했다.

"그분은 세상의 구원자입니다(He is the Savior of the world.)."

쉬팡겐버그는 다시 웨슬리에게 물었다.

"세상을 구한 그분은 당신을 구원했습니까?"

웨슬리는 이 질문에 즉시 대답할 수 없었지만 훗날 그는 이렇게 회고하였다.

"나는 조지아 정착민들의 영혼을 구하기 위해 미국에 갔으나 그들은커녕 정작 내 자신의 영혼도 구원받지 못한 상태에 있었다."

이때의 실패는 웨슬리에게 많은 교훈을 주었다. 내적인 영적 체험과 성경적 진리가 더 깊어져야 함을 깨달았고, 명문 대학 출신이라는 자존심과 성직자로서의 체면도 버리고 빈자들과 서민들의 곁으로 다가가는 품성을 갖추게 하였다. 또한 개인보다는 체계적 조직과 협력의 중요성을 인식하게 되었다.

변화된 웨슬리 "순회하는 거인"

영국 귀국 5개월 후인 1738년 5월 24일 웨슬리는 런던 알더스게이트 거리(Aldersgate St.)에서 열린 모라비아교도들의 경건주의 모임에 나갔다. 이날 그는 루터의 서문을 들으면서 "가슴이 뜨거워지는(warmed heart)" 체험과 "하나님께서 우리 안에서 구원을 이루시려 직접 일하신다는" 진리를 깨달았다. 그는 자신의 일기에 다음과 같이 적었다.

"저녁에 나는 매우 내키지 않는 마음으로 알더스케이트 거리의 모임에 갔는데 한 참석자가 루터의 로마서 주석 서문을 읽고 있었다. 8시 45분 경, 그리스도를 믿는 믿음을 통해 내 심령 안에 하나님께서 일하신다는 것을 들었을 때 갑자기 내 마음이 뜨거워지고 확신이 주어졌다. 나는 진실로 그리스도만이 죄와 율법에서 나를 구원하신 유일한 분임 믿게 되었다."

웨슬리의 집회

(Journal of John Wesley, 1738; J. C. Mcpheeters, *John Wesley's Heart-Warming Religion*, 2012.5.)

이를 웨슬리의 "회심" 또는 "성화"라고 부른다. 이때부터 그의 인생은 크게 바뀌었다. 웨슬리는 진정한 신앙이란 제도나 예식이 아니라 거룩함과 사랑의 완전(Perfection)을 은혜를 통해 이루는 것이라고 가르쳤다. 그의 사상은 교리가 아닌 체험을 강조한다는 점에서 계몽주의 경험론과 맥을 같이 한다. 또 사랑의 실천을 강조하는 점에서 경건주의 운동과 유사하였다. 더 나아가 근본적으로는 살아 있는 은혜의 거룩케 하는 기능을 확신한 데서 초대 교회의 신앙을 계승하였다.

옥스퍼드 대학 친구이며 미국 대각성 운동의 주인공이었던 조지 휫필드는 웨슬리에게 길거리 야외에서 신앙을 전파할 것을 권하였다. 웨슬리는 모든 인간이 구원 대상임을 주장한 아르미니우스 사상을 가지고 탄광촌부터 찾아갔다. 브리스톨(Bristol)의 가난한 수천의 광부들은 그의 설교를 듣고 신앙을 갖게 되었다. 웨슬리는 생애 동안 25만 마일을 다니며 거의 매일 어디서나 설교하였다. 그와 만난 수많은 이들은 음주, 도박, 싸움, 범죄에서 벗어나 변화된 삶을 결단했다. 그들 가운데 상당수는 감리 교회 신도들이 되었고 18세기 말에 이미 13만을 넘었다. 소그룹 구역은 수천여 개에 달했으며 순회하는 제자 설교자들도 500여 명이나 되었다.

작은 신장, 강한 의지, 힘찬 눈매, 기쁜 얼굴, 밝은 음성 등 성자의 성품을 갖게 된 존 웨슬리는 18세기 영국에서 가장 존경받는 영적 지도자가 되었다. 한편 존의 동생 찰스 웨슬리는 아름다운 찬송시들을 많이 썼는데 다음 가사는 그중 하나이다.

"천부여 의지〔할 데〕 없어서 손들고 옵니다. 주 나를 박대하시면 내 어디 가리까."

　웨슬리의 신앙 운동은 미국의 제1차 대각성 운동, 그리고 독일의 경건주의 운동과 더불어 1700년대에 발생한 세계적인 "3대 영적 운동"이었다. 많은 사람들이 웨슬리의 사상에 크게 호응하였던 이유는 그가 가르쳐 준 목표, 즉 인간이 하늘과 이웃을 위해 좀 더 숭고하고 거룩한 존재로 변화될 수 있다는 진리 때문이었다. 웨슬리의 운동은 내적으로는 영국과 미국인들의 도덕성을 고양시켰고 영적으로는 신앙 부흥을 일으켰고 외적으로는 정부가 못하던 수많은 자선 사업들을 자극하였다. 웨슬리의 감리 교회는 미국에서 대교파로 성장했으며 노예제 폐지와 사회 개혁 운동의 주역이 되었고 많은 교육 기관들도 설립하였다. 또한 성결 교회, 나사렛 교회, 순복음 교회 등에도 그의 사상이 유전되었고 전도와 조직에 관한 웨슬리의 통찰은 모든 교파들에게 영향을 끼쳤다. 웨슬리의 역사적 공헌은 이러한 조직 교회들의 탄생에만 있는 것이 아니라 아기 예수의 자리가 마구간이었던 것처럼 신앙의 자리가 어디인가를 가르쳐준데 있다.

　감리 교회의 속회 구성원들은 자발적인 공동체였다. 수십만 회원들은 모임을 통해 서로를 점검하며 규범적인 삶을 다짐했다. 감리회 회원들은 사회 문제 개선에도 최선의 노력을 기울였다. 노동조합 결성을 지원하여 노동자들의 권익을 높였으며 금주 운동에 힘썼다. 학교가 없는 시골과 도시 빈민 아이들을 위해 일요일 학교를 세우고 전문 교육 기관들을 설립하는 일에도 많은 감리교도들이 기여하였다. 또한 감리회의 기업가들과 여성들은 큰 기부를 하였다. 웨슬리도 생애에 3만 파운드나 되는 돈을 벌었으나 모두 구제에 썼고 말년에 남은 것은 없었다. 일부에서는 웨슬리의 운동이 영국에서 사회주의 혁명을 방지했다고 평가한다. 물론 이는 과장된 진술이지만 분명 그의 운동은 소외 계층들에게 신앙을 통해 희망과 기쁨을 제공하였고 실제적인 개선을 가져온 것은 사실이었다.

　웨슬리는 생애 말년 노예제 폐지를 위해 힘썼으며 사회 개혁자들을 양성하고 지원하는 일에 큰 관심을 기울였다. 사실 그는 어느 누구보다도 명확하고 진실하게 백인들의 범죄를 직시했던 인물이었다. 노예제가 정당하다는 사람들에게 웨슬리는 어느 누구보다도 통렬한 정곡을 찌르며 일갈하였다.

"법이 천개나 있다 하더라도 이와 별개로 정의는 정의이고 불의는 불의입니다. 우리[영국인들]에게 아무 해도 끼치지 않은 노예들을 최악으로 대하는 것이 정의입니까? 그들의 본토를 찢어 갈라놓고 자유를 뺏는 것이 정의입니까? 우리가 매우 고귀하게 생각하는 천부 인권은 영국인이나 앙골라인이나 똑같이 갖고 있는 것입니다. 무죄하고 연약한 이들을 그들의 나라에서 수없이 죽였고 또 배로 실어오는 동안 사망하게 된 이들을 바다에 오물처럼 버리고 살아남은 자들을 부당하게 노예삼아 부려먹는 것이 과연 정의입니까?"

(John Wesley, *Thoughts upon Slavery(1774)*, 2009.)

첫 사랑에 상처를 입었던 웨슬리는 오랜 동안 홀로 지내다가 48세에 한 과부와 결혼하였다. 그러나 결혼 15년이 지나도 자녀는 없었고 또 세계로 돌아다니는 웨슬리를 아내는 견디지 못하고 떠나갔다. 2000년대 초의 BBC 설문 조사에서 영국인들은 존 웨슬리를 영국사 1,000년에서 가장 위대한 50인 중 한 인물로 선정하였다. 1791년 웨슬리는 87세를 일기로 두 손을 높이 들고 다음과 같이 두 번 고백한 후 영원한 세계로 갔다.

"가장 좋은 것은 하나님이 우리와 함께 계시다는 것이다."

[The best of all is, God is with us.]

6. 근대 영국의 사회 개혁 주역들

윌버포스의 꿈

미국에서 아브라함 링컨에 의해 노예제가 폐지되기 정확히 30년 앞서 영국에서는 윌리엄 윌버포스(William Wilberforce, 1759-1833)의 노력에 의해 이 악습이 폐지되었다. 1700년대 이후 영국은 노예 무역을 주도했고 국가 총생산 80%는 식민지 농장 노예들의 희생으로 쌓은 것이었다. 윌버포스는 영국의 귀족 가문 출신으로 케임브리지 대학 졸업 후 정치에 입문하여 1784년 25살의 젊은 나이에 하원 의원이 되었다.

윌리엄 윌버포스 - by John Rising

이듬해 그는 복음적인 그리스도인으로 회심을 한 후 매일 성경 읽기와 기도에 열심이었다. 어느 날 그는 영국 무역선을 타는 성직자 친구로부터 노예 무역의 참상을 들었다. 열악한 선실 환경과 학대로 100년의 노예 무역 항해 도중 약 140만의 흑인들이 사망하여 바다에 수장되는 실상이었다. 1787년 28살의 윌버포스는 일기에 이렇게 적었다.

"하나님은 나에게 두 가지 목표를 주셨다. 하나는 노예 무역 폐지와 도덕 개혁이다."

(John Pollock, *Wilberforce*, 2007, 69.)

윌버포스는 이 목표를 위해 런던 남부의 클라팜(Clapham) 마을의 공동체와 연대하였다. 이곳 주민들은 전부터 영국 사회 속에서 선행을 해온 이들이었다. 그중 흑인들을 진심으로 선대했던 자카리 매컬리(Zachary Macaulay)의 이름은 기억할 만하다. 윌버포스와 자카리 매컬리는 아프리카 서부의 영국 식민지 시에라리온(Sierra Leon)에 자유 흑인들을 위한 정착촌을 세웠다. 영국 퀘이커교도들도 윌버포스를 도왔고 감리 교회의 창시자이자 당시 영국에서 가장 영향력 있던 설교자 존 웨슬리도 윌버포스의 협력자였다. 세계적 찬송 "어메이징 그레이스(Amazing Grace)"의 작자(作者) 존 뉴턴(John Newton, d. 1807)도 윌버포스와 한편이 되었다. 뉴턴은 영국 해군 복무를 마치고 노예 무역선에서 일하다가 어느 날 큰 폭풍우에 침몰할 위기에서 목숨을 구하자 회심하고 반노예주의자가 되었다. 윌버포스의 대학 동창이며 당시 영국 수상이었던 윌리엄 피트(William Pitt)도 그의 지지자가 되었다.

위의 인물들과 윌버포스는 합력하여 저술, 기고, 설득 등 온갖 방법으로 노예제 폐지를 부르짖었다. 1791년 그는 하원에 무려 4시간 연속으로 노예제를 비판하는 긴 연설을 했고 노예 무역의 폐지 법안을 처음 제출했으나 노예 매매업자들의 후원을 받는 의원들이 반대해 통과되지 못하였다. 이듬해 1792년, 1793년, 1794년 등에 연이어 제출하였으나 계속 부결되었다. 그러나 윌버포스는 포기하지 않고 수년간 많은 의원들을 설득하였고 1807년 2월 23일 마침내 영국 의회는 노예 무역 폐지 법안을 찬반 283-16으로 통과시켰다. 무려 800,000만의 노예들이 자유를 얻는 그날 50의 나이를 앞에 둔 윌버포스는 무릎을 꿇고 눈물을 흘렸다.

또한 그는 굴뚝 청소부와 방직 공장 노동자들의 근로 조건 개선을 위해 힘썼다. 서머셋(Somerset)에 근로 아동을 위한 주일 학교도 세웠다. 윌버포스가 세상을 떠난 지 한 달 후인 1833년 8월 영국 하원은 모든 노예 해방을 선언하고 노예제를 영구히 금지하였다. 그는 시골에 묻히길 원했으나 의회는 그의 공적을 기려 웨스트민스터 대성당에 친구 윌리엄 피트 수상 옆에 묻었다.

프라이의 사역

영국의 부유한 퀘이커 여신도였던 엘리자베스 프라이(Elizabeth Fry, d. 1845)는 교도소 개선과 죄수들의 인권을 위해 평생 헌신하였다. 당시 각국의 법체계는 심히 불공정하고 처벌도 과하였다. 사소한 범죄로도 중벌을 받았고 사형에 해당하는 죄목도 너무 많았다. 감방에는 미결수와 기결수도 같이 있었고 수감된 부모와 유아들이 같이 갇히는 등 늘 초만원이었다. 죄수들은 중노동을 하는 섬이나 노젓는 위험한 함선으로 보내지기도 했다. 버림받은 죄수들의 처우 개선을 위해 프라이는 정부와 의회에 조치를 촉구하며 사회적 이슈로 삼았다. 영국 내무장관 보비 필(Bobby Phil)이 그녀의 운동에 호응하였다. 필 장관은 영국 경찰을 창설한 인물인데 이 때문에 영국 경찰은 "보비"라고 불린다.

1821년 프라이는 재산을 기부하여 여죄수 처우 개선 협회를 세웠고 2년 후 영국은 교도소 개선안을 통과시켰다. 범죄자의 경중에 따라 수용소도 나뉘어졌고 병든 수감자에 대한 치료도 이루어졌다. 섬으로 영구 추방하는 징벌도 폐지했다. 특히 여성과 어린이들이 감방에서 또 다른 폭력에 피해 받지 않도록 분리시켰다. 교정 중심의 행정도 정착되었는데 영국의 형벌 개정과 환경 개선은 타국으로 확산되었다.

7. 교육 혁명의 선구자들

"근대 교육의 아버지" 얀 코메니우스

중세 이후 19세기까지 가장 비참한 민족은 체코의 보헤미아 백성들이었다. 이 민족은 1410년에는 개혁자 후스의 추종자들로서 1525년 이후부터는 루터의 지지자가 되었고, 그리고 1618년 30년 전쟁 동안은 오스트리아에 맞서 싸웠으므로 세기마다 가톨릭의 황제들에게 큰 고초를 겪었다. 특히 종교 전쟁인 30년 전쟁으로 절반 이상의 보헤미아 국민이 목숨을 잃었고 다수는 유럽을 떠도는 유랑민이 되었다. 이런 처참한 보헤미아에서 "근대 교육의 아버지"라고 일컫는 얀 코메니우스(Jan Comenius, 1592-1670)라는 걸출한 인물이 출현하였다. 그는 고아로 성장하여 독학한 후 독일 하이델베르크 대학(University of Heidelberg)에서 수학했다. 보헤미아의 개신교는 "형제단"으로 불리었는데 코메니우스는 바로 이 형제단의 주교였다.

코메니우스는 체코 민족의 재기를 위해 기여했지만 무엇보다 세계에 대한 그의 가장 큰 공헌은 바로 새로운 교육 사상과 현대적 교육 체계의 수립이었다. 그는 초등 6년제, 중-고등 6년제, 그리고 대학으로 나뉜 학제를 최초로 주장하였다. 또한 종래의 직업 훈련 수준의 교육을 뛰어넘어 다양한 지식을 섭렵하는 교육을 강조하였다.

페스탈로치나 프뢰벨보다 앞서 코메니우스는 아동 교육의 선조였으며 1600년대에 유럽에서 가장 유명한 교육학자로 존경받았다. 스웨덴 정부는 공교육 감독 업무를 그에게 맡겼고 1641년 영국 의회는 그를 초청하여 교육 정책에 관한 특강을 들었다. 프러시아, 트란실바니아, 네덜란드도 그를 교육 고문으로 위촉했다. 미국 매사추세츠의 청교도 공동체는 하버드 대학을 설립한 후 코메니우스를 총장으로 초청하려고 했으나 당시 그가 스웨덴 교육을 책임지고 있었기에 실현되지 못하였다. 신학자로서 코메니우스는 독일 신비주의자 제이콥 뵈메(Jacob Boehme, d. 1624)에게 영향을 받아 환상, 신언, 종말 등의 주제를 추구하였다. 그는 로마의 교황과 오스트리아의 황제들을 격렬히 비판하였지만 영국의 호민관 올리버 크롬웰과 스웨덴의 국왕 구스타프 아돌푸스를 종말의 시대를 위한 귀한 인물들이라고 칭송하였다.

코메니우스의 '그림으로 보는 세계'(Orbis pictus, 1658)

코메니우스는 아동들을 위한 세계 최초의 삽화 백과사전인 『그림으로 보는 세계(Orbis Pictus)』와 많은 교재들을 집필하였다. 딱딱한 내용만 있었던 지루한 교재들 대신 그림과 예화를 삽입하여 흥미를 유발하는 새 교재를 펴내어 눈높이 교육의 효시도 되었다. 이 때문에 현대의 저명한 경영학자 피터 드럭커(Peter Drucker, d. 2005)는 코메니우스를 "근대 교과서의 창시자"라고 칭하였다. 현재 유네스코(UNESCO)에서 교육 부문의 가장 큰 공로자에게 수여하는 메달 명칭이 '코메니우스 메달'임을 보면 그의 업적에 대한 역사적 평가를 쉽게 가늠할 수 있다.

"모든 아동의 아버지" 페스탈로치

코메니우스가 교육 과정의 패러다임을 바꾸었다면 이상적인 교육 철학을 정립한 교육자는 스위스에서 한 세기 후에 태어난 요한 페스탈로치(Johann H. Pestalozzi, 1746-1827)였다. 그의 할아버지는 성직자였고 아버지는 일찍 세상을 떠났다. 페스탈로치는 프러시아와 독일에 유행하던 경건주의 운동에 큰 영향을 받고 신앙의 기본 개념부터 새롭게 정립했다. 즉 신앙이란 마음으로 드러내는 사랑이며 손발이 하는 섬김으로 확신한 것이다. 무엇보다 페스탈로치는 하나님을 자애로운 아버지로서 인식했고 교사가 된 후 이를 자신의 교육관에 적용하여 자애로운 교사상을 강조하였다. 당시 아동은 성인처럼 다루어졌고 주입식 암기와 강압적 체벌로 양육되었지만 페스탈로치는 이에 맞서 사랑과 섬김이 교육의 기본임을 설파하였다. 교사는 아동을 인격자로 대하고 아동 속의 선한 본성과 사회적으로 공헌할 특성을 개발시키는 것이 참된 교육임을 주장하여 교육 철학의 혁명적 전환을 가져왔다.

페스탈로치가 진정 위대한 점은 교육 철학만 제시한 것이 아니라 실천한 모범이었다는 것이다. 나폴레옹의 프랑스가 스위스를 침공하고 그 여파로 고아들이 발생하자 페스탈로치는 폐쇄된 수도원에 고아원 겸 학교를 세우고 아동 양육에 헌신하였다. 프랑스의 교육을 개선시키기 위해 페스탈로치가 나폴레옹을 찾아가 어린이 교육의 시행을 역설하자 영토 정복에 바빴던 황제는 교육을 문자 수업으로 이해하고 이렇게 대꾸했다.

"프랑스는 아이들의 알파벳 같은 것에 신경 쓸 여유가 없습니다."

(Herbert Quick, *From War to Peace: A Plea for a Definite Policy of Reconstruction*, 2008, 202.)

그렇지만 나폴레옹은 일군의 남녀 교사들을 페스탈로치에 주어 프랑스의 아동 교육이 진보되도록 하였다. 페스탈로치의 노력으로 세계는 유아 교육을 주목하게 되었고 이 교육이 단순한 문자 습득 이상의 것임을 깨달았고 아동 교육이 국가적 책무임을 인식하게 되었다.

"선데이 스쿨의 아버지" 로버트 레이크스

1700년대 영국의 아동 교육은 학비 조달이 가능한 중산층 이상만 받았고 절대 다수를 차지하는 하류층 아동들은 십대 초반부터 공장 노동에 매달리며 교육의 사각지대에 있었다. 당시 영국 사회는 산업 혁명 여명기로 저임금의 단순 노동이 필요한 공장들이 우후죽순처럼 세워졌고 많은 아동들이 고용되어 매일 12시간 가까이 일해야 했다. 교육에서 유기된 아이들을 위해 '일요일 학교(주일 학교)'를 설립하고 본격적으로 확산시킨 인물이 바로 로버트 레이크스(Robert Raikes Jr., 1736-1811)였다.

국교회 신자였던 레이크스는 영국의 글로스터 출신으로 부친의 작은 신문사를 이어받아 성공적으로 경영한 언론인이었다. 1781년 레이크스는 공장이 쉬는 어느 일요일에 아이들이 모여 패싸움을 벌이는 것을 보고 이들을 교화하기 위해 일요일에 운영되는 학교를 시작하였다. 그는 후원금을 내고 교사를 모집하였고 지역 교회들을 설득하여 건물과 시설 지원을 받았다. 이렇게 시작한 일요일 학교(Sunday School)는 문자, 독서, 수학, 성경 등의 과목을 가르쳤다. 당시 정부는 의무 교육에 대한 인식이 없었고 모든 아동들을 교육할 예산과 설비도 전무한 상황이었다. 심지어 일부는 빈민 소년들에게 무상 교육을 제공할 필요조차 없고 오히려 아동 체벌을 확대하고 청소년 감옥을 늘리는데 예산이 더 필요하다고 믿고 있었다.

로버트 레이크스는 선데이 스쿨 확산을 언론에 계속 홍보하자 이에 호응한 영국 교회들은 아동 교육 재정을 마련하여 그 운동의 주체가 되었다. 레이크스의 친구이며 런던의 부호인 윌리엄 폭스가 이 운동에 큰 후원을 하였다. 4년 후 아동 교재가 수십만 권이 인쇄되었고 영국에는 4,000여 개의 주일 학교가 세워져 25만 명의 학생들이 배우게 되었다. 1830년에는 150만 명의 아동들이 주일 학교에서 교육받았다. 이 운동은 영국뿐 아니라 유럽 대륙과 미국 서부에 확산되었다. 무상 교육이 없던 그 시대에 다수 청소년들에게는 주일 학교가 그들 생애의 유일한 학교 교육인 경우가 많았다.

세계 문명의 중대한 진보는 정치적 격변보다는 교육에 의해 더 크게 이루어졌다. 아동 교육은 결코 왕들이나 귀족 정치가들이 아니라 헌신적 박애주의자들에 의해 발전되었다. 코메니우스나 페스탈로치, 레이크스 같은 이들의 인류에 대한 기여는 위대한 발명이나 광대한 영토의 정복보다 더욱 크고 값진 것이었다.

VII
변혁과 혁명의 세계
(1800-1900)

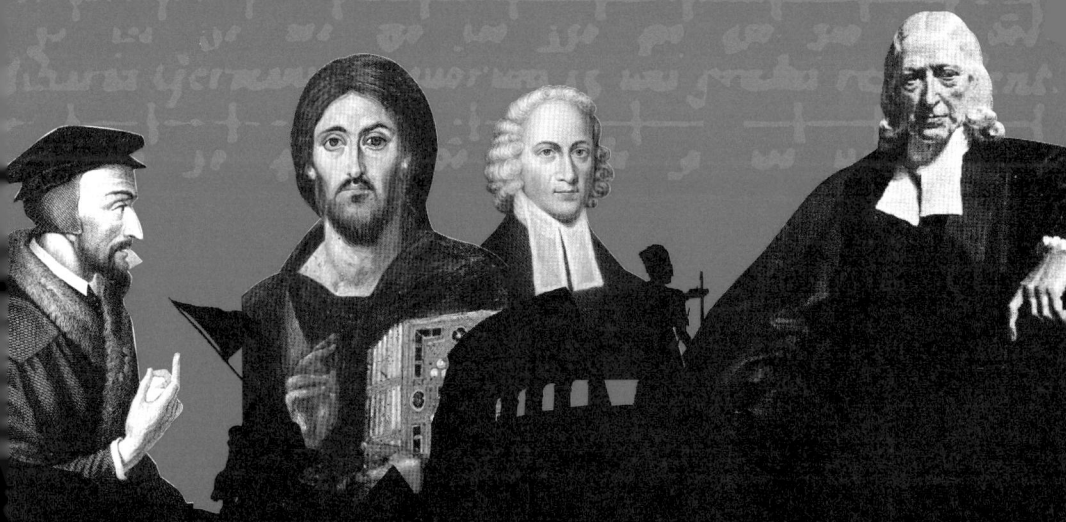

1800년대는 새로운 변혁의 시대였다. 프랑스 대혁명과 공포 정치, 나폴레옹 제국, 청나라의 멸망, 개화된 아시아, 크리미아 전쟁, 중남미의 독립, 아프리카의 분할, 산업 혁명 등 지난 천년의 변화보다도 더 큰 세계적 변화가 한 세기에 일어나고 있었다. 이로 인한 지구적 혼란은 더욱 복잡해졌다. 정치적으로는 혁명의 가치와 안정의 가치가 충돌하였고 사회적으로는 빈곤과 자본이 대립하고 있었다. 세계는 이미 1세계와 3세계로 나뉘었다. 탐험이 끝난 세상에서 점령으로 목표를 바꾼 각 나라들은 제국을 꿈꾸며 팽창주의를 추구하였고 군국주의 아래 새로운 동맹들을 찾아 짝짓기에 나섰다.

 이 세기에는 크게는 수탈당한 제3세계에 오히려 자신들의 재능, 재산, 일생을 바친 문명과 복음의 숭고한 전파자들이 출현했고 작게는 지구촌 곳곳마다 선행의 모범이 된 많은 박애주의자들이 출현하였다. 19세기는 마치 전장 포연 속에 서 있는 꽃들처럼 격동과 감동의 이야기들이 혼재한 시대였다.

1. 위대한 세기와 숭고한 전파자들

"위대한 세기"의 선교

경제의 측면에서 1800년대는 국제 무역과 상업의 시대였다. 지구 대륙의 탐험들은 1700년대 말까지 모두 종결되었다. 가장 마지막 발견은 제임스 쿡(James Cook) 선장의 것으로 그는 타히티에서 금성을 관측한 후 영국 왕의 요청에 따라 태평양 남부로 더 항해하여 거대한 섬 대륙 호주를 발견하고 탐험 영웅이 되었다. 이 땅은 '남쪽'이라는 뜻의 라틴어 '오스트랄리스(australis)'를 사용하여 오스트레일리아(호주)로 불렸다. 대영 제국은 1788년 1월 26일 호주에 죄수 1,000명을 보내 식민지를 건설했고 이날이 호주 시작 경축일이 되었다.

증기선은 지구를 더 가깝게 만들었고 각 대륙 사이에는 전례 없는 엄청난 교류와 왕래가 이루어졌다. 더불어 수많은 박애주의 선교사들도 각 대륙으로 진출하였다. 근대에 이르기까지 유럽과 북미 대륙에서 주로 성장했던 기독교는 1800년대 한 세기 동안 전 세계로 퍼졌다. 특히 예수 탄생 이후 1700년 동안 보내진 모든 선교사들을 합한 것보다 더 많은 수의 선교사들이 1800년대 한 세기에 배출되었다. 이에 선교학자 케네스 라투렛(Kenneth Latoulette)은 기독교의 19세기를 "위대한 세기(the Great Century)"라고 불렀다.

흔히 현대인들은 '선교(mission)'를 타국 거리에서 행해지는 포교 행위로 인식한다. 그러나 이는 선교의 개념을 오해한 것으로 근대에서 선교는 "인간이나 사회 개선을 위해 할 수 있는 영적이고 실제적인 모든 일들"을 의미했다. 즉 선교사들은 문명화나 노예제 폐지나 학교 설립이나 고아원 운영이나 무엇이든 보내진 나라에 유익이 되는 많은 일들에 관계했다. 물론 선교의 최종 목적은 인간 삶의 개종을 통해 하늘의 소망을 갖게 하는 것이지만 그 과정에서는 신앙 전파 이상의 요소들을 담고 있었다. 선교가 지향한 문명화는 단순히 서구 수준으로 끌어 올리는 차원이 아니라 피조물인 인간이 누려야 할 천부 인권들, 즉 생명, 자유, 건강 등을 풍성히 누리는 것을 의미했다. "위대한 세기"를 구성한 숭고한 인물들은 수없이 많았다. 그중 가장 위대하다는 것과 동의어는 아니지만 그럼에도 가장 대표적인 인물들은 각 대륙마다 있었다.

인도의 윌리엄 캐리(William Carey)

윌리엄 캐리

기독교의 대표적인 선교사는 "현대 선교의 아버지"라고 불린 윌리엄 캐리(1761-1834)였다. 감명 깊은 그의 사역은 후대 선교사들의 모델이 되었고 또한 교회의 설립에 목표를 두었던 "옛" 선교와는 달리 의료, 교육, 복지 등의 기능을 동반하였기에 "현대" 선교의 원형이 되었다. 윌리엄 캐리는 영국의 노스 햄프턴(North Hampton)의 가난한 가정에서 태어난 구두 수선공이었다. 그는 쿡 선장의 항해기를 흥미 있게 읽고 세계를 동경하였고 성서를 영감 아래 읽고 난 후 해외 선교의 꿈을 품었다. 침례 교회의 독실한 신도였던 그는 책상 위에 다음과 같은 표어를 붙여 놓았다.

"하나님으로부터 위대한 일을 기대하고 위대한 일을 시도하라."
[Expect Great things from God! Attempt great things for Him!]

윌리엄 캐리 시대 다수의 교회는 해외 선교를 불필요한 것으로 여겼다.

이들은 기독교가 본래 백인을 위한 종교라고 믿었고 해외 민족들은 멸망으로 예정된 이방인들로 간주했다. 또한 예정론을 잘못 이해한 이들은 선교를 인간적 노력이라고 부르며 반대하였다. 이와 달리 캐리의 꿈은 확고하였다. 그는 목회자가 된 후 아내와 동료들을 설득하여 함께 1793년 인도 캘커타로 향했다. 그러나 원대한 이상과는 달리 현실은 윌리엄 캐리에게 너무도 냉혹하였다. 영국의 동인도 회사는 그의 사역에 원조는커녕 계속 방해하고 감시하였다. 이 회사는 인도 선교가 회사의 농장 운영과 이익에 손해를 끼칠까 우려하고 캐리의 체류 자체를 바라지 않았다. 결국 캐리와 동료들은 동인도 회사의 관할인 캘커타를 떠나 간섭이 미치지 않는 세람포르로 이주하였다. 7년간 힘을 기울여 사역했음에도 불구하고 캐리는 수 명의 개종자밖에 못 얻었고 오히려 부인과 5살짜리 딸이 건강 악화로 세상을 떠나는 아픔을 겪었다.

그러나 캐리는 마침내 많은 개종자들을 얻게 되었고 종국에는 동료들과 함께 학교와 교회를 인도에 설립하였다. 1819년 그는 인도 최초로 서구식 대학인 세람포르 대학을 설립하였고 40개 이상의 인도 토착어들로 성경을 번역하였다. 캐리의 놀라운 사역들은 다방면에서 이루어졌다. 인도의 비옥하고 광대한 대지가 방치된 것을 보고 캐리는 인도인들에게 체계적 농업 지식을 전하며 개간을 장려했다. 그는 고리대금업과 싸우기 위해 저리의 저축은행도 시작했다. 또한 아시아 최초의 신문을 펴내 주민들의 목소리를 담아내고 언론의 중요성을 대중에 인식시켰다.

캐리는 특히 인도 사회의 구습을 철폐하는데 힘썼다. 정신 이상자들을 귀신들린 자로 몰아 살해하고 과부를 순장하며 쌍둥이 한 명을 없애는 악습들을 내모는 운동을 시작했다. 나병 환자들을 산채로 묻어 죽이면 이들이 건강한 육체로 다음 생에서 태어날 것이라는 미신과도 싸웠다. 무엇보다 신분제는 캐리가 가장 크게 투쟁한 폐습이었다. 노예처럼 비참한 삶을 살며 소외되었던 불가촉천민들도 캐리의 학교에 입학하여 자유롭게 공부할 수 있었고 개화된 이들은 신분의 제약을 딛고 인도의 지도자들이 되었다.

윌리엄 캐리는 결코 공격적 선교사가 아니었다. 자신의 신자들에게 힌두교나 이슬람 사원들을 훼손하지 말 것을 역설하였다. 인도 내부의 극심한 분열이 종교 갈등에서 기인한 것을 주지했으므로 캐리는 기독교가 인도에서 십자군처럼 존재하는 것을 바라지 않았다. 1834년 41년간의 사역 끝에 그는 늘 제2의 고향으로 간주한 인도 땅에서 운명하였다.

아프리카의 데이비드 리빙스턴

데이비드 리빙스턴

1800년대 초반 아프리카는 서구에 여전히 신비와 미지의 땅이었다. 어느 백인도 검은 대륙의 중심까지 여행한 적이 없었다. 처음으로 아프리카 심장부를 탐험했던 이는 데이비드 리빙스턴(David Livingstone, 1813-1873)이었다. 그는 스코틀랜드의 블랜타이어(Blantyre)에서 가난하지만 경건한 가정에서 평신도 전도자의 아들로 태어났다. 리빙스턴은 가정 형편상 유년기부터 매일 12시간씩 일을 했고 야간 학교를 다니며 공부했다. 과학을 배척했던 당시의 신앙 정서와 달리 그는 공학, 의학, 지리학, 생물학 등을 공부하였다. 일찍부터 의료 선교사의 길을 택한 리빙스턴은 앤더슨 대학(Anderson University)에서 의학과 글래스고 대학에서 신학을 공부하였다. 그는 원래 조선도 방문했던 독일 출신 중국 선교사 칼 귀츨라프의 글을 읽고 중국행을 희망했지만 아편 전쟁이 발발하자 포기하고 장인 로버트 모패트(Robert Moffat)의 권유로 대신 아프리카행을 선택했다.

1840년 리빙스턴은 선교사로서 아프리카에 도착하였다. 그는 검은 대륙의 가장 시급한 과제가 노예 사냥의 종식과 문명화라고 믿었다. 당시 노예 무역은 영국에서는 금지되었지만 포르투갈과 아랍 국가들은 여전히 아프리카의 노예들을 사다 팔고 있었다. 리빙스턴은 질병 같은 노예 무역에 대해 이렇게 주장했다.

"아프리카의 종기(sore)는 세 개의 'C'로 치료할 수 있다. 이는 Christianity(기독교), Civilization(문명), Commerce(상업)이다."

즉 기독교를 통해 신앙을 전하고 문명화를 이루며 또 상업을 통해 아프리카인들의 삶을 경제적으로 개선시킨다면 서로 간에 노예를 잡는 전쟁은 중지되고 검은 대륙은 유럽처럼 발전할 수 있을 것으로 생각한 것이다. 비록 순진한 생각이지만 가장 이상적인 방법이었다. 리빙스턴은 이 목표를 위해 지질학적이고 인류학적인 정보들을 얻고자 수차례 아프리카 내륙 탐험을 감행하였다. 여정은 남아프리카에서 서부 앙골라로, 앙골라에서 중앙 지역 잠비아를 거쳐 동부 모잠비크에 이르는 7,000km나 되었다. 그는 아프리카의 최대 폭포를 처음 본 서구인이었고 이를 영국 여왕의 이름을 따서 '빅토리아 폭포(Victoria Falls)'라고 불렀다.

의사로서 리빙스턴은 토인들을 진료하였고 의료 지식도 전하였다. 소지품은 탐험 사전, 나침반, 성경, 일기 외에 토인들이 "마법의 등(magic lantern)"이라 부른 슬라이드 프로젝터가 있었다. 그림 슬라이드를 통해 성경을 전하였고 원주민들과 친구가 되었다. 그는 흑인들을 열등한 인종으로 취급하지 않았고 결코 이들을 이용해 사사로운 부를 축적하지 않았다.

리빙스턴이 탐사한 아프리카의 정보는 온 세계의 관심을 자아냈다. 마치 현대인들이 행성들에 대해 호기심을 가진 것처럼 당시 서구인들은 아프리카에 온통 흥미가 있었다. 리빙스턴은 흑인들을 위한 박애주의 정신과 미지의 밀림을 헤치는 탐험 정신으로 이미 생전에 영국의 영웅으로 추앙받았다. 그가 15년 만에 처음으로 영국으로 귀국했을 때 여왕에게 칭송받았고 의회와 많은 기관에서 특강하였다. 리빙스턴이 강조한 것은 아프리카에 더 많은 선교사들과 상인들을 보내야 한다는 것이었다. 이는 신앙과 교역을 통해 아프리카의 부족들이 부유한 민족들로 자라기를 바란 그의 소망이었다. 미국에서도 리빙스턴은 대단한 주목을 받았다. 뉴욕 헤럴드(New York Herald) 신문사는 기자 헨리 스탠리(Henry M. Stanley)를 보내 아프리카의 리빙스턴을 추적하게 하였다. 스탠리는 검은 대륙을 헤맨 지 2년 만에 리빙스턴을 찾았고 이후 그의 글로 아프리카 소식을 듣게 되었다.

리빙스턴은 사자에 물려 왼손 불구가 되었고 온 몸에는 독충에 물린 상처와 열병으로 종기 자국 투성이었다. 굶주림과 질병에 혼절하였고 열병에 걸렸을 때는 자신이 그렇게 혐오하던 아랍 노예 상인들의 도움으로 회복된 역설적인 경험도 했다. 그런 리빙스턴의 유산은 무엇인가? 아프리카에 빚진 마음으로 살았던 그는 아프리카에 빛이 되었다. 그의 숭고한 삶이 알려지면서 많은 아동들에는 모험의 꿈을 주었고 젊은이들에게는 봉사 의식을 일깨웠으며 수천의 선교사들에게는 사역의 정신과 아프리카의 정보를 안겨주었다. 방임 자본주의에 몰입했던 서구 사회에는 희생의 가치를 알렸고 아프리카 문제에 방관했던 영국에게는 각성을 일으켰다. 그의 숭고한 삶과 타 인종에 대한 태도는 당시 영국의 식민지 정책에도 영향을 주었다. 학문적 측면에서도 리빙스턴의 문화 인류학적이고 지리학적인 정보들은 아프리카에 관한 19세기 최고의 안내 자료였다.

리빙스턴의 소망과는 정반대로 19세기 말 아프리카는 서구의 각축장이 되었다. 그럼에도 그와 후배들이 세운 많은 학교들은 개화와 독립을 위한 다수의 흑인 지도자들을 배출해냈다. 대표적인 예는 잠비아의 리빙스턴 선교회가 설립한 학교에서 교육받은 본토인 목사 데이비드 카운다(David Kaunda)였다. 그의 아들 케네스 카운다(Kenneth Kaunda, b. 1924)는 잠비아의 독립을 이끌고 초대 대통령이 되었다.

아프리카 사역 33년이 되던 1873년 리빙스턴은 몹시 쇠약해졌다. 토인 친구들은 그를 침대 위에 뉘었으나 다음날 침대 옆에서 무릎 꿇고 기도하며 숨을 거둔 그의 모습을 발견하였다. 그들은 리빙스턴의 심장을 땅에 묻고 시신을 잘 말린 후 놀랍게도 아프리카 동부 해안 잔지바르(Zanzibar)의 영국인 요새까지 무려 8개월간 1,600km를 여행하여 운반해왔다. 왜

스트민스터 성당에 매장될 리빙스턴의 시신을 인계받는 영국인들에게 토인들은 이렇게 말하였다.

"당신들은 그의 몸을 갖지만 그의 심장은 아프리카에 있습니다!"

(You can have his body, but his heart belongs in Africa!)

선교사와 제국주의

16살에 미국 브라운 대학에 입학한 후 3년 만에 최우수 졸업한 수재 아도니람 저드슨(Adoniram Judson, 1788-1850)은 1813년 버마 선교사로 사역하였다. 그는 미국인이었음에도 불구하고 영국의 스파이로 몰려 버마에서 2년의 억울한 옥살이까지 했다. 갖은 시련 끝에 저드슨은 수만 명의 개종자를 얻었고 학교와 병원을 설립하여 주민들을 도왔다.

1879년 스코틀랜드의 알렉산더 맥케이(Alexander MacKay, d. 1890)는 우간다에서 사역하였다. 이 나라의 무테사(Mutesa) 왕이 아랍 상인들에게 총과 비단을 받고 백성들을 팔아넘기자 맥케이는 목숨을 걸고 막고 나섰다. 왕 앞에 선 맥케이는 이렇게 말하였다.

"이렇게 백성들을 판다면 훗날 누가 왕의 백성으로 남겠습니까? 이 귀한 목숨들이 어찌 총 몇 자루와 헤질 옷들에 비하겠습니까?"

맥케이의 엄중한 충고를 받아들인 무테사 왕은 노예 매매를 중지하였다. 이후 왕까지 개종시킨 맥케이는 얼마 후 말라리아로 우간다에서 생을 마쳤다.

제국주의로 피해 입은 많은 민족들은 기독교에 대해 양면적 감정을 지니고 있었다. 공격적인 서구의 기본 정신이기 때문에 거부감을 표하면서 동시에 서구 정신의 수용을 통해 세계 진출을 도모했다. 선교사들은 제국주의의 앞잡이로 종종 비난받았다. 분명 선교사들은 자국의 성공과 이익을 두둔하는 충성스런 국민들이었다. 그럼에도 다수 선교사들은 국가성이나 민족성을 초월하려 노력하였고 기독교의 사해동포주의와 보편주의를 더 큰 가치로 확신하였다. 일부 선교사들은 오히려 제국주의의 방해자요 고발자로도 활동하였다. 일례로 영국의 동인도 회사는 선교사들에게 영주 허가증 발급 자체를 꺼려하였다. 많은 흑인들이나 원주민들을 소유한 백인 농장주들은 선교사들을 무기로 위협하며 접근을 불허하였다. 무역상들은 자국 정부에 선교사들을 오히려 매국노로 고발하였다. 제국주의는 기본적으로 백인 우월주의에 기초했지만 많은 선교사들은 인종 차별적 편견을 죄악으로 가르쳤다.

중국 아편 전쟁과 허드슨 테일러

1800년대에 역사 무대에서 퇴장한 세력들은 합스부르크 제국과 오토만 제국만이 아니었다. 동양의 청나라도 종막을 향했다. 청조 말기에 아들과 조카의 제위를 탈취해 권력을 차지한 서태후의 수구적인 실정은 사실상 망국의 가장 큰 원인이었다. 거기에 전국적인 내란과 영국의 압박도 청조 멸망에 일조하였다. 아편은 중국의 큰 내부 문제였는데 최대 공급자는 영국이었다. 아편은 양귀비 열매의 즙을 농축시켜 환약으로 만든 것으로 환각과 박약을 야기하는 중독성 마약이었다. 자리에 누워 아편만 피워대는 백성들이 나라에 넘쳐나자 청조정은 만약 영국에서 중국이 아편을 판다면 어떻게 하겠느냐는 항의 문서까지 발송했다. 조정이 아편 무역을 금했지만 영국 회사들은 개의치 않고 저가로 생산한 인도산 아편을 중국에 팔아 막대한 이득을 챙겼다.

결국 1839년 청조정은 영국 함선이 싣고 온 아편을 강제 몰수하여 바다에 쏟아버렸다. 이에 반발한 영국은 청나라가 자유 무역을 방해한다며 선전 포고를 하여 아편 전쟁(Opium Wars)을 일으켰다. 결과는 청나라의 무기력한 패배였고 영국은 난징 조약을 통해 홍콩과 5개 항구를 얻었다. 이로써 중국 문호가 개방되었고 내륙까지 서구인 출입이 가능해졌다. 흥미 있는 것은 아편 장사꾼들과 동시에 아편을 혐오한 선교사들도 함께 중국 내륙으로 들어간 것이다. 중국인들은 개화나 쇄국 중 한편으로 나뉘게 되었고 대체적으로 민족주의 아래 반외세 감정을 키워갔다. 그런데 그 피해는 아편을 반대하던 선교사들이 입었다.

중국 내륙에 들어간 개신교의 대표적 선교사는 허드슨 테일러(Hudson Taylor, 1832-1905)였다. 그는 영국 요크셔에서 감리교도 설교자의 아들로 태어났으며 17세에 회심을 하고 중국 선교를 결심하였다. 테일러는

중국 선교사 허드슨 테일러

의학을 공부하고 런던 병원에서 수련의를 하는 동안 중국 문화와 한문 성경을 배웠다. 1854년 22세의 테일러는 중국 상해에 도착하여 깊숙한 본토로 이동하며 의료 선교를 하였다. 특히 중국 내륙 선교회(China Inland Mission)를 설립하여 800여 명의 선교사들을 안내했고 이들과 함께 수많은 학교와 진료소를 세웠다.

허드슨 테일러는 두 가지 중요한 모범을 보였다. 첫째는 서구인으로서 동양 문화에 대한 존중 의식이다. 그는 선교사였지만 중국에서 개혁할 요소와 반대로 배워갈 요소를 동시에 강조하였다. 우월 의식에 빠져 동양을 무시한 다른 백인들과 달리 테일러는 중국 문화를 존중하며 늘 중화 복식과 음식을 취했다. 둘째는 모금이나 후원에 기대지 않고 신앙에 의거해 자립하고 복음 전파를 우선시 하는 "신앙 선교(Faith Mission)" 운동을 전개한 것이다.

대혼란과 청의 멸망

중국에는 수천여 명의 선교사들이 활동한 결과 한 세대 이내에 기독교도가 50만 명을 넘게 되었다. 1851년에는 기독교에 영향 받은 홍

태평천국의 난을 일으킨 홍수전(Hong Xiuquan)

수전(Hong Xiuquan)이 일으킨 '태평천국의 난(Rebellion of Great Peaceful Kingdom of Heaven)'이 일어났다. 그는 자신을 예수의 동생이라 주장하면서 지상에 "태평한 천국"을 건설하자는 구호를 내걸고 세를 규합했다. 토지 개혁과 여성 평등, 폐습 철폐 등도 주장하였다. 그중에는 여아들의 발을 묶는 것을 없애는 것도 들어있었다. 많은 백성들이 홍수전의 주장에 동조하였는데 청조의 부패한 관리들에게 저항을 시작했다. 늘 대중 운동은 카리스마적 지도자의 뜻대로만 흘러가지 않았다. 여느 민중 운동처럼 홍수전의 봉기도 즉시 통제할 수 없는 민중들의 반란이 되어버렸다. 10여 년이 더 지나서 관군에 의해 완전 진압되기까지 파생되는 피해로 약 200만의 백성들이 희생을 당했다.

'태평천국의 난'이 친 기독교적인 봉기였던 반면 1898년의 '의화단의 난(the Boxers' Rebellion)'은 반기독교적인 서구 배격의 반란이었다. "격투 선수들(Boxers)"로 불린 의화단들은 쿵푸 무술과 중화 전통을 철석같이 떠받들었다. 국가 명운보다 권력 유지에 더 관심이 많았던 서태후는 의화단을 부추겨 개화파와 서구인들에 맞서게 하였다. 무도한 의화단들은 서양인들을 양귀라고 부르며 무고한 중국인 신자들과 선교사들을 무수히 학살하는 광란을 벌였다. 영국, 미국, 독일, 프랑스, 러시아 등의 서구 연합군이 투입되고 나서야 겨우 의화단은 진압되었다. 이 일련의 사태는 중국을 고국처럼 여기며 활동하던 허드슨 테일러에게 큰 충격을 주어 결국 스위스로 떠나게 만들었다. 1905년 테일러는 중국으로 다시 돌아왔지만 한 달 만에 세상을 떠났다.

현대 중국의 설립자로 추앙받는 쑨원(손문, d. 1925)은 선교사들에게 영향 받은 인물이었다. 그는 가난한 농부의 아들로 태어났지만 개화 사상을 일찍 받아들이고 미국에서 유학하였다. 이후 그는 개혁을 기치로 국민당을 조직하고 청조에 반기를 들었다. 서태후에 이어 "마지막 황제" 부의(Pu Yi)가 권좌에 올랐으나 2년만인 1911년 쑨원의 당원들은 마침내 혁명을 성공시켜 이듬해 그를 물러나게 했다. 이로써 청조는 누르하치가 즉위한 이래 12대 296년 만에 멸망하였고 격동의 현대 중국이 시작되었다.

중국 공산당과 중국 기독교

1910년부터 30년간 중국은 소위 "신민주주의 혁명기"라고 부르는 격변기가 도래하였다. 서구적 영향을 끼쳐온 중국 교회와 더불어 정치가들과 학자들도 각자의 방식으로 중국 사회를 개조하려 시도하였다. 1920년 중국에는 마르크스-레닌의 사회주의 사상이 확산되기 시작하였고, 1921년 이후 중국 공산당이 노동자들을 규합하면서 세력화되었고 중국 정치 전면에 등장하였다. 당시 가장 강력한 정치 세력이었던 쑨원의 국민당은 그의 사후 장제스(장개석, 1887-1975)가 주도하여 공산당과 한시적 국공 합작을 이루기도 하였다. 이들은 북방의 중국 군벌들을 제압하였으나 이내 결별하고 대립하였다. 1935년 일본이 만주를 기반으로 중국 본토에 대한 지배 야욕을 드러내자 중국인들의 항일 운동은 본격화되어 국민당과 공산당은 다시 2차 국공 합작을 이루었다. 그러나 "팔로군"이라 불린 중국의 혁명군은 기세등등한 인간성을 넘어선 일본군을 막을 수 없었고 화북과 광둥까지 빼앗기고 크게 약화되었다.

1945년 8월 패망한 일본이 중국에서 물러나자 지배권을 놓고 국민당과 공산당의 내전이 발발하였다. 마오쩌둥(모택동, 1893-1976)이 이끄는 공산당은 1948년 "회해전역"이라는 내전 최대의 전투에서 승리하여 국민당을 대만으로 밀어내고 지배를 시작하였다. 1949년 10월 1일 마오쩌둥은 베이징 천안문 광장에서 100여 만이 연호하는 가운데 중화 인민 공화국의 수립을 선언했다. 공산당의 아시아 확산과 유지에 주축이 된 마오

왕밍다오(Wang Ming dao)
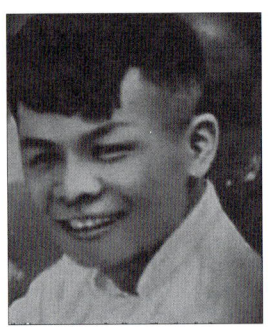
숭상지에(Sung Sang Jie)

이토생(Watchman Nee)

쩌둥 정권은 중국의 학문, 인권, 신앙을 탄압한 "문화 대혁명"을 가져왔고 대외적으로는 냉전을 강화했고 또한 한반도 전쟁에 개입해 통일을 가로막은 장애가 되었다.

20세기 중국 기독교의 흐름을 살펴보자. 1901년 의화단의 난이 끝나자 많은 해외 선교사들은 중국으로 재입국하여 사역을 재개하였고 약 6,000여 개의 학교와 900여 개의 병원을 설립하였다. 그러나 1930년대 중국의 일제 지배 후에는 본토에서 활동을 중단하고 철수해야 했다. 중국 기독교는 선교사들의 사역을 기반으로 1900년대에는 중국인들에 의해 자생적으로 발전하였다. 1900년대를 기점으로 새로운 세기가 열릴 때 중국에서는 기독교 확산에 큰 영향을 끼친 세 인물들이 차례로 출생하였다. 왕밍다오(왕명도:Wang Mingdao, 1900-1992)와 숭상지에(송상절:Song Shangjie, 1901-1944), 이토생(Watchman Nee, 1902-1972)이다.

1900년에 출생한 왕밍다오는 14살에 신자가 되었고 20대에 교회 개혁 운동을 주창하였다. 사회의 불의가 교회의 하락과 연관되었다고 보았기 때문이다. 그는 '장막교회(the Christian Tabernacle)'를 설립하였으나 중국 공산당 정권이 들어선 후 1955년 수감되었다. 이후 왕밍다오는 자술서를 쓰고 풀려났으나 자신의 굴복을 회개하고 공적으로 기독교 신앙을 간증하다가 아내와 함께 무기징역형을 받아 투옥되어 1979년 20년 만에 석방되었다.

1901년에 태어난 숭상지에는 1926년 미국에서 화학 박사를 받은 수재였다. 기독교 신자가 된 그는 미국 유니언 신학교(Union Theological Seminary)에 입학하였고 성령 체험을 하자 열정적으로 학생들에게 전도하다 광인으로 간주되어 병원에 강제 입원되기도 하였다. 재미 중국 영사관은 숭상지에를 귀국시켰는데 태평양을 건너는 선상에서 그는 세상적인 명예를 버린다며 자신의 박사 학위를 바다에 던져버린 일화로 유명하다. "구원의 회개"와 "영원한 생명"을 열정적으로 전한 그는 "송 미치광이"라는 별명을 얻었으며 43세에 마른 장작의 모습으로 세상을 떠났다.

1902년에 태어난 이토생은 "워치만 니"라는 이름으로 알려져 있는데 17세에 "전 삶을 그리스도께 드리기로" 결심하였다. 그는 복음을 받아들일 때 종일 걸으며 고민하였다. "예수를 믿는 것은 일생을 드리는 중대 결단"이라고 믿었기 때문이다. 19세기 남아프리카의 목회자 앤드류 머레이(Andrew Murray, 1828-1917)의 영성에서 영향을 받은 이토생(워치만 니)은 '정상적인 그리스도인의 생활'을 위해 '영에 속한 사람'이 될 것을 강조하였다. 이토생에게 전수받은 '성경 교사' 이상수(Witness Lee, 1905-1997)는 일생 사치는 물론 백화점도 멀리할 정도로 세상과 결별한 삶을 살았는데, 이들은 중국과 세계에 "회복(Recovery)"의 지방교회들을 세웠다. 또한 그들은 많은 저술과 사역을 통해 진리를 갈망한 서구와 아시아 수백만의 영혼들에게 지대한 영향을 끼친 지난 세기의 대표적 영적 거장들이었다. 1949년 이후 중국 공산당 정권은 신앙의 자유를 부정하고 무신론 교육을 강화하였다. 반혁명 죄목으로 무수한 기독교 신자들이 투옥되고 처형되었다. 공산당 정권은 기독교 탄압에 몰두하여 사실상 대다수 교회들이 폐쇄되었다. 이토생도 1952년 반혁명분자로 간주되어 체포되었고 끝까지 배교를 거부하며 20년간 투옥되었다가 출소 하루 전 감방에서 순교하였다. 그의 마지막 말은 다음과 같았다.

"나는 끝까지 [주님 안의] 나의 기쁨을 유지하였다."

1900년대 하반세기 동안 중국 교회는 상상할 수 없는 박해의 날들에 처했다. 그러나 자립과 자치를 강조하면서도 중국 공산당에 협력한 삼자 교회는 겨우 명맥만 유지하였다. 사실상 신격화 수준에 이르렀던 마오쩌둥의 위상은 1976년 그의 사후 감소하고 인민들은 미몽에서 깨어나게 되었으며 새로운 지도자 덩샤오핑은 개방 정책을 채택하여 중국 사회에 사상의 관용과 신앙의 자유, 그리고 인권을 향한 숨통이 점차 트이게 되었다.

의학 혁명과 의술의 전파

실론에서 사역한 존 스커더

1850년 이후 말라리아 치료약 개발, 세균 발견, 항생제 발명, 마취제 제조, 혈액형 구분, 수혈 수술, 의과 대학의 확산은 의학 혁명을 이루었다. 이 혁명은 산업 혁명과 더불어 세상을 바꾸었고 인간 수명도 현격히 늘렸다. 2000년 넘게 전수되며 사실상 치료된 것보다 죽음을 안겨준 사례가 더 많았던 히포크라테스와 갈레노스의 "피 뽑는 (bloodletting) 치료법"은 비로소 19세기에 폐기 처분되었다. 신식 의술은 수많은 의사와 간호사들이 선교사로 나서면서 세계 각국에 전파되었고 무수한 병자들의 생명을 구했다.

1812년 미국 의사로서 최초로 실론(스리랑카)에 가서 평생 봉사한 선교사 존 스커더(John Scudder, d. 1862)의 삶은 너무나 숭고하였다. 또한 그의 자손들 42명도 대부분 의료 선교사로 활동하였다. 손녀인 아이다 스커더 (Ida S. Scudder, 1870-1960)는 코넬 대학 의학부를 졸업하자 인도로 건너가 교회, 병원, 학교, 진료소, 고아원 등을 설립하였다. 그녀가 세운 조그만 병원은 100명이 넘는 의사들이 진료하는 대형 병원으로 발전하였다. 그녀는 영리 추구의 의술을 혐오하였고 무일푼인 빈민들도 치료해주며 헌신하였다. 아이다는 의과 대학을 시작하여 인도 의술의 발전을 위해 노력하였다. 그녀의 명성이 얼마나 컸는지 "인도의 아이다 스커더(Ida Scudder of India)"라고만 편지 봉투에 적어도 그녀에게 전달될 정도였다.

두말할 필요 없이 대표적인 의료 봉사자는 성서 신학자요 오르간 연주가며 선교사인 알베르트 슈바이처 박사이다. "20세기의 성자"로 추앙되는 그는 사실 존 스커더의 삶에서 큰 감명을 받았다. 루터교 목회자의 아들로 태어난 슈바이처는 튀빙겐 대학(University of Tübingen)에서 신학을 공부해 1899년 박사 학위(Ph.D.)를 받았고 이후 의학도 공부해 의학 박사가 되었다. 1913년 아프리카 람바레인에 병원을 세워 토인들을 치료하는 일에 헌신하였고 1952년 노벨 평화상을 받았다. 스커더 가문이나 슈바이처 박사의 예는 고귀한 희생들 중 극히 일부에 불과하다. 지적할 것은 역사상 이렇게 많은 의사와 간호사들이 인도주의적인 일에 뛰어든 전례는 전무하였다.

또한 이들은 각 나라마다 의학 기관을 설립하여 토착인 의사들을 양성하였다. 많은 제3세계 국가들은 선교사들로부터 처음 서구 의술을 전수받았다. 더 나아가 선교사들은 각종 운동 경기와 직업 기술, 과학 지식을 전수하였고 농촌 계몽을 이끌었다. 새로운 과일과 농산물, 가축들까지 들여와 현지인들에게 보급해 주었다. 이 때문에 서구의 시민들과 언론은 선교사들의 해외 사역에 비판적이었다. 서구의 재화, 지식, 인력, 기술을 선교사들이 제3세계로 유출시켰기 때문이다. 사실 식민지 수탈을 통해 축적한 서구 제국들의 막대한 부는 각 나라의 양심적인 수백만의 기독교인들과 수만 명의 선교사들을 통해 다시 약소 민족들의 병원과 학교 설립, 약품과 구호품 보급을 위해 일부 사용되었다.

선교사들의 생활은 참으로 열악하고 위험하였다. 아프리카는 무려 3,000명이 넘는 선교사들이 목숨을 잃어 "백인의 무덤(whiteman's graveyard)"으로 불려졌다. 남태평양 오세아니아 3,000여 개의 섬들에서

1,000여 명 선교사들이 사역하였고 중국과 인도에도 각각 수천여 명이 활동하였다. 그중 다수는 역병, 질병, 야수, 독충, 재해, 사고, 강도, 전쟁 등에 의해 목숨을 잃었다. 생존에 성공하여 은퇴했다 하더라도 심각한 후유증을 겪어야 했다. 숭고한 삶에 비해 다수는 너무나 혹독한 대가와 피해를 입었다. 물론 일부 선교사들의 시행착오, 판단 오류, 문화 편견, 우월주의, 부정축재 등 심한 과오들도 있었지만 이 일탈자들 보다는 숭고한 이들이 더욱 영향력 있었다. 1세기 예수의 사도들에 의해 로마 제국 전역으로 확산된 기독교는 선교사들에 의해 19세기 명실상부 전 세계로 확산되었다. 선교는 20세기에 세계 대전, 경제 공황, 공산주의 등 여러 요인으로 인하여 감소하였으나 그 유산은 현재까지 남아 있다.

2. 조선의 쇠락과 한민족의 개화

실학과 서학: "그대는 어찌하여 그 속으로 가시나요."

1783년 조선의 남인계 실학자들은 경기도 광주의 천진암에서 한민족 역사상 처음으로 서학 즉 기독교 사상을 연구하기 시작했다. 이들은 조선 후기의 대학자 다산 정약용(1762-1836)과 형제들인 정약전, 정약종, 그리고 이벽, 이승훈, 권일신 등의 사대부들이었다. 그중 이승훈은 1784년 청나라 서장관으로 가는 부친 이동욱을 따라 북경에 가서 남(南)천주교당을 방문하였다. 이승훈은 자청하여 그곳의 그라몽 신부에게 영세를 받음으로 조선 내부의 첫 천주교 신자가 되었다.

귀국한 이승훈은 함께 서학을 연구한 이들에게 세례를 주었다. 이승훈의 세례명은 베드로였고 정약용은 요한이었다. 이로써 조선에 최초의 자발적 천주교 공동체가 출현하게 되었다. 조선 천주교의 특징은 바로 그 출발이 외국 선교사가 아닌 내국인의 자원이라는 점이다. 이들은 한양의 김범우의 집으로 옮겨 매주 제3일과 제7일에 미사를 드렸다. 그러나 얼마 후 모임은 발각되었고 서학을 금한 당시 정국 때문에 참석자 모두 하옥되었다. 모임을 폐하기로 서약하고 방면되었지만 집주인 김범우는 중인 신분이어서 풀려나지 못했다. 그는 충청도 단양으로 귀양 보내져 곤장을 맞고 목숨을 잃었다. 첫 순교자가 된 김범우의 집터에는 훗날 한국 가톨릭의 대표 건물 명동성당이 세워졌다.

한편 김범우의 집에서 정약용의 외사촌인 윤지충도 세례를 받았다. 윤지충은 20대에 과거에 급제하여 진사 벼슬을 받은 뛰어난 인재였다. 그러나 고향 전라도 진산에 낙향하여 지내다 어머니의 제사를 거부하고 위패를 폐한 죄목으로 투옥되었다. 이 사건은 조선을 발칵 뒤집어 놓았다. 당시 그는 서학의 신앙에 근거해 제사 의식이 내포한 조상신의 개념을 부정하였다. 좌의정 채제공의 설득에도 불구하고 또한 목숨을 잃게 될 것을 알면서도 윤지충은 신앙을 포기하지 않았기에 사술에 빠진 죄목으로 전주시 동문에서 처형되었다.

그럼에도 개혁적이었던 정조 임금 아래서 천주학은 점진적으로 성장하였다. 1800년 그가 급사하자 이어서 영조의 계비 정순 왕후가 어린 순조를 두고 섭정을 하였다. 간교했던 그녀는 서학에 대대적인 박해를 시작하였다. 당시 16세에 과거에 급제한 조선의 천재 황사영은 조선의 험난한 정치적이고 종교적인 정황을 조그마한 흰 비단에 13,300여 자로 기록하여 백서를 만들었다. 그리고 이를 청나라로 비밀리에 보내려다 발각되어 그는 역도로 몰려 능지처참을 당하였다. 사실 황사영은 벼슬길이 보장된 젊은이였으나 급제한 특권을 포기하고 조선을 다니며 선교했다. 이 백서 사건으로 그는 멸문지화를 당하고 부인 정난정은 관노가 되어 제주도로 보내졌다. 처삼촌 정약용과 정약전도 이 사건의 여파로 유배에 처해졌다. 약용과 약전 형제는 전라도 영암까지 한데 묶어 내려갔으나 그곳에서 각자의 귀양지 강진과 신안으로 갈라지게 되어 영원한 이별을 해야 했다. 바로 그 마지막 밤에 정약용은 눈물을 흘리며 시를 읊었다.

"초가 주막 새벽 등불 푸르스름 꺼지려는데
일어나 샛별 보니 이별할 일 참담해라.
두 눈만 말똥 둘 다 할 말 잃어.
애써 목청 다듬으나 오열이 터지네.
흑산도는 아득한 곳, 바다와 하늘뿐인데
그대는 어찌하여 그 속으로 가시나요."

정약전은 흑산도에 보내졌으나 절망스런 환경에서 오히려 바다의 생동하는 물고기를 보았고 조선 최초의 어류 연구서인 『자산어보』를 저술하였다. 동생 정약용은 산세가 수려한 "남도의 1번지" 전남 강진에서 18년 동안 귀양살이를 하며 『목민심서』와 『경세유표』를 포함한 200여 권의 책을 저술하였다. 위대한 형제는 실학의 대가들답게 인간 세계에 실제적 효용성을 갖는 학문을 완성했고 극단적 고난에서도 좌절 않는 신앙과 도전을 보여주었다. 다산은 유배 중 몸에 작은 쇠사슬을 매고 다니는 고행을 했고 수시로 금식하고 묵상에 전념했다. 하인이나 상민을 대하여도 자상하게 존대하여 인품으로도 최고의 인물이었다.

1800년대 박해 속에서도 천주교도들은 증가하였고 이에 비례하여 조정의 박해도 더 혹독해졌다. 조선의 기독교는 국가나 왕권을 부정하지는 않았으나 제사 반대와 사회적인 평등 사상으로 "임금도 모르고 부모도 모르는 무군무부(無君無父)의 사교"로 오해되었다. 그러나 이벽이 작사한 아래의 '천주공경가'는 기독교 실학자들의 사상을 잘 나타낸다.

"어와 세상 벗님네야. 이네 말 좀 들어보소.
집안에는 어른 있고, 나라에는 임금 있네.
네 몸에는 영혼 있고 하늘에는 천주 있네.
부모에게 효도하고, 임금에는 충성하세.
삼강오륜 지켜가고 천주 공경 으뜸일세.
이네 몸은 죽어져도 영혼 남아 무궁하리."

당시 전래된 서학은 동양의 문화를 모두 배격한 것이 아니라 오히려 동양의 윤리와 잘 어울린 세계관을 강조했다. 그러나 만인 평등과 내세 강조의 근본적인 기독교 메시지는 신분 제도와 체제 안정을 강조하는 유교의 조선에서 박해를 면할 수 없었다. 조정은 순조 때부터 '천주교도 박멸'을 내세웠고 쇄국 정책을 고수한 흥선 대원군의 섭정에 이르기까지 천주교도들은 박해로 순교하거나 모진 고초를 겪었다.

구한말의 정황과 기독교

1866년은 대원군 집권 3년째로 천주교의 병인박해가 한창일 때였다. 이 해에 영국 웨일즈 클라노바 출신의 개신교 선교사 로버트 토마스(Robert Thomas)는 미국 상선 제너럴셔먼(General Sherman)호를 타고 중국에서 출발하여 평양에 왔다. 그러나 평양성의 군병들은 방자히 행동한 셔먼호 선원들과 전투를 벌였고 이에 토마스는 체포되어 효수되었다. 그의 목을 친 조선 무관 박춘권은 훗날 신자가 되었다.

개신교의 본격적인 접촉은 1884년 9월 내한한 미국 의사 호레이스 알렌(Horace Allen)에 의해 이루어졌다. 그해 12월 개화파가 수구파를 밀어내고 사흘 동안 정권을 잡은 갑신정변이 일어났다. 그러나 지원을 약속했던 일본은 청나라와의 충돌을 우려해 개화파를 배신하였고 수구파는 청의 군대를 동원하여 '3일 천하'를 누렸던 개화파를 진압하였다.

수구파 대표자 민영익은 개화파의 칼을 맞아 중태에 빠졌으나 주한 미국 공사관에서 근무하던 의사 선교사 알렌이 치료하여 천신만고 끝에 목숨을 구했다. 이후 고종 임금은 알렌에게 최초의 서양식 병원인 광혜원을 열도록 허락하였다. 이는 제중원으로 개명되었다가 미국 기업가 루이스 세브란스(L. H. Severance)의 기부로 신축되면서 세브란스 병원으로 발전했다. 이로써 한민족에 대한 기독교의 본격적인 포교가 시작되었다. 살아난 민영익은 후에 알렌에게 이렇게 말하였다.

"우리 백성들은 당신을 위대한 의사라고 생각하오. 당신은 아메리카가 아니라 하늘에서 내려온 사람 같소."

1885년 4월에는 장로 교회의 언더우드(Horace G. Underwood) 선교사와 감리 교회의 아펜젤러(Henry Appenzeller) 선교사가 입국하여 기독교 전파가 본격화 되었다. 서양 선교사들은 신앙과 교육을 통해 서재필, 안창호, 김규식, 이상재, 이승만, 이승훈, 김정식, 이동녕, 이준 등의 민족 지도자들을 양성하였고 한국 현대화에 크게 기여하였다.

윤치호의 꿈과 "샤론의 꽃"

충남 아산 출생으로 구한말 정치가요 계몽운동가 윤치호(1865-1945)는 1881년 신사유람단을 수행하여 일본에서 2년간 체류하였다. 이때 그는 한민족 최초로 영어를 배웠다. 귀국 후 초대 주한 미국 공사 푸트의 통역으로 일했으며 부친이 갑신정변에 연루되자 중국 상해로 피신하였다. 윤치호는 그곳의 선교 학교인 중서서원에서 수학하였고 성경을 읽고 회심하여 기독교로 개종하였다. 1888년 그는 미국 유학길에 올라 밴더빌트 대학과 에모리 대학(Emory University)에서 공부하였다. 5년간의 수학 끝에 마침내 에모리 대학을 졸업하여 윤치호는 한국인 최초로 미국 대학의 졸업자가 되었다. 놀랍게도 그는 미국에서 저축한 거금 200불을 한국 선교를 위해 에모리 대학의 총장 워렌 캔들러(Warren Candler) 박사에게 기부 전달했다. 당시 워렌 총장은 코카콜라 회사의 설립자인 아사 캔들러 회장의 동생이었다. 이 가문도 한국 선교에 재정적으로 기여하였다. 유학 기간 동안 윤치호는 민주주의와 과학 기술의 중요성에 대해 깨달았고 미몽의 조선 사회를 깨우는데 있어 교육과 선교의 역할이 매우 중요함을 확신하게 되었다.

귀국 후에는 서재필, 이상재와 함께 독립협회를 조직하여 국민 계몽 운동에 힘썼다. 서른에 관직에 올라 천안의 군수로 근무한 후 외부협판까지 관직이 올랐다. 또 사회 개화를 위해 신분 철폐, 참정권 보장 등을 주장하였고 현대식 교육을 위해 안창호의 평양 대성학교의 교장을 맡았다. 그리고 윤치호 본인이 직접 송도고등학교의 전신인 한영서원을 설립하여 가르쳤다. 특히 그는 미국의 유명한 농학자 조지 워싱턴 카버 박사에게 영향 받아 실업 교육을 강조했다. 신앙인으로서 윤치호는

개화기 최초 지식인 윤치호 (1865-1945)

정동제일교회 장로로 또 세계 주일 학교 한국 지회장으로 봉사하였다. 그는 미국 선교사들에게 다방면 협력했으나 종종 민족주의적인 사고로써 그들을 비판하기도 했다.

"선교사들은 한국인들이 왜 마음을 열지 않느냐고 불평한다. 그러나 무엇보다 선교사 자신들이 먼저 자택 거실에서 한국인을 대접 않는 태도부터 버려야 할 것이다."

(『윤치호 일기』 1897년 6월 31일.)

윤치호는 일본과 러시아, 그리고 모국 조선도 거침없이 질타하였다. 그는 "저주받을 일본 놈들"이라고 일기에 썼고 "거만하고 무식한 러시아"라고 평하였다. 또 조선 민족도 자립 의식이 결핍되었다고 비판하였다. 구한말 최고의 지식인이었던 윤치호는 결국 현실주의자의 길을 택해 친일로 비판받기도 하나 사실 아래와 같이 다면적 관점을 가진 인물이었다.

"땅을 팔아 독립운동에 자금을 대주는 것보다 일본인 손에 땅이 넘어가지 않도록 지키는 것이 애국이다."

윤치호는 천대받던 장님 점쟁이 백사겸을 구도의 길로 이끌며 신분을 뛰어넘는 신앙 공동체를 세웠다. 또 1907년 나라 사랑의 노래, 즉 '애국가'를 작사하여 '무궁화(Rose of Sharon)', 즉 신앙적인 "샤론의 꽃"이 삼천리에 피기를 소망하였다. 한일합병 이후 윤치호는 데라우치 총독 살해 모의 사건으로 4년간 무고한 옥살이를 하였다. 분명 그가 추구했던 새로운 교육, 새로운 정부, 새로운 신앙의 꿈은 당시 시대상에서는 선구적인 것이었다.

"대한민국 건국 훈장의 외국인" 호머 헐버트

1883년 미국에 다녀온 보빙사의 인솔자 민영익은 서양식 교육 기관 설립을 주장하였고 고종 임금은 미국 정부에 친서를 보내 교사 파견을 요청하였다. 미국 국무부 교육 국장 이튼(J. Eaton)은 다트머스 대학 동창이며 미들베리 대학(Middlebury College) 학장이던 헐버트 목사에게 한국에 보낼 교사 선발을 부탁하였다. 이에 헐버트 목사는 미국 유니온 신학대학원(Union Theological Seminary)에 재학하던 자신의 아들 호머 헐버트(Homer R. Hulbert, 1863-1949)를 포함하여 프린스턴 대학에서 수학한 길모어(Gilmore), 그리고 오벌린 대학에서 공부한 벙커(Bunker) 등 세 명을 추천하였다.

한국 선교와 독립에 헌신한 호머 헐버트(1863-1949) 박사

세 미국인은 교사로 내한하여 1886년 사대부 자제들을 교육하려고 조정이 세운 육영공원을 맡았다. 이들은 역사, 영어, 수학, 과학, 지리 등을 가르치며 최초의 현대식 교육을 시작하였다. 육영공원은 운영의 어려움으로 곧 문을 닫았고 교사 헐버트는 미국에 갔다가 정식 선교사로서 다시 한국에 되돌아왔다.

헐버트는 이승만과 이상재 등 민족 지도자들을 가르쳤고 이준 열사를 도와 1907년 네덜란드 헤이그에서 개최된 만국 평화 회의에도 따라갔다. 이들은 함께 일본의 만행을 서구에 널리 알리고자 힘썼다. 이일로 인해 일제에 의해 한국에서 추방된 호머 헐버트는 상해에서 목회를 하며 임시 정부를 도왔고 미국으로 귀국한 후에는 한국을 소개하고 일제를 비판하는데 힘썼다. 또한 그는 한국의 역사를 영어책으로 펴냈고 최초로 한국의 전래 동화를 서양에 소개하였다. 그는 한국 문화를 외국에 홍보하고 늘 존중한 외국인이었다.

1925년 호머 헐버트가 미국에 최초로 소개한 한국 전래 동화

헐버트 박사는 한국 근대화와 독립운동에 큰 공로를 세웠기에 1949년 이승만 대통령의 대한민국 정부는 그에게 건국 훈장을 수여하였

다. 그해에 박사는 한국 도착 수주 후 여독으로 세상을 떠났고 양화진에 묻혔다. 이승만 대통령은 그의 비석을 세웠고 후에 김대중 대통령은 헐버트의 마지막 어록을 비문에 친필로 썼다. 그것은 헐버트 박사가 미국에서 출발하기 직전 주위에 전한 아래와 같은 말이었다.

"나는 웨스트민스터 사원보다 한국 땅에 묻히기를 원하노라."

(I would rather be buried in Korea than in Westminster Abbey.)

"최초의 은인과 최대의 은인"

한편 언더우드 선교사와 홍삼 장사 출신 서상륜은 한국의 장로 교회를, 아펜젤러는 감리 교회를, 펜윅(M. Fenwick)은 침례 교회를, 카우만(C. Cowman)과 양반 출신 김상준은 성결 교회를, 매리 램지(M. Ramsey)는 순복음 교회를 세웠다. 구세군과 성공회도 구한말에 점진적으로 확산되었다.

나라가 쇠망하자 조선 민중들은 새로운 신앙에 소망을 두었고 서구에 대한 기대를 크게 가졌다. 무엇보다 조선 전역에 점차 전파된 기독교는 구한말 사회를 개혁하였다. 한글 성경을 일반 대중에게 배포하여 수백 년 동안 천대받아온 한글의 위상을 고양시켰고 문맹을 깨치는 데도 크게 기여하였다. 신분을 타파하고 미신을 청산하였으며 농촌 계몽 운동과 사회사업을 시작하였다. 병원들과 수백여 진료소들을 세워 병자들을 치료하였다. 최초의 결핵요양원이 해주에 세워졌고 버림받은 수만 명의 나병(한센씨병) 환자들을 치료하기 위해 역사상 처음으로 요양원들이 세워졌다. 부산 상애원과 대구 애락원, 그리고 여수 애양원 등이다. 미국의 워싱턴 의과대학(Medical School of Washington)을 졸업한 로버트 윌슨(Robert M. Wilson)은 1905년부터 43년간을 한국에서 헌신하였는데, 특히 애양원에서 나병 환자들을 일생 동안 돌보았다. 또 글래스고 대학에서 의학을 공부하고 1910년 내한한 제임스 노블 맥켄지(James Mackenzie)도 일제에 의해 추방되기까지 나병 환자들을 위해 38년간을 사역했다.

미국과 영국, 캐나다 등 유수의 의과 대학을 졸업한 의사들이 한국 선교에 자원하여 열정적으로 봉사하였고 수많은 국민들을 치료한 것은 물론 의학 지식을 전수하는데도 크게 기여하였다. 광혜원 의사 호레이스 알렌, 제중원 의사로 섬기다 조선에서 처음 사망한 선교사 존 헤론, 세브란스 병원장 올리버 에비슨, 민중 치료소를 세운 윌리엄 스크랜턴, 최초 여의사 박에스더를 양육한 로제타 셔우드 홀, 간호 학교와 간호사 협회를 시작한 엘리자베스 쉐핑 등 구한말 한민족을 위해 일한 이들의 공적은 필설의 평가를 넘어선다.

개화기 기독교도들은 독립운동에도 주도적으로 활동하였다. 1919년 3.1 독립선언문에 서명한 33인 중 16명의 인사도 또 독립운동으로 체포된 자들 중 1/3도, 그리고 상해 임시 정부의 주역들도 기독교도들이었다. 당시 총 인구의 2%에 불과하던 기독교의 교세를 고려하면 이런 다양한 활동들은 큰 위업이었다. 3.1 만세운동을 기획했던 손정도(c.1882-1931) 목사는 중국 상해로 가서 1919년 4월 13일 임시 정부 출범을 주도했다. 그는 의정원(국회) 임시 의장을 맡아 신석우와 함께 국호 "대한민국"을 정하고 독립운동을 펼쳤다.

아펜젤러의 배재 학당에서 공부한 이승만(1975-1965)은 서재필을 도와 독립협회에서 일했다. 그러나 1899년 고종 폐위 음모의 무고한 죄목으로 한성 감옥에 투옥되었으며 사형을 선고받았다. 이승만은 옥사에서 성경을 읽고 기독교로 개종하여 희망을 찾으며 변화되었고 함께 수감된 월남 이상재와 40여 명의 죄수들을 전도하였다. 6년의 옥살이 끝에 사면으로 풀려난 이승만은 1905년 미국 유학을 떠나 프린스턴 대학에서 한국인 첫 철학 박사(Ph.D.) 학위를 받았다. 이후 하와이에서 거주하며 한인기독교회와 한국 학교를 설립하여 민족 운동에 힘썼다.

기독교는 구한말 신식 교육을 처음 시작하였다. 1885년 아펜젤러 선교사는 배재 학당을 세웠고 메리 스크랜튼 선교사는 한국 최초의 여성 교육 기관인 이화 학당을, 언더우드 선교사는 구세 학당과 연희전문학교[후일 연세대학교]를 설립하였다. 심지어 동대문의 백정 마을에 가서 아이들을 가르친 새뮤얼 무어(Samuel Moore)의 사랑도 있었다. 이외에도 전국 각지에 수많은 교육 기관이 선교사들과 기독교도들에 의해 세워졌다. 1909년 통계로 팔도에 존재한 총 1500여 개의 학교 중 약 950여 곳이 기독교계 학교였다. 이들 학교들은 영어, 수학, 지리, 천문, 과학, 성경을 가르치며 근현대 한국을 이끌어간 많은 인재들을 배출하였고 한국 사회 발전의 중대한 역할을 하였다.

기독교는 반상의 차별을 거부하고 평등의 가치를 고취시켰고 서구의 신학문을 접하는 주된 통로로도 기능했다. 현대 한국의 기독교는 배타주의, 물질주의, 개인주의, 분열주의 등 여러 문제들을 안고 있는 것이 사실이다. 그럼에도 상기한 모든 공로들 때문에 춘원 이광수는 기독교에 대해 비판적 지적과 더불어 이렇게 평가했다.

"야소교[예수교]는 실로 암흑하던 조선에 신문명의 서광을 전하여 준 최초의 은인이며 겸하여 최대의 은인이다."(1917년 7월 "청춘지" 제11호)

3. 나폴레옹의 전쟁과 비엔나 회담의 질서

프랑스 대혁명과 가톨릭의 시련

1776년 미국의 독립으로 자유와 혁명의 바람이 유럽을 강타하였다. 이 폭풍의 중심지는 바로 프랑스였다. 1600년대의 강국 프랑스는 1700년대에 이르러 수많은 문제로 파산 직전에 있었다. 국가의 부는 귀족과 성직자들이 독차지하였고 백성들의 삶은 더 곤궁해졌다. 끊임없는 전쟁과 사치를 위해 국왕 루이 16세는 늘 과세에 골몰하였다. 프랑스 사회는 세 계급(three estates)으로 구성되었는데, "제1계급"인 주교들은 국교인 가톨릭의 덕으로 세금을 면제받으며 특권을 누렸다. "제2계급"인 귀족들도 면세 혜택 아래 큰 토지와 주택을 소유하고 우스꽝스러운 의복과 흥겨운 가무에만 관심을 두었다. 오직 제3계급인 절대 다수의 평민들만이 교회와 귀족과 국왕에게 세금을 내고 있었다.

국왕은 증세를 위해 세 계급의 대표들을 모아 '삼부회의(Estates-General)'를 열었다. 주교들과 귀족들은 특권 양보와 고통 분담을 외면하

1789 프랑스 삼부회의

툴르리 궁전 앞의 프랑스 대혁명의 전투 모습

였고 평민 대표들만 회의에서 조롱받은 채 모든 부담을 떠안게 되었다. 백성을 돌아보아야 할 계약을 이행하지 않는 통치자는 배척될 수 있다는 존 로크의 사회 계약론과 1776년 미국의 독립은 프랑스인들에게 혁명의 이론과 실제를 가르쳤다. 1788년부터 세기적인 혹한과 가뭄이 발생하여 국민들은 처참한 형편에 직면하여 빵만이라도 요구하는 상황에 이르렀다.

1789년 7월 14일 마침내 프랑스 국민들은 권력 압제의 상징인 바스티유 옥사를 불태우고 화약고를 탈취하며 대혁명을 일으켰다. 여성들도 농기구와 무기를 들고 일어섰다. 시위대가 왕궁을 향하자 용맹한 스위스 용병들은 왕궁 수비의 책임을 다하려 막아섰지만 분노한 혁명군에 의해 "죽어가는 사자"들이 되었다. 루이 16세와 마리 앙투아네트는 도주하다 체포되어 왕궁에 연금 당했다. 평민들의 혁명은 성공하였고 곧 새로운 정부, 즉 제3계급으로 구성된 '국민회의(National Convention)'가 구성되었다.

그러나 오스트리아와 프러시아는 프랑스의 혁명 정부를 거부하면서 국왕 루이 16세의 안전이 보장되지 않을 경우 파리를 공격하겠다고 위협하였다. 프랑스 국민들은 이 두 국가들을 더욱 증오하게 되었고 1792년 혁명 정부는 아예 국왕과 왕비를 반역자로 판결하고 단두대에 세웠다. 생의 종막의 순간에 앙투아네트 왕비는 단두대 계단을 올라가다 사형 집행관의 발을 밟고 너무나 고상하게 이렇게 말했다.

"죄송합니다. 고의가 아니었습니다."

〔Pardon me, sir. I did not do it on purpose.〕

프랑스 국왕과 왕비의 목이 잘리자 유럽은 경악하였다. 각국의 왕들은 고정된 질서만 강조하며 두려움 속에서 혁명을 가장 불온한 사상으로 간주하기 시작하였다. 민주화된 나라들도 급진 사상을 경계하였다. 처형을 주도했던 국민회의 지도자 로베스피에르(M. Robespierre)가 실권자로 급부상하였다. 1793년 그는 무려 반대자 16,000명을 적법한 재판도 열지 않고 처단하여 "공포 정치(Reign of Terror)"를 시작하였다.

처형 직전 탑에 연금된 프랑스 국왕 루이 16세 - by Jean Francois Garneray

대혁명의 급진파들은 자코뱅(Jacobins)이라고 불렸는데, 이는 그 지도부의 장소가 프랑스의 첫 도미니칸 수도원인 자코뱅 성당에서 유래하였기 때문이다. 그런데 역설적이게도 자코뱅 당이 가톨릭 수도회에서 모여 결의한 내용은 프랑스 가톨릭교회

프랑스의 공포 정치 시대의 무자비한 길로틴 처형 모습

를 완전히 제거하는 것이었다. 혁명 정부 아래 거의 모든 프랑스의 주교들은 도주하거나 추방과 처형을 당했다. 프랑스 국민 30,000여 명도 혼란을 피해 영국령인 캐나다 퀘벡으로 망명을 떠났다. 프랑스 국토의 1/10에 해당하던 교회 소유 영토는 혁명 정부에 모두 압류 당했다. 교회 건물들은 폐쇄되거나 곡물 창고로 변형되었다. 이제 '이성(reason)'을 믿는 시대이므

프랑스 대혁명 후 자유를 얻은 수도사들이 환호하는 모습

로 성당 건물들은 '이성의 전당(Temple of Reason)'으로 바꾸도록 했다. 제단이 있던 자리에는 '이성의 여신상'을 세웠다. 로마 제국 이후 유럽에서의 가장 혹독한 가톨릭 박해가 프랑스에서 발생한 것이었다.

사실 온실의 화초이던 프랑스 가톨릭교회의 처참한 고초는 애초에 자초한 것이었다. 화석화 되어 백성들과 유리되었고 과도한 헌금 부과로 원성을 들었으며 호화판 주교들도 귀족처럼 행세했기 때문이다. 또한 가톨릭교도들은 타 종파에 대해 지나치게 혹독하게 대해왔다. 이 때문에 가톨릭을 쓰러뜨린 프랑스 대혁명은 오히려 소수 종파 교도들에게는 숨통이 트이는 계기가 되었다. 혁명 정부는 수도원을 폐쇄시켜 노예처럼 지내던 수도사와 수녀들을 해방시켰다. 프랑스의 주교들은 빈민 청소년들을 반강제로 데려와 명목상 수도사이고 실제로는 포도주만을 생산하는 노동자로 삼았던 것이다. 풀려난 이들은 자유를 환영하였다. 이 격변의 시기에 프랑스 가톨릭은 마치 이전에 행한 모든 잘못들에 대한 형벌을 한순간에 받는 듯했다. 본질에서 벗어난 호사스런 종교가 어떠한 봉변을 당하는지 프랑스 대혁명은 여실히 보여주었다.

그러나 총칼만 휘두르는 무서운 혁명 정부도 오래가지 못했다. 광기로 방향을 잃고 종국에는 지도자 로베스피에르도 내부 봉기로 처형되었다. 1795년 급진 정부도 퇴진하면서 공포 정치도 가톨릭에 대한 탄압도 중단되었다. 바로 이 혼란스런 정국에서 무모할 정도로 용감한 장군 한 사람이 정권을 잡았다. 그는 국민들의 정부를 거부하고 자신 개인의 정부를 선포했다. 바로 나폴레옹 보나파르트(1769-1821)였다. 그는 가톨릭을 이용할 의도로 신앙을 용인하였다. 그러나 프랑스에서 실상 가톨릭이 복원된 가장 큰 원인은 혐오하면서도 완전 제거할 수 없을 정도로 국민들의 삶에 종교가 이미 깊이 내재된 까닭이었다.

황제의 등장

1790년경 역사적 평가가 엇갈리는 나폴레옹이 세계사 무대에 등장하였다. 이 전쟁 영웅의 청년 시절은 실제로는 투쟁이 아닌 낭만이 넘쳤다. 그

이집트 원정에서 스핑크스 앞의 나폴레옹
- by J Gerome - at Hearst Castle

는 조세핀(Josephine)과 연애편지들을 교환하며 유명한 사랑을 나누었고, 1796년 그녀와 결혼하여 자신의 "삶의 목적"이라고 부른 사랑을 쟁취하였다. 나폴레옹이 프랑스의 영웅이 된 계기는 국가의 자존심을 세운 초기 두 차례의 전쟁 승리였다.

첫 번은 접경 지역을 놓고 수백 년간 국지전을 벌인 경쟁국 오스트리아와의 전쟁이다. 1797년 또 다시 프랑스는 침공을 받자 나폴레옹이 지휘한 부대는 오스트리아가 소유했던 이탈리아 북부를 공격하였다. 그는 병사들에게 큰 보상을 약속했기에 공격이라기보다 약탈에 가까운 만행을 저지르며 프랑스에 승리를 안겼다. 장군 나폴레옹은 서른 살도 되기 전에 이미 혼란스런 프랑스의 유력 인물로 부상하였다. 두 번째는 이탈리아 승전 1년 후 중동에서 벌어진 전쟁이다. 아프리카에서의 프랑스 영역 확보를 위해 나폴레옹 군대는 이집트를 공격해 쉽게 알렉산드리아와 카이로를 점령하였다. 그의 이집트 장악은 중세 십자군 이래 약 600여 년 만에 사실상 유럽의 첫 중동 침공이었다.

대영박물관 소장의 로제타 석비
(Rosetta Stone)

그 과정에서 나폴레옹은 이집트 로제타에서 세계적 보물인 '로제타 석비(Rosetta Stone)'를 발견하고선 전리품으로 삼았다.

1801년 중동에서의 주도권을 놓고 프랑스와 영국은 첫 대결을 벌였다. 영국군은 나폴레옹 군대에게 의외의 승리를 거두었고 로제타 석비까지 빼앗아 대영박물관으로 가져갔다. 이 석비는 B.C. 196년 이집트 왕 프톨레마이오스의 업적을 고대 이집트어, 일반 이집트어, 헬라어 등 세 언어로 기록한 것이다. 이 석비가 중요한 이유는 해독 불가능했던 고대 이집트어를 풀 수 있는 단서를 포함하고 있었기 때문이다.

고대 석비의 보관은 영국이 했지만 해독 비밀은 프랑스가 풀었다. 석비 발견 20년 후 프랑스의 천재 고전어학자 샹폴리옹(Chanpollion)은 그 비문에 기록된 세 본문에 공통적으로 등장하는 두 단어 '프톨레마이오스'와 '클레오파트라'를 대조하여 2,000년 동안 잊혔던 고대 이집트어의 알파벳을 읽어내었다. 그 해독 비결은 고대 이집트어를 상형 문자가 아닌 알파벳으로 이해하고 분석한 창의성에 있었다. 이후 많은 고대 이집트 고문서들을 풀이하여 신비한 옛 문명을 파악할 수 있게 되었다. 세계적 보물 로제타 석비를 잃었지만 나폴레옹은 또 다른 세계적 작품을 자신의 침실에 걸어두는 것으로 만족해야 했다. 그것은 프랑스 국왕이 소장했던 레오나르도 다빈치의 '모나리자'였다.

이탈리아와 이집트에서의 활약만으로 나폴레옹은 국가적 영웅이 되었고 단숨에 정부를 장악한 독재자가 되었다. 헌법을 직접 만들어 공포하였고 모든 중대사도 단독으로 결정하였다. 1804년 노트르담 대성당에서 매우 불편한 마음으로 참석한 교황 피우스 7세로부터 나폴레옹은 왕관을 손으로 받아 자신이 직접 머리에 쓰고 황제가 되었다. 그런 후 세계 정복 의향을 드러내듯 9세기 샤를마뉴 대제가 사용한 보검을 치켜 올렸다. 역사상 처음으로 황제를 두게 된 프랑스인들은 환호했지만 세계인들은 변화에 역행하는 그의 등장에 우려를 표했다.

황제의 전장

나폴레옹은 황제 위상에 걸맞은 제국 건설을 위해 정복 전쟁을 시작하였다. 1805년 첫 상대 영국과의 트라팔가(Trafalgar) 해전에서 나폴레옹은 넬슨 제독의 영국 함대에게 패배하였다. 이후 황제는 대륙에 집중하였고 육지에서는 어느 나라와의 전쟁이든지 무적의 위용을 과시했다. 같은 해 오스트리아 비엔나 근교에서 벌어진 오스터리츠(Austerlitz) 전투는 나폴레옹 생애의 가장 큰 승리였다. 패배한 합스부르크의 프란츠 2세(Franz II) 황제는 자신의 딸 마리 루이즈(Marie Louise)를 나폴레옹에게 주는 굴욕까지 겪었다. 황후 조세핀과 결혼 14년째였던 나폴레옹은 자녀가 없었기에 후사를 얻기 위해 또 신성 로마 제국 황제의 사위가 되는 명예를 위해 조세핀과 이혼하고 두 달 후 마리 루이즈와 결혼하였다. 그의 군대는 향후 7년간 거의 모든 전투에서 승리하며 유럽 대부분을 수중에 넣었다. 세계적인 제국들인 오스트리아, 오토만, 프러시아 모두 나폴레옹에게 굴복했다. 각국의 군주들은 교체를 당하거나 그의 비위를 맞추어야 했다. 세계는 몽골의 칭기즈칸 이래로 또 다른 전쟁의 천재를 보게 된 것이다.

나폴레옹은 가톨릭 신자가 아니었으나 혁명 정부처럼 종교를 핍박하지는 않았다. 그는 제국의 안정을 위해 종교의 필요성을 인정했다. 그러나 엄청난 전쟁 비용 충당을 위해 교회와 수도원의 재산을 압류하였다. 이탈리아의 교황들은 참으로 굴욕적인 대우를 받았다. 교황 피우스 6세(pont. 1775-99)는 나폴레옹에 반대하다 감금당해 죽었고 후임 교황 피우스 7세(pont. 1800-23)는 나폴레옹을 황제로 인정하고 복종하여 자리를 보전했다. 나폴레옹은 기죽은 교황에게 이런 서한도 보냈다.

"나는 샤를마뉴와 같은 통치자입니다. 교황은 나의 모든 요구를 수용하기 바랍니다. 그렇다면 어떤 외압도 가하지 않을 것입니다. 그러나 거부하면 교황을 도시의 주교로 강등시킬 것입니다."

황당하게도 교황청은 프랑스에서 교리 문답에 다음 문항을 넣도록 승인하였다.

"문: 황제를 섬기지 않는 자는 하늘의 어떤 심판을 받는가?"

"답: 신적인 질서로 세워진 권세를 부정했으므로 영원한 형벌을 받습니다."

한편 수모를 당한 피우스 7세는 나폴레옹이 영국과의 전쟁에 과도한 부담금을 요구하자 지불에 주저하였다. 이에 나폴레옹은 1809년 로마를 점령하여 교황 피우스 7세의 영토를 모두 몰수하고 그를 유배시켰다. 이후 황제는 교황을 5년이나 더 감시하였다.

황제의 퇴장

저물지 않을 것 같던 나폴레옹의 급격한 쇠락은 러시아와의 전쟁에서 비롯되었다. 당시 프랑스에 순응했던 러시아의 차르 파벨(Paul)이 죽고 아들 알렉산드르 1세(Alexandros)가 차르가 되자 반프랑스 정책을 시작했다. 알렉산드르는 프랑스의 모든 요구에 불응하였고 동부 유럽에서 프랑스 영향력을 밀어낼 계획을 세웠다. 그는 공공연히 이렇게 말하였다.

"나폴레옹은 미치광이 전쟁광이다."

1812년 6월 나폴레옹은 600,000명의 대군을 이끌고 러시아를 응징하러 직접 원정에 나섰다. 그의 군대는 행진하는 동안 수많은 동구권 도시들을 약탈하였다. 일전에 나폴레옹과 직접 맞서다 150,000명의 군대를 잃은 경험이 있는 러시아는 새로운 전략을 세웠다. 그것은 아예 저항을 않고 모스크바를 그냥 내주는 것이었다. 모스크바의 모든 우물엔 죽은 말을 던져 오염시켰고 도시에 먹을 것도 땔감도 조금도 남겨두지 않았다. 차르 알렉산드르와 모스크바 시민들은 텅 빈 도시만 남겨두고 모두 후퇴한 것이다.

여름에 출발한 나폴레옹의 군대는 9월에 모스크바를 무척 싱겁게 점령했다. 그러나 키 작은 황제는 결정적인 판단 착오를 범했는데, 이는 10월

1815년 나폴레옹 시대를 종결시킨 워털루 전투

부터 시작되는 러시아의 겨울 혹한의 심각성을 예상 못한 것이었다. 그는 그저 병사들에게 나눠준 몇 장의 모포와 창고의 장작불로 이 추위를 막을 수 있을 것으로 생각했다. 모스크바에 입성 두 주 만인 10월부터 폭설이 내리기 시작했고 온도는 영하 수십 도로 급강하했다. 엄청난 추위는 도저히 감내할 수준이 아니었고 600,000명의 방한복도 또 많은 몸들을 녹일 장작개비도 그 겨울에 어디에서도 구할 수 없었다. 당황한 나폴레옹은 비겁하게도 군대를 두고 혼자 조용히 프랑스로 돌아갔고 기아와 혹한에 질린 프랑스 군대도 모스크바를 버리고 퇴각을 시작했다.

　2002년 리투아니아의 수도 빌니우스(Vilnius)의 한 건물 공사 중에 무려 20,000구의 유골이 발견되었다. 조사 결과 1812년 러시아 원정에서 돌아오다 이 마을에서 쓰러져 사망한 프랑스 군대 일부의 유골로 밝혀졌다. 나폴레옹의 군대는 러시아로 가는 길에는 약탈자의 모습으로 행진했지만 다시 돌아오는 길에는 동상에 걸린 거지떼의 모습으로 기어왔다. 약탈을 당했던 마을들은 신세가 뒤바뀐 거지 군인들에게 문조차 열어주지 않았고 기력조차 없는 병사들은 모두 길거리에서 동사하였다. 바로 빌니우스의 사례가 그런 것이었다. 가는 길에 프랑스 군대가 팠던 참호 속으로 오는 길에 죽은 시신들이 던져졌다. 이 불쌍한 군인들은 가는 길에 자신들의 무덤을 팠던 셈이다. 나폴레옹의 그 많은 대군 중 다수가 동사, 아사, 병

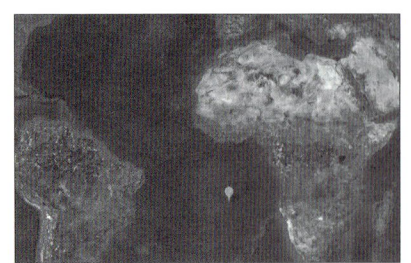
나폴레옹 유배지 세인트헬레나 섬

사하였고 생존에 성공해 귀국한 이들은 겨우 100,000명에 불과하였다.

1814년 영국, 러시아, 프러시아, 오스트리아, 스웨덴, 스페인, 포르투갈의 7개국 연합군은 전력이 크게 약화된 프랑스를 라이프치히 전투에서 대파하였다. 연합군은 파리를 점령하였고 나폴레옹은 체포되어 지중해의 토스카나 인근 엘바(Elba) 섬에 유배되었다. 그러나 재기를 노린 나폴레옹은 탈출에 성공하여 프랑스 군부의 지지를 다시 받고 파리로 입성하였다. 1815년 6월 나폴레옹은 남은 군대로 영국 웰링턴 장군의 연합군에 맞서 워털루 전투를 벌였으나 또 패배하고 권좌에 복귀한지 딱 100일 만에 실권하고 다시 포로가 되었다.

모든 것을 상실한 황제는 아프리카와 남미 두 대륙 사이 대서양 한 중앙에 위치한 세인트 헬레나(St. Helena) 섬으로 호송되었다. 이곳은 가장 가까운 육지가 무려 2,000km나 떨어져 있어 탈출 불가능한 세계에서 가장 고립된 섬이었다. 나폴레옹과 마리 루이스 사이에서 태어난 나폴레옹 2세도 오스트리아에서 고독한 삶을 살았다. 이 아들은 재능 있는 인물이었지만 합스부르크의 철저한 압박 속에 지내다 21세의 짧은 나이로 생을 마쳤다. 그러나 그동안 갇혀 있었던 교황 피우스 7세는 자유를 얻고 지위를 회복하였다. 나폴레옹에 의해 고초를 당했음에도 불구하고 이 교황은 영국 정부에 서신을 보내 이렇게 당부하였다.

"나폴레옹에게 양호한 대우를 해줄 것을 요청합니다. 그가 프랑스 가톨릭을 재건한 공이 있기 때문입니다. 교황인 나는 이미 그를 용서했습니다."

한때 세계를 지배했던 나폴레옹 황제는 1821년 유배된 지 6년 만에 세인트 헬레나 섬에서 암으로 사망하였다. 그의 마지막 말은 다음과 같았다.

"프랑스여, 군대여, 군대의 수장이여, 〔아내〕조세핀이여!"〔France, the Army, the Head of the Army, Josephine!〕

황제의 파장

역사적 관점에서 나폴레옹은 다방면의 파장을 일으키고 영향을 끼쳤다. 단기간이었지만 나폴레옹 제국은 로마 제국 이후 1800년 만에 출현한 최초의 "유럽 연합"이었다. "하나의 유럽"이라는 이념과 실제 나폴레옹 치하에서의 경험이 20세기 후반 유럽 연합(EU)의 출현에 영감을 제공했다. 또한 그는 유럽의 정신적 통일을 위해 법전을 제정했고 각국 법률의 보편성을 강화시켰다.

한편으로 나폴레옹은 자유와 혁명의 가치를 확산시켰다. 비록 그는 독재 정부를 세웠지만 유럽의 여러 초법정부들을 종식시켰다. 절대 왕정의 군주들은 나폴레옹에 의해 교체되었고 응징되었다. 그가 정의를 세우기 위해 각 나라 군주들을 핍박한 것은 아니었지만 결과적으로는 그의 유럽 지배가 각국 혁명의 불씨를 키워 왕정을 폐하고 공화정을 세우는 계기가 되었다. 나폴레옹은 남미 국가들의 독립과 출현에도 일조하였다. 그가 스페인과 포르투갈을 지배하자 남미 식민지들은 호기를 타서 해방을 쟁취했기 때문이다.

그러나 그의 등장이 초래한 부정적 양상도 상상 이상이었다. 부귀와 명예를 내건 허풍스런 지도자의 공언에 넘어가 많은 전장에서 목숨을 잃은 100만의 프랑스 병사들은 가장 불쌍한 영혼들이었다. 또한 수십 차례의 정복 전쟁으로 600만의 세계인들도 파산하거나 죽었다. 각국의 경제도 침몰하였다. 그럼에도 그 모든 비극의 근인(近因)인 "키 작은 냉혈한" 인간을 영웅으로 추앙하는 무리들은 계속 등장했다. 나폴레옹 이후 프랑스 교회는 원상 복구되었지만 이탈리아 교황을 따르는 '울트라-몬타니즘(Ultramontanism)'파와 독립된 자치를 주장하는 '갈리카니즘(Gallicanism)'파로 나뉘어 갈등했다. 전자 용어는 알프스 "산 건너(ultra mountain)"를 뜻하므로 교황청의 편이라는 뜻이고, 후자는 '가울(Gaul)', 즉 프랑스의 옛 지명이기에 민족주의적인 가톨릭을 의미했다. 어쨌든 복원된 프랑스 교회는 이전에 누리던 특권을 상실하였고 상징적 국교로만 남았다.

나폴레옹 이후 교황들의 권위는 실추되었고 교황들도 혁명에 몸서리를 쳤다. 근대의 수구적 기독교는 한동안 '자유'나 '인권' 등의 용어에 거부감을 갖게 되었다. 이 용어들이 가톨릭을 핍박했던 프랑스 혁명의 구호였기 때문이다. 사실 혁명과 자유는 새로운 종파들에게는 기회가 되었지만 보수적 종교들은 현상 유지를 선호하였다. 프랑스의 철저한 가톨릭 정치가인 알베르 드 뮴(Albert de Mun) 공작은 자유 사상을 거부하는 자신의 입장을 이렇게 말했다.

"혁명을 죽여야 한다. 그렇지 않으면 혁명이 교회를 죽일 것이다."

그러나 세계에는 자유의 물결이 밀려오고 있었다. 그리고 그 자유는 교회를 죽이지 않았다. 그럼에도 교황청은 여전히 옛 질서와 복고적 가치에 안주하였다. 이러한 성향은 1960년대 개혁적인 2차 바티칸 공의회까지 지속되었다.

"신비한 부인" 크뤼데너와 비엔나 회담

1814년 11월 나폴레옹에 승리한 각국 군주들은 유럽 질서 재편과 무정부 상태의 폴란드를 분할하기 위해 오스트리아 비엔나에서 회담(congress)을 가졌다. 이 회담은 오스트리아 수상 메테르니히(K. Metternich)가 국익을 기대하고 견제와 균형을 도출하기 위해 기획한 것이었다. 그러나 한심하게도 회담에 참가한 각국 지도자들이 9개월 동안 가장 많이 했던 일은 주로 파티와 사냥이었다.

알렉산드르 1세 - by Franz Kruger

정작 이 비엔나 회담의 중역인 러시아 황제 알렉산드르 1세(d. 1825)는 오락에 무관심한 경건한 인물이었다. 그는 러시아에 쳐들어온 나폴레옹 군대가 궤멸된 후 갑자기 얻은 강력한 위상을 유럽에서 행사하고 있었다. 참으로 흥미로운 것은 알렉산드르 1세를 움직여서 비엔나 회담과 세계 질서에까지 영향을 끼친 여성이 있었다. 그녀는 신비한 이미지를 지닌 크뤼데너(Barbara von Krüdener, 1764-1824) 남작 부인이었다.

알렉산드르 황제를 움직인 크뤼데너 남작 부인 - by Angelica Kauffman

라트비아 수도 리가(Riga)의 귀족인 크뤼데너는 무척 사치스러운 생활을 하다가 어느 날 한 방문객이 눈앞에서 급사하는 것을 목격하고 큰 충격에 빠졌다. 그녀에게 위안을 제공한 사람은 모라비아교도인 신발 수선공이었다. 그의 조언으로 그녀는 호사스런 생활을 멀리하고 경건주의 신자로 변화되었다. 이후 크뤼데너 부인의 행적은 참으로 기이하였다. 그녀는 자신의 재산을 팔아 빈자들에게 나눠주었고 종말론에 심취하여 세상의 임박한 멸망을 예고하였다. 여러 도시들을 방문해 예언을 선포하자 많은 사람들이 추종하였다. 독일로 가서 경건주의 중심지 헤른후트를 방문했고 스위스 제네바에 와서는 칼빈주의의 청년들에게 특강했다. 또 스트라스부르에서는 유명한 사회사업 목회자인 요한 오벌린과 대담했다. 사실 그녀는 당대에 큰 영향력을 가진 인물들과 가까이 교류하였다.

크뤼데너 남작 부인은 사람들에게 세계적 대전을 예고했다. 바로 직후 나폴레옹이 등장하여 세계를 지배하자 그녀의 영감은 들어맞게 되었다. 그러나 나폴레옹의 기세가 하늘을 찌를 때 그녀는 황제를 "적그리스도"라고 부르며 곧 실각할 것도 예고했다. 불과 수년 만에 그녀의 예측대로 나폴레옹은 폐위되었기에 그녀의 신비감은 더욱 고양되었다.

러시아 황제 알렉산드르가 비엔나 회의 참석차 유럽에 왔을 때 크뤼데너 남작 부인은 그를 만나러 찾아갔다. 신비한 여인의 소문을 들었던 황제는 면담을 허락했다. 독일 하일브론(Heilbronn)에서 이들의 대화는 시작되었다. 그녀는 알렉산드르에게 인생, 신앙, 국가, 종말에 대해 설교하며 회심을 권유했다. 양손으로 얼굴을 가린 채 두 시간을 넘게 이 여인의 얘기를 들은 황제는 감동의 눈물을 흘렸다. 알렉산드르는 프랑스 파리에 입성해 혁명 광장에서 연합군을 사열하고 사제들로 하여금 성가를 부르게 하면서 프랑스의 비극이 신앙을 잃은 데서 나왔다며 일장 훈시를 했다. 러시아 황제가 프랑스 군대를 세워두고 설교와 열변을 전한 사건은 참으로 전례 없는 것이었다. 이는 그의 높은 권위와 프랑스의 추락을 동시에 보여준 사례였다.

크뤼데너 남작 부인은 황제 알렉산드르를 설득하여 교회의 재건과 기독교 신앙의 전파, 그리고 유럽의 항구적 안정을 위해 주도적 역할을 할 것을 권하였다. 이후 그녀는 황제와 이별하고 러시아로 향했다. 비엔나 회의에서 황제 알렉산드르는 파티 대신 매일 기도회 모임에 나갔고 결국 그가 결심한 것은 프러시아, 오스트리아, 러시아 삼국의 신성 동맹(Holy Alliance)이었다. 1815년 프러시아의 국왕 빌헬름 3세와 오스트리아의 황제 프란츠도 조약에 서명하였다. 동맹 목적은 아래와 같은 고상한 내용이었지만 실제 의도는 삼국이 세계를 주도하는 것이었다.

"각 나라는 신성한 기독교의 사랑과 평화와 정의를 유일한 원리들로 삼고 서로 협력한다. 세 군주들은 진실한 우애를 바탕으로 단결하고 그 덕목들을 수호하기 위해 항상 서로 원조와 지원을 보내며 자국의 국민과 군대에 대해 가장으로서 역할을 수행한다."

(Harold Nicols, *The Congress of Vienna: A Study of Allied Unity*, 1974, 250.)

사실 신성 동맹은 평화를 역설했지만 혁명을 거부하고 왕정 수호를 결의한 보수적 집합이었다. 이들은 신적 섭리에 의해 군주의 권력이 부여되었다고 확신했다. 그러나 삼국의 신성 동맹은 더 지속되지도 확대되지도 못하였다. 영국은 동맹 가입을 거절하였다. 한편 미국은 먼로주의(Monroe Doctrine)를 선언하며 패거리를 만드는 것이 더 위험함을 지적하였다. 신성 동맹은 수구적이었지만 그럼에도 상호 갈등을 접고 평화적 관계로 세계 문제를 해결하려한 의의가 있다.

세계적 위상을 잃어버린 프랑스는 "옛 정권"이라는 뜻의 "앙시앵레짐(ancient Regime)", 즉 왕정으로 회귀했다가 1848년 또 다시 혁명을 맞았다. 왕정이 영구히 폐지되고 헌법이 제정되었으며 선거를 통해 나폴레옹의 조카인 샤를 루이 나폴레옹을 대통령으로 선출하였다. 세계는 평화를 약속했지만 프랑스는 과거의 영광을 그리워했고 독일도 오스트리아도 나폴레옹 제국 같은 세계 지배를 꿈꾸게 되었다.

크뤼데거 남작 부인이 희망했던 평화의 시대는 신성 동맹으로 적어도 한 세대 동안은 지속되었다. 그녀는 러시아 황제의 허락 아래 크리미아 반도로 추종자들과 함께 이주하여 평화의 공동체를 세웠다. 그러나 크뤼데거의 공동체도 한 세대 후 일어난 크리미아 전쟁으로 큰 시련을 겪어야 했다. 무척이나 변동이 심했던 그녀의 삶은 마치 유럽 정세의 축소판 같았다. 남작 부인은 세상을 떠나며 이렇게 말했다.

"나의 선행은 계속 유지되기를 바라며 내가 한 악행은 하나님의 긍휼로 지워지기를 소원한다."

4. 서구의 재편과 제3세계의 혼란

성지 이스라엘과 크리미아 전쟁의 발발

러시아, 오스트리아, 프러시아의 신성 동맹으로 구축된 유럽의 평화는 결코 오래가지 않았다. 한 세대 만에 유럽은 세계 대전의 전초전인 크리미아 전쟁(Crimean War: 1853-56)을 벌였다. 이 전쟁은 쇠약해진 오토만 제국에게서 프랑스가 이스라엘 관할권을 강압적으로 양도받자 중동의 주도권과 흑해의 제해권 상실을 우려한 러시아가 크게 반발해 오토만 제국을 공격하면서 시작되었다. 이에 반해 프랑스와 영국은 군사적 연합을 이루어 러시아의 팽창주의를 견제하려 했다. 성지 관할을 놓고 시작된 갈등은 이제 러시아의 남진과 연합군의 북진을 놓고 다투는 전쟁으로 비화되었다. 러시아가 오토만 제국을 공격하자 프랑스와 영국은 오토만과 편을 묶어 3국의 연합 함대를 편성했다. 러시아 황제 니콜라이 1세는 홀로 이 세 나라를 상대해야 했다. 전장은 주로 흑해 주변과 크리미아 반도였다.

이 소모적인 전쟁의 정점은 1855년 크리미아 반도의 항구 세바스토폴(Sebastopol)에서 벌어진 전투였다. 이곳은 러시아 흑해 함대의 주둔 기지였는데 강력한 영불 연합군의 반도 상륙을 저지하려면 러시아에서는 반드시 사수해야할 항구였다. 반면 프랑스와 영국은 필히 이를 공략해야 크리미아를 점령하고 흑해를 장악할 수 있었

크리미아 전쟁에서 발생한 가장 치열한 세바스토폴 전투 모습 - by Valentin Ramirez

다. 이 작은 항구를 두고 양측은 무려 2년이 넘는 지옥의 전투를 벌였다. 그해 4월에는 며칠 사이에 90,000발의 포탄이 러시아군에 떨어져 순식간에 6,000여 명의 사상자가 나왔다. 그럼에도 전쟁은 러시아가 놀라운 전의로 잘 방어하는 형국이었다. 연합군은 상륙하여 세바스토폴 요새에 이르기까지도 1년이 넘게 걸렸고 그 요새를 정복하는데도 또 1년이나 소모되었다. 이 과정에서 영불 연합군은 서로 불화하며 큰 피해를 입었고 러시아도 모든 물자가 부족한 상황에서 궤멸의 수준에 이르렀다.

종국에 연합군이 길게 늘어진 전선을 한데 모아 러시아 포대의 본거지인 말라코프를 먼저 폐허로 만들자 세바스토폴의 러시아군은 항복하고 말았다. 그러나 그 피해는 모두에게 너무나 참혹했다. 영국군은 20,000명, 프랑스군은 92,000명, 오토만 제국은 170,000명의 사상자를 냈고 러시아는 더 참혹하게도 120,000의 전사자와 100,000의 질병 사망자가 나왔다. 일면에서 개신교의 대표국인 영국과 가톨릭의 대표국인 프랑스가 이슬람의 대표국인 오토만 제국과 한편이 되어 정교회의 러시아에 맞섰다는 사실은 세계가 이미 종교가 아닌 정치적 이해관계를 중시하는 시대로 바뀌었음을 의미했다. 내부적 문제들로 곪아 있던 기백 잃은 러시아는 3년이나 지속된 이 전쟁에서 아무런 소득을 얻지 못하였다.

결국 1856년 3월 30일 러시아의 알렉산드르 2세는 파리 조약을 체결하고 부친 니콜라이가 시작한 전쟁을 끝마쳤다. 그 결과 러시아는 흑해의 군사적 이용을 단념했고 프랑스는 이스라엘 성지의 관할권을 유지했다. 이로써 예루살렘과 갈릴리 호수 주위에는 프랑스 수도회의 교회들이 세워졌다.

그럼에도 크리미아 전쟁의 승자는 누구도 아니었다. 특기할 것은 이 전쟁이 새로 발명된 전신과 사진을 사용하여 치열한 전투 소식을 세계에 매일 보도한 최초의 전쟁이라는 점이다. 전쟁 뉴스는 더 실감나고 정확하게 퍼졌으나 그 비극적 본질을 인식하는 자들은 적었다. 허망한 크리미아 전쟁에서 건진 유일한 소득은 경건주의 간호 학교에서 배운 한 영국인 간호사의 감동적인 봉사였다. 바로 나이팅게일이었다. 병원을 청소하고 병상을 소독하고 병균을 닦아내고 병자를 위로하는 일만으로 전상자들의 사망률을 크게 낮추어 그녀와 동료들은 이 전쟁에서 유일하게 인간을 살리는 일을 하였다.

크리미아 전쟁 후 유럽은 또 재편되었다. 프러시아의 독일이 더 확장되었고 이를 우려한 프랑스는 얼마 전까지만 해도 혈전을 벌였던 러시아와 친선 관계로 돌아섰다. 이탈리아는 가리발디의 등장 아래 소공국들이 연합되었고 1870년 드디어 로마시를 지배한 프랑스군이 물러가자 통일 국가를 건설하였다. 이탈리아의 국가 수립으로 로마 교황의 영토는 1,000년 만에 바티칸 공국을 중심으로 역사상 가장 작은 규모로 축소되었다. 오스트리아의 합스부르크 제국이나 중동의 오토만 제국도 쇠락하였다. 영국은 굳건했으나 러시아의 사정은 더 악화되었다.

한편 프랑스로부터 북미 대륙 중부인 루이지애나 지역을 사들인 미국은 1864년 남북 전쟁을 끝내고 분열의 위기를 극복한 후 하나의 미국을 유지하며 세계적 대국으로 도약하고 있었다. 크리미아 전쟁은 평화보다는 무력을 지향했을 때 얼마나 참담한 비극을 빚는가를 보여주었다. 그럼에도 이 모든 나라들은 또 다른 대결의 시대를 준비하고 있었으며 그 비극의 규모는 예감조차 못하고 있었다.

수구적 러시아의 쇠락

나폴레옹의 모스크바 침공 때 러시아는 추위의 힘을 빌려 승리했지만 전쟁의 후유증은 패배한 프랑스보다 사실 더 심각하였다. 승리한 차르 알렉산드르 1세는 체제 안정을 택했지만 자유의 사상에 물든 러시아의 청년들과 지식인들은 총체적 개혁을 갈망했다. 그럼에도 이는 실현되지 못했고 단지 희망에 그치고 말았다. 알렉산드르 1세는 "유럽의 중재자"를 자임하며 러시아의 외교적 위상이라도 높였지만 그 아들 차르 니콜라이 1세

(r. 1822-55)는 국가 쇠락을 조장했다. 니콜라이 1세는 개혁파를 탄압하며 반서구화 정책을 고수하면서 다음 세 구호를 국민들에게 각인시켰다.

"정교 신앙(Orthodox), 군주 정치(Autocracy), 민족주의(Nationality)."

니콜라이는 민주주의도 계몽주의도 모두 적으로 보았고 유럽을 방탕한 지역으로 매도하며 국수적 배타주의만 고양시켰다. 쇄국을 지향할수록 러시아 국민은 분열되었다. 1850년대 절망한 일부 러시아인들은 무정부주의(Anarchism)나 반체제적 허무주의(Nihilism)에 빠지기 시작했다. 설상가상으로 차르 니콜라이는 무익한 크리미아 전쟁까지 벌였다.

1855년 새 황제 알렉산드르 2세는 곪은 문제들을 그나마 해결하려 노력하였다. 그는 크리미아 전쟁을 종결지은 후 프랑스와 영국 군대의 자유 청년들을 보고 깊은 인상을 받아 러시아 농노제를 폐지하였다. 또한 산업혁명을 수용하여 현대화를 추진했으나 1881년 암살당했다. 이후 러시아 상황은 혼란으로 치달았다. 권좌에 오른 알렉산드르 3세(1881-94)나 다음 황제 니콜라이 2세(1894-1917)는 수구적인 독재 군주들이었다. 국론은 분열되고 농민들의 삶은 피폐해진 가운데 국가를 파탄 낼 팽창주의만 지향했다. 결국 내적 개혁을 등한시하다 국가도 황제도 침몰한 채 1917년 사회주의 혁명을 맞게 되었다. 러시아는 공산주의가 닥친 20세기에 암흑이 닥친 것이 아니라 이미 19세기부터 암흑의 시기를 겪고 있었다. 다만 19세기는 초저녁이었고 20세기는 한밤이었을 뿐이다.

통일 독일 제국과 비스마르크의 개혁

프러시아(프로이센)는 나폴레옹 쇠락 후 가장 크게 성장한 유럽 국가였다. 1862년 재상이 된 오토 폰 비스마르크(Otto von Bismarck)는 프러시아와 독일의 수십 소국들의 통합을 최우선 목표로 삼았다. 그는 프러시아의 영광을 위해 "철(iron)과 피(blood)", 즉 무기와 군대를 강력히 사용하겠다고 선포하여 "철혈 재상"이라는 별명을 얻었다. 당시 독일 민족의 단일 국가 재건을 위해 프러시아와 오스트리아는 서로 명분을 주장하며 치열하게 경쟁하고 있었다. 오스트리아는 독일 연방을 만들어 사라진 신성 로마 제국을 재현하려 했고 반대로 프러시아는 오스트리아를 견제하기 위해 독일 공국들만을 모아 민족 통일을 이루려하였다. 결과적으로 양국의 대결은 불가피했으며 패배한 오스트리아는 독일 병합의 꿈을 접었다.

이번에는 프랑스가 단일 국가 독일을 반대하고 나섰다. 그러나 프러시아는 파리까지 점령하며 프랑스에 대승을 거두었다. 1871년 1월 파리의 베르사유 궁전의 거울의 방(Hall of Mirror)에서 프러시아를 중심으로 독일의 4개 왕국과 18개 공국, 그리고 4개의 자유 도시 군주들은 천년 분열을 끝내고 단합된 거대한 독일 제국(German Empire)을 탄생시켰다. 새로운 독일 제국의 황제에는 프러시아의 왕 빌헬름 1세가 등극하였고 비스마르크도 북부 왕국 프러시아의 재상 신분에서 거대 독일 제국의 수상으로 승격되었다. 이로써 유럽은 순식간에 강력한 독일 제국의 등장을 보게 되었다.

비스마르크의 큰 공헌은 독일 제국의 건설뿐 아니라 외교적 노력으로 유럽 국가들의 평화를 도모했다는데 있다. 심지어 그는 자국 독일의 과도한 군사력 확대도 반대하였다. 프랑스나 영국 등 경쟁국들을 군사적으로 자극하지 않았는데 이 점에서 그는 절제가 뛰어난 지혜로운 지도자였다. 또한 국가 사회 복지를 도입하여 서민의 권리를 보장하였다.

그러나 비스마르크가 정치에서 물러나자 직접 독일을 통치한 빌헬름 2세는 군비 확장을 추진하여 유럽의 군사적 긴장을 촉발하였다. 빌헬름 2세는 유럽의 세력 균형보다는 독일의 압도적인 위상을 더 중시하였다. 이는 민족주의가 팽배하고 국가 간 상호 견제가 극심한 유럽에서 전쟁을 주문하는 어리석은 태도였다. 18세기 프리드리히와 19세기 비스마르크의 현명한 통치들은 독일에 대한 유럽인들의 존경심을 불러 일으켰으나 이후 독일 군주들은 정반대의 길로 걸어가 호전적 침략국이라는 역사적 오명을 자민족에 씌웠다.

멕시코의 독립과 미구엘 이달고의 외침

남미에서 가장 먼저 독립한 나라는 아이티(Haiti)였다. 1800년대 초반 약 500,000명의 아이티 원주민들은 불과 36,000명의 프랑스 군인들에게 지배받고 있었다. 백인 선교사들은 원주민들에게 하나의 신앙을 갖게 하였고 이는 단결심과 해방 의식으로 발전되었다. 1804년 아이티 주민들은 프랑스에 반기를 들고 독립을 쟁취하였다. 그들은 프랑스 국기에서 국왕을 상징하는 흰색 부분만 없애 버리고 나머지 파랑과 빨강을 가로로 뉘여 아이티 국기를 만들었다.

과달루페의 동정녀 성화

1808년 스페인이 나폴레옹에 무너지자 중남미 전역은 독립 혁명의 불길이 일었다. 가장 큰 나라는 멕시코였고 "독립의 아버지"는 사제 미구엘 이달고(Miguel Hidago, d. 1811)였다. 그는 남미에서 태어난 스페인 사람을 가리키는 "크리올(Creole)" 신분이었는데 수도 멕시코 시티에서 160km나 떨어진 시골 마을 돌로레스(Dolores)에서 평범한 신부로 사역했다. 당시 멕시코 원주민들은 대부분 소작농이었기에 스페인 귀족 지주의 착취로 고통을 받았다.

멕시코 독립의 영웅 미구엘 이달고
- 과달루페의 성모화 앞에서 서 있는 모습
- by L Garces

1810년 9월 16일 사제 이달고는 교회당의 종을 쳐 주민들을 규합하였다. 그리고 '엘 그리토 데 돌로레스(El grito de Dolores)', 즉 "돌로레스의 외침"이라는 연설을 하며 스페인에 대항하는 멕시코 해방 투쟁을 선언했다. 멕시코 백성들은 성모 마리아가 멕시코 시티에 현현했다고 주장할

돌로레스 성당 앞의 멕시코 국부 이달고 신부 동상

뿐 아니라 자신들의 땅이 신성하고 또한 성모도 독립을 지지한다고 믿었다. 가장 유명한 성모의 성화는 멕시코 시티의 과달루프(Guadeloupe) 성당에 소장된 것이다. 이곳은 남미에서 가장 유명한 순례 장소가 되었다.

그러나 사제 이달고가 소집한 20,000여 명의 군대는 스페인에 패배하였고 그는 교수형에 처해졌다. 그럼에도 이달고는 사후에도 영웅이 되었다. 그 희생은 멕시코의 항쟁을 더 가열시켰으며 1821년 마침내 스페인으로부터 독립을 쟁취하였다. 멕시코는 일시적인 왕정을 거친 후 산타 아나(Santa Ana)가 초대 대통령이 되고 공화국을 시작하였다.

이달고가 혁명 완성을 보지는 못하였지만 그를 기리는 의미에서 항쟁 발발일 9월 16일은 멕시코의 독립기념일이 되었다. 매해 이날 전야에 멕시코 대통령은 이달고처럼 직접 종을 치고 '돌로레스의 외침'을 군중들 앞에 읽는다. 그 일부는 다음과 같다.

"여러분! 오늘 우리에게 새 시대가 왔습니다. 이를 맞이할 준비가 되어 있습니까? 300년 전에 스페인이 빼앗은 우리 선조들의 땅을 되찾아야 하지 않겠습니까? 애국자로서 우리는 권리와 신앙을 지켜야 합니다. 과달루프의 성모가 우리를 도울 것입니다."

(Michael Meyer et al. *The Course of Mexican History*, 1979, 276.)

남미의 해방과 시몬 볼리바르의 꿈

거대한 남미 대륙의 혁명은 두 영웅인 산 마르틴(Jose de San Martin, d. 1850)과 시몬 볼리바르(Simon Bolivar, d. 1830)가 이끌었다. 1810년 산 마

르틴의 군대는 스페인 세력을 몰아내고 오늘날의 아르헨티나, 칠레, 페루 지역을 해방시켰다. 한편 산 마르틴을 도왔던 시몬 볼리바르의 활약은 더 놀라웠다. 그도 남미 출생의 '크리올(Creole)' 계층으로 유럽 본토 출신에 비해 차별을 받았다. 그래서 시몬 볼리바르는 바로 토착 민중의 분노를 결집시켰다. 그는 스페인 군대에 승리하고 중남미를 해방시켰는데 이 지역은 콜롬비아, 베네수엘라, 파나마, 볼리비아로 분열되었다. '볼리비아' 국명은 그의 이름 '볼리바르'에서 나왔다.

남미 독립의 영웅 시몬 볼리바르
- by R Bernal

　1808년 포르투갈 국왕 후안 6세는 나폴레옹을 피해 식민지 브라질로 이주하여 13년을 지냈다. 나폴레옹이 실각하자 1821년 후안 6세는 다시 포르투갈로 돌아갔고 브라질은 왕자 페드로에게 맡겼다. 그러나 페드로는 총독 신분에 만족하지 않고 독립된 브라질의 국왕을 원했다. 1년 후인 1822년 그는 포르투갈로부터 브라질의 분립을 선언하고 투쟁을 지속하여 마침내 브라질 국가를 태동시켰다. 남미 국가들의 해방에는 무엇보다 스페인을 굴복시킨 나폴레옹이 가장 크게 영향을 끼쳤다. 또한 미국 독립과 프랑스 혁명도 남미 주민들에게 해방의 열망을 갖게 했다. 그리고 아메리카 대륙에 대한 유럽의 영향력을 강력히 차단했던 미국의 먼로 대통령도 중남미 독립에 공이 있었다.

　로마 교황들은 어리석게도 남미의 혁명을 강력히 반대했고 "페닌슐라르(peninsulare)"라는 스페인 태생 주교단 다수도 독립을 원치 않았다. 이와 달리 하급 사제들은 남미 태생들로서 혁명에 적극적이었다. 한 예로 아르헨티나 독립을 주도하고 선언문에 서명한 29명 중 16명은 지역 출신 사제들이었다. 독립 지도자들은 가톨릭 사제들이 많았기에 남미 주민들은 가톨릭에 대해 이중적 감정을 갖게 되었다. 즉 옛 질서의 상징으로서 부정적 대상이지만 동시에 혁명의 주체로서 긍정적 기관인 것이다. 이후 남미의 가톨릭교회는 억압에 항거하는 정신을 중시하게 되었다. 현재 남미 기독교가 지닌 정치적 지향성은 바로 과거의 역사적 투쟁 경험에 기초한 것이다.

"남미 독립의 아버지" 볼리바르는 북미의 미국처럼 남미도 연합된 단일 국가가 수립되기를 희망했다. 그러나 볼리바르의 의도와는 정반대로 남미는 계속 분리를 거듭하여 여러 나라들로 분열되었다. 사실 북미에서는 제1차 대각성 운동이 일어나 단일 국가를 위한 큰 연대감을 제공했지만 남미에는 흩어진 백성들을 통합시킬 역동적 정신이나 운동이 부족하였다. 남미 통합의 꿈이 좌절되자 절망한 볼리바르는 세상을 떠나기 한 달 전에 친구에게 보낸 편지에서 이렇게 탄식하였다.

"[남]아메리카는 제대로 통치될 수 없는 곳이다. 혁명에 헌신한 이들은 바다에 쟁기질하는 헛수고를 했다."〔{South} America is ungovernable, Those who serve the revolution plow the sea.〕

(John Lynch, *Simon Bolivar: A Life*, 2007, 276.)

아프리카의 비극

검은 대륙 아프리카에 오랫동안 백인들의 정착을 막았던 가장 큰 대적은 사자나 악어도 아니었고 또한 검은 얼굴의 토인들도 아니었다. 그것은 바로 말라리아와 풍토병이었다. 특히 선충을 품은 모기들에 의해 감염되는 말라리아는 백인들에게는 치명적이었다. 1850년 유럽은 퀴닌(Quinine)을 이용한 말라리아 치료약을 개발하였다. 남미의 킹코나(Cinchona) 나무를 인도에 대량으로 심고 그 껍질에서 퀴닌(Quinine)을 추출하여 아프리카에서 약으로 사용하였다. 이처럼 퀴닌은 무려 세 대륙에 연관된 약으로 사용되었다. 말라리아를 극복할 수 있게 된 백인들은 아프리카 식민지 건설을 신속히 실행에 옮겼다.

1884년 유럽 국가들은 베를린 회담(the Berlin Conference)을 열고 개발의 미명하에 아프리카를 조각내어 식민지로 삼았다. 영국은 남아프리카와 나이지리아를, 프랑스는 북아프리카의 알제리와 모로코를, 독일은 검은 대륙 동서에 하나씩, 즉 카메룬과 탄자니아를 식민지로 삼았다. 포르투갈도 동서에 걸쳐 앙골라와 모잠비크를 수중에 넣었다. 1805년 이집트는 오토만 제국으로부터 독립을 쟁취했으나 1869년 수에즈 운하(Suez Canal)가 건설되자 이를 탐낸 영국에 의해 1914년 식민지로 전락하였다.

아프리카뿐 아니라 전 세계에서 가장 열악하고 비참했던 식민지는 중앙아프리카의 콩고였다. 1885년 벨기에 국왕 레오폴드 2세가 지배한 이 지역은 서구의 이중성이 적나라하게 드러난 곳이었다. 레오폴드 국왕은 콩고에 문명화를 위한 십자군을 보낸다고 국제 사회에 홍보하고서 실제로는 흉포한 점령군을 보내 아예 개인 소유의 노예 국가로 삼아버렸다. 벨기에 왕실의 부귀를 위해 콩고 백성들은 코끼리 상아를 수없이 모아야 했고 많은 식민지 농장에서 고무 수액을 종일 채취했다. 한마디로 거의 모든 콩고 백성들은 죽도록 일하면서도 임금도 거의 없는 노예로 전락한 셈이었다. 노역에 반항하는 주민들은 두 손목을 잘랐고 도주하는 자는 처형했다. 수백만의 원주민들이 질병과 학대로 죽었다. 레오폴드 국왕은 콩고 식민지를 오히려 지옥으로 만들어 놓았다. 비극에는 무관심했고 오로지 수익에만 혈안이었다.

미국 정치가며 목회자인 조지 윌리엄스(G. Williams)와 아프리카 선교사 윌리엄 쉐파드(W. Sheppard)가 처음으로 국제 사회에 콩고의 참상을 고발하였다. 영국 기자 모렐(E. Morel)의 집중 취재가 잇따랐고 『셜록 홈즈』를 펴낸 아써 코난 도일(A. C.

1906 영국 잡지 펀치(Punch)
- 네덜란드 레오폴드 국왕이 콩고 흑인을 사악하게 조이는 카툰

Doyle)경은 아예 "콩고의 범죄"라는 글을 기고해 레오폴드의 만행을 알렸다. 영국 의회는 콩고 비극을 국제 문제로 비화시켜 벨기에를 비판하였다. 벨기에 의회는 국왕 개인의 식민지에서 국가 식민지로 바꾸고 또 총독을 교체하는 수준의 한심한 조치를 개선책이라고 내놓았다. 다만 국제적 관심으로 살인적 만행은 줄어들었다.

아프리카에서 유일하게 독립국의 지위를 누렸던 나라들은 전통의 기독교 왕국 에티오피아와 아프리카 서안에 자유 흑인들을 위해 미국이 세운 라이베리아뿐이었다. 검은 대륙의 완전한 독립은 20세기 중반에야 이루어졌다.

5. 낭만주의 사상과 영향

 1700년대 한 세기 동안 서구는 '이성'에 열광하는 계몽주의 시대를 보냈다. 그 시대는 인간의 이성을 왕으로 숭배하였다. 모든 영역에서 이성을 거론했고 무엇이든지 이성의 잣대로 재단하였다. 그러나 1800년대에 이르러 새로운 사조 '낭만주의(Romanticism)'가 등장하였다. 낭만주의의 용어 '로맨틱(Romantic)'은 '로마의 것'을 뜻하는데 실제적이고 정열적이었던 로마 문화의 특성을 가리킨다. 그 반대는 '플라토닉(Platonic)', 즉 고대 그리스의 형이상학적 사조이다. 그러므로 낭만주의는 인간의 이성보다는 감정을 강조하였다. 이 사조는 철학, 신학, 음악, 미술 등 근대 인간의 거의 모든 영역에서 유행하였다.

낭만주의 철학

 이성의 한계를 주장한 낭만주의 철학은 데이비드 흄(David Hume, d. 1776)이 첫 무대를 열었다. 흄은 인간 존재가 철저히 이성적이지 않고 이성 자체도 불완전함을 지적하였다. 더구나 인간은 이성보다 욕망과 감정에 더 좌우되는 행동을 하며 그런 행동을 정당화 하는 사유 방식을 이성적이라고 착각하는 것도 관찰하였다. 흄의 사상은 거장 철학자 임마누엘 칸트(Immanuel Kant, d. 1804)에게 영향을 주었다. 칸트도 이성의 한계를 명쾌히 지적하였다. 이성이 감지할 수 있는 것들은 한정되어 있고 특히 신에 관한 문제는 이성으로 감지하거나 판단할 수 없음을 역설하였다. 특히 신앙은 이성이 이해하는 영역 바깥의 문제라는 것이다.

 칸트에게 영향 받은 헤겔(G. W. F. Hegel, d. 1831)은 신앙을 도덕의 위치로 격하시킨 계몽주의를 강하게 비판하였다. 그는 신앙이란 윤리나 도덕을 뛰어넘는 "절대적 영적 존재(Absolute Spirit)"와 만나는 경험이라고 보았다. 인간은 타락으로 인해 창조주와 분리되었으나 그리스도로 인해 신성을 경험한다. 헤겔은 신적 계시와의 만남이 신앙의 자리임을 역설한 것이다. 또한 계몽주의자들이 신앙을 미개한 것으로 치부하자 헤겔은 세계가 발전함에 따라 진리 또한 진보한다고 반박하였다.

헤겔과 달리 낭만주의의 유파인 미국의 초월주의(Transcendentalism)는 종교를 아예 관심의 대상에서 배제하며 새로운 세계관을 제시하였다. 초월주의는 하버드 대학의 교육조차 조롱하였던 헨리 쏘로우(Henry David Thoreau, d. 1862)에 의해 주창되었다. 그는 이상적인 영적 상태는 현세적인 것을 초월한다는 사상을 가지고 가시적 세계의 위선과 제도의 허영을 비판하였다. 이 점에서 그는 "근대의 디오게네스"였다. 쏘로우는 최소한의 정부가 가장 좋은 정부로 믿었다. 국민의 세금이 정복 전쟁과 노예 제도에 사용되자 용감하게도 쏘로우는 세금 납부를 거부하였다. 그는 악한 제도와 그릇된 법률에 협조하는 것이 오히려 비양심적인 것이며 그 법률이라는 이름만 가진 "불법"에 비폭력으로 불복종하는 것이 더 양심적이라고 주장하였다. 쏘로우의 무정부 사상은 레오 톨스토이에게 영향을 끼쳤고, 불복종 사상은 마하트마 간디에게 영감을 주었으며, 사회 정의 사상은 마르틴 루터 킹에게 통찰력을 주었다.

낭만주의 신학

19세기 낭만주의는 신학에도 변화를 가져왔다. 드디어 교회는 교리보다 인간의 위기와 실존에 주된 강조점을 두기 시작했다. 그 대표적 학자는 독일의 슐라이에르마허(Friedrich Schleiermacher, d. 1834)였다. 그는 할레 대학에서 신학과 철학을 공부한 후 1810년 새로 설립된 베를린 대학(University of Berlin)에서 가르치며 명성을 얻었다. 슐라이에르마허는 『신앙이란 무엇인가(On the Religion)』와 『그리스도인의 믿음(the Christian

Faith)』이란 저작들을 통해 신앙의 낭만주의 개념을 제시하였다. 사랑이나 희생 등의 가치도 이성이 아닌 감정에서 나오는 것임을 지적하며 그는 이렇게 선언했다.

"신앙의 자리는 인간이 신에 대해 갖는 절대 의존의 감정(feeling)이다."

슐라이에르마허는 인간이 바로 감정을 통해 신을 만난다고 주장하여 심리학과 신학을 연결시킨 학자였다. 그는 여기서 더 나아가 교리도 신에 대한 인간의 감정적

프리드리히 슐라이에르마허

투사라고 주장하였다. 예를 들면, 신의 속성 '사랑'은 인간이 절대적 용서를 바라는 감정에서 출현한 교리라는 것이다. 교리를 상대적으로 취급한 그의 태도는 낭만주의 신학에서 교리의 위상을 약화시켰다. 즉 그는 교리로부터 "자유로운" 기독교를 주장하게 되었다. 이것이 "자유주의 신학(Liberal Theology)"으로 발전하였다. 사실 그는 독일의 인기 있는 교수요 설교자였다. 주일마다 감성을 깨우는 설교로 많은 청중들에게 감동을 주었다. 기독교의 침체가 본격화된 당시 독일에서 슐라이에르마허는 역설적이게도 기독교를 가장 잘 대변한 변증가였다.

특기할 만한 것은 대학 발전과 관련한 슐라이에르마허의 공헌이다. 그는 베를린 대학을 '강의 중심' 대학에서 '연구 중심' 대학으로 바꾸었다. 당시 대학들은 단순한 특강과 암기로 교육했었다. 그러나 슐라이에르마허는 대학이 교수와 학생들의 연구 공동체라고 믿었고 그 연구 결과는 사회 발전에 기여해야 하는 것임을 확신하였다. 학생 스스로의 탐구와 실험을 강조하는 새로운 학풍을 유행시킨 것이었다. 이러한 연구 중심 대학은 독일 전역에 확산되었고 미국에도 영향을 주어 존스홉킨스 대학교(Johns Hopkins University)와 시카고 대학교(University of Chicago)가 최초 연구 중심 기관이 되었다.

덴마크의 철학자 쇠렌 키르케고르(Zøren Kierkegaard, d. 1855)는 낭만주의의 고독한 천재였다. 사랑하는 여인에게 실연당한 그는 사색의 세계로 더욱 자신을 밀어 넣었다. 키에르케고르는 인간 실존의 세 단계가 있음을 지적하였다. 첫 단계는 "심미적 실존"으로서 세속적 즐거움을 위해 사는 삶이다. 둘째 단계는 고상한 "윤리적 실존"으로서 가치를 중시하는 도덕적인 삶이다. 셋째 단계는 최상의 "신앙적 실존"으로서 인간이 자신의 한계를 인정하고 절대자에게 굴복하는 삶이다. 진정한 신앙인은 쾌락이나 도덕 이상의 실존을 목표로 하는 것이다. 키에르케고르는 인간이 스스로에 대해 절망해야 신에 대해 희망을 가질 수 있다고 역설하였다. 참으로 진정한 희망을 위해 절망을 주장한 역설적 낭만주의자였다. 사실 이 사상은 이성주의자들뿐 아니라 형식적 기독교에도 큰 충격을 주었다.

심리학의 등장

인간이 이성보다는 내면의 역동적 감정과 무의식에 의해 더 좌우된다는 낭만주의는 의학, 신학, 철학, 사회학 등의 융합을 통해 심리학을 출현시켰다. 이 학문의 주역들은 윌리엄 제임스(Wiilliam James, d. 1910), 그렌빌 스텐리 홀(Granville Stanley Hall), 빌헬름 분트(Wilhelm Wundt, d. 1920), 지그문트 프로이트(Sigmund Freud, d. 1939), 칼 구스타프 융(Carl Gustav Jung, d. 1961) 등이었다.

"근대 심리학의 선구자"는 철학자이자, 종교학자요 의학자였던 하버드 대학의 교수 윌리엄 제임스였다. 그는 이 세계가 물질도 사상도 아닌 다양한 경험들의 모자이크이며 경험이 바로 실재라고 지적했다. 그는 의식이란 끊임없이 흐르는 강과 같다고 보았다. 그의 명저『종교적 경험의 다양성(The Varieties of Religious Experience)』은 신앙적 체험을 무가치한 것으로 보는 일반 학문의 태도에 대해 비판한다. 신앙에 관한 진정한 연구는 외적 제도를 살피는데 있지 않고 경험과 덕목을 파악하는데 있다고 보았다. 그는 상징과 실재에 대한 개념을 통해 종교의 위치를 설명하였다. 식당 메뉴판에 '스테이크'가 쓰여 있을 때 이는 '상징'으로서 고객의 입안과 머리와 신경에 고기를 떠올리는 반응들을 나타나게 한다. 그렇지만 '실재'하는 고기는 눈앞이 아닌 식당 주방에 있다. 이렇듯 윌리엄 제임스는 인간 삶에 비가시적 실재가 존재하기에 과학이 이런 요소들을 무시하지 말아야 한다고 지적하였다. 그의 폭넓은 학문성은 신학, 철학, 신경학은 물론 교육 심리학을 구성하는데 큰 기여를 했다.

한편 윌리엄 제임스의 제자로서 "청소년 심리학의 아버지" 그렌빌 스텐리 홀은 인간은 생득적으로 이성적 존재가 아니라 본능적 존재라고 믿었다. 그는 아동 발달 이론에 집중하였는데, "질풍노도의 시기(Adolescent storm and stress)"를 처음 규정한 인물이다. 홀은 미국 심리학회를 창설하여 이 학문의 위상을 굳히는데 공헌했다.

"실험 심리학의 아버지" 빌헬름 분트는 독일의 루터 교회 목사의 아들로 태어났다. 그는 의학 박사가 되었지만 24세에 중병에 걸려 죽음의 위기에 직면하자 신앙과 철학, 그리고 심리에 대해 깊은 통찰을 갖게 되었다. 분트는 라이프치히 대학에서 가르치며 세계 최초로 심리학 실험실을 만들어 인간의 행동과 심리를 관찰하였다. 이로써 그는 과학 심리학과 사회 심리학의 기초를 놓은 공헌을 하였다.

"정신 분석학의 선구자" 지그문트 프로이트는 심리적 증상의 임상 치료까지 시도하였다. 독일 프라이부르크 출신의 유대인인 그는 1895년 "히스테리 연구"와 1900년의 "꿈의 해석"을 통해 정신 구조가 어떠한지, 어떤 억압이 있는지, 그리고 병증을 어떻게 치료할 것인지에 대한 연구를 발표하였다. 프로이트의 충격적인 주장은 억눌린 성충동이 병적 증상과 독특한 정신 활동을 가져온다는 것이다. 그는 인간 무의식에 성적 억압이 있으며, 이것이 고통과 불안의 감정들을 배출하고 현재의 행동에까지 영향을 끼친다고 믿었다. 억압의 과정은 대개 유아기와 아동기에 이루어진다고 믿어 프로이트는 과거와 기억을 중시하게 되었다.

스위스 심리학자 칼 구스타프 융은 초기에는 프로이트에 찬사를 보내다 후에는 강한 반대자가 되었다. 프로이트가 온통 성욕의 관점에서만 정신 세계를 파악하는 것에 대해 융은 결코 긍정할 수 없었다. 고고한 정신 예술도, 형이상학도, 이념도, 이상도, 신앙도 모두 억눌린 성욕의 결과로서만 해석될 수 없기 때문이다. 일부 정신 활동이 성적 요인에서 기인하겠으나 성이 삶의 전부가 아니 듯 성적 요인도 정신 활동의 유일한 동인이 될 수 없다는 것을 프로이트는 간과하였다. 또한 광대한 심리 세계에서 다른 요인들이 억압을 가져오는 것도 인식치 못했다. 프로이트와 달리 융은 심리의 "위"와 "아래", 즉 '의식'과 '무의식'에 대해 연구하였다. 그는 의식의 세계가 과대평가되었다며 인간은 무의식의 지배를 받는다고 주장하였다.

심리학의 등장은 전통적인 학문 세계에 큰 반향을 불러 일으켰다. 문서, 물질, 도구, 관념 등을 다룬 타 학문과는 달리 인간의 역동성에 대한 독특한 연구였고 종교적 신념에도 도전하였기 때문이다. 대체로 심리학자들은 종교를 존중하고 신앙의 역할을 중시했으나 일부는 영혼을 부정하고 무신론을 취하였다. 한편 심리학은 전통 사회가 추구해온 획일적 질서와 숨겨진 위선을 드러내는데도 일조하였다.

낭만주의 문학과 예술

낭만주의 문학가들은 인간 세계에 대한 정형화된 판단을 거부하였다. 이전 계몽주의 문학의 주인공들은 언제나 규범적이고 이성적이었지만 낭만주의 작품은 비정상적 심리나 독특한 가치관을 가진 주연들이 중심이었다. 그리고 인간의 본성 자체가 정상과 비정상 양면에서 다 역동적임을 강조하였다. 바로 메리 셸리(Mary Shelley)의 『프랑켄슈타인』이나 애드가 알렌 포우(Edgar Allen Poe)의 작품 속 주인공들이 그 실례들이다. 실제로 포우는 많은 비극적 경험들을 겪은 인물인데 자신의 작품을 읽는 독자들이 각자 자신의 비정상에 대해 생각할 수 있게 하였다. 그의 이름 속에는 낳아

준 친부 '포우'와 길러준 양부 '알렌'이 모두 들어 있는 등 자신의 작품만큼이나 비정상적 삶을 살았다.

인간은 과학적 발명뿐 아니라 한 줄의 격정적인 글을 보고도 감탄하는 존재이다. 영국의 낭만파 시인 윌리엄 워즈워드(William Wordsworth, d. 1850)는 바로 그런 감동을 준 시인이었다. 그는 기독교 가정에서 성장하며 포우처럼 생애 많은 굴곡이 있었으나 신앙과 희망을 놓지 않았다. 프랑스 대혁명과 무정부 상태를 목격한 후 그의 인생관은 현저히 바뀌어 더 현실적이게 되었다. 생애 후반인 1822년 워즈워드는 영국 국교회의 역사를 서사시로 노래한 『교회사 단편시(Ecclesiastical Sonnets)』를 내었다. 이 작품에서 철학, 신학, 문학이 통합된 지성을 드러내었다. 이성적 인간들은 천체를 연구하는데 관심을 가졌으나 워즈워드는 하늘의 낭만을 노래하였다. 또한 어른들이 어린이들 위에 군림하는 기존 질서의 시대에 그는 어린이가 어른을 가르칠 수 있는 파격적 역전의 교훈을 언급하였다.

"하늘의 무지개를 바라보면 내 마음은 뛰노라.
나 어려서도 그러했고 어른이 된 지금도 그러하고
나 늙어서도 그러하리라.
그러지 않게 될 때에 내 생애를 마감하소서.
어린이는 어른의 아버지.
바라건대 내 생애의 하루하루가 자연의 경건에 매이게 하소서."

(My heart leaps up when I behold; A Rainbow in the sky.
So was it when my life began; So is it now I am a man;
So be it when I shall grow old, Or let me die!
The Child is father of the man;
And I could wish my days to be; Bound each to each by natural piety.)

낭만주의 음악은 베토벤, 하이든, 슈베르트, 쇼팽, 슈만 등 대가들에 의해 펼쳐졌다. 질서와 조화를 강조하는 기존의 바로크 음악은 이제 그 무대

1808년 나폴레옹 군대의 침공에 항거하다 처형당하는 스페인 사람들 - 프란시스코 고야의 작품 '5월 3일'

를 격정과 감성의 음악에 인계해야 했다. 미술에서도 강렬한 붓 터치와 짙은 색들의 대비로 절정의 순간을 묘사하는 낭만파 작품들이 쏟아졌다. 스페인 화가 프란체스코 고야의 작품 '5월 3일'은 이를 잘 드러낸다. 나폴레옹 군대의 무자비함과 자유의 숭고함을 표현한 그 그림은 보는 이들의 가슴을 두들겼다. 한편 감정을 중시한 사회적 태도는 결혼에도 영향을 끼쳐 이성적인 선택을 중시하는 중매보다 사랑의 감정으로 선택하는 연애결혼이 유행하게 되었다.

일면에서 낭만주의는 산업 혁명에 대한 반동이었다. 거대한 굴뚝들의 위압적인 모습에서 낭만주의는 인간이 마치 공장의 미미한 핀 같은 물체가 아니라 심오한 열정의 존재임을 강조하였다. 문학이든 음악이든 미술이든 낭만주의 작품들은 인간 내면의 표현이고 영혼의 소리였다. 낭만주의는 평화를 노래했으나 때로 과격한 분노도 찬양하였다. 정숙한 자들에게는 비통을 가르쳤고 애통하는 자들에게는 위로를 주었다. 낭만주의의 폭풍은 산업 혁명 이후 잔인한 전쟁의 시대와 생존 추구의 현실주의가 등장하면서 비로소 잦아들었다.

6. 산업 혁명 기적과 그늘

기계들의 세상

1851년 영국 런던의 하이드 파크에 위치한 크리스털 팔리스(Crystal Palace)에서 세계 최초의 대박람회(Great Exhibition)가 개최되었다. 세계 최대 다이아몬드부터 최신 콜트 권총까지 13,000여 점의 다양한 품목들이 전시되어 6개월 동안 약 600여 만 명이 관람하였다. 이 박람회는 산업 혁명 제품들의 경연장이며 동시에 새 시대 도래의 상징이었다.

아놀드 토인비가 처음 명명한 '산업 혁명의 시대'는 여러 발명품들이 그 문을 열었다. 대표적인 것은 영국에서 제임스 와트(James Watt, d. 1819)가 개발한 증기 기관이었다. 이것은 에드먼드 카트라이트가 발명한 기관을 더 강력하고 효율적으로 개선시킨 것이었다. 한편 미국에서는 일라이 휘트니(Eli Whitney, d. 1825)가 목화씨를 빼내는 조면기(cotton gin)를 발명하여 노동 혁명을 불러왔다. 이 기계로 인해 하루에 처리하는 면화의 양은 급증하게 되었고 더 좋은 점은 목화씨를 빼내는 흑인들의 손가락 고통을 급감시킨 것이었다. 발명가들은 방적기와 휘트니의 조면기에 와트의 증기 기관을 연결했다. 그 결과는 이전 세상에서 상상치도 못한 생산성의 폭발적 증가였다. 특히 일라이 휘트니는 표준화 아이디어를 내었다. 그는 당시 일원화되지 않았던 총기 부품을 제작과 수리의 편리를 위해 같은 모양과 크기로 만들었다.

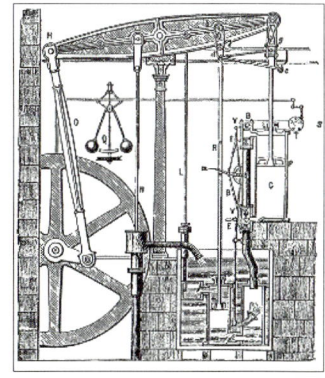

볼튼과 와트가 발명한 증기 기관 - 1784

빅토리아 여왕이 개회한 런던 대박람회

이런 생산 방식은 소위 "아메리칸 시스템(American System)"이라 부르게 되었고 산업 전역으로 확대되어 생산 혁명을 이루었다.

증기 기관이 각종 기계에 사용되자 연료 혁명도 가져왔다. 드디어 인류는 나무보다 석탄을 더 많이 사용하게 되었다. 또 석탄에서 코크스를 만들고 이를 태워 대형 열량의 연료 확보가 가능해져 양질의 철들이 생산되었다. 1860년대 이후 한 세대 동안 석탄, 석유, 철강 모두 적게는 20배에서 많게는 100배나 생산량이 늘었다. 기차를 제조하고 철로를 개설하여 승객과 석탄을 운송하면서 교통 혁명도 일어났다. 영국에서 처음 등장한 기차는 미국에서 더 크게 활용되었다. 1840년에 미국에 철도가 놓이자 흩어진 각 주가 연결되며 국력의 급신장을 가져왔다. 증기선의 발명은 대양 간의 항해를 수배나 단축시켰다. 1881년 자동차 엔진이 등장하였고 1885년 독일의 칼 벤츠(Karl Benz)는 첫 자동차를 선보였다. 20년 후 미국의 헨리 포드는 자동차 부품을 규격화 하고 공정을 단순화 하여 자동차의 대중화를 이루었다.

교통 혁명이 물리적 거리를 좁혔다면 1844년 미국의 새뮤얼 모스(Samuel Morse)가 발명한 전신(Telegraph)은 통신 혁명을 일으키며 심리적 거리를 줄였다. 그는 이 발명을 믿을 수 없었던 사람들을 위해 수도 워싱턴 디씨에서 메릴랜드 볼티모어까지 시범 전송을 선보였다. 역사상 첫 전신 메시지는 다음 한 문장이었다.

"What hath God wrought!"(하나님 하신 일이 얼마나 크신지〔민수기 23:23〕!)

1800년대 중반 지구에는 드디어 도시 인구가 농촌 인구를 역전하였고 농업 인구보다 공업 인구가 더 많게 되었다. 런던 인구만 예로 들어도 1800년에 약 100만이었으나 1890년경 700만에 이를 정도가 되었다. 산업 혁명을 맞은 도시들은 인구가 급속도로 증가하였다. 1850년 엘리사 오티스(E. Otis)의 엘리베이터의 발명, 윌리엄 켈리(William Kelly)의 제철 기술의 개선, 그리고 현대 건축술의 발전은 도시마다 마천루(Skyscraper), 말 그대로 하늘을 찌르는 초고층 건물들을 등장시켰다. 이는 인간 문명의 승리를 상징하는 것 같았다.

농업 혁명

오랫동안 농업은 큰 변화 없이 한 지역에 하나의 특정 작물만을 재배해 왔다. 이는 대표 작물의 농사가 실패할 때 엄청난 피해로 이어지는 위험한 생산 방식이었다. 1845년대 아일랜드의 대형 기근은 그 대표적 예이다. 이 나라 주민들은 대대로 감자만 심었는데 한 지역에 발생한 병충해는 순식간에 모든 감자들에게 퍼졌다. 농사의 대실패로 감자를 주식으로 삼았던 전체 인구는 기아에 허덕였고 영양실조로 무수한 인명 피해가 발생했으며 파산하여 수십만이 미국으로 이민하였다. 아일랜드 인구는 반세기 내 800만에서 400만으로 절반이나 줄어

맥코믹이 개발한 추수 기계

조지 카버의 초상이 담긴 우표 1948 - 미국

들었다. 당시 대서양의 거대 여객선들의 3등석 객실은 전 재산을 팔아 겨우 승선표를 구입한 이들로 가득했었다. 미국의 뉴욕 항에 배가 들어올 때 가장 먼저 빈민 이민자들을 환영해 준 이는 아메리칸 드림의 상징인 '자유의 여신상'뿐이었다.

1860년대 농학 연구가 본격적으로 시작되자 다양한 품종 개발, 많은 농기계 발명, 대량 생산을 가져온 농업 혁명이 일어났다. 사이러스 맥코믹(Cyrus H. McCormick, d. 1884)은 추수 기계를 발명하여 대형 농업을 가능케 했다. 그의 기계는 미국 변경을 매일 수십 킬로미터씩 농경지로 바꾸는데 큰 기여를 했다. 맥코믹은 많은 기부를 한 인물이었다. 그의 아들은 기부의 대명사 존 록펠러의 딸과 결혼하였다. 맥코믹이 기여한 학교 중 하나는 바로 그의 이름을 딴 '맥코믹 신학대학원(McCormick Theological Seminary)'이고 그의 후손의 기부로 발전한 기관이 노스웨스턴 대학교의 맥코믹 공과 대학이다.

과학적인 농업이 시도되자 경작과 파종에 대한 연구가 활성화되었다. 토질에 맞는 작물과 건강한 가축들의 품종 개발이 증가했다. 한 지역에 다양한 작물을 교차로 재배하는 농업이 확산되었다. 농산물을 가공하여 과자, 소스, 약품 등으로 제조하는 신기술도 개발되었다.

흑인 농생물학자 조지 카버(George W. Carver, 1864-1943)는 바로 현대 농업의 장을 연 인물이었다. 미국 미주리에서 노예로 태어난 그는 부모와 형제들을 모두 잃고 고아가 되었으나 백인 양부모의 도움으로 학교에 다녔고 각고의 노력으로 차별을 극복하여 농생물학 박사가 되었다. 카버 박사는 앨라배마의 터스키기 대학 연구소(Tuskegee Institute)에서 일하며 토질에 적응력이 강한 다양한 작물들을 연구하였다. 당시 미국 남부에 병충해로 목화 농장이 파산하자 카버는 남부의 토질을 고려하여 땅콩 재배를 농민들에게 권하였다. 처음 그가 남부의 백인 농부들 앞에 농업 특강 강사로 섰을 때 단 한 번도 흑인에게 강의를 들어본 적이 없었던 백인 청중들은 카버의 등단에 조롱으로 맞았다. 그러나 두 시간에 걸친 그의 강연이 끝났을 때 백인들은 모두 일어나 기립 박수를 보냈다. 이후 미국 남부는 땅콩 농사를 도입하였고 결과는 대성공이었다. 이번에는 땅콩의 과다 생산으로 가격이 폭락하자 카버는 140여 종의 땅콩 관련 가공 제품들을 개발하였다. 그의 연구는 많은 농산물에 응용되었다.

무엇보다 카버의 성공에는 남부 백인 기독교인으로서 착한 성품을 가진 양부모의 사랑이 절대적이었다. 카버는 과학과 종교를 서로에게 필요한 협력자로 인식하였고 자신의 과학적 아이디어들이 신앙에서 유래했다고 언급하였다. 카버가 미 상원위원회에서 농산물 가공 제품을 설명할 때에 한 의원은 그와 다음 대화를 주고받았다.

"카버 박사께서는 어디에서 그 모두를 배웠습니까?"

"성경에서 배웠습니다."

"땅콩이 성경에 나옵니까?"

"성경이 땅콩을 직접 가르치지 않지만 인간에게 만물을 이용하라고 알려줍니다."

프랭클린 루즈벨트 대통령은 현대 농업에서 카버 박사의 큰 공을 인정하며 경의를 표하였다. 조지 카버 박사 사후 터스키기에 기념관이 건립되었는데, 이는 미국 정부 지원으로 세워진 최초의 흑인 기념관이었다.

성장의 그늘들

산업 혁명은 분명 인간 삶을 개선시켰다. 그러나 일면에서 이 혁명은 중요한 전통 가치들을 상실한 대가도 지불한 혁명이었다. 일례로 자동차의 등장으로 인류는 고속으로 이동하게 되었다. 그러나 마차와 나귀를 타던 시대에 비해 전례 없는 사고들을 당하며 매해 교통사고는 전쟁에 버금가는 사상자를 내었다. 들풀을 양식 삼는 말과 나귀와는 달리 기름을 연료로 하는 자동차는 유전 개발로 자연을 더 훼손하게 되었고 배기가스는 공해의 주범이 되었다. 말이 다니던 길과 달리 자동차 길은 자연을 뒤덮으며 죽은 땅을 확장해갔다. 그럼에도 인류는 가시적 편리성 때문에 낙원 시대가 도래할 것 같은 확신에 젖었다.

산업 혁명으로 19세기 도시는 순식간에 공장으로 가득 찼고 검은 매연은 높은 굴뚝을 통해 제재 없이 배출되었다. 공장 기계와 도저히 경쟁이 되지 않았던 수제업자들은 파산하였다. 공장 부품은 표준화되었지만 세상의 부는 전혀 표준화되지 않았다. 공장주들은 기계의 속도만큼 빠르게 부를 축적하였고 근로자들은 빵 구입에도 부족한 일당을 받으며 극도의 빈곤에 시달렸다. 붕괴된 농촌의 주민들은 석탄 광산이나 도시로 향했다. 놀라운 산업 발전과 도시 성장을 가져온 산업 혁명은 다른 한편으로 인간을 처참한 곤경으로 몰아넣었다. 산업 혁명은 가내수공업을 파탄내고 가족 모두를 공장으로 흩트렸다. 공장 내부는 작은 지옥이었다. 어두운 조명, 탁탁한 공기, 널려진 유해물, 불결한 작업실은 거의 모든 공장들의 공통된 내부 모습이었다. 이런 열악하고 유해한 작업 환경은 수많은 사고를 유발했다.

당시 흔했던 성냥 공장에서는 인체에 크게 유해한 인(phosphorus)을 안전 시설과 장비도 갖추지 않은 채 마음껏 활용하였다. 구하기 손쉬운 노동력인 수많은 아동들은 먼지 가득한 환경에서 노동하다 폐에 가루가 쌓여 죽어갔다. 길가의 "성냥팔이 소녀"만 불쌍했던 것이 아니라 공장의 "성냥 제조 소년"들도 불쌍한 애들이었다. 어린이들의 공장 사망이 늘어나자 정부는 기껏해야 8살 미만의 노동 금지법만 제정할 뿐이었다. 해고는 언제나 고용주의 당연한 권리였고 재해보상도 거의 없었다.

산업 혁명 직후의 빈곤 문제는 상상을 초월할 정도였다. 도시는 급증하는 인구를 감당할 규모가 되지 못했기에 빈민가와 우범 지대만 늘어났다. 반대로 자본가들과 공장주들은 지식과 가문으로, 독점과 특권으로, 탐욕과 착취로, 행운과 능력으로 엄청난 부를 축적하였다. 이들 다수는 명승지에 궁전 같은 별장을 짓는 경쟁을 벌였다.

도시들은 아름다운 전원의 푸른 모습을 잃고 유황 연기를 내뿜는 굴뚝들이 가득한 회색 지대로 변질되었다. 아버지와 아들이 함께 농기구를 지고 들판에서 대화하는 장면들은 옛 시절의 아득한 추억이 되었다. 1900년대 초 산업 현장에 대한 전반적인 법규들이 제정되고 환경이 개선되기 전까지 공장은 또 하나의 전쟁터였다. 사람들은 충격적 사회 변화를 초래한 공장을 "악마"로, 그리고 굴뚝을 "뿔"로 불렀다. 그러므로 영국의 시인 윌리엄 블레이크(William Blake)는 다음과 같이 탄식했다.

"공장은 사회악의 발생지이며 인간관계의 파괴자이다. 저 악마 같은 공장들 사이에 〔평화의〕 예루살렘이 세워진 적이 있던가?"〔Was Jerusalem built here among these dark Satanic Mills?〕

(Quentine R. Skrabec Jr., *George Westinghouse: Gentle Genius*, 2007, 150.)

산업화를 바라보는 두 사상

과학자들과 정치가들은 산업 혁명이 종국에는 인간을 낙원의 세계로 이끌 것으로 낙관하였다. 정치에는 질서를 강조했고 경제에는 자유를 주장했다. 소위 '질서'와 '자유'는 차별된 사회를 고정시키고자 했던 보수주의자들의 가장 유명한 구호가 되었다. 이 구호는 이제 경제 문제에서 본격적인 이슈가 되었다. 세계는 자본주의와 사회주의의 사상적 큰 대립을 보게 되었고 그 중심에는 아담 스미스(Adam Smith)와 칼 마르크스(Karl Marx)가 있었다.

아담 스미스는 인간이 자유라는 천부 인권을 가지고 태어난 것처럼 산업이나 경제도 '자유'의 생득적 권리가 있다고 주장했다. 그는 모든 경제적 문제는 수요와 공급의 원칙에 의해 자유스럽게, 그리고 자연적으로 조정될 것으로 생각했다. 이러한 '자유주의'는 무려 한 세기 동안 유럽과 미국의 경제관이 되었다. 그러나 그의 사상은 결코 빈민가의 더러운 창고를 집으로 삼은 10여 명 가족들이 공장에서 매일 12시간 이상 일하면서도 겨우 빵 몇 덩어리를 사는 정도의 급료를 받는 사회상에 대해서는 진지한 고민도 해답도 갖지 못했다. 자유주의자들의 구호는 언제나 '레세이페어(laissez-faire)', 즉 그대로 두자는 "방임"이었다.

이와 달리 독일계 유태인 칼 마르크스는 1867년 런던에서 기자 생활을 하던 중 세계사적 파장을 부른 『자본론』을 내고 이렇게 선언했다.

"모든 역사란 계급 간의 투쟁의 기록이다."

(All of history is a record of class struggle.)

마르크스는 산업 혁명으로 제3 신분인 상공인과 지식인들은 더 부유해지고 제4 신분의 노동자들은 더 가난해진 현실을 고발하였다. 그는 봉건주의가 자본주의에 의해 무너졌듯이 자본주의 역시 스스로의 문제로 붕괴하고 세계는 사회주의를 거쳐 최종적으로 계급이 없는 공산주의 시대로 진행된다고 주장하였다. 한편 마르크스는 종교에 대해 이렇게 언급했다.

"종교는 억압받는 자의 한숨이고 심장 없는 세상의 심장이고… 민중의 아편이다."

(Religion is the sigh of the oppressed creature, the heart of a heartless world,…It is the opium of the people.)

당시 아편의 용도는 오늘날과는 달리 다방면이었지만 마르크스의 의도는 종교가 고통받는 민중들에 대한 위로 기능을 수행하나 변혁의 정신을 주지는 못한다는 것이었다.

20세기 미국의 대표 신학자 라인홀드 니이버(Reinhold Niebuhr)의 용어를 빌리자면 아담 스미스와 그 추종자들은 자유의 가치를 알았다는 점에서는 "빛"에 속했으나 자본의 이기심을 간과했다는 점에서는 어리석은 자들이었다. 즉 "어리석은 빛의 아들들(foolish children of the light)"이었다. 그러나 이와 반대로 칼 마르크스와 추종자들은 자본주의의 문제를 직시했다는 점에서는 현명하였으나 인간 세계를 물질적 관점에서 파악하고 폭력

혁명을 수단으로 본 점에서 이들은 "암흑"에 속했다. 즉 "현명한 어둠의 아들들(wise children of the darkness)"이었다. 아담 스미스와 칼 마르크스의 두 사상은 세계 각국으로 하여금 어리석은 빛의 아들들의 국가가 되거나 아니면 현명한 어둠의 아들들의 나라가 되게 했다. 일부 국가들은 자유주의 체제에 사회주의적 요소를 가미하기도 했다. 니이버의 사상은 극단을 배제했기에 현실주의적 정치 지도자들에게 큰 영향을 주었다.

자본주의 사회는 다원주의와 개인주의, 그리고 국제 무역의 활성화를 낳았다. 사회주의 사회는 기업의 국유화나 공영화를 추구하며 공동의 소유와 분배에 관심을 두었다. 그러나 자본주의나 사회주의나 모두 강자만이 살아남는 생태계 법칙처럼 강국만이 역사를 지배한다는 신념을 굳게 믿었다. 이는 곧 군비를 확충하고 타국을 침략하며 국익만 극대화하는 국수주의를 낳았다. 더욱 극악한 것은 약소 인종을 억압하거나 학살할 때 마치 약자가 도태하는 것이 역사의 불가피한 과정인 것처럼 치부했다는 사실이다. 사상의 완벽이 없음에도 인류는 자신들이 고안해낸 사상들을 마치 온전한 종교처럼 믿기 시작하였고 이는 또 다른 갈등과 비극을 유발하는 요인이 되었다.

7. 근대 박애주의와 기독교의 대응들

19세기 말 산업 사회 문제들에 대한 기독교의 다양한 반응들이 출현하였다. 일부는 전통적이고 점진적인 방식 아래 개인 변화와 사회 개선을 추구한 박애주의자들이 되었다. 또 다른 일부는 인류 문제들을 윤리적으로 개선시킬 수 있다고 믿은 낙관주의자들이 되었다. 또 다른 부류는 사회적 모순들을 직접 대면하고 도전하였다. 그리고 다른 그룹들은 아예 물질을 초월하고 영적인 세계로 들어가고자 했다. 이러한 여러 운동들의 주창자들은 갈등과 협력 아래 사회적이고 영적인 문제들에 응답하면서 현대의 기독교를 구성했다.

구세군과 윌리엄 부스의 길

산업 사회의 문제들이 대두되자 사회봉사를 위한 많은 기독교 기관들이 조직되었다. 영국을 예로 들면 무려 500여 개나 활동했다. 그중 가장 본격적이고 항구적으로 빈민들을 지원한 기관은 구세군(Salvation Army)이었다. 다수의 기독교 종파들이 인간의 문제를 빵이 아닌 영적인 죄만으로 보고 있을 때 이 새로운 기관은 빵 문제에 대한 응답이 중요한 사역임을 확신했다. 구세군 설립자는 윌리엄 부스(William Booth, 1829-1912)와 부인 캐서린이었다. 부친이 파산한 알코올중독자였기에 윌리엄 부스는 극심한 가난에서 성장하였다. 감리교 목회자가

윌리엄 부스

된 부스는 런던 빈민들의 문제를 직시하게 되었다. 부스 부부는 사회주의자들보다 더 먼저 빈민들에게 다가간 인물이었다. 1865년 이들은 자신들의 사재로 빵과 스프를 마련하여 빈민들에게 제공하였고 이들을 돕기 위한 "세상을 구하는 군대", 즉 구세군을 조직하였다. 이 기관은 특이하게 군대식 질서와 칭호를 도입하였고 점차 종파로 확장되었다.

부스의 구세군은 약 20,000명의 빈민들을 대상으로 사역하였는데, 이는 그 자선의 규모가 얼마나 컸으며 또 호응이 어떠했는지를 가늠케 한다. 구세군은 금주 운동과 노동자의 임금 인상 운동을 펼쳤고 윤락 여성의 재활을 적극 후원하였다. 이런 사역을 싫어한 주류업자들과 술집 주인들은 구세군을 영업 방해자로 간주해 공격도 했다. 수많은 구세군들이 길거리에서 폭행을 당했고 심지어 사망자도 나왔지만 그럼에도 부스와 동료들의 개선 노력을 꺾을 수가 없었다. 부스가 살아 있는 동안 구세군 종파는 세계 50여 나라들로 퍼져나갔다. 미국의 구세군들은 크리스마스 시즌에 빨간 냄비를 거리에 내걸기 시작하였고 모금액은 빈민들의 빵과 국을 위해 사용되었다. 윌리엄 부스가 83세를 일기로 세상을 떠나자 장례식에 영국의 메리 여왕도 평복으로 참석하여 몰려든 10,000여 군중들과 함께 애도하였다.

박애주의자들의 길

옛 수도사들이 광야로 나가기 전에 자신들의 전 재산을 기부했던 모습들은 1500년 만에 근대에서 대규모로 재현되었다. 박애주의자들의 활동은 특히 교육 분야에서 두드러졌다. 로버트 레이크스가 시작한 18세기의 주일 학교 운동은 19세기 산업 사회에 들어서며 평일 학교(매일 학교) 운동으로 확대되었다. 구두수선공 존 파운드(John Pound, d. 1839)는 사재를 털어 자신의 집에서 학교를 시작하고 고액 사립 학교에 다닐 수 없는 아이들을 가르쳤다. 런던 선교회도 이 일에 뛰어들어 더 많은 무료 평일 학교들이 세워졌다. 옷차림이 남루한 아동들을 가르친다는 의미로 시민들은 이 학교들을 "허름한 학교(Ragged School)"라고 불렀다.

1844년부터 1881년까지 영국에서는 약 30만 명의 아동들이 무료로 교육받았다. 이 운동의 열렬한 후원자는 찰스 디킨스(Charles Dickens)였다. 그는 "허름한 학교"를 방문한 후 빈민 아동의 처지에 대해 글을 쓰려 했으나 계획을 바꾸어 욕심 많은 부자 노인에 관해 이야기를 썼다. 이것이 바로 구두쇠 스크루우지가 자선의 인물로 바뀌어 연약한 아이 팀(Tim)과 고아들의 "허름한 학교"를 돕는다는 내용의 『크리스마스 캐롤(Chrismas Carol)』이다.

1800년대 역병과 기근은 수많은 고아들을 배출했다. 아일랜드 선교사 토마스 바나도(Thomas Barnardo, d. 1905)는 빈곤 아동들을 위한 숙소(hostel)들을 세웠다. 이 호스텔들은 무려 8,000여 명의 오갈 데 없는 청소년들을 매일 재웠다. 한편 조지 윌리엄스(George Williams, d. 1905)는 런던의 청년들을 위한 문법 학습, 성경 공부, 스포츠, 문화 프로그램, 기능 교육을 제공하는 YMCA(Young Men Christian Association), 즉 기독청년연합회를 조직하였다. 이렇게 시작한 YMCA 운동은 전 세계로 퍼져나가 기독교 정신 아래 각국의 젊은이들에게 실제적인 직업 훈련과 인문 교육을 제공하였다.

고아들의 아버지 조지 뮐러

"고아들의 아버지" 독일의 조지 뮐러(Goerge Müller, d. 1898)는 고아원 설립 운동의 대부였다. 원래 그는 어린 시절 모친이 병사하는 순간에도 도박할 정도로 심각한 불량소년이었다. 그는 변화되어 공부를 시작했고 경건주의의 중심지인 독일의 할레 대학에서 수학하며 성직을 택하였다. 그는 영국에서 목사로 사역하다 건강 문제로 죽음의 위기를 넘기게 되었다. 이 경험 후 모든 것을 포기하고 평생

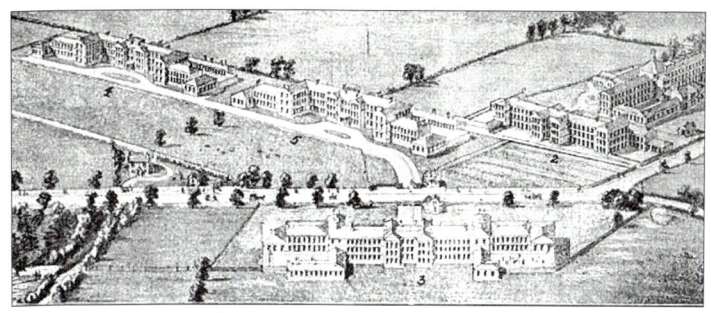
영국 브리스톨에 있는 조지 뮐러의 고아원

급여에 연연하지 않고 봉사의 삶을 살기로 결심하였다. 뮐러는 탄광촌으로 유명한 영국 브리스틀로 가서 버려진 빈민 아동들을 위해 고아원 학교를 설립하고 이들의 아버지가 되었다. 뮐러와 관련해서 다음의 유명한 일화가 있다. 어느 날 그의 고아원은 양식이 바닥났는데 식사 시간이 되자 아이들은 습관적으로 식당에 모여들었다. 어쨌든 뮐러는 빈 접시를 앞에 두고 아이들과 함께 식사 기도를 올렸다. 그의 기도가 끝나자 바로 식당 문을 노크하는 소리가 났는데 인근 빵집 주인이 찾아온 것이었다. 그 주인은 이렇게 말했다.

"이상하게 오늘 빵을 거의 팔지 못했습니다. 버리자니 아까운 마음이 들었는데 갑자기 이 아이들이 생각나서 가져왔습니다."

평생 수십만 번 이상의 기도를 응답받았다는 뮐러가 일생 동안 직접 보살핀 고아들은 10,000명이 넘었다. 또한 그의 노력과 격려로 117개의 빈민 아동 학교들이 곳곳에 세워져 약 120,000명이 교육받았다.

거부 스크루우지의 기부의 길

산업 혁명으로 거부가 된 많은 인물들은 기부 운동으로 사회 개선에 나섰다. 이들은 뒤늦게 자신들의 큰 부가 노력의 결과라기보다 사회적 여건과 시대적 혜택과 하늘의 도움임을 깨닫게 되었다. 겸손해진 이들은 기부가 "시혜(rewards)"가 아닌 "환원(returns)"임을 인식했다. 기부 문화의 세계적 확산에 기여한 기업가들은 미국에서 두드러졌다.

"백화점 왕" 존 워너메이커(John Wanamaker, d. 1922)는 필라델피아에서 버려진 역사(station)를 구입하여 미국 최초의 대형 백화점을 개점한 인물이었다. 특히 그는 상업 문화에서 흥정이 아닌 정찰제와 환불을 보장하는 영업 방식을 최초로 정착시킨 인물이었다. 워너메이커는 사업에 성공하여 "백화점 왕"이 되었고 사회 공헌 활동을 병행했다. 특히 그는 청년 계몽에 관심을 가졌는데 자신의 기부로 인도의 마드라스, 일본의 교토, 중국의 북경, 그리고 1908년에는 한양에 YMCA 건물을 세워 많은 젊은이들의 교육과 훈련을 지원하였다. 특히 한양의 YMCA 건물은 당시 국내에서 가장 큰 서양식 건물로서 문자, 기술, 체육, 음악, 미술, 성경 등을 배우는 개화기 가장 활발한 문화적 공간이었다.

루이스 헨리 세브란스(Louis Henry Severance, 1838-1913)는 록펠러와 함께 스탠더드 오일(Standard Oil) 회사를 설립한 인물이었다. 그는 오하이오 클리블랜드에서 태어났는데 출생 직후 부친을 잃었고 어려운 처지에서 자수성가하였다. 유정(oil well) 개발과 관련한 그의 사업은 1860년대 이후 한 세대 동안 엄청난 성공을 거두었다. 그는 오하이오 우스터 칼리지를 비롯하여 많은 교육 기관과 자선 기관에 큰 기부를 하였고 장학 사업도 열심이었다. 그는 클리블랜드 우드랜드 애브뉴 장로 교회의 장로로서 섬겼는데 특히 해외 선교에 많은 기여를 하였다. 그의 기부로 세워진 동양 최대 서구식 병원이 바로 서울의 세브란스 병원이다. 한국 의학의 발전과 수많은 민중들의 회복은 큰 의미에서 루이스 세브란스의 공로가 대단히 컸다. 그는 생의 후반부를 자선 활동과 교회 사역에 더 집중했고 사망후에도 그의 유산으로 기부는 지속되었다. 특히 루이스 세브란스는 미국뿐 아니라 동양 각국에도 많은 기부를 했다. 1913년 세상을 떠난 후에도 일본의 학교 설립을 위해, 중국의 병원 설립을 위해, 필리핀 세부의 여학생 기숙사 설립을 위해서도 그의 유산이 사용되었다.

누구보다 자선의 대표적 기업가는 뉴욕 태생인 록펠러(John D. Rockefeller, 1839-1937)였다. 재단 설립을 통해 여러 회사를 동시에 관리하는 획기적인 경영 기법을 처음 도입한 록펠러는 미국 내 20,000여 개의 유정(oil well)을 소유하여 100,000여 명의 직원을 둔 최고 기업인이었다. 한때 그의 재산은 약 9억불로 세계 제일의 부호였다. 록펠러의 아버지는 방랑기 있던 세일즈맨이었지만 어머니 엘라이자(Eliza)는 경건한 기독교 신자로서 아들 록펠러에게 예절과 청빈과 신앙을 가르치며 큰 영향을 끼쳤다. 록펠러 인생의 주제어는 석유와 신앙이었다. 신실한 침례 교회 신자로서 주일 학교 교사로 활동했으며 교회 건물을 직접 청소하였다. 또 수입의 십일조를 헌금하며 각지의 예배당 건축을 지원하였다.

록펠러는 냉혹한 사업가로 출발했지만 결과적으로 세계 제일의 자선가로 삶을 끝냈다. 사실 그는 찰스 디킨스 책의 "스크루우지"에 가장 근접한 인물이었다. 그는 많은 자선단체에 천문학적 액수의 후원금을 매년 보냈고 남부의 흑인 학생들을 위해서도 거액의 장학금을 희사했다. 흑인 여성을 위해 스펠만 대학(Spelman College)도 설립하였다. 1890년 미국 침례 교회 교육국이 시카고에 인재 양성을 위한 학교를 세우자 록펠러는 또 발전 기금을 내었고 이 기관은 시카고 대학교(University of Chicago)로

1913년 11월 27일 뉴욕 타임즈의 루이스 세브란스의 기사 - 세브란스의 유산 액수와 많은 자선 기부처들이 기록되어 있다

985
VII. 변혁과 혁명의 세계

대부호이며 최대 자선가였던 존 록펠러

발전하였다. 존스홉킨스 대학교에 질병 치료를 위한 기금을 지원했고 북경의 의과 대학도 설립하였다. 그는 생애에 총 5억 5천만 불을 기부하였다. 그가 기부한 돈을 오늘날로 환산하면 약 2,000억불(한화 200조원)이 넘는다. 그러나 더 큰 업적은 자신의 모범을 통해 기부 문화를 널리 확산시킨 것이었다. 소년 록펠러의 꿈은 10만 불을 버는 것과 100세까지 사는 것이었다. 전자는 수천 배로 이루었고 후자는 98세까지 살아 근접하였다. 그의 평생 좌우명은 존 웨슬리가 말했던 다음의 경구였다.

"최대한 벌어라. 최대한 저축하라. 최대한 나누어라!"

(Gain all you can, save all you can, and give all you can!)

철도, 교량, 건물의 급증으로 세계적 철강 회사를 세워 19세기 말 록펠러 다음으로 대부호가 된 인물은 앤드류 카네기(Andrew Carnegie, d. 1919)였다. 그는 5억불의 재산을 벌었으나 거의 대부분을 기부하였다. 가난한 스코틀랜드 부모를 따라 13살에 미국에 이민 온 그는 소년 시절부터 공장 노동자로 일했다. 마침내 대단한 성공을 이뤄낸 그는 이민자들의 우상이 되었다. 카네기는 기독교에 무관심했으나 생애 후반에 가족의 권유로 신앙을 갖게 되었다. 1881년 카네기는 놀라운 선언을 하였다. 그것은 어느 마을이든지 자체로 운영할 수 있다면 도서관을 건축해 주겠다는 것이었다. 이후 강철 왕은 38년 동안 미국은 물론 세계 여러 나라에 2,000여 개의 도서관을 지어서 기증하였다. 음악 발전을 위해 뉴욕의 카네기 홀을 지었고 7,000여 교회에 오르간을 선물하였다. 수많은 봉사 단체들과 복지 기관들을 후원하였고 카네기-멜론 대학, 코넬 대학, 보스톤의 뉴잉글랜드 콘서버토리 등 많은 교육 기관도 지원하였다. 농업 혁명을 가져온 조지 카버 박사가 몸담은 터스키기 대학에도 카네기는 가장 큰 기부자였다.

1914년 그는 세계 평화 증진을 위해 교회 평화 연합(Church Peace Union) 단체를 만들어 민족들의 화해를 도모하려 했으나 제1차 세계 대전이 터져 성과를 못 이뤘다.

1919년 84세로 세상을 떠날 때 카네기의 재산은 기부로 소진되어 3,000만 불만 남았고 이마저도 복지 재단과 시설에 나누어주었다. 그의 기부 금액도 2005년으로 환산하면 2,000억불(200조원)에 이른다. 다른 부자들과 달리 부의 사회적 환원을 위해 1916년의 상속세 제정에 적극 찬성했던 그는 다음과 같은 유명한 경구를 남겼다.

"부자로 죽는 것은 부끄러운 것이다."〔A man who dies rich dies disgraced.〕

(G. C. Roche, *The Book of Heroes: Great Men and Women in American History*, 1998, 215.)

사회 복음주의와 월터 라우센부시의 길

산업 혁명 이후 19세기 말은 대규모 이민의 시기였으며 주요 목적지는 미국이었다. 1907년에는 무려 150만이 미국행 이민을 택했고 반세기 동안 이민 인구는 1,000만을 상회하였다. 산업 혁명의 그늘은 미국에서도 예외가 아니었다. 대도시마다 이민자들이 급증하여 저임금 노동력이 일자리 수요에 비해 훨씬 더 넘쳐나자 노동자들의 임금은 오히려 더 내려갔다. 1880년 이후 열악한 환경에서 형편없는 급료를 받던 노동자들은 노동조합을 결성하고 파업을 시작했다. 정치인들과 공장주들은 노동자들의 요구와 처우에 둔감하였고 주류 기독교도 노동 문제에 무관심하며 노동조합에 부정적인 태도를 견지했다. 자유방임주의자들도 노동조합이 오히려 "고용자의 자유"를 억압한다며 반

월터 라우쉔부시

대 운동을 벌였다. 노동조합이 긍정적 단체로 인식되기까지는 많은 시간과 노력이 들었다.

미국의 노동조합 총연합회(AFL: American Federation of Labor)가 결성되었을 때 지지자가 매우 드문 상황에서 노동자의 입장을 담대하게 옹호한 인물은 바로 뉴욕 할렘 빈민가의 침례교 목회자 월터 라우센부시(Walter Rauschenbusch, 1861-1918)였다. 할렘은 "지옥의 부엌(Hell's Kitchen)"이라는 별명이 붙을 정도로 미국 최악의 빈곤 구역이었다. 이곳 주민들의 비참한 삶을 매일 목도한 라우센부시는 빈곤을 야기한 사회의 책임을 직시하였다. 그는 개인이 복음으로 거듭나야 하듯 사회도 하나의 객체로서 이기심을 벗고 거듭나야 함을 강조했다. 또한 하나님의 나라가 개인의 삶에만 아니라 사회에도 실현되어야 한다는 사회복음주의를 외쳤다. 사회복음주의자들의 주장은 보수적 세력의 거센 반대에 직면하였지만 그 노력은 결실을 맺어 종국에는 노동 현장의 개선과 인권 향상으로 이어졌다.

라우센부시와 동료들은 8시간 노동, 최저 임금, 상해 보상, 해고 제한 등의 법률 제정을 요구하였다. 장로교 목회자의 아들이며 미국의 26대 대통령이었던 우드로우 윌슨(Woodrow Wilson)은 라우센부시의 큰 지지자였다. 1916년 진보적이었던 윌슨 대통령은 기득권의 거센 반대에도 불구하고 '8시간 노동'을 최초로 법에 규정하였다. 이로써 애매했던 "하루의 일"이 구체적 시간으로 정해졌다. 이 법이 등장하기 전까지 하루 노동은 어떤 경우에는 16시간도 의미했었다. 일당으로 급여를 받았던 노동자들은 비로소 시간 외 수당도 받게 되었다. 오늘날 근로자들이 누리는 너무나 당연시 여겨지는 권리들은 사실 선구적 인물들의 헌신에 의해 쟁취된 것이다. 라우센부시는 인권 운동가들인 마르틴 루터 킹(Martin Luther King) 목사와 남아프리카의 투투(Desmond Tutu) 주교에게도 통찰력을 주었다. 라우센부시는 이렇게 말했다.

"신앙생활과 사회생활이 별개라고 생각하는 사람은 예수를 이해하지 못하는 자이다."

(Walter Rauschenbush, *Christianity and the Social Crisis*, 1991, 48.)

자유주의 신학과 근본주의 신학의 길

산업 혁명에 대한 기독교의 반응은 참으로 다양하였다. 그중에서 무신론에 대항한 학문적 변증가들이 출현하였다. 이들은 슐라이에르마허의 후예들로 자유주의 신학자들이었다. 그들은 성서를 절대 진리인 "하나님의 말씀(Word of God)"으로 보지 않고 "하나님에 대한 말씀(Word about God)"으로 보았으며 1900년 전 역사적 예수의 교훈이 무엇인가에 관심을 가졌다. 정치적 자유와 경제적 자유가 중시되는 세상에서 이들은 기독교 사상의 자유를 외쳤다. 이 때문에 교리에 갇힌 기독교를 해방하여 "자유주의"의 이름을 얻게 되었다.

자유주의 신학자들은 과학에 맞서거나 타협하며 기독교를 변호하였다. 그러나 이들이 변호를 위해 사용한 방법론은 기독교를 윤리 수준으로 끌어 내리는 상대주의(Reductionism)였다. 자유주의의 잘못은 세상이 늘 발전한다는 낙관주의 사상에 동화된 것과 교리의 중요성을 경시하고 진리를 실제가 아닌 교훈으로 판단한 것이다. 그럼에도 불구하고 자유주의 신학은 무신론적 지성에게 기독교의 가치를 끈질기게 설득한 그룹이었다. 또 자유주의 신학이 학문적인 기독교 시대를 선도했고 현대의 기독교가 역사적 예수로부터 얼마나 멀어졌는가도 성찰하게 하였다.

한편 19세기 말에 기독교 교리를 강조한 근본주의(Fundamentalism) 신학이 출현하였다. 이 사상은 자유주의 신학과 정반대로 종교가 감정, 이성, 도덕이 아닌 불변의 교리에 근거하고 있다고 천명하였다. 근본주의는 미국에서 크게 확산되었는데 성경의 무오류성, 예수의 동정녀 탄생, 예수의 십자가, 승리의 부활, 기적의 실재성 등을 최소한의 필수 교리로 제시한 그룹이었다. 사실 사변적인 그들만의 세계를 구축했던 자유주의 신학과 달리 근본주의는 교육받지 못했던 당시 산업 사회 일반인들이 가장 쉽게 이해할 수 있는 신앙 체계였다. 그러나 다수의 근본주의자들은 자본주의의 사상을 찬양하며 부귀를 신의 축복으로, 그리고 가난을 개인적 죄의 결과로 믿었다. 이는 또 다른 측면에서 물질주의에 영향 받은 신앙관이었다. 근본주의자들은 사회적인 모순을 보는데 실패했지만 역설적으로 수많은 빈민 계층에게 안정적인 삶에 대한 희구와 성취를 갖게 하였다.

복음주의와 오순절 운동의 길

산업 사회 속에서 인간 소외가 두드러지자 이에 대한 반작용으로 인간이 작은 부속품이 아니라 폭발적인 영적 능력을 가진 존재임을 강조하는 운동들이 등장하였다. 이는 복음주의(Evangelicalism)와 오순절주의(Pentecostalism)였다. 영국에서는 설교자 찰스 스펄전(Charles Spurgeon, 1834-1892)이 부흥 운동을 이끌었다. 1858년 그는 산업 혁명의 상징인 대형 박람회가 개최된 런던의 크리스탈 가든에서 23,000여 명이 모인 대형 집회를 가졌다. 이는 산업 혁명에 대한 또 다른 관점에서의 영적 도전이었다. 스펄전은 흑색, 적색, 백색 등 세 가지 색으로 된 글 없는 책을 처음으로 고안한 이로서 각색을 심판, 고난, 구원에 연결시켜 메시지를 전하였다. 생애 동안 그가 대면한 군중들은 1,000만 명에 이르렀다. 부흥 운동은 1904년 영국 웨일즈의 광산에서 석탄을 캐던 청년 이반 로버츠(Evan Roberts)에 의해 다시 점화되었다. 이 "웨일즈의 부흥"은 큰 각성 운동이 되어 유럽 대륙에까지 파장이 흘러갔다.

1870년경 미국에서는 보스턴 출신의 드와이트 무디(Dwight L. Moody, 1837-1899)가 시카고에서 부흥 운동을 시작했다. 그는 영적 각성과 교육만이 인간을 변화시킨다고 믿었다. 원래 신발 가게 점원 출신인 무디는 회심한 후 가난한 청소년들을 모아 가르치다가 영적 각성 운동을 시작하였는데 순식간에 놀라운 호응을 얻었다. 그는 극장, 공원, 체육관, 대강당 등을 빌려 수백만 도시민들을 변화된 삶으로 초대하였다. 1876년 율리시즈 대통령과 내각 전체도 그의 집회에 참석하였다. 급변하는 시대의 시민들에게 무디의 메시지는 자체로 큰 위로와 변화를 가져왔다.

미국의 대교파인 감리 교회가 점점 거룩성을 잃고 경화되었다고 느낀 일부 신자들은 웨슬리가 주장한 '거룩함'에 대한 열망을 다시 강조하며 분리하여 성결 교회(Holiness Church)를 세웠다. 이들은 물질에 가치를 두지 않는 '거듭난 삶(중생)'과 '거룩한 삶(성결)', 그리고 '치유의 삶(신유)'와 '종말적 삶(재림)'을 강조했다. 특히 체험과 변화를 강조한 성결파는 물질적 가치에 매몰된 산업 사회에서 독특하게 영적 순수성을 강조했다.

20세기가 시작되자 영적 은사(spiritual gift)를 강조한 오순절파(Pentecostals) 또는 "순복음(full gospel)"이라 불리는 종파가 등장하였다. 이 그룹은 말 그대로 예수 사도들의 영적 폭발이 일어난 "오순절 사건"을 현대에서 재현하고자 했다. 오순절 운동은 사변적인 사회에 대한 반동에서 나왔으며 체험을 강조하는 보통 사람들의 신앙 운동이었다. 사회가 물질을 숭배할 때 이들은 참다운 복은 영적인 선물, 즉 은사라고 믿었다. 이 운동의 주창자는 웨이터 출신의 애꾸눈 윌리엄 시무어(Willaim Seymour, d. 1922)였다. 1905년 흑인인 시무어는 백인인 찰스 파햄(Charles F. Parham)이 텍사스 휴스턴에 세운 성경 학원에서 방언(tongue)에 대해 배웠다. 그가 처음 이 학원에 왔을 때 파햄의 부인은 시무어에게 우려스런 표정으로 이렇게 말했다.

"당신도 텍사스 법을 알다시피 흑인은 백인과 같은 교실에서 공부할 수 없습니다."

(Larry Martin, *The Life and Ministry of William J. Seymour and a History of the Azusa Street Revival*, 1999, 93.)

시무어는 복도에 홀로 앉아 창문 너머로 은사(spiritual gifts)에 대한 강의를 들었다. 이후 로스앤젤레스의 침례교도들이 시무어를 초빙하자 이주하였다. 1906년 4월 이 도시의 아주사 거리(Azusa Street) 312번지의 허름한 창고에서 그는 은사를 추구하는 집회를 시작했다.

1906년 4월 샌프란시스코를 무너뜨린 대지진- 혼란스런 사회상은 오순절 운동의 배경이 되었다

바로 그해 같은 4월에 캘리포니아 상부에 위치한 샌프란시스코에서 진도 8의 대지진이 일어나 당시 약 400,000명 총인구 중 약 300,000명이 집을 잃는 대참사가 발생했다. 이때의 지진은 멀리 떨어진 남쪽의 로스앤젤레스에서도 느낄 수 있을 정도였다. 산업 혁명으로 높이 쌓아올린 마천루 건물들이 하루아침에 무너지자 세계는 큰 충격을 받았고 종말에 대한 두려움과 세속적인 타락에 대한 반성의 물결이 일었다. 이 때문에 로스앤젤레스 아주사 거리의 오순절 집회에 수많은 이들이 찾아왔는데 이 모임은 매일 16시간씩 3년이나 지속되었다. 참석자들에 의해 은사 운동은 세계로 확산되었다.

일부 극단적 은사주의자들은 분열을 일삼았고 심한 경우 뱀까지 등장시킨 쇼 같은 예배로 물의를 빚었고 지나치게 물질 축복을 희구하였다. 무엇보다 성령에 대한 잘못된 이해로 신앙의 목적이 흐려졌다. 그러나 오순절 운동은 20세기 기독교의 색채를 역동적으로 바꾸었다. 일면에서 볼 때 이 운동은 흑인, 히스패닉, 아시안, 백인이 한자리에 모여 인종의 벽을 허문 사건이었다. 노예 신분에서 자유 빈민으로 또 목화밭에서 빌딩숲으로 환경만 변했을 뿐 여전히 사회 비주류인 흑인들은 은사 운동을 통해 차별의 고통을 승화시켰다. 오순절 운동은 전 세계에 특히 아프리카와 남아메리카에 크게 확산되었다.

VIII
전쟁과 희망의 시대
(1900-1970)

지난 20세기는 인류 역사상 가장 많은 전쟁들과 희생들이 발행한 시대였다. 전쟁광들이 세계적 예언자처럼 행세하며 인류를 이끌 때 모두는 비극이 젖과 꿀처럼 넘치는 약속의 동토로 갈 수밖에 없었다. 갈등과 참극이 순환하는 이 세기에서도 이기적인 사회를 직시하고 치유를 시도한 이들과 또 희생을 통해 희망을 꿈꾼 이들은 여전히 출현하였다.

1. 민족주의 팽창과 발칸의 독립

발칸 국가들과 그리스의 독립

1800년대 발칸 반도는 전례 없는 격렬한 변화가 일어났다. 이곳을 400년간 확고하게 지배한 오토만 제국이 쇠락하자 각 민족이 독립운동을 일으킨 것이다. 오늘날 발칸 반도는 위로는 헝가리, 아래에는 그리스가 있고, 그 중간에는 몬테네그로, 알바니아, 마케도니아, 유고, 슬로베니아, 불가리아, 루마니아, 몰도바, 크로아티아 등의 많은 나라들이 존재하고 있다. 그러나 역사의 시계를 200년 전으로 돌려보면 발칸에는 오직 하나의 나라, 즉 오토만 제국만 존재했었고 발칸의 민족들은 모두 피지배 상태였다.

무슬림 치하에도 불구하고 발칸의 세르비아, 불가리아, 루마니아, 그리스 민족들은 기독교 신앙을 중심으로 자체의 전통을 성공적으로 보존하였

그리스 아토스의 수도원

다. 불가리아는 이반 릴스키 수도원을 중심으로, 그리스는 아토스(Athos) 섬의 수도원과 높은 바위산 메테오라(Meteora)의 수도원을 중심으로 민족적 신앙을 유지했다. 한편 세계는 이미 혁명 사상과 민족주의 바람에 휩싸여 있었고 남미 국가들도 독립해 있었다. 독립운동의 바람은 발칸산맥을 넘어오자 민족주의의 태풍으로 바뀌었다. 쇠퇴하는 오토만 제국은 그 와중에 발칸 반도에서 유례없는 박해를 갑자기 시작하였고 발칸의 민족들은 드디어 국가 수립의 항쟁을 결심하였다.

발칸 반도에서 가장 먼저 저항한 민족은 세르비아(유고슬라비아)였다. 1804년 세르비아의 기독교 백성들은 오토만 제국에 대항하여 두 차례나 거국적인 반기를 들었다. 결국 러시아의 지원을 받아 1828년 자치국 세르비아를 수립하는데 성공하였다. 이어서 알바니아도 총독 알리 파샤(Ali Pasha)의 주도하에 오토만 제국의 손아귀에서 벗어났다. 알리 파샤는 이슬람 신자였으나 기독교도 아내를 두었기에 이슬람 국가 알바니아에서는 종교 관용 정책을 채택하였다.

발칸 민족들의 독립을 원하지 않았던 나라는 역설적이게도 오토만 제국의 오랜 숙적 오스트리아였다. 오스트리아 수상 메테르니히는 오토만 제국이 발칸 반도에서 건재해야 경쟁자인 러시아를 견제할 수 있다고 생각하였다. 그는 발칸의 슬라브인들, 특히 세르비아와 불가리아 민족들이 독립 투쟁을 벌였을 때 돕기는커녕 오히려 조롱하였다. 수구적이었던 오스트리아의 왕실은 '혁명'이라는 단어 자체에 경기를 일으켰고 발칸의 급격한 변화도 원치 않았다.

1821년 그리스 독립 혁명이 시작될 때 파트라스 게르마노스 주교가 혁명 깃발을 축복하고 있다
- by Theodoros Vryzakis

그러나 발칸 민족들의 독립 투쟁

은 이미 대세였다. 가장 격렬했던 곳은 그리스였다. 400년간 지배받은 그리스 민족에 독립 정신을 처음 불어넣은 이는 문학가 리가스 페라이오스(Rigas Feraios, d. 1797)였다. 그는 오토만 제국에 맞서는 혁명을 주장하였다가 1797년 그 용어를 너무나 싫어하는 오스트리아 왕실에 의해 처형당했다. 그는 다음 시구를 남겼다.

"용감한 [발칸] 청년들이여! 나뭇가지 사이로 밖을 내다보는 동굴 속에서 언제까지 살 것인가? 비참한 노예 상태에 있으면서 부모, 형제, 자녀, 친구, 조국을 다 팽개치고 있을 것인가?"

(R. Clogg, *A Concise History of Greece*, 2002, 29.)

페라이오스의 죽음은 헛되지 않았다. 1814년 그리스 독립운동을 도모하는 "친구들의 모임"이라는 뜻의 비밀 조직 '필리키 에테리아(Filiki Eteria)'가 결성되었다. 그리스 출신으로 러시아 장교였던 알렉산더 입실란테스(Alexander Ypsilantis, d. 1828)는 필리키 에테리아의 대장이 되어 오토만 제국에 맞서 무장 투쟁을 시작했다. 1821년 3월 25일 독립운동가들은 아기아 수도원(Agia Larva)에서 총대주교 게르마누스(Germanus of Patras)의 축복을 받으며 투쟁을 선언했다. 하얀 바탕에 십자가를 그린 그리스 혁명기가 수도원 지붕에 휘날린 이날 3월 25일은 훗날 그리스 국경일이 되었다.

입실란테스는 열악한 군대로 오토만 제국의 30,000 군병에 맞섰지만 패배하고 오스트리아로 망명했다. 여전히 오스트리아는 기존 질서를 지지하고 혁명에 반대하는 신성 동맹의 주축이었기 때문에 모든 혁명주의자들을 용납하지 않았다. 입실란테스는 러시아의 지원을 기대했으나 러시아 황제 알렉산드르도 이를 외면했다. 입실란테스는 7년간 연금되었다가 겨우 풀려났지만 조국 그리스의 완전한 독립을 보지 못한 채 궁핍과 냉대 속에 결국 오스트리아에서 숨을 거두었다. 그의 마지막 유언은 다음과 같았다.

"나의 심장을 꺼내 고국에 보내 주시오."

그 사이 오토만 군대의 만행은 극에 달해 행진하는 길마다 무차별 학살과 약탈이 잇따랐다. 수많은 발칸인은 코와 귀를 베이고 목이 잘렸고 그 중 독립을 열망한 그리스인의 피해가 가장 컸다. 한 예로 그리스 키오스(Chios)섬 주민 20,000명이 죽임을 당했고 70,000명이 노예로 팔렸다. 100,000에 달했던 섬 주민들이 순식간에 거의 사라졌다. 이때 입실란테스의 심장이 도착하자 이를 본 그리스인들은 가슴에 불길이 타올랐다. 한편 그리스 정교회는 혁명 반대의 보수적 태도를 버리고 독립운동을 지지하였다. 1821년 오토만 제국은 이를 응징하려고 정교회 대주교 그레고리오스 5세의 목을 매달아 죽인 후 보스포루스 바다에 던졌다. 마치 교황과 유사한 위상을 가졌던 정교회 대주교 공개 처형은 그리스뿐 아니라 유럽인들도 경악케 했다.

당시 유럽에는 헬레니즘의 출발지로서 그리스에 대한 존중의 물결, 즉 "필헬레니즘(Philhellenism)"이 일어났다. 영국은 헬라의 학문을 계승했고, 프랑스는 헬라의 문화를 계승했고, 이탈리아는 헬라의 정신을 계승했다며 모두 각각 헬레니즘의 대표 국가로 자처했다. 그리스 문화를 너무나 사랑했던 영국 시인 바이런(George Byron)은 그리스인이 아님에도 불구하고 독립 투쟁 참가를 결심하고 1824년 요트로 지중해를 항해하여 그리스에 도착하였다. 그는 메솔롱기온 요새의 치열한 전투에 합류했다. 갑자기 그의 건강이 악화되었고 의사들은 어이없게도 피를 빼내는 치명적인 처방을 하였다. 그리스에 자신의 피를 쏟겠다고 전부터 다짐했던 바이런은 실제로 많은 피를 그 땅에 쏟고 숨을 거두었다.

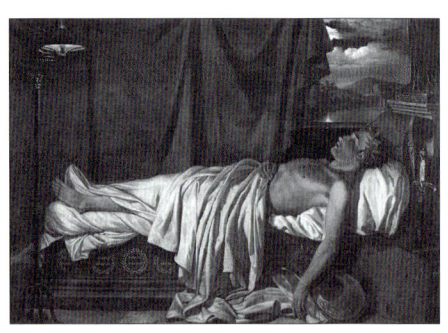

바이런의 죽음

그의 최후는 그리스인들을 울리고 영국인들을 감동시켰다. 발칸에서의 영향력 확대를 위해 영국은 즉각 함대를 파견하여 그리스 독립을 무력으로 지원했다. 러시아도 오토만 제국을 위협하며 그리스를 후원했다. 1827년 마침내 오토만 제국은 백기를 들었고 그리스는 독립을 쟁취하였다. 한 세대 후 러시아 군대가 발칸 반도로 내려오자 이에 편승해 불가리아와 루마니아도 국가를 수립하였다. 오토만 제국은 400년 만에 발칸 반도에서 완전히 물러나게 되었다.

그리스와 터키의 전쟁

새로 독립한 그리스와 쫓겨난 오토만 제국은 1897년부터 1922년까지 네 차례나 전쟁을 벌였다. 그리스는 옛 비잔틴 로마의 영광을 되찾고자 투르크 영토인 소아시아 지역과 수천 개의 섬들을 탈환하는 목표를 가졌고 오토만 제국은 절대 방어를 외쳤다. 1919년의 그리스와 터키 전쟁은 긴 대립의 종막이었다. 그리스는 수많은 자국민들을 구하려 소아시아를 침공해 이즈미르(서머나)까지 장악하였다. 그러나 새로운 '청년 투르크(Young Turks)'당을 조직한 무스타파 케말(Mustafa Kemal, d. 1938) 장군은 그리스에 반격을 가해 이즈미르와 소아시아를 다시 탈환하고 투르크의 영웅이 되었다. 그는 오토만 제국을 해체하고 그 터에 터키 공화국을 수립한 후 초대 대통령이 되었다. 국가 현대화에 힘썼기에 터키의 국부로 추앙받았고 의회로부터 '아타튀르크', 즉 "투르크의 아버지"라는 이름도 헌사받았다.

터키 공화국의 초대 대통령 무스타파 케말 파샤 '아타튀르크'

터키와 그리스 두 나라는 종국에 평화 조약에 동의하였다. 그리스는 에게해 섬들을 소유하는 것으로 만족해야 했고 투르크는 본토 소아시아를 방어한 것으로 위안 삼았다. 이후 두 나라의 영토는 변화가 없었으나 한 가지 주목할 사실은 1923년 인종

교환을 실시한 것이었다. 소아시아에는 무려 수백만의 그리스인 기독교도들이 투르크의 억압 속에서 수백 년간 살아왔다. 이와 대조적으로 발칸 반도의 그리스 땅에는 수많은 투르크인들이 그리스 독립 이후 백년간 차별받으며 거주했다. 터키의 초대 대통령 아타튀르크조차 소아시아 터키 땅이 아닌 그리스 테살로니키에서 태어난 인물이었다. 양국의 인종 교환으로 터키에 있던 150만의 그리스인들이 발칸으로 건너왔고 그리스에 사는 50만의 투르크인들이 터키로 이주하였다. 이는 결코 아름다운 사건은 아니었다. 왜냐하면 세계가 배타적 민족주의에 빠졌음을 보여주었기 때문이다.

인종 교환으로 터키의 대표적인 기독교 도시들인 소아시아의 이즈미르(서머나), 에페소스, 페르가몬(버가모) 등은 기독교 인구가 사라짐에 따라 순식간에 이슬람 도시가 되었다. 그럼에도 불구하고 잔악한 인종 대학살에 비하면 차라리 인종 대교환은 너무나 고상한 것이었다.

발칸의 도살자들

여러 국가들이 수립되었어도 발칸 반도는 당시 세계에서 가장 혼란스럽고 위험한 곳이었다. 1830년 영국 외교관 데이비드 우르쿠하트(David Urquhart)는 이렇게 전하였다.

"발칸 천지에 산적 떼가 들끓는다."

그러나 정작 발칸의 가장 큰 문제는 수시로 출몰하는 강도떼들보다는 발칸 반도를 피로 물들게 한 민족주의 광풍이었다. 배타적인 발칸 민족들은 독립 쟁취 후 영토 확장을 위해 서로 피비린내 나는 대결을 벌였다. 역사학자 아놀드 토인비는 민족주의가 인종 학살의 '이념(ideology)'이라고 지적했는데 발칸 반도의 민족주의가 그러하였다. 이곳의 민족주의는 자국민 중심의 독선적 태도로 타 민족을 공격하는 잔혹한 이념이었다.

세르비아의 총독 밀로슈 오브레노비치(Milosh Obrenovichi, d. 1860)는 세르비아가 독립할 때 무슬림의 상징인 초록색 옷을 입은 투르크인들을 무조건 살해하라고 전국에 명령했다. 수많은 투르크인들이 살해되거나 도피하였다. 이에 맞서 코소보의 이슬람 알바니아인들은 세르비아인들을 무수히 죽이며 보복하였다. 한편 그리스는 불가리아와 영토 분쟁을 벌이면서 그리스 땅의 불가리아 사람들을 핍박하였다. 또한 세르비아의 성장을 싫어한 오스트리아는 자국 내의 세르비아인들을 차별하였다. 발칸 반도는 마을을 습격하는 강도떼들의 난장판에다 타 민족들을 청소하는 도살자들의 시장까지 되었다.

민족주의의 광기는 많은 민족에게 자유를 선사했지만 동시에 수많은 학살을 초래했다. 불가리아 문학가 미할라키 레오르기에프는 다음과 같이 탄식했다.

"우리는 독수리처럼 구름 위로 비상하다 추락하여 지금 흙더미 수렁에 빠져 있다. 이것이 자유를 얻은 민족이 살아갈 운명이라면 그런 자유는 아무 소용이 없다. 우리는 장미를 심었으나 대신 가시나무가 자라났다."

(Mark Mazower, *The Balkans: A Short History*, 2002, 114.)

2. 제1차 세계 대전과 심판대 앞의 인류

심판의 전조

1912년 4월 10일 산업 혁명으로 개발된 각종 기술의 결정체인 가장 호화스러운 세계 최대 여객선 타이타닉(Titanic)이 처녀 출항했다. 이 배는 여행을 즐기는 부자들과 아메리칸 드림을 꿈꾸는 많은 빈자들을 태우고 자유의 여신상이 가장 먼저 환영하는 뉴욕을 향하고 있었다. 4일후 4월 12일 타이타닉은 뉴욕 도착을 하루 앞두고 빙하 조각과 부딪혀 대서양에서 침몰하였다. 269m 길이의 이 거대한 선박의 좌초는 엔진, 철강, 건축, 통신 등 혁명적으로 발전한 인간 문명에 대한 자연의 조롱 같았다. 2,224명이 타고 있었고 배에는 1,178명을 위한 구명보트가 갖춰져 있었다. 710명이 살았고 1514명은 영하 2도의 바다에서 20분 이내에 사망했다.

사실 이런 참담한 상황에서 인간이 할 수 있는 일은 제한되었다. 남성 1등석은 33%만 살았으나 여성 3등석은 46%가 살았다. 파멸의 순간에도 구명보트를 양보하여 아동과 여성을 그 정도 구출한 것은 사랑의 승리였다. 음악가 월리스 하틀리와 동료들이 선상에서 "내 주를 가까이 하게함은 십자가 짐 같은 고생(Nearer my God to Thee!)"이라는 성가를 연주하며 최후를 맞이한 것도 고상했다. 그러나 타이타닉의 재난은 인류가 겪을 2년 후의 엄청난 비극의 전조에 불과했다. 그것은 바로 전 세계의 전쟁이었다.

"화약고" 발칸과 대전의 발발

1900년대 초 서구 세계는 두 세력으로 양분되어 있었다. 이 현상의 큰

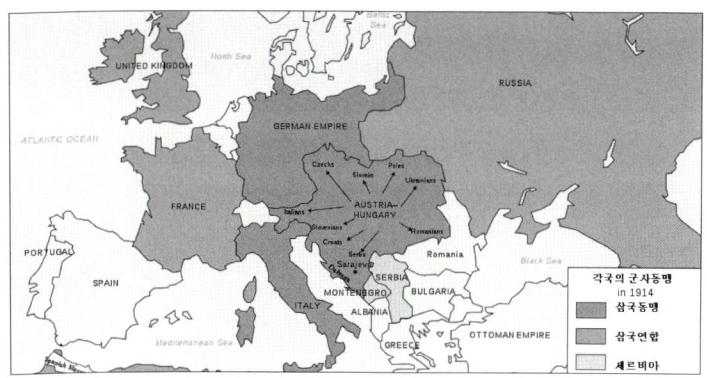
1914년 1차 대전 때의 삼국 동맹과 삼국 연합 지형도

요인은 1870년대 이후 초강국이 된 독일의 급부상에 있었다. 당시 빌헬름 2세는 산업 혁명으로 얻어진 경제적 이득을 군사력 증강에 사용했다. 국가 예산의 절반이나 국방비에 배정하면서 이 나라는 순식간에 군사 대국이 되었다. 숙적 사이던 영국과 프랑스는 독일 견제를 위해 상호 손을 잡고 밀착되었다. 이에 맞서 독일과 오스트리아는 같은 독어권 나라들로서 게르만 민족주의를 공유하며 긴밀해졌다. 1900년대 초 러시아가 동유럽을 침공하고 발칸 반도에 야심을 품고 개입하자 오스트리아와 러시아의 관계가 악화되었다.

결국 1914년 외교적 역학 관계에 따라 독일, 오스트리아, 이탈리아를 묶는 '삼국 동맹(Triple Alliance)'이 등장하였고 이에 대항해 영국, 프랑스, 러시아가 연대한 '삼국 연합(Triple Entente)'이 탄생하였다. 약삭빠른 이탈리아는 곧 동맹에서 탈퇴했고 대신 오토만 제국이 독일 편에 섰다. 시대 변화를 읽는데 둔감했던 오토만 제국은 독일에 합세하는 오판으로 망국의 비극을 예약해둔 셈이었다.

양편으로 갈린 두 진영에 발칸 반도의 문제는 충돌 위기를 증폭시켰다. 그 폭풍의 눈은 바로 신생국 세르비아였기에 당시 발칸 반도는 "세계의 화약고(a powder keg)"라 불렸다. 특히 러시아와 오스트리아는 발칸 반도 장악이라는 공통의 목표를 놓고 대립 중이었다. 러시아는 오스트리아 턱밑에 있는 세르비아를 같은 슬라브 민족이라며 지원하였다. 세르비아는 세르비아대로 오스트리아 영토에서 살고 있는 700만 세르비아인들을 해방시키고자 하였다.

반면 오스트리아는 바로 아래에서 거대하게 확장하는 국가 세르비아가 눈엣가시였다. 오스트리아는 세르비아인들이 다수 거주한 보스니아와 헤르체고비나를 점령하면서 세력을 확대하였다. 세르비아의 발전을 결코 원치 않았던 오스트리아 정치인들은 이렇게 주장했다.

"우리는 세르비아를 아예 사랑하든지 아니면 제거하든지 해야 한다."

결과적으로 독일-오스트리아의 게르만 민족주의는 러시아-세르비아의 슬라브 민족주의와 충돌하며 전쟁 직전에 이르게 되었다. 그런데 문제는 세계의 열강들이 동맹을 맺고 양편으로 갈린 상태였으므로 만약 어느 한 나라에서 전쟁이 일어나면 이는 연쇄적으로 모든 나라들이 참전케 되는 상황이었다.

드디어 폭발의 순간이 왔다. 1914년 6월 28일 오스트리아 황태자 부부 페르디난트와 조세핀이 오스트리아 지배하의 보스니아 수도 사라예보를 방문했다. 그곳의 세르비아 청년 가브릴로 프란지프(Gavrilo Princip)는 슬라브족의 강력한 저항 의지를 보여주고자 이 부부를 저격하였다. 그런데 이 총성은 황태자 부부의 목숨만 가져간 것이 아니라 수천만의 희생을 야기한 제1차 세계 대전의 신호탄이 되었다.

암살 직후 오스트리아는 세르비아가 도저히 수용할 수 없는 10개 조건들을 제시하고 모든 책임을 세르비아에 물었다. 사실 오스트리아는 세르비아와의 평화를 전혀 원치 않았고 이 사태를 아예 세르비아를 제거할 호기로 보았다. 그러므로 세르비아가 8개 조건이나 수용하면서 항복에 가까운 자세를 보였으나 정확히 저격 사건 한 달 만인 7월 28일에 오스트리아는 응징을 구실로 곧바로 세르비아를 침공하였다.

바로 다음날인 1914년 7월 29일 러시아는 오스트리아를 비난하며 즉각 군사 개입을 시작했고 또 다음날 30일에 독일은 러시아를 비난하며 러시아의 동맹국인 프랑스를 침공했다. 또 그 다음날인 8월 1일 프랑스가 독일에 반격을 가했고 사흘 뒤인 8월 4일 영국도 독일에 선전 포고를 했다. 곧이어 오토만 제국도 영국에 맞서 전투를 개시했다. 불가리아는 러시아의 확장에 불만을 품고 독일 편에 섰고 루마니아는 오스트리아의 확장에 불만을 품고 연합국 편에 섰다. 전장은 유럽뿐 아니라 중동과 아프리카 식민지에서도, 그리고 육지는 물론 바다에서도 벌어졌다. 1차 세계 대전은 이렇게 폭발했으며 세계는 순식간에 불바다로 변하였다.

"크리스마스 휴전(Christmas Truce)"

개전 초부터 독일은 빠른 속도로 벨기에를 통해 프랑스로 진격하였다. 영불 연합군은 이를 저지하기 위해 병력을 증파하였다. 제1차 세계 대전은 이전과는 달리 '지하' 전쟁이었다. 수많은 전투들이 참호(trenches)에서 치러졌기 때문이다. 1914년 9월 서부 전선의 독일군은 영불 연합군과의 마른(Marne) 전투에서 정체 상태에 빠져 진격에 제동이 걸렸다. 이곳에서 참호 전투로 바뀌자 12월까지 두 달이나 접전이 지속되었다. 12월 24일 성탄 전야 두 진지는 조용했다가 갑자기 독일군 진영에서 귀에 익은 노래 소리가 들려왔다.

"고요한 밤 거룩한 밤 어둠에 묻힌 밤 주의 부모 앉아서 감사 기도 드릴 때 아기 잘도 잔다."

성탄 캐럴이었는데 곧 영국 병사들도 함께 부르기 시작했다. 전장은 순식간에 아카펠라의 경연장으로 바뀌었다. 놀랍게도 독일군 장교 한 명이 장식과 양초를 매단 성탄 나무를 영국군 진영으로 가져왔다. 이후 두 나라 병사들은 중간 지대에서 어울려 무기를 내

1914년 크리스마스 때 함께 시신을 수습하는 독일과 영국 병사들

려놓고 한 주 동안 휴전하였다. 이것이 바로 "크리스마스 휴전(Christmas Truce)"이다. 이틀 후 26일 "상자의 날(Box Day)"에 병사들은 참호에서 나와 선물을 조그만 수통에 담아 서로 교환하였다. 또 널려진 수많은 전사자 시신들을 치우기로 합의하였다. 영국 병사를 묻을 때는 독일 병사가 기도해주었고 독일 병사를 매장할 때는 영국 병사가 군모를 벗어 조의를 표했다. 대화도 나누고 축구 경기도 열었다. 사실 마른 전투의 전장뿐 아니라 그해 서부 전선 곳곳에서 100,000명이 넘는 양측 병사들이 크리스마스 휴전에 참여하였다.

유럽 기자들은 이미 이 사실을 알고 있었으나 군부의 압력으로 신문을 통해 전하지 못하고 있었다. 그러나 미국의 뉴욕타임스는 12월 31일 이 뉴스를 크게 보도하였다. 그리고 다음날 유럽 언론도 보도를 시작했다. 영국의 사우스 웨일스 에코우(South Wales Echoes)지는 이렇게 논설을 내었다.

"서로의 참호를 방문해 노래하고 대화하고 형제처럼 지냈다는 것은 전쟁사가 기록될 때 두말할 필요도 없이 가장 놀라운 일화가 될 것이다."

(Stanley, *Silent Night: The Story of World War I Christmas Truce*, 2001, 157.)

며칠 후 독일과 영국의 지휘부는 경악하여 적군과의 사적인 접촉을 일절 금하고 어기는 이는 총살한다는 명령을 각각 내렸다. 사실 전쟁은 그때 멈췄어야 했다. 각국의 수뇌부들은 타협과 협상을 위한 마지막 기회가 있었다. 개전 4개월 만에 전쟁을 협상으로 마무리지었다면 이후 4년간 벌어지는 수백만의 희생은 막을 수 있었다. 그러나 어느 나라도 양보도 협상도 거론하지 않았고 인류는 어리석게도 대결만 집착했다. 이후 4년간 매해 성탄 전야는 암묵적으로 휴전하였다. 개별적인 교류와 선물 교환은 여전히 곳곳에서 이루어졌다. '크리스마스 휴전'은 인류가 어떻게 대립을 멈추어야 하는지 확실히 보여준 인류애의 사건이었다. 명령대로 선물 교환이 중지되자 곧 총탄 교환이 시작되었다. 연합군은 3년 후 새로운 "성탄 선물"에 더 주목을 하였는데 그것은 또 피로 얻은 예루살렘이었다.

갈리폴리의 비극과 예루살렘의 승리

서부 전선에서는 독일과 영국의 참호 전투로 교착 상태에 빠지고 동부 전선에서는 오스트리아가 맨손이나 다름없는 러시아의 가여운 "봉건 시대 병사들"을 밀어붙이는 가운데 중동에서는 대영 제국과 오토만 제국의 치열한 전투가 벌어졌다. 1915년 흑해와 지중해를 잇는 요충지 다르다넬스 해협을 차지하기 위해 영국의 해군과 육군은 상호 공조도 없이 차례로 갈리폴리(Gallipoli) 상륙 작전을 감행했다. 그러나 오토만 제국이 처절하게 방어에 성공하여 영국은 큰 실패를 맛보았다. 영국도 오토만도 각각 250,000명의 희생자를 냈으나 심리적으로는 상륙이 좌절된 영국의 내상이 더 컸다.

중동 전쟁에서 영국의 반격은 이집트에서부터 시작되었다. 오토만 제국은 수에즈 운하를 점령하기 위해 이집트에 주둔한 영국군을 선공하였다. 그러나 영국 군사령관 에드먼드 알렌비(Edmund Allenby) 장군은 오토만 제국을 막아내었다. 그는 여세를 몰아 오토만 군대를 패퇴시켜 시나이 반도와 유대 광야까지 장악하였고 1917년 12월 마침내 예루살렘 전쟁에서 오토만의 제7군을 궤멸하여 예루살렘을 탈환하였다.

그해 12월 11일 알렌비 장군은 성지 예루살렘에 경의를 표하려고 말에서 내려 걸어서 입성하였고 오토만 제국으로부터 이 도시의 해방을 선언하였다. 사실 1229년 제6차 십자군 때에 독일 국왕 프리드리히 2세가 협상으로 예루살렘에 입성한 이래 알렌비 장군은 근 700년 만에 이 도성에 책임

1917년 영국군 알렌비 장군이 예루살렘을 탈환하고 입성하고 있다

자로 입성한 첫 서구인이었다. 또한 이 장군은 중세 십자군의 참극을 반복하지 않기 위해 영국 군대에게 민간인 학살을 금했으며 유대교 회당과 이슬람 사원도 파괴하지 말 것을 명령했다. 당시 영국 수상 데이비드 조지는 기쁨을 표하며 이렇게 말했다.

"이는 700년 전 [영국의] "사자 심장" 리처드 왕이 미완으로 남긴 대위업을 이룬 것이다. 예루살렘의 탈환은 역사적 사건으로서 우리가 받은 성탄 선물이다."

알렌비 장군은 오토만 군대와 연이어 벌인 므깃도(Megiddo) 전투에서 승리하고 마침내 이스라엘의 북쪽 단(Dan)에서 남쪽 브엘세바(Beersheba)까지 해방시켰다. 이로써 이스라엘 관할권이 영국으로 넘어오게 되었다. 한편 시리아에서는 프랑스와 오토만 제국의 군대가 싸웠는데 "외팔이 장군" 앙리 구로(Henry Gouraud)의 프랑스군이 승리하였다. 종전 후 1920년 7월에 구로 장군은 다마스쿠스로 입성하여 중세 이슬람의 영웅 살라딘의 무덤 앞에 꼿꼿이 서서 지혜롭지 못하게 이렇게 외쳤다.

"살라딘이여! 우리가 돌아왔도다. 나의 도착은 초승달 위에 십자가가 섰음을 상징하노라!"(Alan Jamieson, *Faith and Sword: A Short History of Christian-Muslim Conflict*, 2006, 8.)

미국의 참전과 전쟁의 종결

한편 대서양 건너 미국은 제1차 대전 불개입 원칙을 표방했지만 내부적으로 의견이 분열되었다. 수백만의 독일계 미국인들은 참전을 완강히 반대하였고 이와는 달리 다수의 영국계 미국인들은 참전을 강력히 요구하였다. 관망하던 미국이 뒤늦게 참전을 결정한 것은 어리석은 독일의 행태 때문이었다. 1917년 독일은 영국으로의 물품 유입을 막기 위해 대서양의 항해 금지를 임의로 선포하고 연합국으로 향하는 미국 무역선들을 신형 잠수함 유보트(U(Undersea)-Boat)로 공격하여 침몰시켰다.

독일은 게다가 외적으로 미국에 중립을 요구하면서도 독일 외무장관 아써 짐머만(Arthur Zimmermann)은 멕시코에 비밀 전문을 보내 미국을 공격하라고 사주하였다. 멕시코가 미국에 뺏긴 영토들을 수복하는데 독일의 지원을 약속하는 내용이었다. 비밀 전문을 해독한 미국은 독일의 이중성에 분노하였고 1917년 4월 미국 의회는 참전을 선언하였다. 미국의 파병으로 연합국의 군사력은 훨씬 우월해졌고 마침내 독일과 오스트리아는 패배하였다.

1919년 승전한 연합국 측은 파리의 베르사유 조약을 통해 패전한 동맹국들에게 엄청난 배상을 요구했다. 전쟁은 오스트리아가 시작했지만 더 큰 책임은 독일이 지게 되었다. 독일은 해외에 소유한 모든 식민지를 상실하였고 영토도 축소되었다. 연합국 세력은 독일에 붙은 폴란드를 떼어내 독립국으로 만들었고 또 오스트리아에 붙은 헝가리도 작은 규모로 독립을 시켰다. 원래의 헝가리 영토가 줄면서 수백만 헝가리인은 새로 설정된 영토로 이주해야 했고 그 와중에 피난민 수십만은 들판에서 목숨을 잃었다. 그러나 200년간 국가 없이 지내던 폴란드인들은 비로소 주권을 되찾고 정부를 세우게 되었다.

독일 쪽에 합류했던 이슬람의 오토만 제국도 패전국의 멍에를 쓰고 영토의 80%를 상실하는 파국을 맞았다. 오토만 영토에서 프랑스는 시리아를 장악하였고 영국은 바그다드, 다마스쿠스, 이스라엘을 통치령(mandate)으로 두었다. 예루살렘에는 유대인들이 시오니즘(Zionism) 아래 대규모로 군집하게 되었다. 오토만 제국의 술탄 메메트 6세는 이 모든 굴욕적 조항들에 서명할 수밖에 없었지만 투르크 국민들은 술탄에 큰 분노를 표출하였다. 이런 정황에서 무스타파 케말 파샤는 혁명을 일으켜 오토만 제국을 해체하고 새로운 나라인 터키 공화국을 수립하였다. 술탄제가 폐지되었으므로 마지막 술탄 메메트 6세는 터키를 떠나야 했다. 이로써 오토만 제국은 600년의 영욕을 마감하고 역사로 사라졌다. 결과적으로는 제1차 세계 대전으로 오토만 제국이 멸망한 셈이다. 메메트 6세의 망명

1915년 아르메니아인 대수난의 한 장면 — 시리아 알렙포 근처에서 이주당한 아르메니아 여인이 죽은 아이를 보고 있다

지는 이탈리아 북서부 해안 리비에라(Riviera)였는데 이슬람 제국의 마지막 술탄이 서유럽의 기독교 국가 이탈리아로 피신해 여생을 보냈다는 사실은 참으로 역설적이다.

국가보다 국민의 피해는 비할 바 없이 더 고통스런 것이었다. 1차 세계 대전은 약 6,000만의 이재민을 낳았고 1,500만의 사상자가 발생했으며 1,000만이 넘는 고아들이 생겨났다. 가장 억울한 고통은 전쟁 과정에서 아르메니아인들이 받은 것이었다. 오토만 제국 내의 아르메니아인들은 자신들의 독립을 위해 러시아를 심정적으로 지지했었다. 때문에 오토만 제국은 인종 청소를 목적으로 1915년 군대를 동원해 수도 콘스탄티노플과 소아시아에 거주하던 모든 아르메니아인들을 무참하게 학살하거나 광야로 추방했다. 약 150만의 아르메니아인들이 목숨을 잃었고 소수 생존자들만 아나톨리아 반도(터키)를 빠져나갈 수 있었다. 이것이 그 악명 높은 "아르메니아 대학살"이다. 이 비극의 책임은 오토만 제국을 역사적으로 계승한 현재의 터키 공화국에 있다.

당시 세계는 오토만 제국의 끔찍한 '아르메니아인 인종 청소(Armenian Genocide)'에 주목하지 못했다. 유럽은 1차 세계 대전에 휩싸여 있었고 곳곳에서 민족, 인종, 종교 간의 유사한 학살이 횡행했기 때문이다. 한편 전쟁 부담을 견디지 못한 러시아는 1917년 볼셰비키 공산 혁명을 맞았으며 그 와중에 전염병이 발발해 300만 명이 목숨을 잃었다. 같은 시기 세르비아에서 생긴 전염병 희생자 20만 명은 언급하기도 적은 피해 같았다.

심판대 앞에 선 인류

1차 대전은 세계를 경악시켰다. 인류 역사 이래 20세기 초까지 이렇게 큰 전쟁과 참혹한 피해는 없었다. 대전 직전까지 세상이 이상향으로 발전하고 있다는 낙관적인 역사관이 넘쳤고 각종 과학적 발견과 공학적 발명들이 인간에게 더욱 행복을 줄 것으로 착각하였다. 그러나 동시에 인간은 스스로를 파멸시킬 각종 기계들도 정교하게 만들고 있었다. 전화, 전기, 철강, 자동차, 비행기 등 과학 기술의 결과물들은 더 참혹한 살상을 위해 사용되었다. 자동차가 등장하면서 탱크도 같이 만들어졌으며 강철과 전기로 새 세상을 열었지만 종말적 전쟁의 신무기들에 이용되었다. 산업 혁명의 열매들은 인간의 이기심으로 점차 독사과로 변하였다.

인류의 불행과 파국을 조장한 이들은 각 분야마다 있었다. 인간의 이성으로 낙원이 건설된다는 낙관주의 철학자들, 경제적 자유를 신봉한 탐욕스런 기업가들, 개혁을 거부하고 절대자로 군림한 독재자들, 민족주의를 이용한 거짓 애국자들, 폭력적 투쟁을 선동한 사회주의자들, 평화 대신 증오를 부추긴 종교인들이다. 이들 모두는 근대를 비극으로 몰고 간 주범들이었다. 특히 각국의 성직자들은 모두 자신들의 나라만 정의롭다고 생각했으며 국제 갈등이 일어나면 대부분 예외 없이 전면전을 지지했다. 예수의 산상 수훈은 옛 이상으로 일축하고 전쟁 이야기를 설교하면서 전쟁이 마치 국가와 천국에 필수적인 것처럼 왜곡했다.

스위스 태생의 20세기 거장 신학자 칼 바르트(Karl Barth, 1886-1968)는 1차 세계 대전이 끝난 직후 인류 비극의 원인을 묻고 그 답을 제시했다. 1922년 그는 『로마서 주석』을 펴내 인간은 본성상 파멸의 존재라고 선언하고 현대의 비극은 바로 인간의 악한 본성을 망각한데서 비롯되었다고 외쳤다. 인간은 죄악과 이기심 자체로서 파국을 향해 걸으며 종국에 신의 심판대에 서는 위기적 존재라는 것이다. 그러므로 인류는 구원을 위해 또 파멸을 피하기 위해 이기심을

인류의 낙관주의를 비판한 20세기 거장 신학자 칼 바르트

인정하고 전능자의 심판대에 먼저 자기 스스로를 세워야 한다는 것이다. 이 때문에 바르트의 사상을 '위기 신학(Crisis Theology)'라고 부른다.

또한 바르트는 기독교의 본질적 교훈이 이기적 세상을 대면하고 새로운 변화를 일으키는 변증법적인 것임을 주장하였다. 그는 종교의 역할이 '위로' 제공이 아닌 '위기'를 발견케 하고 죄인인 인간이 초월적 하나님을 만나는 것이 신앙임을 역설하였다. 종교가 신의 초월성, 인간의 한계, 실존의 위기 등을 다시 지적하는 본래 자리로 와야 한다는 것이다.

바르트는 타성에 젖은 기독교의 거의 모든 종파들을 비판하였다. 보수적 기독교는 교리의 자구(letters)에 매였다고 고발하였고 로마 가톨릭은 진리와 제도를 혼동했다고 비판하였다. 특히 자유주의 신학에 대해서는 심판의 메시지를 망각했다고 질타하였다. 바르트는 성서가 도덕이나 신화의 서적이 아니라 이기적 인간에게 선포되는 심판의 말씀이라고 주장했다. 심판을 망각하는 모든 종교는 인간의 도구로 전락할 뿐이다. 바르트의 사상은 일면에서 덴마크 실존주의 철학자 키르케고르와 유사하였고 문학적으로는 러시아의 도스토예프스키를 연상케 하였다. 바르트의 『로마서 주석』을 읽은 가톨릭 학자 칼 아담(Karl Adam)은 충격에 빠져 이렇게 말하였다.

"이 책은 자유주의 신학자들의 놀이터에 던져진 폭탄이다."

(Carter Lindberg, *A Brief History of Christianity*, 2006, 166.)

3. 제2차 세계 대전과 파멸의 재현

파시즘과 나치 독일의 등장

　1차 세계 대전 이후 인류는 낙관주의적 세계관과 팽창주의적 탐욕을 버려야했지만 그럼에도 각성을 못한 채 새로운 참극으로 질주하였다. 20세기를 비극의 세기로 강화시킨 것은 인간의 잘못된 사상들 때문이었다. 이기적 자본주의, 제국주의, 사회주의, 원리주의, 국수주의, 그리고 극우주의 등은 세상을 낙원은커녕 지옥으로 만들었다. 특히 타 민족의 고통을 이용해 이득을 취하려는 팽창주의적 제국주의는 인류에 재난을 주었고 동시에 자국의 양심을 마비시키는 파시즘도 세계적 재앙을 불렀다. 2차 세계 대전은 바로 이 두 사상이 초래한 참극이었다.

　'파시즘(facism)', 즉 극우주의는 지휘봉을 뜻하는 라틴어 '파스케스(fasces)'에서 나온 용어이다. 고대 로마 공화정에서는 국가적 위기가 닥쳤을 때 지도자를 선택하여 절대 권력을 한시적으로 부여하였다. 주전 460년경의 로마의 지도자 킨키나투스(Cincinnatus)가 바로 그러한 지도자였다. 이때 원로원은 '통제권'을 뜻하는 막대기들과 '징벌권'을 의미하는 '도끼'를 함께 묶은 "지휘봉", 즉 '파스케스'를 통치 후보자에게 수여하였다. 이로써 그는 한정된 기한동안 합법적으로 의사 결정권은 물론 생사여탈권까지 행사

파스케스를 손에 든 킨키나투스의 동상 - 미국 오하이오 신시내티 소재, 이 도시명은 그의 이름에서 유래되었다 - by Rick Dikeman

하는 권력자가 되었다.

사실 고대의 파시즘은 한시적이었고 국가적 위기에서만 기능한 제도였다. 또 지도자들도 국민이 요구하는 퇴진 요구에 늘 복종했다. 그러나 근대의 파시즘은 독재자가 국가주의를 표방하며 무제한적으로 모든 것을 통제하는 변질된 극우적 정치 체제를 뜻하게 되었다. 이는 정부를 우선시하며 자유, 인권, 권리를 부차적으로 취급하는 사상이다. 또 정권의 결정은 언제나 옳다고 우기면서 반대파를 억압하는 체제이다. 한마디로 정부와 국가를 동일시하는 극우주의는 다양한 자유를 중시하는 민주주의와는 정면으로 배치되는 사상이다. 특수한 상황에서는 파시즘이 분명 효율적이다. 그러나 이 체제가 참으로 위험한 것은 보편적 상생과 창조적 자유를 외면하는데 있다. 이는 자국을 세계로부터 고립시켜 결과적으로는 국가 운명을 더 큰 위기로 몰기 때문이다. 바로 20세기 초 독일의 선택이 그러하였다.

1차 세계 대전의 패배는 독일을 파산시켰다. 수많은 사회 문제들이 분출하였고 물가는 폭등했으며 경제는 침몰하였다. 독일 국민들은 승리한 연합국들이 과도한 패전 책임을 지웠다며 반성보다는 분개하였다. 오스트리아 비엔나의 예술 학교에 불합격한 한 청년은 1921년 '국가 사회주의 노동자당'을 조직하고 독일 정계에 입문하였다. 그가 바로 히틀러이다. 그의 정당은 'Nationalsozialist(국가사회주의)'를 줄인 'Nazi(나치)'라고 불렸고 곧 독일 국민의 정신을 사로잡은 지배 정당이 되었다. 히틀러는 자신의 『나의 투쟁(Mein Kampf)』에서 이렇게 선언했다.

"살고자 하는 자는 투쟁해야 한다. 투쟁을 원치 않는 자는 영속적 투쟁이 생존 법칙인 이 세상에서 존재할 자격이 없다."

(Adolf Hitler, *Mein Kampf*, 1939, 163.)

히틀러는 독일 민족의 우월성을 주창하며 일당 독재 파시즘 체제를 수립하였으나 이는 도약은커녕 패망으로 가는 길이었다. 극우파 국민들은 패전의 현실도 반성도 외면하고 오히려 옛 독일 제국의 전성기를 추억하며 세계 지배의 야욕을 다시 키웠다. 히틀러 정권은 패전 배상을 전면거부하면서 연합국과의 조약을 파기하고 강력한 군대 육성을 위해 총력을 기울였다. 얼마 후 실전 병력만도 370만 명에 이르렀고 3,195대의 탱크와 4,000여 대의 군용기를 갖춘 엄청난 군사 대국이 되었다.

한편 이탈리아에도 독재자 베니토 무솔리니에 의해 극우주의가 강화되었다. 그는 자신의 정책을 절대적 진리로, 국가를 지고선으로 내세웠다. 이탈리아는 1차 대전의 승전국이었지만 큰 이권을 획득하지 못하자 연합국들에 불만을 품고 독일 편으로 돌아섰다. 무솔리니는 히틀러와 연대하였고 이들은 유럽 재편을 결의하였다. 무솔리니는 파시즘을 찬양하며 적대적인 서구 연합국에 대해 이렇게 말하였다.

"오늘은 우리가 심판받았지만 내일은 당신들이 심판대에 설 것이다. 파시즘은 새 종교이며 20세기는 파시즘의 세기로 역사에 기록될 것이다."

(John Price & Anthony Stevens, *Prophets, Cults, and Madness*, 2000, 164.)

1939년 9월 1일 히틀러는 국제 사회의 연이은 경고를 무시한 채 잃어버린 독일 제국을 복원한다는 명분으로 과거 지배했던 폴란드를 침공하여 2차 세계 대전을 일으켰다. 독일의 영토를 축소시켰던 연합국 세력은 독일의 폴란드 침공을 게르만주의의 마수적인 귀환으로 인식했다. 주변 지역을 강제 병합하여 '소련(Soviet Union)'이 된 러시아는 동유럽을 차지할 목적으로 독일에 동조하며 상호 불가침 조약을 맺었고 독일이 폴란드를 침공하자 야비하게도 함께 분할하자며 러시아군을 파병하였다. 독일은 여세를 몰아 덴마크와 노르웨이로 북진했다. 영국과 프랑스는 평화와 질서를 깨뜨린 독일에 즉각 선전 포고를 하였고 대륙에서 전투가 개시되었다.

1940년 독일, 이탈리아, 일본 3개국은 아예 동맹을 맺어 "축 세력(Axis Powers)", 즉 추축국을 형성하고 세계 지배의 야망을 공유했다. 꿈이 없는 민족은 망하지만 사실 잘못된 꿈을 가진 민족은 자신도 파멸하고 타 민족에도 큰 고통을 안긴다. 특히 악의 축을 자청한 이들 세 나라는 잘못된 야망 덩어리였다. 당시 일본과 독일이 참으로 비열했던 것은 노동이 아닌 침공으로 국부를 이루려는 이기적 태도를 오히려 자랑스러워한 점이다.

중국을 장악한 일본은 아시아 지배를 목표로 삼고 미국을 견제하고자 1941년 12월 7일 하와이 진주만(Pearl Harbor)을 폭격하였다. 바로 다음 날 미국의 프랭클린 루즈벨트 대통령은 '불명예의 날(the Day of Infamy)'이라는 제목의 장엄한 연설을 통해 참전을 공포했다. 독일과 이탈리아는 일본의 동맹이었으므로 즉각 미국을 협박하며 참전 결정을 포기시키려 했다. 그러나 미국은 독일에도 선전 포고를 하고 유럽 전장에도 파병하여 동시에 두 곳의 전쟁을 수행하게 되었다. 뒤이어 수많은 나라들이 연합국(Allied)과 추축국(Axis) 편으로 나뉘어 2차 세계 대전에 뛰어들었다. 1941년 히틀러는 미래를 위해 동유럽의 곡창 지대가 필수적이라고 믿고서 러시아(소련)와의 불가침 조약을 깨고 동유럽으로 진격했다. 기회주의적인 러시아는 뒤늦게 연합군 측으로 합류해 독일과 전면전을 시작하였다.

"축 세력"의 패전과 대전의 결과

독일의 러시아 침공은 결과적으로 전선을 너무 확장시킨 패착이 되었다. 동부 전선에서 독일군은 러시아에 밀렸고 아프리카 전선에서는 에르빈 롬멜 장군의 독일 전차군단이 영국의 버나드 몽고메리 장군 부대에 참패했다. 무솔리니의 이탈리아군도 영국군에 무너져 실각하였다. 무엇보다 히틀러가 간과했던 것은 미국이 가진 엄청난 잠재력이었다. 1942년 미영 주도의 노르망디 상륙 작전이 성공하자 곧 프랑스가 해방되었고 승기를 잡은 연합군은 독일 본토로 진격하였다. 독일의 마지막 희망은 비밀리에 개발 중인 로켓탄과 핵무기였다.

이탈리아의 물리학자 엔리코 페르미(Enrico Fermi, d. 1954)와 헝가리의 레오 실라르드(Leo Szilard, d. 1964)는 미국으로 이주하였는데 핵분열의 연쇄 반응이 일어나면 엄청난 에너지가 폭발하는 원리를 발견하였다. 아인슈타인과 실라드는 프랭클린 루즈벨트 대통령에게 서한(Einstein-Szilard Letter)을 보내 원자탄 개발을 권했다. 독일이 먼저 성공할 경우 세계적 대재앙이 올 것이라고도 경고하였다. 1939년 루즈벨트 대통령은 원자탄 연구 "맨해튼 프로젝트(Manhattan Project)"를 승인하였고 국가적 지원 끝에 가공할 무기가 제조되었다.

독일도 양자물리학의 대가 베르너 하이젠베르크(Werner Heisenberg)를 내세워 핵무기 개발을 시도하였으나 끝내 실패하였다. 그는 물체의 정확한 위치와 속도 측정이 불가능하다는 '불확정성의 원리(principle of uncertainty)'를 주창한 인물이다. 일설에는 하이젠베르크가 독일 패배를 위해 의도적으로 핵 연구를 지연시켰다는 주장도 있다.

1945년 5월 1일 베를린이 소련군에 함락되고 주력 독일군이 영미 연합군에 궤멸되자 히틀러는 자살하였고 5월 8일 독일은 항복하였다. 한편 일본은 미국의 도쿄 공습으로 수십만 국민들을 잃고도 항복을 거부하였지만 원자탄으로 히로시마와 나가사키가 순식간에 사라지는 참극을 겪고서야 두 손을 들었다. 그러나 패망한 이 섬나라에서 보편적 인류애나 역사적 반성이란 찾기 힘들었기에 인간성에서도 실패한 나라가 되어버렸다. 독일과 일본 제국주의로 고통 받았던 나라들은 해방을 얻었다. 1948년 미약하나 창대해질 대한민국이 수립되었고 같은 해 유대인들도 A.D. 70년 멸망 이후 약 1900년 만에 역사적인 독립국 이스라엘을 세웠다. 유대인들은 한문으로 "오히려" '유'자와 "클" '태'자를 쓰는 "유태인(猶太人)"으로 표기되는데 이 한자 부수에는 "개처럼 취급을 받으나 머리가 되는" 의미가 담겨 있다. 대학살을 견뎌낸 유대인들은 단일한 신앙과 우수한 능력으로 민족성을 유지하며 지구촌 사회의 각 분야에서 두각을 드러내었다.

2차 대전의 피해는 너무나 참혹하여 정산이 불가능하였다. 군인 2,000만 명과 민간인 6,000만 명의 사상자가 생겼고 수백만의 인종 대학살이 일어났다. 두 번의 세계 대전으로 인류는 언제든지 자멸할 수 있는 어리석은 존재라는 사실을 확인했다. 전쟁으로 야기된 긍정적인 면은 그나마 식민지 민족들이 해방된 것과 전장나간 남성들 대신 여성들의 현저한 사회 진출뿐이었다.

4. 홀로코스트의 비극과 20세기의 양심들

"죽음의 수용소들"

극우주의 독일 나치 정권은 600만 명의 유대인들을 학살(the Holocaust)하였다. 세계 곳곳의 인종 청소가 마침내 독일에 의해 최악의 정점을 찍은 것이었다. 1940년부터 독일군은 점령 지역의 유대인들을 현지에서 학살하거나 고립된 관리 구역인 게토(ghetto)로 이송하여 기아와 학대로 제거하였다. 유대인 말살을 위해 나치는 폴란드 아우슈비츠(Auschwitz)를 비롯하여 쿨름호프(Kulmhof), 벨첸(Belzen), 소비보르(Sobibor) 등의 도시들에 "죽음의 수용소(death camp)"를 설치하였다. 독일은 유럽의 철길을 수용소들로 연결하고 각지에서 수백만 유대인들을 이송하여 강제 노역을 시키고 종국에는 가스실에서 모두 처형하였다. 독일군 친위대(Schutzstaffel) 장교 커트 게르슈타인(Kurt Gerstein)은 벨첸 수용소에서의 유대인 학살에 대해 이런 기록을 남겼다.

"엄마들은 아기를 안고 가스실로 향했다. 모두 벌거벗은 채 걸어갔다. 주저한 이들도 이내 체념하고 죽음의 가스실로 들어갔다. 군인들은 이들을 그 공간에 가득 채웠다. 유대인들은 서로 껴안고 울었다. 곧 디젤 엔진을 돌려 배기가스를 내었고 25분 정도 지나자 다수가 죽었으며 30분이 되자 모두 사망했다."

(Saul Friedlaender, *Pius XII and the Third Reich: A Documentation*, 1966, 128.)

독일군은 초반에는 배기가스를 사용하다 후에는 5분 이내로 죽는 독가스로 대체하고 처형 속도를 더 높였다. 장교들은 가스실 옆에 사교실을 만들어 술을 마시고 파티를 벌였다. 이들이 즐겨 외친 구호는 '스테르벤 쥬덴(Sterben Juden!)', 즉 "유대인에게 죽음을!"이었다. 폴란드의 유대인들은 무려 260만이 처형되어 폴란드의 유대인 인구 90%가 없어졌다. 이에 비하면 20,000명의 폴란드 포로들이 처형되었던 러시아의 카틴 대학살(Katyn Massacre)은 차라리 경미한 것이었다. 히틀러는 유럽에 팽배한 반유대주의를 믿고서 자신의 죄악도 묻힐 것으로 착각하였다. 실제로 터키에 의해 학살된 150만 명의 아르메니아 희생자들은 이미 잊혔기 때문이다. 히틀러는 조소하며 이렇게 말하였다.

"지금 누가 아르메니아인들을 기억하는가?"〔Who now remembers the Armenians?〕

"20세기의 양심" 디트리히 본회퍼

광기의 히틀러 제국에서 이성적인 비판은 극히 드물었고 소수 반대파는 모두 수용소로 보내지거나 처형당했다. 유럽의 영적 지도자로 늘 자처했던 로마 교황들도 독일의 광기를 묵인하거나 이탈리아 무솔리니의 눈치를 보며 겨우 소극적 비평만 피력할 뿐이었다. 통탄스럽게도 독일의 다수 기독교인들은 히틀러를 신의 섭리로 출현한 메시야 같은 지도자라고 찬양하였다. 그러나 진정한 양심의 소리는 소수 신자들에게서 시작되었다.

1차 세계 대전에서 유보트 함장을 하다가 회심하여 목사가 된 마르틴 니묄러(M. Niemoller, d. 1984)는 독일 '고백 교회(Bekennende Kirche)'를 세워 나치 정권에 항거하였다. 이 교회의 지도자들은 '바르멘 선언(Barmen Declaration, 1934)'을 통해 나치 정당의 정권 절대주의, 즉 파시즘을 거부하였다. 니묄러와 20,000여 명의 고백 교회 성도들은 나치 반대 시위까지 벌였다가 모두 수용소로 보내졌다. 신학자 칼 바르트는 독일에서 교수로 있었으나 나치 반대를 표방하여 추방당했다.

나치 정권의 만행에 대한 가장 숭고한 항거는 독일의 신학자 디트리히 본회퍼(Dietrich Bonhoeffer, 1906-1945)에게서 나왔다. 본회퍼는 현재 폴란

아동들과 함께한 본회퍼

드에 속한 브레슬라우(Breslau)에서 태어났다. 그의 아버지는 베를린 병원 의사로서 독일의 유명한 신경학 전문가였다. 본회퍼는 베를린 대학에서 신학을 공부하고 1927년 불과 21살의 나이에 박사 학위를 받았다. 사실 그는 저항 운동가 이전에 20세기 대표적 신학자들 중 한 명이었다.

본회퍼는 루터 교회 목회자가 되어 사역하던 중 당시 급속히 확산된 극우주의, 군국주의, 인종주의, 제국주의 사상들을 비판하기 시작했다. 이 사상들이 도덕, 양심, 신앙에 모두 위배된다는 것이다. 무엇보다 유대인들을 약탈하고 집단으로 고립시키고 심지어 무참히 학살하는 독일의 반유대주의 광풍을 질타하였다. 오히려 본회퍼는 구약 성서의 교훈을 전하며 유대인들의 지혜를 옹호하였고 자신의 저서 『공동 생활(Gemeinschaft)』을 통해 특정 인종이 아니라 모든 인간이 서로 어울려 사는 기쁨의 신 세계를 꿈꾸었다. 그리고 이러한 보편적 사랑의 공동체가 바로 예수 가르침의 핵심이라고 역설하였다.

1930년 초 극우주의 광풍에 질린 본회퍼는 미국으로 건너가 뉴욕의 유니온 신학대학원(Union Theological Seminary)에서 가르쳤다. 기독교 현실주의 사상의 대가 라인홀드 니버가 그의 친구가 되었다. 그는 나치 정권에 비판적인 독일 고백 교회를 이끌기 위해 폴란드 핑켄발데(Finkenwalde)로 갔고 지하 신학교를 세워 지도자들을 배출했다. 이때 이미 본회퍼는 히틀러 정권의 감시 대상으로 있었다. 본회퍼가 평화주의를 역설하며 독일의 광기를 지적하자 독일인들은 그를 매국노라며 비난하였다. 1938년 본회퍼는 미국 대학의 초청으로 다시 도미하였으나 이듬해 2차 대전이 일어나면서 고국의 고백 교회가 탄압받게 되자 독일로 돌아갈 것을 결심했다. 그는 라인홀드 니버에게 이렇게 전했다.

"나는 미국에 온 것을 후회합니다. 독일의 그리스도인들이 역사상 가장 큰 시련기를 겪는 이때에 나는 그들과 함께 있어야 했습니다. 독일의 신자들은 문명의 재건을 위해 조국의 멸망을 원하든지 아니면 조국의 승리를 위해 문명의 멸망을 원하든지 둘 중 하나를 선택해야 합니다. 나의 선택은 정해져 있습니다. 그러나 내가 안정된 미국에 거주한다면 그러한 동참도 선택도 할 수 없습니다."

(Thomas Nelson, *Bonhoeffer: Pastor, Martyr, Prophet*, Spy, 2010, 321.)

본회퍼는 문명의 빛을 위해 조국의 멸망을 바라는 선택을 했다. 그는 히틀러 정권 퇴진을 목표로 적극적인 저항 단체에 관여하였다. 무엇보다 그의 우선적 관심은 죽음의 위기에 직면한 유대인들을 탈출시키는 일이었다. 결국 1943년 본회퍼는 유대인 탈출에 관여된 죄목으로 투옥되었다. 이듬해인 1944년 7월 독일에서는 거의 성공할 뻔했던 히틀러 암살 시도가 있었다. 조사 결과 투옥된 본회퍼가 이들과 연관이 있었던 것으로 드러났다. 암살단원은 아니었지만 본회퍼는 다음과 같이 말하며 이전부터 히틀러 제거에 동의했었다.

"미친 운전사가 사람을 치고 다닐 때 이를 따라 다니며 장례식만 치루는 게 아니라 그를 끌어내리는 것이 더 중요한 일이다."

1945년 나치 재판부는 "독일의 양심" 본회퍼에게 사형 판결을 내렸고 종전 3주 전에 동생 및 두 처남들과 함께 39세의 나이에 교수형을 당했다. 본회퍼는 예수의 제자가 된다는 것은 반드시 삶에서 대가를 지불하는 것이라고 믿었고 실제로 그 길을 걸었다. 그는 생전에 이렇게 전했다.

"죽음은 믿는 자들에게 주시는 하나님의 큰 은혜입니다. 죽음은 괴롭고

웨스트민스터 사원에 세워진 '20세기의 정의의 순교자들' - 왼쪽부터 러시아의 로마노바 엘리자베스, 미국의 마르틴 루터 킹 주니어, 엘살바도르의 오스카 로메로, 그리고 디트리히 본회퍼

고통스러운 것이 아니라 영광스럽고 축복받은 천상의 사건입니다. 사실 믿음 안에서 우리는 죽음을 놀라운 사건으로 바꿀 수 있습니다."

본회퍼는 최고의 신학자였고 좋은 교수였으며 할렘가의 흑인들을 도왔던 은밀한 선행의 사람이었다. 영국의 웨스트민스터 대성당에는 "20세기의 순교자"로서 독일인임에도 불구하고 본회퍼의 석상이 세워졌다. 본회퍼 처형 당시에는 그가 어떤 인물인지도 모른 채 시종을 지켜본 수용소 의사 휠슈트룽(Fischer-Hüllstrung)은 훗날 다음과 같이 회고하였다.

"[처형 당일] 감방 문으로 나는 그분이 마루에 무릎을 꿇고 뜨겁게 기도하는 모습을 보았다. 나는 이 사랑스러운 분의 경건한 모습에 감동을 느꼈다. 그는 처형장에 이르자 또 짧은 기도를 했고 단상 계단을 용감하고도 의연하게 올라갔다. 잠시 후 교수형이 집행되었고 그의 숨이 바로 끊어졌다. 나는 의사 생활 50년 동안 이렇게 온전히 하나님의 뜻에 순종한 사람을 본 적이 없다."

(Eberhard Bethge, *Dietrich Bonhoeffer: A Biography*, 2000, 928.)

5. 러시아의 공산화와 폐쇄된 세계

20세기 러시아는 서구 세계와는 정반대의 길로 걸어갔다. 자유와 인권을 지향하는 대신 억압과 통제의 사회주의 체제를 선택한 것이다. 러시아의 사회주의 혁명은 사실상 무능하고 부패한 황실의 실정 때문에 발생했다. 산업 혁명으로 러시아에는 빈부 격차가 극심해졌고 시민들의 삶은 처참했다. 설상가상으로 1914년 1차 세계 대전까지 벌어져 독일과 전쟁이 지속되자 러시아의 모든 것이 황폐해졌다. 개전 첫해에만 무려 400,000명의 러시아 병사들이 전사하였다. 불과 수년 이내에 150만 명의 병사들이 사망하였고 200만 명은 포로가 되었다. 그럼에도 병사들의 강제 차출은 계속되었고 아무런 보급품도 무기도 받지 못한 채 식량도 부족한 전장으로 무조건 송출되었다. 러시아 군대의 막대한 희생은 충분히 예고된 것이었다.

무능한 황실에 대한 국민들의 불만은 갈수록 팽배해졌다. 절망적이게도 전염병이 발병해 300만의 희생자가 생겼고 생존자들은 빵조차 구하기 힘들었다. 1차 대전 이듬해부터 러시아 노동자들은 분노에 찬 시위를 벌였다. 그러나 황제 니콜라이 2세는 무력으로 대응해 수백 명을 사살하였다. 이 황제는 자신의 왕권이 천부적인 것으로 착각하고 오히려 복종하지 않는 백성들을 괘씸하게 생각했다.

마침내 1917년 마르크스 사상을 신봉한 레닌(Vladimir Lenin)은 볼셰비키(다수) 노동자당을 이끌고 사회주의 혁명에 성공했다. 황제의 유약한 군대는 패배하였고 쉽게 사회주의 정부가 세워졌다. 이듬해 황제와 황족들은 모두 처형당했는데, 그중에는 근대 러시아에서 성녀로 추앙받은 엘리자베스 왕자비도 포함되어 있었다. 독일 헤세(Hesse) 가문에서 러시아 왕자 세르게이에게 시집온 엘리자베스는 삶 자체가 러시아 황실과 정교회

근대 러시아의 성녀 엘리자베스 공주

의 수난을 상징하였다. 세르게이 왕자가 사회주의자들에 의해 암살되자 1909년 그녀는 모든 재산을 팔아 진료소, 고아원, 보호소, 구호소를 세워 빈자들을 돌보았고 수도원을 세워 수녀가 되었다. 엘리자베스는 위기의 시대에서 황족으로서는 드물게 백성들을 사랑하고 많은 자선을 베푼 여인이었다. 그러나 1918년 레닌의 군인들은 그녀를 수녀원에서 끌어내 산채로 매장하였다. 그녀를 기리는 동상이 웨스트민스터 성당 외벽에 20세기 순교자로서 본회퍼 옆에 세워졌다.

엘리자베스 공주의 비극적 죽음은 사회주의의 비인간성을 보여주는 상징적 사건이었다. 이후 더 엄청난 숙청과 학살이 벌어지고 계급으로 세상을 바라보는 갈등의 시대가 왔다. 러시아에 이어 우크라이나, 벨루로시, 우즈베키스탄, 카자흐스탄이 공산화되었고 이들이 연합하여 "소비에트 연합", 즉 소련이라는 대국을 이루었다. 1939년 2차 대전 중 소련은 동부 유럽을 침공하고 에스토니아, 라트비아, 리투아니아도 강제 병합하였다. 이때 우크라이나에서 독립운동이 일어나자 아예 그 싹을 자르려 소련은 식량 배급을 중지하였고 그 결과 최소 300만의 우크라이나인들이 아사하는 참극이 벌어졌다.

레닌과 스탈린의 공산 정권에서 사상의 자유, 언론의 자유, 종교의 자유, 양심의 자유는 모두 폐기되었다. 나아가 역사상 최초로 종교가 없을 뿐 아니라 아예 금지된 국가가 되었다. 엄밀히 표현하면 사회주의라는 의사 종교만이 존재한 셈이었다. 근대 러시아 제국의 "빵 없는 부패 정치"는 사회주의 소련의 "빵 먹는 공포 정치"로 바뀌면서 동토의 세상을 완성하였다. 러시아 기독교는 전례 없는 처참한 고난을 겪게 되었다. 약 10만 곳의 교회 건물이 다 몰수되어 감자 창고나 병기고로 사용되었다. 1945년에 이르자 1,000년 동안 내려온 러시아 정교회는 아예 폐쇄되었다. 저항한 50,000 사제들과 수백만 신자들은 처형되거나 탄광에 보내졌다.

 소련의 대두로 세계는 '미소 양국'으로 재편되었고 이념 대결이 시작되었다. 사회주의의 폐쇄성은 자본주의의 폐해성과 체제 대결을 벌였으나 결과적으로 자유를 중시한 자본주의 서구 사회가 승리했다. 20세기 후반 역사는 바로 사회주의의 몰락, 자유의 저력, 인권의 확산, 창조적 문화, 탈현대적 가치를 드러낸 시대였다. 1988년 고르바초프 대통령의 '페레스트로이카(개혁) 선언'으로 드디어 러시아에 자유의 바람이 불고 소련은 해체되었다. 러시아는 종교 없는 사회의 패배를 선언하고 신앙의 관용을 개혁정책으로 제1항에 포함시켰다. 자유를 찾은 1988년은 사회주의의 70년 압제가 종결된 해였을 뿐만 아니라 놀랍게도 988년 러시아에 기독교가 도입된 지 1000년이 되는 기념비적인 해였다. 현대 러시아에서 정교회는 빼앗긴 재산을 돌려받고 위상을 회복했으나 새로운 종파들의 도전에 직면하게 되었다.

6. 확장된 세계와 기독교의 변화

더 커진 우주

　과학의 발전은 전통적인 종교관에 영향을 주었지만 동시에 기독교가 가르친 메시지 하나도 사실임을 밝혀주었다. 그것은 또 다른 세상이 있다는 것과 우주는 참으로 세밀하면서 동시에 광대하다는 것이었다. 과학은 인간 지식의 가변성과 창조의 무한성, 그리고 실존의 한계도 깨닫게 하였다. 막스 플랑크(Max Planck, d. 1947)와 알버트 아인슈타인이 등장하기 전까지 뉴턴의 물리학은 세계를 지배했다. 만유인력으로 우주가 마치 시계처럼 일정하게 구동된다는 뉴턴의 이론은 불변의 진리로 여겨졌다. 그러나 플랑크는 '양자(Quantum)'라고 명명한 물리량의 최소 입자에서 에너지가 방출되며 그 양이 일정하게 증가하지 않고 갑자기 폭증한다는 사실을 밝혀냈다. 이 이론은 뉴턴의 '고전 물리학(Classical Physics)'과 플랑크의 '양자 물리학(Quantum Physics)'으로 경계를 지을 정도로 획기적인 것이었다.

　한편 독일 울름(Ulm) 출신의 특허 청직원 아인슈타인은 뉴턴 이론의 퇴장에 쐐기를 놓았다. 1905년 그는 시간과 공간이 늘 규칙적이지는 않고 오히려 상대적이라는 '상대성 이론'을 발표하였다. 또 우주에서 가장 빠른 것은 빛이며 빛이 달리는 가운데 인력이 끌어내려 만드는 공간인 4차원의 실재도 주장하였다. 아인슈타인은 빛도 에너지 입자처럼 운동하는데 이러한 광선을 '광양자(light quantum)'라고 칭했고 "에너지는 질량과 광속의 제곱을 곱한 것($e=mc2$)"이라는 광양자 이론으로 과학계를 경악케 하였다. 1922년 그는 노벨상을 수상했다. 막스 플랑크의 양자 이론과 하이젠베르크의 불확정성 원리가 결합한 양자 역학이 세를 얻자 아인슈타인은 우주의 불규칙성을 거부하며 이렇게 반대 의견을 표했다.

"신은 주사위 놀이를 하지 않으신다."

플랑크나 아인슈타인의 등장은 불변의 위상을 가졌던 고전 과학의 퇴장을 의미했다. 또한 파생적으로 과거는 물론 현대의 과학적 이론조차 완벽하거나 영원할 수 없음을 인류 스스로 증명한 사례였다. 자연을 경외하며 범신론을 선호한 아인슈타인은 과학의 파괴성을 뒤늦게 절감하고 평화 운동을 시도했다.

19세기 과학자들은 우주의 나이를 수천만 년으로 계산했다. 그러나 미국의 천문학자 에드윈 파엘 허블(Edwin Powell Hubble, d. 1953)은 캘리포니아의 팔로마 천문대와 워싱턴주의 윌슨 천문대의 망원경들을 이용해 우주의 나이를 약 30억년으로 계산하였다. 1952년 이후 더욱 진보한 과학은 가장 오래된 별의 나이를 통해 우주가 이미 130억년 이상이라고 지적하였다. 인간의 역사는 짧을지라도 우주 자체는 시간적으로 상상할 수 없을 만큼 오래 되었음이 드러났다. 사실 과학은 인류의 자기중심적인 과대망상을 약화시키고 더 넓은 우주를 보게 하는 공헌을 했다.

가톨릭의 개혁과 기독교의 대중화

근대의 비극들 속에서 20세기 중반까지 가톨릭 교황들은 예언자적 사명을 내려놓았다. 1869년 교황 피우스 9세는 제1차 바티칸 공의회(Vatican Council)를 열고 변화하는 세계와는 정반대로 보수적 가톨릭을 선언하였다. 심지어 교황의 교리나 신학적 결정에 있어 오류가 없다는 "교황 무오설"까지 주장하여 세계의 조롱을 받았다. 양차 대전과 대학살들에서 교황들의 눈물은 보기 어려웠다.

그러나 1959년 로마 가톨릭은 요한 23세(d. 1963)라는 참으로 걸출한 교황을 내었다. 그는 77세의 고령으로 교황이 되었지만 개혁적인 인물이었다. 1962년 요한 23세는 세계의 주교들을 모아 역사적인 제2차 바티칸 공의회를 개최하였다. 이 공회는 수백 년 동안 정체해왔던 가톨릭을 일거에 변화시켰다. 라틴어가 아닌 자국어로의 예전을 승인하고 토착적인 변화도 인정하였다. 또 가톨릭의 지난 과오들을 성찰했으며 개신교회와 정교회에 대해 수백 년 만에 화해를 요청하였다. 이 공의회는 가톨릭의 개혁을 원했던 진보주의 신학자들 칼 라너(Karl Rahner)와 한스 큉(Hans Küng)의 사상을 반영하였다. 일부 수구적인 가톨릭 지도자들은 제2차 바티칸 공의회에 대해 거센 비난을 퍼부었지만 분명 이 회의는 가톨릭을 개선하고 역사적 위상을 회복하는데 중대한 기여를 했다.

20세기 대립의 시대에 기독교는 교파들의 협력을 목표로 하는 에큐메니컬 운동(Ecumenical Movement)을 시작하였다. 이 운동은 1910년 스코틀랜드 에든버러(Edinburgh)에서 열린 세계 선교대회(World Mission Conference)에서 유래되었다. 기독교 선교 지도자들은 세계 복음화라는 공통 목표를 위해 협력할 과제들을 의논하였으며 1948년에는 세계 교회 협의회(World Church Council)를 발족시켰다. 이는 400년 동안 분열되어 있던 개신교회들이 처음으로 한자리에 모여 일치와 화해를 모색한 운동이었다. 이 협의회는 인권, 환경, 전쟁, 차별 등의 세계적 이슈들에 기독교의 목소리를 내고자 했다. 냉전 시대에는 사회주의 국가 교회들의 참여 문제로 갈등이 일기도 했으나 연합의 중요성을 일깨웠다.

한편 2차 대전을 통해 미국은 발전의 새 전기를 마련하고 세계 최강대국이 되었다. 영국과 프랑스, 독일 등 서구 세계는 선두 위상이나 주도력 모두 미국에게 내주었다. 프랭클린 루즈벨트 대통령은 극우파의 반대를 무릅쓰고 사회 보장 제도 확충을 중심으로 하는 뉴딜 정책을 정착시켜 대공황을 극복하였다. 미국의 창조적 사고는 현대 문명을 주도하는 발명들을 출현시켰다. 특히 인류는 라디오와 텔레비전 등 미디어의 시대를 맞게 되어 세상은 더 좁아지고 문화는 급속히 변화되었다.

전쟁 충격이 잔존한 가운데 세계인들은 빌리 그래함(Billy Graham, b.

영국 트라팔가 광장에서의 빌리 그래함 야외 집회

1918-)이라는 20세기의 대표적 전도자를 통해 새로운 희망의 메시지를 전해 들었다. 그는 파멸의 길을 걷는 절망의 인류가 예수의 복음으로 새로 거듭나야 함을 외쳤다. 큰 키와 훤칠한 용모로 미디어의 스타 강사가 된 빌리 그래함은 지난 역사에서 출현한 모든 위인들 가운데 가장 많은 세계인들을 직접 대면한 인물이었다. 전 세계에서 10억 명이 그의 메시지를 들었고 12명의 미국 대통령들과 수많은 세계적 명사들이 영적인 조언을 얻었다. 아이젠하워 대통령은 그에게 천국에 대해 물었고 케네디 대통령은 예수의 재림에 대해 질문했으며 빌 클린턴 대통령은 구원에 대해 설명을 들었다. 빌리 그래함은 기독교를 전통의 틀에서 해방시켜 대중화하였고 쉬운 현대적 언어로 그리스도의 인류애를 전달하는데 크게 기여한 인물이다.

7. 현대 인권 운동과 마르틴 루터 킹의 꿈

새 세상과 옛 세상

20세기 세계도 엄청난 변화를 경험하였다. 자동차, 비행기, 패스트푸드, 대중음악, 영화, 방송, 컴퓨터 등의 용어들로 설명되는 현대 문화는 지구인의 삶을 총체적으로 변화시켰다. 그러나 급속한 외적 발전과는 달리 인류의 내적 발달은 여전히 지체되었다. 사상 대립, 군국주의, 빈부 격차, 자유 억압, 각종 차별 등 오래도록 지속된 인류 병폐들은 여전한 상태였다. 그중 대표적인 것은 바로 인간에 대한 차별이었고 가장 현저한 사례는 미국의 인종 차별이었다. 아브라함 링컨이 노예 해방을 한지 100년이나 지났지만 유색 인종들의 처지는 신분만 노예가 아닐 뿐 개선된 바는 미미했다.

삶의 전 영역에서 흑백 분리법(segregation law)은 견고한 성벽처럼 서 있었다. 주거, 학교, 교통, 식당 등 공공장소도 흑백에 따라 구분되었고 미국 남부와 중부는 더 극심했다. 흑인들의 선거 출마는 난망한 일이었고 남부에서는 백인들의 위협 때문에 심지어 투표권도 행사할 수 없었다. 흑인 인권을 거론한 백인 정치인들은 낙선 운동에 직면했다. 일상 대화에서도 흑인은 백인에게 늘 "선생님(Sir)"이라고 높여야 했다. 백인들은 공개적으로 흑인들을 조롱했고 폭행과 살인까지 저질렀으나 법적 처벌은 유야무야 되거나 솜방망이였다.

다수의 남부 백인들은 경제 위기가 발생해도 흑인들이나 북부의 "양키"들 탓으로 돌렸다. 남부의 정황은 1936년 마가렛 미첼(M. Mitchell)의 명작 『바람과 함께 사라지다(Gone with the Wind)』에 잘 드러나 있다. 남부 백인들은 자신들의 행복과 평화, 그리고 노예를 부리는 권리까지도 모두 "바람과 함께 사라졌다"고 생각했다. 백인들도 생계와 구직이 어려웠던 1930년대 대공황은 흑인들에게는 최악의 고통을 안겼다. 흑인들의 가정은 해체되고 소년들은 범죄의 길로 내몰렸다. 인종 차별은 아시아인, 아일랜드인, 이탈리아인, 유대인, 히스패닉도 경험해야 했다. 2차 세계 대전 중에는 미국 내의 독일계와 일본인들이 고통을 받았다. 이 다양하고도 지겨운 차별은 바람과 함께 사라지지 않고 있었다.

주지사 월리스의 "문"

1954년 미국 연방 대법원은 흑백 차별과 관련해 경이적인 역사적 판결을 내렸다. 흑백 분리 교육이 권리의 평등을 강조한 수정헌법 제14조를 위반한 불법적 행위라고 선언한 것이다. 이 명예로운 대법관들은 9대 0의 만장일치로 분리 교육 폐지 결정을 내렸다. 그러나 많은 인종차별주의자들은 판결에 불만을 품고 통합 교육을 거부하였다.

아칸서스(Arkansas)주의 리틀 록(Little Rock)고등학교에서 첫 번째 큰 사태가 벌어졌다. 설립 이래 30년 동안 백인 학생만 받아온 이 학교는 대법원의 판결 때문에 1957년 9명의 흑인 학생들에게 최초로 입학을 허락하였다. 그러나 인종차별주의자인 아칸서스 주지사 파부스(O. Fabus)는 분리 교육을 고수하고자 흑인 학생들의 등교를 방해하고 나섰다. 오성 장군(Five-Star) 출신 아이젠하워 대통령은 격노하여 1,200명의 연방 군대를 보내 학교를 엄호하여 흑인 학생들의 안전한 통학을 보장해 주었다.

차별과의 더 큰 전쟁은 가장 극심했던 앨라배마에서 벌어졌다. 1963년까지 미국에서 앨라배마는 유일하게 흑백 통합 교육을 거부하던 주였다. 연방대법원의 통합 교육 결정을 우습게 여긴 44세의 조지 월리스(George Wallace)는 그해에 주지사에 취임하면서 다음과 같이 연설하였다.

"지금도 분리해야 하고 내일도 분리해야 하고 영원히 분리해야 할 것입

1963년 6월 11일 앨라배마 대학 대강당 정문을 막고 흑인 입학을 방해하고 서 있는 월리스 주지사

니다."

(I say segregation now, segregation tomorrow, segregation forever!)

1963년 앨라배마 대학에 2명의 흑인 학생이 입학을 허가받았다. 월리스 주지사는 대학을 비판하며 자신이 흑인들의 등록을 막겠다며 언론에 미리 선언했다. 46세의 존 F. 케네디 대통령(John Fitzgerald Kennedy)은 동생인 로버트 F. 케네디 검찰총장을 보내 원만한 타결을 보게 했으나 월리스는 고집을 꺾지 않았다. 그해 6월 11일 주지사는 주 방위군을 대동하고 등록 창구가 있는 앨라배마 대학 대강당 정문 한가운데 서 있었다. 입학 허가서를 소지한 2명의 흑인이 대강당에 이르자 주지사는 냉담한 조소를 보내며 한마디를 내뱉었다.

"들여보낼 수 없다."

이날 사태를 주시하던 케네디 대통령은 타협이 불가능한 것을 직시하고 즉시 주지사에게 법률 준수를 명하는 대통령령을 발표하고 동시에 주지사의 방위군 지휘권을 박탈하였다. 그리고 미국의 언론과 방송이 지켜보는 가운데 검찰청 차장을 직접 보내 흑인 학생들과 그날 오후 대학 대강당으로 향하게 했다. 이들이 걸어오자 월리스 주지사는 어쩔 수 없이 옆으로 물러섰고 흑인 학생들은 결국 등록에 성공하였다. 등록 방해를 통해 분리주의 교육을 고수하려던 주지사 월리스의 의도는 좌절되었다. 대신 그는 기자 회견에서 대통령을 독재자로 비난했다. 케네디의 정의로운 신념으로 교육에서의 분리주의는 비로소 해소되었다.

1963년 11월 월리스를 굴복시켰던 케네디는 암살당했는데 이와 달리 월리스는 차별적 백인들의 아이콘이 되었다. 더구나 앨라배마 주지사로 재선되

자신의 과오에 용서를 구한 주지사 월리스

면서 정치인으로서 입지는 더욱 강화되었다. 그러나 1972년 대선후보로 거론되는 상황에서 월리스도 백인 정신 이상자의 총격을 받았다. 목숨은 간신히 건졌으나 그는 평생 하반신 장애자로 살아야 했다. 63년형을 선고 받았던 그 저격범의 동기는 너무나 단순했다. 어이없게도 그저 유명해지고 싶었을 뿐이라고 말했다. 병상의 고통과 회복의 투쟁에서 주지사 월리스는 기독교 신앙을 갖고 회심하였다. 그리고 그는 흑인 교회들을 다니며 자신의 과거 과오에 대한 용서를 구했고 흑인들은 그를 용납하였다. 차별주의 정치인의 대표되는 인물이 천지 차이로 변한 것이다. 그는 앨라배마 대학 강당에 다시 가서 이렇게 고백했다.

"흑인들의 입학을 막고자 정문에 섰던 내 모습은 참으로 부끄러운 것이었습니다. 나는 세상 영광과 권력만 추구했습니다."

(Therlee Gipson, *Alabama's Black Struggle*, 2011, 47.)

월리스는 가난한 농부의 아들로 태어나 변호사로 성공하였고 무려 4번이나 주지사로 선출되었던 사실 자수성가형의 유능한 인물이었다. 네 번째 주지사로 뽑혔을 때 월리스는 앨라배마주 역사상 가장 많은 흑인들을 주정부 내각에 임명하였다. 한편 미국 전역의 총체적인 인권 향상은 새로운 인물의 고상한 희생을 필요로 했다. 바로 1963년에 월리스가 회심하기 이전에 대학 정문을 막고서 대통령에게 항의하며 이렇게 거론한 인물이었다.

"케네디 대통령은 아마도 이 나라를 마르틴 루터 킹에게 아예 주려고

하는 모양입니다."

마르틴 루터 킹의 '꿈'

20세기 위인으로 정의와 인권 향상에 가장 크게 기여한 이는 바로 마르틴 루터 킹 주니어(1929-1968)였다. 그는 조지아 애틀랜타의 에벤에셀(Ebenezer) 침례 교회에서 사역한 킹 목사의 아들로 태어났다. 그의 아버지는 종교개혁자 마르틴 루터를 존경하여 자신은 물론 아들에게도 이 이름을 주었다. 아들 킹은 모어하우스 대학(Morehouse College)에서 사회학을 전공했고 이후 3대의 가문 전통에 따라 침례 교회 목사가 되었다. 이후 그는 보스턴 대학교(Boston University)에서 윤리와 신학을 연구하고 철학 박사 학위를 취득하였다. 그의 논문은 『폴 틸리히와 헨리 위만의 신 개념에 대한 비교 연구(A comparison of the conceptions of God in the thinking of Paul Tillich and Henry Nelson Wieman)』였다.

1954년 25세의 킹은 앨라배마주 몽고메리(Montgomery)의 교회에서 사역을 시작했다. 그가 인권에 관계된 계기는 부임 1년 후에 일어난 '몽고메리 버스 보이콧' 사태 때문이었다. 흑인 여성 로사 파크스(Rosa Parks)는 백인에게 좌석 양보하기를 거부하여 경찰에 체포되었다. 이 때문에 킹 목사와 흑인들은 차별이 폐지될 때까지 1년 넘게 몽고메리 버스를 거부하였다.

1960년 킹 목사는 고향 애틀랜타에서 부친의 교회를 맡으며 '남부 크리스천지도자 협의회(Southern Christian Leadership Conference)'를 조직하여 본격적인 인권 운동에 뛰어들었다. 그는 기독교적 정의와 사랑을 강조하며 흑백을 초월한 통합의 사회를 목표로 했다. 또 간디의 비폭력적 저항 운동에 영향 받아 폭력은 압제하는 자들의 것이지 저항하는 자들의 것이 아니라고 가르쳤다. 즉 킹 목사는 흑인의 자유를 위해 백인의 피가 필요한 것이 아니라 흑인의 피가 필요하다고 믿었다.

앨라배마주의 버밍햄시는 흑백 차별이 극심한 곳으로 흑인 타운은 아예 "다이너마이트 언덕(Dynamite Hill)"이라고 불릴 정도로 흑인들에 대한 폭탄 테러가 극심했다. 킹 목사는 버밍햄에서 인종 차별을 비판하면서 비폭력 시위를 주도했다. 이때 흑인들이 무차별 구타당하는 모습이 미국 전역에 방송되며 큰 파장이 일어났다. 마침내 1963년 5월 미국의 125개의 회사들이 흑백 차별 포기 선언을 하며 평화적 인권 운동을 지원하였다. 케네디 대통령은 이러한 열매를 낳은 킹 목사의 노력에 경의를 표했다.

아브라함 링컨의 노예 해방 선언 100주년이 되는 1963년 8월 28일 킹 목사는 수도 워싱턴 디씨(Washington, D. C)에서 300,000만 명의 군중과 "차별 폐지" 대행진(Washington March)을 개최하였다. 이 대회에서 그는 "나는 꿈이 있습니다(I have a dream.)!"란 제목의 세기적 연설을 하였다.

"나는 꿈이 있습니다! 조지아의 붉은 언덕들에서 미래에 노예 후손의 자녀들과 소유주 후손의 자녀들이 형제애로 가득한 식탁에 함께 앉는 꿈이 있습니다. 또 나는 꿈이 있습니다! 나의 네 자녀들이 피부색이 아니라 인격에 따라 평가받는 나라에서 살 것을 보는 꿈이 있습니다."〔I have a dream that my four little children will one day live in a nation where they will not be judged by the color of their skin but by the content of their character.〕

이 연설의 철학이 세계를 감동시킨 지 1년 후인 1964년 미국 의회는 유색 인종에 대한 일체의 차별을 금지하는 인권법(Civil Rights Act)을 통과시켰다. 케네디 대통령의 사망으로 직무를 계승

1963년 8월 28일 마르틴 루터 킹의 '나는 꿈이 있습니다' 연설의 무대가 된 워싱턴 인권 대행진 모습

한 린든 존슨 대통령이 이 법안에 서명하였다. 그 해에 킹은 34살의 역대 최연소 나이로 노벨 평화상을 수상하였다.

1968년 3월 킹은 테네시 멤피스를 방문해 저소득층 청소부들의 처우 개선 운동을 도왔다. 그해 4월 4일 39세의 한창 나이에 차별주의자의 총격으로 세상을 떠났다. 킹 목사의 공헌은 단지 흑인 인권 향상에 국한된 것이 아니었다. 그는 인간이 숭고한 목표를 위해 살아야 함을 보여주었고 그 목표는 상생하는 아름다운 공동체, 즉 '약속의 땅'을 이루는 것임을 가르쳐 주었다. 킹 목사의 공헌으로 20세기 인류는 보편적 가치를 성찰할 수 있었다. 그의 희생으로 서구 사회에서 흑인들뿐 아니라 아시아인들과 여러 소수 인종들은 차별이 급감한 세상에서 자신들의 꿈을 이룰 수 있게 되었다. 영국인들은 웨스트민스터 대성당에 "20세기의 순교자"로 본회퍼의 석상과 함께 마르틴 루터 킹 주니어의 석상을 나란히 세웠다. 미국은 킹의 생일 1월 15일을 인권일 겸 국경일로 삼았다. 킹 목사가 죽기 바로 전날 멤피스의 청소부들을 앞에 두고 전달한 연설 마지막 부분은 그의 운명과 인류의 방향을 지적하였다.

"저는 오래 살고 싶지만 이제 이를 추구하지 않겠습니다. 저는 하나님의 뜻만 행하고 싶습니다. 그분은 저를 높은 산에 오르게 하셨고 그 위에서 저는 약속의 땅을 보았습니다. 저는 아마도 여러분과 그 땅에 함께 못 들어갈 수 있습니다. 그러나 아무 염려도 없고 어떤 인간도 두렵지 않습니다. 이미 제 눈이 주의 영광을 보았기 때문입니다."

(Simon Sebag, *The Stories and Transcripts of the Moments that Made History*. 2006, 155.)

Index · Cited Bibliography

색인·인용문 참고문헌

색인 Index

숫자

1차 대각성 운동(the 1st Great Awakening) 850
1차 대륙 회의(the 1st Continental Congress) 826
1차 십자군(the First Crusade) 433
2차 대각성 운동(the 2nd Great Awakening) 850
2차 바티칸 공의회(the 2nd Vatican Council) 1026
7가지 성례(Seven Sacraments) 413
30년 전쟁(Thirty Years War) 739
40명의 군인들(40 Martyrs) 142

ㄱ

갈레리우스(Galerius) 160
갈리폴리 전투(Gallipoli Battle) 1005
갈릴레오 갈릴레이(Galileo Galilei) 710
게베르트(Gerber) 490
게티즈버그 연설(Gettysburg Address) 867
겔레르트(Gellert) 351
경건주의(Pietism) 881
경교(네스토리우스교) 520
계몽주의(Enlightenment) 874-883
골리앗 샘 전투(Battle of Ein Jalut) 535
구세군(Salvation Army) 932
구스타프 2세 아돌푸스(Gustavus II Adolphus) 742
구스타프 바사(Gustav Vasa) 627
구이도(Guido) 482
구텐베르크(Johann Gutenberg) 570
국사조칙(Pragmatic Sanction) 755
귀이, 예루살렘 왕(Guy of Jerusalem) 444
그렌빌 홀(Granville Hall) 964
그레고리 1세(Gregory I), 교황 2451
그레고리 7세(Gregory VII) 421
그레고리, 조명자(Gregory the Illuminator) 294
그레고리력(Gregory Calendar) 73
그리스(Greece) 993
그리스-터키 전쟁(Greece-Turk War) 997
근본주의(Fundamentalism) 987
기베르티(Ghiberti) 557

ㄴ

나다나엘 호손(Nathanael Hawthorne) 800
나르세스(Narses) 189
나이팅게일(Florence Nightingale) 887
나폴레옹(Napoleon) 935-949
네덜란드(Netherlands) 672-679
네로(Nero) 121
네부카드네자르 2세(Nebuchadnezzar II) 36
네스토리우스(Nestorius) 186
노아(Noah) 19
녹스(John Knox) 660
농민 전쟁(Peasants' War) 618
눈물의 트레일(Trail of Tears) 843
뉴암스테르담(New Amsterdam) 811
뉴욕(New York) 811
느코 2세(Neco II) 32
니케아 공의회(Nicene Council) 181
니콜라이 1세(Nicholai I) 952
니콜라스(St. Nicholas), 성자 270
니콜라스 콥(Nicholas Cop) 638

ㄷ

단테(Dante) 735
데이비드 리빙스턴(David Livingstone) 912
데카르트(Rene Descartes) 875
델라웨어(Delaware) 784
도마(토마스 St. Thomas) 102

도미니크(St. Dominic) 466
도미티아누스(Domitianus) 132
도스토예프스키(Dostoyevski) 771
돈키호테(Don Quixote) 672
동서방교회 분열(the Great Schism) 407
두제(St. Duje) 163
드미트리 돈스코이(Dmitri Donskoy) 510
드렛 스코트(Dred Scott) 862
디르크 빌렘스(Dirk Willems) 635
디아도키(Diadochi) 55
디아코니아(Diakonia) 885
디오게네스(Diogenes) 52
디오클레티아누스(Diocletianus) 159
두로(티레, Tyre) 66

ㄹ

라스카사스(Las Casas) 705
라우셴부시(Walter Rauschenbush) 985-986
라인홀드 니버(Reinhold Niebuhr) 976
라파엘(Raphael) 560
람세스(Rameses) 29
랜프랑크(Lanfranc) 377-378
랭글런드(William Langland) 393
랭스(Reims) 231, 577
러브조이(Elijah Lovejoy) 858
레닌(Vladimir Lenin) 1021-1022
레오 1세(Leo I), 교황 246
레오 3세(Leo III), 황제 277-278
레오 10세(Leo X), 교황 606
레오나르도 다빈치(Leonard da Vinci) 560
레오폴트 5세(Leopold V) 446
레온티우스(Leontius) 276
레이프 에릭슨(Leif Erickson) 361, 363
로드아일랜드(Rhode Islands) 792, 794
로렌조 발라(Lorenzo Valla) 556
로마의 군대(Roman Army) 81
로마노프 왕조(Romanov Dynasty) 764
로물루스(Romulus), 로마 설립자 62
로물루스(Romulus Augustus), 마지막 로마 황제 226-227

로버트 레이크스(Robert Raikes) 904
로버트 윌슨(Robert Wilson) 932
로욜라((Ignatius Loyola) 711
로제타 석비(Rosetta Stone) 940
로저 윌리엄스(Roger Williams) 729, 794
록펠러(John D. Rockefeller) 982-983
롤랑(Roland) 483
루브룩(William of Rubruck) 530
루이 7세(Louis VII) 383
루이 9세(Louis IX) 453-454, 472
루이 14세(Louis XIV) 690
루이, 경건자(Louis the Pious) 336
루카스 노타라스(Loucas Notaras) 542
루터(Martin Luther) 606-613
뤼첸 전투(Battle of Lützen) 743
르네상스(Reniassance) 549
리슐리외(Richelieu) 690
리처드, 영국 왕(Richard the Lionheart) 387
리키니우스(Licinius) 142, 171-173
리키머(Ricimer) 226
링컨(Abraham Lincoln) 863
링컨-더글러스 논쟁(Lincoln-Douglas Debate) 868

ㅁ

마가(마르코 St. Mark) 100
마가렛(Margaret of Scotland) 398-399
마그나카르타(Magna Carta) 390
마네토(Manetho) 23
마르부르크 회담(Marburg Colloquy) 630
마르시온(Marcion) 144
마르코 폴로(Marco Polo) 532
마르쿠스 아우렐리우스(Marcus Aurelius) 135-136
마르틴 루터 킹(Martin Luther King, Jr.) 1028
마리아 테레지아(Maria Theresa) 755
마리 앙투아네트(Mary Antoinette) 757, 936
마리우스(Marius) 68
마르쿠스 위트만(Marcus Whitman) 841
마사다(Massada) 128
마이클 새틀러(Michael Sattler) 633
마자르족(Magyar) 349

마젤란(F. Magellan) 698
마호메트(Mahomet) 307
막센티우스(Maxentius) 168-171
막스 베버(Max Weber) 644
막스 플랑크(Max Planck) 1024
매사추세츠(Massachusetts) 792
맥코믹(McCormick) 962-972
맨해튼 프로젝트(Manhattan Project) 1015
메노 시몬스(Menno Simons) 631-632
메디치(Medici) 550
메리 스튜어트(Mary Stuart), 스코틀랜드 여왕 659-661
메리 2세(Mary II), 영국 여왕 737
메리 다이어(Mary Dyer) 796
메리 튜더(Mary Tudor), 영국 여왕 653
메릴랜드(Maryland) 813
메메트 2세(Mehmet II) 541, 543
메소포타미아(Mesopotamia) 18
메이플라워 서약(Mayflower Pact) 789
메토디우스(St. Methodius) 496
멘토(Mentor) 45
면죄부(Indulgence) 606
명백한 운명(Manifest Destiny) 860
명예혁명(Glorious Revolution) 729
모니카(Monica) 213-214
모르몬교(Mormons) 792
모르스(Sameul Morse) 970
몬테시노스(Montesinos) 705
무디(Dwight Moody) 988
무솔리니(Benito Mussolini) 1013-1014
미구엘 이달고(Miguel Hidalgo) 955
미국의 혁명(American Revolution) 829
미국 헌법(American Constitution) 831
미션 스테이션(Mission Station), 미국 815
미카엘 케룰라리우스(Michael Cerularius) 407
미켈란젤로(Michelangelo) 560-563
밀비안 전투(Battle of Milvian) 169-171
밀라노 칙령(Edict of Milan) 171-172

ㅂ

바르 코크바(Bar Kokhba) 130

바르트(Karl Barth) 1009
바빌로니아(Babylonia) 34
바사리(Giorgio Vasari) 562
바실리 대성당(St. Basil Cathedral) 515
바실리, 바보 성자(St. Basil the Fool) 516
바이런(George Byron) 996
바울(St. Paul) 104
바흐(Johann Sebastian Bach) 667
발레리아누스(Valerianus) 157
발렌슈타인(Wallenstein) 741
발렌티니아누스(Valentinianus) 196
백 년 전쟁(Hundred Years' War) 572
버나드(St. Bernard) 411
베네딕트(St. Benedict) 248
베데(Bede) 370
베드로(St. Peter) 123-124
베로니카(Veronica) 103
베르댕 조약(Treaty of Verdun) 337
베를린 회담(Berlin Conference, 1884) 959
베스파시아누스(Vespasianus) 125
벤저민 프랭클린(Benjamin Franklin) 833
보니파키우스(St. Bonifacius) 343
보니파키우스 8세(Bonifacius VIII) 585
보름스 협약(Concordat of Worms) 430
보름스 회의(Diet of Worms) 615
보리스(Boris), 불가리아 왕 497
보스턴(Boston) 792
보스턴 대학교(Boston University) 856
보스턴 티파티(Boston Tea Party) 825
보에티우스(Boetius) 254
복음주의(Evangelicalism) 988
본회퍼(Dietrich Bonhoeffer) 1017
볼로냐 대학(Univ. of Bologna) 470
볼리바르(Simon Bolivar) 956
볼테르(Voltaire) 878-879
봉건제(feudalism) 337
부쉘(Edward Bushel) 806
블라디미르(Vladimir I) 504
비스마르크(Otto von Bismarck) 888, 953
비엔나 전투(Battle of Vienna), 1차 621
비엔나 전투(Battle of Vienna), 2차 753

비커른(Johann H. Wichern) 885-886
빌리 그래함(Billy Graham) 1026-1027
빌렘(William of Orange), 오렌지 공 676
빌헬름 2세(Wilhelm II) 954, 1001
빌헬름 분트(Wilhelm Wundt) 964

ㅅ

사무엘 시월(Samuel Sewall) 799
사사몬(Sasamon) 803
사제왕 요한(Presbyter John) 519-520
사보나롤라(Savonarola) 594
사비에르(Francis Xavier) 714
산 마르틴(San Martin) 956-957
살라딘(Saladin) 443
살렘(Salem, Mass.) 798
살렘의 마녀사냥(Which Hunt) 796
살리카 법전(Salica Law) 234-236
삼국 동맹(Triple Alliance) 1001
삼국 연합(Triple Entente) 1001
삼부회의, 프랑스 935
상드니(St. Denis) 492
샤 자한(Sha Jahan) 775
샤를 7세(Charles VII) 576-579
샤를 마르텔(Charle Martel) 321
샤를마뉴(Charlemagne) 328-329
샤푸르 1세(Saphur I) 157
샤푸르 2세(Shapur II) 189-191
살라미스(Salamis) 42
선제후(Electoral Princes) 431-432
성 소피아 대성당(Hagia Sophia) 264
세라피스(Serapis) 24
세르기우스(St. Sergius) 510
세르반테스(Servantes) 674
세르비아(Serbia) 994-999
세바스찬(St. Sebastian) 141
세바스토폴 전투(Sebastopol) 950-951
세브란스(L. H. Severance) 928
세스페데스(Cespedes) 715
세실리아(St. Cecilia) 140
셀주크투르크(Seljuk Turks) 298, 314

셉티무스 세베루스(Septimus Severus) 152
소년 십자군(Children's Crusade) 452
소르각타니 베키(Sorkaktani Beki) 522, 529
소크라테스(Socrates) 48
소현 세자 718
수니파(Sunni) 312
수메르(Sumer) 18
술라(Sulla) 68
술레이만 대제(Suleiman the Magnificent) 543
숭상지에(Sung Sang Jie) 920, 923
쉐이커(Shaker) 854
슐라이에르마허(F. Schleiermacher) 962
슈테판 대왕(Stephen of Hungary) 349
슈페너(Philip Jacob Spener) 880
스콘의 돌(Stone of Scone) 401-402
스콜라 사상(Scholasticism) 476
스투름(John Sturm) 662
스투이베산트(Stuyvesant) 811-812
스파르타쿠스(Spartacus) 84
스펄전(Charles Spurgeon) 988
시게트바르 전투(Battle of Szigetvar) 546
시날(Sinar) 19
시므온(Simeon the Stylite), 기둥 성자 209
시아파(Shia) 312
신곡(Divine Comedy) 396, 552
신성 동맹(Holy Alliance) 948

ㅇ

아그리피나(Agrippina) 121
아담 샬(Adam Schall) 717-718
아담 스미스(Adam Smith) 975-977
아르미니우스(Arminius) 679
아리우스(Arius) 181
아르다쉬르(Ardashir) 189
아르메니아(Armenia) 291
아르메니아 대학살(Armenian Genocide) 1008
아바라이르 전투(Battle of Avarayr) 295
아바스(Abbas) 312

아벨라르(Abelard) 473-474
아브가르(Abgar) 103
아브라함(Abraham) 21
아우구스티누스, 힙포 주교(Augustinus of Hippo) 216
아우랑제브(Auranzeb) 774-7746
아우슈비츠(Auschwitzs) 1016
아이네이스(Aeneis) 62
아이오나(Iona) 244
아인슈타인(Albert Einstein) 1024
아카드(Akkad) 20
아퀴나스(Thomas Aquinas) 477
아타나시우스(Athanasius) 181
아타튀르크(Atatürk) 265, 997
아틸라(Attila) 246
아편 전쟁(Opium War) 916
아폴로(Apollo) 107
악바르(Akbar) 774
안드레(앤드류 St. Andrew) 99
안셀름(Anselm) 380
안토니우스(Antonius), 로마 장군 74-76
안토니우스(St. Antonius), 성자 206
안토니우스 피우스(Antonius Pius) 135
안티오크 전투(십자군) 438
알 라지(Al Raji) 318
알렉산더 6세(Alexander VI), 교황 600
알렉산더 대제(Alexander the Great) 55
알렉산더 세베루스(Alexander Severus) 155-157
알렉산더 캠벨(Alexander Campbell) 851, 854
알렉산드르 1세(Alexsandros I), 러시아 황제 942, 946
알렉산드르 네프스키(Alexander Nevsky) 508
알렉시오스 1세(Alexios I) 284-285
알렌비(Edmund Allenby) 1005
알리 파샤(Ali Pasha) 994
알베르투스(Albertus Magnus) 477
알비파(Albigensian) 465
알쿠인(Alcuin) 331
알타반(Altaban), 동방 박사 90

알프 아르슬란(Alp Arslan) 433
알프레드 대왕(Alfred the Great) 371
암브로시우스(Ambrosius) 199
앗시리아(Assyria) 32
앙골라(Angola) 705
앙리 3세(Henry IV) 686
앙리 4세(Henry IV) 686
앙리 구로(Henry Gouraud) 1006
야고보(산티아고 Santiago) 99
야로슬라브(Yaroslav) 506
야율대석(Yelu Dashi) 519
야율초재(Yelu Chucai) 527
야즈데게르드 2세(Yazdegerd II) 191, 295
얀센주의(Jansenism) 693
앤(Anne), 영국 여왕 737-738
앤 볼레인(Ann Boleyn) 647
앤 허친슨(Ann Hutchinson) 796
앤드류 잭슨(Andrew Jackson) 845
어거스틴, 캔터베리(Augustine of Canterbury) 368
에드워드, 고백자(Edward the Confessor) 375
에드워드 흑태자(Edward the Black Prince) 574
에라스무스(Erasmus) 599, 603
에티오피아(Ethiopia) 290
에페소스 공의회(Ephesus Council) 185
엔리코 단돌로(Enrico Dandolo) 451
엘 그레코(El Greco) 712
엘라가발루스(Elagabalus) 153
엘레아노르(Eleanor of Aquitaine) 383
엘르아잘 벤 야일(Eleazar Ben-Yail) 129
엘리자베스(Elizabeth of England), 영국 여왕 647, 655
엘리자베스(Elizabeth of Russia), 러시아 공녀 1021-1022
예니체리(Janissaries) 540, 778
예레반(Yerevan) 291
예루살렘 공회(Jerusalem Council) 105
예수 그리스도(Jesus Christ) 94
예수회(Jesuits) 709, 711

예카테리나 2세(Yekaterina II) 769
오글토피(James Oglethorpe) 813-814
오도아케르(Odoacer) 227
오레곤(Oregon) 809, 838
오리겐(Origen) 148-151
오벌린 대학(Oberlin College) 852
오순절 운동(Pentecostalism) 988
오스만(Osman) 539
오토 대제(Otto the Great) 416-421
오토만 제국(Ottoman Empire) 539-546, 564-571
옥타비아누스(아우구스투스 Augustus) 74, 78
올가(Olga) 503-506
올라프 트릭베슨(Olaf Tryggvason) 354
올라프 2세(Olaf II) 357-359
올림피아드(Olympiad) 107
옴미아드(Umayyad) 310
옹칸(Wang Khan) 519, 521
왈도(Peter Waldo) 465
왕밍다오(Wang Ming Dao) 920
요비아누스(Jovianus) 195
요세푸스(Josephus) 126
요셉(Joseph), 이집트 총리 25
요시야(Josiah) 32
요제프 2세(Joseph II) 756
요하네스 2세 콤네노스(Johannes II Comnenos) 285
요한, 다마스쿠스(John of Damascus) 279
요한 23세(John XXIII) 1025
우르반 2세(Urban II) 285, 433-434
워너메이커(John Wanamaker) 982
워즈워드(William Wordsworth) 967
웨스트민스터 사원(Westminster Abbey) 391, 1019
웨스트민스터 신조(Westminster Creed) 730
웨스트팔리아 조약(Treaty of Westphalia) 744
웬세슬라우스(Wenceslaus) 500
위그 카페(Hugh Capet) 338
위그노(Huguenot) 680
위클리프(John Wycliff) 590
윌리엄 1세(William the Conqueror) 376
윌리엄 3세(William III), 영국 왕 737

윌리엄 루퍼스(William Rufus) 380
윌리엄 부스(William Booth) 978
윌리엄 시무어(William Seymour) 989
윌리엄 월리스(William Wallace) 400
윌리엄 제임스(William James) 964
윌리엄 캐리(William Carey) 910
윌리엄 펜(William Penn) 805
윌버포스(William Wilberforce) 899-890
유독시아(Eudoxia) 204
유스티니아누스 대제(Justinianus the Great) 262
유스티누스 2세(Justinus II) 272
유스틴(Justin the Martyr) 143
유진, 사보이 공작(Eugene of Savoy) 754
윤치호 929
율리아누스(Julianus) 194
율리우스 2세(Julius II), 교황 601
율리우스 카이사르(Julius Caesar) 71
율리우스력(Julius Calendar) 73
융(Carl Gustav Jung) 964
의화단의 난(Boxers' Rebellion) 918
이노센트 3세(Innocent III) 457
이레니우스(Irenaeus) 148
이반 대제(Ivan the Great) 512
이반 릴스키(Ivan Rilsky) 498
이반 뇌제(Ivan the Terrible) 513
이벽 715, 925
이브라임 무테페리카(Ibraim Muteferrika) 779
이븐 시나(Ibn Sina) 317
이사벨라(Isabella) 564-568
이상수(Witness Lee) 921
이세민 301
이스트무스 대회(Istmian Game) 107
이승훈 925
이시도르(Isidore of Seville), 세비야 성자 255
이신론(Deism) 877
이토생(Watchman Nee) 920-923
일한국(Ilkhanate) 529, 534-537
입실란테스(A. Ypsilantis) 995

ㅈ

잔 다르크(Joan of Ark) 576
장 2세(John II) 574
장미 전쟁(War of the Roses) 580
재세례파(Anabaptists) 633
잭슨 민주주의(Jackson Democracy) 846
정약용 715, 925
제이슨 리(Jason Lee) 841
제임스 1세(James I) 720
제임스 메디슨(James Madison) 832
제임스 와트(James Watt) 969
제임스타운(Jamestown) 783
조나단 에드워즈(Jonathan Edwards) 817
조로아스터(Zoroaster) 191
조지 뮐러(George Müller) 980
조지 워싱턴(George Washington) 833
조지 월리스(George Wallace) 1029
조지 휫필드(George Whitefield) 892, 896
조지 카버(George Carver) 972
조지 폭스(George Fox) 730
조에(Zoe), 여제 282
존 1세, 영국 왕(John I) 400
존 뉴턴(John Newton) 900
존 로빈슨(John Robinson) 787
존 롤프(John Rolfe) 786
존 밀턴(John Milton) 735
존 번연(John Bunyan) 734
존 브라운(John Brown) 863
존 스커더(John Scudder) 922
존 웨슬리(John Wesley) 814, 890
주니페로 세라(Junipero Serra) 815
줄리아(Julia), 조선 순교자 716
줄리안(Julian of Norwich) 395
지겐발그(Ziegenbalg) 777
지오토(Giotto) 557
지즈카(Zizka) 593
짐머만(Arthur Zimmermann) 1007

ㅊ

찰스 1세(Charles I), 영국 왕 723
찰스 2세(Charles II), 영국 왕 732
찰스 디킨스(Charles Dickens) 980
찰스 섬너(Charles Sumner) 862
찰스 피니(Charles Finney) 851, 852
천로역정(Pilgrim's Progress) 734
청교도(Puritans) 720
청교도 혁명(Puritan Revolution) 725-726
초서(Geoffrey Chaucer) 394
츠빙글리(Zwingli) 629
친첸도르프(Zinzendorf) 881
침례 교회(Baptists) 729
칭기즈칸(Genghis Khan) 522-526

ㅋ

카네기(Andrew Carnegie) 984
카노사의 굴욕(Humiliation at Canossa) 421, 426, 428
카를 5세(Charles V) 614-615
카밀루스(Camilus) 63-64
카바 신전(Kaba Building) 306
카타리나 폰 보라(Catharina von Bora) 620
카트린느(Catherine of Medici) 680
카파도키아 교부(Cappadocia Fathers) 208
칼 마르크스(Karl Marx) 975-976
칼라 사건(Calas Affair) 878-879
칼리굴라(Caligula) 117
칼빈(John Calvin) 636
칼케돈 공의회(Chalcedon) 181, 186
캐롤라이나(Carolina) 813
캐서린(Catherine of Aragon) 647
코메니우스(Jan Comenius) 902
코모두스(Commodus) 136
콘라트 2세(Conrad II) 420-421
콘스탄스(Constans) 193
콘스탄티누스(Constantinus) 166
콘스탄티누스 2세(Constantinus II) 193
콘스탄티우스(Constantius) 160, 162, 166
콘스탄티우스 2세(Constantius II) 185, 194

콘스탄티누스의 증여(Donation of Constantine) 325
콜럼바(St. Columba) 238
콜럼버스(Christopher Columbus) 696
콜리니(Coligny) 682-683
퀘이커(Quakers) 730-731
크누트 대왕(Cnut the Great) 373
크레타(Creta) 43
크롬웰(Oliver Cromwell) 720
크뤼데너(Krüdener) 947
크리미아 전쟁(Creamian War) 950
크리소스톰(John Chrysostom) 202
크리스마스(Christmas) 344
크리스마스 휴전(Christmas Truce) 1003
크리스티나(Christina), 스웨덴 여왕 749
크세르크세스(Xerxes) 41
클라우디우스(Claudius) 117
클레오파트라(Cleopatra) 72, 75
클로비스(Clovis) 232
클로틸데(Clotilde) 232
키루스(Cyrus) 37
키릴(St. Cyril), 슬라브 사도 496
키르케고르(Zøren Kierkegarrd) 964
킨키나투스(Cincinnatus) 1011
킹 제임스 성경(King James Version) 604

ㅌ

타이타닉(Titanic) 1000
테오도라(Theodora), 여제 259
테오도르 플리드너(Theodore Fliedner) 887
테오도르 로흐만(Theodore Lohmann) 888
테오도시우스(Theodosius) 193
테오파누(Theophanu) 418-419
테첼(Tetzel) 606
태평천국의 난(Rebellion of Peaceful Kingdom) 918
톨비악 전투(Battle of Tolbiac) 232
톨스토이(Tolstoy) 771-773
투르 전투(Battle of Tour) 321
토르(Thor) 344
토마스 모어(Thomas More) 651
토마스 베킷(Thomas Becket) 385-386
토마스 크랜머(Thomas Cranmer) 648
토마스 페인(Thomas Payne) 828
토요토미 히데요시(Toyotomi Hideyoshi) 715-716
트라야누스(Trajanus) 121
트렌트 공의회(Trent Council) 709
트로이(Troy) 43
티무르(Tamerlane) 314, 537
티베리우스(Tiberius) 114
티베리우스 2세(Tiberius II) 272
티투스(Titus) 126

ㅍ

파렐(Willam Farel) 636
파르테논(Parthenon) 47
파르티아 제국(Parthia Empire) 188
파리 대학(Univ. of Paris) 470-471
파스칼(Blaise Pascal) 680
파시즘(Facism) 1011
파울루스(Paulus), 중세 음악가 482
파코미우스(Pachomius) 208
파헬벨(Johan Pachelbel) 668
패트릭(St. Patrick) 238
패트릭 헨리(Patrick Henry) 827-828
페니키아(Phoenicia) 64
페라이오스(Rigas Feraios) 995
페르난도 2세(Ferdinand II) 565
페르디난트 2세(Ferdinand II) 739
페르미(Enrico Fermi) 1014
페스탈로치(Johann Pestalozzi) 903
페체르스카 라르바(Pecherska Larva) 507
페트라르카(Petrarch) 553
펜실베이니아(Pennsylvania) 805
포모수스(Formosus) 406
포카혼타스(Pochahontas) 785
폴 리비어(Paul Revere) 826
폴리갑(St. Polycarp) 139
폼페이우스(Pompeius) 69
표트르(Peter the Great) 764

프루멘티우스(Frumentius) 289
프라 안젤리코(Fra Angelico) 558
프라이(Elizabeth Fry) 901
프라하 투석(Defenestration of Praha) 740
프란시스(St. Francis) 460
프란시스 애즈베리(Francis Asbury) 853
프랑수아 1세(Francis I) 680
프러시아(Prussia) 756
프로이트(Sigmund Freud) 964
프로테스탄트(Protestant) 662, 664
프리드리히 1세(Friedrich I of Prussia) 760
프리드리히 2세(Friedrich II of Prussia) 761
프톨레마이오스(Ptolemaios) 55
플러싱(Flushing) 812
플리머스(Plymouth) 783
플뤼차우(Plütschau) 777
피우스 7세(Pius VII) 940
피자로(Pizarro) 700
피터, 은둔수사(Peter the Hermit) 437
피터 바돌로뮤(Peter Bartholomew) 439
피핀(Pepin the Short) 323
필그림(Pilgrim) 721, 786
필라델피아(Philadelphia) 808-820
필라레트(Filaret) 765
필리키 에테리아(Filiki Eteria) 995
필리프 2세(Philip II) 672
필립 4세(Philip IV) 586
필립 왕의 전쟁(Indian Philip's War) 803

헤겔(Hegel) 961
헤라클리우스(Heraclius) 274
헤롯 아그리파(Herod Agrippa) 118
헤롯 대왕(Herod the Great) 89
헨델(George F. Hendel) 667-669
헨리 1세(Henry I) 506
헨리 2세(Henry II) 382
헨리 5세(Henry V) 576
헨리 8세(Henry VIII) 647
헨리 쏘로우(Henry D. Thoreau) 962
헬레나(Helena) 176
호노리우스(Honorius) 198, 224
홀로코스트(the Holocaust) 1016
홀리 클럽(Holy Club) 892
황사영 926
후스(Jan Hus) 591
후안나(Joanna the Mad) 615
훈족(Huns) 223
훌라구(Hulagu) 534
휘트니(Eli Whitney) 969
흄(David Hume) 728, 961
흑사병(the Black Plague) 582
히에로니무스(St. Jerome) 213
히틀러(Adolf Hitler) 1012
힉소스(Hyksos) 27
힐데가르트(Hildegaard) 479

ㅎ

하누카(Hanukkah) 58
하드리아누스(Hardrianus) 130
하버드 대학(Harvard University) 802
하인리히 2세(Heinrich II) 419
하인리히 4세(Heinrich IV) 422
한니발(Hannibal) 65
합스부르크(Habsburg) 752
함무라비(Hammurabi) 22
해리어트 스토우(Harriet B. Stow) 863
허드슨 테일러(Hudson Taylor) 916
헐버트(Homer Hulbert) 930

인용문 참고 문헌 Cited Bibliography

동방 박사들의 이름: "멜키오르, 발타자르, 카스파르"
6세기 헬라 연대기: *Excerpta Latina Barbari*, 51B, trans. by Johann J. Hoeveler, Michigan: University of Michigan Press, 1896.

네 번째 동방 박사 알타반: "이 아이를 살려주면 루비를"
Henry Van Dyke, *The Blue Flower*. New York: Hard Press, 2006, 81.

요세푸스의 예수에 대한 언급
Josephus, *Antiquities* 18. 63-64.

테클라 행전: "대머리에 안짱다리이고 매부리코인 그 사람"
The Acts of Paul and Thecla, paragraph 2, in J. K. Elliott, *The Apocryphal New Testament*. Oxford: Clarendon, 1993, 364.

율리아누스의 기독교 언급: "저들이 얼마나 자선을 베푸는지"
Jean Gosselin, *The Power of the Pope During the Middle Ages*. Charleston, SC: Forgotten Books, 2010, 119.

아우구스투스 황제 유언
Suetonius, Div. Augustus 99 in *The Twelve Caesars*, trans. by Robert Graves. New York: Penguin Books, 2007.

네로 박해 타키투스
Annales, xv. 44.

베드로 행전의 "Quo vadis"
Vercelli. *Acts of Peter*. XXXV.

*베드로의 죽음에 관한 클레멘트의 언급
Letter to the Corinthians. Chapter 5. & *Apocryphal Acts of Peter*.

엘르아잘 벤 야일의 연설: "노예인가 자유의 죽음인가"
Flavius Josephus, *War of the Jews*. Book 7. 8. 7.

터툴리안 "예루살렘과 아테네"
Tertullian, "The Prescriptions Against the Heretics", in *Early Latin Theology*, ed. S. L. Greenslad. London: SCM Press, 1956, 36.

오리겐의 알레고리
Origen, Homily 34.3, Joseph T. Lienhard, trans., Origen: *Homilies on Mark, Fragments on Mark*(1996), 138.

셉티무스 세베루스의 유언
Anthony Birley, *Septimus Severus: the African Emperor*. New York: Routledge, 2002, 187.

콘스탄티누스 황제의 어린 시절
D. G. Kousoulas, *The Life and Times of Constantine the Great*. Bethesda, Md.: Rutledge Books, 1997, 9.

밀라노 칙령(313년)
Translations and Reprints from the Original Sources of European History, Philadelphia, University of Pennsylvania Press, 1897-1907, Vol 4:, 1, 28-30.

검투 경기의 금지: "중죄에 해당하는 만큼 노역을"
Catherine Edwards, *Death in Ancient Rome*. New Haven: Yale University Press, 2007, 215.

콘스탄티누스 황제의 연설: "분열은 전쟁보다"
Eusebius, *Vita Constantini*, III, 12, in *Nicene and Post Nicene Fathers First Series*, 1[vol.]: 523.

아타나시우스의 "318명 언급"
Ad Afros Epistola Synodica 2 in Nicene and Post-Nicene Fathers, Second Series, Vol. 4. Buffalo, NY: Christian Literature Publishing, 1994, 489.

"세상과 맞선 아타나시우스"
Philip Schaff, *History of the Christian Church*, vol. III. Michigan: WM. B. Eerdmans, 1977, 662.

나르세스 제왕의 부탁: "아무 조건 없이 평화를 요청하며 인질들에 선대를"
George Rawlinson, *The Seven Great Monarchies of the Ancient Eastern World: The Sassanian or New Persian Empire*. Volume 7. Redwood, Cal.: Quontro Classic Books, 2010, 91.

배교자 율리아누스: "그대가 승리하였도다."
Theodoret, *Historia Ecclesiastica*, 3.25.

암브로시우스의 언급 "로마에서는 로마의 법을"
Augustine of Hippo, *Epistle to Januarius*, II, section 18; Epistle to Casualanu. XXXVI, 32.

크리소스톰의 유언: "오직 모든 일에"
Johannes Quasten et al., ed., *Palladius: Dialogue on the Life of st John Chrysostom, Ancient Christian Writers*. Mahwah, N.J.: Paulist Press, 1985, 73,

"눈물의 기도는 자식을 망하게 하지 않는다."
Augustine, *Confessions*. 3.12.21.

모니카의 유언: "아무 곳이나 묻고"
Augustine, *Confessions*. 9.11.27.

아우구스티누스의 권면: "공중의 새를 잡듯이"
Augustine. *Confessions*. 8.12.

게르만족에 대한 카이사르의 평가: "남녀들이 발가벗고"
Julius Caesar, *The Conquest of Gallia[De Bello Gallico]*. Trans. by J. Sanford & S. Hanford, New York: Penguin Books, 1981, 143[VI.22].

윌 듀란트의 격언: "국가는 스토아로 시작하여"
Will Durant, *The Story of Civilization*, Vol. 1. New York: Simon & Schuster, 1943, 12.

클로비스의 외침: "저에게 승리를 주시면"
Gregory of Tours, *The Conversion of Clovis*. Book 2.30.

살리카 법전: "필히 여성이 아닌 남성에게", "여우나 토끼라고 놀리면 벌금을"
Catherine Drew, *The Laws of the Salian Franks*. Philadelphia, Penn.: University of Pennsylvania Press, 1991, 44, 94.

패트릭에게 나타난 목소리: "건너오소서."
Philip Freeman, St. *Patrick of Ireland: A Biography*. New York: Simon & Schuster, 2004, 33.

패트릭의 고백록 부분: "내 앞에 어떤 일이"
Mary Cagney, "Patrick the Saint", in *Christian History*. No. 60, 1998, 15.

레오 대교황의 아틸라에 대한 호소: "한때 세계를 지배한 로마를"
J. H. Robinson, *Readings in European History*. Boston: Ginn, 1905, 50.

그레고리 대교황의 권면: "우리는 낮아짐으로써"
Gregory, *Be Friends of God: Spiritual Reading from Gregory the Great*. Trans. John Leinenweber. Cambridge, Mass.: Cowley Publications, 1990, 58.

보에티우스: "선한 사람은 언제나 강한 자"
Aricus Boetius, *Consolation of Philosophy*. New York: Penguin Books, 1999, IV. i.

테오도라 황후의 질책: "자주색 황포가 가장 고상한 수의"
William Safire, *Lend Me Your Ears: Great Speeches in History*. New York: W. W. Norton & Company, 2004, 47.

"솔로몬이여! 그대를 이겼도다!"(Solomon, I have outdone thee!)
William Rosen, Justinian's Plea: *the First Great Plague and the End of Roman Empire*. New York: Penguin Books, 2008, 91.

유스티니아누스 법전: "법이란 신성한 것과 인간적인 것에 대한 지식"
Oliver J. Thatcher, ed., *The Library of Original Sources*. Milwaukee: University Research Extension, 1907, Vol. III.

유스티누스 2세의 마지막 당부: "최고 권력의 표장을 나의 손이 아닌"
Theophylact Simocatta(l. iii. c. 11); Edward Gibbon, *The History of the Decline and Fall of the Roman Empire*. Albany, OR.: Books for the Ages, 1997, Vol. 4: 297.

콘스탄티우스 황제가 에티오피아 왕에게 보낸 편지: "프루멘티우스를 넘겨야"
Letter of Constantius to the Ethiopians against Frumentius. NPNF2, Vol. 4.

아르메니아의 성자 그레고리
A. E. Redgate, *The Armenians*. Malden, Mass.: Blackwell Publishing, 2000, 115-17.

베이컨: "중국의 삼대 발명품은 세계를 바꾸었다."
Francis Bacon, *Novum Organum*, Book I. aphorism 129.

국왕 피핀과 교황 자카리우스의 문답 "권력 없는 자가 진정한 왕입니까?"
Walter Copland Perry, *The Franks: From Their First Appearance in History to the Death of King Pepin*. Charleston, SC: Biblio Bazaar, 2009, 309.

알쿠인의 유언: "내가 사랑한 것은 지혜"
Joanna Story, *Carolingian Connections: Anglo-Saxon England and Carolingian Francia, c. 750-870*. Burlington, VT: Ashgate Publishing, 2003, 7.

샤를마뉴의 신앙과 자선
Einhard & Notker the Stammerer, *Two Lives of Charlemagne*. New York: Penguin Books, 2008, 36-37.

위그 카페 공작에 대한 추천: "선한 영혼의 소유자"
Harriet Harvey Wood, *The Battle of Hastings: The Fall of Anglo-Saxon England*. London: Atlantic Books, 2008, 46.

'Eostur'에서 'Easter'로
Beda Venerabilis, *De Temporum Ratione. Patriologiae cursus completus: Series Latina*, Bd. 90, Paris 1862; London 1843: Chap. XV: De mesibus Anglorum: "Eostur-monath, qui nunc paschalis mensis interpretetur, quondam a dea illorum quae Eostre vocabatur, et cui in illo festa celebrabant." [에오스투르 달에서 지금의 부활절 명칭이 나왔으며 현재도 이를 축제로 기리고 있다.]

Boniface와 성탄 트리
Edward Hulme, *Symbolism in Christian Art*. Poole: Blandford Press, 1976, 161.

크리스마스 12월 25일의 기원에 관한 크리소스톰의 언급
John Chrysostom, *Sermon Preached at Antioch,* 25 December(A.D. 386); William F. Brosend, *Proclamation Commentary on Feasts, Holy Days, and Other Celebrations*. Minneapolis, Minn.: Fortress Press, 2007, 128.

봉건제의 세 종류 사람들: "일하는 자, 지키는 자, 기도하는 자"
Jonathan Hill, *The History of Christianity*. Oxford: Lion Book, 2007, 183.

중세인의 기도: "바이킹으로부터 구하소서!"
Yves Cohat, *Vikings: Lord of the Seas*. Harry N. Abrams, 1992, 45.

올라프 1세의 레이프 에릭슨에 대한 권유: "이것은 명령"
Arthur M. Reeves, *Voyages to Vinland: The First American Saga*. Trans. by Einar Haugen, New York: Alfred A. Knopf, 1942, 13.

훔베르트의 주교: "동방 교회를 파문"
I. S. Robinson, ed., *The Papal Reform of the Eleventh Century: Lives of Pope Leo IX and Pope Gregory VII*. New York: Manchester University Press, 2004, 148.

그레고리 대교황의 말: "Not Angles, but Angels!"
Norman Davies, *Europe: A History*. New York: Oxford University Press, 1996, 277.

알프레드 대왕을 꾸짖은 여인: "빵도 제대로 못 굽나요?"
Richard Abels, *Alfred the Great: War, Culture, and Kingship in Anglo-Saxon England*. Essex, UK: Addison Wesley Longman, 1998, 158.

크누트 대왕의 고백: "왕의 힘이란 약한 것"
Varadaraja Raman, Variety in *Religion and Science: Daily Reflections*. Lincoln, Neb.: iUniverse, 2005, 36.

헨리 2세의 아들에 대한 욕: "그 자식들이 서자"
Marie Lovett, *English Episcopal Acta: York, 1189-1212*. London: Oxford University Press, 1980, xxxii.

윌리엄 랭글런드의 『농부 피에르의 환상』 일부
William Langland, *Vision of Piers the Plowman: An English Poem of the Fourteenth Century*. London: T. Fisher Unwin, 1895, 128.

초서의 『캔터베리 이야기』 도입부
Geoffrey Chaucer, *The Canterbury Tales*. London: Oxford University Press, 2008, 1.

노르위치의 줄리언의 시: "아버지는 뜻을, 어머니는 일을, 영은 확증을"
Monica Furlong, *Visions and Longings: Medieval Women Mystics*, Boston, Mass.: Shambhala, 1996, 237.

성자 버나드의 마리아에 대한 언급: "바다의 별"
John F. Thornton & S. B. Varenne, ed. *Honey and Salt: Selected Spiritual Writings of Saint Bernard of Clarivaux*. New York: Vintage Books, 2007, 415.

테오파누 여제에 대한 평가: "절제와 신뢰, 예의"
Adelbert Davids, *The Empress Theophano: Byzantium and the West at the Turn of the First Millennium*, New York: Cambridge University Press, 1995, 46.

콘라트 2세의 명언: "키잡이가 빠져도 배는 남는 것."
Benjamin Arnold, *Medieval Germany 500-1300*. Toronto: University of Toronto Press, 1997, 164.

그레고리 7세의 파문 선포: "하인리히를 저주의 파문에"
Henry Bettenson, ed., *Documents of the Christian Church*. London: Oxford University Press, 1963, 103-4.

그레고리 7세의 묘비의 유언: "정의를 사랑하고 불의를 미워하였다."
St. Matthew's Cathedral, Salerno에 있음.
Uta-Renate Blumenthal, *The Investiture Controversy: Church and Monarchy from the Ninth to the Twelfth Century*. Philadelphia, Penn.: University of Pennsylvania Press, 1982, 126.

교황 칙령 "교황 아래 모든 군주들은 엎드려야"
Ernest F. Henderson, trans. & ed., *Select Historical Documents of the Middle Ages*. London: G. Bell & Sons, 1892, 366.

십자군 운동 우르반 2세의 설교: "예루살렘이 해방의 손길을 갈구하고"
Frederic *Austin, ed. Source Book of Medieval History*. New York: Cornell University Press, 2009, 284-285.

안나 콤네나 공주의 보에몽 평가 "야심 있는 매력적인 장군"
Jay Rubenstein, *Armies of Heaven: The First Crusade and the Quest for Apocalypse*. New York: Basic Books, 2011, 95.

피터 바톨로뮤: "나는 성창이 있는 곳을"
Steven Lucimen, *History of the Crusades: the First Crusade and the Foundation of the Kingdom of Jerusalem*. New York: Cambridge University Press, p. 1999, 242.

살라딘의 한마디: "왕이 왕을 죽이는 것은"
Beha Ed-Din, *The Life of Saladin*. New York: Elibron Classics, 2005, 109.

프리드리히 바바로사의 죽음에 대한 이븐 카티어의 언급: "이집트와 시리아는 한때"
Martin Kitchen, *The Cambridge Illustrated History of Germany*. Cambridge: Cambridge University Press, 1996, 60.

리처드의 언급: "전쟁 회피는 수치스러운 것"
David Boyle, *The Capture and Ransom of Richard the Lionheart*. New York: Walker & Company, 2005, 94.

리처드 군대에 대한 이슬람교도의 언급: "하나의 대오도 흩트려지지 않고"
Bahā'al-dīn Ibn Shaddād, *The Rare and Excellent History of Saladin*, trans. D. S. Richards, Ashgate, 2002, 170-171.

리처드의 최후 "사자가 개미에"
Marion Meader, *Eleanor of Aquitaine: A Biography*. New York: Penguin Books, 1977, 329.

템플라 병사의 좌절: "하나님은 투르크를 지원하신다."
Nigel Cliff, *Holy War: Clash of Civilization*. New York: Harpers Collins, 2011, 42.

토마스 아켐피스의 말: "정작 십자가를 지려는 이는"
Thomas a'Kempis, *The Imitation of Christ: A Modern Version Based on the English Translation Made by Richard Witford around the Year 1530*. New York: Doubleday, 1989, 64.

이노센트 3세, "교황은 그리스도의 대리자"
Alexander J. & Robert W. Carlyle, "Judged by God", in *Innocent III: Vicar of Christ or Lord of World?* Edited by James M. Powell. Washington, DC: The Catholic University of America Press, 1994, 34-37.

성 프란시스: "늑대 형제여"
Omer Englebert, *St. Francis of Assisi: A Biography*. Ann Arbor, Mich.: Franciscan Herald Press, 1979, 133.

성 프란시스의 유언: "자매 사망이여!"
Adrian House, *St. Francis of Assisi: A Revolutionary Life*. London: Chatto & Windus, 2001, 279.

엘로이즈의 사랑의 편지: "눈물 없이 한숨 없이"
Israel Gollancz, ed., *The Love Letters of Abelard and Heloise*, Charleston, SC: Bibliobazzar, 2008, 30.

피터 아벨라르의 마지막 말: "나는 모른다."
Norman Davies, *Europe: A History*. New York: Oxford University Press, 1996, 687.

아퀴나스의 고백: "나의 책들은 지푸라기"
F. C. Copleston, Aquinas: *An Introduction to the Life and Work of the Great Medieval Thinker*. New York: Penguin Books, 1995, 10.

빙겐의 힐데가르트: "남자의 사랑은 화산이고 여성의 사랑은 태양"
Marcia C. Chamberlain, "Hildegard of Bingen's Causes and Cures: A Radical Feminist Response to the Doctor-Cook Binary", in *Hildegard of Bingen: A Book of Essays. Edited by Maud Burnett McInerney*. New York: Routledge, 1998, 66.

독신의 가치: "100배의 열매"
Caesarius of Arles, *Sermons*. Trans. by Mary Magdeleine Mueller. New York, 1956, vol. I, 43. Cited in Jane Tibbetts Schulenburg, *Forgetful of Their Sex: Female Sanctity and Society*. Chicago: University of Chicago Press, 1998, 177.

그리스 신부의 노래: "모두가 나를 보내려하네"
Nancy Demand, *Birth, Death, and Motherhood in Classical Greece*. Baltimore: Johns Hopkins University Press, 1994, 14.

아내의 서약: "늘 복종하고"
Marilyn Yalom, *A History of the Wife*. New York: Harper Collins, 2001, 58.

중세 연금술 수도사들의 구호: "읽고 일하고 탐구하고(lege, lege, labora ora et invenis)"
Peter L. Wilson et. al., Green Hermeticism: *Alchemy & Ecology*. Great Barrington, Mass.: Lindisfarne Books, 2007, 145.

성자 웬체슬라우스 국왕의 마지막 말: "동생, 너를 용서한다."
Pat Martin, *Prague Saints and Heroes of the Charles Bridge*. Iowa City, Iowa: Penfield Books, 2003, 87.

러시아 고대 연대기 "루릭의 후손"
S. H. Cross, ed., *Russian Primary Chronicle: Laurentian Text*. Medieval Academy of America, 1968, 879.

러시아 사절단의 감탄 "우리가 천상에 있는지 지상에 있는지"
Daniel H. Kaiser & Gary Marker, ed., *Reinterpreting Russian History*. New York: Oxford University Press, 1994, 60.

이반 뇌제를 비판한 필립 대주교 "무도한 군주는 심판을 받으며"
Timothy Ware, *The Orthodox Church*. New York: Penguin Books, 1997, 108.

사제왕 요한에 대한 위그 주교의 보고: "동방에 왕 '요한'이 다스리는 나라가 있는데"
Robert Silverberg, *The Realm of Prester John*. Athens, Ohio: Ohio University Press, 1996, 14. 사제왕 요한에 대한 위고 주교의 보고는 독일 프라이징의 주교 오토[Otto of Freising]가 쓴 "연대기[1145년]"를 참조.

무하마드 샤의 죽음: "묘지로 쓸 땅 한 조각이"
Thomas J. Craughwell, *The Rise and Fall of the Second Largest Empire in History*. Beverly, Mass.: Fair Winds Press, 2010, 141

야율대석의 행적
William of Rubruck, *The Mission of Friar William of Rubruck: His Journey to the Court of the Great Khan Mongke 1253-1255*. Trans. & ed. by Peter Jackson. Indianapolis, IN: Hackett Publishing, 2009, 4-6.

토그릴 할아버지의 마르구즈
René Grousset, *The Empire of the Steppes: A History of Central Asia*. Newark, NJ: Rutgers University Press, 1970, 203.

사보나롤라: "주님께서도 나를 위해 얼마나 고난 당하셨는가!"
Will Durant, *The Renaissance: A History of Civilization in Italy from 1304-1576 A.D.* (New York: Simon & Schuster, 1953), 161.

마르코 폴로, on 쿠빌라이의 십자가에 대한 존경
Marco Polo, Il Millione, 1926, Vol. 1, p. 339; *The Travels of Marco Polo*. Translated by Ronald Latham. New York: Penguin Books, 1958, 118.

소르각타니에 대한 Bar Hebraeus의 언급
James D. Ryan, *Christian Wives of Mongol Khans: Tartar Queens and Missionary Expectations in Asia*, 1998, 416-7.

소르각타니 가문
Samuel Hugh Moffett, *A History of Christianity in Asia*. New York: Orbis Book, 1998, 444.

루브룩의 고려 언급
William of Rubruck, *The Mission of Friar William of Rubruck: His Journey to the Court of the Great Khan Mongke 1253-1255*. Trans. & ed. by Peter Jackson. Indianapolis, IN: Hackett Publishing, 2009, 203.

마르코 폴로의 "고려" 언급
Marco Polo, *The Travels of Marco Polo*. Trans. by Ronald Latham. New York: Penguin Books, 1958, 118.

훌라구의 칼리프에 대한 꾸짖음: "아무 보물이나 먹고 싶은 대로 먹으라."
Noah Brooks, *The Story of Marco Polo*. Charleston, SC: Bibliobazzar, 2009, 34.

루카스 노타라스의 최후 당부: "지금 이 순간은 단지 육체가 죽는 것이고"
Marios Philippides & Walter K. Hanak, *The Siege and the Fall of Constantinople in 1453: Historiography, Topography and Military Studies*. Burlington, VT: Ashgate Publlishing, 2011, 604.

술레이만의 선언: "나는 샤이고 카이사르이고 술탄이다."
Caroline Finkel, Osman's Dream: *The Story of the Ottoman Empire*. New York: Chappell & Co., 2005, 129.

Dante 신곡의 마지막 구절: "나의 뜻이나 의지도"
Dante Alighieri, *The Divine Comedy*. Trans. by Allen Mandelbaum. New York: Everyman's Library, 1995, 541.

페트라르카: "고전을 읽어라 그러나 법률가가 되어라"
Petrarch & Thomas Campbell, *The Sonnets, Triumphs, and Other Poems of Petrarch*. New York: Kessinger Publishing, 2010, 9.

바사리의 예술가 평가: "라파엘은 아펠레스를 능가한 화가"
Giorgio Vasari, *The Lives of the Artists*. Trans. Julia C. Bondanella & P. Bondanella. London: Oxford University Press, 1998, 280, 294, 462.

에드워드 흑태자의 생애
Richard Barber, *Life and Campaign of the Black Prince Edward*. Rochester, NY: Boydell Press, 2002, 84-130.

흑태자의 한숨: "위대한 장 2세"
Peter Hoskins, *In Footsteps of the Black Prince: The Road to Poitiers*, 1355-1356. Woodbridge, UK: Boydell Press, 2011, 44.

잔 다르크: "환상을 볼 때나 지금이나 여전히 하늘의 은총 아래 있기를"
W. P. Barrett, *The Trial of Jeanne D'Arc*. New York: Gotham House, 1952, 304.

Boniface 8세의 죽음에 대한 평가: "여우처럼, 사자처럼, 개처럼"
R. Chamberlin, *The Bad Popes*. U.K.: Sutton Publishing, 2003, 93.

지오반니의 탄식: "우리는 가장 악랄한 늑대의 손에"
James Reston, *Dogs of God*, New York, Anchor Books, 2005, 287.

보르기아 비문: "죽어서 모든 이를 기쁘게 한 사람"
Bohuslav Hasi tejnsk z Lobkovic, *Carmina selecta*, Praha, 1996, 14.

한스 루터의 꾸중: "대체 네 부모에 순종하라는 계명도"
Jaroslav Pelikan, Hilton C. Oswald, and Helmut T. Lehmann, ed. *Luther's Works* [LW]. St. Louis: Concordia Publishing House, 1955. 54[Volume]: 109.

95개조 반박문: "거짓된 확신이 아니라 많은 고난을 통해서"
Henry Bettenson, ed., *Documents of the Christian Church*. London: Oxford University Press, 1963, 189-91.

교황의 파문장: "주여 일어나소서(Exsurge Domine)! 포도원에 멧돼지가"
Hans J. Hillerbrand, ed. *The Reformation in its own Words*. London: SCM Press, 1964, 80-84.

보름스 회의에서의 루터의 외침: "철회할 수도 철회하지도"
Oscar Thulin, *A Life of Luther*. Philadelphia: Fortress Press, 1966, 65.

뮌쩌의 선동: "영주들의 수십만 군대를 두려워할 필요가 없습니다!"
Peter Matheson, ed., *The Collected Works of Thomas Müntzer*.. Edinburgh: T. & T. Clark, 1988, 140-42.

농민들의 12개 요구 조항: "우리를 농노제에서 풀어주어야"
Carter Lindberg, *The European Reformation Sourcebook*. Malden, Mass.: Blackwell Publishers, 2000, 91-92.

에릭 에릭슨의 루터 해석
Erik H. Erikson, *Young Man Luther*. New York: W. W. Norton & Company, 1958, 52.

루터: "부모는 성자들이다."
D. Martin Luthers Werke: Tischreden, Weimar: Bhlau, 1912-21, 2: 166.

중세 유행어: "배움이란 헛짓이다!"
Luther's Works 45: 342.

공교육에 대한 루터의 강조: "강제로 배우게 해야"
Luther's Works 46: 256.

루터의 마지막 말: "우리는 거지이다."
Heinrich Bornkamm, *Luther's World of Thought*. Trans. Martin H. Bertram, St. Louis: Concordia Publishing House, 1958, 291.

츠빙글리와의 마르부르크 회담: "실제로 담고 있다." vs. "상징일 뿐"
Carter Lindberg, *The European Reformation Sourcebook*, 2000, 123.

칼빈의 회심 고백: "교황제의 미신으로부터"
John Calvin, *The Preface of Commentary on the Psalms*, 1557. in Calvin Works, translated by James Anderson, Salem, OR: Books for the Ages, 1998, 30.

파렐의 협박: "자신의 안위만 추구하면 하늘의 저주가"
John Calvin, *The Preface of Commentary on the Psalms, 1557*. in Calvin Works, translated by James Anderson, Salem, OR: Books for the Ages, 1998, 32.

칼빈의 고백: "나의 심장을 바치나이다."
Irena Backus & Philip Benedict, *Calvin and His Influence: 1509-2009*. London: Oxford University Press, 2011, 94.

"완벽한 도시 제네바"
John T. McNeill, *The History and Character of Calvinism*. New York: Oxford University Press, 1967, 178.

베자의 칼빈 평가: "그보다 검소한 사람이 있는가? 삶과 죽음의 본보기"
Theodore Beza, *The Life of John Calvin*, Albany, OR: Books for the Ages, 1998, 65.

런던 타워에서의 앤 볼레인의 편지: "
James Anthony Foude, *History of England from the Fall of Wolsey to the Death of Elizabeth*. Vol. 2. New York: Cambridge University Press, 2011, 477.

앤 볼레인의 유언: "저의 죽음을 원하신다면"
James Mackintosh, *The History of England: From the Earliest Times to the Final Establishment of the Reformation*. Charleston, SC: Bibliobazzar, 2009, 93.

헨리 8세 아내들에 관한 노래: "이혼하고, 목 잘리고, 급사하고"
Stephanie Coontz, *Marriage*, a History. New York: Penguin Books, 2005, 134.

계승 소식을 들은 엘리자베스의 라틴어 고백: "Domine factum est illud et est mirabile in oculis nostris."
Alison Weir, *The Children of Henry VIII*. New York: Ballantine Books, 1996, 363.

엘리자베스를 위한 기도: "지식을 증대시키고"
Donald Stump & Susan M. Felch, *Elizabeth I and Her Age*. New York: Norton & Company, 2009, 167.

메리와 엘리자베스의 비문: "우리 자매는 함께 잠들어"
Charles Bradford, *Heart Burial*. London: Unwin Brothers, 1933, 150.

식탁 예절 교재: "윗자리는 아버지의 자리"
Steven Ozment, *When Fathers Ruled: Family Life in Reformation Europe*. Cambridge, Mass.: Harvard University Press, 1983, 142-143.

베자의 정치 사상: "법이 있으면 사실상 왕이 필요 없다."
Julian H. Franklin, ed., *Constitutionalism and Resistance in the Sixteenth Century: Three Treatises by Hotman*, Beza, and Mornay. New York: Pegasus, 1969, 114.

스페인의 필립 2세, "내 아들이라도 화형당할 것"
Henry Kamen, *Philip of Spain*. New Haven, Conn.: Yale University Press, 1997, 81.

엘리자베스의 연설, "내 명예와 피를 모두 걸 것"
Alison Weir, *The Life of Elizabeth*. New York: Ballantine Books, 2008, 393.

오렌지의 윌리엄의 유언: "하나님! 이 백성을 불쌍히"
George Edmunson, *History of Holland*. Cambridge: Cambridge University Press, 1922, 105.

프랑스 국왕 앙리 4세의 죽음에 대한 언급: "우리의 아버지가 돌아가셨다."
P. F. Willert, *Henry of Navarre and the Huguenots in France*. London: Putnam's Sons, 1893, 454.

파스칼의 팡세: "수학자의 하나님이 아닌 아브라함의 하나님"
Blaise Pascal, *Pensees*. 449[557]. New York: Penguin books, 2007.

파스칼의 유언: "결코 버리지 마옵소서."
Jane Muir. *Of Men and Numbers*. New York: Dover Publications, Inc, 1996, 104.

아타후알파와 피자로의 대화: "교황은 미친 자로구나."
Siamak Akhavan, *The Universal Sign: Rediscovering Earth's Lost History*. Lulu, 2010, 51.

몬테시노의 격노: "대체 당신들이 무슨 권리로 인디언을"
Andre Alves & Jose Moreira, *Salamanca School: Major Conservative and Libertarian Thinkers*. New York: Continuum International Publishing, 2010, 88.

라스카사스: "듣지도 보지도 못한 잔인한 짓을 인디언에게"
Bartolome de Las Casas, "Of the Island of Hispaniola(1542)", *Documents in the United States*. New Jersey: Prentice Hall, 2001, 10.

"영적 수련(Spiritual Exercises)"의 음식 규정: "맛있는 음식을 자주 먹지 않도록."
Ignatius Loyola, *The Spiritual Exercises of St. Ignatius*. Trans. by Louis J. Puhl, New York: Vintage Books, 2000, 69.

찰스 1세에 대한 선고: "무고한 국민을 살해하였으므로 사형에"
Richard Cust, *Charles I: A Political Life*. Edinburgh, U. K.: Longman, 2007, 454.

크롬웰의 기도 유언: "분별력을 주시고 서로 사랑하게"
Samuel Rawson Gardiner, *Oliver Cromwell*. London: Longmans & Green, 1901, 315.

예카테리나의 유언: "애도하는 기간을 짧을수록 좋다."
Simon Dixson, *Catherine the Great*. New York: Haper Collins, 2009, 314.

악바르 대왕에 대한 예수회 수사들의 언급: "강한 자들에게 강하게, 낮은 자들에게 낮게"
Marjorie Wall Bingham, *An Age of Empires, 1200-1750*. New York: Oxford University Press, 2005, 64-65.

아우랑제브의 유언: "내가 누구인지 모르겠다."
Stanley Wolpert, *New History of India*. London: Oxford University Press, 2000, 167.

이슬람의 서구 국가에 대한 평가: "이전에 미약했던 국가들이 어떻게 강력한 나라들이"
Marjorie Wall Bingham, *An Age of Empires, 1200-1750*. New York: Oxford Unviersity Press, 2005, 94.

조지 퍼시의 제임스타운 고난 언급: "우리처럼 불쌍한 영국인들은 없다."
Ed Southern, *The Jamestown Adventure: Accounts of the Virginia Colony, 1605-1614*. Canada: John F. Blair, 2004, 21.

윌리엄 브래드포드의 플리머스의 고난 언급: "많이 세상을 떠나고 이제 50여 명 밖에"
Albert Bushnell Hart, *Source-book of American History*. London: Macmillan, 1908, 40.

매사추세츠 설립 목적(1629): "신대륙에 피난처"
"The Winthrop Society 1996-2001", in *Documents in the United States*. New Jersey: Prentice Hall, 2001, 50.

앤 허친슨: "여성을 남성을 가르칠 수 있습니다."
"Ann Hutchinson", *Documents in the United States*. New Jersey: Prentice Hall, 2001, 60.

시월 판사의 마녀사냥 사죄: "수치와 비난을 감당하고자"
Richard Francis, *Judge Sewall's Apology*. New York: Harper Collins, 2005, 181.

윌리엄 펜의 고백: "국가의 씨앗이 될 것이다."
Hans Fantel, *William Penn: Apostle of Dissent*. New York: William Morrow & Co., 1974, 149.

윌리엄 펜의 '정부의 구조': "복종 없는 자유는 혼란이고 자유 없는 복종은 노예"
Jean R. Soderlund, ed., *William Penn and the Founding of Pennsylvania: A Documentary History*. Pennsylvania: University of Pennsylvania Press, 1983, 122.

볼테르의 펜의 정부에 대한 평가: "세계에서 소수를 우대하는 유일한 정부"
Garry Wills, *Head and Heart: A History of Christianity in America*. New York: Penguin Books, 2007, 137.

패트릭 헨리의 연설문: "자유가 아니면 죽음을"
Harlow G. Unger, *Lion of Liberty: Patrick Henry and the Call to a New Nation*. Cambridge, Mass.: Da Capo Press, 2010, 96-98.

"장로교도들의 반역"
Kevin Phillips, *The Cousins' Wars: Religion, Politics, and the Triumph of Anglo-America*. New York: Basic Books, 1999, 92.

조지 워싱턴 대통령의 기도: "정의와 사랑의 백성이 되게 하소서."
Displayed at Christ Church, Philadelphia, Pennsylvania.

존 아담스 대통령: "미국의 자유는 칼빈의 자유"
Charles Francis Adam, *Works of John Adams: The Second President of U. S.* Vol. VI. Boston, Mass.: Little Brown, 1856, VI:313.

조지 뱅크로프트의 주장: "미국의 아버지 칼빈"
George Bancroft, *History of the United States of America*. Boston, 1853, Vol. I: 464.

벤자민 프랭클린의 신앙 고백: "예수는 최선의 종교를 주었지만"
Franklin B. Dexter, ed., *The Literary Diary of Ezra Stiles*. New York: 1901, Vol. 3: 387.

제임스 마이클 카바나: "나는 살아 있는 인디언보다 죽은 인디언을 원한다."
The Congressional Globe: Containing the Debate and Proceedings of the Second Session. City of Washington: Office of the Congressional Globe, 1868. Cited

in Wolfgang Mieder et al., *A Dictionary of American Proverbs*. New York: Oxford University Press, 1992, 329.

"유일한 좋은 인디언은 죽은 인디언"
Kurt Kaltreider, *American Indian Prophesies: Conversations with Chasing Deer*. Carlsbad, CA: Hay House, 1998, 69.

흑인 기자 프레더릭 더글라스의 연설: "아직도 인간을 족쇄에 채우고"
Frederick Douglass, *My Bondage and My Freedom*. New Haven, Conn.: Seven Treasures, 2009, 202.

랄프 왈도 에머슨: "브라운은 정의를 위한 순교자이다."
Maurice York & Rick Spaulding, *Ralph Waldo Emerson: the Infinitude of the Private Man*. Chicago, IL: Wrightwood Press, 2008, 174.

링컨 어머니 낸시의 유언: "가족을 사랑하고 하나님을 경배"
Michael Burkhimer, *Lincoln's Christianity*. Yardley, Penn.: Westholme Publishing, 2007, 5.

부커 워싱턴의 회상: "살아서는 결코 누리지 못할 것으로"
Booker T. Washington, *Up From Slavery: An Autobiography*. New York: Publishing in Motion, 2011; Doubleday and Company, 1901, 22.

스티븐 더글러스의 연설: "백인에 의해, 백인의 이익을 위해, 백인들에 의해"
Paul M. Angle, *The Complete Lincoln-Douglas Debates of 1858*. Chicago: University of Chicago Press, 1991, 22.

링컨의 재선 취임 연설: "전쟁은 징계"
Lincoln, "Second Inaugural Address", March 4, 1865 in Roy P. Basler et al., *The Collected Works of Abraham Lincoln*. New Brunswick, NJ: Rutgers University Press, 1953, Vol. 8: 332-333.

링컨 죽음에 대한 가스 제임스의 언급: "마치 아버지가 살해된 것처럼"
Allen C. Guelzo, *Abraham Lincoln: Redeemer*. Grand Rapids, Mich.: Wm. B. Eerdmans, 1999, 441.

플로렌스 나이팅게일, "하나님을 위해 선한 일을 할 수 있는지"
Laurie Mellor, *The Sick Rose: England's Spiritual Crisis*. Littlehampton, UK: Dream Epot, 2010, 56.

비스마르크의 연설: "국가가 노동자에 대해"
William H. Dawson, *Bismark and State Socialism: An Exposition of the Social and Economic Legislation of Germany Since 1870*. New York: Howard Fertig, Inc., reprinted 1973, 34-35.

조지아행 선상에서의 웨슬리 대화: "당신은 두렵지 않습니까?"
Stephen Tomkins, *John Wesley: A Biography*. Oxford: Lion Publishing, 2003, 45.

웨슬리의 체험: "하나님께서 일하신다는 것을 들었을 때 갑자기 내 마음이 뜨거워지고"
J. C. Mcpheeters, *John Wesley's Heart-Warming Religion*. Wilmore, KY: First Fruits Press, 2012, 5.

웨슬리의 노예에 대한 언급: "천부 인권은 영국인이나 앙골라인이나"
John Wesley, *Thoughts upon Slavery*(1774). London, U.K.: Dodo Press, 2009.

윌리엄 윌버포스의 일기: "두 가지 목표"
John Pollock, *Wilberforce*. New York: St. Martin's Press, 69.

페스탈로치와 나폴레옹: "프랑스는 알파벳에 신경 쓸 여유가"
Herbert Quick, *From War to Peace: A Plea for a Definite Policy of Reconstruction*. Charleston, SC: Bibliobazzar, 2008, 202.

마리 앙투아네트: "고의가 아니었습니다."
Nancy Lotz & Carlene Phillips, *Marie Antoinette and the Decline of French Monarchy*. Greensboro, NC: Morgan & Reynolds, 2005, 144.

나폴레옹 유언: "프랑스여, 군대여, 조세핀이여"
Jerry Manas, *Napoleon on Project Management*. Nashville, Tenn.: Thomas Nelson, 2006, 255.

비엔나 회담 선언문: "사랑과 평화와 정의를 유일한 원리로"
Harold Nicols, *The Congress of Vienna: A Study of Allied Unity*. Orlando: Harcourt Brace Jovanovich, 1974, 250.

이달고의 엘 그리토 데 돌로레스: "우리에게 새 시대가"
Michael Meyer et al. *The Course of Mexican History.* New York: Oxford University Press, 1979, 276.

시몬 볼리바르의 탄식: "바다에 쟁기질을"
John Lynch, *Simon Bolivar: A Life.* Hartford, Conn.: Yale University Press, 2007, 276.

윌리엄 블레이크의 탄식: "공장은 사회악의 발생지"
Quentine R. Skrabec Jr., *George Westinghouse: Gentle Genius.* New York: Algora, 2007, 150.

카네기의 명언: "부자로 죽는 것은"
George Charles Roche, *The Book of Heroes: Great Men and Women in American History.* Washington, DC: Regnery Publishing, 1998, 215.

월터 라우쉔부시의 언급: "신앙과 사회가 별개라고 생각하면"
Walter Rauschenbush, *Christianity and the Social Crisis.* Louisville, Kent.: Westminster Press, 1991, 48.

윌리엄 세이무어에 대한 파햄 부인의 언급: "흑인은 백인 강의실에"
Larry Martin, *The Life and Ministry of William J. Seymour and a History of the Azusa Street Revival.* Joplin, MO: Christian Life Books, 1999, 93.

페라이오스의 시: "동굴 속에서 언제까지 살 것인가?"
Richard Clogg, *A Concise History of Greece.* Cambridge, UK: Cambridge University Press, 2002, 29.

불가리아 문학가 미할라키 레오르기에프의 탄식: "우리는 장미를 심었으나"
Mark Mazower, *The Balkans: A Short History.* New York: Modern Library, 2002, 114.

사우스 웨일즈 신문: "크리스마스 휴전은 전쟁사의 가장 놀라운 일화"
Weintraub Stanley, *Silent Night: The Story of World War I Christmas Truce.* New York: Free Press, 2001, 157.

프랑스 앙리 구로 장군의 선언: "살라딘이여"
Alan Jamieson, *Faith and Sword: A Short History of Christian-Muslim Conflict.* London, Reaktion Books, 2006, 8.

바르트에 대한 칼 아담의 언급: "자유주의 신학자들의 놀이터에 던져진 폭탄"
Carter Lindberg, *A Brief History of Christianity*. Malden, Mass.: Blackwell Publishing, 2006, 166.

무솔리니의 파시즘 찬양: "20세기는 파시즘의 역사로"
John Price & Anthony Stevens, *Prophets, Cults, and Madness*. London: Gerald Duckworth & Co., 2000, 164.

독일의 술자리 구호 "유대인에게 죽음을!"
Martin Gilbert, *A History of Twentieth Century. Volume Two: 1933-1951*. New York: William Morrow & Co., 1998, 259.

커트 거쉬타인의 유대인 학살 기록: "이내 체념하고"
Saul Friedlaender, *Pius XII and the Third Reich: A Documentation*. New York: Alfred A. Knopf, 1966, 128.

본회퍼의 고백: "문명의 재건을 위해 조국의 멸망을 원하든지"
Thomas Nelson, *Bonhoeffer: Pastor, Martyr, Prophet, Spy*. Nashville, Tenn.: Eric Metaxas, 2010, 321.

수용소 의사의 고백: "의사 생활 50년 동안, 이렇게 온전히"
Eberhard Bethge, *Dietrich Bonhoeffer: A Biography*. Minneapolis, Minn.: Fortress Press, 2000, 928.

조지 월리스 주지사, "영광과 권력만 추구"
Therlee Gipson, *Alabama's Black Struggle*. Charleston, SC: Create Space, 2011, 47.

킹 목사의 멤피스 연설: "저는 그 땅에 함께 못 들어갈 수 있습니다."
Simon Sebag, *Speeches that Changed the World: The Stories and Transcripts of the Moments that Made History*. Quercus, 2006, 155.

기타 참고 문헌

Alexander, Michael. *A History of English Literature*. New York: Palgrave Macmillan, 2000.

Ahlstrom, Sydney E. *A Religious History of the American People*. New Haven, Conn.: Yale University Press, 1972.

Atiya, Aziz S. *History of Eastern Christianity*. Notre Dame, IN: University of Notre Dame Press, 1967.

Baker, G. P. *Justinian: the Last Roman Emperor*. New York: Cooper Square Press, 2002.

Bartlett, Robert. *Medieval Panorama*. Los Angeles: Thames & Hudson, 2001.

Baumer, Christopher. *The Church of the East*. New York: I. B. Tauris & Co., 2006.

Baylor, Michael. G. ed., *The Radical Reformation*. New York: Cambridge University Press, 1995.

Betts, Roberts B., *Christians in the Arab East*. Athens: Lycabbetus Press, 1978.

Bridge, Antony. *Theodora: Portrait in a Byzantine Landscape*. Chicago, IL: Academy Chicago, 1978.

Carver, Martin. *The Cross Goes North: Processes of Conversion in Northern Europe. A.D. 300-1300*. Suffork, UK: York Medieval Press, 2003.

Chambers, Mortimer and others. *The Western Experience*. McGraw-Hill College, 1999.

Cowdrey, E. J. *Pope Gregory VII, 1073-1085*. New York: Oxford University Press, 1998.

Diakonoff, I. M. *The Pre-History of the Armenian People*. New York: Caravan Books, 1984.

Drasxanakertci, Y. *History of Armenia*. Tr. by K. H. Maksoudian. Atlanta, GA: Scholars Press, 1987.

Finkel, Caroline. *Osman's Dream: The Story of the Ottoman Empire 1300-1923*. New York: Basic Books, 2007.

Foner, Eric. *Give Me Liberty!: An American History*. New York: W. W. Norton & Company, 2006.

Fossier, Robert ed. *The Cambridge Illustrated History of the Middle Ages I 350-950*. New York: Cambridge University Press, 1997.

Freeman, Charles. *Egypt, Greece, and Rome: Civilizations of the Ancient Mediterranean*. New York: Oxford University Press, 1996.

Goldfield David. et al., *The American Journey*. Upper Saddle River, NJ: Prentice Hall, 2007.

Goodwin, Jason. *Lords of the Horizons: A History of the Ottoman Empire*. New York: Henry Holt, 1998.

Hourani, Albert. *A History of Arab Peoples. Cambridge*, Mass.: Harvard University Press, 1991.

Kagan, Donald Steven Ozment, Frank M. Turner, *The Western Heritage*. Upper Saddle River, NJ: Prentice Hall, 2007.

Lamb, Harold *Genghis Khan: the Emperor of All Men*. New York: Kessinger Publishing, 2003.

Lang, Andrew. *A Short History of Scotland*. Charleston, SC: Create Space, 2011.

LeGoff, Jacques *Medieval Civilization*. Cambridge, Mass.: Blackwell, 1988.

Martin, H. D. *The Rise of Chingis Khan and his Conquest of North China*. Taipeh, Taiwan: Rainbow-Bridge Press, 1971.

McClellan, James E. III & Harold Dorn, *Science and Technology in World History*. Baltimore, Del.: The Johns Hopkins University Press, 2006.

McManners, John. *The Oxford History of Christianity*. Oxford: Oxford University Press, 1990.

Moffett, Samuel Hugh. *A History of Christianity in Asia: A Beginnings to 1500*. New York: Orbis Books, 2009.

Noll, Mark A. *America's God: From Jonathan Edward to Abraham Lincoln*. New York; Oxford University Press, 2002.

Pelikan, Jaroslav. *The Christian Tradition: A History of the Development of Doctrine*. 3 Volumes. Chicago, IL: University of Chicago Press, 1971.

Riley-Smith, Jonathan ed. *The Oxford Illustrated History of the Crusades. Oxford:* Oxford University Press, 1995.

Roberts, J. M. *History of the World*. New York: Oxford University Press, 1993.

Rosen, William *Justinian's Flea: Plague, Empire, and the Birth of Europe*. New York: Penguin, 2007.

Stammerer, Einhard. *Two Lives of Charlemagne*. New York: Penguin, 1969.

Scott, Tom & Bob Scribner ed. The German Peasants' War: *A History in Documents*. New Jersey: Humanities Press International, 1991.

Stavrainos, L. S. *The Balkans since 1453*. New York: New York University Press, 2000.

Steinmetz, David. *Calvin in Context*. New York: Oxford University Press, 1995.

Stoianovich, Traian. *Balkan Worlds: The First and Last Europe*. New York: M. E. Sharpe, 1994.

Thomas, Hugh. *World History: The History of Mankind from Prehistory to the Present*. New York: Harper & Row, 1996.

Tucker, Ruth A. *From Jerusalem to Irian Jaya*, Zondervan, 1983.

Ward, Geoffrey C. *The Civil War*. New York: Alfred A. Knoff, 1990.

Yadin, Yigael. *Masada: Herod's Fortress and the Zealots' Last Stand*. Bnei Brak, Israel: Steimatzky, 2000.

후기

세계는 전쟁 영웅들이 개선시킨 것이 아니라 숭고한 희생자들이 변화시켰다. 진정한 영웅은 나폴레옹 같은 인물이 아니라 페스탈로치 같은 인물이었고 참된 역사적 기여도 후자가 했다. 전쟁과 파괴, 정복과 군림을 추앙하는 문화나 나라는 인류에 그 자체로 비극이었다. 역사란 결코 파괴자들의 어리석은 일상을 들여다보는 한심한 탐구가 아니라 선한 희생자들의 덕목들을 성찰하는 것이다. 파괴의 역사만 배우게 된다면 인류는 어느새 어둠의 아들들이 되어갈 것이나 희생을 배운다면 빛의 자녀들이 될 것이다. 현대는 산 자들의 죽은 이야기로 꽉 차 있지만 역사는 죽은 자들의 살아 있는 이야기로 가득하다. 미국의 철학자 조지 산타야나(George Santayana)는 이렇게 말했다.

"과거를 망각하는 자는 반드시 그 과거를 되풀이 할 것이다."

(Those who forget the past are doomed to repeat it.)

이 유명한 경구는 아우슈비츠 수용소 건물에도 게시되어 있다. 역사로부터 인간은 재현할 과거의 아름다운 가치를 발견하며 반복하지 말아야 될 잘못들을 깨닫는다. 명심할 것은 현재 우리가 누리는 특권들은 무엇이든지 역사에서 누군가의 대가와 희생을 통해 얻어진 점이다. 공짜로 주어지는 하늘의 은혜를 제외하고 이 세상에 진정한 공짜는 없다. 사실 그 은혜도 2,000년 전 갈릴리 청년의 희생에서 나온 것이다.

감각적 언어와 자극적 행태들이 예술로 행세하지만 진정한 예술은 페트라르카와 단테 같은 이들이 왜 세상을 감동시켰는지 깨닫는데서 시작한다. 예수는 바울에게 영감을 주었고, 바울은 아우구스티누스에게, 아우구스티누스는 단테에게, 단테는 바이런에게, 바이런은 베르디에게 영감을 주었다. 『신의 도성』은 『사제왕의 보고서』를 쓴 위그를 깨우쳤고 위그의 보고서는 『동방견문록』의 저자를 흥분케 했으며 『동방견문록』의 저자는 『천주실의』의 저자에 동기를 부여했고 『천주실의』의 저자는 『목민심서』의 저자에 영향을 주았다. 역사의 의의는 바로 이러한 계보 구성하기에 있다. 이 책이 살폈던 많은 영웅들은 사실 기술된 것 이상으로 위대한 인물들이었고 그들의 연약한 부분도 묘사된 것 이상으로 연약하였다.

교육 내용에 대한 성찰 없는 교육지상주의는 더 위험한 것이다. 물질을 목적으로 하는 훈련이나 타인을 짓누르는 기술을 교육의 핵심으로 착각하는 사회는 스스로 파멸할 이기적 인간만 조성할 것이다. 의미 있는 것은 교육의 한계도 인식하는 것이다. 교육은 인간을 계몽하나 인간을 결코 구원하지 못한다. 그러나 영혼과 영원을 성찰하는 훈련은 인간을 탐욕과 광기로부터 눈 뜨게 할 것이다.

골고다의 십자가는 카타콤의 십자가가 되었다가 이후 광야의 십자가로, 황궁의 십자가로, 라테란의 십자가로, 초원의 십자가로, 마을의 십자가로, 빌딩의 십자가로 옮겨져 왔다. 현대에는 귀고리의 십자가로 세워져 버렸다. 기독교는 긍정과 부정의 두 얼굴을 가지고 인류 역사의 중심에서 예수의 영원한 말씀들을 전해왔으며 많은 인물들은 그 교훈에 기대어 새 생명을 얻고 이기적 세상에 도전하는 숭고한 삶을 보여주었다. 역사는 하나의 거룩한 희극과 세속적 비극의 거대한 만남이다. 사망과 증오와 혼동의 강을 건너 이제 생명과 용서와 평화의 '약속의 땅'까지 도달해야 하는 것은 우리들의 과제이다. 다행스러운 것은 고결한 가치들을 목표로 살았던 신념과 신앙의 역사적 거인들이 우리 난장이들을 목말 태워 보석으로 빛나는 새 하늘과 새 땅을 보게 한다는 사실이다.

"우리는 거인들의 어깨 위에 있는 난장이들이다. 그러므로 더 멀리 볼 수 있다."

("We are like dwarfs on the shoulders of giants, so that we can see more than they." - Bernard of Chartres, d. 1124)